D1750349

Wolfgang Brnjak

Vom Verwaltungsakt zum Management

Die Transformation der Deutschen Telekom von einer Behörde zu einem markt- und kundenorientierten Unternehmen

Cuvillier Verlag Göttingen

Bibliografische Information der Deutschen Nationalbibliothek
Die Deutsche Nationalbibliothek verzeichnet diese Publikation in der Deutschen
Nationalbibliografie; detaillierte bibliografische Daten sind im Internet über
http://dnb.ddb.de abrufbar.
1. Aufl. - Göttingen : Cuvillier, 2009
Zugl.: Dortmund (TU), Univ. Diss., 2009

978-3-86727-925-3

© CUVILLIER VERLAG, Göttingen 2009
  Nonnenstieg 8, 37075 Göttingen
  Telefon: 0551-54724-0
  Telefax: 0551-54724-21
  www.cuvillier.de

Alle Rechte vorbehalten. Ohne ausdrückliche Genehmigung des Verlages ist
es nicht gestattet, das Buch oder Teile daraus auf fotomechanischem Weg
(Fotokopie, Mikrokopie) zu vervielfältigen.
1. Auflage, 2009
Gedruckt auf säurefreiem Papier

978-3-86727-925-3

Danksagung

Die vorliegende Arbeit wurde von der Wirtschafts- und Sozialwissenschaftlichen Fakultät der Technischen Universität Dortmund als Dissertation angenommen.

An dieser Stelle spreche ich meinen Dank an all diejenigen aus, die mich während der Bearbeitung meiner Dissertation begleitet haben und mir Mut und Kraft gaben, um den eingeschlagenen Weg zu Ende zu gehen.

Mein besonderer Dank gilt Frau Prof. Dr. Ursula Schumm-Garling (Frankfurt a.M.), die das Thema dieser Arbeit angeregt und mir gegenüber jederzeit Interesse am Fortgang meiner Promotion durch hilfreiche Diskussionen und Anregungen entgegengebracht hat.

Herrn Prof. Dr. Hartmut Neuendorff (Dortmund) danke ich für die zügige Erstellung des Zweitgutachtens.

Weiterhin danke ich zahlreichen Kolleginnen und Kollegen der Deutschen Telekom, die namentlich zu erwähnen den hier gesetzten Rahmen deutlich sprengen würde, mich stets hilfsbereit und serviceorientiert, wie sie nun mal sind, vielfach mit Literatur und Informationen versorgt haben.

Insbesondere gilt mein Dank den Kolleginnen und Kollegen aus dem Bereich Unternehmenskommunikation der Deutschen Telekom sowie meiner Kollegin Dagmar Vith und meinen Kollegen Gerd Bleiniger, Ralph-Patric Häring und Dr. Bernhard Kallen. Durch ihre geistige und tatkräftige Unterstützung mit hilfreichen Diskussionen an vielen Wochenenden und durch Korrekturlesen des Manuskriptes haben sie zum Gelingen dieser Arbeit beigetragen.

Und schließlich bin ich für die Unterstützung und den Rückhalt meiner Familie, insbesondere meiner lieben Ehefrau Monika – der ich auch dieses Buch widme – zu tiefstem Dank verpflichtet. Ohne sie wäre diese Arbeit nicht möglich gewesen.

Euskirchen im April 2009   Wolfgang Brnjak

Inhaltsverzeichnis

DANKSAGUNG I

INHALTSVERZEICHNIS I

ABBILDUNGSVERZEICHNIS XII

ABKÜRZUNGSVERZEICHNIS XVI

EINFÜHRUNG 1
    PROBLEMSTELLUNG DER ARBEIT 2
    GANG DER UNTERSUCHUNGEN 3

A. DIE HISTORISCHE ENTWICKLUNG DER TELEKOMMUNIKATION UND IHRE AUSWIRKUNGEN AUF DIE GESELLSCHAFT UND DAS INDIVIDUUM 6

1   DIE ALLGEMEINE BEDEUTUNG DER TELEKOMMUNIKATION 6
2   DIE ENTWICKLUNG DER TELEKOMMUNIKATION BIS ZU BEGINN DES 20. JAHRHUNDERTS 7
    2.1 Die Anfänge der Entwicklung 7
    2.2 Allgemeine Auswirkungen der Entwicklungen des 19. Jahrhunderts 10
3   DIE ENTWICKLUNG DER TELEKOMMUNIKATION IM 20. JAHRHUNDERT IN DEUTSCHLAND 11
    3.1 Die Entwicklung der Digitalisierung 12
    3.2 Die Auswirkungen der Digitalisierung im Allgemeinen 13
    3.3 Die Bedeutung des E-Commerce und dessen Auswirkungen 15
    3.4 Die Entwicklung des Mobiltelefons 17
    3.5 Die allgemeinen Auswirkungen des Mobiltelefons 19
4   GLOBALISIERUNG SOWIE AUSWIRKUNGEN DER TELEKOMMUNIKATION AUF RÄUME UND INDIVIDUEN – CHANCEN UND RISIKEN 20
    4.1 Die Telekommunikation als soziotechnisches System 20
    4.2 Der Zusammenhang von Globalisierung und Telekommunikation 22
    4.3 Die Raumwirkung der Telekommunikation 22
    4.4 Die allgemeinen Auswirkungen der Telekommunikation auf die Wirtschaft 23
    4.5 Die Auswirkungen der Telekommunikation auf den Arbeitsmarkt 23
    4.6 Die Telearbeit und ihre möglichen Auswirkungen 24
    4.7 Die Auswirkungen der Telekommunikation auf den Verkehr 25
    4.8 Die Auswirkungen der Telekommunikation auf das Bildungswesen 26
    4.9 Allgemeine gesellschaftsbezogene Auswirkungen der Telekommunikation 28
    4.10 Die Auswirkungen der Telekommunikation auf das Individuum 28
        4.10.1 Der Umgang mit der Telekommunikation bei Kindern 30
            4.10.1.1 Der Beitrag des Telefons bei der Freizeitgestaltung von Kindern 30
            4.10.1.2 Kinder online 31

4.10.2 Jugendliche und neue Medien ... 32
4.10.2.1 Die Bedeutung des Handys für Jugendliche ... 32
4.10.2.2 Das Verhalten Jugendlicher bei SMS – Möglichkeiten und Risiken ... 33
4.10.2.3 Weitere mögliche Auswirkungen der Handynutzung bei Jugendlichen ... 35
4.10.2.4 Impulse und Präferenzen der Internetnutzung bei Jugendlichen ... 36
4.10.3 Senioren und neue Medien ... 38
4.10.4 Weitere allgemeine und mögliche Auswirkungen der Telekommunikation auf Individuen ... 39
4.10.4.1 Soziale Ungleichheit im und durch den virtuellen Raum – Betrachtungen zum Digital Divide ... 39
4.10.4.2 Transfer der Privatsphäre in die Öffentlichkeit und Wegfall von Tabugrenzen ... 41
4.10.4.3 Leben mit und in virtuellen Welten – Chancen und Risiken ... 41
4.11 Abschließende Betrachtung zu Auswirkungen und Risiken der Telekommunikation ... 45

5 KERNKOMPETENZEN IN DER TELEKOMMUNIKATION ... 46
5.1 Die Komplexität der Leistungserstellung ... 46
5.2 Weitere Charakteristiken von Telekommunikationsunternehmen ... 48
5.2.1 Global operierende Telekommunikationsunternehmen ... 48
5.2.2 Konvergenz in der Telekommunikation ... 48
5.2.3 Der TIMES-Markt ... 49

B. DIE REFORM DES POSTWESENS ALS VORAUSSETZUNG DES WANDELS DER TELEKOM ... 51

1 ALLGEMEINE UNTERSCHIEDE ZWISCHEN ÖFFENTLICHEN INSTITUTIONEN UND PRIVATEN UNTERNEHMEN SOWIE EXEMPLARISCHE INTERNA VOR GRÜNDUNG DER DEUTSCHEN TELEKOM AG ... 53
1.1 Allgemein gültige Unterschiede von öffentlichen Unternehmen und Behörden im Vergleich zu privaten Unternehmen ... 53
1.2 Exemplarische Interna der Deutschen Bundespost vor Gründung der Deutschen Telekom AG ... 56
1.3 Die Tarifierungs- und Absatzpolitik der Behörde ... 56
1.3.1 Grundtendenzen der Tarifierungspolitik seit 1955 ... 57
1.3.2 Einzug des Marketing bei der Bundespost ... 57
1.4 Das Verwaltungshandeln der Behörde: Verwaltungsvorschriften ... 57
1.5 Personalwirtschaftliche Aspekte in der Behörde Deutsche Bundespost ... 58
1.5.1 Die Personalbedarfsermittlung bei der DBP ... 58
1.5.2 Das Beschäftigungsverhältnis der Beamten und besoldungsrechtliche Grundlagen ... 59
1.5.3 Der Rationalisierungsschutz bei der DBP ... 61
1.6 Die Umgestaltung des innerbetrieblichen Rechnungswesens ... 61

2 DIE POSTREFORM I ... 62

2.1 Die Deutsche Bundespost vor der Reform ... 62
2.2 Die Notwendigkeit zur Veränderung ... 64
2.3 Ziele der Umstrukturierung ... 66
2.4 Widersacher der Reform – Die Deutsche Postgewerkschaft ... 67
2.5 Die Ergebnisse der Reform ... 68
    2.5.1 Änderung der gesetzlichen Grundlage ... 68
    2.5.2 Struktur und Organe im Ergebnis der Postreform I ... 69
    2.5.3 Finanzieller Status nach der Postreform I ... 71
    2.5.4 Monopol und freier Wettbewerb nach der Postreform I ... 72
2.6 Auswirkungen der Postreform I ... 73
3 DIE POSTREFORM II ... 76
3.1 Die Notwendigkeit einer weiteren Reform ... 76
    3.1.1 Weitläufigere Gründe für die Notwendigkeit einer weiteren Reform ... 76
3.2 Ergebnis der Postreform II ... 78
    3.2.1 Änderung der gesetzlichen Grundlage ... 79
    3.2.2 Monopol und freier Wettbewerb nach der Postreform II ... 84
4 DIE POSTREFORM III ... 85

C. DIE REGULIERUNG DES TELEKOMMUNIKATIONSMARKTES ... 86

1 ZIELSETZUNGEN UND GRUNDPRINZIPIEN DER REGULIERUNG DES TELEKOMMUNIKATIONSMARKTES ... 87
2 INSTRUMENTE DER REGULIERUNG ... 89
2.1 Regulierung des Marktzugangs ... 89
    2.1.1 Vergabe von Lizenzen ... 89
    2.1.2 Nummerierung ... 91
    2.1.3 Wegerechte für die Errichtung und Betreibung von Netzen ... 91
    2.1.4 Regulierung des Zugangs zu neuen Märkten ... 91
2.2 Post-Entry-Regulation ... 92
    2.2.1 Regelungen für den Netzzugang ... 92
        2.2.1.1 Netzvermietung ... 92
        2.2.1.2 Interconnection ... 93
        2.2.1.3 Entbündelter Netzzugang ... 96
        2.2.1.4 Gewährleistung der Diskriminierungsfreiheit beim Netzzugang ... 96
    2.2.2 Monopoldisziplin, Preis- und Qualitätsregulierung ... 97
    2.2.3 Technische Standards als Voraussetzung für die Kompatibilität von Netzen ... 98
    2.2.4 Portabilität von Rufnummern ... 99
    2.2.5 Regelungen für Universaldienste ... 99
3 EXKURS: REGULIERUNGSMANAGEMENT FÜR BETROFFENE UNTERNEHMEN ... 101

4 Der internationale Trend zur Privatisierung unter Nutzung regulierungstechnischer Instrumente ... 103

- 4.1 Anlässe zur Privatisierung ... 103
- 4.2 Regulierung und Privatisierung in ausgewählten Ländern ... 104
  - 4.2.1 Vereinigte Staaten von Amerika ... 105
    - 4.2.1.1 Allgemeiner Überblick ... 105
    - 4.2.1.2 Die Entwicklung im Ortsnetz ... 107
    - 4.2.1.3 Die Entwicklung im Fernnetz ... 107
    - 4.2.1.4 Der Telecommunications Act von 1996 ... 108
    - 4.2.1.5 Zusammenfassung der Entwicklung des US-amerikanischen TK-Marktes ... 109
  - 4.2.2 Europa ... 109
    - 4.2.2.1 Großbritannien ... 111
    - 4.2.2.2 Frankreich ... 113
  - 4.2.3 Japan ... 115

5 Die Realisierung der Regulierung in Deutschland ... 117

- 5.1 Entstehung und Inhalt des deutschen Telekommunikationsgesetzes und der Telekommunikations-Kundenschutzverordnung ... 117
  - 5.1.1 Zielsetzungen und Grundprinzipien der Regulierung des Telekommunikationsmarktes in Deutschland ... 117
  - 5.1.2 Das erste Telekommunikationsgesetz von 1996 ... 117
  - 5.1.3 Kundenschutz in der deutschen Telekommunikationsbranche – Grundlagen des Kundenschutzes gemäß der Telekommunikations-Kundenschutzverordnung von 1998 ... 119
  - 5.1.4 Novellierungsbedarf im deutschen Telekommunikationsrecht ... 121
  - 5.1.5 Zusammenfassung der wesentlichen Änderungen im Telekommunikationsgesetz von 2004 ... 121
    - 5.1.5.1 Entbürokratisierung des Marktzutritts ... 123
    - 5.1.5.2 Zugangsregulierung nach dem TKG (2004) ... 123
    - 5.1.5.3 Entgeltregulierung nach dem novellierten TKG ... 124
    - 5.1.5.4 Besondere Missbrauchsaufsicht nach dem TKG (2004) ... 125
    - 5.1.5.5 Verbesserung des Kundenschutzes durch die TKG-Novellierung ... 126
    - 5.1.5.6 Frequenzordnung nach dem TKG (2004) ... 127
    - 5.1.5.7 Regelungen zum Universaldienst ... 127
    - 5.1.5.8 Sonstige Einzelfelder der Regulierung ... 128
  - 5.1.6 Weiterer Novellierungsbedarf des TKG durch das Gesetz zur Änderung telekommunikationsrechtlicher Vorschriften ... 128
- 5.2 Ausgewählte Beispiele der Regulierungspraxis in Deutschland und abschließende Betrachtung ... 129

D. MARKT- UND WETTBEWERBSENTWICKLUNG DER TELEKOMMUNIKATION ... 132

1 DIE ENTWICKLUNG DES WELTWEITEN TELEKOMMUNIKATIONSMARKTES ... 133

   1.1 Basisdaten zum internationalen Informations- und Telekommunikationsmarkt ... 133

   1.2 Allgemeine Trends zum Telekommunikationsmarkt in Europa ... 136

   1.3 Diensteentwicklung sowie technologische Entwicklung weltweit und Ausblick ... 137

      1.3.1 Die weltweite Entwicklung bei Festnetz, ISDN und Breitband ... 137

         1.3.1.1 Die Entwicklung der Telefonanschlüsse weltweit ... 138

         1.3.1.2 Die weltweite Entwicklung bei ISDN ... 140

         1.3.1.3 Die weltweite Entwicklung bei Breitband ... 141

      1.3.2 Die weltweite Entwicklung beim Mobilfunk ... 142

      1.3.3 Die weltweite Entwicklung beim Internet ... 143

2 MARKT- UND WETTBEWERBSENTWICKLUNG IN DEUTSCHLAND ... 145

   2.1 Technische Veränderungen in den 90er Jahren ... 145

   2.2 Nachfrageveränderungen 1990 bis 1997 ... 145

   2.3 Umsatzentwicklung im deutschen Telekommunikationsmarkt seit 1998 ... 146

      2.3.1 Umsatz- und Marktentwicklung beim Festnetz in Deutschland ... 148

      2.3.2 Umsatz- und Marktentwicklung bei breitbandigen Diensten in Deutschland ... 150

      2.3.3 Umsatz- und Marktentwicklung beim Mobilfunk in Deutschland ... 153

         2.3.3.1 Die Entwicklung bei UMTS ... 156

         2.3.3.2 Die Entwicklung im Bereich Wireless Local Area Network ... 156

         2.3.3.3 Allgemeine Prognosen für den Mobilfunk ... 157

      2.3.4 Umsatz- und Marktentwicklung in Deutschland bei Internet- und Onlinediensten ... 157

         2.3.4.1 Die Entwicklung bei E-Commerce ... 159

         2.3.4.2 Die Entwicklung bei M-Commerce ... 162

         2.3.4.3 Ubiquitous Commerce – Die allgegenwärtige Vernetzung von Geschäftsmodellen ... 162

         2.3.4.4 Die Entwicklung bei E-Government ... 164

         2.3.4.5 Auf dem Vormarsch: Voice over IP ... 165

         2.3.4.6 Allgemeine Prognosen für das Internet ... 167

      2.3.5 Die Marktentwicklung beim Breitband-Kabelnetz ... 167

   2.4 Die Entwicklung des Arbeitsmarktes auf dem Gebiet der Telekommunikation ... 168

3 DIE ZUKUNFT DER TIMES-MÄRKTE – EIN FORECAST ... 170

   3.1 Ein Szenario vorab: Die zukünftige Entwicklung der Telekommunikation ... 170

   3.2 Zusammenfassende Trendentwicklung ... 171

   3.3 Resultierende Anforderungen an die TIMES-Unternehmen ... 172

      3.3.1 Business und Strategie ... 172

3.3.2 Entwicklung von Produkten und Services 173
3.3.3 Marketing und Vertrieb 173
3.3.4 Kooperationsmanagement 173
3.4 Das zukünftige Leben mit der Informations- und Kommunikationstechnologie 173
    3.4.1 Erwartungen zum künftigen Konsumverhalten 175
    3.4.2 Relevante Entwicklungen für die Nachhaltigkeit 175
        3.4.2.1 Die Entwicklung hinsichtlich der wirtschaftlichen Nachhaltigkeit 176
        3.4.2.2 Die Entwicklung hinsichtlich der umweltbezogenen Nachhaltigkeit 176
        3.4.2.3 Die Entwicklung hinsichtlich der sozialen Nachhaltigkeit 176
    3.4.3 Perspektiven für den Alltag in Deutschland im Jahr 2015 178
        3.4.3.1 Familie und Privatleben oder: Zu Hause ist überall 179
        3.4.3.2 Der Ausblick auf das Gesundheitswesen 179
        3.4.3.3 Bildung und Erziehung mit Hilfe intelligenter und interaktiver Systeme 180
        3.4.3.4 Die Arbeitswelt: Tun und Lassen – unabhängig von Zeit und Ort 180
        3.4.3.5 Staat und Politik: Mitbestimmung per Tastendruck? 181

E. DER BINNENWANDEL DER DEUTSCHEN TELEKOM 182

1 VORGEHENSWEISE FÜR DIE BETRACHTUNG DES ERFOLGTEN WANDELS 183
  1.1 Von der Planung über die Strategie zur Balanced ScoreCard 183
    1.1.1 Von der Planung zur Strategie 183
  1.2 Die Balanced ScoreCard 184
    1.2.1 Segmentierung zur Orientierung 184
    1.2.2 Kaskadierung der Ziele und Verantwortungen 185

2 DER AUSGANGSPUNKT: VISIONEN, LEITBILDER UND STRATEGIEN 1995 BIS 2008 187
  2.1 Vorbereitung auf den Börsengang – Die Vorsätze in 1995 187
  2.2 Börsengang und Kundensegmentierung – Die Ziele in 1996 188
  2.3 Der Kunde im Fokus – Strategie und Ziele in 1997 189
  2.4 Das Konzernleitbild der Deutschen Telekom 1998 190
    2.4.1 Die Vision aus dem Konzernleitbild 1998 191
    2.4.2 Unternehmensgrundsätze aus dem Konzernleitbild 1998 191
    2.4.3 Handlungs- und Führungsgrundsätze aus dem Konzernleitbild 1998 193
    2.4.4 Die strategischen Ziele in 1998 196
  2.5 Normen zur Verhaltenskultur und strategische Kernthemen 1999 197
    2.5.1 Eckpunkte der Verhaltenskultur komplettierten das Konzernleitbild 197
    2.5.2 Die Strategie 1999: Fokussierung auf Telematik und Internationalisierung 198
  2.6 Orientierung am TIMES-Markt – Strategische Inhalte für das Jahr 2000 200
  2.7 Strategie 2001: Konzentration auf Wachstum 202
    2.7.1 Implementierung der vier Säulen – Das Projekt Telekom Success 203

2.7.2 Festnetzstrategie und die strategischen Schwerpunkte der T-Com für 2001 203

2.7.3 T-Online: Strategische Schwerpunkte 2001 204

2.7.4 T-Mobile: Strategische Schwerpunkte 2001 204

2.7.5 T-Systems: Strategische Schwerpunkte 2001 204

2.7.6 Spiegelung der Strategie 2001 an den Eingangshypothesen 205

2.8 Konvergenz und Synergie als Eckpfeiler der Strategie 2002 205

2.8.1 T-Com 2002: Fokus auf die Stabilisierung des Kerngeschäfts 206

2.8.2 T-Online 2002: Konzentration auf das Internet-Medien-Netzwerk 206

2.8.3 T-Mobile 2002: Wachstum und T-Branding 206

2.8.4 T-Systems 2002: Strategische Schwerpunkte 207

2.8.5 Spiegelung der Strategie 2002 an den Eingangshypothesen 207

2.9 Wechsel der Vision, neues Wertesystem und eine Strategie der Entschuldung und des profitablen Wachstums für 2003 207

2.9.1 Die Vision aus dem Konzernleitbild 2003 207

2.9.2 Das Wertegerüst T-Spirit 208

2.9.3 Die strategischen Ziele für 2003 209

2.9.3.1 T-Com 2003: Mission und strategische Ziele 210

2.9.3.2 T-Online 2003: Mission und strategische Ziele 211

2.9.3.3 T-Mobile 2003: Mission und strategische Ziele 211

2.9.3.4 T-Systems 2003: Mission und strategische Ziele 212

2.10 Konzernziele 2004: Fokus auf Ergebnisverbesserung 212

2.11 Konzernziele 2005: Ausrichtung auf wesentliche Wachstumstreiber 214

2.12 Neue Strategie in 2006 und Erweiterung des Konzernleitbildes durch den Code of Conduct 215

2.12.1 Zehn strategische Maßnahmen als Kern der neuen Strategie für 2006 216

2.12.2 Der Code of Conduct 217

2.12.2.1 Die Ziele des Code of Conduct 218

2.12.2.2 Die Spiegelung des Code of Conduct an dem Konzernleitbild T-Spirit 218

2.12.3 Spiegelung der Strategie 2006 sowie des Code of Conduct an den Eingangshypothesen 218

2.13 Profitabilität, Wachstum und Serviceorientierung – Vision, Strategie und Konzernziele in 2007 219

2.14 Strategie 2008: Breitband und mobiles Internet als Wachstumskriterien 222

2.15 Forecast: Vision, Strategie und Ziele für 2009 224

3 DIE FINANZPERSPEKTIVE 225

3.1 Einführung einer markt- und kundenorientierten Preiskalkulation 225

3.2 Die Börsengänge der Deutschen Telekom 227

3.2.1 Der erste Börsengang im November 1996 227

3.2.2 Der zweite Börsengang im Juni 1999 229

3.2.3 Der dritte Börsengang im Juni 2000 230
3.2.4 Der Börsengang von T-Online im April 2000 232
3.3 E³ – das konzernweite Programm zur Entschuldung 233
   3.3.1 Allgemeine Maßnahmen zum Schuldenabbau 234
   3.3.2 Ausgewählte Projekte aus dem E³-Programm 235
   3.3.3 Die Einrichtung der Personalservice-Agentur 236
3.4 Personalabbau bei der Telekom seit 1994 238
3.5 Die Ausgliederung der T-Service-Gesellschaften 241

4 DIE PERSPEKTIVE INNOVATION UND LERNEN 244
   4.1 Strategische Transformationsprogramme 244
      4.1.1 Das Power-Konzept 244
      4.1.2 Das Transformationsprogramm Telekom Future 247
      4.1.3 Die Agenda 2004 250
         4.1.3.1 Die Breitbandoffensive 251
         4.1.3.2 Die Geschäftskundenoffensive 252
         4.1.3.3 Die Innovationsoffensive 253
         4.1.3.4 Die Effektivitäts- und Produktoffensive 253
         4.1.3.5 Die Personaloffensive 254
         4.1.3.6 Spiegelung der Zielsetzungen der Agenda 2004 an den Eingangshypothesen 255
      4.1.4 Das Excellence Programm als Beispiel für eine alle Perspektiven übergreifende und konzernweite Strategietransformation 256
         4.1.4.1 Das Wachstumsprogramm für die drei strategischen Geschäftsfelder 257
         4.1.4.2 Die fünf übergreifenden Offensiven 266
         4.1.4.3 Der Kulturwandel als eine alle Offensiven begleitende Maßnahme 268
      4.1.5 Strategisches Transformationsprogramm Telekom 2010 löst das Excellence Programm ab 269
   4.2 Mitarbeiterbezogene Innovations- und Lernprozesse 270
      4.2.1 Der mitarbeiterorientierte Prozess 270
         4.2.1.1 Das Mitarbeiterjahresgespräch 270
         4.2.1.2 Die Mitarbeiterbeurteilung 272
         4.2.1.3 Die Personalrunde 272
      4.2.2 Personalentwicklungsprogramme 273
         4.2.2.1 Das Systematic and Transparent Executive Development Program 273
         4.2.2.2 Das aktuelle Personalentwicklungsprogramm Go Ahead! für Fachkarrieren 276
         4.2.2.3 Management und Kundenservice – die Einführung der Service Akademie 277
         4.2.2.4 Das internationale Mitarbeiterentwicklungsprogramm Telekom X-change 277
      4.2.3 Mitarbeiterbefragungen 278

4.2.4 Einführung eines neuen Bewertungs- und Bezahlungssystems für die Angestellten der AG sowie Flexibilisierung von Entgeltsystemen und Arbeitszeit ... 279

4.3 Ausgewählte Beispiele für funktionale Innovations- und Lernprozesse ... 281

    4.3.1 Neue Spielregeln bei Rollen und Zusammenarbeit ... 281

        4.3.1.1 Partnerschaft zwischen zentraler Steuerung und Flächenorganisation ... 281

    4.3.2 Die Transformation der Servicekultur in den Personalbereich: Das Programm HR@2009 ... 283

5 DIE KUNDENPERSPEKTIVE ... 287

5.1 T-Branding – Das Markenmanagement der Deutschen Telekom ... 287

    5.1.1 Die übergreifende Offensive Customer and Brand aus dem Excellence Programm ... 288

    5.1.2 Einführung einer neuen Markenarchitektur ... 289

    5.1.3 Spiegelung des Markenmanagements an den Eingangshypothesen ... 289

5.2 Kundenorientierung als strategischer Wettbewerbsvorteil ... 289

5.3 Kundenbindungsprogramme der Telekom auf Basis von Bonusprogrammen ... 290

5.4 Qualitätsmanagement bei der Deutschen Telekom ... 291

    5.4.1 Einführung des Total Quality Management ... 291

    5.4.2 Die Zertifizierung der Geschäftseinheiten ... 292

    5.4.3 Das Qualitätsmanagement nach dem Modell der European Foundation for Quality Management bei der Deutschen Telekom ... 292

    5.4.4 Die Qualitätskampagne Focus Kunde – Beispiele für Qualitätsmaßnahmen vor der Marktliberalisierung ... 294

    5.4.5 Die zentral gesteuerte Qualitätsoffensive 2001 ... 294

    5.4.6 Ausgewählte zentrale und divisionale Qualitätsprogramme seit 2003 ... 295

        5.4.6.1 Die Qualitätsoffensive im Rahmen der Agenda 2004 ... 295

        5.4.6.2 Die Serviceoffensive im Rahmen der übergreifenden Offensive Customer and Brand des Excellence Programms: Die Kundenversprechen ... 296

    5.4.7 Spiegelung des Qualitätsmanagements an den Eingangshypothesen ... 297

6 DIE PERSPEKTIVE DER GESCHÄFTSPROZESSE UND DIE SICH DARAUS ABLEITENDEN STRUKTUREN ... 298

6.1 Prozessmanagement und Kernprozesse der Deutschen Telekom ... 298

    6.1.1 Die Einführung der Prozessorganisation ... 298

    6.1.2 Neuausrichtung des Prozessmanagements ... 300

    6.1.3 Effekte und Auswirkungen des Prozessmanagements anhand ausgewählter Beispiele ... 302

        6.1.3.1 Die Konversion des Personalmanagements in 1999 durch die Einführung der prozessorientierten Personalarbeit und des Personalreferentenmodells ... 303

        6.1.3.2 Die Restrukturierung der Betriebs- und Serviceprozesse – Das Projekt NICE als Beispiel für das operative Prozessmanagement ... 304

    6.1.4 Spiegelung des Prozessmanagements an den Eingangshypothesen ... 306

6.2 Meilensteine der Organisation 307
   6.2.1 Das Projekt Telekom Kontakt 307
      6.2.1.1 Prinzipien der Reorganisation bei Telekom Kontakt 307
      6.2.1.2 Die divisionale Ausrichtung des Unternehmens 308
      6.2.1.3 Auswirkungen von Telekom Kontakt auf die Mitarbeiter 309
      6.2.1.4 Die Neuordnung der Zentralen Aufgaben Telekom 309
   6.2.2 Geschäftsfeldreform führt zu neuen strategischen Konzerngeschäftsfeldern 311
   6.2.3 Erneuerung des Service für Privatkunden – Das Projekt SMILE 313
   6.2.4 Ein neues Konzerngeschäftsfeld für die Wettbewerber 313
   6.2.5 Die Reform der strategischen Geschäftsfelder 314
   6.2.6 Neuausrichtung der Privat- und Geschäftskundendirektionen 315
      6.2.6.1 Aufgaben der Kundendirektionen 315
      6.2.6.2 Zusammenspiel der Direktionen und Niederlassungen 317
   6.2.7 Das Projekt Headquarters Deutsche Telekom 317
   6.2.8 Neuausrichtung der Privat- und Geschäftskundenaußenorganisation 318
   6.2.9 Das Projekt Zukunft Netzinfrastruktur 319
   6.2.10 Struktur- und Prozessanalysen in den Betrieben zur Identifikation
       markterforderlicher Kostenreduzierungen (Projekt SLIM) 320
      6.2.10.1 Hintergrund der Erfordernis von SLIM 320
      6.2.10.2 Ziele und Vorgehen bei SLIM 321
      6.2.10.3 Ergebnisse und Auswirkungen bei SLIM 321
   6.2.11 Neuausrichtung des Geschäftsbereichs International 322
   6.2.12 Ergebnisorientierte Gemeinkostenreduzierung in der Dachgesellschaft 322
   6.2.13 Strukturumbruch im Personalmanagement – Das PRISMA-Projekt 322
      6.2.13.1 Wesentliche Inhalte und Neuerungen aus dem PRISMA-Zielkonzept 323
      6.2.13.2 PRISMA-Implementierungsprojekte 324
   6.2.14 Das Projektprogramm PM-Excellence 325
   6.2.15 Einführung der Strategischen Management Holding 326
   6.2.16 Neustrukturierung der T-Com-Außenorganisation 328
   6.2.17 Konzernweite Zusammenfassung diverser Bereiche – das Projekt Auriga 329
   6.2.18 Spiegelung der organisatorischen Meilensteine an den Eingangshypothesen 331

F. ABSCHLIEßENDE BEWERTUNG DES TRANSFORMATIONSPROZESSES 333

  1 ABSCHLIEßENDE ERGEBNISSPIEGELUNG ZUR HYPOTHESE I – WANDEL 334
    1.1 Überprüfung der Eingangshypothese Ia – Kapitalmarktorientierung 334
    1.2 Überprüfung der Eingangshypothese Ib – TK-Marktbeherrschung 335
    1.3 Überprüfung der Eingangshypothese Ic – Kundenorientierung 335
  2 ABSCHLIEßENDE ERGEBNISSPIEGELUNG ZUR HYPOTHESE II – AUTONOMES AGIEREN 337

3	Abschließende Ergebnisspiegelung zur Hypothese III – Stringenz der Strategischen Grundorientierung	338
4	Abschließende Ergebnisspiegelung zur Hypothese IV – Vollzug der Transformation im Innenverhältnis	339
5	Abschließende Betrachtung	341

ANHANG I DAS PROJEKT TELEKOM SUCCESS: DIE ZEHN REGELN DER WERTSCHÖPFUNG 342

ANHANG II SCHWERPUNKTE UND WESENTLICHE INHALTE DES CODE OF CONDUCT 345

ANHANG III RE-INVENT BEI T-COM: PROJEKTE DER DREI STRATEGISCHEN STOSSRICHTUNGEN 347

ANHANG IV SAVE FOR GROWTH BEI T-MOBILE: INITIATIVEN 351

ANHANG V FOCUS ON GROWTH BEI T-SYSTEMS: PROJEKTE DER ERSTEN VIER INITIATIVEN 354

LITERATURVERZEICHNIS 358

Abbildungsverzeichnis

Abb. 1: Funktionsweise und Alphabet des Flügeltelegraphen von Chappe 8
Abb. 2: Morse-Telegraph von 1846 9
Abb. 3: Zukunftsvision der mobilen Kommunikation im Jahr 1877 10
Abb. 4: Demographie der Internetnutzer in Deutschland 1997 bis 2007 (in Prozent) 14
Abb. 5: Die Transaktionsbeziehungen des Electronic Commerce 16
Abb. 6: Ökonomische Aspekte des Transformationsprozesses zu einer Wissensgesellschaft hin 21
Abb. 7: Inhaltliche Präferenzen der Internetnutzung bei Studenten (in Prozent) 27
Abb. 8: Nutzungsverhalten nach Onlineanwendungen und Altersgruppen (in Prozent) 29
Abb. 9: Häufigste Gründe für das Telefonieren bei Kindern nach Altersgruppen (in Prozent) 30
Abb. 10: Internettätigkeiten (zumindest einmal pro Woche) bei sechs bis 13-Jährigen Kindern (in Prozent) 31
Abb. 11: SMS- und MMS-Kommunikation bei Jugendlichen in Österreich (in Prozent) 34
Abb. 12: Internetnutzungsschwerpunkte bei Teenagern (in Prozent) 36
Abb. 13: Nutzungsdifferenzen des Internets bei Jugendlichen in Abhängigkeit vom Bildungsniveau (in Prozent) 37
Abb. 14: Nutzungskategorien älterer Menschen im Internet (in Prozent) 38
Abb. 15: Die Wirkungskette des Digital Divide-Ansatzes 39
Abb. 16: Internetnutzer in Deutschland (in Prozent) nach Haushaltsnettoeinkommen (in Euro) ...40
Abb. 17: Internetnutzer in Deutschland nach Grad der Bildung in 2006 und 2007 (in Prozent) 40
Abb. 18: Second Life: Virtuelle Veranstaltung der Firma Electrolux in 2007 und teilnehmende Avatare 43
Abb. 19: Wertschöpfungsstrukturen in der Telekommunikation 46
Abb. 20: Übersicht der Klassifizierung von Telekommunikationsunternehmen 47
Abb. 21: TIMES-Märkte und Beispiele 50
Abb. 22: Allgemeine Unterschiede zwischen öffentlichem und privatwirtschaftlichem Sektor 54
Abb. 23: Zielsystemunterschiede beim Citizen-Value- und Shareholder-Value-Konzept 55
Abb. 24: Ermittlung des quantitativen Personalbedarfs bei der Deutschen Bundespost 59
Abb. 25: Bewertungsraster für Beamtentätigkeiten im Bereich der DBP 60
Abb. 26: Die Struktur der DBP vor der Postreform I (bis 1989) 64
Abb. 27: Überschneidung des Fernmeldewesens mit der Datenverarbeitung vor der Postreform I 65
Abb. 28: Übersicht der Bereiche des Poststrukturgesetzes (PostStruktG) 69
Abb. 29: Die Poststruktur nach der Postreform I 70
Abb. 30: Die Artikel des PTNeuOG 80
Abb. 31: Struktur der DBP nach der Postreform II 84
Abb. 32: Die Struktur nach der Postreform III 85
Abb. 33: Übersicht der Zuführungs-, Transit- und Terminierungsleistung 94
Abb. 34: Klassifizierung von Zusammenschaltungsleistungen nach der Zahl der genutzten Vermittlungsstellen 95
Abb. 35: Anschlussnetz mit möglichen Zugangspunkten 96
Abb. 36: Aufgaben des unternehmerischen Regulierungsmanagements 101
Abb. 37: Regulationsregimes in verschiedenen Ländern 105
Abb. 38: Marktanteilsentwicklung zwischen 1984 und 1996 in den USA (in Prozent) 108

Abbildungsverzeichnis

Abb. 39: Liberalisierungsstand Festnetzinfrastruktur Anfang 1996 in den EU-Staaten 110
Abb. 40: Realisierte und geplante Privatisierungen im März 1996 in Prozent 111
Abb. 41: Marktanteile bei verschiedenen Telefondiensten in Großbritannien 113
Abb. 42: Anforderungen an die Abrechnung gemäß § 5 TKV (1998) 121
Abb. 43: Ursachen und wesentliche Änderungen durch die TKG-Novellierung (TKG von 2004) 122
Abb. 44: Tatbestände missbräuchlichen Verhaltens nach § 42 TKG (2004) 126
Abb. 45: Ausgewählte Beispiele regulatorischer Entscheidungen in Deutschland 130
Abb. 46: Markt für Informationstechnik und Telekommunikation (IKT) 2005-2009 (absolut und in Prozent) 134
Abb. 47: IKT-Wachstum und -Marktvolumen 2005-2008 nach Regionen (in Prozent) 134
Abb. 48: Anteil der IKT-Ausgaben am Bruttoinlandsprodukt in 2006 (in Prozent) 135
Abb. 49: Anteil Deutschlands am weltweiten Telekommunikationsmarkt (in Prozent) 136
Abb. 50: Die TK-Dienste stellen den größten Teilmarkt dar 137
Abb. 51: Anzahl der Telefonhauptanschlüsse (in Millionen) 1993 bis 2007 138
Abb. 52: Verbindungskosten im Festnetz 2003 bis 2006 in Euro 138
Abb. 53: Anzahl der Telefonhauptanschlüsse 2003 bis 2005 in Europa (in Millionen) 139
Abb. 54: Telefonanschlüsse weltweit je 100 Einwohner in ausgewählten Ländern in 2001 und 2007 (in Prozent) 140
Abb. 55: Zahl der ISDN-Kanäle (in Millionen) und Wachstum (in Prozent) in ausgewählten Ländern 2005 141
Abb. 56: Breitbandanschlüsse (in Millionen) nach Regionen 2003 bis 2007 und Prognose für 2010 142
Abb. 57: Zahl der weltweiten Mobilfunkteilnehmer 1993 bis 2007 und Prognose bis 2010 (in Millionen) 142
Abb. 58: Anzahl der weltweiten Mobilfunkteilnehmer 2001 bis 2007 nach Regionen (in Prozent) 143
Abb. 59: Verteilung der Hosts im Januar 2008 in Europa (in Prozent) 144
Abb. 60: Entwicklung der Anzahl weltweiter Internetnutzer 2000 bis 2007 (in Millionen und in Prozent) 144
Abb. 61: Entwicklung der Telefonanschlüsse in Deutschland in 1990 bis 1997 145
Abb. 62: Entwicklung der Umsatzerlöse bei Telekommunikationsdiensten 1998 bis 2004 (in Milliarden Euro) 147
Abb. 63: TK-Markt Deutschland 2007 und Prognose für 2008 (in Milliarden Euro und in Prozent) 147
Abb. 64: Umsatzanteile der Deutschen Telekom 2006 im deutschen TK-Markt (in Milliarden Euro) 148
Abb. 65: Telefonkanäle der DTAG und ihrer Wettbewerber 1998 bis 2004 (in Millionen und in Prozent) 149
Abb. 66: Verbindungsminuten pro Tag im deutschen Festnetz (in Millionen) 149
Abb. 67: Breitbandpenetration im September 2007 in ausgewählten Ländern (in Prozent) 151
Abb. 68: Breitbandentwicklung in Deutschland nach DSL- und sonstigen Technologien (in Millionen) 151
Abb. 69: DSL-Wettbewerb – Anschlüsse und Marktanteile in Deutschland (in Millionen und in Prozent) 152
Abb. 70: Zahl der Mobilfunkteilnehmer (in Millionen) und Penetrationsrate (in Prozent) von 1990 bis 2007 153

Abb. 71:	Marktanteilsentwicklung der Netzbetreiber von 2000 bis zum dritten Quartal 2007 (in Prozent)	154
Abb. 72:	Preisentwicklung bei Discountanbietern im Mobilfunk von Juni bis Dezember 2005	155
Abb. 73:	Mobilfunknutzer in Deutschland nach Altersgruppen in 2007	155
Abb. 74:	Entwicklung der Internetnutzer in Deutschland 2002 bis 2007 (in Prozent)	158
Abb. 75:	Nutzungsschwerpunkte beim Internet 2007 in Deutschland (in Prozent)	158
Abb. 76:	Umsatzentwicklung bei E-Commerce in Deutschland von 2002 bis 2004 (in Milliarden Euro)	159
Abb. 77:	Umsatzentwicklung (in Milliarden Dollar) bei E-Commerce in ausgewählten Ländern	160
Abb. 78:	B2C-Umsätze 2007 in Deutschland nach Produktkategorien (in Milliarden Euro)	161
Abb. 79:	B2C-Umsätze 2006 in Deutschland nach Produktkategorien (in Milliarden Euro)	161
Abb. 80:	Internetbasierte Kommunikationsverfahren bei Ubiquitous Commerce	163
Abb. 81:	Übersicht der E-Government-Vorhaben in Deutschland	165
Abb. 82:	Marktentwicklung bei VoIP in Deutschland 2001 bis 2007 (in Prozent)	166
Abb. 83:	Arbeitsmarktentwicklung im deutschen Telekommunikationsmarkt – 1998 bis März 2007	169
Abb. 84:	Herausforderungen und Lösungsansätze für TIMES-Unternehmen	172
Abb. 85:	IP verbindet die Konvergenz von Technologien und Bedürfniswelten	174
Abb. 86:	Einstieg in das Telefonieren mit dem eigenen Handy bei Kindern (in Prozent)	177
Abb. 87:	Auskommen mit einem Guthaben von 15 Euro bei Kindern und Jugendlichen (in Prozent)	178
Abb. 88:	Altersstruktur der arbeitsfähigen Bevölkerung (in Prozent)	180
Abb. 89:	Die vier Perspektiven der Balanced ScoreCard	185
Abb. 90:	Kaskadierung der Ziele mit der BSC-Methode	186
Abb. 91:	Die vier Elemente des Konzernleitbildes 1998	190
Abb. 92:	Elemente des erweiterten Konzernleitbildes 1999	197
Abb. 93:	Die vier Säulen am TIMES-Markt	200
Abb. 94:	Kooperation zwischen Produkt- und Kundenperspektive	201
Abb. 95:	Konzern- und Divisionsziele 2003	210
Abb. 96:	Die strategische Agenda der T-Com für 2003	211
Abb. 97:	Ziele und deren Gewichtung für die Divisionen in 2004	213
Abb. 98:	Die drei strategischen Geschäftsfelder der Telekom	214
Abb. 99:	Vision und Auftrag der Deutschen Telekom in 2007	219
Abb. 100:	Die vier Kernkompetenzen der Deutschen Telekom 2007	220
Abb. 101:	Auswertungsübersicht aus dem Preiskalkulationssystem KOMFORT	226
Abb. 102:	Verteilung der 1996 emissionierten Aktien und die Entwicklung bis 1999	228
Abb. 103:	Verteilung der Aktien nach dem zweiten Börsengang 1999 (in Millionen und in Prozent)	230
Abb. 104:	Allgemeine Daten zur T-Aktie	231
Abb. 105:	Aktionärsstruktur der Deutschen Telekom AG (in Prozent)	232
Abb. 106:	Jährlicher Personalbestand und -abbau Deutsche Telekom AG von 1994 bis 2006	239
Abb. 107:	Geplanter konzernweiter Personalabbau für die Jahre 2006 bis 2008 (in Tausend FTE)	240
Abb. 108:	Konzernweit Beschäftigte im Durchschnitt bei der Deutschen Telekom im 1. Halbjahr 2008	241

Abbildungsverzeichnis

Abb. 109: Entwicklung des Gesamteinkommens bei Angestellten der T-Service-Gesellschaften (in Prozent) 242
Abb. 110: Notwendige Veränderungen bei der Zusammenarbeit 245
Abb. 111: Ziele beim Projekt F@irtrauen 249
Abb. 112: Die Offensiven der Agenda 2004 251
Abb. 113: Das Excellence Programm im Überblick 257
Abb. 114: Die Wachstumsprogramme je Konzerneinheit 258
Abb. 115: Themen bei Re-Invent 258
Abb. 116: Initiativen und Projekte bei Focus on Growth 264
Abb. 117: Überblick Gesamtprozess Performance Management 274
Abb. 118: Festlegung von Zielkorridoren und Erfolgsparameter 275
Abb. 119: Rahmenarchitektur zur Entwicklung von Fachkräften über Fachkarrieren 276
Abb. 120: Strategische Ziele zur Einführung des Neuen Bewertungs- und Bezahlungssystems ..280
Abb. 121: Das Zusammenspiel von Produkt- und Kundensegmentmanagement 281
Abb. 122: Aufgaben des produktmarktübergreifenden Kundensegmentmanagements 282
Abb. 123: Rollenverteilung und Verantwortlichkeiten zwischen Produktmarkt und Kundensegment 282
Abb. 124: Die drei Kernelemente der HR-Mission 284
Abb. 125: Befähiger- und Ergebniskriterien des EFQM-Modells 293
Abb. 126: Das erste Kernprozessmodell der Deutschen Telekom 298
Abb. 127: Darstellung der Prozessebenen am Beispiel des Kernprozesses 12 (Personalmanagement) 299
Abb. 128: Die Top-Level-Ebene des strategischen Prozessmodells eTOM 300
Abb. 129: Tiefere Level-Ebene bei eTOM mit Sicht der Prozessschnittstellen und der Line of Visibility 302
Abb. 130: Struktur des Personalressorts vor und nach Einführung des Personalreferentensystems 303
Abb. 131: Die vier Einflussgrößen für den Changeprozess 1999 bei den Personalressorts 304
Abb. 132: Prozessablauf bei NICE für die Bereitstellung des Anschlusses 305
Abb. 133: Grundstruktur der Generaldirektion Telekom vor und nach Telekom Kontakt 308
Abb. 134: Alte und neue regionale Einteilung des Bereichs Netzinfrastruktur 320
Abb. 135: Zusammenhänge zwischen organisatorischen Meilensteinen und Eingangshypothesen 331
Abb. 136: Regeln zur Interaktion zwischen Zentrale und Divisionen 342
Abb. 137: Regeln zur Interaktion der Divisionen untereinander 343
Abb. 138: Marktanteile des Wettbewerbs im Ortsnetz (in Prozent) 347
Abb. 139: Marktanteile bei Breitband (in Prozent) 348
Abb. 140: Effizienzrückstände im Vergleich zum Wettbewerb (in Prozent; Benchmark = 100 Prozent) 350

Abkürzungsverzeichnis

§	Paragraf
&	und
a.M.	am Main
A2A	Administration-to-Administration
A2B	Administration-to-Business
A2C	Administration-to-Consumer
Abb.	Abbildung
Abs.	Absatz
ADSL	Asymmetric Digital Subscriber Line
AG	Aktiengesellschaft
AOL	America Online Incorporation
Ap	Arbeitsposten
ART	Autorité de régulation des télécommunications
Art.	Artikel
AT&T	American Telephone and Telegraph Company
Aufl.	Auflage
aVp	andere Vertreterposten
B2A	Business-to-Administration
B2B	Business-to-Business
B2C	Business-to-Consumer
BAPostG	Gesetz über die Einrichtung einer Bundesanstalt für Post und Telekommunikation Deutsche Bundespost (Bundesanstalt Post-Gesetz)
BAPT	Bundesanstalt für Post und Telekommunikation
BAT	Bundesangestelltentarifvertrag
BBesG	Bundesbesoldungsgesetz
BBG	Bundesbeamtengesetz
Bd.	Band
BesGr	Besoldungsgruppe
BGB	Bürgerliches Gesetzbuch
Bitkom	Bundesverband Informationswirtschaft, Telekommunikation und neue Medien e.V.
BMPT	Bundesministerium für Post und Telekommunikation
BNetzA	Bundesnetzagentur
BOCs	Bell Operating Companies
BPO	Business Process Outsourcing
BRIC	Brasilien, Russland, Indien und China
BS	Business Services

BSC	Balanced ScoreCard
bspw.	beispielsweise
BT	British Telecom
Btx	Bildschirmtext
BZT	Bundesamt für Zulassungen in der Telekommunikation
bzw.	beziehungsweise
C2A	Consumer-to-Administration
C2B	Consumer-to-Business
C2C	Consumer-to-Consumer
ca.	circa
CDU	Christlich Demokratische Union
Corp.	Corporation
CRM	Customer Relationship Management
CSU	Christlich-Soziale Union
D-Netze	digitale Netze
DBP	Deutsche Bundespost
DCS	Digital Cellular System
DDR	Deutsche Demokratische Republik
DECT	Digital Enhanced Cordless Telecommunication
DELKOS	Dezentrale Leistungs- und Kostenrechnung
DFÜ	Datenfernübertragung
DIN	Deutsches Institut für Normung e.V.
DM	Deutsche Mark
DPG	Deutsche Postgewerkschaft
Dr.	Doktor
DSL	Digital Subscriber Line
DTAG	Deutsche Telekom AG
DTKS	Deutsche Telekom Kundenservice GmbH
DTNP	Deutsche Telekom Netzproduktion GmbH
DTTS	Deutsche Telekom Technischer Service GmbH
DVB-H	Digital Video Broadcasting - Handhelds
DVp	Dauervertreterposten
e.V.	eingetragener Verein
E-Commerce	Electronic Commerce
E-Government	Electronic Government
E-Mail	Electronic Mail
E^3	Effizienzsteigerung, Ergebnisverbesserung, Entschuldung

E2B	Employee-to-Business
EBIT	Earnings before interests and taxes
EBITDA	Earnings before interests, taxes, depreciation and amortization
EFQM	European Foundation for Quality Management
EG	Europäische Gemeinschaft
ELSTER	Elektronische Steuererklärung
EMS	Enhanced Message Service
EMVG	Gesetz über elektromagnetische Verträglichkeit von Betriebsmitteln
ErGO	Ergebnisorientierte Gemeinkostenoptimierung
ERP	Enterprise Resource Planning
ES	Enterprise Services
et al.	et alii
etc.	et cetera
eTOM	enhanced Telecom Operations Map
ETSI	European Telecommunications Standards Institute
EU	Europäische Union
EVA	Economic Value Added
evtl.	eventuell
f.	für
F&E	Forschung & Entwicklung
FAG	Gesetz über Fernmeldeanlagen (Fernmeldeanlagengesetz)
FAnl.	Fernmeldeanlagen
FCC	Federal Communications Commission
FDP	Freie Demokratische Partei
FTE	Full Time Equivalent
FTEG	Gesetz über Funkanlagen und Telekommunikationseinrichtungen
FTZ	Fernmeldetechnisches Zentralamt; Forschungs- und Technologie Zentrum
GB	Geschäftsbereich
GB IN	Geschäftsbereich International
gem.	gemäß
GEZ	Gebühreneinzugszentrale
GG	Grundgesetz
ggf.	gegebenenfalls
GHS	Group Headquarter and Shared Services
GK	Geschäftskunden
GLONASS	Globales Navigations-Satelliten-System
GmbH	Gesellschaft mit beschränkter Haftung

GPRS	General Packet Radio Service
GPS	Global Positioning System
GSM	Global System for Mobile Communications
HDTV	High Definition Television
High TEC	High Telekom Excellence Culture
HQ	Headquarters (Deutsche Telekom)
HR	Human Resources
Hrsg.	Herausgeber
HSDPA	High Speed Downlink Packet Access
i.d.R.	in der Regel
i.V.m.	in Verbindung mit
IBM	International Business Machines (Corporation)
ICT	Information and Communications Technology
IKT	Informations- und Kommunikationstechnologie
ILO	International Labour Organization
Inc.	Incorporated
inkl.	inklusive
IP	Internetprotokoll
IQP	Innovation, Qualität und Professionalität
ISDN	Integrated Services Digital Network
ISO	International Organization for Standardization
ISP	Internet Service Provider
IT	Informationstechnologie
ITU	International Telecommunication Union
IV	Informationsverarbeitung(s)
KDD	Kokusai Denshin Denwa
KfW	Kreditanstalt für Wiederaufbau
KGF	Konzerngeschäftsfeld
KOMFORT	Kalkulationssystem für marktorientierte Telekompreise
KORP	Kundenorientiertes Ressort Personal
KrGr	Kräftegruppe
KSC	Konzernservicecenter
LDC	Lizensierte Diensteanbieter / Carrier
Ltd.	Limited
LTE	Long Term Evolution
M-Commerce	Mobile Commerce
MCI	Microwave Communications Incorporated

Mio.	Millionen
MMS	Multimedia Messaging Service
Mrd.	Milliarden
NBBS	Neues Bewertungs- und Bezahlungssystem
NGN	Next Generation Network
NICE	Netinfrastructure Customer Engineering
Nr.	Nummer
NTT	Nippon Telegraph and Telephone Corporation
o.g.	oben genannte(n)
o.J.	ohne Jahresangabe
o.S.	ohne Seitenangabe
o.V.	ohne Verfasserangabe
o.Verl.	ohne Verlagsangabe
OCCs	Other Common Carriers
OECD	Organisation for Economic Co-operation and Development
OFDM	Orthogonal-Frequency-Division-Multiplexing
OFTEL	Office of the Telecommunications Regulator
OLED	Organic Light Emitting Diode
OTE	Hellenic Telecom
PC	Personal Computer
PERBES V	Personalbewirtschaftungssystem – Vertreterbedarfsberechnung
PERFORM	Projekt für erfolgreiche organisatorische Rollen und Methoden der Zusammenarbeit
PK	Privatkunden
PLVG	Gesetz zur Vereinfachung des Planverfahrens für Fernmeldelinien
PM	Projektmanagement
POI	Point(s) of Interconnection
POP	Point(s) of Presence
PostG	Gesetz über das Postwesen (Postgesetz)
PostPersRG	Gesetz zum Personalrecht der Beschäftigten der früheren Deutschen Bundespost (Postpersonalrechtsgesetz)
PostStrukG	Gesetz zur Neustrukturierung des Post- und Fernmeldewesens und der Deutschen Bundespost (Poststrukturgesetz)
PostSVOrgG	Gesetz über die Träger der gesetzlichen Sozialversicherung im Bereich der früheren Deutschen Bundespost (Postsozialversicherungsorganisationsgesetz)
PostUmwG	Gesetz zur Umwandlung der Unternehmen der Deutschen Bundespost in die Rechtsform der Aktiengesellschaft (Postumwandlungsgesetz)
PostVerfG	Gesetz über die Unternehmensverfassung der Deutschen Bundespost (Postverfassungsgesetz)
PostVerwG	Gesetz über die Verwaltung der Deutschen Bundespost (Postverwaltungsgesetz)

PRISMA	Projekt zur Innovation und Neuausrichtung der HR-Funktionen
Prof.	Professor
PRS	Premium Rated Services
PSA	Personalservice-Agentur
PTNeuOG	Gesetz zur Neuordnung des Postwesens und der Telekommunikation (Postneuordnungsgesetz)
PTRegG	Gesetz über die Regulierung der Telekommunikation und des Postwesens
PTSG	Gesetz zur Sicherstellung des Postwesens und der Telekommunikation
PTStiftG	Gesetz zur Errichtung einer Museumsstiftung Post und Telekommunikation
PUC	Public Utility Commission
RegTP	Regulierungsbehörde für Telekommunikation und Post
ROCE	Return On Capital Employed
S.	Seite
SCCs	Specialized Common Carriers
SGF	Strategisches Geschäftsfeld
SIM	Subscriber Identity Module
SLIM	Struktur- und Prozessanalysen in den Betrieben zur Identifikation markterforderlicher Kostenreduzierungen
SME	Strategische Managementeinheit
SMH	Strategische Management Holding
SMILE	Service, Montage, Information und Lenkung
SMS	Short Message Service
SoHo	Small offices – Home offices
SPD	Sozialdemokratische Partei Deutschlands
STEP up!	Systematic and Transparent Executive Development Program
T	Telekom
T-DSL	Telekom – Digital Subscriber Line
TC	telecommunication
TEMPO	Telekom Erfolg durch Maßnahmen zur Prozessorganisation
TEntgV	Telekommunikations-Entgeltregulierungsverordnung
TIMES	Telecommunications, Information Technology, Media and Entertainment, Security Technology
TK	Telekommunikation(s)
TKÄndG	Gesetz zur Änderung telekommunikationsrechtlicher Vorschriften
TKG	Telekommunikationsgesetz
TKV	Telekommunikations-Kundenschutzverordnung
TMWD	Telefonmehrwertdienste
TNV	Telekommunikations-Nummerierungsverordnung

TPG	T-Punkt Vertriebsgesellschaft
TQM	Total Quality Management
Tsd.	Tausend
TV	Television (Fernsehen)
TVöD	Tarifvertrag öffentlicher Dienst
TWG	Telegraphenwegegesetz
u.a.	unter anderem
U-Commerce	Ubiquitous Commerce
UK	United Kingdom
UMTS	Universal Mobile Telecommunication System
US	United States
USA	United States of America
usw.	und so weiter
v.	von
VATM	Verband der Anbieter von Telekommunikations- und Mehrwertdiensten e.V.
VDSL	Very High Speed Digital Subscriber Line
ver.di	Vereinigte Dienstleistungsgewerkschaft
vgl.	vergleiche
VoIP	Voice over Internet Protocol
VPN	Virtuell Private Network
vs.	versus
VSE	Very Small Enterprise(s)
vzbv	Verbraucherzentrale Bundesverband e.V.
WAP	Wireless Application Protocol
WLAN	Wireless Local Area Network
WTO	World Trade Organization
z.B.	zum Beispiel
ZAT	Zentrale Aufgaben Telekom
ZIA	Zentraler Interessenausgleich
ZNI	Zukunft Netzinfrastruktur
ZZF	Zentralamt für Zulassungen im Fernmeldewesen

Einführung

Im Zuge der rasanten Entwicklung des technologischen Fortschritts auf dem Gebiet der Telekommunikation sowie der weltweiten Globalisierung lassen sich weitgespannte Phänomene hinsichtlich eines strukturellen und gesellschaftlichen Wandels beobachten. Dabei vollzieht sich gegenwärtig die gesellschaftliche Transformation von einer insbesondere bis zum Ende der achtziger Jahre des letzten Jahrhunderts geprägten Industriegesellschaft hin zu einer Wissensgesellschaft.

Bereits in den siebziger und achtziger Jahren des 20. Jahrhunderts wurden der Einfluss und die Auswirkungen der Technokratisierung auf die gesellschaftliche Entwicklung im Allgemeinen und das Individuum im Besonderen kontrovers diskutiert. Der technologische Fortschritt selbst ist ein integraler Bestandteil gesellschaftlicher Prozesse und beeinflusst Produkte, Märkte, Strukturen und Verhaltensweisen.

Die Telekommunikation, die sich zu einem komplexen soziotechnischen System entwickelt hat, tangiert nahezu alle gesellschaftlichen Subsysteme und steht mit diesen in einem Verhältnis der gegenseitigen Wechselwirkung. Innovationen im Bereich der Telekommunikation, die in den letzten Jahren eine wesentliche Beschleunigung erfahren haben, wirken sich auf verschiedene Bereiche der Gesellschaft, der Arbeitswelt und des privaten Lebens aus. Damit kommt der Telekommunikation in Verbindung mit dem technologischen Fortschritt die Doppelrolle als Auslöser und Beschleuniger sowohl der technologischen Innovationen selbst als auch des gesellschaftlichen Wandels zu. Die weltweite Globalisierung begünstigt darüber hinaus einerseits die Entwicklung der Technologien, Produkte und Märkte der Telekommunikation und wird andererseits durch die Telekommunikation vorangetrieben.

Die adäquaten Informations- und Kommunikationstechnologien sind aus dem Leben des modernen Menschen nicht mehr wegzudenken. Digitalisierung, Electronic Commerce, Internet, Breitband oder Wireless LAN sind nur einige Schlagworte der Wissensgesellschaft, bei der Informationen und Wissen, begünstigt durch die Konvergenz der Technologien selbst, unabhängig von Zeit und Raum zur Verfügung stehen.

Mit der Schaffung der strukturellen Voraussetzungen für den Prozess der Transformation von einer Industrie- zu einer Wissensgesellschaft durch die Liberalisierung bisheriger monopolgeprägter Telekommunikationsmärkte und die Entwicklung des Wettbewerbs in diesen Segmenten, die in Deutschland durch die Postreformen der neunziger Jahre sowie der Deregulierung des Marktes gekennzeichnet ist und weltweit in unterschiedlichen Maßen vollzogen ist und wird, wurde ein Prozess in Gang gesetzt, der heute als Revolution der Informations- und Kommunikationstechnologie bezeichnet werden kann.

Die Transformation von behördlich geprägten Organisationen, insbesondere auf dem Gebiet der Telekommunikation, hin zu privatwirtschaftlichen Unternehmen, die nunmehr in den Märkten einem schonungslosen Wettbewerb ausgesetzt sind, übt einen Einfluss auf das Lernen, Arbeiten und Verhalten von Menschen und in Organisationen aus. Zielsetzungen und Aufgaben öffentlich rechtlicher Institutionen differieren im Vergleich zu privatwirtschaftlichen, markt- und kundenorientierten Unternehmen.

Problemstellung der Arbeit

Innerhalb des Unternehmens Deutsche Telekom wurden in den letzten Jahren, bedingt durch die Postreformen I in 1990 und II in 1995 sowie seit der Gründung der Aktiengesellschaft zum 01.01.1995 als gesetzesmäßige Voraussetzungen, eine Vielzahl von Maßnahmen und Aktionen initiiert, die den Wandel der Deutschen Telekom von einer Behörde zu einem markt- und kundenorientierten Unternehmen unterstützen sollten und belegen.

Die Darstellung des internen und externen Transformationsprozesses von der Behörde Deutsche Bundespost zu dem Unternehmen Deutsche Telekom AG inklusive der gesellschaftlichen, rechtlichen und marktlichen Rahmenbedingungen ist der Nukleus dieser Arbeit.

Zur Klärung der Frage, ob und inwieweit die Transformation der Deutschen Telekom von einer Behörde zu einem markt- und kundenorientierten Unternehmen vollzogen worden ist, trägt die Bewertung folgender Hypothesen bei:

- Hypothese I: Die Deutsche Telekom hat den Wandel von einer Behörde zu einem markt- und kundenorientierten Unternehmen vollständig vollzogen.

  Aus dieser Hypothese werden aufgrund ihres umfassenden Aussageinhalts drei Subhypothesen abgeleitet:

  - Hypothese Ia: Die Kapitalmarktorientierung dominiert im maßgeblichen Sinne die Ausrichtung und Strategie des Unternehmens Deutsche Telekom AG, die ursprüngliche ordnungspolitische Ausrichtung spielt keine Rolle mehr.
  - Hypothese Ib: Die Deutsche Telekom hat ihre Monopolstellung auf dem deutschen Telekommunikationsmarkt in eine marktorientierte und -beherrschende Position gewandelt.
  - Hypothese Ic: Die Telekom hat den Wandel zu einem kundenorientierten Unternehmen sowohl strategisch als auch in der praktischen Umsetzung abgeschlossen.

- Hypothese II: Die Telekom agiert bei ihrer personellen und strukturellen Gestaltung autonom.
- Hypothese III: Die Entwicklung der strategischen Grundorientierung der Deutschen Telekom stellt sich über den Betrachtungszeitraum von 1995 bis 2008 stringent und konsequent an den externen Einflüssen orientiert dar.
- Hypothese IV: Es ist der Deutschen Telekom gelungen, die notwendigen Transformationen auch im Innenverhältnis (prozessuale und strukturelle Ausrichtung, Mitarbeiterorientierung, Personalanpassungen und Kulturwandel) zu realisieren. Häufig werden Formen der indirekten Unternehmenssteuerung, die mit Hilfe von Kennzahlen gewonnen werden, zu einem Vergleich mit internen oder externen Konkurrenzen verbunden. Dadurch verschwimmen die Grenzen des Unternehmens intern zwischen Markt und Hierarchie.

Diese Hypothesen repräsentieren in Summe eine positive Aussage zum Titel der Arbeit. Ein Rückschluss auf einen tatsächlich vollzogenen Wandel ist nur zu konstatieren, wenn alle Hypothesen weitestgehend erfüllt sind. Im Umkehrschluss hängen diese Hypothesen zumindest mittelbar zusammen, was eine gegenseitige Beeinflussung und ein aufeinander Einwirken beinhaltet. Gleichfalls wirken Maßnahmen, Strategien und Programme selten explizit auf eine Hypothese, sondern in der Regel zumindest mittelbar auch auf weitere.

Die Anpassungen der Deutschen Telekom an die externen Rahmenbedingungen werden mittels unternehmensinterner, die (kulturelle) Transformation darlegender Strategien, Programme und Maßnahmen aufgezeigt. Diese werden im Verlauf der Untersuchung an den vorgenannten Hypothesen gespiegelt. Das Ergebnis dieser Arbeit stellt eine Bewertung des Wandels der Deutschen Telekom von einer Behörde zu einem markt- und kundenorientierten Unternehmen anhand dieser Spiegelung dar.

Gang der Untersuchungen

Die vorliegende Arbeit ist in sechs Abschnitte gegliedert, von denen die ersten vier (Kapitel A. bis D.) die wesentlichen unternehmensexternen Rahmenbedingungen des Wandels der Deutschen Telekom von einer Behörde zu einem markt- und kundenorientierten Unternehmen skizzieren. Der Wandel der Telekom selbst ist, unter Bezugnahme auf die externen Rahmenparameter und die Charakteristika eines privatwirtschaftlichen Unternehmens, im Hauptteil (Kapitel E.) dieser Abhandlung dargestellt.

Die Betrachtung endet mit der abschließenden Ergebnisspiegelung und Bewertung der in Kapitel Einführung (Problemstellung der Arbeit) aufgestellten Eingangshypothesen (Kapitel F.). Die Themen dieser sechs Abschnitte sind im Folgenden dargestellt:

- Kapitel A.: Die historische Entwicklung der Telekommunikation und ihre Auswirkungen auf die Gesellschaft und das Individuum
- Kapitel B.: Die Reform des Postwesens als Voraussetzung des Wandels der Deutschen Telekom
- Kapitel C.: Die Regulierung des Telekommunikationsmarktes
- Kapitel D.: Markt- und Wettbewerbsentwicklung der Telekommunikation
- Kapitel E.: Der Binnenwandel der Deutschen Telekom
- Kapitel F.: Abschließende Bewertung des Transformationsprozesses der Deutschen Telekom von einer Behörde zu einem markt- und kundenorientierten Unternehmen

Die Arbeit beginnt mit der Betrachtung der historischen Entwicklung der Telekommunikation und ihrer allgemeinen Auswirkungen auf die Gesellschaft und das Individuum (**Kapitel A.**). Nach einer Begriffsdefinition für die Telekommunikation wird in diesem einleitenden Kapitel die Entwicklung der Telekommunikation bis zu Beginn des und seit dem 20. Jahrhundert dargestellt. Speziell wird an dieser Stelle auf die Entwicklung in Deutschland Bezug genommen. Die Evolution der Digitalisierung und des Mobilfunks sowie deren allgemeine Auswirkungen werden insbesondere hervorgehoben. Desgleichen wird die Bedeutung des Electronic Commerce herausgestellt. Das Aufzeigen des immer rasanter werdenden technologischen Fortschritts und der heutigen Möglichkeiten auf dem Gebiet der Telekommunikation bezeichnet einen Teil der Rahmenbedingungen, denen sich die Deutsche Telekom zu stellen hat(te).

In einem weiteren Abschnitt dieses Kapitels werden nach einer Betrachtung der Telekommunikation als soziotechnisches System der Zusammenhang von Globalisierung und Telekommunikation sowie die Chancen und Risiken der Auswirkungen der Telekommunikation auf Räume und Individuen aufgezeigt. Allgemein sind dabei in Kürze die Auswirkungen auf die Wirtschaft, den Arbeitsmarkt, die Telearbeit, den Verkehr, das Bildungswesen und die Gesellschaft dargestellt.

Insbesondere wird auf die Auswirkungen der Telekommunikation auf Individuen eingegangen. Dargestellt wird hierbei der Umgang der Individuen im Allgemeinen und der gesellschaftlichen Gruppen im Besonderen (wie Kinder, Jugendliche, Erwachsene und ältere Menschen) mit den modernen Errungenschaften der Telekommunikation.

Der Abschnitt schließt mit der Beschreibung der Kernkompetenzen in der Telekommunikation. Einführend werden hierbei die Komplexität der Leistungserstellung bei und die Charakteristika von Telekommunikationsunternehmen sowie die Konvergenz im Bereich der Telekommunikation dargestellt.

Die drei Stufen der Postreform zu Beginn, Mitte und Ende der neunziger Jahre stellten die Voraussetzungen und damit weitere wesentliche Rahmenbedingungen für den Wandel der Behörde Deutsche Bundespost (Telekom) zu dem privatwirtschaftlichen Unternehmen Deutsche Telekom AG dar. Ziele, Inhalte und Ergebnisse dieser Reform sind in **Kapitel B.** explizit dargestellt.

Das Kapitel beginnt zunächst mit einer Erläuterung zu allgemein gültigen Unterschieden von öffentlichen Unternehmen und Behörden im Vergleich zu privaten Unternehmen sowie einigen exemplarischen Interna der Deutschen Bundespost (Telekom) vor Gründung der Deutschen Telekom AG.

Im Anschluss daran werden die Situation der Deutschen Bundespost hinsichtlich ihres Auftrages im Bereich des Fernmeldewesens und die Notwendigkeit der drei Postreformen erläutert. Die Unterkapitel enthalten die Darstellung der Ziele und Ergebnisse der jeweiligen Postreformen sowie bei den Postreformen I und II die entsprechenden Stati der Wettbewerbsintensität auf dem Deutschen Telekommunikationsmarkt danach.

Wurden durch die Postreformen die gesetzesmäßigen Voraussetzungen zur Errichtung der Aktiengesellschaft als neue Rechtsform für die Telekom und für die Liberalisierung des Telekommunikationsmarktes in Deutschland geschaffen, so waren noch die Spielregeln für den liberalisierten Markt sowie für den Umgang zwischen dem traditionellen und zunächst noch monopolbehafteten Anbieter (Telekom) und den Wettbewerbern zu schaffen.

Die Etablierung eines wettbewerbsfähigen Marktes und damit die Zerschlagung des bisherigen Telekommunikationsmonopols war die Aufgabe der Regulierung. Damit stellt die Regulierung ebenfalls wesentliche Rahmenparameter für Handlungsweisen und Veränderungen im Zeitablauf der Deutschen Telekom dar. Diesem Thema widmet sich das **Kapitel C.** zunächst mit einer Erläuterung zu Zielsetzungen, Grundprinzipien und Instrumenten bei der Regulierung von Telekommunikationsmärkten. Des Weiteren wird der internationale Trend zur Privatisierung der Telekommunikationsunternehmen und -märkte unter der Nutzung regulierungstechnischer Instrumente am Beispiel ausgewählter Länder betrachtet. Das Kapitel schließt mit der Darstellung der Regulierungspraxis in Deutschland.

Als eine weitere unternehmensexterne Rahmenbedingung, die den Wandel der Telekom vermehrt beeinflusst, können der rasante technologische Fortschritt und die Wettbewerbsentwicklung auf dem weltweiten und nationalen Telekommunikationsmarkt – auch beeinflusst durch die Marktregulierung – identifiziert werden.

Diese Thematik beinhaltet die Betrachtung in **Kapitel D.** Im ersten Teil dieses Kapitels steht die Entwicklung des weltweiten Telekommunikationsmarktes im Vordergrund. Daran schließt sich die chronologische und telekommunikationsdiensteorientierte Betrachtung der Markt- und Wettbewerbsentwicklung in Deutschland an. In einem anschließenden Unterkapitel wird ein Ausblick auf die mögliche Entwicklung der Telekommunikation und deren Technologie für die nächsten Jahre und Jahrzehnte gegeben.

Den Kern der vorliegenden Arbeit bildet das **Kapitel E.** mit der thematischen – und innerhalb der Themen chronologischen – Beschreibung der internen Transformation des Unternehmens Deutsche Telekom AG von einer Behörde zu einem markt- und kundenorientierten Unternehmen. Die Gliederung für die umfangreichen Aktionen und Maßnahmen bei der Deutschen Telekom innerhalb eines betrachteten Zeitraums von ca. vierzehn Jahren orientiert sich hierbei an den Feldern der Balanced ScoreCard, einem Instrument zur Unternehmensführung und -steuerung.

Nachfolgend sind die der Balanced ScoreCard nachempfundenen Themengebiete beziehungsweise Perspektiven, die auch die Unterkapitel des Hauptteils der Arbeit bezeichnen, sowie auszugsweise die wesentlichen betrachteten Oberbegriffe dargestellt:

- Ausgangspunkt: Vision und Strategie
    - ↳ Visionen, Leitbilder, Strategien, Ziele, Handlungs- und Führungsgrundsätze, Normen zur Verhaltenskultur und Wertesysteme der Jahre 1995 bis 2008.
- Die Finanzperspektive
    - ↳ Börsengänge, Entschuldung und Personalumbau.
- Die Perspektive Innovation und Lernen
    - ↳ Strategische Transformationsprogramme, mitarbeiterbezogene Innovations- und Lernprozesse und ausgewählte Beispiele für funktionale Innovations- und Lernprozesse.
- Die Kundenperspektive
    - ↳ Markenmanagement, Kundenbindung und Qualitätsmanagement.
- Die Perspektive der Geschäftsprozesse (und der sich daraus ableitenden Strukturen)
    - ↳ Prozessmanagement und -organisation sowie Meilensteine der Organisation.

Die zahlreichen vorgestellten Programme, Maßnahmen und Projekte in diesem Kapitel sind jeweils den obenstehenden Perspektiven zugeordnet. Da die Felder der Balanced ScoreCard eng miteinander verwoben sind und sich ergänzen, hätten vielfach einzelne Themen durchaus auch anderen Perspektiven zugeordnet werden können, da sie oftmals verschiedene Aspekte (oder Perspektiven) wie zum Beispiel Kunden- und Finanzthemen gleichzeitig beinhalten. Die Zuordnung zu der jeweiligen Perspektive erfolgt in diesen Fällen grundsätzlich nach der Kernabsicht beziehungsweise der perspektivischen Stoßrichtung der einzelnen Programme, Projekte und Maßnahmen.

Innerhalb dieses Kapitels wird dabei oftmals auf den Zusammenhang der in den voranstehenden Kapiteln, die die oben erwähnten Voraussetzungen und externen Einflussfaktoren wie historische und technologische Entwicklung der Telekommunikation sowie deren Einfluss auf Individuen, Postreform, Regulierung und Marktentwicklung enthalten, direkt oder indirekt eingegangen. Desgleichen wird vorausschauend auf die Richtigkeit der eingangs in Kapitel Einführung (Gang der Untersuchungen) aufgestellten Hypothesen Bezug genommen.

Die Arbeit endet mit der abschließenden Bewertung dieser Hypothesen in **Kapitel F.**

A. Die historische Entwicklung der Telekommunikation und ihre Auswirkungen auf die Gesellschaft und das Individuum

1 Die allgemeine Bedeutung der Telekommunikation

Der Begriff Telekommunikation setzt sich aus zwei Wörtern zusammen. Dem griechischen Wort Tele liegt die Bedeutung im Sinne von weit, fern zugrunde. Das Wort Kommunikation bedeutet soviel wie Verständigung untereinander.

Kommunikation in ihrer allgemeinsten Form kann als jede gerichtete oder nicht gerichtete Handlung einer oder mehrerer Personen, die Wahrnehmung, Gefühl, Empfindung, Denken und Handeln einer oder mehrerer Personen in beabsichtigter und unbeabsichtigter Weise beeinflusst, definiert werden.[1] Somit ist sie der Prozess, in dem und durch den Individuen ihr Verhältnis zueinander herstellen und definieren.[2] Mit Hilfe der Telekommunikation kann die Verständigung über große Distanzen hinweg praktiziert werden.

Die Telekommunikation kann heute als ein komplexes, soziotechnisches System angesehen werden.[3] Durch die Koppelung des technischen und institutionellen Aspekts tangiert die Telekommunikation fast alle gesellschaftlichen Subsysteme und steht mit diesen in einem Verhältnis der gegenseitigen Wechselwirkung. Eine Veränderung der Telekommunikation, wie sie mit der raschen Evolution der letzten Jahre erfolgt ist, hat folglich immense Auswirkungen auf verschiedene Bereiche der Gesellschaft, der Arbeitswelt und des privaten Lebens.

Um zu zeigen, welche Bedeutung die Telekommunikation hat, ist es zunächst wichtig, die grundlegende Bedeutung der Kommunikation selbst zu erläutern. Die zentrale Rolle der Kommunikation in unserer Gesellschaft wird deutlich, wenn man bedenkt, dass sie die Grundvoraussetzung für die Ausübung der meisten Grundrechte ist, die in der Verfassung verankert sind.[4] So wird die Kommunikation als Medium der Persönlichkeitsbildung angesehen. Sowohl die Bildung und Entstehung einer Identität als auch einer Individualität setzt Kommunikation voraus.[5] Die Kommunikation ist von fundamentaler Bedeutung für das selbstständige Lernen und die Herausbildung eigener Werte. Des Weiteren ist sie Voraussetzung für eine politische und demokratische Willensbildung und die Organisation politischen Interesses.[6]

Ohne Kommunikation wäre weder eine wirtschaftliche noch berufliche Betätigung möglich. Vor allem ist die Kommunikation jedoch Grundlage für den privaten Austausch und die gesellschaftliche Integration und damit ein wesentlicher Bestandteil im Leben des Menschen.[7]

Außerhalb der Rufweite ist die Kommunikation auf technische Unterstützung angewiesen. Infolgedessen stellt auch die Telekommunikation eine Voraussetzung für die Wahrnehmung nahezu aller Grundrechte dar. Sie eröffnet neue zeitliche und räumliche Möglichkeiten, beinhaltet aber gleichzeitig neue Begrenzungen, Zwänge und Gefährdungen.

Dabei ist Telekommunikation kein neutrales Medium zur freien Gestaltung der Kommunikation, sondern legt vielmehr Strukturen fest, in denen der Einzelne agieren kann.[8]

---

[1] Vgl. Holder, J., Kommunikation, 1975, S. 4.
[2] Vgl. Holder, J., Kommunikation, 1975, S. 4.
[3] Vgl. Garbe, D.; Lange, K., Zum Stand der Technikfolgeabschätzung in der Telekommunikation, 1991, S. 4.
[4] Vgl. Roßnagel, A., Vom informellen und kommunikativen Selbstbestimmungsrecht, 1989, S. 86.
[5] Vgl. Luhmann, N., Grundrechte als Institution: Ein Beitrag zur politischen Soziologie, 1986, S. 66.
[6] Vgl. Roßnagel, A., Vom informellen und kommunikativen Selbstbestimmungsrecht, 1989, S. 86.
[7] Vgl. Podlech, A., Art. 1 Abs. 1 – Kommentar zum Grundgesetz für die Bundesrepublik Deutschland, 1989, S. 265 f.
[8] Vgl. Roßnagel, A., Vom informellen und kommunikativen Selbstbestimmungsrecht, 1989, S. 86.

2 Die Entwicklung der Telekommunikation bis zu Beginn des 20. Jahrhunderts

2.1 Die Anfänge der Entwicklung

Seit Menschengedenken existieren Nachrichtenübermittlungen über große Distanzen hinweg. Dazu hat man sich von jeher unterschiedlicher Hilfsmittel bedient. Die ältesten Formen bilden hierbei die Übermittlungen mit Hilfe von Kurieren. Darüber hinaus waren Brieftauben ein beliebtes Mittel zur Verbreitung von Informationen. Schneller und ebenso alt ist die Übermittlung mit Hilfe von Rauch und Feuerzeichen[9], wobei hier allerdings die räumliche Distanz beschränkt war, über die Nachrichten übermittelt werden konnten.

Der Ursprung der ersten organisierten Nachrichtenübermittlung liegt in den Anfängen des Postwesens. Diese gehen zurück in das 15. Jahrhundert. Anfangs beschränkte sich der Briefwechsel noch auf staatliche Briefe und Dokumente.[10]

Die Einführung eines Postwesens war besonders wichtig für eine überregionale Verwaltung und damit von grundlegender Bedeutung für das Funktionieren des Staates. Jedoch wurde erst im 19. Jahrhundert ein flächendeckendes Netz von Poststellen eingerichtet, wodurch das Schreiben von Briefen auch für das Volk zum Massenkommunikationsmittel wurde.[11]

Besondere Bedeutung erlangte das Postwesen durch die Industrialisierung, durch die viele Menschen vom Land in die Städte abwanderten. Nur durch die Post war es möglich, den Kontakt zu Familie und Freunden aufrecht zu erhalten. Dabei wurden die im Deutsch-Französischen Krieg eingeführten Postkarten zum Kommunikationsmittel des Volkes.[12]

Etwas komplexer war der Einsatz des so genannten Fackeltelegraphen. In der Praxis wurden hierbei durch die Anzahl und die Stellung der hochgehaltenen Fackeln Buchstaben übermittelt.[13] Ein Relikt dieser Praxis ist heute noch in der Anwendung der Flaggensignale auf Schiffen oder der Windrichtungs- und Warnanzeiger bei Flughäfen erhalten.

Gegen Ende des 18. Jahrhunderts erfand der Franzose Claude Chappe den so genannten Flügeltelegraphen oder Semaphor, den ersten optischen Telegraphen.[14] Dabei konnten die an einem Stab befestigten Latten in fast 200 verschiedene Stellungen gebracht werden, mit deren Hilfe dann Zeichen oder Buchstaben weitergeleitet wurden.

Den ersten Einsatz fand diese Technik auf der Strecke zwischen Lille und Paris.[15] Die Telegraphen wurden in regelmäßigen Abständen aufgestellt, wobei an jedem Standort ein Mann mit einem Fernglas stationiert war, der die Botschaft des vorgeschalteten Telegraphen lesen und daraufhin weitergeben konnte.

Diese Technik ermöglichte die Überbrückung von weiten Distanzen binnen kürzester Zeit.[16] Der Flügeltelegraph konnte sich vor allem in Europa und Russland durchsetzen, wo bis zum Jahr 1800 ganze „Netze" zum Zwecke der Nachrichtenübermittlung aufgebaut worden sind.

---

[9] Die Anfänge der Übertragung von Nachrichten mit Hilfe optischer Mittel wie bspw. Rauch oder Fackeln reicht bis zur Antike zurück (vgl. Reindl, J., Der Deutsch-Österreichische Telegraphenverein und die Entwicklung des deutschen Telegraphenwesens 1850-1971, 1993, S. 27).
[10] Vgl. North, G., Die Post – Ihre Geschichte in Wort und Bild, 1995, S. 31.
[11] Vgl. Probst, E., Das Zeitalter der Lehensposten im 19. Jahrhundert. Thurn und Taxis, 1989, S. 136.
[12] Vgl. North, G., Die Post – Ihre Geschichte in Wort und Bild, 1995, S. 53 und S. 108.
[13] Vgl. Reuter, M., Telekommunikation – Aus der Geschichte in die Zukunft, 1990, S. 15 f.
[14] Vgl. Feyerabend, E., Der Telegraph von Gauß und Weber im Werden der elektrischen Telegraphie, 1933, S. 2 ff.
[15] Vgl. Schneider, V., Die Transformation der Telekommunikation – Vom Staatsmonopol zum globalen Markt (1800 - 2000), 2001, S. 82.
[16] Vgl. Beyrer, K., Die optische Telegraphie als Beginn der modernen Telekommunikation, 1998, S. 15; ebenso Weiher, S. von; Wagner, B., Tagebuch der Telekommunikation: Von 1600 bis zur Gegenwart, 1991, S. 24.

Die nachfolgende Abbildung 1 veranschaulicht die Funktionsweise des Flügeltelegraphen und zeigt das dazugehörige Alphabet.

Abb. 1: Funktionsweise und Alphabet des Flügeltelegraphen von Chappe

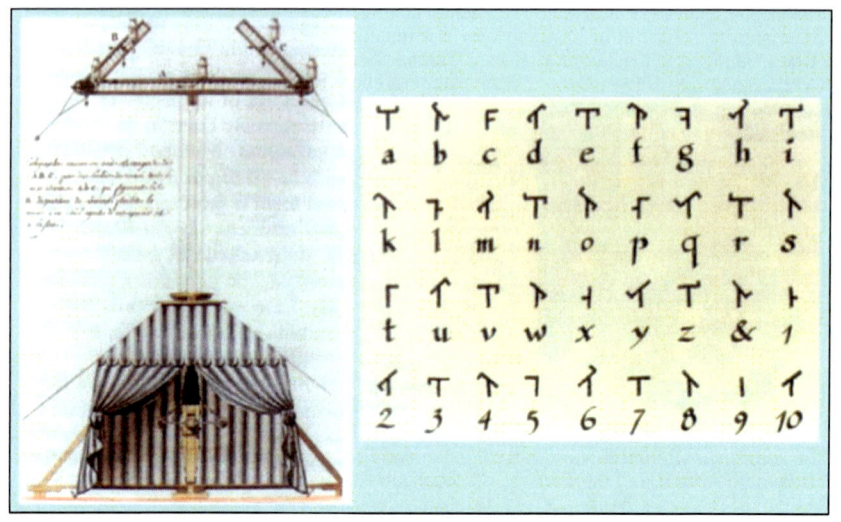

Quelle: Rai.it (Hrsg.), Ein kurzer Überblick über die Entwicklung der Telekommunikation, 2008

Dabei ist der optische Telegraph, dessen großer Durchbruch angetrieben von der Französischen Revolution im Jahr 1793 gelang, vor allem im Krieg von großer Bedeutung[17] gewesen.

Überholt wurde diese Technik schließlich von der immer weiter fortschreitenden technischen Entwicklung und Forschung. Eine Schlüsselrolle nahmen hierbei die Erkenntnisse auf dem Gebiet der Elektrizität und des Magnetismus ein. Auf der Grundlage dieser Forschungserkenntnisse suchte man nach einer Möglichkeit, Informationen in elektrische Signale umzuwandeln und weiterzuleiten. Die Lösung dieses Problems war ein Gerät mit dessen Hilfe lange oder kurze Stromstöße entweder auf einem Papierstreifen sichtbar oder als akustisches Signal hörbar gemacht wurden.[18]

Der elektronische Telegraph war nunmehr ein Mittel, um das seit jeher bei den Menschen bestehende Bedürfnis nach einer schnellen Verständigung über weite Strecken zu verwirklichen.

Die Telekommunikation wurde 1837 durch die Erfindung des Schreibtelegraphen revolutioniert. Der Erfinder dieses Telegraphen, Samuel F. B. Morse, lieferte auch den nach ihm benannten Morsecode.[19] Der Telegraph wurde zum zentralen Mittel der Nachrichtenübertragung.

Durch verschiedene Überarbeitungen und Weiterentwicklungen konnten die Übertragungszeit reduziert und bald mehrere Nachrichten parallel verschickt werden. Noch etwas später war es möglich, die übermittelte Botschaft direkt auszudrucken. Die erste Telegraphenverbindung entstand 1844 auf der Strecke zwischen Washington und Baltimore. Etwa 15 bis 20 Jahre später folgte die erste Kabelverbindung für die Telegraphie zwischen Nordamerika und Europa. Die Übermittlung von Nachrichten hatte eine neue Dimension erreicht.

---

[17] Vgl. Feyerabend, E., Der Telegraph von Gauß und Weber im Werden der elektrischen Telegraphie, 1933, S. 4 f.
[18] Vgl. Feyerabend, E., Der Telegraph von Gauß und Weber im Werden der elektrischen Telegraphie, 1933, S. 10; ebenso Reindl, J., Partikularstaatliche Politik und technische Dynamik: Die drahtgebundene Telegraphie und der Deutsch-Österreichische Telegraphenverein von 1850, 1998, S. 28 f.
[19] Vgl. Reuter, M., Telekommunikation – Aus der Geschichte in die Zukunft, 1990, S. 52.

Die nachfolgende Abbildung 2 zeigt den 1846 technisch verbesserten Telegraphen von Morse.

Abb. 2: Morse-Telegraph von 1846

Quelle: Deutsche Telekom AG (Hrsg.), Die Geschichte der Telekommunikation, 2008, S. 1

Im Jahr 1876 gelang durch die Vorstellung des ersten elektromagnetischen Telefons von Alexander Graham Bell ein zweiter revolutionärer Durchbruch.[20] Damit war die Möglichkeit geschaffen worden, auch akustische Sprachlaute mit Hilfe der Elektrizität zu übermitteln. Die Entfernung, die mit Hilfe dieser Technik überwunden werden konnte, war anfangs noch beschränkt. Durch die Entdeckung der elektromagnetischen Wellen, die eine drahtlose Übermittlung ermöglichen, gelang es bereits 1901 die erste drahtlose Telegraphenverbindung über den Nordatlantik einzurichten.[21] Schon 1915 konnten sowohl der Atlantische als auch der Pazifische Ozean überbrückt werden. Bereits 12 Jahre später fand das erste Telefongespräch zwischen Amerika und Europa statt.[22]

In seinen Anfangszeiten wurde das Telefon ähnlich genutzt wie ein Telegraph, also zur Weitervermittlung von Nachrichten, Anweisungen, Informationen und später auch für Musiksendungen über eine örtliche Distanz hinweg. Mit der Zeit gewann das Telefon aber an interaktiver Bedeutung. Dennoch dauerte es einige Zeit bis sich die Nutzung des Telefons nicht nur im beruflichen, sondern auch im privaten Bereich etablierte. Der private Gebrauch beschränkte sich jedoch zunächst auf die Benutzung im Notfall; erst Ende der 20er Jahre begann man das Telefon im heutigen Sinne privat zu nutzen, wodurch es zum Instrument sozialer Konversation wurde.[23] Dennoch dauerte es lange bis das Telefon zum öffentlichen Massenkommunikationsmittel wurde. So hatten in Deutschland im Jahr 1962, also 80 Jahre nach der Erfindung des Telefons, nur 14 Prozent der Privathaushalte einen Telefonanschluss.[24]

Durch die Einführung des Telefons kam es zu unzähligen Veränderungen im alltäglichen Leben. Es bildete sich eine neue Kommunikationskultur heraus.

---

[20] Vgl. Reuter, M., Telekommunikation – Aus der Geschichte in die Zukunft, 1990, S. 89.
[21] Vgl. North, G., Die Post – Ihre Geschichte in Wort und Bild, 1995, S. 64.
[22] Vgl. Schneider, V., Die Transformation der Telekommunikation – Vom Staatsmonopol zum globalen Markt (1800 - 2000), 2001, S. 83.
[23] Vgl. Hörning, K. H., Das Telefon im Alltag der Technik: Das soziale Verhältnis des Telefons zu anderen Alltagstechniken, 1990, S. 256.
[24] Vgl. Hörning, K. H., Das Telefon im Alltag der Technik: Das soziale Verhältnis des Telefons zu anderen Alltagstechniken, 1990, S. 257.

2.2 Allgemeine Auswirkungen der Entwicklungen des 19. Jahrhunderts

Eine der wichtigsten Auswirkungen der Fortschritte auf dem Bereich der Telekommunikation war und ist das Ansteigen des Kommunikationsaufkommens. Privat ermöglichte es den Menschen in Kontakt zu bleiben, auch wenn sie durch große Entfernungen voneinander getrennt waren. Dieses erhöhte Kommunikationsaufkommen in Verbindung mit neuen Massenkommunikationsmitteln wie z.B. der Zeitung, sorgte dafür, dass die Menschen besser informiert waren.

Sie konnten mitverfolgen, was sich außerhalb ihres Einzugsgebietes ereignete und gewannen durch die Zunahme an Informationen auch die Möglichkeit, ihren Wissenshorizont zu erweitern, wodurch sich die Macht der Bürger innerhalb des Staates vergrößerte. Somit bildeten die neuen Techniken der Kommunikation auch die Grundlage der Veränderungen des Staatswesens, die zu Anfang des 20. Jahrhunderts erfolgten.[25] Mit Hilfe der neuen Kommunikationsmittel wurden die Ereignisse der Welt zum Gesprächsthema für jedermann.

Durch die Entwicklungen des 19. Jahrhunderts wurde der Grundstein für unsere heutige Informationsgesellschaft gelegt. Kommunikation und deren technische Vermittlung haben darüber hinaus einen wichtigen Einfluss auf die Produktivitätserhöhung und auf die Rationalisierung in Verwaltung und Wirtschaft.

Die Beschreitung des technologischen Pfades im 19. Jahrhundert mag aus einem Ansinnen heraus entstanden sein, wie es der Science-Fiction-Autor Stanislaw Lem treffend beschreibt: *„Im Grunde ist jede Technologie eine künstliche Verlängerung des natürlichen Bestrebens des Menschen, seine Umwelt zu kontrollieren und damit nicht im Kampf ums Dasein zu unterliegen"*[26].

Dabei scheinen die zentralen Humanmotive zur Weiterentwicklung der Technologie Kontrolle, Macht, Effektivität und Mobilität zu sein, wie es bereits das 1877 entstandene Bild in der Abbildung 3 impliziert.[27]

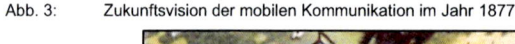

Abb. 3: Zukunftsvision der mobilen Kommunikation im Jahr 1877

Quelle: Zukunftsinstitut GmbH (Hrsg.), Technolution – Die Evolution der Technologie zwischen menschlichen Bedürfnissen und technischen Verheissungen, 2007, S. 20

---

[25] Vgl. Schneider, V., Die Transformation der Telekommunikation – Vom Staatsmonopol zum globalen Markt (1800 - 2000), 2001, S. 50 ff.
[26] Zukunftsinstitut GmbH (Hrsg.), Technolution – Die Evolution der Technologie zwischen menschlichen Bedürfnissen und technischen Verheissungen, 2007, S. 34.
[27] Vgl. Zukunftsinstitut GmbH (Hrsg.), Technolution – Die Evolution der Technologie zwischen menschlichen Bedürfnissen und technischen Verheissungen, 2007, S. 34.

3 Die Entwicklung der Telekommunikation im 20. Jahrhundert in Deutschland

Mit der Erfindung der Verstärkerröhre durch den österreichischen Wissenschaftler Robert von Lieben im Jahr 1906 war die Schaffung der technischen Basis für den Aufbau landesweiter Telekommunikationsnetze weitgehend abgeschlossen.[28]

Die Führung des Fernmeldewesens als staatliche Verwaltung[29] und seine fundamentale Bedeutung für das gesamte gesellschaftliche Leben führten schnell zu einer flächendeckenden Organisation in den meisten europäischen Ländern. Formuliert wurden Daseinsvorsorgeaufträge, nach denen im gesamten Land zu gleichen Konditionen bestimmte Mindestleistungen der Telekommunikation anzubieten waren.

Nach Ende des Zweiten Weltkrieges ging es zunächst um die Beseitigung von Kriegsschäden, insbesondere bei Rundfunksendemasten[30] und Telefonvermittlungsstellen. Desgleichen spielten der Neuaufbau der Hörfunkübertragung und später auch die Einrichtung der Fernsehübertragung eine wesentliche Rolle.

Die politische und wirtschaftliche Entwicklung der fünfziger Jahre erforderte den schnellen Auf- und Ausbau eines modernen Weitverkehrsnetzes.[31] Der rasante Ausbau der Netze führte zu zusätzlichen Einstellungen von Personal aber auch zu hohen Kosten, so dass der Fernmeldebereich der Post in die roten Zahlen rutschte.[32] Beim Inlandsverkehr gehörte das „Fräulein vom Amt" mit der Einführung des Selbstwählferndienstes 1955 zur Geschichte.[33]

Der Telefonverkehr entwickelte sich rasant. So stieg bspw. der internationale Telefonverkehr in den Jahren 1964 bis 1980 um ca. 20 Prozent jährlich.[34] Als weitere Meilensteine seien an dieser Stelle die Einführung des interkontinentalen Selbstwählferndienstes in 1970 und die Ortszeitzählung (Zeittarifierung) in 1980 genannt.[35]

Die flächendeckende Präsenz und das flächendeckende Leistungsangebot führten bei der Bundespost zu einem dreistufigen Verwaltungsaufbau mit weitgehend typisierten Organisationseinheiten auf der mittleren und unteren Ebene.[36]

Neben Post und Bahn war die Fernmeldeverwaltung schon bald eine der größten staatlichen Organisationen, in der mehr als 200.000 Menschen landesweit beschäftigt waren. Ende 1988 hatte die Deutsche Bundespost (DBP) insgesamt 561.839 Beschäftigte.[37]

Bis Ende der 80er Jahre war die Geschichte der Fernmeldetechnik weitgehend die Geschichte analoger Signalverarbeitung. Für einzelne Dienste wurden spezifische Netze und Endgeräte bereitgestellt. Die Vermittlung der Gespräche übernahmen in den technischen Vermittlungsstellen elektromechanische Wählsysteme.[38] Ende der 80er Jahre begann auf der Grundlage der sich rasch entwickelnden Rechnertechnik der Übergang von den analogen zu den digitalen Netzen.

---

[28] Vgl. Feyerabend, E., 50 Jahre Fernsprecher in Deutschland – 1877-1927, 1927, S. 9 ff und S. 154 ff; ebenso Sautter, K., Geschichte der Deutschen Post – Teil 3: Geschichte der Deutschen Reichspost (1871 bis 1945), 1951, S. 247 und Fuchs, M., Anfänge der drahtlosen Telegraphie im Deutschen Reich 1987-1918, 1998, S. 129.
[29] Die Bedeutung der Telekommunikation war für den Staat bereits kurz nach der Erfindung des Telefons von so herausragender Bedeutung, dass der Auf- und Ausbau einer Netzinfrastruktur bereits zu Beginn als hoheitliche Aufgabe gesehen wurde (vgl. Feyerabend, E., 50 Jahre Fernsprecher in Deutschland – 1877-1927, 1927, S. 197 ff).
[30] Vgl. Kaiser, W., Die Weiterentwicklung der Telekommunikation seit 1950, 1998, S. 205.
[31] Vgl. DeTeLine GmbH (Hrsg.), Nervenstränge der Telekommunikation, 1996, S. 43.
[32] Vgl. DeTeLine GmbH (Hrsg.), Nervenstränge der Telekommunikation, 1996, S. 44.
[33] Vgl. Deutsche Telekom AG (Hrsg.), Chronik, http://www.t-online.de/cms/star/tele/clic/cc/cc-telekom-00,noNavigation=true.html, 2003.
[34] Vgl. Reuter, M., Telekommunikation – Aus der Geschichte in die Zukunft, 1990, S. 193.
[35] Vgl. Reuter, M., Telekommunikation – Aus der Geschichte in die Zukunft, 1990, S. 193.
[36] Vgl. Sautter, K., Geschichte der Deutschen Post – Teil 3: Geschichte der Deutschen Reichspost (1871 bis 1945), 1951, S. 24 ff.
[37] Vgl. Deutsche Bundespost Telekom (Hrsg.), Telekommunikations-Atlas Land Berlin – Stand und Entwicklung der Telekommunikationsnetze und -dienste der Deutschen Bundespost Telekom, 1989, S. 11.
[38] Vgl. Reuter, M., Telekommunikation – Aus der Geschichte in die Zukunft, 1990, S. 193.

3.1 Die Entwicklung der Digitalisierung

Die Weiterentwicklung der Telekommunikationstechniken im 20. Jahrhundert ist vor allem geprägt von der Digitalisierung der Übertragungs- und Vermittlungstechnik. Das 1969 vom amerikanischen Verteidigungsministerium entwickelte Computernetz[39] wurde 25 Jahre später für jeden zugänglich gemacht und sorgte damit für tief greifende Veränderungen.[40] Das Netzwerk entwickelte sich zum so genannten Information-Superhighway. Es gelang der Übergang von der analogen Übertragungs- und Vermittlungstechnik zu einem digitalen Nachrichtennetz.

Das Internet stellt eine netzbasierte Infrastruktur dar, die weltweit Computer und Computernetzwerke verbindet.[41] Somit bildet das Internet eine Plattform zur Erzeugung, Verarbeitung und Verteilung von Informationen.[42] Bekannte Nutzungsmöglichkeiten sind bspw. das Kommunizieren über E-Mail (Electronic Mail), Sprache (Internettelefonie) oder Chatforen[43] und multimediale Inhalte wie Informieren, Einkaufen, Lernen, Web-TV oder Downloadmöglichkeiten (Musik, Filme, Spiele, etc.) im weltweiten Netz.

Aufgrund der wesentlich höheren Übertragungsqualität entschloss sich die DBP 1979 das Übertragungsnetz einschließlich des Telefonnetzes verstärkt digital auszubauen.[44] Erstmalig angewandt wurde die digitalisierte Vermittlungstechnik dann 1983.[45] Zunächst wurden die Vermittlungs- und die Übertragungstechnik zwischen den Vermittlungsstellen und dann ab 1989 auch die Teilnehmeranschlüsse digitalisiert.[46] Darauf folgte dann der durchgehend digitale Verbindungsaufbau über ISDN (Integrated Services Digital Network) und damit die Optimierung vermittlungstechnischer Abläufe. Der vollständige digitale Ausbau des deutschen Netzes wurde Ende 1997 abgeschlossen.[47]

Das digitale Fernsprechnetz stellte eine revolutionäre technische Innovation dar: *„...Die Vereinigung aller Fernmeldedienste in einem universalen Netz...".*[48] Der ISDN-Datenkanal ist somit transparent für jede Art der Information, nämlich Sprache, Daten und Bilder mit jeweils unterschiedlichen Geschwindigkeiten.[49]

Dabei ermöglicht die ISDN-Technologie eine Fülle von Leistungsmerkmalen[50], weshalb es auch als diensteintegrierendes digitales Netz bzw. als Mehrdienste-Netz bezeichnet wird.[51]

Seit Mitte der 90er Jahre ist die neue Technologie DSL (Digital Subscriber Line) verfügbar.[52] Bei den verschiedenen DSL-Varianten handelt es sich um breitbandige Zugangstechnologien, also Übertragungstechniken zur Überbrückung der letzten Meile zwischen Vermittlungsstelle und Endkunden, die eine wesentlich effektivere Nutzung der Kapazitäten der vorhandenen Kupferdoppeladern ermöglichen als bisherige Technologien.[53]

---

[39] Vgl. Hajer, H.; Kolbeck, R., Internet: Der schnelle Start ins weltgrößte Rechnernetz, 1994, S. 15.
[40] Der 1977 von der Deutschen Bundespost während der Funkausstellung in Berlin vorgestellte Bildschirmtext (Btx), der den Fernseher über das Telefonnetz mit Computern verband, ging 1984 in den Regelbetrieb über. Damit war einer der ältesten Onlinedienste, einschließlich der elektronischen Post, geboren. Mit der Einführung von Btx begann auch das Zeitalter des Homebankings. Vgl. Deutsche Telekom AG (Hrsg.), Chronik, http://www.t-online.de/cms/star/tele/clic/cc/cc-telekom-00,noNavigation=true.html, 2003.
[41] Vgl. Schulte, O. A., Wie interaktiv ist die Nutzung des Internets? Eine Fallstudie zu rezeptiven und kommunikativen Motiven der Internetnutzung, 1999, S. 3.
[42] Vgl. Hajer, H.; Kolbeck, R., Internet: Der schnelle Start ins weltgrößte Rechnernetz, 1994, S. 12.
[43] Newsgroups, Foren und Chats sind Möglichkeiten der Diskussion im Internet.
[44] Vgl. Reuter, M., Telekommunikation – Aus der Geschichte in die Zukunft, 1990, S. 187 ff.
[45] Vgl. DeTeLine GmbH (Hrsg.), Nervenstränge der Telekommunikation, 1996, S. 53.
[46] Vgl. Reuter, M., Telekommunikation – Aus der Geschichte in die Zukunft, 1990, S. 195.
[47] Vgl. Deutsche Telekom AG (Hrsg.), Chronik, http://www.t-online.de/cms/star/tele/clic/cc/cc-telekom-00,noNavigation=true.html, 2003.
[48] Reuter, M., Telekommunikation – Aus der Geschichte in die Zukunft, 1990, S. 194.
[49] Vgl. Martin, H.-E., Kommunikation mit ISDN, Komponenten – Standardisierung – Einsatzmöglichkeiten – Nutzen und Kritik, 1988, S. 93 und Reuter, M., Telekommunikation – Aus der Geschichte in die Zukunft, 1990, S. 194.
[50] Beispiele hierfür sind: Mehrere Telefonnummern auf verschiedene Endgeräte verteilt bei nur einem Anschluss, Übertragung der Rufnummer, zwei gleichzeitig nutzbare Kanäle (z.B. gleichzeitiges Telefonieren und Surfen im Internet), automatischer Rückruf bei besetzt, Anrufweiterschaltung auf einen beliebigen anderen Anschluss, Telefonkonferenz mit bis zu zehn Teilnehmern, etc. (vgl. Viethen, S., ISDN in der Praxis: Telefone und Tk-Anlagen optimal einsetzen, 1998, S. 11 ff).
[51] Vgl. Glaser, W., Von Handy, Glasfaser und Internet – So funktioniert moderne Kommunikation, 2001, S. 275 und Bahr, K. (Hrsg.), Innerbetriebliche Telekommunikation – Praktische Empfehlungen und Anwender-Lösungen für die wirtschaftliche Nutzung von ISDN im Inhaus-Bereich, 1991, S. 23 ff.
[52] Vgl. Kaderali, F.; Schaup, S., Einige Entwicklungstrends der IuK-Technologien, 2001, S. 12.
[53] Vgl. Kaderali, F.; Schaup, S., Einige Entwicklungstrends der IuK-Technologien, 2001, S. 12.

Mit Hilfe der DSL-Technologie können Daten schnell über herkömmliche Kupferdoppeladerleitungen, die ursprünglich für reine Fernsprech- und Fernschreibdienste (Fax) konzipiert waren, übertragen werden.[54] Die Deutsche Telekom startete ihre Breitbandoffensive in 1999.[55] Seither boomt der High Speed-Zugang ins Netz. Im März 2003 hatte die Telekom bereits 3,4 Millionen T-DSL[56]-Kunden; für 5 Millionen interessierte Kunden in den Netzausläufergebieten[57] wurde durch technische Maßnahmen zur Reichweitenerhöhung die Versorgung mit DSL auf bis 4,5 km Entfernung von der Kundenwohnung bis zur Vermittlungsstelle gesteigert.[58]

Augrund der raschen Entwicklungen im Bereich der Glasfaser- und Netztechnik konnte die Übertragungskapazität extrem gesteigert werden und durch die Verbesserung der Netze aufgrund der Standardisierung von ISDN und DSL gelang letztendlich die Aufhebung der Trennung einzelner Netzwerke[59] und somit die Realisierung der globalen Vernetzung.

3.2 Die Auswirkungen der Digitalisierung im Allgemeinen

Die dieser Entwicklung folgenden Auswirkungen auf unsere Kommunikationskultur können mit dem Schlagwort Informations- oder Wissensgesellschaft umschrieben werden. Die Raumwirkung der Telekommunikation hat sich völlig verändert. Räumliche und zeitliche Barrieren wurden überwunden. Es können Informationen jeglicher Art digital kodiert und mit Hochgeschwindigkeit über ein und denselben Kanal in kurzen Zeitintervallen übertragen werden. Dabei spielt es keine Rolle, ob die codierte Information nun Musik, bewegte Bilder (Film), Text oder eine Sprachsequenz darstellt.

Durch Vernetzung, Integration und Interaktivität gelingt es, verschiedene Medien zeitgleich zu nutzen, woraus sich eine Vielfalt von Möglichkeiten der Darstellung von Informationen ergibt. Im Mittelpunkt steht die Integration der Medien Radio, Fernsehen, Computer, Briefpost, Telefon, Telemetrie und sämtlicher Printmedien in einem Medium. Aus dieser Verknüpfung ergibt sich ein einziges Informationszentrum.

Das Vorhandensein von Informationen kann als der wichtigste Faktor der Gesellschaftsentwicklung angesehen werden.[60] Der Begriff der Vernetzung bezeichnet dabei die Möglichkeit, gespeicherte Informationen weltweit zugänglich zu machen, und erlaubt somit die zeitliche und räumliche Flexibilisierung.

Von dieser Entwicklung sind sämtliche Funktionsbereiche der Gesellschaft und unsere kulturellen Alltagsverhältnisse betroffen. Das globale Gesamtwissen wird mit Hilfe des Internet an jedem Ort und zu jeder Zeit verfügbar gemacht.

Der Ort, an dem sich der Betroffene aufhält, wird dabei egalisiert. Die Versorgung mit Informationen erfordert weder beachtliche zeitliche noch monetäre Aufwendungen. Räumliche Distanzen reduzieren sich infolge der globalen Netze auf Null.

---

[54] Vgl. Deutsche Telekom AG (Hrsg.), Chronik, http://www.t-online.de/cms/star/tele/clic/cc/cc-telekom-00,noNavigation=true.html, 2003 und Kaderali, F.; Schaup, S., Einige Entwicklungstrends der IuK-Technologien, 2001, S. 13.
[55] Vgl. Deutsche Telekom AG (Hrsg.), Chronik, http://www.t-online.de/cms/star/tele/clic/cc/cc-telekom-00,noNavigation=true.html, 2003.
[56] T-DSL war der Markenname für DSL bei der Deutschen Telekom. Dabei nutzt die Telekom die Technologie ADSL (Asymmetric Digital Subscriber Line), die sich besonders für Multimediadienste eignet. Parallel zur Datenübertragung kann mit DSL auf derselben Leitung auch telefoniert werden. Vgl. Kaderali, F.; Schaup, S., Einige Entwicklungstrends der IuK-Technologien, 2001, S. 13 f. und Deutsche Telekom AG (Hrsg.), Chronik, http://www.t-online.de/cms/star/tele/clic/cc/cc-telekom-00,noNavigation=true.html, 2003.
[57] Durch Verluste der Datenübertragung (Dämpfung) entlang der Kupferdoppeladern (von der Vermittlungsstelle zum Endkunden) ist die Reichweite, für die eine qualitativ einwandfreie Signalübermittlung gewährleistet werden kann, beschränkt.
[58] Vgl. Deutsche Telekom AG (Hrsg.), Presse, http://www.telekom3.de/de-p/pres/2-pr/2003/03-m/030314-highspeed-internet-ar,templa, 2003.
[59] Vgl. Holznagel, B., Rechtliche Aspekte von Konvergenz und Digitalisierung, 2001, S. 31 f.
[60] Vgl. Stockinger, G.; Stifter, M., Wege in die Informationsgesellschaft – Eine soziologische Vision, 1999, S. 95.

Die nachfolgende Abbildung 4 zeigt die Entwicklung der Internetnutzer in der Bevölkerung von 1997 bis 2007 in Deutschland auf.

Abb. 4: Demographie der Internetnutzer in Deutschland 1997 bis 2007 (in Prozent)

	1997[1]	1998[1]	1999[1]	2000[1]	2001[1]	2002[1]	2003[1]	2003[2]	2004[1]	2004[2]	2005[1]	2005[2]	2006[1]	2006[2]	2007[1]	2007[2]
Gesamt	6,5	10,4	17,7	28,6	38,8	44,1	53,5	51,5	55,3	52,6	57,9	56,7	59,5	57,6	62,7	60,7
männlich	10,0	15,7	23,9	36,6	48,3	53,0	62,6	61,6	64,2	60,4	67,5	66,2	67,3	65,8	68,9	67,1
weiblich	3,3	5,6	11,7	21,3	30,1	36,0	45,2	42,3	47,3	45,4	49,1	48,0	52,4	49,9	56,9	54,8
14-19 Jahre	6,3	15,6	30,0	48,5	67,4	76,9	92,1	87,0	94,7	90,1	95,7	90,1	97,3	96,1	95,8	93,0
20-29 Jahre	13,0	20,7	33,0	54,6	65,5	80,3	81,9	75,5	82,8	79,8	85,3	85,3	87,3	86,0	94,3	94,3
30-39 Jahre	12,4	18,9	24,5	41,1	50,3	65,6	73,1	70,2	75,9	72,5	79,9	78,8	80,6	77,0	81,9	79,6
40-49 Jahre	7,7	11,1	19,6	32,2	49,3	47,8	67,4	67,1	69,9	66,6	71,0	70,3	72,0	70,3	73,8	72,2
50-59 Jahre	3,0	4,4	15,1	22,1	32,2	35,4	48,8	47,6	52,7	50,7	56,5	54,1	60,0	57,6	64,2	61,5
60 Jahre und älter	0,2	0,8	1,9	4,4	8,1	7,8	13,3	13,0	14,5	12,8	18,4	18,0	20,3	18,7	25,1	22,7
in Ausbildung	15,1	24,7	37,9	58,5	79,4	81,1	91,6	89,0	94,5	91,2	97,4	95,8	98,6	95,5	97,6	95,6
berufstätig	9,1	13,8	23,1	38,4	48,4	59,3	69,6	67,7	73,4	70,1	77,1	76,0	74,0	72,1	78,6	77,3
Rentner/nicht berufstätig	0,5	1,7	4,2	6,8	14,5	14,8	21,3	19,4	22,9	20,9	26,3	25,0	28,3	26,6	32,0	29,1

1) Gelegentliche Onlinenutzung.
2) Onlinenutzung innerhalb der letzten vier Wochen.
Basis: Onlinenutzer ab 14 Jahre in Deutschland (2007: n=1 142, 2006: n=1 084, 2005: n=1 075, 2004: n=1 002, 2003: n=1 046, 2002: n=1 011, 2001: n=1 001, 2000: n=1 005, 1999: n=1 002, 1998: n=1 006, 1997: n=1 003).

Quelle: ARD / ZDF (Hrsg.), ARD / ZDF-Online-Studie 2007 – Internetnutzung zwischen Pragmatismus und YouTube-Euphorie, 2008, S. 364

Wie aus der obenstehenden Abbildung 4 zu ersehen ist, hat sich die Akzeptanz des Internets innerhalb von zehn Jahren über alle Altersstufen hinweg deutlich erhöht. Demnach entwickelt sich das Internet zu einem Massenmedium, obwohl der Umgang mit dem Internet vorwiegend (noch) individualkommunikativ geprägt ist.[61]

Der Gebrauch des Mediums Internet ist mittlerweile, insbesondere bei jüngeren Generationen, zu einer Selbstverständlichkeit geworden.

Die Nutzung des Internets zum Zweck der Kommunikation verkürzt die Zeit gemessen an den überbrückten Entfernungen und reduziert die Dimension des Raumes auf den Monitor des Computers, respektive auf das Display mobiler Kommunikationsgeräte. Dabei ist die Übertragungsgeschwindigkeit der Kommunikation im World Wide Web die gleiche, unabhängig davon, ob der Gesprächspartner nun am anderen Ende der Welt oder nur ein Zimmer weiter sitzt.

Die gängigste Kommunikation über das World Wide Web ist der elektronische Briefverkehr (E-Mail). Dieser hat sich in den letzten Jahren extrem vermehrt, so dass er heute in vielen Bereichen das traditionelle Briefeschreiben völlig abgelöst hat.[62]

Dadurch haben sich im Bereich der schriftlichen Kommunikation revolutionäre Veränderungen ergeben. Vielfältige Leistungen, die früher von der konventionellen Briefpost erbracht worden sind, können heute schneller und kostengünstiger durch die elektronische Post über das Internet realisiert werden.

Aus der Entwicklung der Telekommunikation ergibt sich ein weiterer wichtiger und zentraler Vorteil für den Nutzer. Er kann hören, sehen und agieren, ohne physisch am Ort des Geschehens zu sein. Durch diese örtliche Unabhängigkeit eröffnen sich völlig neue Handlungsweisen; sie bewirken die Delokalisierung des Handelns. Die Auswirkungen der durchgeführten Tätigkeit sind nicht länger nur auf einen Ort beschränkt, sondern können an jeden Ort der Welt übertragen werden. Diese Übertragung erfolgt mit einer Geschwindigkeit, die es erlaubt, viele Tätigkeiten ferngesteuert zu betreiben.

---

[61] Vgl. ARD / ZDF (Hrsg.), ARD / ZDF-Online-Studie 1999: Wird Online Alltagsmedium?, 2008, S. 401.
[62] Vgl. Hajer, H.; Kolbeck, R., Internet: Der schnelle Start ins weltgrößte Rechnernetz, 1994, S. 128.

Dies findet unter anderem auch Einsatz im Wirkungsbereich der Medizin. So können Spezialisten mit Hilfe von Liveübertragungen eine Operation leiten, bei der sie nicht körperlich anwesend sind und sie können sogar bereits durch Computer und Roboter die Operation selbst durchführen. Dies eröffnet völlig neue Perspektiven für Patienten, die nicht transportfähig sind, aber doch die Hilfe eines weit entfernten Mediziners benötigen. Dies ist lediglich eines von vielen Einsatzgebieten der modernen Telekommunikation.

Mit Hilfe der DSL-Technologie kann auch dem Massenmarkt der breitbandige Zugang zum Internet ermöglicht werden. Dabei kommt es vor allem zu qualitativen und zeitlichen Verbesserungen beim Downloaden von bewegten Bildern. Durch die schnelle Datenübertragung ist es bspw. problemlos möglich, sich im Internet Filmmaterial anzusehen.

DSL wird heute als eine unverzichtbare Infrastruktur angesehen[63] und verfügt als solche über einen elementaren Einfluss auf die Leistungsfähigkeit eines Landes.[64] Infrastrukturen sollen den Menschen eines Landes nützen und die Lebensqualität verbessern, wobei die Infrastrukturen der Kommunikation und Information eine zentrale Rolle spielen. In ihnen liegt der Schlüssel zur internationalen Konkurrenzfähigkeit. Sie sind Vorantreiber des weiteren technischen Fortschritts und Grundvoraussetzung für den Prozess der Globalisierung[65].[66]

Im Bereich der Kommunikationsinfrastruktur wird die Leistungsfähigkeit durch ständige Innovationen immer weiter gesteigert. Die Qualität der Telekommunikationsinfrastrukturen konnte daher in der vergangenen Zeit immer weiter verbessert und damit die Wettbewerbsfähigkeit von Unternehmen weiter erhöht werden.

Die Konsequenzen dieser Entwicklung liegen vor allem im Bereich des Electronic Commerce (E-Commerce) und der Werbung. Nach neueren Studien informieren sich heutzutage 88 Prozent der Internetnutzer über die Produkte, die sie kaufen wollen, im Voraus im Internet.[67] Dadurch hat sich das gesamte Kundenverhalten in den letzten Jahren stark verändert.

3.3 Die Bedeutung des E-Commerce und dessen Auswirkungen

Ein Beispiel für die Auswirkungen von Internet und DSL ist der neue Markt des E-Commerce. Der Begriff E-Commerce, oftmals auch als E-Business bezeichnet, umfasst das Anbieten sowie Verkaufen von Produkten und Dienstleistungen über das Internet.[68]

Die bei den Transaktionsbeziehungen des E-Commerce beteiligten Akteure lassen sich durch unterschiedliche Markt- und Transaktionsbereiche voneinander abgrenzen.[69] Unterschieden werden hauptsächlich die Bereiche Business (geschäftliche Beziehungen), Consumer (private Nachfrager) und Administration[70] (Non-Profit-Organisationen und Behörden).

---

[63] Vgl. Schlobohm, B., Deutschland braucht DSL, 2002, S. 45.
[64] Vgl. Radermacher, F. J., Infrastrukturen in den Zeiten von Globalisierung und New Economy, 2002, S. 12.
[65] Zu Globalisierung siehe auch die Ausführungen in Kapitel A.4.2 (Der Zusammenhang von Globalisierung und Telekommunikation).
[66] Vgl. Radermacher, F. J., Infrastrukturen in den Zeiten von Globalisierung und New Economy, 2002, S. 16.
[67] Vgl. Heddendorp, U., Breitband für Privatkunden – worin liegt heute der Mehrwert?, 2002, S. 49.
[68] Zur Markt- und Wettbewerbsentwicklung des Electronic Commerce in Deutschland siehe die Ausführungen in Kapitel D.2.3.4.1 (Die Entwicklung bei E-Commerce).
[69] Die bekanntesten Abkürzungen und auch Gegenstände von Untersuchungen auf der Ebene der Akteure des Electronic Commerce sind B2B (Business-to-Business) und B2C (Business-to-Consumer). Daneben könnte man heute durchaus auch von E2B (Employee-to-Business) sprechen, da auch Mitarbeiter Faktorleistungen für Unternehmen in Form von Erwerbstätigkeit über elektronische Netze erbringen. So lag bspw. bereits um das Jahr 2000 der Anteil an Betrieben in Deutschland, die im Internet selbst Bestellungen vornahmen, bei 49 Prozent. Vgl. Gareis, K.; Korte, W.; Deutsch, M., Die E-Commerce Studie: Richtungsweisende Marktdaten, Praxiserfahrungen, Leitlinien für strategische Umsetzung, 2000, S. 10 f.; ebenso Wamser, C., Strategisches Electronic Commerce: Wettbewerbsvorteile auf elektronischen Märkten, 2001, S. 42 ff und Riehm, U.; Orwat, C.; Petermann, T., Stand, Perspektiven und Folgen des E-Commerce, 2002, S. 1.
[70] In Erscheinung getreten sind auf diesem Sektor auch die Begriffe E-Government (Electronic Government), digitales Rathaus und virtuelle Verwaltung, die in den letzten Jahren die Diskussion um die Modernisierung der öffentlichen Verwaltungen und Betriebe mitbestimmt haben. Kern der Überlegungen war der Einsatz des Internets zur Optimierung von Informationen, Kommunikationen und Transaktionen (vgl. Herwig, V., E-Government: Distribution von Leistungen öffentlicher Institutionen über das Internet, 2001, S. 1). Zu E-Government siehe auch die Ausführungen in Kapitel D.2.3.4.4 (Die Entwicklung bei E-Government).

Eine detaillierte Übersicht dieser Transaktionsbeziehungen gibt Abbildung 5.

Abb. 5: Die Transaktionsbeziehungen des Electronic Commerce

		Nachfrager der Leistung		
		Consumer	Business	Administration
Anbieter der Leistung	Consumer	Consumer-to-Consumer (C2C) z.B. Internet-Kleinanzeigenmarkt	Consumer-to-Business (C2B) z.B. Jobbörsen mit Anzeigen v. Arbeitssuchenden	Consumer-to-Administration (C2A) z.B. Steuerabwicklung von Privatpersonen (EinkSt)
	Business	Business-to-Consumer (B2C) z.B. Bestellung eines Kunden in einer Internet-Shopping Mall	Business-to-Business (B2B) z.B. Bestellung eines Unternehmens bei einem Zulieferer per EDV	Business-to-Administration (B2A) z.B. Steuerabwicklung von Unternehmen (Ust., KörperschaftsSt)
	Administration	Administration-to-Consumer (A2C) z.B. Abwicklung von Unterstützungsleistungen (SOzHilfe, Arbeitslosenhilfe...)	Administration-to-Business (A2B) z.B. Beschaffungsmaßnahmen öffentlicher Institutionen im Internet	Administration-to-Administration (A2A) z.B. Transaktionen zwischen öffentlichen Institutionen im In- und Ausland

In Anlehnung an: Wamser, C., Strategisches Electronic Commerce: Wettbewerbsvorteile auf elektronischen Märkten, 2001, S. 43

Durch die Entwicklung des Internets dehnte sich der elektronische Handel in den letzten Jahren stark aus. Er wird gebildet von einem globalen Netzwerk von kommerziellen Aktivitäten mit einer sich ständig erhöhenden Anzahl von kommerziellen und privaten Teilnehmern.[71] Mit der Verknüpfung von Mobilkommunikation und E-Commerce werden darüber hinaus zwei Wachstumsbereiche miteinander zu dem neuen Segment Mobile Commerce kombiniert, dem ebenso wie dem E-Commerce selbst ein immenses Entwicklungspotenzial bescheinigt wird.[72]

Schätzungen zufolge wurden weltweit in 2001 bereits Waren im Wert von mehr als 120 Milliarden Euro, dies entspricht einem Anteil von 1,1 Prozent des gesamten Umsatzes an Gütern, über E-Commerce abgewickelt.[73] Vorreiter dieser Entwicklung ist dabei das Business-to-Business Geschäft.

Insbesondere gehen viele Unternehmen bereits dazu über, den Verkauf über das Internet mit den Bereichen Einkauf und Beschaffung zu verknüpfen.[74] Unter dem Stichwort Electronic Procurement wird dabei versucht, den Einkaufsprozess über das Internet zu rationalisieren und die Zusammenarbeit mit den Zulieferern zu optimieren.[75]

Für die Benutzer ergeben sich daraus viele Vorteile. Das gilt ebenfalls für den Bereich Consumer. Das Einkaufen im Internet ist zeitsparend und stressfrei und es ist möglich, die Leistungen verschiedener Anbieter zu vergleichen. Eine Bindung an die Ladenöffnungszeiten ist vollständig aufgehoben und es kann zu günstigeren Preisen kommen, da die Laden- und Personalkosten für den

---

[71] Vgl. Wamser, C., Electronic Commerce – theoretische Grundlagen und praktische Relevanz, 2000, S. 15 ff; ebenso Wamser, C.; Wilfert, A., Die wettbewerbsstrategischen Rahmenbedingungen des Mobile Commerce, 2002, S. 30 und Pagé, P.; Ehring, T., Electronic Business und New Economy: Den Wandel zu vernetzten Geschäftsprozessen meistern, 2001, S. 105 f.
[72] Vgl. Wamser, C.; Wilfert, A., Die wettbewerbsstrategischen Rahmenbedingungen des Mobile Commerce, 2002, S. 31.
[73] Vgl. Pagé, P.; Ehring, T., Electronic Business und New Economy: Den Wandel zu vernetzten Geschäftsprozessen meistern, 2001, S. 105 f.; ebenso Wamser, C., Electronic Commerce – theoretische Grundlagen und praktische Relevanz, 2000, S. 105 f.
[74] Vgl. Pagé, P.; Ehring, T., Electronic Business und New Economy: Den Wandel zu vernetzten Geschäftsprozessen meistern, 2001, S. 108.
[75] Vgl. Pagé, P.; Ehring, T., Electronic Business und New Economy: Den Wandel zu vernetzten Geschäftsprozessen meistern, 2001, S. 108.

Handel wegfallen. Als Nachteil gegenüber dem traditionellen Einkaufen können hierbei jedoch die Lieferzeit und die eingeschränkte Beratungsmöglichkeit angesehen werden.

Die oben genannten Erleichterungen führen zu Veränderungen des Kundenverhaltens und der Kundenanforderungen. Die Umsätze beim Internetshopping steigen kontinuierlich. So hatte sich in Deutschland der 1997 gemessene Umsatz in Höhe von ca. 460 Millionen Euro bis zum Jahr 2003 auf mehr als 20 Milliarden Euro gesteigert.[76] In den darauf folgenden Jahren stieg der Umsatz stetig weiter, wenn auch nicht mehr in so prägnanten Sprüngen.

Der Onlinebuch- bzw. -versandhandel amazon.com konnte seinen Umsatz innerhalb eines Jahres verzehnfachen.[77] Die Kunden schätzen insbesondere die veröffentlichten Bewertungen und Kommentare zu den Büchern sowie die große Auswahl. Das Angebot der Internetbuchhandlung amazon.com umfasste bereits 1998 rund 2,5 Millionen[78] Bücher und hatte damit bereits einen Umfang, der den aller konventionellen Buchhandlungen in hohem Grade übertrifft.

Durch das Wachstum des E-Commerce kommt es zu Veränderungen in der Struktur vieler Branchen.[79] Die zentralen Auswirkungen sind eine zunehmende Konzentration der Konkurrenz, steigende Markttransparenz und verringerte Transaktionskosten. Als Folge hiervon wird sich die Position der konventionellen kleineren Geschäfte noch weiter verschlechtern.[80]

Der Trend zum E-Commerce führt zum Verlust von Kunden beim konventionellen Handel und damit zu einer Umsatzreduzierung. Die Schließungen vieler kleinerer Läden können bereits ein Indikator für die Auswirkungen auf die Struktur und Erscheinungsform der Innenstädte sein. Der E-Commerce kann somit als die Individualisierung von Massenmärkten angesehen werden, der dem Trend der Individualisierung der persönlichen Lebensgestaltung folgt.[81]

3.4 Die Entwicklung des Mobiltelefons

Im Jahr 1907 gelang es in Deutschland zum ersten Mal eine Sprachübertragung per Funk durchzuführen.[82] Es dauerte dann noch bis ins Jahr 1926, bis auch Privatpersonen diese Technik nutzen konnten.[83] Auf der Zugstrecke zwischen Hamburg und Berlin war es zum ersten Mal möglich mobil zu telefonieren.[84] Doch die technischen Möglichkeiten für eine alltägliche Nutzung waren noch nicht gegeben.

Es folgte 1958 die Entstehung eines nahezu flächendeckenden Mobilfunknetzes und die Inbetriebnahme des so genannten A-Netzes in Deutschland.[85] Die hohen Preise verhinderten jedoch zunächst den Durchbruch des Mobilfunks als Massenmarkt. Darüber hinaus ließen die technischen Netzkapazitäten dieser analogen Technik lediglich eine begrenzte Teilnehmerzahl zu. Ein Standardgerät kostete ca. zwischen 4.000 und 7.500 Euro.[86] Ein vergleichsweise hoher Preis, wenn man bedenkt, dass ein VW-Käfer schon für die Hälfte zu haben war.[87] Durch die Inbetriebnahme des B-Netzes 1972 und noch später des C-Netzes (1985) stieg der Komfort der Nutzung der Mobiltelefone weiter an, während gleichzeitig auch die Preise sanken.[88]

---

[76] Vgl. o.V., Digitalisierte Geschäftsverbindungen, 1998, S. 32.
[77] Vgl. Woods, B., Net stocks on a tear following Clintons Comments, 1998, http://www.currents.net/newstoday/98/03/01/news4.html, 2002.
[78] Vgl. Answers.com (Hrsg.), Amazon.com, Inc., http://www.answers.com/topic/amazon-com?cat=biz-fin, 2008.
[79] Vgl. T-Mobile (Hrsg.), Online-Lexikon, http://www.t-mobile.de/lexikon/1,2032,2433_00.html#TAcmsEDElectronic_Commerce, 2002; ebenso Wilfert, A., Die technologische Basis des Electronic Commerce – Telekommunikation als Schlüsseltechnologie, 2000, S. 39 f.
[80] Vgl. Gareis, K.; Korte, W.; Deutsch, M., Die E-Commerce Studie: Richtungsweisende Marktdaten, Praxiserfahrungen, Leitlinien für strategische Umsetzung, 2000, S. 14 ff.
[81] Vgl. Grasmugg, S. L.; Schoder, D., Mass Customization im Kontext des Elektronic Business: Empirische Untersuchung der Erfolgswirksamkeit, 2002, S. 129.
[82] Vgl. Schneider, V., Die Transformation der Telekommunikation – Vom Staatsmonopol zum globalen Markt (1800 - 2000), 2001, S. 83.
[83] Vgl. Feyerabend, E., 50 Jahre Fernsprecher in Deutschland – 1877-1927, 1927, S. 150.
[84] Vgl. T-Mobile (Hrsg.), Online-Lexikon, http://www.t-mobile.de/lexikon/1,2032,2425-_00.html#TAcmsEDMobilfunk, 2002.
[85] Vgl. Deutsche Telekom AG (Hrsg.), Chronik, http://www.t-online.de/cms/star/tele/clic/cc/cc-telekom-00,noNavigation=true.html, 2003.
[86] Vgl. Handy-Sammler.de (Hrsg.), A-Netz, http://www.handy-sammler.de/Museum/09.htm, 2003.
[87] Vgl. www.oldbug.de (Hrsg.), VW Käfer Preisentwicklung, http://www.oldbug.de/historie/preise/html/vw_preise_kaefer.html, 2003.
[88] Vgl. T-Mobile (Hrsg.), Online-Lexikon, http://www.t-mobile.de/lexikon/1,2032,2425-_00.html#TAcmsEDC-Netz, 2002 und Deutsche Telekom AG (Hrsg.), Chronik, http://www.t-online.de/cms/star/tele/clic/cc/cc-telekom-00,noNavigation=true.html, 2003.

Bei der Einführung des C-Netzes 1985 existierten im B-Netz der Deutschen Bundespost ca. 50.000 Teilnehmer.[89] Bis 1993 waren im C-Netz rund 850.000 Mobilfunkkunden registriert.[90] Aufgrund des zellularen Netzaufbaus waren die Teilnehmer nunmehr bundesweit unter einer Rufnummer erreichbar, da bei einem Wechsel in einen anderen Sendebereich automatisch weitergeschaltet wurde.[91]

Die ersten digitalen Netze (D-Netze[92]) gingen 1992 auf Basis des neuen europaweiten GSM- (Global System for Mobile Communications) Standards an den Start.[93] Bereits 1994 verzeichnete das D1-Netz der DBP mehr als 500.000 Teilnehmer.[94] Im digitalen D-Netz war es ebenfalls möglich, Texte als Kurzmitteilungen über SMS (Short Message Service) zu verschicken.

Der Markt für Mobilkommunikation erlebte in den Jahren zwischen 1998 und 2001 eine stürmische Entwicklung mit bis zu zweistelligen jährlichen Zuwachsraten.[95] Desgleichen stieg parallel hierzu die Penetration der Mobilfunkdichte in der Bundesrepublik.[96]

Eine weitere technische Entwicklung stellt das WAP (Wireless Application Protocol) dar.[97] Es ermöglicht mit dem Handy auf aktuelle Informationen aus dem Internet mobil zuzugreifen und Internetdienste zu nutzen.

Es war gleichzeitig die technische Basis für das M-Commerce[98] (Mobile Commerce). Dabei war die Funktionalität aufgrund des kleinen Handydisplays einerseits und der Software sowie der Übertragungsgeschwindigkeit andererseits zwar eingeschränkt, trotzdem fand die Nutzung des WAP viele Anwendungsbereiche wie Onlinebanking, Internetshopping, das Abrufen aktueller Informationen sowie weitere Anwendungen.[99] Heute ist die Internetnutzung mit mobilen Endgeräten neuester Generation vergleichbar mit dem Standard via Festnetz.

Als Beispiel sei an dieser Stelle das iPhone von Apple genannt, das die neueste Generation mobiler Endgeräte darstellt und bereits jetzt multimediale Applikationen und Technologien vereint und zukünftig die Nutzung verschiedener Geräte (Navigation, mobile TV) substituieren wird. Über den technischen Nutzen hinaus hebt das iPhone die massenmarktfähige Nutzung des individualisierten Lifestyles hervor. Die Vermarktungsstrategie von Apple weckt dabei das Bedürfnis für die Möglichkeit, zu jeder Zeit und an jedem Ort ein vernetzter Teil der Gesellschaft mit den für den Nutzer relevanten Facetten sein zu können.

In 2003 wurde auf dem Gebiet des Mobilfunks die Einführung von UMTS (Universal Mobile Telecommunication System) realisiert. Dies ist nach der analogen C-Netz- und GSM-Technologie (D-Netze) der Beginn der so genannten dritten Mobilfunkgeneration.[100] Das UMTS impliziert eine Verschmelzung von Technologien und wird erstmals als ein weltweit einheitliches, mobiles Kommunikationssystem genutzt.

---

[89] Vgl. Lüders, C., Mobilfunksysteme, 2001, S. 13.
[90] Vgl. Deutsche Telekom AG (Hrsg.), Chronik, http://www.t-online.de/cms/star/tele/clic/cc/cc-telekom-00,noNavigation=true.html, 2003.
[91] Auch die Mobiltelefone wurden kleiner. Seit 1985 kamen erste tragbare Geräte im Kofferformat auf den Markt (vgl. Deutsche Telekom AG (Hrsg.), Chronik, http://www.t-online.de/cms/star/tele/clic/cc/cc-telekom-00,noNavigation=true.html, 2003).
[92] Eine ausführliche Erläuterung zu den politischen Rahmenbedingungen, die zu der Einführung der digitalen Mobilfunknetze führte, findet sich in Kapitel B.2 (Die Postreform I).
[93] Vgl. Deutsche Telekom AG (Hrsg.), Chronik, http://www.t-online.de/cms/star/tele/clic/cc/cc-telekom-00,noNavigation=true.html, 2003.
[94] Vgl. Deutsche Telekom AG (Hrsg.), Chronik, http://www.t-online.de/cms/star/tele/clic/cc/cc-telekom-00,noNavigation=true.html, 2003.
[95] Zur Entwicklung der Teilnehmerzahlen im Mobilfunk sowie der Penetration als Grad der Marktschließung in Deutschland siehe die Ausführungen in Kapitel D.2.3.3 (Umsatz- und Marktentwicklung beim Mobilfunk in Deutschland).
[96] Vgl. International Telecommunication Union (Hrsg.), World Telecommunication Development Report – Reinventing Telecoms – World Telecommunication Indicators, 2002, S. A-35.
[97] Vgl. T-Mobile (Hrsg.), Online-Lexikon, http://www.t-mobile.de/lexikon/1,2032,2414-_00.html#TAcmsEDWap, 2002.
[98] Die Entwicklung vom E-Commerce zum handybasierten M-Commerce geht auf die WAP-Technologie zurück. Das Protokoll erlaubt die Übertragung von Internetseiten. Diese stammen entweder von WAP-Servern mit eigenen Inhalten oder werden über WAP-Gateways aus bestehenden Internetseiten erzeugt. Neben der reinen Bereitstellung von Informationen werden auch Finanztransaktionen via Handy ermöglicht. Bereits auf der CeBIT 2000 stellten zahlreiche Aussteller ihre WAP-Lösungen für den M-Commerce vor. Vgl. Glossar.de (Hrsg.), [ohne Titel], http://www.glossar.de/glossar/1frame.htm?http%3A//www.glossar.de/glossar/2_wap.htm%23 WML, 2003.
[99] Vgl. Nokia Corp. (Hrsg.), WAP World Nokia, http://www.nokia.com/wap_world/index.html, 2002.
[100] Vgl. Lüders, C., Mobilfunksysteme, 2001, S. 17.

Dabei ermöglicht UMTS eine Datenübertragungskapazität von bis zu sieben Megabit pro Sekunde und kommt somit der Forderung einer schnellen und flexibleren Übertragung großer Datenmengen nach.[101] Mit der Einführung von UMTS vollzieht sich nun der Wandel von den bisherigen Mobilfunknetzen zu einem universell nutzbaren Multimedianetz[102], in dem Sprache und Datenanwendungen optimal übertragen werden.[103]

3.5 Die allgemeinen Auswirkungen des Mobiltelefons

Eine große Rolle spielten Mobiltelefone erstmals nach dem Fall der Mauer. Ohne den raschen Ausbau des C-Netzes wären weite Teile der ehemaligen DDR vom Telefonverkehr ausgeschlossen gewesen. So bildete die Kommunikation über Mobilfunk anfangs auch die Basis jeder geschäftlichen Verhandlung in den neuen Bundesländern.

Bahnbrechend wirkte sich dann die Einführung der D-Netze aus. Sie bewirkte die digitale Evolution des mobilen Telefonierens auf der Basis des weltweiten GSM-Standards. Das Mobiltelefon wurde endgültig zum Massenmedium. Das Handy bietet alle Vorteile des traditionellen Telefonierens, jedoch ist es möglich geworden diese Vorteile an jedem beliebigen Ort zu nutzen.

Diese Tatsache hat vor allem das Alltagsleben stark vereinfacht. Es ist selbstverständlich geworden, überall und jederzeit per Telefon zu kommunizieren und erreichbar zu sein. Für viele ist der Gebrauch des Handys so selbstverständlich geworden, dass sie sich nicht mehr vorstellen können darauf zu verzichten.

Besonders schnell konnte sich die neue Technologie in den Altersklassen von 13 bis 25 Jahren durchsetzen. Besonders beliebt ist in dieser Gruppe auch das Versenden von SMS.[104] Diese kurzen Mitteilungen sind schnell geschrieben und verschickt und enthalten aufgrund der beschränkten Anzahl an versendbaren Zeichen oft nur kurze Informationen oder Grüße.

In den letzten Jahren ist das Verschicken von SMS zahlenmäßig sprunghaft angestiegen[105], so dass sich eine neue Dimension der Kommunikationskultur gebildet hat. Teil dieser Kultur ist zum Beispiel ein ganzer Katalog von Abkürzungen, die beim Schreiben von SMS-Nachrichten verwendet und vereinzelt bereits durch die Printkommunikation übernommen werden.

UMTS-Kunden auf dem gesamten Globus werden unter einer Rufnummer mobil erreichbar sein.[106] Daneben können sie dann sämtliche zur Verfügung stehenden Dienste uneingeschränkt nutzen.[107] Dies beschleunigt noch den allgemeinen Trend hin zu Globalisierung und Mobilität. Die Möglichkeit bspw. Videokonferenzen abzuhalten oder Datenbestände aus der Unternehmensdatenbank abzugleichen, um im Außendienst die Lieferfähigkeit eines Artikels abzuprüfen, versetzt die Menschen mit ihren Interaktionen in ein weltweites globales Dorf.[108]

---

[101] Vgl. T.O.P. BusinessInteractive (Hrsg.), UMTS Basics: Die Grundkonzepte des Universal Mobile Telecommunications System, 2002, S. 5.
[102] Voraussetzung für die Nutzung medialer Inhalte, die im UMTS-Netz übertragen werden können, ist das Vorhandensein eines entsprechenden Endgerätes, das die Fähigkeit besitzt, gleichzeitig Dienste unterschiedlicher Art wie bspw. Sprache, Bildtelefon, Datenübertragung oder Webnavigation zu empfangen (vgl. Lescuyer, P., UMTS: Grundlagen, Architektur und Standard, 2002, S. 15).
[103] Vgl. T.O.P. BusinessInteractive (Hrsg.), UMTS Basics: Die Grundkonzepte des Universal Mobile Telecommunications System, 2002, S. 4.
[104] Siehe hierzu auch die Ausführungen in den Kapiteln A.4.10.2.1 (Die Bedeutung des Handys für Jugendliche) und A.4.10.2.2 (Das Verhalten Jugendlicher bei SMS – Möglichkeiten und Risiken).
[105] Bereits in 2000 wurden allein in der Schweiz täglich bis zu sieben Millionen SMS verschickt (vgl. beobachter.ch (Hrsg.), SMS-Flut, http://www.beobachter.ch/reusable/print.cfm?ObjectID=28A93E96-D574-469B-BA8A4880EF19928D, 2003).
[106] Vgl. T-Mobile (Hrsg.), Online-Lexikon, http://www.t-mobile.de/lexikon/1,2032,2416-_00.html#TAcmsEDUMTS, 2002.
[107] Vgl. T.O.P. BusinessInteractive (Hrsg.), UMTS Basics: Die Grundkonzepte des Universal Mobile Telecommunications System, 2002, S. 3.
[108] Vgl. T.O.P. BusinessInteractive (Hrsg.), UMTS Basics: Die Grundkonzepte des Universal Mobile Telecommunications System, 2002, S. 4 ff.

4 Globalisierung sowie Auswirkungen der Telekommunikation auf Räume und Individuen – Chancen und Risiken

4.1 Die Telekommunikation als soziotechnisches System

Auf dem Gebiet der Telekommunikation wurden, bedingt durch den rasanten technologischen Fortschritt, in den letzten Jahren zahlreiche Innovationen eingeführt. Einige Beispiele hierfür finden sich sowohl in den voranstehenden als auch in den nachfolgenden Kapiteln.

Unter dem Begriff Innovation kann jede Art von geistigen Schöpfungen gefasst werden, ganz gleich ob diese sich in einer erkennbaren Form darstellen lassen, so dass nicht allein das Gegenständliche, wie beispielsweise technologische Errungenschaften, sondern ebenso alle geistigen und kulturellen Neuerungen einbezogen werden.[109]

Innovationen bezeichnen somit einen fortlaufenden Prozess des Lernens, Suchens und Forschens, die zu neuen Technologien, Märkten, Produkten und Organisationsformen führen sollen.[110]

Somit gilt dies auch für die Entstehung und Weiterentwicklung von bestimmten Kulturen sowohl makroökonomisch betrachtet bei Volkswirtschaften und Gesellschaften als auch mikroökonomisch betrachtet bei Unternehmen. In Kapitel E. (Der Binnenwandel der Deutschen Telekom), dem Hauptteil dieser Arbeit, werden die verschiedenen Prozesse der Innovation bei der Deutschen Telekom eingehend analysiert. Offensichtlich bestehen zwischen technischen und sozialen Innovationen bestimmte Wechselwirkungen, auf die im Verlauf dieser Arbeit an späterer Stelle noch näher eingegangen wird.

Bereits in den siebziger und achtziger Jahren wurde die Frage erörtert, inwiefern durch eine zunehmende Technisierung und damit verbundene Standardisierung Spielräume für individuelle Dispositionen verloren gehen würden.[111] Diese Diskussion spielte sich vor dem Hintergrund einer industriell geprägten Gesellschaft ab.

Aktuell ist, wie die nachfolgenden Ausführungen noch zeigen werden, der Wandel der Gesellschaft hin zu einer Wissensgesellschaft bereits im Gange. Aus diesem Grund ist eine Auseinandersetzung zur Wirkungsweise der Technokratisierung auf gesellschaftsbezogene Änderungen hinsichtlich von Verhaltensweisen, Werten und Normen bei Individuen und Institutionen wieder vordringlich zu führen.

Dem Konzept der Wissensgesellschaft liegt der qualitative Bedeutungszuwachs des Wissens in allen gesellschaftlichen Bereichen zugrunde, wobei die durch das Wissen ausgelösten gesellschaftlichen Veränderungen zur Ablösung der Industriegesellschaft durch die Wissensgesellschaft führen.[112] Die Wissensgesellschaft unterscheidet sich von vorangegangenen Gesellschaften dadurch, dass sie in ihrer strukturellen Erscheinungsform in stärkerem Maße als ein Produkt gesellschaftlichen (oder sozialen) Handelns angesehen werden kann.[113]

Eine wesentliche Voraussetzung für die Entstehung einer Wissensgesellschaft ist die Entwicklung des Wissens zu einem Produktionsfaktor hin.[114] Die Entstehung der Wissensgesellschaft geht zudem mit einer grundlegenden Transformation der ökonomischen Struktur einher.[115]

---

[109] Vgl. Mokhtar, Z., Akzeptanz von technischen Innovationen aus wirtschaftssoziologischer Sicht – Ansätze zu einer Nutzertypologie des Internetbanking, 2006, S. 14.
[110] Vgl. Mokhtar, Z., Akzeptanz von technischen Innovationen aus wirtschaftssoziologischer Sicht – Ansätze zu einer Nutzertypologie des Internetbanking, 2006, S. 14.
[111] Vgl. Schumm-Garling, U., Individuum und Interesse – Anmerkungen zum Streik der Bankbeschäftigten, 1994, S. 298.
[112] Vgl. Bühl, A., Die virtuelle Gesellschaft – Ökonomie, Kultur und Politik im Zeichen des Cyberspace, 1997, S. 48.
[113] Vgl. Stehr, N., Arbeit, Eigentum und Wissen – Zur Theorie von Wissensgesellschaften, 1994, S. 218.
[114] Vgl. Bühl, A., Die virtuelle Gesellschaft – Ökonomie, Kultur und Politik im Zeichen des Cyberspace, 1997, S. 48.
[115] Vgl. Bühl, A., Die virtuelle Gesellschaft – Ökonomie, Kultur und Politik im Zeichen des Cyberspace, 1997, S. 48.

Die nachfolgende Abbildung 6 zeigt wichtige ökonomische Aspekte dieses Transformationsprozesses auf.

Abb. 6: Ökonomische Aspekte des Transformationsprozesses zu einer Wissensgesellschaft hin

Aspekte	Industriegesellschaft	Wissensgesellschaft
maßgebliche Produktionsfaktoren	Arbeit, Kapital	Wissen
ökonomisches Fundament	materieller Natur (Rohstoffe, etc.), materielle Wirtschaft	symbolischer Natur (Bits & Bytes), symbolische Ökonomie
Rohstoffe	extensiver Verbrauch	Rückgang der Nachfrage nach Rohmaterialien
Schwerpunkt der Produktion	materialintensive Güter („Hardware")	informationsintensive Güter („Software")
Wachstumsbereiche	güterproduzierende Sektoren	wissensfundierte Sektoren
Qualifikationsprofile	handwerkliche Tätigkeit, praktisches Können	systematisches Wissen
Arbeitsmenge	arbeitsintensiv	Verringerung der Arbeitsmenge, Abnahme der Bedeutung von Arbeit
Arbeitslosigkeit	Koppelung an den Konjunkturzyklus	Entkoppelung von konjunkturellen Entwicklungen, hohe konstante Sockelarbeitslosigkeit
Standort	hohe Bedeutung von Standortfaktoren räumlicher Art	Emanzipation der Produktion von räumlichen Faktoren, zunehmende Irrelevanz des Standorts

In Anlehnung an: Bühl, A., Die virtuelle Gesellschaft – Ökonomie, Kultur und Politik im Zeichen des Cyberspace, 1997, S. 48

Der Übergang von der Industrie- zu einer Wissensgesellschaft zeigt sich dabei am Übergangscharakter der heutigen Zeit, bei dem das wissenschaftliche Wissen auf nahezu allen Gebieten des Lebens bereits eine einflussreiche Rolle spielt und der Grad der Abhängigkeit von Wissensberufen immer umfassender wird.[116]

Der technologische Fortschritt selbst kann als ein gesellschaftlicher Prozess verstanden werden.[117] Denn im Zentrum einer Konzeption von Gesellschaft als einem sozialen System steht (auch heute noch) die Maxime technischer Rationalität.[118] Die Telekommunikation kann, verbunden mit dem technologischen Fortschritt sowie den Markt- und Marktsteuerungsmechanismen (Marktregulierung), einerseits als ein Auslöser und Beschleuniger des gesellschaftlichen Wandels und andererseits als ein Treiber technologischer Innovationen identifiziert werden.

Nachfolgend werden zunächst die Auswirkungen der Telekommunikation auf verschiedene Bereiche wie Räume, Märkte und Individuen näher beschrieben. Wie aus den folgenden Kapiteln abzuleiten sein wird, bedingt beziehungsweise erlernt jede neue Technologie auch neue Kulturformen.

---

[116] Vgl. Bühl, A., Die virtuelle Gesellschaft – Ökonomie, Kultur und Politik im Zeichen des Cyberspace, 1997, S. 48.
[117] Vgl. Schumm-Garling, U., Soziologie des Industriebetriebes, 1983, S. 43.
[118] Vgl. Schumm-Garling, U., Herrschaft in der industriellen Arbeitsorganisation, 1972, S. 10.

4.2 Der Zusammenhang von Globalisierung und Telekommunikation

Unter Globalisierung versteht man im Allgemeinen die zunehmende Verflechtung der Volkswirtschaften zu einem globalen Markt, im Besonderen die Veränderung der Aktivitäten innerhalb der Wirtschaft weg vom nationalen Markt hin zu einem globalen weltweiten Markt.[119] Die Innovationen im Bereich der Telekommunikation und die neuen Methoden der Datenübertragung, -speicherung und -gewinnung bilden als die Basis für Infrastrukturleistungen die Grundvoraussetzung des dynamischen Globalisierungsprozesses und verursachen dessen immense Beschleunigung.[120] Eine weitere Voraussetzung für die Globalisierung sind die internationalen Kapitalströme. Diese werden durch die wachsende digitale Vernetzung der Kommunikation unterstützt. Die Folge ist die Intensivierung des Welthandels und die Erhöhung der internationalen Konkurrenz.[121]

Besonders starke Auswirkungen hat die Globalisierung wiederum im Bereich der Finanzmärkte. Der Einsatz der neuen Kommunikations- und Informationsmedien begünstigte den Wegfall von Kapitalverkehrsbegrenzungen und erhöhte somit die Flexibilität der Finanzmärkte. Anleger haben nunmehr die Möglichkeit ihr Vermögen in Sekundenschnelle überall auf der Welt zur Maximierung ihrer Rendite anzulegen.

4.3 Die Raumwirkung der Telekommunikation

Die Auswirkungen der Telekommunikation auf die Raumstrukturen sind bedingt von der Entwicklung der Global Cities. Gemeint ist die telematische Vernetzung der großen Finanz- und Machtzentren der Welt und die daraus resultierende Entstehung eines neuen Raumes mit globalen Strukturen.

Telematik[122] bedeutet in diesem Zusammenhang die begriffliche Verschmelzung von Telekommunikation und Informatik. Aufgabe der Telematik ist neben dem Transport auch die Verarbeitung von Informationen. Dabei werden in den Global Cities die wichtigen wirtschaftlichen Entscheidungen getroffen. Sie fungieren somit als Managerzentren. Eine Zentralisierung der Macht auf wenige Orte wird dadurch weiter verstärkt.[123] Außerdem fördert die Vernetzung der Global Cities auch die Entwicklung des Clusterings. Unter Clustering versteht man die Spezialisierung der einzelnen Städte auf ein gewisses Gebiet. Wichtige Gebiete sind zum Beispiel Finanzen, Medien, Computer und Industrie. Während sich also in jedem Bereich die Machtgefüge weiter ausbilden und verstärken, nimmt die Flexibilität und Anpassungsfähigkeit ab.[124]

Zur Verdeutlichung der Raumwirkung der Telekommunikation sei an dieser Stelle die Finanzmetropole Frankfurt a.M. genannt. Die Stadt Frankfurt a.M. war schon seit geraumer Zeit eine der bedeutendsten Finanzzentren in Deutschland. Mit Hilfe der modernen Telekommunikation wurde die räumliche Adhäsion sämtlicher Finanzstandorte in Deutschland relativiert, so dass eine Traktion in Richtung des Standortes Frankfurt a.M. Wirkung zeigen konnte. Hier entstand sukzessive eine derart große Konzentration an Finanzkompetenzen, so dass die räumliche Flexibilität der Unternehmen nicht mehr gegeben war und die auf dem Finanzsektor bedeutsamen Unternehmen quasi gezwungen wurden, die Unternehmenszentralen dort anzusiedeln, um nicht an Bedeutung einzubüßen. Wie bereits in Kapitel A.3.2 (Die Auswirkungen der Digitalisierung im Allgemeinen) beschrieben, kommt es mittels der Telekommunikation und der damit einhergehenden räumlichen Unabhängigkeit zu einer Zentralisierung der Kompetenz an einem (at)traktiven Standort.

Die Auswirkungen der Telekommunikation machen sich nicht nur bei den globalen Strukturen, die im Folgenden noch genauer untersucht werden, bemerkbar. Auch in den Städten kommt es zu Veränderungen. Die telematisch bedingte Zentralisation der Städte führt paradoxerweise zu einer Dezentralisation in den Städten selber.[125] Durch die neuen Telekommunikationstechniken kann ein

---
[119] Vgl. Went, R., Ein Gespenst geht um... Globalisierung! Eine Analyse., 1997, S. 17.
[120] Vgl. Mitchell, L. M.; Townsend, A. M., How Telecommunications Systems are Transforming Urban Spaces, 2000, S. 33 f.
[121] Vgl. Went, R., Ein Gespenst geht um... Globalisierung! Eine Analyse., 1997, S. 20 ff.
[122] Der Begriff Telematik entstand durch die Verbindung der Wörter Telekommunikation und Informatik (vgl. Brepohl, K., Telematik: Die Grundlage der Zukunft, 1983, S. 14). Allgemein werden unter Telematik Hightechlösungen verstanden, die auf dem Gebiet der Telekommunikation und der Informatik miteinander verschmelzen.
[123] Vgl. Martin, H.-P.; Schuhmann, H., Die Globalisierungsfalle: Der Angriff auf Demokratie und Wohlstand, 1996, S. 35.
[124] Vgl. Lampugnani, V. M., Verhaltene Geschwindigkeit: Die Zukunft der telematischen Stadt, 2002, S. 15 ff.
[125] Vgl. Lampugnani, V. M., Verhaltene Geschwindigkeit: Die Zukunft der telematischen Stadt, 2002, S. 23 f.

reibungsloser Datenaustausch zwischen Abteilungen gewährleistet werden, auch wenn diese nicht im selben Gebäude sind. So ist es möglich, einen Großteil der Abteilungen in die städtischen Randgebiete oder in andere Städte in ein so genanntes Backoffice zu verlegen, während im Zentrum selber nur ein verhältnismäßig kleines Frontoffice bestehen bleibt, das vor allem die Repräsentation und den Kundenkontakt sichern soll.[126]

Die Verbindung wird hierbei über Zentralrechner gewährleistet. Dabei können die Vorteile sowohl der zentralen Stadtlage wie auch der dezentralen Lage der Randgebiete gleichzeitig genutzt werden, wodurch die Veränderung der Randgebiete vorangetrieben wird. Dieser Umstrukturierungsprozess in den Randgebieten zieht einen Wandel in den Kerngebieten der Städte nach sich. Supermärkte, Banken und Automobilhändler verschwinden aus dem Innenstadtbild. Zurück bleiben vor allem kleine Läden und Kaufhäuser sowie die erwähnten Frontoffices. Dabei bleibt abzuwarten, welchen Einfluss das Internetshopping auf die Präsenz und Anzahl der Fachgeschäfte haben wird.

Die Telekommunikation (und der technologische Fortschritt derselbigen) beeinflusst folglich langfristig die städtischen Raumstrukturen.[127]

4.4 Die allgemeinen Auswirkungen der Telekommunikation auf die Wirtschaft

Durch die räumliche Trennung von Management und Produktion wird immer häufiger dazu übergegangen die Produktion in Billiglohnländer zu verlegen und diese mit Hilfe von Telekommunikation aus den Zentren zu lenken.[128] Die Techniken der Telekommunikation ermöglichen die bestehende räumliche Trennung im elektronischen Raum wieder aufzuheben und begründen somit einen strukturellen Wandel der Wirtschaft.

Die Folge ist die Bildung multinationaler Unternehmen, die ihre Fertigungen bewusst auf verschiedene Länder verteilen und so die jeweiligen Standortfaktoren optimal nutzen und miteinander kombinieren. Ein Unternehmen wird deshalb die Montage nach Osteuropa verlegen, während es die Bereiche Forschung und Entwicklung, Kundenservice und Verwaltung typischerweise in einem Land mit höherem Lohnniveau ansiedelt. Auf diese Weise können die Lohnkosten minimiert und gleichzeitig Innovationen und Kundennähe gefördert werden.

Ein weiterer Standortvorteil kann auch das Vorhandensein von speziellem Expertenwissen und Kenntnissen in bestimmten Ländern sein. So hat zum Beispiel die Australian Airlines ihre gesamte Buchhaltung nach Indien verlagert, um durch diesen Outsourcing Prozess von den dortigen EDV-Spezialisten profitieren zu können.[129] Die Bedeutung dieser lokalen Separationen wird vor allem dadurch fundiert, dass der überwiegende Anteil von Industrieprodukten aus Informationen und Informationsarbeit besteht. Ein Problem bei dem Prozess der Dislokation der Arbeit sind häufig noch die kulturellen Unterschiede zwischen den beteiligten Ländern, aber die hier entstehenden Schwierigkeiten nehmen immer mehr ab.[130]

Dem Faktor Zeit wird bei der Erstellung von Gütern und Dienstleistungen eine immer wichtigere Rolle beigemessen.[131]

4.5 Die Auswirkungen der Telekommunikation auf den Arbeitsmarkt

Die tiefgreifendste Veränderung, die sich im sozioökonomischen Bereich infolge des Einsatzes der Telekommunikation ergibt, ist die Arbeitslosigkeit.[132] Durch die Telekommunikation kann die zu leistende Arbeitsmenge verringert werden, wodurch viele Arbeitsplätze überflüssig werden. Eine leis-

---

[126] Vgl. Lampugnani, V. M., Verhaltene Geschwindigkeit: Die Zukunft der telematischen Stadt, 2002, S. 24.
[127] Vgl. Floeting, H., Stadtentwicklung im Internetzeitalter, 2004, S. 97.
[128] Vgl. Lafontaine, O.; Müller, C., Keine Angst vor der Globalisierung: Wohlstand und Arbeit für alle, 1998, S. 36.
[129] Vgl. Martin, H.-P.; Schuhmann, H., Die Globalisierungsfalle: Der Angriff auf Demokratie und Wohlstand, 1996, S. 142.
[130] Vgl. Krahberger, F., Globale Technologien – Globale Kultur, http://www.ejournal.at/NeueMed/globecult.html, 2003; ebenso Schmidli, P., Das Zeitalter der Telekommunikation: Historische und soziale Aspekte einer zukünftigen Telekommunikationsnutzung, 1997, S. 358.
[131] Vgl. Schumm-Garling, U., Arbeitszeitgestaltung – Zeit – das Maß der Arbeit?, http://www.zukunftderarbeit.iispm-bremen.de/Schumm Garling2.pdf, 2008.
[132] Vgl. Stockinger, G.; Stifter, M., Wege in die Informationsgesellschaft – Eine soziologische Vision, 1999, S. 117.

tungsfähige Telekommunikationsinfrastruktur stellt insbesondere die Voraussetzung für einen effektiven Einsatz der Informationstechnologie in der Arbeitswelt dar.

Bedeutungsvoll ist die Möglichkeit zur Veränderung der Produktionsstrukturen, die sich durch eine immer besser ausgebaute Telekommunikationsinfrastruktur realisieren lässt.[133] Während die Industriegesellschaft durch den Betrieb als standortgebundenes, physisches Gebäude geprägt war, zeichnet sich die Informationsgesellschaft durch die Neigung zum virtuellen Unternehmen aus, dessen qualitativ neues Element die Entkoppelung der Arbeit von Zeit und Raum darstellt.[134]

Neben der bereits erörterten Globalisierungsentfaltung innerhalb der Wirtschaft ist diese Entwicklung vom globalen Wettbewerb auf dem Arbeitsmarkt und der Dezentralisierung von Produktions- und Vertriebsabläufen gekennzeichnet.[135] Der Faktor Arbeit hält sich somit wirtschaftlich und technisch nicht mehr an nationale Grenzen.[136] Dies führt zwangsläufig dazu, dass die Arbeit, wirtschaftlich optimiert, verlagert wird. Des Weiteren steigt durch die bereits erwähnte Verlagerung von Produktionsstätten in Billiglohnländer die Arbeitslosigkeit in den Industrienationen an. Zwischen Mitte der sechziger und neunziger Jahre ist das Wachstum der Produktion in den Ländern der OECD (Organisation for Economic Co-operation and Development) doppelt so groß gewesen wie der Zuwachs an Beschäftigung.[137]

Weitere Veränderungen der Arbeitswelt durch die Telekommunikation erstrecken sich auf die Qualität der Arbeitsplätze sowie die traditionellen Arbeitsabläufe und Arbeitsinhalte. Es werden neue Qualifikationen benötigt, während alte Qualifikationen hinfällig werden. Daraus ergibt sich das Paradoxon (und Verhältnis zueinander), dass die Informationstechnologie zwar neue Arbeitsplätze schafft, gleichzeitig aber auch alte Arbeitsplätze überflüssig macht.[138]

4.6 Die Telearbeit und ihre möglichen Auswirkungen

Schon 1993 wurde der Telekommunikation vom Europäischen Rat die Fähigkeit zugeschrieben, neue Beschäftigungsmöglichkeiten zu eröffnen und die Lebensqualität aller Europäer zu verbessern. Diese angesprochenen neuen Beschäftigungsmöglichkeiten liegen vor allem im Bereich der Telearbeit.[139]

Unter Telearbeit versteht man die Arbeitsleistung, die nicht mehr im Büro bzw. an der Betriebsstätte, sondern dezentral erbracht wird. Die Grundvoraussetzung der Telearbeit ist die Aufhebung der räumlichen und zeitlichen Grenzen der Arbeitstätigkeiten durch die Techniken der Telekommunikation bzw. durch die Evolution der Datenübertragungstechniken.[140] Als Konsequenz ergibt sich eine Tendenz zur Dezentralisierung, Flexibilisierung bzw. Modularisierung der Arbeitswelt.[141]

Daraus resultiert eine neue Erwartungshaltung, die eine Steigerung der Produktivität und Effizienz von Unternehmen und eine Erhöhung der Wettbewerbsvorteile prognostiziert. Durch die flexiblen Arbeitszeiten wird es den Arbeitnehmern ermöglicht, ihre Arbeitszeit dem persönlichen bzw. familiären Rhythmus anzupassen und darüber hinaus ergibt sich ein Kosteneinsparungspotenzial durch die Reduzierung der Fahrten zum Arbeitsplatz. Für die Unternehmen stellen telearbeitende Mitarbeiter eine Möglichkeit der Kostenreduzierung bei der Bereitstellung von Infrastrukturen wie bspw. der Büroausstattung dar.

Ein weiterer Vorteil der Telearbeit ist das Wegfallen der Notwendigkeit, die räumlichen Barrieren einzuhalten. Die Arbeit kann also z.B. im Hinblick auf strukturschwache Gebiete neu verteilt werden. Neben der alternierenden Telearbeit, bei der wahlweise im Büro oder zuhause gearbeitet werden kann, und der Teleheimarbeit, bei der ausschließlich zuhause gearbeitet wird, existiert

---
[133] Vgl. Thuy, P., Arbeitsmarktpolitische Implikationen der Telekommunikation, 1999, S. 144.
[134] Vgl. Thuy, P., Arbeitsmarktpolitische Implikationen der Telekommunikation, 1999, S. 144 f.
[135] Vgl. Thuy, P., Arbeitsmarktpolitische Implikationen der Telekommunikation, 1999, S. 145.
[136] Vgl. Heuser, U. J., Mit Tempo auf die Datenautobahn, 1995, o.S.
[137] Vgl. Union International des Télécommunications (Hrsg.), Programme des Nations Unies pour le dévelopement 1993: Rapport mondial sur le dévelopement humain, 1993, S. 3.
[138] Vgl. Bosch, G., Die Auswirkungen der neuen Informationstechnologien auf die Beschäftigung, 1998, S. 308.
[139] Vgl. Bangemann, M., Europas Weg in die Informationsgesellschaft, 1995, S. 1.
[140] Vgl. Wüstenrot Stiftung (Hrsg.), Telearbeit in der postindustriellen Gesellschaft, 2000, S. 13.
[141] Vgl. Ertel, M.; Ullsperger, P., Telearbeit – Probleme und Gestaltungserfordernisse aus der Perspektive des Arbeits- und Gesundheitsschutzes, 1996, S. 194.

auch die Form der mobilen Telearbeit. Diese Form der Telearbeit kommt hauptsächlich bei Mitarbeitern im Außen- oder Kundendienst zur Anwendung. Die mobile Telearbeit entkoppelt den Mitarbeiter von festen Standorten (Büro oder zu Hause), indem sie sämtliche zur Erledigung der Aufgaben notwendigen Informationen standortunabhängig (z.b. beim Kunden direkt) bereitstellt.[142]

Diesen offensichtlichen Chancen sollte jedoch auch eine Betrachtung der Risiken gegenübergestellt werden. Zu diesen zählen z.b. der Verlust der Kommunikationsmöglichkeiten am Arbeitsplatz und die daraus resultierende Vereinzelung und Isolierung der Arbeitnehmer sowie die Erschwerung einer gemeinsamen Interessenvertretung. Darüber hinaus kann es durch eine Überlappung von Privat- und Arbeitsleben evtl. zu negativen Folgen für das Privatleben kommen. Grund hierfür ist vor allem das erhöhte Stresspotenzial, das sich aus der Notwendigkeit ergibt, eine klare Trennung zwischen Freizeit und Beruf zu schaffen.[143] Des Weiteren kann die flexible Arbeitszeit dazu führen, dass gerade motivierte Arbeitnehmer, die ergebnisorientiert arbeiten, ihre Arbeitszeit nicht genau erfassen können und mehr Zeit investieren, als sie sich letztlich als Arbeitszeit anrechnen; eine mögliche Konsequenz kann der Workaholismus sein.[144]

4.7 Die Auswirkungen der Telekommunikation auf den Verkehr

Die Auswirkungen der Telekommunikation sind auch im Bereich des Verkehrs zu spüren. Die neuen Telekommunikationstechnologien können Verkehrsmittel ersetzen, da sie die Übertragung von Informationen in einzigartiger Weise sichern. So wird die Telekommunikation sozusagen schon selbst als Verkehrsmittel für Daten betrachtet, was den Einfluss deutlich macht, den die Telekommunikation auf die Raumstrukturen hat.[145] Es können sowohl Räume neu erschlossen werden als auch Räume in optimierter Form angeschlossen werden.

Insbesondere zeigt sich die Auswirkung der Telekommunikation auf den Verkehr am Beispiel der neu entstandenen Disziplin Verkehrstelematik. Die Verkehrstelematik beschäftigt sich mit den sozialen, ökologischen und ökonomischen Auswirkungen, die eine Verkehrssteuerung mit Hilfe von Informations- und Kommunikationstechnologien hat.[146]

Voraussetzung für den Einsatz ist die Ortung der Fahrzeuge mit dem amerikanischen Satellitennavigationssystem GPS (Global Positioning System). Die Verkehrstelematik kann zu einer Reduktion der negativen Auswirkungen des Verkehrs auf die Umwelt und zu einer Verbesserung der Wirtschaftlichkeit im Bereich des Personen- und Nahverkehrs durch eine effizientere Verkehrsgestaltung führen.[147] Es ist möglich, die durch den Verkehr entstehende Gesamtbelastung zu reduzieren und somit das Gesamtsystem Verkehr zu optimieren.

Neben der herkömmlichen Fahrzeugnavigation findet die Telematik auch Anwendung im nationalen und internationalen Transportwesen, um den Einsatz von bspw. Lastkraftwagen zu optimieren und die Sicherheit von Fahrer, Fahrzeug und Ladung zu verbessern.[148]

Um künftig eine wirtschaftliche Unabhängigkeit vom amerikanischen GPS zu erlangen, soll das europäische Satellitensystem Galileo als Konkurrenzsystem aufgebaut werden. Insbesondere Branchen wie beispielsweise die Tourismus- und die Logistikbranche oder der moderne Außendienst werden künftig zunehmend Informationen und Möglichkeiten einfordern, die eine zeitlich präzise Bestimmung des Standortes von Personen, Waren und Dienstleistungen voraussetzen.[149]

Bei der Entwicklung von Galileo wird eine Kompatibilität mit den bisher existierenden Systemen GPS und dem vom russischen Verteidigungsministerium betriebenen GLONASS (Globales Navi-

---

[142] Zur Einführung der mobilen Telearbeit beim Kundenservice der Deutschen Telekom siehe die Ausführungen in Kapitel E.6.2.3 (Erneuerung des Service für Privatkunden – Das Projekt SMILE).
[143] Vgl. Schat, H.-D., Soziologie der Telearbeit: Warum Telearbeit so häufig angepriesen und so selten realisiert wird und wie Telearbeit trotzdem funktioniert, 2002, S. 61 ff.
[144] Vgl. Ertel, M.; Ullsperger, P., Telearbeit – Probleme und Gestaltungserfordernisse aus der Perspektive des Arbeits- und Gesundheitsschutzes, 1996, S. 197.
[145] Vgl. Ernst, M.; Hübener R., Telekommunikation als Schlüssel zu einer flexiblen Verkehrspolitik im urbanen Raum?, 2000, S. 129.
[146] Vgl. BerliNews (Hrsg.), Intermodale Verkehrstelematik, http://www.berlinews.de/archiv/1360.shtml, 2003.
[147] Vgl. Martin, H.-P.; Schuhmann, H., Die Globalisierungsfalle: Der Angriff auf Demokratie und Wohlstand, 1996, S. 40.
[148] Vgl. GPP AG (Hrsg.), Applikationen und Telematik, http://www.gppm.de/fr_verk.htm, 2003.
[149] Vgl. TNS Infratest (Hrsg.), Monitoring Informations- und Kommunikationswirtschaft, 10. Faktenbericht 2007, 2007, S. 157.

gations-Satelliten-System)[150] angestrebt, um Navigationssignale in bisher nicht vorhandener Verfügbarkeit und Verlässlichkeit bereitstellen zu können.[151]

Die zentralen Anwendungsfelder des Galileo-Systems sollen künftig schwerpunktartig

- ❏ das Verkehrswesen durch Ortung und Ermittlung von Fahrzeuggeschwindigkeiten, Wegeplanung oder Navigation,
- ❏ soziale Einrichtungen, beispielsweise für die Hilfe Behinderter oder Senioren,
- ❏ die Justiz und der Zoll zur Feststellung des Aufenthaltsortes von Verdächtigen und Grenzkontrollen,
- ❏ das Bauwesen durch geographische Informationssysteme,
- ❏ Not- und Rettungsdienste sowie
- ❏ der Freizeitsektor, beispielsweise für die Orientierung auf dem Meer oder in den Bergen,

sein.[152]

4.8 Die Auswirkungen der Telekommunikation auf das Bildungswesen

Bildung ist eine zentrale Investition in die Zukunft und muss allen Mitgliedern der Gesellschaft offen stehen.[153] Sie ist mit dem Erwerb von Wissen gleichzusetzen und somit die Grundlage für den individuellen sozialen Aufstieg. Für die Gesellschaft stellt die Bildung vor allem einen Mehrwert von volkswirtschaftlicher Bedeutung dar.

Im Bereich des Bildungswesens wird eine zunehmende Medialisierung durch Einsatz von computervermittelter Kommunikation des Lernens und Lehrens prognostiziert.[154] Eine utopische Zukunftsvision ist die des virtuellen Klassenzimmers, die eine Verschiebung des realen Lernortes in einen weltweit vernetzten, virtuellen Raum vorsieht.

Reelle Auswirkungen könnten sich im Bereich der Lernziele, -formen und -inhalte ergeben. Der Einsatz von Computern ermöglicht eine Pluralisierung der Lernformen (Selbstlernphasen, kooperatives Lernen, Einsatz von CD-Rom oder Multimedia), die einen Wandel der Rolle des Lehrenden und des Lernenden bewirkt.[155] Der Lehrer tritt im Bereich der Pädagogik nicht mehr als Wissensvermittler und Erzieher, sondern vielmehr als Tutor oder Lernbegleiter auf. Dadurch kann die Motivation zu lernen sowie das Interesse am Lernen erheblich gesteigert werden.[156] Dieser Ansatz führt zu einer neuen Lernkultur und somit zu der Notwendigkeit sowohl das Bildungswesen anzupassen als auch einen Wandel in der Einstellung zum Lehren und Lernen zu erwirken.[157]

So kann durch technische Ressourcen und netzbasierte Programme die Art der Bildungsangebote erweitert werden. Das Netz kann zur Distribution eines Teils der Lerninhalte genutzt werden. Bereits im Einsatz an verschiedenen Universitäten sind die Liveübertragungen der Vorlesungen im Netz.[158] Eine persönliche Anwesenheit ist also in diesen Fällen schon nicht mehr erforderlich.[159]

---

[150] Vgl. Wikipedia (Hrsg.), Die freie Enzyklopädie, GLONASS, http://de.wikipedia.org/wiki/GLONASS, 2008.
[151] Vgl. TNS Infratest (Hrsg.), Monitoring Informations- und Kommunikationswirtschaft, 10. Faktenbericht 2007, 2007, S. 157.
[152] Vgl. TNS Infratest (Hrsg.), Monitoring Informations- und Kommunikationswirtschaft, 10. Faktenbericht 2007, 2007, S. 157.
[153] Vgl. Hultzsch, H., Mit Telekommunikation zu neuem Lernen, 1997, S. 52.
[154] Vgl. Zimmer, G.; Holz, H.; Ross, E., Multimediales Lernen in der Berufsbildung – Multimedia revolutioniert die Berufsbildung, 1997, S. 92.
[155] Vgl. Kozma, R.; Quellmalz, E., Evaluierung der Auswirkungen auf National Information Infrastructure auf das Bildungswesen, http://www.jtg-online.de/jahrbuch/online/Online-Artikel/kozma/kozma.html, 2003.
[156] Vgl. Reinmann-Rothmeier, G.; Mandl, H., Auf dem Weg zur Entwicklung einer neuen Lernkultur, 1998, S. 56 ff.
[157] Vgl. Reinmann-Rothmeier, G.; Mandl, H., Virtuelle Seminare in Hochschule und Weiterbildung: Drei Beispiele aus der Praxis, 2001, S. 10.
[158] Vgl. Zorn, I.; Frindte, W.; Köhler, T., Empirische Suche I – Internetbasierter Unterricht als Ergänzung traditioneller oder als Konstruktion neuer Lehr- und Lernformen?, 1999, S. 91.
[159] Bereits 1995 fanden testweise die ersten mündlichen Prüfungen von drei Wiener Studenten durch die Fernuniversität Hagen als Videokonferenz statt. Die Prüfkandidaten absolvierten in den Räumlichkeiten der Universität Wien unter Beisein eines amtlich bestellten Beisitzers ihre mündliche Prüfung, während der Prüfungsausschuss in Hagen saß. Vgl. Dichanz, H., Mündliche Prüfungen als Videokonferenzen an der FernUniversität Hagen, 1997, S. 222.

Die Telekommunikation ermöglicht darüber hinaus, die Informationen unabhängig von der Anwesenheit des Lehrenden zugänglich zu machen. Besonders in den Fällen, in denen es schwierig ist einen Kontakt zwischen Lehrer und Lernendem herzustellen, kann aus der Datenübertragung ein großer Nutzen gezogen werden. Durch die technische Überwindung räumlicher Distanzen ergibt sich eine neue Form des Lehrens, das so genannte Teleteaching.

Die Nutzung des Teleteachings bietet sich bspw. in Situationen an, in denen ein direkter Kontakt ökonomisch nicht realisierbar ist, z.B. in Regionen mit schwacher Bevölkerungsdichte, bei bildungsbenachteiligten Gruppen wie zum Beispiel Behinderten und Kranken oder für Lehrinhalte mit wenigen Interessenten in einem großen geographischen Einzugsgebiet.[160] Des Weiteren ist eine sukzessive Aufhebung der starren Zeitstrukturen möglich.

Bereits seit einigen Jahren können über eine Onlineuniversity akademische Grade einer britischen Universität erworben werden.[161] Durch die weltweite Vernetzung von Computern und der Nutzung der medienübergreifenden technologischen Plattform hat sich der Einsatz des Teleteachings bzw. Telelearnings quantitativ stark ausgeweitet und qualitativ verbessert, daher ist eine Entwicklung hin zum Einsatz des Teleteachings als selbstständige Unterrichtsform zu beobachten.[162]

Das Internet, das eine Fülle von weltweit verfügbaren Informationen bereithält, kann einerseits als eine Informationsquelle für das Bildungswesen und andererseits auch als ein Ort der Bildung gesehen werden. So gilt das Internet beispielsweise für Studierende immer mehr als Basis für die Informationsbeschaffung.[163] Neben der Recherche zu allgemein relevanten und benötigten Informationen können spezielle Fragen auch in bestimmten Internetforen diskutiert und erörtert werden. Die Bedeutung der Beschaffung von Informationen über das Internet bei Studierenden zeigt Abbildung 7.

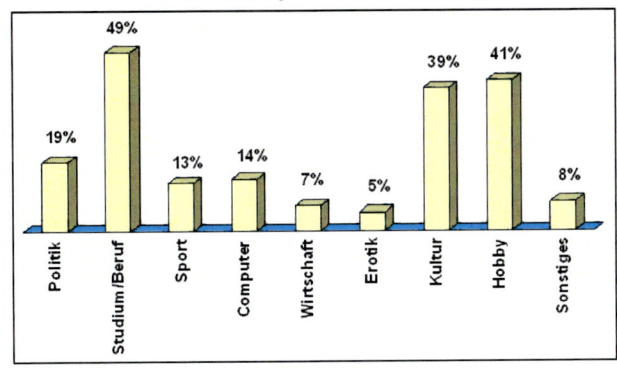

Abb. 7: Inhaltliche Präferenzen der Internetnutzung bei Studenten (in Prozent)

Politik	Studium/Beruf	Sport	Computer	Wirtschaft	Erotik	Kultur	Hobby	Sonstiges
19%	49%	13%	14%	7%	5%	39%	41%	8%

In Anlehnung an: Schulte, O. A., Wie interaktiv ist die Nutzung des Internets? Eine Fallstudie zu rezeptiven und kommunikativen Motiven der Internetnutzung, 1999, S. 70

Demnach beschaffte sich bereits Ende der neunziger Jahre ca. die Hälfte der studierenden Internetuser Informationen für ihre Ausbildung aus dem weltweiten Netz. Dabei können unter soziologischen Aspekten betrachtet auch virtuelle Gemeinschaften mit vielfältigen Kulturen und der Konstituierung engmaschiger Sozial- und Kommunikationsnetze entstehen.[164]

---

[160] Vgl. Schwan, S.; Hesse, F. W., Lernen mit neuen Medien – Vom Medienverbund zum Verbundmedium, 1998, S. 48 ff.
[161] Vgl. Heddegem, J. van, A Virtual University for Europe, 1997, S. 103.
[162] Vgl. Albrecht, G., Virtuelle Lernwelten als Vision?, 1999, S. 10.
[163] Vgl. Schulte, O. A., Wie interaktiv ist die Nutzung des Internets? Eine Fallstudie zu rezeptiven und kommunikativen Motiven der Internetnutzung, 1999, S. 69 ff.
[164] Vgl. Knauth, M., Zugang zu Internet und digitalem Fernsehen: Technische Grundlagen, Wettbewerbsstrategien und Regulierungsansätze, 2001, S. 22 f.

Das computergestützte Lernen erlangt auch in den Unternehmen eine immer größere Bedeutung.[165] Volkswirtschaftlich gesehen haben der zunehmende internationale Wettbewerb und die beschleunigte Verkürzung von Innovationszyklen die Bedeutung der betrieblichen Qualifizierungsmaßnahmen stark ansteigen lassen.[166] Das Telelearning stellt dabei ein Mittel zur kosten- und zeitoptimierten innerbetrieblichen Weiterbildung dar.[167]

Zusammenfassend gesehen bietet das Teleteaching die Möglichkeit zeitlich und inhaltlich flexibel zu lernen und darüber hinaus die Lernmethoden, das Lehrmaterial sowie den Kursablauf selbst zu bestimmen. Jeder Lernende kann somit selbst die Rahmenbedingungen seinen Bedürfnissen und Erfordernissen anpassen.

4.9 Allgemeine gesellschaftsbezogene Auswirkungen der Telekommunikation

Die modernen Telematikdienste haben heute einen wesentlichen Einfluss auf die Veränderung der Informations- und Kommunikationsstruktur einer Gesellschaft.[168] Neben der beruflichen Arbeit, die auf einen telekommunikativen Austausch angewiesen ist, ist die Kommunikation für das Zustandekommen kollektiver Interessenvertretungen, Versammlungs-, Vereinigungs- und Koalitionsfreiheiten zweifelsohne eine Conditio sine qua non.[169] Die weit entwickelten Netzinfrastrukturen bilden dabei die technologische Basis für den Transport von Informationen. Die Peripherie der Telekommunikation, insbesondere der Massenmedien, tragen entscheidend dazu bei, Regeln und Normen in der Gesellschaft zu verankern.[170]

Mit Hilfe der Telekommunikationstechnologie werden multikulturelle Gemeinschaften in eine einzige globale Gesellschaft integriert.[171] Dabei legt das System der Telekommunikation die Strukturen fest, in denen der Einzelne agieren kann.[172] In allen Teilen der Gesellschaft haben sich kulturbezogene Umgangsformen beim Telefonieren, Versenden von E-Mails oder SMS gebildet.[173]

Mit dem Wandel der Gesellschaft von einer Industrie- in eine Informationsgesellschaft und darüber hinaus zu einer Wissensgesellschaft geht ebenfalls die ständige Weiterentwicklung des Bildungsprozesses einher.[174] Die im globalen Netz zur Verfügung stehenden Informationen werden immer umfangreicher. Die Aktualisierung des Wissens beschleunigt sich dabei ebenfalls. Diese neuartige Bildungsreform für die Informationsgesellschaft erzwingt somit einen Wandel, der sich

- ❑ von der regionalen zur globalen Orientierung,
- ❑ vom linearen zum vernetzten Denken und
- ❑ von der Zweckrationalität zur Wertrationalität hin erstreckt.[175]

4.10 Die Auswirkungen der Telekommunikation auf das Individuum

Allgemein kann das Bedürfnis des Menschen nach sozialen Kontakten als wichtigster Beweggrund für das Nutzen der Telekommunikation angesehen werden.[176] Parallel zur Technologieentwicklung in der Telekommunikation haben sich die technischen Hilfsmittel für die Interaktionen zwischen Individuen verändert.

---

[165] Vgl. Hornung, C.; Schrödter, F.; Wang, T. [et al.], Lehren und Lernen im Internet, 1998, S. 19; ebenso Wiesheu, O., Wissen und Information – die entscheidenden Produktionsfaktoren von morgen, 2000, S. 16.
[166] Vgl. Hornung, C.; Schrödter, F.; Wang, T. [et al.], Lehren und Lernen im Internet, 1998, S. 19.
[167] Vgl. Stehle, S., Geschäftsprozessorientierte Ausbildung im virtuellen Unternehmen, 1998, S. 56.
[168] Vgl. Bammé, A., Telematik und Gesellschaft: Geschichtsmetaphysische Spekulationen nach Marx, 1990, S. 24.
[169] Vgl. Roßnagel, A., Vom informellen und kommunikativen Selbstbestimmungsrecht, 1989, S. 86.
[170] Vgl. Schmidli, P., Das Zeitalter der Telekommunikation: Historische und soziale Aspekte einer zukünftigen Telekommunikationsnutzung, 1997, S. 345.
[171] Vgl. Schmidli, P., Das Zeitalter der Telekommunikation: Historische und soziale Aspekte einer zukünftigen Telekommunikationsnutzung, 1997, S. 358.
[172] Vgl. Roßnagel, A., Vom informellen und kommunikativen Selbstbestimmungsrecht, 1989, S. 86.
[173] Vgl. Witte, E., Das Telefon als Wirtschafts- und Sozialpartner, 1990, S. 30.
[174] Vgl. Glotz, P., Von Analog nach Digital: Unsere Gesellschaft auf dem Weg zur digitalen Kultur, 2001, S. 102 f.
[175] Vgl. Glotz, P., Von Analog nach Digital: Unsere Gesellschaft auf dem Weg zur digitalen Kultur, 2001, S. 103.
[176] Vgl. Bisenius, J.-C.; Siegert, W., Multi Media Mobil: Mobile Dienste in digitalen Rundfunk- und Telekommunikationsnetzen – Analysen und Perspektiven, 2002, S. 43.

Das Telefon gehört heute zum Alltag des Menschen. Infolgedessen ist die Kommunikation mittels Telefon in bereits bestehende Sozialkontakte eingebunden bzw. trägt sie dazu bei, diese aufrechtzuerhalten.[177] Durch die gleichsame Eliminierung der Raum- und Zeitstrukturen mithilfe mobiler Endgeräte und / oder Hochgeschwindigkeitsnetze zur Datenübertragung ist der Mensch nunmehr in der Lage sowohl seine Bewegungsfreiheit als auch sein Informationspotenzial zu maximieren.

Die Telekommunikationstechnologie beeinflusst neben den Werten einer Gesellschaft ebenso die Werte des Individuums. Dabei spielt sie zum einen eine gewichtige Rolle bei dem Transport von Wissen (mit multimedialen Inhalten im Internet), das zu Veränderung von Normen und Werten bei jedem Einzelnen beitragen kann. Zum anderen führt der rasante technologische Fortschritt der Telekommunikation zu einem Wertewandel, indem das Individuum oftmals versucht, mit der technischen Entwicklung Schritt zu halten.

Dem Individuum, das in seiner zunehmenden Freizeit etwas erleben will, bietet bspw. das Internet sämtliche Voraussetzungen hierfür. Zumindest können alle Informationen zu möglichen Alternativen der Freizeitgestaltung eingeholt werden. Darüber hinaus steigt der Anteil an Surfern im Internet, die auf diese Art und Weise ihre Freizeit verbringen.[178] Diesen Sachverhalt und wofür darüber hinaus in Deutschland das Internet, gegliedert nach Altersgruppen, außerdem genutzt wird, veranschaulicht die nachfolgende Abbildung 8.

Abb. 8: Nutzungsverhalten nach Onlineanwendungen und Altersgruppen (in Prozent)

	Gesamt	14-19 Jahre	20-29 Jahre	30-49 Jahre	ab 50 Jahre	ab 60 Jahre
Versenden/Empfangen von E-Mails	79	79	88	79	72	67
Suchmaschinen	76	87	84	78	62	61
zielgerichtet bestimmte Angebote suchen	57	47	69	61	47	43
einfach so im Internet surfen	38	70	48	32	26	23
Homebanking	34	11	41	39	31	30
Download von Dateien	23	35	32	22	14	13
Gesprächsforen, Newsgroups, Chats	20	68	35	10	4	1
Onlineauktionen	18	9	25	23	10	9
Onlineshopping	13	8	21	13	9	6
Audiodateien im Internet anhören/herunterladen	14	39	28	8	3	2
Computerspiele im Internet	11	37	12	7	6	8
live im Internet Radio hören	11	16	15	12	4	4
Buch-/CD-Bestellungen	6	3	8	6	6	5
Videos/Videodateien ansehen/herunterladen	14	46	24	6	4	2
Kartenservice für Veranstaltungen	3	7	6	2	2	2
Kontakt-/Partnerbörsen	5	16	11	2	1	1
Onlinespiele	10	31	13	4	2	2
live im Internet fernsehen	2	6	3	2	1	1
Onlinecommunitys	9	33	14	4	2	1

Basis: Onlinenutzer ab 14 Jahre in Deutschland (n=1142)

Quelle: ARD / ZDF (Hrsg.), ARD / ZDF-Online-Studie 2007 – Internetnutzung zwischen Pragmatismus und YouTube-Euphorie, 2008, S. 370

Demzufolge nimmt die Freizeitgestaltung mittels dem Medium Internet einen hohen Anteil an der Gesamtnutzungsdauer bei den Usern ein. Bemerkenswert ist auch der hohe Anteil beim Internetshopping und insbesondere beim Informieren über Dienstleistungen und Produkte via Web. Nach wie vor stellt das Empfangen und Versenden von E-Mails die häufigste Onlinenutzung dar.[179]

---

[177] Vgl. Höflich, J. R., Die Telefonsituation als Kommunikationsrahmen. Anmerkungen zur Telefonsozialisation, 2000, S. 86.
[178] Vgl. Statistisches Bundesamt (Hrsg.), Informationstechnologie in Haushalten, 2002, S. 19 ff.
[179] Siehe hierzu auch die Ausführungen in Kapitel A.3.2 (Die Auswirkungen der Digitalisierung im Allgemeinen).

4.10.1 Der Umgang mit der Telekommunikation bei Kindern

Haushalte, in denen Kinder leben, verfügen im Allgemeinen über eine sehr gute technische Ausstattung. So verfügen ca. 89 Prozent dieser Haushalte über einen Computer und ca. 81 Prozent über einen Internetzugang und somit gehören diese Medien bereits zum Alltag der sechs- bis 13-jährigen Kinder.[180] So gut wie alle Haushalte, in denen Kinder aufwachsen, verfügen über Telefon und Handy.[181]

4.10.1.1 Der Beitrag des Telefons bei der Freizeitgestaltung von Kindern

In der heutigen Zeit kann ein Wandel der kindlichen Freizeitgestaltung beobachtet werden. Diese Veränderungen werden durch die Telekommunikation unterstützt. Durch den Einsatz der Telekommunikation erhöht sich der Grad der Selbstorganisation der Kinder in Bezug auf ihre Freizeitgestaltung, was durch die räumliche Ausweitung des Einzugsbereichs und die daraus resultierende erhöhte Termin- und Transportabhängigkeit der Kinder auch nötig geworden ist.[182]

Die Freizeit muss schon im Voraus geplant und koordiniert werden und das wichtigste Hilfsmittel, um diese Koordination zu ermöglichen, ist das Telefon als zentrales Element der Modernisierung der Kindheit. Diesen Sachverhalt veranschaulicht Abbildung 9.

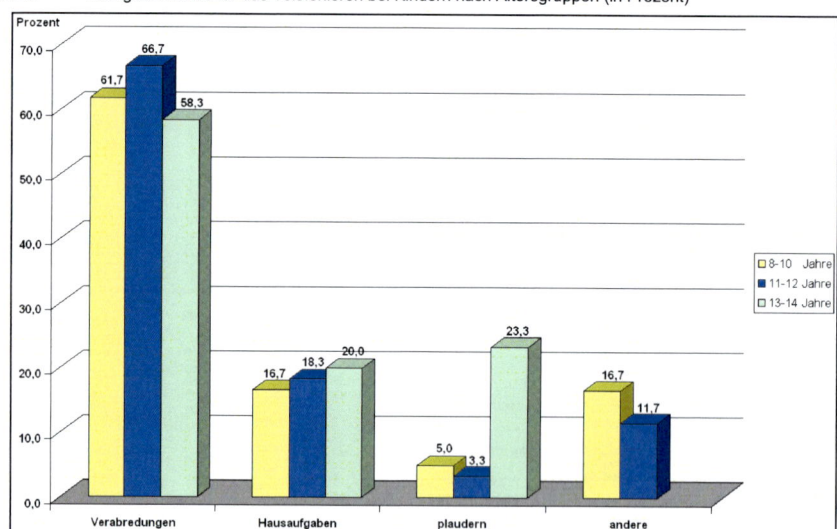

Abb. 9: Häufigste Gründe für das Telefonieren bei Kindern nach Altersgruppen (in Prozent)

Grund	8-10 Jahre	11-12 Jahre	13-14 Jahre
Verabredungen	61,7	66,7	58,3
Hausaufgaben	16,7	18,3	20,0
plaudern	5,0	3,3	23,3
andere	16,7	11,7	

In Anlehnung an: Büchner, P., Das Telefon im Alltag von Kindern, 1990, S. 271

Die Verabredung ist zur Voraussetzung für die Begegnung zwischen Kindern geworden. Kinder müssen sich verabreden, um nicht sozial isoliert zu werden. Parallel dazu wächst die Zahl der Zweierkontakte beim Spielverhalten.[183] Auch dies kann zum Teil auf das auf dem Telefon basierende Verabredungsverhalten der Kinder zurückgeführt werden. So scheint das telefonische Organisieren eines Treffens in einer Gruppe paradoxerweise oft schwer zu sein, da viele Kinder dazu neigen, sich überwiegend nur noch bilateral zu verabreden.

---

[180] Vgl. Medienpädagogischer Forschungsverbund Südwest (Hrsg.), Erste Ergebnisse der KIM-Studie 2006 – Kinder + Medien, Computer + Internet, https://www.mpfs.de/fileadmin/KIM-pdf05/Erste_Ergebnisse_KIM06.pdf, 2008, S. 3.
[181] Vgl. Medienpädagogischer Forschungsverbund Südwest (Hrsg.), Erste Ergebnisse der KIM-Studie 2006 – Kinder + Medien, Computer + Internet, https://www.mpfs.de/fileadmin/KIM-pdf05/Erste_Ergebnisse_KIM06.pdf, 2008, S. 2.
[182] Vgl. Büchner, P., Das Telefon im Alltag von Kindern, 1990, S. 263.
[183] Vgl. Büchner, P., Das Telefon im Alltag von Kindern, 1990, S. 266.

Die Telekommunikation hat also einen großen Einfluss auch auf die Verabredungspraxis der Kinder. Ab einem Alter von vier Jahren können Kinder mit Hilfe des Telefons Verabredungen treffen und erlernen so bereits sehr früh bestimmte Umgangsformen, die für sie im späteren Leben unverzichtbar werden. Schon im Kindesalter wird das Bewusstsein geprägt, dass durch den Einsatz von Telekommunikationstechniken Zeit eingespart werden kann.[184]

4.10.1.2 Kinder online

Das Internet wird bereits von 58 Prozent der sechs- bis 13-jährigen Kinder, die zumindest gelegentlich einer Onlinetätigkeit nachgehen, genutzt.[185] Während bei Jugendlichen das Internet vordringlich als Kommunikationsmedium genutzt wird, steht bei Kindern (noch) die Suche nach Informationen im Vordergrund.[186] Die nachfolgende Abbildung 10 zeigt auf, zu welchen Zwecken Kinder das Internet nutzen.

Abb. 10: Internettätigkeiten (zumindest einmal pro Woche) bei sechs bis 13-Jährigen Kindern (in Prozent)

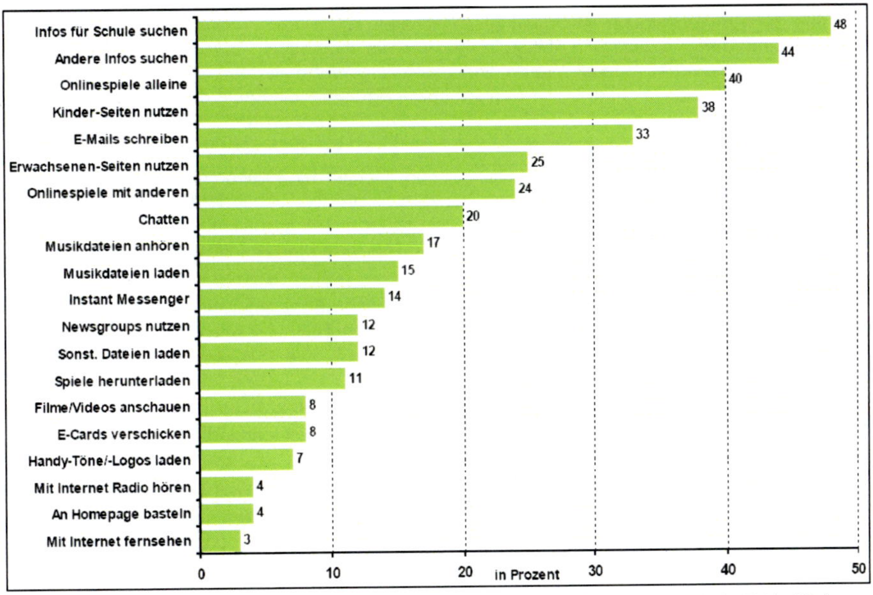

Tätigkeit	Prozent
Infos für Schule suchen	48
Andere Infos suchen	44
Onlinespiele alleine	40
Kinder-Seiten nutzen	38
E-Mails schreiben	33
Erwachsenen-Seiten nutzen	25
Onlinespiele mit anderen	24
Chatten	20
Musikdateien anhören	17
Musikdateien laden	15
Instant Messenger	14
Newsgroups nutzen	12
Sonst. Dateien laden	12
Spiele herunterladen	11
Filme/Videos anschauen	8
E-Cards verschicken	8
Handy-Töne/-Logos laden	7
Mit Internet Radio hören	4
An Homepage basteln	4
Mit Internet fernsehen	3

Quelle: Medienpädagogischer Forschungsverbund Südwest (Hrsg.), Erste Ergebnisse der KIM-Studie 2006 – Kinder + Medien, Computer + Internet, 2008, S. 11

Die Dauer der durchschnittlichen Internetnutzung bei Kindern dieser Alterskategorie steigt mit zunehmendem Alter an, wobei die Sechs- bis Siebenjährigen im Durchschnitt weniger als 30 Minuten online sind.[187] Obwohl in der Öffentlichkeit das Gefährdungspotenzial von gewalttätigen Computerspielen und auch des Internets diskutiert wird, ist mehr als ein Drittel der sechs- bis 13-jährigen Kinder oft alleine im Netz unterwegs.[188]

---

[184] Vgl. Büchner, P., Das Telefon im Alltag von Kindern, 1990, S. 263 f.
[185] Vgl. Medienpädagogischer Forschungsverbund Südwest (Hrsg.), Erste Ergebnisse der KIM-Studie 2006 – Kinder + Medien, Computer + Internet, https://www.mpfs.de/fileadmin/KIM-pdf05/Erste_Ergebnisse_KIM06.pdf, 2008, S. 8.
[186] Vgl. Medienpädagogischer Forschungsverbund Südwest (Hrsg.), Erste Ergebnisse der KIM-Studie 2006 – Kinder + Medien, Computer + Internet, https://www.mpfs.de/fileadmin/KIM-pdf05/Erste_Ergebnisse_KIM06.pdf, 2008, S. 10.
[187] Vgl. Medienpädagogischer Forschungsverbund Südwest (Hrsg.), Erste Ergebnisse der KIM-Studie 2006 – Kinder + Medien, Computer + Internet, https://www.mpfs.de/fileadmin/KIM-pdf05/Erste_Ergebnisse_KIM06.pdf, 2008, S. 10.
[188] Vgl. Medienpädagogischer Forschungsverbund Südwest (Hrsg.), Erste Ergebnisse der KIM-Studie 2006 – Kinder + Medien, Computer + Internet, https://www.mpfs.de/fileadmin/KIM-pdf05/Erste_Ergebnisse_KIM06.pdf, 2008, S. 9.

Durch die immer weiter und schneller voranschreitende Technisierung unserer Gesellschaft werden Kinder von klein auf mit den neuen Medien der Telekommunikation vertraut. Mit zunehmendem Alter wird für die Heranwachsenden daher die Nutzung moderner Medien immer selbstverständlicher, was sich auch am Umgang mit diesen Medien bei Jugendlichen zeigt.

4.10.2 Jugendliche und neue Medien

4.10.2.1 Die Bedeutung des Handys für Jugendliche

Noch im Jahr 1998 besaßen lediglich acht Prozent der Jugendlichen zwischen zwölf und 19 Jahren ein eigenes Mobiltelefon.[189] Heute dürften es schätzungsweise mehr als 90 Prozent sein. Geht man durch die Städte Deutschlands, sieht man allerorts Jugendliche, die ihr Handy in der Hand halten, entweder um per SMS (oder MMS[190]) bzw. sprachlich zu kommunizieren, zu spielen, Musik zu hören oder um sich einfach daran festzuhalten. Manchmal scheint es so, dass mehr Jugendliche ein Handy besitzen als Erwachsene – zumindest erkennt man es leichter.

Objekte zur Kommunikation im Jugendalltag spielten schon immer eine wichtige Rolle, da sie Hilfsmittel bei dem Prozess der Ablösung und Verselbstständigung sowie bei der Findung eines eigenen Lebensstils darstellen.[191] Waren dies in der Vergangenheit das festinstallierte Telefon oder der Austausch von Zettelchen (in der Schule) sowie Briefen, stellt heute das Handy das ultimative Objekt bei der Kommunikation unter Jugendlichen dar. Zu beantworten bleibt noch die Frage, warum Handys und ihre spezifischen Funktionalitätsoptionen bei Jugendlichen so populär sind.

Aufgrund des technologischen Fortschritts auf dem Gebiet der Telekommunikation, dem Zusammenwachsen von Netzen, Produkten und Diensten sowie der Globalisierung, wird der Mensch – und eben auch der junge Mensch – bei der Beschaffung von Informationen und bei der Kommunikation immer mobiler. Die Nutzung der neuen Medien durch junge Menschen ist inzwischen zur Selbstverständlichkeit geworden.[192]

Aus soziologischer Sicht können hieraus zwei wesentliche Schlussfolgerungen gezogen werden. Zum einen spiegelt der häufige Gebrauch von Handys die Tatsache wider, dass die Jugendlichen in einer mobilen Gesellschaft aufwachsen und zum anderen, dass der Gebrauch mobiler Kommunikationstechnologien den Jugendalltag selbst verändert.[193]

Laut diverser japanischer Studien können sich japanische Schüler ein Leben ohne Handy überhaupt nicht vorstellen, was auch die hohe Rate beim Handybesitz erklären, wonach 96 Prozent der Schüler an weiterführenden Schulen über ein Handy verfügen.[194]

Zur Ausbildung einer eigenen Identität, sprich zum Erwachsenwerden, ist die Kommunikation mit Gleichaltrigen zwingend notwendig und das Handy als Hilfsmittel hierfür, mit dem eine Kommunikation unabhängig von Zeit und Distanz möglich ist, stellt somit ein bedeutsames Objekt der jugendlichen Sozialisierungsphase dar.[195]

Ursprünglich vielleicht als Dauerbegleiter für Kinder und Jugendliche gedacht, damit diese sich im Notfall oder bei Verspätungen zu Hause melden können, hat sich das Medium Handy bei der neuen Mediengeneration zu einem bedeutungsvollen Status- und Nutzungsobjekt entwickelt.

Die Evolution des Handys zum Statusobjekt bei Jugendlichen lässt sich auf folgende Gegebenheiten zurückführen:

❑ In der Beziehungsgruppe der Freunde und Klassenkameraden geht es zunächst darum, wer überhaupt ein Handy besitzt.

---

[189] Vgl. Tully, C. J.; Zerle, C., Handys und jugendliche Alltagswelt, http://www.mediaculture-online.de, 2008, S. 2.
[190] Multimedia Messaging Service.
[191] Vgl. Tully, C. J.; Zerle, C., Handys und jugendliche Alltagswelt, http://www.mediaculture-online.de, 2008, S. 1.
[192] Vgl. Gleich, U., Jugendliche und neue Medien, 2003, S. 194.
[193] Vgl. Tully, C. J.; Zerle, C., Handys und jugendliche Alltagswelt, http://www.mediaculture-online.de, 2008, S. 1.
[194] Vgl. ShortNews (Hrsg.), Studien: Zahlreiche japanische Schüler abhängig von SMS und E-Mail, http://www.shortnews.de/start.cfm?id=69551, 2008.
[195] Vgl. Tully, C. J.; Zerle, C., Handys und jugendliche Alltagswelt, http://www.mediaculture-online.de, 2008, S. 3.

❏ Kinder, die kein Mobiltelefon haben, empfinden hierdurch oftmals einen Nachteil und stehen unter emotionalem Druck. Selbst bei Sorgentelefonen für Kinder wird dies bereits thematisiert.[196]

❏ Ist ein Kind oder ein Jugendlicher Besitzer eines Handys, kann sich dieser Druck weiter entwickeln, da es jetzt um die coolsten Downloads, Klingeltöne oder Filme für das Handy geht.[197]

Wer nicht mobil erreichbar ist, riskiert den Ausschluss aus einer Gruppe, da Treffen und Events bei Jugendlichen überwiegend über das Handy per SMS vorbereitet werden.[198] Zumindest besteht die Gefahr, vorübergehend ausgegrenzt zu sein, da man nicht mitkommunizieren kann. Es scheint jedoch nicht so zu sein, dass das Telefonieren und Simsen (Schreiben von SMS) die persönlichen physischen Kontakte ersetzt oder gar reduziert, die nach wie vor für ein intaktes soziales Umfeld unabdingbar sind. Jugendliche brauchen neben virtuellen Räumen auch reale Erfahrungsräume und physische Nähe, um beispielsweise die eigene Wirkung auf Andere zu erleben.[199] Somit ersetzt der Gebrauch moderner Medien nicht die Mobilität Jugendlicher, sondern fördert diese eher.[200]

Neben dem Gebrauch der mittlerweile klassischen Funktionen der Sprachtelefonie und der Datenübertragung (zum Beispiel durch SMS und MMS), bieten Handys auch Optionen zum Radio hören, Filme schauen, Spielen, Fotografieren oder Organisieren. Dadurch wird das Mobiltelefon zu einem an die individuellen Bedürfnisse anpassbares Medium und ist somit ein besonderer Repräsentant der soziologischen Individualisierungsthese, in diesem Sinne also ein Mittel für die individuelle und parallele Teilhabe an verschiedenen sozialen Settings.[201]

Bei manchen Erwachsenen, aber insbesondere bei Jugendlichen, geht es beim Handy nicht nur um die Kommunikation, sondern vielmehr um die Möglichkeit zur Kommunikation, was in der Psychologie als Phänomen der Übertragung von Beziehungen auf sogenannte Übergangsobjekte bekannt ist.[202] Anders ausgedrückt bedeutet das: *„Bei Kindern sind dies die Spielzeuge, bei Linus aus den Peanuts war es die Schmusedecke. Vielleicht ist heute das Handy ein Übergangsobjekt, nicht nur für Jugendliche, sondern scheinbar auch für Erwachsene, die sich ohne Teddy auf den Weg machen. Agieren in mobilen Welten bedeutet tendenziell, den konkreten Ort auszublenden und sich kommunikativ in andere Welten einzuklinken, um sich so abzusichern".*[203]

Auch die bei Handys hinterlegten Spiele bieten die Möglichkeit, ähnlich wie bei der Benutzung des Spieltelefons bei Kindern, die Interaktion mit einem imaginären Gegenüber einzuüben.[204]

Zusammenfassend kann festgehalten werden, dass das Handy zu einem treuen Kameraden wird und es *„…kann über Klingeltöne, die das Handy „geh doch mal ran" sprechen lassen, sogar menschliche Züge annehmen. Handys sind damit ein Tandem von Individualität und Technik…Sie sind in hohem Maße modisch. Mode dient der Individuation. Mit modischen Attributen wollen die Individuen ihre eigene Einzigartigkeit unter Beweis stellen. Gelegentlich tun sie dasselbe, um anders zu sein."*[205]

4.10.2.2 Das Verhalten Jugendlicher bei SMS – Möglichkeiten und Risiken

Eine der meistgenutzten Anwendungen im Mobilfunk sind die SMS. Allein in 2004 wurden in Deutschland 20,6 Milliarden SMS verschickt.[206] Laut Prognosen der Bundesnetzagentur zufolge sollte dieser Wert in 2007 auf 22,4 Milliarden gestiegen sein.[207]

---

[196] Vgl. Reinders, A. M., Verantwortungsvoll mit dem Handy umgehen, http://www.familienhandbuch.de/cmain/a_Search.html?q=Verantwortungsvoll+mit+dem+Handy+umgehen, 2008.
[197] Vgl. Reinders, A. M., Verantwortungsvoll mit dem Handy umgehen, http://www.familienhandbuch.de/cmain/a_Search.html?q=Verantwortungsvoll+mit+dem+Handy+umgehen, 2008.
[198] Vgl. Tully, C. J.; Zerle, C., Handys und jugendliche Alltagswelt, http://www.mediaculture-online.de, 2008, S. 3.
[199] Vgl. Tully, C. J.; Zerle, C., Handys und jugendliche Alltagswelt, http://www.mediaculture-online.de, 2008, S. 4.
[200] Vgl. Tully, C. J.; Zerle, C., Handys und jugendliche Alltagswelt, http://www.mediaculture-online.de, 2008, S. 4.
[201] Vgl. Tully, C. J.; Zerle, C., Handys und jugendliche Alltagswelt, http://www.mediaculture-online.de, 2008, S. 4.
[202] Vgl. Tully, C. J.; Zerle, C., Handys und jugendliche Alltagswelt, http://www.mediaculture-online.de, 2008, S. 4 f.
[203] Tully, C. J.; Zerle, C., Handys und jugendliche Alltagswelt, http://www.mediaculture-online.de, 2008, S. 5.
[204] Vgl. Höflich, J. R.; Rössler, P., Mobile schriftliche Kommunikation oder: E-Mail für das Handy, http://lbs.bw.schule.de/onmerz/, 2008, S. 10.
[205] Tully, C. J.; Zerle, C., Handys und jugendliche Alltagswelt, http://www.mediaculture-online.de, 2008, S. 6.
[206] Vgl. Regulierungsbehörde für Telekommunikation und Post (Hrsg.), Jahresbericht 2004 der Regulierungsbehörde für Telekommunikation und Post gemäß § 122 Telekommunikationsgesetz, 2005, S. 44.
[207] Vgl. Bundesnetzagentur (Hrsg.), Entwicklung der versendeten SMS, http://www.bundesnetzagentur.de/media/archive/10969.pdf, 2008.

Wie bereits weiter oben angesprochen wurde insbesondere die Nebenleistung SMS von Jugendlichen sehr schnell angenommen und führte zu einem Boom der Prepaidgeräte. Es hat sich in den letzten Jahren anscheinend eine SMS-Generation entwickelt. Mehr als 98 Prozent der jungen Menschen zwischen 14 und 29 Jahren kommunizieren laut einer repräsentativen Umfrage von Talkline und TNS Infratest aus dem Jahr 2006 regelmäßig mit Hilfe von Kurznachrichten.[208] Ergebnisse dieser Studie belegen auch, dass Jugendliche dieser Altersgruppe im Vergleich zu den älteren Generationen die Zusatzdienste am Handy wie Fotografieren, MMS und Downloads von Klingeltönen intensiver nutzen.

Erwachsene beziehungsweise ältere Generationen nutzen Kurzmitteilungen in erster Linie regelmäßig dazu, um nicht mit einem Anruf zu stören und um Grußbotschaften zu verschicken oder einfach um Kontakte zu halten.[209] Die Nutzungsfreudigkeit von SMS bei Jugendlichen in Österreich veranschaulicht die Abbildung 11.

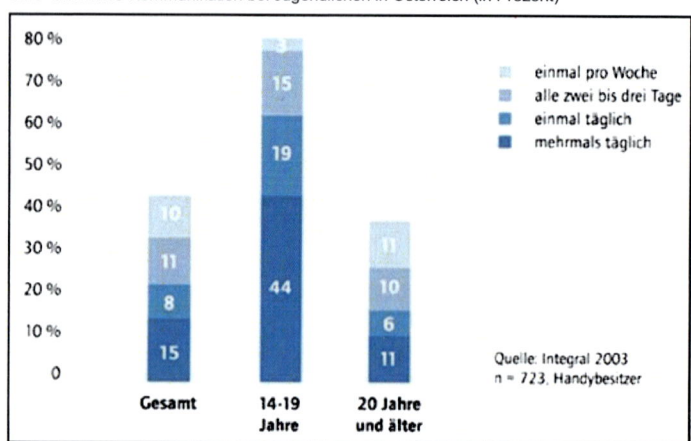

Abb. 11: SMS- und MMS-Kommunikation bei Jugendlichen in Österreich (in Prozent)

Quelle: Report online (Hrsg.), Tippfreudige Jugend, 2008

Demnach nutzen in der Altersgruppe zwischen 14 und 19 Jahren ca. 63 Prozent mindestens einmal täglich den SMS-Dienst. Eine Erklärung für die häufige Nutzung von SMS bei Jugendlichen ist sicherlich der geringere Preis von SMS im Vergleich zum Telefonieren. Die Nutzung von SMS erfolgt bei Jugendlichen oftmals selbst bei geringen Distanzen, so beispielsweise in der Schlange vor dem Kino oder an der Kasse oder auch in der Gruppe. Besonders Letzteres ermöglicht ein unauffälligeres Mitteilen von Informationen, wenn andere davon nichts mitbekommen sollen. Für den kleinen Schritt vom Ich zum Du wird die weltumspannende moderne Technologie genutzt, was zu den Widersprüchlichkeiten gehört, dass das soziale Wesen Mensch in einer globalisierten und technisierten Gesellschaft offensichtlich einfach entwickeln muss.[210]

Wie oben bereits dargestellt, führt das Simsen jedoch nicht dazu, dass Jugendliche sich weniger sehen. Jugendliche planen nämlich vornehmlich ihre Verabredungen über SMS oder MMS.[211] Damit ist die Möglichkeit der zunehmenden Kommunikation via SMS auch ein Hilfsmittel sowohl für die Anbahnung als auch für den Ausbau und die Pflege sozialer Kontakte.

---
[208] Vgl. onlinekosten.de (Hrsg.), Studie: Jugendliche lieben SMS, http://www.onlinekosten.de/news/artikel/20188, 2008.
[209] Vgl. Report online (Hrsg.), Tippfreudige Jugend, http://www.report.at/artikel.asp?mid=1&kid=&aid=4360, 2008.
[210] Vgl. NZZ Format (Hrsg.), Generation SMS, http://www-x.nzz.ch/format/articles/289.html, 2008.
[211] Vgl. pressetext austria (Hrsg.), ONE Mobilfunkbarometer: Die tippfreudige Jugend, http://www.pressetext.at/pte.mc?pte=031006030, 2008.

Der in jedem Mobiltelefon mitgelieferte SMS-Dienst scheint für die Kommunikationsbedürfnisse Jugendlicher wie geschaffen zu sein, da für viele Jugendliche die Mitteilung über SMS auch einen Katalysator für die vielen verwirrenden Gefühle, mit denen sie fertig werden müssen, darstellt.[212]

Seit einigen Jahren wird vermehrt öffentlich darüber diskutiert, ob und inwiefern die Kommunikation bei Jugendlichen mittels SMS den Niedergang der Sprachkultur beschleunigt. Um lange Sätze abzukürzen, wird überwiegend mit Abkürzungen, Smileys oder Bildern gearbeitet, wobei Letztere besonders dazu geeignet sind, Gefühle in Kurzform auszudrücken. Hinzu kommt, dass sich nicht an Rechtschreibregeln gehalten wird, da die Korrektur derselbigen offensichtlich zu zeitaufwendig, die Anzahl der zur Verfügung stehenden Zeichen begrenzt und das Tippen sowohl physisch als auch zeitlich aufwendiger als das Sprechen ist. Aus diesem Grund mag manch einem die Tippfreudigkeit der Jugend wie ein Rückfall in das Morsezeitalter erscheinen. Während warnende Stimmen bereits von der Versimsung der Kommunikation sprechen, sehen andere hierin die Förderung der jugendlichen Sprachkreativität.[213]

Die scheinbare Sprachverarmung stellt jedoch nur einen Aspekt der Kommunikation via SMS dar. Ebenfalls bedenkenswert sind die möglichen Auswirkungen beim sozialen Kontaktverhalten Jugendlicher untereinander, insbesondere durch die Möglichkeit, Beziehungen durch SMS zeitsparend zu beenden und dadurch unangenehmen Empfindungen einfach auszuweichen.[214] Laut einer Studie des englischen Marktforschungsinstituts Ipsos MORI in 2004 hat sich jeder fünfte Jugendliche zwischen 15 und 24 Jahren schon einmal per SMS von seinem Partner getrennt.[215]

Letztendlich bleibt die Frage offen, inwieweit eine solche Veränderung von Normen und Werten allein dem technologischen Fortschritt zuzuschreiben ist oder ob der gesellschaftliche Wandel im Allgemeinen der Auslöser für diesen Werteverfall und die Technologie nur ein Gebrauchsmedium hierfür ist.

Zu den in der Öffentlichkeit vielfach diskutierten möglichen Gesundheitsrisiken der Handynutzung durch schädigende Funkstrahlen, die bis heute nicht eindeutig nachzuweisen sind, gesellt sich ein weiterer Gesichtspunkt. Bei der zu häufigen Nutzung des SMS-Dienstes stellen die zuletzt vermehrt auftretenden Sehnenscheidentzündungen in den Daumen und Handgelenken (nicht nur bei Jugendlichen) ein Gesundheitsrisiko dar, wenngleich die Diskussion hierüber in Deutschland (noch) nicht so populär ist. Laut einer in 2006 veröffentlichten Untersuchung des britischen Mobilfunkanbieters Virgin Mobile klagen 3,8 Millionen Briten über Probleme, die im Endeffekt auf das Schreiben von SMS zurückzuführen sind.[216]

Vor einiger Zeit ist Neurologen aufgefallen, dass Jugendliche eine bessere Steuerung ihres Daumens im Vergleich zu früheren Generationen besitzen.[217] Diese neurologische Anpassung an das SMS-Zeitalter war für das Gehirn offensichtlich keine grosse Herausforderung, doch die Anatomie des Körpers ist weniger flexibel.[218] Mittlerweile kommen die Folgen der neuen Verwendung des Daumens, der bis zu den achtziger Jahren lediglich greifen musste oder gelegentlich zum Autostoppen oder für Gesten genutzt wurde, immer mehr zum Vorschein.[219] Ergonomiebetonte Warnungen zur Vermeidung dieser Gesundheitsrisiken finden eine immer grössere Verbreitung im World Wide Web.

4.10.2.3 Weitere mögliche Auswirkungen der Handynutzung bei Jugendlichen

Das Chatten mit dem Handy oder das Herunterladen von Klingeltönen, Logos oder anderen Informationen sind vor allem für Jugendliche reizvoll, bergen aber durch ihre relativ hohen Preise Gefahren in sich, so dass man leicht in eine Schuldenfalle geraten kann.[220]

---

[212] Vgl. NZZ Format (Hrsg.), Generation SMS, http://www-x.nzz.ch/format/articles/289.html, 2008.
[213] Vgl. starke-eltern.de (Hrsg.), SMS – Konfliktlösung per Tastendruck, http://www.starke-eltern.de/htm/SMS-Konfliktloesung.htm, 2008.
[214] Vgl. starke-eltern.de (Hrsg.), SMS – Konfliktlösung per Tastendruck, http://www.starke-eltern.de/htm/SMS-Konfliktloesung.htm, 2008.
[215] Vgl. CHIP Xonio Online GmbH (Hrsg.), Laufpass per SMS – Jugendliche trennen sich per Handy, http://www.chip.de/news/c_news_druckansicht_12902318.html, 2008.
[216] Vgl. ShortNews (Hrsg.), Grossbritannien: Millionen SMS-Verletzte, http://www.mobile-times.co.at/heft/s_0024.html, 2008.
[217] Vgl. VADIAN.NET AG (Hrsg.), Daumen des Grauens, http://www.nachrichten.ch/kolumne/226450.htm, 2008.
[218] Vgl. VADIAN.NET AG (Hrsg.), Daumen des Grauens, http://www.nachrichten.ch/kolumne/226450.htm, 2008.
[219] Vgl. VADIAN.NET AG (Hrsg.), Daumen des Grauens, http://www.nachrichten.ch/kolumne/226450.htm, 2008.
[220] Vgl. Verbraucherzentrale Bundesverband e.V. (Hrsg.), Verschuldung Jugendlicher durch SMS-Abos, http://www.umweltjournal.de/fp/archiv/AfA_geldfinanz/print/8990.php, 2008.

Laut einer Mitteilung der Thüringer Verbraucherzentrale in 2004 hatten zwölf Prozent der 13- bis 24-Jährigen durch den überwiegend sorglosen Umgang mit dem Handy durchschnittlich 1.800 Euro Schulden.[221] Dabei mangele es den Kindern und Jugendlichen zunehmend an der kritischen Haltung gegenüber Mobilfunkverträgen, Laufzeiten und Tarifen, denn wichtig sei den Kids vor allem die Ausstattung und die Technik der Mobilfunkgeräte und über die hohen Kosten, die zum Beispiel bei der Anforderung eines Handy-Logos entstehen können, machen sich die meisten Kinder demnach kaum Gedanken.[222] Hier bieten spezielle Budgettarife und die Nutzung von Prepaidkarten für Kinder und Jugendliche einen gewissen Schutz.

Nach vielen diesbezüglichen Kampagnen und öffentlichen Diskussionen scheint sich das Problem mittlerweile etwas entspannt zu haben. Eine in 2006 veröffentlichte Studie zu diesem Thema kommt zu dem Schluss, dass Jugendliche unter 18 Jahren überwiegend verantwortungsbewusst mit Geld umgehen und dass die Verschuldung von Kindern und Jugendlichen kein Massenphänomen darstellt.[223] Demnach liegt die Bedeutung der Ausgaben für den Gebrauch eines Handys für eine Verschuldung bei Kindern und Jugendlichen insgesamt bei weit unter einem Prozent.[224]

4.10.2.4 Impulse und Präferenzen der Internetnutzung bei Jugendlichen

Wie bereits weiter oben in Kapitel A.4.10.1.2 (Kinder online) angedeutet, nutzen Jugendliche das Internet vorwiegend zu kommunikativen Zwecken, was auch aus der nachfolgenden Abbildung 12 zu ersehen ist.

Abb. 12:   Internetnutzungsschwerpunkte bei Teenagern (in Prozent)

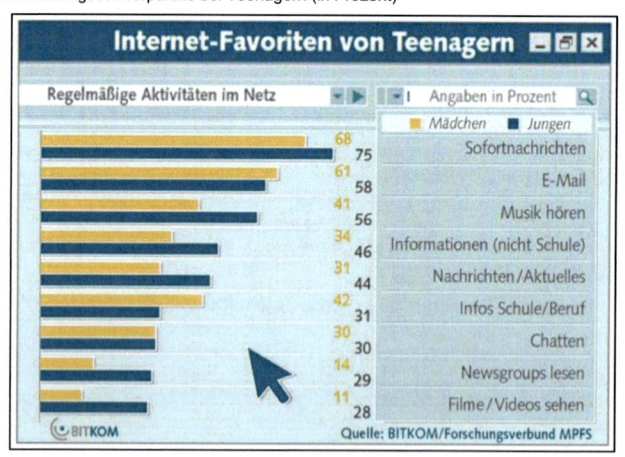

Quelle: medienhandbuch.de (Hrsg.), Internet ist das Medium der Jugend: 83 Prozent der Teenager sind aktiv, 2008

Neueren Erhebungen zufolge sind demnach 83 Prozent der Teenager im virtuellen Raum aktiv. Auch das Internet stellt für Jugendliche eine Funktion als Mobilitätsinstrument dar, indem es Möglichkeiten eröffnet, an Informationen zu gelangen, zu denen sonst kein Zugang besteht sowie andere Meinungen zu spezifischen Frage- und Problemstellungen einzuholen.[225] Die mit der Techno-

---
[221] Vgl. telespiegel.de (Hrsg.), Verschuldung durch sorglosen Umgang mit dem Handy - Lernsoftware für Kinder soll aufklären, http://www.telespiegel.de/news/171204.html, 2008.
[222] Vgl. telespiegel.de (Hrsg.), Verschuldung durch sorglosen Umgang mit dem Handy – Lernsoftware für Kinder soll aufklären, http://www.telespiegel.de/news/171204.html, 2008.
[223] Vgl. Schufa Holding AG (Hrsg.), Jugendliche unter 18 Jahren gehen verantwortungsbewusst mit Geld um, http://www.schulden-kompass.de/presse/pressemitteilungen/PI_final_mit_Logo.pdf, 2008.
[224] Vgl. Schufa Holding AG (Hrsg.), Jugendliche unter 18 Jahren gehen verantwortungsbewusst mit Geld um, http://www.schulden-kompass.de/presse/pressemitteilungen/PI_final_mit_Logo.pdf, 2008.
[225] Vgl. Otto, H.-U.; Kutscher, N.; Klein, A. [et al.], Soziale Ungleichheit im virtuellen Raum: Wie nutzen Jugendliche das Internet? – Erste Ergebnisse einer empirischen Untersuchung zu Online-Nutzungsdifferenzen und Aneignungsstrukturen von Jugendlichen, 2005, S. 15.

logie und den neuen Medien heranwachsenden jungen Menschen haben diese in ihren Lebensablauf integriert.

So waren bereits 2002 rund 93 Prozent der Jugendlichen im Alter zwischen zwölf und 19 Jahren mit dem PC vertraut und nutzten diesen wenigstens einmal pro Woche.[226]

Jugendliche betrachten insbesondere die Auseinandersetzung mit dem Onlinemedium sowie die Aneignung entsprechender Nutzungskompetenzen als persönliches Aufstiegsinstrument im Sinne vertikaler und horizontaler sozialer Mobilität.[227]

Problematisch an dieser Stelle mag das Fehlen von Vorbildern im virtuellen Raum sein, wie sie es im realen Leben in allen Beziehungsrollen gibt, weil die älteren Generationen in der Regel nicht in dem selben Maße mit den neuen Medien vertraut sind und Jugendliche bestimmte Umgangs- und Verhaltensnormen teilweise nur bedingt adaptieren können, da sie aufgrund ihres jungen Alters noch beeinflussbarer sind als Ältere, bei denen sich bestimmte Charakterformen bereits ausgeprägt haben.

Für Jugendliche, die in soziale Netzwerke integriert sind, bietet das Internet – neben möglichen Gefahren durch nicht altersbedingt geeignete Seiten – zusätzliche Möglichkeiten, Kontakte mit gleichaltrigen Freunden und Bekannten zu pflegen; wogegen Jugendliche in Außenseiterpositionen das Internet eher zur Vermeidung dieser Einsamkeit nutzen.[228]

Diversen Studien zufolge, die sich den Zugangsdifferenzen zum Internet bei Jugendlichen hinsichtlich des formalen Bildungsniveaus widmen, nutzen Gymnasiasten das Internet deutlich öfter als Real- und Hauptschüler.[229] Die nachfolgende Abbildung 13 veranschaulicht die Nutzungsdifferenzen des Internets bei Jugendlichen, abhängig vom formalen Bildungsniveau.

Abb. 13: Nutzungsdifferenzen des Internets bei Jugendlichen in Abhängigkeit vom Bildungsniveau (in Prozent)

formal niedriges Bildungsniveau		formal hohes Bildungsniveau	
36%	gezielte Informationssuche	83%	INHALTLICHE NUTZUNG („häufig" – „sehr häufig")
22%	Informationen zu Hausaufgaben	68%	
11%	Informationen über Politik	30%	
44%	versenden von E-Mails	75%	
52%	spielen	28%	
55%	neue Informationen gefunden	83%	BEWERTUNG VON INFORMATIONEN („häufig" – „sehr häufig")
46%	verwendbare Informationen	89%	
42%	Wahrheitsgehalt von Internet-Seiten	83%	BEURTEILEN DER QUALITÄT VON INTERNET-SEITEN („wichtig" – „sehr wichtig")
33%	Informationsvielfalt	89%	
71%	„ja"	95%	KONTAKTAUFNAHME MIT INTERNET-SEITEN
49%	„ja"	63%	REGISTRIEREN AUF INTERNET-SEITEN

In Anlehnung an: Zwiefka, N., Digitale Bildungskluft – Informelle Bildung und soziale Ungleichheit im Internet, 2007, S. 93

---

[226] Vgl. Gleich, U., Jugendliche und neue Medien, 2003, S. 194.
[227] Vgl. Otto, H.-U.; Kutscher, N.; Klein, A. [et al.], Soziale Ungleichheit im virtuellen Raum: Wie nutzen Jugendliche das Internet? – Erste Ergebnisse einer empirischen Untersuchung zu Online-Nutzungsdifferenzen und Aneignungsstrukturen von Jugendlichen, 2005, S. 15.
[228] Vgl. Gleich, U., Jugendliche und neue Medien, 2003, S. 197.
[229] Vgl. Schäfer, M.; Lojewski, J., Internet und Bildungschancen – Die soziale Realität des virtuellen Raumes, 2007, S. 113.

Hieraus ergibt sich eine Notwendigkeit zur Entwicklung konkreter medienpädagogischer Konzepte, die sowohl auf die digitale Integration und Förderung von Kindern und Jugendlichen, die das Internet gar nicht oder vermeintlich ineffektiv nutzen, als auch auf die Qualifizierung des pädagogischen Personals (zum Beispiel in Jugendeinrichtungen und Schulen) noch stärker als bisher abzielen.[230]

Denn heterogene Nutzergruppen verweisen auf heterogene informelle Online-Bildungs-Habitus und bedürfen heterogener Interventionen.[231]

4.10.3 Senioren und neue Medien

Die Zahl der Internetnutzer bei der Bevölkerungsgruppe 50plus ist in Deutschland mit rund 35 Prozent die niedrigste im Vergleich zu jüngeren Generationen.[232] Hauptsächlich nutzen Senioren das Internet zur Beschaffung von Informationen.

Diesen Sachverhalt veranschaulicht die nachfolgende Abbildung 14.

Abb. 14: Nutzungskategorien älterer Menschen im Internet (in Prozent)

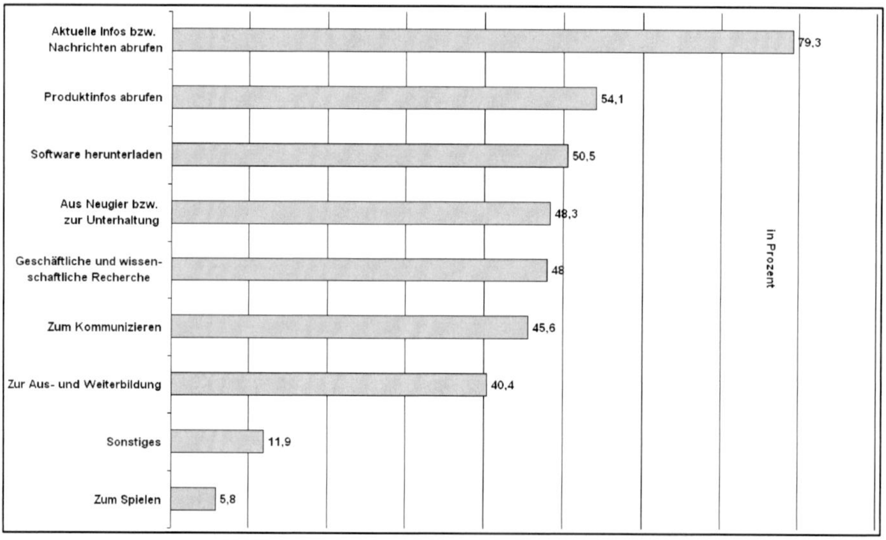

Kategorie	in Prozent
Aktuelle Infos bzw. Nachrichten abrufen	79,3
Produktinfos abrufen	54,1
Software herunterladen	50,5
Aus Neugier bzw. zur Unterhaltung	48,3
Geschäftliche und wissenschaftliche Recherche	48
Zum Kommunizieren	45,6
Zur Aus- und Weiterbildung	40,4
Sonstiges	11,9
Zum Spielen	5,8

In Anlehnung an: Ochel, J., Senioren im Internet, 2003, S. 49

Wie bereits weiter oben aufgezeigt, findet derzeit ein Wandel der Gesellschaft zu einer Wissensgesellschaft hin statt.[233]

Um die ältere Generation an der aktuell verfügbaren und konzentrierten Fülle an Informationen im Internet vermehrt teilhaben zu lassen, müssen weitreichendere Konzepte als bisher entwickelt werden, damit ältere Menschen für die Nutzung des Internets gewonnen werden. Denn Bildung und Wissen werden immer mehr mittels neuer Medien wie dem Internet erworben, vergleichbar mit dem Empfang des Westfernsehens in der ehemaligen DDR.

---

[230] Vgl. Zwiefka, N., Digitale Bildungskluft – Informelle Bildung und soziale Ungleichheit im Internet, 2007, S. 119.
[231] Vgl. Zwiefka, N., Digitale Bildungskluft – Informelle Bildung und soziale Ungleichheit im Internet, 2007, S. 133.
[232] Vgl. TNS Infratest (Hrsg.), Monitoring Informations- und Kommunikationswirtschaft, 10. Faktenbericht 2007, 2007, S. 213.
[233] Siehe hierzu die Ausführungen in Kapitel A.4.9 (Allgemeine gesellschaftsbezogene Auswirkungen der Telekommunikation).

4.10.4 Weitere allgemeine und mögliche Auswirkungen der Telekommunikation auf Individuen

4.10.4.1 Soziale Ungleichheit im und durch den virtuellen Raum – Betrachtungen zum Digital Divide

In diesem Kapitel wird versucht eine Antwort auf die Frage zu geben, inwieweit die Höhe des Haushaltseinkommens sowie der individuelle Bildungsgrad eine Benachteiligung des Zugangs an Informationen und dadurch schlechtere Voraussetzungen für die soziale und wirtschaftliche Entwicklung bedingen können.

Der Begriff Digitale Kluft (englisch digital gap), auch Digitale Spaltung (englisch digital divide) genannt, versinnbildlicht die Hypothese einer Wissenskluft, bei der die Befürchtung im Vordergrund steht,

- dass die Chancen auf den Zugang zum Internet und anderen (digitalen) Informations- und Kommunikationstechniken ungleich verteilt und stark von sozialen Faktoren abhängig sind und
- dass diese Chancenunterschiede ihrerseits gesellschaftliche Auswirkungen haben, mit anderen Worten: Wer Zugang zu modernen Kommunikationstechniken hat, hat deutlich bessere soziale und wirtschaftliche Entwicklungschancen.[234]

Hauptsächlich werden hierbei Disparitäten im Informations- und Wissensstand, die von besonderer gesellschaftspolitischer Brisanz sind, befürchtet, weil bestimmten Segmenten der Gesellschaft essenzielles Wissen fehlt.[235]

Vor dem Hintergrund einer bereits existierenden und sich vermehrt abzeichnenden Informations- und Wissensgesellschaft führt dieser Sachverhalt zu einer Produktion beziehungsweise Verstärkung sozialer Ungleichheit.[236] Die Abbildung 15 veranschaulicht die Wirkungskette des Digital Divide.

Abb. 15: Die Wirkungskette des Digital Divide-Ansatzes

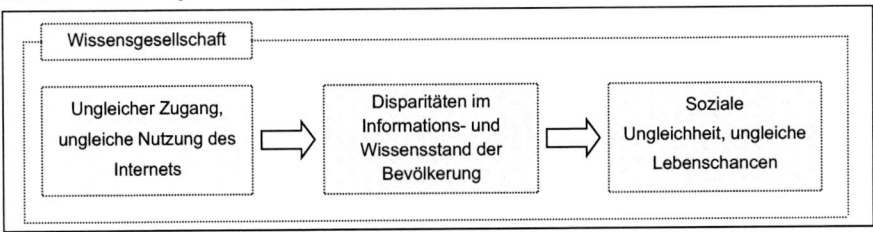

```
┌─ Wissensgesellschaft ──────────────────────────────────────────────┐
│                                                                    │
│   ┌──────────────────┐     ┌──────────────────┐     ┌──────────────────┐ │
│   │ Ungleicher Zugang,│     │ Disparitäten im  │     │ Soziale          │ │
│   │ ungleiche Nutzung │ ⇨  │ Informations- und│ ⇨  │ Ungleichheit,    │ │
│   │ des Internets    │     │ Wissensstand der │     │ ungleiche        │ │
│   │                  │     │ Bevölkerung      │     │ Lebenschancen    │ │
│   └──────────────────┘     └──────────────────┘     └──────────────────┘ │
└────────────────────────────────────────────────────────────────────┘
```

In Anlehnung an: Langer, C., Digitale Spaltung – Eine kritische Analyse, 2007, S. 21

Die soziale Ungleichheit hinsichtlich des Zugangs zu Informationen und Wissen ist also abhängig von der Verfügbarkeit des Wissensmediums Internet.

In Deutschland kann, wie überall auf der Welt, ein geringeres Einkommen eine Barriere für die Internetnutzung darstellen.

---

[234] Vgl. Wikipedia (Hrsg.), Die freie Enzyklopädie, Digitale Kluft, http://de.wikipedia.org/wiki/Digital_Divide, 2008.
[235] Vgl. Langer, C., Digitale Spaltung – Eine kritische Analyse, 2007, S. 56.
[236] Vgl. Langer, C., Digitale Spaltung – Eine kritische Analyse, 2007, S. 56.

Die Internetnutzung in Abhängigkeit des monatlichen Haushaltsnettoeinkommens veranschaulicht die untenstehende Abbildung 16.

Abb. 16: Internetnutzer in Deutschland (in Prozent) nach Haushaltsnettoeinkommen (in Euro)

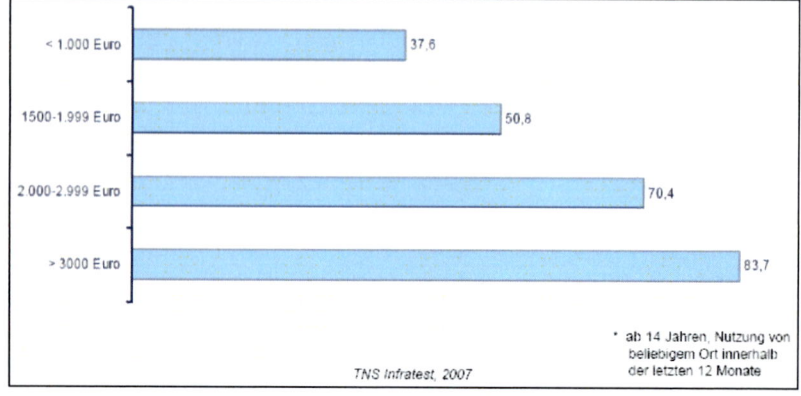

Einkommen	Prozent
< 1.000 Euro	37,6
1500-1.999 Euro	50,8
2.000-2.999 Euro	70,4
> 3000 Euro	83,7

*ab 14 Jahren, Nutzung von beliebigem Ort innerhalb der letzten 12 Monate
TNS Infratest, 2007

Quelle: TNS Infratest (Hrsg.), Monitoring Informations- und Kommunikationswirtschaft, 10. Faktenbericht 2007, 2007, S. 215

Demnach sind Menschen, die in einem Haushalt mit geringerem Einkommen leben, durchschnittlich deutlich weniger im virtuellen Raum aktiv. Daraus ergibt sich zwangsläufig, dass bei finanziell schlechter gestellten Haushalten der Zugang zu wichtigen Informationen aus dem Netz erschwert wird und hieraus eine soziale Ungleichheit entsteht.

Diese soziale Ungleichheit kann sich durch den Status des individuellen formellen Bildungsniveaus noch vergrößern.[237] Die untenstehende Abbildung 17 zeigt die Nutzung des Internets in Deutschland nach Ausbildungsstand.

Abb. 17: Internetnutzer in Deutschland nach Grad der Bildung in 2006 und 2007 (in Prozent)

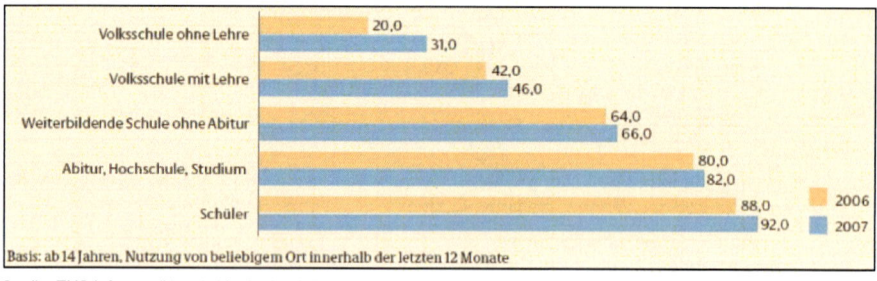

Bildung	2006	2007
Volksschule ohne Lehre	20,0	31,0
Volksschule mit Lehre	42,0	46,0
Weiterbildende Schule ohne Abitur	64,0	66,0
Abitur, Hochschule, Studium	80,0	82,0
Schüler	88,0	92,0

Basis: ab 14 Jahren, Nutzung von beliebigem Ort innerhalb der letzten 12 Monate

Quelle: TNS Infratest (Hrsg.), Monitoring Informations- und Kommunikationswirtschaft, 11. Faktenbericht 2008, 2008, S. 195

Wie aus der Abbildung 17 ersichtlich wird, korreliert die Höhe des Bildungsabschlusses mit der Intensität der Internetnutzung. Deutlich erkennbar ist, dass ab dem Abschluss einer weiterbildenden Schule die Nutzung des Internets nachhaltig ansteigt (66 Prozent in 2007). Gleiches gilt bei Abiturienten und Hochschulabsolventen (82 Prozent in 2007).

---

[237] Siehe hierzu auch die Betrachtung zur Internetnutzung in Abhängigkeit vom formalen Bildungsniveau in Kapitel A.4.10.2.4 (Impulse und Präferenzen der Internetnutzung bei Jugendlichen).

Die jüngere Generation wächst quasi mit dem Internet auf. Vielfach gibt es schon an den Grundschulen die Möglichkeit, gelegentlich unter Anleitung im Internet zu surfen. Daher verwundert die hohe Rate der Internetnutzung von 92 Prozent in 2007 (Nutzung innerhalb der letzten zwölf Monate an einem beliebigen Ort) bei Schülern in Deutschland nicht.

4.10.4.2 Transfer der Privatsphäre in die Öffentlichkeit und Wegfall von Tabugrenzen

Die Zunahme von Telefongesprächen über das Handy in der Öffentlichkeit, nicht überwiegend nur von Jugendlichen praktiziert, sowie die zur Verfügungstellung von persönlichen Informationen im Internet, beispielsweise auf eigenen Homepages, führt zu einer Übertragung privater Lebenssituationen in die Öffentlichkeit.

Während man bei der Informationsrecherche über Suchmaschinen im Internet etwaige Fundstellen, die für den Betrachter nicht von Interesse sind, wegklicken kann, ist man vermeintlichen Informationen bei persönlichen Telefonaten, beispielsweise bei der Nutzung öffentlicher Verkehrsmittel, ungewollt ausgeliefert. Bei beiden Medien scheinen die Tabugrenzen immer mehr zu verschwinden.

Inwieweit die neuen Medien hierbei lediglich ein Instrumentarium dieses gesellschaftsbezogenen Wandels darstellen oder ob durch sie dieser Wandel sogar bedingt und vorangetrieben wird, wäre eine eigene Untersuchung wert, auf die an dieser Stelle jedoch – themenbedingt – nicht näher einzugehen ist.

In der persönlich empfundenen Anonymität des Internets lauern Gefahren, Tabugrenzen bestimmter sowohl gesellschaftsbezogener als auch persönlicher Werte und Normen zu überschreiten. Beispiele hierfür können online zur Verfügung stehende Impressionen zu Pornographie oder gewaltverherrlichenden Seiten darstellen.

4.10.4.3 Leben mit und in virtuellen Welten – Chancen und Risiken

Das Internet erfreut sich weltweit einer immer größeren Beliebtheit, wie auch die Nutzerentwicklung der vergangenen Jahre in den vorangegangenen und noch folgenden Kapiteln zeigt.[238] Das Leben mit dem Internet wird innerhalb kürzester Zeitspannen – eventuell vergleichbar mit der Geschichte des Automobils – zur Normalität.

Längst sind im virtuellen Raum große internetbasierte Wirtschaftsunternehmen wie die Auktionsbörse eBay oder die Suchmaschine Google entstanden. Virtuelle Plattformen wie My Space, in denen sich jeder mit Texten, Fotos oder Videos präsentieren kann, stoßen vor allem bei Jugendlichen auf ein großes Interesse.[239] Neuere multimediale, in der Regel auf Web 2.0[240] basierte An-

---

[238] Siehe hierzu die Ausführungen in den Kapiteln A.4.10.4.1 (Soziale Ungleichheit im und durch den virtuellen Raum – Betrachtungen zum Digital Divide) sowie D.1.3.3 (Die weltweite Entwicklung beim Internet) und D.2.3.4 (Umsatz- und Marktentwicklung in Deutschland bei Internet- und Onlinediensten).
[239] Vgl. Erdle, F., Doppelleben – Im Internet-Spiel „Second Life" kann sich jeder ein zweites Ich schaffen, 2007, S. 49.
[240] Der Begriff Web 2.0 beschreibt weniger bestimmte Technologien oder Innovationen sondern primär die veränderte Nutzung und Wahrnehmung des Internets und wird seit etwa 2005 zunehmend genutzt. Demnach geht es beim Web 2.0 um ein neues Netzverständnis mit dem Hauptaspekt, dass die Benutzer Inhalte in quantitativ und qualitativ entscheidenden Maße selber erstellen und nutzen. Maßgebliche Inhalte werden hiernach nicht mehr zentralisiert von großen Medieninstitutionen erstellt und über das Internet verbreitet sondern auch von einer Vielzahl von Individuen, die sich mit Hilfe sozialer Software zusätzlich untereinander vernetzen. Typische Beispiele hierfür sind Wikis, Blogs, Foto- und Videoportale wie Flickr und YouTube, soziale Onlinenetzwerke wie MySpace, Social-Bookmarking-Portale wie del.icio.us, aber auch die schon länger bekannten Tauschbörsen. Vgl. hierzu Wikipedia (Hrsg.), Die freie Enzyklopädie, Web 2.0, http:// de.wikipedia.org/wiki/Web_2.0, 2008. Bis zum Jahr 2012 wird Prognosen zufolge weltweit mit mehr als einer Milliarde Nutzern des sozialen Netzes bzw. von Web 2.0 gerechnet (vgl. TNS Infratest (Hrsg.), Monitoring Informations- und Kommunikationswirtschaft, 11. Faktenbericht 2008, 2008, S. 216). Ein Wiki (hawaiisch für schnell), seltener auch WikiWiki oder WikiWeb genannt, stellt eine Software und Sammlung von Webseiten dar, die von den Benutzern nicht nur gelesen sondern meist auch direkt online geändert werden können. Wikis ermöglichen es verschiedenen Autoren gemeinschaftlich an Texten zu arbeiten. Ziel eines Wiki ist es im Allgemeinen, die Erfahrungen und den Wissensschatz mehrerer Autoren kollaborativ in Texten auszudrücken. Vgl. hierzu Wikipedia (Hrsg.), Die freie Enzyklopädie, Wiki, http://de.wikipedia.org/wiki/Wiki, 2008. Ein Blog stellt in gewisser Weise ein im Internet veröffentlichtes Tagebuch oder Journal dar, das eine lange und umgekehrt chronologisch sortierte Liste von Einträgen enthält, die in bestimmten Abständen umgebrochen wird. Es handelt sich somit zwar um eine Website, die aber im Idealfall nur die Inhaltsebene umfasst. Der Begriff Blog ist eine Abkürzung des Begriffs Weblog, der sich aus den englischen Begriffen web und log (Protokoll, Logbuch) zusammensetzt. Ein Blog ist insbesondere ein für den Herausgeber (Blogger) und seine Leser einfach zu handhabendes Medium zur Darstellung von Aspekten des eigenen Lebens und von Meinungen zu oftmals spezifischen Themen. Weiter besteht aber auch die Möglichkeit, ein Blog sowohl dem Austausch von Informationen, Gedanken und Erfahrungen als auch der Kommunikation dienen. Insofern kann ein Blog einem Internetforum, je nach Inhalt aber auch einer Internetzeitung ähneln. Vgl. hierzu Alby, T., Web 2.0 - Konzepte, Anwendungen, Technologien, 2007, S. 21 i.V.m. Wikipedia (Hrsg.), Die freie Enzyklopädie, Blog, http://de.wikip

wendungen beziehungsweise Spielewelten finden weltweit immer mehr begeisterte Nutzer. Ein Beispiel hierfür ist die in 2003 von dem amerikanischen Softwareunternehmen Linden Lab entwickelte Anwendung Second Life, anhand derer im Folgenden Chancen und Risiken beim Leben mit und in virtuellen Welten in Kürze beleuchtet werden.

Second Life ist eine onlinebasierte sowie – in Anlehnung an Graphiken moderner Computerspiele – dreidimensionale Infrastruktur für eine virtuelle Welt, die vollständig von ihren Bewohnern beziehungsweise Benutzern erschaffen und weiterentwickelt wird und in der Menschen durch personalisierte Spielfiguren, sogenannten Avataren, interagieren, spielen, Handel betreiben und anderweitig kommunizieren können.[241]

Waren im Oktober 2006 noch eine Million weltweite Nutzer bei Second Life registriert, so stieg die Zahl der Nutzer bis Ende April 2008 auf nahezu 13,5 Millionen an.[242] In dieser schnell wachsenden Onlinewelt können die virtuellen Bewohner praktisch alles erschaffen oder werden, was sie sich vorstellen, und sie bauen sich in ihrem zweiten (virtuellen) Leben eine parallele Existenz auf.

Mehr als 95 Prozent der Objekte in Second Life sind nutzergeneriert, so dass das virtuelle Leben nicht der Erfüllung eines von dem Betreiber (Linden Lab) vorgegebenen Ziele- oder Punktesystems folgt, sondern allein durch freie Entscheidungen des Nutzers (hinsichtlich seines Aussehens, seiner Umgebung, seines Besitzes, etc.) gesteuert wird.[243]

In dieser künstlichen Welt gibt es ansonsten alles, was auch in der realen Welt zu finden ist, von politischen Botschaften über Modenschauen, virtuellen Shops und Cafes bis hin zu Musik oder Lyrik.[244] Auch Angebote von Universitäten für bestimmte Studienkurse gehören dazu.[245]

Die virtuelle Welt ist grundsätzlich in den realen Wirtschaftskreislauf eingebunden,[246] indem eine virtuelle Währung (Linden-Dollar) in reale Währung (US-Dollar) und umgekehrt getauscht werden kann, um beispielsweise Landflächen oder andere Dinge zu kaufen, wobei sich die Transaktionen vor allem auf virtuelle Dienstleistungen und Güter beschränken.[247]

Eine Vielzahl von Unternehmen nutzt darüber hinaus die Präsenz in Second Life zu Werbe- und Imagezwecken und lockt Avatare oftmals mit Geldgeschenken oder anderen Events zu einem Besuch an.[248]

---

edia.org/wiki/Blog, 2008. Zusammenfassend kann festgehalten werden, dass der als Marketingschlagwort eingeführte Begriff Web 2.0, der einen relativ großen Widerhall in den Medien erfahren hatte, keine spezielle Technik, wie etwa eine bestimmte Software-Version, sondern mehr das Zusammenwirken verschiedener Methoden und Werkzeuge und eine vermutete soziale und wirtschaftliche Entwicklung bezeichnet. Die hierfür eingesetzten technischen Mittel können dabei im Einzelnen ohne besonderes Gewicht sein. Aus technischer Sicht bezeichnet Web 2.0 oftmals eine Kombination aus bereits Ende der 1990er Jahre entwickelten Methoden, die erst jetzt durch die große Zahl breitbandiger Internetzugänge weltweit und allgemein verfügbar sind. Vgl. hierzu Wikipedia (Hrsg.), Die freie Enzyklopädie, Web 2.0, http://de.wikipedia.org/wiki/Web_2.0, 2008.
[241] Vgl. Barucca, M.; Forte, I.; Müller, C., Second Life – ein Testlabor für die Zukunft des Internets, 2007, S. 137 i.V.m. Linden Research Inc. (Hrsg.), Was ist Second Life?, http://de.secondlife.com/whatis, 2008 und Wikipedia (Hrsg.), Die freie Enzyklopädie, Second Life, http://de.wikipedia.org/wiki/Second_Life, 2008.
[242] Vgl. Wikipedia (Hrsg.), Die freie Enzyklopädie, Second Life, http://de.wikipedia.org/wiki/Second_Life, 2008 i.V.m. Linden Research Inc. (Hrsg.), Economic Statistics, http://secondlife.com/whatis/economy_stats.php, 2008.
[243] Vgl. Barucca, M.; Forte, I.; Müller, C., Second Life – ein Testlabor für die Zukunft des Internets, 2007, S. 137.
[244] Vgl. Erdle, F., Doppelleben – Im Internet-Spiel „Second Life" kann sich jeder ein zweites Ich schaffen, 2007, S. 52.
[245] Vgl. Schmitz, T., „Soziale" Welten, 2007, S. 55.
[246] So wurde Second Life für den September 2006 ein reales Bruttoinlandsprodukt in Höhe von 64 Millionen US-Dollar bescheinigt (vgl. Schmitz, T., „Soziale" Welten, 2007, S. 53).
[247] Vgl. Erdle, F., Doppelleben – Im Internet-Spiel „Second Life" kann sich jeder ein zweites Ich schaffen, 2007, S. 50 i.V.m. Barucca, M.; Forte, I.; Müller, C., Second Life – ein Testlabor für die Zukunft des Internets, 2007, S. 137.
[248] Vgl. Stillich, S., Second Life – Wie virtuelle Welten unser Leben verändern, 2007, S. 133 f.

Die folgende Abbildung 18 zeigt Avatare in Second Life, letztendlich gesteuert von Menschen am Computer, beim Besuch einer Eventveranstaltung der Firma Electrolux.

Abb. 18: Second Life: Virtuelle Veranstaltung der Firma Electrolux in 2007 und teilnehmende Avatare

Quelle: AB Electrolux (Hrsg.), Secondlife – Innovation in Second Life, 2008

Für die Nutzung virtueller Welten wie Second Life und multimedialen Internetanwendungen im Allgemeinen ist die weltweit steigende Verfügbarkeit von Breitbandanschlüssen eine Grundvoraussetzung.[249] Die weiter unten in Kapitel D.1.3.1.3 (Die weltweite Entwicklung bei Breitband) aufgezeigte Entwicklung bei breitbandigen Diensten fördert somit die Verbreitung solcher multimedialer Internetanwendungen.

Doch nicht nur die leistungsstarken Verbindungen, umfangreichen intermedialen Plattformen und neuen digitalen Technologien, sondern allen voran der Mensch, der diese Technologien annimmt und nutzt, treiben diesen speziellen Internettype an.[250] Aufgrund der – an dieser Stelle nur ausschnittweise – beschriebenen Gegebenheiten sowie der (virtuell bedingten) Grenzenlosigkeit entsteht eine regelrechte Parallelgesellschaft, die teilweise mit dem wirklichen Leben verschwimmt.[251]

Zeitgleich findet ein sozialer gesellschaftlicher Umbruch beziehungsweise ein Wertewandel statt, der durch Megatrends wie der Hyperpersonalisierung zum Ausdruck kommt, in dem Nutzer nicht mehr nur Konsumenten, sondern auch Produzenten mit einem starken Bedürfnis, sich untereinander zu vernetzen, Wissen und Erlebnisse mit anderen Nutzern zu teilen sowie sich selbst darzustellen, sind.[252] Damit können virtuelle Welten wie Second Life als ein großes Testlabor für die nächste Generation des Internets, oftmals auch als Social Web bezeichnet, beziehungsweise das Web 2.0 gesehen werden.[253]

Neben rechtlichen Fragestellungen, die sich auf die Rechtmäßigkeit des monetären Handels mit virtuellen Gegenständen sowie auf die Haftung beispielsweise bei Systemänderungen, etc. beziehen und abschließend nicht einheitlich geklärt sind,[254] gehören die ressourcen- und systemtechnikbedingten Themen zu den bislang ungelösten Problemfeldern bei virtuellen Welten,[255] auf die an dieser Stelle jedoch nicht näher eingegangen wird. Vielmehr stellt sich im Rahmen dieses Kapitels

---

[249] Vgl. Barucca, M.; Forte, I.; Müller, C., Second Life – ein Testlabor für die Zukunft des Internets, 2007, S. 138.
[250] Vgl. Barucca, M.; Forte, I.; Müller, C., Second Life – ein Testlabor für die Zukunft des Internets, 2007, S. 138.
[251] Vgl. Schmitz, T., „Soziale" Welten, 2007, S. 54.
[252] Vgl. Barucca, M.; Forte, I.; Müller, C., Second Life – ein Testlabor für die Zukunft des Internets, 2007, S. 138.
[253] Vgl. Barucca, M.; Forte, I.; Müller, C., Second Life – ein Testlabor für die Zukunft des Internets, 2007, S. 138 ff.
[254] Vgl. Lober, A.; Wem gehört das virtuelle Schwert?, 2007, S. 143 ff i.V.m. Erdle, F., Doppelleben – Im Internet-Spiel „Second Life" kann sich jeder ein zweites Ich schaffen, 2007, S. 54.
[255] Vgl. Barucca, M.; Forte, I.; Müller, C., Second Life – ein Testlabor für die Zukunft des Internets, 2007, S. 140 f.

die Frage, inwieweit virtuelle Welten unser Leben, unsere Einstellungen und Werte verändern können.

Die Beschäftigung mit und das Agieren in virtuellen Welten kann eine Freizeitbeschäftigung sein, die sowohl der Entspannung, dem Spaß und dem Abreagieren oder der Verarbeitung von erlebten Enttäuschungen in der realen Welt sowie der Kommunikation und Kontaktaufnahme mit anderen Menschen dient, womit die Chancen für das Individuum in Kürze beschrieben sind. Und eine Vielzahl von Nutzern wird wahrscheinlich auch mit beiden Beinen fest in der realen Welt verwurzelt sein. Doch welche Risiken könnten sich für Individuen hierdurch ergeben?

Das selbstgewählte Erscheinungsbild der Avatare enthält oftmals eine Vielzahl von Zeichen und Codes, die Hinweise auf die Persönlichkeit und den Geist, der in ihnen steckt, enthalten und somit auf den Nutzer schließen lassen können; wird aber niemals den Eindruck einer Begegnung in der realen Welt ersetzen können.[256]

Dadurch kann es – auch bei reger Kommunikation und der Teilung von Erlebnissen mit anderen Avataren – doch zu einer Isolierung von Individuen kommen, da die Erschaffung der eigenen Scheinwelt, die zudem teilweise mit der realen Welt verbunden ist, den Blick für die Realität verschwinden lassen kann. Schon warnen Experten, eine übermäßige Teilnahme an dem virtuellen zweiten Leben berge die Gefahr einer Realitätsflucht, und unvorsichtige Nutzer könnten zudem durch den spielerischen Konsum vergessen, dass hinter ihren virtuellen Transaktionen in der Spielwelt durchaus reale Kosten stehen, welche schlimmstenfalls zu einer Verschuldung führen können.[257]

Das Wort Avatar[258] mag modern klingen, entstammt jedoch einer alten Sprache, dem Sanskrit und bedeutet im Hinduismus die Manifestation einer Gottheit in Menschen- oder Tiergestalt.[259] Second Life und vergleichbare Anwendungen geben jedem Nutzer die Möglichkeit, seine eigene Schöpfungsgeschichte zu schreiben und sich selbst (sowie das eigene Umfeld) neu zu erschaffen.[260] Vielleicht ist ja das menschliche (unbewusste) Grundbedürfnis, nämlich wie Gott sein zu wollen, ein wesentliches Erfolgskriterium für diese Anwendung.

Die Umgangsformen im Miteinander in dieser synthetischen Welt unterscheiden sich von denen im wirklichen Leben, vergleichbar mit den Änderungen im Verhalten Jugendlicher bei SMS.[261] Ebenso sehen Avatare andere Avatare als Avatare, soll heißen, sie interessieren sich für die Charaktere und Eigenschaften der Spielfigur die zwar, wie oben angemerkt, Grundzüge des Erschaffers enthält, die Lebensgeschichte des Menschen dahinter steht jedoch nicht im Vordergrund.[262]

Auch die Möglichkeit, sich unverbindlich wegzubeamen aus unangenehmen Situationen in einen anderen Teil der virtuellen Welt, fördert die Unverbindlichkeit bei Beziehungen im Allgemeinen.[263] Aus der realen Welt darf ein Nutzer darauf hoffen, auf eine Aktion hin eine Reaktion zu erfahren.[264] In der virtuellen Welt muss keiner irgendwelche Verbindlichkeiten, die sich aus der Kommunikation mit anderen Individuen ergeben können, befürchten. Man kann anonym bleiben oder sich einfach woanders hin beamen.

Die Adaption dieser Umgangsformen auf das reale Leben scheint, in Abhängigkeit von der Verbreitung solcher intermedialen Systeme, nur eine Frage der Zeit zu sein und somit eine Auswirkung auf die Veränderung der gesellschaftlichen Normen und Werte zu nehmen.

---

[256] Vgl. Stillich, S., Second Life – Wie virtuelle Welten unser Leben verändern, 2007, S. 16.
[257] Vgl. Wikipedia (Hrsg.), Die freie Enzyklopädie, Second Life, http://de.wikipedia.org/wiki/Second_Life, 2008.
[258] Das Wort Avatar aus dem Sanskrit bedeutet wörtlich „Der Herabsteigende" (vgl. Stillich, S., Second Life – Wie virtuelle Welten unser Leben verändern, 2007, S. 15).
[259] Vgl. Stillich, S., Second Life – Wie virtuelle Welten unser Leben verändern, 2007, S. 15.
[260] Vgl. Stillich, S., Second Life – Wie virtuelle Welten unser Leben verändern, 2007, S. 15.
[261] Siehe hierzu die Ausführungen in Kapitel A.4.10.2.2 (Das Verhalten Jugendlicher bei SMS – Möglichkeiten und Risiken).
[262] Vgl. Stillich, S., Second Life – Wie virtuelle Welten unser Leben verändern, 2007, S. 37.
[263] Man denke beispielsweise nur an den virtuellen Besuch eines Cafe's oder Shops.
[264] Vgl. Barucca, M.; Forte, I.; Müller, C., Second Life – ein Testlabor für die Zukunft des Internets, 2007, S. 140.

4.11 Abschließende Betrachtung zu Auswirkungen und Risiken der Telekommunikation

Aus den immer weiterschreitenden Veränderungen der Telekommunikation haben sich neben unzähligen neuen Möglichkeiten auch neue Risiken ergeben. Ein Risikobereich der Telekommunikation liegt dabei in der Technik begründet. Als technisches Risiko versteht man in diesem Zusammenhang die Wahrscheinlichkeit, dass ein System innerhalb eines bestimmten Zeitraums versagt. Aus dem technischen Versagen ergeben sich Schäden und Beeinträchtigungen, die je nach Ausmaß immense Kosten verursachen können. Der gesamtheitliche Zusammenbruch von Telekommunikationssystemen ist heutzutage aufgrund des hohen Stellenwerts, den diese Systeme für uns haben, kaum vorstellbar.

Daneben existieren mögliche, nicht technisch bedingte Risiken. Eine mögliche Gefahr bildet zum Beispiel die Verletzung des Datenschutzes durch die nicht selbstbestimmte Verwendung personenbezogener Daten. Das Problem des Datenschutzes und der Schutz der Privatsphäre sind allerdings keineswegs neu. Schon seit mindestens 1895 ist bei der New Yorker Polizei das Abhören von Telefongesprächen möglich.[265]

Der Datenschutz hat durch die Entwicklung der Telekommunikation eine ständige Aktualität erlangt, da es sowohl einfacher als auch billiger geworden ist, unberechtigt auf Daten zuzugreifen, sie zu sammeln, weiterzuleiten, zu speichern und zu eigenen Zwecken zu gebrauchen. Durch das zunehmend offene Netzsystem werden die Informationen und Daten über die Grenzen der jeweiligen Anbieter hinaus weitergeleitet.

Durch die Veränderungen im Bereich der Telekommunikation kann ebenfalls die Ausforschung der Kommunikationsbeziehungen und -inhalte erhöht werden. Ein weiteres Risiko liegt in der Veränderung der Kommunikationssituation und des -verhaltens. Eine negative Auswirkung der immer weiter fortschreitenden Entwicklungen im Bereich der Telekommunikation ist der Verlust des face-to-face Kontaktes. Die durch die fortschreitende Technik erhöhte Komplexität kann dazu führen, dass der Zustand des Systems für den Nutzer nicht mehr transparent ist, er also nicht erkennt, wer in welcher Form an der Kommunikation teilnimmt. Ohne diese Kenntnis kann eine selbstbestimmte und unbefangene Kommunikation nicht stattfinden; die Vertraulichkeit kann nicht gewahrt werden.[266]

Die sinnvolle Verwertung beziehungsweise Nutzung der neuen Technologien stellt hierbei eine unerlässliche Erfordernis dar. Sinnvoll nutzen bedeutet, die Möglichkeiten wahrzunehmen, die die neuen Technologien eröffnen für eine freiere Gestaltung von Arbeit und Freizeit und für eine durchdringende Verwirklichung humaner und sozialer Werte.[267]

Die Veränderungen, die sich durch die neue Telekommunikation ergeben, sind sehr vielfältig. Eine abschließende Aufzählung ist deshalb nicht möglich. Vor allem aber sind räumliche Umstrukturierungen und Zentralisierungsprozesse eine direkte Folge des Einsatzes der neuen Telekommunikationstechniken. Doch auch das private und berufliche Leben unterzieht sich einem Wandel. Die durch die Telekommunikationstechniken ermöglichten Optimierungen haben aber auch negative Folgen. Dazu gehören neben starken Strukturproblemen auch sozioökonomische Probleme. Es wird eine zentrale Herausforderung unserer Zeit sein, diese Probleme in den Griff zu bekommen.

---

[265] Vgl. Noam, E. M., Privacy bei Telekommunikationsdiensten, 1991, S. 112.
[266] Vgl. Roßnagel, A., Vom informellen und kommunikativen Selbstbestimmungsrecht, 1990, S. 101.
[267] Vgl. Bleuel, H. P., Die verkabelte Gesellschaft – Der Bürger im Netz neuer Technologien, 1984, S. 121.

5 Kernkompetenzen in der Telekommunikation

Wandeln, Übertragen und Vermitteln von Informationen in weltweiten Netzwerken, um Kommunikation zwischen Menschen zu jeder Zeit und an jedem Ort zu ermöglichen, sind die Kernkompetenz und das Kerngeschäft eines jeden Telekommunikationsunternehmens. Welche Wertschöpfungsprozesse dabei im Einzelnen ablaufen und welche Charakteristiken Telekommunikationsunternehmen aufweisen können, wird nachfolgend aufgezeigt.

5.1 Die Komplexität der Leistungserstellung

Die Leistungserstellung bei Telekommunikationsunternehmen ist überaus komplex. Unterschiedliche Stufen der Wertschöpfung werden dabei sowohl von vertikal integrierten Unternehmen als auch von institutionell getrennten Einheiten erbracht. Die Wertschöpfung kann als ein Gradmesser für die Erbringung der eigenen Leistung gedeutet werden. Die zentrale Wertschöpfung der Unternehmen wird durch IT[268]- und Marketingaktivitäten unterstützt. Die nachgelagerte Abbildung 19 gibt einen schematischen Überblick über die einzelnen Stufen der Leistungserstellung eines Telekommunikationsunternehmens.

Abb. 19: Wertschöpfungsstrukturen in der Telekommunikation

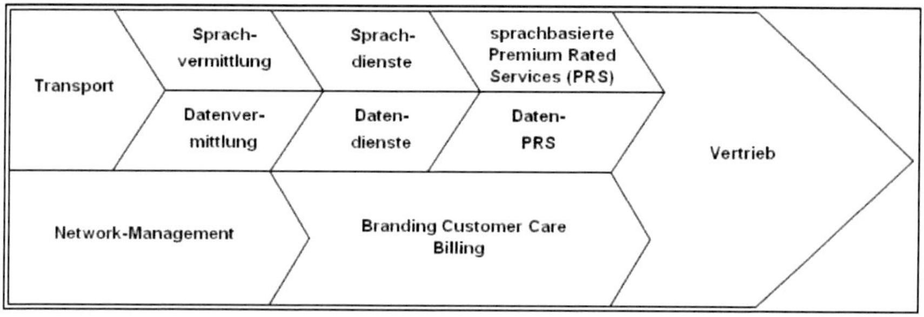

In Anlehnung an: Ehrmann, T., Markt- und Wertschöpfungsstrukturen in der Telekommunikation, 1999, S. 35

Die erste Wertschöpfungsstufe bildet die Transportebene. Sie umfasst das Netz, insbesondere die Leitungen und die Übertragungstechnik. Die zweite Stufe stellt die Vermittlungsebene dar. Hierzu gehören die Vermittlungstechnik (Switches), die Anschaltepunkte anderer Netzbetreiber (Points of Interconnection, POI) und die Anschaltepunkte zu den Kunden (Points of Presence, POP). In modernen digitalen Netzen laufen Sprache und Daten über dieselben physikalischen Netze. Für Daten übernehmen Router die Funktion der Switches.[269]

Die Netzinfrastruktur bietet die Basis für ein breites Angebot an Sprach- und Datenkommunikation auf der Diensteebene, wobei hier zwischen Basis- und Mehrwertdiensten unterschieden wird.[270] Das bekannteste Beispiel für Sprachdienste ist die ISDN-Telefonie. Das Internet bzw. die dafür bereitgestellten Zugänge und das Internetworking zwischen lokalen Netzen sind Beispiele für Datendienste. Zu den Mehrwertdiensten gehören bspw. 0800er und 0900er Nummern, Televoting und spezielle Server- und Gateway-Dienste[271].[272] Von zunehmender Bedeutung im Mehrwertbereich ist das Anbieten von Content, d.h. von multimedialen Inhalten im Netz.

Der Betrieb der Netze und das Angebot an Diensten setzt eine Networkmanagementebene voraus, mit der der Netzbetrieb überwacht und gesteuert werden kann und mit der der Aufzeichnungen über

---
[268] Informationstechnologie.
[269] Vgl. Ehrmann, T., Markt- und Wertschöpfungsstrukturen in der Telekommunikation, 1999, S. 35.
[270] Vgl. Deutsche Telekom AG (Hrsg.), OrgKnowledgeBase, http://orgwissen.telekom.de/d_Vortraege/Was_ist_ein_TK-Unternehmen Content.htm, 2003.
[271] Gateway bezeichnet das Eingangs- und Ausgangstor zwischen verschiedenen miteinander verbundenen Netzen, also eine Art Übergangsvermittlungsstelle (vgl. UMTSlink.at (Hrsg.), GSM, http://umtslink.at//GSM/gmsc.htm, 2003).
[272] Vgl. Ehrmann, T., Markt- und Wertschöpfungsstrukturen in der Telekommunikation, 1999, S. 36.

die bereitgestellten Verbindungen und Berechtigungsprüfungen sowie -vergaben realisiert werden können.[273] Das Networkmanagement ist die Grundlage für die Rechnungserstellung (Billing) gegenüber den Kunden und für die Gestaltung IV[274]-gestützter Front-Ends für die Kundenbetreuung (Customer Care). In engem Zusammenhang mit dem Front-End zum Kunden steht die Fragestellung des einheitlichen Angebots von Leistungen und Produkten unter einer Marke (Branding).[275]

Die Leistungserbringung eines TK[276]-Unternehmens erfordert darüber hinaus weitere, bedeutende und umfassende Supportfunktionen wie bspw. Einkauf, Finanzen, Personal, Recht, Ressourcenmanagement, einschließlich Grundstücke, Gebäude und interne IV-Infrastruktur.[277] Die endgültige Stufe der Wertschöpfung ist die Vertriebsebene, die durch die richtige Kombination von Produkt, Preis, Vertriebskanal und Werbung (Marketing-Mix) die Leistungen des Unternehmens differenziert nach Märkten und Kunden vermarktet.

Die aufgezeigte Wertschöpfungskette gestattet es, Telekommunikationsunternehmen in vier Typen zu klassifizieren (Abbildung 20), wobei einige Typen sowohl flächendeckend als auch nur regional begrenzt operieren können[278].

Abb. 20: Übersicht der Klassifizierung von Telekommunikationsunternehmen

Typ/Ebene	Transport	Vermittlung	Dienste	Vertrieb
Netzbetreiber	X	X	X	X
Switched Reseller		X	X	X
Reseller			X	X
Händler				X

In Anlehnung an: Ehrmann, T., Markt- und Wertschöpfungsstrukturen in der Telekommunikation, 1999, S. 35

Netzbetreiber sind klassische Telekommunikationsunternehmen, die alle Stufen der Wertschöpfung ausführen und Sprach- und Datendienste flächendeckend anbieten.[279] Ein Beispiel hierfür ist die Deutsche Telekom. Netzbetreiber planen, bauen und betreiben selbst Netze, offerieren Vermittlungsfunktionen und treten als Full Service Provider, also als Anbieter einer kompletten Palette von TK- und IT-Leistungen und Produkten, auf.[280] Das Vorhandensein mindestens eines Netzbetreibers in einem Land ist die Voraussetzung für die Existenz der anderen Typen von Telekommunikationsunternehmen.

Switched Reseller kaufen Transportleistungen von einem Netzbetreiber ein, nehmen die Vermittlungsfunktionen aber selbstständig war. Sie generieren Angebote und Mehrwertdienste und ersparen sich somit irreversible Investitionen in Netze.[281]

Reseller kaufen auch die Vermittlungsfunktion ein. Ihr Schwerpunkt sind zumeist hochspezialisierte Mehrwertdienste, weshalb sie i.d.R. über eine hohe Marketingkompetenz verfügen.[282]

Händler verzichten ganz auf eigene technische Infrastrukturen und Diensteangebote. Sie vermarkten die Angebote anderer Telekommunikationsunternehmen und bieten Endgeräte verschiedener Hersteller zur Nutzung dieser Dienste an.

---

[273] Vgl. Ehrmann, T., Markt- und Wertschöpfungsstrukturen in der Telekommunikation, 1999, S. 36.
[274] Informationsverarbeitung(s).
[275] Vgl. Deutsche Telekom AG (Hrsg.), OrgKnowledgeBase, http://orgwissen.telekom.de/d_Vortraege/Was_ist_ein_TK-Unternehmen Content.htm, 2003.
[276] Telekommunikation(s).
[277] Vgl. Deutsche Telekom AG (Hrsg.), OrgKnowledgeBase, http://orgwissen.telekom.de/d_Vortraege/Was_ist_ein_TK-Unternehmen Content.htm, 2003.
[278] Vgl. Ehrmann, T., Markt- und Wertschöpfungsstrukturen in der Telekommunikation, 1999, S. 35 f.
[279] Vgl. Ehrmann, T., Markt- und Wertschöpfungsstrukturen in der Telekommunikation, 1999, S. 37.
[280] Vgl. Deutsche Telekom AG (Hrsg.), OrgKnowledgeBase, http://orgwissen.telekom.de/d_Vortraege/Was_ist_ein_TK-Unternehmen Content.htm, 2003.
[281] Vgl. Ehrmann, T., Markt- und Wertschöpfungsstrukturen in der Telekommunikation, 1999, S. 38.
[282] Vgl. Ehrmann, T., Markt- und Wertschöpfungsstrukturen in der Telekommunikation, 1999, S. 38.

5.2 Weitere Charakteristiken von Telekommunikationsunternehmen

Drei weitere Fragen runden die Charakteristik eines Telekommunikationsunternehmens ab:
- Operiert das Unternehmen global?
- Bietet das Unternehmen Konvergenzprodukte[283] an?
- Bedient das Unternehmen den TIMES[284]-Markt?

Diese Gesichtspunkte werden nachfolgend eingehender betrachtet. Sie sind Voraussetzung zum Verständnis, aus welchen Zwängen heraus und in welcher Art und Weise Telekommunikationsunternehmen agieren.

5.2.1 Global operierende Telekommunikationsunternehmen

Die Liberalisierung[285] der Märkte und die Privatisierung der ehemaligen staatlichen Fernmeldeverwaltungen gestatten den großen Netzbetreibern auch international tätig zu werden. Organisatorische Folge der Globalisierung ist der Übergang von national orientierten monolithischen Unternehmensstrukturen hin zu einem weltweiten Netzwerk verbundener Unternehmen und Beteiligungen, die in unterschiedlicher Rechtsform einen Großkonzern bilden.[286]

Bei Unternehmen, die auf dem Sektor der Telekommunikation agieren, treffen zumeist Faktoren wie starke technisch bedingte Skaleneffekte, dramatische Leistungsanstiege bzw. Kostensenkungen und Nachfragewachstum zusammen.[287] Daher sind die Strategien vieler Telekommunikationsunternehmen darauf ausgerichtet in zunächst eng umrissenen Märkten ihre Größe horizontal auszuweiten.[288]

Die Entstehung weltweit agierender Telekommunikationsunternehmen wird durch die Komplexitätsbereiche Technologie, Politik und Regulierung, Soziodemographie und -kultur sowie Kapitalmarkt beeinflusst.[289] Die Strategien der Telekommunikationsanbieter sind demzufolge darauf ausgerichtet, die relative Größe des Unternehmens über Landesgrenzen hinaus auszudehnen, um damit die Auslastung der Ressourcen zu optimieren.[290] Die dargestellten Synergien und die daraus abgeleiteten Handlungs- und Vorgehensweisen bei Telekommunikationsunternehmen bewirken folglich die Entstehung der Konvergenz.

5.2.2 Konvergenz in der Telekommunikation

Konvergenz bezeichnet den „...*Prozess des Zusammenwachsens der ursprünglich weitgehend unabhängig operierenden Industrien Medien [Hörfunk, Fernsehen], Telekommunikation und Informationstechnologie. Der Begriff kennzeichnet sowohl die Annäherungen der Technologien als auch die Verbindung der Wertschöpfungsketten sowie das Zusammenwachsen der Märkte insgesamt"*.[291]

---

[283] Zur Erläuterung des Begriffs Konvergenz siehe Kapitel A.5.2.2 (Konvergenz in der Telekommunikation).
[284] Telecommunications, Information, Technology, Media and Entertainment, Security Technology. Siehe hierzu die Erläuterungen in Kapitel A.5.2.3 (Der TIMES-Markt).
[285] Unter Liberalisierung wird in diesem Zusammenhang die Öffnung des Marktes für den freien Wettbewerb durch Abschaffung der bestehenden besonderen und ausschließlichen Rechte verstanden (vgl. Leitl, B., Missbrauchsaufsicht über Telekommunikationsunternehmen, 2001, S. 23). Ausführliche Erläuterungen hierzu finden sich in Kapitel C. (Die Regulierung des Telekommunikationsmarktes).
[286] Vgl. Deutsche Telekom AG (Hrsg.), OrgKnowledgeBase, http://orgwissen.telekom.de/d_Vortraege/Was_ist_ein_TK-Unternehmen Content.htm, 2003.
[287] Vgl. Dengler, J., Strategie integrierter Telekommunikationsdiensteanbieter, 2000, S. 169.
[288] Vgl. Dengler, J., Strategie integrierter Telekommunikationsdiensteanbieter, 2000, S. 169.
[289] Vgl. Dengler, J., Strategie integrierter Telekommunikationsdiensteanbieter, 2000, S. 169.
[290] Die dabei erzielten Synergieeffekte beziehen sich im Bereich der Technologien auf die Verkleinerung und Verbilligung mikroelektronischer Komponenten, insbesondere bei Endgeräten sowie auf die Leistungssteigerung in der Signalverarbeitung. Im Bereich der Politik und Regulierung geht es insbesondere bei Mobilfunkunternehmen um die Vergabe von Lizenzen und ausreichenden Frequenzspektren. Die Nachfrageemigration zu Telekommunikationsdiensten spielt eine wichtige Rolle im Bereich der Soziodemographie und -kultur. Für den Kapitalmarkt bedeutet diese Globalisierung eine gestiegene Marktkapitalisierung des Unternehmens als Ausdruck hoher zukünftiger Ertragserwartungen. Vgl. Dengler, J., Strategie integrierter Telekommunikationsdiensteanbieter, 2000, S. 170.
[291] Input Consulting (Hrsg.), Konvergenz im Medien- und Telekommunikationssektor – technische und ökonomische Aspekte, 1999, S. 4.

Es wird zwischen drei Arten von Konvergenz unterschieden:
- Die technische Konvergenz, welche sich in Dienstekonvergenz[292], Konvergenz der Übertragungswege[293] (Netzkonvergenz) und Endgerätekonvergenz[294] unterteilen lässt,
- die Konvergenz der Angebote[295] (wirtschaftliche Konvergenz) und
- die Konvergenz im Nutzungsverhalten der Kunden.[296]

Konvergenz beschreibt einerseits das Verschmelzen bisher eigenständiger Netze, Produkte, Dienste und infolge hiervon auch von Märkten und andererseits das Verschmelzen von Informations- und Telekommunikationstechnologie. Basis für die Konvergenz ist die Digitalisierung des universellen weltumspannenden Telekommunikationsnetzes, der Medien und der Geräte zu ihrer Nutzung.[297]

Im diensteintegrierenden digitalen Netz (ISDN) verschmolzen erstmals getrennte Netze für die Sprach-, Daten-, Text- und Bildübertragung ineinander. Die Entwicklung wird durch die Einführung breitbandiger Technologien wie DSL und UMTS noch forciert.

Parallel dazu stehen Personalcomputer als universelle Basis für multifunktionale bzw. -mediale Endgeräte der Telekommunikation zur Verfügung. Insgesamt verschmelzen Informations- und Telekommunikationstechnik und gestatten ein modulares Angebot multimedialer Informations- und Kommunikationsmöglichkeiten.

5.2.3 Der TIMES-Markt

Die Digitalisierung als solche und die Konvergenz von Netzen und Diensten bringt somit einen neuen Markt hervor, der mit der Abkürzung TIMES (Telecommunications, Information Technology, Media and Entertainment, Security Technology) beschrieben wird. Hierbei handelt es sich um die Bezeichnung für ein Wirtschaftssegment, das sich aus den Konvergenzbestrebungen der Industriebereiche Telekommunikation, Informationstechnik, Medien und Unterhaltungsindustrie sowie Sicherheitstechnik entwickelt und allgemein als dominanter Träger wirtschaftlichen Wachstums gesehen wird.[298]

---

[292] Unter Dienstekonvergenz wird im Allgemeinen der Prozess der Annäherung zwischen grundsätzlich verschiedenen Telekommunikationsdiensten, die bislang vom Benutzer separat genutzt wurden, verstanden. Unerlässliche Voraussetzung dafür, dass die verschiedenen Dienste als eine integrierte Einheit verfügbar sind, ist ein kontinuierlicher Informationsaustausch zwischen den technischen Dienstplattformen der konvergierenden Dienste. Meistens geht die Dienstekonvergenz mit der Konvergenz der betroffenen Netze (Netzkonvergenz) und benutzten Endgeräte (Endgerätekonvergenz) einher. Beispiele für die Dienstekonvergenz stellen die Konvertierungen inkompatibler Nachrichtenarten und Nachrichtenformate wie der Text-zu-Sprache-Konvertierung (z.B. Versenden von E-Mails zu einer Voicebox) und die Sprache-zu-Text-Konvertierung (z.B. Versenden von Sprachnachrichten einer Voicebox an eine textbasierte Mailbox) dar. Vgl. Deutsche Telekom AG (Hrsg.), Fachlexikon der Telekommunikation, http://www.telekom3.de/de-p/konz/1-ko/3-le/star/index-ex.html, 2003.
[293] Wesen der Konvergenz der Übertragungswege ist, dass zunehmend analoge Übertragungstechniken durch digitale ersetzt werden. Die digitale Übertragung von Inhalten ermöglicht durch Multiplexing (Verfahren zur mehrfachen Ausnutzung eines Datenkanals), Komprimierung (Vorgang der Datenreduktion) und weitere Übertragungsmedien, wie etwa dem Glasfaserkabel, eine deutliche Erhöhung der Übertragungsrate (Bandbreite) bei gleichzeitiger Qualitätssteigerung. Hierdurch ist es möglich Dienste, die einen hohen Bandbreitenbedarf haben (Daten oder bewegte Bilder), auch in schmalbandigen Netzen zu verbreiten und umgekehrt. Hinzu kommt, dass durch die Entwicklung neuer Übertragungswege und -medien wie etwa Satellit oder Stromnetz auch die Anzahl der zur Verfügung stehenden Netze wächst. Vgl. Kassung, S., Konvergenz der Medien: Möglichkeiten und Grenzen einer rundfunkrechtlichen Deregulierung, 2001, S. 5.
[294] Als Beispiele für die Endgerätekonvergenz seien der Multimedia-PC (mit HiFi-Soundsystem, Radio- und TV-Karte), das Webphone (Zugang zum Internet inklusive Bildschirm und Tastatur im Telefon integriert) sowie der Zugang zum Internet für tragbare Kleinstrechner über Funk (GSM) genannt (vgl. Verband Privater Rundfunk und Telekommunikation e.V. (Hrsg.), Stellungnahme des Verbands Privater Rundfunk und Telekommunikation e.V. [zum] Grünbuch zur Konvergenz der Branchen Telekommunikation, Medien und Informationstechnologie und ihren ordnungspolitischen Auswirkungen, http://europa.eu.int/ISPO/convergencegp/vprt.html#Verband, 2003).
[295] Erforderliche Folge der technischen Konvergenz ist die Konvergenz der Angebote. Nur wenn diese die Möglichkeit haben der Konvergenz der Endgeräte und Übertragungswege entsprechend dem Kunden eine attraktive Nutzungsmöglichkeit zu bieten, kann dieser technische Fortschritt auch wirtschaftlich genutzt werden. Vgl. Kassung, S., Konvergenz der Medien: Möglichkeiten und Grenzen einer rundfunkrechtlichen Deregulierung, 2001, S. 6.
[296] Inwieweit der Kunde dieser Entwicklung folgt, wird die Zukunft zeigen (vgl. Kassung, S., Konvergenz der Medien: Möglichkeiten und Grenzen einer rundfunkrechtlichen Deregulierung, 2001, S. 4 ff).
[297] Vgl. Deutsche Telekom AG (Hrsg.), OrgKnowledgeBase, http://orgwissen.telekom.de/d_Vortraege/Was_ist_ein_TK-Unternehmen Content.htm, 2003.
[298] Vgl. Deutsche Telekom AG (Hrsg.), Fachlexikon der Telekommunikation, http://www.telekom3.de/de-p/konz/1-ko/3-le/star/index-ex.html, 2003.

Die Abbildung 21 verdeutlicht, wofür TIMES steht und zeigt entsprechende Beispiele hierfür.

Abb. 21: TIMES-Märkte und Beispiele

TIMES-Markt mit Beispielen

T   Telekommunikation
- Sprache und Daten im Festnetz

I   Informationstechnologie und Internet
- Personalcomputer und Highspeed-Internetzugänge

M   Mobilkommunikation und Multimedia
- Video-on demand, elektronische Marktplätze im Web

E   Entertainment und E-Commerce
- Sprache und Daten mobil und multimedial

S   System- und Sicherheitslösungen
- Konvergenzprodukte, geschützte Netze und Netzzugänge

Das Zusammenwachsen dieser Schlüsseltechnologien innerhalb der Informationsgesellschaft zu einer neuen Superbranche bietet einem auf diesem Gebiet tätigen Unternehmen riesige Wachstumschancen, stellt es aber auch gleichzeitig vor enorme Herausforderungen.[299] Um zu den Gewinnern des TIMES-Marktes zu gehören, muss ein Unternehmen international aufgestellt sein, über eine große Innovationskraft und Marketingstärke sowie über eine beträchtliche Finanzkraft[300] verfügen.[301]

Ein modernes Telekommunikationsunternehmen sollte so organisiert sein, dass es den TIMES-Markt bedienen kann.

---

[299] Vgl. Eick, K.-G., Hintergründe für das Handeln vermitteln – Anleger in Veränderungsprozesse einbeziehen – Auf dem Weg zum globalen TIMES-Anbieter, 2000, S. B 6 und Sommer, R., „Vor gewaltigen Wachstumsschub" – Sommer: T-Aktie wird weiter sehr viel Freude bereiten, 2000, S. 13.

[300] Es sind teilweise beträchtliche Investitionen notwendig. Ein Beispiel hierfür ist der Erwerb der UMTS-Lizenzen. Die Bewerber um die UMTS-Lizenzen haben jeweils mehr als 8 Milliarden Euro für eine deutsche UMTS-Lizenz zahlen müssen, um sich die Teilhabe an einem zentralen Wachstumssegment der TIMES-Märkte zu sichern (vgl. Eick, K.-G., Hintergründe für das Handeln vermitteln – Anleger in Veränderungsprozesse einbeziehen – Auf dem Weg zum globalen TIMES-Anbieter, 2000, S. B 6).

[301] Vgl. Eick, K.-G., Hintergründe für das Handeln vermitteln – Anleger in Veränderungsprozesse einbeziehen – Auf dem Weg zum globalen TIMES-Anbieter, 2000, S. B 6.

B. Die Reform des Postwesens als Voraussetzung des Wandels der Telekom

Klassisch stellte sich die Telekommunikation in Europa als ein Staatsmonopol dar.[302] Dementsprechend waren die Post- und Fernmeldeleistungen staatlich organisiert. Bereits Mitte der sechziger Jahre bestanden Zweifel daran, inwieweit die nach dem zweiten Weltkrieg geschaffene Organisationsstruktur der Deutschen Bundespost, die weitgehend an die traditionelle Struktur des Post- und Fernmeldewesens anschloss, den Aufgaben und Anforderungen, die eine hochtechnisierte Wirtschaft und moderne Industriegesellschaft an sie stellte, zu erfüllen noch in der Lage sei.[303] Die erste Postreform hatte, bevor sie rechtskräftig wurde, eine relativ lange Vorlaufzeit.

Seit den fünfziger Jahren stieg der Bedarf an Telefon- und Telexanschlüssen kontinuierlich an und es war zu erwarten, dass dieser Trend sich noch verstärken würde.[304] Die DBP war nicht in der Lage diese Nachfrage zu befriedigen (bis zur Mitte der sechziger Jahre hatte sich ein Auftragsbestand von 500.000 Telefonanschlüssen[305] angesammelt). Gleichzeitig stiegen die Kosten bei der Deutschen Bundespost, ohne dass die Möglichkeit bestand, hierauf mit einer Erhöhung der Gebühren zu reagieren, da diese politisch nicht tragfähig war.[306]

Es wurde der Versuch unternommen, ein Ansteigen der Schulden durch geringere Abgaben an den Bund zu verhindern, was nur bedingt realisiert wurde und zu keinem bedeutenden Erfolg führte. Von 1961 bis 1965 stiegen die Verluste der DBP auf mehr als 560.000 Euro.[307] In der Bevölkerung machte sich Unmut über die mangelnde Versorgung und die bürokratische Schwerfälligkeit der DBP breit und dieser Unmut wurde noch gesteigert, als Ende 1964 die Gebühren als Reaktion auf die zugespitzte finanzielle Lage doch noch erhöht wurden.[308]

Die Organisationsform der Bundespost erwies sich zunehmend in jeglicher Hinsicht als ineffizient.[309] Die Reformversuche der sechziger Jahre zielten auf eine organisationsstrukturelle und finanzielle Umgestaltung der DBP, während ordnungspolitische Fragen noch nicht zur Diskussion standen. Die Alleinstellung und die damit verbundenen Rechte der DBP wurden nicht in Frage gestellt. Die Debatte um eine Umstrukturierung der DBP der sechziger Jahre führte zu keiner Einigung, weswegen die Reformversuche auch schließlich fallen gelassen wurden.[310]

Durch den politischen Handlungsdruck veranlasst, wurde die Debatte um die Umstrukturierung der Post von der 1969 neu ins Amt gekommenen Regierung, bestehend aus einer sozialliberalen Koalition, wieder aufgenommen und im Gegensatz zu den sechziger Jahren traten in den Siebzigern erstmals technologiepolitische und industriepolitische Betrachtungsweisen der Telekommunikation auf.[311] Dennoch beschränkten sich die politischen Überlegungen darauf, die finanzielle Situation der DBP zu verbessern. Wie der Reformversuch der sechziger Jahre scheiterten auch die Versuche der siebziger Jahre an der Uneinigkeit der politischen Parteien.[312]

---

[302] Vgl. Welfens, P. J. J.; Graack, C., Telekommunikationswirtschaft: Deregulierung, Privatisierung und Internationalisierung, 1996, S. 45; ebenso Tenzer, G., Offene Telekommunikationsmärkte in Europa – Ziele, Perspektiven, Strategien, 1990, S. 44.
[303] Vgl. Der Bundesminister für Post und Telekommunikation (Hrsg.), Gesetz zur Neustrukturierung des Post- und Fernmeldewesens und der Deutschen Bundespost, 1989, S. 10.
[304] Vgl. Steinmetz, E., Geschichte der Deutschen Post, Bd. 4, 1945 bis 1978, 1979, S. 365 f.
[305] Vgl. Jäger, B., „Postreform I und II" – Die gradualistische Telekommunikationspolitik in Deutschland im Lichte der positiven Theorie staatlicher Regulierung und Deregulierung, 1994, S. 78.
[306] Vgl. Jäger, B., „Postreform I und II" – Die gradualistische Telekommunikationspolitik in Deutschland im Lichte der positiven Theorie staatlicher Regulierung und Deregulierung, 1994, S. 79.
[307] Vgl. Jäger, B., „Postreform I und II" – Die gradualistische Telekommunikationspolitik in Deutschland im Lichte der positiven Theorie staatlicher Regulierung und Deregulierung, 1994, S. 79.
[308] Vgl. Jäger, B., „Postreform I und II" – Die gradualistische Telekommunikationspolitik in Deutschland im Lichte der positiven Theorie staatlicher Regulierung und Deregulierung, 1994, S. 80.
[309] Vgl. Der Bundesminister für Post und Telekommunikation (Hrsg.), Gesetz zur Neustrukturierung des Post- und Fernmeldewesens und der Deutschen Bundespost, 1989, S. 11.
[310] Vgl. Jäger, B., „Postreform I und II" – Die gradualistische Telekommunikationspolitik in Deutschland im Lichte der positiven Theorie staatlicher Regulierung und Deregulierung, 1994, S. 86 ff.
[311] Vgl. Der Bundesminister für Post und Telekommunikation (Hrsg.), Gesetz zur Neustrukturierung des Post- und Fernmeldewesens und der Deutschen Bundespost, 1989, S. 11.
[312] Vgl. Der Bundesminister für Post und Telekommunikation (Hrsg.), Gesetz zur Neustrukturierung des Post- und Fernmeldewesens und der Deutschen Bundespost, 1989, S. 11.

Zunehmend kam auch seitens der Industrie und der Verbände Kritik an der Monopolstellung der DBP auf. Diese Kritik kam zunächst von Unternehmen der EDV-Branche, die in der Monopolstellung der DBP eine Behinderung der Integration der Datenverarbeitung und der Nachrichtentechnik sahen.[313] Die Kritik der Industrie brachte die Debatte über die Ordnungspolitik im Telekommunikationsbereich an die Öffentlichkeit.

Durch die Bundestagswahl 1982 kam eine Regierung bestehend aus einer Koalition aus CDU / CSU und der FDP an die Macht. Die neue Regierung war sich über die Notwendigkeit einer Reform einig.[314]

Bevor in diesem Abschnitt auf die Ziele und Ergebnisse der Postreformen eingegangen wird, erfolgt zunächst eine Erläuterung zu allgemein gültigen Unterschieden von öffentlichen Unternehmen und Behörden im Vergleich zu privaten Unternehmen sowie die Beschreibung einiger exemplarischer Interna der Deutschen Bundespost (Telekom) vor Gründung der Deutschen Telekom AG.

---

[313] Vgl. Witte, E., Neuordnung der Telekommunikation, 1988, S. 13.
[314] Vgl. Der Bundesminister für das Post- und Fernmeldewesen (Hrsg.), Begründung zum Entwurf eines Gesetzes zur Neustrukturierung des Post - und Fernmeldewesens und der Deutschen Bundespost (Poststrukturgesetz – PostStruktG), 1988, S. 7.

1 Allgemeine Unterschiede zwischen öffentlichen Institutionen und privaten Unternehmen sowie exemplarische Interna vor Gründung der Deutschen Telekom AG

1.1 Allgemein gültige Unterschiede von öffentlichen Unternehmen und Behörden im Vergleich zu privaten Unternehmen

Zur Erfüllung öffentlich-rechtlicher Aufgaben bedient sich der Staat in der Regel öffentlicher Verwaltungen und öffentlicher Unternehmen, wobei die Zielsetzungen und Aufgaben hoheitlich sind und / oder sozialstaatliche, wirtschafts- und kulturpolitische Überlegungen hierbei eine Rolle spielen.[315] Behörden und öffentliche Unternehmen werden monetär über öffentliche Haushalte gesteuert. Öffentliche Haushalte sind dabei die Einzelwirtschaften des Bundes, der Länder und Gemeinden (sowie deren öffentlicher Betriebe), die ihre Einnahmen über Steuern (oder Gebühren) erzielen und Subventionen gewähren können.[316]

Wesentliche Kriterien eines privatwirtschaftlichen Unternehmens sind die Bestimmung der zu produzierenden Güter und Dienstleistungen, der Preise, zu denen diese angeboten werden können und die Ausrichtung auf den Markt, auf dem die Leistungen verwertet werden.[317] Hauptziel von Unternehmen ist die Erwirtschaftung von Gewinnen. Betriebswirtschaftliche Maxime stehen daher bei privatwirtschaftlichen Unternehmen im Vordergrund.[318] Privatwirtschaftliche Unternehmen können somit, lediglich in Abhängigkeit von der Einhaltung allgemein gültiger und spezifischer Gesetze und Marktregularien, relativ autonom handeln.[319]

Während Unternehmen demzufolge stark marktgetrieben sind, stehen bei öffentlichen Verwaltungen hoheitliche Maßnahmen und Angelegenheiten des Gemeinwesens in Verbindung mit der Durchsetzung des öffentlichen Rechts im Vordergrund.[320] Dabei prägen rechtliche Rahmenbedingungen die Arbeitsweise in öffentlichen Verwaltungen und bilden deren Existenzgrundlage.[321] Aus diesem Grund ist der Spielraum für das Handeln von Behörden oft sehr eng und spezifische Normen fungieren als Rahmen für das individuelle Ermessen und die Konsensausbildung.[322]

Hinsichtlich der Prozessabläufe in Verwaltungen können darüber hinaus allgemein noch folgende Besonderheiten konstituiert werden:[323]

- ❏ Komplexer Aufgabenbereich hinsichtlich Anforderungen, Interessen und Vorgaben.
- ❏ Zumeist eine große Anzahl von Prozessbeteiligten.
- ❏ Neben rechtlicher Prägung sind soziale und politische Einflüsse vorhanden.
- ❏ Effektivität und Gemeinwohl stehen im Vordergrund; Behörden können ihr Klientel nicht frei wählen.

---

[315] Vgl. Jenni, A., Unterschiede im Management öffentlicher und privater Unternehmen, http://www.iop.unibe.ch/lehre/lizentiatsarbeiten/Liz-Jenni-Andr%C3%A9.pdf, 2008, S. 9.
[316] Vgl. TEIA AG (Hrsg.), Grundlagen Rechnungswesen & DATEV – Haushalte, http://www.teialehrbuch.de/Kostenlose-Kurse/Rechnungswesen-und-DATEV/15643-Haushalte.html, 2008.
[317] Vgl. TEIA AG (Hrsg.), Grundlagen Rechnungswesen & DATEV – Private Unternehmen, http://www.teialehrbuch.de/Kostenlose-Kurse/Rechnungswesen-und-DATEV/22351-Vorwort.html, 2008.
[318] Konstitutive Merkmale eines Unternehmens sind nach Erich Gutenberg das erwerbswirtschaftliche Prinzip (Streben nach Gewinnmaximierung), das Autonomieprinzip (Selbstbestimmung des Wirtschaftsplans) und das Prinzip des Privateigentums (vgl. Wikipedia (Hrsg.), Die freie Enzyklopädie, Unternehmen, http://de.wikipedia.org/wiki/Unternehmen, 2008).
[319] Vgl. TEIA AG (Hrsg.), Grundlagen Rechnungswesen & DATEV – Private Unternehmen, http://www.teialehrbuch.de/Kostenlose-Kurse/Rechnungswesen-und-DATEV/22351-Vorwort.html, 2008.
[320] Vgl. Klein, D., Wissensmanagement in der Öffentlichen Verwaltung – Ein Überblick –, http://www.community-of-knowledge.de/pdf/WM-Artikel%20Diana%20Klein.pdf, 2008, S. 2.
[321] Vgl. Universität Koblenz – Landau – Institut für Wirtschafts- und Verwaltungsinformatik (Hrsg.), Vorlesung Verwaltungsinformatik I – Sommersemester 2006, http://www.uni-koblenz.de/FB4/Institutes/IWVI/AGVInf/Teaching/Archive/SoSe_2006/vinf1v_sose06/vinf200 60531, 2008, S. 12.
[322] Vgl. Universität Koblenz – Landau – Institut für Wirtschafts- und Verwaltungsinformatik (Hrsg.), Vorlesung Verwaltungsinformatik I – Sommersemester 2006, http://www.uni-koblenz.de/FB4/Institutes/IWVI/AGVInf/Teaching/Archive/SoSe_2006/vinf1v_sose06/vinf200 60531, 2008, S. 12.
[323] Vgl. Universität Koblenz – Landau – Institut für Wirtschafts- und Verwaltungsinformatik (Hrsg.), Vorlesung Verwaltungsinformatik I – Sommersemester 2006, http://www.uni-koblenz.de/FB4/Institutes/IWVI/AGVInf/Teaching/Archive/SoSe_2006/vinf1v_sose06/vinf200 60531, 2008, S. 11.

Die nachfolgende Abbildung 22 enthält zusammenfassend eine vergleichende Übersicht zu Unterschieden zwischen dem öffentlichen Sektor und privatwirtschaftlichen Unternehmen bei ausgewählten Dimensionen.

Abb. 22: Allgemeine Unterschiede zwischen öffentlichem und privatwirtschaftlichem Sektor

Dimension	öffentlicher Sektor	privatwirtschaftliches Unternehmen
Ziele und Aufgaben	- Ausgleich der Gesellschaft - Sicherheit, Verteidigung - Bereitstellung eines guten Umfelds für Wirtschaft und Gesellschaft - Grundrechte und Grundversorgung	- Erstellung und Vertrieb von Produkten oder Dienstleistungen zum Zweck der Gewinnmaximierung der Eigentümer
Einfluss von Gesetzen und Rechtssprechung	- hohe Strukturierung und starker Einfluss durch Gesetze, Normen, Verordnungen usw.	- grundlegender Gesetzeseinfluss als Rahmen; Vorgaben sind ansonsten weitestgehend durch Interessen der Eigentümer bestimmt
Unterschiede bei Produkten und Leistungen	- Genehmigung und Lizenzen; finanzielle Ausgleichsleistungen; Leistungen zur demokratiepolitischen Mitentscheidung - Maßnahmen zur Sicherstellung von Recht und Ordnung und zum Schutz der Gesellschaft, des Marktes und der Umwelt; Bildung, Gesundheit, etc.	- Fabrikgüter - Konsumgüter - Dienstleistungen - Beratungsleistungen - Handel
Prozessbild	- geringere Zahl von wohlstrukturierten Prozessen - semi-strukturierte Prozesse (individualisierte Fallentscheidung, Aushandlungsprozesse - Prozesse der demokratischen Entscheidungsfindung	- in vielen Bereichen wohlstrukturierte Prozesse - Beratungsleistung vor allem semi-strukturiert - Produktentwicklung und Leistungen schöpferisch-geistiger Tätigkeit als Entscheidungsfindungsprozesse
Rationalität des Verfahrens	- hohe nichtinstrumentelle Rationalität - Ermessungsspielräume für Entscheidungsträger - im Vordergrund stehen die Zielsetzung von Staat und Verwaltung	- Gewinnoptimierung - Kostenminimierung - Kosten- / Leistungskalkül
Zuständigkeiten und Lokalität der Leistungserstellung	- oftmals sind mehrere Behörden involviert - viele Personen und Institutionen, die ein Verfahren beeinflussen können	- meist klare Auftraggeber-Auftragnehmer-Beziehung - meist ein Anbieter - Leistungserbringung an einem Ort
politische, kulturelle und soziale Einflüsse	- Kultur eines Landes prägt die Erwartungshaltung an die öffentliche Verwaltung - starkes Beziehungsgeflecht zwischen Verwaltung und den Ansprüchen und Erwartungen der Gesellschaft - rationale Ziele und Demokratieverständnis von Staat und Gesellschaft prägen das Handeln der Verwaltung	- Kultur und Mentalität der Gesellschaft als Rahmen für den privaten Handel und die Produktion von Gütern - Markt bestimmt das Unternehmensportfolio

In Anlehnung an: Universität Koblenz – Landau – Institut für Wirtschafts- und Verwaltungsinformatik (Hrsg.), Vorlesung Verwaltungsinformatik I – Sommersemester 2006, 2008, S. 4 ff

Damit kann festgehalten werden, dass Behörden und öffentliche Verwaltungen dem Citizen-Value-Konzept verpflichtet sind, während privatwirtschaftliche Unternehmen dem Shareholder-Value-Konzept folgen.[324]

---

[324] Vgl. Gora, W., Sind kommunale IT-Dienstleister anders? – Unterschiede zu privaten Anbietern, http://www.stadt-koeln.de/imperia/md /content/pdfdateien/pdf12/1.pdf, 2008, S. 13.

Analysiert man das diesen jeweiligen Konzepten zugrundeliegende Zielsystem nach bestimmten Faktoren, lassen sich hieraus weitere inhaltliche Unterschiede ableiten (Abbildung 23).

Abb. 23: Zielsystemunterschiede beim Citizen-Value- und Shareholder-Value-Konzept

Zielsystem	Citizen-Value-Konzept	Shareholder-Value-Konzept
Initiierung der Leistungsbereitstellung	Bürgerwille, Erhöhung des Gemeinwohls	Kundenwunsch / Steigerung des Unternehmenswertes
Entscheider	Bürger (Wähler)	Anteilseigner
Entscheidungsmechanismen	nach Anzahl	nach Kapitalmarkt (Anteil)
Begrenzung der Leistungsbereitstellung	gesetzliche Zuständigkeit, finanzielle Belastbarkeit	Markt, Angebot / Nachfrage
Liquidität	Kapital- / Gütermarkt, Finanzzuweisungen, Refinanzierungssicherheit	Kapital- / Gütermarkt
Erfolgsmessung	Periodenbezug	Objektbezug
Erfolgspotenzial	Bürgerinteressen, Sicherheitsstreben	Kundenpräferenzen, Chancen-Risiko-Mix
Beziehung zum Wettbewerber	fehlt	besteht
Beziehung zum Kunden	öffentliches Gut, Gebühr / Steuer	individuell vermittelter Nutzen gegen Entgelt

In Anlehnung an: Gora, W., Sind kommunale IT-Dienstleister anders? – Unterschiede zu privaten Anbietern, 2008, S. 14

Ausgehend von der Vielfalt der Erfolgs- und Zielinhalte in Theorie und Praxis lassen sich für die öffentliche Verwaltung somit vier relevante Ziele festlegen:[325]

- ❏ kostenorientierte Erfolgsinhalte und -ziele
  - ✥ Streben nach geringeren Kosten bei administrativen Vorgängen wie der Antragsbearbeitung.
- ❏ verwaltungsorientierte Erfolgsinhalte und -ziele
  - ✥ Streben nach höchstmöglichem Budget, wodurch eine allokative Ineffizienz gegeben ist.
  - ✥ Streben nach höheren Verwaltungsaufgaben (und -kosten) als notwendig, so dass von einer technischen Ineffizienz gesprochen werden kann.
  - ✥ Möglicherweise Anstreben eines Kompromisses zwischen allokativer und technischer Ineffizienz.
  - ✥ Streben nach positivem Presseecho und der Zustimmung gesellschaftlicher Gruppen.
- ❏ politisch orientierte Erfolgsinhalte und -ziele
  - ✥ Gewinnung von Wählerstimmen.
  - ✥ Erreichung einer gerechten Verteilung von Geldleistungen und anderen Leistungen an Individuen und Gruppen.
  - ✥ Sonstige Berücksichtigung von Interessen bezogen auf das Gemeinwohl.

---

[325] Vgl. Braun, G. E., Ziele in öffentlicher Verwaltung und privatem Betrieb, 1988, S. 117 f.

❏ Rechtmäßigkeit als juristische Erfolgsinhalte und -ziele
  ✥ Das Handeln der öffentlichen Hand steht unter dem Vorrang und Vorbehalt des Gesetzes, so dass das Prinzip der gesetzesgebundenen Verwaltung Anwendung findet.
  ✥ Der Vorbehalt des Gesetzes besagt, dass die öffentliche Verwaltung grundsätzlich nur aufgrund einer gesetzlichen Regelung beziehungsweise Ermächtigung tätig werden darf.

Die wesentlichen Unterschiede zwischen öffentlicher Verwaltung und privatwirtschaftlichem Unternehmen finden sich damit bei den politisch orientierten und juristischen Erfolgsinhalten und -zielen.[326]

Die Ausführungen in diesem einleitenden Kapitel zeigen ansatzweise das Ausmaß der notwendigen Bemühungen hinsichtlich eines Wandels von einer Behörde zu einem markt- und kundenorientierten Unternehmen auf. Dieser Wandel, den die Deutsche Telekom erfahren hat, wird in den folgenden Kapiteln dieses Abschnitts beschrieben. Das nachfolgende Kapitel enthält zunächst verwaltungsbasierte Beispiele bei der Deutschen Bundespost vor Gründung des Unternehmens Deutsche Telekom AG.

1.2 Exemplarische Interna der Deutschen Bundespost vor Gründung der Deutschen Telekom AG

Nach dem Grundgesetz[327] war die Deutsche Bundespost eine bundeseigene Verwaltung, die gemäß § 1 PostVerwG vom Bundesminister für das Post- und Fernmeldewesen unter der Mitwirkung eines Verwaltungsrats geleitet wurde.[328] Als Aufgabe der Daseinsvorsorge galt für die DBP das Errichten und Betreiben von Netzen auf Grundlage des Infrastrukturauftrages.[329] Ziel war die flächendeckende Versorgung bei gleichen Bedingungen sowie die Einführung neuer Technologien[330].[331]

Die Bundespost war gehalten, die in Erfüllung ihrer Aufgaben und Pflichten entstandenen Ausgaben aus den Einnahmen zu bestreiten.[332] Entsprechend wurden die Tarife inklusive der vom Bund festgelegten abzuführenden Gewinnmarge[333] kalkuliert.

1.3 Die Tarifierungs- und Absatzpolitik der Behörde

Seit Jahrzehnten vollzieht sich in der demographischen Struktur der Nutzer von Telekommunikationsdiensten ein starker und stetiger Wandel. Bis Anfang der achtziger Jahre äußerte sich diese Strukturänderung erstmalig vor allem in der Veränderung der sozialen und ökonomischen Schichtung der Telefonteilnehmer und in der Veränderung ihres Kommunikationsverhaltens:[334]

❏ Jahrzehnte vor 1981 waren Telefone überwiegend Geschäftsanschlüsse. Zu Beginn der achtziger Jahre wurden bereits 80 Prozent der Hauptanschlüsse rein privat genutzt.
❏ Das Telefon drang immer weiter in die Schichten mit niedrigerem Einkommen ein.

Einen Beitrag hierzu leistete auch die damalige Tarifpolitik der Deutschen Bundespost.

---

[326] Vgl. Braun, G. E., Ziele in öffentlicher Verwaltung und privatem Betrieb, 1988, S. 120.
[327] Vgl. Art. 87 GG alte Fassung.
[328] Details hierzu finden sich in Kapitel B.2.1 (Die Deutsche Bundespost vor der Reform).
[329] Vgl. Bundesministerium für das Post- und Fernmeldewesen (Hrsg.), Geschäftsbericht 1985, 1986, S. 23.
[330] Vgl. Thomas, H.; Schnöring, T., Regionalpolitische Aspekte beim Angebot von Telekommunikationsdiensten, 1985, S. 551.
[331] Details hierzu finden sich in Kapitel B.2.1 (Die Deutsche Bundespost vor der Reform).
[332] Vgl. Bundesministerium für das Post- und Fernmeldewesen (Hrsg.), Geschäftsbericht 1983, 1984, S. 8.
[333] Nach § 21 des alten PostVerwG hatte die Deutsche Bundespost von ihren jährlichen Betriebseinnahmen Ablieferungen an den Bund zu leisten. Bis Ende 1980 waren dies sechs und zwei Drittel Prozent. Ab 1981 wurde dieser Satz auf zehn Prozent erhöht. Vgl. Hempell, W., Postablieferungen an den Bund, 1983, S. 274.
[334] Vgl. Auer, K., Vom Mondscheintarif zum Billigtarif, 1981, S. 10 und Böhm, E., Modelle für Nachfrageprognosen im Fernsprechwesen, 1980, S. 90 ff.

1.3.1 Grundtendenzen der Tarifierungspolitik seit 1955

Die Tarifpolitik der Bundespost war – von der Notwendigkeit angemessene Gebühreneinnahmen zu erwirtschaften abgesehen – von zwei Grundtendenzen geprägt:[335]

- Verringerung der Entfernungszonen entsprechend der Abnahme der Leitungskosten (höherkanalige Übertragungssysteme, verbesserte technische Möglichkeiten zur Verkehrslenkung; insbesondere in der Fernvermittlungstechnik).

- Anreiz zur zusätzlichen Nutzung des Netzes in verkehrsschwachen Zeiträumen zur wirtschaftlicheren Auslastung (zusätzliche Gebühreneinnahmen ohne zusätzliche Investitionen) und Erleichterung der privaten Kommunikation (wirtschafts- und gesellschaftspolitische Zielsetzung).

Mitte 1974 sah sich die Bundespost aufgrund der schlechten Finanzsituation gezwungen, die monatliche Grundgebühr sowie die Anschlussgebühren zu erhöhen.[336] Bis zur Privatisierung und Marktöffnung folgte die Tarifpolitik den einnahmebezogenen Bedürfnissen.

1.3.2 Einzug des Marketing bei der Bundespost

Bereits 1983 sah die Bundespost auch bei den Kommunikationsdienstleistungen einen Wandel vom Verkäufermarkt zum Käufermarkt.[337] Um die Einnahmen zu optimieren, wurde noch im gleichen Jahr damit begonnen, ein Marketing zu implementieren. Im Fernmeldewesen wurde das Marketing von drei Entwicklungen bestimmt:[338]

- Der Einführung der neuen Fernmeldedienste Kabelfernsehen und Bildschirmtext,
- der sich weiterentwickelnden Erweiterung und Modernisierung der Dienste und
- der Verstärkung der Beratungskapazität, um die Kunden mit dem Nutzen neuer Entwicklungen vertraut zu machen.

Schwerpunkte der Öffentlichkeitsarbeit waren die Themen Kabelanschluss und Bildschirmtext.[339] Neben der Einrichtung von Telefonläden, in denen die Kunden die angebotenen Geräte ausprobieren konnten, beteiligte sich die Post auch an nationalen und internationalen Messen und Ausstellungen.

1.4 Das Verwaltungshandeln der Behörde: Verwaltungsvorschriften

Das Verwalten kann gemeinhin als Kunst bezeichnet werden, etwas getan zu bekommen.[340] Bei der Bundespost gab es 1985 allein für den Bereich des Haushaltsrechts etwa drei Dutzend Verwaltungsvorschriften.[341] So waren sämtliche Prozessabläufe bei der Deutschen Bundespost durch Vorschriften, Handlungsanweisungen oder Verfügungen geregelt.

Ein weiteres Beispiel hierfür stellte die zentrale Mittelbehörde im Fernmeldewesen der DBP, das Fernmeldetechnische Zentralamt (FTZ) in Darmstadt dar. Dem FTZ[342] oblag neben der Entwicklung, Planung und technischen Gestaltung neuer Telekommunikationsdienste zur Übermittlung von Sprache, Daten, Text und Bildern die Überwachung der Einhaltung der postinternen Normen und Standards.[343]

---

[335] Vgl. Auer, E., Vom Mondscheintarif zum Billigtarif, 1981, S. 11.
[336] Vgl. Auer, E., Vom Mondscheintarif zum Billigtarif, 1981, S. 20.
[337] Vgl. Bundesministerium für das Post- und Fernmeldewesen (Hrsg.), Geschäftsbericht 1983, 1984, S. 22.
[338] Vgl. Bundesministerium für das Post- und Fernmeldewesen (Hrsg.), Geschäftsbericht 1983, 1984, S. 22.
[339] Vgl. Bundesministerium für das Post- und Fernmeldewesen (Hrsg.), Geschäftsbericht 1983, 1984, S. 23.
[340] Vgl. Simon, H. A., Das Verwaltungshandeln – Eine Untersuchung der Entscheidungsvorgänge in Behörden und privaten Unternehmen, 1955, S. 1.
[341] Vgl. Hempell, W., Das Haushaltswesen des Bundes und der Deutschen Bundespost im Vergleich, 1985, S. 130 f.
[342] Das Fernmeldetechnische Zentralamt (FTZ) wurde später in Forschungs- und Technologiezentrum (FTZ) umbenannt. Siehe hierzu auch die Ausführungen in Kapitel E.6.2.1.4 (Die Neuordnung der Zentralen Aufgaben Telekom).
[343] Vgl. IT-Wissen.info (Hrsg.), FTZ, http://www.itwissen.info/index.php?aoid=4604&id=31, 2005 und Emmerich, M., Netzwerkers Lexikon, V 2.03 – Ein Lexikon der wichtigsten Begriffe aus Datenübertragung und Telekommunikation, http://www.muc.de/~me/glossar.2.03.html, 2005.

Nach der Privatisierung der Deutschen Telekom übernahm das Zentralamt für Zulassungen im Fernmeldewesen (ZZF) die Aufgaben der Überwachung und Einhaltung von Normen und Standards.[344]

1.5 Personalwirtschaftliche Aspekte in der Behörde Deutsche Bundespost

Bei der DBP war es die Aufgabe der Personalwirtschaft, die Zahl der erforderlichen Personalposten zu ermitteln sowie das notwendige Personal mit entsprechender Qualifikation bereitzustellen und einzusetzen.[345] Dies ist zwar auch – allgemein gesehen – die Aufgabe von Personalbereichen privatwirtschaftlicher Unternehmen.

Dennoch folgt diese Aufgabe bei einer Behörde anderen Logiken. Insbesondere waren – im Gegensatz zu privaten Unternehmen – bei personalwirtschaftlichen Entscheidungen Dienst- und Betriebsgütevorgaben, Belange der Mitarbeiter sowie dienst- und haushaltsrechtliche Vorgaben zu beachten.[346] Des Weiteren war entsprechend dem gesetzlichen Auftrag den Grundsätzen der Politik der jeweiligen Bundesregierung sowie den (daraus resultierenden) Interessen der deutschen Volkswirtschaft Rechnung zu tragen.[347]

Die Aufgabenstellung der Personalwirtschaft bei der DBP lässt sich wie folgt darstellen:[348]

❏ Personalbedarfsermittlung (Personalbemessung, Vertreterbedarfsberechnung, Beachtung des Personalhaushalts, Personalbewirtschaftungssysteme).

❏ Arbeitsbewertung. Der durch die Personalbemessung und Vertreterbedarfsberechnung quantitativ festgestellte Personalbedarf wurde mit Hilfe der Arbeitsbewertung qualitativ differenziert.

Die Arbeitsbewertung war somit ein Sammelbegriff für die Kategorisierung der Tätigkeiten nach den Beschäftigungsgruppen Beamte, Angestellte und Arbeiter, für die originäre Bewertung der Beamten- und Arbeitnehmertätigkeiten sowie die abgeleitete Bewertung der Personalposten für Beamte und Arbeitnehmer.[349]

❏ Personalhaushalt (Stellenplan, finanzieller Rahmen).

❏ Personalplanung (kurzfristige Personalplanung bzw. -steuerung zur Haushaltssicherung, lang- und mittelfristige Personalplanung).

❏ Informationssysteme des Personalwesens (Personalbuchführung, Personaldaten).

❏ Rationalisierungsschutz und Arbeitszeit.

1.5.1 Die Personalbedarfsermittlung bei der DBP

Mit der Verfügung über die Dienstanweisung für die Personalbemessung bei den Ämtern der DBP vom 01.04.1971 wurde eine Vorgehensweise für die Bedarfsermittlung vorgegeben, die dem Grundgedanken folgte, den Zeitbedarf für die Erledigung einer bestimmten Aufgabe bzw. Tätigkeit durch eine Maßzahl darzustellen.[350] Multipliziert mit der Arbeitsmenge bildete dieser Bemessungswert die Basis der zu bewältigenden Arbeitsmenge und somit, unter Einbeziehung der Arbeitszeit, die benötigte Kräfte- und Postenanzahl.

---

[344] Vgl. Interest (Hrsg.), Lexikon IT-Fachbegriffe, ZZF, http://www.interest.de/cgi-bin/lexika/FTZ.html?pos=G1922370& ID=72269746874 2, 2005. Das Zentralamt für Zulassungen im Fernmeldewesen (ZZF) wurde in das Bundesamt für Zulassungen in der Telekommunikation (BZT) umbenannt. Sämtliche Kommunikations- und Rundfunkgeräte müssen für die Benutzung in Deutschland amtlich zugelassen sein. Die Bundesanstalt für Post und Telekommunikation (BAPT) übernahm 1996 diese Aufgaben, die inzwischen von der RegTP respektive Bundesnetzagentur durchgeführt werden. Vgl. Seidler, P., Das Online-Lexikon der Datenkommunikation, http:// www.uni-kassel.de/~seidler/LEX_B.HTM#BZT, 2005.
[345] Vgl. Hustedt, W., Allgemeines, 1986, S. 3.
[346] Vgl. Hustedt, W., Allgemeines, 1986, S. 3.
[347] Vgl. Hustedt, W., Allgemeines, 1986, S. 3.
[348] Vgl. Hustedt, W., Allgemeines, 1986, S. 3.
[349] Vgl. Hustedt, W., Arbeitsbewertung und Personalhaushalt (Stellenplan), 1986, S. 90 f.
[350] Vgl. Schulte, F. J., Personalbedarfsermittlung, 1986, S. 6.

Diesen Prozess veranschaulicht die nachfolgende Abbildung 24.

Abb. 24: Ermittlung des quantitativen Personalbedarfs bei der Deutschen Bundespost

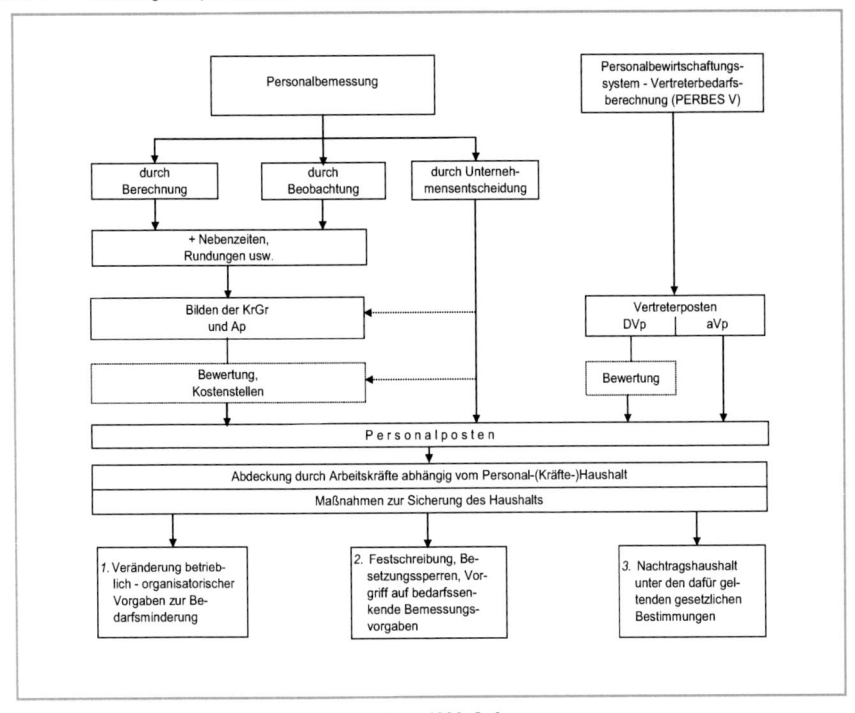

```
                    ┌─────────────────┐                    ┌─────────────────────┐
                    │ Personalbemessung│                    │ Personalbewirtschafts-│
                    └─────────────────┘                    │ system - Vertreterbedarfs-│
                           │                               │ berechnung (PERBES V)│
                           │                               └─────────────────────┘
        ┌──────────────────┼──────────────────┐                    │
        ▼                  ▼                  ▼                    │
    durch              durch           durch Unterneh-              │
    Berechnung         Beobachtung     mensentscheidung             │
        │                                                            │
        ▼                                                            │
    + Nebenzeiten,                                                   │
    Rundungen usw.                                                   │
        │                                                            │
        ▼                                                            ▼
    Bilden der KrGr                                          Vertreterposten
    und Ap                                                   DVp  |  aVp
        │                                                            │
        ▼                                                            ▼
    Bewertung,                                               Bewertung
    Kostenstellen
                        Personalposten
        Abdeckung durch Arbeitskräfte abhängig vom Personal-(Kräfte-)Haushalt
                 Maßnahmen zur Sicherung des Haushalts
```

1. Veränderung betrieblich - organisatorischer Vorgaben zur Bedarfsminderung	2. Festschreibung, Besetzungssperren, Vorgriff auf bedarfssenkende Bemessungsvorgaben	3. Nachtragshaushalt unter den dafür geltenden gesetzlichen Bestimmungen

In Anlehnung an: Schulte, F. J., Personalbedarfsermittlung, 1986, S. 6

Die Personalwirtschaftsreferate in den Oberpostdirektionen hatten im Rahmen ihrer Fachaufsicht dafür zu sorgen, dass die zentralen Regelungen für die Personalbemessung durch die Ämter richtig angewendet wurden.[351]

1.5.2 Das Beschäftigungsverhältnis der Beamten und besoldungsrechtliche Grundlagen

Die bei der DBP angefallenen Tätigkeiten wurden nach Tätigkeiten für Beamte, Angestellte und Arbeiter unterschieden (Kategorisierung).[352] Die Einordnung der Beamtentätigkeit richtet sich allgemein nach dem § 4 BBG (Bundesbeamtengesetz). Hiernach ist die Berufung in das Beamtenverhältnis nur zur Wahrnehmung hoheitsrechtlicher Aufgaben oder solcher Aufgaben zulässig, die aus Gründen der Sicherung des Staates oder des öffentlichen Lebens nicht ausschließlich Personen übertragen werden dürfen, die in einem privatrechtlichen Arbeitsverhältnis stehen.[353]

Für die meisten Tätigkeiten bei der Bundespost galt das Prinzip der hoheitsrechtlichen Aufgaben, aber auch die zweite Voraussetzung konnte Anwendung finden, da bei einem evtl. Streik die Daseinsvorsorge erheblich eingeschränkt gewesen wäre.[354] So waren 1983 ca. 57 Prozent der Beschäftigten der DBP verbeamtet.[355]

---
[351] Vgl. Schulte, F. J., Personalbedarfsermittlung, 1986, S. 68.
[352] Vgl. Hustedt, W., Arbeitsbewertung und Personalhaushalt (Stellenplan), 1986, S. 91.
[353] Vgl. § 4 BBG.
[354] Vgl. Hustedt, W., Arbeitsbewertung und Personalhaushalt (Stellenplan), 1986, S. 91.
[355] Vgl. Bundesministerium für das Post- und Fernmeldewesen (Hrsg.), Geschäftsbericht 1983, 1984, S. 74.

Das Berufsbeamtentum stellt ein spezifisches Beschäftigungsverhältnis dar, das weit über das Normalarbeitsverhältnis hinaus reguliert, statisch und berechenbar erscheint.[356] Beamte üben ihre Pflichten in einem öffentlich-rechtlichen Dienst- und Treueverhältnis aus und ihr Status hat Verfassungsrang in Form der hergebrachten Grundsätze des Beamtentums.[357] Die ursprüngliche Bewertung der Beamtentätigkeiten besteht darin, diese

❏ nach den Arbeitsanforderungen systematisch miteinander zu vergleichen und entsprechend den so ermittelten Wertigkeiten der Arbeit in einer Rangfolge zu ordnen und

❏ innerhalb des durch den Stellenplan festgelegten Rahmens nach dieser Reihenfolge besoldungsrechtlichen, betrieblichen und personalspezifischen Kriterien den Ämtern und Besoldungsgruppen gemäß der entsprechenden Bundesbesoldungsordnung des Bundesbesoldungsgesetzes (BBesG) zuzuordnen.[358]

Die Abbildung 25 enthält eine Übersicht zu diesen Laufbahnen und Besoldungsgruppen.

Abb. 25: Bewertungsraster für Beamtentätigkeiten im Bereich der DBP

Laufbahnen	Besoldungsgruppe(n)
Einfacher nichttechnischer Dienst	A 2 / A 3; A 4; A 5
Einfacher technischer Dienst	A 3 / A 4; A 5
Mittlerer Dienst	A 5 / A 6; A 7; A 8; A 9; A 9 Z*
Gehobener nichttechnischer Dienst	A 9 / A 10; A 11; A 12; A 13
Gehobener technischer Dienst	A 10; A 11; A 12; A 13
Höherer Dienst	A 13 / A 14**; A 15; A 16; B 2 bis B 11

* A 9 Z ist keine eigene Besoldungsgruppe (BesGr), sondern eine interne Bezeichnung für die zur BesGr A 9 gewährte Amtszulage (für herausgehobene Funktionen).

** Außerdem gibt es die Bewertungsebene A 13 / A 14 für Dienstposten, auf denen Aufstiegsbeamte nach § 33 Abs. 3 der Bundeslaufbahnverordnung eingesetzt sind.

In Anlehnung an: Hustedt, W., Arbeitsbewertung und Personalhaushalt (Stellenplan), 1986, S. 93

Die DBP war nach § 26 BBesG wie alle Verwaltungen des Bundes, der Länder und der Gemeinden, entsprechend dem Grundsatz der funktionsgerechten Besoldung zur sachgerechten Bewertung der Beamtentätigkeiten verpflichtet. Neben den besoldungsrechtlichen Vorgaben bestimmten betriebliche und personalpolitische Aspekte die Bewertung des Beamtendienstes bei der DBP.[359]

---

[356] Vgl. Blutner, D.; Brose, H.-G.; Holtgrewe, U., Telekom. Wie machen die das? – Die Transformation der Beschäftigungsverhältnisse bei der Deutschen Telekom AG, 2002, S. 33.
[357] Die generellen Grundsätze des Beamtentums bestehen aus dem Lebenszeitprinzip, dem Laufbahnprinzip, der Beförderung nach Eignung, der Befähigung und fachlichen Leistung, derselben Besoldung für Inhaber vergleichbarer Dienstposten innerhalb einer Laufbahn und der Einheit der Personalgewalt, mit der die Alleinentscheidungsbefugnis der vorgesetzten Dienstbehörde über die Personalangelegenheiten der Beamten gemeint ist (vgl. Blutner, D., Brose, H.-G., Holtgrewe, U., Telekom. Wie machen die das? – Die Transformation der Beschäftigungsverhältnisse bei der Deutschen Telekom AG, 2002, S. 33 i.V.m. Nokiel, W., „Vorübergehende" unterwertige Beschäftigung von Beamtinnen und Beamten gemäß § 6 PostPersG – zugleich Anmerkung zum Urteil des VG Köln 15 K 1349/05 vom 1.6.2006 –, 2006, S. 213 ff).
[358] Vgl. Hustedt, W., Arbeitsbewertung und Personalhaushalt (Stellenplan), 1986, S. 92; ebenso Reichardt, K., Laufbahnwesen, 1986, S. 78 f.
[359] Vgl. Hustedt, W., Arbeitsbewertung und Personalhaushalt (Stellenplan), 1986, S. 94.

Durch den Gesetzgeber waren jedoch die Anteile der Beförderungsämter an der Gesamtzahl der Planstellen durch Obergrenzen beschränkt.[360]

1.5.3 Der Rationalisierungsschutz bei der DBP

Bei der DBP galten als Rationalisierungsmaßnahmen die Änderungen der Aufbau- und Ablauforganisation, Maßnahmen zur Nutzung des technischen Fortschritts sowie andere personalwirtschaftliche Maßnahmen, die jeweils dazu führten, dass der Arbeitsplatz verlegt wurde oder weggefallen war oder sich die Tätigkeit dem Umfang nach bzw. in ihrem Inhalt geändert hatte.[361]

Die Beschäftigten (nicht nur Beamte) konnten jedoch ihrer Arbeit ohne Angst vor dem Verlust des Arbeitsplatzes nachgehen. Es galt das Prinzip, dass jeder Beschäftigte bei Rationalisierungsmaßnahmen einen Arbeitsplatz erhält.[362] Zudem war man darauf bedacht, unzumutbare personelle und soziale Härten zu vermeiden. So wurden vor Durchführung etwaiger Rationalisierungsmaßnahmen im Einklang mit der jeweils zuständigen Personalvertretung[363] Sozialpläne erstellt, aus denen ersichtlich wurde, wie und an welcher Stelle die Unterbringung der von der Maßnahme betroffenen Arbeitskräfte auf einem anderen Arbeitsplatz mit gleichwertigen Bedingungen beabsichtigt war.[364]

1.6 Die Umgestaltung des innerbetrieblichen Rechnungswesens

Anfang 1985 fiel der Startschuss für eine umfassende Umgestaltung des innerbetrieblichen Rechnungswesens der DBP.[365] Die Einführung der Dezentralen Leistungs- und Kostenrechnung (DELKOS) folgte den produktionswirtschaftlich bedingten Besonderheiten der Post- und Fernmeldedienstleistungen, da die Produktpalette sehr umfangreich und die Produktion durch einen umfassenden Verbund gekennzeichnet war.[366] Mit der Umgestaltung des internen Rechnungswesens wurde in erster Linie beabsichtigt,

❏ Ergebnisse für örtliche und regionale Organisationseinheiten zu gewinnen und

❏ die Kosten in ihre fixen und variablen Bestandteile zu differenzieren,

um dadurch die relevanten Kosteninformationen auf allen Ebenen der Behörde zu erhalten und damit eine wesentliche Voraussetzung für eine Dezentralisierung von Entscheidungen zu schaffen.[367] Diese Bemühungen dienten u.a. dazu, das Marktgeschehen besser zu erfassen sowie am Markt besser reagieren zu können und letztendlich zum Zweck der Absatzsteigerung. Das Projekt war auf fünf Jahre[368] angelegt und sollte bis Ende 1990 flächendeckend eingeführt sein und funktionierende Kostenstellen- sowie Kostenträgerrechnung ermöglichen.[369] Nach einem Parallelbetrieb von ca. zwei Jahren löste das System DELKOS pünktlich zur Privatisierung die veraltete Leistungs- und Kostenrechnung Bund ab.

---

[360] Gemäß den gesetzlich festgelegten Stellenobergrenzen für Eingangs- und Beförderungsämter nehmen innerhalb der Laufbahngruppen i.d.R. die Prozentsätze der Stellenobergrenzen ab. Daher wird das aus den Stellenobergrenzen resultierende Verhältnis der Planstellen zueinander als Stellenkegel bezeichnet (vgl. Hustedt, W., Arbeitsbewertung und Personalhaushalt (Stellenplan), 1986, S. 93 f.).
[361] Vgl. Hustedt, W., Personalplanung, Informationssysteme des Personalwesens, Rationalisierungsschutz, Arbeitszeit, 1986, S. 117.
[362] Vgl. Hustedt, W., Personalplanung, Informationssysteme des Personalwesens, Rationalisierungsschutz, Arbeitszeit, 1986, S. 117.
[363] In allen Dienststellen ab fünf wahlberechtigten Beschäftigten, von denen mindestens drei wählbar waren, wurden Personalräte gebildet. Die Anzahl der Mitglieder des Personalrats hing von der Anzahl der Beschäftigten in der Dienststelle ab. Somit konnte der Personalrat aus einer Person oder aus bis zu fünfzehn Mitgliedern bestehen. Vgl. Nufer, O., Personalvertretungsrecht, 1986, S. 290.
[364] Vgl. Hustedt, W., Personalplanung, Informationssysteme des Personalwesens, Rationalisierungsschutz, Arbeitszeit, 1986, S. 120.
[365] Vgl. Bundesministerium für das Post- und Fernmeldewesen (Hrsg.), Geschäftsbericht 1985, 1986, S. 24.
[366] Vgl. Detjen, G.; Strohbach, W.; Schmidt, G., Die Deutsche Bundespost auf dem Weg zu einer dezentralen Leistungs- und Kostenrechnung (DELKOS), 1986, S. 320 f.
[367] Vgl. Bundesministerium für das Post- und Fernmeldewesen (Hrsg.), Geschäftsbericht 1985, 1986, S. 24.
[368] Vgl. Bundesministerium für das Post- und Fernmeldewesen (Hrsg.), Geschäftsbericht 1985, 1986, S. 24.
[369] Vgl. Detjen, G.; Strohbach, W.; Schmidt, G., Die Deutsche Bundespost auf dem Weg zu einer dezentralen Leistungs- und Kostenrechnung (DELKOS), 1986, S. 340 ff und Bundesministerium für das Post- und Fernmeldewesen (Hrsg.), Geschäftsbericht 1985, 1986, S. 24.

2 Die Postreform I

2.1 Die Deutsche Bundespost vor der Reform

Die Grundversorgung mit Leistungen des Telekommunikationsbereichs musste flächendeckend gesichert und für alle zugänglich sein, so dass sie über Jahrzehnte der Regulierung des Staates unterstand. Die Ausschaltung von Wettbewerb durch ein staatlich gesichertes Monopol galt als die effizienteste Lösung, um eine flächendeckende und preisgünstige Versorgung mit Telekommunikationsdiensten zu garantieren. Der Telekommunikationssektor galt somit als ein natürliches Monopol[370],[371]

Diese als selbstverständlich angesehene monopolistische Stellung des Telekommunikationssektors reicht zurück bis in das 19. Jahrhundert. Eingebettet waren diese Aspekte des Telekommunikationsbereichs in dem nachfolgenden historisch gesetzlichen Rahmen:[372]

- 1892: Gesetz über das Telegraphenwesen des Deutschen Reichs
- 1899: Telegraphenwegegesetz
- 1924: Reichspostfinanzgesetz
- 1928: Weimarer Gesetz über Fernmeldeanlagen
- 1949: Gesetz über den Amateurfunk
- 1949: Grundgesetz der Bundesrepublik Deutschland
- 1953: Postverwaltungsgesetz

Mit der Entstehung des Telegraphengesetzes von 1892 wurde das durch den Staat bereits von Anfang an praktizierte Monopol auf dem Gebiet des Fernmeldewesens gesetzlich manifestiert.[373] Die Ende des 19. Jahrhunderts erstmals aufkommenden Fernsprecher wurden in das bereits bestehende staatliche Monopol des Telegraphenwesens eingegliedert.

Die Väter des Grundgesetzes (GG) ließen das konventionelle ordnungspolitische Modell der Telekommunikation in seinen Grundstrukturen unangetastet.[374] Die Regelungen des Weimarer Fernmeldeanlagengesetzes (FAG) wurden in das Bundesrecht übernommen.[375] Demnach war es für Private verboten, im Bereich des Fernmeldewesens tätig zu werden.

Auf verfassungsrechtlicher Ebene legte nun der Art. 87 I GG (alte Fassung) fest, das die DBP in bundeseigener Verwaltung mit eigenem Verwaltungsunterbau zu führen sei.[376] Die ausschließliche Gesetzgebung über das Post- und Fernmeldewesen stand nach Art. 73 Nr. 7 GG (alte Fassung) dem Bund zu und ermächtigte diesen nach Art. 80 GG (alte Fassung) über den Erlass von Rechts-

---

[370] Ein natürliches Monopol liegt vor, wenn der Wettbewerb in einem Markt dazu führen würde, dass nur ein einziger Anbieter übrig bleibt. Ein natürliches Monopol wird auf Märkten vermutet, auf denen die Herstellung einer zusätzlichen Faktoreinheit geringere Grenzkosten verursacht als die Produktion der zuvor hergestellten Einheit. Solch eine Kostenstruktur ergibt sich i.d.R. aus ökonomischen Vorteilen bei der Massenproduktion (economics of scale) bzw. aus Verbundvorteilen bei der Produktion mehrerer Güter (economics of scope). Im Falle eines natürlichen Monopols wäre der Monopolist in der Lage, einen höheren Preis zu fordern als bei einem funktionierenden Wettbewerb. Daher ist es oft üblich aus daraus folgenden Gewinnen im Monopol auf gesamtwirtschaftliche Wohlfahrtsverluste zu schließen. Somit werden bei einem natürlichen Monopol staatliche Regulierungsmaßnahmen, die sich auf Preise, Gewinne, Produktqualität, Lieferkonditionen, Kontrahierungsrechten und Beschränkungen des Marktzuganges beziehen, als gerechtfertigt angesehen. Vgl. Dicke, H.; Glismann H. H.; Horn, E.-J., Die Reform des Postwesens in Deutschland, 1995, S. 8.
[371] Vgl. Wartenberg, M., Parlamentarische Verantwortung und Kontrolle in der Bundesrepublik Deutschland: Ein Beitrag zum neuen Poststrukturgesetz für die Deutsche Bundespost unter besonderer Berücksichtigung der Gewaltenteilung, 1989, S. 96.
[372] Vgl. Cannivé, K., Infrastrukturgewährleistung in der Telekommunikation zwischen Staat und Markt: Eine verfassungsrechtliche Analyse des Universaldienstkonzepts im TKG, 2001, S. 31 ff; ebenso lexetius.com (Hrsg.), Die Datenbank für höchstrichterliche Rechtsprechung, http://lexetius.com/2000/9/466, 2003. Zum Gesetz über den Amateurfunk, nachdem die Frequenzbänder ebenfalls in der Monopolhoheit der DBP lagen, siehe Anja-Art (Hrsg.), Fragen und Antworten zur fachlichen Prüfung für Funkamateure, http://www.ralfzimmermann.de/fragen_antworten/040203.html, 2003.
[373] Vgl. Cannivé, K., Infrastrukturgewährleistung in der Telekommunikation zwischen Staat und Markt: Eine verfassungsrechtliche Analyse des Universaldienstkonzepts im TKG, 2001, S. 31.
[374] Vgl. Cannivé, K., Infrastrukturgewährleistung in der Telekommunikation zwischen Staat und Markt: Eine verfassungsrechtliche Analyse des Universaldienstkonzepts im TKG, 2001, S. 32.
[375] Vgl. Universität Hamburg – FB Rechtswissenschaft (Hrsg.), Kurs II: Telekommunikationsrecht, SS 2000, http://www.rrz.uni-hamburg.de/hans-bredow-institut/ws-lehr/lehre/sose2000/tkrecht/gliederung2.htm, 2003.
[376] Vgl. Steinmetz, E., Geschichte der Deutschen Post, Bd. 4, 1945 bis 1978, 1979, S. 26.

verordnungen bspw. über die Grundsätze und Gebühren für die Benutzung der Einrichtungen des Post- und Fernmeldewesens.[377]

Das Fernmeldeanlagengesetz übernahm unverändert die Bestimmungen des Weimarer Gesetzes über Fernmeldeanlagen, das seinerseits auf dem Gesetz über das Telegraphenwesen des Deutschen Reichs basierte und die rechtliche Grundlage des Monopols ausdrückte.[378] Die anderen oben aufgeführten Gesetze ergänzten das FAG, wobei das Postverwaltungsgesetz in seinen wesentlichen Bestimmungen dem Reichspostfinanzgesetz folgte.

Das FAG wies dem Bund ein umfassendes Alleinrecht zum Errichten und Betreiben sämtlicher Telekommunikationssysteme und -dienstleistungen zu.[379] Abgeleitet aus dem FAG waren vier wesentliche Bereiche des Fernmeldewesens als Monopol der DBP zu sehen:[380]

❑ Errichten und Betreiben von Fernmeldenetzen (Netzmonopol).

❑ Angebot von Diensten zur Nachrichtenübermittlung (Dienstemonopol).

❑ Überlassung und Wartung von Endgeräten (Gerätemonopol).

❑ Entscheidung über technische Ausgestaltung (Infrastrukturmonopol).

Dabei beschränkte sich das Monopol nicht auf den technischen Stand des Zeitpunktes, an dem das Gesetz in Kraft getreten war, sondern war zukunftsorientiert formuliert. Dadurch fielen alle technischen Innovationen bei Netzen, Diensten und Endgeräten automatisch unter die Monopolstellung der Bundespost, was jeglichen Wettbewerb verhindern sollte.

Das 1953 in Kraft getretene Postverwaltungsgesetz (PostVerwG) wies das durch die Bundespost erworbene Vermögen als Sondervermögen mit eigener Haushalts- und Rechnungsführung des Bundes aus.[381] Es wurde vom übrigen Vermögen des Bundes separat behandelt. Nach dem PostVerwG waren sämtliche Ausgaben der Bundespost durch eigene Einnahmen zu decken. Demnach waren Zuschüsse aus dem Bundeshaushalt für die DBP nicht statthaft.

Diese Konvention hatte bereits das Reichspostfinanzgesetz von 1924 als Grundlage, wonach die Reichspost aus dem allgemeinen Reichsvermögen ausgegliedert wurde und ebenfalls als eigenes Sondervermögen mit eigenständiger Haushalts- und Rechnungsführung zu betreiben war.[382]

Wegen ihrer Stellung als Sondervermögen genoss die DBP eine relativ große Unabhängigkeit von äußerer politischer Einflussnahme. Der Bundestag hatte praktisch keine Möglichkeit, auf die Telekommunikationspolitik Einfluss zu nehmen.[383] Auch der Ausschuss für Post- und Fernmeldewesen des Bundestages konnte hiernach lediglich beratend auf den Postminister einwirken.

Der Postverwaltungsrat, der durch das Postverwaltungsgesetz weit reichende Kontrollrechte eingeräumt bekam, hatte die Aufgabe, bei der Leitung der DBP mitzuwirken. Einige der Kompetenzen des Postverwaltungsrates waren zum Beispiel die Haushaltsbewilligung, die Gebührenbemessung oder die Nutzungsbedingungen, wobei diese Rechte ganz besonders seit den siebziger Jahren weitgehend ungenutzt blieben.[384]

---

[377] Vgl. Werle, R., Telekommunikation in der Bundesrepublik: Expansion, Differenzierung, Transformation, 1990, S. 71 und Steinmetz, E., Geschichte der Deutschen Post, Bd. 4, 1945 bis 1978, 1979, S. 26.
[378] Vgl. Universität Hamburg – FB Rechtswissenschaft (Hrsg.), Kurs II: Telekommunikationsrecht, SS 2000, http://www.rrz.uni-hamburg.de/hans-bredow-institut/ws-lehr/lehre/sose2000/tkrecht/gliederung2.htm, 2003.
[379] Vgl. Vogt, K.-H., Einführung und Darstellung der Poststrukturreform, 1990, S. 224.
[380] Vgl. Universität Hamburg – FB Rechtswissenschaft (Hrsg.), Kurs II: Telekommunikationsrecht, SS 2000, http://www.rrz.uni-hamburg.de/hans-bredow-institut/ws-lehr/lehre/sose2000/tkrecht/gliederung2.htm, 2003.
[381] Vgl. Vogt, K.-H., Einführung und Darstellung der Poststrukturreform, 1990, S. 223.
[382] Vgl. Cannivé, K., Infrastrukturgewährleistung in der Telekommunikation zwischen Staat und Markt: Eine verfassungsrechtliche Analyse des Universaldienstkonzepts im TKG, 2001, S. 31.
[383] Vgl. Jäger, B., „Postreform I und II" – Die gradualistische Telekommunikationspolitik in Deutschland im Lichte der positiven Theorie staatlicher Regulierung und Deregulierung, 1994, S. 24.
[384] Vgl. Herrmann, E., Das Kräftespiel bei der Lenkung der Deutschen Bundespost. Verfassungswirklichkeit in einem öffentlichen Unternehmen, 1985, S. 292 und Jäger, B., „Postreform I und II" – Die gradualistische Telekommunikationspolitik in Deutschland im Lichte der positiven Theorie staatlicher Regulierung und Deregulierung, 1994, S. 25 f.

Einen relativ großen Einfluss auf die DBP hatten dagegen die Bundesministerien, deren Mitwirkungsrechte ebenfalls im Postverwaltungsgesetz definiert waren.[385] So hatte der Finanzminister Mitbestimmungsrechte an bestimmten finanzwirtschaftlichen Maßnahmen, wie zum Beispiel dem Haushaltsplan der DBP. Auch legte er die Höhe der Gewinnabführung der DBP an den Bundeshaushalt fest und genehmigte zusammen mit dem Innenminister die Tarifverträge. Einen Überblick über diese Struktur der DBP zeigt Abbildung 26.

Abb. 26: Die Struktur der DBP vor der Postreform I (bis 1989)

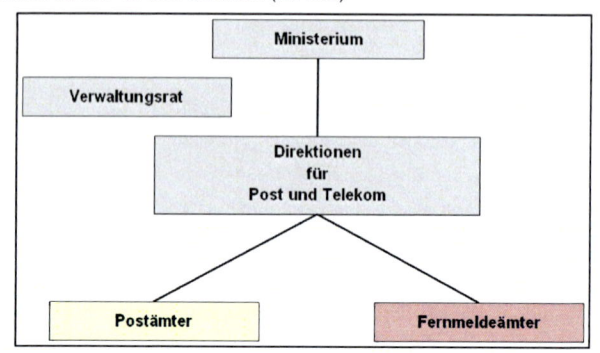

Die DBP gliederte sich in die politische und die unternehmerische Ebene.[386] Die politische Ebene trat dabei als Hoheitsträger auf, die die Monopolrechte inne hatte und die Möglichkeit, diese zu verleihen. Der unternehmerische Bereich, dem die Post- und Fernmeldeämter unterstanden, hatte die Pflicht ein flächendeckendes Infrastrukturnetz zu gewährleisten. Dadurch dass die Aufgaben und Kompetenzen der politischen und der unternehmerischen Ebene der DBP durch das Gesetz nicht klar definiert waren, bestanden zwischen ihnen enge Vernetzungen. Es gab keine klare Trennung zwischen dem Führungssubjekt und Führungsobjekt; die beiden Ebenen bildeten vielmehr eine Interesseneinheit.[387]

2.2 Die Notwendigkeit zur Veränderung

Die Notwendigkeit einer Reform des Post- und Fernmeldewesens ergab sich aus mehreren Faktoren. Einer der wichtigsten Faktoren stellt die grundlegende technische Veränderung in den Bereichen des Fernmeldewesens und der Datenverarbeitung dar.[388] Die rasante technologische Entwicklung seit den 50er Jahren bewirkte einerseits eine Verflechtung der Bereiche der Informationsübermittlung und Informationsverarbeitung, andererseits führte sie zur Differenzierung der Telekommunikationssysteme in drei Ebenen.

Die Bereiche des Fernmeldewesens und der Datenverarbeitung bildeten früher klar voneinander abgegrenzte Marktsegmente, die auf technologischen Unterschieden basierten. Geräte und Anwendungen waren so verschieden, dass sie beide Segmente klar voneinander differenzierten. Damit ging eine eindeutige Trennung der Märkte – staatliches Monopol und freier Wettbewerb – einher.[389] Die Entwicklung der Mikroelektronik vereinheitlichte zunehmend die Geräte und Anwendungen dieser beiden Segmente. Bis dahin getrennte Dienstleistungen wurden zusammengeführt. Durch Innovationen bei den Endgeräten und Softwareprodukten entstanden neue Kombinationen der einzelnen Dienstleistungen.

---

[385] Vgl. Jäger, B., „Postreform I und II" – Die gradualistische Telekommunikationspolitik in Deutschland im Lichte der positiven Theorie staatlicher Regulierung und Deregulierung, 1994, S. 26 f.
[386] Vgl. Werle, R., Telekommunikation in der Bundesrepublik: Expansion, Differenzierung, Transformation, 1990, S. 76 ff.
[387] Vgl. Jäger, B., „Postreform I und II" – Die gradualistische Telekommunikationspolitik in Deutschland im Lichte der positiven Theorie staatlicher Regulierung und Deregulierung, 1994, S. 25.
[388] Vgl. Witte, E., Die Entwicklung zur Reformreife, 1999, S. 69.
[389] Vgl. Der Bundesminister für das Post- und Fernmeldewesen (Hrsg.), Begründung zum Entwurf eines Gesetzes zur Neustrukturierung des Post- und Fernmeldewesens und der Deutschen Bundespost (Poststrukturgesetz – PostStruktG), 1988, S. 11.

Die Funktionen der Informationsübermittlung und -verarbeitung waren nunmehr weder technisch noch logisch voneinander zu trennen (Abbildung 27).

Abb. 27: Überschneidung des Fernmeldewesens mit der Datenverarbeitung vor der Postreform I

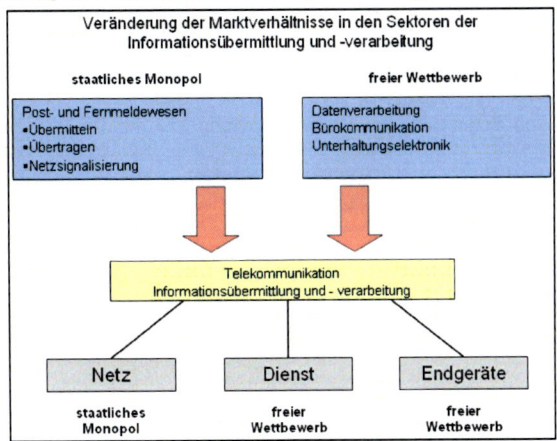

Veränderung der Marktverhältnisse in den Sektoren der Informationsübermittlung und -verarbeitung

staatliches Monopol	freier Wettbewerb
Post- und Fernmeldewesen • Übermitteln • Übertragen • Netzsignalisierung	Datenverarbeitung Bürokommunikation Unterhaltungselektronik

↓

Telekommunikation
Informationsübermittlung und - verarbeitung

Netz	Dienst	Endgeräte
staatliches Monopol	freier Wettbewerb	freier Wettbewerb

Diese Entwicklung führte zu Überschneidungen der unterschiedlichen Marktordnungen. Die monopolistische Organisationsstruktur wurde dabei zunehmend zum Hemmnis der Entwicklung der Telekommunikationsindustrie, da die sich unter Wettbewerbsbedingungen verändernde Nachfrage der Konsumenten nicht mehr befriedigt werden konnte. Das Fernmeldeanlagegesetz machte zwischen Netz- und Dienstleistung keine Unterscheidung.

In Folge der neuen technologischen Vielfalt teilten sich die Telekommunikationssysteme in die drei Ebenen Netz, Dienst und Endgeräte.[390] Die Möglichkeit der Nutzung beim Endverbraucher resultierte zwar aus dem Zusammenspiel der drei Ebenen, dennoch hatte diese bereits eine höhere Eigenständigkeit erreicht als in der Vergangenheit.

Durch das in Deutschland lückenlose Netz wurde dem Konsumenten die Möglichkeit gegeben, von verschiedenen Anbietern Dienstleistungen in Anspruch zu nehmen und durch die Einführung von universellen Netzanschlüssen unterschiedliche Endgeräte anzuschließen. Die volle Ausnutzung der Möglichkeiten, die sich aus der Anbietervielfalt unter Wettbewerbsbedingungen ergaben, war ökonomisch am sinnvollsten.[391]

Ein weiterer Faktor war die Wandlung des Marktes weg von einem reinen Telekommunikationsanbietermarkt hin zu einem Markt der elektronischen Dienstleistungen. Der Bereich der traditionellen Fernmeldedienste (Telefon, Telex, Telegrammdienst) stagnierte seit den 70er Jahren.[392] Der Rückgang der Neuanschlüsse konnte auch durch das Verkehrswachstum im Telefondienst von jährlich ca. fünf Prozent nicht kompensiert werden.[393] Stattdessen eröffneten sich neue Märkte für erweiterte und neuartige Telefondienste:

❑ Telefondienste mit höherwertigen Komfortmerkmalen,
❑ Telefondienste mit besserer Sprachqualität,

---
[390] Vgl. Der Bundesminister für das Post- und Fernmeldewesen (Hrsg.), Reform des Post- und Fernmeldewesens in der Bundesrepublik Deutschland: Konzeption der Bundesregierung zur Neuordnung des Telekommunikationsmarktes, 1988, S. 24 f.
[391] Vgl. Jäger, B., „Postreform I und II" – Die gradualistische Telekommunikationspolitik in Deutschland im Lichte der positiven Theorie staatlicher Regulierung und Deregulierung, 1994, S. 56 ff.
[392] Vgl. Werle, R., Telekommunikation in der Bundesrepublik: Expansion, Differenzierung, Transformation, 1990, S. 272 ff; ebenso Der Bundesminister für das Post- und Fernmeldewesen (Hrsg.), Reform des Post- und Fernmeldewesens in der Bundesrepublik Deutschland: Konzeption der Bundesregierung zur Neuordnung des Telekommunikationsmarktes, 1988, S. 26 f.
[393] Vgl. Der Bundesminister für das Post- und Fernmeldewesen (Hrsg.), Reform des Post- und Fernmeldewesens in der Bundesrepublik Deutschland: Konzeption der Bundesregierung zur Neuordnung des Telekommunikationsmarktes, 1988, S. 27.

- Dienste zur Übermittlung von Texten und Graphiken sowie
- Mehrwertdienste (z.b. Teleeinkauf, Kontoführung per Telefon oder Computer, internationale Buchungs- und Reservierungssysteme, Börseninformationen, etc.).[394]

Die Telekommunikationsindustrie, die bis dahin kaum Beachtung fand, entwickelte sich mit den tiefgreifenden technologischen Veränderungen zu einem zentralen Aktionsfeld der Wirtschaftspolitik. Für die Telekommunikationsindustrie, die auch Voraussetzung für das Wachstum anderer Märkte war, waren für die folgenden Jahre hohe Wachstumsraten zu erwarten.[395] Die monopolistische Organisationsform des Telekommunikationsbereichs behinderte das Wachstum der wettbewerblich organisierten Segmente der Datenverarbeitung und der Bürokommunikation und auch seine eigenen Wachstumsmöglichkeiten.[396]

Neben den nationalen Marktaspekten spielten auch die internationalen eine wichtige Rolle bei der Argumentation für eine Postreform. In zahlreichen wichtigen Industrieländern wie den USA, Japan und Großbritannien setzte die Reformbewegung bereits zwei bis drei Jahrzehnte früher als in der Bundesrepublik ein.[397] Immer mehr Länder wie z.B. die Schweiz, Belgien, Australien oder die skandinavischen Länder zogen nach.[398]

Um international wettbewerbsfähig zu bleiben, war die Bundesrepublik gezwungen ihre Telekommunikationspolitik zu überdenken und an die Entwicklungen des Weltmarktes anzupassen. Eine Abschottung der deutschen Telekommunikationsindustrie hätte deutsche Unternehmen behindert und ihre Wettbewerbfähigkeit auf dem Weltmarkt reduziert.

Insbesondere spielte die Telekommunikationsindustrie für die deutsche Wirtschaft auch direkt als Anbieter von Telekommunikationsdiensten eine wichtige Rolle, vor allem bei den Mehrwertdiensten.[399] Die zunehmende Globalisierung erfasste ausdrücklich auch den Telekommunikationssektor und machte Informationen und Telekommunikationsdienstleistungen zu international gehandelten Waren.

Als Mitglied der Europäischen Gemeinschaft (EG) war Deutschland den Richtlinien und den Leitgedanken der EG verpflichtet. Die Politik der EG zielte auf die Öffnung und Vereinheitlichung der nationalen Märkte sowie auf eine Umstrukturierung der Informations- und Kommunikationsindustrien der einzelnen Länder ab, um einen gemeinsamen, global wettbewerbsfähigen, europäischen Markt zu schaffen.[400] Dies war nur durch die Auflösung der stark ausgeprägten sozialen Bindungen und einer stärkeren Orientierung an internationalen Märkten zu erreichen.

2.3 Ziele der Umstrukturierung

Die Ziele der Umstrukturierung können grundsätzlich wie folgt charakterisiert werden:[401]

- Ausschöpfen der Wachstumschancen der Informations- und Kommunikationsmärkte. Ende der achtziger Jahre betrug der Anteil der Telekommunikationsindustrie am Bruttosozialprodukt zwei Prozent. Bis zum Jahr 2000 wurde eine Steigerung auf sieben bis neun Prozent erwartet.
- Förderung der technologischen und anwendungsbezogenen Innovationen durch Intensivierung des Wettbewerbs.

---

[394] Siehe hierzu auch die Ausführungen in Kapitel A.5.1 (Die Komplexität der Leistungserstellung).
[395] Vgl. Büchner, L. M., Rückblick auf die Liberalisierung und Privatisierung des Telekommunikations- und Postsektors in Deutschland, 2001, S. 578.
[396] Vgl. Kühn, D., Die Reformen der Deutschen Bundespost – ein langwieriger, aber erfolgreicher Prozeß, 1999, S. 5.
[397] Vgl. Frühbrodt, L., Die Liberalisierung des Telekommunikationsdienste: Vom nationalen Monopol zum globalen Wettbewerb, 2002, S. 139 ff und Vogt, K.-H., Einführung und Darstellung der Poststrukturreform, 1990, S. 235. Eine ausführliche Erläuterung zu diesem Sachverhalt findet sich in Kapitel C.4 (Der internationale Trend zur Privatisierung unter Nutzung regulierungstechnischer Instrumente).
[398] Vgl. Der Bundesminister für das Post- und Fernmeldewesen (Hrsg.), Reform des Post- und Fernmeldewesens in der Bundesrepublik Deutschland: Konzeption der Bundesregierung zur Neuordnung des Telekommunikationsmarktes, 1988, S. 29 f.
[399] Vgl. Der Bundesminister für das Post- und Fernmeldewesen (Hrsg.), Reform des Post- und Fernmeldewesens in der Bundesrepublik Deutschland: Konzeption der Bundesregierung zur Neuordnung des Telekommunikationsmarktes, 1988, S. 27.
[400] Vgl. Polster, S., Das Telekommunikationsrecht der Europäischen Gemeinschaft, 1999, S. 6 f.
[401] Vgl. Der Bundesminister für das Post- und Fernmeldewesen (Hrsg.), Reform des Post- und Fernmeldewesens in der Bundesrepublik Deutschland: Konzeption der Bundesregierung zur Neuordnung des Telekommunikationsmarktes, 1988, S. 9 ff.

- Erreichen des bestmöglichen Angebots an Post- und Fernmeldedienstleistungen. Durch die innovative Wirkung des Wettbewerbs sollte eine immer größere Angebotsvielfalt an Post- und Fernmeldediensten entstehen. Gleichzeitig sollten die Kosten und damit auch die Preise gesenkt und die Qualität gesteigert werden. Die Telekommunikationsindustrie sollte rasch auf die neuen Marktbedürfnisse reagieren können.
- Sicherung des Infrastrukturauftrages. Das weiterhin bestehende Netzmonopol der deutschen Bundespost sollte eine flächendeckende Versorgung mit Grunddiensten nach dem Grundgesetz garantieren.
- Ausrichtung auf dem EG-Binnenmarkt. Die nationalen Fernmeldemärkte sollten nach den Grundsätzen und der Politik der europäischen Gemeinschaft geöffnet werden. Außerdem sollte ein Abbau von ordnungspolitischen und institutionellen Hemmnissen im Fernmeldewesen erfolgen.

2.4 Widersacher der Reform – Die Deutsche Postgewerkschaft

In dem Maße, in dem (wenn auch nur vermutet) Rationalisierungen und die Anwendung neuer Technologien mit negativen Auswirkungen für die Lebens- und Arbeitssituation von Mitarbeitern verbunden sind, werden diese von der Belegschaft nicht mehr als Fortschritt begriffen und für die Gewerkschaften wächst zugleich die Notwendigkeit, sich mit diesen Themen auseinanderzusetzen.[402]

Im Dezember 1985, als die Diskussion der Umgestaltung der DBP bereits im Gange war, beschloss der Hauptvorstand der Deutschen Postgewerkschaft (DPG) eine Aktion zur Bewahrung der Einheit der Deutschen Bundespost durchzuführen.[403] Unter dem Motto „Sichert die Post – Rettet das Fernmeldewesen" fanden zahlreiche Veranstaltungen (Informationsveranstaltungen, Demonstrationen, Unterschriftensammlungen, etc.) statt, mit dem Ziel, die Beschäftigten der Post, politische Parteien, Verbände und die Öffentlichkeit über die negativen Folgen der Reform zu informieren, da die Gewerkschaft die sozialstaatlich verfasste Bundespost durch privatwirtschaftliches Profitstreben bedroht sah.[404]

Mit der politischen Wende 1982 dominierten aus Sicht der DPG in Deutschland neoklassische und wirtschaftsliberale Kräfte, die eine möglichst weitgehende Zurückführung der staatlichen Lenkung der Wirtschaft zum Ziel hatten. Dabei wurde die Informations- und Telekommunikationsindustrie mit ihrer zunehmenden Bedeutung für die Gesamtwirtschaft als zentrales Anwendungsfeld dieser Politik gesehen, da der wachsende Markt für Telekommunikationsgeräte und -dienstleistungen hohe Gewinne versprach.

Aus der Sicht der Deutschen Postgewerkschaft bestand das wesentliche Problem der Telekommunikationspolitik nach dem nun zu verabschiedenden neuen Poststrukturgesetz als gesetzlicher Rahmen für die Umgestaltung der DBP darin, unter erheblich erschwerten Bedingungen die Gemeinwohlverpflichtung und die wirtschaftliche Überlebensfähigkeit der DBP im Allgemeinen und des Fernmeldebereichs im Besonderen sicherzustellen.[405]

Durch die Erweiterung der Zugangsmöglichkeiten für private Anbieter an diesen gewinnträchtigen Markt wurden von der Postgewerkschaft somit Nachteile für die staatlichen Post- und Fernmeldeverwaltungen gesehen. Außerdem befürchtete die Postgewerkschaft steigende Preise für Telekommunikationsdienstleistungen für die breite Masse der Bevölkerung zugunsten der Großkunden aus der Industrie sowie den Abbau von Stellen und Beseitigung des Beamtenstatus. Die Postgewerkschaft formulierte demzufolge fünf zentrale Forderungen:[406]

---

[402] Vgl. Schumm-Garling, U., Ansatzpunkte gewerkschaftlicher Technologiepolitik: Technologieberatungsstellen und Konversionsarbeitskreise, 1984, S. 299.
[403] Vgl. Deutsche Postgewerkschaft (Hrsg.), Sichert die Post – Rettet das Fernmeldewesen: Bilanz einer gewerkschaftlichen Aktion, 1989, S. 6.
[404] Vgl. Deutsche Postgewerkschaft (Hrsg.), Sichert die Post – Rettet das Fernmeldewesen: Bilanz einer gewerkschaftlichen Aktion, 1989, S. 6 ff.
[405] Vgl. Schwemmle, M., Telekommunikationspolitik nach dem Poststrukturgesetz. Probleme und Perspektiven aus Sicht der Deutschen Postgewerkschaft, 1991, S. 81.
[406] Vgl. Bock, E., Für weitere Gemeinwohlorientierung und gegen die Zerschlagung der Bundespost, 1988, S. 58 ff; ebenso Schwemmle, M., Telekommunikationspolitik nach dem Poststrukturgesetz. Probleme und Perspektiven aus Sicht der Deutschen Postgewerk-

- Die Einheit der Bundespost sollte erhalten bleiben.
- Die gemeinwirtschaftlichen Pflichten der Post sollten erhalten bleiben und Dienstleistungen dürften nicht nur an der Nachfrage kaufkräftiger Kunden orientiert sein.
- Die Bundespost dürfe nicht an den Subventionstopf des Staatshaushalts angehängt werden; sie müsse auch langfristig eigenständig wirtschaftlich lebensfähig bleiben.
- Die Kommunikationspolitik der Bundespost dürfe nicht dem sozialstaatlichen Einfluss entzogen werden, diese müsse vielmehr wirtschaftlich, organisatorisch und betrieblich von den Beschäftigten mitbestimmt werden.
- Die gewerkschaftlich durchgesetzten und erworbenen Rechte der Beamten, Arbeiter und Angestellten müssten erhalten bleiben und ausgebaut werden; die Arbeitsbedingungen bei der Bundespost humanisiert werden.

Trotz massiver Widerstände seitens der Postgewerkschaft und Ablehnung des Gesetzentwurfes seitens der SPD und der Grünen trat die geplante Änderung in Kraft. Der DPG gelang es jedoch mit Unterstützung von Teilen des Parlaments, der Bundesländer, von Sozial- und Verbraucherverbänden sowie zahlreichen Wissenschaftlern, Korrekturen des ursprünglich weitergehenden Gesetzentwurfes der Bundesregierung durchzusetzen.[407] Beispielhaft hierfür seien die nachfolgenden Punkte genannt:[408]

- Festschreibung eines öffentlichen Auftrags an herausgehobener Stelle des Postverfassungsgesetzes.
- Beibehaltung eines übergreifenden und einheitlichen Sozialwesens für die Beschäftigten der DBP.
- Einschränkung der Interventionsmöglichkeiten anderer Ministerien in die Angelegenheiten der DBP.
- Beibehaltung des Finanzausgleichs zwischen den Bereichen Briefpost, Fernmeldewesen und Postbank.

2.5 Die Ergebnisse der Reform

2.5.1 Änderung der gesetzlichen Grundlage

Eine Umgestaltung der Deutschen Bundespost und ihre Anpassung an die sich veränderten Marktbedingungen war im Rahmen des Fernmeldeanlagengesetzes nicht möglich. Aus diesem Grund musste für eine Reform ein neuer gesetzlicher Handlungsrahmen geschaffen werden. Im März 1985 beschloss die Bundesregierung daher die Einsetzung einer Regierungskommission Fernmeldewesen.[409]

Diese setzte sich aus Vertretern der Wirtschaft, Wissenschaft, Politik und Gewerkschaft zusammen.[410] Die Aufgabe der Kommission bestand darin, Empfehlungen für geeignete ordnungspolitische Strukturen des Telekommunikationssektors auszuarbeiten. Ziel dieser Analyse sollte sein, „...die bestmögliche Förderung technischer Innovationen, die Entwicklung und Wahrung internationaler Kommunikationsstandards sowie die Sicherung des Wettbewerbs auf dem Markt für Telekommunikation..."[411] herauszustellen. Wesentliche Kriterien der Untersuchung waren

- die Ausarbeitung einer gegenwärtigen und zukünftigen Aufgabenstellung im Bereich des Fernmeldewesens unter nationalen und internationalen Aspekten,

---

schaft, 1991, S. 80 und Deutsche Postgewerkschaft (Hrsg.), Sichert die Post – Rettet das Fernmeldewesen: Bilanz einer gewerkschaftlichen Aktion, 1989, S. 55.
[407] Vgl. Schwemmle, M., Telekommunikationspolitik nach dem Poststrukturgesetz. Probleme und Perspektiven aus Sicht der Deutschen Postgewerkschaft, 1991, S. 80.
[408] Vgl. Schwemmle, M., Telekommunikationspolitik nach dem Poststrukturgesetz. Probleme und Perspektiven aus Sicht der Deutschen Postgewerkschaft, 1991, S. 80.
[409] Vgl. Jäger, B., „Postreform I und II" – Die gradualistische Telekommunikationspolitik in Deutschland im Lichte der positiven Theorie staatlicher Regulierung und Deregulierung, 1994, S. 129 f.
[410] Vgl. Rehfeld, D., Neustrukturierung der Deutschen Bundespost: Ansätze für eine Controllingkonzeption unter Berücksichtigung der Instrumentalfunktion der DBP in der sozialen Marktwirtschaft, 1990, S. 64.
[411] Jäger, B., „Postreform I und II" – Die gradualistische Telekommunikationspolitik in Deutschland im Lichte der positiven Theorie staatlicher Regulierung und Deregulierung, 1994, S. 130.

- die Darstellung von Umfang, Grenzen und Struktur staatlicher Aufgaben im Fernmeldewesen,
- das Aufzeigen der organisatorischen, wirtschaftlichen und rechtlichen Voraussetzungen für eine anforderungsgerechte und rationelle Durchführung der staatlichen Aufgaben durch die DBP sowie
- die Untersuchung zur Notwendigkeit staatlicher Rahmensetzungen für die Erfüllung von privatwirtschaftlichen Aufgaben.[412]

Eine weitere zentrale Vorgabe war, dass die Regierungskommission bei ihrer Analyse von der Beibehaltung des gesetzlichen Handlungsrahmens ausgehen sollte, der der in den Art. 73 und 87 GG (alte Fassung) vorgegebenen Zuständigkeit des Bundes für das Post- und Fernmeldewesen sowie den im PostVerwG festgelegten Grundsätzen der Verfassung der DBP entspricht.[413]

Nach einer zweijährigen Tätigkeit legte die Kommission im September 1987 ihren Schlussbericht vor. Eines der wesentlichen Resultate war, dass ein dringender Handlungsbedarf bestand, wenn die Bundesrepublik den Anschluss an den Weltstandard nicht verlieren wollte.[414] Dieser Bericht stellte die Grundlage für die weitere Erarbeitung eines neuen Konzepts für die Umstrukturierung des Post- und Fernmeldewesens dar. Mit dem Inkrafttreten des Poststrukturgesetzes wurde das Postverwaltungsgesetz aufgehoben. Die Abbildung 28 zeigt eine Übersicht zu den Inhalten des Poststrukturgesetzes.

Abb. 28: Übersicht der Bereiche des Poststrukturgesetzes (PostStruktG)

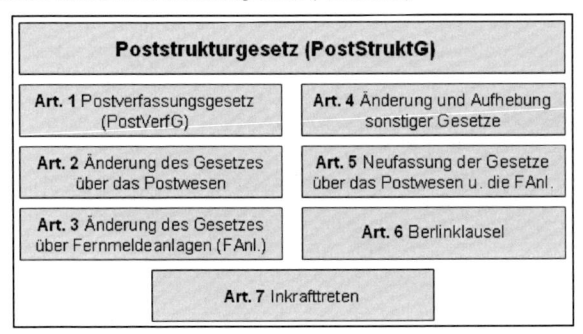

Poststrukturgesetz (PostStruktG)

Art. 1 Postverfassungsgesetz (PostVerfG)	Art. 4 Änderung und Aufhebung sonstiger Gesetze
Art. 2 Änderung des Gesetzes über das Postwesen	Art. 5 Neufassung der Gesetze über das Postwesen u. die FAnl.
Art. 3 Änderung des Gesetzes über Fernmeldeanlagen (FAnl.)	Art. 6 Berlinklausel
Art. 7 Inkrafttreten	

2.5.2 Struktur und Organe im Ergebnis der Postreform I

Das in Artikel 1 des Poststrukturgesetzes enthaltene Postverfassungsgesetz trat nunmehr an die Stelle des Postverwaltungsgesetzes. Es beinhaltete zwei maßgebliche Regelungen in Bezug auf die Organisation der Deutschen Bundespost. Das Gesetz nimmt erstens eine klare Trennung von hoheitlichen und unternehmerischen Aufgaben vor und zweitens werden durch das Gesetz die unternehmerischen Aufgaben aus dem Ministerium ausgegliedert und in drei Segmente aufgespaltet.[415]

Die hoheitlichen und politischen Aufgaben wurden dem Bundesminister für Post- und Telekommunikationswesen zugewiesen.[416] Er zeichnete sich dafür verantwortlich, dass die DBP nach den Grundsätzen der Politik der Bundesregierung geleitet wurde. Im Rahmen der Aufgabenstellung der DBP legte er die mittel- und langfristigen Ziele fest.[417] Darüber hinaus übte der Bundespostminister

---
[412] Vgl. Witte, E. (Hrsg.), Neuordnung der Telekommunikation: Bericht der Regierungskommission Fernmeldewesen, 1987, S. 9.
[413] Vgl. Rehfeld, D., Neustrukturierung der Deutschen Bundespost: Ansätze für eine Controllingkonzeption unter Berücksichtigung der Instrumentalfunktion der DBP in der sozialen Marktwirtschaft, 1990, S. 64.
[414] Vgl. Jäger, B., „Postreform I und II" – Die gradualistische Telekommunikationspolitik in Deutschland im Lichte der positiven Theorie staatlicher Regulierung und Deregulierung, 1994, S. 132 ff.
[415] Vgl. Der Bundesminister für Post und Telekommunikation (Hrsg.): Gesetz zur Neustrukturierung des Post- und Fernmeldewesens und der Deutschen Bundespost – Text und Einführung, 1989, S. 13; ebenso Cannivé, K., Infrastrukturgewährleistung in der Telekommunikation zwischen Staat und Markt: Eine verfassungsrechtliche Analyse des Universaldienstkonzepts im TKG, 2001, S. 38.
[416] Vgl. § 1 (1) PostVerfG.
[417] Vgl. § 25 (1) PostVerfG.

die Rechtsaufsicht über die Organe und Unternehmen der Bundespost aus und ihm oblagen weitgehende Genehmigungs- bzw. Widerspruchsrechte gegen die Beschlüsse der Aufsichtsräte und Unternehmensleitungen.[418] Die Aufsichtsräte und die Leitungen der Unternehmen waren verpflichtet, ihm bei Anforderung Auskunft zu erteilen und Wirtschaftsprüfungen zuzulassen.[419] Zusätzlich war die Vertretung der DBP gegenüber dem Ausland vorgesehen.[420] Gegenüber dem Bundesrat und dem Bundestag war der Bundespostminister zur Rechenschaftslegung verpflichtet.[421]

Da die hoheitlichen Aufgaben des Bundespostministers eine maßgebliche Auswirkung auf die infrastrukturelle, wirtschaftspolitische, regional- und strukturpolitische Entwicklung der Bundesrepublik hatten, wurde in dem Poststrukturgesetz die Bildung eines Infrastrukturrates festgelegt.[422] Der Infrastrukturrat wirkte bei Entscheidungen des Bundespostministers, die die Daseinsvorsorge und die infrastrukturelle Entwicklung betrafen, in Form von Stellungnahmen mit.[423] Dadurch sollte eine flächendeckende Grundversorgung mit Telekommunikationsdienstleistungen garantiert werden.

Die unternehmerischen und betrieblichen Aufgaben wurden der DBP übertragen. Dabei sollte der öffentliche Auftrag im nationalen und internationalen Bereich gewahrt werden. Auf eine genaue Definition der Aufgabenbereichs der Bundespost wurde im Gesetzestext verzichtet, damit auf zukünftige technische Entwicklungen flexibel reagiert werden konnte.[424] Entsprechend den Dienstleistungen auf dem Gebiet des Post- und Fernmeldewesens (die klassischen Postdienste, die Postbank und die Telekommunikationsdienste) nimmt das Poststrukturgesetz somit eine Dreiteilung der Bundespost vor.

Diese Aufgabenkomplexe wurden drei öffentlichen Unternehmen übertragen: Deutsche Bundespost Postdienst, Deutsche Bundespost Postbank und Deutsche Bundespost Telekom.[425] Die Bezeichnung der drei Bereiche als öffentliche Unternehmen sollte einerseits ihre öffentliche Verpflichtung und andererseits ihren Unternehmenscharakter deutlich machen. Eine Übersicht zu der beschriebenen Struktur gibt die nachfolgende Abbildung 29.

Abb. 29:   Die Poststruktur nach der Postreform I

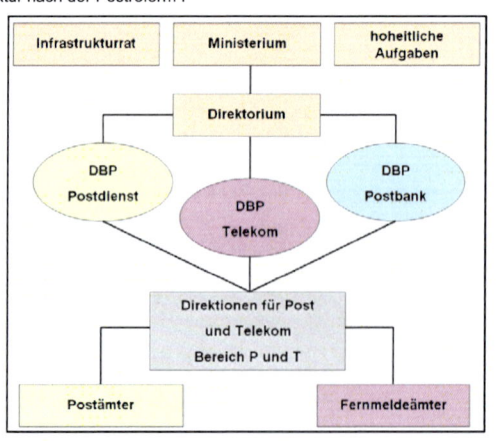

---

[418] Vgl. § 27 PostVerfG und § 28 (1) und (2) PostVerfG.
[419] Vgl. § 15 (5) PostVerfG und § 31 PostVerfG.
[420] Vgl. § 36 (1) PostVerfG.
[421] Vgl. § 26 PostVerfG.
[422] Vgl. Der Bundesminister für Post und Telekommunikation (Hrsg.): Gesetz zur Neustrukturierung des Post- und Fernmeldewesens und der Deutschen Bundespost – Text und Einführung, 1989, S. 18 ff und § 25 (2) PostVerfG i.V.m. § 34 PostVerfG.
[423] Vgl. § 34 PostVerfG.
[424] Vgl. Der Bundesminister für Post und Telekommunikation (Hrsg.): Gesetz zur Neustrukturierung des Post- und Fernmeldewesens und der Deutschen Bundespost – Text und Einführung, 1989, S. 19.
[425] Vgl. § 1 (2) PostVerfG.

Die Dienstleistungen der DBP Telekom setzten sich aus zwei Arten von Diensten zusammen, einerseits aus den Infrastrukturdiensten und andererseits aus den freien Leistungen.[426] Zu den Infrastrukturdiensten gehörten die Monopolleistungen (Netz- und Telefondienst) und die Pflichtleistungen.[427] Pflichtleistungen waren Dienste, die im Interesse der Öffentlichkeit durch das Gesetz vorgegeben waren, die aber auch im Wettbewerb mit privaten Konkurrenten standen.[428] Die möglichen Verluste, die daraus resultieren konnten, sollten durch Überschüsse aus dem Monopolbereich ausgeglichen werden.[429]

Die Leitungsstruktur der Unternehmen der Deutschen Bundespost sollte dem überwiegend betriebswirtschaftlichen und technischen Charakter der Unternehmen gerecht werden. Die Führung setzte sich aus jeweils einem Vorstand und einem Aufsichtsrat zusammen.[430]

Der Vorstand bestand aus einem Vorsitzenden sowie mehreren Mitgliedern, über deren Anzahl die Bundesregierung zu entscheiden hatte.[431] Die Mitglieder des Vorstands waren keine Beamten, sondern standen in einem öffentlich-rechtlichen Arbeitsverhältnis zum Bund.[432] Diese Regelung sollte bewirken, dass die Vorstandsmitglieder ihre Qualifikation ständig neu unter Beweis stellen mussten, um zu einer Selektion und einer optimalen Qualifikation und Leistungsstärke führen sollte.[433] Der Vorstand hatte dabei das Unternehmen nach der Maßgabe des Poststrukturgesetzes zu leiten. Beschlüsse des Vorstands bedurften einer Mehrheitsentscheidung, jedoch konnte jedes Mitglied seine abweichende Meinung dem Aufsichtsrat mitteilen.[434] Der Vorstand hatte folglich dem Aufsichtsrat über die beabsichtigte Geschäftspolitik, die Rentabilität und wichtige Geschäfte Bericht zu erstatten.

Die Aufgabe des Aufsichtsrates bestand darin, die Geschäftsführung, also den Vorstand, zu überwachen und darauf zu achten, dass die Leitungsgrundsätze der Postunternehmen eingehalten wurden.[435] Darüber hinaus war der Aufsichtsrat an der Berufung und Abberufung des Vorstands beteiligt und hatte zahlreiche Kontroll- und Entscheidungsrechte.[436]

Das Direktorium der Deutschen Bundespost bestand aus den Vorsitzenden der Vorstände der drei Unternehmen.[437] Es diente als vereinigendes Organ zwischen den einzelnen Unternehmen und koordinierte die Beziehungen und die Zusammenarbeit derselbigen, indem es bspw. über die Grundsätze der wechselseitigen Inanspruchnahme von Leistungen und Einrichtungen sowie deren Abgeltung oder über die übergreifenden Finanzen der Deutschen Bundespost (so bspw. über Kreditaufnahme oder die Grundsätze zur Erhaltung des Sondervermögens des Bundes und Verwaltung der Schulden) entschied.[438] Neben den finanziellen und wirtschaftlichen Aufgaben unterstanden dem Direktorium die Sozialangelegenheiten.[439]

2.5.3 Finanzieller Status nach der Postreform I

Die grundlegenden, finanziellen Rahmenbedingungen für die Deutsche Bundespost blieben nach der Postreform I weitgehend unverändert. Das Sondervermögen des Bundes mit eigener Haushalts- und Rechnungsführung blieb erhalten. Es gliederte sich nun in drei Teilsondervermögen

---

[426] Vgl. Cannivé, K., Infrastrukturgewährleistung in der Telekommunikation zwischen Staat und Markt: Eine verfassungsrechtliche Analyse des Universaldienstkonzepts im TKG, 2001, S. 38 f.
[427] Vgl. Voeth, M., Entmonopolisierung von Märkten – Das Beispiel Telekommunikation, 1996, S. 121 f.
[428] Beispielhaft seien an dieser Stelle die Endgeräte, der Satellitenfunk und der Mobilfunk genannt (vgl. Voeth, M., Entmonopolisierung von Märkten – Das Beispiel Telekommunikation, 1996, S. 122).
[429] Vgl. Deipenbrock, G., Die Deutsche Bundespost auf dem europäischen Binnenmarkt, 1991, S. 27.
[430] Vgl. Der Bundesminister für Post und Telekommunikation (Hrsg.): Gesetz zur Neustrukturierung des Post- und Fernmeldewesens und der Deutschen Bundespost – Text und Einführung, 1989, S. 15.
[431] Vgl. § 12 (1) und (2) PostVerfG.
[432] Vgl. § 12 (3) PostVerfG i.V.m. § 14 (1) PostVerfG.
[433] Vgl. Der Bundesminister für Post und Telekommunikation (Hrsg.): Gesetz zur Neustrukturierung des Post- und Fernmeldewesens und der Deutschen Bundespost – Text und Einführung, 1989, S. 15.
[434] Vgl. § 15 (1) PostVerfG.
[435] Vgl. § 23 (1) PostVerfG in Bezug auf § 4 (1) PostVerfG.
[436] Vgl. § 23 (2) und (3) PostVerfG.
[437] Vgl. § 7 (1) PostVerfG.
[438] Vgl. § 8 PostVerfG.
[439] Vgl. § 9 (1) PostVerfG.

entsprechend den drei Unternehmen der Deutschen Bundespost.[440] Für die Verbindlichkeiten der Deutschen Bundespost haftete der Bund demnach auch weiterhin nur mit dem Sondervermögen und für die Verbindlichkeiten der drei Unternehmen mit den jeweiligen Teilsondervermögen. Die Teilsondervermögen hatten auch für ihre gegenseitigen Verpflichtungen zu haften.[441] Von der Haftung für die Verbindlichkeiten des Bundes waren das Sondervermögen und die Teilsondervermögen durch das Gesetz befreit.

2.5.4 Monopol und freier Wettbewerb nach der Postreform I

Auf Grund der technischen Entwicklung waren Veränderungen des Marktes insbesondere auf dem Gebiet der Telekommunikationsdienste und Endgeräte notwendig. Andererseits musste der öffentliche Auftrag gewahrt bleiben, d.h. die Grundversorgung mit Dienstleistungen der Telekommunikation musste gesichert sein. Aus diesem Grund wurde eine vollständige Öffnung des Telekommunikationsmarktes für den Wettbewerb abgelehnt.[442] Den potenziellen Wettbewerbern sollten aber freizügige Rahmenbedingungen für einen Marktzutritt eröffnet werden.[443] Die Deutsche Bundespost hatte nach der Reform auch in Zukunft eine Sonderstellung auf dem Telekommunikationsmarkt eingenommen und war in der Lage, die weitere Entwicklung entscheidend zu prägen. Sie sollte aber auch als Wettbewerber auftreten und damit den eigenen und auch allgemeinen Fortschritt vorantreiben.[444] Die Bereiche der Telekommunikationsdienste, der Mehrwertdienste und der Endgeräte wurden für den Wettbewerb freigegeben.[445] An den Monopolen der folgenden Bereiche wurde jedoch auch weiterhin festgehalten:[446]

- ❏ Errichten und Betreiben von Übertragungswegen (Netzmonopol).
- ❏ Errichten und Betreiben von Funkanlagen (Funkanlagenmonopol).
- ❏ Vermittlung von Sprache für andere (Telefondienstmonopol).
- ❏ Das Briefmonopol der DBP Postdienst.

Unter Kosten- und Effizienzgesichtspunkten schien es nicht sinnvoll zu sein, mehrere oder auch nur ein weiteres Netz neben dem der Bundespost in Deutschland zu betreiben. Bei einer Öffnung der Netze für den Wettbewerb lag es auf der Hand, dass private Anbieter sich nur auf hochfrequentierte Verbindungen spezialisieren würden. Die Errichtung und Betreibung einzelner Übertragungsstrecken im Fernnetz würde sich für private Anbieter nicht rentieren. Der Wettbewerb würde sich dann auf diese wenigen rentablen Strecken beschränken, was zur Folge hätte, dass nur die an dieses Netz angeschlossenen Kunden die aus dem Wettbewerb resultierenden neuen Angebote nutzen könnten. Das Ziel der Regierung war somit, ein flächendeckend ausgebautes und in allen Regionen zu gleichen Bedingungen zugängliches Netz sicherzustellen.

Neben dem Argument der gleichmäßigen Versorgung hatten gewiss auch Gründe der Finanzkraft der Bundespost ihre Berechtigung. Dadurch, dass die rentablen Strecken des Netzes von den privaten Anbietern bevorzugt worden wären und damit auch die hier möglichen Gewinne an private Unternehmen geflossen wären, hätten diese Mittel der Deutschen Bundespost gefehlt, um damit die Verluste in den weniger rentablen Bereichen ausgleichen zu können.

Ein Wettbewerb im Bereich der Netze hätte der Bundespost die finanzielle Grundlage für die Erbringung allgemeiner Infrastrukturaufgaben entzogen. Überdies herrschte weitläufig die Auffassung vor, dass der Telekommunikationsbereich ein natürliches Monopol sei, welches sich durch Größenvorteile begründe.

---

[440] Vgl. Büchner, M. L., Rückblick auf die Liberalisierung und Privatisierung des Telekommunikations- und Postsektors in Deutschland, 2001, S. 579.
[441] Dies ist unter der Beibehaltung des Finanzausgleichs zwischen den Bereichen Briefpost, Fernmeldewesen und Postbank zu sehen (vgl. § 2 (2) PostVerfG).
[442] Vgl. Der Bundesminister für das Post- und Fernmeldewesen (Hrsg.), Begründung zum Entwurf eines Gesetzes zur Neustrukturierung des Post- und Fernmeldewesens und der Deutschen Bundespost (Poststrukturgesetz – PostStruktG), 1988, S. 3.
[443] Vgl. Müller-Römer, F., Liberalisierung der Telekommunikation in der Bundesrepublik Deutschland: Chancen für den öffentlich-rechtlichen Rundfunk?, 1990, S. 63.
[444] Vgl. Mayer, B., Die Bundespost: Wirtschaftsunternehmen oder Leistungsbehörde, 1990, S. 18.
[445] Vgl. Voeth, M., Entmonopolisierung von Märkten – Das Beispiel Telekommunikation, 1996, S. 122.
[446] Vgl. Der Bundesminister für das Post- und Fernmeldewesen (Hrsg.), Reform des Post- und Fernmeldewesens in der Bundesrepublik Deutschland: Konzeption der Bundesregierung zur Neuordnung des Telekommunikationsmarktes, 1988, S. 4 ff.

B. Die Reform des Postwesens als Voraussetzung des Wandels der Telekom

Im Vergleich zu dem Fernmeldemonopol der DBP vor der Reform unterschied sich das Monopol nach der Reform in der Definition des Begriffs des Netzmonopols. Netzmonopol im Sinne des Poststrukturgesetzes war als Übertragungswegemonopol zu verstehen.[447] Während vor der Reform noch alle Grundfunktionen eines Fernmeldenetzes unter den Monopolbegriff fielen, bezog es sich nach der Reform nur noch auf die reinen Übertragungsfunktionen.

Vorher war das Netz Träger eines einzigen Dienstes und zwar des Telefondienstes, so dass es in allen seinen Funktionen dienstespezifisch zugeschnitten war. Mit einer zunehmenden Differenzierung der Dienste in Folge der technologischen Entwicklung musste eine Trennung der Netze und Dienste erfolgen. Die große Vielfalt der Dienstangebote machte den Wettbewerb in diesem Bereich sinnvoll, während das Netz als die Grundlage für alle Dienste durch die monopolistische Kontrolle durch den Staat die gleichmäßige Verbreitung der neuen Dienste garantieren sollte.

Das Fernmeldeanlagengesetz (FAG) verankerte Bedingungen für Ausnahmen vom Monopol. Bündelfunknetze[448] konnten von Behörden, Verkehrsbetrieben und auf Grundstücken innerhalb einer Grenze von 25 km ohne besondere Genehmigung errichtet und betrieben werden.[449] Außerdem konnte das Recht zur Errichtung und Betreibung von Netzen vom Bundesminister verliehen werden.[450] Kennzeichnend für alle Ausnahmen war, dass die privaten Netze grundsätzlich keine Verbindung zum öffentlichen Netz der Deutschen Bundespost hatten. Dadurch bestand keine Möglichkeit der Konkurrenz zwischen der Bundespost und dem privaten Anbieter, da die Privatnetze nicht Dritten angeboten, sondern nur durch den Betreiber selbst genutzt werden konnten.

Nach der Reform blieben die Regelungen des FAG erhalten. Von der Bundesregierung wurde eine liberale Handhabung der Regelung empfohlen. Die Zuschaltung privater Anbieter an das öffentliche Netz konnte genehmigt werden. Außerdem wurde es möglich, dass private Anbieter in Randbereichen des Netzes freizügig tätig wurden, wenn dadurch die finanzielle Sicherheit der Bundespost nicht gefährdet und bedeutende Innovationen möglich wurden (z.B. Satelliten- und Mobilfunkkommunikation).[451]

2.6 Auswirkungen der Postreform I

Nach dem Inkrafttreten des Poststrukturgesetzes formierte sich sehr schnell in den Bereichen, in denen den privaten Anbietern der Zutritt zum Markt möglich war, ein wachsender und dynamischer Markt.[452] Bereits zu diesem Zeitpunkt schrieb Postminister Schwarz-Schilling die Lizenz für das private digitale Mobilfunknetz D2 aus.[453] Die relativ große Zahl der Bewerber (es gingen zehn Bewerbungen ein), aber auch die Tatsache, dass es sich um renommierte, finanzkräftige und aus verschiedenen Branchen stammende Industriekonzerne handelte, macht deutlich, dass die Wachstumsperspektiven der mobilen Telekommunikation äußerst positiv eingeschätzt wurden.[454]

Nach einer Überprüfung der Bewerber durch eine vom Postminister eingesetzten Kommission wurde die Lizenz für das D2-Netz schließlich an das Mannesmann-Konsortium (bestehend aus Volks- und Raiffeisenbanken, der britischen Cable&Wireless, der amerikanischen Pacific Telsis und der französischen Lyonaise des Eaux) vergeben.[455] An die DBP Telekom wurde vom Postmi-

---
[447] Vgl. Schwarz-Schilling, C., Ansprache von Bundesminister Dr. Christian Schwarz-Schilling anlässlich der WIK-Konferenz am 23.06.92 in Bonn, 1992, S. 18.
[448] Bündelfunknetze meint in diesem Zusammenhang, dass die Vergabe von Lizenzen für die Funkübertragung nicht in einzelnen Frequenzkanälen sondern, zur wirkungsvolleren Nutzung, gebündelt vergeben wurden, um somit eine größere Teilnehmerzahl je Funkkanal zu erreichen (vgl. Jäger, B., „Postreform I und II" – Die gradualistische Telekommunikationspolitik in Deutschland im Lichte der positiven Theorie staatlicher Regulierung und Deregulierung, 1994, S. 254).
[449] Vgl. Jäger, B., „Postreform I und II" – Die gradualistische Telekommunikationspolitik in Deutschland im Lichte der positiven Theorie staatlicher Regulierung und Deregulierung, 1994, S. 254.
[450] Vgl. Voeth, M., Entmonopolisierung von Märkten – Das Beispiel Telekommunikation, 1996, S. 123.
[451] Vgl. Deipenbrock, G., Die Deutsche Bundespost auf dem europäischen Binnenmarkt, 1991, S. 29.
[452] Vgl. Jäger, B., „Postreform I und II" – Die gradualistische Telekommunikationspolitik in Deutschland im Lichte der positiven Theorie staatlicher Regulierung und Deregulierung, 1994, S. 256 ff.
[453] Vgl. Jäger, B., „Postreform I und II" – Die gradualistische Telekommunikationspolitik in Deutschland im Lichte der positiven Theorie staatlicher Regulierung und Deregulierung, 1994, S. 237.
[454] Vgl. Voeth, M., Entmonopolisierung von Märkten – Das Beispiel Telekommunikation, 1996, S. 126; ebenso Jäger, B., „Postreform I und II" – Die gradualistische Telekommunikationspolitik in Deutschland im Lichte der positiven Theorie staatlicher Regulierung und Deregulierung, 1994, S. 238.
[455] Vgl. Jäger, B., „Postreform I und II" – Die gradualistische Telekommunikationspolitik in Deutschland im Lichte der positiven Theorie staatlicher Regulierung und Deregulierung, 1994, S. 239.

nister eine Verwaltungslizenz für das digitale D1-Netz vergeben, das parallel zum posteigenen analogen C-Netz betrieben werden sollte. Bereits 1991 sollten die D1- und D2-Netze in Betrieb gehen und bis Ende 1994 planungsgemäß 90 Prozent der Fläche Deutschlands versorgen.[456] Dabei konzentrierte man sich zunächst auf die Ballungsräume und erst schrittweise folgten die peripheren Gebiete.[457]

Die Zahl der Bewerber für das 1993 in Betrieb gegangene E-Netz war deutlich geringer als für das D2-Netz, weil die Bewerber ein relativ hohes Startkapital aufbringen und sich gegen die bereits bestehenden D-Netz-Betreiber durchsetzen mussten.[458] Ziel des Postministers bei der Vergabe der dritten Lizenz war es, den Mobilfunkbereich weg vom Nischenmarkt für Geschäftsleute hin zum preiswerten Massenmarkt umzufunktionieren. Es wurde erwartet, dass die Kapazitätsgrenze der D-Netze von ca. 10 Millionen Teilnehmern um die Jahrtausendwende ausgelastet sein würde.[459] Das E-Netz sollte 30 Millionen Teilnehmer versorgen können.[460] Auf Grund dieser potenziellen Teilnehmerzahl wurde eine dauerhafte Reduzierung der Gebühren möglich, was die Nutzung der Mobilfunkdienste durch ein breiteres Publikum zur Folge hatte.

Weitere Vergaben von Lizenzen folgten auch beim Bündelfunk. Die Bedingungen für das Betreiben von Funkanlagen für Privatanbieter wurden zunehmend erweitert. Es wurden grundstücksbezogene und regionale Netzlizenzen vergeben. Unternehmen wie Speditionen, Handwerks- und Dienstleistungsbetriebe mit Außendienst, Hafengebiete und Flughäfen konnten nun eigene Funkanlagen betreiben. Schließlich konnten Lizenznehmer nach der Reform ihre Leitungen ebenfalls Dritten anbieten.[461]

Auch auf anderen Gebieten der Telekommunikation, wie zum Beispiel der Satellitenkommunikation oder auch bei den Datenmehrwertdiensten, die über das Netz der DBP Telekom angeboten wurden, entwickelte sich ein wachsender Markt.[462] Bis Ende 1992 waren beim Postministerium bereits mehr als 250 Anbieter registriert, die Dienstleistungen über das Netz der DBP anboten.[463] Auch die DBP Telekom war auf dem Markt der Mehrwertdienste tätig. Die DBP Telekom hatte 1991 in diesem Sektor einen Umsatz von ca. 1,8 Milliarden Euro und man rechnete mit einer Steigerung des Umsatzes auf 2,6 Milliarden Euro bis 1992.[464]

Die Liberalisierung des Endgerätemarktes wirkte sich ebenfalls äußerst positiv auf die Entwicklung innerhalb dieses Sektors aus. Die Zahl der verkauften Geräte stieg und die Preise sanken bei gleichzeitiger Erhöhung der Qualität und Funktionalität.[465] Der Endgerätemarkt in der Bundesrepublik war bereits seit längerem für den Wettbewerb geöffnet. Das Monopol der DBP bezog sich lediglich auf die Telefonapparate am einfachen Hauptanschluss und auf die Wartung von Telexendgeräten.[466] Mit Inkrafttreten des Poststrukturgesetzes konnten alle Endgeräte im Wettbewerb beschafft und gewartet werden.[467]

---

[456] Vgl. Jäger, B., „Postreform I und II" – Die gradualistische Telekommunikationspolitik in Deutschland im Lichte der positiven Theorie staatlicher Regulierung und Deregulierung, 1994, S. 241.
[457] Vgl. Jäger, B., „Postreform I und II" – Die gradualistische Telekommunikationspolitik in Deutschland im Lichte der positiven Theorie staatlicher Regulierung und Deregulierung, 1994, S. 241.
[458] Vgl. Voeth, M., Entmonopolisierung von Märkten – Das Beispiel Telekommunikation, 1996, S. 127.
[459] Vgl. Der Bundesminister für das Post- und Fernmeldewesen (Hrsg.), Reform des Post- und Fernmeldewesens in der Bundesrepublik Deutschland: Konzeption der Bundesregierung zur Neuordnung des Telekommunikationsmarktes, 1988, S. 56.
[460] Vgl. Jäger, B., „Postreform I und II" – Die gradualistische Telekommunikationspolitik in Deutschland im Lichte der positiven Theorie staatlicher Regulierung und Deregulierung, 1994, S. 248.
[461] Vgl. Jäger, B., „Postreform I und II" – Die gradualistische Telekommunikationspolitik in Deutschland im Lichte der positiven Theorie staatlicher Regulierung und Deregulierung, 1994, S. 254 f.
[462] Vgl. Jäger, B., „Postreform I und II" – Die gradualistische Telekommunikationspolitik in Deutschland im Lichte der positiven Theorie staatlicher Regulierung und Deregulierung, 1994, S. 256 f.
[463] Vgl. Jäger, B., „Postreform I und II" – Die gradualistische Telekommunikationspolitik in Deutschland im Lichte der positiven Theorie staatlicher Regulierung und Deregulierung, 1994, S. 256.
[464] Vgl. Jäger, B., „Postreform I und II" – Die gradualistische Telekommunikationspolitik in Deutschland im Lichte der positiven Theorie staatlicher Regulierung und Deregulierung, 1994, S. 256 f.
[465] Vgl. Reich, H., Bewertung der Postreform aus Sicht der Hersteller, 1991, S. 99 und Jäger, B., „Postreform I und II" – Die gradualistische Telekommunikationspolitik in Deutschland im Lichte der positiven Theorie staatlicher Regulierung und Deregulierung, 1994, S. 258.
[466] Vgl. Deipenbrock, G., Die Deutsche Bundespost auf dem europäischen Binnenmarkt, 1991, S. 30.
[467] Vgl. Kühn, D., Die Reformen der Deutschen Bundespost – ein langwieriger, aber erfolgreicher Prozeß, 1999, S. 10.

B. Die Reform des Postwesens als Voraussetzung des Wandels der Telekom

Auch wenn die Monopolrechte der DBP sich zunehmend auflösten, so blieb sie der Alleinanbieter von wichtigen Teilen der Netzinfrastruktur. Das verlieh ihr eine marktbeherrschende Stellung auch auf den Diensteebenen.

3 Die Postreform II

3.1 Die Notwendigkeit einer weiteren Reform

Die erste Postreform brachte entscheidende organisatorische Fortschritte, dienstrechtliche Veränderungen und ordnungspolitische Neuorientierungen auf dem Telekommunikationssektor mit sich. Die positiven Folgen dieser Liberalisierung führten zu einem dynamischen Wachstum des inländischen Marktes und einer deutlichen Verbesserung der Stellung der Bundesrepublik auf dem internationalen Telekommunikationsmarkt. Trotz dieser Erfolge wurde schon bald kritisiert, dass die Postreform nicht weit genug gegangen war.[468]

Die Veränderungen des Poststrukturgesetzes bewegten sich im Rahmen des Artikels 87 GG (alte Fassung). Eine Änderung des GG wurde bei der Postreform I nicht angestrebt. Die in diesem Artikel festgelegte Rechtsform der DBP als bundeseigene Verwaltung erwies sich für die drei Unternehmen der DBP zunehmend als Hemmnis, da die Bindungen an verwaltungsrechtliche und dienstrechtliche Grundsätze flexibles unternehmerisches Handeln verhinderten.[469]

Als Aktiengesellschaft wäre die Telekom von den Restriktionen des öffentlichen Dienstrechtes befreit und Restzweifel an den Auslandsaktivitäten wären ausgeräumt gewesen. Die Privatisierung wurde als eine Voraussetzung für Chancengleichheit im Markt gesehen. Der Gang an die Börse wurde ebenfalls als die einzige Möglichkeit gesehen, der DBP Telekom das dringend benötigte Eigenkapital zuzuführen.[470]

3.1.1 Weitläufigere Gründe für die Notwendigkeit einer weiteren Reform

Nur ein Jahr nach dem Inkrafttreten des Poststrukturgesetzes kam es zum Zusammenbruch der DDR und zur Wiedervereinigung Deutschlands. Die Wiedervereinigung stellte die DBP-Unternehmen, ganz besonders die Telekom, vor eine schwierige Aufgabe. In den neuen Bundesländern herrschte bei einer sehr geringen Telefonanschlussdichte (sieben Prozent der Haushalte mit Anschluss im Vergleich zum ehemaligen Westdeutschland mit 92 Prozent der Haushalte)[471] ein erheblicher Nachholbedarf. Von der ehemaligen DDR-Post übernahm die DBP Telekom 1,3 Millionen unerledigte Anträge von Privatkunden.[472]

Obwohl bis 1993 von der Telekom zusätzlich mehr als 2,2 Millionen Anschlüsse im Osten neu geschaltet wurden, wuchs der Bestand an unerledigten Aufträgen in diesem Zeitraum auf deutlich mehr als 2 Millionen an.[473] Hinzu kam noch der steigende Bedarf seitens der Wirtschaft. Ein immenser Kapitalaufwand war erforderlich. Ziel der Telekom war es, in einem Zeitraum von sieben Jahren mit einem Investitionsaufwand von ca. 28 Milliarden Euro ein modernes Telekommunikationsnetz in Ostdeutschland aufzubauen.[474]

Klagen über die mangelnde Flexibilität und die langen Wartezeiten für Telefonanschlüsse häuften sich besonders seitens der investitionswilligen Unternehmen in den Ländern der ehemaligen DDR.[475] Der Bundespostminister beschloss daraufhin, in der ehemaligen DDR Lizenzen für satellitengestützten Telefonverkehr zu vergeben.[476] Nach langwierigen Diskussionen wurden die ersten Lizenzen unter zahlreichen Bedingungen vergeben, was jedoch keine entscheidende Auswirkung auf die Versorgungslage hatte.

---

[468] Vgl. Hungenberg, H.; Hutzschenreuther, T., Postreform: Umgestaltung des Post- und Telekommunikationssektors in Deutschland, 1998, S. 11; ebenso Witte, E., Kommentare zum Poststrukturgesetz, 1990, S. 96 ff und Büchner, M. L., Rückblick auf die Liberalisierung und Privatisierung des Telekommunikations- und Postsektors in Deutschland, 2001, S. 579 sowie Arbeitsgemeinschaft Selbständiger Unternehmer e.V. (Hrsg.), Mehr Marktwirtschaft im Postwesen: Ein Plädoyer für Liberalisierung und mehr Wettbewerb, 1987, S. 33 ff.
[469] Vgl. Deutsche Bundespost Telekom (Hrsg.): Klare Position. 1992, S. 12.
[470] Vgl. Welfens, P. J. J.; Graack, C., Telekommunikationswirtschaft: Deregulierung, Privatisierung und Internationalisierung, 1996, S. 57.
[471] Vgl. König, H., Telekommunikationsrecht im Wandel, 1995, S. 3.
[472] Vgl. Tenzer, G.; Uhlig, H., Ausgangssituation und Entwicklungsstrategie, 1991, S. 7.
[473] Vgl. Schnöring, T.; Szafran, U., Der Beitrag der DBP Telekom zur wirtschaftlichen Entwicklung in Ostdeutschland, 1994, S. 46 ff.
[474] Vgl. Tenzer, G.; Uhlig, H., Ausgangssituation und Entwicklungsstrategie, 1991, S. 38.
[475] Vgl. Kahle, W., Zwischen Maueröffnung und Fusion der beiden Telekom-Unternehmen, 1994, S. 22.
[476] Vgl. Jäger, K., "Postreform I und II" – Die gradualistische Telekommunikationspolitik in Deutschland im Lichte der positiven Theorie staatlicher Regulierung und Deregulierung, 1994, S. 267 f.

B. Die Reform des Postwesens als Voraussetzung des Wandels der Telekom   Seite 77

In den Jahren 1989 und 1990 fuhr die Telekom relativ hohe Gewinne ein, so dass sie problemlos die Verluste der Schwesterunternehmen Postdienst und Postbank ausgleichen konnte.[477] In den folgenden Jahren jedoch verschlechterte sich ihre finanzielle Lage drastisch wegen der immensen Summen, die in den Aufbau der Telekommunikationsinfrastruktur der neuen Bundesländer flossen und wegen der Verluste der Schwesterunternehmen, die ebenfalls hohe Summen in die neuen Bundesländer investierten.[478]

So hatte 1991 die Telekom zum ersten Mal seit zwanzig Jahren keinen Gewinn zu verzeichnen.[479] Dagegen stiegen die Investitionen im Osten von ca. 9,7 Milliarden Euro in 1990 auf ca. 14,3 Milliarden Euro in 1992.[480] Insgesamt sah ein Sieben-Jahres-Plan Investitionen in Höhe von ca. 102 Milliarden Euro in ganz Deutschland vor.[481] Dies führte zu einem Anstieg der Nettokreditaufnahmen, bis diese 1992 mit ca. 8,7 Milliarden Euro ihren Spitzenwert erreichten.[482]

Mit der zunehmenden Verschuldung sank zwangsläufig der Anteil des Eigenkapitals. Bereits im ersten Jahr der Existenz der DBP Telekom unterschritt der Anteil des Eigenkapitals die gesetzlich vorgeschriebene Mindestgrenze von 33 Prozent und bis 1993 sank der Eigenkapitalanteil bis auf 22 Prozent.[483] In diesem Jahr wurden auch die höchsten Verluste realisiert. Der Jahresfehlbetrag in diesem Jahr betrug 1,47 Milliarden Euro.[484]

Um die finanzielle Lage der Telekom aufzubessern, forderte der Vorstand Geldzuschüsse vom Eigentümer, also vom Bund.[485] Auch die Ablieferungen an den Bund sollte gemindert werden und die Verluste des Schwesterunternehmens DBP Postdienst sollten im Osten nicht mehr ausgeglichen werden. All diese Maßnahmen sollten zu einem Anstieg der Eigenkapitalquote auf 40 Prozent führen.

Der Bund ging jedoch auf diese Forderungen nicht ein. Auf Grund der ökonomischen Transformationsprozesse sah der Bund sich nicht in der Lage, die für die Eigenkapitalaufstockung notwendigen Zahlungen zu leisten. Die Verhandlungen zwischen dem Finanz- und dem Postminister endeten damit, dass die Telekom in den neuen Bundesländern keine Abgaben mehr an den Bund zahlen musste, was jedoch zu Einsparungen von insgesamt nur 0,87 Milliarden Euro führte, so dass die Verschuldung des Unternehmens bis 1994 auf ca. 63,9 Milliarden Euro anstieg.[486]

Die sich ständig verändernden technischen Möglichkeiten, die Öffnung der Telekommunikationsmärkte in anderen Ländern sowie die politischen und wirtschaftlichen Veränderungen im mittel- und osteuropäischen Raum waren in diesem Ausmaß vor der ersten Postreform nicht vorauszusehen.[487] Die Öffnung der neuen Märkte beschleunigte den Prozess der Internationalisierung und Globalisierung. Für die Telekom bestand die Gefahr, attraktive Auslandsmärkte nicht erschließen zu können.

---

[477] Vgl. Deutsche Bundespost (Hrsg.), Geschäftsbericht 1989, 1990, S. 84.
[478] Vgl. Robischon, T., Telekommunikationspolitik im deutschen Einigungsprozeß: Steuerung und Eigendynamik sektoraler Transformation, 1999, S. 223.
[479] Vgl. Robischon, T., Telekommunikationspolitik im deutschen Einigungsprozeß: Steuerung und Eigendynamik sektoraler Transformation, 1999, S. 223.
[480] Vgl. Schnöring, T.; Szafran, U., Der Beitrag der DBP Telekom zur wirtschaftlichen Entwicklung in Ostdeutschland, 1994, S. 34.
[481] Vgl. Jäger, B., „Postreform I und II" – Die gradualistische Telekommunikationspolitik in Deutschland im Lichte der positiven Theorie staatlicher Regulierung und Deregulierung, 1994, S. 277 f.
[482] Vgl. Jäger, B., „Postreform I und II" – Die gradualistische Telekommunikationspolitik in Deutschland im Lichte der positiven Theorie staatlicher Regulierung und Deregulierung, 1994, S. 278.
[483] Die Eigenkapitalquote ist aus dem Verhältnis des Gesamtkapitals zu dem Eigenkapital aus der Bilanz der DBP Telekom des Geschäftsberichtes für 1993 errechnet (vgl. Deutsche Bundespost Telekom (Hrsg.), Geschäftsbericht 1993, 1994, S. 7 und S. 69).
[484] Vgl. Deutsche Bundespost Telekom (Hrsg.), Geschäftsbericht 1993, 1994, S. 70.
[485] Vgl. Jäger, B., „Postreform I und II" – Die gradualistische Telekommunikationspolitik in Deutschland im Lichte der positiven Theorie staatlicher Regulierung und Deregulierung, 1994, S. 278.
[486] Vgl. Deutsche Bundespost Telekom (Hrsg.), Geschäftsbericht 1992, 1993, S. 78 und Jäger, B., „Postreform I und II" – Die gradualistische Telekommunikationspolitik in Deutschland im Lichte der positiven Theorie staatlicher Regulierung und Deregulierung, 1994, S. 278 f.
[487] Vgl. König, H., Telekommunikationsrecht im Wandel, 1995, S. 3; ebenso Thorein, T., Telekommunikationspolitik in Deutschland, 1997, S. 39 f.

Die dynamische Entwicklung der technischen Möglichkeiten führte außerdem zu einer Veränderung der Kundennachfrage. Besonders Großkunden waren zunehmend auf weltweit integrierte Telekommunikationslösungen angewiesen. Die DBP Telekom war von der internationalen Entwicklung durch das Fortbestehen des Artikels 87 GG (alte Fassung) und den dadurch auferlegten Schranken weitgehend ausgeschlossen. Für das Agieren auf internationalen Märkten, bei denen ein Wettbewerb bestand, vor dem das Unternehmen im eigenen Land gesetzlich geschützt wurde, war eine hohes Maß an Flexibilität und betriebswirtschaftlicher Orientierung erforderlich.

Am 01. Januar 1993 traten darüber hinaus die Regelungen zum Europäischen Binnenmarkt in Kraft. Eine Privatisierung des Telekommunikationssektors war durch europäisches Recht zunächst zwar nicht zwingend vorgeschrieben, dennoch geriet die deutsche Regierung wegen des Telekommunikationssektors zunehmend unter Zugzwang, da durch die Rechtsakten der EG-Kommission sowie die Urteile des europäischen Gerichtshofs zur Telekommunikation die Entwicklung zur konkreten Umsetzung der Empfehlungen des Grünbuchs[488] verstärkt wurde.[489]

Die wesentlichen Bestimmungen des Grünbuchs zielten vor dem Hintergrund eines großen Marktes – auch im Telekommunikationsbereich – darauf ab, Dienstleistungen und besondere Rechte öffentlicher Unternehmen abzubauen und Chancengleichheit der Wirtschaftsteilnehmer untereinander herzustellen.[490]

3.2 Ergebnis der Postreform II

Aus den oben aufgeführten Gründen war eine erneute Reform des Telekommunikationssektors unumgänglich. Dabei stand die Notwendigkeit einer Verfassungsänderung außer Frage. Deshalb mussten die Schranken, die durch den Artikel 87 GG (alte Fassung) gegeben waren, beseitigt werden. Außerdem musste das Problem des Kapitalmangels, das Investitionen auf den internationalen Märkten verhindert hätte, selbst wenn sie gesetzlich möglich gewesen wären, gelöst werden.

Da der Bund als Eigentümer nicht im Stande war die nötige Eigenkapitalaufstockung zu leisten, musste privates Kapital hinzugezogen werden, was nur durch eine entsprechende Änderung der Rechtsform der DBP Telekom in eine Aktiengesellschaft möglich war. Auch dem stand der Artikel 87 GG (alte Fassung) entgegen.

Die ersten Forderungen nach einer zweiten Reform wurden bereits im Herbst 1990 seitens der FDP gefordert.[491] Bei der Debatte um die erste Postreform konnte die FDP ihre Privatisierungsforderungen nicht durchsetzen, da innerhalb der Regierungskoalition selbst keine Mehrheit hierfür zustande kam.[492] Knapp ein Jahr später begründete die Bundesregierung die Privatisierungsforderungen damit, dass die erwarteten 20 bis 30 Milliarden DM (ca. 10,2 bis 15,3 Milliarden Euro) Erlös aus dem Verkauf zur Finanzierung des Transformationsprozesses in den neuen Bundesländern dienen könnte.[493]

---

[488] Das „Grünbuch über die Entwicklung des gemeinsamen Marktes für Telekommunikationsdienste und Telekommunikationsgeräte" sollte in erster Linie dazu dienen, eine breite öffentliche Diskussion in Europa über zukünftige ordnungspolitische Strukturen auf dem Telekommunikationssektor zu entfachen (vgl. Voeth, M., Entmonopolisierung von Märkten – Das Beispiel Telekommunikation, 1996, S. 141).
[489] Vgl. Thorein, T., Telekommunikationspolitik in Deutschland, 1997, S. 35 f.
[490] Vgl. Gebhardt, H.-P., Telekommunikationspolitik in Europa, 1991, S. 239 und Voeth, M., Entmonopolisierung von Märkten – Das Beispiel Telekommunikation, 1996, S. 69.
[491] Vgl. Jäger, B., „Postreform I und II" – Die gradualistische Telekommunikationspolitik in Deutschland im Lichte der positiven Theorie staatlicher Regulierung und Deregulierung, 1994, S. 299.
[492] Vgl. Robischon, T., Telekommunikationspolitik im deutschen Einigungsprozeß: Steuerung und Eigendynamik sektoraler Transformation, 1999, S. 200 und Jäger, B., „Postreform I und II" – Die gradualistische Telekommunikationspolitik in Deutschland im Lichte der positiven Theorie staatlicher Regulierung und Deregulierung, 1994, S. 224 ff.
[493] Vgl. Kühn, D., Die Reformen der Deutschen Bundespost – ein langwieriger, aber erfolgreicher Prozeß, 1999, S. 13 und Jäger, B., „Postreform I und II" – Die gradualistische Telekommunikationspolitik in Deutschland im Lichte der positiven Theorie staatlicher Regulierung und Deregulierung, 1994, S. 279.

Das Eigenkapital-Argument spielte hierbei zunächst keine Rolle. Die Privatisierungsvorschläge wurden zu dem Zeitpunkt nicht weiter verfolgt, weil die SPD und einige Teile der CDU / CSU gegen die Privatisierung der DBP Telekom waren, wodurch eine Änderung des Artikels 87 GG (alte Fassung) somit nicht möglich war.[494] Als 1991 die finanzielle Krise der Telekom immer deutlicher wurde, spielte auch das Argument des Eigenkapitals eine Rolle. Ende 1993 zeichnete sich schließlich eine Einigung in der Debatte um die Privatisierung der drei Unternehmen der DBP ab.[495]

3.2.1 Änderung der gesetzlichen Grundlage

Die im Rahmen der Postreform II vorgesehenen Änderungen setzten eine Änderung des Grundgesetzes voraus. Der Artikel 87 GG (alte Fassung) legte den Bund als Eigentümer der DBP fest. Das Gesetz zur Neuordnung des Postwesens und der Telekommunikation (PTNeuOG) sah die Umwandlung der bundeseigenen Unternehmen der DBP in Aktiengesellschaften vor.[496] Dabei sollte der Bund auch weiterhin die Kapitalmehrheit an diesen Gesellschaften behalten.

Das Verfassungsänderungsgesetz trat am 03.09.1994 in Kraft. Der Artikel 87 GG (neue Fassung) legte nunmehr die aus dem Sondervermögen Deutsche Bundespost hervorgegangenen Unternehmen als private Unternehmen fest. Dienstleistungen konnten fortan von privatwirtschaftlichen Unternehmen erbracht werden; genauer gesagt durch die aus der DBP hervorgegangenen privatisierten, ursprünglich zur bundeseigenen Verwaltung gehörenden Unternehmen sowie weitere Wettbewerber.[497] Hoheitsaufgaben im Bereich des Postwesens und der Telekommunikation waren auch weiterhin in bundeseigener Verwaltung auszuführen.

Außerdem setzte der Artikel 87 GG (neue Fassung) einen Infrastruktursicherungsauftrag als Staatsziel verfassungsrechtlich fest.[498] Nach Absatz 1 hat der Bund flächendeckend qualitativ angemessene und quantitativ ausreichende Dienstleistungen sicherzustellen. Eine genaue Definition des Umfangs und der Art der Dienstleistungen wurde ebenfalls gesetzlich festgesetzt, wobei jedoch klargestellt wurde, dass die staatlichen Maßnahmen sich ausschließlich auf die Darstellung der Grundversorgungen zu beschränken hatten. Bei dieser entscheidenden Änderung des Grundgesetzes wurde zum ersten Mal der Begriff Fernmeldewesen durch den Begriff Telekommunikation ersetzt, was dem gewandelten Sprachgebrauch und den inhaltlichen Veränderungen des Begriffs gerecht wird.

Die Voraussetzung für die Organisationsprivatisierung der drei Unternehmen der Deutschen Bundespost hatte der Art. 143b GG geschaffen, der festlegte, dass die Durchführung der Privatisierung auf der Grundlage des Postumwandlungsgesetzes (PostUmwG als Art. 3 des PTNeuOG) zu erfolgen hatte.[499] Neben den Änderungen des Grundgesetzes wurde am 14.09.1994 das oben erwähnte Paket von gesetzlichen Bestimmungen in Form des Postneuordnungsgesetzes erlassen.

---

[494] Vgl. Jäger, B., „Postreform I und II" – Die gradualistische Telekommunikationspolitik in Deutschland im Lichte der positiven Theorie staatlicher Regulierung und Deregulierung, 1994, S. 155 f.
[495] Vgl. Bundesministerium für Post und Telekommunikation (Hrsg.), Postreform II, 1994, S. 7.
[496] Vgl. König, H., Telekommunikationsrecht im Wandel, 1995, S. 4 f.
[497] Vgl. Cannivé, K., Infrastrukturgewährleistung in der Telekommunikation zwischen Staat und Markt: Eine verfassungsrechtliche Analyse des Universaldienstkonzepts im TKG, 2001, S. 43.
[498] Vgl. Büchner, L. M., Rückblick auf die Liberalisierung und Privatisierung des Telekommunikations- und Postsektors in Deutschland, 2001, S. 580.
[499] Vgl. König, H., Telekommunikationsrecht im Wandel, 1995, S. 6.

Das PTNeuOG legte die organisatorischen Veränderungen innerhalb der Unternehmen fest (Abbildung 30).

Abb. 30: Die Artikel des PTNeuOG

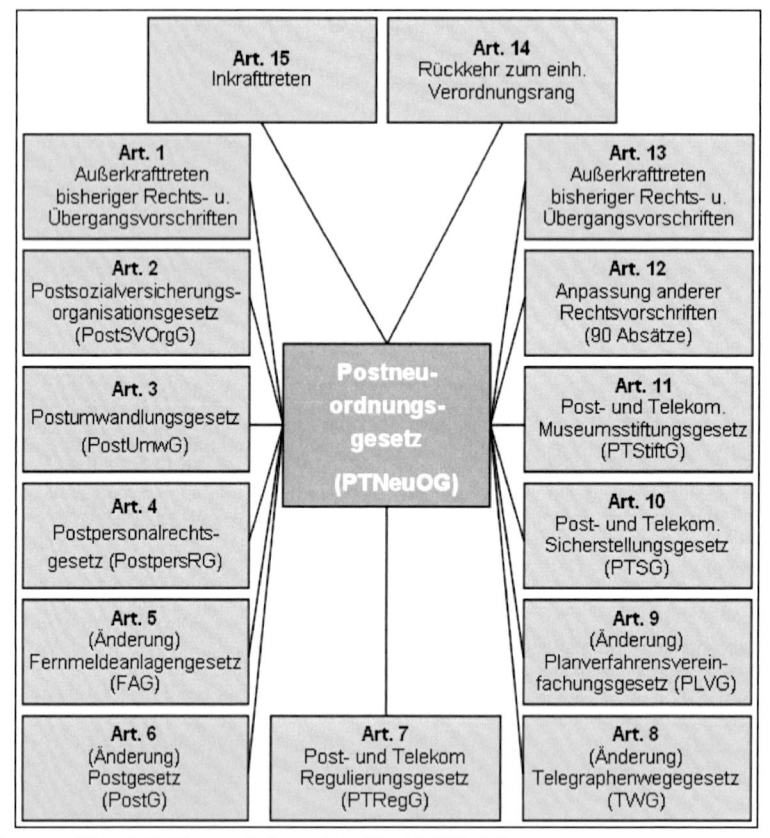

Postneuordnungsgesetz (PTNeuOG)	
Art. 15 Inkrafttreten	Art. 14 Rückkehr zum einh. Verordnungsrang
Art. 1 Außerkrafttreten bisheriger Rechts- u. Übergangsvorschriften	Art. 13 Außerkrafttreten bisheriger Rechts- u. Übergangsvorschriften
Art. 2 Postsozialversicherungsorganisationsgesetz (PostSVOrgG)	Art. 12 Anpassung anderer Rechtsvorschriften (90 Absätze)
Art. 3 Postumwandlungsgesetz (PostUmwG)	Art. 11 Post- und Telekom. Museumsstiftungsgesetz (PTStiftG)
Art. 4 Postpersonalrechtsgesetz (PostpersRG)	Art. 10 Post- und Telekom. Sicherstellungsgesetz (PTSG)
Art. 5 (Änderung) Fernmeldeanlagengesetz (FAG)	Art. 9 (Änderung) Planverfahrensvereinfachungsgesetz (PLVG)
Art. 6 (Änderung) Postgesetz (PostG)	Art. 7 Post- und Telekom Regulierungsgesetz (PTRegG)	Art. 8 (Änderung) Telegraphenwegegesetz (TWG)

In Anlehnung an: König, H., Telekommunikationsrecht im Wandel, 1995, S. 5

Der Art. 1 PTNeuOG beinhaltete das Gesetz über die Einrichtung einer Bundesanstalt für Post und Telekommunikation Deutsche Bundespost (BAPostG). Diese wird in der Rechtsform einer selbstständigen Anstalt des öffentlichen Rechts unter der Leitung eines Vorstands sowie unter der Mitwirkung eines Verwaltungsorgans geführt. Die Aufgabe der Bundesanstalt für Post und Telekommunikation (BAPT) war die Wahrnehmung der Rechte und Pflichten der Bundesrepublik Deutschland aus den Anteilen der Aktiengesellschaften, die aus den Teilsondervermögen der DBP hervorgingen.[500]

---

[500] Vgl. Kühn, D., Die Postreform II, 1995, S. 15.

Sie hatte das Recht über die Verteilung der Dividenden einen Ausgleich der Verluste zwischen den Unternehmen durchzuführen und übernahm darüber hinaus bestimmte soziale Aufgaben.[501] Diese Aufgaben wären ihrer Natur nach eigentlich originäre Aufgaben der jeweiligen Aktiengesellschaft gewesen, lagen jedoch dem Gesetz zufolge aus übergeordneten, politischen Gründen in staatlicher Hand.[502] Hierzu gehörten insbesondere

- die beratende Koordinierung der Unternehmen und die Beratung bei der Ausarbeitung von Führungsgrundsätzen für die Aktiengesellschaften,
- die Anregungen für das äußere Erscheinungsbild der Unternehmen,
- der Abschluss von Manteltarifverträgen,
- Überleitungsmaßnahmen für die Beschäftigten,
- die Erstellung von Grundsätzen der Wohnungsfürsorge,
- die Prüfung von Entscheidungen bei Disziplinarverfahren, Entlassungen und Zurruhesetzungen sowie weitere personelle Aufgaben und
- soziale Aufgaben.[503]

Bei der Wahrnehmung der sozialen Aufgaben hatte die Bundesanstalt für Post und Telekommunikation das vorrangige Ziel, die konsequente Effizienzsteigerung und die Umsetzung notwendiger Schritte der Restrukturierung der Sozialeinrichtungen voranzutreiben, insbesondere für

- die Versorgungsanstalt der DBP, deren Zweck die Gewährung einer zusätzlichen Alters- und Hinterbliebenenversorgung ist,
- die Postbeamtenkrankenkasse, die durch die Beiträge der Mitglieder und Zuwendungen der drei Unternehmen getragen wird,
- das Erholungswerk der DBP (e.V.), dessen Zweck der Betrieb von Erholungseinrichtungen ist,
- die Betriebskrankenkasse Post und
- die Selbsthilfeeinrichtungen der DBP.[504]

Es war, in Summe gesehen, also noch ein relativ starker Einfluss des Staates gegeben, der den privatwirtschaftlichen und unternehmerischen Grundsätzen der juristischen Rechtsform der Unternehmen widersprach.

Im BAPostG war auch der Börsenvortritt der Deutschen Telekom gesetzlich festgelegt worden, demzufolge das Unternehmen das Recht erhielt, bis Ende 1999 über die Börse neues Kapital zu beschaffen, bevor der Bund seine Aktienanteile zum Verkauf überhaupt anbieten durfte.[505] Dadurch wurde der Notwendigkeit Rechnung getragen, dass die Deutsche Telekom nun durch Kapitalzufuhr über die Börse ihre Verschuldung reduzieren konnte.

In diesem Zusammenhang sei darauf hingewiesen, dass der Bund das Recht erhielt, eine Aktienmehrheit für eine Dauer von mindestens fünf Jahren zu halten, wobei die Aufgabe dieser Aktienmehrheit nach Ablauf der Frist nicht zwingend war und unter bestimmten Voraussetzungen aufgrund einer gesetzlichen Regelung erfolgen sollte.[506]

---

[501] Vgl. Berger, H., Die Grundzüge der Postreform II in der Bundesrepublik Deutschland, 1996, S. 46.
[502] Vgl. Kühn, D., Die Reformen der Deutschen Bundespost – ein langwieriger, aber erfolgreicher Prozeß, 1999, S. 18 f.
[503] Vgl. § 3 II BAPostG.
[504] Vgl. Büchner, L. M., Rückblick auf die Liberalisierung und Privatisierung des Telekommunikations- und Postsektors in Deutschland, 2001, S. 581.
[505] Vgl. § 3 I Nr. 2 BAPostG und Kühn, D., Die Reformen der Deutschen Bundespost – ein langwieriger, aber erfolgreicher Prozeß, 1999, S. 19.
[506] Vgl. Art. 143b II GG.

Der Art. 2 PTNeuOG hatte das Gesetz über die Träger der gesetzlichen Sozialversicherung im Bereich der früheren DBP (PostSVOrgG) zum Inhalt. Träger der gesetzlichen Unfallversicherung für versicherte Tarifkräfte der DBP war bisher der Bund gewesen.[507] Im gewerblichen Bereich sind hierfür grundsätzlich die Berufsgenossenschaften zuständig. Da jedoch Präventionen für alle Beschäftigten der Aktiengesellschaften (Angestellte, Arbeiter und Beamte) durchgeführt werden mussten, war dem Gesetz zufolge hierfür eine Unfallkasse einzurichten.[508]

Der Art. 3 PTNeuOG beinhaltete das Gesetz zur Umwandlung der Unternehmen der DBP in die Rechtsform der Aktiengesellschaft (PostUmwG). Dieses Gesetz behandelte ausschließlich den formalen Akt der Einrichtung.[509] Mit ihrer Einrichtung wurde den Aktiengesellschaften das Eigentum an dem den jeweiligen Teilsondervermögen zugeordneten Vermögen übertragen.[510] Demzufolge firmierte die DBP Telekom nunmehr als Deutsche Telekom AG (Aktiengesellschaft).[511]

Im Gesetz zum Personalrecht der Beschäftigten der früheren DBP (PostPersRG), das Bestandteil des Art. 4 PTNeuOG war, waren dienstrechtliche Übergangsvorschriften der bislang bei der DBP beschäftigten Beamten geregelt.[512] Mit dem so genannten Beleihungsmodell wurden die Aktiengesellschaften mit der Befugnis beliehen, die Rechte und Pflichten des Dienstherrn Bund in Bezug auf die bei ihnen beschäftigten Beamten wahrzunehmen.[513]

Das Beleihungsmodell war auch verfassungsrechtlich im Grundgesetz verankert worden.[514] Hierdurch sollte den Nachfolgeunternehmen der DBP eine größtmögliche Flexibilität im personellen Bereich eingeräumt werden.[515]

In Art. 5 PTNeuOG war die Änderung des Gesetzes über Fernmeldeanlagen (FAG) enthalten. Das Gesetz enthielt lediglich die Statusänderungen des Unternehmens Telekom sowie die Umsetzung von EG-Richtlinien in nationales Recht, wonach die Bundesregierung für die zukünftige Liberalisierung des Telekommunikationsmarktes zum 01. Januar 1998 zu sorgen hatte.[516] Im Vergleich zu den Regelungen der Postreform I stärkte das Gesetz die Mitwirkungsrechte der Bundesländer, insbesondere durch die Einrichtung eines Regulierungsrates, der bei Änderungen an Inhalt und Umfang der ausschließlichen Rechte (aus dem FAG) zu beteiligen war.[517]

Auch die in Art. 6 PTNeuOG enthaltene Änderung des Gesetzes über das Postwesen (PostG) berücksichtigte lediglich die Transformation von Rechten. Da der Bund nicht mehr die Betreiberrechte des Postdienstes innehaben konnte, wurden diese mit dem PostG auf die Deutsche Post AG übertragen.

Der Art. 7 PTNeuOG mit dem Gesetz über die Regulierung der Telekommunikation und des Postwesens (PTRegG) enthielt regulierungsrechtliche Nachfolgebestimmungen zum Postverfassungsgesetz, die dem veränderten organisationsrechtlichen Status der Nachfolgeunternehmen der DBP Rechnung trugen.[518] Darüber hinaus bestimmte das Gesetz die Einrichtung des oben erwähnten Regulierungsrates als Nachfolgegremium des bislang im Poststrukturgesetz vorgesehenen Infrastrukturrates.[519]

---

[507] Vgl. Bundesministerium für Post und Telekommunikation (Hrsg.), Postreform II, 1994, S. 14.
[508] Vgl. Kühn, D., Die Postreform II, 1995, S. 16.
[509] Vgl. Bundesministerium für Post und Telekommunikation (Hrsg.), Postreform II, 1994, S. 14.
[510] Vgl. Kühn, D., Die Postreform II, 1995, S. 16.
[511] Vgl. § 1 II PostUmwG.
[512] Vgl. Dicke, H.; Glismann, H. H.; Horn, E.-J., Die Reform des Postwesens in Deutschland, 1995, S. 14.
[513] Vgl. Kühn, D., Die Reformen der Deutschen Bundespost – ein langwieriger, aber erfolgreicher Prozeß, 1999, S. 19.
[514] Vgl. Art. 143b II GG.
[515] Vgl. Bundesministerium für Post und Telekommunikation (Hrsg.), Postreform II, 1994, S. 15.
[516] Vgl. König, H., Telekommunikationsrecht im Wandel, 1995, S. 7.
[517] Vgl. Kühn, D., Die Postreform II, 1995, S. 17.
[518] Vgl. Bundesministerium für Post und Telekommunikation (Hrsg.), Postreform II, 1994, S. 17.
[519] Vgl. Kühn, D., Die Reformen der Deutschen Bundespost – ein langwieriger, aber erfolgreicher Prozeß, 1999, S. 21.

B. Die Reform des Postwesens als Voraussetzung des Wandels der Telekom

Die Privatisierung der DBP Telekom erforderte auch Änderungen im Telegraphenwegegesetz (TWG). Diese Änderungen des TWG, enthalten in Art. 8 des PTNeuOG, waren allerdings überwiegend redaktioneller Art.[520]

Der Art. 9 PTNeuOG enthielt die Änderung des Gesetzes zur Vereinfachung des Planverfahrens für Fernmeldelinien (PLVG) und trug mit der Befristung des PLVG bis zur Öffnung des Telekommunikationsmarktes dem Wechsel von einer Behörde zu einem privatwirtschaftlichen Unternehmen Rechnung. Dieses Planverfahren zur Schaffung gesetzlicher Grundlagen für bauliche Maßnahmen bei öffentlichen Wegen setzte für die Durchführung einen hoheitlichen Status des ausführenden Organs voraus, welcher nach Privatisierung der DBP Telekom nicht länger gegeben war. Die Deutsche Telekom wurde übergangsweise mit dem entsprechenden Hoheitsrecht beliehen, damit das Unternehmen wie bisher die Planfeststellung aus Zweckmäßigkeitsgründen selbst durchführen konnte.[521]

Mit dem Gesetz zur Sicherstellung des Postwesens und der Telekommunikation (PTSG), enthalten in Art. 10 PTNeuOG, wurden die Nachfolgeunternehmen der DBP in die Aufgaben des Staates, eine ausreichende Versorgung mit Dienstleistungen des Post- und Fernmeldewesens auch in Notsituationen zu sichern, eingebunden.[522] Diese Regelungen sollten auch in Krisenzeiten oder im Verteidigungsfall dafür sorgen, sichere Nachrichtenverbindungen für die Aufrechterhaltung der Staats- und Regierungsfunktionen, für eine leistungsfähige Wirtschaft und Verwaltung, für die Landesverteidigung sowie für die Versorgung und Information der Bevölkerung sicherzustellen.[523]

Durch die Einrichtung einer Museumsstiftung Post und Telekommunikation, die in Art. 11 PTNeuOG als entsprechendes Gesetz (PTStiftG) manifestiert war, sollte eine der kulturhistorischen Bedeutung dieser Aufgabe angemessene Weiterführung des Museumswesens erfolgen.[524] Die Art. 12 bis 15 PTNeuOG beinhalteten Regelungen zum Inkrafttreten des Gesetzes bzw. zum Außerkrafttreten bisheriger Rechtsvorschriften sowie zur Anpassung anderer Rechtsvorschriften.

Die Artikel 5, 6, 7, 8 und 9 PTNeuOG waren zeitlich bis Ende 1997 befristet. Diese zeitliche Befristung trug dem Beschluss des Ministerrats der EG Rechnung, demzufolge das Telefondienstmonopol und das Netzmonopol bis zum 31.12.1997 auslaufen sollten, um einen einheitlichen Status der Telekommunikationssektoren in den Ländern der europäischen Union zu erlangen.[525]

Der einheitlich hohe Standard des Post- und Telekommunikationswesens in den einzelnen Ländern der Europäischen Union (EU) sollte die Infrastruktur Europas als wesentliche Grundlage der Wirtschaftsentwicklung aber auch als einen eigenständigen zukunftsträchtigen und wachstumsfähigen Markt verbessern und damit den europäischen Markt stärken und die Wettbewerbsfähigkeit gegenüber dem amerikanischen und dem japanischen Markt erhöhen.

Die Unternehmen DBP Postbank, DBP Postdienst und DBP Telekom wurden juristisch zu Aktiengesellschaften umgewandelt, die nunmehr als Deutsche Postbank AG, Deutsche Post AG und Deutsche Telekom AG firmierten. Nach der Gründung der Aktiengesellschaften im Dezember 1994 wurden diese in 1995 dementsprechend in das Handelsregister eingetragen.[526]

---

[520] Vgl. Kühn, D., Die Postreform II, 1995, S. 18.
[521] Vgl. König, H., Telekommunikationsrecht im Wandel, 1995, S. 14.
[522] Vgl. Bundesministerium für Post und Telekommunikation (Hrsg.), Postreform II, 1994, S. 18.
[523] Vgl. Kühn, D., Die Postreform II, 1995, S. 18.
[524] Vgl. Bundesministerium für Post und Telekommunikation (Hrsg.), Postreform II, 1994, S. 18.
[525] Vgl. Mosteshar, S., European Community Telecommunications Regulation, 1993, S. 60 ff; ebenso Voeth, M., Entmonopolisierung von Märkten – Das Beispiel Telekommunikation, 1996, S. 157.
[526] Vgl. Kühn, D., Die Reformen der Deutschen Bundespost – ein langwieriger, aber erfolgreicher Prozeß, 1999, S. 24.

Einen Überblick über die Struktur der DBP nach der Postreform II gibt Abbildung 31.

Abb. 31: Struktur der DBP nach der Postreform II

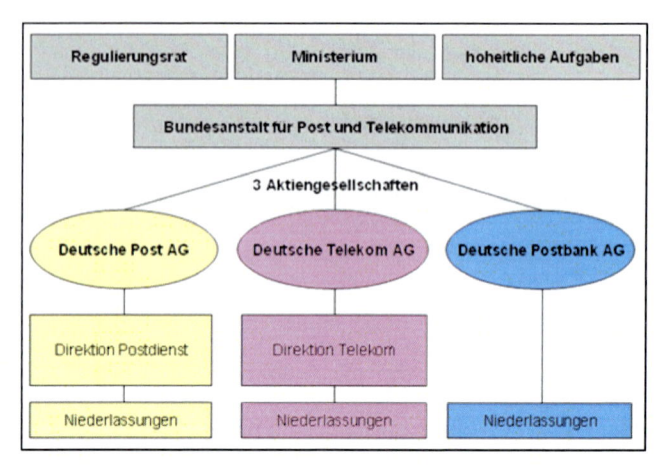

```
      Regulierungsrat        Ministerium         hoheitliche Aufgaben
                    |            |            |
              Bundesanstalt für Post und Telekommunikation
                              |
                    3 Aktiengesellschaften
              |               |              |
      Deutsche Post AG  Deutsche Telekom AG  Deutsche Postbank AG
              |               |              |
      Direktion Postdienst  Direktion Telekom
              |               |              |
        Niederlassungen   Niederlassungen   Niederlassungen
```

3.2.2 Monopol und freier Wettbewerb nach der Postreform II

Der Artikel 5 des Poststrukturgesetzes beinhaltete, wie bereits dargestellt, die Änderung des Fernmeldeanlagengesetzes. Dabei sollte der 1989 geschaffene Regulierungsrahmen so weit wie möglich erhalten bleiben. Die wenigen Änderungen führten nicht zu einer durchgreifenden Aufgabenprivatisierung.[527] Im Wesentlichen übertrug das Gesetz die Monopolrechte (das Netzmonopol, das Funkanlagenmonopol und das Telefondienstmonopol) in ihrem bisherigen Umfang dem Nachfolgeunternehmen der DBP Telekom, der Deutschen Telekom AG. Der entscheidende Unterschied bestand in der Tatsache, dass gemäß dem Artikel 87 GG (neue Fassung) nicht mehr der Bund der Inhaber der Monopolrechte war, sondern die Deutsche Telekom AG.

Obwohl der Wettbewerb rechtlich noch nicht gegeben war, hatten die Wettbewerber der Deutschen Telekom AG faktisch durch Ausnahme- und Übergangsregelungen bereits eine gute Ausgangslage für die endgültige Liberalisierung erreicht.[528]

In den Bereichen, die bereits seit der ersten Postreform dem Wettbewerb geöffnet worden waren (Endgeräte, Dienstleistungen und Mehrwertdienste), entwickelten sich dynamische Märkte mit hohen Wachstumsraten. Zu einem der bedeutendsten Wachstumsmärkte hat sich seit der Liberalisierung der Mobilfunkbereich entwickelt. Auf der Grundlage der Lizenzen für das D2-Netz von 1991 an die Mannesmann Mobilfunk GmbH und das E1-Netz von 1994 an das Firmenkonsortium unter Thyssen und Veba sowie dem telekomeigenen D1-Netz hatten sich starke Konkurrenten am Markt positioniert. Auch auf dem Gebiet des Satellitenfunks stand die Deutsche Telekom zunehmend im Wettbewerb mit anderen Anbietern.[529]

---

[527] Vgl. Voeth, M., Entmonopolisierung von Märkten – Das Beispiel Telekommunikation, 1996, S. 157.
[528] Vgl. König, H., Telekommunikationsrecht im Wandel, 1995, S. 9.
[529] Vgl. Jäger, B., „Postreform I und II" – Die gradualistische Telekommunikationspolitik in Deutschland im Lichte der positiven Theorie staatlicher Regulierung und Deregulierung, 1994, S. 256 ff.

4 Die Postreform III

Die Notwendigkeit der dritten Postreform beruhte auf einen Beschluss des Rates der EU, die gesamte Telekommunikationsinfrastruktur für den Wettbewerb zum 01. Januar 1998 zu öffnen. Das Argument der Größenvorteile, das lange Zeit für die Monopolisierung bestimmter Bereiche der Telekommunikation sprach, verlor zunehmend gegenüber anderen Faktoren, wie zum Beispiel der Vielfalt der Dienste, an Bedeutung. Die Vorstellung, dass ein staatliches Monopol zur flächendeckenden Versorgung notwendig sei, wurde abgelöst von der Leitidee, dass eine Ordnung, die auf Gewerbefreiheit, Individualrecht und Wettbewerb beruht, eine gesamtwirtschaftlich überlegenere Lösung ist.

Mit der Öffnung der Märkte und dem Wegfall des Sprachmonopols entfiel nun die politische Ebene, die durch den Bundespostminister repräsentiert wurde. Die Struktur nach Auflösung des Bundesministeriums für Post- und Fernmeldewesen zeigt Abbildung 32.

Abb. 32: Die Struktur nach der Postreform III

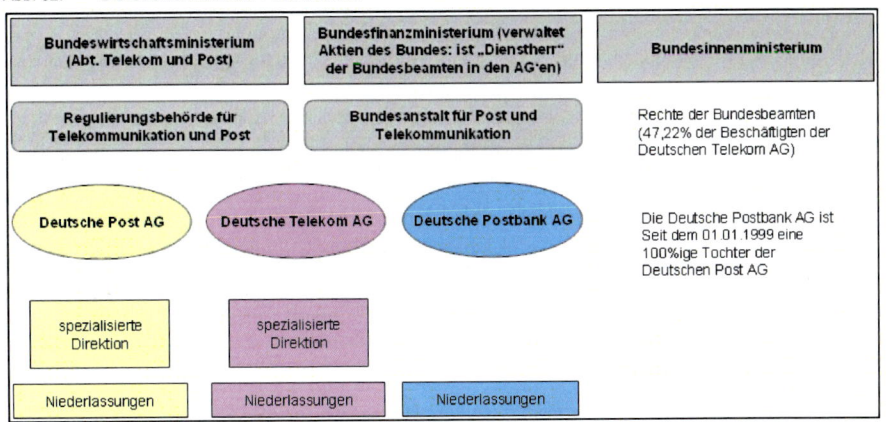

Als Aufsichtsbehörden wurden statt des Bundesministeriums für Post und Telekommunikation das Bundeswirtschaftsministerium und das Bundesfinanzministerium, das die Aktien des Bundes verwaltet, eingesetzt. Die Regulierungsbehörde für Telekommunikation und Post diente als Kontrollorgan für den gesamten Telekommunikationssektor.

Im ersten Jahr nach der Marktöffnung hatte die Regulierungsbehörde für Telekommunikation und Post insgesamt 627 Lizenzen für den Sprachtelefondienst mit eigenem Netz sowie für Übertragungswege an 252 Unternehmen vergeben und bis Ende 1999 stieg die Zahl der Anbieter von Telekommunikationsdienstleistungen bereits auf mehr als 1.700 Unternehmen.[530]

---

[530] Vgl. Deutsche Telekom AG (Hrsg.), Das Geschäftsjahr 1999. Dem Leben verbunden. Der Zeit voraus, 2000, S. 14. In 2005 waren bereits mehr als 2.000 Telekommunikationsanbieter in Deutschland bei der Bundesnetzagentur registriert. Siehe hierzu auch die Ausführungen in Kapitel D.2.3 (Umsatzentwicklung im deutschen Telekommunikationsmarkt seit 1998).

C. Die Regulierung des Telekommunikationsmarktes

Im allgemeinen Sprachgebrauch wird unter Regulierung häufig der staatliche Eingriff in Abläufe der Wirtschaft verstanden.[531] Dabei geht dieser Eingriff über die allgemein gültigen Regeln der marktwirtschaftlichen Wirtschaftsordnung und des Privatrechts hinaus.[532] Insbesondere in Deutschland kann mittlerweile eine Art Regulierungstradition ausgemacht werden. Die staatliche Regulierung ist so sehr als soziales und politisches Phänomen verankert, dass sie als ein wesentliches Merkmal staatlichen Handelns gelten kann.[533]

Die Ordnungspolitik als Kennzeichen der sozialen Marktwirtschaft ist als Prinzip bereits im 19. Jahrhundert entstanden.[534] Traditionell greift der Staat auch im Bereich der Marktregulierung durch die Regulierung von Preisen, Festlegung von Produktionsmengen, Standardisierung von Produkten, Bestimmung von Qualitätsanforderungen oder Festschreibung von Marktzugangsbestimmungen ein.[535]

Überdies reguliert der Staat mit zahlreichen Gesetzen wie etwa zum Arbeitsschutz, zum Schutz der Umwelt, zum Konsumentenschutz, etc. in Marktprozesse und das unternehmerische Handeln hinein; dieses vermutlich häufiger und intensiver als in anderen Staaten.[536] Die Regulierung steht dabei in einem engen Zusammenhang mit dem begründeten Rechtsstaatsprinzip, das Leben der Menschen zu gestalten und die Gesellschaft zu steuern.[537]

Grundsätzlich kann unter diesem Gesichtspunkt das Monopol der DBP vor der Postreform durchaus auch als regulierter Markt gesehen werden. Nachdem durch die Postreformen die juristische Basis für die Deregulierung und damit die Aufhebung der Marktzugangsbeschränkungen auf dem deutschen Telekommunikationsmarkt geschaffen worden war, sollte durch die Einführung einer staatlichen Regulierung die Sicherstellung des Wettbewerbs erfolgen.

In diesem Kapitel werden zunächst die allgemeinen Zielsetzungen und Grundprinzipien der Regulierung des Telekommunikationsmarktes sowie die spezifischen Instrumente der Regulierung vorgestellt. Nach einem Exkurs über das Regulierungsmanagement für betroffene Unternehmen erfolgt eine Betrachtung der Regulierungspraxis in anderen Ländern. Das Kapitel schließt mit der Betrachtung der Realisierung der Regulierung in Deutschland.

---

[531] Vgl. Chen-jung, C., Staatliche Regulierung des konkurrentennützigen Netzzugangs im Bereich der Telekommunikation, 2001, S. 75.
[532] Vgl. Siemen, A., Regulierungsmanagement in der Telekommunikationsindustrie, 1999, S. 13.
[533] Vgl. Dyson, K., Theories of Regulation and the Case of Germany: A Model of Regulatory Change, 1992, S. 5.
[534] Vgl. König, K.; Benz, A., Zusammenhänge von Privatisierung und Regulierung, 1997, S. 45.
[535] Vgl. König, K.; Benz, A., Zusammenhänge von Privatisierung und Regulierung, 1997, S. 45.
[536] Vgl. Dyson, K., Theories of Regulation and the Case of Germany: A Model of Regulatory Change, 1992, S. 1 und König, K.; Benz, A., Zusammenhänge von Privatisierung und Regulierung, 1997, S. 45.
[537] Vgl. Héritier, A., Wohlfahrtsstaatliche Intervention im internationalen Vergleich Deutschland – Großbritannien, 1993, S. 105 und König, K.; Benz, A., Zusammenhänge von Privatisierung und Regulierung, 1997, S. 45.

1 Zielsetzungen und Grundprinzipien der Regulierung des Telekommunikationsmarktes

Allgemeiner Zielgedanke für die Erzeugung eines regulatorischen Rahmens für den Bereich der Telekommunikation ist die Schaffung von Bedingungen, mit denen über Wettbewerb der Zugang für die Wirtschaft und die Verbraucher zu einer modernen, preiswerten und leistungsfähigen Telekommunikationsinfrastruktur und deren Dienstleistungen sichergestellt wird.[538]

Generell bieten offene Märkte und der technologische Fortschritt am ehesten die Gewähr dafür, dass wettbewerbsbeschränkende Verhaltensweisen nicht dauerhaft praktiziert werden können, obgleich sie naturgemäß nie völlig zu verhindern sein werden.[539] Die Beseitigung ggf. existierender Marktzutrittsschranken, die sich durch das Vorhandensein marktbeherrschender Unternehmen ergeben können, stellt eine Aufgabe der staatlichen Wettbewerbspolitik dar.

Folglich zählen zu den wichtigsten Zielen (die sich auch überlappen) der Regulierung des Telekommunikationsmarktes:[540]

- ❏ Soziale Zielsetzungen wie die kostengünstige Verfügbarkeit von Universaldiensten. Die Nutzung der Telekommunikation soll für alle erschwinglich sein und keinem geographischen Raum und keiner sozialen Gruppe vorenthalten werden.
- ❏ Schutz der Verbraucherinteressen bzw. Nutzer der Telekommunikation. Hierzu können die Missbrauchsaufsicht sowie die Regulierung von Preis und Qualität gerechnet werden.
- ❏ Erfüllung von technischen Anforderungen als Voraussetzung für den effektiven Betrieb der Netze; insbesondere spezielle technische und wirtschaftliche Bedingungen bei der Realisierung der Netzzusammenschaltung konkurrierender Anbieter.
- ❏ Stimulanz von Innovationen. Von der Regulierung wird die Schaffung günstiger Rahmenbedingungen für das Wachstum und die Weiterentwicklung neuer Dienste und Technologien erwartet.
- ❏ Funktionsfähigkeit und Chancengleichheit des Wettbewerbs bspw. durch Verhinderung diskriminierender Verordnungen sowie das Verwalten knapper Ressourcen.[541]
- ❏ Stimulanz von Investitionen in private Netze durch Schaffung günstiger Bedingungen für Investitionen in den Ausbau neuer Netze.

In der Vergangenheit waren die zentralen Aufgaben der Regulierung die Verwirklichung sozialer Ziele und die Regulierung von Monopolunternehmen und Monopolmärkten, um damit nahezu einem Wettbewerbsmarkt ähnliche Wirkungen zu erreichen.[542] So wurden in Deutschland bspw. aus politischen Zielsetzungen heraus die Gebühren im Telefondienst im politischen Konsens aller Parteien nach dem Prinzip der Tarifeinheit im Raum reguliert.[543]

Bei der Schaffung von Wettbewerbsmärkten wird davon ausgegangen, dass auch soziale Zielsetzungen über Marktmechanismen realisiert werden können; insbesondere werden jedoch die Aspekte der Investitions- und Innovationsförderung sowie Verbraucherziele wie Qualität und Preis im

---

[538] Vgl. Forschungsinstitut für Telekommunikation (Hrsg.), Die Liberalisierung der Telekommunikation in Deutschland: Fakten und Argumente zur Entwicklung des zukünftigen ordnungspolitischen Rahmens, 1995, S. 61.
[539] Vgl. Gröner, H.; Köhler, H.; Knorr, A., Liberalisierung der Telekommunikationsmärkte: Wettbewerbspolitische Probleme des Markteintritts von Elektrizitätsunternehmen in die deutschen Telekommunikationsmärkte, 1995, S. 89.
[540] Vgl. Forschungsinstitut für Telekommunikation (Hrsg.), Die Liberalisierung der Telekommunikation in Deutschland: Fakten und Argumente zur Entwicklung des zukünftigen ordnungspolitischen Rahmens, 1995, S. 61.
[541] Hierzu zählt bspw. das Funkfrequenzspektrum (vgl. Tyler, M.; Bednarczyk, S., Regulatory institutions and processes in telecommunications: an international study of alternatives, 1993, S. 652).
[542] Vgl. Forschungsinstitut für Telekommunikation (Hrsg.), Die Liberalisierung der Telekommunikation in Deutschland: Fakten und Argumente zur Entwicklung des zukünftigen ordnungspolitischen Rahmens, 1999, S. 62.
[543] Vgl. Forschungsinstitut für Telekommunikation (Hrsg.), Die Liberalisierung der Telekommunikation in Deutschland: Fakten und Argumente zur Entwicklung des zukünftigen ordnungspolitischen Rahmens, 1999, S. 62. Zu der Tarifeinheit im Raum siehe die Ausführungen in Kapitel C.2.2.5 (Regelungen für Universaldienste).

Wettbewerb effizienter und schneller verwirklicht.[544] Der Wettbewerb in seiner Idealform zeichnet sich geradezu dadurch aus, dass der Staat nicht regulierend eingreifen muss.[545]
In einem Markt mit etabliertem Wettbewerb beschränken sich dann die Aufgaben der Regulierung auf die Verwaltung knapper Ressourcen wie bspw. Frequenzen und die Wettbewerbsaufsicht.[546] Darüber hinaus kann eine Regulierung mit der Setzung geeigneter und notwendiger technischer Standards gerechtfertigt werden.

Ein Markt, der eine schnelle Liberalisierung erfahren hat, kann eine hinreichende Begründung für die Notwendigkeit einer Wettbewerbsregulierung darstellen.[547] Unter diesen Umständen kann die Wettbewerbsregulierung als ein staatlicher Eingriff in die Freiheit der Wirtschaftssubjekte verstanden werden, der über die allgemeinen Wettbewerbsregeln hinausgeht, um die Entstehung von Wettbewerb zu fördern und ggf. wettbewerbsbeschränkendes Verhalten eines Monopolisten bereits im Vorfeld zu verhindern.[548]

Da durch die rechtliche Anpassung des Übergangs vom Monopol zum Wettbewerb nicht sofort in allen Marktsegmenten mit einem vollständigen Wettbewerb gerechnet werden kann und unterstellt wird, dass das auf diesem Markt bisher tätige Unternehmen de facto das Monopol innehat, kann durchaus eine zeitlich begrenzte asymmetrische[549] Regulierung zulasten des marktbeherrschenden Unternehmens in Erwägung gezogen werden.[550] Die Konsequenz hieraus ist letztendlich ein Paradoxon. In der Absicht, den Telekommunikationsmarkt zu deregulieren, ist der Gesetzgeber politisch und rechtlich dazu gezwungen, den Markt zu regulieren.[551]

Das Ziel der Schaffung von Chancengleichheit im Wettbewerb auf sich entwickelnden Märkten erfordert folglich eine befristete Regulierung des Marktverhaltens, die sich bspw. auf einen fairen Netzzugang beziehen kann. Hierbei muss dem Regulierer die Bewerkstelligung eines Balanceakts gelingen, der zwischen dem Ziel der Gleichbehandlung aller Marktteilnehmer und dem Ziel, Markteintrittsbarrieren für neue Wettbewerber abzubauen, liegt.[552]

Mit Hilfe der Regulierung marktbeherrschender Unternehmen kann der Markteintritt von Wettbewerbern erleichtert werden. Auf diese künstliche Verzerrung der Marktkräfte muss jedoch bei Vorhandensein entsprechend starker Wettbewerber verzichtet werden.[553] Sodann muss eine symmetrische Regulierung erfolgen, die alle Marktteilnehmer denselben Rechten und Pflichten unterwirft.[554]

---

[544] Vgl. Forschungsinstitut für Telekommunikation (Hrsg.), Die Liberalisierung der Telekommunikation in Deutschland: Fakten und Argumente zur Entwicklung des zukünftigen ordnungspolitischen Rahmens, 1999, S. 62.
[545] Vgl. Leitl, B., Missbrauchsaufsicht über Telekommunikationsunternehmen, 2001, S. 28.
[546] Vgl. Forschungsinstitut für Telekommunikation (Hrsg.), Die Liberalisierung der Telekommunikation in Deutschland: Fakten und Argumente zur Entwicklung des zukünftigen ordnungspolitischen Rahmens, 1999, S. 62.
[547] Vgl. Leitl, B., Missbrauchsaufsicht über Telekommunikationsunternehmen, 2001, S. 28.
[548] Vgl. Picot, A.; Burr, W., Ökonomische Vorteile des Netzwettbewerbs in der Telekommunikation, 1996, S. 31.
[549] Zum Begriff der asymmetrischen Regulierung siehe die Ausführungen in den Kapiteln C.4.2 (Regulierung und Privatisierung in ausgewählten Ländern) und C.5.1.2 (Das erste Telekommunikationsgesetz von 1996).
[550] Vgl. Forschungsinstitut für Telekommunikation (Hrsg.), Die Liberalisierung der Telekommunikation in Deutschland: Fakten und Argumente zur Entwicklung des zukünftigen ordnungspolitischen Rahmens, 1999, S. 62.
[551] Vgl. Wegmann, W., Regulierte Marktöffnung in der Telekommunikation: Die Steuerungsinstrumente des Telekommunikationsgesetzes (TKG) im Lichte „regulierter Selbstregulierung", 2001, S. 52.
[552] Vgl. Scheuerle, K.-D., Handlungsfelder und Handlungsprinzipien der Regulierungsbehörde im nationalen und internationalen Telekommunikationswettbewerb – Gedanken zur Regulierung –, 1998, S. 2 ff.
[553] In diesem Zusammenhang wird vom Autor der Zugang von Elektrizitätsunternehmen mit bereits vorhandener Netzinfrastruktur, aufgebaut aus eigenen auf ein Monopol basierenden Finanzen, zum Telekommunikationsmarkt unter der Vorteilnahme der Regulierung als kritisch angesehen. Da es sich hierbei oftmals um finanzstarke Unternehmen handelt, die ihrerseits lukrative Monopolstellungen innehaben und darüber hinaus auch über Erfahrungen mit der Regulierungssektor verfügen, darf bei Vorhandensein ungleicher Startbedingungen durchaus bezweifelt werden (vgl. auch Forschungsinstitut für Telekommunikation (Hrsg.), Die Liberalisierung der Telekommunikation in Deutschland: Fakten und Argumente zur Entwicklung des zukünftigen ordnungspolitischen Rahmens, 1999, S. 62).
[554] Vgl. Leitl, B., Missbrauchsaufsicht über Telekommunikationsunternehmen, 2001, S. 31.

2 Instrumente der Regulierung

Die Möglichkeit zur Regulierung von Wettbewerbsmärkten der Telekommunikation besteht im Allgemeinen hauptsächlich aus zwei wesentlichen Stufen: Die Regulierung des Markteintritts und die Regulierung in der darauf folgenden Konsolidierungsphase (post-entry regulation).[555]

2.1 Regulierung des Marktzugangs

Bevor ein Unternehmen in den ersten Jahren nach der Marktliberalisierung Telekommunikationsdienstleistungen erbringen durfte, bestand lange Zeit eine Lizenzpflicht.[556] Beim Mobil- und Satellitenfunk ist dieses darüber hinaus mit der Vergabe des begrenzten Gutes der Frequenzen verbunden. Bei Festnetzen bedarf es zudem der Klärung der Frage, ob Wegerechte für die Leitungen kostenlos oder nur gegen Entrichtung entsprechender Gebühren genutzt werden können.[557] Der Regulierer muss ggf. auch festlegen, ob ein auf dem Telekommunikationssektor marktbeherrschendes Unternehmen ohne weiteres in neue Märkte wie bspw. in die Multimediabranche eintreten darf.[558]

2.1.1 Vergabe von Lizenzen

Durch eine potenzielle Begrenzung der Anzahl der zu erteilenden Lizenzen und Frequenzen ist der Regulierer in der Lage, die Weichen für die künftige Marktstruktur zu stellen.[559] In einigen Ländern wie bspw. Großbritannien, Schweden oder Australien wurde bei der Liberalisierung des Telekommunikationsmarktes lediglich eine Lizenz vergeben, um die Marktmacht des bisherigen monopolistischen Unternehmens zu brechen, indem durch eine gezielte asymmetrische[560] Regulierung ein starker Konkurrent aufgebaut wurde.[561]

Es scheint wettbewerbspolitisch jedoch sinnvoller, eine unbegrenzte Anzahl von Lizenzen zu vergeben, da hierdurch neue Markteintritte nicht künstlich ausgeschlossen werden. Im Falle eines Scheiterns eines Unternehmens wird dieses i.d.R. von anderen Anbietern aufgekauft, so dass die getätigten Investitionen nicht unwiederbringlich verloren sind. Des Weiteren birgt eine starke Begrenzung der Lizenzvergabe die Gefahr in sich, bestimmte Unternehmen zu bevorzugen oder zu benachteiligen.

Die Entscheidung zur Lizenzvergabe muss in transparenter und nicht diskriminierender Weise erfolgen, wobei bestimmte Auswahlkriterien wie technische Expertise oder finanzielle Ressourcen Berücksichtigung finden sollten.[562] Aber auch die Zulassung von zahlreichen anderen Anbietern kann die Vielfalt des Diensteangebots fördern.[563]

Im Mobilfunk und bei anderen drahtlosen Übertragungstechniken ist die Vergabe von Lizenzen mit der Vergabe der Frequenzen verknüpft. Aufgrund der eingeschränkten Verfügbarkeit von Frequenzen ist die Zahl potenzieller Marktteilnehmer begrenzt.

In der Wirtschaftstheorie wird die Versteigerung von Frequenzen allgemein als das allokativ effektivste Verfahren für die Zuteilung betrachtet, da angenommen wird, dass der effizienteste Anbieter

---
[555] Vgl. Frühbrodt, L., Die Liberalisierung der Telekommunikationsdienste: Vom nationalen Monopol zum globalen Wettbewerb, 2002, S. 45.
[556] Vgl. Bettinger, T.; Schneider, G.; Schramm, M. (Hrsg.), Telekommunikation A-Z, http://www.bettinger.de/datenbank/telekommunikation.html, 2003.
[557] Vgl. Frühbrodt, L., Die Liberalisierung der Telekommunikationsdienste: Vom nationalen Monopol zum globalen Wettbewerb, 2002, S. 45.
[558] Vgl. Frühbrodt, L., Die Liberalisierung der Telekommunikationsdienste: Vom nationalen Monopol zum globalen Wettbewerb, 2002, S. 45.
[559] Vgl. Scheuerle, K.-D., Handlungsfelder und Handlungsprinzipien der Regulierungsbehörde im nationalen und internationalen Telekommunikationswettbewerb – Gedanken zur Regulierung –, 1998, S. 11 und Frühbrodt, L., Die Liberalisierung der Telekommunikationsdienste: Vom nationalen Monopol zum globalen Wettbewerb, 2002, S. 45.
[560] Zum Begriff der asymmetrischen Regulierung siehe die Ausführungen in den Kapiteln C.4.2 (Regulierung und Privatisierung in ausgewählten Ländern) und C.5.1.2 (Das erste Telekommunikationsgesetz von 1996).
[561] Vgl. Perrucci, A.; Cimatoribus, M., Competition, convergence and asymmetry in telecommunications regulation, 1997, S. 511.
[562] Vgl. Kruse, J., Ökonomie der Monopolregulierung, 1985, S. 348 ff.
[563] Vgl. Perrucci, A.; Cimatoribus, M., Competition, convergence and asymmetry in telecommunications regulation, 1997, S. 496.

die höchsten Gewinne erwartet und aus diesem Grund die höchste marginale Zahlungsbereitschaft aufweist.[564]

Diesem Gedanken muss entgegengesetzt werden, dass auch ineffizient operierende Unternehmen sich bspw. bei Auktionen durchsetzen können, wenn sie nur über eine kräftige Kapitalreserve verfügen. Dies führt aber nur dann zu einem nachhaltigen volkswirtschaftlichen Schaden, wenn ein Weiterverkauf der ersteigerten Frequenzen von vornherein ausgeschlossen ist. Als problematisch kann an dieser Stelle die Verwendung von Finanzreserven durch monopolistische Unternehmen anderer Branchen gesehen werden.

Für die Vergabe von Lizenzen und Frequenzen stehen dem Regulierer verschiedene Methoden zur Verfügung:[565]

❏ Einzelfallentscheidung durch den Regulierer. Diese Vergabeart ermöglicht einen schnellen und oft auch kostengünstigen Entscheidungsprozess und bescheinigt dem Regulierer eine entsprechende Machtposition. Nachteilig wirkt sich hierbei jedoch die Kritik an der Vergabeentscheidung bezogen auf seine Unparteilichkeit aus.

❏ Entscheidung durch Beauty Contest (Schönheitswettbewerb). Hierbei bewerben sich künftige Anbieter nach standardisierten Ausschreibungsregeln. Vorteil dieses Verfahrens ist, dass der Regulierer eine Fülle an Informationen über die Lizenzbewerber erhält, auf die er sich bei der Vergabeentscheidung stützen kann.

Ferner engagieren sich die Wettbewerber bereits im Vorfeld auf Gebieten wie bspw. Innovationen bei der Produktentwicklung und dem Service oder Preiswettbewerb. Auch die Vergabeentscheidung gestaltet sich transparent. Nachteilig wirkt sich der Zeitaufwand hierfür aus.

❏ Bei vergleichenden Anhörungen handelt es sich ebenfalls um einen Beauty Contest mit dem Unterschied, dass Anhörungen abgehalten werden. Dieser Ansatz ist ebenso zeitaufwendig.

❏ Entscheidung mittels Lotterien bzw. Losentscheid. Auch bei der Vergabe durch Losentscheid werden durch den Regulierer im Allgemeinen bestimmte Qualifikationen von den Bewerbern verlangt. Die Durchführung ist schnell und kostengünstig.

Kritisch gesehen werden kann, dass die Bewerber oftmals nicht abschließend auf ihre Qualifikation hin überprüft werden können wie dies bei Beauty Contest der Fall ist.

❏ Abhaltung von Auktionen[566]. Hierbei wird das ökonomische Argument zugrunde gelegt, dass der Auktionsprozess selbst dafür sorgt, dass die zu ersteigernde Lizenz an das Unternehmen geht, welches den größten ökonomischen Nutzen stiften kann. Daneben profitiert der Staat von zusätzlichen Einnahmen.

Die Vorteile der verschiedenen Ansätze können auch kombiniert werden. So kann der Regulierer bspw. eine Vorqualifikation über Beauty Contest durchführen und anschließend die Lizenzen unter ausgewählten Bewerbern verlosen oder versteigern.[567]

Der Regulierer muss darüber hinaus auch festlegen, ob und unter welchen Bedingungen vergebene Lizenzen an andere Unternehmen weiterverkauft werden dürfen.

---

[564] Vgl. Frühbrodt, L., Die Liberalisierung der Telekommunikationsdienste: Vom nationalen Monopol zum globalen Wettbewerb, 2002, S. 46.
[565] Vgl. Tyler, M.; Bednarczyk, S., Regulatory institutions and processes in telecommunications: an international study of alternatives, 1993, S. 669 ff.
[566] Siehe hierzu auch die Ausführungen in Kapitel A.5.2.3 (Der TIMES-Markt).
[567] Vgl. Tyler, M.; Bednarczyk, S., Regulatory institutions and processes in telecommunications: an international study of alternatives, 1993, S. 671.

2.1.2 Nummerierung

Telefonnummern dienen der Identifikation und Adressierung eines Gesprächteilnehmers. Darüber hinaus sind sie für ein Telekommunikationsunternehmen für die Tarifierung und für den Nutzer zur Erkennung der Art des Dienstes (bspw. Ferngespräch durch Vorwahl oder 0800-Nummer für freecall) notwendig.[568]

Die beschränkte Kapazität der zur Verfügung stehenden Rufnummernkorridore sowie die Notwendigkeit der Interoperabilität verschiedener nationaler und internationaler Netze machen es erforderlich, den Nummernraum durch einen Plan systematisch und unter Berücksichtigung verschiedener Anforderungen nach Diensten, Regionen, Kunden und nach Marktöffnung auch nach unterschiedlichen Anbietern zu gliedern.[569]

Auf internationaler Ebene getroffene Absprachen zur Gestaltung und Länge von Rufnummern machen diese zu einer knappen Ressource.[570] Das bisherige Nummernsystem für das deutsche Festnetz wurde Anfang der 50er Jahre für die beabsichtigte Einführung des Selbstwählferndienstes[571] erstellt.[572] Ein solchermaßen historisch gewachsenes Rufnummernsystem muss daher dahingehend reformiert werden, dass der Vielfalt an neuen Diensten und der steigenden Kundenzahl inklusive der Berücksichtigung von Zugangsnummern für den Wettbewerb Rechnung getragen wird.[573]

Während die Aufstellung und Verwaltung des Nummernplans im Monopol dem Monopolanbieter überlassen werden konnte, fällt diese Aufgabe aufgrund ihrer Wettbewerbsrelevanz nach Öffnung des Marktes grundsätzlich dem Regulierer zu.[574]

2.1.3 Wegerechte für die Errichtung und Betreibung von Netzen

Wenn ein Telekommunikationsunternehmen nicht Leitungen eines anderen Anbieters, der bereits über ein eigenes Netz verfügt, anmietet, muss es eigene technische Übertragungswege errichten.[575] Der Regulierer muss klären, ob für ein Wegerecht zwecks Bau und Betrieb von Festnetzen ein Entgelt zu erheben ist oder ob dieses kostenlos gewährt wird. Als effizienteste Lösung wird allgemein das kostenlose Wegerecht präferiert, da eine Wegerechtgebühr den Markteintritt neuer Wettbewerber durch zusätzliche Kosten erschweren würde.[576]

2.1.4 Regulierung des Zugangs zu neuen Märkten

Wie weiter oben bereits beschrieben wird durch die technische Konvergenz die Schnittstelle zwischen den Branchen Telekommunikation, Informationsverarbeitung (Computer), Rundfunk und Multimedia immer fließender. Für Monopolunternehmen ist es aufgrund ihrer Kapitalstärke oftmals leicht möglich auch in verwandten bzw. zusammenhängenden Märkten eine beherrschende Marktstellung zu erreichen.[577] Eine strikte Form der asymmetrischen Regulierung kann dann darin bestehen, dem bisherigen Monopolisten des Telekommunikationssektors den Markteintritt in diese neuen Märkte zu verbieten.[578]

---

[568] Vgl. Siemen, A., Regulierungsmanagement in der Telekommunikationsindustrie, 1999, S. 103.
[569] Vgl. Ovum Ltd.; OFTEL (Hrsg.), Numbering for telephony services into the 21st century, 1991, S. 9 ff; ebenso Siemen, A., Regulierungsmanagement in der Telekommunikationsindustrie, 1999, S. 103.
[570] Vgl. Ruhle, E.-O., Privatisierung und Internationalisierung von Telefongesellschaften, 1996, S. 109.
[571] Siehe hierzu auch die Ausführungen in Kapitel A.3 (Die Entwicklung der Telekommunikation im 20. Jahrhundert in Deutschland).
[572] Vgl. Bauer, B., Numerierung im Telefonnetz, Diskussionsbeitrag vom Februar 1997, http://jtg-online.de/jahrbuch/chronik/numerierung/artikel/bauer/Bauer.html, 2003.
[573] Vgl. Weisshaupt, G., An den Nummern sollt ihr sie erkennen, 1995, S. 13 und Ruhle, E.-O., Privatisierung und Internationalisierung von Telefongesellschaften, 1996, S. 109 f. Voraussichtlich wird die künftige IP-Adressierung im Next Generation Network das historisch gewachsene Rufnummernsystem ersetzen. Siehe hierzu auch die Ausführungen in Kapitel D.3.1 (Ein Szenario vorab: Die zukünftige Entwicklung der Telekommunikation).
[574] Vgl. Siemen, A., Regulierungsmanagement in der Telekommunikationsindustrie, 1999, S. 103 f.; ebenso Bauer, B.; Neu, W., Numerierung im Telefonnetz: Stand, Entwicklungstendenzen, Regulierungsbedarf, Regulierungsansätze, 1993, S. 13.
[575] Vgl. Frühbrodt, L., Die Liberalisierung der Telekommunikationsdienste: Vom nationalen Monopol zum globalen Wettbewerb, 2002, S. 47.
[576] Vgl. Ruhle, E.-O., Privatisierung und Internationalisierung von Telefongesellschaften, 1996, S. 109.
[577] Vgl. Perrucci, A.; Cimatoribus, M., Competition, convergence and asymmetry in telecommunications regulation, 1997, S. 503.
[578] Beispiele hierfür können Kabelfernsehen oder digitales Satellitenfernsehen und Internettelefonie sein (vgl. Frühbrodt, L., Die Liberalisierung der Telekommunikationsdienste: Vom nationalen Monopol zum globalen Wettbewerb, 2002, S. 47).

2.2 Post-Entry-Regulation

Bei der Regulierung nach dem Markteintritt stehen zunächst verschiedene Aspekte des Netzzugangs im Mittelpunkt, insbesondere unter welchen Bedingungen konkurrierende Telefongesellschaften einen Zugang zum Netz anderer Anbieter erhalten müssen.[579] Einen regulatorischen Klärungsbedarf stellt auch der Sachverhalt dar, in welchem Ausmaß und mit welchen Mitteln wettbewerbsverzerrende Maßnahmen und Praktiken präventiv verhindert werden können.[580] Weitere Aspekte sind die Portabilität von Rufnummern, technische Normen und Standards sowie die Regelungen zum Angebot von Universaldienstleistungen.[581]

2.2.1 Regelungen für den Netzzugang

2.2.1.1 Netzvermietung

Ungeachtet einer vollständigen Liberalisierung mit einem vorhandenen Netzwettbewerb werden nicht alle Anbieter über eigene flächendeckende Telekommunikationsnetze verfügen, sondern, sofern es sich um reine Diensteanbieter oder um Anbieter mit rudimentärer Netzinfrastruktur handelt, angewiesen sein, Netzkapazitäten bei Wettbewerbern zu mieten, um jegliche technische Verbindung für die eigenen Kunden herzustellen.[582]

Dieses Konzept des offenen Netzzugangs beruht auf Überlegungen, dass Telekommunikationsdienstleistungen notwendigerweise nur unter Nutzung einer entsprechenden Netzinfrastruktur erbracht werden können, potenzielle neue Anbieter jedoch nicht in der Lage sind, eigene flächendeckende Netze aufzubauen, da dies im Ortsnetz zu einer volks- und betriebswirtschaftlich nicht sinnvollen Duplizierung von Netzressourcen führen würde.[583]

Durch den Regulierer sind generell für den Bereich der Netzvermietung folgende Bedingungen zu klären:[584]

❑ Wettbewerber müssen, um Telefondienste anbieten zu können, einen technischen Zugang zum Endkunden erhalten. Der Inhaber des Ortsnetzes muss folglich anderen Anbietern die so genannte Teilnehmeranschlussleitung gegen eine für beide Seiten faire Gebühr zur Verfügung stellen.

❑ Es muss festgelegt werden, ob mehrere Anbieter angemietete Netzkapazitäten gleichzeitig und gemeinsam nutzen können.

❑ Darüber hinaus ist zu klären, inwieweit gemietete Netzkapazitäten weiterveräußert werden dürfen. Dies ermöglicht Unternehmen, die Netzkapazitäten zu Großkundenrabatten mieten, diese an andere Anbieter weiterzugeben, die dadurch Basisdienste für Endnutzer zu günstigeren Preisen anzubieten in der Lage sind.

Letztendlich ist unter Umständen auch abzuklären, ob und unter welchen Bedingungen private Mietleitungen mit dem öffentlichen Netz zusammengeschaltet werden dürfen.[585]

Die Vermietung von Netzkapazitäten muss nach einer Empfehlung der OECD zu fairen und gerechten Bedingungen erfolgen.

---

[579] Vgl. Frühbrodt, L., Die Liberalisierung der Telekommunikationsdienste: Vom nationalen Monopol zum globalen Wettbewerb, 2002, S. 48.
[580] Vgl. Frühbrodt, L., Die Liberalisierung der Telekommunikationsdienste: Vom nationalen Monopol zum globalen Wettbewerb, 2002, S. 48.
[581] Vgl. Kruse, J., Ordnungstheoretische Grundlagen der Deregulierung, 1989, S. 10 f.; ebenso Frühbrodt, L., Die Liberalisierung der Telekommunikationsdienste: Vom nationalen Monopol zum globalen Wettbewerb, 2002, S. 48 und Ruhle, E.-O., Privatisierung und Internationalisierung von Telefongesellschaften, 1996, S. 107 ff.
[582] Vgl. Frühbrodt, L., Die Liberalisierung der Telekommunikationsdienste: Vom nationalen Monopol zum globalen Wettbewerb, 2002, S. 48.
[583] Vgl. Wegmann, W., Regulierte Marktöffnung in der Telekommunikation: Die Steuerungsinstrumente des Telekommunikationsgesetzes (TKG) im Lichte „regulierter Selbstregulierung", 2001, S. 177.
[584] Vgl. Frühbrodt, L., Die Liberalisierung der Telekommunikationsdienste: Vom nationalen Monopol zum globalen Wettbewerb, 2002, S. 48 f.
[585] Vgl. Frieden, R., International Telecommunications Handbook, 1996, S. 162.

Im Einzelnen sollten folgende Punkte Berücksichtigung finden:[586]
- Die Mietgebühren müssen für alle Vertragspartner durch Veröffentlichung transparent gestaltet sein.
- Mietkapazitäten, die durch den bisherigen Netzmonopolisten angeboten werden, müssen der Nachfrage der potenziellen Mieter gerecht werden.
- Die zur Miete angebotenen Netze dürfen keine geringere Qualität als das bisher öffentliche Netz aufweisen.[587]
- Die Miete muss sich an den realen Kosten orientieren. Zum Zwecke der Planungssicherheit und der Vermeidung überflüssiger Investitionen für den Anbieter sollte die Miete in Form einer monatlichen Grundgebühr und nicht in Abhängigkeit der Nutzungshäufigkeit erhoben werden.

2.2.1.2 Interconnection

Bei der Netzzusammenschaltung (Interconnection) handelt es sich um eine Art erweiterte Variante der Netzvermietung. Bei Bedarf zur Zusammenschaltung von Netzen unterschiedlicher Betreiber herrscht auf dem Markt zwar ein Netzwettbewerb, einige der Netzbetreiber verfügen jedoch nicht über ein flächendeckendes Netz, so dass sie ihr Netz an bestimmten Punkten (Points of Interconnection) mit dem engmaschigen Netz des ehemaligen Netzmonopolisten zusammenschalten.[588]

Signale oder Daten können somit über Netze verschiedener Anbieter geroutet werden. Dabei wird im Rahmen der Interconnection von Telekommunikationsnetzen auf die physische Übertragungskapazität und die Netzintelligenz (Vermittlung, Routing oder Unterstützung innovativer Dienstemerkmale wie bei ISDN) eines fremden Netzes zugegriffen.[589]

Der Zusammenschaltung von Netzen unterschiedlicher Netzbetreiber kommt wettbewerbspolitisch eine besondere Bedeutung zu, da hierdurch erst der Wettbewerb im Markt selbst ermöglicht wird.[590] Allgemein lassen sich drei Teilleistungen von Interconnection unterscheiden:[591]
- Zuführungs-, Transit- und Terminierungsleistungen,
- local level, single transit und double transit Interconnection sowie
- one-way und two-way access.

Wählt der Kunde für ein Telefongespräch nicht den Anbieter seines Teilnehmeranschlusses, sondern einen alternativen Netzbetreiber, muss das Gespräch aus dem Netz seines Anbieters in das Netz des alternativ gewählten Netzbetreibers zugeführt werden (Zuführungsleistung).[592] Am POI wird das Gespräch in das andere Netz übergeben. Die Transitleistung erfolgt dann in dem Netz des alternativ ausgewählten Anbieters. Dabei kann sich der vom Kunden für die Transitleistung ausgewählte Anbieter wiederum eines fremden Netzes durch Interconnection mit anderen Anbietern bedienen.

Wenn der Verbindungsnetzbetreiber nicht auch gleichzeitig der Anschlussnetzbetreiber des Empfängers des Telefongesprächs ist, muss er bei dem entsprechenden Anschlussnetzbetreiber eine Terminierungsleistung nachfragen.[593]

---

[586] Vgl. OECD (Hrsg.), Trade in Information, Computer and Communication Services, 1990, S. 22.
[587] An dieser Stelle sei angemerkt, dass durch bilaterale privatrechtliche Verträge auch die Qualitätsstandards, die sich auf die Mietpreise durchaus auswirken können, vereinbart werden können. Hierzu zählen ebenfalls die Wartung des Netzes und die Beseitigung von eventuell anfallenden Störungen innerhalb bestimmten Zeiten.
[588] Vgl. Frühbrodt, L., Die Liberalisierung der Telekommunikationsdienste: Vom nationalen Monopol zum globalen Wettbewerb, 2002, S. 49.
[589] Vgl. Gabelmann, A., Netzzugang in der Telekommunikation: Eine ökonomische Analyse zur Abgrenzung von Marktmachtpotentialen und Regulierungsbedarf, 2003, S. 40.
[590] Vgl. Siemen, A., Regulierungsmanagement in der Telekommunikationsindustrie, 1999, S. 96.
[591] Vgl. Gabelmann, A., Netzzugang in der Telekommunikation: Eine ökonomische Analyse zur Abgrenzung von Marktmachtpotentialen und Regulierungsbedarf, 2003, S. 40 f.
[592] Dieses Verfahren ist auch unter dem Begriff Call-by-Call bekannt geworden. Dabei wählt der Kunde mittels einer Netzvorwahl den Anbieter für das jeweilige Telefongespräch aus.
[593] Vgl. Gabelmann, A., Netzzugang in der Telekommunikation: Eine ökonomische Analyse zur Abgrenzung von Marktmachtpotentialen und Regulierungsbedarf, 2003, S. 40.

Diesen Zusammenhang veranschaulicht die nachfolgende Abbildung 33.

Abb. 33: Übersicht der Zuführungs-, Transit- und Terminierungsleistung

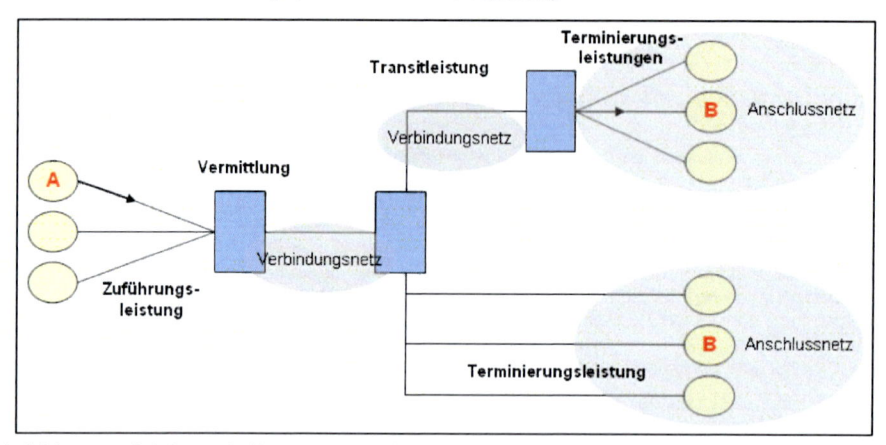

In Anlehnung an: Gabelmann, A., Netzzugang in der Telekommunikation: Eine ökonomische Analyse zur Abgrenzung von Marktmachtpotentialen und Regulierungsbedarf, 2003, S. 40 f.

Eine weitere Klassifizierung von Zusammenschaltungsleistungen erfolgt nach einer Empfehlung der Europäischen Kommission hinsichtlich der Zahl der Vermittlungsstellen, die bei einer Zuführungs- oder Terminierungsleistung genutzt werden.[594] Diese Art der Unterscheidung bei der Netzzusammenschaltung besitzt eine wesentliche Bedeutung im Hinblick auf die Ermittlung kostenbasierter Interconnention-Entgelte.[595] Die Kosten für die Netzzusammenschaltung können infolgedessen auf Grundlage der Zahl der Netzkomponenten, die zur Herstellung der Verbindungsleistung in Anspruch genommen werden, ermittelt werden.[596]

Eine Zusammenschaltung von Netzen verschiedener Anbieter an der Vermittlungsstelle, an der jeweils der Anrufer (bei der Zuführungsleistung) oder der Empfänger (bei der Terminierungsleistung) angeschlossen ist, wird als local level Interconnection bezeichnet.[597]

Bei der single transit Interconnection findet die Netzzusammenschaltung an einer Vermittlungsstelle statt, bei der die Verbindungen eines Großraumes zum Weitertransport gebündelt werden.[598]

Mit Hilfe der double transit Interconnection nutzt ein Anbieter das Netz eines anderen Anbieters zum Weitertransport des Gesprächs (oder einer Datenverbindung), i.d.R. für eine Fernverbindung. Somit kann ein Verbindungsaufbau zu jedem Teilnehmer im nationalen Netz gewährleistet werden.[599]

---

[594] Vgl. Gabelmann, A., Netzzugang in der Telekommunikation: Eine ökonomische Analyse zur Abgrenzung von Marktmachtpotentialen und Regulierungsbedarf, 2003, S. 41.
[595] Die auf diese Art und Weise ermittelten Kosten können ebenfalls als Basis für die im Rahmen der Preisregulierung festzulegenden Entgelte herangezogen werden.
[596] Dieser Umstand hat zur Folge, dass je engmaschiger das eigene Netz eines Anbieters ist, desto geringer fällt der Umfang der Zuführungs- oder Terminierungsleistungen aus, die er als entgeltpflichtige Vorleistungen von anderen Netzbetreibern beziehen muss, um flächendeckende Kommunikationsdienstleistungen anbieten zu können (vgl. Gabelmann, A., Netzzugang in der Telekommunikation: Eine ökonomische Analyse zur Abgrenzung von Marktmachtpotentialen und Regulierungsbedarf, 2003, S. 41 f.).
[597] Vgl. Gabelmann, A., Netzzugang in der Telekommunikation: Eine ökonomische Analyse zur Abgrenzung von Marktmachtpotentialen und Regulierungsbedarf, 2003, S. 41.
[598] Vgl. Gabelmann, A., Netzzugang in der Telekommunikation: Eine ökonomische Analyse zur Abgrenzung von Marktmachtpotentialen und Regulierungsbedarf, 2003, S. 41.
[599] Vgl. Gabelmann, A., Netzzugang in der Telekommunikation: Eine ökonomische Analyse zur Abgrenzung von Marktmachtpotentialen und Regulierungsbedarf, 2003, S. 41.

Die untenstehende Abbildung 34 verdeutlicht die verschiedenen Zusammenschaltungsleistungen am Beispiel der Terminierung eines Gesprächs zum Empfänger (E).

Abb. 34: Klassifizierung von Zusammenschaltungsleistungen nach der Zahl der genutzten Vermittlungsstellen

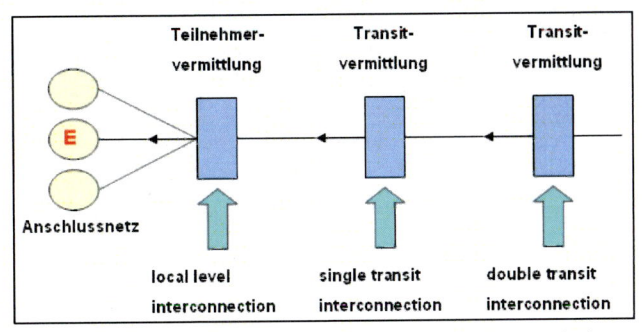

In Anlehnung an: Gabelmann, A., Netzzugang in der Telekommunikation: Eine ökonomische Analyse zur Abgrenzung von Marktmachtpotentialen und Regulierungsbedarf, 2003, S. 42

Sind zwei Netzbetreiber auf die Zusammenschaltung ihrer Netze angewiesen, wird dies als ein reziproker Netzzugang oder two-way access bezeichnet.[600] Ist dagegen nur ein Netzbetreiber auf die Interconnection mit einem anderen Netzbetreiber angewiesen, spricht man von einem einseitigen Netzzugang bzw. one-way access.[601]

Eine Unterscheidung zwischen einseitigen und reziproken Netzzusammenschaltungen kann bei der Analyse von Kooperations- und Diskriminierungsanreizen bei der Interconnection von Netzbetreibern im Rahmen der Netzzugangsregulierung und bei der Bestimmung von Netzzugangspreisen im Rahmen der Preisregulierung eine wesentliche Rolle spielen.[602]

Das Recht auf Interconnection sollte grundsätzlich für alle Netzbetreiber gegenüber allen Carriern bestehen, unabhängig von deren Marktanteil.[603] Sofern ein Anbieter die Auswahl zur Netzzusammenschaltung zwischen verschiedenen Netzen hat, ist eine staatliche Regulierung nicht weiter erforderlich.[604] Auch vor dem Hintergrund der Entwicklung drahtloser Übertragungstechniken wie DECT (Digital Enhanced Cordless Telecommunication)[605] oder auch der Möglichkeit, das Breitbandkabelnetz für die Telekommunikation zu nutzen, scheinen staatliche Eingriffe bei Interconnection überflüssig.[606]

---

[600] Vgl. Gabelmann, A., Netzzugang in der Telekommunikation: Eine ökonomische Analyse zur Abgrenzung von Marktmachtpotentialen und Regulierungsbedarf, 2003, S. 42.
[601] Vgl. Gabelmann, A., Netzzugang in der Telekommunikation: Eine ökonomische Analyse zur Abgrenzung von Marktmachtpotentialen und Regulierungsbedarf, 2003, S. 42.
[602] Vgl. Gabelmann, A., Netzzugang in der Telekommunikation: Eine ökonomische Analyse zur Abgrenzung von Marktmachtpotentialen und Regulierungsbedarf, 2003, S. 43.
[603] Vgl. Perrucci, A.; Cimatoribus, M., Competition, convergence and asymmetry in telecommunications regulation, 1997, S. 508.
[604] Vgl. Frühbrodt, L., Die Liberalisierung der Telekommunikationsdienste: Vom nationalen Monopol zum globalen Wettbewerb, 2002, S. 49.
[605] DECT ist ein von dem European Telecommunications Standards Institute (ETSI) entwickelter Kommunikationsstandard für digitale Schnurlostelefone und definiert den schnurlosen Zugang zu einem Netz. Infolgedessen beschreibt DECT einen Mobilfunkstandard, dessen fester Part aus einer oder mehreren Basisstationen besteht. Das Gegenüber hierfür sind Mobilstationen (Portable Parts). Mit Hilfe des DECT-Standards ist es möglich, mehrere Mobilstationen in einer Wohnung oder einem Büro bzw. Gebäudekomplex zu verwenden. Im Vergleich zu anderen Mobilfunksystemen existiert bei DECT keine zentrale Vermittlungs- oder Verwaltungsfunktion. Die Vermittlung von Gesprächen erfolgt von darüberliegenden Schichten, denn DECT stellt nur den Zugang zu anderen Diensten zur Verfügung, nicht den Dienst selbst. Deshalb ist DECT für alle existierenden Netze und Anwendungen offen, gleichgültig ob es sich hierbei nun um ein Telefonnetz wie ISDN (mit der gleichen Sprachqualität wie ein kabelgebundenes Netz) oder ein Datennetz handelt; DECT bietet immer den schnurlosen Zugang. Die Verwaltung der Funkressourcen wird von DECT-Geräten selbst übernommen. Jede Basisstation und jede Mobilstation weiß genau, welche Kanäle derzeit belegt oder frei sind und kann dementsprechend über Kanäle verfügen. Eine zentrale Funknetzplanung mit Frequenz- und Kanalkoordination ist aus diesem Grunde nicht notwendig. Vgl. Kozlik, J. (Hrsg.), DECT – Eine technische Beschreibung des DECT-Standards, http://home.tiscali.de/kozlik/dect/dect.html, 2003 i.V.m. heise online (Hrsg.), DECT-Geräte nun auch für die USA, http://www.heise.de/newsticker/data/rop-19.11.01-000/, 2003.
[606] Vgl. Knieps, G., Phasing out Sector-Specific Regulation in Competitive Telecommunications, 1997, S. 332 f.

2.2.1.3 Entbündelter Netzzugang

Einen Sonderfall der Netzzusammenschaltung stellt der entbündelte Netzzugang dar. Die Regulierung kann eine Entbündelung der angebotenen Zusammenschaltungsleistungen vorsehen oder ebenfalls die physikalische Kollokation und gemeinsame Nutzung von Einrichtungen verschiedener Netzbetreiber fördern oder vorgeben.[607]

Demnach könnte ein Marktneuling, der über kein einziges Netzelement verfügt, alle benötigten Einrichtungen eines anderen Netzbetreibers wie den Zugang zu Teilnehmeranschlussleitungen, Nutzerschnittstellen, Vermittlungsstellen, Übertragungswegen, Zeichengabefunktionen und anrufbezogenen Datenbanken sowie Betriebsfunktionen auf entbündelter Basis anmieten und mitbenutzen, um auf diese Weise ein eigenes (virtuelles) Netz betreiben zu können.[608] Von wesentlicher Bedeutung ist hierbei der Zugang zur Anschlussleitung, auch local loop genannt, der die Distanz zwischen dem Netzabschlusspunkt im Haus des betreffenden Teilnehmers und einer Teilnehmervermittlungsstelle überbrückt. Die Abbildung 35 veranschaulicht den schematischen Aufbau eines Anschlussnetzes.

Abb. 35: Anschlussnetz mit möglichen Zugangspunkten

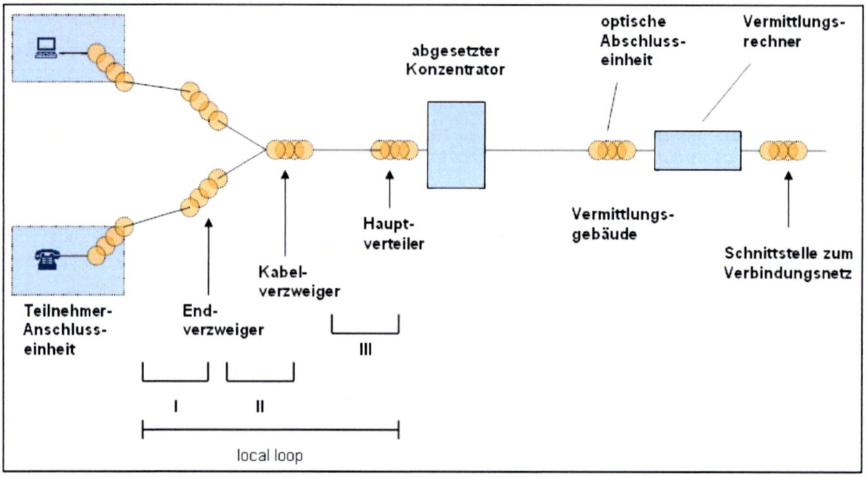

In Anlehnung an: Gabelmann, A., Netzzugang in der Telekommunikation: Eine ökonomische Analyse zur Abgrenzung von Marktmachtpotentialen und Regulierungsbedarf, 2003, S. 45

Ein Netzzugang innerhalb des Anschlussnetzes ist demnach an mehreren Schnittstellen (innerhalb des local loop) möglich. Ermöglicht ein Zusammenschaltungspunkt netzseitig (jenseits der Vermittlungsstelle an der Schnittstelle zum Verbindungsnetz) den Zugang zum Anschlussnetz, wird von dem nachfragenden Netzbetreiber sowohl die Übertragungsfunktionalität des Anschlussnetzes als auch die Vermittlungsleistung in Anspruch genommen; dagegen spricht man von einem entbündelten Netzzugang, wenn der Netzzugang an einer teilnehmerseitigen Schnittstelle (z.B. dem Hauptverteiler) stattfindet.[609]

2.2.1.4 Gewährleistung der Diskriminierungsfreiheit beim Netzzugang

Unter Diskriminierung wird in diesem Sinne im Allgemeinen die Behinderung von Wettbewerbern beim offenen Netzzugang verstanden. Dies kann bspw. geschehen durch

---
[607] Vgl. Siemen, A., Regulierungsmanagement in der Telekommunikationsindustrie, 1999, S. 98.
[608] Vgl. Gabelmann, A., Netzzugang in der Telekommunikation: Eine ökonomische Analyse zur Abgrenzung von Marktmachtpotentialen und Regulierungsbedarf, 2003, S. 44.
[609] Vgl. Gabelmann, A., Netzzugang in der Telekommunikation: Eine ökonomische Analyse zur Abgrenzung von Marktmachtpotentialen und Regulierungsbedarf, 2003, S. 45.

- überhöhte Zugangsgebühren,
- physische (kapazitätsmäßige) Einschränkung oder
- schlechte Übertragungsqualität.[610]

Die Problematik der Diskriminierung setzt implizit den Umstand voraus, bei dem ein Netzbetreiber über eine beständige Marktmacht und damit über die Möglichkeit verfügt, Wettbewerber zu diskriminieren.[611] Von der theoretischen Möglichkeit zur Diskriminierung ist die Frage, ob ein Netzbetreiber Gründe hat, Wettbewerber zu diskriminieren und dies ggf. auch zu tun beabsichtigt, zu trennen.

Das Postulat zur Vermeidung der Diskriminierung sollte sicherstellen, dass nicht nur Marktneulinge, sondern auch regulierte Unternehmen nicht diskriminiert werden. Würde es einem regulierten Netzbetreiber bspw. nicht erlaubt, eine marktgerechte Verzinsung des eingesetzten Kapitals oder nicht kostendeckende Preise für den Netzzugang durch Wettbewerber zu erzielen, käme dies einer Diskriminierung gleich.[612] Darüber hinaus sollte ein regulierter Netzbetreiber über die Möglichkeit verfügen, Netzzugangspreise flexibel den jeweiligen Nachfragekapazitäten anzupassen.[613]

2.2.2 Monopoldisziplin, Preis- und Qualitätsregulierung

Findet ein Wettbewerb lediglich in Teilbereichen, also nur auf der Diensteebene oder im Netz statt, und ist ein Monopolist auch in Wettbewerbssegmenten tätig, ist seitens der Regulierung dafür Sorge zu tragen, dass die im Unternehmen selbst trennbaren Aktivitätsbereiche zwischen Monopol und Wettbewerb bspw. durch eine separierte Rechnungslegung gesondert ausgewiesen werden.[614] Dadurch kann einer möglichen Quersubventionierung der Wettbewerbsbereiche durch das Netzmonopol (oder umgekehrt) vorgebeugt werden.

Seitens der Regulierung zu berücksichtigen ist auch die Schwierigkeit, ob und in welcher Form Monopolunternehmen anderer Branchen in den Telekommunikationsmarkt eintreten dürfen, um eine Quersubventionierung durch Monopolgewinne aus anderen Branchen zu verhindern.[615] Auch hierbei muss eine Monopolschnittstelle geschaffen werden.[616]

Das primäre Anliegen des Staates bei der Preisregulierung ist die Abwendung überhöhter Preise und Monopolrenditen.[617] Dies gilt sowohl für liberalisierte als auch monopolistische Telekommunikationsmärkte. Nach der Öffnung des Telekommunikationsmarktes für den Wettbewerb stellt die Preisregulierung auch weiterhin einen Kernbestandteil des Regulierungsumfeldes dar, um die noch weiter bestehende faktische Marktmacht der ehemaligen Monopolisten zu kontrollieren und politische Ziele, wie z.B. günstige Preise für bestimmte Dienstleistungen, zu verfolgen.[618] Aus diesem Grund sehen die meisten Staaten im Rahmen der Liberalisierung des Telekommunikationsmarktes eine Preisregulierung vor.[619]

Das durch einen Regulierer realisierte System der Preisregulierung kann hinsichtlich seines Anwendungsbereichs, der zugrundeliegenden Regulierungsprinzipien sowie hinsichtlich seiner prozessualen Ausgestaltung beschrieben werden:[620]

---

[610] Vgl. Klodt, H.; Laaser, C.-F.; Lorz, J. O. [et al.], Wettbewerb und Regulierung in der Telekommunikation, 1995, S. 117.
[611] Vgl. Gabelmann, A., Netzzugang in der Telekommunikation: Eine ökonomische Analyse zur Abgrenzung von Marktmachtpotentialen und Regulierungsbedarf, 2003, S. 51.
[612] Insbesondere durch die Verpflichtung des marktbeherrschenden Unternehmens, den Marktzutritt von Wettbewerbern im Rahmen der asymmetrischen Regulierung durch nicht kostendeckende Zugangspreise zu subventionieren, wird nicht immer der Wettbewerb, dafür aber regelmäßig der einzelne Wettbewerber gefördert (vgl. Gabelmann, A., Netzzugang in der Telekommunikation: Eine ökonomische Analyse zur Abgrenzung von Marktmachtpotentialen und Regulierungsbedarf, 2003, S. 52).
[613] Vgl. Gabelmann, A., Netzzugang in der Telekommunikation: Eine ökonomische Analyse zur Abgrenzung von Marktmachtpotentialen und Regulierungsbedarf, 2003, S. 54.
[614] Vgl. Frühbrodt, L., Die Liberalisierung des Telekommunikationssektors: Vom nationalen Monopol zum globalen Wettbewerb, 2002, S. 51.
[615] Vgl. Welfens, P. J. J.; Graack, C., Telekommunikationswirtschaft: Deregulierung, Privatisierung und Internationalisierung, 1996, S. 89.
[616] Dies kann bspw. durch die Gründung von rechtlich selbstständigen Beteiligungsgesellschaften realisiert werden.
[617] Vgl. Siemen, A., Regulierungsmanagement in der Telekommunikationsindustrie, 1999, S. 87; ebenso, Kahn, A. E., The economics of Regulation, Principles and Institutions, 1970, S. 20.
[618] Vgl. Siemen, A., Regulierungsmanagement in der Telekommunikationsindustrie, 1999, S. 88.
[619] Vgl. OECD (Hrsg.), Communications Outlook 1995, 1995, S. 192 ff.
[620] Vgl. Siemen, A., Regulierungsmanagement in der Telekommunikationsindustrie, 1999, S. 88.

- Durch den Anwendungsbereich der Preisregulierung legt der Regulierer fest, welche Märkte, Dienste und Anbieter bzw. Nachfrager der Regulierung unterliegen. Dabei sollte sich die Regulierung auf ausschließlich jene Bereiche konzentrieren, in denen kein effektiver Wettbewerb herrscht.

- Die durch den Regulierer festzulegenden Grundprinzipien der Preisregulierung bilden den Rahmen für die Freiheit eines Telekommunikationsunternehmens bei der Preispolitik. Wesentliche Grundregeln betreffen dabei die zum Einsatz kommende Methode der Preisregulierung sowie eventuelle Maßgaben zur Kostenorientierung und Tarifgestaltung.

- Regelungen zur prozessualen Ausgestaltung der Preisregulierung geben die Verfahren der Preisbildung und -änderung vor, indem sie Art und Umfang, Zeitpunkt und Dauer der Beteiligung des Regulierers bei der Preisbestimmung festlegen und die Kompetenzverteilung unter den Beteiligten regeln.

Oftmals werden vom Regulierer Preise unter Berücksichtigung der Bewahrung des Anreizes zur Kostenminimierung festgelegt.[621] Die Regulierungsprinzipien zur Kostenorientierung und Kostenbasis von Marktpreisen beeinflussen regulierte Anbieter hinsichtlich deren Möglichkeit zur Preisdifferenzierung zwischen unterschiedlichen Kundengruppen, Dienstangeboten und Regionen.[622]

Eng verbunden mit der Preisregulierung ist die Regulierung der Qualität der von Anbietern erbrachten Leistungen.[623] Bereits der Volksmund besagt, dass Qualität seinen Preis hat. Preis- und Qualitätsregulierung können daher auch als zwei Seiten einer Medaille bezeichnet werden.[624] Der Zusammenhang zwischen Preis und Qualität wird insbesondere deutlich, wenn seitens der Anbieter versucht wird, die durch den Regulierer verfolgten Preisziele durch eine Minderung der Qualität auszugleichen, um das Unternehmensergebnis nicht zu gefährden.

Unter dem Begriff der Qualitätsregulierung werden somit Interventionen seitens des Regulierers, bezogen auf inhaltliche Merkmale und Folgen von Produkten und Dienstleistungen sowie Produktionsprozesse, zusammengefasst.[625] Eine durch den Regulierer auszuübende Qualitätskontrolle bzw. die Sicherstellung qualitativ guter Leistungen seitens der Anbieter setzt die Formulierung konkreter Qualitätsmerkmale voraus.[626] Qualitätsstandards können sich dabei auf die Zeiten der Bereitstellung und Entstörung, auf Fehlerquoten oder durchschnittliche Wartezeiten bspw. beim Anruf einer Hotline, etc. beziehen. Ein vom Regulierer vorzugebendes Qualitätsmerkmal kann auch die Etablierung technischer Standards betreffen.

2.2.3 Technische Standards als Voraussetzung für die Kompatibilität von Netzen

Um die Kompatibilität bei der Interconnection von Netzen zu gewährleisten, sind entsprechende technische Standards notwendig. Diese Kompatibilität sollte dabei die Verbindung zwischen Netzen und den technischen Einrichtungen (z.B. Vermittlungsstellen) bis hin zu den Endgeräten ermöglichen.[627]

Allgemein dient die Beeinflussung der qualitativen Dimension von Netzen im Wesentlichen zwei Zielen:

- Dem Schutz von Konkurrenten bezogen auf technisch bedingte Marktzutrittsbarrieren und
- dem Schutz der Konsumenten vor Informationsasymmetrien.[628]

---

[621] Vgl. Bobzin, G., Dynamische Modelle zur Theorie der Regulierung, 2002, S. 27.
[622] Die regulatorische Forderung nach der Kostenorientierung aller Preise mit dem Anreiz, die Kosten nach dem Prinzip der effizienten Leistungserstellung zu kalkulieren (bestimmte Gemeinkostenzuschläge stehen hierbei in der Diskussion), erfordert die Lösung der dem Netzgeschäft innewohnenden Kostenzurechnungsproblematik und würde zur Einführung von Preisobergrenzen führen. Das Telekommunikationsunternehmen, dessen Kosten tatsächlich höher sind, sieht sich dann gezwungen durch Kosteneinsparungen eine entsprechende Rentabilität wieder herzustellen. Andererseits können kostenorientierte Preise aber auch eine Preisuntergrenze bedingen. Vgl. Siemen, A., Regulierungsmanagement in der Telekommunikationsindustrie, 1999, S. 89.
[623] Vgl. Voeth, M., Entmonopolisierung von Märkten – Das Beispiel Telekommunikation, 1996, S. 102.
[624] Vgl. Bauer, B., Ansätze zur Erfassung und Regulierung der Qualität im Monopolbereich der DBP Postdienst, 1992, S. 19.
[625] Vgl. Kruse, J., Ordnungstheoretische Grundlagen der Deregulierung, 1989, S. 11.
[626] Vgl. Hart, T., Europäische Telekommunikationspolitik: Entwürfe für ein zukunftorientiertes Regulierungskonzept, 1999, S. 257.
[627] Vgl. Frühbrodt, L., Die Liberalisierung der Telekommunikationsdienste: Vom nationalen Monopol zum globalen Wettbewerb, 2002, S. 52.
[628] Vgl. Hart, T., Europäische Telekommunikationspolitik: Entwürfe für ein zukunftorientiertes Regulierungskonzept, 1999, S. 258.

Durch eine hergestellte Interoperabilität der Netze und entsprechender Netzelemente wird verhindert, dass ein oder mehrere Anbieter in der Lage sind, die Reichweite konkurrierender Telefonnetze zu reduzieren.[629]

Auf europäischer Ebene erfolgt i.d.R. die Einigung über technische Normen und Standards durch das European Telecommunications Standards Institute (ETSI), bei dem die meisten führenden europäischen Industrieunternehmen der Telekommunikationsbranche Mitglieder sind.[630] Dabei erstellt die ETSI auf Grundlage der Empfehlungen der International Telecommunication Union (ITU) die auf den europäischen Markt abgestimmten Produkt- und Funktionsnormen für den Telekommunikationssektor.[631]

2.2.4 Portabilität von Rufnummern

Neben einer objektiven und transparenten Zuteilung von Rufnummern an die Anbieter von Telekommunikationsleistungen sind insbesondere zwei Fragen der Nummerierung während der Marktöffnung wettbewerbsrelevant:[632]

❑ Die Gewährleistung eines aus Sicht des Kunden gleichwertigen Netz- und Dienstezugangs bei der Zusammenschaltung von Anbietern sowie

❑ die Beibehaltung der Rufnummer durch den Endkunden bei Wechsel des Anbieters.

Die Nummernportabilität gibt den Nutzern das Recht, bei einem Wechsel der Telefongesellschaft die bisherige Rufnummer beizubehalten.[633]

Hinsichtlich der Wettbewerbsbedeutung ist die Portabilität von Rufnummern auch für Geschäftskunden relevant, da bei diesen durch einen Wechsel des Anbieters, verbunden mit der Zuteilung einer neuen Rufnummer, Umsatzeinbußen bzw. zusätzliche Kosten für die Veröffentlichung der neuen Nummer entstehen würden.[634] Auch bei Privatkunden wäre unter diesen Umständen die Schwelle eines Wechsels höher.

Da die Portabilität von Rufnummern stets mit technischen Veränderungen verbunden ist, muss sichergestellt sein, dass die den Kunden abgebende Telefongesellschaft diese Kosten dem neuen Anbieter in Rechnung stellen kann.[635]

2.2.5 Regelungen für Universaldienste

Unter Universaldiensten versteht man „*...ein Mindestangebot an Infrastruktur und Mehrwertdiensten im Bereich der Telekommunikation, das für alle potentiellen Nutzer zugänglich sein und dabei bestimmte Anforderungen an Qualität und Preis erfüllen muss.*"[636]

Wie bereits in Kapitel A.1 (Die allgemeine Bedeutung der Telekommunikation) ausgeführt kann die Versorgung mit Telekommunikation den menschlichen Grundbedürfnissen zugerechnet werden. Die Verpflichtung eines oder mehrerer Anbieter zum Angebot von Universaldiensten hat zum Ziel, eine flächendeckende Grundversorgung der Bevölkerung mit Telekommunikationsleistungen zu gewährleisten. Allgemein werden folgende Mindestgebote an Universaldienstleistungen, basierend auf der Richtlinie zum Sprachtelefondienst des Europäischen Parlaments und des Rates von 1998, als notwendig angesehen:

---

[629] Vgl. Frühbrodt, L., Die Liberalisierung der Telekommunikationsdienste: Vom nationalen Monopol zum globalen Wettbewerb, 2002, S. 52.
[630] Vgl. Klodt, H.; Laaser, C.-F.; Lorz, J. O. [et al.], Wettbewerb und Regulierung in der Telekommunikation, 1995, S. 122.
[631] Vgl. Hart, T., Europäische Telekommunikationspolitik: Entwürfe für ein zukunftorientiertes Regulierungskonzept, 1999, S. 258.
[632] Vgl. Siemen, A., Regulierungsmanagement in der Telekommunikationsindustrie, 1999, S. 104.
[633] Meistens gilt dies lediglich, wenn nicht auch gleichzeitig der Wohnsitz verändert wird. In manchen Ländern schließt die Nummernportabilität auch diesen Umstand mit ein. Vgl. Perrucci, A.; Cimatoribus, M., Competition, convergence and asymmetry in telecommunications regulation, 1997, S. 511 und Frühbrodt, L., Die Liberalisierung der Telekommunikationsdienste: Vom nationalen Monopol zum globalen Wettbewerb, 2002, S. 52.
[634] Vgl. Welfens, P. J. J.; Graack, C., Telekommunikationswirtschaft: Deregulierung, Privatisierung und Internationalisierung, 1996, S. 135.
[635] Vgl. Frühbrodt, L., Die Liberalisierung der Telekommunikationsdienste: Vom nationalen Monopol zum globalen Wettbewerb, 2002, S. 52.
[636] Klodt, H.; Laaser, C.-F.; Lorz, J. O. [et al.], Wettbewerb und Regulierung in der Telekommunikation, 1995, S. 70.

❏ Die flächendeckende Sicherstellung von Telefondiensten auf Basis fester öffentlicher Netze (insbesondere der Sprachtelefondienst und Übertragungsnetze für den offenen Netzzugang bei Mietleitungen) zu einem bundesweit einheitlichen Preis; hierbei spricht man auch von der Tarifeinheit im Raum[637],

❏ Auskunfts- und Verzeichnisdienste sowie

❏ die Verfügbarkeit öffentlicher Telefone mit Notrufmöglichkeiten.[638]

Aufgabe der Regulierung ist es neben der Festlegung der Art der Mindesterfordernisse für Universaldienste auch die Vorgaben zu deren Ausgestaltung festzusetzen. Hierzu gehören u.a. Preisobergrenzen für Anschlussgebühren, kostenlose Notrufnummern oder Bedingungen für die Aufstellung öffentlicher Telefonstationen.[639]

Solange der Universaldienst in einem nicht liberalisierten Markt vom Monopolunternehmen angeboten wurde, war die Finanzierung in allen Ländern nahezu identisch: Die zumeist defizitären Ortsnetzanschlüsse (bei denen die Grundgebühr unter den tatsächlichen Kosten lag) und die Gebühren, die durch die Nutzung auf nicht ausgelasteten Strecken anfielen, wurden durch entsprechende Aufschläge auf die in den Fernnetzen bei Fernverbindungen anfallenden Gebühren quersubventioniert, so dass deren Preis unter den tatsächlichen Produktions- und Vertriebskosten liegen konnte.[640]

Wird das Fernnetz, das als Subventionsquelle für Universaldienste dient, dem Wettbewerb preisgegeben, muss ein neues Modell der Finanzierung dieser Dienste gefunden werden. Ansonsten käme dies einer Diskriminierung des bisherigen Monopolanbieters gleich, wenn diesem die Möglichkeit der Heranziehung der durch Wettbewerb verursachten Verluste von Verbindungsminuten im Fernverkehr genommen würde.

Die Anbieter, die zur Erbringung von Universaldienstleistungen verpflichtet werden, müssen daher durch Ausgleichszahlungen oder anderweitige Möglichkeiten der Quersubventionierung entschädigt werden. Zur Finanzierung dieses Ausgleiches kommen verschiedene Alternativen in Betracht:

❏ Finanzierung aus Haushaltsmitteln des Staates oder durch eine entsprechend einzuführende Abgabe,

❏ Finanzierung aus einem Universaldienstleistungsfonds[641], in den Telekommunikationsanbieter einzahlen oder auch

❏ die Finanzierung über zusätzliche Zugangsgebühren zu Ortsnetzen.[642]

Bei der Ausgestaltung der Finanzierung ist zu beachten, dass bei der Berechnung der Kosten für die Universaldienste die Kosten und Einnahmen sowie die externen wirtschaftlichen Gegebenheiten und der immaterielle Nutzen aus der Bereitstellung ausreichend Berücksichtigung finden.[643]

---

[637] Die Tarifeinheit im Raum besagt, dass Telekommunikationsdienste, unabhängig von der Entfernung zu bestimmten Netzelementen oder Besiedlungsdichten, zu gleichen Tarifen angeboten und einheitliche Anschlussgebühren erhoben werden (vgl. Tetens, G.; Voß, A., Der neue Ordnungsrahmen für die Telekommunikation, 1995, S. 446 und Hart, T., Europäische Telekommunikationspolitik: Entwürfe für ein zukunftorientiertes Regulierungskonzept, 1999, S. 268).
[638] Vgl. Wegmann, W., Regulierte Marktöffnung in der Telekommunikation: Die Steuerungsinstrumente des Telekommunikationsgesetzes (TKG) im Lichte „regulierter Selbstregulierung", 2001, S. 148; ebenso Freund, M., Infrastrukturgewährleistung in der Telekommunikation, Staatliche Gewährleistungsverantwortung, Universaldienste, Wegerechte, 2002, S. 83 f. und Klodt, H.; Laaser, C.-F.; Lorz, J. O. [et al.], Wettbewerb und Regulierung in der Telekommunikation, 1995, S. 72.
[639] Vgl. Welfens, P. J. J.; Graack, C., Telekommunikationswirtschaft: Deregulierung, Privatisierung und Internationalisierung, 1996, S. 79.
[640] Vgl. Hart, T., Europäische Telekommunikationspolitik: Entwürfe für ein zukunftorientiertes Regulierungskonzept, 1999, S. 280.
[641] Hierbei ist zu bedenken, dass die Einzahlung in einen Universaldienstfond auf alle Marktteilnehmer entsprechend ihrem Marktanteil umgelegt werden. Dies impliziert jedoch, dass der Incumbent (das marktbeherrschende Unternehmen) hierbei die höchsten Lasten zu tragen hat.
[642] Vgl. Klodt, H.; Laaser, C.-F.; Lorz, J. O. [et al.], Wettbewerb und Regulierung in der Telekommunikation, 1995, S. 75.
[643] Vgl. Thielo, H.-J., Die Finanzierung des Universaldienstes in der Telekommunikation, 2000, S. 25.

3 Exkurs: Regulierungsmanagement für betroffene Unternehmen

Die von der Regulierung festgelegten Prinzipien und Entscheidungen wirken sich unmittelbar auf die strategischen Handlungsweisen der Telekommunikationsunternehmen aus. Dabei kann das Regulierungsumfeld bestimmte Anbieter in unterschiedlicher Art und Weise betreffen und damit diesen Unternehmen gezielt Wettbewerbsvorteile oder -nachteile gewähren.[644] Damit konstituiert der staatliche Eingriff durch Regulierung eine zusätzliche originäre Determinante der Wettbewerbsfähigkeit und -position eines Anbieters.[645]

Für betroffene Unternehmen erfolgt daraus die Notwendigkeit und die Chance, das spezifische Regulierungsumfeld in den unternehmerischen Entscheidungen explizit zu berücksichtigen und nach Möglichkeit Einfluss auf dessen Gestaltung auszuüben.[646] Mit Hilfe des unternehmerischen Regulierungsmanagements kann ein Anbieter diese Möglichkeiten analysieren und daraus Handlungsoptionen ableiten und diese hinsichtlich ihrer Effektivität bewerten.[647] Die Abbildung 36 veranschaulicht die zentralen Aufgaben des Regulierungsmanagements in Telekommunikationsunternehmen.

Abb. 36: Aufgaben des unternehmerischen Regulierungsmanagements

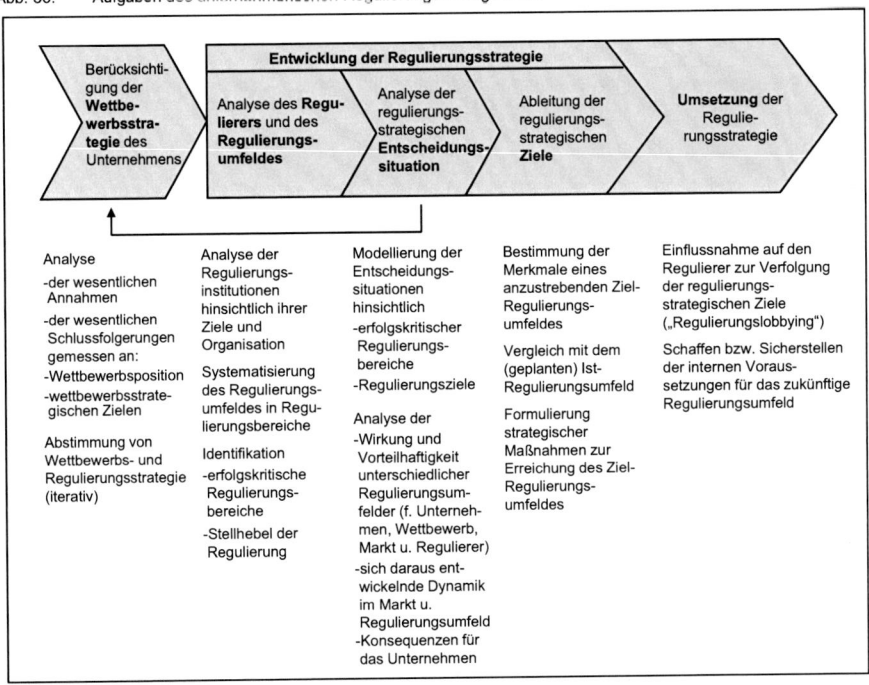

Berücksichtigung der **Wettbewerbsstrategie** des Unternehmens	Analyse des **Regulierers** und des **Regulierungsumfeldes**	Analyse der regulierungsstrategischen **Entscheidungssituation**	Ableitung der regulierungsstrategischen Ziele	**Umsetzung** der Regulierungsstrategie
Analyse - der wesentlichen Annahmen - der wesentlichen Schlussfolgerungen gemessen an: - Wettbewerbsposition - wettbewerbsstrategischen Zielen Abstimmung von Wettbewerbs- und Regulierungsstrategie (iterativ)	Analyse der Regulierungsinstitutionen hinsichtlich ihrer Ziele und Organisation Systematisierung des Regulierungsumfeldes in Regulierungsbereiche Identifikation -erfolgskritische Regulierungsbereiche - Stellhebel der Regulierung	Modellierung der Entscheidungssituationen hinsichtlich - erfolgskritischer Regulierungsbereiche - Regulierungsziele Analyse der - Wirkung und Vorteilhaftigkeit unterschiedlicher Regulierungsumfelder (f. Unternehmen, Wettbewerb, Markt u. Regulierer) - sich daraus entwickelnde Dynamik im Markt u. Regulierungsumfeld - Konsequenzen für das Unternehmen	Bestimmung der Merkmale eines anzustrebenden Zielregulierungsumfeldes Vergleich mit dem (geplanten) Ist-Regulierungsumfeld Formulierung strategischer Maßnahmen zur Erreichung des Zielregulierungsumfeldes	Einflussnahme auf den Regulierer zur Verfolgung der regulierungsstrategischen Ziele („Regulierungslobbying") Schaffen bzw. Sicherstellen der internen Voraussetzungen für das zukünftige Regulierungsumfeld

In Anlehnung an: Siemen, A., Regulierungsmanagement in der Telekommunikationsindustrie, 1999, S. 27

Bei der Entwicklung der Regulierungsstrategie werden Auswirkungen verschiedener regulatorischer Rahmenbedingungen auf die Wettbewerbsfähigkeit und den Erfolg des Unternehmens ana-

---

[644] Ein Beispiel hierfür ist die Beschränkung der Preisregulierung auf marktbeherrschende Unternehmen (vgl. Siemen, A., Regulierungsmanagement in der Telekommunikationsindustrie, 1999, S. 25).
[645] Vgl. Siemen, A., Regulierungsmanagement in der Telekommunikationsindustrie, 1999, S. 25.
[646] Vgl. Siemen, A., Regulierungsmanagement in der Telekommunikationsindustrie, 1999, S. 25.
[647] Vgl. Vietor, R. H. K., Strategic Management in the Regulatory Environment, 1989, S. 23.

lysiert und darauf aufbauend Merkmale und Maßnahmen zur Erreichung des aus Anbietersicht anzustrebenden Ziel-Regulierungsumfeldes definiert.[648] Dabei sollte die Regulierungsstrategie zweckmäßigerweise in die allgemeine Wettbewerbstrategie des Unternehmens eingebunden sein.[649]

Die Umsetzung der in Abbildung 36 beschriebenen Schritte zur Entwicklung der Regulierungsstrategie aus Sicht des Anbieters beinhaltet insbesondere:

- ❏ das Regulierungslobbying, das die Einflussnahme auf den Regulierer und den Regulierungsprozess zur Realisierung der gesetzten strategischen Ziele unterstützen soll sowie
- ❏ die Sicherstellung der Wirksamkeit der rechtlichen und wirtschaftlichen Voraussetzungen von regulatorischen Maßnahmen und Einflüssen innerhalb des Unternehmens.[650]

Darüber hinaus wird das Regulierungsmanagement auch geneigt sein, gegebenenfalls vorbeugende Maßnahmen innerhalb des Unternehmens zu ergreifen, um eine weitergehende Regulierung zu verhindern, indem entsprechende organisatorische Steuerungs- und Kontrollmechanismen, die ein rechtmäßiges Verhalten des Anbieters absichern, im Unternehmen implementiert werden.[651]

Bei der Deutschen Telekom wurde bereits 1996 eine entsprechende Organisationseinheit im Bereich des Vorstandsvorsitzenden mit den Aufgaben etabliert, die Regulierungsstrategie zu entwickeln und umzusetzen. Darüber hinaus gehörten hierzu auch Aufgaben des Lobbying bei politischen Interessenvertretungen sowohl auf nationaler als auch auf internationaler Ebene, insbesondere bei der Europäischen Union in Brüssel.

---

[648] Vgl. Siemen, A., Regulierungsmanagement in der Telekommunikationsindustrie, 1999, S. 26.
[649] Vgl. Vietor, R. H. K., Strategic Management in the Regulatory Environment, 1989, S. 36.
[650] Vgl. Siemen, A., Regulierungsmanagement in der Telekommunikationsindustrie, 1999, S. 27.
[651] Vgl. Siemen, A., Regulierungsmanagement in der Telekommunikationsindustrie, 1999, S. 28.

4 Der internationale Trend zur Privatisierung unter Nutzung regulierungstechnischer Instrumente

Die Liberalisierung des deutschen Telekommunikationsmarktes und die damit verbundene Privatisierung der ehemals staatlichen Unternehmen erfolgte im internationalen Vergleich relativ spät. In den USA, Großbritannien und in Japan wurden bereits in der ersten Hälfte der achtziger Jahre die Monopole im Bereich der Telefondienste und der Infrastruktur beseitigt und der Wettbewerb im Telekommunikationssektor eingeführt. In Europa kam es zu den ersten Privatisierungen Anfang der neunziger Jahre in Schweden und Finnland.[652]

Die divergierenden Entwicklungsstände hinsichtlich der Liberalisierung von Telekommunikationsmärkten in den einzelnen Ländern durch verschiedene Modelle und Formen hängen dabei entscheidend von den jeweiligen Werten und Normen, den kulturellen, traditionellen, historisch und politisch bedingten Einflussgrößen einer Gesellschaft sowie deren Vorstellung über Leistung ab. Naturgemäß sind diese Variablen daher in den Gesellschaften der einzelnen Länder verschiedenartig ausgeprägt.

Aus dem Ensemble gesellschaftlicher Verhältnisse resultieren bestimmte Handlungen und Verhaltensweisen, die zu Veränderungsprozessen in den gesellschaftlichen Bereichen (Produktion, Technologie, Sozialstruktur, Wertesystem, etc.) führen die nicht als selbstständige oder von den ökonomischen Bedingungen als unabhängige Vorgänge begriffen werden können; vielmehr sind sie selbst Teil des Vergesellschaftungsprozesses.[653]

Somit hat auch der technologische Wandel, dem insbesondere der Bereich der Telekommunikation maßgeblich unterliegt, einen Einfluß auf die Ausprägung des sozialen Wandels einer Gesellschaft, der sich, wie oben bereits erwähnt, durch seine verschiedenen Determinanten auch in seiner strukturellen Erscheinungsform unterschiedlich darstellt.

4.1 Anlässe zur Privatisierung

Der Anlass zur Regulierung und Privatisierung war in den meisten Ländern die Monopolstellung eines Anbieters in den Bereichen Infrastruktur und Telefondienste. Die Netzbetreiber waren in den meisten Fällen gleichzeitig Monopolisten bei den Endgeräten und bei der Einrichtung von Hauptanschlüssen.

Eine Ausnahme bildeten die USA, Finnland und Schweden. In den USA waren die Monopole von Beginn an in privater Hand durch die American Telephone and Telegraph Company (AT&T), wurden aber trotzdem vollständig staatlich reguliert.[654] In Finnland war das Netzmonopol im Bereich der Ortsnetze nicht vollständig in staatlicher Hand, während in Schweden das Telefon- und Netzdienstemonopol der Telia zu keiner Zeit gesetzlich festgelegt war, sondern das Unternehmen gleichzeitig als Anbieter und Regulierungsinstanz auftrat.[655]

Ende der 70er Jahre begannen weltweit Diskussionen um Privatisierungen von Unternehmen der Telekommunikationsbranche.[656] Die ersten Maßnahmen zur Restrukturierung der Telekommunikationsmärkte wurden Mitte der 80er Jahre in Großbritannien, den USA und Japan ergriffen.[657] Das Ziel der Privatisierung war in den meisten Fällen die Begrenzung des staatlichen Einflusses zugunsten der privat- bzw. marktwirtschaftlichen Steuerung der Unternehmen.

---

[652] Vgl. Klodt, H.; Laaser, C.-F.; Lorz, J. O. [et al.], Wettbewerb und Regulierung in der Telekommunikation, 1995, S. 137.
[653] Vgl. Jäger, W., Gesellschaft und Entwicklung – Eine Einführung in die Soziologie sozialen Wandels, 1981, S. 27.
[654] Vgl. Klodt, H.; Laaser, C.-F.; Lorz, J. O. [et al.], Wettbewerb und Regulierung in der Telekommunikation, 1995, S. 138.
[655] Vgl. Klodt, H.; Laaser, C.-F.; Lorz, J. O. [et al.], Wettbewerb und Regulierung in der Telekommunikation, 1995, S. 138.
[656] Vgl. Kurtsiefer, J., Die Deregulierung der Mobilfunkmärkte Deutschlands – Geschichtliche Entwicklung und erste Wirkungsanalyse auf der Basis der Kollektivgütertheorie und des Koordinationsmängel-Diagnosekonzeptes, 1997, S. 48.
[657] Vgl. Kurtsiefer, J., Die Deregulierung der Mobilfunkmärkte Deutschlands – Geschichtliche Entwicklung und erste Wirkungsanalyse auf der Basis der Kollektivgütertheorie und des Koordinationsmängel-Diagnosekonzeptes, 1997, S. 49.

Darüber hinaus gibt es weitere vielschichtige Gründe für die Privatisierungen in den einzelnen Ländern:[658]

- ❏ Lösung finanzieller Probleme eines Staates.

  In Europa wurde mit Privatisierungen in erster Linie das Ziel verfolgt, die Konvergenzkriterien der Europäischen Wirtschafts- und Währungsunion bezüglich der Staatsverschuldung zu erreichen.

- ❏ Folgen, die sich aus der Liberalisierung ergeben.

  Nur durch eine Privatisierung konnten viele Unternehmen dem intensiven Wettbewerb in der Telekommunikationsbranche bestehen.

- ❏ Erhöhung der internationalen Kooperationsfähigkeit.

  Vor dem Hintergrund der zunehmenden Zahl von Unternehmenszusammenschlüssen werden Allianzen und Kapitalverflechtungen erleichtert bzw. ermöglicht, wenn die Rechtsformen der verschiedenen Unternehmen kompatibel zueinander sind.

4.2 Regulierung und Privatisierung in ausgewählten Ländern

Ende 1997, unmittelbar vor der endgültigen Liberalisierung des europäischen und einige Zeit nach der Öffnung des US-amerikanischen Telekommunikationsmarktes, waren 19 der 20 umsatzstärksten Telefongesellschaften weltweit vollständig oder teilweise in privater Hand.[659]

Von den 15 Mitgliedsstaaten der EU hatten elf ihre zuvor öffentlichen Telekommunikationsunternehmen ganz oder zum Teil privatisiert. Dabei lagen die Kapitalanteile der Staaten häufig unter 50 Prozent.[660] Während die Privatisierung in einigen Ländern bereits Anfang bis Mitte der 80er Jahre einsetzte, kam es erst Mitte der 90er Jahre zu ersten Liberalisierungen in Europa.

Das Ziel war die Auflösung der monopolistischen Strukturen sowie die Einführung von Konkurrenzsituationen im Markt für Telekommunikation. Verantwortlich für diese Entwicklungen waren im Wesentlichen drei Ereignisse:[661]

- ❏ Der amerikanische Telecommunications Act von 1996, der die bestehenden Schranken zwischen Lokal- und Fernverkehr abbaute und die Monopole der regionalen Telefongesellschaften wie auch im Kabelfernsehbereich beendete.[662]

- ❏ Die Liberalisierung der europäischen Telekommunikationsmärkte zum 01.01.1998 mit der Öffnung des Wettbewerbs im Netzbereich.

- ❏ Die Genfer WTO[663]-Vereinbarung vom 15. Februar 1997, in der sich 68 Staaten verpflichteten, ihre Märkte für Basiskommunikation ab 1998 ausländischen Anbietern zu öffnen, regulatorische Vorschriften – zum Beispiel zu Interconnection – einzuhalten und erweiterte Beteiligungsrechte an nationalen Unternehmen einzuräumen.

In vielen Ländern weltweit und in allen Staaten der Europäischen Union entstanden zeitgleich mit der Liberalisierung sektorspezifische Regulierungssysteme.

Der Kompetenzspielraum nationaler Regulierungsbehörden wurde dabei vielfach durch übergeordnete Instanzen, zum Beispiel durch Gremien der EU oder der WTO, deutlich eingeschränkt.

---

[658] Vgl. Schwemmle, M., Telekommunikation im Wandel – Politische und Ökonomische Trends, 1997, S. 3.
[659] Vgl. Schwemmle, M., Telekommunikation im Wandel – Politische und Ökonomische Trends, 1997, S. 3.
[660] Vgl. Schwemmle, M., Telekommunikation im Wandel – Politische und Ökonomische Trends, 1997, S. 3 f.
[661] Vgl. Schwemmle, M., Telekommunikation im Wandel – Politische und Ökonomische Trends, 1997, S. 6 f.
[662] Eine ausführlichere Betrachtung des Telecommunications Act von 1996, der die Liberalisierung des Ortsnetzes in den USA zur Folge hatte, findet sich weiter unten in Kapitel C.4.2.1 (Vereinigte Staaten von Amerika).
[663] World Trade Organization.

Fernerhin existierten trotz der Liberalisierung in vielen Ländern die unterschiedlichen Regulierungsinstanzen für Rundfunk und Telekommunikation nebeneinander, wodurch es häufig zu Abgrenzungs-, Zuständigkeits- und Effizienzproblemen kam.[664]

In den meisten Ländern vollzog sich die Regulierung asymmetrisch, indem etablierte Unternehmen bzw. ehemalige Monopolisten mit Auflagen und Kontrollen zugunsten neuer Anbieter belegt wurden.[665] Die nachfolgende Abbildung 37 veranschaulicht die verschiedenen Regulierungsansätze je Telekommunikationssegment in verschiedenen Ländern.

Abb. 37: Regulationsregimes in verschiedenen Ländern

Regulationsregime / TK-Segment	Hörfunk / Fernsehen	Telefonie / Datenverkehr	Neue Dienste / Internet
hoheitlich-hierarchisch-regulatorisch	Deutschland, Frankreich, Japan	USA	
regulatorisch-marktlich	Großbritannien	Deutschland, Großbritannien, Frankreich	Frankreich, Deutschland
marktlich-regulatorisch	Australien	Japan	USA, Japan, Australien
marktlich	Neuseeland, USA	Australien, Neuseeland	Großbritannien

In Anlehnung an: Drüke, H., Regulierungssysteme in der internationalen Telekommunikation – Deregulierung und Regulierung in Zeiten der technologischen Konvergenz, 1999, S. 22

Im Folgenden werden die für die internationale Entwicklung in der Telekommunikation wichtigsten Märkte USA, Europa im Allgemeinen sowie Großbritannien und Frankreich im Besonderen und Japan betrachtet. Aufgrund der historischen Entwicklung und langjährigen Praxis der Regulierung wird hierbei auf die Entwicklung in den USA detaillierter eingegangen.

4.2.1 Vereinigte Staaten von Amerika

4.2.1.1 Allgemeiner Überblick

Die Liberalisierung des US-amerikanischen Telekommunikationsmarktes vollzog sich über mehrere Jahrzehnte und begann bereits 1959 mit der Lockerung des Netzmonopols von AT&T zum Vorteil der Großkunden.[666]

Etwa zehn Jahre später wurde diese Entscheidung auf kommerzielle Anbieter von spezialisierten Datendiensten, die so genannten Specialized Common Carriers (SCCs) und Other Common Carriers (OCCs) ausgedehnt.[667] Dadurch konnten sich weitere alternative Netze bilden, was dem Wettbewerb zugute kam.

---

[664] Vgl. Schwemmle, M., Telekommunikation im Wandel – Politische und Ökonomische Trends, 1997, S. 9 f.
[665] Vgl. Schwemmle, M., Telekommunikation im Wandel – Politische und Ökonomische Trends, 1997, S. 10.
[666] Durch diese so genannte „Above-890"-Entscheidung konnten Großkunden Mikrowellennetze für unternehmensinterne Zwecke errichten (vgl. Klodt, H.; Laaser, C.-F.; Lorz, J. O. [et al.], Wettbewerb und Regulierung in der Telekommunikation, 1995, S. 138).
[667] Vgl. Klodt, H.; Laaser, C.-F.; Lorz, J. O. [et al.], Wettbewerb und Regulierung in der Telekommunikation, 1995, S. 138.

Alle Preis- und Verhaltensregulierungen im Bereich der Interstateverbindungen fallen der Federal Communications Commission (FCC) zu, die 1934 gegründet wurde.[668] Der Kompetenzbereich der FCC wird bei Wettbewerbsfragen durch das Justizministerium und durch die jeweiligen einflussreichen Public Utility Commissions (PUCs) auf Ebene der Bundesstaaten begrenzt.[669]

Die FCC machte AT&T konkrete Vorgaben hinsichtlich der Vermarktung ihrer Dienstleistungen; in erster Linie bezog sich die Aufsicht der FCC aber auf lokale Telekommunikationsgesellschaften von AT&T, da das Unternehmen im Bereich der Fernverkehrsdienste keine Gebietsmonopole besaß.[670] Verbindungen innerhalb der Bundesstaaten werden von der PUC des jeweiligen Staates beaufsichtigt und reguliert. Diese Aufgabenverteilung wurde prinzipiell auch während der Privatisierung beibehalten.

Ende der siebziger Jahre wurde aufgrund der fortschreitenden technologischen Entwicklung der Wettbewerb auch im Sprachtelefondienst zugelassen.[671] Dies galt insbesondere für die gemeinsame Nutzung von Mietleitungskapazitäten durch Dritte für Ortsnetze.

Aufgrund dieser Entwicklungen war der amerikanische Telekommunikationsmarkt grundsätzlich für den Wettbewerb geöffnet. Trotzdem konnte AT&T durch sein weiterhin bestehendes faktisches Monopol bei den Ortsnetzen den Zugang von neuen Wettbewerbern zu potenziellen Kunden im Fernmeldeverkehr enorm erschweren.[672]

AT&T war bis Anfang der 80er Jahre für die Sprachübertragung auf Fernverkehrsnetzen sowie die Übertragung von lokalen Sprachdiensten verantwortlich. Letztere wurde von den Tochtergesellschaften durchgeführt, die jeweils für eine bestimmte geographische Region zuständig waren. In diesen Regionen waren sie ihrerseits Monopolisten.[673]

Bei den allgemeinen Telefonverkehrsdiensten konnte AT&T Mitte der 80er Jahre einen Marktanteil von ca. 85 Prozent auf sich vereinigen.[674] Neben AT&T gab es zu diesem Zeitpunkt annähernd 1.500 kleinere Unternehmen, sog. Independents, die die übrigen 15 Prozent Marktanteil in verschiedenen geographischen Regionen unter sich aufteilten.[675] Ein großer Teil dieser Independents waren als reine Wiederverkäufer (Reseller) von Telekommunikationsdiensten tätig.

Infolge eines Gerichtsverfahrens wurde AT&T 1984 aufgespaltet[676], was das formale Ende der Monopolstellung von AT&T, die seit dem Telecommunications Act von 1934 existierte, bedeutete. Dem Unternehmen blieb nur der Fernverkehrsbereich erhalten, während die 22 Tochtergesellschaften (regionale Bell Operating Companies, BOCs) vom Konzern getrennt wurden. Die Gründe für die Zerschlagung des Unternehmens waren unter anderem:[677]

❑ Technologischer Fortschritt, der einen Wettbewerb anstelle einer Monopolstellung vorteilhafter erscheinen ließ.

❑ Intensive Forderung nach Marktzutritt seitens neuer Unternehmen wie z.B. MCI[678].

❑ Forderung nach deutlichen Preissenkungen von Seiten großer Geschäftskunden, die sich von einer Wettbewerbssituation Vorteile erhofften.

---

[668] Vgl. Wieland, B., Die Entflechtung des amerikanischen Fernmeldemonopols, 1985, S. 11.
[669] Vgl. Drüke, H., Regulierungssysteme in der internationalen Telekommunikation – Deregulierung und Regulierung in Zeiten der technologischen Konvergenz, 1999, S. 26.
[670] Vgl. Kehl, M., Strategische Erfolgsfaktoren in der Telekommunikation – Empirische Untersuchung auf der Basis des Shareholder-Value-Konzeptes, 2002, S. 136.
[671] Vgl. Wieland, B., Die Entflechtung des amerikanischen Fernmeldemonopols, 1985, S. 17.
[672] Vgl. Kiessling, T., Optimale Marktstrukturierung in der Telekommunikation – Lehren aus den USA und anderen Ländern für die EU, 1998, S. 54.
[673] Vgl. Kehl, M., Strategische Erfolgsfaktoren in der Telekommunikation – Empirische Untersuchung auf der Basis des Shareholder-Value-Konzeptes, 2002, S. 135 und Cohen, J. E., The Politics of Telecommunications Regulation, 1992, S. 82 ff.
[674] Vgl. Kiessling, T., Optimale Marktstrukturierung in der Telekommunikation – Lehren aus den USA und anderen Ländern für die EU, 1998, S. 57.
[675] Vgl. Wieland, B., Die Entflechtung des amerikanischen Fernmeldemonopols, 1985, S. 9; ebenso Kehl, M., Strategische Erfolgsfaktoren in der Telekommunikation – Empirische Untersuchung auf der Basis des Shareholder-Value-Konzeptes, 2002, S. 136.
[676] Vgl. Fedra, T., Die Entwicklung des US-Telekommunikationsmarktes nach der Liberalisierung 1984, 1997, S. 16.
[677] Vgl. Kehl, M., Strategische Erfolgsfaktoren in der Telekommunikation – Empirische Untersuchung auf der Basis des Shareholder-Value-Konzeptes, 2002, S. 136.
[678] Microwave Communications Incorporated.

Die regionalen BOCs waren fortan für Telekommunikationsdienste in getrennten aber in sich zusammenhängenden Gebieten zuständig. In den Ortsnetzen waren sie regional weiterhin Monopolisten. Sie wurden vom Markt für Fernmeldeverkehrsanbindungen ausgeschlossen und verpflichtet, allen neuen Anbietern im Bereich des Fernmeldeverkehrs einen diskriminierungsfreien Zugang zu ihren Ortsnetzen bzw. Nahbereichsnetzen zu gewähren.[679] Die Netzzugangsentgelte wurden dabei von der FCC vorgegeben.

Im Interstateverkehr wurde nur AT&T von der FCC reguliert, alle anderen OCCs nicht. Die Orts- und Nahbereichsnetze der ehemaligen Tochtergesellschaften wurden nicht beaufsichtigt. Die FCC kontrollierte darüber hinaus Vereinbarungen zu Interconnection und die Höhe der Gebühren der regionalen BOCs für den Zugang der Fernverbindungsanbieter zu ihren lokalen Netzen; in allen anderen Angelegenheiten unterstanden die regionalen BOCs den jeweiligen PUCs.[680]

Die Zerschlagung von AT&T brachte zwei Teilmärkte hervor, den Fernnetz- und den Ortsnetzbereich.[681] Beide waren klar voneinander getrennt. Im Folgenden wird daher zunächst auf die Entwicklung im Ortsnetz und im Anschluss daran auf die Entwicklung im Festnetzbereich eingegangen.

4.2.1.2 Die Entwicklung im Ortsnetz

Das Ortsnetz im amerikanischen Telekommunikationsmarkt wurde lange Zeit als natürliches Monopol angesehen. Erst der technologische Fortschritt und eine zunehmende Zahl von in den Markt eintretenden Unternehmen – insbesondere im Kabelnetzbereich, bei den Geschäftskunden und auf der letzten Meile – führten zur Beseitigung dieses Monopols.[682]

Der Markteintritt für neue Wettbewerber war nach der Zerschlagung von AT&T in 1984 nicht mehr mit hohen irreversiblen Kosten verbunden. Ein Grund dafür war unter anderem die bereits vorhandene Infrastruktur im Ortsnetz. Eine Regulierung der regionalen BOCs war damit nicht mehr sinnvoll; der Wettbewerb konnte sich entwickeln. Diese Entwicklungen im Ortsnetz erforderten eine grundlegende Reform des US-amerikanischen Telekommunikationsgesetzes, wie es 1996 im Telecommunications Act niedergelegt wurde.[683] Der Act beendete das Ortsnetzmonopol der regionalen BOCs.

4.2.1.3 Die Entwicklung im Fernnetz

Im Fernnetzbereich sah sich AT&T über eine lange Zeit mehreren direkten Wettbewerbern gegenüber. Durch eine frühzeitige asymmetrische Regulierung sollte der Wettbewerb gefördert werden. Zwar traten infolgedessen viele Unternehmen in den Markt ein, aber lediglich zwei – Sprint und MCI – konnten sich nennenswerte Marktanteile erarbeiten.[684]

Im Jahr 1992 versorgten AT&T, Sprint und MCI 85 Prozent der US-amerikanischen Telefonkunden mit ihren nationalen Diensten; im Bereich der internationalen Dienste konnten alle drei Unternehmen zusammen einen Marktanteil von 98 Prozent erreichen.[685]

---

[679] Vgl. Klodt, H.; Laaser, C.-F.; Lorz, J.-O. [et al.], Wettbewerb und Regulierung in der Telekommunikation, 1995, S. 139.
[680] Vgl. Klodt, H.; Laaser, C.-F.; Lorz, J. O. [et al.], Wettbewerb und Regulierung in der Telekommunikation, 1995, S. 139.
[681] Vgl. Kehl, M., Strategische Erfolgsfaktoren in der Telekommunikation – Empirische Untersuchung auf der Basis des Shareholder-Value-Konzeptes, 2002, S. 140.
[682] Vgl. Kehl, M., Strategische Erfolgsfaktoren in der Telekommunikation – Empirische Untersuchung auf der Basis des Shareholder-Value-Konzeptes, 2002, S. 140.
[683] Vgl. Kehl, M., Strategische Erfolgsfaktoren in der Telekommunikation – Empirische Untersuchung auf der Basis des Shareholder-Value-Konzeptes, 2002, S. 142.
[684] Vgl. Motz, O; Zydorek, C., Konzentration oder Wettbewerb? Der Telekommunikationsmarkt in den USA nach der Reform von 1996, 1996, S. 34.
[685] Vgl. Kehl, M., Strategische Erfolgsfaktoren in der Telekommunikation – Empirische Untersuchung auf der Basis des Shareholder-Value-Konzeptes, 2002, S. 142 f.

Die folgende Abbildung 38 gibt einen Überblick über die Entwicklung der Marktanteile zwischen den beiden wichtigen Jahren 1984 und 1996.

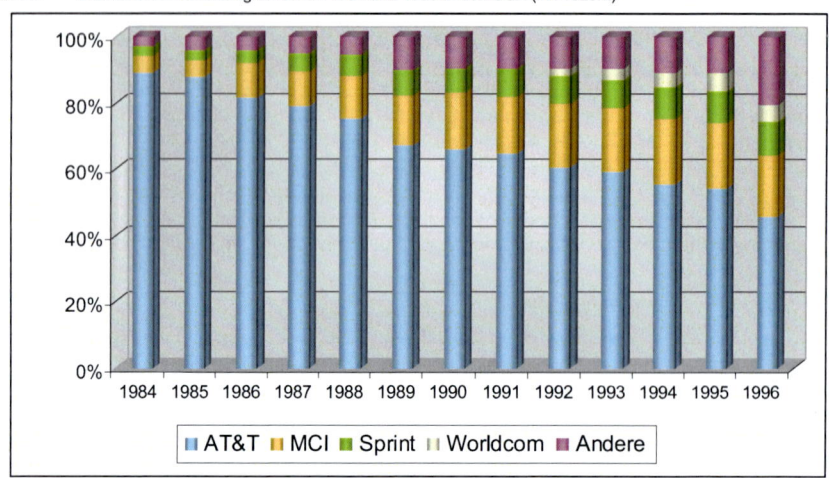

Abb. 38: Marktanteilsentwicklung zwischen 1984 und 1996 in den USA (in Prozent)

In Anlehnung an: Kehl, M., Strategische Erfolgsfaktoren in der Telekommunikation – Empirische Untersuchung auf der Basis des Shareholder-Value-Konzeptes, 2002, S. 143

Nicht die hohen Marktanteilsverluste von AT&T, sondern die Preisentwicklung zwischen 1984 und 1996 waren Indikatoren dafür, dass sich kein intensiver Wettbewerb im Fernnetz entwickelte. Von Seiten der FCC wurde eine Senkung der Access Charges vorgeschrieben, die zu einem Preisrückgang von nahezu 50 Prozent zwischen 1984 und 1991 führte.[686]

Zusammenfassend kann festgehalten werden, dass im Fernnetz eine oligopolistische Struktur unter der Führung von AT&T existierte. Zehn Jahre nach Zerschlagung des Unternehmens beherrschte AT&T mit ca. 70 Prozent Marktanteil weiterhin den Fernnetzbereich.[687]

Darüber hinaus wurden die regionalen BOCs am Eintritt in den Fernnetzmarkt gehindert, da sie von der Regulierungsbehörde aufgrund ihrer Marktmacht und der damit verbundenen Finanzkraft als Bedrohung für den Wettbewerb angesehen wurden.

Alle genannten Entwicklungen führten schließlich zur Reform des Telekommunikationsmarktes mit dem Telecommunications Act von 1996.

4.2.1.4 Der Telecommunications Act von 1996

Der Telecommunications Act trat am 01.01.1996 in Kraft. Sein Ziel war die Liberalisierung des Ortsnetzes. Das Gesetz veränderte die Wettbewerbssituation im US-amerikanischen Telekommunikationsmarkt entscheidend, indem es zu einem grundlegenden Wandel der Anbieterstrukturen führte. Jedes im Ortsnetz tätige Unternehmen konnte nach dem Telecommunications Act zusätzlich Leistungen im Fernnetz anbieten und umgekehrt.[688]

---

[686] Vgl. Kehl, M., Strategische Erfolgsfaktoren in der Telekommunikation – Empirische Untersuchung auf der Basis des Shareholder-Value-Konzeptes, 2002, S. 143.
[687] Vgl. Kehl, M., Strategische Erfolgsfaktoren in der Telekommunikation – Empirische Untersuchung auf der Basis des Shareholder-Value-Konzeptes, 2002, S. 143.
[688] Vgl. Drüke, H., Regulierungssysteme in der internationalen Telekommunikation – Deregulierung und Regulierung in Zeiten der technologischen Konvergenz, 1999, S. 34.

Der Wettbewerb erstreckte sich nun auf alle Telekommunikationsdienste, so dass jedes Unternehmen theoretisch als Full-Service Provider auftreten konnte.

Um einen Wettbewerb im Ortsnetz herbeizuführen, enthielt der Act Regelungen zu Kooperationen zwischen bestehenden Anbietern und neuen Wettbewerbern. Die Festlegungen für den Fernnetzbereich ergaben sich aus den Bestimmungen für das Ortsnetz.

Im Wesentlichen enthielt der Act folgende Bestimmungen:[689]

- Die für den Ortsnetzwettbewerb relevanten Anbieter wurden in vier Regulierungsstufen klassifiziert. Mit jeder Stufe stieg die Menge der Auflagen.
- Zur ersten Stufe gehörten alle Telekommunikationsunternehmen. Sie wurden verpflichtet, Zusammenschaltungen ihrer Netze (Interconnection) mit anderen auf dem Markt tätigen Unternehmen zu ermöglichen.
- In der vierten Regulierungsstufe wurden Verpflichtungen für die marktbeherrschenden regionalen BOCs definiert. Ihnen war es nur dann erlaubt Fernnetzdienste anzubieten, wenn sie eine so genannte Competitive Checklist erfüllten.

Ein wesentliches Kriterium dieser Checklist war ein entwickelter Wettbewerb im Ortsnetzbereich des jeweiligen BOC.

Die Regulierung im Ortsnetz bedeutete langfristig eine Zunahme des Wettbewerbs im Fernnetz, da mit dem Inkrafttreten des Telecommunications Act auch die regionalen BOCs Dienste in diesem Markt anbieten konnten. Für die etablierten Anbieter im Fernnetzmarkt entstand nicht zuletzt aufgrund der Marktmacht und Markenstärke der BOCs eine intensivierte Konkurrenzsituation.[690]

Zusätzlich zum Markteintritt der BOCs in das Fernnetz erhöhte sich das Potenzial zum Zusammenschluss von Unternehmen.[691] Dabei konnten Telekommunikationsinfrastrukturen oder Mobilfunklizenzen nur mit Genehmigung der FCC erworben werden, wenn der Erwerb im öffentlichen Interesse lag.[692]

4.2.1.5 Zusammenfassung der Entwicklung des US-amerikanischen TK-Marktes

Die jüngere Geschichte des US-amerikanischen Telekommunikationsmarktes lässt sich in drei wesentliche Teilperioden gliedern:

- Die Zeit vor der Zerschlagung von AT&T bis 1984.
- Die Zeit von 1984 bis zum Telecommunications Act 1996.
- Die Zeit nach dem Telecommunications Act (vollständige Liberalisierung des Wettbewerbs).

Von 1984 bis 1996 konnten keine signifikanten Änderungen des Wettbewerbs verzeichnet werden, da im Ortsnetz die Monopolstellung unzweifelhaft Bestand hatte und im Fernnetzbereich keine bedeutenden neuen Wettbewerber in den Markt eintraten.[693] Allmähliche Veränderungen in der Marktstruktur ergaben sich erst nach 1996.

4.2.2 Europa

In Teilen Europas setzten, ähnlich wie in den USA, die Regulierung und Privatisierung der Telekommunikationsmärkte und -unternehmen früher ein als in Deutschland.

---

[689] Vgl. Kehl, M., Strategische Erfolgsfaktoren in der Telekommunikation – Empirische Untersuchung auf der Basis des Shareholder-Value-Konzeptes, 2002, S. 146 f.
[690] Vgl. Kehl, M., Strategische Erfolgsfaktoren in der Telekommunikation – Empirische Untersuchung auf der Basis des Shareholder-Value-Konzeptes, 2002, S. 147.
[691] Vgl. Kehl, M., Strategische Erfolgsfaktoren in der Telekommunikation – Empirische Untersuchung auf der Basis des Shareholder-Value-Konzeptes, 2002, S. 148 f.
[692] Vgl. Koenig, C.; Vogelsang, I.; Kühling, J. [et al.], Funktionsfähiger Wettbewerb auf den Telekommunikationsmärkten – Ökonomische und juristische Perspektiven zum Umfang der Regulierung, 2002, S. 82.
[693] Vgl. Kehl, M., Strategische Erfolgsfaktoren in der Telekommunikation – Empirische Untersuchung auf der Basis des Shareholder-Value-Konzeptes, 2002, S. 149.

Zentrale Ziele aller Maßnahmen waren das Aufbrechen von nationalen Festnetz- und Telefondienstemonopolen, damit verbundene Preissenkungen, das Entstehen innovativer Dienste sowie eine erhöhte Kundenorientierung.

Zu den Vorgaben der EU gehörte die europaweite Liberalisierung des Festnetzes und der Telefondienste bis zum 01.01.1998. Alternative Telekommunikationsinfrastrukturen für liberalisierte Dienste sollten bereits bis zum 01.07.1996 freigegeben werden.

Die nachstehende Abbildung 39 stellt eine Übersicht zum Liberalisierungsstand der Festnetzinfrastrukturen in den EU-Staaten Anfang 1996 dar.

Abb. 39: Liberalisierungsstand Festnetzinfrastruktur Anfang 1996 in den EU-Staaten

Land	allgemeine Festnetzinfrastruktur	Ausnahmeregelungen, Versorgungsunternehmen, Behörden	Lizensierung von Corporate Networks	spezifische Infrastruktur für Dritte
Belgien	Monopol	ja	nein	Monopol
Dänemark	Monopol	ja	ja	Monopol
Deutschland	Monopol	ja	ja	eingeschränkter Wettbewerb
Finnland	uneingeschränkter Wettbewerb	nicht erforderlich	ja	uneingeschränkter Wettbewerb
Frankreich	Monopol	zum Teil ja	nein	eingeschränkter Wettbewerb
Griechenland	Monopol	ja	nein	Monopol
Großbritannien	uneingeschränkter Wettbewerb	nicht erforderlich	ja	uneingeschränkter Wettbewerb
Irland	Monopol	nein	nein	Monopol
Italien	Monopol	ja	nein	Monopol
Luxemburg	Monopol	nein	nein	Monopol
Niederlande	eingeschränkter Wettbewerb	nein	nein	eingeschränkter Wettbewerb
Portugal	Monopol	ja	nein	Monopol
Schweden	uneingeschränkter Wettbewerb	nicht erforderlich	nein	uneingeschränkter Wettbewerb
Spanien	Monopol	ja	ja	Monopol

In Anlehnung an: Gerpott, T. J., Telekommunikationsmärkte in Europa – Rückblick, Einblick und Ausblick, 1996, S. 5

Durch Privatisierungen sollte die Wettbewerbsfähigkeit der etablierten Telekommunikationsnetzbetreiber gesteigert werden. Weitere Ziele waren:[694]

- Erleichterung der Kapitalbeschaffung.
- Erleichterung strategischer Allianzen.
- Verstärkung der Renditeorientierung und des Rationalisierungsdrucks.
- Erhöhung der Flexibilität (Preise, Personal, F&E[695]).

---

[694] Vgl. Gerpott, T. J., Telekommunikationsmärkte in Europa – Rückblick, Einblick und Ausblick, 1996, S. 8.
[695] Forschung & Entwicklung.

Einen Überblick über im Jahr 1996 bereits realisierte und noch geplante Privatisierungen gibt die nachfolgende Abbildung 40.

Abb. 40: Realisierte und geplante Privatisierungen im März 1996 in Prozent

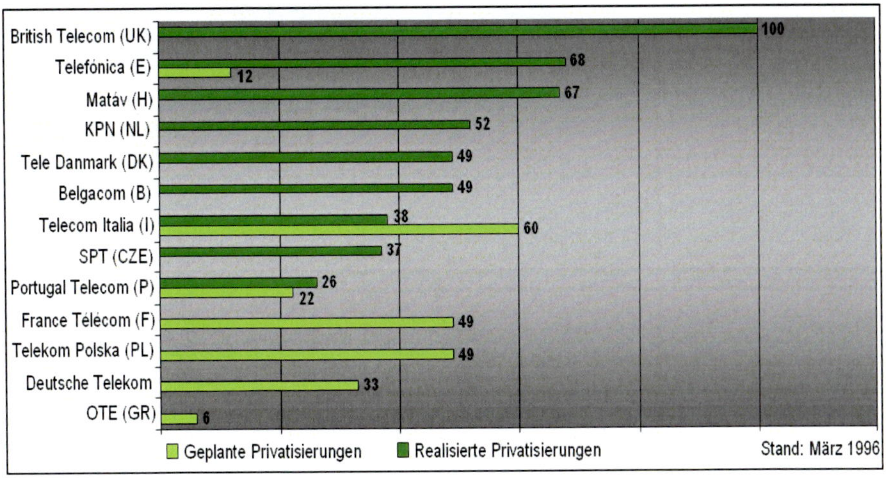

Unternehmen	Realisierte Privatisierungen	Geplante Privatisierungen
British Telecom (UK)	100	
Telefónica (E)	68	12
Matáv (H)	67	
KPN (NL)	52	
Tele Danmark (DK)	49	
Belgacom (B)	49	
Telecom Italia (I)	38	60
SPT (CZE)	37	
Portugal Telecom (P)	22	26
France Télécom (F)		49
Telekom Polska (PL)		49
Deutsche Telekom		33
OTE (GR)	6	

Stand: März 1996

In Anlehnung an: Gerpott, T. J., Telekommunikationsmärkte in Europa – Rückblick, Einblick und Ausblick, 1996, S. 8

4.2.2.1 Großbritannien

Vor der Liberalisierung des Telekommunikationsmarktes in Großbritannien existierte dort ein unter staatlicher Kontrolle stehendes Netz-, Dienste- und Endgerätemonopol.[696] Die Regulierung begann mit der Kombination aus einer materiellen Privatisierung und einer beschränkten Zulassung von Wettbewerb im Netzbereich in Form eines Duopols.[697] Erst 1991 wurde der Markt für weitere Anbieter geöffnet.

Die ersten Schritte hin zu einer Regulierung erfolgten mit der ersten Reformstufe in 1981, als die Telekommunikationssparte aus der Post herausgelöst und als British Telecom (BT) verselbstständigt wurde.[698] Gleichzeitig wurde das Endgerätemonopol teilweise aufgehoben und private Anbieter von Mehrwertdiensten zugelassen.

Einen weiteren wichtigen Schritt stellte die Abschaffung des Netzmonopols im Telekommunikationsbereich der Post dar. Dadurch eröffneten sich Möglichkeiten zur gesetzlichen Lizenzierung von alternativen Netzbetreibern. So wurde zum Beispiel Ende 1982 dem privaten Mercury-Konsortium als ersten Konkurrenten von BT eine weitreichende Lizenz für den Aufbau eines alternativen landesweiten Telekommunikationsnetzes erteilt.[699]

---

[696] Vgl. Arzt, C.; Bach, K.; Schüler, K. W., Telekommunikationspolitik in Großbritannien – Auswirkungen von Privatisierung und Liberalisierung, 1990, S. 39.
[697] Vgl. Klodt, H.; Laaser, C.-F.; Lorz, J. O. [et al.], Wettbewerb und Regulierung in der Telekommunikation, 1995, S. 140.
[698] Vgl. Bock, M., Die Regulierung der britischen Telekommunikationsmärkte, 1995, S. 26.
[699] Vgl. Klodt, H.; Laaser, C.-F.; Lorz, J. O. [et al.], Wettbewerb und Regulierung in der Telekommunikation, 1995, S. 140.

Die Privatisierung von British Telecom begann in 1984 und wurde in 1993 abgeschlossen.[700] Bis 1995 hatten sich auf dem britischen Telekommunikationsmarkt rund 160 Wettbewerber etabliert.[701] Mit der Privatisierung wurde ein neuer rechtlicher Rahmen für den britischen Telekommunikationsmarkt geschaffen:[702]

❑ Seit 1984 existiert die unabhängige Regulierungsbehörde für Telekommunikationsdienstleistungen Office of the Telecommunications Regulator (OFTEL).

❑ British Telecom wurde einer asymmetrischen Regulierung unterzogen.

❑ Die Preise der British Telecom wurden nach der Price-Cap-Methode[703] reguliert. Gleichzeitig wurden die Preise des Konkurrenten Mercury von der Regulierung ausgenommen.

❑ BT erhielt die Auflage, eine flächendeckende Versorgung des Landes mit Telekommunikationsleistungen sicherzustellen.

Zu den Aufgaben von OFTEL gehörten unter anderem[704] die Kontrolle der Interconnectionvereinbarungen zum Zusammenschalten von Netzen und zum Zugang von Mercury zu den Ortsnetzen der British Telecom.[705] Im Gegensatz zu einigen anderen Ländern wurde in Großbritannien der Gesamtmarkt betrachtet und dabei die Eigentümerstruktur in allen Medien zugrunde gelegt. Dadurch waren Cross-Ownerships zwischen Rundfunk und Presse sowie zwischen Analog- und Digital-TV nur unter engen gesetzlichen Auflagen möglich.[706]

OFTEL förderte in der ersten Zeit gezielt neue Unternehmen, indem diese durch eine Begrenzung der Neuerteilung von Lizenzen für eine bestimmte Zeit geschützt wurden.[707] Neben dem terrestrischen Duopol wurde der Randwettbewerb im Mobilfunkmarkt und im Bereich der Satellitendienste zugelassen. Seit Beginn der 90er Jahre wurde von Seiten der Regierung der Wettbewerb auf den britischen Fernmeldemärkten vollständig freigegeben. Die Liberalisierung umfasste unter anderem die Ausgabe neuer Netzlizenzen (zum Beispiel für Mobilfunkbetreiber), das Recht zum Betreiben des Sprachtelefondienstes für Kabelnetzbetreiber sowie die Freigabe des Weiterverkaufs von Mietleitungskapazitäten im internationalen Verkehr in ausgewählten Ländern.[708]

Zusammenfassend bleibt festzuhalten, dass die Privatisierung der British Telecom und die Liberalisierung des Marktes bis Mitte der 90er Jahre kaum zu Veränderungen der Marktstellung des Unternehmens oder der Anbieterstruktur geführt haben. Noch in 1997 wurden fast 95 Prozent aller Privatanschlüsse von BT bereitgestellt.[709] Die erste ernsthafte Konkurrenzsituation im Privatkundenmarkt entstand für BT ca. 10 Jahre nach dem Wegfall des Monopols durch die Nutzung von neuen Kabel-TV-Netzen für Telefondienste.[710]

---

[700] Vgl. Klodt, H.; Laaser, C.-F.; Lorz, J. O. [et al.], Wettbewerb und Regulierung in der Telekommunikation, 1995, S. 140.
[701] Vgl. Deutsche Telekom AG (Hrsg.), Union unter Zeitdruck, 1995, S. 52.
[702] Vgl. Klodt, H.; Laaser, C.-F.; Lorz, J. O. [et al.], Wettbewerb und Regulierung in der Telekommunikation, 1995, S. 140.
[703] Zur Price-Cap-Methode siehe die Ausführungen in Kapitel C.5.1.5.3 (Entgeltregulierung nach dem novellierten TKG).
[704] Die Pflichten der OFTEL sind im Telecommunications Act von 1984 dargestellt. Hiernach hat die OFTEL sicherzustellen, dass die Nachfrage nach Telekommunikationsdienstleistungen, insbesondere das Notrufsystem, öffentliche Sprechstellen, die Auskunfts- und Seefunkdienste sowie die Versorgung der ländlichen Bevölkerung überall befriedigt wird (Universal Service). Die Interessen der Verbraucher, Käufer und anderweitiger Nutzer von TK-Diensten sollen hinsichtlich der Preise, Qualität und Vielfalt der bereitgestellten Diensten und Geräten gefördert werden. Eine wesentliche Aufgabe der OFTEL ist auch die Aufrechterhaltung und Förderung des Wettbewerbs sowie der Forschung, Entwicklung und Nutzung von neuen Technologien. Des Weiteren obliegt der OFTEL u.a. die Förderung der internationalen Konkurrenzfähigkeit der britischen TK-Dienstleister und -Gerätehersteller. Vgl. hierzu Arzt, C.; Bach, K.; Schüler, K. W., Telekommunikationspolitik in Großbritannien – Auswirkungen von Privatisierung und Liberalisierung, 1990, S. 43 f.; ebenso Felhölter, G., Internationalisierung und staatliche Regulierung des Netzwettbewerbs. Zum Wandel des Fernmeldewesens in Großbritannien, 1997, S. 99 f.
[705] Vgl. Arzt, C.; Bach, K.; Schüler, K. W., Telekommunikationspolitik in Großbritannien – Auswirkungen von Privatisierung und Liberalisierung, 1990, S. 41 f. und Klodt, H.; Laaser, C.-F.; Lorz, J. O. [et al.], Wettbewerb und Regulierung in der Telekommunikation, 1995, S. 140.
[706] Vgl. Drüke, H., Regulierungssysteme in der internationalen Telekommunikation – Deregulierung und Regulierung in Zeiten der technologischen Konvergenz, 1999, S. 25.
[707] Vgl. Drüke, H., Regulierungssysteme in der internationalen Telekommunikation – Deregulierung und Regulierung in Zeiten der technologischen Konvergenz, 1999, S. 25.
[708] Vgl. Klodt, H.; Laaser, C.-F.; Lorz, J. O. [et al.], Wettbewerb und Regulierung in der Telekommunikation, 1995, S. 141.
[709] Vgl. Schumacher, W., Deutschland digital – Wachstumsmarkt Telekommunikation, 1997, S. 55.
[710] Vgl. Gerpott, T. J., Telekommunikationsmärkte in Europa – Rückblick, Einblick und Ausblick, 1996, S. 10.

Die nachfolgende Abbildung 41 stellt die Marktanteilsentwicklung von 1990 / 1991 zu 1994 / 1995 in Großbritannien dar.

Abb. 41: Marktanteile bei verschiedenen Telefondiensten in Großbritannien

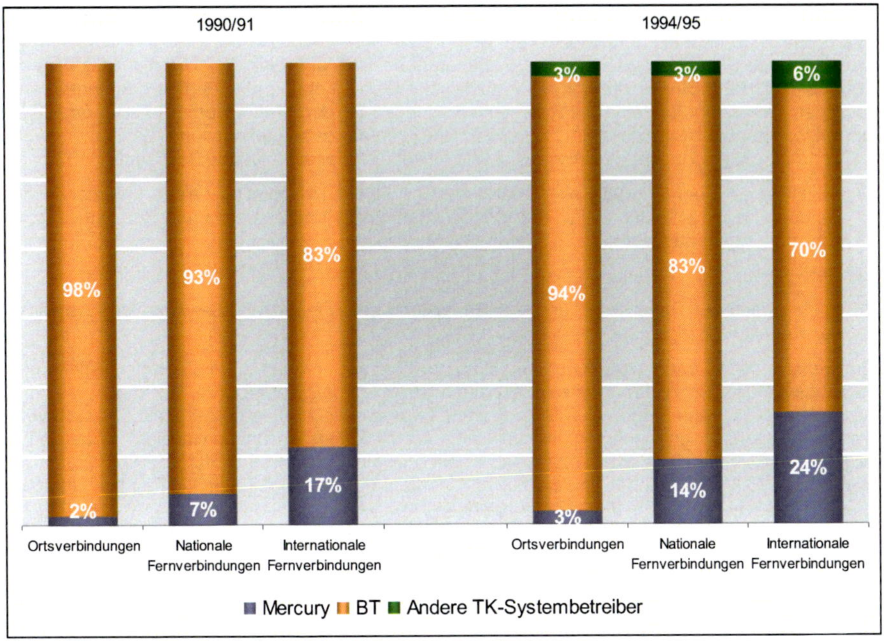

[Balkendiagramm 1990/91 und 1994/95:

1990/91:
- Ortsverbindungen: BT 98%, Mercury 2%
- Nationale Fernverbindungen: BT 93%, Mercury 7%
- Internationale Fernverbindungen: BT 83%, Mercury 17%

1994/95:
- Ortsverbindungen: BT 94%, Mercury 3%, Andere 3%
- Nationale Fernverbindungen: BT 83%, Mercury 14%, Andere 3%
- Internationale Fernverbindungen: BT 70%, Mercury 24%, Andere 6%

Legende: Mercury, BT, Andere TK-Systembetreiber]

In Anlehnung an: Gerpott, T. J., Telekommunikationsmärkte in Europa – Rückblick, Einblick und Ausblick, 1996, S. 9

4.2.2.2 Frankreich

Die Entwicklung auf dem französischen Telekommunikationsmarkt weist Parallelen sowohl zum US-amerikanischen als auch zum deutschen Markt auf. Dabei wurde die Liberalisierung an die zeitlichen Vorschriften der EU angepasst. Insgesamt verlief der Prozess der Modernisierung des Telekommunikationssektors über fast dreißig Jahre. Das öffentliche Monopol lag bis 1989 in den Händen des Ministeriums für Post und Telekommunikation. Bereits ein Jahr zuvor wurde der für die Telekommunikation zuständige Bereich des Ministeriums in France Télécom umbenannt.[711]

Mit einer Gesetzesänderung, die zum 01.01.1991 in Kraft trat, wurde die France Télécom endgültig von der Post getrennt.[712] Beide Einheiten waren ab diesem Zeitpunkt eigenständige Unternehmen. Besonders für die France Télécom ergab sich nun die Möglichkeit, auf den internationalen Finanzmärkten zu agieren. Zugleich wurden die Monopolrechte des Unternehmens neu definiert:[713]

❑ Öffnung des Mobilfunkmarktes.

❑ Beibehaltung des Monopols bei den Basisdiensten wie zum Beispiel Sprachübertragung und Telex.

❑ Erlaubnis des Ministeriums oder Berücksichtigung von Auflagen für das Anbieten von Mehrwertdiensten.

---
[711] Vgl. Autorité de régulation des télécommunications (Hrsg.), Annual Report 1997, Unabridged Version, 1997, S. 16.
[712] Vgl. Lemke, T.; Waringo, K., Frankreich: Aufstieg und Niedergang des High-Tech-Colbertismus, 1997, S. 135.
[713] Vgl. Lemke, T.; Waringo, K., Frankreich: Aufstieg und Niedergang des High-Tech-Colbertismus, 1997, S. 135 f.

France Télécom war ab diesem Zeitpunkt somit ein Unternehmen, das sowohl als freier Netzbetreiber am Markt agierte als auch als geschützter Anbieter auftrat, der für die Entwicklung und Aufrechterhaltung von Public Services verantwortlich war.[714]

Mit dem Telekommunikationsgesetz vom 29. Dezember 1990 und der darin definierten Bereiche des französischen Telekommunikationssektors begann die Liberalisierung von Teilen des Marktes (gleichzeitig wurden die regulatorischen Befugnisse des Ministers festgelegt).[715] Grundlegende Veränderungen für den französischen Markt ergaben sich aus dem Telekommunikationsgesetz vom 26. Juli 1996. Dieses verband die französische Gesetzgebung mit den übergeordneten europäischen Richtlinien und legte die Rahmenbedingungen für den Wettbewerb im Telekommunikationssektor fest. Damit wurde auch die vollständige Öffnung des Telekommunikationsmarktes zum 01.01.1998 festgeschrieben. Im Wesentlichen enthielt das Gesetz folgende Bestimmungen:[716]

❑ Vollständige Liberalisierung aller Aktivitäten im Telekommunikationssektor (Interconnection, Aufbau von Infrastruktur, freie Wahl des Netzbetreibers und ausreichende Bereitstellung von Übertragungsfrequenzen).

❑ Bereitstellung und Regelungen zur Planung der Kosten von Universaldienstleistungen.

❑ Maßnahmen zur Regulierung und Gewährleistung eines fairen Wettbewerbs; Unabhängigkeit der Regulierungsbehörde.

Ein weiterer bedeutender Schritt auf dem Weg zur Liberalisierung des französischen Telekommunikationsmarktes stellte das zweite Telekommunikationsgesetz vom 26. Juli 1998 dar. Mit Rückwirkung zum 01. Januar 1997 wurde die France Télécom, die zu diesem Zeitpunkt das viertgrößte Telekommunikationsunternehmen weltweit war, als Aktiengesellschaft privatisiert, wobei jedoch der Staat weiterhin mit ca. 51 Prozent der Anteile die Aktienmehrheit behielt.[717] 20 bis 25 Prozent der übrigen Aktien wurden für den öffentlichen Verkauf freigegeben.[718] Seit 1997 ist das Unternehmen an den Börsen in Paris und New York notiert.[719]

Die Aufgaben der Regulierung nimmt auch heute noch die unabhängige Autorité de régulation des télécommunications (ART) in Zusammenarbeit mit dem für Telekommunikation zuständigen Minister wahr.[720] Die Aufgaben der ART ähneln in weiten Bereichen den Aufgaben, die in anderen internationalen Telekommunikationsgesetzen zu finden sind:[721]

❑ Untersuchung von Anfragen zur Lizenzerteilung für das Betreiben von öffentlichen Netzwerken.

❑ Überwachung der öffentlichen Telefonservices.

❑ Autorisierung von unabhängigen Netzwerken.

❑ Kostenkalkulation von Universaldienstleistungen.

❑ Festlegung bzw. Kontrolle von Tarifen.

❑ Allokation von Frequenzen.

❑ Konfliktlösung bei Fragen zu Interconnection, Kabelnetzen und Mitbenutzung von Infrastruktureinrichtungen.

❑ Aussprechen von verwaltungstechnischen und finanziellen Sanktionen.

Im Gegensatz zum deutschen System der dezentralen Regulierung ist die Regulierung in Frankreich zentral – also national – organisiert.[722] In Deutschland ist die Bundesnetzagentur zuständig für

---
[714] Vgl. Lemke, T.; Waringo, K., Frankreich: Aufstieg und Niedergang des High-Tech-Colbertismus, 1997, S. 136.
[715] Vgl. Autorité de régulation des télécommunications (Hrsg.), Annual Report 1997, Unabridged Version, 1997, S. 16.
[716] Vgl. Autorité de régulation des télécommunications (Hrsg.), Annual Report 1997, Unabridged Version, 1997, S. 18 f.
[717] Vgl. Lemke, T.; Waringo, K., Frankreich: Aufstieg und Niedergang des High-Tech-Colbertismus, 1997, S. 139 i.V.m. Schumacher, W., Deutschland digital – Wachstumsmarkt Telekommunikation, 1997, S. 55.
[718] Vgl. Autorité de régulation des télécommunications (Hrsg.), Annual Report 1997, Unabridged Version, 1997, S. 17.
[719] Vgl. France Télécom SA (Hrsg.), Milestones, http://www.francetelecom.com/en/group/vision/history/milestones, 2004.
[720] Vgl. Autorité de régulation des télécommunications (Hrsg.), Annual Report 1997, Unabridged Version, 1997, S. 20.
[721] Vgl. Autorité de régulation des télécommunications (Hrsg.), Annual Report 1997, Unabridged Version, 1997, S. 24.
[722] Vgl. Autorité de régulation des télécommunications (Hrsg.), Annual Report 1997, Unabridged Version, 1997, S. 27.

die Lizenzvergabe. In Frankreich dagegen fällt dieses Verfahren – ähnlich wie in Großbritannien – in den Verantwortlichkeitsbereich des Ministers.[723]

4.2.3 Japan

In Japan setzte die Deregulierung des Telekommunikationsmarktes ähnlich früh wie in den USA ein. Bereits 1984 wurden der staatliche Anbieter von inländischen Telekommunikationsdienstleistungen Nippon Telegraph and Telephone Corporation (NTT) privatisiert und das Netzmonopol im nationalen und internationalen Bereich sowie das Endgerätemonopol aufgehoben.[724] Bis dato bestanden auf dem japanischen Telekommunikationsmarkt zwei Monopolbereiche: NTT war der Anbieter für TK-Dienste im Binnenmarkt und KDD (Kokusai Denshin Denwa) war der Monopolanbieter für internationale TK-Dienste.[725]

Im Bereich der nationalen und internationalen Telekommunikation wurden sowohl Betreibern von eigenen Übertragungswegen, unabhängig von der Art der über die Netze vermittelten Informationen, als auch Anbietern von Diensten auf Basis von Mietleitungen Lizenzen erteilt. Letztgenannte Unternehmen, die ihre Leistungen der breiten Öffentlichkeit zur Verfügung stellen wollten, mussten sich registrieren lassen.[726]

Trotz dieser Maßnahmen der Deregulierung wurde die Trennung zwischen nationalem und internationalem Telekommunikationsmarkt beibehalten. Zudem wurde 1994 das Verbot des Weiterverkaufs von Mietleitungskapazitäten im Sprachtelefondienst schrittweise aufgehoben.[727]

Das Monopol von NTT wurde besonders im Bereich der Basisdienste und Telekommunikationsgeräte nur langsam abgebaut. Der Notwendigkeit, eine Wettbewerbssituation zu schaffen, wurde zunächst nur durch das Nippon Telegraph and Telephone Corporation Law aus dem Jahr 1984 Rechnung getragen: NTT wurde in eine Aktiengesellschaft umgewandelt unter der Auflage, diese zu einem späteren Zeitpunkt zu maximal zwei Dritteln zu privatisieren.[728] Damit wurde das ehemals staatliche Unternehmen zur Hälfte privatisiert.

NTT wurde hinsichtlich seiner Preise und seines Verhaltens, wie etwa in Zusammenhang mit der Genehmigung des Angebots neuer Dienstleistungen, der Regulierung unterzogen. Diese wurde ausgeübt vom Ministerium für Post und Telekommunikation.[729] Darüber hinaus wurde NTT als einziges Unternehmen die Auflage erteilt, flächendeckende Telekommunikationsdienstleistungen anzubieten.[730]

In 1985 wurde der Netzmarkt in Japan vollständig liberalisiert. Das Telecommunication Business Law reduzierte deutlich die Markteintrittsbarrieren für neue Anbieter sowie die Regulierung in Bezug auf Telekommunikationsdienstleistungen. Das Anbieten von Mehrwertdiensten wurde ebenso vereinfacht wie das Verfahren der Lizenzerteilung für Unternehmen, die eine eigene Infrastruktur besaßen und betreiben wollten.[731] Dies führte dazu, dass die Zahl der Anbieter bis 1995 auf 115 anstieg und gleichzeitig die Preise für Fernverbindungen stark zurückgingen.[732] Darüber hinaus wurde der japanische Telekommunikationsmarkt auch für ausländische Investoren attraktiv.

Im Gegensatz zum Fernnetzmarkt herrschte im Bereich der Ortsnetze noch im Jahr 1995, 10 Jahre nach der Liberalisierung, kaum Wettbewerb. Daher konnte NTT in diesem Sektor immer noch als Monopolist bezeichnet werden.[733]

---

[723] Vgl. Autorité de régulation des télécommunications (Hrsg.), Annual Report 1997, Unabridged Version, 1997, S. 28.
[724] Vgl. Klodt, H.; Laaser, C.-F.; Lorz, J. O. [et al.], Wettbewerb und Regulierung in der Telekommunikation, 1995, S. 141.
[725] Vgl. Kiessling, T., Optimale Marktstrukturierung in der Telekommunikation – Lehren aus den USA und anderen Ländern für die EU, 1998, S. 62.
[726] Vgl. Klodt, H.; Laaser, C.-F.; Lorz, J. O. [et al.], Wettbewerb und Regulierung in der Telekommunikation, 1995, S. 141.
[727] Vgl. Klodt, H.; Laaser, C.-F.; Lorz, J. O. [et al.], Wettbewerb und Regulierung in der Telekommunikation, 1995, S. 142.
[728] Vgl. Klodt, H.; Laaser, C.-F.; Lorz, J. O. [et al.], Wettbewerb und Regulierung in der Telekommunikation, 1995, S. 142.
[729] Vgl. Kiessling, T., Optimale Marktstrukturierung in der Telekommunikation – Lehren aus den USA und anderen Ländern für die EU, 1998, S. 62.
[730] Vgl. Klodt, H.; Laaser, C.-F.; Lorz, J. O. [et al.], Wettbewerb und Regulierung in der Telekommunikation, 1995, S. 142.
[731] Vgl. Duch, R. M., Privatizing the Economy – Telecommunications Policy in Comparative Perspective, 1991, S. 211.
[732] Vgl. Koichiro, A., Deutsche und japanische Telekommunikationspolitik im Vergleich, http://www.kclc.or.jp/humboldt/agatag.htm, 2005.
[733] Vgl. Koichiro, A., Deutsche und japanische Telekommunikationspolitik im Vergleich, http://www.kclc.or.jp/humboldt/agatag.htm, 2005.

Parallel zur Liberalisierung des Netzmarktes wurde auch der Markt für Endkunden für den Wettbewerb geöffnet. In der Folge entwickelte sich eine intensive Konkurrenzsituation mit mehr als 1.000 Anbietern im Jahr 1994.[734]

Im Gegensatz zu den deutschen Reformen des Telekommunikationsmarktes, die in dem nachfolgenden Kapitel beschrieben sind, wurden in Japan die Reformen unabhängig von politischen Gremien erarbeitet. Trotzdem wurde auch lange Zeit nach der Privatisierung von NTT und der Liberalisierung des Marktes die Regulierung durch das Ministerium ausgeübt. Der Grund dafür war die noch nicht erfolgte Privatisierung des Postwesens.[735]

---

[734] Vgl. Kiessling, T., Optimale Marktstrukturierung in der Telekommunikation – Lehren aus den USA und anderen Ländern für die EU, 1998, S. 62.
[735] Vgl. Koichiro, A., Deutsche und japanische Telekommunikationspolitik im Vergleich, http://www.kclc.or.jp/humboldt/agatag.htm, 2005.

5 Die Realisierung der Regulierung in Deutschland

Gegenstand dieses Abschnitts ist die Darstellung der Entwicklung des Telekommunikationsrechts in Deutschland. Die notwendigen Voraussetzungen für die Einführung eines Telekommunikationsgesetzes sind hinlänglich in Kapitel B. (Die Reform des Postwesens als Voraussetzung des Wandels der Telekom) dargestellt. Demnach bedingten die Postreformen eine Regelung des Telekommunikationsrechts für eine nach der hoheitlichen Leistungserbringung für Telekommunikationsdienste auf einen nun für den Wettbewerb geöffneten Markt.

Nach einer kurzen Analyse des Telekommunikationsgesetzes (TKG) wird auf den Novellierungsbedarf, der sich durch die immer mehr an Dynamik zunehmenden Marktveränderungen seit dem Jahr 2000 ergab, eingegangen. Die daraus resultierenden neuen Regelungen im Telekommunikationsrecht werden aufgezeigt.

Zur Umsetzung der Bestimmungen des TKG wurde in Deutschland die Regulierungsbehörde für Telekommunikation und Post (heute Bundesnetzagentur) gegründet.[736] Ihre Einsatzgebiete im Rahmen der Regulierungspraxis werden weiter unten vorgestellt. Zunächst wird auf die gesetzlichen Grundlagen für die Regulierung des Telekommunikationsmarktes in Deutschland eingegangen. Der Abschnitt schließt mit einer Darstellung der Regulierungspraxis in Deutschland.

5.1 Entstehung und Inhalt des deutschen Telekommunikationsgesetzes und der Telekommunikations-Kundenschutzverordnung

5.1.1 Zielsetzungen und Grundprinzipien der Regulierung des Telekommunikationsmarktes in Deutschland

Die allgemeinen Ziele der Regulierung sind in Kapitel C.1 (Zielsetzungen und Grundprinzipien der Regulierung des Telekommunikationsmarktes) ausführlich dargestellt. Sie galten auch für die Motivation, eine rechtliche Regelung für den deutschen Markt zu schaffen. Vor diesem Hintergrund war das Leitziel für die Erarbeitung eines Telekommunikationsgesetzes in Deutschland der Aufbau eines regulatorischen Rahmens, der im Bereich der Telekommunikation annähernd gleiche Bedingungen für alle Marktteilnehmer herstellt.

Über den Wettbewerb sollte sowohl für die Wirtschaft als auch für die Verbraucher der Zugang zu einer modernen, preiswerten und leistungsfähigen Telekommunikationsinfrastruktur und deren Dienstleistungen sichergestellt werden.[737] Die ursprünglichen Ungleichgewichte zwischen der Deutschen Telekom AG als Monopolist und neuen Wettbewerbern sollten innerhalb eines Übergangszeitraums verringert und nach Möglichkeit vollständig aufgehoben werden.

Das Deutsche Telekommunikationsrecht wird durch das Telekommunikationsgesetz von 1996 und in seiner novellierten Fassung aus dem Jahr 2004, der Telekommunikations-Kundenschutzverordnung sowie dem Gesetz zur Änderung telekommunikationsrechtlicher Vorschriften (TKÄndG) vom Februar 2007 bestimmt. Im nachfolgenden Abschnitt wird Bezug genommen auf das erste Telekommunikationsgesetz von 1996. In weiteren Abschnitten werden die Änderungen durch die novellierte Gesetzgebung aus dem Jahr 2004 sowie aus dem TKÄndG aus 2007 erläutert.

5.1.2 Das erste Telekommunikationsgesetz von 1996

Da die europäischen Rechtsvorschriften die Einführung eines liberalisierten Wettbewerbs bei der Sprachtelefonie zum 01.01.1998 einforderten,[738] waren die Auswirkungen der Postreform II lediglich bis Ende 1997 befristet und erforderten eine Novellierung des gesamten Gesetzeswerkes, der im Zuge der Postreform III mit dem Erlass des TKG vom 25.07.1996 entsprochen wurde.[739]

---
[736] Siehe hierzu auch die Ausführungen in Kapitel B.4 (Die Postreform III).
[737] Vgl. Forschungsinstitut für Telekommunikation (Hrsg.), Die Liberalisierung der Telekommunikation in Deutschland: Fakten und Argumente zur Entwicklung des zukünftigen ordnungspolitischen Rahmens, 1995, S. 61.
[738] Siehe hierzu auch die Ausführungen in Kapitel B.4 (Die Postreform III).
[739] Vgl. Holznagel, B.; Enaux, C.; Nienhaus, A., Telekommunikationsrecht, 2006, S. 19.

Das TKG (1996) definierte den Begriff der Telekommunikation als technischen Vorgang des Aussendens, Übermittelns und Empfangens von Nachrichten jeglicher Art in der Form von Zeichen, Sprache, Bildern oder Tönen mittels Telekommunikationsanlagen.[740] Betroffen von der Definition des Begriffs war lediglich die technische Seite, die Inhalte der übertragenen Nachrichten fielen nicht darunter. Das TKG (1996) sollte dazu beitragen, die Regulierung in der Telekommunikation zu unterstützen und flächendeckend angemessene Dienstleistungen zu gewährleisten; gleichzeitig wurde eine Frequenzordnung festgelegt.[741]

Sowohl die Regulierung als auch die Frequenzordnung stellen hoheitliche Aufgaben des Bundes dar. Gemäß § 2 II TKG (1996) waren die Ziele der Regulierung u.a.:[742]

❏ Wahrung der Interessen der Nutzer auf dem Gebiet der Telekommunikation und des Funkwesens sowie die Einhaltung des Fernmeldegeheimnisses.

❏ Sicherstellung eines chancengleichen und funktionsfähigen Wettbewerbs.

❏ Gewährleistung einer flächendeckenden Grundversorgung mit Telekommunikationsdienstleistungen (Universaldiensten) zu angemessenen Preisen.

❏ Förderung von Telekommunikationsdienstleistungen für öffentliche Einrichtungen.

❏ Sicherstellung der effizienten und störungsfreien Nutzung von Frequenzen.

❏ Wahrung der Interessen der öffentlichen Sicherheit.

Unter Geltung des TKG von 1996 waren u.a. das Betreiben von Übertragungswegen, die Grundstücksgrenzen überschreiten und für Telekommunikationsdienstleistungen für die Öffentlichkeit genutzt wurden, sowie das Angebot von Sprachtelefondiensten auf Basis selbstbetriebener Netze einer Lizenzpflicht unterworfen.[743]

Um einen chancengleichen Wettbewerb zu sichern, wurden in das TKG von 1996 einige Regelungen zur Sonderbehandlung für marktbeherrschende Unternehmen eingefügt. Sie werden auch als asymmetrische Regelungen bezeichnet, da sie nicht für alle Unternehmen in gleichem Maße gelten.[744] Zu diesen Regelungen gehörten unter anderem:

❏ Strukturelle Separierung und getrennte Rechnungslegung

Marktbeherrschende Anbieter auf anderen Märkten mussten zur Vermeidung von Quersubventionierungen und Preisdumping ihre Telekommunikationsdienstleistungen in einem rechtlich eigenständigen Unternehmen führen (strukturelle Separierung).[745]

❏ Universaldienstverpflichtung

War eine unzureichende Versorgung mit Universaldienstleistungen gegeben, konnten alle Unternehmen mit einem Marktanteil von mehr als vier Prozent sowie die marktbeherrschenden Unternehmen zur Bereitstellung von Universaldienstleistungen verpflichtet werden.[746]

❏ Entgeltregulierung

Marktbeherrschende Anbieter im Bereich des Sprachtelefondienstes und sonstiger Übertragungswege mussten ihre Entgeltmodelle sowie entgeltbezogene Klauseln ihrer Allgemeinen Geschäftsbedingungen der Regulierungsbehörde zur Genehmigung vorlegen.[747] Die Entgelte

---
[740] Vgl. § 3 Nr. 16 TKG (1996).
[741] Vgl. § 1 TKG (1996).
[742] Vgl. Holznagel, B.; Enaux, C.; Nienhaus, C., Grundzüge des Telekommunikationsrechts – Rahmenbedingungen – Regulierungsfragen – Internationaler Vergleich, 2001, S. 18 f.
[743] Vgl. Holznagel, B.; Enaux, C.; Nienhaus, C., Telekommunikationsrecht, 2006, S. 19.
[744] Vgl. Holznagel, B.; Enaux, C.; Nienhaus, C., Grundzüge des Telekommunikationsrechts – Rahmenbedingungen – Regulierungsfragen – Internationaler Vergleich, 2001, S. 28.
[745] Vgl. § 14 I TKG (1996).
[746] Vgl. § 18 I TKG (1996). Die Universaldienstvorschriften sollten gemäß § 17 ff TKG (1996) die flächendeckende Grundversorgung mit Telekommunikationsdienstleistungen für alle Bundesbürger zu angemessenen Preisen gewährleisten. Der Universaldienst stellte damit ein Mindestangebot an Dienstleistungen für die Öffentlichkeit dar. Beispiele hierfür sind Sprachtelefondienst und ISDN, Rufnummernauskunft, Herausgabe von Telefonbüchern sowie Bereitstellung von öffentlichen Telefonzellen und von Übertragungswegen. Die Universaldienstleistungen sollten über den Markt erbracht werden.
[747] Vgl. § 25 I TKG (1996).

mussten sich im Rahmen der Ex-ante-Regulierung an den Kosten der effizienten Leistungsbereitstellung orientieren und durften keine Aufschläge, mit Ausnahme der neutralen Aufwendungen, soweit diese aus einer rechtlichen Verpflichtung erwuchsen oder sonst wie sachlich begründet werden konnten, enthalten.[748]

❑ Zusammenschlussverbot

Der § 32 TKG (1996) enthielt das Zusammenschlussverbot für marktbeherrschende Unternehmen auf einem Gebiet mit einer Beschränkung für verfügbare Lizenzen wie zum Beispiel im Mobilfunk.

❑ Missbrauchsaufsicht und offener Netzzugang

Der Abschnitt zum offenen Netzzugang und zu Zusammenschaltungen war der wichtigste Abschnitt für einen funktionierenden Wettbewerb in der Telekommunikation, da der marktbeherrschende Anbieter seinen Wettbewerbern den Zugang zu seinen Netzen gewähren musste.[749]

Zur Umsetzung der Vorschriften des TKG (1996) wurde die Regulierungsbehörde für Telekommunikation und Post gegründet, die mit der vollständigen Liberalisierung am 01.01.1998 ihre Arbeit aufnahm. Neben den oben genannten Zielen der Regulierung, die auf dem TKG (1996) basierten, hatte die Regulierungsbehörde weitere Aufgaben:[750]

❑ Vergabe von Lizenzen.
❑ Lösung von Problemen der Standardisierung.
❑ Verwaltung von Frequenzen und Rufnummern.
❑ Aufklärung von Funkstörungen.
❑ Marktbeobachtung.
❑ Beratung der Bürger zu neuen Regelungen und deren Auswirkungen.

Um den Marktzugang für Wettbewerber zu erleichtern, wurden sektorspezifische Regelungen zur Preisregulierung getroffen.[751] Die §§ 33 ff TKG (1996) gewährleisteten dabei den offenen Netzzugang und die Möglichkeit von Zusammenschaltungen von Netzen (Interconnection). Der letzte Teil des TKG von 1996 enthielt Vorschriften über das Fernmeldegeheimnis, den Datenschutz und die damit verbundenen Auskunftspflichten.[752] Flankiert wurde das TKG (1996) von diversen Rechtsverordnungen zu speziellen Regulierungsfeldern.[753]

5.1.3 Kundenschutz in der deutschen Telekommunikationsbranche – Grundlagen des Kundenschutzes gemäß der Telekommunikations-Kundenschutzverordnung von 1998

Zeitgleich mit der vollständigen Liberalisierung des deutschen Telekommunikationsmarktes trat am 01.01.1998 die neue Telekommunikations-Kundenschutzverordnung (TKV) in Kraft. Die bisherige TKV von 1995 zielte alleine auf die Deutsche Telekom AG als Monopolanbieter ab.[754]

Die TKV (1998) basierte auf der Annahme, dass zwischen Endkunden und Anbietern von Telekommunikationsdienstleistungen ein strukturelles Ungleichgewicht besteht. Aus diesem Grund bedürfen die Kunden eines besonderen Schutzes. Die Verordnung legte die rechtlichen Voraussetzungen für die Kundenbeziehungen und damit einhergehend für alle Vertragsverhältnisse zwischen Anbietern und Nachfragern im Bereich der Telekommunikation fest. Die Regelungen über

---

[748] Vgl. § 3 IV TEntgV (1996); ebenso Regulierungsbehörde für Telekommunikation und Post (Hrsg.), Tätigkeitsbericht der Regulierungsbehörde für Telekommunikation und Post 2002/2003, S. 58 f.
[749] Vgl. Holznagel, B.; Enaux, C.; Nienhaus, C., Grundzüge des Telekommunikationsrechts – Rahmenbedingungen – Regulierungsfragen – Internationaler Vergleich, 2001, S. 33 f.
[750] Vgl. Regulierungsbehörde für Telekommunikation und Post (Hrsg.), Aufgaben der Regulierungsbehörde, http://www.regtp.de/behoerde/start/fs_01.html, 2004.
[751] Vgl. § 23 ff TKG.
[752] Vgl. Holznagel, B.; Enaux, C.; Nienhaus, C., Grundzüge des Telekommunikationsrechts – Rahmenbedingungen – Regulierungsfragen – Internationaler Vergleich, 2001, S. 24.
[753] Vgl. Holznagel, B.; Enaux, C.; Nienhaus, C., Telekommunikationsrecht, 2006, S. 20.
[754] Vgl. Grote, E., Telekommunikations-Kundenschutzverordnung – Kommentar, 2000, S. 109.

den Kundenschutz fanden sich zum Ausgleich einseitiger Marktmacht in der TKV (1998) und in den §§ 40-42 TKG (1996).

Die Anbieter von Telekommunikationsdienstleistungen schließen mit ihren Kunden privatrechtliche Verträge, deren Rechtsgrundlage das Bürgerliche Gesetzbuch (BGB) ist. Zusätzlich unterlagen neben den herkömmlichen Telekommunikationsdienstleistungen alle Verträge von Resellern der TKV (1998). Besonders betroffen von den neuen gesetzlichen Regelungen war die Deutsche Telekom AG (DTAG) als marktbeherrschendes Unternehmen, da fast alle Produkte des Unternehmens Telekommunikationsdienstleistungen waren bzw. sind. Auch das Telefonbuch, die Öffentlichen Fernsprecher und die Auskunft fielen als Universaldienstleistungen unter den Bezugsbereich der TKV (1998).[755]

Eine der wichtigsten Vorschriften der TKV (1998) stellte die Beschränkung der Haftung für Vermögensschäden dar, wodurch eine Haftungsbeschränkung bei Vertragsverhältnissen zu Dienstleistungen der Telekommunikation überhaupt erst ein Vertragsbestandteil in Deutschland wurde.[756] In den Bereichen Telefondienst und Standardfestverbindungen wurde die Haftung gegenüber dem Kunden festgelegt. Im Falle eines Vermögensschadens beim Kunden hafteten somit alle Betroffenen – nicht nur die DTAG als marktbeherrschendes Unternehmen – bereits für leicht fahrlässiges Handeln eines Mitarbeiters, wie zum Beispiel der Installation einer falschen Software als Ursache für einen Systemausfall.[757]

Auf Seiten der Produkte wurde der unentgeltliche und detaillierte Einzelverbindungsnachweis[758] für die Telefonverbindungen des Kunden vorgeschrieben.[759] Zusätzlich konnte der Kunde eine Entgeltobergrenze für eine in Anspruch genommene Dienstleistung mit dem Anbieter vereinbaren. Des Weiteren bestand das Recht auf eine einzige Telefonrechnung vom Teilnehmernetzbetreiber, die auch alle in Anspruch genommenen Leistungen der anderen Anbieter enthält.[760] Bei Einwendungen gegen die Telefonrechnung musste der Betreiber nunmehr einen Nachweis über die Leistungserstellung erbringen.[761] Darüber hinaus erhielt der Kunde einen Anspruch auf eine diskriminierungsfreie Zuteilung der Teilnehmerrufnummern, auch gegenüber den Resellern.[762]

Für den Sprachtelefondienst und andere weitere Universaldienstleistungen der Deutschen Telekom AG galt mit der Verordnung von 1998 weiterhin der Kontrahierungszwang, der Kunde hatte folglich im Rahmen der Gesetze und geltenden Allgemeinen Geschäftsbedingungen einen Anspruch auf die entsprechenden Leistungen.[763]

Zur Beilegung von Streitigkeiten zwischen Endkunden und den Telekommunikationsanbietern wurde bei der Regulierungsbehörde eine Schlichtungsstelle zur außergerichtlichen Einigung eingerichtet.[764]

Weitere Verbraucherschutzmaßnahmen betrafen die Veröffentlichung von technischen Mindestanforderungen an Entgeltermittlungssysteme.[765] Zusätzlich werden seitdem jedes Jahr Definitionen, Messgrößen und Messmethoden für Qualitätskennzahlen für Anbieter von Sprachtelefonie und für

---

[755] Vgl. § 9 I TKV (1998) i.V.m. Grote, E., Telekommunikations-Kundenschutzverordnung – Kommentar, 2000, S. 25.
[756] Vgl. Grote, E., Neue Grundlagen durch TKV, 1997, S. 9.
[757] Vgl. Grote, E., Neue Grundlagen durch TKV, 1997, S. 9.
[758] Um die Transparenz für die Verbraucher zu erhöhen, veröffentlichte die Regulierungsbehörde jährlich eine Positivliste zum Einzelverbindungsnachweis, die zugleich als Qualitätsausweis über die darin aufgeführten Unternehmen diente. Damit sollte dem Kunden die Auswahl des für ihn am besten geeigneten Anbieters erleichtert werden. Unter anderem mussten kostenpflichtige Entgelte, die durch einen festen Betrag abgerechnet werden (z.B. Mindestumsatz) vollständig im Einzelverbindungsnachweis aufgelistet werden (vgl. Bundesnetzagentur (Hrsg.), Positivliste zum Einzelverbindungsnachweis, http://www.bundesnetzagentur.de/enid/212eaeb1d0b2 aebe320fc42796c27eb6,0/ua.html, 2005).
[759] Vgl. § 14 TKV (1998).
[760] Vgl. Grote, E., Neue Grundlagen durch TKV, 1997, S. 9.
[761] Vgl. § 14 TKV (1998).
[762] Vgl. Grote, E., Neue Grundlagen durch TKV, 1997, S. 10.
[763] Vgl. § 9 I TKV (1998) i.V.m. Grote, E., Neue Grundlagen durch TKV, 1997, S. 10.
[764] Vgl. Bundesnetzagentur (Hrsg.), Schlichtung in der Telekommunikation, http://www.bundesnetzagentur.de/enid/ef91038c0f55f5683 0d2e5e08d6e5c7e,55a304092d09/91.html, i.V.m. Bundesnetzagentur (Hrsg.), Novellierte Verfahrensordnung für das Schlichtungsverfahren nach § 35 I TKV, http://www.bundesnetzagentur.de/media/archive/2903.pdf, 2005.
[765] Vgl. § 5 TKV (1998). Der Gesetzgeber hat auch festgelegt, dass Telekommunikationsanbieter die Einhaltung der o.g. Anforderungen bei der Abrechnungsgenauigkeit nachweisen müssen (vgl. Deutsche Telekom AG (Hrsg.), Telekommunikations-Kundenschutzverordnung (TKV) – Was verbirgt sich dahinter?, http://billignet.telekom.de/Tops/Newsletter/Vertrieb/200302/pdfs/TKV.pdf, 2005.

Betreiber fester Telekommunikationsnetze veröffentlicht.[766] In § 5 TKV (1998) sind die Grundsätze der Abrechnungsgenauigkeit determiniert. Speziell geregelt wurden beispielsweise Anforderungen an die Abrechnung, die in der nachstehenden Abbildung 42 dargestellt sind.

Abb. 42: Anforderungen an die Abrechnung gemäß § 5 TKV (1998)

Datenerfassung in der Vermittlungstechnik	Systeme der Dienstleister	Datennachverarbeitung (= Prebilling und Billing)
▪ Genauigkeit der Zeitnahme bei der Kommunikations- bzw. Leistungsfallerzeugung (z.B. Abgleich mit amtlichem Zeitnormal). ▪ Erfassung relevanter Ziffern der beteiligten Telefonnummern zur Entfernungsbestimmung.	▪ Protokollierung entgeltbeeinflussender Maßnahmen. ▪ Sicherheit der Datenübertragung: kein Datenverlust, keine doppelten Daten.	▪ Genauigkeit bei der Berechnung der Verbindungsdauer. ▪ Genauigkeit bei der Umrechnung von Tarifen in Sekundentarife. ▪ Genauigkeit bei weiteren Rechenoperationen. ▪ Umgang mit Tarifwechseln innerhalb einer Verbindung.

5.1.4 Novellierungsbedarf im deutschen Telekommunikationsrecht

Mit der fortschreitenden Entwicklung des deutschen Telekommunikationsmarktes seit der Marktliberalisierung in 1998 ergab sich aufgrund der Marktentwicklung, der technologischen Fortschritte und nicht zuletzt durch die von der EU verabschiedeten Telekommunikationsrichtlinien ein Überarbeitungsbedarf für die deutsche Gesetzgebung im Bereich der Telekommunikation. So wurden das TKG von 1996 und die zugehörigen Rechtsverordnungen in der Folgezeit mehrfach geändert.[767]

Im Jahr 2003 bestand aus Sicht der Experten ein großes Entwicklungspotenzial im Ortsnetz bzw. Festnetz und beim Mobilfunk. Insbesondere sanken die Preise für Fern- und Mobilfunkgespräche sowie Internetverbindungen. Dagegen entwickelte sich der Wettbewerb im Zugangsbereich aus Sicht des Regulierers unbefriedigend.

Neue EU-Richtlinien sahen die Erleichterung des Zugangs in den Bereichen Festnetz, Mobilfunk und Kabel vor, indem das Lizenzierungssystem aufgelöst werden sollte. Daraus ergaben sich für die deutsche Regulierung große Handlungsspielräume.

Übergeordnetes Ziel sollte sein, den Wettbewerb bei gleichbleibender Intensität selbsttragend zu gestalten und die Regulierung kontinuierlich abzubauen, indem dem Wettbewerb der Vorrang bei Regulierungsentscheidungen gegeben werden sollte.[768] In 2003, kurz vor der Novellierung des Telekommunikationsgesetzes, gab es in Deutschland aus Regulierungssicht noch keinen selbsttragenden Wettbewerb, so dass subjektiv weiterhin eine Regulierung erforderlich schien.

5.1.5 Zusammenfassung der wesentlichen Änderungen im Telekommunikationsgesetz von 2004

Mit der Novellierung des Telekommunikationsgesetzes wurden verschiedene europäische Richtlinien umgesetzt. Ziel war es, den Wettbewerb im Telekommunikationssektor weiter zu unterstützen

---
[766] Vgl. Scheuerle, K.-D., Universaldienst – Kundenschutz – Verbraucherangelegenheiten, 2005, S. 22.
[767] Neben terminologischen Änderungen sind insbesondere die nachfolgenden Begleitgesetze hervorzuheben: Das Begleitgesetz zum TKG (1996) von 1997, das aus Gründen der öffentlichen Sicherheit einige Änderungen der Befugnisse enthält, aufgrund derer die Sicherheitsbehörden auf Daten der Telekommunikationsunternehmen zugreifen konnten; das Gesetz über Funkanlagen und Telekommunikationseinrichtungen (FTEG) vom 31.01.2001, das die Vorschriften über die Zulassung von Endeinrichtungen TKG (1996) ablöste (§§ 59-64); das 2002 verabschiedete post- und telekommunikationsrechtliche Bereinigungsgesetz, das neben terminologischen Anpassungen diverser Gesetze auch inhaltliche Änderungen des TKG (1996) und der TKV (1998) sowie des Gesetzes über elektromagnetische Verträglichkeit von Betriebsmitteln (EMVG) beinhaltete; das erste Gesetz zur Änderung des Telekommunikationsgesetzes vom 21.10.2002, welches Änderungen des § 43 VI TKG (1996) im Hinblick auf die Pflicht der Netzbetreiber zum Angebot von Call-by-Call und Preselection vorsah; sowie das Gesetz zur Bekämpfung des Missbrauchs von 0190er- / 0900er-Mehrwertdienstenummern vom 09.08.2003, dessen Regelungen sich nunmehr in den im TKG von 1996 neu eingeführten §§ 43a-43c wiederfanden (vgl. Holznagel, B.; Enaux, C.; Nienhaus, C., Telekommunikationsrecht, 2006, S. 20).
[768] Vgl. Tacke, A., Das Telekommunikationsgesetz auf dem Prüfstand – Handlungsbedarf und Vorgaben aus dem EU-Rahmen, 2003, S. 7 f.

und die Interessen aller am Markt agierenden Unternehmen in gleichem Maße zu berücksichtigen.[769]

Eine wesentliche Neuerung beinhaltete die Möglichkeit der Festlegung der Märkte, die sektorspezifisch nach dem TKG oder dem Wettbewerbsrecht zu regulieren waren.[770] Diese Entscheidung konnte der Regulierer in Zusammenarbeit mit dem Bundeskartellamt erstmals in Eigenverantwortung festlegen.

Diese sektorspezifische Regelung hatte zur Folge, dass nur noch diejenigen Märkte, in denen mittelfristig kein funktionsfähiger Wettbewerb zu erwarten war, regulatorisch überwacht werden sollten.[771]

Im TKG von 2004 wurden darüber hinaus diverse Einzelgesetze und Verordnungen, die nach der Einführung des TKG von 1996 erlassen wurden, integriert.[772]

Die folgende Abbildung 43 veranschaulicht die Ursachen und Ziele der TKG-Novellierung sowie die wesentlichen allgemeinbezogenen Änderungen im TKG (2004) gegenüber der Fassung von 1996.

Abb. 43: Ursachen und wesentliche Änderungen durch die TKG-Novellierung (TKG von 2004)

Ursachen und Ziele	Keine Änderungen	Wesentliche Änderungen
• Review 1999[773] • Vereinfachung und Harmonisierung des europäischen Rechtsrahmens • Flexibilisierung der Anwendung von sektorspezifischer Regulierung einerseits und Wettbewerbsrecht andererseits • Berücksichtigung der Konvergenz der Medien • Implementierung der Anwendungserfahrungen mit TKG von 1996	• Gesetzeszweck, § 1 TKG (1996), unter grundsätzlicher Beibehaltung der sektorspezifischen Regulierung	• Anwendbarkeit des allgemeinen Wettbewerbsrechts, sofern Märkte nicht der sektorspezifischen Regulierung unterliegen • flexibleres Regulierungsinstrumentarium • Freiheit der elektronischen Kommunikation statt Genehmigungsvorbehalt – keine Lizenzpflichten • am Grundsatz der Erforderlichkeit orientiertes Marktregulierungsverfahren • erweiterte Kontroll- und Harmonisierungsbefugnisse der EU-Kommission

In Anlehnung an: Holznagel, B.; Enaux, C.; Nienhaus, C., Telekommunikationsrecht, 2006, S. 24

Nachfolgend werden ausgewählte regulierungsspezifische Inhalte des TKG (2004) zusammenfassend dargestellt.

---

[769] Vgl. Bundesministerium für Wirtschaft und Arbeit (Hrsg.), Kabinett beschließt neues Telekommunikationsgesetz, http://www.bmwi.de/de/bmwa/generator/Navigation/Prese/pressemitteilungen,did=26492.html, 2004.
[770] Vgl. Bundesministerium für Wirtschaft und Arbeit (Hrsg.), Kabinett beschließt neues Telekommunikationsgesetz, http://www.bmwi.de/de/bmwa/generator/Navigation/Prese/pressemitteilungen,did=26492.html, 2004.
[771] Vgl. Bundesministerium für Wirtschaft und Arbeit (Hrsg.), Kabinett beschließt neues Telekommunikationsgesetz, http://www.bmwi.de/de/bmwa/generator/Navigation/Prese/pressemitteilungen,did=26492.html, 2004.
[772] Hierzu gehören beispielsweise die Netzzugangsverordnung von 1997, die Telekommunikations-Entgeltregulierungsverordnung von 1996, das Gesetz über die Anwendung von Normen für die Übertragung von Fernsehsignalen (Fernsehsignalübertragungs-Gesetz) von 1997, die Frequenzzuteilungsverordnung, die Telekommunikations-Datenschutzverordnung von 2000, die Telekommunikations-Universaldienstleistungsverordnung von 1997 sowie die Telekommunikations-Überwachungsverordnung von 2002 (vgl. SYBCOM GmbH (Hrsg.), Saar-Daten-Bank – Synopse TKG neu - alt, http://www.sadaba.de/Sy_TKG_TKG_96.html, 2008).
[773] Aufgrund der zunehmenden Konvergenz verschiedener elektronischer Kommunikationsmärkte stellte die Europäische Kommission bereits 1997 einen Regelungs- und Harmoniebedarf in diesem Bereich fest und veröffentlichte im Mai 1999 den Review 1999-Kommunikationsbericht, der letztendlich die Ausgangsbasis für die Erarbeitung des in 2002 verabschiedeten Rechtsrahmens des europäischen Telekommunikationsrechts darstellt (vgl. Holznagel, B.; Enaux, C.; Nienhaus, C., Telekommunikationsrecht, 2006, S. 23).

5.1.5.1 Entbürokratisierung des Marktzutritts

Beim Marktzutritt von neuen Netzbetreibern und Diensteanbietern fand seit der Liberalisierung des Telekommunikationsmarktes im Rahmen der Postreform III[774] bis zum In-Kraft-Treten des novellierten TKG ein Paradigmenwechsel statt.[775]

Bedeutete die durch das TKG (1996) eingeführte Anzeige- und Lizenzpflicht gegenüber dem Genehmigungsregime des Fernmeldeanlagengesetzes bereits einen liberalisierten Marktzutritt, so sah das TKG von 2004 eine noch weiter entbürokratisierte Marktzugangsregelung vor.[776] Im Wesentlichen gelten beim Marktzutritt die nachfolgenden Kriterien:[777]

- Abschaffung der früheren Lizenzpflicht durch eine neue, unbürokratische Meldepflicht. Folge: Technologieneutrales Marktzutrittsregime durch Allgemeingenehmigung und Meldepflicht (rein formelle Marktzutrittsgenehmigung).

- Nach Marktzutritt greifen die Rechte und Pflichten des Telekommunikationsgesetzes.

- Weitergeltung von Marktzutrittsrechten nach dem TKG von 1996.

- Anrechnung der bisher geleisteten Lizenzgebühren auf den neu eingeführten Telekommunikationsbeitrag.

5.1.5.2 Zugangsregulierung nach dem TKG (2004)

Der zentralste Punkt des geänderten Telekommunikationsgesetzes ist die Zugangsregulierung, durch welche die Ansprüche der Wettbewerber auf Leistungen des Marktführers definiert werden.[778]

Das TKG (2004) enthält hinsichtlich der Zusammenschaltung von Netzen eine Vielzahl an möglichen Verpflichtungen, die der Regulierer Anbietern mit beträchtlicher Marktmacht und Anbietern, die den Zugang zu Endnutzern kontrollieren, auferlegen kann, um sicherzustellen, dass alle Nutzer miteinander kommunizieren können.[779] Die maßgeblichen Vorgaben der EU-Kommission für diese Normen finden sich in der entsprechenden Zugangsrichtlinie, die durch das TKG von 2004 umgesetzt wurden.[780]

Überarbeitet wurden insbesondere die Vorschriften zur Bekämpfung des missbräuchlichen Verhaltens der Marktführer. In solchen Fällen kann der Regulierer Gewinne einziehen und Bußgelder festlegen.[781]

Die Zugangsvorschriften des TKG (2004) regeln den nachgefragten Zugang von Telekommunikationsunternehmen zu Netzen anderer Carrier (Interconnection) sowie zu sonstigen physischen Einrichtungen wie Funkmasten und Gebäuden, in denen die Leitungen verschiedener Anbieter zusammengeführt werden, um selbst Telekommunikationsdienstleistungen anbieten zu können.[782]

Im Gegensatz zum TKG in der Fassung von 1996 sieht das TKG (2004) keinen zwingenden Grund vor, dass ein marktdominierendes Unternehmen einen Zugang zu diesen Diensten und Einrichtungen gewähren muss, vielmehr obliegt dem Regulierer nunmehr ein Ermessen bei der Auferlegung

---

[774] Siehe hierzu auch die Ausführungen in Kapitel B.4 (Die Postreform III).
[775] Vgl. Holznagel, B.; Enaux, C.; Nienhaus, C., Telekommunikationsrecht, 2006, S. 77.
[776] Vgl. Holznagel, B.; Enaux, C.; Nienhaus, C., Telekommunikationsrecht, 2006, S. 77.
[777] Vgl. Holznagel, B.; Enaux, C.; Nienhaus, C., Telekommunikationsrecht, 2006, S. 83.
[778] Vgl. Bundesministerium für Wirtschaft und Arbeit (Hrsg.), Kabinett beschließt neues Telekommunikationsgesetz, http://www.bmwi.de/bmwa/generator/Navigation/Prese/pressemitteilungen,did=26492.html, 2004.
[779] Vgl. Holznagel, B.; Enaux, C.; Nienhaus, C., Telekommunikationsrecht, 2006, S. 85.
[780] Der entsprechende Rechtsrahmen besteht aus einer Rahmenrichtlinie (Richtlinie 2002 / 21 / EG über einen gemeinsamen Rechtsrahmen für elektronische Kommunikationsnetze und -dienste – EG Nr. L 108), durch die allgemeine und spezifische Ziele der Regulierung festgelegt werden, einer vier spezifischen Richtlinien zur Genehmigungen (Richtlinie 2002 / 20 / EG), zu Zugang und Zusammenschaltungen (Richtlinie 2002 / 19 / EG), zu Universaldienst (Richtlinie 2002 / 22 / EG) sowie zum Schutz der Privatsphäre und zum Datenschutz (Richtlinie 2002 / 21 / EG). Diese ersetzen sämtliche bisherigen Harmonisierungsrichtlinien. Vgl. Holznagel, B.; Enaux, C., Nienhaus, C., Telekommunikationsrecht, 2006, S. 85 und S. 310 f.
[781] Vgl. § 40 f. TKG (2004).
[782] Vgl. Holznagel, B.; Enaux, C.; Nienhaus, C., Telekommunikationsrecht, 2006, S. 86.

von Zugangsverpflichtungen.[783] Das in 2004 novellierte TKG unterscheidet zwischen drei Arten von möglichen Verpflichtungen:[784]

❑ Muss-Verpflichtungen

Hierzu zählen die Verpflichtung zur Betreiberauswahl und Betreibervorauswahl sowie die Verpflichtung zum Angebot von Mietleitungen.[785]

❑ Soll-Verpflichtungen

Dabei handelt es sich um Verpflichtungen betreffs des vollständig entbündelten (sowie gemeinsamen) Zugangs zum Teilnehmeranschluss, der Zusammenschaltung von Netzen, des offenen Zugangs zu technischen Schnittstellen, Protokollen oder anderen Schlüsseltechnologien, die für die Interoperabilität von Diensten unentbehrlich sind und der Kollokation oder anderer Formen der gemeinsamen Nutzung von Einrichtungen sowie des Zutritts zu diesen Einrichtungen.[786]

❑ Kann-Verpflichtungen

Alle weiteren Zugangsverpflichtungen (die im Gesetz nicht abschließend aufgezählt sind), wurden als Kann-Verpflichtungen ausgestattet.

Hierzu gehören der Zugang zu bestimmten Netzkomponenten oder -einrichtungen, die Verpflichtung, einen bereits gewährten Zugang nachträglich nicht zu verweigern, die Ermöglichung des Wiederverkaufs, die Gewährleistung der Interoperabilität einschließlich des Roamings, der Zugang zu notwendigen Softwaresystemen, die Zulassung von Nutzungsmöglichkeiten und Kooperationen anderer Anbieter und der Zugang zu Fakturierung und Inkasso (so müssen die Marktführer zum Beispiel Inkassoleistungen im Falle einer Behinderung des Wettbewerbs anbieten[787]).[788]

Darüber hinaus sind gemäß TKG (2004) bestimmte Verpflichtungen mit der Auferlegung einer anderen Verpflichtung zwingend verbunden und werden daher als akzessorische Verpflichtungen bezeichnet.[789]

5.1.5.3 Entgeltregulierung nach dem novellierten TKG

Ziel der Entgeltregulierung nach dem TKG (2004) ist, neben der Konsistenz[790] der Regulierung, die Verhinderung der Ausbeutung, Behinderung oder Diskriminierung von Endnutzern (-kunden) oder Wettbewerbern durch Unternehmen mit beträchtlicher Markmacht.[791]

Wie bereits in der alten Fassung des Gesetzes bestimmt wurde, durften die für die Telekommunikationsdienstleistungen zu entrichtenden Entgelte nicht zu hoch, zu niedrig oder zum Nachteil einzelner Konkurrenten oder Kunden festgelegt sein. Die Tatbestände werden im Folgenden konkret aufgeführt.

---

[783] Vgl. Holznagel, B.; Enaux, C.; Nienhaus, C., Telekommunikationsrecht, 2006, S. 87.
[784] Vgl. Holznagel, B.; Enaux, C.; Nienhaus, C., Telekommunikationsrecht, 2006, S. 87.
[785] Vgl. § 40 I und § 41 I TKG (2004).
[786] Vgl. § 21 III TKG (2004).
[787] Vgl. Bundesministerium für Wirtschaft und Arbeit (Hrsg.), Kabinett beschließt neues Telekommunikationsgesetz, http://www.bmwi.de/de/bmwa/generator/Navigation/Prese/pressemitteilungen,did=26492.html, 2004.
[788] Vgl. § 21 II Nr. 1 bis 7 TKG (2004).
[789] So muss bspw. ein marktstarker Netzbetreiber, dem eine Zugangsverpflichtung gemäß § 21 I TKG (2004) auferlegt wurde, Nachfragern nach dieser Leistung innerhalb von maximal drei Monaten eine Offerte auf den entsprechenden Zugang abgeben. Auch unterliegen die Entgelte für nach § 21 TKG (2004) auferlegte Zugangsleistungen (mit einigen Ausnahmen) laut § 30 I TKG (2004) einer zwingenden Genehmigungspflicht (aufgrund dieser Verknüpfung zwischen Zugangsverpflichtung und Entgeltgenehmigungspflicht hat die EU-Kommission ein Vertragsverletzungsverfahren gegen die Bundesrepublik Deutschland eingeleitet). Der Regulierer kann darüber hinaus ein marktbeherrschendes Unternehmen dazu verpflichten, alle für die Inanspruchnahme der Zugangsleistung benötigten Informationen zu veröffentlichen (Transparenzverpflichtung). Vgl. Holznagel, B.; Enaux, C.; Nienhaus, C., Telekommunikationsrecht, 2006, S. 89.
[790] Konsistenz meint in diesem Zusammenhang, dass die Entgeltregulierungsmaßnahmen in ihrer Gesamtheit aufeinander abgestimmt sein sollen (vgl. § 27 II 1 TKG (2004) i.V.m. Holznagel, B.; Enaux, C.; Nienhaus, C., Telekommunikationsrecht, 2006, S. 111).
[791] Vgl. Kuyumcu, L., Regulierung der Telekommunikationsbranche nach dem TKG 2004, 2005, S. 10; ebenso Vogelsang, I., Die Zukunft der Entgeltregulierung im deutschen Telekommunikationssektor, 2002, S. 13.

Ein entgeltspezifischer Missbrauch liegt demnach vor,

- wenn die Spanne zwischen dem Entgelt, das das marktbeherrschende Unternehmen von seinem Wettbewerber für eine Zusatzleistung verlangt und dem Nutzerentgelt nicht ausreicht, um eine angemessene Verzinsung des eingesetzten Kapitals zu erzielen,[792]
- im Falle des Preisdumpings und / oder
- bei unangemessener Bündelung von Produktangeboten.[793]

Bei der Entgeltregulierung hat der Regulierer grundsätzlich zwei Möglichkeiten, die Einhaltung der im Gesetz verankerten Maßstäbe zu überprüfen:

- Im Wege der Ex-ante-Regulierung wird die Forderung eines Entgelts von der vorherigen Genehmigung abhängig gemacht oder
- im Rahmen der Ex-post-Regulierung können bereits am Markt platzierte Entgelte einer nachträglichen Überprüfung unterzogen werden.[794]

Grundsätzlich sind die Entgelte für Zugangsleistungen genehmigungspflichtig, unterliegen somit in der Regel der Ex-ante-Regulierung und können durch Einzelgenehmigungsverfahren oder im Rahmen des sogenannten Price-Cap-Verfahrens genehmigt werden.[795]

Die Entgelte für Zugangsleistungen sind im Rahmen des Einzelgenehmigungsverfahrens dann genehmigungsfähig, wenn sie den Kosten der effizienten Leistungsbereitstellung[796] entsprechen.[797]

Dagegen handelt es sich bei dem Price-Cap-Verfahren um eine Regulierung der Preisveränderungen, indem mehrere Zugangsdienste in Körbe zusammengefasst und Preisobergrenzen (Price-Caps) hierfür bestimmt werden.[798]

5.1.5.4 Besondere Missbrauchsaufsicht nach dem TKG (2004)

Neben der gesetzlichen Beschränkung betreffs der missbräuchlichen Gestaltung von Entgelten enthält das TKG in seiner novellierten Fassung auch Regelungen für eine sektorspezifische (besondere) Missbrauchsaufsicht durch die Regulierungsinstanz.

---

[792] Vgl. Bundesministerium für Wirtschaft und Arbeit (Hrsg.), Kabinett beschließt neues Telekommunikationsgesetz, http://www.bmwi.de/bmwa/generator/Navigation/Prese/pressemitteilungen,did=26492.html, 2004.
[793] Vgl. § 42 II TKG (2004).
[794] Vgl. Holznagel, B.; Enaux, C.; Nienhaus, C., Telekommunikationsrecht, 2006, S. 113.
[795] Vgl. Kuyumcu, L., Regulierung der Telekommunikationsbranche nach dem TKG 2004, 2005, S. 10.
[796] Kosten der effizienten Leistungsbereitstellung sind nach § 31 II TKG (2004) die notwendigen Kosten, welche aus der Summe der langfristigen zusätzlichen Kosten der Bereitstellung einer Leistung inklusive eines angemessenen Zuschlags für leistungsmengenneutrale Gemeinkosten (fixe Gemeinkosten, die nicht direkt der Leistungserstellung zugeordnet werden können) einschließlich einer gem. § 31 IV TKG (2004) angemessenen Verzinsung des eingesetzten Kapitals bestehen. Dadurch soll sichergestellt werden, dass nur diejenigen Kosten in Ansatz gebracht werden, die für die Produktion und Bereitstellung der entsprechenden Leistung unverzichtbar sind. Unter langfristigen zusätzlichen Kosten der Leistungserbringung (inkrementelle Kosten) werden diejenigen Zusatzkosten verstanden, die nicht anfallen würden, wenn die entsprechende Leistung nicht erbracht würde. Das beantragende Unternehmen muss nach § 33 TKG (2004) entsprechende Kostennachweise vorlegen. Die Regulierungsinstanz hat zur Ermittlung der Kosten der effizienten Leistungserbringung die Möglichkeit, Preise von anderen Wettbewerbsunternehmen zum Vergleich heranzuziehen. Vgl. Kuyumcu, L., Regulierung der Telekommunikationsbranche nach dem TKG 2004, 2005, S. 11 f. i.V.m. Holznagel, B.; Enaux, C.; Nienhaus, C., Telekommunikationsrecht, 2006, S. 115.
[797] Vgl. Kuyumcu, L., Regulierung der Telekommunikationsbranche nach dem TKG 2004, 2005, S. 10.
[798] Im Gegensatz zum Einzelgenehmigungsverfahren, bei dem das Entgelt für jede einzelne Dienstleistung überprüft wird, werden beim Price-Cap-Verfahren gem. § 34 TKG (2004) lediglich die Leistungsentgelte im Durchschnitt geprüft. Für jeden der Telekommunikationsdienstleistungskörbe wird dann vom Regulierer eine Änderungsrate festgelegt, die das regulierte Unternehmen bei der Preisbildung nicht überschreiten darf. Vgl. Kuyumcu, L., Regulierung der Telekommunikationsbranche nach dem TKG 2004, 2005, S. 12 f. i.V.m. Holznagel, B.; Enaux, C.; Nienhaus, C., Telekommunikationsrecht, 2006, S. 119.

Die nachfolgende Abbildung 44 veranschaulicht zusammenfassend mögliche Tatbestände eines missbräulichen Verhaltens.

Abb. 44: Tatbestände missbräuchlichen Verhaltens nach § 42 TKG (2004)

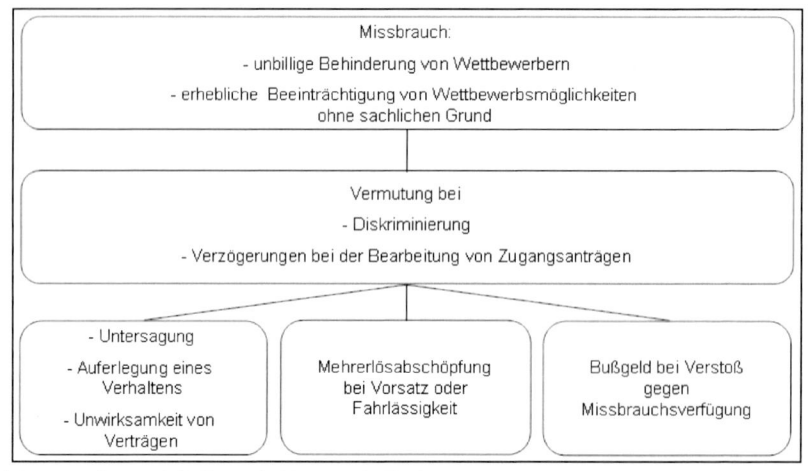

```
Missbrauch:
- unbillige Behinderung von Wettbewerbern
- erhebliche Beeinträchtigung von Wettbewerbsmöglichkeiten
  ohne sachlichen Grund

Vermutung bei
- Diskriminierung
- Verzögerungen bei der Bearbeitung von Zugangsanträgen

- Untersagung                Mehrerlösabschöpfung        Bußgeld bei Verstoß
- Auferlegung eines          bei Vorsatz oder            gegen
  Verhaltens                 Fahrlässigkeit              Missbrauchsverfügung
- Unwirksamkeit von
  Verträgen
```

In Anlehnung an: Holznagel, B.; Enaux, C.; Nienhaus, C., Telekommunikationsrecht, 2006, S. 139

5.1.5.5 Verbesserung des Kundenschutzes durch die TKG-Novellierung

Die EU-Richtlinien, die zur Novellierung des Telekommunikationsgesetzes führten, haben gleichzeitig die Voraussetzungen zur Schaffung eines hohen Schutzniveaus für die Verbraucher vorgegeben. In erster Linie sind davon die Qualitätssicherung, die Markt- und Preistransparenz, die Kundeninformation, die Bedingungen für den diskriminierungsfreien Zugang zu den Netzen und der Schutz vor wirtschaftlichen Nachteilen für die Nutzer von Telekommunikationsangeboten betroffen.[799] Insbesondere wurden die Regelungen im Bereich der neuen Medien aktualisiert.

Die Anbieter von Premium-SMS[800] müssen die Sperre der Abrechnung von Kurzwahldiensten in ihr Pflichtangebot aufnehmen.[801] Hier besteht für den Kunden die Gefahr, dass durch diese Mehrwertdienste erhebliche Kosten entstehen, ohne dass dieser es bemerkt. Dem Kunden steht eine Blacklist mit unerwünschten Premium-SMS-Anbietern zur Verfügung.[802] Erhält der Nutzer trotzdem unerwünschte Nachrichten, muß er dafür nicht mehr bezahlen.

Zusammen mit dem neuen Entwurf der Telekommunikations-Kundenschutzverordnung wurde eine überarbeitete Telekommunikations-Nummerierungsverordnung (TNV) vorgelegt. Damit wurden die Bestimmungen zu den 0190er- bzw. 0900er- Mehrwertdienstenummern, die im Gesetz zur Bekämpfung des Missbrauchs niedergelegt waren, in das TKG (2004) überführt.[803] Insbesondere wur-

---

[799] Vgl. Verbraucherzentrale Bundesverband e.V. (Hrsg.), Forderungen zur Verbesserung des Verbraucherschutzes im Zusammenhang mit der großen TKG-Novelle, 2003, S. 1.
[800] Seit Frühjahr 2003 sind in Deutschland auch Premiumdienste möglich. Die Rate für Premium-SMS begann bei 0,29 Euro und stieg dann in 10-Cent-Schritten bis zu 4,99 Euro an. Sie dient als Abrechnungsmöglichkeit im Micropayment-Bereich (zum Beispiel für Klingeltöne, Logos, Votings und andere einzeln zu bezahlende Dienstleistungen), wird aber auch zur erotischen Kommunikation (Flirtline) genutzt und steht hier im Wettbewerb zu den 0190- / 0900-Telefonnummern. Der Anbieter dieses kostenpflichtigen Service erhält ca. 70 Prozent der Einnahmen aus dem Premium-SMS, der Rest geht an den Mobilfunkbetreiber. Vgl. Wikipedia (Hrsg.), Die freie Enzyklopädie, Premium-SMS, http://de.wikipedia.org/wiki/Premium_Rate_SMS, 2005.
[801] Vgl. heise online (Hrsg.), Bundesregierung will Kundenschutz bei der Telekommunikation verbessern, http://www.heise.de/newsticker /meldung/49818, 2004.
[802] Vgl. heise online (Hrsg.), Bundesregierung will Kundenschutz bei der Telekommunikation verbessern, http://www.heise.de/newsticker /meldung/49818, 2004.
[803] Vgl. heise online (Hrsg.), Bundesregierung will Kundenschutz bei der Telekommunikation verbessern, http://www.heise.de/newsticker /meldung/49818, 2004.

de die Definition von Dialern[804] dahingehend erweitert, dass auch diejenigen Programme erfasst werden, die die Adresse des Nutzers ermitteln und ihm eine separate Rechnung zusenden.

5.1.5.6 Frequenzordnung nach dem TKG (2004)

Telekommunikationsspezifische Funktechniken wie beispielsweise Mobiltelefonie, Wireless Local Area Network[805] oder GPS[806] stellen flexible Kommunikationstechnologien dar und bedürfen einer nationalen und internationalen Planung.

Das Ziel der Regulierung für die Frequenzordnung ist die Sicherstellung einer effizienten und störungsfreien Frequenznutzung. Auf nationaler Ebene sind nach dem novellierten TKG gemäß einer Rechtsverordnung ein Frequenzzuweisungsplan (Grobplanung) sowie ein Frequenznutzungsplan (detaillierte Planung) zu erstellen.[807] Im Rahmen der Frequenzzuteilung erfolgt die Zuweisung von einzelnen Frequenzen an einzelne Nutzer, wobei die Überwachung der Frequenznutzung durch die Regulierungsinstanz erfolgt.[808]

Die Verfahren der nationalen Frequenzverwaltung werden durch die §§ 52 bis 65 TKG (2004) geregelt, auf deren Inhalte an dieser Stelle jedoch nicht näher eingegangen wird.[809]

5.1.5.7 Regelungen zum Universaldienst

Neben der Förderung des Wettbewerbs ist eines der Hauptziele des TKG (2004) die Gewährleistung flächendeckend angemessener und ausreichender Dienstleistungen im Bereich der Telekommunikation.[810]

Im Hintergrund dieser Forderung steckt die Überlegung, dass in der aufkommenden Informations- und Wissensgesellschaft immer mehr Menschen von der Verfügbarkeit moderner Kommunikationsmittel abhängig sind.[811]

Universaldienst im engeren Sinne umfasst sowohl den Anschluss an ein öffentliches Telefonnetz an einem festen Standort als auch den Zugang zu öffentlichen Telefondiensten.[812]

---

[804] Dialer (deutsch: Einwahlprogramme) stellen Computerprogramme dar, mit deren Hilfe über das analoge Telefon- oder das ISDN-Netz eine Verbindung in das Internet oder zu anderen Computernetzwerken aufgebaut werden kann. So wird bei vielen Betriebssystemen bereits ein Standard-Einwahlprogramm für solche Verbindungen mitgeliefert. Das Einwahlprogramm muss für den Aufbau einer Internetverbindung gestartet werden und so lange laufen, bis man die Verbindung wieder schließt. Viele Provider bieten Installations-CDs an, die es vereinfachen sollen, einen passenden Internetzugang einzurichten. Dies geschieht entweder dadurch, dass ein Eintrag im DFÜ (Datenfernübertragung)-Netzwerk des Windows-Betriebssystems erstellt wird oder aber dadurch, dass ein firmenspezifisches Einwahlprogramm (zum Beispiel die T-Online-Software) installiert wird. Im weiteren Sinne wird nicht nur das Einwahlprogramm selbst, sondern auch dessen Installationsprogramm als Dialer bezeichnet. Bei einem 0190-Dialer (bzw. 0900-Dialer) handelt es sich um einen Dialer, der eine Verbindung zu einer Rufnummer mit 0190-Vorwahl (bzw. 0900-Vorwahl) herstellt und oftmals auf dem PC auch einrichtet. Ursprünglich waren 0190-Dialer als eine einfache und anonyme elektronische Zahlungsmöglichkeit für kostenpflichtige Inhalte gedacht, die erst dann verfügbar werden, wenn die Einwahl über die spezielle Rufnummer erfolgt. Heute verbindet man jedoch mit dem Begriff 0190-Dialer (bzw. 0900-Dialer) gewöhnlich solche Dialer, die im Verborgenen agieren, teilweise kriminellen Anbietern verbreitet werden, um schnell hohe Gebühren einzuziehen. Seit November 2003 ist der Begriff 0190-Dialer allerdings nicht mehr gänzlich korrekt. Damals wurde für Dialer in Deutschland die gesonderte Rufnummerngasse 09009 eingeführt. Dialer, die sich über andere als diese Nummerngasse einwählen, können nicht – wie vorgeschrieben – bei der Bundesnetzagentur registriert werden und sind somit illegal. Mit entsprechenden Tricks wie Viren und Würmern werden die Programme vorwiegend auf PCs mit dem Betriebssystem Windows installiert. Danach baut diese Software – i.d.R. ohne das Wissen des Benutzers – neue kostenpflichtige Verbindungen zu kostenintensiven Mehrwertdienstenummern auf. Vgl. hierzu Wikipedia (Hrsg.), Die freie Enzyklopädie, Dialer, http://de.wikipedia.org/wiki/Dialer, 2005.
[805] Siehe hierzu die Ausführungen in Kapitel D.2.3.3.2 (Die Entwicklung im Bereich Wireless Local Area Network).
[806] Zu GPS (Global Positioning System) siehe auch die Ausführungen in Kapitel A.4.7 (Die Auswirkungen der Telekommunikation auf den Verkehr).
[807] Vgl. Holznagel, B.; Enaux, C.; Nienhaus, C., Telekommunikationsrecht, 2006, S. 198.
[808] Vgl. Holznagel, B.; Enaux, C.; Nienhaus, C., Telekommunikationsrecht, 2006, S. 198.
[809] Auf nationaler Ebene sind nach dem novellierten TKG gem. einer Rechtsverordnung ein Frequenzzuweisungsplan (Grobplanung) sowie ein Frequenznutzungsplan (detaillierte Planung) zu erstellen.
[810] Dieses in Art. 87f I GG geforderte Postulat wird in § 1 TKG ausdrücklich erwähnt (vgl. Holznagel, B.; Enaux, C.; Nienhaus, C., Telekommunikationsrecht, 2006, S. 236).
[811] Vgl. Holznagel, B.; Enaux, C.; Nienhaus, C., Telekommunikationsrecht, 2006, S. 236.
[812] Vgl. § 78 II 1 TKG (2004) i.V.m. Holznagel, B.; Enaux, C.; Nienhaus, C., Telekommunikationsrecht, 2006, S. 245.

Zu den weiteren akzessorischen Universaldienstleistungen zählen
- ❏ Teilnehmerverzeichnisse,
- ❏ Telefonauskunftsdienst,
- ❏ öffentliche Münz- und Kartentelefone sowie
- ❏ unentgeltliche Notrufmöglichkeiten.[813]

Im Falle einer bestehenden oder potenziellen Unterversorgung mit Telekommunikationsdienstleistungen (zu einem erschwinglichen Preis) wäre jedes auf dem sachlich relevanten Markt tätige Telekommunikationsunternehmen mit einem bundesweiten Marktanteil von mindestens vier Prozent sowie der marktbeherrschende Anbieter verpflichtet dazu beizutragen, dass die jeweilige Dienstleistung erbracht wird.[814]

5.1.5.8 Sonstige Einzelfelder der Regulierung

In der novellierten Fassung des TKG finden sich darüber hinaus u.a. spezifische Regelungen zu Themengebieten wie Nummerierung, Wegerechte, Rundfunkübertragung, Produktzulassung sowie Fernmeldegeheimnis, Datenschutz und Öffentliche Sicherheit, auf deren tiefergehende Betrachtung an dieser Stelle verzichtet wird.

5.1.6 Weiterer Novellierungsbedarf des TKG durch das Gesetz zur Änderung telekommunikationsrechtlicher Vorschriften

Das Gesetz zur Änderung telekommunikationsrechtlicher Vorschriften (TKÄndG) vom Februar 2007 enthält neben Änderungen und Zusätzen der bisherigen Vorschriften u.a. umfangreiche Ergänzungen der verbraucherschützenden Vorschriften des TKG (§§ 66a ff), die zum 01.09.2007 in Kraft traten.[815] Die Telekommunikations-Kundenschutzverordnung wurde mit der Änderung vom Februar 2007 in das TKG integriert.[816]

Einen Schwerpunkt dieser verbraucherschützenden Regelungen stellt die Ausweitung auf Rufnummerngassen bzw. für andere Dienstarten dar, für die bislang bei Premium-Diensten keine speziellen Vorgaben bestanden, da sich die spezifizierten Diensteanbieter neben der 0900-Mehrwertdiensterufnummern sämtlicher Rufnummerngassen, mit denen eine entsprechende Entgeltausschüttung erzielt werden konnte, bedient hatten.[817]

Im Detail beziehen sich die entsprechenden Paragrafen u.a. auf die Angabe, Ansage und Anzeige von Preisen, auf Preishöchstgrenzen, die Verbindungstrennung nach 60 Minuten sowie auf Regelungen bei Dialern und den Auskunftsanspruch zu diesen Diensten.[818]

Umstritten ist die Regelung des § 9a TKÄndG, neue Märkte von der Regulierung auszunehmen.[819] Diese Regelung wurde ursprünglich zum Schutz des Very High Speed Digital Subscriber Line-Netz[820] (VDSL-Netz) der Deutschen Telekom in das Gesetz eingefügt und widerspricht eventuell europarechtlichen Regelungen.[821]

---

[813] Vgl. § 78 II Nr. 2 bis 4 TKG (2004) i.V.m. Holznagel, B.; Enaux, C.; Nienhaus, C., Telekommunikationsrecht, 2006, S. 245.
[814] Vgl. Holznagel, B.; Enaux, C.; Nienhaus, C., Telekommunikationsrecht, 2006, S. 241.
[815] Vgl. Mayer, C.; Möller, C., Erweiterter Verbraucherschutz in der Telekommunikation. Die neuen Vorschriften der §§ 66a ff. TKG im Überblick, 2007, S. 559.
[816] Vgl. Wikipedia (Hrsg.), Die freie Enzyklopädie, Telekommunikationsgesetz, http://de.wikipedia.org/wiki/Telekommunikationsgesetz_%28Deutschland%29, 2008.
[817] Vgl. Mayer, C.; Möller, C., Erweiterter Verbraucherschutz in der Telekommunikation. Die neuen Vorschriften der §§ 66a ff. TKG im Überblick, 2007, S. 559.
[818] Vgl. §§ 66a ff TKG (2007) i.V.m. Mayer, C.; Möller, C., Erweiterter Verbraucherschutz in der Telekommunikation. Die neuen Vorschriften der §§ 66a ff. TKG im Überblick, 2007, S. 559.
[819] Vgl. Wikipedia (Hrsg.), Die freie Enzyklopädie, Telekommunikationsgesetz (Deutschland), http://de.wikipedia.org/wiki/Telekommuni kationsgesetz_%28Deutschland%29, 2008.
[820] Very High Speed Digital Subscriber Line (VDSL) ist eine DSL-Technik, die wesentlich höhere Datenübertragungsraten über gebräuchliche Telefonleitungen bereitstellt als beispielsweise ADSL oder ADSL2+. Wie alle DSL-Techniken benutzt auch VDSL für das letzte Stück der Übertragungsstrecke zum Kunden die verdrillte Kupferleitung, obwohl in (den deutschen) Medien immer wieder fälschlicherweise auch für dieses Stück von der Verwendung von Glasfasern die Rede ist. Seit Oktober 2006 bietet die Deutsche Telekom in ihrem Festnetz-Geschäftsbereich T-Home VDSL2-Anschlüsse in den größten deutschen Ballungszentren an; darüber hinaus sind VDSL2-basierende Produkte mittlerweile auch in vielen kleineren Städten und Gemeinden nutzbar. Die durch VDSL2 bereitgestellte Datenübertragungsrate ermöglicht die Bereitstellung von Triple-Play-Angeboten, die es ermöglichen sowohl Internetdaten,

C. Die Regulierung des Telekommunikationsmarktes

Trotz der gesetzlichen Sonderbehandlung neuer Märkte ist es dem Regulierer gelungen, durch Anordnung geeigneter Vorleistungen diese Regelung zu umgehen.[822] Durch Nutzung des Zugangs zu unbeschalteten Glasfasern bzw. zu Leerrohren werden die Wettbewerber künftig in die Lage versetzt, eine adäquate VDSL-Endkundenleistung selbst zu erbringen.

5.2 Ausgewählte Beispiele der Regulierungspraxis in Deutschland und abschließende Betrachtung

Wie bereits in Kapitel B.4 (Die Postreform III) erläutert, trat die Regulierungsbehörde für Telekommunikation und Post (RegTP) zum 01. Januar 1998 in Teilbereichen die Nachfolge des Bundesministeriums für Post und Telekommunikation (BMPT) und des Bundesamts für Post und Telekommunikation (BAPT) an.[823]

Im Juli 2005 wurde die RegTP in Bundesnetzagentur (BNetzA) umbenannt und ist als eine selbstständige Bundesoberbehörde im Geschäftsbereich des Bundesministeriums für Wirtschaft und Technologie für den Wettbewerb auf den Gebieten Elektrizität, Gas, Telekommunikation, Post und Eisenbahnen[824] verantwortlich.[825]

Seit der Liberalisierung des deutschen Telekommunikationsmarktes wurde seitens der RegTP respektive BNetzA eine Vielzahl von regulatorischen Markteingriffen durchgeführt. Ableitend aus den Ausführungen in den vorangegangenen Kapiteln ist festzuhalten, dass sich die Regulierungspraxis an der Marktentwicklung orientieren muss. Im nachfolgenden Abschnitt D. (Markt- und Wettbewerbsentwicklung der Telekommunikation) wird ausführlich auf diese Entwicklungen eingegangen.[826]

Besonders im Ortsnetz herrschte bei den Teilnehmeranschlüssen seit der Liberalisierung nur ein geringer Wettbewerb. Demgegenüber konnten die Auslandsverbindungen bereits kurz nach der Novellierung des TKG aus der Regulierung entlassen werden. In naher Zukunft ist auch von einer Deregulierung bei den Fern- und Ortsverbindungen auszugehen.

Mit der verstärkten Bündelung von regulierten und nicht regulierten Leistungen durch die Deutsche Telekom AG können Wettbewerbsprobleme entstehen, die aber durch die Marktteilnehmer zu lösen sind und keiner besonderen Regulierung bedürfen.

Künftige Anforderungen an die Arbeit der Regulierungsbehörde im Telekommunikationssektor sollten daher sein:[827]

❏ Begrenzung der Regulierung auf ein Minimum.

❏ Zeitnahe Umsetzung notwendiger Regulierungseingriffe.

❏ Zahlenmäßige Verringerung der zu durchlaufenden Instanzen.

Internettelefonie als auch -fernsehprogramme in HDTV-Qualität zu übertragen. Die klassische Festnetztelefonie wird dabei, wie auch bei ADSL-Anschlüssen, auf derselben Leitung in einem anderen Frequenzbereich übertragen. Vgl. Wikipedia (Hrsg.), Die freie Enzyklopädie, Very High Speed Digital Subscriber Line, http://de.wikipedia.org/wiki/VDSL, 2008. High Definition Television (HDTV, englisch für hochauflösendes Fernsehen) ist ein Sammelbegriff für eine Reihe von Fernsehnormen, die sich gegenüber dem herkömmlichen Fernsehen durch eine erhöhte vertikale, horizontale und / oder temporale Auflösung auszeichnen (vgl. Wikipedia (Hrsg.), Die freie Enzyklopädie, High Definition Television, http://de.wikipedia.org/wiki/High_Definition_Television, 2008).

[821] Vgl. Wikipedia (Hrsg.), Die freie Enzyklopädie, Telekommunikationsgesetz (Deutschland), http://de.wikipedia.org/wiki/Telekommunikationsgesetz_%28Deutschland%29, 2008.

[822] Siehe hierzu auch die Ausführungen zu Kann-Verpflichtungen in Kapitel C.5.1.5.2 (Zugangsregulierung nach dem TKG (2004)).

[823] Vgl. Bundesnetzagentur (Hrsg.), Schlaglichter aus 10 Jahren Regulierung, http://www.bundesnetzagentur.de/media/archive/12912.pdf, 2008.

[824] Seit dem 1. Januar 2006 (vgl. Bundesnetzagentur (Hrsg.), Status der Bundesnetzagentur, http://www.bundesnetzagentur.de/enid/44 8b3f9dbe6c86e0f43d87c382ddb2e7,0/Die_Bundesnetzagentur/Ueber_die_Agentur_sa.html, 2008).

[825] Vgl. Bundesnetzagentur (Hrsg.), Status der Bundesnetzagentur, http://www.bundesnetzagentur.de/enid/448b3f9dbe6c86e0f43d87c 382ddb2e7,0/Die_Bundesnetzagentur/Ueber_die_Agentur_sa.html, 2008.

[826] Siehe hierzu die Ausführungen in Kapitel D.2.3 (Umsatzentwicklung im deutschen Telekommunikationsmarkt seit 1998).

[827] Vgl. Tacke, A., Das Telekommunikationsgesetz auf dem Prüfstand – Handlungsbedarf und Vorgaben aus dem EU-Rahmen, 2003, S. 15.

Die untenstehende Abbildung 45 enthält eine Übersicht ausgewählter Entscheidungen der BNetzA (bzw. vormals RegTP) zur Regulierung des Telekommunikationsmarktes in Deutschland.

Abb. 45: Ausgewählte Beispiele regulatorischer Entscheidungen in Deutschland

Datum	Regulatorische Ereignisse
1998 / 1999	Entscheidung zur Entbündelung (ca. 12 €); Frequenzvergabe für Wireless-Local-Loop.
08.02.1999	Festlegung des monatlichen Entgelts für die Nutzung der Teilnehmeranschlussleitung auf 25,40 DM (12,99 €).
28.10.1999	Frequenzen im 1.800 MHz-Bereich werden als Erweiterungsspektrum für den GSM-Mobilfunk versteigert.
Ende 1999	In 50 Prozent der deutschen Großstädte gibt es erstmals Wettbewerb im Ortsnetz. Die Auslandstarife in der Hauptzeit sind im Wettbewerb um bis zu 93 Prozent gesunken.
18.08.2000	Die UMTS-Lizenzen werden für 99,4 Milliarden DM (50,8 Milliarden €) versteigert.
2001	Beschluss zum Resale von Telefonanschlüssen.
15.10.2001	Um Anreize für Investitionen in die Infrastruktur zu schaffen, wird ein Abrechnungssystem für die Nutzung des Netzes der Deutschen Telekom AG eingeführt, das die Entgelte von der Zahl der nachgefragten Netzelemente abhängig macht.
2002	Einführung von Carrier Line Sharing als Entbündelungsvariante.
2003	Einführung Call-by-Call und Preselection im Ortsnetz; Regulierung Zugang ISP.
15.08.2003	Das Gesetz zur Bekämpfung des Missbrauchs von (0)190er- / (0)900er-Mehrwertdienstrufnummern tritt in Kraft und ermöglicht der RegTP Eingriffe zugunsten des Verbrauchers.
2004	Einführung nicht-reziproker Interconnection-Entgelte für alternative Teilnehmernetzbetreiber.
01.12.2004	Einführung der Portabilität von Mobilfunkrufnummern.
03.12.2004	Stopp des Verkaufs von Endgeräten, bei denen eine Preselectionsperre eingebaut ist.
2005	Preisregulierung letzte Meile (Entbündelung) auf 10,65 €; Preisabsenkung für Zugang ISP.
22.11.2005	Die Deutsche Telekom AG wird auf den Auslandsgesprächsmärkten nicht mehr als marktbeherrschend eingestuft und aus der Ex-ante-Regulierung entlassen.
2006	Bitstream[828]-Regulierung; Regulierung Resale-Angebote bei Breitbandzugängen; Vergabe von Frequenzen im Bereich Broadband Wireless Access.
08. und 16. 11.2006	Erstmalige Genehmigung der Terminierungsentgelte für die vier in Deutschland tätigen Mobilfunknetzbetreiber im Rahmen einer Ex-ante-Regulierung.
15.12.2006	Versteigerung von Frequenzen für den drahtlosen Breitbandzugang, um auch in den Gebieten eine Breitbandversorgung zu gewährleisten, in denen dies über Kabel nicht möglich ist.
2007	Bitstream-Access[829]-Regulierung; Zugangsverpflichtung für T-Com den Wettbewerbern Zugang zum KVz, inkl. Übertragungsweg sowie Zugang zur Glasfaser zu gewährleisten.
07.03.2007	Erlass einer Verfügung für die Datenübertragungstechnik Asynchronous Transfer Mode.
27.06.2007	Die Telekom wird verpflichtet, den Wettbewerbern Zugang zu ihren Kabelkanälen der Very High Speed Digital Subscriber Line (VDSL) zu gewähren.
15.10.2007	Eine bundesweite Frequenzabdeckung für Digital Video Broadcasting - Handhelds (DVB-H) für mobiles Fernsehen wird vergeben.

In Anlehnung an: Bundesnetzagentur (Hrsg.), Schlaglichter aus 10 Jahren Regulierung, 2008 i.V.m. JUCO-NOMY Consulting AG (Hrsg.), Telekommunikationswirtschaft Infrastrukturwettbewerb, 2008, S. 5

Die Monopolkommission stellt in ihrem Sondergutachten zur Wettbewerbsentwicklung bei der Telekommunikation in 2007 fest, dass in Deutschland der Wettbewerb auf den Verbindungsmärkten

---

[828] Der Begriff Bitstream steht innerhalb der Telekommunikationsbranche für die Anmietung eines entbündelten Datenanschlusses durch Wettbewerber bei dem nationalen etablierten Netzbetreiber. Dieser Vorgang wird auch als Bitstromzugang bezeichnet. Vgl. Wikipedia (Hrsg.), Die freie Enzyklopädie, Bitstream, http://de.wikipedia.org/wiki/Bitstream, 2008.
[829] Der Bitstream-Access oder Bitstromzugang ist ein Vorleistungsprodukt innerhalb der Netzinfrastruktur, mit dem alternative Telefongesellschaften hochbitratige Teilnehmeranschlüsse realisieren können, wobei sie auf die letzte Meile und auf weitere Technik des marktbeherrschenden Netzbetreibers gemäß individueller Vorgaben zurückgreifen. Vereinfacht dargestellt kann der Bitstromzugang auch als entbündeltes DSL, entbündelter Datenanschluss oder entbündelter Breitbandzugang des Ex-Monopolisten für konkurrierende Diensteanbieter bezeichnet werden. Gelegentlich wird unter dem Begriff Bitstromzugang auch die Bereitstellung von entbündelten DSL-Vorleistungen durch den Wettbewerber (die dafür wiederum in der Regel auf die vollständig entbündelte Anschlussleitung des etablierten Betreibers zurückgreifen) subsumiert. Diese Art von Vorleistungen werden in Deutschland beispielsweise von QSC, Telefónica und Arcor angeboten und von HanseNet, Freenet und United Internet nachgefragt. Vgl. hierzu Wikipedia (Hrsg.), Die freie Enzyklopädie, Bitstromzugang, http://de.wikipedia.org/wiki/Bitstromzugang, 2008.

C. Die Regulierung des Telekommunikationsmarktes

im Festnetz zunimmt und sich verfestigt.[830] So steigen die Marktanteile der Wettbewerber weiterhin an und betrugen bereits Ende 2006 bei den Auslandsverbindungen 75 Prozent und bei den Inlandsverbindungen 43 Prozent.[831]

In ihrem Sondergutachten konstatiert die Monopolkommission daher, dass inzwischen sowohl der Markt für Auslandsverbindungen als auch der Markt für Inlandsverbindungen nachhaltig wettbewerbsorientiert ist.[832]

Die Aufgabe der Regulierung sollte nunmehr nicht die Preisbildung, sondern die Gewährleistung geeigneter Rahmenbedingungen für eine freie, wohlfahrtsverbessernde Preisfindung sein.[833] Darüber hinaus sollte sich die Regulierung darum bemühen, Investitionsanreize für den Ausbau der Netze sowie der Technologien zu schaffen, da diese für die Erhöhung der Wettbewerbsfähigkeit eines Landes eine wesentliche Basis darstellen. Daher darf die gegenwärtige und zukünftige Regulierungspraxis in Deutschland nicht investitionshemmend wirken und einem weiteren und schnellen Ausbau der Telekommunikationsinfrastruktur entgegenstehen.[834]

Die Entscheidung der BNetzA von Anfang April 2009, die Zahlungsverpflichtung der Wettbewerber für die Teilnehmeranschlussleitung (letzte Meile) von 10,50 Euro auf 10,30 Euro zu senken (die Deutsche Telekom hatte eine Erhöhung auf 10,90 Euro beantragt), zwingt die Telekom nun (aufgrund der Marktentwicklungen der letzten Jahre) dazu, den geplanten Ausbau des Breitbandnetzes im ländlichen Raum unter Beachtung wirtschaftlicher Kriterien neu zu überdenken.[835]

Erst im Februar 2009 hatte die Bundesregierung mit den Telekommunikationsanbietern verabredet, den Ausbau des schnellen Internets insbesondere in bislang unversorgten (ländlichen) Gebieten voranzutreiben.[836] Die Entscheidung der BNetzA stellt nach Aussage des Finanzvorstands der Deutschen Telekom, Timotheus Höttges, für das Unternehmen ein Investitionshemmnis dar.[837]

---

[830] Vgl. Monopolkommission (Hrsg.), Wettbewerbsentwicklung bei der Telekommunikation 2007: Wendepunkt der Regulierung – Sondergutachten gemäß § 121 Abs. 2 Telekommunikationsgesetz, http://www.monopolkommission.de/sg_50/text_s50.pdf, 2008, S. 3.
[831] Vgl. Monopolkommission (Hrsg.), Wettbewerbsentwicklung bei der Telekommunikation 2007: Wendepunkt der Regulierung – Sondergutachten gemäß § 121 Abs. 2 Telekommunikationsgesetz, http://www.monopolkommission.de/sg_50/text_s50.pdf, 2008, S. 3.
[832] Vgl. Monopolkommission (Hrsg.), Wettbewerbsentwicklung bei der Telekommunikation 2007: Wendepunkt der Regulierung – Sondergutachten gemäß § 121 Abs. 2 Telekommunikationsgesetz, http://www.monopolkommission.de/sg_50/text_s50.pdf, 2008, S. 3.
[833] Vgl. Obermann, R, Wettbewerbspolitik im Sinne Ludwig Erhards – Erfolgsmodell für Deutschland und Europa, http://www.trendzeitschrift.de/trend112/11206.html, 2008.
[834] Vgl. Obermann, R, Wettbewerbspolitik im Sinne Ludwig Erhards – Erfolgsmodell für Deutschland und Europa, http://www.trendzeitschrift.de/trend112/11206.html, 2008.
[835] Vgl. Welt Online (Hrsg.), Telekom stellt Breitbandausbau infrage, http://www.welt.de/die-welt/article3493559/Telekom-stellt-Breitbandausbau-infrage.html, 2009.
[836] Vgl. Welt Online (Hrsg.), Telekom stellt Breitbandausbau infrage, http://www.welt.de/die-welt/article3493559/Telekom-stellt-Breitbandausbau-infrage.html, 2009.
[837] Vgl. Welt Online (Hrsg.), Telekom stellt Breitbandausbau infrage, http://www.welt.de/die-welt/article3493559/Telekom-stellt-Breitbandausbau-infrage.html, 2009.

D. Markt- und Wettbewerbsentwicklung der Telekommunikation

Neben den Postreformen und der Regulierung stellen die Entwicklungen des weltweiten und nationalen Telekommunikationsmarktes weitere wesentliche Einflüsse auf die notwendigen Handlungsweisen der Deutschen Telekom und somit deren Transformation zu einem markt- und kundenorientierten Unternehmen dar. Dabei stellen in diesem Zusammenhang sowohl der technologische Fortschritt als auch, damit verbunden, die Evolution der Telekommunikationsdienste bedeutende zu beachtende Parameter dar.

Wie die nachfolgenden Ausführungen in ihrem Ergebnis belegen, wird diese Entwicklung auch durch den gesellschaftlichen Wandel von einer bislang industriell geprägten Gesellschaft zu einer Wissensgesellschaft sowohl bedingt als auch getrieben.

Die Betrachtungen in diesem Abschnitt beginnen mit einer Übersicht zu der Entwicklung des weltweiten Informations- und Telekommunikationsmarktes. Ein Überblick über allgemeine Trends zum Telekommunikationmarkt Europa schließt sich an. Insbesondere die internationale Entwicklung bei verschiedenen Technologien und Diensten der Telekommunikation wie Festnetz, ISDN, Breitband, Mobilfunk und Internet wird dargestellt.

Die sich hieran anschließende Betrachtung der Markt- und Wettbewerbsentwicklung in Deutschland zeigt die nationalen Veränderungen der Nachfrage zu Produkten und Dienstleistungen der Telekommunikation von 1990 bis 2008 auf. Im Detail wird an dieser Stelle auf die Umsatz-, Markt- und Wettbewerbsentwicklung in den Bereichen Festnetz, breitbandige Dienste, Mobilfunk, Internet- und Onlinedienste sowie beim Kabelnetz in Deutschland eingegangen.

Eine Darstellung der Entwicklung des Arbeitsmarktes in Deutschland auf dem Gebiet der Telekommunikation von Beginn der Marktliberalisierung zum 01.01.1998 schließt sich diesen Ausführungen an.

Der Abschnitt endet mit einem Forecast der technologischen und nutzungsbedingten Markt- und Diensteentwicklung der Telekommunikation sowie den sich hieraus ergebenden Anforderungen sowohl für die Telekommunikationsunternehmen selbst als auch für die Individuen und deren zukünftiges Leben mit der Informations- und Telekommunikationstechnologie.

1 Die Entwicklung des weltweiten Telekommunikationsmarktes

Gegenstand dieses Kapitels ist, wie eingangs erwähnt, der Überblick über die Entwicklung des weltweiten Telekommunikationsmarktes. Gesondert dargestellt werden dabei die Entwicklungen des internationalen und des europäischen Telekommunikationsmarktes.

Jeder Gliederungspunkt betrachtet den Telekommunikationsgesamtmarkt sowie die Teilmärkte in verschiedenen Ländern. Der Schwerpunkt der Darstellung liegt auf der Entwicklung in Westeuropa. Der Telekommunikationsmarkt in Deutschland wird lediglich kurz gestreift. Für eine detailliertere Darstellung zur Entwicklung in Deutschland sei auf die Ausarbeitung in dem darauf folgenden Kapitel D.2 (Markt- und Wettbewerbsentwicklung in Deutschland) verwiesen.

1.1 Basisdaten zum internationalen Informations- und Telekommunikationsmarkt

In den USA und in einigen europäischen Ländern setzte im Gegensatz zu Deutschland der Wettbewerb in der Telekommunikationsbranche lange vor 1998 ein. Mit dem Telecommunications Act wurde 1996 die rechtliche Grundlage für eine umfassende Liberalisierung des US-amerikanischen Telekommunikationsmarktes gelegt. Gleichzeitig wurde die Marktmacht der Monopolisten durch Auflagen für den Bereich der Ferngespräche begrenzt.[838]

Während in den USA und in Europa der rechtliche Rahmen zur Liberalisierung bereits Mitte bzw. Ende der 90er Jahre festgelegt und als Gesetz verabschiedet wurde, war in Asien die Liberalisierung noch nicht abgeschlossen.

In Bezug auf die technologische Situation im Festnetzbereich existierte in Asien ein starkes Gefälle. Während Japan 2001 die technologisch führende Nation war, hatten China und andere Länder großen Nachholbedarf, um das Festnetztelefon und die Internetnutzung für breite Bevölkerungsschichten zugänglich zu machen.[839]

Zur besseren Einschätzung der Marktposition der einzelnen Regionen wird im Folgenden kurz auf die Volumen- und Umsatzentwicklung im internationalen Markt für Informations- und Kommunikationstechnologie (IKT) allgemein und im Telekommunikationsmarkt speziell eingegangen.

Der Gesamtumsatz des Marktes für Informations- und Kommunikationstechnologie legte zum Ende des Jahres 2007 auf 2.238 Milliarden Euro zu.[840] Den größten Teil am weltweiten IKT-Markt nahm in 2007, wie auch in den Jahren zuvor, die Telekommunikation mit einem Anteil in Höhe von 59 Prozent ein.[841]

Verantwortlich für das weltweite Wachstum sind insbesondere auch die so genannten BRIC-Länder[842], die beispielsweise in 2006 Wachstumsraten von mehr als 20 Prozent erzielten.[843] Aber auch die neu zur Europäischen Union beigetretenen ost- und mitteleuropäischen Länder verzeichnen Wachstumsraten von bis zu zwölf Prozent (Datenbasis 2007).[844]

---

[838] Siehe hierzu auch die Ausführungen in Kapitel C.4.2 (Regulierung und Privatisierung in ausgewählten Ländern).
[839] Vgl. TNS Infratest (Hrsg.), Monitoring Informationswirtschaft, 3. Faktenbericht 2001, 2001, S. 86.
[840] Vgl. TNS Infratest (Hrsg.), Monitoring Informations- und Kommunikationswirtschaft, 11. Faktenbericht 2008, 2008, S. 30.
[841] Vgl. TNS Infratest (Hrsg.), Monitoring Informations- und Kommunikationswirtschaft, 11. Faktenbericht 2008, 2008, S. 30.
[842] Als BRIC-Länder werden die Staaten Brasilien, Russland, Indien und China bezeichnet. Vielfach werden sie auch als Emerging Markets deklariert und sind nach Ansicht vieler Ökonomen auch für das Wachstum der Weltwirtschaft von großer Bedeutung (vgl. Handelsblatt.com (Hrsg.), BRIC-Länder: Blick ins Jahr 2041, http://www.handelsblatt.com/news/Default.aspx?_p=200729&_t=ft&_b=1048359, 2008).
[843] Vgl. TNS Infratest (Hrsg.), Monitoring Informations- und Kommunikationswirtschaft, 10. Faktenbericht 2007, 2007, S. 18.
[844] Vgl. TNS Infratest (Hrsg.), Monitoring Informations- und Kommunikationswirtschaft, 10. Faktenbericht 2007, 2007, S. 18.

In der Abbildung 46 sind die weltweiten Umsätze des IKT-Marktes von 2004 bis 2009 (Prognose) sowie die prozentuale jährliche Steigerung dargestellt.

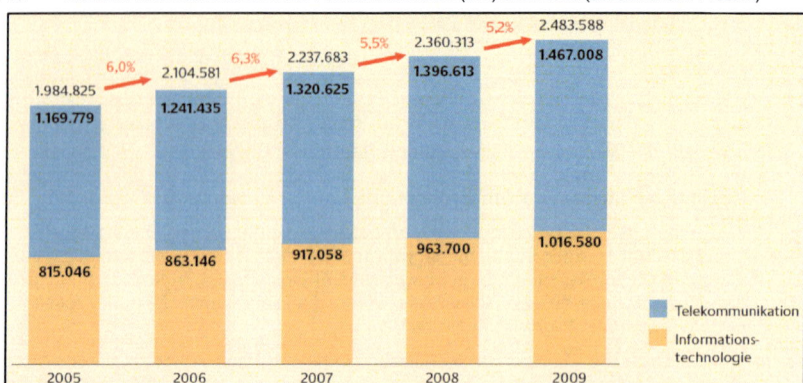

Abb. 46: Markt für Informationstechnik und Telekommunikation (IKT) 2005-2009 (absolut und in Prozent)

[Gestapeltes Säulendiagramm mit den Werten:
2005: Informationstechnologie 1.169.779, Telekommunikation 815.046, gesamt 1.984.825
2006: 1.241.435 / 863.146, gesamt 2.104.581 (6,0%)
2007: 1.320.625 / 917.058, gesamt 2.237.683 (6,3%)
2008: 1.396.613 / 963.700, gesamt 2.360.313 (5,5%)
2009: 1.467.008 / 1.016.580, gesamt 2.483.588 (5,2%)]

Quelle: TNS Infratest (Hrsg.), Monitoring Informations- und Kommunikationswirtschaft, 11. Faktenbericht 2008, 2008, S. 30

Dabei zeigt sich, dass der Telekommunikationsmarkt in den letzten Jahren von Konsolidierung bzw. in einigen Regionen sogar von Verlust geprägt war. Das Jahr 2004 stellte eine deutliche Erholung dar. Der weltweite Umsatz 2003 auf dem IKT-Markt war im Vergleich zum Vorjahr noch um 1,4 Prozent gestiegen.[845] Die Abbildung 47 veranschaulicht die Entwicklung des IKT-Marktes auf den Umsatz bezogen in wichtigen Regionen der Welt (Datenbasis 2007).

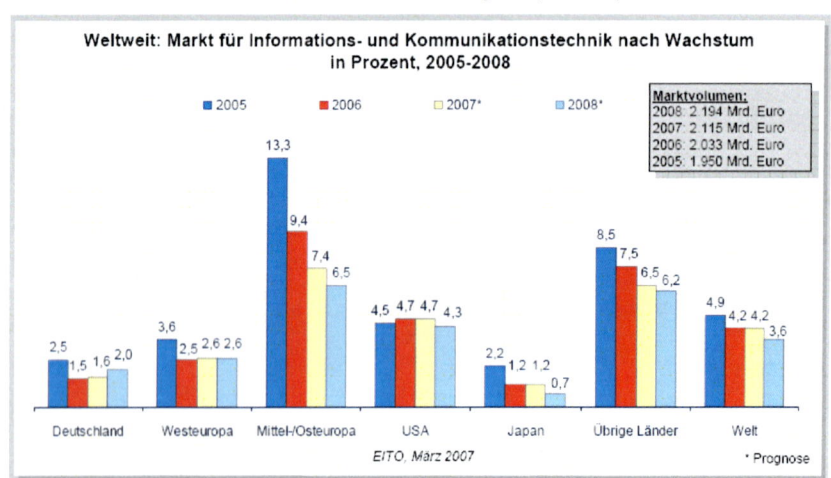

Abb. 47: IKT-Wachstum und -Marktvolumen 2005-2008 nach Regionen (in Prozent)

Weltweit: Markt für Informations- und Kommunikationstechnik nach Wachstum in Prozent, 2005-2008

Marktvolumen:
2008: 2.194 Mrd. Euro
2007: 2.115 Mrd. Euro
2006: 2.033 Mrd. Euro
2005: 1.950 Mrd. Euro

Region	2005	2006	2007*	2008*
Deutschland	2,5	1,5	1,6	2,0
Westeuropa	3,6	2,5	2,6	2,6
Mittel-/Osteuropa	13,3	9,4	7,4	6,5
USA	4,5	4,7	4,7	4,3
Japan	2,2	1,2	1,2	0,7
Übrige Länder	8,5	7,5	6,5	6,2
Welt	4,9	4,2	4,2	3,6

EITO, März 2007   * Prognose

Quelle: TNS Infratest (Hrsg.), Monitoring Informations- und Kommunikationswirtschaft, 10. Faktenbericht 2007, 2007, S. 19

---

[845] Vgl. TNS Infratest (Hrsg.), Monitoring Informationswirtschaft, 8. Faktenbericht 2005, 2005, S. 29.

D. Markt- und Wettbewerbsentwicklung der Telekommunikation

Bei den drei führenden IKT-Nationen USA, Japan und Deutschland fällt demnach das Wachstum deutlich geringer als in den übrigen Teilen der Welt aus. Dies mag gewiss auf den bereits relativ hohen Entwicklungsstand dieser Industrienationen zurückzuführen sein. In den Jahren vor 2006 war die Bedeutung der IKT-Branche für die deutsche Volkswirtschaft noch leicht angestiegen.[846] In 2006 verringerte sich der Anteil der IKT-Umsätze am Bruttoinlandsprodukt von 5,87 Prozent in 2005 auf 5,76 Prozent. In 2007 lag dieser Anteil in Deutschland bei 5,86 Prozent.[847]

Eine detaillierte Übersicht der prozentualen Anteile der IKT-Ausgaben am jeweiligen Bruttoinlandsprodukt für verschiedene Länder sowie im Vergleich zu Westeuropa für das Jahr 2006 enthält die nachfolgende Abbildung 48, bei der diese Anteile auch für das Vorjahr in Klammern angegeben sind.

Abb. 48: Anteil der IKT-Ausgaben am Bruttoinlandsprodukt in 2006 (in Prozent)

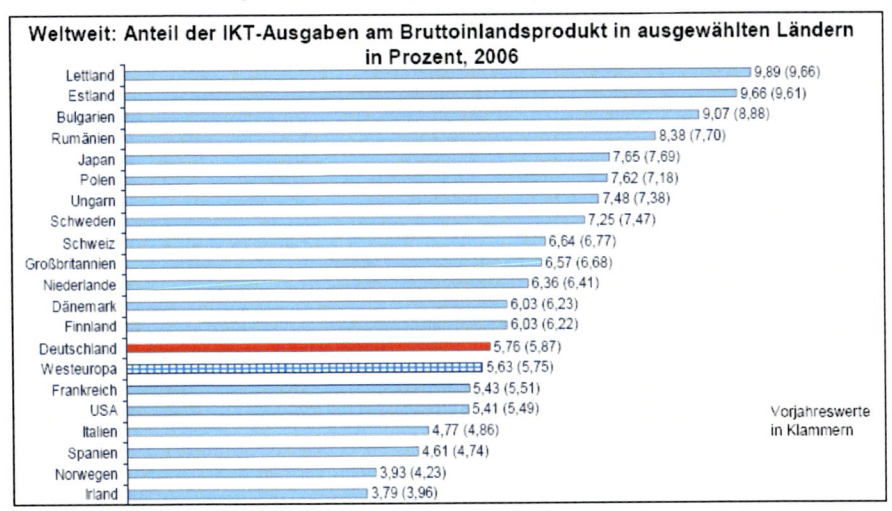

Weltweit: Anteil der IKT-Ausgaben am Bruttoinlandsprodukt in ausgewählten Ländern in Prozent, 2006

Land	Anteil (Vorjahr)
Lettland	9,89 (9,66)
Estland	9,66 (9,61)
Bulgarien	9,07 (8,88)
Rumänien	8,38 (7,70)
Japan	7,65 (7,69)
Polen	7,62 (7,18)
Ungarn	7,48 (7,38)
Schweden	7,25 (7,47)
Schweiz	6,64 (6,77)
Großbritannien	6,57 (6,68)
Niederlande	6,36 (6,41)
Dänemark	6,03 (6,23)
Finnland	6,03 (6,22)
Deutschland	5,76 (5,87)
Westeuropa	5,63 (5,75)
Frankreich	5,43 (5,51)
USA	5,41 (5,49)
Italien	4,77 (4,86)
Spanien	4,61 (4,74)
Norwegen	3,93 (4,23)
Irland	3,79 (3,96)

Vorjahreswerte in Klammern

Quelle: TNS Infratest (Hrsg.), Monitoring Informations- und Kommunikationswirtschaft, 10. Faktenbericht 2007, 2007, S. 20

Im internationalen Vergleich befand sich Deutschland 2006 jedoch nur auf Platz 14 und lag damit sogar unter dem westeuropäischen Durchschnitt.

Für Telekommunikationsprodukte und -dienstleistungen allein belief sich der weltweite Markt in 2006 auf ca. 1.106 Milliarden Euro.[848]

Der weltweite Telekommunikationsmarkt entwickelt sich aktuell weniger gut als der Markt für Informationstechnik und soll, Prognosen zufolge, beim Wachstum weiter leicht zurückgehen.[849] Dieser Trend gilt auch für Deutschland.[850]

---

[846] Vgl. TNS Infratest (Hrsg.), Monitoring Informationswirtschaft, 8. Faktenbericht 2005, 2005, S. 31.
[847] Vgl. TNS Infratest (Hrsg.), Monitoring Informations- und Kommunikationswirtschaft, 11. Faktenbericht 2008, 2008, S. 32.
[848] Vgl. TNS Infratest (Hrsg.), Monitoring Informations- und Kommunikationswirtschaft, 10. Faktenbericht 2007, 2007, S. 39.
[849] Vgl. TNS Infratest (Hrsg.), Monitoring Informations- und Kommunikationswirtschaft, 10. Faktenbericht 2007, 2007, S. 40.
[850] Aufgrund der Auswirkungen der Finanz- und Wirtschaftskrise muss für die Jahre 2008 und 2009 weltweit mit einem signifikanten Rückgang der Umsätze im IKT-Markt gerechnet werden.

Die Marktanteile für Telekommunikationsleistungen nach Ländern bzw. Regionen zeigt Abbildung 49 (Datenbasis 2007).

Abb. 49: Anteil Deutschlands am weltweiten Telekommunikationsmarkt (in Prozent)

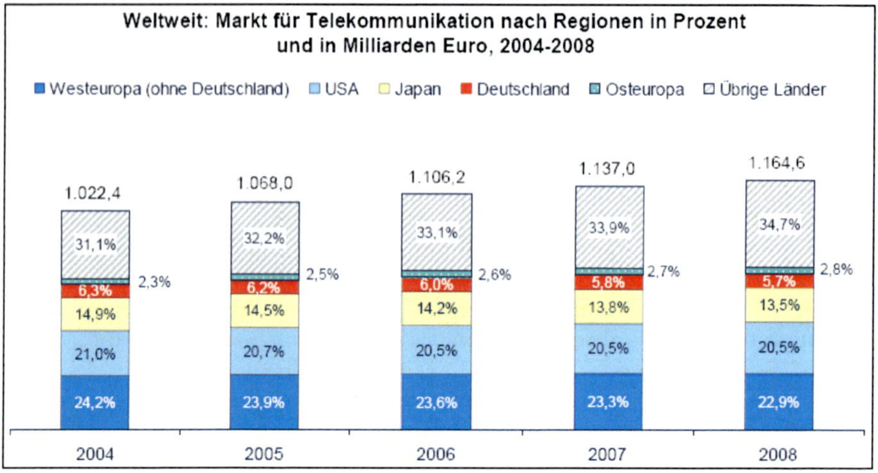

Weltweit: Markt für Telekommunikation nach Regionen in Prozent und in Milliarden Euro, 2004-2008

■ Westeuropa (ohne Deutschland)   ■ USA   □ Japan   ■ Deutschland   □ Osteuropa   □ Übrige Länder

Jahr	Summe	Westeuropa (o. D.)	USA	Japan	Deutschland	Osteuropa	Übrige Länder
2004	1.022,4	31,1%	6,3%	14,9%	21,0%	2,3%	24,2%
2005	1.068,0	32,2%	6,2%	14,5%	20,7%	2,5%	23,9%
2006	1.106,2	33,1%	6,0%	14,2%	20,5%	2,6%	23,6%
2007	1.137,0	33,9%	5,8%	13,8%	20,5%	2,7%	23,3%
2008	1.164,6	34,7%	5,7%	13,5%	20,5%	2,8%	22,9%

Quelle: TNS Infratest (Hrsg.), Monitoring Informations- und Kommunikationswirtschaft, 10. Faktenbericht 2007, 2007, S. 41

Während der Anteil der USA am weltweiten TK-Markt den zugrunde liegenden Prognosen zufolge konstant bleiben wird, sinkt der Anteil Westeuropas und Japans deutlich, wobei der Anteil Deutschlands lediglich leicht zurückgeht.

1.2 Allgemeine Trends zum Telekommunikationsmarkt in Europa

Bereits Mitte der 90er Jahre galt der Sektor der Telekommunikationsdienstleistungen nicht nur in Deutschland, sondern auch international als Wachstumsfeld. Großen Anteil daran hatten zu diesem Zeitpunkt die Telefondienste, da besonders der Mobilfunk und die Kabel-TV-Dienste von 1993 bis 1997 deutliche Marktanteile gewinnen konnten.

Im Jahr 2005 betrug der Anteil des europäischen Marktes am weltweiten TK-Umsatz ca. 31 Prozent.[851] Auch der westeuropäische TK-Markt entwickelte sich im Vergleich zum IT-Markt nicht so gut. Während der IT-Markt in 2006 noch eine Wachstumsrate in Höhe von 3,3 Prozent verzeichnen konnte, fiel das Wachstum beim TK-Markt mit 1,7 Prozent (und einem Umsatz in Höhe von 327 Milliarden Euro) deutlich geringer aus.[852] Für die Folgejahre rechnet man mit einer noch größeren Differenz beim Wachstum.[853]

Die mittel- und osteuropäischen Staaten steuerten 2006 lediglich 8,1 Prozent zum europäischen Umsatz des TK-Marktes bei.[854]

---

[851] Vgl. TNS Infratest (Hrsg.), Monitoring Informationswirtschaft, 8. Faktenbericht 2005, 2005, S. 59.
[852] Vgl. TNS Infratest (Hrsg.), Monitoring Informations- und Kommunikationswirtschaft, 10. Faktenbericht 2007, 2007, S. 41.
[853] Vgl. TNS Infratest (Hrsg.), Monitoring Informations- und Kommunikationswirtschaft, 10. Faktenbericht 2007, 2007, S. 41.
[854] Vgl. TNS Infratest (Hrsg.), Monitoring Informations- und Kommunikationswirtschaft, 10. Faktenbericht 2007, 2007, S. 41.

Den größten Anteil am TK-Markt haben nach wie vor die TK-Dienste, wie aus der Abbildung 50 zu ersehen ist (Datenbasis 2007).

Abb. 50: Die TK-Dienste stellen den größten Teilmarkt dar

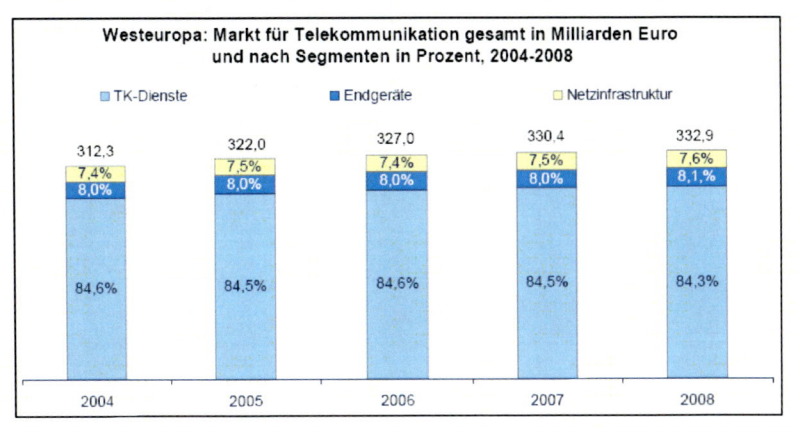

Westeuropa: Markt für Telekommunikation gesamt in Milliarden Euro und nach Segmenten in Prozent, 2004-2008

Jahr	Gesamt	TK-Dienste	Endgeräte	Netzinfrastruktur
2004	312,3	84,6%	7,4%	8,0%
2005	322,0	84,5%	7,5%	8,0%
2006	327,0	84,6%	7,4%	8,0%
2007	330,4	84,5%	7,5%	8,0%
2008	332,9	84,3%	7,6%	8,1%

Quelle: TNS Infratest (Hrsg.), Monitoring Informations- und Kommunikationswirtschaft, 10. Faktenbericht 2007, 2007, S. 42

Mit einem Marktvolumen in Höhe von 66 Milliarden Euro in 2006 ist Deutschland der größte Einzelmarkt in Europa, gefolgt von Großbritannien (57,6 Milliarden Euro) und Italien (46 Milliarden Euro).[855] Im Gegensatz zu allen anderen westeuropäischen Ländern schrumpfte der TK-Markt in Deutschland Prognosen zufolge um 0,3 Prozent[856]. Als Grund für diesen Rückgang werden rückläufige Umsätze bei Festnetz- und Mobilfunkgesprächen sowie bei Kommunikationsgeräten für Endverbraucher angesehen.[857]

In den osteuropäischen Ländern wurden Prognosen zufolge für das Jahr 2007 mit 30,5 Milliarden Euro rund zehn Mal weniger Umsätze im TK-Markt generiert als in den westeuropäischen Ländern.[858] Die vier Länder Polen, Tschechien, Ungarn und Rumänien vereinen ca. 73 Prozent des osteuropäischen TK-Gesamtumsatzes auf sich, wobei Polen mit einem Umsatz in Höhe von 11,2 Milliarden Euro hier den größten Anteil aufweist.[859]

1.3 Diensteentwicklung sowie technologische Entwicklung weltweit und Ausblick

In diesem Abschnitt wird die Entwicklung der verschiedenen Technologien der Telekommunikation weltweit dargestellt. Vor dem Hintergrund, dass zur Ableitung von Zukunftsprognosen insbesondere die jüngste Entwicklung, also der Zeitraum nach der vollständigen Liberalisierung in Europa, interessant ist, erfolgt die Betrachtung zumeist ab Ende der 90er Jahre.

1.3.1 Die weltweite Entwicklung bei Festnetz, ISDN und Breitband

Die am weitesten verbreitete Verbindungsart ist nach wie vor der klassische Festnetzanschluss. Somit stellt die Telefondichte eines Landes nicht nur einen wichtigen Faktor zur Abschätzung der gesamtwirtschaftlichen Situation und des Stands der technischen Entwicklung dar. Sie ist vor allem auch ein wichtiges Kriterium, das die Abschätzung des Potenzials für Internetzugänge erlaubt.

---

[855] Vgl. TNS Infratest (Hrsg.), Monitoring Informations- und Kommunikationswirtschaft, 10. Faktenbericht 2007, 2007, S. 42.
[856] Vgl. TNS Infratest (Hrsg.), Monitoring Informations- und Kommunikationswirtschaft, 10. Faktenbericht 2007, 2007, S. 42.
[857] Vgl. TNS Infratest (Hrsg.), Monitoring Informations- und Kommunikationswirtschaft, 10. Faktenbericht 2007, 2007, S. 42.
[858] Vgl. TNS Infratest (Hrsg.), Monitoring Informations- und Kommunikationswirtschaft, 10. Faktenbericht 2007, 2007, S. 43.
[859] Vgl. TNS Infratest (Hrsg.), Monitoring Informations- und Kommunikationswirtschaft, 10. Faktenbericht 2007, 2007, S. 43.

1.3.1.1 Die Entwicklung der Telefonanschlüsse weltweit

Im Dezember 2007 existierten weltweit ca. 1,28 Milliarden Telefonanschlüsse. Die Entwicklung der Anzahl der weltweiten Telefonanschlüsse veranschaulicht die Abbildung 51.

Abb. 51: Anzahl der Telefonhauptanschlüsse (in Millionen) 1993 bis 2007

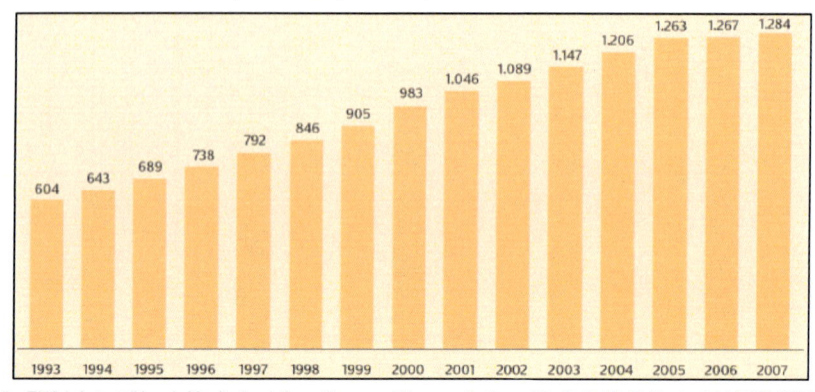

Werte: 1993: 604; 1994: 643; 1995: 689; 1996: 738; 1997: 792; 1998: 846; 1999: 905; 2000: 983; 2001: 1.046; 2002: 1.089; 2003: 1.147; 2004: 1.206; 2005: 1.263; 2006: 1.267; 2007: 1.284

Quelle: TNS Infratest (Hrsg.), Monitoring Informations- und Kommunikationswirtschaft, 11. Faktenbericht 2008, 2008, S. 165

Demzufolge hat sich die Zahl der Telefonanschlüsse weltweit von 1993 bis 2007 mehr als verdoppelt. Trotz der bislang weltweit steigenden Anzahl von Telefonanschlüssen wird, Prognosen zufolge, der Anteil der Gesprächsminuten im Festnetz zugunsten des Mobilfunks in den nächsten Jahren weiterhin kontinuierlich sinken.[860] Insbesondere in technologisch fortgeschrittenen Ländern verdrängen Mobiltelefone und VoIP-Anschlüsse (Voice over Internet Protocol) die klassischen Festnetzanschlüsse.[861]

In Abhängigkeit der Regulierung und des bestehenden Wettbewerbs in den verschiedenen Ländern haben sich auch die Telefongebühren unterschiedlich entwickelt. Die folgende Abbildung 52 enthält einen Überblick der Preisentwicklung zu Verbindungskosten der Jahre 2003 bis 2006 für die EU vor und nach der Erweiterung in ausgewählten Ländern.

Abb. 52: Verbindungskosten im Festnetz 2003 bis 2006 in Euro

	Ortsgespräch (10 Minuten)				Nationales Ferngespräch (10 Minuten)				Internationales Ferngespräch in die USA (10 Minuten)			
	2003	2004	2005	2006	2003	2004	2005	2006	2003	2004	2005	2006
EU 25	0,38	0,37	0,35	0,36	1,04	0,90	0,76	0,74	2,88	2,07	2,13	1,79
EU 15	0,39	0,37	0,35	0,34	1,01	0,87	0,69	0,71	2,13	1,85	1,88	1,77
Deutschland	0,42	0,42	0,39	0,39	1,22	1,20	0,49	0,49	1,23	1,23	1,23	0,46
Italien	0,25	0,25	0,22	0,22	1,22	1,15	1,15	1,15	2,12	2,12	2,12	2,12
Schweden	0,30	0,30	0,29	0,29	0,30	0,30	0,29	0,29	1,14	1,09	1,06	1,18
Großbritannien	0,58	0,44	0,44	0,44	1,16	0,44	0,44	0,44	3,46	2,05	2,08	2,23
Norwegen	0,34	0,32	0,34	k. A.	0,34	0,32	0,34	k. A.	0,86	0,82	0,77	k. A.
USA	0,09	0,08	0,08	0,07	0,81	1,07	1,08	1,03	:	:		
Japan	0,28	0,28	0,28	0,25	1,15	1,15	1,13	1,02	4,91	4,91	4,86	4,34

Quelle: TNS Infratest (Hrsg.), Monitoring Informations- und Kommunikationswirtschaft, 11. Faktenbericht 2008, 2008, S. 168

---

[860] Vgl. TNS Infratest (Hrsg.), Monitoring Informations- und Kommunikationswirtschaft, 10. Faktenbericht 2007, 2007, S. 116.
[861] Vgl. TNS Infratest (Hrsg.), Monitoring Informations- und Kommunikationswirtschaft, 10. Faktenbericht 2007, 2007, S. 116.

D. Markt- und Wettbewerbsentwicklung der Telekommunikation Seite 139

Allgemein betrachtet sind die Kosten innerhalb dieser vier Jahre deutlich gesunken. Die Kosten für nationale Ferngespräche sowie für Auslandsgespräche in die USA lagen demzufolge in Deutschland unter dem EU-Durchschnitt.

Zwei gegenläufige Entwicklungen, die sich in der untenstehenden Abbildung 53 widerspiegeln, bestimmten in den Jahren 2003 bis 2005 den Festnetz-Markt in Europa.

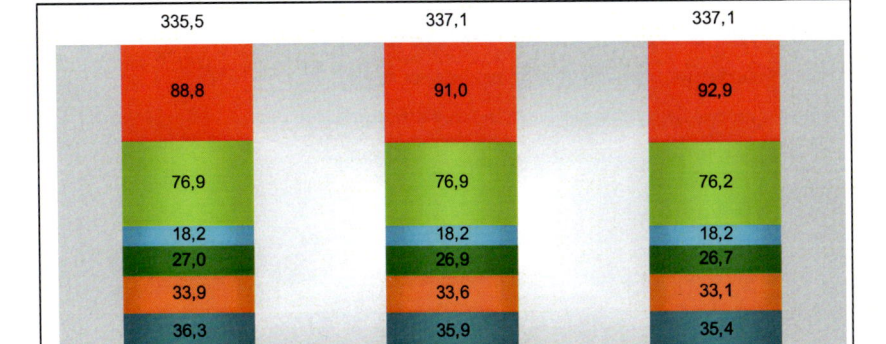

Abb. 53: Anzahl der Telefonhauptanschlüsse 2003 bis 2005 in Europa (in Millionen)

	2003	2004	2005
Gesamt	335,5	337,1	337,1
Osteuropa	88,8	91,0	92,9
Restliches Westeuropa	76,9	76,9	76,2
Spanien	18,2	18,2	18,2
Italien	27,0	26,9	26,7
Frankreich	33,9	33,6	33,1
Großbritannien	36,3	35,9	35,4
Deutschland	54,4	54,6	54,6

■ Deutschland ■ Großbritannien ■ Frankreich ■ Italien ■ Spanien ■ Restliches Westeuropa ■ Osteuropa

In Anlehnung an: TNS Infratest (Hrsg.), Monitoring Informationswirtschaft, 8. Faktenbericht 2005, 2005, S. 122

So nahm innerhalb dieses Zeitraums die Zahl der Telefonhauptanschlüsse in Westeuropa in den letzten Jahren kontinuierlich ab und stieg in Osteuropa im selben Zeitraum an. Der Rückgang in Westeuropa ist, wie bereits oben erwähnt, mit dem Erfolg der Mobiltelefonie zu erklären.

Manche Teilnehmer verzichten in der Zwischenzeit auf einen Festnetzanschluss und sind ausschließlich per Mobiltelefon erreichbar – dies wird durch die ähnlich günstigen Verbindungskosten vieler Mobilfunktarife im Vergleich zum klassischen Festnetztarif begünstigt.[862]

Auf Basis der Telefonhauptanschlüsse je 100 Einwohner (Anschlussdichte) sind insbesondere die Länder Nordamerikas und Westeuropas führend, während in vielen Ländern Afrikas und Asiens nach wie vor Defizite bei der Anschlussdichte zu verzeichnen sind.[863] So kamen in 2006 auf 100 Nordamerikaner 60,8 und auf 100 Westeuropäer immerhin noch 50 Telefonhauptanschlüsse, während in Asien die Verbreitung bei 15,7 Prozent und in Afrika bei lediglich 3,1 Prozent lag.[864]

Eine niedrige Anschlussdichte lässt auch eine nur eingeschränkte Internetnutzung zu. Drastisch wirkt sich die Situation einer schlechten Netzinfrastruktur in den technologisch unterentwickelten Ländern aus, da das Festnetzmodem dort nach wie vor eine der zentralen Zugangstechnologien zum Internet und seinen Diensten darstellt.[865]

---

[862] Vgl. TNS Infratest (Hrsg.), Monitoring Informationswirtschaft, 8. Faktenbericht 2005, 2005, S. 122.
[863] Vgl. TNS Infratest (Hrsg.), Monitoring Informations- und Kommunikationswirtschaft, 11. Faktenbericht 2008, 2008, S. 165.
[864] Vgl. TNS Infratest (Hrsg.), Monitoring Informations- und Kommunikationswirtschaft, 11. Faktenbericht 2008, 2008, S. 165.
[865] Vgl. TNS Infratest (Hrsg.), Monitoring Informations- und Kommunikationswirtschaft, 11. Faktenbericht 2008, 2008, S. 165.

Eine Übersicht zu den Anschlussdichten in ausgewählten Ländern enthält die untenstehende Abbildung 54.

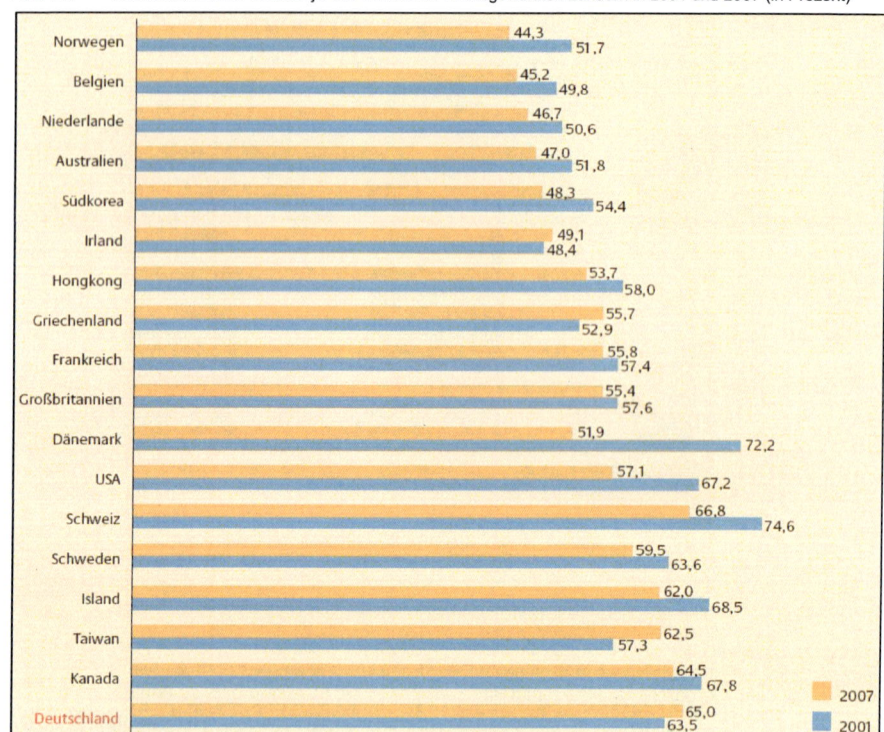

Abb. 54: Telefonanschlüsse weltweit je 100 Einwohner in ausgewählten Ländern in 2001 und 2007 (in Prozent)

Land	2007	2001
Norwegen	44,3	51,7
Belgien	45,2	49,8
Niederlande	46,7	50,6
Australien	47,0	51,8
Südkorea	48,3	54,4
Irland	49,1	48,4
Hongkong	53,7	58,0
Griechenland	55,7	52,9
Frankreich	55,8	57,4
Großbritannien	55,4	57,6
Dänemark	51,9	72,2
USA	57,1	67,2
Schweiz	66,8	74,6
Schweden	59,5	63,6
Island	62,0	68,5
Taiwan	62,5	57,3
Kanada	64,5	67,8
Deutschland	65,0	63,5

Quelle: TNS Infratest (Hrsg.), Monitoring Informations- und Kommunikationswirtschaft, 11. Faktenbericht 2008, 2008, S. 167

Die Graphik veranschaulicht bei dem Vergleich der Zahlen von 2007 zu 2001 einerseits die Substitution des Festnetzes durch den Mobilfunk und andererseits das Wachstum der Anschlüsse aufgrund breitbandiger Internetzugänge im Festnetz. Mit einer Anschlussdichte in Höhe von 65 Prozent gehört Deutschland hierbei zu den führenden Nationen.

1.3.1.2 Die weltweite Entwicklung bei ISDN

Im Jahr 2004 war der Höhepunkt der ISDN-Anschlüsse weltweit mit einer Zahl von 136,7 Millionen verfügbaren Kanälen erreicht, jedoch war diese Entwicklung uneinheitlich.[866] In Westeuropa, den USA und in Japan sank die Anzahl der ISDN-Anschlüsse, während in Osteuropa und anderen Regionen die Anzahl stieg.[867] Diese gegenläufige Entwicklung lässt sich möglicherweise durch die unterschiedlichen Entwicklungsstadien erklären, in denen sich die Telekommunikationsmärkte der einzelnen Länder befanden.

---

[866] Vgl. TNS Infratest (Hrsg.), Monitoring Informationswirtschaft, 8. Faktenbericht 2005, 2005, S. 129.
[867] Vgl. TNS Infratest (Hrsg.), Monitoring Informationswirtschaft, 8. Faktenbericht 2005, 2005, S. 129.

Betrachtet man die Verbreitung von ISDN in Europa, dann ist diese Technik in Deutschland am weitesten verbreitet. In 2005 waren rund 27 Millionen Kanäle geschaltet – dies entsprach einem Anteil von 37 Prozent am gesamten europäischen ISDN-Volumen. Das Wachstum gegenüber dem Jahr 2004 schwankte in Europa zwischen drei Prozent (Italien) und minus 0,4 Prozent (Norwegen). In Osteuropa konnte ein Plus von acht Prozent verzeichnet werden. Weitere Details hierzu veranschaulicht die Abbildung 55.

Abb. 55: Zahl der ISDN-Kanäle (in Millionen) und Wachstum (in Prozent) in ausgewählten Ländern 2005

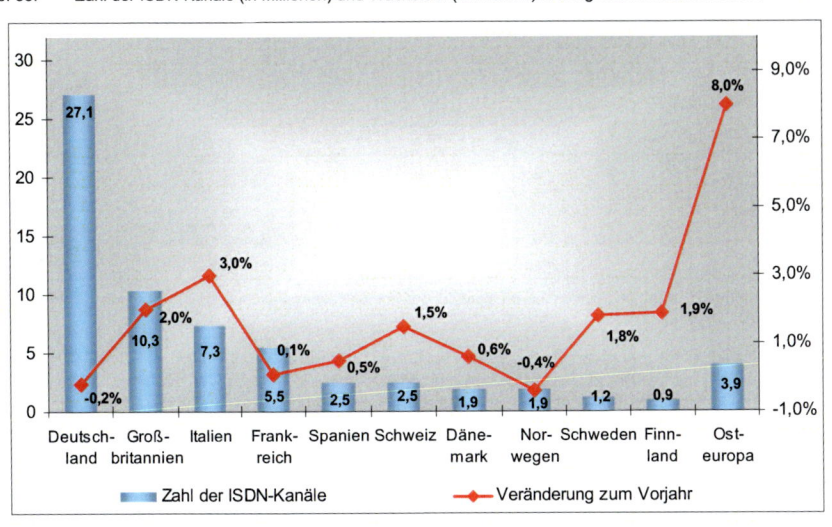

In Anlehnung an: TNS Infratest (Hrsg.), Monitoring Informationswirtschaft, 8. Faktenbericht 2005, 2005, S. 130

Die weltweite Entwicklung von ISDN gestaltete sich demnach uneinheitlich.

War das Einwählen in das Internet mittels ISDN oder gar Telefonmodem noch oftmals eine langwierige bzw. fehleranfällige Zugangsmethode, ist mittlerweile der breitbandige Zugang über DSL oder Kabelmodem deutlich komfortabler und leistungsfähiger geworden.[868]

1.3.1.3 Die weltweite Entwicklung bei Breitband

Die Breitbandanschlüsse steigen weltweit kontinuierlich an. Zwischen 2002 und 2005 wuchs der weltweite Breitbandmarkt mit einer durchschnittlichen jährlichen Wachstumsrate von über 40 Prozent.[869]

Speziell die neueren multimedialen Anwendungen sind entsprechend volumenintensiver und fordern vermehrt den Einsatz sowie das Vorhandensein von Breitbandinfrastrukturen.[870] Durch einen zu erwartenden weiteren Rückgang der Zugangspreise, einem intensiven Wettbewerb der Provider und den sich entwickelnden Breitbandanwendungen wie Internettelefonie, Onlinemusik, Onlinevideo und Onlinefernsehen kann auch weiterhin mit einem Wachstum gerechnet werden.[871]

---

[868] Vgl. TNS Infratest (Hrsg.), Monitoring Informations- und Kommunikationswirtschaft, 10. Faktenbericht 2007, 2007, S. 77.
[869] Vgl. TNS Infratest (Hrsg.), Monitoring Informationswirtschaft, 8. Faktenbericht 2005, 2005, S. 90.
[870] Vgl. TNS Infratest (Hrsg.), Monitoring Informations- und Kommunikationswirtschaft, 10. Faktenbericht 2007, 2007, S. 77.
[871] So rechneten die Analysten von der Unternehmensberatung Arthur D. Little bis zum Jahr 2020 mit einem Wachstum des Breitbandmarktes in einer jährlichen Höhe von jährlich 20 Prozent (vgl. TNS Infratest (Hrsg.), Monitoring Informationswirtschaft, 8. Faktenbericht 2005, 2005, S. 90).

Wie auch die nachfolgende Abbildung 56 veranschaulicht hat sich die Anzahl der weltweiten breitbandigen Anschlüsse von Dezember 2003 bis September 2006 innerhalb von nur drei Jahren von 100 Millionen Anschlüssen auf über 260 Millionen Anschlüsse mehr als verdoppelt. Für das Jahr 2010 wird aufgrund dieser Entwicklung mit 413 Millionen Anschlüssen weltweit gerechnet.

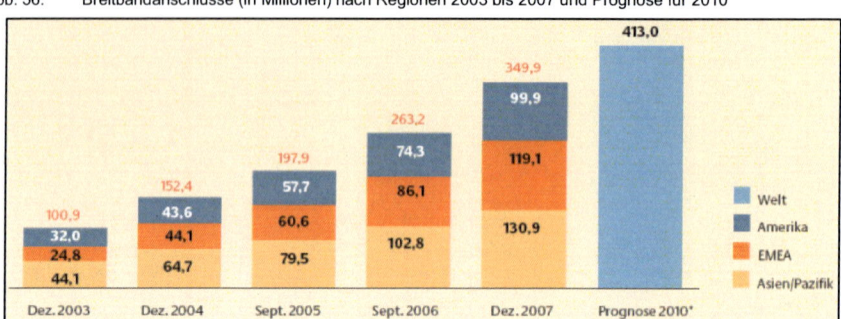

Abb. 56: Breitbandanschlüsse (in Millionen) nach Regionen 2003 bis 2007 und Prognose für 2010

Quelle: TNS Infratest (Hrsg.), Monitoring Informations- und Kommunikationswirtschaft, 11. Faktenbericht 2008, 2008, S. 87

Auffällig ist der hohe Anteil an Breitbandanschlüssen in der Region Asien / Pazifik. Das stärkste Wachstum bei breitbandigen Anschlüssen von 2003 bis 2007 weist der Raum Europa, Mittlerer Osten und Afrika mit einem Plus von 94,3 Millionen auf. Zwischen den Jahren 2000 und 2004 betrug die durchschnittliche Wachstumsrate bei Breitband in Europa 128 Prozent, der weltweite Durchschnitt lag im gleichen Zeitraum bei 81 Prozent.[872]

1.3.2 Die weltweite Entwicklung beim Mobilfunk

Seit Jahren setzt sich der weltweite Trend zur mobilen Kommunikation fort. Die Abbildung 57 enthält eine Übersicht zur Anzahl der weltweiten Mobilfunkteilnehmer zwischen den Jahren 1993 und 2007 sowie eine Prognose bis 2010.

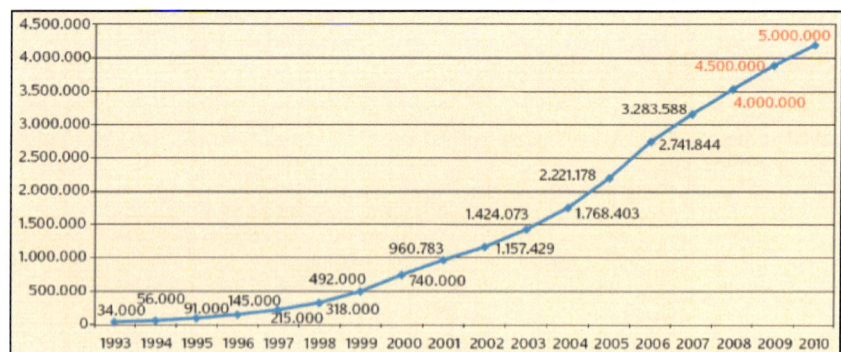

Abb. 57: Zahl der weltweiten Mobilfunkteilnehmer 1993 bis 2007 und Prognose bis 2010 (in Millionen)

Quelle: TNS Infratest (Hrsg.), Monitoring Informations- und Kommunikationswirtschaft, 11. Faktenbericht 2008, 2008, S. 130

---

[872] Vgl. TNS Infratest (Hrsg.), Monitoring Informationswirtschaft, 8. Faktenbericht 2005, 2005, S. 92.

Zum Jahresende 2008 rechnen demnach die Experten mit rund vier Milliarden Mobilfunknutzern weltweit. Bis zum Jahr 2010 sollen es weltweit fünf Milliarden Mobilfunknutzer werden. Zum Jahresende 2007 verfügten Schätzungen zufolge bereits die Hälfte der Weltbevölkerung über die Möglichkeit der mobilen Kommunikation.[873] Bemerkenswert ist die Tatsache, dass in 2007 hiervon rund 44 Prozent der Mobilfunkteilnehmer in der Region Asien / Pazifik angesiedelt waren. Diesen Sachverhalt veranschaulicht die nachfolgende Abbildung 58.

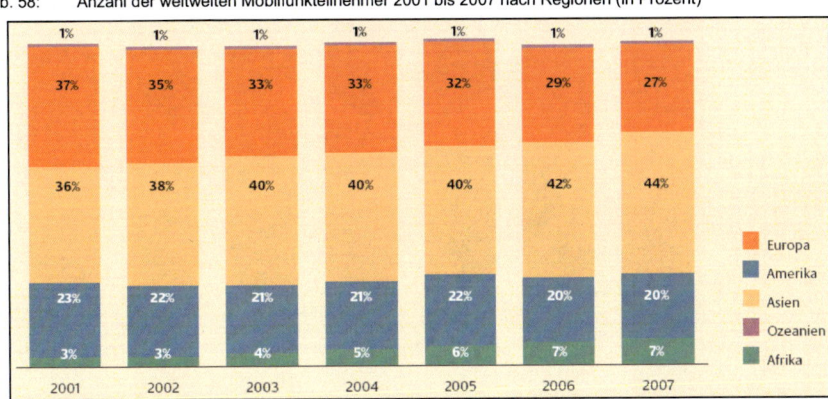

Abb. 58: Anzahl der weltweiten Mobilfunkteilnehmer 2001 bis 2007 nach Regionen (in Prozent)

	2001	2002	2003	2004	2005	2006	2007
Ozeanien	1%	1%	1%	1%	1%	1%	1%
Europa	37%	35%	33%	33%	32%	29%	27%
Amerika	36%	38%	40%	40%	40%	42%	44%
Asien	23%	22%	21%	21%	22%	20%	20%
Afrika	3%	3%	4%	5%	6%	7%	7%

Quelle: TNS Infratest (Hrsg.), Monitoring Informations- und Kommunikationswirtschaft, 11. Faktenbericht 2008, 2008, S. 132

Aufgrund der relativ hohen Penetrationsraten beim Mobilfunk in Europa, die in 2007 bei 110 Prozent lag und Prognosen zufolge auch weiterhin steigen soll, wird der Anteil Europas im Verhältnis zur Anzahl der weltweiten Mobilfunknutzer auch in Zukunft abnehmen.[874]

1.3.3 Die weltweite Entwicklung beim Internet

Das Internet hat sich, vergleichbar mit dem Chip, als eine Basistechnologie erwiesen, mit dessen Hilfe ein langfristiges Wachstum der Informations- und Telekommunikationswirtschaft ermöglicht wurde.[875] Die relative Wettbewerbsfähigkeit eines Landes hängt auch davon ab, inwieweit nicht nur informationswirtschaftliche Anbieter, sondern auch Unternehmen, die Anwendungen anbieten, an der vorhandenen Internetinfrastruktur partizipieren.[876]

Weltweit existierten Ende 2007 ca. 433 Millionen Internethosts[877], von denen sich mit 50,2 Prozent die überwiegende Anzahl in Nordamerika befand.[878] Zum Jahresende 2008 wurde mit einer Anzahl von rund 542 Millionen Internethosts weltweit gerechnet.[879]

---

[873] Vgl. TNS Infratest (Hrsg.), Monitoring Informations- und Kommunikationswirtschaft, 11. Faktenbericht 2008, 2008, S. 131.
[874] Vgl. TNS Infratest (Hrsg.), Monitoring Informations- und Kommunikationswirtschaft, 11. Faktenbericht 2008, 2008, S. 135 und S. 137.
[875] Vgl. TNS Infratest (Hrsg.), Monitoring Informations- und Kommunikationswirtschaft, 10. Faktenbericht 2007, 2007, S. 160.
[876] Vgl. TNS Infratest (Hrsg.), Monitoring Informations- und Kommunikationswirtschaft, 10. Faktenbericht 2007, 2007, S. 160.
[877] Als Hosts werden sogenannte Content Aggregatoren, die Datenbanken unterschiedlicher Informationsproduzenten innerhalb einer Oberfläche bündeln, bezeichnet. Content Aggregatoren können aber auch in Märkten mit nicht digitalen Gütern auftauchen (z.B. in Einkaufszentren). Viele Datenbankhersteller stellen ihre Datenbestände, die Bereitstellung, die Vermarktung sowie der Vertrieb der Produkte ein. Die Hauptaufgabe eines Host ist die informationstechnische Aufbereitung und Akquisition von Datenbanken, also das Einlesen der Daten in Hostrechner, die Verwaltung der Datenbestände, die Bereitstellung, die Vermarktung sowie der Vertrieb der Datenbanken. Einige Hosts sind multidisziplinär, d.h. die Großzahl ist jedoch fachorientiert (z.B. Pressedatenbanken, Fachzeitschriften, Technik-, Medizin-, Rechts- oder Wirtschaftsinformationen, etc.) bzw. auf ein Fachgebiet spezialisiert (z.B. Molekularbiologie). Hosts oder Betreiber von Hosts können sowohl Unternehmen als auch öffentliche Institutionen sein. Viele Hosts bieten zusätzliche Leistungen an wie die Hilfestellungen bei Intranetlösungen, einen Rechercheservice, eine digitale Archivierung oder die Bereitstellung von Quellen bzw. Dokumentlieferungen. Vgl. Wikipedia (Hrsg.), Die freie Enzyklopädie, Hosts, http://de.wikipedia.org/wiki/Host_%28Datenbankanbieter%29, 2008.
[878] Vgl. TNS Infratest (Hrsg.), Monitoring Informations- und Kommunikationswirtschaft, 11. Faktenbericht 2008, 2008, S. 122.
[879] Vgl. TNS Infratest (Hrsg.), Monitoring Informations- und Kommunikationswirtschaft, 11. Faktenbericht 2008, 2008, S. 122.

Gemessen an der Anzahl der Internethosts ist Deutschland (Stand Januar 2008) in Europa mit 20,7 Millionen registrierten Hosts das führende Land.[880] Die folgende Abbildung 59 dokumentiert den Anteil der Internethosts in Europa in ausgewählten westeuropäischen Ländern.

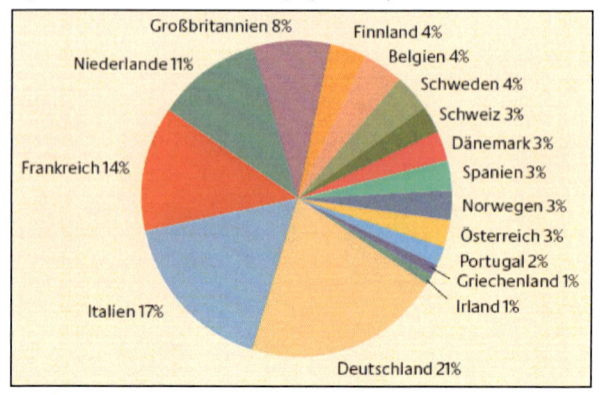

Abb. 59: Verteilung der Hosts im Januar 2008 in Europa (in Prozent)

Land	Prozent
Deutschland	21%
Italien	17%
Frankreich	14%
Niederlande	11%
Großbritannien	8%
Finnland	4%
Belgien	4%
Schweden	4%
Schweiz	3%
Dänemark	3%
Spanien	3%
Norwegen	3%
Österreich	3%
Portugal	2%
Griechenland	1%
Irland	1%

Quelle: TNS Infratest (Hrsg.), Monitoring Informations- und Kommunikationswirtschaft, 11. Faktenbericht 2008, 2008, S. 124

Als Maß für die technologische Entwicklung eines Landes und dessen Telekommunikationsinfrastruktur wird oft die Internetpenetrationsrate herangezogen. Die Penetrationsrate des Internets gibt die Anzahl der Internetnutzer im Verhältnis zur Bevölkerungszahl an.

In den technologisch hochentwickelten Ländern ist die Penetrationsrate beim Internet nahezu ausgeschöpft, wohingegen in Asien und in den osteuropäischen Ländern hohe Wachstumsraten verzeichnet werden.[881]

In der Abbildung 60 sind die Zahl der weltweiten Internetnutzer sowie deren jährliches Wachstum für die Jahre 2000 bis 2007 dargestellt.

Abb. 60: Entwicklung der Anzahl weltweiter Internetnutzer 2000 bis 2007 (in Millionen und in Prozent)

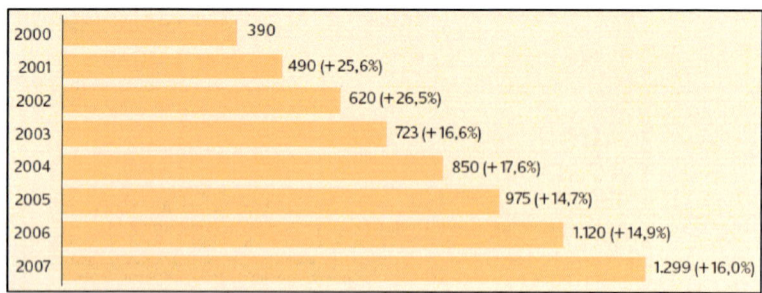

Jahr	Wert
2000	390
2001	490 (+25,6%)
2002	620 (+26,5%)
2003	723 (+16,6%)
2004	850 (+17,6%)
2005	975 (+14,7%)
2006	1.120 (+14,9%)
2007	1.299 (+16,0%)

Quelle: TNS Infratest (Hrsg.), Monitoring Informations- und Kommunikationswirtschaft, 11. Faktenbericht 2008, 2008, S. 175

Somit nutzten zum Jahresende 2007 weltweit rund 1,3 Milliarden Menschen das Internet.

---

[880] Vgl. TNS Infratest (Hrsg.), Monitoring Informations- und Kommunikationswirtschaft, 11. Faktenbericht 2008, 2008, S. 124.
[881] Vgl. TNS Infratest (Hrsg.), Monitoring Informations- und Kommunikationswirtschaft, 10. Faktenbericht 2007, 2007, S. 180.

2 Markt- und Wettbewerbsentwicklung in Deutschland

2.1 Technische Veränderungen in den 90er Jahren

Verantwortlich für die Veränderungen auf der Angebots- und Nachfrageseite in den 90er Jahren waren in erster Linie technische Fortschritte bei mikroelektronischen Halbleiterbausteinen (Mikrochips), die bei Übertragungsmedien zum Einsatz kommen.[882] Zusammenfassend lässt sich der technologische Fortschritt bei TK-Netzen und Endgeräten wie folgt darstellen:[883]

- ❏ Es wurden computergestützte und softwaregesteuerte Fest- und Funkzugangsnetze möglich, über die neue Dienste wie die Anrufweiterleitung sowie geringere Kosten realisiert werden konnten.
- ❏ Höhere Übertragungsbandbreiten und -qualitäten zu niedrigeren Kosten konnten im Netz eingesetzt und vermarktet werden. Dadurch konnten Netzinvestitionen grundsätzlich reduziert werden.
- ❏ Die Leistungsfähigkeit von Endgeräten konnte enorm verbessert und dadurch die Nachfrage nach neuen Diensten zu erträglichen Kosten stimmuliert werden.
- ❏ Die Durchsetzung länderübergreifender Standards, z.B. GSM im Mobilfunk oder IP (Internetprotokoll) bei Datenübertragungen, führte zu Skalenvorteilen bei der Produktion von Geräten und Netzelementen.

2.2 Nachfrageveränderungen 1990 bis 1997

Die Nachfrage auf dem deutschen Telekommunikationsmarkt hat sich dadurch in Art und Menge der nachgefragten Dienste in den 90er Jahren enorm verändert. Sowohl mengen- als auch wertmäßig nahm die Gesamtnachfrage nach den angebotenen Diensten zu. Einen ersten Überblick hierzu zeigt die Entwicklung der Telefonanschlüsse in der nachfolgenden Abbildung 61.

Abb. 61: Entwicklung der Telefonanschlüsse in Deutschland in 1990 bis 1997

Nachfrageindikator	Jahr								Ø jährliche Veränderungsrate
	1990	1991	1992	1993	1994	1995	1994	1997	
● Telefonanschlüsse Festnetz (in Mio.)									
- analoge Anschlüsse	31,9	33,5	35,2	36,7	38,2	39,2	39,0	37,8	2,4%
- digitale Basisanschlüsse	0,01	0,04	0,1	0,22	0,46	0,85	1,92	2,83	212,4%
- digitale PM-Anschlüsse	0,00	0,00	0,00	0,01	0,02	0,04	0,05	0,06	163,4%
● Verbindungen pro Festnetzanschluss	1131	1243	1281	1343	1313	1279	1179	1199	0,8%
● Telefonanschlüsse Mobilfunknetze (in Mio.)									
- analoge Anschlüsse	0,27	0,53	0,77	0,79	0,72	0,65	0,53	0,47	8,2%
- digitale Anschlüsse	-	-	0,15	0,98	1,71	3,11	5,05	7,85	220,7%
● Internet-Host (in Tsd.)	-	21,1	43,9	92,0	149,2	350,7	548,2	994,9	190,1%
● Rundfunkkabelanschlüsse (in Mio.)	8,1	9,9	11,8	13,5	14,6	15,8	16,7	17,3	11,4%

In Anlehnung an: Gerpott, T. J., Strukturwandel des deutschen Telekommunikationsmarktes, 1999, S. 61

---

[882] Vgl. Gerpott, T. J., Strukturwandel des deutschen Telekommunikationsmarktes, 1999, S. 55.
[883] Vgl. Gerpott, T. J., Strukturwandel des deutschen Telekommunikationsmarktes, 1999, S. 56.

Für die Jahre 1990 bis 1995 wurde inflationsbereinigt eine durchschnittliche jährliche Umsatzwachstumsrate in Höhe von 7,6 Prozent bei öffentlichen Telekommunikationsdiensten verzeichnet.[884] Besonders bei den Festnetzverbindungen nahm die Zahl der Verbindungen im Inland von 35,4 Milliarden DM (ca. 18,1 Milliarden Euro) in 1990 um durchschnittlich 5,8 Prozent pro Jahr auf 52,7 Milliarden DM (ca. 26,9 Milliarden Euro) in 1997 zu.[885]

In dem damals neuen Marktsegment Mobilfunk war seit 1990 ein sehr starker Anstieg der Nachfrage zu verzeichnen. Die absolute Zahl der Nutzer stieg von 0,3 auf 8,3 Millionen im Jahr 1997 an.[886] Die Gründe für dieses Wachstum waren die Inbetriebnahme der GSM-Netze von Mannesmann Mobilfunk und der Deutschen Telekom im Sommer 1992 sowie der Start des digitalen DCS[887]-Netzes von E-Plus ab 1994. Insgesamt konnten im Mobilfunkmarkt seit 1994 jährliche Umsatzwachstumsraten von durchschnittlich mehr als 25 Prozent realisiert werden.[888]

Ein weiterer Wachstumsmarkt der Telekommunikationsbranche war und ist das Internet. Die Zahl der Nutzer stieg von 0,1 Millionen im Jahr 1991 auf etwa 5 bis 6 Millionen im Jahr 1998, beschleunigt vor allem durch die Erfindung des World Wide Web, der damit verbundenen Weiterentwicklungen und den sinkenden Anschluss- und Endgerätepreisen.[889]

Als herausragende Nachfrager stellten sich die informationsintensiven und profitablen Dienstleistungsbranchen dar, wobei in der Mehrzahl größere Unternehmen auf die neuen Datendienste setzten als kleine und mittelständische Firmen.[890]

Der Rundfunkmarkt verzeichnete von 1990 bis 1997 eine Verlagerung der Nachfrage vom terrestrischen Empfang zur Nutzung von Kabelnetzen und Satelliten. Ende 1997 empfingen 10,5 Millionen private Haushalte ihr TV-Programm direkt über Satellit.[891] Anzumerken ist, dass Deutschland Ende 1997 im internationalen Vergleich hinsichtlich der Nachfrage in allen genannten Telekommunikationsbereichen keine Spitzenstellung einnahm. Herausragend waren zu diesem Zeitpunkt vor allem die skandinavischen Länder.

Im Rahmen der Liberalisierung in Deutschland rechnete man jedoch damit, dass besonders die Nachfrage nach Internetdiensten in den Jahren nach 1997 bis 2001 schneller wachsen würde als in anderen Industriestaaten, die bereits in 1997 eine hohe Dichte an Internetanschlüssen in der Bevölkerung aufwiesen.[892]

2.3 Umsatzentwicklung im deutschen Telekommunikationsmarkt seit 1998

Im Rahmen der Betrachtung der Marktentwicklung sind vor allem auch die Umsätze in den Teilbereichen des Telekommunikationsmarktes von besonderem Interesse. Die Jahre 1998 bis 2004 waren in Summe durch ein stetiges und hohes Umsatzwachstum gekennzeichnet. Der Gesamtumsatz im deutschen Telekommunikationsmarkt belief sich in 2004 auf 64,5 Milliarden Euro.[893]

Während bei den Leistungen für Festnetzanschlüsse ein kontinuierlicher leichter Rückgang zu verzeichnen war, stiegen die Umsätze im Mobilfunk zwischen 1998 und 2000 drastisch und in den Folgejahren abgeschwächter weiter an. In 2004 erreichte der Mobilfunkumsatz in Deutschland beinahe den Festnetzumsatz.

Aufgrund der Regulierung stiegen in Deutschland die Umsätze im Bereich Interconnection von 1998 bis 2004 von 1,8 auf 6,4 Milliarden Euro an.

---
[884] Vgl. Gerpott, T. J., Strukturwandel des deutschen Telekommunikationsmarktes, 1999, S. 59.
[885] Vgl. Gerpott, T. J., Strukturwandel des deutschen Telekommunikationsmarktes, 1999, S. 59.
[886] Siehe hierzu auch die Ausführungen in Kapitel D.2.3.3 (Umsatz- und Marktentwicklung beim Mobilfunk in Deutschland).
[887] Digital Cellular System.
[888] Siehe zur Inbetriebnahme der GSM-Netze auch die Ausführungen in Kapitel B.2.6 (Auswirkungen der Postreform I) und in Kapitel B.3.2.2 (Monopol und freier Wettbewerb nach der Postreform II). Vgl. auch Gerpott, Thorsten J., Strukturwandel des deutschen Telekommunikationsmarktes, 1999, S. 61.
[889] Vgl. Gerpott, Thorsten J., Strukturwandel des deutschen Telekommunikationsmarktes, 1999, S. 61 f.
[890] Vgl. Gerpott, Thorsten J., Strukturwandel des deutschen Telekommunikationsmarktes, 1999, S. 62.
[891] Vgl. Gerpott, Thorsten J., Strukturwandel des deutschen Telekommunikationsmarktes, 1999, S. 62.
[892] Vgl. Gerpott, Thorsten J., Strukturwandel des deutschen Telekommunikationsmarktes, 1999, S. 62.
[893] Vgl. Bundesnetzagentur (Hrsg.), Telekommunikationsdienstemarkt, http://www.bundesnetzagentur.de/enid/8bbb32cfaaa1154f26c9 4913129b1f39,0/Marktbeobachtung/Telekommunikations-_dienstemarkt_vo.html#umsaetze, 2005.

D. Markt- und Wettbewerbsentwicklung der Telekommunikation   Seite 147

Die folgende Abbildung 62 zeigt die Umsatzentwicklung der Jahre 1998 bis 2003 sowie die damalige Prognose für das Jahr 2004.

Abb. 62: Entwicklung der Umsatzerlöse bei Telekommunikationsdiensten 1998 bis 2004 (in Milliarden Euro)

	1998	1999	2000	2001	2002	2003	2004
Gesamtmarkt	44,2	48,1	56,2	59,9	61,3	63,2	64,5
Leistungen für Festnetzanschlüsse	23,4	21,9	21,2	21,0	22,1	23,0	23,0
Mobiltelefondienst	9,5	13,1	18,0	19,2	19,9	21,7	22,1
Mietleitungen	1,1	1,2	1,2	1,2	1,0	0,9	0,9
Carrier-Geschäft (Interconnection)	1,8	4,6	6,2	6,6	6,4	6,6	6,4
Kabelfernsehen	2,3	2,5	2,6	2,7	2,8	2,8	2,9
Sonstiges	6,1	4,9	6,9	9,2	9,2	8,2	9,2

In Anlehnung an: Bundesnetzagentur (Hrsg.), Telekommunikationsdienstemarkt, 2005

Erstmalig in der Geschichte des deutschen Telekommunikationsmarktes wurden für die Jahre 2007 und 2008 rückgängige Umsatzvolumina prognostiziert. Von 2005 zu 2006 stieg in Deutschland der Umsatz auf dem Telekommunikationsmarkt leicht von 66 auf 66,1 Milliarden Euro.[894]

Eine Übersicht der Gesamtumsatzentwicklung des deutschen TK-Marktes für 2007 (inklusive der Prognose für das Jahr 2008), gestaffelt nach den Bereichen TK-Dienste, TK-Infrastruktur und TK-Endgeräte, enthält die folgende Abbildung 63.

Abb. 63: TK-Markt Deutschland 2007 und Prognose für 2008 (in Milliarden Euro und in Prozent)

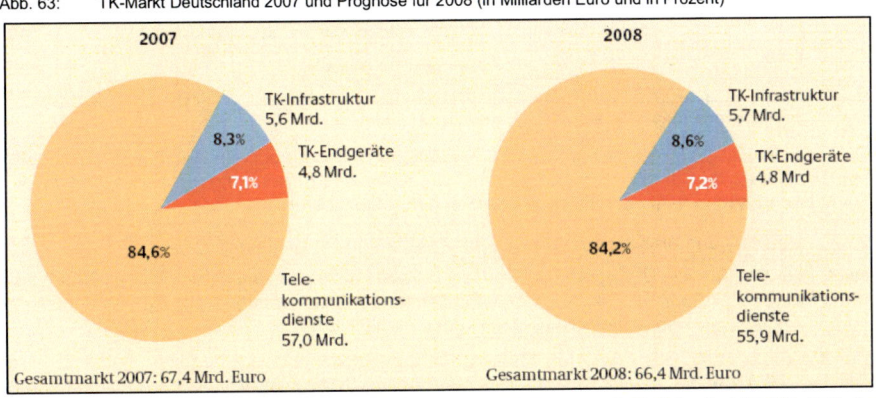

2007	2008
TK-Infrastruktur 5,6 Mrd. — 8,3%	TK-Infrastruktur 5,7 Mrd. — 8,6%
TK-Endgeräte 4,8 Mrd. — 7,1%	TK-Endgeräte 4,8 Mrd — 7,2%
Telekommunikationsdienste 57,0 Mrd. — 84,6%	Telekommunikationsdienste 55,9 Mrd. — 84,2%
Gesamtmarkt 2007: 67,4 Mrd. Euro	Gesamtmarkt 2008: 66,4 Mrd. Euro

Quelle: TNS Infratest (Hrsg.), Monitoring Informations- und Kommunikationswirtschaft, 11. Faktenbericht 2008, 2008, S. 37

Die in 2007 realisierten und für 2008 prognostizierten Umsatzrückgänge wurden durch sinkende Preise und Umsätze bei Festnetzgesprächen verursacht.[895] In den Jahren vor 2007 konnte der Rückgang der Festnetzumsätze noch durch den prosperierenden Mobilfunkmarkt wettgemacht werden, was jedoch durch den Eintritt von sogenannten Discountern in den Markt und den Preiswettbewerb voraussichtlich nicht mehr möglich sein wird.[896]

---
[894] Vgl. TNS Infratest (Hrsg.), Monitoring Informations- und Kommunikationswirtschaft, 10. Faktenbericht 2007, 2007, S. 44.
[895] Vgl. TNS Infratest (Hrsg.), Monitoring Informations- und Kommunikationswirtschaft, 10. Faktenbericht 2007, 2007, S. 44.
[896] Hierzu zählen bspw. Discounter mit ihren Marken Tchibo, Simyo, Alditalk u.a. (vgl. TNS Infratest (Hrsg.), Monitoring Informations- und Kommunikationswirtschaft, 10. Faktenbericht 2007, 2007, S. 44).

Insgesamt gesehen hat sich der Wettbewerb auf dem deutschen TK-Markt drastisch verschärft. So waren zu Beginn des Jahres 2005 bei der Bundesnetzagentur bereits mehr als 2.000 Anbieter von Telekommunikationsdienstleistungen registriert; damit hatte sich ihre Anzahl seit der Marktliberalisierung in 1998 nahezu verdoppelt.[897]

Vor dem Hintergrund der Wettbewerbsentwicklung ist die detaillierte Betrachtung der Umsatzanteile der Deutschen Telekom AG in Deutschland von Interesse. Diese zeigt die Abbildung 64 für das Jahr 2006.

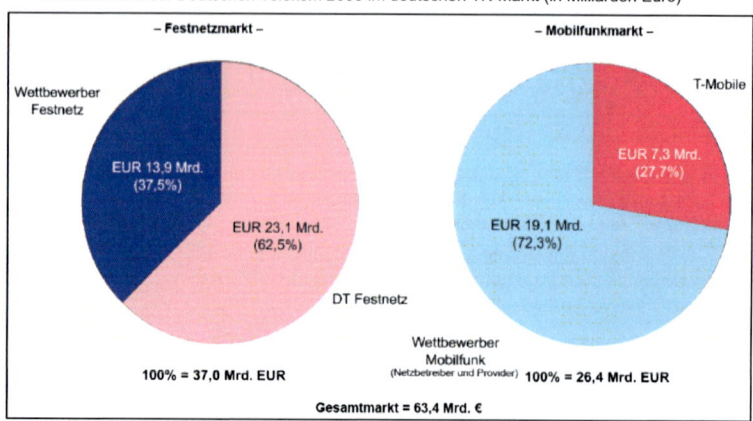

Abb. 64:   Umsatzanteile der Deutschen Telekom 2006 im deutschen TK-Markt (in Milliarden Euro)

Quelle: Dialog Consult GmbH; vatm e.V. (Hrsg.), Der deutsche Telekommunikationsmarkt – Zehn Jahre Liberalisierung im Festnetzmarkt, 2007, S. 4

Demnach entfiel 2006 deutschlandweit im Festnetzbereich nur noch ein Anteil von 62,5 Prozent auf Dienstleistungen der Deutschen Telekom. Die allgemeine Entwicklung des Festnetzbereichs in Deutschland wird in dem nachfolgenden Kapitel näher beleuchtet.

2.3.1   Umsatz- und Marktentwicklung beim Festnetz in Deutschland

Nach dem Wegfall des Monopols der Deutschen Telekom AG konzentrierte sich der Großteil der Wettbewerber im Segment der Sprachtelefondienste zunächst verstärkt auf die Kundenbindung durch Preselection. Insbesondere Geschäftskunden entschieden sich für dieses Angebot.

Bei der Betrachtung des gesamten Marktes für Sprachtelefondienste dagegen waren 1998 die Call-by-Call-Angebote in der Mehrzahl. Die Zahl der Anschlüsse im Festnetztelefondienst erhöhte sich von 1990 bis 1997 um 13,2 Millionen Anschlüsse auf 45,2 Millionen, was einer Steigerungsrate von 5,1 Prozent entspricht.[898] In 2001 nutzten die Kunden der Deutschen Telekom 50,8 Millionen Telefonanschlüsse. Deutlich festzustellen war hier eine Verschiebung der Nachfrage von den analogen hin zu den digitalen Anschlüssen. Der Marktanteil der analogen Anschlüsse ging von mehr als 93 Prozent im Jahr 1993 auf 60 Prozent in 2001 zurück. Im gleichen Zeitraum hatte sich die Zahl der ISDN-Anschlüsse versiebenfacht. In 2001 existierten 20,4 Millionen ISDN-Anschlüsse in Deutschland.

Vergleicht man die Entwicklung der Festnetzanschlüsse mit der Summe der Mobilfunkteilnehmer, stellt man fest, dass bereits in 2001 die Festnetzanschlüsse in Deutschland durch die Zahl der Mobilfunkteilnehmer überholt worden ist.[899]

---

[897] Vgl. WIK Consult GmbH (Hrsg.), Telekommunikationsmarkt Deutschland – Marktentwicklung – Key Player – Regulierung, 2002, S. 58.
[898] Vgl. Gerpott, T. J., Strukturwandel des deutschen Telekommunikationsmarktes, 1999, S. 60.
[899] Vgl. Connect (Hrsg.), Basiszahlen Telekommunikation '05, 2005, S. 26.

Ende 2004 wurden in Deutschland 54,6 Millionen Festnetzanschlüsse registriert. Der Anteil der ISDN-Kanäle hatte dabei in den letzten Jahren stetig zugenommen und erreichte in 2004 einen Anteil in Höhe von ca. 47 Prozent.

Die Wettbewerber der Deutschen Telekom AG erzielten in 2004 im Festnetz einen Marktanteil von ca. acht Prozent. Die Entwicklung der Telefonkanäle ist in der nachfolgenden Abbildung 65 eingehend dargestellt.

Abb. 65: Telefonkanäle der DTAG und ihrer Wettbewerber 1998 bis 2004 (in Millionen und in Prozent)

	1998	1999	2000	2001	2002	2003	2004
Wettbewerber							
Anzahl Kanäle insgesamt (in Mio.)	0,16	0,4	0,86	1,62	2,27	3,12	4,14
davon analog (in %)	15	22	17	12	11	10	12
davon ISDN (in %)	85	78	83	88	89	90	88
Anzahl Anbieter	21	40	55	61	64	65	68
DT AG							
Anzahl Kanäle insgesamt (in Mio.)	46,37	47,81	49,36	50,83	51,51	51,23	51,41
davon analog (in %)	78,0	72,0	65,0	60,0	56,0	53,7	52,6
davon ISDN (in %)	22,0	28,0	35,0	40,0	44,0	46,3	47,4
Summe							
Anzahl Kanäle insgesamt (in Mio.)	46,53	48,21	50,22	52,45	53,78	54,35	54,55
Anteil Wettbewerber (in %)	0,3	0,8	1,7	3,1	4,2	5,7	7,6
Anteil DT AG (in %)	99,7	99,2	98,3	96,9	95,8	94,3	92,4

In Anlehnung an: Connect (Hrsg.), Basiszahlen Telekommunikation '05, 2005, S. 62

Das gesamte Verkehrsvolumen im deutschen Festnetz ging nach einer Stagnation in den Jahren zwischen 2001 und 2003 in 2004 erstmals spürbar zurück, was aus der nachfolgenden Abbildung 66 ersichtlich wird (Datenbasis 2007).

Abb. 66: Verbindungsminuten pro Tag im deutschen Festnetz (in Millionen)

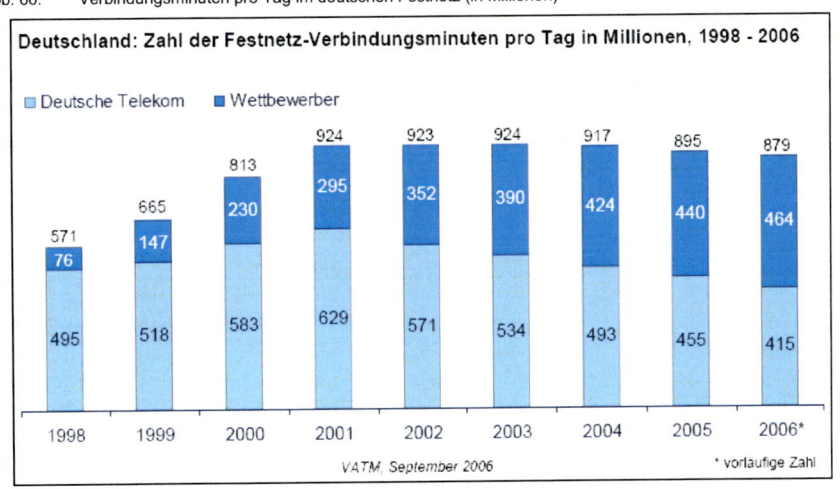

Deutschland: Zahl der Festnetz-Verbindungsminuten pro Tag in Millionen, 1998 - 2006

Jahr	Deutsche Telekom	Wettbewerber	Summe
1998	495	76	571
1999	518	147	665
2000	583	230	813
2001	629	295	924
2002	571	352	923
2003	534	390	924
2004	493	424	917
2005	455	440	895
2006*	415	464	879

VATM, September 2006 * vorläufige Zahl

Quelle: TNS Infratest (Hrsg.), Monitoring Informations- und Kommunikationswirtschaft, 10. Faktenbericht 2007, 2007, S. 121

Als Erklärung hierfür können der Substitutionseffekt[900] des Mobilfunks und die Verlagerung von schmalbandigen Wählverbindungen hin zu breitbandigen DSL-Verbindungen genannt werden.[901] Zum Teil bewirkt auch die Substitution der Sprach- und Faxkommunikation durch E-Mails einen Rückgang des Verkehrsvolumens beim Festnetz.[902]

Noch in 2002 entfielen zwei Drittel aller Verbindungen aus dem Festnetz auf die Deutsche Telekom AG. Sowohl bei den schnellen Internetzugängen wie ISDN als auch bei den Ortsverbindungen konnte die Telekom zum damaligen Zeitpunkt noch einen Marktanteil von mehr als 92 Prozent verzeichnen.[903]

Seit der Änderung des Telekommunikationsgesetzes in 2004 können die Kunden ihren Anbieter auch im Ortsnetz frei wählen. Dies führte dazu, dass die Wettbewerber der Deutschen Telekom weitere Marktanteile gewinnen konnten.

2.3.2 Umsatz- und Marktentwicklung bei breitbandigen Diensten in Deutschland

Mittels ihres Aktionsprogramms Informationsgesellschaft Deutschland 2010 hatte die Bundesregierung Ende 2006 die hohe Bedeutung der Breitbanddurchdringung aller gesellschaftlichen Bereiche sowohl auf Ebene der privaten Haushalte als auch bei Unternehmen herausgestellt.[904]

In der Erläuterung zu diesem Aktionsprogramm heißt es: *„Die Bundesregierung wird die Entwicklungsprozesse der Informationsgesellschaft - Stichworte sind Konvergenz, Mobilität und Vernetzung - durch eine Modernisierung der rechtlichen und technischen Rahmenbedingungen und eine gezielte Förderung von Forschung und marktnahen Entwicklungen vorantreiben"* [905].

Konkret strebte die Bundesregierung hierbei eine Breitbandpenetration der deutschen Haushalte in Höhe von mindestens 50 Prozent bis zum Jahr 2010 an.[906]

Bereits 2008 sollte, wenn möglich, die Breitbandinfrastruktur in Deutschland so weit ausgebaut sein, dass 98 Prozent der Haushalte zumindest über die Möglichkeit verfügen, sich mittels eines breitbandigen Anschlusses mit dem Internet und seinen Diensten zu verbinden.[907]

Dieses Vorhaben belegt, wie wichtig das Vorhandensein einer hochverfügbaren Breitbandinfrastruktur für das wirtschaftliche Wachstum eines Landes ist.

Das zentrale Element der Verfügbarkeit von breitbandigen Anschlüssen ist weniger die dahinterstehende Technologie, sondern vielmehr die dadurch zunehmende Gelegenheit, Inhalte und Anwendungen zu nutzen.

Im internationalen Vergleich gesehen hat Deutschland auf diesem Gebiet durchaus noch einen Aufholbedarf.

---

[900] Zum Substitutionseffekt des Mobilfunks (auf das Festnetz) siehe auch die Ausführungen in den Kapiteln D.1.3.1.1 (Die Entwicklung der Telefonanschlüsse weltweit), D.3 (Die Zukunft der TIMES-Märkte – ein Forecast) und E.2.14 (Strategie 2008: Breitband und mobiles Internet als Wachstumskriterien).
[901] Vgl. TNS Infratest (Hrsg.), Monitoring Informationswirtschaft, 8. Faktenbericht 2005, 2005, S. 128.
[902] Vgl. TNS Infratest (Hrsg.), Monitoring Informationswirtschaft, 8. Faktenbericht 2005, 2005, S. 128.
[903] Vgl. Connect (Hrsg.), Basiszahlen Telekommunikation '05, 2005, S. 62.
[904] Vgl. TNS Infratest (Hrsg.), Monitoring Informations- und Kommunikationswirtschaft, 10. Faktenbericht 2007, 2007, S. 97.
[905] Bundesministerium für Wirtschaft und Technologie (Hrsg.), Informationsgesellschaft Deutschland 2010, http://www.bmwi.de/BMWi /Navigation/Technologie-und-Innovation/informationsgesellschaft.html, 2008.
[906] Vgl. TNS Infratest (Hrsg.), Monitoring Informations- und Kommunikationswirtschaft, 10. Faktenbericht 2007, 2007, S. 97.
[907] Vgl. TNS Infratest (Hrsg.), Monitoring Informations- und Kommunikationswirtschaft, 10. Faktenbericht 2007, 2007, S. 97.

D. Markt- und Wettbewerbsentwicklung der Telekommunikation   Seite 151

Diesen Sachverhalt veranschaulicht die untenstehende Abbildung 67.

Abb. 67:   Breitbandpenetration im September 2007 in ausgewählten Ländern (in Prozent)

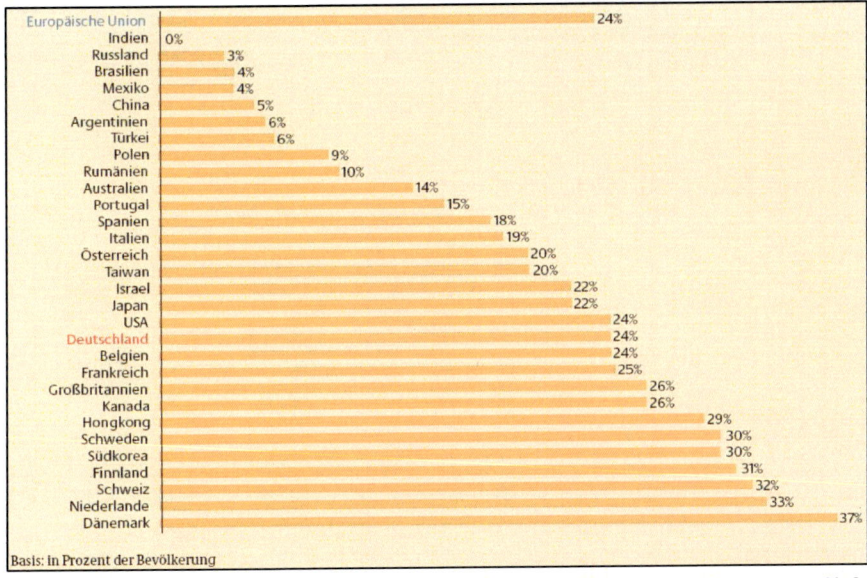

Land	Prozent
Europäische Union	24%
Indien	0%
Russland	3%
Brasilien	4%
Mexiko	4%
China	5%
Argentinien	6%
Türkei	6%
Polen	9%
Rumänien	10%
Australien	14%
Portugal	15%
Spanien	18%
Italien	19%
Österreich	20%
Taiwan	20%
Israel	22%
Japan	22%
USA	24%
Deutschland	24%
Belgien	24%
Frankreich	25%
Großbritannien	26%
Kanada	26%
Hongkong	29%
Schweden	30%
Südkorea	30%
Finnland	31%
Schweiz	32%
Niederlande	33%
Dänemark	37%

Basis: In Prozent der Bevölkerung

Quelle: TNS Infratest (Hrsg.), Monitoring Informations- und Kommunikationswirtschaft, 11. Faktenbericht 2008, 2008, S. 92

Beispiele aus Südkorea und Japan belegen, dass Hochgeschwindigkeitsnetze die Basis für die Entwicklung neuer Geschäftsprozesse und Anwendungen darstellen.[908]

In Deutschland stieg die Anzahl der Breitbandanschlüsse von 2006 zu 2007 von 14,6 auf 18,5 Millionen an.[909] Die Entwicklung der Breitbandanschlüsse von 2001 bis 2007 sowie die Unterteilung nach DSL- und anderen Technologien veranschaulicht die nachfolgende Abbildung 68.

Abb. 68:   Breitbandentwicklung in Deutschland nach DSL- und sonstigen Technologien (in Millionen)

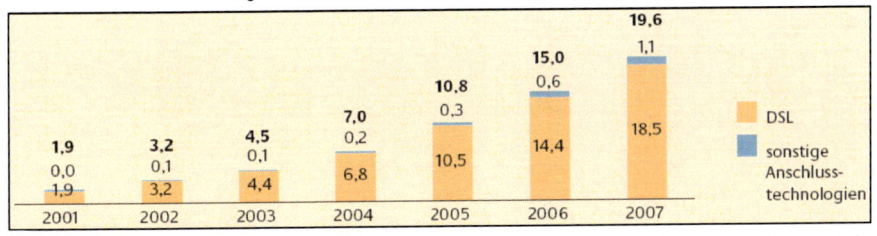

Jahr	sonstige	DSL	Gesamt
2001	0,0	1,9	1,9
2002	0,1	3,2	3,2
2003	0,1	4,4	4,5
2004	0,2	6,8	7,0
2005	0,3	10,5	10,8
2006	0,6	14,4	15,0
2007	1,1	18,5	19,6

Quelle: TNS Infratest (Hrsg.), Monitoring Informations- und Kommunikationswirtschaft, 11. Faktenbericht 2008, 2008, S. 113

---

[908] Vgl. TNS Infratest (Hrsg.), Monitoring Informations- und Kommunikationswirtschaft, 10. Faktenbericht 2007, 2007, S. 98.
[909] Vgl. TNS Infratest (Hrsg.), Monitoring Informations- und Kommunikationswirtschaft, 11. Faktenbericht 2008, 2008, S. 112.

D. Markt- und Wettbewerbsentwicklung der Telekommunikation

Nach wie vor ist die DSL-Technologie hierbei die mit Abstand am häufigsten genutzte Variante.[910] Die folgende Abbildung 69 zeigt die Marktentwicklung bei DSL-Anschlüssen bei der Deutschen Telekom und beim Wettbewerb.

Abb. 69: DSL-Wettbewerb – Anschlüsse und Marktanteile in Deutschland (in Millionen und in Prozent)

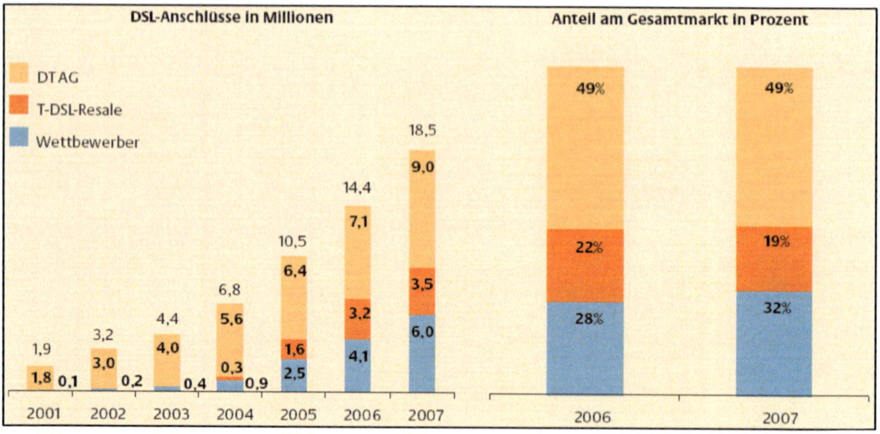

Quelle: TNS Infratest (Hrsg.), Monitoring Informations- und Kommunikationswirtschaft, 11. Faktenbericht 2008, 2008, S. 119

Bereits in 2005 trat der Markt für breitbandige Anschlüsse in eine intensive Wettbewerbsphase ein.[911] Wie weiter unten noch im Detail aufgezeigt werden wird, hatte die Deutsche Telekom bereits sehr früh die Bedeutung des Breitbandmarktes erkannt und sich strategisch darauf ausgerichtet.[912]

Obwohl das Unternehmen, wie bei den Festnetzanschlüssen, aufgrund der regulatorischen Vorgaben und des intensiven Wettbewerbs Anteile verloren hatte, konnte es in 2006 einen Marktanteil in Höhe von insgesamt ca. 68 Prozent (inklusive der Vermarktung durch Reseller) halten.

Aus der obenstehenden Abbildung 69 wird gleichfalls ersichtlich, dass Unternehmen, die als Reseller auftreten und überwiegend DSL-Anschlüsse der Deutschen Telekom verkaufen, deutlich Marktanteile gewonnen haben.

Durch diese Marktbearbeitungsstrategie konnte die Deutsche Telekom ihre Wettbewerber, deren Marktanteile bei Breitband nicht so wuchsen wie beim Festnetz, etwas auf Distanz halten.

---

[910] Daneben wurden in Deutschland in 2006 (Datenbasis 2007) auch die Breitbandtechnologien Kabelmodem (430.000 Nutzer, entspricht 2,9 Prozent), Satellit (56.000 Nutzer, entspricht 0,4 Prozent) und Powerline (9.500 Nutzer, entspricht 0,1 Prozent) genutzt (vgl. TNS Infratest (Hrsg.), Monitoring Informations- und Kommunikationswirtschaft, 10. Faktenbericht 2007, 2007, S. 100).
[911] Vgl. TNS Infratest (Hrsg.), Monitoring Informations- und Kommunikationswirtschaft, 10. Faktenbericht 2007, 2007, S. 102.
[912] Siehe hierzu die Ausführungen in Kapitel E.2 (Der Ausgangspunkt: Visionen, Leitbilder und Strategien 1995 bis 2008).

2.3.3 Umsatz- und Marktentwicklung beim Mobilfunk in Deutschland

Zwischen 1998 und 2000 war das Telefonieren mit einer Guthabenkarte die günstigste Möglichkeit in den Einstieg der mobilen Kommunikation. Durch die beabsichtigte Platzierung unattraktiver Prepaidangebote entwickelte sich der Mobilfunkmarkt in Richtung Vertragskunden.[913] Diese Strategie ging auf, denn bis zum Jahr 2004 erhöhte sich der Anteil auf 49,5 Prozent; parallel hierzu ging der Prepaidanteil unter den Mobiltelefonierern insgesamt erneut zurück.[914]

Der Mobilfunk als neuere Technologie konnte seit dem Start und der ständigen Verbesserung der Netzinfrastruktur ab 1992 hohe Zuwachsraten erzielen.

Die Zahl der Mobilfunkteilnehmer in Deutschland stieg in 2007 auf 97 Millionen an. Dies entspricht, gemessen an der Bevölkerungszahl, einer Marktpenetration in Höhe von 118 Prozent und lässt sich nur mit dem Trend zum Zweithandy plausibel erklären. Die nachfolgende Abbildung 70 zeigt die Entwicklung der Mobilfunkteilnehmer in Deutschland.

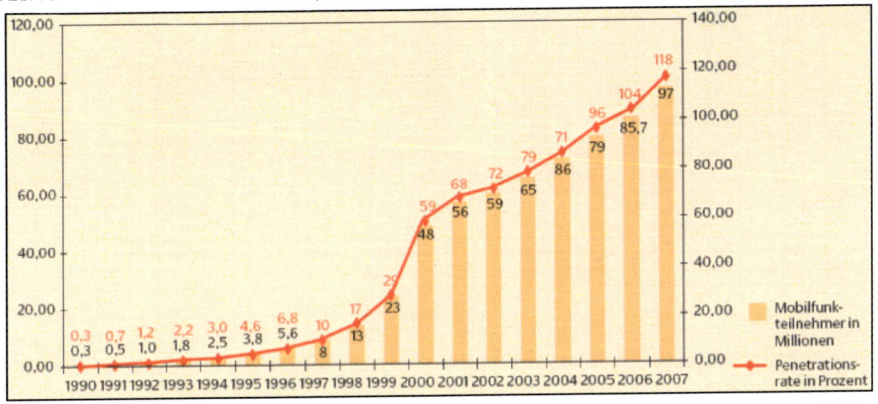

Abb. 70: Zahl der Mobilfunkteilnehmer (in Millionen) und Penetrationsrate (in Prozent) von 1990 bis 2007

Quelle: TNS Infratest (Hrsg.), Monitoring Informations- und Kommunikationswirtschaft, 11. Faktenbericht 2008, 2008, S. 142

Die Teilnehmerzahlen verdoppelten sich im Jahr 2000 von 23 Millionen auf 48 Millionen im Vergleich zum Vorjahr. Besonders das Segment der Privatkunden gewann an Bedeutung.

Seit 2001 fiel das Wachstum wesentlich moderater aus. Im Mobilfunkmarkt hat sich mittlerweile der nachhaltige Wettbewerb auf unterschiedlichen Wertschöpfungsstufen verfestigt.[915]

Betrachtet man die Marktanteile im Hinblick auf die Kundenbetreuung, halten die Mobilfunk-Service Provider, die als Reseller der Mobilfunkbetreiber auftreten, zum ersten Quartal 2007 einen Marktanteil von 24,3 Prozent.[916]

---

[913] Vgl. Connect (Hrsg.), Basiszahlen Telekommunikation '05, 2005, S. 39.
[914] Vgl. Connect (Hrsg.), Basiszahlen Telekommunikation '05, 2005, S. 62.
[915] Vgl. vatm e.V. (Hrsg.), Markt- und Wettbewerbssituation, http://www.vatm.de/content/mobilfunk/markt.html, 2005.
[916] Vgl. Bundesnetzagentur (Hrsg.), Teilnehmerentwicklung Mobilfunk – Marktanteile nach Kundenbetreuung, http://www.bundesnetzagentur.de/media/archive/10968.pdf, 2008.

D. Markt- und Wettbewerbsentwicklung der Telekommunikation

Die jahresbezogene Aufteilung des Mobilfunkmarktes der Netzbetreiber in Deutschland, beginnend mit dem Jahr 2000 bis zum Ende des dritten Quartals 2007, ist in der nachfolgenden Abbildung 71 dargestellt.

Abb. 71: Marktanteilsentwicklung der Netzbetreiber von 2000 bis zum dritten Quartal 2007 (in Prozent)

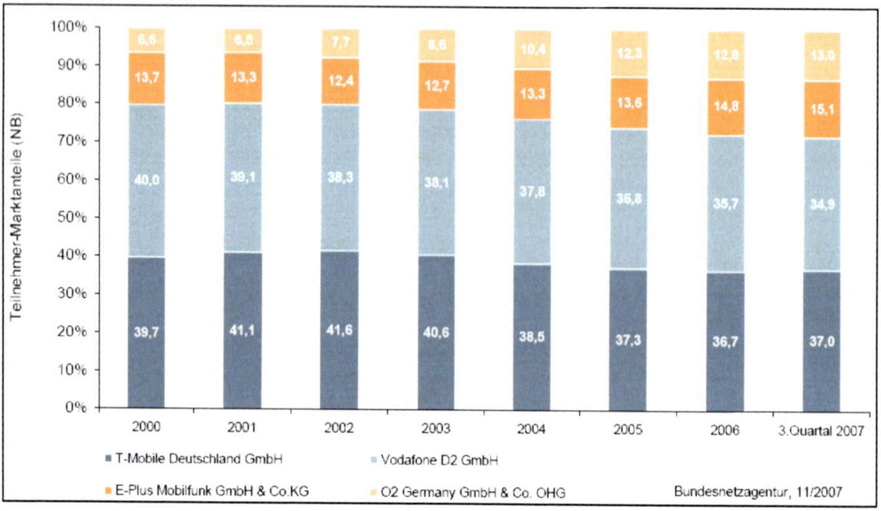

Jahr	T-Mobile Deutschland GmbH	Vodafone D2 GmbH	E-Plus Mobilfunk GmbH & Co.KG	O2 Germany GmbH & Co. OHG
2000	39,7	40,0	13,7	6,6
2001	41,1	39,1	13,3	6,5
2002	41,6	38,3	12,4	7,7
2003	40,6	38,1	12,7	8,6
2004	38,5	37,8	13,3	10,4
2005	37,3	36,8	13,6	12,3
2006	36,7	35,7	14,8	12,8
3.Quartal 2007	37,0	34,9	15,1	13,0

Bundesnetzagentur, 11/2007

Quelle: Bundesnetzagentur (Hrsg.), Teilnehmer-Marktanteile der Netzbetreiber, 2008

Wie aus der obenstehenden Abbildung 71 ersichtlich wird, konnte die (auf dem Mobilfunkmarkt agierende) Beteiligungsgesellschaft der Deutschen Telekom – T-Mobile – ihre in 2001 erstmalig errungene Marktführerschaft gegenüber Vodafone in Deutschland behaupten und noch weiter ausbauen.

Zu den Resellern gehören, wie weiter oben bereits erwähnt, auch immer mehr Discountanbieter, die gerade in den letzten Jahren auf den Mobilfunkmarkt drängten.

Diese Discountanbieter[917], zu denen sowohl branchenfremde Marken wie Aldi oder Tchibo, als auch Start-up Unternehmen wie blau.de gehören und deren Produktangebote vor allem auf Prepaidangebote ausgerichtet sind, verursachten im deutschen Markt allein in 2005 innerhalb von nur sechs Monaten einen Preisverfall in Höhe von ca. 60 Prozent bei den Prepaidtarifen.[918]

---

[917] Zu den Discountanbietern siehe auch die Ausführungen im Fußnotentext in Kapitel D.2.3 (Umsatzentwicklung im deutschen Telekommunikationsmarkt seit 1998).
[918] Vgl. Arthur D. Little (Hrsg.), Die Wettbewerbsentwicklung auf den deutschen Telekommunikationsmärkten, 2006, S. 11.

Diese Preisentwicklung aus dem zweiten Halbjahr 2006 dokumentiert die Abbildung 72.

Abb. 72: Preisentwicklung bei Discountanbietern im Mobilfunk von Juni bis Dezember 2005

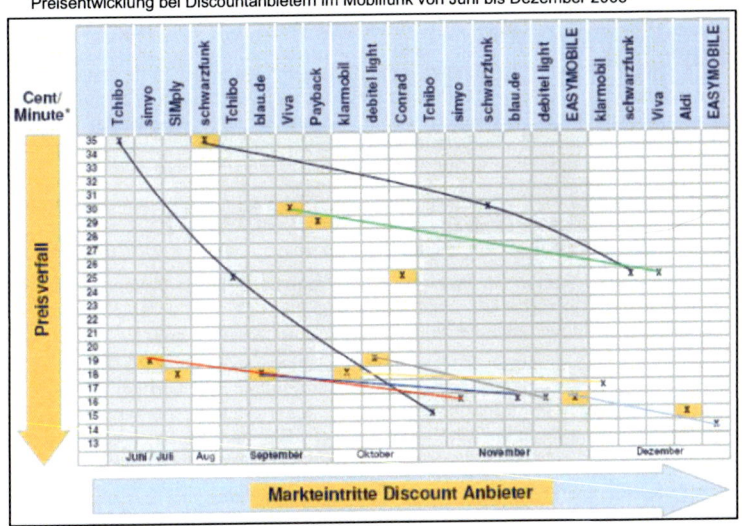

Quelle: Arthur D. Little (Hrsg.), Die Wettbewerbsentwicklung auf den deutschen Telekommunikationsmärkten, 2006, S. 11

Die hohe Penetrationsrate von 118 Prozent im deutschen Mobilfunkmarkt Ende 2007 (auf Basis abgeschlossener Verträge) bedeutet im Umkehrschluss nicht automatisch, dass jeder Deutsche auch faktisch über ein Handy verfügt. So nutzen schätzungsweise 80 Prozent aller Männer und 75 Prozent aller Frauen der deutschen Bevölkerung ein Mobilfunkgerät.[919] Größere Unterschiede zeigen sich dabei auch bei der Altersverteilung der Mobilfunknutzer (nachfolgende Abbildung 73).

Abb. 73: Mobilfunknutzer in Deutschland nach Altersgruppen in 2007

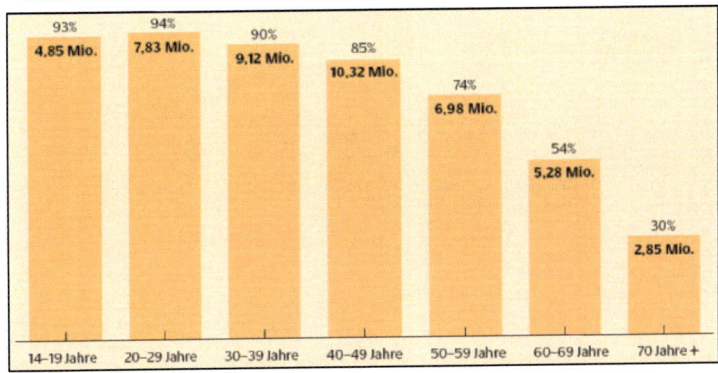

Quelle: TNS Infratest (Hrsg.), Monitoring Informations- und Kommunikationswirtschaft, 11. Faktenbericht 2008, 2008, S. 143

---

[919] Vgl. TNS Infratest (Hrsg.), Monitoring Informations- und Kommunikationswirtschaft, 11. Faktenbericht 2008, 2008, S. 142.

Demnach findet sich die häufigste Nutzung von Mobiltelefonen in den Altersgruppen von 14 bis 19 Jahren und von 20 bis 29 Jahren. Demgegenüber benutzten in der Altersgruppe 70 Jahre und älter lediglich 30 Prozent ein Handy.

2.3.3.1 Die Entwicklung bei UMTS

Im Mai 2004 wurde in Deutschland das erste G3-Netz[920] kommerziell in Betrieb genommen.[921] Nachdem zunächst die größten Städte Deutschlands an den neuen Mobilfunkstandard angeschlossen wurden, versorgen die Netzbetreiber inzwischen auch Kleinstädte, Autobahnen und Verbindungsstraßen.[922] Allein in 2006 hatte sich die Zahl der UMTS-Nutzer verdreifacht, so dass 6,5 Millionen Nutzer zum Jahresende 2006 in Deutschland registriert waren.[923]

Schätzungen zufolge wird sich die Verbreitung der UMTS-Technologie, ungeachtet der relativ hohen Gebühren, weiter fortsetzen und Ende 2007, respektive Anfang 2008, sollen in Deutschland dann 10,5 Millionen UMTS-Nutzer verzeichnet worden sein.[924]

Zum Jahresende 2006 waren in Deutschland 6,5 Millionen (2005: 2,3 Millionen) UMTS-Nutzer registriert.[925] Trotz des prognostizierten Wachstums wird es noch etliche Jahre dauern, bis sich die hohen Investitionen der Mobilfunkbetreiber in die Lizenzen für UMTS amortisieren werden.

Bereits Ende 2004 ergab sich bei UMTS eine Netzabdeckung von über 70 Prozent.[926] Dies rührte daher, dass der UMTS-Netzaufbau so zügig voran geschritten war und der Erwerb der UMTS-Lizenzen verbundenen Vorgaben zur Netzabdeckung übertroffen wurden.[927] Schenkt man den Prognosen zur Entwicklung der UMTS-Technologie Glauben, wird sich UMTS zwischen 2010 und 2015 zur führenden Technologie im Mobilfunksektor entwickeln.[928]

2.3.3.2 Die Entwicklung im Bereich Wireless Local Area Network

Eine der am weitesten verbreiteten Standards für drahtlose breitbandige Datenverbindungen ist das Wireless Local Area Network (WLAN). Diese funkbasierten lokalen Netzinfrastrukturen finden sich mittlerweile sowohl in Unternehmensnetzen als auch in privaten Haushalten wieder. Durchgesetzt hat sich diese Technologie bereits für den drahtlosen Internetzugang an öffentlichen Orten.[929] Vermehrt ist die WLAN-Technologie mittlerweile in den privaten Haushalten auf dem Vormarsch.

Momentan liegen die Übertragungsgeschwindigkeiten bei bis zu elf Megabit pro Sekunde, was einer deutlich höheren Übertragungsrate entspricht als bei UMTS (maximal 7,2 Megabit pro Sekunde).[930] Weitere Ausbaustufen anderer technischer Varianten erlauben Übertragungsraten von 54 Megabit pro Sekunde.[931]

---

[920] Mobilfunkstandard der dritten Generation (UMTS).
[921] Vgl. TNS Infratest (Hrsg.), Monitoring Informationswirtschaft, 8. Faktenbericht 2005, 2005, S. 146.
[922] Vgl. teltarif.de (Hrsg.), UMTS – Der Daten-Highway, http://www.teltarif.de/i/umts.html, 2005.
[923] Vgl. TNS Infratest (Hrsg.), Monitoring Informations- und Kommunikationswirtschaft, 10. Faktenbericht 2007, 2007, S. 149.
[924] Vgl. TNS Infratest (Hrsg.), Monitoring Informations- und Kommunikationswirtschaft, 10. Faktenbericht 2007, 2007, S. 149.
[925] Vgl. TNS Infratest (Hrsg.), Monitoring Informations- und Kommunikationswirtschaft, 11. Faktenbericht 2008, 2008, S. 155.
[926] Vgl. Regulierungsbehörde für Telekommunikation und Post (Hrsg.), Jahresbericht 2004 der Regulierungsbehörde für Telekommunikation und Post gemäß § 122 Telekommunikationsgesetz, 2005, S. 44.
[927] Vgl. Regulierungsbehörde für Telekommunikation und Post (Hrsg.), Jahresbericht 2004 der Regulierungsbehörde für Telekommunikation und Post gemäß § 122 Telekommunikationsgesetz, 2005, S. 44.
[928] Vgl. TNS Infratest (Hrsg.), Monitoring Informations- und Kommunikationswirtschaft, 10. Faktenbericht 2007, 2007, S. 149. Eine Weiterentwicklung von UMTS stellt der neue Mobilfunkstandard LTE (Long Term Evolution) dar, welcher oftmals auch als Super 3G oder High Speed OFDM Packet Access bezeichnet. LTE basiert auf ähnlichen Übertragungsstandards wie UMTS und HSDPA, unterstützt aber im Gegensatz zu UMTS verschiedene Bandbreiten zwischen eins und 20 Megahertz und ist damit besser als bisher für künftige Sendespektren gerüstet. Des Weiteren verwendet LTE mit OFDM (Orthogonal-Frequency-Division-Multiplexing) eine Technik, die es ermöglicht, deutlich mehr sogenannte Unterträger einzusetzen, wodurch eine einfachere Skalierbarkeit der Bandbreite möglich wird. Bei voller Nutzung des Sendespektrums im Bereich von 20 Megahertz werden Datenraten von schätzungsweise bis zu 35 Megabit pro Sekunde für den Download bzw. rund 8 Megabit pro Sekunde für das Hochladen von Daten ermöglicht. LTE wäre damit rund das zu mal schneller als das aktuell schnellste UMTS / HSDPA und sogar schneller als die aktuell verbreitetsten DSL-Anschlüsse. Die aktuellen Planungen beziehen sich auf eine stufenweise Einführung von LTE ab dem Jahr 2010. Vgl. LTEWorld (Hrsg.), Was ist LTE?, http://www.lte-world.de/was-ist-lte-1.php?#1, 2009.
[929] Vgl. TNS Infratest (Hrsg.), Monitoring Informationswirtschaft, 8. Faktenbericht 2005, 2005, S. 148.
[930] Vgl. TNS Infratest (Hrsg.), Monitoring Informationswirtschaft, 8. Faktenbericht 2005, 2005, S. 148 f.
[931] Vgl. TNS Infratest (Hrsg.), Monitoring Informations- und Kommunikationswirtschaft, 10. Faktenbericht 2007, 2007, S. 155.

Dennoch ist WLAN nur eine kurzfristige Konkurrenz zu UMTS, da WLANs lokal begrenzte Netzwerke sind (Radius bis maximal 200 Meter).[932] Somit liegt auf der Hand, dass sich beide Technologien auf lange Sicht ergänzen werden.[933]

2.3.3.3 Allgemeine Prognosen für den Mobilfunk

Die mobilen Mehrwertdienste werden in Zukunft weiterhin beträchtlich an Bedeutung gewinnen. Die Veränderungen werden fließend sein und das Handeln der Menschen verändern, ebenso wie es die Handynutzung in den letzten zehn Jahren getan hat.

Das wichtigste Stichwort lautet hierbei Mobilität. Dies beinhaltet die Vorstellung, dass Arbeit und Kommunikation unabhängig vom Arbeitsplatz außer- oder innerhalb des Bürogebäudes mit Handy oder Laptop möglich ist. Dieses Mobile Computing steht an erster Stelle bei den zukünftigen Trends in der Mobilkommunikation und der gesamten Branche.[934]

Damit wird auch eine Integration der bisher noch weitgehend getrennten Bereiche Heim, Arbeitsplatz und mobile Erreichbarkeit mit Zugriff und Verarbeitung der Informationen an jedem Ort ermöglicht. Nicht zuletzt erhoffen sich die deutschen Telekommunikationsunternehmen hier die höchste Zahlungsbereitschaft der Kunden.[935]

2.3.4 Umsatz- und Marktentwicklung in Deutschland bei Internet- und Onlinediensten

Seit 1995 gehört der Internetmarkt zu den am stärksten wachsenden Branchen. Insbesondere seit dem Jahr 1998, als die Internetnutzung für den Massenmarkt geöffnet wurde, stieg die Zahl der Teilnehmer an. Ende 1998 gab es rund 13,9 Millionen Internetnutzer in Deutschland.[936]

Somit lag Deutschland im europäischen Vergleich der Onlinenutzer an der Spitze. Bereits 1998 war eine Zunahme der privaten Internetnutzung zu erkennen. Gleichzeitig verringerte sich der Anteil der Teilnehmer, die das Internet ausschließlich beruflich nutzten.[937]

Die in dem World Wide Web angebotenen Informationen können zu jeder Zeit und von jedem Ort der Welt abgerufen werden und diese Eigenschaft macht das Internet zu einem Monopolisten unter den Informationsmedien.[938]

In 2001 stieg die Nutzerzahl bereits auf ca. 28 Millionen an.[939] Aufgrund der hohen Zuwachsraten in anderen europäischen Ländern lag Deutschland damit nur noch im europäischen Mittelfeld.[940] Ende 2004 gab es in Deutschland rund 35,5 Millionen Internetnutzer[941], was gleichzeitig den Spitzenplatz in Europa bedeutete. Bei der Verbreitung der Internetnutzung lag Deutschland damals mit 54 Internetnutzern je 100 Einwohnern jedoch nur im Mittelfeld.[942] In 2007 nutzten bereits mehr als 60 Prozent der deutschen Bevölkerung das Internet. Weitere 5,7 Prozent planten im gleichen Jahr einen Internetzugang.

Führende Anbieter sind seit 2004 T-Online, AOL[943] und Freenet. Daneben existierten bereits 1999 ca. 1.000 Internet Service Provider (ISP), die entweder den Internetzugang zu einem pauschalen Grundpreis oder im Call-by-Call-Verfahren anboten, wodurch gerade im Privatkundenbereich viele neue Internetnutzer gewonnen werden konnten.[944]

---

[932] Vgl. TNS Infratest (Hrsg.), Monitoring Informationswirtschaft, 8. Faktenbericht 2005, 2005, S. 149.
[933] Vgl. TNS Infratest (Hrsg.), Monitoring Informationswirtschaft, 8. Faktenbericht 2005, 2005, S. 149.
[934] Vgl. Mummert Consulting; F.A.Z.-Institut für Management- Markt- und Medieninformationen (Hrsg.), Branchenkompass 2003 Telekommunikation – Aktuelle Entscheiderbefragung: Investitionsziele und Markttrends, 2003, S. 13.
[935] Vgl. Connect (Hrsg.), Basiszahlen Telekommunikation '04, 2004, S. 49.
[936] Vgl. WIK Consult (Hrsg.), Telekommunikationsmarkt Deutschland – Marktentwicklung – Key Player – Regulierung, 2002, S. 50.
[937] Vgl. TNS Infratest (Hrsg.), Monitoring Informationswirtschaft, 8. Faktenbericht 2005, 2005, S. 175.
[938] Vgl. Connect (Hrsg.), Basiszahlen Telekommunikation '05, 2005, S. 86.
[939] Vgl. Connect (Hrsg.), Basiszahlen Telekommunikation '05, 2005, S. 86.
[940] Vgl. Connect (Hrsg.), Basiszahlen Telekommunikation '04, 2004, S. 97.
[941] Vgl. Connect (Hrsg.), Basiszahlen Telekommunikation '05, 2005, S. 86.
[942] Vgl. TNS Infratest (Hrsg.), Monitoring Informationswirtschaft, 8. Faktenbericht 2005, 2005, S. 174 f.
[943] America Online Incorporation.
[944] Vgl. Regulierungsbehörde für Telekommunikation und Post (Hrsg.), Telekommunikations- und Postmarkt im Jahre 1999 – Marktbeobachtungsdaten der Regulierungsbehörde für Telekommunikation und Post, 1999, S. 13.

Die nachfolgende Abbildung 74 veranschaulicht noch einmal das rasante Wachstum der Internetnutzung in Deutschland.

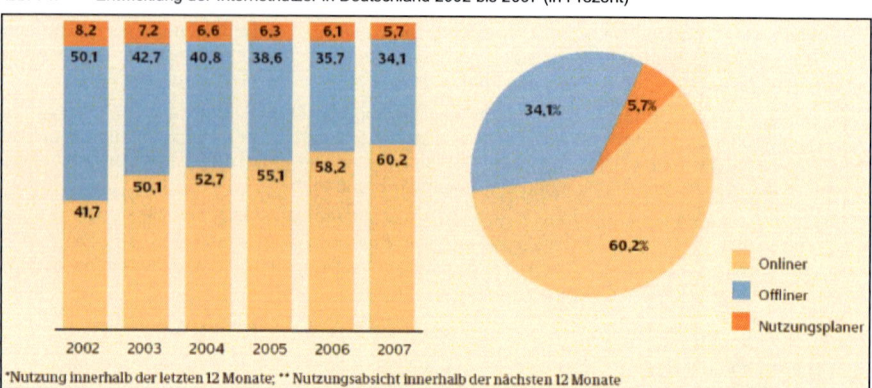

Abb. 74: Entwicklung der Internetnutzer in Deutschland 2002 bis 2007 (in Prozent)

	2002	2003	2004	2005	2006	2007
Nutzungsplaner	8,2	7,2	6,6	6,3	6,1	5,7
Offliner	50,1	42,7	40,8	38,6	35,7	34,1
Onliner	41,7	50,1	52,7	55,1	58,2	60,2

2007: Onliner 60,2%; Offliner 34,1%; Nutzungsplaner 5,7%

*Nutzung innerhalb der letzten 12 Monate; ** Nutzungsabsicht innerhalb der nächsten 12 Monate

Quelle: TNS Infratest (Hrsg.), Monitoring Informations- und Kommunikationswirtschaft, 11. Faktenbericht 2008, 2008, S. 181

Wie die in der obenstehenden Abbildung 74 dargestellte Entwicklung zeigt, verbringen die Bundesbürger immer mehr Zeit im Internet. Das World Wide Web beeinflusst infolgedessen das Kaufverhalten, das soziale Leben und auch die Hobbys.[945]

Traditionelle Aktivitäten wie das Einkaufen oder die Abwicklung von Bankgeschäften werden immer häufiger online durchgeführt.[946] In der Abbildung 75 sind die Nutzungsschwerpunkte deutscher Onliner dargestellt.

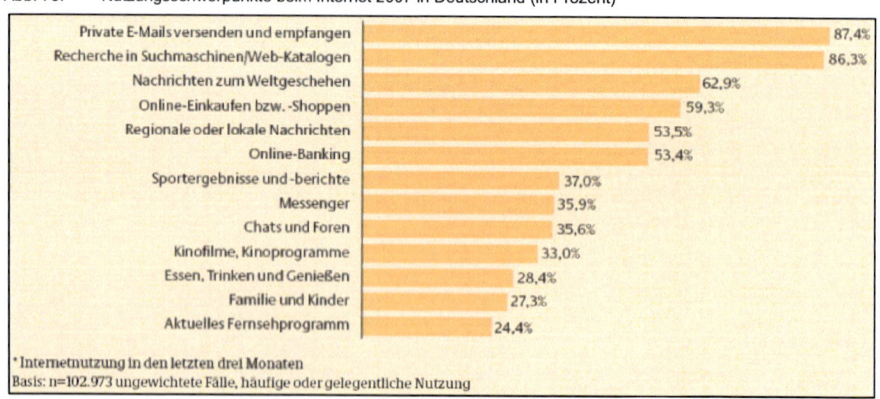

Abb. 75: Nutzungsschwerpunkte beim Internet 2007 in Deutschland (in Prozent)

Nutzung	Prozent
Private E-Mails versenden und empfangen	87,4%
Recherche in Suchmaschinen/Web-Katalogen	86,3%
Nachrichten zum Weltgeschehen	62,9%
Online-Einkaufen bzw. -Shoppen	59,3%
Regionale oder lokale Nachrichten	53,5%
Online-Banking	53,4%
Sportergebnisse und -berichte	37,0%
Messenger	35,9%
Chats und Foren	35,6%
Kinofilme, Kinoprogramme	33,0%
Essen, Trinken und Genießen	28,4%
Familie und Kinder	27,3%
Aktuelles Fernsehprogramm	24,4%

* Internetnutzung in den letzten drei Monaten
Basis: n=102.973 ungewichtete Fälle, häufige oder gelegentliche Nutzung

Quelle: TNS Infratest (Hrsg.), Monitoring Informations- und Kommunikationswirtschaft, 11. Faktenbericht 2008, 2008, S. 201

---

[945] Vgl. TNS Infratest (Hrsg.), Monitoring Informations- und Kommunikationswirtschaft, 10. Faktenbericht 2007, 2007, S. 217.
[946] Vgl. TNS Infratest (Hrsg.), Monitoring Informations- und Kommunikationswirtschaft, 10. Faktenbericht 2007, 2007, S. 224.

Hiernach dominieren die Kommunikation durch E-Mails und die Onlinerecherche noch vor den Nachrichten zum Weltgeschehen und dem Onlineshopping.
Die vermehrte Nutzung von Internetdiensten bzw. die Interaktivität bei der Nutzung der Kommunikation oder Onlinerecherche stellt einen zusätzlichen Treiber für den weiteren Ausbau der Internetinfrastruktur hin zu höherwertigen Netzen wie dem Web 2.0[947] dar.

2.3.4.1 Die Entwicklung bei E-Commerce

In 2006 wurden über E-Commerce weltweit Waren und Dienstleistungen im Wert von nahezu 18 Billionen Euro umgesetzt.[948] In 2007 stieg der Umsatz bereits auf rund 31 Billionen Euro und für das Jahr 2008 rechnen Experten mit einer Verdopplung des in 2007 erzielten weltweiten E-Commerce-Umsatzes.[949]

Wie aus der nachfolgenden Abbildung 76 ersichtlich wird, spielten nach wie vor die Geschäftsbeziehungen zwischen Unternehmen (B2B[950]) hierbei die größte Rolle.

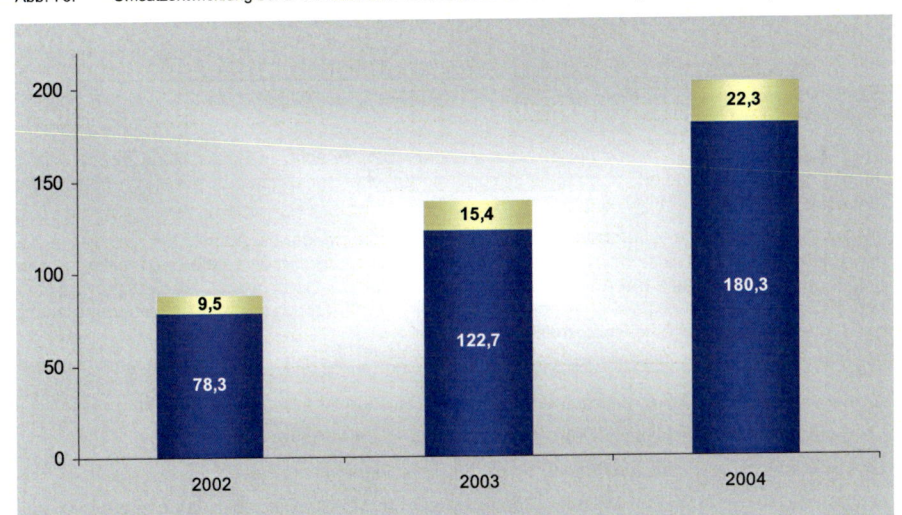

Abb. 76: Umsatzentwicklung bei E-Commerce in Deutschland von 2002 bis 2004 (in Milliarden Euro)

Jahr	B2B	B2C
2002	78,3	9,5
2003	122,7	15,4
2004	180,3	22,3

In Anlehnung an: Bitkom (Hrsg.), Daten zur Informationsgesellschaft – Status quo und Perspektiven im internationalen Vergleich, 2005 S. 26

In Deutschland hat sich die Bedeutung von E-Commerce in den Folgejahren nach 2004 noch weiter herauskristallisiert.

---

[947] Zur Erläuterung des Begriffs Web 2.0 siehe die Ausführungen in Kapitel A.4.10.4.3 (Leben mit und in virtuellen Welten – Chancen und Risiken).
[948] Vgl. TNS Infratest (Hrsg.), Monitoring Informations- und Kommunikationswirtschaft, 10. Faktenbericht 2007, 2007, S. 229.
[949] Vgl. TNS Infratest (Hrsg.), Monitoring Informations- und Kommunikationswirtschaft, 11. Faktenbericht 2008, 2008, S. 286.
[950] Zu elektronischen Geschäftsbeziehungen zwischen Unternehmen (B2B) siehe auch die Ausführungen in Kapitel A.3.3 (Die Bedeutung des E-Commerce und dessen Auswirkungen).

Wie der untenstehenden Abbildung 77 zu entnehmen ist, stellt Deutschland die größte E-Commerce-Nation in Westeuropa dar.

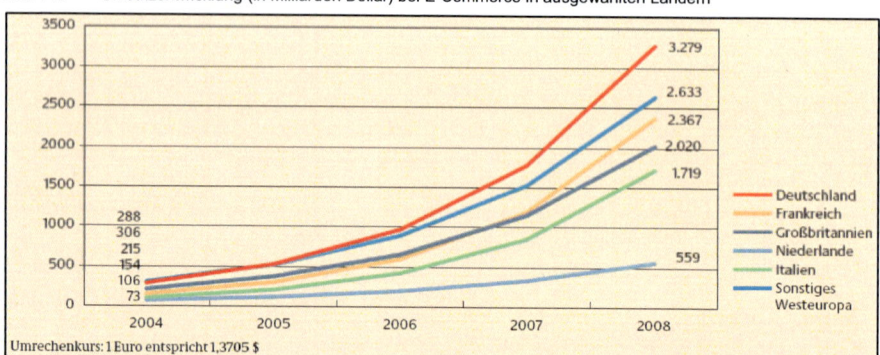

Abb. 77: Umsatzentwicklung (in Milliarden Dollar) bei E-Commerce in ausgewählten Ländern

Jahr	Deutschland	Frankreich	Großbritannien	Niederlande	Italien	Sonstiges Westeuropa
2004	288	306	215	154	106	73
2008	3.279	2.633	2.367	2.020	1.719	559

Umrechenkurs: 1 Euro entspricht 1,3705 $

Quelle: TNS Infratest (Hrsg.), Monitoring Informations- und Kommunikationswirtschaft, 11. Faktenbericht 2008, 2008, S. 288

Die Nutzung von E-Commerce bei privaten Kunden (B2C[951]) stieg in Deutschland in den letzten Jahren ebenfalls kontinuierlich, so dass in 2007 ein geschätzter Umsatz in Höhe von 18,3 Milliarden Euro erreicht worden sein dürfte.[952]

Dieses Wachstum kann einerseits als ein Indikator für die steigende Attraktivität und Akzeptanz des Internets als Einkaufsmöglichkeit angesehen werden. Andererseits stellt das Internet in Verbindung mit intranetbasierten Anwendungen die Basis für die Optimierung von Geschäftsprozessen, so beispielsweise im Bereich Procurement[953], dar. Des Weiteren dürfte die Gewöhnung an das neue Medium ebenfalls eine Rolle gespielt haben.

Weitere Faktoren für die positive Entwicklung des E-Commerce im Bereich B2C sind:[954]

❑ Die verbesserten Sicherheitsstandards mindern die Bedenken bei Onlinekäufern.
❑ Elektronische Bezahlsysteme setzen sich auch für kleinere Beträge durch.
❑ Die Internetnutzer sind zunehmend bereit, für mediale Inhalte zu zahlen.

In 2007 nutzten mehr als 29 Millionen Bundesbürger die Möglichkeit, über das Internet einzukaufen.[955] Bezogen auf die Anzahl aller Internetnutzer lag 2006 der Anteil der Onlineshopper in Deutschland bei ca. 60 Prozent.[956]

---

[951] Zu elektronischen Geschäftsbeziehungen zwischen Unternehmen und Kunden (B2C) siehe auch die Ausführungen in Kapitel A.3.3 (Die Bedeutung des E-Commerce und dessen Auswirkungen).
[952] Vgl. TNS Infratest (Hrsg.), Monitoring Informations- und Kommunikationswirtschaft, 10. Faktenbericht 2007, 2007, S. 281.
[953] Einkauf.
[954] Vgl. Bitkom (Hrsg.), Daten zur Informationsgesellschaft – Status quo und Perspektiven im internationalen Vergleich, 2005, S. 26.
[955] Vgl. TNS Infratest (Hrsg.), Monitoring Informations- und Kommunikationswirtschaft, 11. Faktenbericht 2008, 2008, S. 309.
[956] Vgl. TNS Infratest (Hrsg.), Monitoring Informations- und Kommunikationswirtschaft, 10. Faktenbericht 2007, 2007, S. 282 f.

D. Markt- und Wettbewerbsentwicklung der Telekommunikation

Wie aus der untenstehenden Abbildung 78 zu ersehen ist, waren in 2007 Artikel der Segmente Bekleidung und Unterhaltungselektronik (inklusive Medien-, Bild- und Tonträger) die umsatzstärksten Produktkategorien im Internet.

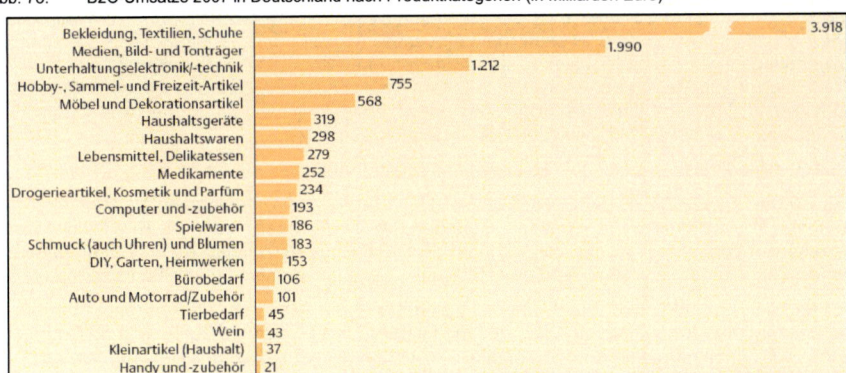

Abb. 78: B2C-Umsätze 2007 in Deutschland nach Produktkategorien (in Milliarden Euro)

Bekleidung, Textilien, Schuhe	3.918
Medien, Bild- und Tonträger	1.990
Unterhaltungselektronik/-technik	1.212
Hobby-, Sammel- und Freizeit-Artikel	755
Möbel und Dekorationsartikel	568
Haushaltsgeräte	319
Haushaltswaren	298
Lebensmittel, Delikatessen	279
Medikamente	252
Drogerieartikel, Kosmetik und Parfüm	234
Computer und -zubehör	193
Spielwaren	186
Schmuck (auch Uhren) und Blumen	183
DIY, Garten, Heimwerken	153
Bürobedarf	106
Auto und Motorrad/Zubehör	101
Tierbedarf	45
Wein	43
Kleinartikel (Haushalt)	37
Handy und -zubehör	21

Quelle: TNS Infratest (Hrsg.), Monitoring Informations- und Kommunikationswirtschaft, 11. Faktenbericht 2008, 2008, S. 311

Auffallend ist hierbei, dass die Einkäufe für Computer sowie das entsprechende Equipment hierfür nur im Mittelfeld rangieren und ebenso Handys und Handyzubehör am Ende dieser Statistik erscheinen, obwohl diese technischen Produkte eine Korrelation zur Nutzung des Internets vemuten lassen. Im Gegensatz dazu sollte man meinen, dass gerade der Onlineeinkauf von Bekleidungsartikeln weniger Anklang finden würde.

Dies mag jedoch auch auf die Quantität der Angebotspalette im Internet zurückzuführen sein. In jedem Fall wäre eine Analyse dieser Verhaltensweise opportun. Die Statistik zeigt jedoch, dass die Möglichkeit über das Internet einzukaufen, von einem breiten, nicht nur technikspezialisierten Publikum angenommen wird.

Betrachtet man ausgewählte soziodemographische Kriterien wie Alter, Region und Geschlecht der Internetnutzer in Deutschland, ist der häufigste E-Commerce-Nutzer ein Mann im Alter zwischen 14 und 29 Jahren mit Wohnsitz in den alten Bundesländern. Diesen Umstand verdeutlicht die nachfolgende Abbildung 79.

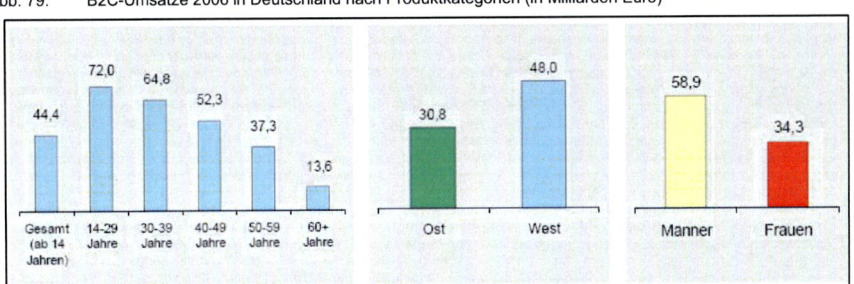

Abb. 79: B2C-Umsätze 2006 in Deutschland nach Produktkategorien (in Milliarden Euro)

Gesamt (ab 14 Jahren)	44,4
14-29 Jahre	72,0
30-39 Jahre	64,8
40-49 Jahre	52,3
50-59 Jahre	37,3
60+ Jahre	13,6
Ost	30,8
West	48,0
Männer	58,9
Frauen	34,3

Quelle: TNS Infratest (Hrsg.), Monitoring Informations- und Kommunikationswirtschaft, 10. Faktenbericht 2007, 2007, S. 284

2.3.4.2 Die Entwicklung bei M-Commerce

In Abgrenzung zu E-Commerce werden bei M-Commerce alle Phasen der elektronischen Geschäftsabwicklung über das Mobilfunknetz beziehungsweise mittels eines mobilen Endgerätes vorgenommen.[957]

Für den Erfolg von M-Commerce ist die Verbreitung von internet- beziehungsweise multimediafähigen Mobilfunkgeräten eine wesentliche Voraussetzung. Der Umsatz mit mobilen Diensten und Anwendungen wird voraussichtlich in den kommenden Jahren weiter ansteigen.[958] Der Anteil an MMS (Multimedia Messaging Service)[959] in 2004 wurde auf 0,7 Prozent des Gesamtumsatzes geschätzt.[960] In 2007 soll der Umsatz für den gesamten Sektor des M-Commerce in Deutschland schätzungsweise bei ca. 5,5 Milliarden Euro gelegen haben.[961]

2.3.4.3 Ubiquitous Commerce – Die allgegenwärtige Vernetzung von Geschäftsmodellen

Das Internet hat die Praxis der Geschäftsabwicklung sowohl bei Unternehmen als auch bei Privatpersonen in vielerlei Hinsicht verändert. Bereits heute ist erkennbar, dass die Entwicklung des E-Commerce noch weiter fortschreiten wird und an deren Ende die ultimative Form einer internetbasierten Vernetzung mit allgegenwärtigen Netzwerken und universalen Endgeräten stehen könnte.[962]

Der englische Begriff Ubiquitous Computing bezeichnet die Allgegenwärtigkeit (englisch ubiquity) der Informationsverarbeitung im Alltag des Menschen.[963] Bei Ubiquitous Commerce (U-Commerce) steht der ununterbrochene und nahtlose Austausch von Kommunikation, Inhalten und Dienstleistungen mit und zwischen Kunden, Geschäften, Lieferanten und Systemen im Vordergrund mit dem Ziel des drahtlosen Zusammenwirkens von Einzelplattformen des Internets.[964]

U-Commerce kann dabei in vier fundamentale Elemente (vier U) unterteilt werden:[965]

- Ubiquitous beschreibt die Möglichkeit zu jeder Zeit und an jedem Ort mit dem Internet und anderen Geräten verbunden zu sein.

- Universal steht für die multifunktionalen Geräte, welche technisch in der Lage sind, im Internet zu surfen, zu telefonieren oder sich untereinander zu verbinden.

- Uniquess bezieht sich auf die Eindeutigkeit des Nutzers und seine eindeutige Identifizierung. Es können durch die einfache Lokalisierung des Nutzers alle Dienste individuell angepasst werden.

- Unison bezeichnet die automatische Synchronisation aller Geräte untereinander.

---

[957] Vgl. Büllingen, F.; Wörter, M., Entwicklungsperspektiven, Unternehmensstrategien und Anwendungsfelder im Mobile Commerce, 2000, S. 3.
[958] Vgl. TNS Infratest (Hrsg.), Monitoring Informationswirtschaft, 8. Faktenbericht 2005, 2005, S. 356 f.
[959] MMS ist als Nachfolger von SMS und EMS (Enhanced Message Service – erweiterter Nachrichtenservice) anzusehen und bietet die Möglichkeit, mit einem Mobiltelefon multimediale Nachrichten zu anderen mobilen Endgeräten oder zu normalen E-Mail-Adressen zu versenden. Konnten bei SMS nur kurze (in der Regel 160 Zeichen), formatlose Textnachrichten verfasst werden, erlaubte EMS über die SMS-Infrastruktur bereits das Erzeugen von längeren Nachrichten, die auch Formatierungen (fettgedruckt, schräggestellt, etc.) und Logos sowie kleinere Bilder und Klingeltöne beinhalteten. Mit MMS ist es nun möglich, nahezu beliebige Nachrichten mit multimedialem Inhalt zu verschicken. Damit können komplexe Dokumente, Bilder und kurze Videosequenzen an einen oder mehrere Empfänger verschickt werden. Eine prinzipielle Größenbeschränkung gibt es nicht; allerdings können Endgeräte nur MMS mit einer maximalen, endgeräteabhängigen Größe verarbeiten. MMS ist nicht kompatibel zu SMS oder EMS; Endgeräte müssen MMS explizit unterstützen. In Deutschland wurden in 2004 ca. 116 Millionen MMS verschickt. Vgl. Wikipedia (Hrsg.), Die freie Enzyklopädie, MMS, http://de.wikipedia.org/wiki/Multimedia_Messaging_Service, 2005 i.V.m. Wikipedia (Hrsg.), Die freie Enzyklopädie, EMS, http://de.wikipedia.org/wiki/Enhanced_Message_Service, 2005.
[960] Vgl. Connect (Hrsg.), Basiszahlen Telekommunikation '05, 2005, S. 46.
[961] Vgl. MittelstandsWiki (Hrsg.), Das Handy wird zum Smartphone, http://www.mittelstandswiki.de/Mobilfunkdienste, 2008.
[962] Vgl. Becker, T., U-Commerce – Betrachtungen zur allgegenwärtigen Vernetzung von Geschäftsmodellen, 2008, S. 10.
[963] Der Begriff Ubiquitous Computing wurde erstmals 1988 von Mark Weiser verwendet. Nach seiner frühzeitigen Vision wird der Personalcomputer als Gerät verschwinden beziehungsweise durch intelligente Gegenstände ersetzt werden. Statt wie derzeit selbst Gegenstand der menschlichen Aufmerksamkeit zu sein, soll das Internet den Menschen bei seinen Tätigkeiten unmerklich unterstützen. Dabei ist, dass die immer kleiner werdenden Computer an den Rand der Aufmerksamkeit des Menschen rücken und die sen bei der normalen Arbeit unterstützen und nicht, wie derzeit, ablenkend sind. Vgl. Wikipedia (Hrsg.), Die freie Enzyklopädie, Ubiquitous Computing, http://de.wikipedia.org/wiki/Ubiquitous_Computing, 2008.
[964] Vgl. Wikipedia (Hrsg.), Die freie Enzyklopädie, U-Commerce, http://de.wikipedia.org/wiki/U-Commerce, 2008.
[965] Vgl. Becker, T., U-Commerce – Betrachtungen zur allgegenwärtigen Vernetzung von Geschäftsmodellen, 2008, S. 11.

Als eine Weiterentwicklung aus dem E-Commerce beschreibt das U-Commerce die Kombination verschiedener internetbasierter Kommunikationsverfahren wie M-Commerce, Voice Commerce, Television Commerce und Silent Commerce.[966]

In Abhängigkeit vom technologischen Fortschritt sind letztere, wie aus der Abbildung 80 zu ersehen ist, auf die Entwicklung neuer Märkte bezogen.

Abb. 80: Internetbasierte Kommunikationsverfahren bei Ubiquitous Commerce

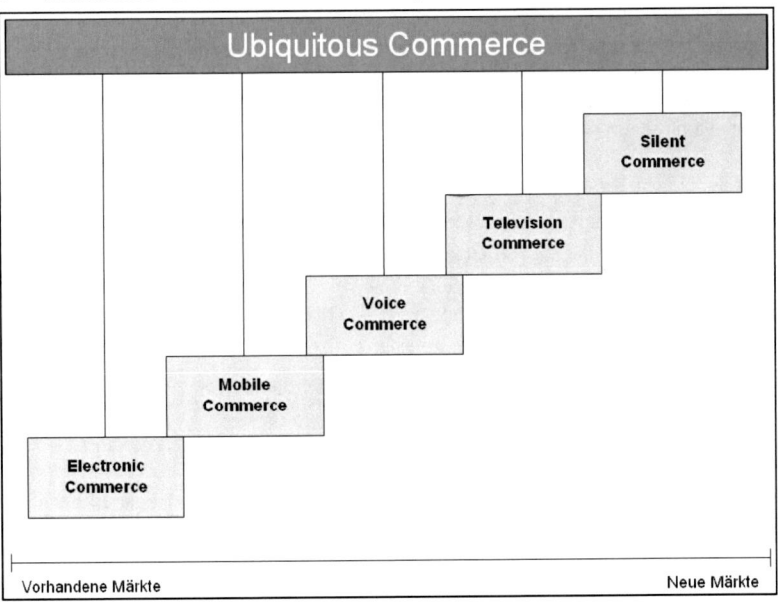

Ubiquitous Commerce

- Silent Commerce
- Television Commerce
- Voice Commerce
- Mobile Commerce
- Electronic Commerce

| Vorhandene Märkte | Neue Märkte |

In Anlehnung an: Becker, T., U-Commerce – Betrachtungen zur allgegenwärtigen Vernetzung von Geschäftsmodellen, 2008, S. 11

Neben E-Commerce und M-Commerce versteht man unter den weiteren Bestandteilen des U-Commerce

❑ die Sprachidentifizierung und -auswertung bei automatischen Bestellvorgängen mittels Telefon, wobei der Computer den gesprochenen Text erkennt (Voice-Commerce),

❑ die deutlich bessere Bildqualität und den vermehrten Empfang von Fernsehprogrammen (Television Commerce) sowie

❑ smarte Gegenstände, die menschliche Kontrollaufgaben übernehmen und selbstständig entscheiden, in Echtzeit reagieren und durch Anbindung an das Internet intelligent und interaktiv werden.[967]

Künftig wären dadurch immer und überall Gegenstände miteinander vernetzt und hätten somit die Möglichkeit, untereinander Informationen auszutauschen.[968]

---

[966] Vgl. Herrmann, T., Ubiquitous Commerce (U-Commerce), 2008.
[967] Vgl. Becker, T., U-Commerce – Betrachtungen zur allgegenwärtigen Vernetzung von Geschäftsmodellen, 2008, S. 11.
[968] Vgl. Becker, T., U-Commerce – Betrachtungen zur allgegenwärtigen Vernetzung von Geschäftsmodellen, 2008, S. 10.

2.3.4.4 Die Entwicklung bei E-Government

Seit Juni 2003 wird die gemeinsame E-Government-Strategie von Bund, Ländern und Kommunen durch das Projekt DeutschlandOnline verfolgt. Dabei handelt es sich um eine Bündelung der verschiedenen kommunalen Initiativen, der Strategien der 16 Bundesländer und des Bundes über alle Verwaltungsebenen hinweg.[969]

Zielsetzung hierbei ist es, eine integrierte, elektronisch kommunizierende Verwaltung zu schaffen und die Zusammenarbeit zwischen den Behörden effizienter zu gestalten.

Noch immer steht diesem Ziel die gegenwärtige heterogene IT-Landschaft von Bund, den 16 Bundesländern, über 300 Kreisen und weit über 13.000 Kommunen in Deutschland entgegen.[970]

Bei DeutschlandOnline werden seitdem die Verwaltungsabläufe in Schlüsselbereichen der öffentlichen Verwaltung durch den Einsatz von Informationstechnik neu geordnet. Dazu gehören insbesondere:

- Die elektronische Steuererklärung,[971]
- der virtuelle Arbeitsmarkt, der im Dezember 2003 online geschaltet worden ist,
- die E-Vergabe, bei der die Vergabeverfahren des Bundes ausschließlich über ein entsprechendes elektronisches Vergabesystem im Internet abgewickelt werden sollen,
- sämtliche Register- und Meldevorgänge bis hin zu Kfz- und Bauvorhaben,
- Auskünfte aus Registern der amtlichen Statistik,
- die Übermittlung von Lohnsteuerbescheinigungsdaten durch Arbeitgeber an die Steuerverwaltung (Projekt ElsterLohn) und
- die Einführung eines Formularmanagementsystems, einer Zahlungsverkehrsplattform sowie eines Content Management Systems.[972]

Bezogen auf die Basis der Strategie DeutschlandOnline haben sich die Regierungschefs der Länder auf 20 gemeinsame Projekte geeinigt, mit denen in Zukunft Verwaltungsdienstleistungen über das Internet erbracht werden sollen.[973] Fünf Säulen bilden hierbei die Grundlage der Zusammenarbeit zwischen Bund, Ländern und Kommunen.

---

[969] Vgl. TNS Infratest (Hrsg.), Monitoring Informationswirtschaft, 8. Faktenbericht 2005, 2005, S. 387.
[970] Vgl. TNS Infratest (Hrsg.), Monitoring Informationswirtschaft, 7. Faktenbericht 2004, 2004, S. 305.
[971] Über die elektronische Steuererklärung ELSTER (Elektronische Steuererklärung) können Steuererklärungen und Steueranmeldungen über das Internet abgewickelt werden. Auf der ELSTER-Webseite können private Steuerpflichtige und Unternehmer eine kostenlose Software namens ElsterFormular downloaden. Viele andere Steuer-Software-Hersteller haben ihre Programme kompatibel zu ELSTER gestaltet. Elektronisch übermittelte Steuererklärungen werden in allen Bundesländern von den Finanzämtern bevorzugt bearbeitet. Mit ElsterFormular kann der Steuerbescheid auch elektronisch zurück übermittelt werden. Vgl. Wikipedia (Hrsg.), Die freie Enzyklopädie, ELSTER, http://de.wikipedia.org/wiki/ELSTER, 2005.
[972] Vgl. TNS Infratest (Hrsg.), Monitoring Informationswirtschaft, 7. Faktenbericht 2004, 2004, S. 305.
[973] Bei der Einführung der Systeme soll darauf geachtet werden, diese barrierefrei zu gestalten, damit bspw. auch sehbehinderte Bürger diese Angebote online nutzen können (vgl. TNS Infratest (Hrsg.), Monitoring Informationswirtschaft, 7. Faktenbericht 2004, 2004, S. 306). Unter Barrierefreiheit werden bauliche und sonstige Anlagen, Verkehrsmittel, technische Gebrauchsgegenstände, Systeme der Informationsverarbeitung, akustische und visuelle Informationsquellen und Kommunikationseinrichtungen sowie andere gestaltete Lebensbereiche, die für behinderte Menschen in der allgemein üblichen Weise ohne besondere Erschwernis und grundsätzlich ohne fremde Hilfe zugänglich und nutzbar sind, verstanden. Vgl. Wikipedia (Hrsg.), Die freie Enzyklopädie, Barrierefreiheit, http://de.wikipedia.org/wiki/Barrierefreiheit, 2005.

Eine Übersicht über diese Vorhaben, aufgeteilt in fünf Säulen, zeigt die nachfolgende Abbildung 81.

Abb. 81: Übersicht der E-Government-Vorhaben in Deutschland

I. Säule Dienstleistungsportfolio		II. Säule Verbund der E-Government-Portale		III. Säule Infrastrukturen		IV. Säule Standards, Daten- und Prozessmodelle		V. Säule E-Government-Koordinierung und Transfer	
1.a	Justizregister	1.	Internetportale	1.	Clearingstellen	1.	XML-Standardisierung	1.	MEDIA @ Komm-Transfer
1.b	Gewerberegister	2.	Zuständigkeitsfinder	2.	AG Geschäftsmodelle	2.	Xsozial-Standardisierung von Datenaustauschformaten im Arbeits- und Sozialwesen	2.	Staatssekretärsrunde "E-Government"
2.	eFührungszeugnis	3.	Online-Services	3.	Signaturbündnis			3.	Geschäftsstelle der Staatssekretärsrunde
2.a	Meldewesen	4.	Gemeinsames Internetangebot	4.	Deutsches Verwaltungsgesetz				
2.b	Personenstandswesen								
3.	Amtliche Statistik								
4.	Kfz-Zulassungswesen								
5.	BaföG								
6.	Geodaten								
7.	Bauwesen								
8.	Verfahrensmanagement								

In Anlehnung an: TNS Infratest (Hrsg.), Monitoring Informationswirtschaft, 8. Faktenbericht 2005, 2005 S. 389

Bis Ende 2008 sollen vier konkrete Ziele erreicht worden sein:[974]

❏ Einrichtung eines Zugangs für elektronische Kommunikation bei allen Behörden in Bund, Ländern und Kommunen.

❏ Verfügbarkeit aller in 2003 beschlossenen DeutschlandOnline-Vorhaben im Internet.

❏ Elektronische Kommunikation der Behörden untereinander.

❏ Alle hierfür geeigneten Verwaltungsverfahren sollen in Deutschland online zur Verfügung stehen.

Ein weiteres Projekt der Bundesregierung (BundOnline 2005) hatte zum Ziel, dass viele Behördengänge nicht mehr nötig sind, sondern bequem von zu Hause aus online erledigt werden können.[975] Ende 2005 wurde diese Initiative, durch die von September 2000 an mehr als 440 Dienstleistungen der Behörden der Bundesverwaltung online gestellt wurden, abgeschlossen.[976]

2.3.4.5 Auf dem Vormarsch: Voice over IP

Voice over IP (VoIP) ist ein Dienst, der auf Basis des Internetprotokolls (IP) die Sprachübertragung über ein paketvermittelndes Datennetz erlaubt (Internettelefonie). Ein breitbandiger Internetanschluss ist Voraussetzung für die Nutzug von VoIP-Diensten.

---

[974] Vgl. TNS Infratest (Hrsg.), Monitoring Informationswirtschaft, 8. Faktenbericht 2005, 2005, S. 387 f.
[975] Vgl. TNS Infratest (Hrsg.), Monitoring Informationswirtschaft, 8. Faktenbericht 2005, 2005, S. 392.
[976] Vgl. TNS Infratest (Hrsg.), Monitoring Informations- und Kommunikationswirtschaft, 10. Faktenbericht 2007, 2007, S. 319.

Bereits seit Jahren findet die VoIP-Sprachkommunikation in Firmennetzen Anwendung (vor allem die Integration von Sprache und Daten in einem Netz).[977] Kommerzielle Angebote für die Anwendung für zu Hause existieren seit Ende 2003.[978] So nutzten in 2007 schätzungsweise 16 Prozent der Anschlussinhaber die Internettelefonie.

Die Entwicklung der Nutzung von VoIP der Jahre 2001 bis 2007 zeigt Abbildung 82.

Abb. 82: Marktentwicklung bei VoIP in Deutschland 2001 bis 2007 (in Prozent)

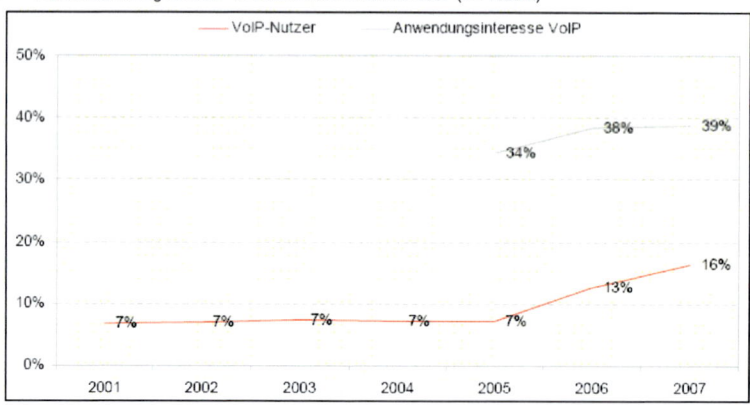

Quelle: CHIP Xonio Online GmbH (Hrsg.), Marktentwicklung Internet-Telefonie (VoIP), 2008

Früher war VoIP ein rein softwarebasiertes Angebot, was einen eingeschalteten PC voraussetzte. Dagegen sind die heutigen Angebote komfortabler in der Nutzung; es können sowohl herkömmliche als auch VoIP-Telefone unabhängig von einem eingeschalteten PC verwendet werden.[979] Die gleichzeitige Verwendung des herkömmlichen Festnetzanschlusses und eines VoIP-Dienstes ist ebenfalls möglich. Diese Tatsache erklärt auch den Sprung bei den Nutzerzahlen der Internettelefonie. Wie aus der obenstehenden Abbildung 82 ebenfalls ersichtlich wird, sind deutlich mehr Anwendungsinteressierte für VoIP verzeichnet, die jedoch im Verlauf der letzten drei Jahre noch Abstand von der Realisierung hielten.

Die Entgelte für VoIP-Gespräche lassen sich mit denen für herkömmliche Telefonate vergleichen. Allerdings gibt es auch Kooperationen von VoIP-Anbietern, die es ihren Kunden ermöglichen, kostenlos mit anderen Gesprächspartnern zu kommunizieren.[980] Ende 2004 gab es schätzungsweise 500.000 Kunden bei VoIP.[981] Laut einigen Marktforschern wird VoIP die klassische Telefonie bis spätestens zum Jahr 2020 komplett abgelöst haben.[982]

Momentan erfolgt eine leicht zunehmende Nutzung der Internettelefonie bei Telefonkunden i.d.R. weitgehend aus Gründen der Kostenersparnis. Vor einer Verbreitung neuer, zusätzlicher Dienstangebote muss abgewartet werden, inwieweit es den Anbietern gelingen wird, die Zahlungsbereitschaft der Kunden für innovative Dienste auf dieser Basis zu wecken.[983]

---

[977] Vgl. Regulierungsbehörde für Telekommunikation und Post (Hrsg.), Jahresbericht 2004 der Regulierungsbehörde für Telekommunikation und Post gemäß § 122 Telekommunikationsgesetz, 2005, S. 49.
[978] Vgl. Regulierungsbehörde für Telekommunikation und Post (Hrsg.), Jahresbericht 2004 der Regulierungsbehörde für Telekommunikation und Post gemäß § 122 Telekommunikationsgesetz, 2005, S. 49.
[979] Vgl. Regulierungsbehörde für Telekommunikation und Post (Hrsg.), Jahresbericht 2004 der Regulierungsbehörde für Telekommunikation und Post gemäß § 122 Telekommunikationsgesetz, 2005, S. 49.
[980] Vgl. Regulierungsbehörde für Telekommunikation und Post (Hrsg.), Jahresbericht 2004 der Regulierungsbehörde für Telekommunikation und Post gemäß § 122 Telekommunikationsgesetz, 2005, S. 49.
[981] Vgl. Deloitte (Hrsg.), Am Start. Auswirkungen von Voice over IP auf den deutschen Telekommunikationsmarkt, 2005, S. 2.
[982] Vgl. TNS Infratest (Hrsg.), Monitoring Informationswirtschaft, 8. Faktenbericht 2005, 2005, S. 403.
[983] Vgl. Deloitte (Hrsg.), Am Start. Auswirkungen von Voice over IP auf den deutschen Telekommunikationsmarkt, 2005, S. 25.

2.3.4.6 Allgemeine Prognosen für das Internet

Das Internet und seine Anwendungen werden künftig weiter ausgebaut. Bis 2010 soll Prognosen zufolge die Durchdringungsrate bei den Breitbandanschlüssen, die eine Voraussetzung für die Nutzung der immer komplexer werdenden Internetanwendungen darstellen, zu rund 60 Prozent verbreitet sein.[984]

Sowohl bei den Geschäfts- als auch bei den Privatkunden erhöht sich die stetige Nachfrage nach Breitbandanschlüssen. Während die privaten Nutzer vorwiegend Spiele und Musik- sowie Filmdownloads nutzen, stellen Videokonferenzen eine der Hauptanwendungen für Geschäftskunden dar.[985]

Zusammenfassend kann festgehalten werden, dass das Internet der nächsten Generation Telefonie und Video mit interaktiven multimedialen Funktionalitäten integrieren wird und somit dem Nutzer Informationen personalisiert, bedarfs- und situationsgerecht bereitstellen wird:[986]

❏ Das Internet wird das erste globale Wissensnetzwerk.

❏ Jeder kann Informationen zu allen Themen veröffentlichen und grundsätzlich jeden Menschen auf der Welt erreichen.

❏ Das Internet wird die Plattform für die Konvergenz aller Medien und verändert die Gesellschaft und Ökonomie.

❏ Die direkte realtime Sprach- und Bildkommunikation wird die Bedeutung des Internet als Business-Tool weiter verstärken.

❏ Die Nutzung des Internet wird durch den preisgünstigen breitbandigen High Speed-Zugang weiter beschleunigt.

❏ Es wird eine Telepresence aufkommen, also die Fähigkeit dreidimensionale virtuelle Orte, Dinge und Menschen zu erfahren, wird den universellen Einsatz des Internet noch mehr forcieren.

❏ Informationen zu jedem beliebigen Thema werden über das Internet an allen Orten in den verschiedensten medialen Anwendungsformen verfügbar sein.

❏ Das Internet wird den Lifestyle der Menschen durch eine größere Auswahl an Möglichkeiten der Lebensgestaltung und der virtuellen Zusammenarbeit verändern.

❏ Private Communities und virtuelle private Netzwerke zur Befriedigung der individuellen Interessen werden sich zu anerkannten Lebens- und Arbeitsräumen entwickeln.

❏ Das Internet ist der Katalysator für die Weiterentwicklung von Bildungs-, Unterhaltungs- und Gesundheitssystemen sowie für den individuellen Lebensstil.

2.3.5 Die Marktentwicklung beim Breitband-Kabelnetz

Der Ursprung des Breitband-Kabelnetzes in Deutschland geht auf das Jahr 1978 zurück, als die Ministerpräsidenten der Bundesländer die ersten Kabelpilotprojekte beschlossen.[987] Finanziert wurden die Projekte über den so genannten Kabelgroschen, einen Beitrag von 20 Pfennig (ca. 10 Cent), der über die monatlichen Rundfunkgebühren erhoben wurde.[988]

Im Jahr 1984 wurde das System der Netzebenen eingeführt, wobei die Bundespost nur noch bis zur dritten Netzebene – den Übergabepunkten an der Grundstücksgrenze – verantwortlich war. Die Installationen auf der vierten Netzebene, der Anschluss im Haus, wurde privat finanziert.[989] Die

---

[984] Vgl. Büllingen, F.; Stamm, P., Report zur Entwicklung des Versorgungssektors Telekommunikation, 2003, S. 60.
[985] Vgl. Büllingen, F.; Stamm, P., Report zur Entwicklung des Versorgungssektors Telekommunikation, 2003, S. 60.
[986] Vgl. Skillnet GmbH (Hrsg.), What´s next in TIMES? – Forecast 2004-2024, 2004, S. 28.
[987] Vgl. teltarif.de (Hrsg.), Die Geschichte des deutschen TV-Kabelnetzes, http://www.teltarif.de/i/tv-geschichte.html, 2005.
[988] Vgl. teltarif.de (Hrsg.), Die Geschichte des deutschen TV-Kabelnetzes, http://www.teltarif.de/i/tv-geschichte.html, 2005.
[989] In der ersten Ebene finden sich die Programmproduktionen, also die Fernseh- und Radiosender, wieder. Auf der zweiten Ebene befinden sich die sogenannten Kopfstationen, welche die TV- und Radiosignale empfangen. Die dritte Ebene stellt die Straßenverteiler und die vierte Ebene die Hausverteiler dar. Vgl. teltarif (Hrsg.), Die vier Netzebenen: Interessenkonflikte sind vorprogrammiert, http://www.teltarif.de/i/tv-ebenen.html, 2005.

Folge dieser Entscheidung waren Interessenkonflikte zwischen kleinen und großen Kabelnetzbetreibern über die Höhe der Gebühr für die Signalweiterleitung.[990]

Die Deutsche Telekom begann 1998 mit der Ausgliederung der Kabelnetze. Dies eröffnete für private Investoren Beteiligungsmöglichkeiten. Zuerst wurde die Kabelregion Nordrhein-Westfalen im Jahr 2000 an amerikanische Investoren verkauft. Seit 2001 firmierte diese dann unter dem Namen ish.[991] Die Kabelregion Baden-Württemberg wurde 2001 an den gleichen Investor verkauft. Im Juni 2005 wurde ish mit dem hessischen Kabelanbieter iesy unter dem Dach der neu gegründeten Unternehmensgruppe Unitymedia zusammengeschlossen.[992]

Das Kartellamt untersagte 2002 den Verkauf der letzten sechs Kabelregionen der Telekom, die ca. 60 Prozent des Kabelnetzes ausmachten und einen Erlös in Höhe von 5,5 Milliarden Euro eingebracht hätten, an das amerikanische Unternehmen Liberty Media.[993] Ein Jahr später hatte das Kartellamt dann keine Bedenken mehr, dem Verkauf der sechs Kabelregionen für ca. 1,7 Milliarden Euro an ein US-Finanzkonsortium zuzustimmen.[994]

Im Jahr 1998 bezogen 17,6 Millionen Haushalte ihre Fernsehprogramme aus dem Kabelnetz.[995] Die Zahl wuchs auf rund 21 Millionen beziehungsweise ca. 54 Prozent aller deutschen Haushalte in 2003 an.[996] In 2006 verfügten rund 18,3 Millionen (entspricht 51,6 Prozent) aller deutschen Haushalte über einen Kabelanschluss.[997] Somit zählt der deutsche Kabel-TV-Markt zu den größten weltweit.

Das TV-Kabelnetz ist zukünftig neben der Übertragung von analogen und digitalen Fernsehsignalen besonders für den breitbandigen Internetzugang von großem Interesse. Durch weitreichende technische Verbesserungen der deutschen Kabel-TV-Netze, verbunden mit entsprechenden Investitionen, ist eine erhöhte Nutzung des Netzes für neue Datenanwendungen möglich.[998]

2.4 Die Entwicklung des Arbeitsmarktes auf dem Gebiet der Telekommunikation

Ende 1998, dem Jahr der Liberalisierung des deutschen Telekommunikationsmarktes, waren ca. 222.000 Menschen auf dem Telekommunikationsdienstemarkt beschäftigt (siehe weiter unten stehende Abbildung 83). Noch zum Jahresende 1994 beschäftigte die Deutsche Bundespost Telekom ca. 223.000 Mitarbeiter.[999]

Somit hatte, gemessen an der Beschäftigtenzahl auf dem Telekommunikationsdienstemarkt, zunächst – arbeitsmarktlich gesehen – lediglich eine Umverteilung zwischen der Deutschen Telekom als Rechtsnachfolgerin der Deutschen Bundespost Telekom und den neuen Wettbewerbern stattgefunden.

Ein Anstieg der Beschäftigten auf 240.700 erfolgte in 2000, dem Boomjahr der Telekommunikation. In diesem Jahr wurden in Deutschland nahezu 25 Millionen neue Mobilfunkkunden gewonnen, die Anzahl der Telefonkanäle beim Festnetz stieg um ca. 2 Millionen und die Zahl der Festnetzverbindungsminuten pro Tag stieg um durchschnittlich 148 Millionen im jeweiligen Vergleich der Bestandszahlen zum Vorjahr.[1000]

Das rasante Marktwachstum des Jahres 2000 war bislang einmalig und sollte sich nicht mehr wiederholen. Diesen Umstand trägt auch die Entwicklung der Beschäftigten auf dem Telekommunika-

---
[990] Vgl teltarif.de (Hrsg.), Die Geschichte des deutschen TV-Kabelnetzes, http://www.teltarif.de/i/tv-geschichte.html, 2005.
[991] Vgl. ish NRW GmbH (Hrsg.), Fakten zu ish, http://www.ish.de/unternehmen/fakten.html, 2005.
[992] Vgl. Wikipedia (Hrsg.), Die freie Enzyklopädie, http://de.wikipedia.org/wiki/Ish_(Unternehmen), 2008.
[993] Vgl. teltarif.de (Hrsg.), Die Geschichte des deutschen TV-Kabelnetzes, http://www.teltarif.de/i/tv-geschichte.html, 2005.
[994] Vgl. teltarif.de (Hrsg.), Die Geschichte des deutschen TV-Kabelnetzes, http://www.teltarif.de/i/tv-geschichte.html, 2005.
[995] Vgl. Regulierungsbehörde für Post und Telekommunikation (Hrsg.), Telekommunikations- und Postmarkt im Jahre 1999, – Marktbeobachtungsdaten der Regulierungsbehörde für Telekommunikation und Post, 1999, S. 19.
[996] Vgl. Bitkom (Hrsg.), Wege in die Informationsgesellschaft – Status quo und Perspektiven Deutschlands im internationalen Vergleich, 2003, S. 8.
[997] Daten basieren auf fernmündliche Auskunft des Statistischen Bundesamtes vom 17.03.2008.
[998] Vgl. Bitkom (Hrsg.), Wege in die Informationsgesellschaft – Status quo und Perspektiven Deutschlands im internationalen Vergleich, 2003, S. 8.
[999] Siehe hierzu die Ausführungen in Kapitel E.3.4 (Personalabbau bei der Telekom seit 1994).
[1000] Siehe hierzu auch die Ausführungen in den Kapiteln D.2.3.3 (Umsatz- und Marktentwicklung beim Mobilfunk in Deutschland) und D.2.3.1 (Umsatz- und Marktentwicklung beim Festnetz in Deutschland).

tionsdienstemarkt Rechnung. Ende März 2007 waren auf dem deutschen Telekommunikationsmarkt 214.600 Menschen beschäftigt.

Die nachfolgende Abbildung 83 veranschaulicht die vorangegangenen Ausführungen.

Abb. 83: Arbeitsmarktentwicklung im deutschen Telekommunikationsmarkt – 1998 bis März 2007

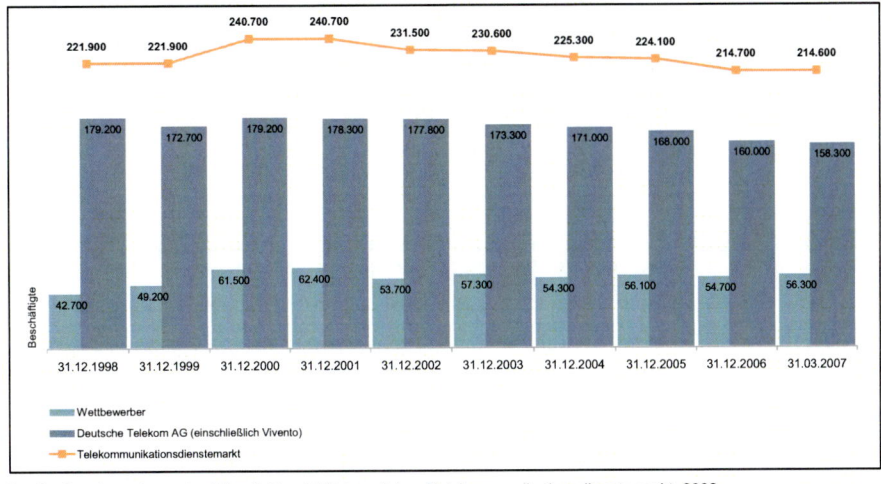

Datum	Wettbewerber	Deutsche Telekom AG (einschließlich Vivento)	Telekommunikationsdienstemarkt
31.12.1998	42.700	179.200	221.900
31.12.1999	49.200	172.700	221.900
31.12.2000	61.500	179.200	240.700
31.12.2001	62.400	178.300	240.700
31.12.2002	53.700	177.800	231.500
31.12.2003	57.300	173.300	230.600
31.12.2004	54.300	171.000	225.300
31.12.2005	56.100	168.000	224.100
31.12.2006	54.700	160.000	214.700
31.03.2007	56.300	158.300	214.600

Quelle: Bundesnetzagentur (Hrsg.), Beschäftigte auf dem Telekommunikationsdienstemarkt, 2008

Über die gesamte Spanne des Untersuchungszeitraumes gesehen brachte der Wettbewerb – gemessen an der Anzahl der Beschäftigten – keine bemerkenswerte Veränderung mit sich. Der Endbestand der Beschäftigten auf dem deutschen Telekommunikationsmarkt im Frühjahr 2007 hat sich gegenüber der Anzahl der Beschäftigten der Deutschen Bundespost Telekom in 1994, also vor der Privatisierung in 1995, sogar um 8.400 verringert.[1001]

Vergleicht man die Umsatzsteigerungen auf dem Telekommunikationsmarkt, die im Rahmen der Postreform I auch entsprechend prognostiziert worden waren,[1002] ist die Anzahl der Beschäftigten auf dem deutschen Telekommunikationsmarkt relativ sogar gesunken. Damit haben sich die Mutmaßungen der Deutschen Postgewerkschaft während der Diskussionen zur Postreform I hinsichtlich des befürchteten Stellenabbaus (bei der Telekom) bewahrheitet, da bis heute lediglich eine annähernde Kompensierung der Stellen durch den Wettbewerb auf dem Niveau von 1994 erfolgt ist.[1003]

[1001] Siehe hierzu auch die Ausführungen in Kapitel E.3.4 (Personalabbau bei der Telekom seit 1994).
[1002] Siehe hierzu die Ausführungen in Kapitel B.2.3 (Ziele der Umstrukturierung).
[1003] Siehe hierzu die Ausführungen in Kapitel B.2.4 (Widersacher der Reform – Die Deutsche Postgewerkschaft) i.V.m. Kapitel E.3.4 (Personalabbau bei der Telekom seit 1994).

3 Die Zukunft der TIMES-Märkte – ein Forecast

Die Entwicklung der TIMES-Märkte[1004] hat in den letzten Jahren immer mehr an Dynamik gewonnen. Man spricht heute von einem Zeitalter der global vernetzten, computergestützten Wissensökonomie.[1005] Hervorgerufen wurde diese Entwicklungsdynamik in erster Linie durch neue Technologien und ständige Innovationen in den Bereichen Digitalisierung, Komprimierung sowie bei Speicher- und Prozessorleistungen.[1006] Diese Veränderungen steigern die Komplexität und fördern die Verschmelzung von ehemals getrennten Branchen, Technologien und Medien. Das Resultat ist die zunehmende Konvergenz der TIMES-Märkte.

Im Telekommunikationssektor stehen die Unternehmen vor der Aufgabe, die fortlaufende Substitution der Festnetztelefonie durch den Mobilfunk bewältigen zu müssen. Im Zuge dessen gewinnen Datenservices immer mehr an Bedeutung. Attraktive Serviceangebote sind eine Voraussetzung für das Bestehen der Unternehmen bei fortschreitender Liberalisierung, zunehmender Kompatibilität unterschiedlicher Technologien und daraus resultierender Globalisierung der Märkte.[1007] Anbieter von Informationstechnologien reagieren darauf mit einer Ausdehnung ihres Geschäfts in den Bereich der Serviceleistungen und einer Ergänzung ihrer Lösungen durch attraktive Inhalte.

Die Medienunternehmen profitieren von der Digitalisierung, indem sich ihnen die Möglichkeit zur Mehrfachverwertung ihres Contents auf verschiedenen Plattformen und Kanälen eröffnet. Hierbei ergeben sich Effizienzsteigerungen durch neue Internetanwendungen im laufenden Geschäft sowie Potenziale zum Aufbau neuer Geschäftsfelder durch Erschließung neuer Vertriebskanäle.[1008]

3.1 Ein Szenario vorab: Die zukünftige Entwicklung der Telekommunikation

Die klassische Sprachtelefonie wird auch weiterhin Marktanteile verlieren. Demgegenüber werden Mobilfunk und Festnetzdatendienste deutliche Zuwachsraten erzielen können. Mobilfunk und Internet werden demnach die Wachstumssparten der Telekommunikationsbranche bleiben, besonders im Hinblick auf den Ausbau von UMTS im Mobifunkbereich und der Überführung des Festnetzes in das Next Generation Network[1009]. Weltweit wird ein Wachstum des TIMES-Gesamtmarktes um jährlich vier Prozent vorhergesagt.[1010] Wachstumstreiber dieses Marktes werden integrierte, multimediale Produkte und Services sein, von denen erwartet wird, dass sie bis Ende 2010 einen Marktanteil in Höhe von mehr als 50 Prozent erreichen.[1011]

Die Ursache dieser Entwicklung ist die Digitalisierung. Der Technologiefortschritt verläuft exponentiell. Der Internettraffic verdoppelt sich alle sechs, drahtlose Übertragungstechnologien alle neun und Speicherkapazitäten alle 15 Monate.[1012] Produktentwicklungen, die früher Jahre dauerten, haben sich auf Monate verkürzt. In einem Szenario haben die Marktforscher von Skillnet in 2004 ver-

---

[1004] Zu TIMES siehe auch die Ausführungen in Kapitel A.5.2.3 (Der TIMES-Markt).
[1005] Vgl. Skillnet GmbH (Hrsg.), What's next in TIMES? – Forecast 2004-2024, 2004, S. 3.
[1006] Vgl. Skillnet GmbH (Hrsg.), What's next in TIMES? – Forecast 2004-2024, 2004, S. 3.
[1007] Vgl. Skillnet GmbH (Hrsg.), What's next in TIMES? – Forecast 2004-2024, 2004, S. 3.
[1008] Vgl. Skillnet GmbH (Hrsg.), What's next in TIMES? – Forecast 2004-2024, 2004, S. 3.
[1009] Next Generation Network (NGN) bezeichnet ein Netzwerk, das traditionelle leitungsvermittelnde Telekommunikationsnetze wie bspw. Telefonnetze, Kabelfernsehnetze oder Mobilfunknetze durch eine einheitliche paketvermittelnde Netzinfrastruktur und -architektur ersetzt und zu den vorhandenen Telekommunikationsnetzen kompatibel ist (vgl. Wikipedia (Hrsg.), Die freie Enzyklopädie, Next Generation Network, http://de.wikipedia.org/wiki/Next_Generation_Network, 2008). Das auf Paketvermittung basierende NGN, in dem die dienstebezogenen Funktionen und die Transportfunktionen getrennt sind, bietet den Nutzer Dienste zur Verfügung, welche es ermöglichen auf ein großes und vielfältiges Umfeld von Anwendungen zugreifen zu können oder zu kommunizieren, unabhängig vom Standort und der technischen Umgebung (vgl. Massner, S., Die Funktionsweise und der Aufbau der Next Generation Networks und des IP Multimedia-Subsystems, 2007, S. 4). Der Vorteil dabei ist die Konvergenz, da eines der wesentlichen Merkmale eines NGN die Realisierung der unterschiedlichen Netzfunktionen wie Transport, Dienst und die Kontrollfunktion (z.B. Signalisierung) auf unterschiedlichen (logischen) Netzebenen ist. Die Bezeichnung NGN wird oft auch als Schlagwort für die derzeit erfolgende Umstellung der bestehenden Telekommunikationsnetze auf IP-Technologie benutzt, da das Internetprotokoll die vorherrschende Wahl zur Implementierung von paketvermittelnden Netzen darstellt. Vgl. hierzu Wikipedia (Hrsg.), Die freie Enzyklopädie, Next Generation Network, http://de.wikipedia.org/wiki/Next_Generation_Network, 2008.
[1010] Vgl. Skillnet GmbH (Hrsg.), What's next in TIMES? – Forecast 2004-2024, 2004, S. 7 i.V.m. Bitkom (Hrsg.), Wege in die Informationsgesellschaft – Status quo und Perspektiven Deutschlands im internationalen Vergleich, 2005, S. 4 und S. 9.
[1011] Vgl. Skillnet GmbH (Hrsg.), What's next in TIMES? – Forecast 2004-2024, 2004, S. 7.
[1012] Vgl. Skillnet GmbH (Hrsg.), What's next in TIMES? – Forecast 2004-2024, 2004, S. 7.

sucht, das Leben mit der Informations- und Kommunikationstechnologie bis zum Jahr 2024 zu beschreiben:[1013]

- 2007: Der Durchschnittsverbraucher nutzt regelmäßig ca. vier verschiedene Devices: Personal Home PC, digitales Entertainmentsystem, Corporate Computer und Mobile Information Device. Circa 78 Prozent der Umsätze der Mobilfunkanbieter mit Datenservices resultieren aus dem Geschäft mit Konsumenten.
- 2008: Mehr als 700 Millionen User weltweit nutzen den kabellosen Zugang.
- 2009: Alle Bürger besitzen digitale Identitätsausweise. Erste holographische Spiele in 3D kommen auf den Markt.
- 2010: Circa 50 Prozent aller Musikverkäufe erfolgen online. Sprachsyntheseverfahren, die schriftliche Informationen automatisch in Sprache mit nahezu menschlicher Qualität konvertieren, sind allgemein verfügbar.
- 2011: Der Download eines Films in DVD-Qualität dauert nur fünf Sekunden. Software-Agenten, die sich durch Wahrnehmungs- und Lernfunktionen selbst weiterentwickeln, werden zu Begleitern des täglichen Lebens.
- 2012: Autos veranlassen selbstständig die Kontaktaufnahme mit einer Werkstatt und erklären technische Schwierigkeiten. In den USA verfügen ca. 80 Prozent aller Haushalte über Breitbandanschlüsse.
- 2014: OLED-Screens[1014] werden sehr günstig und ersetzen teilweise traditionelle Zeitschriften und Karten.
- 2015: Geräte zur dreidimensionalen Bildaufnahme und Darstellung sind allgemein verfügbar.
- 2017: Alle Telefonanrufe werden über das Internet geroutet.
- 2019: Es gibt nur noch einen, vom Nutzer personalisierten TV-Kanal.
- 2024: Konsumenten besitzen nicht mehr Disks oder Bits. Sie erwerben nur noch Rechte. Autorisierte Filme, Musik, etc. werden jederzeit und überall gestreamt.

3.2 Zusammenfassende Trendentwicklung

Resümierend können folgende Trends für die weitere Entwicklung der Informations- und Kommunikationstechnologie festgehalten werden:

- Die Betreiber können gebündelte Services anbieten. Dies wird ermöglicht durch das Ineinandergreifen von Festnetz- und Mobilfunkinfrastrukturen sowie Telekommunikations- und Informationstechnologien. Sprache, Internet, Fernsehen und mobile Dienste werden gleichermaßen abgedeckt. Die bisherige klassische Unterteilung nach Anbieter, Betreiber und Provider wird in den nächsten Jahren für den Kunden verschwinden.
- DSL und Kabel dominieren den Zugangsbereich. Seit einiger Zeit treten drahtlos-stationäre Technologien vermehrt als starke Konkurrenz auf.
- IP bestimmt bis 2010 alle Datenübertragungsbereiche und Netzwerke. Zukünftig gewährleisten IP-basierte Multi-Service-Plattformen den nahtlosen Zugriff auf Sprach- und Datendienste (Seamless Services).
- Das Flatrate-Angebot in allen Telekommunikationsbereichen wird deutlich ansteigen.

[1013] Vgl. Skillnet GmbH (Hrsg.), What´s next in TIMES? – Forecast 2004-2024, 2004, S. 17.
[1014] OLED (Organic Light Emitting Diode) ist eine Leuchtdiode aus organischen, halbleitenden Polymeren oder kleinen Molekülen. Durch die Anordnung vieler kleiner OLED´s können grafische Bildschirme – zum Beispiel für Fernseher, PC-Bildschirme und viele weitere Anwendungen – hergestellt werden. In Zukunft sollen sie auch zur Beleuchtung eingesetzt werden. Ein großer Vorteil der OLED´s gegenüber den herkömmlichen Flüssigkristallbildschirmen ist, dass sie ohne Hintergrundbeleuchtung auskommen. Dadurch benötigen sie deutlich weniger Energie und können auch gut in kleinen tragbaren Geräten eingesetzt werden und somit deren Laufzeit verlängern. Das Display ist so dünn wie eine Plastikfolie und auch ebenso biegsam. OLED´s haben einen großen Blickwinkelbereich von bis zu 170 Grad und verfügen über eine hohe Schaltgeschwindigkeit, wodurch sie sich besonders gut zur Darstellung von bewegten Bildern eignen. Vgl. Wikipedia (Hrsg.), Die freie Enzyklopädie, OLED, http://de.wikipedia.org/wiki/OLED, 2005.

❑ Die Betreiber werden aufgrund sinkender Margen dazu gezwungen sein, verstärkt auf Mehrwertangebote zu setzen.

3.3 Resultierende Anforderungen an die TIMES-Unternehmen

Betrachtet man die bisherige Entwicklung und den aktuellen Stand der Telekommunikationstechnologie sowie die Einschätzungen zur weiteren zukünftigen Entwicklung, ergeben sich für die TIMES-Unternehmen ganz bestimmte Herausforderungen bei den Themenbereichen Business und Strategie, Entwicklung von Produkten und Services, Marketing und Vertrieb sowie Kooperationsmanagement. Die nachfolgende Abbildung 84 enthält eine Übersicht über die wesentlichen Herausforderungen und Lösungsansätze für die TIMES-Unternehmen.

Abb. 84: Herausforderungen und Lösungsansätze für TIMES-Unternehmen

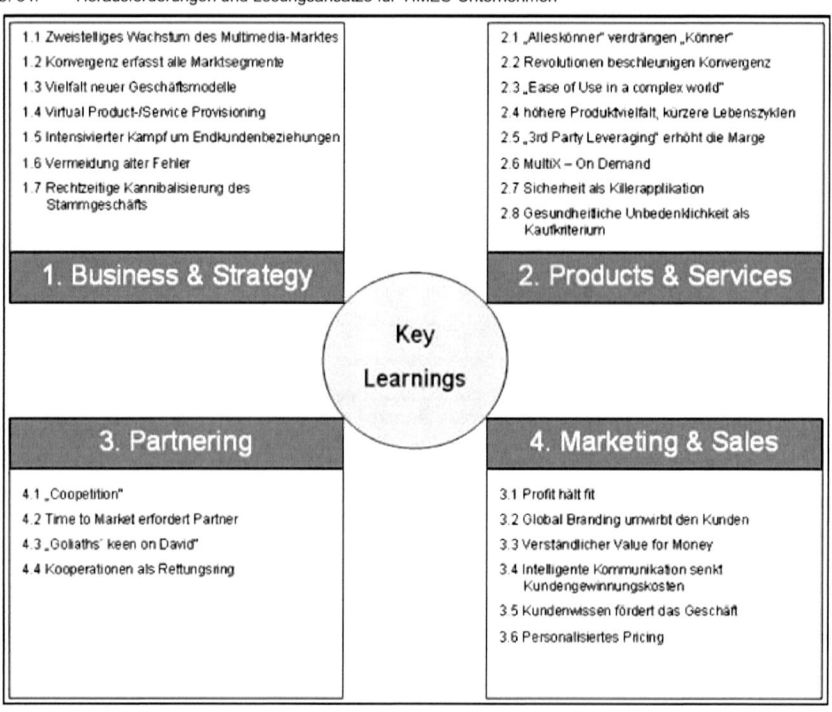

1. Business & Strategy	2. Products & Services
1.1 Zweistelliges Wachstum des Multimedia-Marktes	2.1 „Alleskönner" verdrängen „Könner"
1.2 Konvergenz erfasst alle Marktsegmente	2.2 Revolutionen beschleunigen Konvergenz
1.3 Vielfalt neuer Geschäftsmodelle	2.3 „Ease of Use in a complex world"
1.4 Virtual Product-/Service Provisioning	2.4 höhere Produktvielfalt, kürzere Lebenszyklen
1.5 Intensivierter Kampf um Endkundenbeziehungen	2.5 „3rd Party Leveraging" erhöht die Marge
1.6 Vermeidung alter Fehler	2.6 MultiX – On Demand
1.7 Rechtzeitige Kannibalisierung des Stammgeschäfts	2.7 Sicherheit als Killerapplikation
	2.8 Gesundheitliche Unbedenklichkeit als Kaufkriterium

Key Learnings

3. Partnering	4. Marketing & Sales
4.1 „Coopetition"	3.1 Profit hält fit
4.2 Time to Market erfordert Partner	3.2 Global Branding umwirbt den Kunden
4.3 „Goliaths' keen on David"	3.3 Verständlicher Value for Money
4.4 Kooperationen als Rettungsring	3.4 Intelligente Kommunikation senkt Kundengewinnungskosten
	3.5 Kundenwissen fördert das Geschäft
	3.6 Personalisiertes Pricing

In Anlehnung an: Skillnet (Hrsg.), What´s next in TIMES? – Forecast 2004-2024, 2004, S. 122

3.3.1 Business und Strategie

Bis zum Jahr 2010 wird der Multimediamarkt voraussichtlich enorm wachsen. Erfolgsfaktoren für die TK-Unternehmen sind die erfolgreiche Identifikation und Erschließung entstehender Potenziale mit attraktiven Geschäftsmodellen und das Unterlassen alter Fehler.[1015]

Zusätzliche Herausforderungen stellen einerseits der Ausbau von Endkundenbeziehungen sowie andererseits – in einigen Fällen – die Kannibalisierung des Stammgeschäfts (Festnetz, Mobilfunk, Internet) dar.[1016]

[1015] Hierzu zählt die Aufgabe der bei vielen TK-Unternehmen praktizierten restriktiven Investitionsprogramme zugunsten des Geschäftsaufbaus und die Forcierung der Risiko- und Kostenverteilung durch erfolgsabhängige Abrechnungen mit den Lieferanten sowie innovativer Finanzierungsmodelle (vgl. Skillnet GmbH (Hrsg.), What´s next in TIMES? – Forecast 2004-2024, 2004, S. 123).

Es wird bei der künftig zunehmenden Verbreitung von neuen Angeboten im Bereich Multimedia eine steigende Wechselbereitschaft der Kunden zu sogenannten High-Interest-Anbietern angenommen.[1017] Beim Kampf um den Kunden muss daher eine auf den Kunden fokussierte Servicehaltung in den Unternehmen Eingang finden. Durch hohe Kosten bei der Neukundengewinnung müssen verspätete Wettbewerber mit finanziell hohen Markteintrittsbarrieren rechnen.[1018]

3.3.2 Entwicklung von Produkten und Services

Der Markt wird künftig durch eine höhere Produkt- und Servicevielfalt bei kürzeren Lebenszyklen geprägt sein und Sicherheits- und Gesundheitsaspekte werden weiter an Bedeutung gewinnen.[1019]

Die Benutzerfreundlichkeit und ständige Verfügbarkeit von Produkten und Services, die problemlos miteinander vernetzt werden können, werden immer wichtiger für den Kunden. Die Bündelung maximaler Funktionalitäten über nur ein Gerät sowie die Bündelung von Inhalten und Services aus einer Hand bei Anbietern von TK-Leistungen könnte die künftige Erwartungshaltung der Kunden befriedigen.[1020]

3.3.3 Marketing und Vertrieb

Die Profitabilität steht im Mittelpunkt eines jeden Unternehmens. Maßnahmen wie Global Branding oder emotionale Kommunikation unter Nutzung intelligenter Vermarktungsansätze sollten zu reduzierten Kundengewinnungskosten beitragen.[1021]

Durch Investitionen in das Customer Relationship Management (CRM) der Unternehmen wird einer Erhöhung der Rendite, des Umsatzvolumens und der Kundenbindung in vorhandenen Beständen entgegengesehen, denn die von den Kunden erwarteten, zunehmend auf ihre individuellen Anforderungen angepassten Preis- und Finanzierungsmodelle stellen erhöhte Anforderungen an die Intelligenz und Leistungsfähigkeit der CRM- und Abrechnungssysteme der Anbieter dar.[1022]

3.3.4 Kooperationsmanagement

Erfolgreiche Kooperationen stellen für die zumeist finanziell angeschlagenen und immer komplexer werdenden TIMES-Unternehmen einen Schlüssel zum Erfolg dar.[1023] Ohne großen Investitionsbedarf besteht beispielsweise die Möglichkeit, Zugang zu neuen Produkten, Märkten und Kundengruppen sowie günstigen Einkaufskonditionen.[1024]

Großen Anbietern mit vorhandenen Assets wie z.B. hoher Markenbekanntheit oder großer Kundenbasis bietet sich in den immer dynamischeren TIMES-Segmenten die Chance zur Erschließung von gegenseitigen Vorteilssituationen durch Kooperationen mit kleineren Unternehmen.[1025] Im Bereich der Forschung und Entwicklung bieten sich Kooperationsmöglichkeiten mit Universitäten und spezialisierten Instituten an.

3.4 Das zukünftige Leben mit der Informations- und Kommunikationstechnologie

Als ein Megatrend ist das Zusammenwachsen der Individualkommunikation, also der klassischen TK-Dienste wie Telefonie mit der Massenkommunikation, wie beispielsweise dem Rundfunk, zu beobachten.[1026] Die Konvergenz der Netze und Endgeräte erfasst auch Anwendungen und Dienste. Mittlerweile ist das TV-Programm per SMS beeinflussbar oder Internetseiten besitzen einen sogenannten Call-Back-Button zur Verbindung mit einer Hotline.[1027] Der Anwender wird künftig im Ein-

---

[1016] Vgl. Skillnet GmbH (Hrsg.), What´s next in TIMES? – Forecast 2004-2024, 2004, S. 123.
[1017] Vgl. Skillnet GmbH (Hrsg.), What´s next in TIMES? – Forecast 2004-2024, 2004, S. 123.
[1018] Vgl. Skillnet GmbH (Hrsg.), What´s next in TIMES? – Forecast 2004-2024, 2004, S. 123.
[1019] Vgl. Skillnet GmbH (Hrsg.), What´s next in TIMES? – Forecast 2004-2024, 2004, S. 124.
[1020] Vgl. Skillnet GmbH (Hrsg.), What´s next in TIMES? – Forecast 2004-2024, 2004, S. 124.
[1021] Vgl. Skillnet GmbH (Hrsg.), What´s next in TIMES? – Forecast 2004-2024, 2004, S. 125.
[1022] Vgl. Skillnet GmbH (Hrsg.), What´s next in TIMES? – Forecast 2004-2024, 2004, S. 125.
[1023] Vgl. Skillnet GmbH (Hrsg.), What´s next in TIMES? – Forecast 2004-2024, 2004, S. 126.
[1024] Vgl. Skillnet GmbH (Hrsg.), What´s next in TIMES? – Forecast 2004-2024, 2004, S. 126.
[1025] Vgl. Skillnet GmbH (Hrsg.), What´s next in TIMES? – Forecast 2004-2024, 2004, S. 126.
[1026] Vgl. Büllingen, F.; Stamm, P., Report zur Entwicklung des Versorgungssektors Telekommunikation, 2003, S. 59.

zelnen immer weniger erkennen können, ob bestimmte Inhalte für ihn individuell übertragen werden oder ob sie durch Übertragung und auf Vorrat auf den Speicher seines Endgerätes geliefert und lokal abgerufen werden.[1028]

Die Mobilität spielt für den Nutzer eine zunehmende Rolle, daher haben insbesondere die Mobilfunkunternehmen hohe Erwartungen bei neuen Navigationsdiensten, die ortsspezifische Informationen bereitstellen.[1029]

Die rasante technologische Entwicklung und der Preisverfall in der Mikroelektronik schaffen die Voraussetzungen dafür, die telekommunikative Vernetzung bis hinunter in Mikrostrukturen zu verlängern.[1030] Die Telekommunikation dringt über verschiedene Netze in technische Systeme aller Art vor. Nach der Kommunikation von Mensch zu Mensch und der Kommunikation Mensch zu Maschine ist zunehmend auch die Kommunikation zwischen Maschinen technisch möglich.[1031]

Ein weiterer Trend auf dem Gebiet der Anwendungen sind die zunehmend personalisierten Inhalte und Dienste, bei denen die Nutzer ihre Bedürfnisse und Interessen entsprechend festlegen.[1032] Ein entscheidender technologischer Treiber für das Zusammenwachsen der Bedürfniswelten von Privatpersonen und Kunden ist das Internetprotokoll.[1033]

Die nachstehende Abbildung 85 veranschaulicht die Konvergenz von Technologien aus den Bereichen Daten-, Fest- und Mobilfunknetz mit den unterschiedlichen Bedürfniswelten.

Abb. 85: IP verbindet die Konvergenz von Technologien und Bedürfniswelten

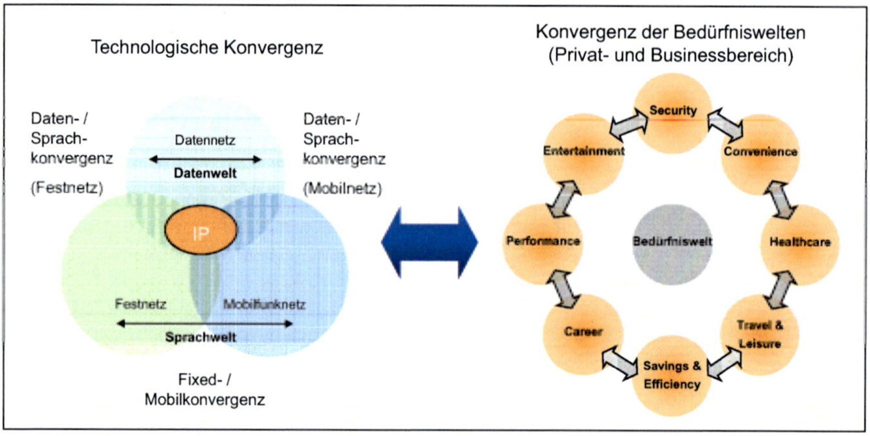

In Anlehnung an: Theobaldt, L., „Telestroika" im ICT-Vertrieb und Produktmanagement, 2004, S. 34

Netzbetreiber werden voraussichtlich verstärkt versuchen die Nutzer an sich zu binden, indem sie Angebote zur Speicherung persönlicher Daten offerieren wie beispielsweise im Netz gespeicherte Terminkalender oder Adressverzeichnisse, auf die von verschiedenen Endgeräten aus zugegriffen werden kann.[1034]

[1027] Vgl. Büllingen, F.; Stamm, P., Report zur Entwicklung des Versorgungssektors Telekommunikation, 2003, S. 59.
[1028] Vgl. Büllingen, F.; Stamm, P., Report zur Entwicklung des Versorgungssektors Telekommunikation, 2003, S. 59.
[1029] Vgl. Büllingen, F.; Stamm, P., Report zur Entwicklung des Versorgungssektors Telekommunikation, 2003, S. 59.
[1030] Vgl. Büllingen, F.; Stamm, P., Report zur Entwicklung des Versorgungssektors Telekommunikation, 2003, S. 59.
[1031] Dies bietet u.a. auch eine ausbaufähige Basis für neue Dienste im Bereich der Telematik (vgl. Büllingen, F.; Stamm, P., Report zur Entwicklung des Versorgungssektors Telekommunikation, 2003, S. 59).
[1032] Vgl. Büllingen, F.; Stamm, P., Report zur Entwicklung des Versorgungssektors Telekommunikation, 2003, S. 59.
[1033] Vgl. Theobaldt, L., „Telestroika" im ICT-Vertrieb und Produktmanagement, 2004, S. 34.
[1034] Erfolg versprechen diese Angebote jedoch nur, wenn Datenschutzbestimmungen eingehalten und die Sicherheitsbedenken der Nutzer ausgeräumt werden können (vgl. Büllingen, F.; Stamm, P., Report zur Entwicklung des Versorgungssektors Telekommunikation, 2003, S. 59).

3.4.1 Erwartungen zum künftigen Konsumverhalten

Die auf das private Medien- und Telekommunikationsbudget bezogenen Erwartungen sind, wie auch weiter oben bereits dargestellt, tendenziell positiv. Gegenwärtig liegt dieses Budget bei durchschnittlich rund 100 Euro pro Haushalt.[1035]

Im Bereich der professionellen TK-Anwender wird mit einem kontinuierlichen Anstieg der Bandbreitennachfrage gerechnet. Treiber hierbei sind die fortschreitende Digitalisierung von Geschäftsprozessen und die Vernetzung von Organisationen an unterschiedlichen Orten.[1036]

Für die Einschätzung der künftigen Nachfrage nach TK-Diensten ist die Analyse der sich abzeichnenden gesellschaftlichen Megatrends und ihrer Bedeutung für die Telekommunikation wichtig.[1037]

Vor diesem Hintergrund werden vor allem die Alterung der Gesellschaft, die Gefahr einer digitalen Spaltung in der Gesellschaft, die steigende Nachfrage nach Bildung sowie die zunehmend flexibel organisierte Beschäftigung von den TK-Akteuren diskutiert:[1038]

❑ Alterung der Gesellschaft.

Vorherrschende Meinung ist, dass eine ältere Gesellschaft überwiegend positive Auswirkungen auf die Nachfrage nach TK-Diensten haben wird. Ein hoher Anteil dieser Aktivitäten wird wegen körperlicher Beeinträchtigungen von zu Hause aus durchgeführt. Die Telekommunikation kann hierbei eine Partizipation am gesellschaftlichen Leben ermöglichen. Zudem verfügen ältere Menschen über mehr Freizeit, sind geistig fit und werden künftig auch den Umgang mit Onlinemedien aus ihrem vorangegangenen Berufsleben gewohnt sein.

❑ Digitale Spaltung der Gesellschaft.

Die Gefahr einer digitalen Spaltung mit tendenziell negativen Auswirkungen auf die TK-Nachfrage wird von den Experten als gering eingeschätzt. Es besteht eher die Erwartung, dass sich die Computer Literacy mit dem Nachwachsen der Generationen innerhalb der Gesellschaft ausbreitet. Onlinemedien werden hierdurch wahrscheinlich in alle Altersgruppen und Gesellschaftsschichten diffundieren.

❑ Lebenslanges Lernen.

Durch eine künftig noch weiter steigende Nachfrage nach Bildung werden positive Auswirkungen auf den TK-Sektor erwartet. Vor allem die Notwendigkeit von lebenslangem und berufsbegleitendem Lernen erzeugt die Nachfrage nach einem standortunabhängigen Zugang zu Lerninhalten und Wissen.

❑ Flexiblere Organisation der Beschäftigung.

Die Organisation von Unternehmen und Arbeitsplätzen erfolgt bereits heute zunehmend flexibel. Hierzu zählt auch der Anstieg der Telearbeit. Hier wird voraussichtlich zusätzlich zum privaten TK- und Medienbudget eine Zahlungsbereitschaft für Breitbandanbindungen von Haushalten entstehen.

3.4.2 Relevante Entwicklungen für die Nachhaltigkeit

Der Begriff der nachhaltigen Entwicklung leitet sich aus dem englischen sustainable development ab und bezeichnet eine Entwicklung, die den Bedürfnissen der heutigen Generation entspricht, ohne die Möglichkeiten künftiger Generationen zu gefährden, ihre eigenen Bedürfnisse zu befriedigen.[1039]

[1035] Zum privaten Medienbudget werden die Ausgaben für Telefon, Mobiltelefon, Internet, Kabelfernsehen, GEZ (Gebühreneinzugszentrale), Zeitungen und Zeitschriften gezählt (vgl. Büllingen, F.; Stamm, P., Report zur Entwicklung des Versorgungssektors Telekommunikation, 2003, S. 60).
[1036] Vgl. Büllingen, F.; Stamm, P., Report zur Entwicklung des Versorgungssektors Telekommunikation, 2003, S. 60.
[1037] Vgl. Büllingen, F.; Stamm, P., Report zur Entwicklung des Versorgungssektors Telekommunikation, 2003, S. 60 f.
[1038] Vgl. Büllingen, F.; Stamm, P., Report zur Entwicklung des Versorgungssektors Telekommunikation, 2003, S. 61 f.
[1039] Vgl. Wikipedia (Hrsg.), Die freie Enzyklopädie, Nachhaltigkeit, http://de.wikipedia.org/wiki/Nachhaltigkeit, 2005 i.V.m. Wikipedia (Hrsg.), Die freie Enzyklopädie, Nachhaltige Entwicklung, http://de.wikipedia.org/wiki/Nachhaltige_Entwicklung, 2005.

3.4.2.1 Die Entwicklung hinsichtlich der wirtschaftlichen Nachhaltigkeit

Langfristig wird die wirtschaftliche Entwicklung des Telekommunikationssektors allgemein positiv eingeschätzt, nicht zuletzt weil die Telekommunikation den entscheidenden Faktor innerhalb der Informationsgesellschaft darstellt.[1040]

Das Ziel der wirtschaftlichen Nachhaltigkeit wurde während der letzten Jahre weitgehend verfehlt, da auf Grund überspitzter Wachstumserwartungen Investitionen in Infrastruktur und in Übernahmen von Unternehmen getätigt wurden, die zu großen Teilen nach Neubewertungen als verloren gelten.[1041] Die Verlustabschreibungen der Telekommunikationsunternehmen übertrafen weltweit alle bislang bekannten Maßstäbe.[1042]

Zu den telekommunikationsspezifischen Aspekten der wirtschaftlichen Nachhaltigkeit können die Verfügbarkeit der Netze und Dienste sowie die Sicherheit der übermittelten Daten gezählt werden.[1043] Somit können bei Systemausfällen oder fehlerhafter Datensicherung beachtliche wirtschaftliche Schäden entstehen. Sowohl Telekommunikationsunternehmen als auch professionelle Anwender geben wachsende Beträge zur Gewährleistung der Verfügbarkeit und Sicherheit aus.[1044] Auf absehbare Zeit wird es nach Meinung der Experten jedoch auch künftig bei einem Wettlauf zwischen immer neuen Gefahren und der Sicherheitstechnik bleiben.[1045]

3.4.2.2 Die Entwicklung hinsichtlich der umweltbezogenen Nachhaltigkeit

Allgemein wird die Vermeidung von Umweltschäden als ein wichtiger Bestandteil nachhaltigen Wirtschaftens angesehen, das primär der Erhaltung natürlicher Lebensgrundlagen auf unserem Planeten dient.[1046]

Im Hinblick auf den Energieverbrauch zeichnen sich im TK-Bereich unterschiedliche und zum Teil gegensätzliche Entwicklungen ab. Einerseits kommen immer energieeffizientere Geräte und Anlagen zum Einsatz, die die gleiche Leistung bei geringerem Energieeinsatz erbringen, andererseits werden zahlreiche neue Dienste (mit zusätzlichen Serverkapazitäten) und der Ausbau der Netz- und Endgerätekapazitäten forciert, die mit einem Mehrverbrauch verbunden sind.[1047] Das Resultat dieser Entwicklungen lässt sich nur schwer einschätzen.

Von großer Bedeutung für die Umwelt ist auch der Materialeinsatz im Telekommunikationssektor, der beträchtliche Mengen an Kupfer, Glas und Kunststoffen zum Bau der Netze und der Endgeräte sowie im Verhältnis gesehen zwar geringe aber hochgiftige Stoffe zur Herstellung elektronischer Bauteile erfordert.[1048] Eine Politik des Recycling muss daher bei den TK-Unternehmen vorherrschen, um dem Gedanken der Nachhaltigkeit Rechnung zu tragen.

3.4.2.3 Die Entwicklung hinsichtlich der sozialen Nachhaltigkeit

Die soziale Nachhaltigkeit des Telekommunikationssektors ist mit der wirtschaftlichen Nachhaltigkeit eng verbunden. Bei einem etablierten Wettbewerb auf dem TK-Markt, wie er bereits heute anzutreffen ist, bestimmen die Faktoren Angebot und Nachfrage den Preis.

Ein großes Angebot von Produktlösungen und Diensteangeboten, verbunden mit einer ausreichenden Anzahl von Wettbewerbern auf einem Markt, trägt dazu bei, dass die Preise für die Kunden sinken und somit auch sozial schwächer gestellte Nachfrager die ihren Bedürfnissen entsprechenden Angebote realisieren können.

Die gesetzliche Verpflichtung zur Bereitstellung von Universaldienstleistungen gewährleistet den Zugang aller Konsumenten zu den grundlegenden Telekommunikationsdiensten und der deutliche

---

[1040] Vgl. Büllingen, F.; Stamm, P., Report zur Entwicklung des Versorgungssektors Telekommunikation, 2003, S. 64.
[1041] Vgl. Büllingen, F.; Stamm, P., Report zur Entwicklung des Versorgungssektors Telekommunikation, 2003, S. 64.
[1042] Vgl. Büllingen, F.; Stamm, P., Report zur Entwicklung des Versorgungssektors Telekommunikation, 2003, S. 64.
[1043] Vgl. Büllingen, F.; Stamm, P., Report zur Entwicklung des Versorgungssektors Telekommunikation, 2003, S. 65.
[1044] Vgl. Büllingen, F.; Stamm, P., Report zur Entwicklung des Versorgungssektors Telekommunikation, 2003, S. 65.
[1045] Vgl. Büllingen, F.; Stamm, P., Report zur Entwicklung des Versorgungssektors Telekommunikation, 2003, S. 65.
[1046] Vgl. Ziegler, A.; Rennings, K.; Schröder, M., Der Einfluss ökologischer und sozialer Nachhaltigkeit auf den Shareholder Value europäischer Aktiengesellschaften, 2002, S. 2.
[1047] Vgl. Büllingen, F.; Stamm, P., Report zur Entwicklung des Versorgungssektors Telekommunikation, 2003, S. 65.
[1048] Vgl. Büllingen, F.; Stamm, P., Report zur Entwicklung des Versorgungssektors Telekommunikation, 2003, S. 65.

Rückgang des Preisniveaus für Festnetz- und Mobilfunktelefonie erleichtert einkommensschwachen Nachfragern den Zugang zu diesen Diensten.[1049] Auf der anderen Seite können sich die Marketingmaßnahmen insbesondere der Mobilfunkbetreiber, die gerade darauf zielen, den Einstieg für die Verbraucher unkompliziert zu gestalten, auch zur Schuldenfalle entwickeln.[1050] Während der letzten Jahre hat sich insbesondere bei Jugendlichen die Verschuldung durch den Konsum von Mobilfunkdiensten erheblich ausgeweitet.[1051]

Darüber hinaus steigen Kinder und Jugendliche immer früher in die Mobiltelefonie ein.[1052] Heute besitzen bereits neun von zehn Jugendlichen ein Handy.[1053] Dies kann als ein Kennzeichen für die Entwicklung der Gesellschaft hin zu einer IKT-basierten Gesellschaft gewertet werden.

Die Abbildung 86 zeigt die Ergebnisse einer repräsentativen Umfrage an Kindern zwischen sechs und zwölf Jahren, die der Frage nachging, in welchem Lebensjahr die Kinder zum ersten Mal ein Handy bekommen bzw. gekauft haben.

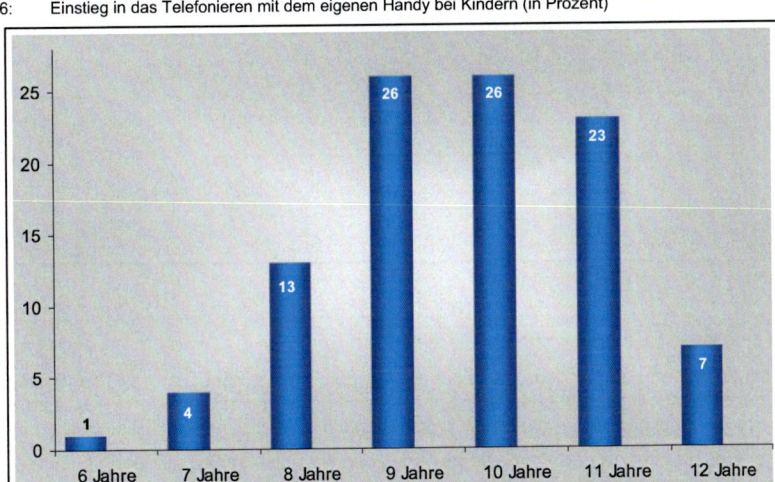

Abb. 86:   Einstieg in das Telefonieren mit dem eigenen Handy bei Kindern (in Prozent)

Alter	Prozent
6 Jahre	1
7 Jahre	4
8 Jahre	13
9 Jahre	26
10 Jahre	26
11 Jahre	23
12 Jahre	7

In Anlehnung an: Connect (Hrsg.), Basiszahlen Telekommunikation '04, 2004, S. 40

Bereits jedes zweite Kind zwischen elf und zwölf Jahren telefonierte demnach in 2004 mit dem eigenen Handy. Das Durchschnittsalter, bei welchem Kinder ihr erstes Handy bekommen, liegt bei 9,7 Jahren.[1054] Vier von zehn Kindern besitzen in diesem Alter schon das zweite Handy.[1055]

Während im Mobilfunk der Trend von den Prepaidkarten zugunsten der Vertragsabschlüsse zurückgeht, ist dieses Abrechnungsmodell mit 89 Prozent bei Kindern die favorisierte Lösung.[1056]

[1049] Vgl. Büllingen, F.; Stamm, P., Report zur Entwicklung des Versorgungssektors Telekommunikation, 2003, S. 70.
[1050] Vgl. Büllingen, F.; Stamm, P., Report zur Entwicklung des Versorgungssektors Telekommunikation, 2003, S. 70.
[1051] Vgl. Büllingen, F.; Stamm, P., Report zur Entwicklung des Versorgungssektors Telekommunikation, 2003, S. 70.
[1052] Siehe hierzu auch die Ausführungen in den Kapiteln A.4.10.1 (Der Umgang mit der Telekommunikation bei Kindern) und A.4.10.2.1 (Die Bedeutung des Handys für Jugendliche).
[1053] Vgl. Connect (Hrsg.), Basiszahlen Telekommunikation '05, 2005, S. 40.
[1054] Vgl. Connect (Hrsg.), Basiszahlen Telekommunikation '05, 2005, S. 40.
[1055] Vgl. Connect (Hrsg.), Basiszahlen Telekommunikation '05, 2005, S. 40.
[1056] Vgl. Connect (Hrsg.), Basiszahlen Telekommunikation '05, 2005, S. 40.

Die nachfolgende Abbildung 87 veranschaulicht wie lange Kinder und Jugendliche (bzw. junge Menschen) im Alter zwischen sechs und 22 Jahren mit einem Guthaben in Höhe von 15 Euro auskommen.

Abb. 87:   Auskommen mit einem Guthaben von 15 Euro bei Kindern und Jugendlichen (in Prozent)

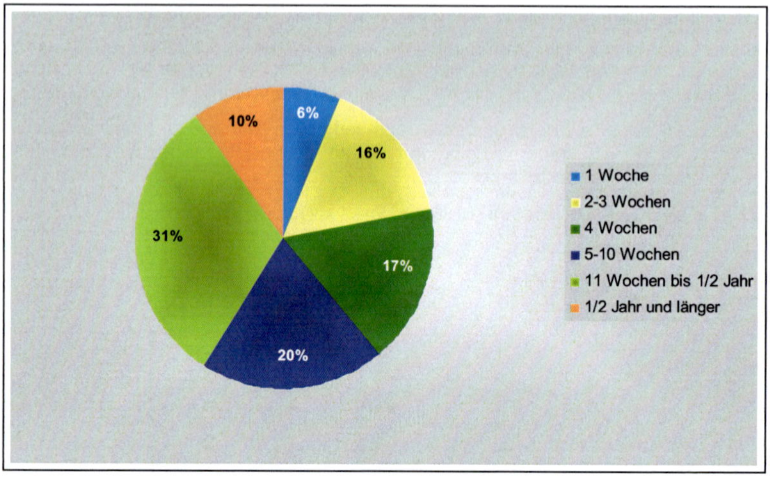

In Anlehnung an: Connect (Hrsg.), Basiszahlen Telekommunikation '04, 2004, S. 40

Bei den Sechs- bis Zwölfjährigen reichte in 2004 das Guthaben in Höhe von 15 Euro im Durchschnitt 11,8 Wochen lang aus.[1057]

Für viele Kinder und Jugendliche zählt das Handy bereits zu einem Statussymbol.[1058] Doch nicht alle beherrschen den disziplinierten Umgang mit dem Handy und den anfallenden Kosten, so dass für manche – quasi per SMS – daher der Weg daher in die Schuldenfalle führen kann.[1059]

Weitere Aspekte der sozialen Nachhaltigkeit stellen zudem die Problematik des Verlustes von Privatheit durch die steigende Menge von erfassten Verbindungs- und Bewertungsdaten sowie der zunehmende elektronische Austausch von persönlichen Informationen dar.[1060]

3.4.3 Perspektiven für den Alltag in Deutschland im Jahr 2015

In diesem Abschnitt wird der Frage nachgegangen, wie Menschen voraussichtlich in einer Welt, die durch die Innovationen der Informations- und Kommunikationstechnologie geprägt sein wird, leben, lernen, arbeiten und miteinander kommunizieren werden. Viele Innovationen können heute bereits erahnt werden.

Die nachfolgenden Szenarien basieren größtenteils auf einer Studie der amerikanischen Forschungsgruppe Rand, die im Auftrag der Deutschen Telekom ein mögliches Bild über die Auswirkung der IKT auf die deutsche Gesellschaft im Jahr 2015 zeichnen.[1061]

Die Welt der Elektronik hat sich in den vergangenen Jahrzehnten rasant verändert; ein Leben ohne Radio, Fernsehen und Telefon ist undenkbar sowie ohne Mobiltelefon und Internet für einen Großteil der Menschen nur schwer vorstellbar.[1062]

[1057] Vgl. Connect (Hrsg.), Basiszahlen Telekommunikation '05, 2005, S. 40. Zum Thema Umgang von Kindern und Jugendlichen mit Handy und SMS siehe auch die Ausführungen in Kapitel A.4.10.2.1 (Die Bedeutung des Handys für Jugendliche) ff.
[1058] Siehe hierzu auch die Ausführungen in Kapitel A.4.10.2.1 (Die Bedeutung des Handys für Jugendliche).
[1059] Vgl. Connect (Hrsg.), Basiszahlen Telekommunikation '05, 2005, S. 40.
[1060] Vgl. Büllingen, F.; Stamm, P., Report zur Entwicklung des Versorgungssektors Telekommunikation, 2003, S. 70.
[1061] Vgl. Rand (Hrsg.), Eine neue Zeit – Deutschland und die Informations- und Kommunikationstechnologie im Jahr 2015, 2005, S. 3.
[1062] Vgl. Rand (Hrsg.), Eine neue Zeit – Deutschland und die Informations- und Kommunikationstechnologie im Jahr 2015, 2005, S. 5.

Betrachtet man die technologischen Entwicklungen im Zeitablauf, so kann bedenkenlos davon ausgegangen werden, dass in den nächsten Jahren weitere bedeutende technologische Fortschritte erzielt werden. Auch diese werden dann das Leben der Menschen beeinflussen.

Das Spektrum neuer Technologien wird den Menschen in zehn Jahren einen neuen Lebensstil bringen, der die Gesellschaft und die Arbeitswelt verändern wird und sich mit folgenden drei großen gesellschaftlichen Trends zusammenfassen lässt:

- Man wird zu jeder Zeit mühelos in Kontakt sein können,
- unmittelbar Zugang finden und
- ortsunabhängig ununterbrochen Informationen austauschen.[1063]

3.4.3.1 Familie und Privatleben oder: Zu Hause ist überall

Nach Ansicht der Experten von Rand kann davon ausgegangen werden, dass sich im Jahr 2015 die Struktur der typischen deutschen Familie maßgeblich verändert haben wird, da Paare weniger Kinder haben werden und viele unverheiratet zusammen oder auch alleine leben und viele Elternteile alleinerziehend sein werden.[1064]

Ein Grund hierfür wird voraussichtlich auch eine bis dahin mehr gewachsene Dienstleistungsorientierung sein, die viele Paare zwingen wird, oft über längere Zeit getrennt zu leben.[1065] Die IKT wird diese Art des Zusammenlebens einerseits erst ermöglichen und andererseits erträglicher machen, da es höchstwahrscheinlich zunehmend üblich sein wird, Fragen und Erfahrungen über elektronische Medien auszutauschen.[1066]

Als vorteilhaft kann hierbei durchaus angesehen werden, dass mit Hilfe der IKT Kontakte zu Freunden, Verwandten und Bekannten sowie Geschäftspartnern durch Videotelefonie intensiver im Sinne von erlebnisreicher, also visuell, gepflegt werden können als nur per Telefon oder E-Mail. Dadurch können in der begrenzt zur Verfügung stehenden Zeit Kontakte besser gepflegt werden als heute. Es wird sich jedoch zeigen müssen, ob und inwieweit die IKT dann aber zur Vereinsamung des Menschen trotz ständiger Präsenz beitragen oder diese sogar unterstützen wird.

Zu den Vorteilen des multimedialen Zeitalters dürfte künftig für Sportbegeisterte die Möglichkeit zählen, mit speziellen Datenbrillen Spielszenen aus jeder denkbaren Perspektive beliebig oft wiederholen zu lassen oder bestimmte Ausschnitte nach Belieben heranzuzoomen.[1067]

Glaubt man den Vorhersagen, werden Urlaubserinnerungen über elektronische Multimediaalben geteilt, basieren Freizeitspiele auf Hologrammen, bestellen Kühl- und Vorratsschränke automatisch die benötigten Lebensmittel und schwirren Staubsauger selbstständig durch die Wohnung.[1068]

Vom Urlaubsort aus kann man dann auch noch via Handyscreen sehen, ob Hamster und Katze auch entsprechend gefüttert worden sind, falls der Urlaub nicht virtuell verbracht wird.

3.4.3.2 Der Ausblick auf das Gesundheitswesen

Mit Hilfe der IKT können künftig Patientendaten zwischen Experten weltweit standardisiert ausgetauscht werden.[1069] Die medizinische Fernüberwachung wird vereinfacht und im Notfall kann dann schneller geholfen werden.[1070] Die Selbstständigkeit von Senioren soll beispielsweise auf diese Weise deutlich verlängert werden.[1071]

[1063] Vgl. Rand (Hrsg.), Eine neue Zeit – Deutschland und die Informations- und Kommunikationstechnologie im Jahr 2015, 2005, S. 5.
[1064] Vgl. Rand (Hrsg.), Eine neue Zeit – Deutschland und die Informations- und Kommunikationstechnologie im Jahr 2015, 2005, S. 14.
[1065] Vgl. Rand (Hrsg.), Eine neue Zeit – Deutschland und die Informations- und Kommunikationstechnologie im Jahr 2015, 2005, S. 14.
[1066] Vgl. Ernst, H.; Hauser, R.; Katzenstein, B. [et al.], Lebenswelten 2020, 2000; S. 61 ff; ebenso Rand (Hrsg.), Eine neue Zeit – Deutschland und die Informations- und Kommunikationstechnologie im Jahr 2015, 2005, S. 14.
[1067] Vgl. Rand (Hrsg.), Eine neue Zeit – Deutschland und die Informations- und Kommunikationstechnologie im Jahr 2015, 2005, S. 15.
[1068] Vgl. Rand (Hrsg.), Eine neue Zeit – Deutschland und die Informations- und Kommunikationstechnologie im Jahr 2015, 2005, S. 15.
[1069] Vgl. Rand (Hrsg.), Eine neue Zeit – Deutschland und die Informations- und Kommunikationstechnologie im Jahr 2015, 2005, S. 18.
[1070] Vgl. Rand (Hrsg.), Eine neue Zeit – Deutschland und die Informations- und Kommunikationstechnologie im Jahr 2015, 2005, S. 19.
[1071] Vgl. Ernst, H.; Hauser, R.; Katzenstein, B. [et al.], Lebenswelten 2020, 2000, S. 56; ebenso Rand (Hrsg.), Eine neue Zeit – Deutschland und die Informations- und Kommunikationstechnologie im Jahr 2015, 2005, S. 20.

3.4.3.3 Bildung und Erziehung mit Hilfe intelligenter und interaktiver Systeme

In einigen Jahren wird sich den Prognosen zufolge auch das Lernen deutlich verändert haben. Interaktive Systeme spielen den Schulkindern dann Daten und Informationen direkt zu.[1072] Schüler und Studenten werden möglicherweise Zugang zu großen digitalen Bibliotheken haben, deren Informationen nach internationalen digitalen Objektindikatoren katalogisiert sein werden und erlauben, jede Form von Inhalt automatisch zu indizieren.[1073] Forschungsgruppen müssen zukünftig aufgrund der Möglichkeiten der IKT nicht mehr zwangsläufig an einem Ort angesiedelt sein.[1074]

3.4.3.4 Die Arbeitswelt: Tun und Lassen – unabhängig von Zeit und Ort

Die Arbeitswelt im Jahr 2015 wird voraussichtlich wesentlich anders aussehen als zuvor. Neben den Neuerungen in der IKT werden auch die Altersstruktur der arbeitenden Bevölkerung sowie die Zuwanderung und der Wettbewerb aus Osteuropa und dem Fernen Osten eine Rolle spielen.[1075]

Bei der Büroarbeit im Jahr 2015 werden Mitarbeiter sowohl untereinander als auch mit Kunden vermutlich häufiger und intensiver über die IKT kommunizieren.[1076] Heimarbeit wird durch die IKT deutlich vereinfacht. Es wird wahrscheinlich auch nicht mehr so oft notwendig sein, Meetings durchzuführen, bei denen man persönlich anwesend sein muss, da Videokonferenzen Standard sein werden.

Deutschland wird im Jahr 2015 eine Gesellschaft mit immer älter werdenden Menschen sein.[1077] Diesen Sachverhalt veranschaulicht die nachfolgende Abbildung 88.

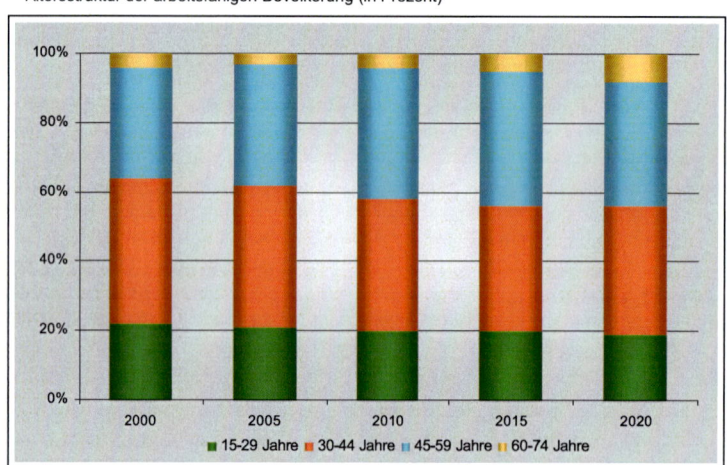

Abb. 88: Altersstruktur der arbeitsfähigen Bevölkerung (in Prozent)

In Anlehnung an: Rand (Hrsg.), Eine neue Zeit – Deutschland und die Informations- und Kommunikationstechnologie im Jahr 2015, 2005, S. 27

Dadurch wird wahrscheinlich der Beitrag der älteren Mitbürger für den Erhalt der Sozialsysteme essenziell wichtig.[1078] Es wird vermutet, dass die fortgeschrittene IKT das Arbeiten, zumindest die

---

[1072] Vgl. Ernst, H.; Hauser, R.; Katzenstein, B. [et al.], Lebenswelten 2020, 2000, S. 91 ff; ebenso Rand (Hrsg.), Eine neue Zeit – Deutschland und die Informations- und Kommunikationstechnologie im Jahr 2015, 2005, S. 22.
[1073] Vgl. Rand (Hrsg.), Eine neue Zeit – Deutschland und die Informations- und Kommunikationstechnologie im Jahr 2015, 2005, S. 22 f.
[1074] Vgl. Rand (Hrsg.), Eine neue Zeit – Deutschland und die Informations- und Kommunikationstechnologie im Jahr 2015, 2005, S. 23.
[1075] Vgl. Rand (Hrsg.), Eine neue Zeit – Deutschland und die Informations- und Kommunikationstechnologie im Jahr 2015, 2005, S. 26.
[1076] Vgl. Ernst, H.; Hauser, R.; Katzenstein, B. [et al.], Lebenswelten 2020, 2000, S. 82 ff; ebenso Rand (Hrsg.), Eine neue Zeit – Deutschland und die Informations- und Kommunikationstechnologie im Jahr 2015, 2005, S. 26.
[1077] Vgl. Rand (Hrsg.), Eine neue Zeit – Deutschland und die Informations- und Kommunikationstechnologie im Jahr 2015, 2005, S. 26; ebenso Ernst, H.; Hauser, R.; Katzenstein, B. [et al.], Lebenswelten 2020, 2000, S. 56.
[1078] Vgl. Rand (Hrsg.), Eine neue Zeit – Deutschland und die Informations- und Kommunikationstechnologie im Jahr 2015, 2005, S. 27.

Büroarbeit, vereinfacht; ggf. auch von zu Hause aus.[1079] In einer modernen IKT-Welt, bei der Mitarbeiter vermehrt projektbezogen arbeiten und entsprechend ihrem Fachwissen ortsunabhängig in Projektteams eingesetzt werden, wird es vermutlich schwierig werden, Leistungen den einzelnen Mitarbeitern direkt zuzuschreiben.[1080]

3.4.3.5 Staat und Politik: Mitbestimmung per Tastendruck?

Durch weit fortgeschrittene E-Government-Projekte soll sich der Kontakt zu Behörden erheblich vereinfachen.[1081] Die Möglichkeit, über entsprechende Portale alle relevanten Daten und Informationen der Kommunen, Kreis-, Landes- und Bundesstellen sowie der europäischen Institutionen abzurufen, kann bei den Bürgern das Gefühl vom transparenten Staat erzeugen.[1082] Neben Bürgern werden künftig wohl auch Unternehmen und Organisationen einfacher mit den verschiedenen Verwaltungsebenen elektronisch verkehren können.[1083] Im Jahr 2015 wird das Internet vermutlich eine wesentliche Rolle als Kommunikationsmedium bei der Mobilisierung großer Bevölkerungsteile spielen.[1084]

[1079] Vgl. Rand (Hrsg.), Eine neue Zeit – Deutschland und die Informations- und Kommunikationstechnologie im Jahr 2015, 2005, S. 27.
[1080] Vgl. Rand (Hrsg.), Eine neue Zeit – Deutschland und die Informations- und Kommunikationstechnologie im Jahr 2015, 2005, S. 27.
[1081] Vgl. Rand (Hrsg.), Eine neue Zeit – Deutschland und die Informations- und Kommunikationstechnologie im Jahr 2015, 2005, S. 30.
[1082] Vgl. Rand (Hrsg.), Eine neue Zeit – Deutschland und die Informations- und Kommunikationstechnologie im Jahr 2015, 2005, S. 30.
[1083] Vgl. Rand (Hrsg.), Eine neue Zeit – Deutschland und die Informations- und Kommunikationstechnologie im Jahr 2015, 2005, S. 30.
[1084] Vgl. Rand (Hrsg.), Eine neue Zeit – Deutschland und die Informations- und Kommunikationstechnologie im Jahr 2015, 2005, S. 30.

E. Der Binnenwandel der Deutschen Telekom

Der vorliegende Abschnitt stellt den Hauptteil dieser Arbeit dar und beschreibt Zielsetzungen, Instrumente und Maßnahmen zur Transformation der Deutschen Telekom von einer Behörde zu einem markt- und kundenorientierten Unternehmen.

Im Anschluss an das einleitende Kapitel E.1 (Vorgehensweise für die Betrachtung des erfolgten Wandels), das die Strukturierung der nachfolgenden Untersuchung nach der Systematik der Balanced ScoreCard erläutert, werden die an dieser Methodik gespiegelten Perspektiven, wie bereits in Kapitel Einführung (Gang der Untersuchungen) aufgezeigt, im Detail erläutert. Die Struktur dieses Abschnitts folgt dabei – analog den Feldern aus der Balanced ScoreCard – der nachstehenden Gliederung:

- Ausgangspunkt: Vision und Strategie[1085]

  ↳ Visionen, Leitbilder, Strategien, Ziele, Handlungs- und Führungsgrundsätze, Normen zur Verhaltenskultur und Wertesysteme der Jahre 1995 bis 2008 (sowie Forecast 2009).

- Finanzen[1086]

  ↳ Börsengänge, Entschuldung und Personalumbau.

- Innovation und Lernen[1087]

  ↳ Strategische Transformationsprogramme, mitarbeiterbezogene Innovations- und Lernprozesse sowie ausgewählte Beispiele für funktionale Innovations- und Lernprozesse.

- Kunden[1088]

  ↳ Markenmanagement, Kundenbindung und Qualitätsmanagement.

- Geschäftsprozesse (und Strukturen)[1089]

  ↳ Prozessmanagement und -organisation sowie Meilensteine der Organisation.

Sämtliche an dieser Stelle vorgestellten Strategien, Programme, Maßnahmen und Projekte sind den jeweiligen obenstehenden Perspektiven thematisch zugeordnet.[1090]

Aufgrund der engen Verzahnung und wechselseitigen Wirkung der jeweiligen Felder oder Perspektiven der Balanced ScoreCard untereinander, die der Struktur dieses Kapitels Pate standen, hätten einzelne Themen durchaus auch anderen Perspektiven zugeordnet werden können, da sie oftmals verschiedene Aspekte (oder Perspektiven) wie zum Beispiel Kunden- und Finanzthemen gleichzeitig beinhalten. Die Zuordnung zu einer jeweiligen Perspektive erfolgte dann grundsätzlich nach der Kernabsicht beziehungsweise der perspektivischen Stoßrichtung der einzelnen Themenbereiche.

[1085] Siehe hierzu die Ausführungen in Kapitel E.2 (Der Ausgangspunkt: Visionen, Leitbilder und Strategien 1995 bis 2008).
[1086] Siehe hierzu die Ausführungen in Kapitel E.3 (Die Finanzperspektive).
[1087] Siehe hierzu die Ausführungen in Kapitel E.4 (Die Perspektive Innovation und Lernen).
[1088] Siehe hierzu die Ausführungen in Kapitel E.5 (Die Kundenperspektive).
[1089] Siehe hierzu die Ausführungen in Kapitel E.6 (Die Perspektive der Geschäftsprozesse und die sich daraus ableitenden Strukturen).
[1090] Siehe hierzu auch die Ausführungen am Ende des Kapitels E.1.2.2 (Kaskadierung der Ziele und Verantwortungen) und in Kapitel Einführung (Gang der Untersuchungen).

1 Vorgehensweise für die Betrachtung des erfolgten Wandels

Die Umgestaltung der Deutschen Telekom von einer Behörde zu einem markt- und kundenorientierten Unternehmen hatte neben den bereits beschriebenen im Außenverhältnis notwendigen bzw. unabdingbaren Veränderungen auch vielfältige Auswirkungen auf die internen Verhältnisse und Gegebenheiten.

Zur strukturierten Darstellung dieses Binnenwandels wird in diesem Kapitel die wohl größte, wenn auch unscheinbarste Veränderung genutzt: Die Balanced ScoreCard-Methodik. Grund für die Einführung dieser Methodik bei der Deutschen Telekom war das plötzliche Fehlen jeglicher Führungsinstrumente. Die bisherigen verwaltungstechnischen Methoden der Verfügung, Anweisung und Handlungsempfehlung entsprachen nicht mehr den Anforderungen eines markt- und kundenorientierten Unternehmens und entbehrten – da die Deutsche Telekom keine Behörde mehr war – mit der Liberalisierung auch einer rechtlichen Grundlage.

Die Führung des Unternehmens Deutsche Telekom wurde in kurzer Zeit auf den Grundsatz Führen mit Zielen umgestellt und dieser Grundsatz wurde unternehmensweit kommuniziert. Der Bedarf einer Strukturierung der einzelnen Ziele führte unweigerlich zur Balanced ScoreCard (BSC), die im Folgenden kurz erläutert wird.

1.1 Von der Planung über die Strategie zur Balanced ScoreCard

Während die Deutsche Telekom als staatliche Verwaltung langfristige Planungen unter dem ausschließlichen Aspekt der Versorgung der Bevölkerung mit Kommunikationsdienstleistungen betrieben hatte und auch dementsprechende mittel- und kurzfristige Planungen abgeleitet existierten, traten mit der Liberalisierung finanzielle Aspekte in den Vordergrund.

1.1.1 Von der Planung zur Strategie

Innerhalb eines aus o.g. Gründen kurzen Zeitraums mussten alle eingeführten Planungsverfahren den neuen Gegebenheiten angepasst werden. Hiervon war das gesamte Management betroffen, was als logische Folge eine komplette Umstellung aller Managementprozesse bewirkte.

In Anlehnung an die Erfahrungen bei eingeführten Systemen des anglikanischen Sprachraums, insbesondere in den USA und den bereits bei der deutschen Automobilindustrie eingeführten und bewährten Managementsystemen, formulierte der Vorstand der Deutschen Telekom eine Vision für das Unternehmen und untermauerte diese durch die Ableitung einer Mission. Somit waren das Ziel des Konzerns und auch die Rahmenparameter des angedachten Weges beschrieben.

In einem weiteren Schritt definierte die Konzernleitung die für das Gesamtunternehmen zukünftig maßgeblichen Konstanten in Form von Unternehmens-, Führungs- und Handlungsgrundsätzen.[1091]

Während Vision, Mission und Grundsätze durchaus als Ersatz der bisherigen langfristigen Planungskomponenten einer Verwaltung angesehen werden können, wurde in einem weiteren Schritt das bisherige Bindeglied – die Mittelfristplanung – durch die Definition der Konzernstrategie ersetzt. Diese umfasst bereits Aussagen zur Geschäftsfeldplanung, zur Finanzplanung und zu den voranzutreibenden Themengebieten.

Die Strategie bildet somit die Schnittstelle zwischen den grundsätzlichen unternehmensweit gültigen Konstanten und der in Unternehmensteilen spezifischen Umsetzung. Dies manifestiert sich zum einen darin, dass auf dieser Ebene die verschiedenen Einheiten des Konzerns eigene strategische Konzepte formulieren bzw. ableiten, mit deren Hilfe die Unternehmensstrategie unterstützt werden soll, zum anderen in der fortlaufenden Anpassung der Strategie an die politischen, markt- und finanzrelevanten Gegebenheiten des Umfelds.

[1091] Dieser Logik folgt auch die Struktur dieser Arbeit. Siehe hierzu die Ausführungen in Kapitel E.2 (Der Ausgangspunkt: Visionen, Leitbilder und Strategien 1995 bis 2008) i.V.m. den Kapiteln E.2.4 (Das Konzernleitbild der Deutschen Telekom 1998), E.2.5.1 (Eckpunkte der Verhaltenskultur komplettieren das Konzernleitbild), E.2.9.2 (Das Wertegerüst T-Spirit) und E.2.12.2 (Der Code of Conduct).

Beispielhaft für die Flexibilität und das Reaktionsvermögen dieses Managementsystems sei an dieser Stelle der Einfluss des Aktienkurses der Telekom-Aktie in 2002 genannt, der zu einem kurzfristigen Strategiewandel in der Form führte, dass ein Konzept E^3 innerhalb eines Geschäftsjahres in die Strategie implementiert, in der BSC dokumentiert und erfolgreich umgesetzt wurde.[1092]

1.2 Die Balanced ScoreCard

Managementsysteme, die auf die Definition und der Messung von Erfolgsparametern beruhen, wurden bereits im Zweiten Weltkrieg entwickelt und eingesetzt. Der Automobilkonzern Ford war hierbei federführend und einer der Vorstände, Robert S. McNamara, benutzte dieses Managementsystem nach seiner Berufung zum Verteidigungsminister der USA im Vietnamkrieg.[1093]

In den 50er Jahren wurde das System insbesondere durch W. Edwards Deming mit der Implementierung von Qualitätsparametern und des Kundenfeedbacks maßgeblich weiterentwickelt[1094] und erlangte später allgemeine Anerkennung als modernes Instrument der Unternehmensführung.

Robert S. Kaplan und David P. Norton beschrieben Anfang der 90er Jahre erstmals die Balanced ScoreCard als zusätzliches Instrument zum adäquaten Management großer Konzerne wie folgt:

"The balanced scorecard retains traditional financial measures. But financial measures tell the story of past events, an adequate story for industrial age companies for which investments in long-term capabilities and customer relationships were not critical for success. These financial measures are inadequate, however, for guiding and evaluating the journey that information age companies must make to create future value through investment in customers, suppliers, employees, processes, technology and innovation."[1095]

Anspruch der BSC ist es, die Brücke zwischen der Strategie eines Unternehmens und den Handlungen der Akteure im Unternehmen zu schlagen. Neben einem Führungsinstrument handelt es sich daher auch um ein controllingbasiertes Instrument, da die Ziele hierbei einem konsequenten Monitoring unterliegen. Die Entwickler dieses Konzepts haben mit der BSC nachfolgende Aufgaben verbunden:[1096]

❑ Klärung und Ableitung von Vision und Strategie.
❑ Kommunikation und Verbindung von strategischen Zielen und Maßnahmen.
❑ Planung, Zielfestlegung und Abstimmung strategischer Initiativen.
❑ Optimierung von strategischem Feedback und Lernen.

Der BSC-Ansatz unterstützt das Management bei der Priorisierung der strategischen Themen und beim Einsatz interner Ressourcen im Sinne der Unternehmensstrategie und macht somit die Strategieumsetzung wahrscheinlicher.[1097] Denn mittels der Balanced ScoreCard wird versucht, die Interessen von Kunden, Mitarbeitern, Aktionären und gesellschaftlichem Umfeld auszutarieren und nicht nur hölzern auf Shareholder Value zu setzen.[1098]

1.2.1 Segmentierung zur Orientierung

Die BSC strukturiert sämtliche Ziele konsequent in vier Felder bzw. Perspektiven, die wiederum zueinander in Bezug stehen. Maßgeblich ist hierbei die Genauigkeit bei der Formulierung der Ziele.

[1092] Das Projekt E^3 ist in Kapitel E.3.3 (E^3 – das konzernweite Programm zur Entschuldung) ausführlich dargestellt.
[1093] Vgl. Arveson, P., Background and History of Measurement-Based Management, http://www.balancedscorecard.org/bkgd/bkgd.html, 2005.
[1094] Vgl. Arveson, P., Background and History of Measurement-Based Management, http://www.balancedscorecard.org/bkgd/bkgd.html, 2005.
[1095] Arveson, P., What is the Balanced Scorecard?, www.balancedscorecard.org/basics/bsc1.html, 2005.
[1096] Vgl. Kumpf, A., Balanced Scorecard in der Praxis – In 80 Tagen zur erfolgreichen Umsetzung, 2001, S. 16 f.
[1097] Vgl. Schuhmacher, T., Die Mär von der strategischen Ausrichtung, 2005.
[1098] Vgl. Sattelberger, T., Die Irrungen und Wirrungen der Ich-AG, 2005, S. 81.

Die Abbildung 89 zeigt die BSC nach Kaplan und Norten mit den vier Perspektiven Innovation und Lernen, Kunden, Geschäftsprozesse und Finanzen.

Abb. 89:   Die vier Perspektiven der Balanced ScoreCard

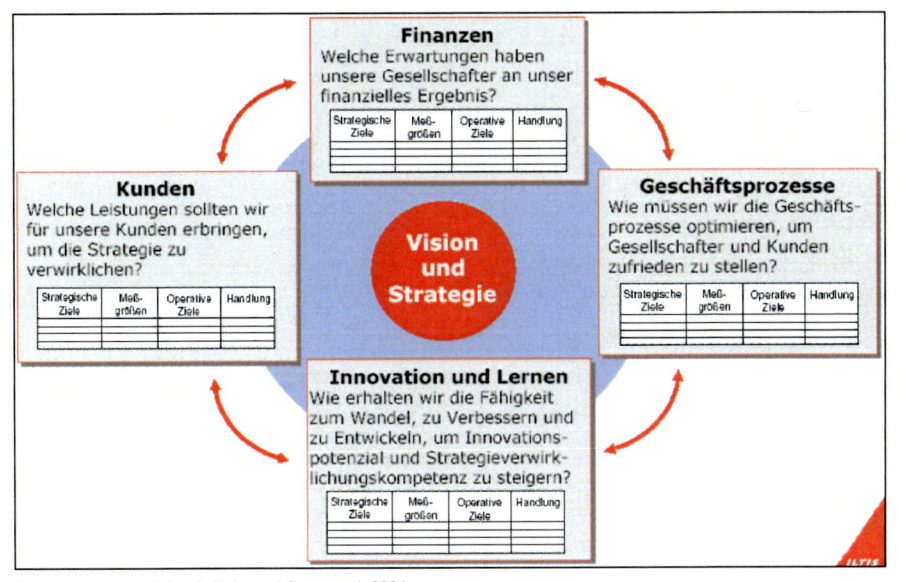

Quelle: 4managers (Hrsg.), Balanced Scorecard, 2004

Um eine Strategie konsequent zu unterstützen und umzusetzen, sind daher für jede strategische Aussage Ziele in allen vier Feldern der BSC zu formulieren.

Es ist somit nicht damit getan beispielsweise im Feld Finanzen das Gewinnziel zu manifestieren. Vielmehr sind es die Prozesse und Produkte, die dazu dienen, in diesem Feld aufzuzeigen, die Kundenansprache im Feld Kunden mit Zielen zu hinterlegen und selbstverständlich geeignete Ziele der eigenen Personalplanung zu formulieren.

1.2.2   Kaskadierung der Ziele und Verantwortungen

Die Strategie der Organisation dient dazu, zusammen mit den Erfolgstreibern in einem Top-down-Vorgehen eine BSC-Kaskade über alle Organisationseinheiten und Hierarchieebenen hinweg zu erstellen.[1099]

[1099] Vgl. 4managers (Hrsg.), Balanced Scorecard, http://www.4managers.de/, 2004.

Diesen Sachverhalt veranschaulicht die nachfolgende Abbildung 90.

Abb. 90: Kaskadierung der Ziele mit der BSC-Methode

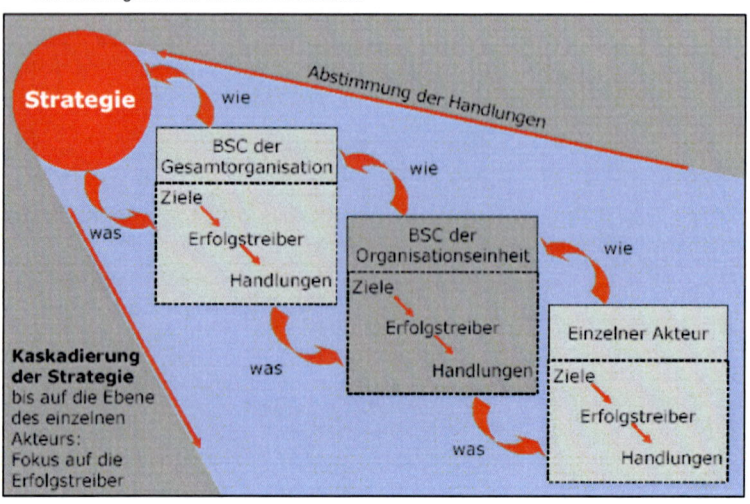

Quelle: 4managers (Hrsg.), Balanced Scorecard, 2004

Ausgehend von der obersten BSC leiten die Verantwortlichen der einzelnen Organisationseinheiten die operativen Ziele und konkreten Handlungen ab.[1100]

Unter Berücksichtigung dieses Managementinstruments werden im Folgenden, strukturiert nach der Vision und Strategie sowie den vier Perspektiven (Feldern) Finanzen, Innovation und Lernen, Kunden und Geschäftsprozesse, die internen Veränderungen bei der Deutschen Telekom näher beschrieben. Die Zusammenhänge zwischen diesen Perspektiven sind, wie bereits erwähnt, manchmal fließend und können daher nicht immer zwingend differenziert dargestellt werden. Dessen ungeachtet trägt diese Aufteilung dazu bei, die Vielzahl der zu beschreibenden Projekte und Maßnahmen annähernd strukturiert zu betrachten.

[1100] Vgl. 4managers (Hrsg.), Balanced Scorecard, http://www.4managers.de/, 2004.

2 Der Ausgangspunkt: Visionen, Leitbilder und Strategien 1995 bis 2008

Das Marktumfeld der Telekom hatte sich in den 90er Jahren grundlegend verändert. Einen einschneidenden Höhepunkt stellte der Wandel[1101] durch die vollständige Liberalisierung des Marktes in Deutschland zum 01.01.1998 dar. Auch intern wurden viele Vorbereitungen aus strategischer, organisatorischer oder produktorientierter Sicht getroffen. Zahlreiche Aspekte hierzu sind in den nachfolgenden Kapiteln beschrieben.

Ein Unternehmen, das sich einem so tiefgreifenden externen Wandel gegenüber sieht, muss mit der Zeit auch ständig seine Identität und sein Selbstverständnis anpassen. Will man die Entwicklung der visionellen bzw. strategischen Ausrichtung des Konzerns zusammenfassend beschreiben, so kann die Evolution der Deutschen Telekom in vier (zum Teil sich überlappende) Phasen eingeteilt werden:[1102]

- ❑ 1996 bis 2000: Privatisierung und Börsengänge.
- ❑ 1998 bis 2002: Liberalisierung und Internationalisierung.
- ❑ 2003 bis 2004: Entschuldung und Neustrukturierung.
- ❑ seit 2005: Wachstum und Wertsteigerung.

In diesem Abschnitt sind die Visionen, Konzernleitbilder und Strategien von 1995 bis 2008 (inklusive eines Forecasts für 2009) dargestellt. Während Visionen, Unternehmens-, Handlungs- und Führungsgrundsätze sowie allgemeine Strategien grundsätzlich auch längerfristig Bestand haben können, werden die strategischen Zielsetzungen für jedes Geschäftsjahr neu definiert. Diesem Muster folgt auch die nachfolgende Betrachtung.

Aufgrund der Bedeutung von Vision und Strategie als richtungsweisende Vorgabe für die Prägung und Entwicklung eines Unternehmens werden die weiter unten stehenden strategischen Optionen und Leitprogramme der einzelnen Jahre an den eingangs formulierten Hypothesen gespiegelt. Eine abschließende Bewertung aller Hypothesen erfolgt zusammenfassend in Kapitel F. (Abschließende Bewertung des Transformationsprozesses).

2.1 Vorbereitung auf den Börsengang – Die Vorsätze in 1995

Mit Inkrafttreten der Postreform II wurde am 01. Januar 1995 aus dem öffentlich-rechtlichen Unternehmen Deutsche Bundespost Telekom die Aktiengesellschaft Deutsche Telekom AG. Zu diesem Zeitpunkt liefen die internen Vorbereitungen zum Börsengang sowie zur Stärkung für den absehbar zunehmenden Wettbewerb auf Hochtouren.

Die strategische Neuausrichtung der Deutschen Telekom AG und ihrer Geschäftsfelder[1103] sollte das Ziel erfüllen, kundenfreundlich und innovativ zur Gewährleistung eines attraktiven und stabilen Unternehmenswertes beizutragen.[1104] Durch die Weiterentwicklung der Führungs- und Managementprozesse sowie der Marktanpassung beabsichtigte die Telekom Produktivitätssteigerung, Innovationsbeschleunigung und Sicherung des Wachstums in den neuen Märkten.[1105] Zur Garantie der künftigen Wettbewerbsfähigkeit wurde mit einem neuen Tarifkonzept eine Basis für ein Preis-Leistungs-Verhältnis geschaffen, welches die Kundenentlastung sowie internen Subventionsabbau zur Folge haben sollte.[1106]

[1101] Technologischer, gesellschaftlicher und politischer (gesetzgebungsmäßiger) Wandel sowie die Veränderungen auf dem Telekommunikationsmarkt. Siehe hierzu die Ausführungen in den Kapiteln A (Die historische Entwicklung der Telekommunikation und ihre Auswirkungen auf die Gesellschaft und das Individuum), B. (Die Reform des Postwesens als Voraussetzung des Wandels der Telekom), C. (Die Regulierung des Telekommunikationsmarktes) und D. (Markt- und Wettbewerbsentwicklung in der Telekommunikation) sowie die entsprechenden Unterkapitel.
[1102] Vgl. Deutsche Telekom AG (Hrsg.), Organisation der Deutschen Telekom-Gruppe im Überblick, http://orgportal.telekom.de/Struktu ren/Vortrag/vortrag_konzernorg_d.pdf, 2006.
[1103] Die organisatorische Entwicklung des Unternehmens, beginnend mit der ersten wesentlichen strukturellen Ausrichtung auf die Kunden, wird in Kapitel E.6.2.1 (Das Projekt Telekom Kontakt) beschrieben.
[1104] Vgl. Deutsche Telekom AG (Hrsg.), Startklar. Die Deutsche Telekom vor dem Börsengang. Das Geschäftsjahr 1995., 1996, S. 7.
[1105] Vgl. Deutsche Telekom AG (Hrsg.), Startklar. Die Deutsche Telekom vor dem Börsengang. Das Geschäftsjahr 1995., 1996, S. 7.
[1106] Vgl. Deutsche Telekom AG (Hrsg.), Startklar. Die Deutsche Telekom vor dem Börsengang. Das Geschäftsjahr 1995., 1996, S. 7.

Die Gründung des Unternehmens Global One zwischen Deutsche Telekom, France Télécom und dem US-Anbieter Sprint (Geschäftsaufnahme Anfang 1996) erfolgte zur Festigung im globalen Telekommunikationsmarkt.[1107] Das Engagement in Osteuropa wurde ausgebaut, indem sich das Unternehmen zusammen mit dem amerikanischen Telekommunikationsunternehmen Ameritech an der Matáv[1108] in Ungarn beteiligte.[1109]

Was die eingangs in Kapitel Einführung (Problemstellung der Arbeit) formulierte Hypothese III (Stringenz der strategischen Grundorientierung)[1110] anbetrifft, stellt die strategische Entscheidung zur Implementierung einer an die Kundensegmente ausgerichteten Organisationsstruktur eine erste wesentliche, auf die Marktsituation gerichtete Wandlung dar.[1111]

Hierzu sind auch die oben erwähnten Attribute wie Kundenorientierung und Innovation zu zählen, die darüber hinaus den Beginn der Kapitalmarktorientierung beschreiben und somit die Richtigkeit der Hypothese Ia (Kapitalmarktorientierung)[1112] in den Anfängen der Transformation der Deutschen Telekom vermuten lassen. Die Einführung des neuen Tarifierungskonzepts in 1995 sowie die Initiierung des internen Substitutionsabbaus sollten, ebenso wie die Weiterentwicklung der Führungs- und Managementprozesse, die künftige Wettbewerbsfähigkeit garantieren und lassen sich mit der Hypothese Ib (TK-Marktbeherrschung)[1113] in Verbindung bringen, die auf die marktbeherrschende Position der Telekom nach Wegfall des Monopols zielt.

2.2 Börsengang und Kundensegmentierung – Die Ziele in 1996

Der überhaupt erste (und gleichzeitig erfolgreiche) Börsengang[1114] gab wichtige Impulse zur Verbesserung der Aktienkultur in Deutschland, trug zum Wertsteigerungsziel der Deutschen Telekom bei und ermöglichte Investitionen sowie den Schuldenabbau.[1115] Die Internationalisierung wurde durch diverse Minderheitsbeteiligungen in Südostasien, das als zukünftiger Wachstumsmarkt angesehen wurde, ausgebaut.[1116]

Das im November eingeführte Advantage-Programm diente dem Erfahrungsaustausch mit den Kunden und beinhaltete Mitspracherechte bei der Entwicklung und Gestaltung der Produkt- und Dienstleistungsangebote.[1117] Die für das Unternehmen bedeutendsten Privatkunden wurden identifiziert und eine umfangreiche Palette spezieller Betreuungsleistungen in den Bereichen Einrichtung und Entstörung von Telefonanschlüssen sowie bei der Beschwerdebearbeitung implementiert.[1118]

Ein in 1996 formuliertes Ziel war darüber hinaus, die Organisation der Deutschen Telekom prozessorientiert weiterzuentwickeln. Dafür wurde das Projekt Tempo[1119] initiiert, durch das die Wertschöpfungsstruktur des Unternehmens kernprozessorientiert beschrieben wurde.[1120]

[1107] Vgl. Deutsche Telekom AG (Hrsg.), Startklar. Die Deutsche Telekom vor dem Börsengang. Das Geschäftsjahr 1995., 1996, S. 6.
[1108] Ungarischer Incumbent.
[1109] Vgl. Deutsche Telekom AG (Hrsg.), Startklar. Die Deutsche Telekom vor dem Börsengang. Das Geschäftsjahr 1995., 1996, S. 6.
[1110] Hypothese III: Die Entwicklung der strategischen Grundorientierung der Deutschen Telekom stellt sich über den Betrachtungszeitraum von 1995 bis 2008 stringent und konsequent an den externen Einflüssen orientiert dar.
[1111] Siehe hierzu auch die Ausführungen in Kapitel E.6.2.1 (Das Projekt Telekom Kontakt).
[1112] Hypothese Ia: Die Kapitalmarktorientierung dominiert im maßgeblichen Sinne die Ausrichtung und Strategie des Unternehmens Deutsche Telekom AG, die ursprüngliche ordnungspolitische Ausrichtung spielt keine Rolle mehr.
[1113] Hypothese Ib: Die Deutsche Telekom hat ihre Monopolstellung auf dem deutschen Telekommunikationsmarkt in eine marktorientierte und -beherrschende Position gewandelt.
[1114] Der Börsengang wird eingehend in Kapitel E.3.2 (Die Börsengänge der Deutschen Telekom) erläutert.
[1115] Vgl. Deutsche Telekom AG (Hrsg.), Das Geschäftsjahr 1996, http://download-dtag.t-online.de/deutsch/investor-relations/4-finanz daten/ geschaeftsberichte/1996/vorstand.pdf, 2006. Zur Verschuldung der Telekom siehe die Ausführungen in Kapitel B.3.1.1 (Weitläufige Gründe für die Notwendigkeit einer weiteren Reform).
[1116] Vgl. Deutsche Telekom AG (Hrsg.), Das Geschäftsjahr 1996, http://download-dtag.t-online.de/deutsch/investor-relations/4-finanz daten/ geschaeftsberichte/1996/vorstand.pdf, 2006.
[1117] Vgl. Deutsche Telekom AG (Hrsg.), Das Geschäftsjahr 1996, http://download-dtag.t-online.de/deutsch/investor-relations/4-finanz daten/ geschaeftsberichte/1996/vorstand.pdf, 2006.
[1118] Vgl. Deutsche Telekom AG (Hrsg.), Durch Leistung überzeugen. Die Deutsche Telekom im Wettbewerb. Das Geschäftsjahr 1997., 1998, S. 61.
[1119] Das mehrere Jahre angelegte Projekt Tempo (Telekom Erfolg durch Maßnahmen zur Prozessorganisation) wird in Kapitel E.6.1.1 (Die Einführung der Prozessorganisation) näher beschrieben.
[1120] Vgl. Deutsche Telekom AG (Hrsg.), Mit Tempo fit für den Wettbewerb, 1996, S. 28.

Die Einführung von strategischen Geschäftsfeldern stellte ebenfalls einen strategischen Schwerpunkt in 1996 dar.[1121]

Die Verwaltung der konzerneigenen Liegenschaften und Immobilien wurde 1996 in die hierfür gegründete DeTeImmobilien verlagert.[1122] Desgleichen wurden die Onlinedienste der Telekom im September dieses Jahres in die neu gegründete Beteiligungsgesellschaft T-Online ausgegliedert.[1123] Die Ausgliederung spezieller Aufgaben in die Beteiligungsgesellschaften DeTeImmobilien und T-Online stellte einen frühzeitigen Schritt der Deutschen Telekom in Richtung Segmentierung der Geschäftsfelder dar; eine Vorgehensweise, die sich auch in den folgenden Jahren in gleicher oder ähnlicher Weise wiederholte. Insbesondere die Auslagerung der DeTeImmobilien spiegelte erste Ansätze einer Konzentration auf das Kerngeschäft wider. Hierdurch eröffnete sich das Unternehmen frühzeitig die Option, sich ggf. zu einem späteren Zeitpunkt von nicht zum Kerngeschäft zählenden Unternehmensteilen zu trennen.

Die Ausgliederung der DeTeImmobilien und der T-Online stellt darüber hinaus eine strukturelle (und prozessuale) Anpassung im Sinne der Eingangshypothese IV (Vollzug der Transformation im Innenverhältnis)[1124] dar. Dies gilt auch für die oben erwähnte Maßnahme, die Organisation der Deutschen Telekom künftig prozessorientiert weiterzuentwickeln. Die im ersten Teil dieses Abschnitts beschriebene Einbeziehung von für das Unternehmen bedeutenden Kunden bei der Entwicklung und Gestaltung der Produkte stellt eine der ersten (von vielen) Maßnahmen zur Kundenorientierung im Sinne der Hypothese Ic (Kundenorientierung)[1125] dar.

2.3 Der Kunde im Fokus – Strategie und Ziele in 1997

Der Konzern verfolgte zur Durchsetzung im Wettbewerb die Kernstrategie Focus Kunde und hatte sich zum Ziel gesetzt, eines der kundenfreundlichsten Unternehmen in Deutschland zu werden.[1126] Zur Vorbereitung auf die vollständige Marktöffnung der Telekommunikation in 1998 intensivierte das Unternehmen die Strategie in Hinblick auf Kundenorientierung und Service. Dazu wurde bereits seit der Aufteilung der drei Postunternehmen im Jahr 1990 in allen Organisationseinheiten und -ebenen ein kontinuierlicher Verbesserungsprozess eingeführt und weiterentwickelt.[1127]

Auch die Digitalisierung wurde 1997 erfolgreich abgeschlossen.[1128] Das bundesweit verfügbare digitalfähige Netz war einerseits die Voraussetzung für einen funktionierenden Wettbewerb. Andererseits war es die infrastrukturelle Voraussetzung, um im Wettbewerb die eigenen Kunden mit innovativen Produkten und Dienstleistungen bedienen zu können.[1129]

Die Partnerschaft mit France Télécom wurde durch ein Joint Venture intensiviert, durch das die Entwicklung auf dem italienischen Telekommunikationsmarkt mitgestaltet werden sollte.[1130]

[1121] Detaillierte Ausführungen hierzu finden sich in Kapitel E.6.2.2 (Geschäftsfeldreform führt zu neuen strategischen Konzerngeschäftsfeldern).
[1122] Vgl. Deutsche Telekom AG (Hrsg.), Liegenschaften aus einer Hand, 1996, S. 49.
[1123] Vgl. Deutsche Telekom AG (Hrsg.), T-Online startklar in Darmstadt, 1996, S. 9.
[1124] Hypothese IV: Es ist der Deutschen Telekom gelungen, die notwendigen Transformationen auch im Innenverhältnis (prozessuale und strukturelle Ausrichtung, Mitarbeiterorientierung, Personalanpassungen und Kulturwandel) zu realisieren. Häufig werden Formen der indirekten Unternehmenssteuerung, die mit Hilfe von Kennzahlen gewonnen werden, zu einem Vergleich mit internen oder externen Konkurrenzen verbunden. Dadurch verschwimmen die Grenzen des Unternehmens intern zwischen Markt und Hierarchie.
[1125] Hypothese Ic: Die Telekom hat den Wandel zu einem kundenorientierten Unternehmen sowohl strategisch als auch in der praktischen Umsetzung abgeschlossen.
[1126] Vgl. Deutsche Telekom AG (Hrsg.), Durch Leistung überzeugen. Die Deutsche Telekom im Wettbewerb. Das Geschäftsjahr 1997., 1998, S. 61.
[1127] Vgl. Deutsche Telekom AG (Hrsg.), Durch Leistung überzeugen. Die Deutsche Telekom im Wettbewerb. Das Geschäftsjahr 1997., 1998, S. 61.
[1128] Vgl. Deutsche Telekom AG (Hrsg.), Durch Leistung überzeugen. Die Deutsche Telekom im Wettbewerb. Das Geschäftsjahr 1997., 1998, S. 5.
[1129] Vgl. Deutsche Telekom AG (Hrsg.), Durch Leistung überzeugen. Die Deutsche Telekom im Wettbewerb. Das Geschäftsjahr 1997., 1998, S. 5.
[1130] Vgl. Deutsche Telekom AG (Hrsg.), Durch Leistung überzeugen. Die Deutsche Telekom im Wettbewerb. Das Geschäftsjahr 1997., 1998, S. 5.

Das Joint Venture mit France Télécom kann, obwohl durch die Bundesregierung initiiert, als eine Ausprägung der Kapitalmarktorientierung (Hypothese Ia)[1131] angesehen werden. Die Festlegung der oben genannten Strategie der Kundenorientierung zeigt, dass dem Unternehmen bereits vor der Öffnung des Marktes zum 01.01.1998 die Bedeutung dieses Aspekts zum Bestehen im Wettbewerb deutlich war. Dies lässt wiederum die Richtigkeit der Eingangshypothesen Ic (Kundenorientierung)[1132] vermuten.

Die Betonung der Notwendigkeit zur Kundenorientierung im dritten Folgejahr seit 1995 lässt des Weiteren bis zu diesem Zeitpunkt auf die Bestätigung der Hypothese III (Stringenz der strategischen Grundorientierung)[1133] schließen.

Damals war die Komplexität der Entwicklung zu einem kundenorientierten Unternehmen hin jedoch noch nicht absehbar. Insbesondere der dafür erforderliche Kulturwandel sollte noch weitere Jahre in Anspruch nehmen, so dass das Thema Kunden- und Serviceorientierung auch in den folgenden Jahren immer wieder Bestandteil der Strategien und Jahresziele sowie spezieller strategischer Transformationsprogramme werden sollte und noch immer ist.

2.4 Das Konzernleitbild der Deutschen Telekom 1998

Zeitgleich mit der Öffnung des Marktes für alternative Wettbewerber und Telekommunikationsdienstleistungen veröffentlichte die Deutsche Telekom ein neues Konzernleitbild, das aus den vier Elementen Vision, Unternehmensgrundsätze, Handlungs- und Führungsgrundsätze sowie Konzernziele bestand. Im nachfolgenden Kapitel werden die Elemente des Konzernleitbildes von 1998 näher erläutert. Die untenstehende Abbildung 91 enthält erläuternde Fragestellungen zu diesen vier Elementen.

Abb. 91: Die vier Elemente des Konzernleitbildes 1998

**Von der Vision zu den Zielen:
Die Elemente des Konzernleitbildes**

Vision
Wo wollen wir langfristig hin?

Unternehmens-grundsätze
Wer sind wir, welche Werte verbinden uns?

Handlungs- und Führungsgrundsätze
Wie gehen wir miteinander um?

Konzernziele
Was wollen wir mittelfristig erreichen?

In Anlehnung an: Deutsche Telekom AG (Hrsg.), Ein starkes Team. Die Telekom tritt auf. Das Konzernleitbild der Deutschen Telekom, 1998

[1131] Hypothese Ia: Die Kapitalmarktorientierung dominiert im maßgeblichen Sinne die Ausrichtung und Strategie des Unternehmens Deutsche Telekom AG, die ursprüngliche ordnungspolitische Ausrichtung spielt keine Rolle mehr.
[1132] Hypothese Ic: Die Telekom hat den Wandel zu einem kundenorientierten Unternehmen sowohl strategisch als auch in der praktischen Umsetzung abgeschlossen.
[1133] Hypothese III: Die Entwicklung der strategischen Grundorientierung der Deutschen Telekom stellt sich über den Betrachtungszeitraum von 1995 bis 2008 stringent und konsequent an den externen Einflüssen orientiert dar.

2.4.1 Die Vision aus dem Konzernleitbild 1998

Aufgabe der Vision aus 1998 war es, ein Zukunftsbild zu beschreiben und damit ein oberstes Ziel zu setzen. Daran wurden alle Unternehmensplanungen ausgerichtet. Die Vision der Telekom ab dem Jahr 1998 lautete:

„Wir werden die Deutsche Telekom zum kundenfreundlichsten, sympathischsten und erfolgreichsten Unternehmen unserer Branche machen und in der Informationsgesellschaft weltweit immer wieder neue Maßstäbe setzen."[1134]

Aus der Präambel zum Konzernleitbild von 1998 ist zu entnehmen, dass die Deutsche Telekom sich als ein kundenorientiertes Unternehmen gesehen hat, welches auf den nationalen und internationalen Märkten in einem harten Wettbewerb steht.[1135]

Die Verankerung der Kundenorientierung in der Unternehmensvision von 1998 stellt einen weiteren zu beachtenden Meilenstein bei der Bewertung der in der Hypothese Ic (Kundenorientierung)[1136] manifestierten Aussage dar. Die damalige Vision folgt ebenfalls einer stringenten Logik, wie sie in der Hypothese III (Stringenz der strategischen Grundorientierung)[1137] zum Ausdruck gebracht worden ist.

Die Wettbewerbsfähigkeit nachhaltig zu sichern sei die Voraussetzung für Wachstum, Globalisierung, Beschäftigung und die kontinuierliche Steigerung des Unternehmenswertes.[1138] Vor diesem Hintergrund verabschiedete der Vorstand auch die Unternehmensgrundsätze.

2.4.2 Unternehmensgrundsätze aus dem Konzernleitbild 1998

Die Unternehmensgrundsätze sollten das Selbstverständnis der Deutschen Telekom als marktorientiertes Unternehmen im Wettbewerb und als börsennotierte Aktiengesellschaft auf den Punkt bringen. Jeweils ein Unternehmensgrundsatz richtete sich ganz speziell an die Kunden, die Aktionäre, die Mitarbeiter, die Wettbewerber und die Gesellschaft:

Unser Auftrag:

Wir fördern technologischen Fortschritt für mehr Lebensqualität in einer offenen Informationsgesellschaft.

Unsere Stärke:

Wir überzeugen unsere Kunden durch innovative Lösungen und individuellen Service.

Unsere Leistung:

Wir leisten als markt- und wettbewerbsorientiertes Unternehmen einen wesentlichen Beitrag zur gesellschaftlichen und ökonomischen Entwicklung.

Unser Anspruch:

Wir setzen uns im nationalen und globalen Wettbewerb mit unserer Innovations- und Leistungskraft als führender Anbieter durch.

Unsere Verantwortung:

Wir alle tragen Verantwortung für den Erfolg unseres Unternehmens.

[1134] Deutsche Telekom AG (Hrsg.), Ein starkes Team. Die Telekom tritt auf. Das Konzernleitbild der Deutschen Telekom, http://vv4.telekom.de/kummuni/prhr/leitbild.htm, 1998.
[1135] Vgl. Deutsche Telekom AG (Hrsg.), Ein starkes Team. Die Telekom tritt auf. Das Konzernleitbild der Deutschen Telekom, http://vv4.telekom.de/kummuni/prhr/leitbild.htm, 1998.
[1136] Hypothese Ic: Die Telekom hat den Wandel zu einem kundenorientierten Unternehmen sowohl strategisch als auch in der praktischen Umsetzung abgeschlossen.
[1137] Hypothese III: Die Entwicklung der strategischen Grundorientierung der Deutschen Telekom stellt sich über den Betrachtungszeitraum von 1995 bis 2008 stringent und konsequent an den externen Einflüssen orientiert dar.
[1138] Vgl. Deutsche Telekom AG (Hrsg.), Ein starkes Team. Die Telekom tritt auf. Das Konzernleitbild der Deutschen Telekom, http://vv4.telekom.de/kummuni/prhr/leitbild.htm, 1998.

Unser Versprechen:
Wir nutzen alle Chancen und Potentiale zur kontinuierlichen Wertsteigerung der Deutschen Telekom."[1139]

Diese Grundsätze lösten die Unternehmensgrundsätze von 1992 ab.[1140] Aus der Sicht der Unternehmensleitung war die Telekommunikation zu einem Schlüsselfaktor für den Umbruch der führenden Wirtschaftsnationen zum Informations- und Wissenszeitalter hin geworden, die entscheidend zu mehr Wettbewerbsfähigkeit, Wachstum und Wohlstand in einer offenen Informationsgesellschaft beitragen konnte.[1141]

Daraus leitete sich der Auftrag ab, den technologischen Fortschritt für mehr Lebensqualität in einer offenen Wissensgesellschaft zu fördern. Die Telekom sollte auch weiterhin als ein wesentlicher Schrittmacher auf dem Weg in das Informations- und Wissenszeitalter vorangehen.[1142]

Die Kunden durch innovative Lösungen und individuellen Service zu überzeugen sollte die langfristige Stärke der Telekom werden. Bereits frühzeitig wurde erkannt, dass die Kundenzufriedenheit der Garant des wirtschaftlichen Erfolgs ist. Die Maxime lautete daher, sämtliches Handeln durch konsequente Orientierung am Kundennutzen auszurichten.[1143] Die Qualitätsführerschaft sollte angepeilt werden.

Grundlage des kunden- und marktorientierten unternehmerischen Handelns sollte die Angebotsbreite sein, da das Unternehmen als Komplettanbieter seinen Kunden das gesamte Leistungsspektrum moderner Telekommunikation anbieten bzw. daraus maßgeschneiderte Lösungen aus einer Hand entwickeln und zur Verfügung stellen wollte.[1144] Ein wirksamer Verbraucherschutz wurde als selbstverständlicher Bestandteil der Kundenorientierung gesehen. Mit hohen technischen Standards sollte die Sicherheit der Netze und der Schutz aller Daten sichergestellt werden.[1145]

Als wesentlicher Beitrag zur gesellschaftlichen und ökonomischen Entwicklung (Unternehmensgrundsatz Leistung) wurde die Verantwortung für die wirtschaftliche, gesellschaftliche und technologische Entwicklung, insbesondere am Standort Deutschland und im Wirtschaftsraum Europa, gesehen.[1146] Als einer der größten Arbeitgeber und bedeutende Wirtschaftskraft in Deutschland wollte die Telekom direkt und indirekt die beruflichen Perspektiven ihrer Arbeitnehmer sichern und durch ihre Aus- und Weiterbildungsprogramme speziell jungen Menschen Berufsperspektiven in einer Zukunftsbranche eröffnen.[1147] Als einen weiteren Ausdruck der gesellschaftlichen Verantwortung wurde das Engagement für den Schutz der Umwelt durch eine umweltfreundliche Technologie und auch die Erstellung der Leistungen nach umweltverträglichen Kriterien sowie die Abwägung von Chancen und Risiken in Bezug auf gesellschaftspolitische und soziale Auswirkungen der Technologie gesehen.[1148]

[1139] Deutsche Telekom AG (Hrsg.), Ein starkes Team. Die Telekom tritt auf. Das Konzernleitbild der Deutschen Telekom, http://vv4.telekom.de/kummuni/prhr/leitbild.htm, 1998.
[1140] Vgl. Deutsche Telekom AG (Hrsg.), Ein starkes Team. Die Telekom tritt auf. Das Konzernleitbild der Deutschen Telekom, http://vv4.telekom.de/kummuni/prhr/leitbild.htm, 1998.
[1141] Vgl. Deutsche Telekom AG (Hrsg.), Ein starkes Team. Die Telekom tritt auf. Das Konzernleitbild der Deutschen Telekom, http://vv4.telekom.de/kummuni/prhr/leitbild.htm, 1998.
[1142] Vgl. Deutsche Telekom AG (Hrsg.), Ein starkes Team. Die Telekom tritt auf. Das Konzernleitbild der Deutschen Telekom, http://vv4.telekom.de/kummuni/prhr/leitbild.htm, 1998.
[1143] Vgl. Deutsche Telekom AG (Hrsg.), Ein starkes Team. Die Telekom tritt auf. Das Konzernleitbild der Deutschen Telekom, http://vv4.telekom.de/kummuni/prhr/leitbild.htm, 1998.
[1144] Vgl. Deutsche Telekom AG (Hrsg.), Ein starkes Team. Die Telekom tritt auf. Das Konzernleitbild der Deutschen Telekom, http://vv4.telekom.de/kummuni/prhr/leitbild.htm, 1998.
[1145] Vgl. Deutsche Telekom AG (Hrsg.), Ein starkes Team. Die Telekom tritt auf. Das Konzernleitbild der Deutschen Telekom, http://vv4.telekom.de/kummuni/prhr/leitbild.htm, 1998.
[1146] Vgl. Deutsche Telekom AG (Hrsg.), Ein starkes Team. Die Telekom tritt auf. Das Konzernleitbild der Deutschen Telekom, http://vv4.telekom.de/kummuni/prhr/leitbild.htm, 1998.
[1147] Vgl. Deutsche Telekom AG (Hrsg.), Ein starkes Team. Die Telekom tritt auf. Das Konzernleitbild der Deutschen Telekom, http://vv4.telekom.de/kummuni/prhr/leitbild.htm, 1998.
[1148] Vgl. Deutsche Telekom AG (Hrsg.), Ein starkes Team. Die Telekom tritt auf. Das Konzernleitbild der Deutschen Telekom, http://vv4.telekom.de/kummuni/prhr/leitbild.htm, 1998.

In dem Bekenntnis zur gesellschaftlichen Verantwortung wurde kein Widerspruch zu der aus der Sicht des Unternehmens notwendigen Ertragsorientierung als privatwirtschaftliches Unternehmen gesehen.[1149]

Der Anspruch, sich im nationalen und globalen Wettbewerb mit Innovations- und Leistungskraft als führender Anbieter durchzusetzen, sollte auch weiterhin durch frühzeitige Investitionen in neue Technologien und die Weiterentwicklung dieser zu innovativen Produkten und Diensten bewältigt werden.[1150] Durch internationale Aktivitäten sollten neue Wachstumspotenziale erschlossen und gleichzeitig das Ansehen der Telekom als global ausgerichtetes Unternehmen und die Marktstellung im Inland gestärkt werden.[1151]

Bezogen auf den Wettbewerb hob die Telekom hervor: *„Wir betrachten einen fairen und chancengleichen Wettbewerb auf den Märkten im In- und Ausland als ständige Herausforderung, immer besser zu werden. Der Zugriff auf unsere High-Tech-Ressourcen, eine eigenständige und anwendungsbezogene Forschung und Entwicklung sowie eine kunden- und marktorientierte Innovationspolitik sichern uns dabei wichtige Wettbewerbsvorsprünge."*[1152]

Bei der Umsetzung dieses Konzernleitbildes sollten alle Mitarbeiter der Deutschen Telekom in die Verantwortung genommen werden. Motivation, systematische Personalentwicklung, dezentrales Unternehmertum, Führen mit Zielen, Chancengleichheit und das Bekenntnis der Unternehmensführung zur sozialen Verantwortung gegenüber den Beschäftigten sowie die vertrauensvolle Zusammenarbeit mit der Arbeitnehmervertretung sollten hierbei entsprechende Garanten des Erfolgs sein.[1153]

Die kontinuierliche Steigerung des Unternehmenswertes (Unternehmensgrundsatz Versprechen) war hierbei für die Deutsche Telekom eine fundamentale Zielsetzung zum Nutzen aller relevanten mit dem Unternehmen verbundenen Gruppen wie Aktionäre, Kunden, Beschäftigte, Partner und Lieferanten.[1154]

Die in diesem Abschnitt dargelegten Inhalte zu den Unternehmensgrundsätzen und ihren beabsichtigten Zielsetzungen stellen in ihrer Gesamtheit eines der ersten nach innen gerichteten Programme zur Herbeiführung eines Wandels bei der Mitarbeiterorientierung (Kulturwandel) dar, wie in der Hypothese IV (Vollzug der Transformation im Innenverhältnis)[1155] unterstellt. Ebenso stellen die Unternehmensgrundsätze aus dem Konzernleitbild von 1998 die Schaffung eines Maßstabes dar, in dem bereits der Vergleich mit externen Konkurrenzen implizit enthalten ist.

2.4.3 Handlungs- und Führungsgrundsätze aus dem Konzernleitbild 1998

Die Handlungs- und Führungsgrundsätze beschrieben die verbindlichen Werte, nach denen alle Mitarbeiter konzernweit arbeiten sollten. Sie bildeten die Richtschnur für ein kooperatives und effektives Arbeiten und Zusammenarbeiten aller Beschäftigten und formulierten, wie die gemeinsame Verantwortung für den Erfolg des Unternehmens wahrgenommen werden sollte.

[1149] Vgl. Deutsche Telekom AG (Hrsg.), Ein starkes Team. Die Telekom tritt auf. Das Konzernleitbild der Deutschen Telekom, http://vv4.telekom.de/kummuni/prhr/leitbild.htm, 1998.
[1150] Vgl. Deutsche Telekom AG (Hrsg.), Ein starkes Team. Die Telekom tritt auf. Das Konzernleitbild der Deutschen Telekom, http://vv4.telekom.de/kummuni/prhr/leitbild.htm, 1998.
[1151] Vgl. Deutsche Telekom AG (Hrsg.), Ein starkes Team. Die Telekom tritt auf. Das Konzernleitbild der Deutschen Telekom, http://vv4.telekom.de/kummuni/prhr/leitbild.htm, 1998.
[1152] Deutsche Telekom AG (Hrsg.), Ein starkes Team. Die Telekom tritt auf. Das Konzernleitbild der Deutschen Telekom, http://vv4.telekom.de/kummuni/prhr/leitbild.htm, 1998.
[1153] Vgl. Deutsche Telekom AG (Hrsg.), Ein starkes Team. Die Telekom tritt auf. Das Konzernleitbild der Deutschen Telekom, http://vv4.telekom.de/kummuni/prhr/leitbild.htm, 1998.
[1154] Vgl. Deutsche Telekom AG (Hrsg.), Ein starkes Team. Die Telekom tritt auf. Das Konzernleitbild der Deutschen Telekom, http://vv4.telekom.de/kummuni/prhr/leitbild.htm, 1998.
[1155] Hypothese IV: Es ist der Deutschen Telekom gelungen, die notwendigen Transformationen auch im Innenverhältnis (prozessuale und strukturelle Ausrichtung, Mitarbeiterorientierung, Personalanpassungen und Kulturwandel) zu realisieren. Häufig werden Formen der indirekten Unternehmenssteuerung, die mit Hilfe von Kennzahlen gewonnen werden, zu einem Vergleich mit internen oder externen Konkurrenzen verbunden. Dadurch verschwimmen die Grenzen des Unternehmens intern zwischen Markt und Hierarchie.

Sie wurden vom Vorstand gemeinsam mit dem Aufsichtsrat im Dezember 1998 beschlossen:
„Kundenfreundlich: Wir arbeiten zum Nutzen unserer Kunden und damit für unseren eigenen Erfolg.
Innovativ: Wir gestalten kreativ die Zukunft unseres Unternehmens.
Qualitätsbewußt: Wir sichern engagiert und kompetent eine überzeugende Leistung.
Wertschätzend: Wir gehen offen und fair miteinander um.
Eigenverantwortlich: Wir erfüllen unsere Ziele selbständig und ergebnisorientiert.
Teamorientiert: Wir machen durch effektive Zusammenarbeit unser Team Telekom stark.
Überzeugend: Wir vertreten als Botschafter unser Unternehmen nach außen."[1156]

Die erarbeiteten Handlungs- und Führungsgrundsätze forderten den Mitarbeitern eine einschneidende Veränderung bezogen auf ihre bisherigen Werte, Normen, Einstellungen und Verhaltensweisen ab. Nachfolgend werden die einzelnen Handlungs- und Führungsgrundsätze näher beleuchtet. Dabei werden oftmals bewusst die Originalzitate verwendet, da sie eindrucksvoll die vorhandene Problematik indirekt ansprechen und entsprechende Lösungen aufzeigen.

Die Zufriedenheit der Kunden wurde als eine entscheidende Voraussetzung für den unternehmerischen Erfolg angesehen. Dies wurde für jeden Beschäftigten und auch für das interne Kunden-Lieferanten-Verhältnis eingefordert und durch weitergehende Ausführungen konkretisiert und verargumentiert:

„Als kompetenter Berater und Partner unserer Kunden wollen wir mit unserer Leistung zu deren Erfolg und Lebensqualität beitragen. Dazu gehen wir ganz individuell auf die Wünsche und Vorstellungen jedes Kunden ein. Unsere Kunden von unserer Leistungsfähigkeit zu überzeugen, setzt voraus, ihre Interessen und Bedürfnisse zu realisieren und durch unsere Arbeit ihren Nutzen zu mehren. Diesen Leistungsgedanken zu verankern, muss nach innen wie nach außen unser Handeln bestimmen,... Das Unternehmen und die Mitarbeiter verfolgen dabei ein gemeinsames Ziel. Die Deutsche Telekom strebt den wirtschaftlichen Erfolg an, von dem jeder einzelne Beschäftigte im Unternehmen „lebt". Daher liegt es im Interesse eines jeden Mitarbeiters und einer jeden Mitarbeiterin, sich mit voller Kraft für eine positive Unternehmensentwicklung einzusetzen,..."[1157]

Bezogen auf das sich immer schneller verändernde Marktumfeld wurde von den Mitarbeitern eingefordert, diesen Wandel aktiv zu gestalten und Offenheit für Veränderung, Bereitschaft zu kontinuierlicher Verbesserung und Konsequenz in der Umsetzung entgegenzubringen:

„Dabei ist unternehmerisches Denken und Handeln von jedem Beschäftigten gefordert, und das heißt: kundenorientiert und qualitätsbewusst seinen Teil zur gemeinsamen Wertschöpfung beizutragen. Bei jeder Entscheidung und jeder Handlung über die Auswirkung auf den engeren Bereich hinaus deren Beitrag zum Unternehmenserfolg zu berücksichtigen. Von jedem Mitarbeiter an seinem Arbeitsplatz ist dazu ein vorausschauendes und verantwortungsvolles Handeln gefragt, und dazu gehört: Initiative ergreifen bzw. die anderer aufgreifen, neue Wege beschreiten, Veränderungen und Fortschritt als Chance begreifen der neue Möglichkeiten engagiert nutzen. Unternehmerisch denken und handeln kann dabei auch bedeuten, kalkuliert und abgestimmt vertretbare Risiken einzugehen. Ein zukunftsorientiertes unternehmerisches Handeln der Beschäftigten macht ein Arbeitsumfeld notwendig, das Freiräume lässt für Kreativität, neue Ideen, unkonventionelle Vorgehensweisen und konstruktives Querdenken. Dies sicherzustellen ist eine besondere Verpflichtung der Unternehmensleitung."[1158]

[1156] Deutsche Telekom AG (Hrsg.), Die Werte unserer Zusammenarbeit, 1999, o.S.
[1157] Deutsche Telekom AG (Hrsg.), Die Werte unserer Zusammenarbeit, 1999, o.S.
[1158] Deutsche Telekom AG (Hrsg.), Die Werte unserer Zusammenarbeit, 1999, o.S.

Zu dem Punkt des qualitätsbewußten Agierens durch die Mitarbeiter lautete die Forderung: „Ebenso wie das Unternehmen müssen sich auch die Beschäftigten der Herausforderung stellen, Wissen und Kompetenz auf einem hohen Niveau zu erhalten. Die Bereitschaft zu lebenslangem Lernen und die Freude an Veränderungen sind dabei Grundvoraussetzungen, um jederzeit die Leistungsfähigkeit des Einzelnen und des Unternehmens sicherzustellen. Jeder Beschäftigte trägt Verantwortung für seine dauerhafte persönliche und berufliche Entwicklung im Unternehmen. Zu den Aufgaben der Führungskräfte gehört es, diese Entwicklung ihrer Mitarbeiter zu fördern – aber auch zu fordern"[1159].

Der Umgang untereinander wurde ebenfalls thematisiert. Dabei wurde dem einzelnen Individuum eine größere Verantwortung zuerkannt als dies beispielsweise innerhalb der Behörde Deutsche Bundespost früher der Fall war:

„Der Erfolg der Deutschen Telekom ist das Resultat der individuellen Leistungsbeiträge aller, die in unserem Unternehmen beschäftigt sind. Der enge Zusammenhalt zwischen den Mitgliedern einer Leistungsgemeinschaft wie der Deutschen Telekom basiert auf gemeinsamen Werten wie gegenseitiger Wertschätzung, Vertrauen und Toleranz. Im Sinne einer konstruktiven Zusammenarbeit informieren und kommunizieren wir offen und machen Entscheidungen transparent. Achtung und Wertschätzung beziehen sich auf alle Kollegen, Mitarbeiter und Mitarbeiterinnen als Leistungsträger und auf deren gesamte Persönlichkeit. Daher soll auch die persönliche Entwicklung des Einzelnen gefördert werden. So werden Leistungsfähigkeit, Arbeitszufriedenheit und Motivation der Mitarbeiter sichergestellt und das allgemeine Leistungsklima im Unternehmen stetig verbessert. Feindselige Verhaltensweisen wie Mobbing oder Rassismus akzeptieren wir nicht und finden in unserem Unternehmen keinen Platz. Jeder Beschäftigte sollte sich persönlich so verhalten, wie er auch von anderen behandelt werden will. Im Sinne eines fairen und wertschätzenden Umgangs untereinander hat jeder Einzelne eine Vorbildfunktion."[1160]

Dies bezog sich auch auf die Eigenverantwortlichkeit hinsichtlich der Arbeitsergebnisse: „Arbeit und Zusammenarbeit bei der Deutschen Telekom erfolgen auf der Basis von Zielen. Zur Erfüllung ihrer damit verbundenen Aufgaben erhalten die Mitarbeiter und Mitarbeiterinnen den notwendigen Handlungs- und Entscheidungsspielraum sowie den Zugang zu allen erforderlichen Ressourcen. Auf dieser Grundlage ist jeder Beschäftigte für die Erreichung seiner Ziele verantwortlich und wird an deren Erfüllung gemessen und beurteilt. Durch die eigenverantwortliche Erfüllung seiner Ziele trägt jeder zur Erreichung der jeweils übergeordneten Ziele im Team, im Unternehmen sowie im Konzern bei."[1161]

In der Behörde dominierten überwiegend die verschiedenen Zuständigkeitsbereiche. Die Verantwortung für Entscheidungen lag – in einer Behörde naturgemäß ausgeprägter – bei den Vorgesetzten. Künftig sollte eine Verlagerung auf interdisziplinäre Teams und die Förderung der Teamorientierung – auch hierarchieübergreifend – erfolgen:

„Die Anforderungen unserer Kunden werden immer komplexer – sie zu erfüllen setzt voraus, dass wir bereichs- und hierarchieübergreifend sowie effizient zusammenarbeiten und so alle vorhandenen Kompetenzen und Ressourcen im Konzern freisetzen. Durch prozessorientiertes Denken und Handeln wird die Leistung im Team erbracht. Lösungen werden hierbei gleichberechtigt im konstruktiven Dialog erarbeitet und nicht durch Statusdenken und persönliche Profilierung eingeengt. Konflikte werden zügig und sachorientiert, nach Möglichkeit direkt unter den Betroffenen gelöst. Die gemeinsamen Entscheidungen müssen von allen Beteiligten und Betroffenen nicht nur mitgetragen, sondern konsequent umgesetzt werden."[1162]

Abschließend ging es darum, die Beschäftigten auf die Identifikation mit dem Unternehmen einzuschwören, was nach Ansicht des Verfassers bei den Mitarbeitern der Telekom jedoch zu keiner Zeit ein ernstzunehmendes Problem darstellte. Vielmehr überwog zunächst der Stolz dazuzugehören und die Identifikation der Mitarbeiter mit dem Unternehmen, was sich in den Folgejahren durch

---
[1159] Deutsche Telekom AG (Hrsg.), Die Werte unserer Zusammenarbeit, 1999, o.S.
[1160] Deutsche Telekom AG (Hrsg.), Die Werte unserer Zusammenarbeit, 1999, o.S.
[1161] Deutsche Telekom AG (Hrsg.), Die Werte unserer Zusammenarbeit, 1999, o.S.
[1162] Deutsche Telekom AG (Hrsg.), Die Werte unserer Zusammenarbeit, 1999, o.S.

die überwiegend positive Reaktion der Mitarbeiter auf den schnellen technologischen Wandel, die Entwicklung und Bereitstellung neuer Produkte und Dienstleistungen in immer kürzeren Zeitabständen sowie die große Anzahl von Reorganisationen als Anpassungen an veränderte Marktbedingungen, noch zeigen sollte.

Um die Kunden von der Leistungsfähigkeit des Unternehmens überzeugen zu können, wurde als wünschenswert angesehen: *„Jeder Mitarbeiter und jede Mitarbeiterin ist „Botschafter" der Deutschen Telekom, der „sein" Unternehmen in vielfältigen beruflichen Kontakten, aber auch im persönlichen Bereich nach außen vertritt. Unsere Kunden von der Leistungsfähigkeit der Deutschen Telekom zu überzeugen, kann nur gelingen, wenn wir auch selbst davon überzeugt sind und dies glaubwürdig unter Beweis stellen. Dazu gehört es, sich mit den Werten des Unternehmens zu identifizieren und das Unternehmen nach außen loyal zu vertreten. Die Identifikation mit dem Unternehmen und seinen Zielen schließt selbstverständlich konstruktive Kritik nicht aus. Sie darf allerdings nicht nach außen getragen werden. Berechtigte Kritik üben und aktiv auf eine Lösung hinwirken ist ebenfalls eine wichtige Facette einer loyalen Haltung gegenüber dem Unternehmen."*[1163]

Die Handlungs- und Führungsgrundsätze aus dem Konzernleitbild von 1998 belegen die Manifestierung der beabsichtigten Transformation bei der Belegschaft hinsichtlich eines kulturellen Wandels hin zu einem kundenorientierten Verhalten sowie die Migration der Unternehmenssteuerung hin zu einem Zielesystem und geben somit Hinweise auf die an späterer Stelle durchzuführende Bewertung[1164] der Hypothese IV (Vollzug der Transformation im Innenverhältnis)[1165].

2.4.4 Die strategischen Ziele in 1998

Die Allianz mit der France Télécom wurde durch eine Überkreuzbeteiligung in Höhe von zwei Prozent weiter ausgebaut (Internationalisierungsstrategie).[1166] Dadurch wurde auch der Streubesitz der Aktienanteile erhöht, was sich langfristig positiv auf die Kursentwicklung auswirkte (Börsenstrategie). Acht mittelfristig gültige Konzernziele wurden formuliert:[1167]

❑ Fortdauernde Steigerung des Unternehmenswertes.

❑ Stärkung der Wettbewerbsfähigkeit durch Bestleistung in Service und Innovation.

❑ Erreichen der ausgeprägtesten Kundenbindung in der Branche.

❑ Stabilisieren des Kerngeschäfts und Erschließen neuer Märkte im In- und Ausland.

❑ Förderung und Unterstützung der Mitarbeiter zum Nutzen des Unternehmens.

❑ Verbesserung der Bilanzstruktur.

❑ Schaffung eines Höchstmaßes an Aktionärszufriedenheit.

❑ Entlastung der Umwelt in Verbrauch und Produktion.

Zur Anpassung der Produkt- und Dienstleistungsangebote an die Kundenbedürfnisse wurde die Organisation in ein Konzerngeschäftsfeld- / Konzernservicecenter-Gefüge umgewandelt.[1168]

Die in diesem Abschnitt weiter oben vorgestellte Vision sowie die strategischen Ziele wurden kommunikativ in Teilen als superlative Botschaften transportiert.

[1163] Deutsche Telekom AG (Hrsg.), Die Werte unserer Zusammenarbeit, 1999, o.S.
[1164] Siehe hierzu die Ausführungen in Kapitel F.4 (Abschließende Ergebnisspiegelung zur Hypothese IV – Vollzug der Transformation im Innenverhältnis).
[1165] Hypothese IV: Es ist der Deutschen Telekom gelungen, die notwendigen Transformationen auch im Innenverhältnis (prozessuale und strukturelle Ausrichtung, Mitarbeiterorientierung, Personalanpassungen und Kulturwandel) zu realisieren. Häufig werden Formen der indirekten Unternehmenssteuerung, die mit Hilfe von Kennzahlen gewonnen werden, zu einem Vergleich mit internen oder externen Konkurrenzen verbunden. Dadurch verschwimmen die Grenzen des Unternehmens intern zwischen Markt und Hierarchie.
[1166] Vgl. Deutsche Telekom AG (Hrsg.), Vernetzt denken. Global handeln. Das Geschäftsjahr 1998., 1999, S. 60.
[1167] Vgl. Deutsche Telekom AG (Hrsg.), Die mittelfristig gültigen Konzernziele der Deutschen Telekom, 1997, S. 3.
[1168] Diese Reorganisation wird in Kapitel E.6.2.2 (Geschäftsfeldreform führt zu neuen strategischen Konzerngeschäftsfeldern) näher erläutert.

Die Unternehmensleitung hatte die Problematik der seinerseits internen, oftmals noch behördlich geprägten Verhaltensweisen erkannt und wollte vermutlich bewusst durch diese Form einen Wandel hinsichtlich eines unternehmerischen Denkens und Handelns erzeugen, der für ein erfolgreiches Agieren des Unternehmens im Wettbewerb unabdingbar war.

Somit weisen die strategischen Ziele des Jahres 1998 auf eine Ausrichtung auf die drei Subhypothesen der Hypothese I[1169] (Wandel) sowie auf die beabsichtigte Transformation im Innenverhältnis (Hypothese IV) hin.

Die Strategieziele entsprechen fernerhin – bis dato – sowohl dem Kontext der vorangegangenen Ziele als auch der Ausrichtung auf die externen Bedingungen und weisen dadurch eine erkennbare Stringenz im Sinne der Hypothese III[1170] auf.

2.5 Normen zur Verhaltenskultur und strategische Kernthemen 1999

2.5.1 Eckpunkte der Verhaltenskultur komplettierten das Konzernleitbild

Das 1998 eingeführte Konzernleitbild wurde Ende 1999 durch die Eckpunkte der Verhaltenskultur ergänzt.[1171] Die untenstehende Abbildung 92 zeigt das Gesamtgefüge des Konzernleitbildes.

Abb. 92: Elemente des erweiterten Konzernleitbildes 1999

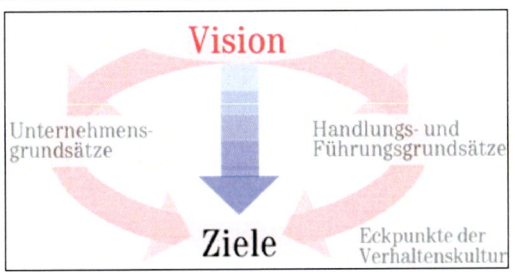

Quelle: Deutsche Telekom AG (Hrsg.), Das Konzernleitbild der Deutschen Telekom, 1999, o.S.

Die neue Verhaltenskultur hatte die Funktion, das Leitbild in den Arbeitsalltag jedes einzelnen Beschäftigten zu übersetzen. Ziel war es dabei, ein korrektes Geschäftsverhalten im Konzern sicherzustellen, wobei es weniger um rechtliche Fragen sondern vielmehr um die Spielregeln ging.[1172] Dadurch sollte das Verhalten des Einzelnen und des gesamten Unternehmens korrekt und unangreifbar sein.

Regelungen, Erläuterungen und Definitionen wurden zu den nachfolgenden Themengebieten getroffen:

„Verhalten gegenüber Kunden und Geschäftspartnern

❑ *Freundlicher Umgang mit Kunden und Geschäftspartnern*
❑ *Kompetente und korrekte Information und Beratung*
❑ *Kundenorientierte, unbürokratische Lösungen*
❑ *Einhaltung von Verträgen, Absprachen und Vereinbarungen*

[1169] Hypothese I: Die Deutsche Telekom hat den Wandel von einer Behörde zu einem markt- und kundenorientierten Unternehmen vollständig vollzogen.
[1170] Hypothese III: Die Entwicklung der strategischen Grundorientierung der Deutschen Telekom stellt sich über den Betrachtungszeitraum von 1995 bis 2008 stringent und konsequent an den externen Einflüssen orientiert dar.
[1171] Vgl. Deutsche Telekom AG (Hrsg.), Das Konzernleitbild der Deutschen Telekom, 1999, o.S.
[1172] Vgl. Deutsche Telekom AG (Hrsg.), Das Konzernleitbild der Deutschen Telekom, 1999, o.S.

Verhalten des Einzelnen im Wettbewerb
- *Wettbewerbkonformes Verhalten*
- *Nutzung wettbewerbsrelevanter Informationen*

Verhalten gegenüber dem Unternehmen
- *Loyalität und Pflichtbewusstsein*
- *Qualitäts- und kostenbewusstes Verhalten*
- *Wahrung von Betriebs- und Geschäftsgeheimnissen*
- *Korrekter Umgang mit den Geschäftsunterlagen*
- *Sicherheitsbewusstes Verhalten*
- *Verantwortungsvoller Umgang mit dem Unternehmenseigentum*
- *Arbeitszeit und Nebentätigkeiten*
- *Feiern / Jubiläen*
- *Geschenke und Gefälligkeiten*

Verhalten gegenüber Kollegen und Mitarbeitern
- *Wertschätzung und Respekt*
- *Informations- und Kommunikationsverhalten*
- *Teamarbeit und Zeitmanagement*
- *Verhalten in Konfliktsituationen*
- *Diskriminierung und Belästigung*
- *Führungsverhalten"*[1173]

Auf eine ausführliche Darstellung der Inhalte wird an dieser Stelle jedoch verzichtet.

Die Formulierung der Eckpunkte der Verhaltenskultur stellte in konsequenter Fortführung der strategischen Ausrichtung des Unternehmens[1174] im Hinblick auf die Denkstrukturen und Verhaltensweisen bei den Mitarbeitern eine Konkretisierung dieser Werte durch einen unmittelbaren Bezug zu dem Arbeitsumfeld eines jeden Mitarbeiters dar.

Die in diesem Abschnitt beschriebenen Eckpunkte zur Verhaltenskultur stellen, ebenso wie die Handlungs- und Führungsgrundsätze, hinsichtlich der Bewertungsmöglichkeit der Transformation des kulturellen Wandels bei den Mitarbeitern als ein Bestandteil der Hypothese IV (Vollzug der Transformation im Innenverhältnis)[1175] einen wichtigen Indikator dar.

2.5.2 Die Strategie 1999: Fokussierung auf Telematik und Internationalisierung

Die von der Deutschen Telekom verfolgte Wertschöpfungsstrategie sollte die Position als globaler Telematikanbieter in einem Wettbewerbsumfeld ermöglichen, das von der Globalisierung der Märkte und der Konvergenz der Technologien geprägt war und nach wie vor geprägt ist. Dazu wurde das Kerngeschäft neu definiert und auf die strategischen Wertsegmente fokussiert.[1176]

[1173] Deutsche Telekom AG (Hrsg.), Das Konzernleitbild der Deutschen Telekom, 1999, o.S.
[1174] Dies lässt die Richtigkeit der Hypothese III (Stringenz der strategischen Grundorientierung) bis zu diesem Zeitpunkt vermuten.
[1175] Hypothese IV: Es ist der Deutschen Telekom gelungen, die notwendigen Transformationen auch im Innenverhältnis (prozessuale und strukturelle Ausrichtung, Mitarbeiterorientierung, Personalanpassungen und Kulturwandel) zu realisieren. Häufig werden Formen der indirekten Unternehmenssteuerung, die mit Hilfe von Kennzahlen gewonnen werden, zu einem Vergleich mit internen oder externen Konkurrenzen verbunden. Dadurch verschwimmen die Grenzen des Unternehmens intern zwischen Markt und Hierarchie.
[1176] Vgl. Deutsche Telekom AG (Hrsg.), Das Geschäftsjahr 1999. Dem Leben verbunden. Der Zeit voraus., 2000, S. 4.

Mittels der Wertschöpfungsstrategie sollten das Konzernportfolio optimiert und die Geschäftsfelder auf die wachstumsrelevanten Kernkompetenzen ausgerichtet werden. Die Tarifmaßnahmen hatten die liberalisierungsbedingten Marktanteilverluste ausgeglichen und den Konzernumsatz leicht gesteigert.[1177] Im Sommer 1999 kam es zu einer zweiten Kapitalerhöhung. Die hierdurch eingenommenen rund 11 Milliarden Euro wurden vollständig in diese Wachstumsstrategie investiert.[1178]

Die Internationalisierung stellte den Schwerpunkt der Konzernstrategie dar und wurde gezielt auf die Übernahme von Unternehmen und Mehrheitsbeteiligungen ausgerichtet, was zur Sicherung der Konsolidierbarkeit des Umsatzes sowie des Management Controls führen sollte.[1179] Auf diese Weise verfolgte die Deutsche Telekom das Ziel, die führende paneuropäische Telekommunikationsgesellschaft zu werden. So wurde beispielsweise die Beteiligung an dem österreichischen Mobilfunkanbieter max.mobil (heute T-Mobile Austria) auf 91 Prozent aufgestockt, der britische Mobilfunkanbieter one2one[1180] (heute T-Mobile UK) übernommen und der Einstieg in den französischen Telekommunikationsmarkt mit der Übernahme von Siris vollzogen.[1181] Darüber hinaus kam es zu Beteiligungen in Polen, Ungarn und Kroatien.[1182] Die geplante Fusion zwischen der Deutschen Telekom und der Telecom Italia scheiterte. Diese Fusionsabsicht wurde vom dem bisherigen strategischen Partner France Télécom als Vertrauensbruch gewertet und hatte die Aufkündigung jeglicher Zusammenarbeit mit der Deutschen Telekom zur Folge.

Zur weiteren Steigerung der Wettbewerbsfähigkeit wurden intern diverse organisatorische Anpassungen, begründet als konsequente Ausrichtung am Markt, durchgeführt.[1183] Nachdem sich das Unternehmen bis 1998 überwiegend durch interne Maßnahmen, wie oben beschrieben, auf die Öffnung des nationalen Telekommunikationsmarktes vorbereitet hatte, konzentrierte sich die Unternehmensleitung seit 1999 maßgeblich auf die Erschließung neuer Märkte im Ausland und die Positionierung der Deutschen Telekom als Global Player. Hinsichtlich der Ausrichtung der Geschäftsfelder auf die wachstumsrelevanten Kernkompetenzen wurden, unabhängig von der international ausgerichteten Wachstumsstrategie des Vorstands, national innerhalb der Geschäftsfelder weitere Reorganisationsmaßnahmen erforderlich.[1184]

Die strategischen Zielsetzungen des Jahres 1999 zielten einerseits auf den Erhalt einer marktbeherrschenden Stellung nach dem Wegfall des Monopols und sind somit bei der abschließenden Bewertung der Hypothese Ib (Marktbeherrschung)[1185] zu berücksichtigen.

Andererseits zeigen die beabsichtigte Wertsteigerung des Unternehmens in Verbindung mit den international getätigten Zukäufen sowie die geplante strukturelle Ausrichtung auf den Markt eine eindeutige Kapitalmarktorientierung (Hypothese Ia)[1186] an.

Bezogen auf die Kapitalmarktorientierung der Deutschen Telekom erscheint die strategische Zielsetzung dem Zeitablauf folgend stringent (Hypothese III)[1187].

[1177] Vgl. Deutsche Telekom AG (Hrsg.), Das Geschäftsjahr 1999. Dem Leben verbunden. Der Zeit voraus., 2000, S. 4.
[1178] Vgl. Deutsche Telekom AG (Hrsg.), Das Geschäftsjahr 1999. Dem Leben verbunden. Der Zeit voraus., 2000, S. 5.
[1179] Vgl. Deutsche Telekom AG (Hrsg.), Das Geschäftsjahr 1999. Dem Leben verbunden. Der Zeit voraus., 2000, S. 4.
[1180] Für die Übernahme von one2one zahlte das Unternehmen 19,6 Milliarden DM (ca. 10 Milliarden Euro) an das britische Telekommunikationsunternehmen Cable & Wireless (vgl. ZDNet.de (Hrsg.), Telekom kauft One 2 One, http://www.zdnet.de/news/business/0,390 23142,2048431,00.htm, 1999.
[1181] Vgl. Deutsche Telekom AG (Hrsg.), Das Geschäftsjahr 1999. Dem Leben verbunden. Der Zeit voraus., 2000, S. 4.
[1182] Vgl. Deutsche Telekom AG (Hrsg.), Das Geschäftsjahr 1999. Dem Leben verbunden. Der Zeit voraus., 2000, S. 4.
[1183] Hierzu zählen insbesondere die Neuorganisation der Kundenniederlassungen, die Neuordnung der zentralen Funktionen in der Zentrale und die weitere Optimierung der Organisation im Bereich der Netzinfrastruktur (vgl. Deutsche Telekom AG (Hrsg.), Geschäftsjahr 1999. Dem Leben verbunden. Der Zeit voraus., 2000, S. 42 f.). Diese Organisationsmaßnahmen werden in den Kapiteln E.6.2.8 (Neuausrichtung der Privat- und Geschäftskundenaußenorganisation), E.6.2.7 (Das Projekt Headquaters Deutsche Telekom) und E.6.2.9 (Das Projekt Zukunft Netzinfrastruktur) behandelt.
[1184] Ein Beispiel hierfür ist die Ende 1999 publizierte Reorganisationsmaßnahme Zukunft Netzinfrastruktur (ZNI). Siehe hierzu ebenfalls die Ausführungen in E.6.2.9 (Das Projekt Zukunft Netzinfrastruktur).
[1185] Hypothese Ib: Die Deutsche Telekom hat ihre Monopolstellung auf dem deutschen Telekommunikationsmarkt in eine marktorientierte und -beherrschende Position gewandelt.
[1186] Hypothese Ia: Die Kapitalmarktorientierung dominiert im maßgeblichen Sinne die Ausrichtung und Strategie des Unternehmens Deutsche Telekom AG, die ursprüngliche ordnungspolitische Ausrichtung spielt keine Rolle mehr.
[1187] Hypothese III: Die Entwicklung der strategischen Grundorientierung der Deutschen Telekom stellt sich über den Betrachtungszeitraum von 1995 bis 2008 stringent und konsequent an den externen Einflüssen orientiert dar.

2.6 Orientierung am TIMES-Markt – Strategische Inhalte für das Jahr 2000

Als Reaktion auf den im Jahr 2000 stattfindenden Börsenboom konzentrierte sich die Telekom auf vier Geschäftsmodelle mit maximalem Freiheitsgrad. Die Aufstellung in diese Divisionen bezweckte die Gewährleistung einer höheren unternehmerischen Flexibilität auf den Märkten, um einen differenzierteren Kundenangang zu erreichen.[1188] Die Abbildung 93 zeigt die im Jahr 2000 implementierten vier strategischen Säulen (bzw. Divisionen) des Konzerns.

Abb. 93: Die vier Säulen am TIMES-Markt

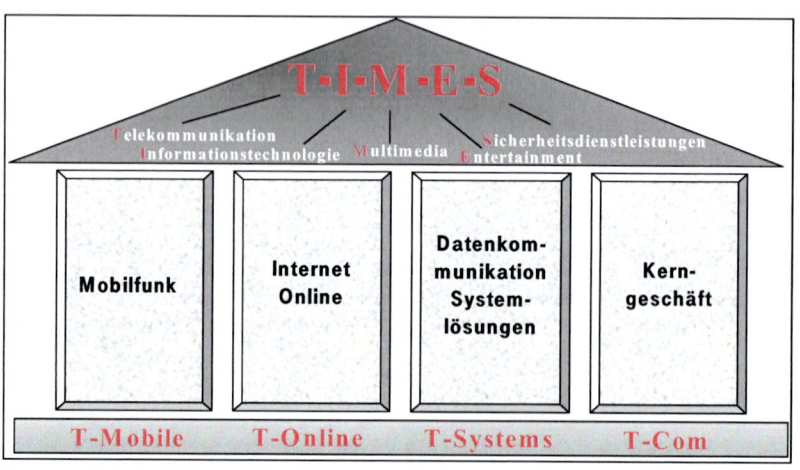

T·I·M·E·S

Telekommunikation — Informationstechnologie — Multimedia — Entertainment — Sicherheitsdienstleistungen

Mobilfunk	Internet Online	Datenkommunikation Systemlösungen	Kerngeschäft
T-Mobile	**T-Online**	**T-Systems**	**T-Com**

In Anlehnung an: Deutsche Telekom AG (Hrsg.), Organisation der Deutschen Telekom-Gruppe, 2001, S. 1

Die Internationalisierung des Konzerns und der vier neu geschaffenen Säulen bzw. Divisionen war auch weiterhin die Kernstrategie der Telekom. So wurde die Mehrheitsbeteiligung an der debis Systemhaus GmbH[1189] von DaimlerChrysler erworben, die Übernahme der amerikanischen Mobilfunkbetreiber Voicestream und Powertel (heute T-Mobile US) angestoßen und die Unternehmensbeteiligungen in Osteuropa wurden erweitert.[1190]

Im Bereich Onlinekommunikation wurde der französische Internet-Service Provider Club Internet erworben und in Spanien erfolgte eine Mehrheitsbeteiligung an dem ISP Ya.com.[1191] Ebenso starteten in der Schweiz und in Österreich Portale der in diesem Jahr erstmalig börsennotierten Beteiligungsgesellschaft T-Online[1192].[1193] Bereits zu Beginn des Jahres 2000 gliederte der Konzern Deutsche Telekom die Mobilfunktochter T-Mobil und die europäischen Mobilfunkbeteiligungen in die neue Aktiengesellschaft T-Mobile International aus.[1194] Ein weiterer Schwerpunkt der Strategie in 2000 war die Maximierung des Umsatzes. Der Schlüssel für die Umsatzmaximierung wurde in der Kooperation zwischen Produkt- und Kundenperspektive gesehen.[1195]

[1188] Vgl. Deutsche Telekom AG (Hrsg.), Das Geschäftsjahr 2000. Modern TIMES., 2001, S. 57.
[1189] Durch die Übernahme des debis Systemhauses von DaimlerChrysler und die Integration desselben in die damalige DeTeSystem entstand – nach der IBM Corp. – das zweitgrößte Systemhaus Europas (vgl. Deutsche Telekom AG (Hrsg.), Stärke mit System, 2000, S. 27).
[1190] Vgl. Deutsche Telekom AG (Hrsg.), Das Geschäftsjahr 2000. Modern TIMES., 2001, S. 10.
[1191] Vgl. Deutsche Telekom AG (Hrsg.), Das Geschäftsjahr 2000. Modern TIMES., 2001, S. 74.
[1192] Zum Börsengang von T-Online siehe die Ausführungen in Kapitel E.3.2.4 (Der Börsengang von T-Online im April 2000).
[1193] Vgl. Deutsche Telekom AG (Hrsg.), Das Geschäftsjahr 2000. Modern TIMES., 2001, S. 74.
[1194] Vgl. Deutsche Telekom AG (Hrsg.), T-Mobil wird international, 2000, S. 33.
[1195] Vgl. Deutsche Telekom AG (Hrsg.), Struktur des Konzerns, 1999, S. 4.

E. Der Binnenwandel der Deutschen Telekom

Die besonderen Aufgaben des Produkt- und Kundensegmentmanagements hierfür veranschaulicht Abbildung 94.

Abb. 94: Kooperation zwischen Produkt- und Kundenperspektive

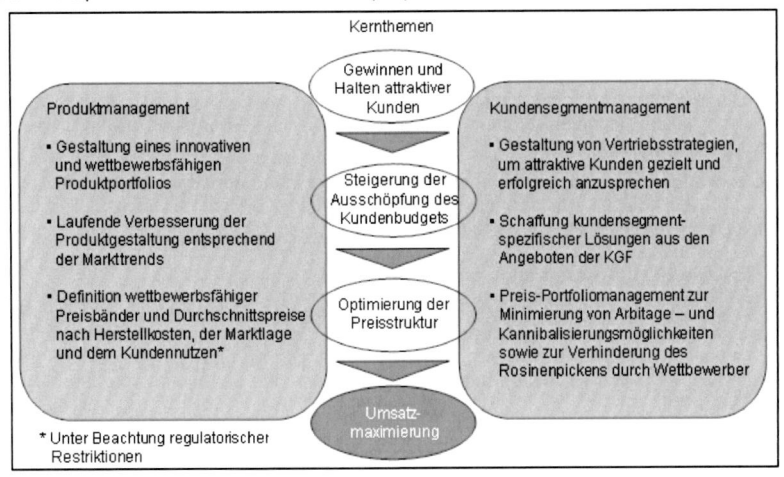

Kernthemen

Produktmanagement
- Gestaltung eines innovativen und wettbewerbsfähigen Produktportfolios
- Laufende Verbesserung der Produktgestaltung entsprechend der Markttrends
- Definition wettbewerbsfähiger Preisbänder und Durchschnittspreise nach Herstellkosten, der Marktlage und dem Kundennutzen*

* Unter Beachtung regulatorischer Restriktionen

Gewinnen und Halten attraktiver Kunden
- Steigerung der Ausschöpfung des Kundenbudgets
- Optimierung der Preisstruktur
- Umsatzmaximierung

Kundensegmentmanagement
- Gestaltung von Vertriebsstrategien, um attraktive Kunden gezielt und erfolgreich anzusprechen
- Schaffung kundensegmentspezifischer Lösungen aus den Angeboten der KGF
- Preis-Portfoliomanagement zur Minimierung von Arbitage – und Kannibalisierungsmöglichkeiten sowie zur Verhinderung des Rosinenpickens durch Wettbewerber

In Anlehnung an: Deutsche Telekom AG (Hrsg.), Struktur des Konzerns, 1999, S. 4

Die Konzentration auf die Steigerung der Umsätze wurde nicht zuletzt durch hohe Investitionen in 2000 notwendig. So fielen für den Erwerb der UMTS-Lizenzen allein in diesem Geschäftsjahr 15,3 Milliarden Euro an.[1196] Weitere 7,1 Milliarden Euro wurden für den Erwerb weiterer Anteile an dem ungarischen Telekommunikationsanbieter Matáv, dem Kauf von Media One sowie für die Übernahmen des französischen Onlineanbieters Club Internet und dem slowakischen Telekommunikationsunternehmen Slovenské Telekommunikácie investiert.[1197]

Die Implementierung der vier Säulen und die internationalen Zukäufe reflektieren wiederum die Kapitalmarktorientierung (Hypothese Ia)[1198] des Unternehmens. Gleichzeitig spiegelt die inhaltliche Ausrichtung der vier Säulen die Kundenorientierung (Hypothese Ic)[1199] zum Zwecke einer marktorientierten und -beherrschenden Stellung (Hypothese Ib)[1200] wider. Somit werden hierdurch alle drei Subhypothesen der Hypothese I (Wandel)[1201] tangiert.

Darüber hinaus werden durch diese Strategie die Autonomie der strukturellen Gestaltung (Hypothese II)[1202] und die Stringenz der strategischen Grundorientierung (Hypothese III)[1203] hinsichtlich der Kapitalmarkt- und Kundenorientierung sowie der marktorientierten Positionierung bestätigt.

Der Gedanke, den Divisionen weitreichende unternehmerische Freiheiten einzuräumen, war im Sinne einer schnellstmöglichen Ausrichtung auf die damaligen Markterfordernisse grundsätzlich sinnvoll, auch unter dem Aspekt der Separierung von reguliertem und nichtreguliertem Markt. Die-

---

[1196] Vgl. Deutsche Telekom AG (Hrsg.), Das Geschäftsjahr 2000. Modern TIMES., 2001, S. 29.
[1197] Vgl. Deutsche Telekom AG (Hrsg.), Das Geschäftsjahr 2000. Modern TIMES., 2001, S. 29.
[1198] Hypothese Ia: Die Kapitalmarktorientierung dominiert im maßgeblichen Sinne die Ausrichtung und Strategie des Unternehmens Deutsche Telekom AG, die ursprüngliche ordnungspolitische Ausrichtung spielt keine Rolle mehr.
[1199] Hypothese Ic: Die Telekom hat den Wandel zu einem kundenorientierten Unternehmen sowohl strategisch als auch in der praktischen Umsetzung abgeschlossen.
[1200] Hypothese Ib: Die Deutsche Telekom hat ihre Monopolstellung auf dem deutschen Telekommunikationsmarkt in eine marktorientierte und -beherrschende Position gewandelt.
[1201] Hypothese I: Die Deutsche Telekom hat den Wandel von einer Behörde zu einem markt- und kundenorientierten Unternehmen vollständig vollzogen.
[1202] Hypothese II: Die Telekom agiert bei ihrer personellen und strukturellen Gestaltung autonom.
[1203] Hypothese III: Die Entwicklung der strategischen Grundorientierung der Deutschen Telekom stellt sich über den Betrachtungszeitraum von 1995 bis 2008 stringent und konsequent an den externen Einflüssen orientiert dar.

se neuen unternehmerischen Handlungsfreiräume wurden von den Divisionen T-Mobile, T-Online und T-Systems in der Folgezeit stringent umgesetzt. Die auf das ursprüngliche Kerngeschäft ausgerichtete T-Com verinnerlichte diesen Gedanken nur rudimentär aufgrund der Besonderheit, dass sie weiterhin Bestandteil der AG blieb und von den übrigen Divisionen als Separierungsmerkmal zur traditionellen Telekom genutzt wurde.

Durch die Separierung der Divisionen ergaben sich in den Folgejahren massive Probleme bei der internen Zusammenarbeit mit entsprechenden Auswirkungen auf die Qualität der Produkte und Dienstleistungen und somit auch auf die internen und externen Kunden. Aus diesen und weiteren, später noch aufzuzeigenden Gründen, wurde ab 2004 eine Korrektur dieser Divisionalisierungsstrategie eingeleitet.

Für die nachfolgenden Jahre erfolgt ebenfalls eine Betrachtung der strategischen Stoßrichtungen der in 2000 aufgestellten vier strategischen Geschäftsfelder T-Com, T-Online, T-Mobile und T-Systems. Deren Strategie wurde naturgemäß jeweils aus der Konzernstrategie abgeleitet.

2.7 Strategie 2001: Konzentration auf Wachstum

Für das Unternehmen, das nunmehr Telekommunikation und Informationstechnologie aus einer Hand anbot (Vier-Säulen-Prinzip), wurde die Schaffung von neuen und zusätzlichen Perspektiven im Systemlösungsgeschäft und die Sicherstellung eines optimalen Zusammenspiels der einzelnen Einheiten der T-Systems ein neuer strategischer Schwerpunkt, der auch konzernweit an Bedeutung gewann.[1204]

Insbesondere wurde die konsequente Ausrichtung auf die Wachstumsfelder durch die Vier-Säulen-Strategie weiter vorangetrieben. Die in 2000 angestoßene Akquisition der beiden amerikanischen Mobilfunkanbieter Voicestream und Powertel wurde abgeschlossen.[1205]

Die bereits in 2000 auf das Wachstum in den vier strategischen Geschäftsfeldern festgelegte Strategie zeigte Ende 2001 bereits Erfolge. So stieg der Konzernumsatz in 2001 – auch aufgrund der Akquisitionen in den USA um mehr als 27 Prozent auf 48,3 Milliarden Euro.[1206] Im heimischen Mobilfunkmarkt konnte die Marktführerschaft wieder erlangt werden und die Anzahl der Onlinekunden in Deutschland wuchs um mehr als 35 Prozent auf 10,7 Millionen an.[1207] Des Weiteren hatte sich die Zahl der T-DSL-Anschlüsse mit rund 2,2 Millionen gegenüber dem Vorjahr mehr als verdreifacht.

Weitere strategische Zielfestlegungen für 2001 waren der Aufbau der globalen Marke T[1208], die durch eine nach innen und außen zielgerichtete Kommunikation manifestiert werden sollte, die Einführung einer neuen Führungskultur mit dem Ziel, eine teamorientierte Führung im Konzern mit Loyalität und Vertrauen sowie konsensorientierter Kommunikation zu implementieren und die Fokussierung auf Qualität.[1209] Das Jahr 2001 wurde zum Jahr der Qualität erklärt.[1210]

In 2001 begann die Deutsche Telekom aufgrund ihrer bisherigen Akquisitionspolitik unter massiven Druck der Finanzanalysten zu geraten. Die Verschuldung des Konzerns begann sich nachteilig auf die Ratings der Investmentbanken auszuwirken. Zusätzlich führten Qualitäts- und Prozessprobleme beim Kundenservice, u.a. bedingt durch eine Vielzahl von interdivisionalen Schnittstellenproblemen, zu einer Imageverschlechterung, der die Unternehmensleitung durch eine konzernweite Qualitätsoffensive entgegenzuwirken versuchte.[1211]

[1204] Vgl. Deutsche Telekom AG (Hrsg.), Die Kommunikationsoffensive Focus Future, 2001, S. 22.
[1205] Vgl. Deutsche Telekom AG (Hrsg.), Das Geschäftsjahr 2001. Modern Teams., 2002, S. 30.
[1206] Vgl. Deutsche Telekom AG (Hrsg.), Das Geschäftsjahr 2001. Modern Teams., 2002, S. 28.
[1207] Vgl. Deutsche Telekom AG (Hrsg.), Das Geschäftsjahr 2001. Modern Teams., 2002, S. 30.
[1208] Siehe hierzu auch die Ausführungen in Kapitel E.5.1 (T-Branding – Das Markenmanagement der Deutschen Telekom).
[1209] Vgl. Deutsche Telekom AG (Hrsg.), Die Kommunikationsoffensive Focus Future, 2001, S. 32 ff.
[1210] Die im Jahr der Qualität durchgeführte Qualitätsoffensive wird in Kapitel E.5.4.5 (Die zentral gesteuerte Qualitätsoffensive 2001) eingehend betrachtet.
[1211] Siehe hierzu ebenfalls die Ausführungen in Kapitel E.5.4.5 (Die zentral gesteuerte Qualitätsoffensive 2001).

2.7.1 Implementierung der vier Säulen – Das Projekt Telekom Success

Unter dem Titel Telekom Success setzte der Vorstand der Deutschen Telekom Ende Januar 2001 ein Projekt auf, das den Wandlungsprozess zur in 2000 entschiedenen Vier-Säulen-Struktur[1212] des Konzerns begleitete und die notwendigen Regeln hierzu definierte.

Telekom Success kann sowohl als ein strategisches Transformationsprogramm zur Implementierung der vier Säulen T-Mobile, T-Online, T-Systems und T-Com als auch als eine organisationsspezifische Maßnahme angesehen werden. Aufgrund der strategischen Implikationen ist diese Thematik der Vollständigkeit halber jedoch in diesem Teilabschnitt dargelegt.

Mit der Umstrukturierung diverser Konzerneinheiten in die Konzernzentrale hinein und bei den vier Divisionen waren neue Regeln für die konzernweite Zusammenarbeit erforderlich geworden, um trotz der Divisionalisierung die Erreichung der Konzernziele und die notwendige Zusammenarbeit der Divisionen untereinander sowie mit der Konzernzentrale sicherzustellen.

Die Neuausrichtung des Konzerns in die Vier-Säulen-Struktur machte es notwendig, klar zu beschreiben und verbindlich festzulegen, wie die künftige Zusammenarbeit im Konzern gestaltet sein sollte. Aus diesem Grund wurden im Juni 2001 vom Vorstand die zehn Regeln der Wertschöpfung zur Klärung von Grundsatzfragen zum Wertschöpfungsmodell der Deutschen Telekom verabschiedet.[1213]

In einer anschließenden sechsmonatigen Umsetzungsphase wurden die Verantwortlichkeiten nach der neuen Struktur übernommen, so dass ab dem 01. Januar 2002 das Tagesgeschäft vollständig in der Vier-Säulen-Struktur abgewickelt werden konnte.

Da sich dieses Regelwerk auf die Neuausrichtung des gesamten Konzerns bezog und zum Inhalt hatte, in welchem Handlungsrahmen sich die Divisionen zu bewegen hatten, galten diese Regelungen grundsätzlich für jede organisatorische Einheit des Konzerns und folglich für alle Mitarbeiter.

Die Zielsetzung dieses Regelwerkes bestand darin, die Zusammenarbeit im Konzern so effizient wie möglich zu gestalten und eine optimale interne Ressourcennutzung zu gewährleisten.[1214]

Die in Anhang I (Das Projekt Telekom Success: Die zehn Regeln der Wertschöpfung) ausführlich dargestellten Regeln für Liefer- und Leistungsbeziehungen im Konzern lösten die bis dahin bestehenden konzerninternen Grundsätze für Leistungsbeziehungen ab. Sie wurden bereits 2002 im Rahmen der Einführung der Strategischen Management Holding durch die Regeln der Wertschöpfung abgelöst.[1215]

Nachfolgend werden die Ziele der Divisionen für das Jahr 2001 dargestellt.

2.7.2 Festnetzstrategie und die strategischen Schwerpunkte der T-Com für 2001

Der Festnetzstrategie lagen insbesondere die nachfolgenden Leitsätze zugrunde:[1216]

❑ Das Festnetz bleibt weiterhin das Rückgrat des Konzerns.

❑ ISDN und T-DSL erhöhen die Rentabilität des Festnetzes.

❑ Entwicklung des Telefonanschlusses zum Multi-Service-Anschluss für Tele-, Online- und Multimediakommunikation.

❑ Ein leistungsfähiges Festnetz ist Voraussetzung für den künftigen Markterfolg von UMTS.

[1212] Siehe hierzu auch die Ausführungen im vorangegangenen Kapitel E.2.6 (Orientierung am TIMES-Markt – Strategische Inhalte für das Jahr 2000).
[1213] Vgl. Deutsche Telekom AG (Hrsg.), Regeln der Wertschöpfung im Telekom Konzern, 2001, S. 1.
[1214] Vgl. Deutsche Telekom AG (Hrsg.), Regeln der Wertschöpfung im Telekom Konzern, 2001, S. 2 f.
[1215] Siehe hierzu die Ausführungen in Kapitel E.6.2.15 (Einführung der Strategischen Management Holding).
[1216] Vgl. Deutsche Telekom AG (Hrsg.), Die Kommunikationsoffensive Focus Future, 2001, S. 12.

Die T-Com publizierte in 2001 zum ersten Mal unter diesem Namen und legte ihre strategischen Schwerpunkte auf den folgenden Gebieten fest:[1217]

- Neustrukturierung von Vertrieb und Service bringen schlankere, kundenorientierte und leistungsfähige Strukturen.
- Steigerung der Zufriedenheit bei Privatkunden durch transparente Preisstrukturen, Produkte mit leicht erkennbarem Nutzwert, schnelle und sichere Erreichbarkeit, hohe Zuverlässigkeit und Steigerung der Effizienz.
- Fokussierung auf die Mittelstandskunden durch persönliche Ansprache, sehr kurze Reaktionszeiten auf Wünsche und Anforderungen sowie exzellenten individuellen Service.

2.7.3 T-Online: Strategische Schwerpunkte 2001

Bei T-Online wurden für das Jahr 2001 drei strategische Schwerpunkte gesetzt:[1218]

- Wandel vom Service Provider zum Content Provider: Entwicklung zum Verlagshaus im Telekomkonzern.
- Entwicklung zu einem übergreifenden Informationsportal mit vielfältigem Zugang über Internet, Telefon, Mobilfunk und Breitbandkabel.
- Entwicklung eines Breitbandportals für den Zugang zu neuen Möglichkeiten des breitbandigen Internets.

Das große Wachstum der Onlinekunden in Deutschland festigte für die Deutsche Telekom die Stellung als Europas führender Internetanbieter. Die Internationalisierung dieses Kernbereichs begann zu diesem Zeitpunkt auch in Österreich, der Schweiz und in Frankreich.

2.7.4 T-Mobile: Strategische Schwerpunkte 2001

Folgende vier Ziele standen in diesem Jahr für T-Mobile aus strategischer Sicht im Mittelpunkt:[1219]

- Integration aller Akquisitionen.
- Ausbau der Marktpräsenz in den USA.
- Aufbau einer globalen, einheitlichen Marke.[1220]
- Einstieg in den UMTS-Markt.

Als wichtigstes Ziel verfolgte T-Mobile die Entstehung eines paneuropäischen Mobilfunkbetreibers. Ein gemeinsames, weltweit einheitliches Branding wurde beschlossen und umgesetzt.

2.7.5 T-Systems: Strategische Schwerpunkte 2001

Durch den Erwerb des debis-Systemhauses von DaimlerChrysler war die Telekom, wie bereits oben erwähnt, das erste Unternehmen, das Telekommunikation und Informationstechnologie global aus einer Hand anbieten konnte. Die strategischen Schwerpunkte für die T-Systems in diesem Jahr lauteten:[1221]

- Schaffung von neuen und zusätzlichen Perspektiven im Systemlösungsgeschäft.
- Hohe Wettbewerbsfähigkeit, um T-Systems langfristig in einer führenden Marktposition zu etablieren.
- Sicherstellen eines optimalen Zusammenspiels der einzelnen Einheiten.

[1217] Vgl. Deutsche Telekom AG (Hrsg.), Die Kommunikationsoffensive Focus Future, 2001, S. 24.
[1218] Vgl. Deutsche Telekom AG (Hrsg.), Die Kommunikationsoffensive Focus Future, 2001, S. 20.
[1219] Vgl. Deutsche Telekom AG (Hrsg.), Die Kommunikationsoffensive Focus Future, 2001, S. 18.
[1220] Siehe hierzu auch die Ausführungen in Kapitel E.5.1 (T-Branding – Das Markenmanagement der Deutschen Telekom).
[1221] Vgl. Deutsche Telekom AG (Hrsg.), Die Kommunikationsoffensive Focus Future, 2001, S. 22.

2.7.6 Spiegelung der Strategie 2001 an den Eingangshypothesen

Die konzernweite strategische Fokussierung auf die Verbesserung der Qualität[1222], die sich im obenstehenden Abschnitt insbesondere in den strategischen Zielen der T-Com wiederfindet, wurde in erster Linie aus Gründen der Kunden- und Marktorientierung initiiert und folgt letztendlich der Logik einer (stringenten) Kapitalmarktorientierung. Damit stellt die strategische Vorgabe zur konzernweiten nationalen Qualitätsoptimierung einen Beitrag zur Erfüllung der Hypothese I (Wandel)[1223] einschließlich der ihr zugehörigen Subhypothesen dar.

Die konzernübergreifende Einführung der globalen Marke T (besonders bei den Landesgesellschaften von T-Mobile) legt eine Intention im Sinne der Hypothese Ic (Kundenorientierung)[1224] nahe.

Nach der Entscheidung zur Implementierung der vier Säulen wurde im Rahmen des Projekts Telekom Success ein weiterer Schritt in Richtung der notwendigen Transformation der Telekom im Innenverhältnis gemäß der Hypothese IV (Vollzug der Transformation im Innenverhältnis)[1225] bezogen auf die strukturelle, prozessuale und mitarbeiterorientierte Ausrichtung sowie auf die Modifikation des Hierarchiesystems realisiert.

Bei den divisionalen Zielausprägungen erscheint neben der Kapitalmarktorientierung (Hypothese Ia)[1226] die Dominanz bei der Positionierung im Bereich Marktorientierung und -beherrschung (Hypothese Ib)[1227] im Vordergrund.

Hinsichtlich der Stringenz der strategischen Grundorientierung (Hypothese III)[1228] kann erneut festgehalten werden, dass die Logik der strategischen Rahmenparameter über den Zeitablauf, bezogen auf die Attribute Kapitalmarkt- und Kundenorientierung sowie TK-Marktbeherrschung, sich als konstant erweist.

2.8 Konvergenz und Synergie als Eckpfeiler der Strategie 2002

Nach dem Ausscheiden des bisherigen Vorstandsvorsitzenden Dr. Ron Sommer Mitte 2002 ließ der nachfolgende Interimsvorsitzende und bisherige Aufsichtsratsvorsitzende Prof. Dr. Sihler eine Überprüfung der Strategie des Konzerns durchführen.[1229] Zum Anlaß hierfür nahm man die sich stark verändernden Rahmenbedingungen, insbesondere die langfristige Einschätzung des Mobilfunkmarktes sowie eine sich deutlich verschlechternde Situation auf den Kapitalmärkten.[1230] Insbesondere wurde im Ergebnis dieser Überprüfung die Korrektheit der Ausrichtung auf die Vier-Säulen-Strategie bestätigt.

In diesem Jahr wurde ebenfalls die Bilanz bei wesentlichen immateriellen Vermögenswerten bereinigt, was zu einem negativen Konzernergebnis in Höhe von 24,6 Milliarden Euro führte, obwohl sich das operative Geschäft positiv entwickelte (so stieg etwa der Konzernumsatz um elf Prozent auf 53,7 Milliarden Euro).[1231]

[1222] Siehe hierzu auch die Ausführungen in Kapitel E.5.4.5 (Die zentral gesteuerte Qualitätsoffensive 2001).
[1223] Hypothese I: Die Deutsche Telekom hat den Wandel von einer Behörde zu einem markt- und kundenorientierten Unternehmen vollständig vollzogen.
[1224] Hypothese Ic: Die Telekom hat den Wandel zu einem kundenorientierten Unternehmen sowohl strategisch als auch in der praktischen Umsetzung abgeschlossen.
[1225] Hypothese IV: Es ist der Deutschen Telekom gelungen, die notwendigen Transformationen auch im Innenverhältnis (prozessuale und strukturelle Ausrichtung, Mitarbeiterführung, Personalanpassungen und Kulturwandel) zu realisieren. Häufig werden Formen der internen Unternehmenssteuerung, die mit Hilfe von Kennzahlen gewonnen werden, zu einem Vergleich mit internen oder externen Konkurrenzen verbunden. Dadurch verschwimmen die Grenzen des Unternehmens intern zwischen Markt und Hierarchie.
[1226] Hypothese Ia: Die Kapitalmarktorientierung dominiert im maßgeblichen Sinne die Ausrichtung und Strategie des Unternehmens Deutsche Telekom AG, die ursprüngliche ordnungspolitische Ausrichtung spielt keine Rolle mehr.
[1227] Hypothese Ib: Die Deutsche Telekom hat ihre Monopolstellung auf dem deutschen Telekommunikationsmarkt in eine marktorientierte und -beherrschende Position gewandelt.
[1228] Hypothese III: Die Entwicklung der strategischen Grundorientierung der Deutschen Telekom stellt sich über den Betrachtungszeitraum von 1995 bis 2008 stringent und konsequent an den externen Einflüssen orientiert dar.
[1229] Vgl. Deutsche Telekom AG (Hrsg.), Zielorientiert. Das Geschäftsjahr 2002., 2003, S. 14 ff.
[1230] Vgl. Deutsche Telekom AG (Hrsg.), Zielorientiert. Das Geschäftsjahr 2002., 2003, S. 24. Insbesondere wurden die Buchwerte bei den UMTS-Lizenzen und Unternehmenswerten wie den Immobilien bereinigt (vgl. Deutsche Telekom AG (Hrsg.), Zielorientiert. Das Geschäftsjahr 2002, 2003, S. 26).
[1231] Vgl. Deutsche Telekom AG (Hrsg.), Zielorientiert. Das Geschäftsjahr 2002., 2003, S. 24.

Allgemein stellten Konvergenz und Synergie als Richtungspunkt für weiteres Wachstum wesentliche Eckpfeiler der Konzernstrategie für 2002 dar und ergaben somit folgende Zielsetzungen:[1232]
- Ausschöpfung der Konvergenzpotenziale durch konkrete Produkte.
- Ausschöpfung der Synergiepotenziale in den fünf Fokusbereichen Einkauf, Cross-Border-Leistungstausch, E-Telko, Rechnungslegung und Produktion.

Wie diese wenigen Beispiele zeigen, wurde die interdivisionelle Schnittstellenproblematik nunmehr in der Konzernstrategie, wenn auch nur indirekt, thematisiert. Die Bestätigung der Ausrichtung auf das Vier-Säulen-Prinzip kann nur aus Marktsicht nachvollzogen werden. Da jedoch zu diesem Zeitpunkt die Verhaltensmuster der Divisionen hinsichtlich ihrer unternehmerischen Freiheit zur Separation von der Deutschen Telekom führten und dem One-Company-Gedanken entgegenwirkten, wäre eine veränderte organisationsspezifische Aufstellung der Geschäftsfelder, die letztendlich erst in 2004 begann, bereits in 2002 sinnvoll gewesen. Aus heutiger Sicht wurde die Problematik, die sich aus der Verselbstständigung der Divisionen ergab, unterschätzt.[1233]

2.8.1 T-Com 2002: Fokus auf die Stabilisierung des Kerngeschäfts

Bezogen auf das wettbewerbsintensive Marktumfeld wurde der Schwerpunkt der Strategie von T-Com auf die Stabilisierung des Kerngeschäfts gelegt.[1234]

Die Einführung von T-DSL via Satellit sorgte für zusätzliches Kundenpotenzial und außerdem wurde durch die technische Verfügbarkeit von T-DSL im Festnetz der Absatz im Breitbandbereich weiter gesteigert.[1235] Damit unterstrich die T-Com die strategische Zielsetzung zum Ausbau des Breitbandgeschäfts.

Einen bedeutenden Beitrag zur Wachstumsstrategie leisteten darüber hinaus der indirekte Vertrieb der T-Com über Drittfirmen und die Implementierung eines Fachhandelkonzepts für IT, die eine zusätzliche Generierung der Vermarktungspotenziale für die Produkte der Telekom ermöglichte.[1236]

2.8.2 T-Online 2002: Konzentration auf das Internet-Medien-Netzwerk

Strategisch war T-Online in 2002 auf ihre Weiterentwicklung zum Internet-Medien-Netzwerk und auf ein profitables Wachstum ausgerichtet.[1237] Die Contentstrategie stand im Mittelpunkt der Unternehmensaktivitäten; dabei spielte die Entwicklung und Vermarktung kommerzieller und bezahlungspflichtiger Inhalte und Dienste eine große Rolle für die Realisierung weiterer Effizienz- und Umsatzziele.[1238] Die Breitbandtechnologie sowie die kanalübergreifende Verfügbarkeit der Services ermöglichten neue wettbewerbsfähige Angebote und Dienste, mit denen T-Online im Internetmarkt weiteres Wachstum erreichen wollte.[1239]

2.8.3 T-Mobile 2002: Wachstum und T-Branding

Einer der Schwerpunkte der Aktivitäten war die bereits 2001 beschlossene einheitliche Markenmigration[1240] auf den Namen T-Mobile in den wichtigen europäischen Märkten Deutschland, Österreich, Großbritannien und Tschechien sowie in den USA.[1241]

Darüber hinaus galt es, die Position in 2002 als einer der weltweit führenden Mobilfunkanbieter auf nahezu allen Mobilfunkmärkten auszubauen, was auch durch einen erzielten Jahresumsatz in Höhe von 19,7 Milliarden Euro (in 2001 waren es 14,6 Milliarde Euro) eindrucksvoll gelang.[1242]

[1232] Vgl. Deutsche Telekom AG (Hrsg.), Synergie und Konvergenz, 2002, S. 2.
[1233] Zu den Gründen hierfür siehe die Ausführungen in Kapitel E.4.1.3.1 (Die Breitbandoffensive).
[1234] Vgl. Deutsche Telekom AG (Hrsg.), Zielorientiert. Das Geschäftsjahr 2002., 2003, S. 72.
[1235] Vgl. Deutsche Telekom AG (Hrsg.), Zielorientiert. Das Geschäftsjahr 2002., 2003, S. 74.
[1236] Vgl. Deutsche Telekom AG (Hrsg.), Zielorientiert. Das Geschäftsjahr 2002., 2003, S. 76.
[1237] Vgl. Deutsche Telekom AG (Hrsg.), Zielorientiert. Das Geschäftsjahr 2002., 2003, S. 100.
[1238] Vgl. Deutsche Telekom AG (Hrsg.), Zielorientiert. Das Geschäftsjahr 2002., 2003, S. 100.
[1239] So wuchs die Anzahl der Kunden in Europa auf 12,2 Millionen (davon allein in Deutschland auf nahezu zehn Millionen) an, was den Onlineanbieter zum Marktführer in Deutschland sowie zu einem der größten europäischen Onlineanbieter werden ließ (vgl. Deutsche Telekom AG (Hrsg.), Zielorientiert. Das Geschäftsjahr 2002., 2003, S. 98).
[1240] Siehe hierzu auch die Ausführungen in Kapitel E.5.1 (T-Branding – Das Markenmanagement der Deutschen Telekom).
[1241] Vgl. Deutsche Telekom AG (Hrsg.), Zielorientiert. Das Geschäftsjahr 2002., 2003, S. 88.
[1242] Vgl. Deutsche Telekom AG (Hrsg.), Zielorientiert. Das Geschäftsjahr 2002., 2003, S. 88 f.

2.8.4 T-Systems 2002: Strategische Schwerpunkte

Bereits in 2002 betreute die T-Systems mit weltweit 43.482 Mitarbeitern (im Jahresdurchschnitt) neben den Kunden im Konzern auch Großkunden aus allen Branchen, Industriekonzerne, internationale Netzbetreiber sowie diverse Behörden und Einrichtungen auf Bundes- und Länderebene mit einem Gesamtumsatz in Höhe von 11,3 Milliarden Euro (Vorjahr 11,9 Milliarden Euro) und war dadurch europaweit einer der führenden Anbieter von IT- und Telekommunikationsleistungen aus einer Hand.[1243] Folgende strategische Schwerpunkte lagen bei T-Systems für 2002 vor:[1244]

- ❏ Eine gezielte Ausrichtung am Bedarf der Kunden.
- ❏ Fokussierung auf Ergebnissteigerung.
- ❏ Akquisition weiterer Großprojekte für internationale Kunden.

Die Ergebnissteigerung konnte jedoch aufgrund der Entwicklung der europäischen Märkte für Informationstechnologie und Telekommunikation nicht erreicht werden.[1245]

2.8.5 Spiegelung der Strategie 2002 an den Eingangshypothesen

Die strategischen Schwerpunkte des Jahres 2002 weisen im Hinblick auf ihre Inhalte, sowohl bei den Konzernvorgaben als auch bei den divisionalen Zielen, auf einen Bezug zu den drei Subhypothesen der Hypothese I (Wandel)[1246] hin. Überdies folgt die Strategie in Summe den strategischen Punkten des Vorjahres.[1247]

2.9 Wechsel der Vision, neues Wertesystem und eine Strategie der Entschuldung und des profitablen Wachstums für 2003

In 2003 wurde ein neues Konzernleitbild erarbeitet und eingeführt. Es bestand aus der neu formulierten Vision und dem neuen Wertegerüst T-Spirit.

2.9.1 Die Vision aus dem Konzernleitbild 2003

Die neu formulierte Vision sollte deutlich hervorheben, dass der Kunde klar im Mittelpunkt steht und jegliches Handeln aller Beschäftigten bestimmt und dass die Deutsche Telekom als Dienstleistungsunternehmen jederzeit Qualität und Innovation auf höchstem Niveau erzielen muss.[1248] Die Vision der Telekom ab dem Jahr 2003 lautete nunmehr:

„Als das führende Dienstleistungsunternehmen der Telekommunikations- und Informationstechnologieindustrie verbinden wir die Gesellschaft für eine bessere Zukunft. Mit höchster Qualität, effizient und innovativ zum Nutzen unserer Kunden. In jeder Beziehung."[1249]

Die Vision hatte ebenfalls für die Divisionen Gültigkeit, die im Sinne der strategischen Transformation hierzu ihre jeweiligen Missionen ableiten sollten.[1250]

Aus der zentral vorgegebenen Vision wird die Initiative der Konzernleitung für die Transformation zu einem kundenorientierten Unternehmen (Hypothese Ic)[1251] deutlich. Die erneute Hervorhebung der Kundenorientierung in der Unternehmensvision ist ebenfalls Bestandteil einer stringenten Grundorientierung der Unternehmensstrategie (Hypothese III)[1252].

[1243] Vgl. Deutsche Telekom AG (Hrsg.), Zielorientiert. Das Geschäftsjahr 2002., 2003, S. 80.
[1244] Vgl. Deutsche Telekom AG (Hrsg.), Zielorientiert. Das Geschäftsjahr 2002., 2003, S. 80.
[1245] Vgl. Deutsche Telekom AG (Hrsg.), Zielorientiert. Das Geschäftsjahr 2002., 2003, S. 81.
[1246] Hypothese I: Die Deutsche Telekom hat den Wandel von einer Behörde zu einem markt- und kundenorientierten Unternehmen vollständig vollzogen.
[1247] Siehe hierzu auch die Ausführungen in Kapitel E.2.7.6 (Spiegelung der Strategie 2001 an den Eingangshypothesen).
[1248] Vgl. Ricke, K.-U., Rede anlässlich des Forums „Konzernleitbild" (Führungskräfte) am 03.07.2003 in Bonn, 2003, S. 3.
[1249] Ricke, K.-U., Rede anlässlich des Forums „Konzernleitbild" (Führungskräfte) am 03.07.2003 in Bonn, 2003, S. 3.
[1250] Vgl. Ricke, K.-U., Rede anlässlich des Forums „Konzernleitbild" (Führungskräfte) am 03.07.2003 in Bonn, 2003, S. 4.
[1251] Hypothese Ic: Die Telekom hat den Wandel zu einem kundenorientierten Unternehmen sowohl strategisch als auch in der praktischen Umsetzung abgeschlossen.
[1252] Hypothese III: Die Entwicklung der strategischen Grundorientierung der Deutschen Telekom stellt sich über den Betrachtungszeitraum von 1995 bis 2008 stringent und konsequent an den externen Einflüssen orientiert dar.

2.9.2 Das Wertegerüst T-Spirit

Das in 2003 eingeführte Wertegerüst enthält sechs Bausteine, an denen sich der für alle Konzerneinheiten gültige Wertewandel orientieren soll:

- *„Steigerung des Konzernwertes"*
  Wir steigern den Wert der Deutschen Telekom nachhaltig.
- *Partner für den Kunden*
  Wir begeistern unsere Kunden durch exzellente Produkte und Services.
- *Innovation*
  Wir schaffen ein Klima für Innovationen und Spaß an Leistung.
- *Respekt*
  Wir nutzen unsere kulturelle Vielfalt, respektieren und unterstützen uns.
- *Integrität*
  Wir kommunizieren offen und ehrlich und halten, was wir versprechen.
- *Top Exzellenz*
  Wir denken und handeln entschlossen, wollen mit den richtigen Menschen am richtigen Platz ständig effizienter werden, belohnen Leistungen und sanktionieren Fehlverhalten konsequent."[1253]

Die Werte, die T-Spirit umfasst, werden als ein wichtiger Schlüssel zum Erreichen der Konzernziele angesehen. Auch liefern sie den Mitarbeitern Anhaltspunkte für ihr Verhalten im Arbeitsalltag. Mit diesen sechs Werten können die Beschäftigten regelmäßig ihr berufliches Verhalten überprüfen und hinterfragen.

Der Implementierung dieser neuen Kultur im Konzern wurde (und wird) eine hohe Bedeutung beigemessen.

So wurde im Herbst 2003 konzernweit ein T-Spirit-Check in Form einer Onlinebefragung bei allen Mitarbeitern im Konzern durchgeführt, um zu sehen, inwieweit die Kommunikation des neuen Wertesystems bei den Mitarbeitern angekommen war und wie das Thema verstanden und angenommen wurde. Darüber hinaus erhielt man hierdurch einen Aufsatzpunkt für künftige Messungen bzw. Befragungen.

Aus der Ergebnisanalyse des T-Spirit Check kristallisierten sich als erfolgskritische Treiber folgende Punkte heraus:

- *„Vermittlung und Vorleben der Werte durch Führungskräfte und Vorstand,*
- *Optimierung der internen Prozesse und*
- *Verbesserung der partnerschaftlichen Zusammenarbeit im Konzern."*[1254]

Ab 2004 wurde in allen jährlich stattfindenden Mitarbeiterbefragungen[1255] nach der Umsetzung der Werte gefragt. Darüber hinaus wurden die Werte in die jährlich stattfindenden Beurteilungsrunden integriert.

[1253] Ricke, K.-U., Rede anlässlich des Forums „Konzernleitbild" (Führungskräfte) am 03.07.2003 in Bonn, 2003, S. 5 ff.
[1254] Hartwig, J., T-Spirit Check: Ergebnisse liegen vor und abgeleitete Maßnahmen sind angestoßen, 2004, S. 8.
[1255] Zu dem Instrument der Mitarbeiterbefragung siehe die Ausführungen in Kapitel E.4.2.3 (Mitarbeiterbefragungen).

Die in dem Wertegerüst T-Spirit manifestierten Tugenden stellen Rahmenbedingungen für das optimale Verhalten der Mitarbeiter dar, aus denen ein unmittelbarer Zusammenhang zur Hypothese IV (Vollzug der Transformation im Innenverhältnis)[1256] abgeleitet werden kann.

Auch dieses Wertegerüst wurde zum Zweck der Unternehmenssteuerung hinsichtlich des Implementierungsstandes mittels Kennwertbildung in einen funktionalen Maßstab umgesetzt.

2.9.3 Die strategischen Ziele für 2003

Für das Geschäftsjahr 2003 wurden von Vorstand und Aufsichtsrat folgende strategische Ziele festgelegt:[1257]

- Deutlicher Schuldenabbau durch das Programm E^3.[1258]
- Profitables Wachstum und Ausbau der führenden Marktposition: Zur effizienten Umsetzung durften nur die profitablen Wachstumsoptionen wahrgenommen werden.
- Erhöhung der Kundenzufriedenheit und Verbesserung des Mitarbeitercommitments.

Zur Verbesserung der Zusammenarbeit zwischen der Zentrale und den Divisionen wurde die Deutsche Telekom seit Mitte 2003 als Strategische Management Holding geführt, die die drei Themengebiete Konzernzentrale und Shared Services sowie die Regeln der Wertschöpfung umfasste.[1259]

Die Konzernzentrale und die Shared Service-Einheiten, die bislang alle organisatorisch Bestandteil der Zentrale waren, werden als Group Headquarter and Shared Services (GHS) bezeichnet.

Als Reaktion auf die schlechte Arbeitsmarktlage wurden Einsparungen im Rahmen der Personalstrategie geplant, die bis 2006 einen zusätzlichen Beitrag in dreistelliger Millionenhöhe durch folgende Maßnahmen erbringen sollten:[1260]

- Verkürzung der Wochenarbeitszeit ohne Lohnausgleich bei T-Com und bei der GHS.
- Eine Absenkung der Vergütung für die Transferkräfte bei der internen Arbeitsvermittlungsgesellschaft Vivento[1261].
- Anpassung (Reduzierung) der Ausbildungsquote, die mit 7,2 Prozent der inländischen Belegschaft deutlich über dem Bedarf des Unternehmens und über dem Durchschnitt der bundesdeutschen Wirtschaft lag.

Aufgrund der enormen Verschuldung des Konzerns und der angespannten Finanzmarktsituation (Börsenkursentwicklung und Rating) spiegelten sich die Präferenzierung der finanzbezogenen Kennwerte sowie die Orientierung auf Effizienz und Profitabilität für das Geschäftsjahr 2003 entsprechend in den Zielen für den Konzern und für die Divisionen wider.

Demzufolge traten offensichtlich nichtmonetäre Strategien und Ziele in 2003 in den Hintergrund.

[1256] Hypothese IV: Es ist der Deutschen Telekom gelungen, die notwendigen Transformationen auch im Innenverhältnis (prozessuale und strukturelle Ausrichtung, Mitarbeiterorientierung, Personalanpassungen und Kulturwandel) zu realisieren. Häufig werden Formen der indirekten Unternehmenssteuerung, die mit Hilfe von Kennzahlen gewonnen werden, zu einem Vergleich mit internen oder externen Konkurrenzen verbunden. Dadurch verschwimmen die Grenzen des Unternehmens intern zwischen Markt und Hierarchie.
[1257] Vgl. Deutsche Telekom AG (Hrsg.), Konzern- und Divisionsziele 2003: Fokus auf Entschuldung und profitables Wachstum, http://16 4.16.45.115/unternehmen/telekom/konzernleitbild/konzernziele_2003.html, 2003.
[1258] Die Netto-Finanzverbindlichkeiten der Deutschen Telekom beliefen sich Ende 2002 auf 61,1 Milliarden Euro (vgl. Deutsche Telekom AG (Hrsg.), Heute das Morgen sehen. Das Geschäftsjahr 2004., 2005, S. 61). Die Gründe für die Verschuldung und das Schuldenabbauprogramm E^3 sowie dessen Erfolge werden in Kapitel E.3.3 (E^3 – das konzernweite Programm zur Entschuldung) vollständig dargestellt und erläutert.
[1259] Diese Reorganisationsmaßnahme ist in Kapitel E.6.2.15 (Einführung der Strategischen Management Holding) umfassend dargestellt.
[1260] Vgl. Demirer, G., Konzern-Personalstrategie: Rüstzeug für anhaltend schwierige Zeiten, 2003, S. 4.
[1261] Siehe hierzu auch die Ausführungen in Kapitel E.3.3.3 (Die Einrichtung der Personalservice-Agentur).

Die nachfolgende Abbildung 95 veranschaulicht abschließend die Konzernziele 2003 und deren Ableitung für die vier Divisionen.

Abb. 95:   Konzern- und Divisionsziele 2003

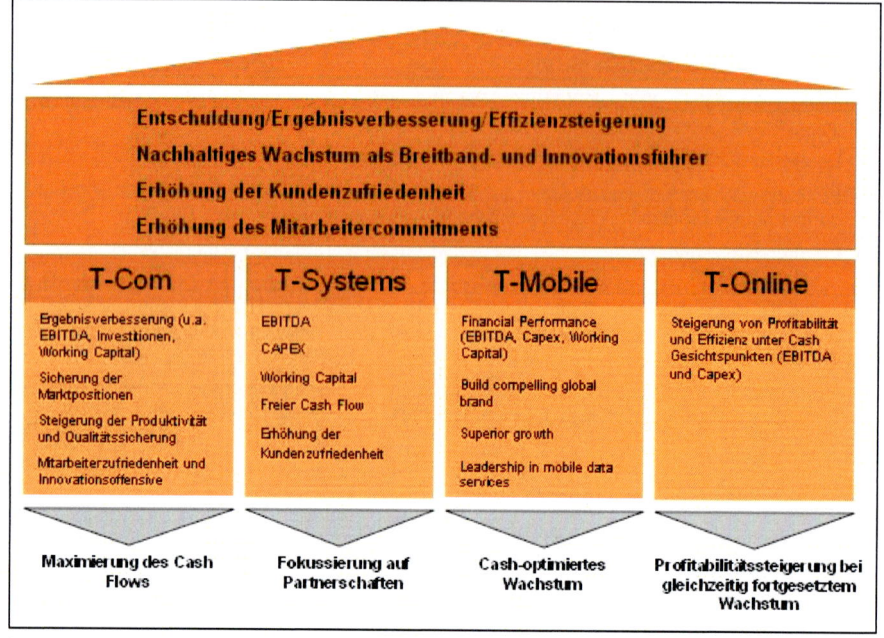

```
                Entschuldung/Ergebnisverbesserung/Effizienzsteigerung
                Nachhaltiges Wachstum als Breitband- und Innovationsführer
                Erhöhung der Kundenzufriedenheit
                Erhöhung des Mitarbeitercommitments
```

T-Com	T-Systems	T-Mobile	T-Online
Ergebnisverbesserung (u.a. EBITDA, Investitionen, Working Capital)	EBITDA	Financial Performance (EBITDA, Capex, Working Capital)	Steigerung von Profitabilität und Effizienz unter Cash Gesichtspunkten (EBITDA und Capex)
Sicherung der Marktpositionen	CAPEX	Build compelling global brand	
Steigerung der Produktivität und Qualitätssicherung	Working Capital		
Mitarbeiterzufriedenheit und Innovationsoffensive	Freier Cash Flow	Superior growth	
	Erhöhung der Kundenzufriedenheit	Leadership in mobile data services	

| Maximierung des Cash Flows | Fokussierung auf Partnerschaften | Cash-optimiertes Wachstum | Profitabilitätssteigerung bei gleichzeitig fortgesetztem Wachstum |

In Anlehnung an: Weckmüller, H., Ziele vereinbaren, 2003, S. 4

Im Vordergrund der strategischen Ausrichtung in 2003 standen somit die Orientierung an den Kapitalmarkt sowie die Markt- und Kundenorientierung, so dass ein positiver Zusammenhang auf die Erfüllung der Hypothese I (Wandel)[1262] gegeben ist. Dies gilt ebenso für die nachfolgend beschriebenen Missionen und strategiebezogenen Ziele für die vier Divisionen.

Einmal mehr zeigt sich, nach der Betrachtung von nunmehr acht Jahren (1995 bis 2003), eine Stringenz der strategischen Grundorientierung im Sinne der Hypothese III[1263].

2.9.3.1   T-Com 2003: Mission und strategische Ziele

Abgeleitet aus der Vision der Deutschen Telekom lautete die Mission der T-Com:

„T-Com bringt die Welt „nach Hause". Als Antrieb und Seele der Kommunikationsgesellschaft des 21. Jahrhunderts bieten wir allen Anschluss an die Zukunft. Immer, einfach und sicher."[1264]

Für die T-Com wurde die Position des führenden Anbieters in der Festnetzkommunikation angestrebt. Für das Festnetzgeschäft sollten internationale Maßstäbe gelten.[1265]

[1262] Hypothese I: Die Deutsche Telekom hat den Wandel von einer Behörde zu einem markt- und kundenorientierten Unternehmen vollständig vollzogen.
[1263] Hypothese III: Die Entwicklung der strategischen Grundorientierung der Deutschen Telekom stellt sich über den Betrachtungszeitraum von 1995 bis 2008 stringent und konsequent an den externen Einflüssen orientiert dar.
[1264] Ricke, K.-U., Rede anlässlich des Forums „Konzernleitbild" (Führungskräfte) am 03.07.2003 in Bonn, 2003, S. 4.
[1265] Vgl. Ricke, K.-U., Rede anlässlich des Forums „Konzernleitbild" (Führungskräfte) am 03.07.2003 in Bonn, 2003, S. 4.

Die Inhalte der strategischen Stoßrichtung der T-Com für das Jahr 2003 enthält die Abbildung 96.

Abb. 96: Die strategische Agenda der T-Com für 2003

Die strategische Agenda - strategische Stoßrichtung der T-Com -		
Kosten und Prozess-Führerschaft • Durchgängige Prozesse • Channelmix und Channeloptimierung • Portfoliobereinigung • Kostensenkung/ Personalanpassung • Mitarbeiterzufriedenheit	Sicherung und Wachstum des Kerngeschäftes • Wachstum Mittelstand • Umzugsprozess • Offensive TMWD • Preismaßnahmen • Wachstum Consumer	Schaffung zusätzlicher Werte • Ergebnisoptimiertes Wachstum T-DSL • Portfoliooptimierung T-DSL • Enabling

In Anlehnung an: Deutsche Telekom AG (Hrsg.), Dialog im Team – Strategie und Ziele T-Com 2003, 2003

Als die wichtigsten zu erreichenden Ziele hatte sich die T-Com die Ergebnissicherung, die Sicherung der Marktposition, die Steigerung der Produktivität, die Qualitätssicherung sowie die Mitarbeiterzufriedenheit und eine Innovationsoffensive auf den Plan geschrieben.[1266]

2.9.3.2 T-Online 2003: Mission und strategische Ziele

Die Mission für T-Online, abgeleitet aus der Vision der Deutschen Telekom, lautete:

„The best online-experience."[1267]

Insbesondere sollte die T-Online ihre Rolle als ein führendes Internet-Media-Network weiterentwickeln.[1268]

Das Unternehmen verfolgte weiterhin die Strategie zur Erhöhung der Profitabilität bei gleichzeitig fortgesetztem Wachstum. Wesentliche Schwerpunkte waren dabei die Steigerung des Wachstums bei Breitbandkunden, der Ausbau des Non-Access-Geschäfts insbesondere in den Bereichen Paid Content / Services und E-Commerce sowie die Erschließung der Lean-back-Erlebniswelt.[1269]

2.9.3.3 T-Mobile 2003: Mission und strategische Ziele

Die T-Mobile hatte ihre Mission aus der Konzernvision wie folgt abgeleitet:

„Wir entwickeln uns zum angesehensten Dienstleistungsunternehmen, das mit Leidenschaft die grenzenlose Freiheit der Mobilität für jeden ermöglicht."[1270]

Oberstes Ziel war es, die Position von T-Mobile als eines der international führenden Mobilfunkunternehmen auszubauen.[1271]

[1266] Vgl. Deutsche Telekom AG (Hrsg.), Unternehmensziele 2003 sind verabschiedet, http://vertrieb.telekom.de/meldungen/archiv/ts_AI _030205_3.htm, 2003.
[1267] Ricke, K.-U., Rede anlässlich des Forums „Konzernleitbild" (Führungskräfte) am 03.07.2003 in Bonn, 2003, S. 4.
[1268] Vgl. Ricke, K.-U., Rede anlässlich des Forums „Konzernleitbild" (Führungskräfte) am 03.07.2003 in Bonn, 2003, S. 4.
[1269] Vgl. T-Online International AG (Hrsg.), Die T-Online Konzernziele, Schreiben des Vorstandsvorsitzenden der T-Online International AG, Thomas Holtrop, an die Mitarbeiter am 28.02.2003, 2003.
[1270] Ricke, K.-U., Rede anlässlich des Forums „Konzernleitbild" (Führungskräfte) am 03.07.2003 in Bonn, 2003, S. 4.
[1271] Vgl. Ricke, K.-U., Rede anlässlich des Forums „Konzernleitbild" (Führungskräfte) am 03.07.2003 in Bonn, 2003, S. 4.

Die rentabilitätsorientierte Wachstumsstrategie von T-Mobile beruhte zu 50 Prozent auf der finanziellen Performance, um die notwendigen Konzerninvestitionen auszugleichen.[1272] Weitere Ziele waren die Verbesserung des Cashbeitrags, die Verschärfung des Markenprofils durch Branding und die mobile Datenkommunikation.[1273] Renaming und Rebranding sollten das Ziel einer einheitlichen globalen Marke durchsetzen.[1274] In den USA strebte T-Mobile ein überdurchschnittliches Kundenwachstum an, während in Westeuropa auf ein profitables Wachstum in Bezug auf die Umsätze gesetzt wurde.[1275]

2.9.3.4 T-Systems 2003: Mission und strategische Ziele

Die T-Systems leitete Ihre Mission aus der Konzernvision folgendermaßen ab:

„We understand our customer's goals and challenges. We use this insight to develop, implement and manage solutions that drive sustainable business success."[1276]

T-Systems sollte als ein führender Anbieter von IT- und TK-Lösungen für Großkunden etabliert werden.[1277] Die Hauptziele hierbei waren die Steigerung der Wettbewerbsfähigkeit und der Profitabilität.

2.10 Konzernziele 2004: Fokus auf Ergebnisverbesserung

Die Konzernziele im Geschäftsjahr 2004 wurden an die beiden bilanztechnischen Zielparameter Konzernüberschuss und EBITDA (Earnings before interests, taxes, depreciation and amortization) geknüpft.[1278] Während das EBITDA auf die Ertragskraft eines Unternehmens bezogen ist, zeigt der Konzernüberschuss den Gewinn oder Verlust nach Steuern an. Vornehmlich galt es weiterhin, die Schuldenlast zu reduzieren und profitabel zu wachsen, was die Konzentration auf das Unternehmensergebnis erklärt.

Da das operative Ergebnis des Konzerns in den Divisionen erwirtschaftet wurde, sind in 2004 die Konzernziele eng mit den Divisionszielen verknüpft worden.[1279] Abgeleitet aus den Konzernzielen (EBITDA und Konzernüberschuss) wurden in den Zielen für die Divisionen die beiden Ergebnisgrößen EBITDA und Operating Free Cash Flow[1280] verankert.[1281]

Die einzelnen Ziele der Divisionen wurden zu jeweils einem Drittel gewichtet. Wie oben erläutert, lag der Schwerpunkt hierbei auf den Ergebniskennzahlen. Auch im Finanzjahr 2004 dominierten bei den Konzernzielen die finanzwirtschaftlichen Kenngrößen.

[1272] Vgl. Deutsche Telekom AG (Hrsg.), Packen wir's an, http://teamnet.telekom.de/coremedia/generator/mtn/templateId=renderInternalPage/gridID=1128/modulID=3062/contentID=3100/top=true/id=1122.html, 2003.
[1273] Vgl. Deutsche Telekom AG (Hrsg.), Packen wir's an, http://teamnet.telekom.de/coremedia/generator/mtn/templateId=renderInternalPage/gridID=1128/modulID=3062/contentID=3100/top=true/id=1122.html, 2003.
[1274] Zu Branding siehe die Ausführungen in Kapitel E.5.1 (T-Branding – Das Markenmanagement der Deutschen Telekom).
[1275] Vgl. Deutsche Telekom AG (Hrsg.), Packen wir's an, http://teamnet.telekom.de/coremedia/generator/mtn/templateId=renderInternalPage/gridID=1128/modulID=3062/contentID=3100/top=true/id=1122.html, 2003.
[1276] Ricke, K.-U., Rede anlässlich des Forums „Konzernleitbild" (Führungskräfte) am 03.07.2003 in Bonn, 2003, S. 4.
[1277] Vgl. Ricke, K.-U., Rede anlässlich des Forums „Konzernleitbild" (Führungskräfte) am 03.07.2003 in Bonn, 2003, S. 4.
[1278] Vgl. Deutsche Telekom AG (Hrsg.), Konzern- und Divisionsziele 2004: Fokus auf Ergebnisverbesserung, http://teamnet.telekom.de/coremedia/generator/mtn/templateId=renderInternalPage/gridID=1128/modulID=1120/contentID=36726/top=true/id=1122.html, 2004.
[1279] Vgl. Deutsche Telekom AG (Hrsg.), Verzahnung von Divisions- und Konzernzielen stellt Zielerreichung sicher, http://teamnet.telekom.de/coremedia/generator/mtn/templateId=renderInternalPage/top=true/id=36710.html, 2004.
[1280] Der Free Cash Flow ist eine Kenngröße zur Steuerung der Liquidität eines Unternehmens. Bei der Deutschen Telekom erfolgte die Berechnung dabei in einer abgestuften Form entsprechend der Verantwortlichkeiten der jeweiligen Einheiten. Den Divisionen obliegt die Verantwortlichkeit für das operative Geschäft. Die Optimierung von Steuern und Zinsen lag in der Verantwortung des strategischen Management Holding. In der Berechnungslogik wurden verschiedene Zwischenergebnisse ausgewiesen, die der Verantwortungslogik folgten und eine entsprechende Steuerung des Free Cash Flow ermöglichten. Der Operating Free Cash Flow gibt Auskunft darüber, in welchem Maße Zahlungsüberschüsse oder Defizite aus der operativen Geschäftstätigkeit generiert werden. Die Verantwortung für diese Kennzahl lag bei den Divisionen. Vgl. Deutsche Telekom AG (Hrsg.), Verzahnung von Divisions- und Konzernzielen stellt Zielerreichung sicher, http://teamnet.telekom.de/coremedia/generator/mtn/templateId=renderInternalPage/top=true/id=36710.ht ml, 2004.
[1281] Vgl. Deutsche Telekom AG (Hrsg.), Verzahnung von Divisions- und Konzernzielen stellt Zielerreichung sicher, http://teamnet.telekom.de/coremedia/generator/mtn/templateId=renderInternalPage/top=true/id=36710.html, 2004.

Die Abbildung 97 gibt einen Überblick über die jeweiligen Ziele der vier Divisionen für das Geschäftsjahr 2004.

Abb. 97: Ziele und deren Gewichtung für die Divisionen in 2004

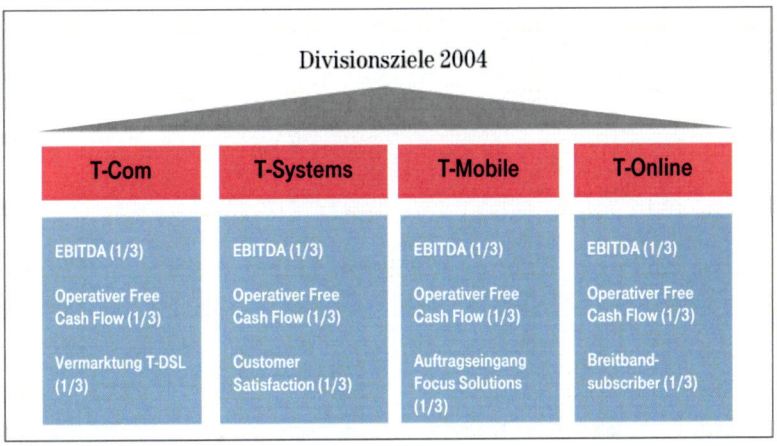

Divisionsziele 2004

T-Com	T-Systems	T-Mobile	T-Online
EBITDA (1/3)	EBITDA (1/3)	EBITDA (1/3)	EBITDA (1/3)
Operativer Free Cash Flow (1/3)	Operativer Free Cash Flow (1/3)	Operativer Free Cash Flow (1/3)	Operativer Free Cash Flow (1/3)
Vermarktung T-DSL (1/3)	Customer Satisfaction (1/3)	Auftragseingang Focus Solutions (1/3)	Breitband-subscriber (1/3)

In Anlehnung an: Deutsche Telekom AG (Hrsg.), Verzahnung von Divisions- und Konzernzielen stellt Zielerreichung sicher, 2004

Diese Ziele wurden auch in die jeweiligen Individualziele der Leitenden Angestellten und derjenigen Tarifmitarbeiter, die Zielvereinbarungen per Tarifvertrag abschließen, übernommen, was die Motivation zur Erreichung dieser Ziele unterstützen sollte.[1282]

Das Ergebnis des Geschäftsjahres 2004 fiel aufgrund dementsprechender Aktivitäten positiv aus. Der Konzernumsatz stieg um 3,7 Prozent auf 57,9 Milliarden Euro, der Konzernüberschuss betrug 4,6 (ohne Sondereffekte 2,2) Milliarden Euro, das EBITDA stieg um 5,9 Prozent auf 19,4 Milliarden Euro und die Schulden[1283] wurden allein in 2004 um 11,4 Milliarden auf 35,2 Milliarden Euro (Jahresende 2004) reduziert.[1284]

Zur Unterstützung des übergreifenden strategischen Ziels, das führende Dienstleistungsunternehmen der Telekommunikations- und Informationstechnologiebranche zu werden, wurde das konzernübergreifende Sechs-Punkte Programm Agenda 2004 aufgesetzt, das die Programme der vier Divisionen ergänzen sollte und aus den sechs Offensiven Breitband, Personal, Innovation, Qualität, Effizienz und Geschäftskunden bestand.[1285] Ebenfalls in 2004 wurde die neue strategische Ausrichtung des Konzerns hinsichtlich der Konzernstruktur angestoßen. Dabei galt es, sich

- „...dem tief greifenden technologischen Wandel,
- dem Wandel von der Technologie- zur Dienstleistungsbranche
- und dem anhaltend hohen Wettbewerbsdruck, der nicht zuletzt durch die Regulierung erzeugt
...[1286]

wurde, anzupassen.

[1282] Vgl. Deutsche Telekom AG (Hrsg.), Konzern- und Divisionsziele 2004: Fokus auf Ergebnisverbesserung, http://teamnet.telekom.de/coremedia/generator/mtn/templateId=renderInternalPage/gridID=1128/modulID=1120/contentID=36726/top=true/id=1122.html, 2004.
[1283] Siehe hierzu auch die Ausführungen in Kapitel E.3.3 (E³ – das konzernweite Programm zur Entschuldung).
[1284] Vgl. Deutsche Telekom AG (Hrsg.), Heute das Morgen sehen. Das Geschäftsjahr 2004., 2005, S. 5.
[1285] Das strategische Transformationsprogramm Agenda 2004 wird in Kapitel E.4.1.3 (Die Agenda 2004) näher beleuchtet.
[1286] Deutsche Telekom AG (Hrsg.), Ricke: „Den Wandel angstfrei managen", http://teamnet.telekom.de/coremedia/generator/mtn/templateId=renderInternalPage/gridID=1128/modulID=1120/contentID=158920/top=true/id=1122.html, 2005.

Für den Konzern bedeutete dies, sich künftig auf die Wachstumsmärkte zu konzentrieren, die durch die drei neu geschaffenen strategischen Geschäftsfelder Breitband / Festnetz, Mobilfunk und Geschäftskunden symbolisiert wurden. Bereits zum 01.01.2005 sollte die neue Struktur konzernweit implementiert sein. Die Abbildung 98 zeigt die neue strategische Konzernstruktur.

Abb. 98: Die drei strategischen Geschäftsfelder der Telekom

```
                    Deutsche Telekom

        Breitband/Festnetz    Mobilfunk    Geschäftskunden

           T - Com
                              T - Mobile    T - Systems
           T - Online

         Privatkunden        Privatkunden   Geschäftskunden
```

Um künftig den Breitbandkunden Angebote aus einer Hand anbieten zu können, wurde in 2004 beschlossen, die T-Online International AG von der Börse zu nehmen und mit der Telekom zu verschmelzen.[1287] Zwingender Grund für die Fusion war die neue Strategie der Telekom bezogen auf die Entwicklung des Festnetz- und Breitbandgeschäfts (Breitbandstrategie) in Deutschland, der die Einführung von kombinierten Sprach-, Internet- und TV-Angeboten für den Massenmarkt (Triple-Play-Modell) als eine wesentliche Voraussetzung für weiteres Wachstum auf diesem Gebiet zugrunde lag.[1288]

Defakto war diese Maßnahme ebenfalls der Beginn eines Konsens innerhalb des Telekomkonzerns, also die Wiederfindung eines gemeinschaftlichen, sowohl kulturellen als auch unternehmerischen Gedankenguts. Dieser Prozess sollte sich in den folgenden Jahren noch intensivieren und gipfelte letztendlich in der One-Company-Philosophie.

Die strategischen Intentionen des Jahres 2004 folgten maßgeblich der Orientierung an den Kapitalmarkt (Hypothese Ia)[1289], was darüber hinaus einer konsequenten Ausrichtung der strategischen Vorgaben (Hypothese III)[1290] auf die externen Einflüsse (Kapitalmarkt) entspricht.

2.11 Konzernziele 2005: Ausrichtung auf wesentliche Wachstumstreiber

Neben den Erfolgsgrößen EBITDA und Konzernüberschuss, an denen die Unternehmensziele bisher gemessen worden waren, wurde für das Jahr 2005 die Kapitalrendite als zusätzliche finanzielle Steuerungsgröße eingeführt.[1291] Die Kapitalrendite stellt dar, wie effizient das durch Eigen- und Fremdkapital finanzierte Vermögen eingesetzt wird.[1292]

Auch in 2005 standen die Ziele des Konzerns und der nun drei Geschäftsfelder in einem unmittelbaren Zusammenhang. Das Wachstum der Geschäftsfelder Breitband / Festnetz (T-Com und T-Online) und Geschäftskunden wurde über die erzielte Umsatzsteigerung gemessen. Neben der

---

[1287] Vgl. Deutsche Telekom AG (Hrsg.), Deutsche Telekom gibt Entscheidung über geplante Fusion von T-Online und Deutsche Telekom bekannt, 2004, S. 1.
[1288] Vgl. Deutsche Telekom AG (Hrsg.), Deutsche Telekom gibt Entscheidung über geplante Fusion von T-Online und Deutsche Telekom bekannt, 2004, S. 2.
[1289] Hypothese Ia: Die Kapitalmarktorientierung dominiert im maßgeblichen Sinne die Ausrichtung und Strategie des Unternehmens Deutsche Telekom AG, die ursprüngliche ordnungspolitische Ausrichtung spielt keine Rolle mehr.
[1290] Hypothese III: Die Entwicklung der strategischen Grundorientierung der Deutschen Telekom stellt sich über den Betrachtungszeitraum von 1995 bis 2008 stringent und konsequent an den externen Einflüssen orientiert dar.
[1291] Vgl. Deutsche Telekom AG (Hrsg.), Profitables Wachstum sichtbar machen, 2005, S. 1.
[1292] Bei der Berechnung der Eigenkapitalrendite wird das eingesetzte Kapital dem erzielten Nettoergebnis zuzüglich der Zinsen für das Eigen- und Fremdkapital gegenübergestellt (vgl. Deutsche Telekom AG (Hrsg.), Profitables Wachstum sichtbar machen, 2005, S. 1).

Kenngröße (Delta) EVA (Economic Value Added[1293]), die für alle drei Geschäftsfelder galt, hatte der Bereich Mobilfunk zusätzlich ein Ziel zur Kundenzufriedenheit, das sich implizit auf den Umsatz pro Kunde bezog.[1294]

Mit dem strategischen Transformationsprogramm Excellence[1295] stieß der Vorstand ein auf drei Jahre angelegtes Großprojekt an, mit dem sich der Konzern den Herausforderungen des tiefgreifenden technologischen Wandels, des Wandels von der Technologiebranche zur Dienstleistungsbranche und dem anhaltend hohen Druck des Wettbewerbs und der Regulierung stellen wollte.[1296] Ende 2005 wurde das Excellence-Programm durch ein Zehn-Punkte-Programm[1297] erweitert.

Der Konzernumsatz stieg im Geschäftsjahr 2005 auf mehr als 59 Milliarden Euro an.[1298] Das um Sondereinflüsse bereinigte EBITDA stieg von 19,4 auf 20,7 Milliarden Euro.[1299] Während der Gesamtumsatz im Geschäftsfeld Breitband / Festnetz um ca. 1 Milliarde Euro fiel und im Geschäftsfeld Geschäftskunden nahezu gleich blieb, stellte sich der Bereich Mobilfunk mit einem gesteigerten Umsatz von 26,5 Milliarden Euro in 2004 auf nunmehr 29,5 Milliarden Euro als ein Wachstumstreiber dar.[1300]

Die strategischen Vorgaben in 2005 belegen wie im Vorjahr die Vorherrschaft der Kapitalmarktorientierung (Hypothese Ia)[1301] und weisen eine Stringenz der strategischen Orientierung (Hypothese III)[1302] auf. Die Initiierung des strategischen Transformationsprogramms Excellence seitens der Konzernleitung weist darüber hinaus auf die konsequente Strategie einer Marktorientierung und Marktbeherrschung (Hypothese Ib)[1303] sowie Kundenorientierung (Hypothese Ic)[1304] hin.

2.12 Neue Strategie in 2006 und Erweiterung des Konzernleitbildes durch den Code of Conduct

In das Geschäftsjahr 2006 startete die Deutsche Telekom mit einer neuen Strategie. Der kontinuierlich schärfer werdende Wettbewerb, die rasche technologische Entwicklung und die Regulierung stellten den Konzern wiederum vor große Herausforderungen, an die die Konzernstrategie mit dem Ziel, weiterhin Wachstum und Wertsteigerung zu erzielen, angepasst wurde. Daher wurde das Wachstum mit in die Unternehmensziele aufgenommen.[1305]

Zusätzlich zu den Zielen bei EBITDA, Umsatz und Konzernüberschuss wurde für die strategischen Geschäftsfelder die Kundenzufriedenheit als Voraussetzung für den zukünftigen geschäftlichen Erfolg verankert.[1306] Ein Kundenbeziehungsmanagement sollte künftig helfen, Wünsche und Bedürfnisse des Kunden besser zu erkennen und zu erfüllen.[1307] Insbesondere die Aufnahme kundenzufriedenheitsbezogener Parameter in die Steuerung der strategischen Geschäftsfelder belegt die

---

[1293] Die finanzwirtschaftliche Kennzahl EVA (Economic Value Added), oft auch als Geschäftswertbeitrag bezeichnet, ist eine Messgröße zur Berechnung der Vorteilhaftigkeit einer Investition. Im Ergebnis stellt EVA einen Residualgewinn dar und ergibt eine absolute Nettogröße eines Gewinns nach Abzug der Kapitalkosten für das eingesetzte Gesamtkapital (EVA = Kapitalerlöse minus Kapitalkosten). Vgl. Wikipedia (Hrsg.): Die freie Enzyklopädie, Economic Value Added, http://de.wikipedia.org/wiki/Economic_Value_Added, 2008.
[1294] Vgl. Deutsche Telekom AG (Hrsg.), Profitables Wachstum sichtbar machen, 2005, S. 2.
[1295] Das Excellence-Programm wird in Kapitel E.4.1.4 (Das Excellence Programm als Beispiel für eine alle Perspektiven übergreifende und konzernweite Strategietransformation) im Detail vorgestellt.
[1296] Vgl. Deutsche Telekom AG (Hrsg.), Ricke: „Den Wandel angstfrei managen", http://teamnet.telekom.de/coremedia/generator/mtn/templateId=renderInternalPage/gridID=1128/modulID=1120/contentID=158920/top=true/id=1122.html 2006.
[1297] Siehe hierzu die Ausführungen in Kapitel E.2.12.1 (Zehn strategische Maßnahmen als Kern der neuen Strategie für 2006).
[1298] Vgl. Deutsche Telekom AG (Hrsg.), Excellence. Wir machen Tempo! Das Geschäftsjahr 2005., 2006, S. 104.
[1299] Vgl. Deutsche Telekom AG (Hrsg.), Excellence. Wir machen Tempo! Das Geschäftsjahr 2005., 2006, S. 75.
[1300] Vgl. Deutsche Telekom AG (Hrsg.), Excellence. Wir machen Tempo! Das Geschäftsjahr 2005., 2006, S. 76.
[1301] Hypothese Ia: Die Kapitalmarktorientierung dominiert im maßgeblichen Sinne die Ausrichtung und Strategie des Unternehmens Deutsche Telekom AG, die ursprüngliche ordnungspolitische Ausrichtung spielt keine Rolle mehr.
[1302] Hypothese III: Die Entwicklung der strategischen Grundorientierung der Deutschen Telekom stellt sich über den Betrachtungszeitraum von 1995 bis 2008 stringent und konsequent an den externen Einflüssen orientiert dar.
[1303] Hypothese Ib: Die Deutsche Telekom hat ihre Monopolstellung auf dem deutschen Telekommunikationsmarkt in eine marktorientierte und -beherrschende Position gewandelt.
[1304] Hypothese Ic: Die Telekom hat den Wandel zu einem kundenorientierten Unternehmen sowohl strategisch als auch in der praktischen Umsetzung abgeschlossen.
[1305] Vgl. Deutsche Telekom AG (Hrsg.), Wachstum und zufriedene Kunden, http://intranet.telekom.de/dtag/cms/content/TeamNet/de/844 88, 2008.
[1306] Vgl. Deutsche Telekom AG (Hrsg.), Wachstum und zufriedene Kunden, http://intranet.telekom.de/dtag/cms/content/TeamNet/de/844 88, 2008.
[1307] Vgl. Deutsche Telekom AG (Hrsg.), Wachstum und zufriedene Kunden, http://intranet.telekom.de/dtag/cms/content/TeamNet/de/844 88, 2008.

Aussage des zweiten Teils der Ausgangshypothese IV (Vollzug der Transformationen im Innenverhältnis)[1308].

Der Konzernumsatz stieg im Geschäftsjahr 2006 um ca. 1,7 Milliarden Euro auf über 61 Milliarden Euro an.[1309] Die Auslandsquote am Gesamtumsatz betrug mittlerweile bereits 47,1 Prozent.[1310] Das EBITDA (ohne Sondereinflüsse) lag bei 19,4 Milliarden Euro.[1311] Mit einem Anteil in Höhe von 51 Prozent am Konzernumsatz und einer Umsatzsteigerung von ca. 2,8 Milliarden Euro auf nunmehr 31,3 Milliarden Euro war das Geschäftsfeld Mobilfunk wiederum der Wachstumstreiber im Konzern.[1312]

Aufgrund des immer schärfer werdenden Wettbewerbs verlor das Geschäftsfeld Breitband / Festnetz ca. 1,1 Milliarden Euro an Umsatz gegenüber dem Vorjahr (Umsatz in 2006: 20,6 Milliarden Euro), während die Umsatzentwicklung bei den Geschäftskunden nahezu unverändert ausfiel.[1313]

Mit dem Eintrag in das Handelsregister wurde im Juni 2006 die Verschmelzung der Deutschen Telekom AG mit der T-Online wirksam. T-Com und T-Online bilden nun als organisatorische Geschäftseinheiten gemeinsam das Strategische Geschäftsfeld Breitband / Festnetz.[1314]

2.12.1 Zehn strategische Maßnahmen als Kern der neuen Strategie für 2006

Das zentrale Instrument zur Umsetzung der Konzernstrategie war das in 2005 gestartete Excellence Programm, dessen Ziel es sein sollte, das Konzernergebnis vor Zinsen, Abschreibungen und Steuern bis 2007 um 1,5 Milliarden Euro zu steigern.[1315] Um sowohl die Jahresziele als auch die mittelfristigen Ziele zu erreichen sowie die Themen Wachstum und Wertsteigerung in den Mittelpunkt des unternehmerischen Handelns bei allen Mitarbeitern zu stellen, hatte der Vorstand zehn strategische Maßnahmen verabschiedet und im nachfolgenden Zehn-Punkte-Programm zusammengefasst:[1316]

❏ Verteidigung Kerngeschäft Festnetz.

❏ Massenvermarktung von Breitband-Internet in Kombination mit Sprache und Video bzw. TV.

❏ Ausbau Kerngeschäft Mobilfunk.

❏ Ausbau mobile Datendienste.

❏ Konvergenz.

❏ Stärkung Kerngeschäft Telekommunikation bei Geschäftskunden.

❏ Wachstum bei ICT[1317]-Lösungen.

❏ Nutzung eines übergreifenden CRM[1318] (Kundenbeziehungsmanagement).

❏ Operational Excellence.

❏ Kulturwandel und Personalentwicklung.

Dieses Zehn-Punkte-Programm sollte mittelfristig den zentralen Hebel für den Unternehmenserfolg darstellen und den Kern des Excellence Programms bilden.

[1308] Hypothese IV: Es ist der Deutschen Telekom gelungen, die notwendigen Transformationen auch im Innenverhältnis (prozessuale und strukturelle Ausrichtung, Mitarbeiterorientierung, Personalanpassungen und Kulturwandel) zu realisieren. Häufig werden Formen der indirekten Unternehmenssteuerung, die mit Hilfe von Kennzahlen gewonnen werden, zur Schaffung eines im Vergleich mit internen oder externen Konkurrenzen verbunden. Dadurch verschwimmen die Grenzen des Unternehmens intern zwischen Markt und Hierarchie.
[1309] Vgl. Deutsche Telekom AG (Hrsg.), Service. Mehr als ein Versprechen! Das Geschäftsjahr 2006., 2007, S. 83.
[1310] Vgl. Deutsche Telekom AG (Hrsg.), Service. Mehr als ein Versprechen! Das Geschäftsjahr 2006., 2007, S. 84.
[1311] Vgl. Deutsche Telekom AG (Hrsg.), Service. Mehr als ein Versprechen! Das Geschäftsjahr 2006., 2007, S. 85.
[1312] Vgl. Deutsche Telekom AG (Hrsg.), Service. Mehr als ein Versprechen! Das Geschäftsjahr 2006., 2007, S. 85.
[1313] Vgl. Deutsche Telekom AG (Hrsg.), Service. Mehr als ein Versprechen! Das Geschäftsjahr 2006., 2007, S. 83.
[1314] Vgl. Deutsche Telekom AG (Hrsg.), Die Geschichte der Telekommunikation, http://www.telekom2.de/Konzern/Meilensteine/flash/de utschs/pdf/deutsch_cronologisch.pdf, 2008, S. 17.
[1315] Vgl. Deutsche Telekom AG (Hrsg.), Zehn Punkte für Wachstum und Wertsteigerung, 2005, o.S.
[1316] Vgl. Deutsche Telekom AG (Hrsg.), Zehn Punkte für Wachstum und Wertsteigerung, 2005, o.S.
[1317] Information and Communications Technology.
[1318] Customer Relationship Management.

Auch im dritten Jahr der Konzentration auf finanzmarktgetriebene Kenngrößen und Ziele standen diese im Fokus. Dieser Aspekt verdeutlicht, dass die unternehmenskulturelle Transformation der Deutschen Bundespost Telekom hin zu einer Aktiengesellschaft, insbesondere entsprechend der wirtschaftlichen Orientierung, bereits vollzogen war.

Nachdem zwei Jahre lang originär finanzbezogene Messparameter Gegenstand der Unternehmensziele waren, traten daneben in 2006 geschäfts- und prozessbezogene Steuerungsgrößen in den Vordergrund.

2.12.2 Der Code of Conduct

Der in 2006 eingeführte Code of Conduct stellt den Verhaltenskodex der Deutschen Telekom dar, der einerseits die T-Spirit-Werte konkretisiert und andererseits den Brückenschlag zu den vielfältigen Richtlinien im Konzern und gesetzlichen Regelungen bildet.[1319] Er soll die Verhaltensregeln im Tagesgeschäft sowohl hinsichtlich des Innenlebens als auch nach außen hin kodifizieren. Somit wurde das Konzernleitbild um den Code of Conduct ergänzt.

Durch den Code of Conduct wird beschrieben, welche Erwartungen der Konzern an seine Beschäftigten hat und welche Erwartungen die Mitarbeiter wechselseitig aneinander haben dürfen. Ein wesentlicher Punkt hierbei ist die Prävention von Fehlverhalten.[1320] Jeder Konzernmitarbeiter wird somit dazu aufgerufen zu kontrollieren, ob sein tägliches Verhalten mit dem verpflichtenden Verhaltenskodex im Einklang steht.

Somit soll der Code of Conduct beispielsweise auf die Fragen,
- auf welcher Basis eine kollegiale Zusammenarbeit funktioniert,
- in welcher Art und Weise Mitarbeiter Kunden begegnen und
- was Geschäftspartner und Aktionäre von der Deutschen Telekom erwarten können,

eine Antwort geben.[1321]

Maßgebliche Gründe für die Einführung eines konzernweit gültigen Code of Conduct waren:[1322]
- Schließung einer Lücke und Erzielung eines Vorsprungs im Vergleich zur Hälfte der größten deutschen Unternehmen mittels Implementierung eines Verhaltenskodexes.
- Gestaltung eines verlässlichen Orientierungsrahmens für das Geschäftsgebaren.
- Die zunehmende Erwartungshaltung der Stakeholder an eine wertorientierte und rechtlich verantwortungsvolle Unternehmensführung.
- Unternehmensethik fließt detailliert in die jährliche Unternehmensbewertung ein.
- Das Fehlen eines Verhaltenskodexes führte bislang zu permanenten unterdurchschnittlichen Bewertungen hinsichtlich Ratingkriterien.
- Regelungen des US-Börsenrechts müssen auch in der Zukunft eingehalten werden.

Durch die Formulierung ihrer ethischen Grundsätze in einem Verhaltenskodex kam die Deutsche Telekom einem wichtigen Teil der gesetzlichen Auflagen (Sarbanes-Oxley Act[1323]) nach, die für

---
[1319] Vgl. Deutsche Telekom AG (Hrsg.), Code of Conduct. Hintergründe und Inhalte., 2006, S. 2.
[1320] Vgl. Deutsche Telekom AG (Hrsg.), FAQ-Katalog Code of Conduct, 2006, S. 2.
[1321] Vgl. Deutsche Telekom AG (Hrsg.), Gemeinsam Werte leben und Werte schaffen, 2006, S. 1.
[1322] Vgl. Deutsche Telekom AG (Hrsg.), Code of Conduct. Hintergründe und Inhalte., 2006, S. 3.
[1323] Der Sarbanes-Oxley Act of 2002 ist ein US-Gesetz zur verbindlichen Regelung der Unternehmensberichterstattung infolge der bekannten Bilanzskandale von Unternehmen wie Enron oder Worldcom. Benannt wurde es nach seinen Verfassern Paul S. Sarbanes und Michael Oxley. Ziel des Gesetzes ist es, das Vertrauen der Anleger in die Richtigkeit und Verlässlichkeit der veröffentlichten Finanzdaten von Unternehmen wiederherzustellen. Das Gesetz gilt für inländische und ausländische Unternehmen, deren Wertpapiere an US-amerikanischen Börsen notiert sind und gehandelt werden, deren Wertpapiere mit Eigenkapitalcharakter in den USA außerbörslich gehandelt werden oder deren Wertpapiere als öffentlich angeboten werden sofern deren Beteiligungsunternehmen. Das Gesetz gliedert sich in etliche Sections. Nach der bekanntesten und kostenintensivsten Section 404 muss der Jahresbericht eines Unternehmens eine Beurteilung der Wirksamkeit des internen Kontrollsystems für die Rechnungslegung durch die Geschäftsleitung und ein Urteil des Wirtschaftsprüfers über diese Beurteilung enthalten. Ein internes Kontrollsystem muss alle Maßnahmen umfassen, die die Qualität der mit der Rechnungslegung erstellten Quartals- und Jahresabschlüsse sicherstellen sollen. Vgl. Wikipedia (Hrsg.), Die freie Enzyklopädie, Sarbanes-Oxley Act, http://de.wikipedia.org/wiki/Sarbanes-Oxley_Act, 2008.

börsennotierte Unternehmen in den USA gelten. Des Weiteren bekannte sich das Unternehmen hierdurch zu dem Deutschen Corporate Governance Kodex[1324].

2.12.2.1 Die Ziele des Code of Conduct

Mit der Implementierung des Code of Coduct wurden insbesondere die nachfolgenden Ziele verfolgt:[1325]

- ❑ Etablierung verbindlicher rechtlicher und ethischer Verhaltensnormen im gesamten Konzern.
- ❑ Stärkung der Unternehmensidentität und Unternehmenskultur im Geiste von T-Spirit.
- ❑ Vorantreiben der Umsetzung von Vision, Strategie und Konzernintegration.
- ❑ Erfüllung der Stakeholder-Erwartungen an eine ethisch und rechtlich verantwortungsvolle Unternehmensführung.
- ❑ Förderung von Vertrauen in den Konzern und Reputation der Deutschen Telekom Gruppe als verlässlichen Partner stärken.
- ❑ Sensibilisierung der Mitarbeiter für mangelndes Unrechtsbewusstsein, welches die entscheidende Ursache für Wirtschaftsstraftaten darstellt.
- ❑ Herstellung von Verhaltenssicherheit über erwünschtes und unerwünschtes Verhalten und damit einhergehend Minimierung von Unternehmensschäden.
- ❑ Ausbau eines wertorientierten Führungsverhaltens.
- ❑ Sicherung der Servicekultur und des integrierten Auftritts vor dem Kunden.
- ❑ Herausstellung des Images als Employer of Choice.

2.12.2.2 Die Spiegelung des Code of Conduct an dem Konzernleitbild T-Spirit

Grundsätzlich kann der Code of Conduct innerhalb eines Vier-Ebenen-Modells eingeordnet werden. Hierbei bildet die Unternehmensvision[1326] die erste und oberste Ebene. Die zweite Ebene, mit einem verringerten Abstraktionsniveau, bilden die sechs Basiswerte von T-Spirit. Der auf T-Spirit und seine Grundwerte aufbauende Code of Conduct bildet schließlich die dritte Ebene und stellt die Verlinkung zu den diversen themenbezogenen Richtlinien (vierte Ebene) im Konzern auf operativer Arbeitsebene, wie bspw. der Reisekostenrichtlinie, dar.

Auf die Darstellung dieser zahlreichen Regelungen der vierten Ebene wird an dieser Stelle verzichtet. Wesentliche Inhalte des Code of Conduct sind in Anhang II (Schwerpunkte und wesentliche Inhalte des Code of Conduct) dargestellt.

2.12.3 Spiegelung der Strategie 2006 sowie des Code of Conduct an den Eingangshypothesen

Die Strategie für das Jahr 2006 war geprägt von kapitalmarktorientierten Aspekten (Hypothese Ia)[1327]. Die durch die anderen Hypothesen repräsentierten strategischen Optionen wurden zwar konsequent verfolgt, traten jedoch bei der Strategieformulierung in den Hintergrund.

[1324] Allgemein umfasst Corporate Governance die Gesamtheit aller nationalen und internationalen Werte und Grundsätze für eine gute und verantwortungsvolle Unternehmensführung, die sowohl für die Mitarbeiter als auch für die Geschäftsleitungen von Unternehmen gelten (vgl. Wikipedia (Hrsg.), Die freie Enzyklopädie, Corporate Governance, http://de.wikipedia.org/wiki/Corporate_Governance, 2008). Der Deutsche Corporate Governance Kodex ist ein von einer Kommission der Bundesregierung erarbeitetes und in 2002 verabschiedetes Regelwerk, das insbesondere Verhaltensempfehlungen darüber enthält, was eine gute Corporate Governance bzw. Unternehmensleitung- und überwachung ausmachen sollte (vgl. Wikipedia (Hrsg.), Die freie Enzyklopädie, Corporate Governance Kodex, http://de.wikipedia.org/wiki/Deutscher_Corporate_Governance_Kodex, 2008).
[1325] Vgl. Deutsche Telekom AG (Hrsg.), FAQ-Katalog Code of Conduct, 2006, S. 2 i.V.m. Deutsche Telekom AG (Hrsg.), Code of Conduct. Hintergründe und Inhalte., 2006, S. 4.
[1326] Siehe hierzu die Ausführungen in Kapitel E.2.9.1 (Die Vision aus dem Konzernleitbild 2003).
[1327] Hypothese Ia: Die Kapitalmarktorientierung dominiert im maßgeblichen Sinne die Ausrichtung und Strategie des Unternehmens Deutsche Telekom AG, die ursprüngliche ordnungspolitische Ausrichtung spielt keine Rolle mehr.

Die Einführung des Code of Conduct stellt die kontinuierliche Fortsetzung der Programme zum Wandel der unternehmensinternen Verhaltenskultur dar und ist bei der abschließenden Bewertung der Hypothese IV (Vollzug der Transformation im Innenverhältnis)[1328] zu berücksichtigen.

2.13 Profitabilität, Wachstum und Serviceorientierung – Vision, Strategie und Konzernziele in 2007

Die Ende 2007 neu erarbeitete Vision der Deutschen Telekom sowie ihr Auftrag sollte für alle leicht verständlich beschrieben sein. Dies veranschaulicht auch die nachfolgende Abbildung 99.

Abb. 99: Vision und Auftrag der Deutschen Telekom in 2007

Unsere Vision	Deutsche Telekom – ein internationaler Marktführer für „vernetztes Leben und Arbeiten"		
	Wir mobilisieren die persönliche, soziale und geschäftliche Vernetzung		
Unser Auftrag	T-Home	T-Mobile	T-Systems
	Vernetzung .. zu Hause	Vernetzung .. unterwegs	Vernetzung .. bei der Arbeit

Quelle: Deutsche Telekom AG (Hrsg.), Telekom Storybox: Deutsche Telekom – ein internationaler Marktführer für „vernetztes Leben und Arbeiten", 2007, S. 4

Im März 2007 stellte der Vorstand eine neue Strategie vor, welche die Kerngedanken

❏ Sicherung der Wettbewerbsfähigkeit in Deutschland,

❏ Wachstum im Ausland durch Mobilfunk,

❏ Wachstum durch neue Internettrends und

❏ Ausbau des ICT-Geschäfts für Großkunden

zum Inhalt hatte.[1329] Als zweckdienliche Mittel zur Sicherung der Wettbewerbsfähigkeit wurden die

❏ Konzentration auf Breitband, insbesondere durch eine effiziente Kombination von breitbandigen Mobilfunk- und Festnetztechnologien,

❏ Verbesserung und Zusammenführung von Service und Vertrieb durch weiteren Ausbau der direkten Vertriebswege und Standardisierungen sowie Erhöhung u.a. von Termintreuen und Erreichbarkeiten,

❏ Vereinfachung des Markenauftritts durch die Einführung einer neuen Markensystematik,

❏ Zuschneidung von Angeboten auf Zielgruppen, z.B. durch Ausbau der Bündelangebote sowie

❏ die Verbesserung der Kostenstruktur bis zum Jahr 2010 durch Einsparungen in Höhe von 4,2 bis 4,7 Milliarden Euro bei Sach- und Kapitalkosten,

---

[1328] Hypothese IV: Es ist der Deutschen Telekom gelungen, die notwendigen Transformationen auch im Innenverhältnis (prozessuale und strukturelle Ausrichtung, Mitarbeiterorientierung, Personalanpassungen und Kulturwandel) zu realisieren. Häufig werden Formen der indirekten Unternehmenssteuerung, die mit Hilfe von Kennzahlen gewonnen werden, zu einem Vergleich mit internen oder externen Konkurrenten verbunden. Dadurch verschwimmen die Grenzen des Unternehmens intern zwischen Markt und Hierarchie.
[1329] Vgl. Deutsche Telekom AG (Hrsg.), Die Geschichte der Telekommunikation, http://www.telekom2.de/Konzern/Meilensteine/flash/deutsch/pdf/deutsch_cronologisch.pdf, 2008, S. 19.

angesehen.[1330] Diese strategiebezogenen Ziele wurden durch das strategische Transformationsprogramm Telekom 2010 umgesetzt.[1331]

Das Wachstum im Ausland durch Mobilfunk sollte speziell durch die Nutzung von Synergien und Größenvorteilen sowie länderspezifischen Marktangängen erreicht werden.[1332]

Für die Mobilisierung von Internet und Web 2.0 sollten die Chancen von verändertem Onlinenutzungsverhalten ausgeschöpft werden.[1333] Zusätzliche Chancen wurden seitens der Unternehmensleitung mittels des Angebots eines innovativen Diensteportfolios durch die Integration von persönlicher (Online-) Kommunikation und sozialer (Online-) Netzwerke gesehen, die sowohl aufgrund von Eigenentwicklungen als auch mit Hilfe von Partnerschaften mit führenden Anbietern zur Integration populärer Internetangebote und Web 2.0-basierter Geschäftsideen umzusetzen waren.[1334]

Der Aufbau netzzentrierter ICT, der durch das Zusammenwachsen der Informations- und Telekommunikationstechnologie geprägt ist, sollte gemeinsam mit einem global agierenden Partner für die T-Systems erfolgen. Ebenfalls Ende 2007 wurden die in der nachstehenden Abbildung 100 dargestellen vier Kernkompetenzen der Deutschen Telekom definiert, durch die sich der Konzern vom Wettbewerb zu unterscheiden gedachte.

Abb. 100: Die vier Kernkompetenzen der Deutschen Telekom 2007

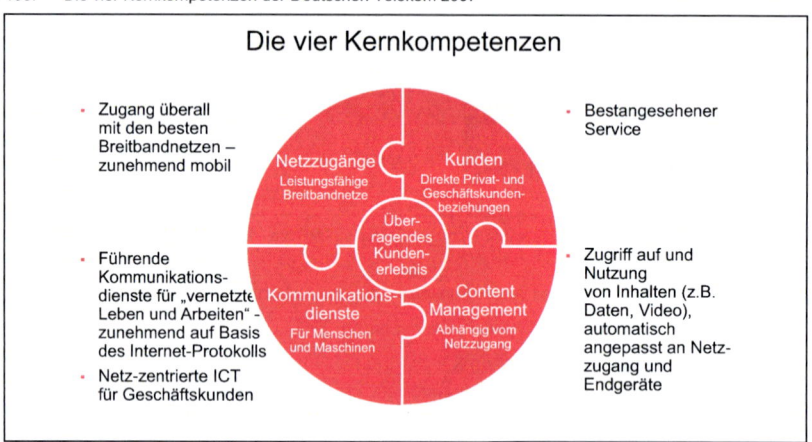

Die vier Kernkompetenzen

- Zugang überall mit den besten Breitbandnetzen – zunehmend mobil
- Führende Kommunikationsdienste für „vernetztes Leben und Arbeiten" – zunehmend auf Basis des Internet-Protokolls
- Netz-zentrierte ICT für Geschäftskunden

- Bestangesehener Service
- Zugriff auf und Nutzung von Inhalten (z.B. Daten, Video), automatisch angepasst an Netzzugang und Endgeräte

Netzzugänge: Leistungsfähige Breitbandnetze
Kunden: Direkte Privat- und Geschäftskundenbeziehungen
Überragendes Kundenerlebnis
Kommunikationsdienste: Für Menschen und Maschinen
Content Management: Abhängig vom Netzzugang

Quelle: Deutsche Telekom AG (Hrsg.), Telekom Storybox: Deutsche Telekom – ein internationaler Marktführer für „vernetztes Leben und Arbeiten", 2007, S. 5

Den Schwerpunkt der Konzernziele in 2007 stellte die nachhaltige Verbesserung der Servicekultur im Unternehmen dar, die durch die marktbezogene Kundenzufriedenheit gemessen werden sollte.[1335]

[1330] Vgl. Deutsche Telekom AG (Hrsg.), Telekom Storybox: Deutsche Telekom – ein internationaler Marktführer für „vernetztes Leben und Arbeiten", 2007, S. 9.
[1331] Zum strategischen Transformationsprogramm Telekom 2010 siehe Kapitel E.4.1.5 (Strategisches Transformationsprogramm Telekom 2010 löst das Excellence Programm ab).
[1332] Vgl. Deutsche Telekom AG (Hrsg.), Telekom Storybox: Deutsche Telekom – ein internationaler Marktführer für „vernetztes Leben und Arbeiten", 2007, S. 10.
[1333] Vgl. Deutsche Telekom AG (Hrsg.), Telekom Storybox: Deutsche Telekom – ein internationaler Marktführer für „vernetztes Leben und Arbeiten", 2007, S. 11.
[1334] Vgl. Deutsche Telekom AG (Hrsg.), Telekom Storybox: Deutsche Telekom – ein internationaler Marktführer für „vernetztes Leben und Arbeiten", 2007, S. 11.
[1335] Vgl. Deutsche Telekom AG (Hrsg.), Konzernziele 2007: Profitabilität, Wachstum und Serviceorientierung, http://intranet.telekom.de/dtag/cms/content/TeamNet/de/144718, 2008.

Ein Teil der Zielerreichung bei der variablen Vergütung war bislang neben der Vereinbarung der Individualziele eine ausschlaggebende Komponente zur Berechnung der variablen Zielerreichung bei Mitarbeitern, mit denen Zielvereinbarungen abgeschlossen wurden.[1336] Demnach ging das Ergebnis des Unternehmensziels, von der Höhe her gestaffelt nach der Hierarchie bzw. tariflichen Eingruppierung, in diese Berechnung ein. Die zweite Komponente war der Zielerreichungsgrad der persönlichen Individualziele. Aus beiden Zielerreichungsgraden wurde der Gesamtzielerreichungsgrad errechnet. Fortan sollten auch die zu vereinbarenden Individualziele unmittelbar auf die Unternehmensziele einzahlen und damit in allen Bereichen einen eindeutigen Bezug zu Umsatz, EBITDA, Free Cashflow oder Kundenzufriedenheit aufweisen.[1337]

Mit den Übernahmen des Mobilfunkanbieters Orange Netherlands und des amerikanischen regionalen Mobilfunkanbieters SunCom Wireless im September 2007 folgte die Telekom ihrer Strategie der Konzentration und des gezielten Wachstums.[1338] Ebenfalls einen Teil dieser Strategie stellten die Verkäufe der französischen Internettochter T-Online France und des spanischen Internetgeschäfts an France Télécom dar.

Nachdem die finanzielle Stabilität wieder hergestellt war, erfolgte im Sommer 2007 erneut eine Konzentration auf die weiter zu verbessernde Servicekultur. Getragen von der One-Company-Philosophie, die der Vorstandsvorsitzende René Obermann, der diese Funktion im November 2006 übernommen hatte, implementiert hatte, wurden in 2007 die Servicebereiche der drei strategischen Geschäftsfelder in neuen Servicegesellschaften[1339] zusammengefasst. Somit wurden die Dienstleistungen bei Netzbetrieb, technischem Service und Kundenservice (Call Center) bundesweit als konzernweite Dienstleister aufgestellt.

Der Konsens der Telekom betreffs des gemeinschaftlichen Gedankenguts zeigt sich auch an dem Beispiel der Zusammenführung der Call Center von T-Mobile mit den Call Centern der T-Com zur Deutsche Telekom Kundenservice GmbH. Nach der Ausgliederung der drei Servicegesellschaften, die überwiegend aus Organisationseinheiten der T-Com bestanden, wurde die Marke T-Com in T-Home umbenannt.

Der Konzern hatte seine für das Geschäftsjahr 2007 selbstgesteckten Finanzziele erreicht. So lag das bereinigte EBITDA bei 19,3 Milliarden Euro und der Free Cash-Flow wurde im Vergleich zu 2006 um 4,5 Prozent auf 6,6 Milliarden Euro gesteigert.[1340] Der Konzernumsatz, von dem 50,9 Prozent im Ausland erwirtschaftet wurde, stieg gegenüber dem Vorjahr um 1,9 Prozent auf 62,5 Milliarden Euro.[1341] Auch die Nettofinanzverbindlichkeiten sanken von 35,5 Milliarden Euro in 2006 um 5,9 Prozent auf 37,2 Milliarden Euro in 2007.[1342]

[1336] Siehe hierzu auch die Ausführungen in Kapitel E.4.2.4 (Einführung eines neuen Bewertungs- und Bezahlungssystems für die Angestellten der AG sowie Flexibilisierung von Entgeltsystemen und Arbeitszeit).
[1337] Vgl. Deutsche Telekom AG (Hrsg.), Konzernziele 2007: Profitabilität, Wachstum und Serviceorientierung, http://intranet.telekom.de/dtag/cms/content/TeamNet/de/144718, 2008.
[1338] Durch die Übernahme des niederländischen Mobilfunkanbieters Orange Netherlands von France Télécom wuchs die Anzahl der Mobilfunkkunden der Telekom in den Niederlanden auf 4,8 Millionen an. Die Übernahme von SunCom Wireless für umgerechnet 1,15 Milliarden Euro erweiterte die Abdeckung des Mobilfunknetzes im Südosten der USA und in der Karibik. Ende 2007 hatte die Telekom im Konzern die Anzahl der Mobilfunkkunden weltweit, auch bedingt durch diese Übernahmen, um 11,1 Millionen auf nunmehr 119,6 Millionen gesteigert. Vgl. Deutsche Telekom AG (Hrsg.), Die Geschichte der Telekommunikation, http://www.telekom2.de/Konzern/Meilensteine/flash/deutsch/pdf/deutsch_cronologisch.pdf, 2008, S. 21 i.V.m. Deutsche Telekom AG (Hrsg.), Deutsche Telekom vereinbart über T-Mobile USA Erwerb des amerikanischen Mobilfunkunternehmens SunCom Wireless, http://www.telekom.com/dtag/cms/conte nt/dt/de/512362?archivArticleID=452 878, 2008 und Deutsche Telekom AG (Hrsg.), Deutsche Telekom übertrifft mit 19,3 Milliarden Euro EBITDA und 6,6 Milliarden Euro Free Cash-Flow deutlich Planungsziele, http://www.telekom.com/dtag/cms/content/dt/de/507224, 2008.
[1339] Im Zuge der Ausgliederung der servicebezogenen Aufgaben in die drei Servicegesellschaften wurden ebenfalls Entgeltreduzierungen umgesetzt. Siehe hierzu auch die Ausführungen in Kapitel E.3.5 (Die Ausgliederung der T-Service-Gesellschaften).
[1340] Vgl. Deutsche Telekom AG (Hrsg.), Wettbewerbsfähigkeit deutlich verbessert, http://intranet.telekom.de/dtag/cms/content/TeamNet/de/508122, 2008.
[1341] Vgl. Deutsche Telekom AG (Hrsg.), Deutsche Telekom übertrifft mit 19,3 Milliarden Euro EBITDA und 6,6 Milliarden Euro Free Cash-Flow deutlich Planungsziele, http://www.telekom.com/dtag/cms/content/dt/de/507224, 2008.
[1342] Vgl. Deutsche Telekom AG (Hrsg.), Deutsche Telekom übertrifft mit 19,3 Milliarden Euro EBITDA und 6,6 Milliarden Euro Free Cash-Flow deutlich Planungsziele, http://www.telekom.com/dtag/cms/content/dt/de/507224, 2008.

Wiederum hatte sich im Festnetz der Trend der letzten Jahre fortgesetzt. Während das Unternehmen mit nahezu 14 Millionen Breitbandanschlüssen (2006: 11,2 Millionen) diese um 23,6 Prozent im Vergleich zum Vorjahr steigern konnte, gingen im klassischen Festnetzgeschäft insgesamt 2,4 Millionen Anschlüsse in 2007 an den Wettbewerb verloren.[1343]

Bezogen auf die zu Beginn dieser Arbeit formulierten Hypothesen kann konstatiert werden, dass die Strategie und die Ziele des Jahres 2007 in erster Linie die Aussagen der Eingangs-(Sub)hypothesen Ib (TK-Marktbeherrschung)[1344], Ic (Kundenorientierung)[1345] und Ia (Kapitalmarktorientierung)[1346] belegen.

2.14 Strategie 2008: Breitband und mobiles Internet als Wachstumskriterien

Auch für das Jahr 2008 wurde die Strategie des Unternehmens auf die Kernelemente „Konzentrieren und gezielt wachsen"[1347] in den Bereichen der Breitbanddienste und des mobilen Internets fokussiert.[1348]

Die Strategie für 2008 teilte sich zusammenfassend in vier Schwerpunkte auf:[1349]

❏ Sicherung der Wettbewerbsfähigkeit in Deutschland durch

  ✥ Kosteneinsparungen bis 2010 in Höhe von rund 4,5 Milliarden Euro,

  ✥ die weitere Verbesserung des Kundenservice,

  ✥ Investitionen in den Ausbau der Netzinfrastruktur für das IP-gestützte Fernsehen, weitere Bündelangebote (Triple-Play) und das mobile Internet sowie

  ✥ die Vereinfachung des Markenauftritts[1350] für die Kunden.

❏ Wachstum im Ausland durch Mobilfunk

  ✥ mit dem Schwerpunkt beim Kundenwachstum in den USA (plus fünf Millionen Kunden in 2008) sowie steigenden Kundenzahlen und Sprachverkehrsvolumina in Europa bei gleichzeitig erwarteter Substitution des Festnetzes und

  ✥ der Zunahme des Datenverkehrs ebenso wie die steigende WLAN-Nutzung.

❏ Wachstum durch neue Internettrends

  ✥ mittels des bereits realisierten mobilen Internets und dem Web 2.0 durch Nutzbarmachung spezieller Angebote für Internetcommunities. Neben Eigenentwicklungen wurden Partnerschaften mit – beziehungsweise Beteiligungen an – Anbietern populärer Internetangebote in den Vordergrund gestellt.

❏ Ausbau des ICT-Geschäfts bei Großkunden

  ✥ durch eine internationale Präsenz und mittels einer strategischen Partnerschaft, um die Größenvorteile und damit Wettbewerbsvorteile beim Business Process Outsourcing und dem Zusammenwachsen der Informations- und Telekommunikationstechnologien zu erzielen.

[1343] Vgl. Deutsche Telekom AG (Hrsg.), Deutsche Telekom übertrifft mit 19,3 Milliarden Euro EBITDA und 6,6 Milliarden Euro Free Cash-Flow deutlich Planungsziele, http://www.telekom.com/dtag/cms/content/dt/de/507224, 2008.
[1344] Hypothese Ib: Die Deutsche Telekom hat ihre Monopolstellung auf dem deutschen Telekommunikationsmarkt in eine marktorientierte und -beherrschende Position gewandelt.
[1345] Hypothese Ic: Die Telekom hat den Wandel zu einem kundenorientierten Unternehmen sowohl strategisch als auch in der praktischen Umsetzung abgeschlossen.
[1346] Hypothese Ia: Die Kapitalmarktorientierung dominiert im maßgeblichen Sinne die Ausrichtung und Strategie des Unternehmens Deutsche Telekom AG, die ursprüngliche ordnungspolitische Ausrichtung spielt keine Rolle mehr.
[1347] Deutsche Telekom AG (Hrsg.), Wachstum durch Breitband und mobiles Internet, http://telekom.com/dtag/cms/content/dt/de/13312, 2008.
[1348] Diese Strategie deutet auf die Beibehaltung der stringenten Strategieentwicklung bezogen auf die Inhalte der Vorjahre gemäß der Hypothese III (Stringenz der strategischen Grundorientierung) bis hinein in das letzte betrachtete Jahr hin.
[1349] Vgl. Deutsche Telekom AG (Hrsg.), Wachstum durch Breitband und mobiles Internet, http://telekom.com/dtag/cms/content/dt/de/13 312, 2008.
[1350] Siehe hierzu auch die Ausführungen in Kapitel E.5.1 (T-Branding – Das Markenmanagement der Deutschen Telekom).

Passend zur Strategie der Konzentration und des gezielten Wachstums ist der im Frühjahr 2008 initiierte Erwerb von Anteilen an der griechischen Hellenic Telecom (OTE) zu sehen, da die OTE als Festnetz-, Breitband- und Mobilfunkbetreiber auch in Albanien, Rumänien, Bulgarien, Mazedonien und Serbien präsent ist und dadurch das regionale Portfolio der Telekom in den Regionen Mittel- und Südosteuropas nahezu komplettiert.[1351] Dies gilt auch für den im Juli 2008 kommunizierten Verkauf der DeTelmmobilien an den österreichischen Baukonzern Strabag.[1352]

Im März 2008 schloss die Beteiligungsgesellschaft T-Systems einen Kooperationsvertrag für eine strategische Partnerschaft[1353] mit dem US-amerikanischen Informationstechnikdienstleister Cognizant Technology Solutions ab.[1354]

Für das Geschäftsjahr 2008 wurden gegenüber dem Kapitalmarkt ein EBITDA in Höhe von 19,3 Milliarden Euro und ein Free Cash Flow in Höhe von 6,6 Milliarden Euro als Zielwerte kommuniziert.[1355] Im ersten Halbjahr 2008 betrug der Umsatz 30,1 Milliarden Euro (minus drei Prozent im Vergleich zum ersten Halbjahr 2007).[1356] Der konzernweite Gesamtjahresumsatz 2008 lag bei 61,7 Milliarden Euro (minus 1,4 Prozent im Vergleich zum Vorjahr) – davon entfielen ca. 32,8 Milliarden Euro auf das Auslandsgeschäft und das bereinigte EBITDA lag bei 19,5 Milliarden Euro (plus 0,7 Prozent bezogen auf den Vergleichszeitraum 2007).[1357] Der Free Cash Flow stieg auf sieben Milliarden Euro (6,6 Milliarden in 2007) und der ausgewiesene Konzernüberschuss lag bei 1,5 Milliarden Euro (plus 14 Prozent im Vergleich zu 2007).[1358] Damit hatte der Konzern seine selbst gesteckten Finanzziele übertroffen.

Zum 31.12.2008 verfügte der Konzern weltweit über 128,3 Millionen Mobilfunkkunden (zum Jahresende 2007 waren es ca. 120,8 Millionen) sowie über mehr als 15 Millionen Breitbandanschlüsse (2007: ca. 13,9 Millionen).[1359]

Im Hinblick auf die zu Beginn dieser Arbeit formulierten Hypothesen kann wie im vorgehenden Abschnitt festgehalten werden, dass die Strategie und Ziele des Jahres 2008 in erster Linie die Aussagen der eingangs formulierten (Sub)hypothesen Ia (Kapitalmarktorientierung)[1360], Ib (TK-Marktbeherrschung)[1361] und Ic (Kundenorientierung)[1362] belegen.

Die strategischen Optionen des Jahres 2008 zeugen darüber hinaus gemäß der Hypothese III[1363] von einer Stringenz der strategischen Grundorientierung.

[1351] Vgl. Deutsche Telekom AG (Hrsg.), „Eine hervorragende Ergänzung", http://intranet.telekom.de/dtag/cms/content/TeamNet/de/51 4802, 2008.
[1352] Vgl. Deutsche Telekom AG (Hrsg.), Eick: „Ein richtiger und guter Schritt", http://intranet.telekom.de/dtag/cms/content/TeamNet/de/ 546988, 2008.
[1353] Zur Notwendigkeit einer Partnerschaft siehe auch die Ausführungen in Kapitel E.4.1.4.1 (Das Wachstumsprogramm für die drei strategischen Geschäftsfelder).
[1354] Vgl. Wikipedia (Hrsg.), Die freie Enzyklopädie, T-Systems, http://de.wikipedia.org/wiki/T-Systems, 2008 i.V.m. Wikipedia (Hrsg.), Die freie Enzyklopädie, Cognizant, http://de.wikipedia.org/wiki/Cognizant, 2008. Ein Ziel ist hierbei die weitestgehende Verlagerung von Arbeitskapazitäten (des Bereichs System Integration) aus dem mitteleuropäischen Raum nach Indien, da dieses Geschäftsfeld nach Ansicht der Geschäftsleitung von T-Systems ganz besonders von arbeitsaufwändigen und lohnkostenintensiven Programmiertätigkeiten geprägt ist (vgl. Wikipedia (Hrsg.), Die freie Enzyklopädie, T-Systems, http://de.wikipedia.org/wiki/T-Systems, 2008).
[1355] Vgl. Deutsche Telekom AG (Hrsg.), Obermann: „Müssen Finanzziele erreichen", http://intranet.telekom.de/dtag/cms/content/Team Net/de/524572, 2008.
[1356] Vgl. Deutsche Telekom AG (Hrsg.), Deutsche Telekom bestätigt nach guten Ergebnissen im ersten Halbjahr die Finanzziele für 2008, http://www.telekom.com/dtag/cms/content/dt/548746, 2008.
[1357] Vgl. Deutsche Telekom AG (Hrsg.), Deutsche Telekom übertrifft Finanzziele für 2008, http://www.telekom.com/dtag/cms/content/dt/ de/623924, 2009.
[1358] Vgl. Deutsche Telekom AG (Hrsg.), Deutsche Telekom übertrifft Finanzziele für 2008, http://www.telekom.com/dtag/cms/content/dt/ de/623924, 2009.
[1359] Vgl. Deutsche Telekom AG (Hrsg.), Deutsche Telekom übertrifft Finanzziele für 2008, http://www.telekom.com/dtag/cms/content/dt/ de/623924, 2009.
[1360] Hypothese Ia: Die Kapitalmarktorientierung dominiert im maßgeblichen Sinne die Ausrichtung und Strategie des Unternehmens Deutsche Telekom AG, die ursprüngliche ordnungspolitische Ausrichtung spielt keine Rolle mehr.
[1361] Hypothese Ib: Die Deutsche Telekom hat ihre Monopolstellung auf dem deutschen Telekommunikationsmarkt in eine marktorientierte und -beherrschende Position gewandelt.
[1362] Hypothese Ic: Die Telekom hat den Wandel zu einem kundenorientierten Unternehmen sowohl strategisch als auch in der praktischen Umsetzung abgeschlossen.
[1363] Hypothese III: Die Entwicklung der strategischen Grundorientierung der Deutschen Telekom stellt sich über den Betrachtungszeitraum von 1995 bis 2008 stringent und konsequent an den externen Einflüssen orientiert dar.

2.15 Forecast: Vision, Strategie und Ziele für 2009

Die für 2009 manifestierten neuen Leitlinien des Konzerns sind in einem Gesamtzusammenhang mit der Vision[1364] und dem Auftrag des Unternehmens zu sehen. Der aus der Vision abgeleitete Auftrag des Unternehmens lautet: *„Best angesehenes Service Unternehmen"*[1365]. Die Leitlinien hierfür sind:

- *„Kunden begeistern*
- *Integrität und Wertschätzung leben*
- *Offen zur Entscheidung – geschlossen umsetzen*
- *An die Spitze! Leistung anerkennen – Chancen bieten*
- *Ich bin die Telekom – auf mich ist Verlass"*[1366]

Diese Leitlinien sollen letztendlich dazu dienen, Werte für die Stakeholder wie Kunden, Mitarbeiter, Eigner, Öffentlichkeit und Umwelt zu schaffen und zu erhalten.[1367]

Bereits im Oktober 2008 wurde auf Vorschlag des Konzernvorstands durch den Aufsichtsrat ein siebtes Vorstandsressort mit den Aufgaben Datenschutz, Recht und Compliance bestellt, um insbesondere die Aufgaben Datenschutz und Datensicherheit auf der obersten Managementebene zu verankern.[1368] Ein weiterer Umbau des Vorstands wurde im Februar 2009 initiiert. Hiernach werden künftig der Vertrieb, das Marketing und der Kundenservice für das deutsche Mobilfunk- und Festnetzgeschäft in einem Vorstandsressort zusammengefasst.[1369] Darüber hinaus sollen Produkte und Innovationen, die IT und die Technik künftig europaweit und der Einkauf weltweit gesteuert werden.[1370] Ebenfalls wurde die Einrichtung eines Vorstandsressorts für Süd- und Osteuropa beschlossen.[1371] Diese neue Führungsstruktur soll die Umsetzung der Strategie, ein Marktführer für Produkte des vernetzten Lebens und Arbeitens zu werden, noch besser unterstützen.[1372]

Die Strategie des konzentrierten und gezielten Wachstums wird fortgeführt, wodurch die bereits attestierte Stringenz der Strategischen Grundorientierung getreu der Hypothese III[1373] auch für das Jahr 2009 ihre Fortsetzung findet.[1374] Die zu einem späteren Zeitpunkt noch genau zu definierenden operativen Finanzziele (EBITDA und Cash Flow) für 2009 sollen in etwa auf dem Niveau des Jahres 2008[1375] liegen.[1376]

[1364] Siehe hierzu die Ausführungen in Kapitel E.2.13 (Profitabilität, Wachstum und Serviceorientierung – Vision, Strategie und Konzernziele in 2007).
[1365] Deutsche Telekom AG (Hrsg.), DT´s neue Leitlinien. Gesamtzusammenhang Vision – Auftrag – Leitlinien., http://storybox.telekom.de/data/files/Werte_neue_Leitlinien_DE.ppt, 2009.
[1366] Deutsche Telekom AG (Hrsg.), DT´s neue Leitlinien. Gesamtzusammenhang Vision – Auftrag – Leitlinien., http://storybox.telekom.de/data/files/Werte_neue_Leitlinien_DE.ppt, 2009.
[1367] Vgl. Deutsche Telekom AG (Hrsg.), DT´s neue Leitlinien. Gesamtzusammenhang Vision – Auftrag – Leitlinien., http://storybox.telekom.de/data/files/Werte_neue_Leitlinien_DE.ppt, 2009.
[1368] Vgl. Deutsche Telekom AG (Hrsg.), Aufsichtsrat beruft Manfred Balz zum siebten Vorstand der Deutschen Telekom, http://www.telekom.de/dtag/cms/content/dt/de/576852?printversion=true, 2009.
[1369] Vgl. Deutsche Telekom AG (Hrsg.), Deutsche Telekom erweitert Vorstand und will sich stärker regional und integriert aufstellen, http://www.telekom.com/dtag/cms/content/dt/de/623922?printversion=true, 2009.
[1370] Vgl. Deutsche Telekom AG (Hrsg.), Deutsche Telekom erweitert Vorstand und will sich stärker regional und integriert aufstellen, http://www.telekom.com/dtag/cms/content/dt/de/623922?printversion=true, 2009.
[1371] Vgl. Deutsche Telekom AG (Hrsg.), Deutsche Telekom erweitert Vorstand und will sich stärker regional und integriert aufstellen, http://www.telekom.com/dtag/cms/content/dt/de/623922?printversion=true, 2009.
[1372] Die in diesem Kapitel beschriebenen Maßnahmen sind Teil des neuen strategischen Projekts One Company (vgl. Deutsche Telekom AG (Hrsg.), One Company: „Wir wollen Grenzen aufheben", http://intranet.telekom.de/dtag/cms/content/TeamNet/de/639970, 2009.
[1373] Hypothese III: Die Entwicklung der strategischen Grundorientierung der Deutschen Telekom stellt sich über den Betrachtungszeitraum von 1995 bis 2008 stringent und konsequent an den externen Einflüssen orientiert dar.
[1374] Siehe hierzu die Ausführungen in Kapitel E.2.14 (Strategie 2008: Breitband und mobiles Internet als Wachstumskriterien).
[1375] Stand: Februar 2009. Zunächst ohne Berücksichtigung einer Konsolidierung der griechischen OTE.
[1376] Vgl. Deutsche Telekom AG (Hrsg.), GJ 2008 – Pressekonferenz. Deutsche Telekom., http://download-teamnet.telekom.de/TeamNet/StaticPage/61/81/70/finanzkennzahlen_618170.pdf, 2009. Den Finanzzielen 2008 siehe die Ausführungen in Kapitel E.2.14 (Strategie 2008: Breitband und mobiles Internet als Wachstumskriterien). Aufgrund der Auswirkungen der Finanz- und Wirtschaftskrise muss für 2009 allerdings weltweit mit einem signifikanten Rückgang der Umsätze im IKT-Markt gerechnet werden.

3 Die Finanzperspektive

In diesem Kapitel finden sich ausgewählte Beispiele von Ereignissen bei der Deutschen Telekom, die aus der Finanzperspektive heraus beleuchtet werden. In den nachfolgenden Kapiteln werden Themen, Programme und Maßnahmen vorgestellt, die vielfach auch einen Bezug zur Finanzperspektive haben und durchaus im vorliegenden Kapitel hätten eine Würdigung erfahren können, was ja – wie bereits erwähnt, mehr oder weniger – für alle Perspektiven gilt.

Für die Perspektive der Finanzen (wie auch für die noch folgenden Perspektiven) bleibt anzumerken, dass an dieser Stelle lediglich ein Ausschnitt aus einer Vielfalt von Maßnahmen und Themen, die Zusammenhänge, Erfordernisse sowie Handlungszwänge und -entscheidungen aus finanzperspektivischer Sicht beinhalten und monetär bedingt sind, lediglich exemplarisch dargestellt werden können.

In diesem Sinne erfolgt eine Konzentration der hier behandelten Themen zunächst auf die erforderliche Umdenkensweise bei der Kalkulation von Angebotspreisen, von einem Monopolmarkt zu einem Wettbewerbsmarkt hin. Anschließend wird die Durchführung der Börsengänge der Telekom, die eine essenzielle Episode bei jeder Aktiengesellschaft darstellen, erläutert. Hieran schließt sich die Beschreibung des Schuldenabbaus des Konzerns mit Hilfe des Programms E^3 an. Abschließend werden die Einrichtung der Personalservice-Agentur und der Personalabbau von 1994 bis 2006 sowie die Ausgliederung von spezifischen Einheiten aus der AG in drei neue Servicegesellschaften bei der Deutschen Telekom dokumentiert.

Eine Berücksichtigung von Zusammenhängen mit den eingangs formulierten Hypothesen erfolgt jeweils im Kontext der folgenden Themenkapitel.

3.1 Einführung einer markt- und kundenorientierten Preiskalkulation

Ein wesentlicher und notwendiger Wandel im Hinblick auf die bevorstehende Marktöffnung musste auch bei der Ermittlung von Angebotspreisen, also der Preiskalkulation für Produkte der Telekom, erfolgen. Zu Monopolzeiten gestaltete sich die Preiskalkulation klassisch nach der sogenannten Zuschlagsmethode oder der progressiven Vollkostenkalkulation. Hierbei wurden zur Ermittlung von Produktpreisen, beispielsweise zu den Kosten aus Vorleistungen, entsprechende vorgegebene Zuschlagssätze für Personal-, Sach- und Kapitalkosten addiert.

Die zusätzliche Berücksichtigung eines unternehmensinternen Zinsfußes zur Verzinsung des eingesetzten Eigen- und Fremdkapitals sowie eine beabsichtigte Gewinnspanne ergaben dann in Summe den Preis für ein Produkt. Natürlich konnte dieser zu Zeiten der Behörde auch aus wirtschaftspolitischen Interessen heraus anders gestaltet sein. Die Monopolstellung der Deutschen Bundespost ließ jedoch diese Vorgehensweise zu, da kein Wettbewerb bei definierten Monopolleistungen existierte.

Insbesondere im Hinblick auf die bevorstehende Marktöffnung, aber auch, um bei Ausschreibungen nicht monopolbehafteter Themen die Chance für den Erhalt eines Auftragszuschlags zu verbessern,[1377] mussten die Spielregeln des Wettbewerbermarktes auch im Denken und Agieren der Finanzverantwortlichen bzw. der Preiskalkulatoren einen kulturellen Wandel erfahren.

Aus diesem Grund wurde bereits in 1996 das excelbasierte Kalkulationssystem für marktorientierte Telekompreise (KOMFORT) eingeführt.[1378] Die in dem Tool hinterlegte Systematik für die Preis- bzw. Produktkalkulation basierte auf dem Ansatz des Target Costing (Zielkostenrechnung). Ausgehend von einem erzielbaren Marktpreis wurden mit Hilfe von KOMFORT die einzelnen zur Erstellung eines Produktes erforderlichen Kostenarten kalkuliert.

[1377] Vgl. Brnjak, W.; Hartmann, P., Angebotskalkulation für Geschäftskunden, 1998, S. 7.
[1378] Vgl. Deutsche Telekom AG (Hrsg.), Controlling-Handbuch Band V (I) – Die betriebswirtschaftliche Leitlinie für die Preiskalkulation bei der Deutschen Telekom AG, 1996, S. A.1-1.

Durch diesen Ansatz eröffnete sich der Preiskalkulation bei der Telekom die Chance, Kosten bereits aktiv in der Phase der Produktplanung und -entstehung zu beeinflussen.[1379]

Allein die Beschäftigung mit dem im Wettbewerb erzielbaren Marktpreis als Ausgangslage und der sich hieraus ggf. ergebenden Notwendigkeit, bei der Produkterstellung kostenbewusster zu agieren, führte in relativ kurzer Zeit zu einem Umdenken bei den mit der Kalkulation und der Produkterstellung befassten sowie bei den im Vertrieb beschäftigten Mitarbeitern.

Neben der automatisierten Ermittlung der Kostenarten und spezifischen Finanzkennzahlen bot das Tool KOMFORT auch die Möglichkeit der Darstellung von Deckungsbeitragsstufen und zu Berechnungen des Break-Even-Point, wie aus der Abbildung 101 zu ersehen ist.

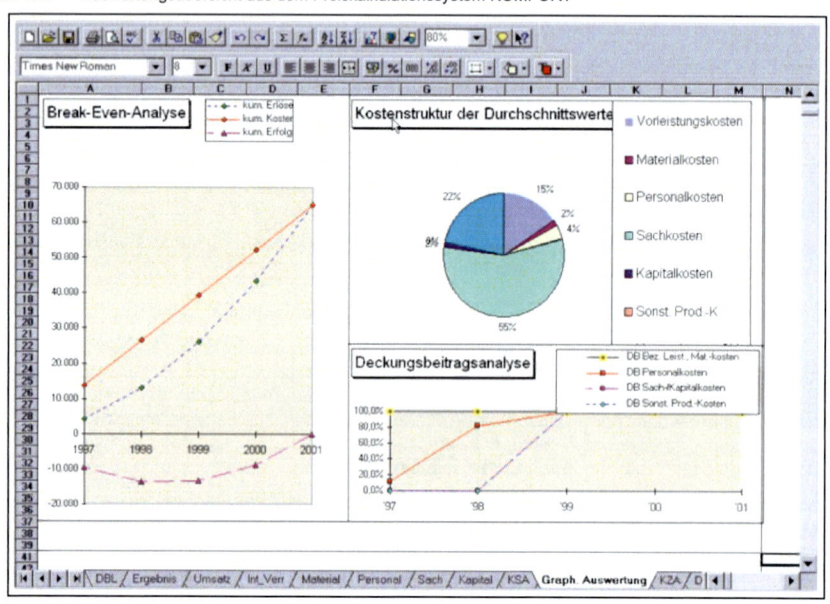

Abb. 101: Auswertungsübersicht aus dem Preiskalkulationssystem KOMFORT

Quelle: Deutsche Telekom AG (Hrsg.), Controlling-Handbuch Band V (I) – Die betriebswirtschaftliche Leitlinie für die Preiskalkulation bei der Deutschen Telekom AG, 1996, S. C.3.6-6

Den bereits im Wettbewerbsumfeld agierenden Preiskalkulatoren, so beispielsweise im Geschäftskundenbereich, war das System in einer abgewandelten Form eine Hilfe zur schnelleren Ermittlung von Angebotspreisen.[1380]

Hinsichtlich der eingangs vermuteten Hypothesen kann festgehalten werden, dass die Einführung einer markt- und kundenorientierten Preiskalkulation vor allem dem Zweck der Sicherung von Marktanteilen entsprechend der Hypothese Ib (TK-Marktbeherrschung)[1381] zuzuschreiben ist.

Das Teilmodul zur Kalkulation von Anbeboten für Geschäftskunden tangiert daneben den Aspekt der Kundenorientierung (Hypothese Ic)[1382] in ihren Anfängen, da hierbei kalkulatorisch auf die individuellen Anforderungen der Kunden einzugehen war.

[1379] Vgl. Deutsche Telekom AG (Hrsg.), Controlling-Handbuch Band V (I) – Die betriebswirtschaftliche Leitlinie für die Preiskalkulation bei der Deutschen Telekom AG, 1996, S. F.1-3.
[1380] Vgl. Brnjak, W.; Hartmann, P., Angebotskalkulation für Geschäftskunden, 1998, S. 7.
[1381] Hypothese Ib: Die Deutsche Telekom hat ihre Monopolstellung auf dem deutschen Telekommunikationsmarkt in eine marktorientierte und -beherrschende Position gewandelt.

Darüber hinaus stellte die Einführung der Zielkostenrechnung eine wesentliche mitarbeiterorientierte Transformation im Innenverhältnis übereinstimmend mit der Hypothese IV[1383] dar.

3.2 Die Börsengänge der Deutschen Telekom

Nach der Umwandlung der Deutschen Bundespost Telekom in eine privatisierte Aktiengesellschaft zum Jahresanfang 1995 markierte der erste Börsengang der Deutschen Telekom im November 1996 die Öffnung des Unternehmens für den Kapitalmarkt und somit den Beginn der Dominanz der strategischen Ausrichtung hinsichtlich einer maßgeblichen Kapitalmarktorientierung, wie sie in der eingangs formulierten Hypothese Ia (Kapitalmarktorientierung)[1384] beschrieben ist. Dem Aspekt der Kapitalmarktorientierung sind auch die weiteren Börsengänge der Telekom zuzuordnen.

Auf internationaler Ebene waren Telekommunikationsmärkte durch eine intensive Akquisitions- oder Beteiligungsaktivität geprägt, die oft mittels Aktientausch zu finanzieren waren. Teile der Privatisierungserlöse wurden als zusätzliches Finanzmittel für eine globale Aufstellung genutzt, um neue Märkte im Ausland zu erschließen und somit das eigene Wachstum zu erhöhen.[1385]

Mit der Platzierung der Aktien wurde insbesondere das Ziel verfolgt, die Verbesserung des Eigenkapitals, in Gestalt von Anlage- und Umlaufvermögen ohne Belastung mit Verbindlichkeiten bzw. Zinsen, der DTAG in Form einer Kapitalerhöhung sicherzustellen.

3.2.1 Der erste Börsengang im November 1996

Bereits in den 50er und 60er Jahren erfolgten erste Teilprivatisierungen von Bundesunternehmen, wobei hier vermögenspolitische Motive eine wichtige Rolle spielten.[1386]

Im Zusammenhang mit der Heranführung großer Bevölkerungsteile an den Kapitalmarkt wurde auch die Emission der Telekom in 1996 als Chance zur Implementierung einer neuen Aktienkultur begriffen.[1387]

Zielsetzung war dabei, dass Telekom-Aktien auch durch eine große Anzahl von Kleinaktionären (neben institutionellen Anlegern) erworben werden konnten. Darüber hinaus sollte ein ausgewogenes Verhältnis zwischen inländischer und internationaler Platzierung erreicht werden.[1388]

Die durch das Postumwandlungsgesetz erstellte Satzung der DTAG, durch die das Grundkapital auf 10,15 Milliarden DM (ca. 5,19 Milliarden Euro) festgelegt wurde, ermächtigte den Vorstand, selbiges gegen Sach- und Bareinlagen mehrmals innerhalb einer Frist von fünf Jahren um 50 Prozent zu erhöhen.[1389]

Somit musste sich die Telekom an den Börsen neue Eigenmittel beschaffen. Denn je höher die Marktkapitalisierung war, desto mehr unternehmerischen Spielraum hatte der Konzern in der sich dramatisch verändernden internationalen Marktlandschaft.[1390]

Um eine den Wettbewerbern entsprechende Ausstattung mit eigenen Mitteln zu erzielen, waren folgende Maßnahmen zur Erstellung des Emissionsprospektes zu treffen:[1391]

❏ Aktualisierung der finanzwirtschaftlichen Daten für die Ermittlung des Unternehmenswertes.
❏ Definition der Platzierungsziele sowie der ordnungs- und vermögenspolitischen Absichten.

[1382] Hypothese Ic: Die Telekom hat den Wandel zu einem kundenorientierten Unternehmen sowohl strategisch als auch in der praktischen Umsetzung abgeschlossen.
[1383] Hypothese IV: Es ist der Deutschen Telekom gelungen, die notwendigen Transformationen auch im Innenverhältnis (prozessuale und strukturelle Ausrichtung, Mitarbeiterorientierung, Personalanpassungen und Kulturwandel) zu realisieren. Häufig werden Formen der indirekten Unternehmenssteuerung, mit Hilfe von Kennzahlen gewonnen durch, u.a. einem Vergleich mit internen oder externen Konkurrenzen verbunden. Dadurch verschwimmen die Grenzen des Unternehmens intern zwischen Markt und Hierarchie.
[1384] Hypothese Ia: Die Kapitalmarktorientierung dominiert im maßgeblichen Sinne die Ausrichtung und Strategie des Unternehmens Deutsche Telekom AG, die ursprüngliche ordnungspolitische Ausrichtung spielt keine Rolle mehr.
[1385] Vgl. Deutsche Telekom AG (Hrsg.), Erster Börsengang, Wettbewerb und Internationalisierung, 2004, S. 1.
[1386] Vgl. Müller, S., Der Börsengang der Telekom, 1998, S. 79.
[1387] Vgl. Müller, S., Der Börsengang der Telekom, 1998, S. 77.
[1388] Vgl. Müller, S., Der Börsengang der Telekom, 1998, S. 80.
[1389] Vgl. Müller, S., Der Börsengang der Telekom, 1998, S. 77.
[1390] Vgl. Deutsche Telekom AG (Hrsg.), Geschichte der Börsengänge, 2006, S. 1.
[1391] Vgl. Müller, S., Der Börsengang der Telekom, 1998, S. 78.

❏ Bildung eines Bankenkonsortiums für die Emission.
❏ Festlegung des Zeitraums für den Verkauf der Aktien sowie der Vermarktungs- und Vertriebsstrategie.
❏ Einholen der Zustimmung der US-amerikanischen Wertpapieraufsichtsbehörde für die Platzierung an der New York Stock Exchange.
❏ Erstellung eines Emissionsprospektes, dessen inhaltliche Anforderungen dem Börsenzulassungsprospekt entsprachen.

Beim ersten Börsengang versuchte die Deutsche Telekom die T-Aktien zu vermarkten und insbesondere viele private Anleger anzureizen. In Deutschland wurde ein Aktien-Informations-Forum[1392] eingerichtet, dessen Mitglieder bei der Zuteilung der Aktien bevorzugt wurden und über das Forum kostenlos breite Informationen sowie eine Option auf Treue-Aktien erhielten.[1393]

Knapp drei Millionen Interessenten ließen sich registrieren, von denen letztendlich 1,4 Millionen Order abgegeben wurden und denen 235 Millionen Aktien zugeteilt wurden.[1394] Die Privatinteressenten außerhalb des Aktien-Informations-Forums bekamen 50 Millionen Aktien zugeteilt.[1395]

Der Emissionspreis der T-Aktie lag bei 14,57 Euro (Privatanleger in Deutschland erhielten bei Einhaltung der Emissions- und Transferbedingungen einen reduzierten Kaufpreis in Höhe von 14,32 Euro und Treueaktien[1396] im Verhältnis von zehn zu eins).[1397]

Von den insgesamt 1,9 Millionen Privatanlegern legten ca. 650.000 erstmals Kapital am Aktienmarkt an.[1398] Die Abbildung 102 zeigt die Verteilung der Aktien bei der ersten Emission.

Abb. 102: Verteilung der 1996 emmissionierten Aktien und die Entwicklung bis 1999

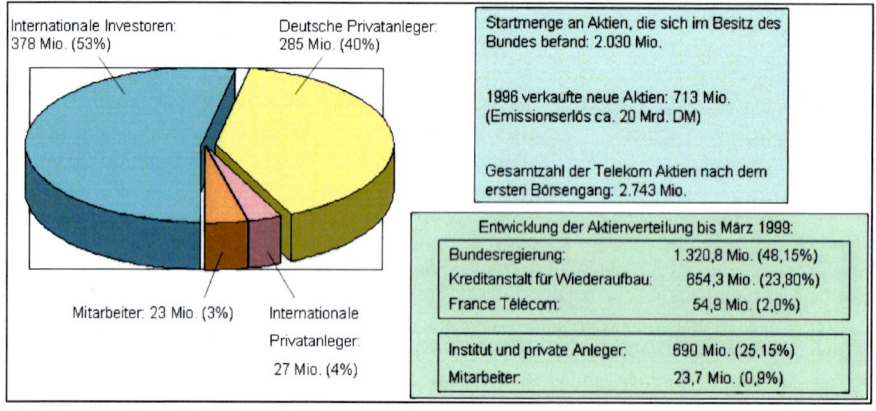

Internationale Investoren: 378 Mio. (53%)	Deutsche Privatanleger: 285 Mio. (40%)	Startmenge an Aktien, die sich im Besitz des Bundes befand: 2.030 Mio.
		1996 verkaufte neue Aktien: 713 Mio. (Emissionserlös ca. 20 Mrd. DM)
		Gesamtzahl der Telekom Aktien nach dem ersten Börsengang: 2.743 Mio.
Mitarbeiter: 23 Mio. (3%)	Internationale Privatanleger: 27 Mio. (4%)	Entwicklung der Aktienverteilung bis März 1999:
		Bundesregierung: 1.320,8 Mio. (48,15%)
		Kreditanstalt für Wiederaufbau: 854,3 Mio. (23,80%)
		France Télécom: 54,9 Mio. (2,0%)
		Institut und private Anleger: 690 Mio. (25,15%)
		Mitarbeiter: 23,7 Mio. (0,8%)

In Anlehnung an: Deutsche Telekom AG (Hrsg.), Organisation der Deutschen Telekom-Gruppe – Präsentation vom 06.04.2005, 2005, S. 72

[1392] Das Aktien-Informations-Forum wurde nach dem Abschluss der Platzierung als Forum T-Aktie aufrechterhalten und stand für Privatanleger als Investor-Relations-Einrichtung weiterhin zur Verfügung (vgl. Deutsche Telekom AG (Hrsg.), Geschichte der Börsengänge, 2006, S. 1).
[1393] Vgl. Deutsche Telekom AG (Hrsg.), Geschichte der Börsengänge, 2006, S. 1.
[1394] Vgl. Müller, S., Der Börsengang der Telekom, 1998, S. 81.
[1395] Vgl. Müller, S., Der Börsengang der Telekom, 1998, S. 81.
[1396] Die Ausgabe der Treueaktien im Verhältnis von zehn zu eins für maximal 300 Aktien war an die Bedingung geknüpft, diese mindestens bis zum 30. September 1999 zu halten (vgl. Müller, S., Der Börsengang der Telekom, 1998, S. 81).
[1397] Vgl. Deutsche Telekom AG (Hrsg.), Geschichte der Börsengänge, 2006, S. 1.
[1398] Vgl. Deutsche Telekom AG (Hrsg.), Geschichte der Börsengänge, 2006, S. 1 f.

Die Emission war, sogar nach der Erhöhung der Tranche auf 600 Millionen Aktien zuzüglich einer Emissionsreserve, dem so genannten Greenshoe, in Höhe von 90 Millionen Aktien, rund fünffach überzeichnet.[1399]

Zusammen mit den ca. 23 Millionen Aktien für die Mitarbeiter wurden insgesamt 713 Millionen Aktien ausgegeben.

Von den ca. 244.000 zeichnungsberechtigten Mitarbeitern zeichneten 156.000, was einer Quote von ca. 64 Prozent entsprach.[1400] Das Grundkapital der Telekom in Höhe von 10,15 Milliarden DM (ca. 5,19 Milliarden Euro) erhöhte sich hierdurch um ca. 3,56 Milliarden DM (ca. 1,82 Milliarden Euro) und der Anteil des Bundes reduzierte sich auf rund 74 Prozent.[1401]

Der Telekom flossen durch diese Kapitalerhöhung liquide Mittel in Höhe von ca. 10 Milliarden Euro zu.[1402] Dies machte den Börsengang der Telekom bis dato zum größten in Europa und zum zweitgrößten weltweit.[1403]

3.2.2 Der zweite Börsengang im Juni 1999

Der zweite Börsengang war als eine Bezugsrechtsemission[1404] geplant.[1405] Bei dieser Kapitalerhöhung verfolgte die Deutsche Telekom zwei strategische Stoßrichtungen, zum einen die weitere Stärkung der zukunftsorientierten Geschäftsfelder und zum anderen den weiteren Ausbau der internationalen Marktposition. Letztendlich wurde der Erlös der Emission für den Kauf des britischen Mobilfunkbetreibers one2one verwendet.

Das Aktienangebot mit rund 280,9 Millionen Aktien wurde auf Anleger aus allen Euro-Teilnehmerstaaten ausgeweitet.[1406] Die Privatanleger erhielten während der Frühzeichnerphase eine Vergünstigung in Höhe von zwei Euro je Aktie.[1407]

Bei einem offiziellen Ausgabepreis in Höhe von 39,50 Euro je Aktie wurden 600 Millionen Aktien nachgefragt, was einer zweifachen Überzeichnung gleichkam.[1408] Obgleich die Anzahl der ausgegebenen Aktien nicht annähernd so hoch war wie beim ersten Börsengang, fiel der Emissionserlös höher aus als in 1996.

Aufgrund des Erlöses in Höhe von 10,8 Milliarden Euro stellte der zweite Börsengang die größte Sekundäremission in Deutschland dar.[1409] Privatanleger und institutionelle Investoren wie Banken oder Fonds waren bei der Zuteilung nahezu gleichberechtigt.

Annähernd 112.000 Konzernbeschäftigte, was einer Quote von mehr als 55 Prozent in Bezug auf alle zeichnungsberechtigten Mitarbeiter entsprach, orderten zusammen rund 5,9 Millionen Aktien.[1410]

[1399] Vgl. Deutsche Telekom AG (Hrsg.), Geschichte der Börsengänge, 2006, S. 1.
[1400] Vgl. Deutsche Telekom AG (Hrsg.), T-Day in Frankfurt, New York, Tokio, 1996, S. 26.
[1401] Vgl. Müller, S., Der Börsengang der Telekom, 1998, S. 83 f.
[1402] Vgl. Deutsche Telekom AG (Hrsg.), Geschichte der Börsengänge, 2006, S. 2.
[1403] Vgl. Deutsche Telekom AG (Hrsg.), T-Day in Frankfurt, New York, Tokio, 1996, S. 21.
[1404] Unter Bezugsrechtsemission wird die Ausgabe neuer Aktien an vorhandene Aktionäre, die das Recht haben, diese unter Nennwert zu kaufen, verstanden (vgl. onpulson (Hrsg.), Wissen für Ihren Erfolg, http://www.onpulson.de/lexikon/bezugsrechtsemission.htm, 2008).
[1405] Vgl. Deutsche Telekom AG (Hrsg.), Incentivprogramme, http://www.telekom3.de/de-p/inve/1-t-/5-bo/inha/incentivprogramme-ar,t emplateId=_2Fdt_2Fweb_2Fstruct_2FContent.jsp.html, 2006, S. 1.
[1406] Vgl. Deutsche Telekom AG (Hrsg.), Geschichte der Börsengänge, 2006, S. 2.
[1407] Vgl. Deutsche Telekom AG (Hrsg.), Incentivprogramme, http://www.telekom3.de/de-p/inve/1-t-/5-bo/inha/incentivprogramme-ar,t emplateId=_2Fdt_2Fweb_2Fstruct_2FContent.jsp.html, 2006, S. 1.
[1408] Vgl. Deutsche Telekom AG (Hrsg.), Incentivprogramme, http://www.telekom3.de/de-p/inve/1-t-/5-bo/inha/incentivprogramme-ar,t emplateId=_2Fdt_2Fweb_2Fstruct_2FContent.jsp.html, 2006, S. 1.
[1409] Vgl. Deutsche Telekom AG (Hrsg.), Geschichte der Börsengänge, 2006, S. 2.
[1410] Vgl. Deutsche Telekom AG (Hrsg.), Deutsche Telekom zieht erfolgreiche Bilanz des zweiten Börsengangs, 1999, S. 1.

Die Abbildung 103 veranschaulicht die Verteilung der in 1999 platzierten Aktien (nach dem zweiten Börsengang).

Abb. 103: Verteilung der Aktien nach dem zweiten Börsengang 1999 (in Millionen und in Prozent)

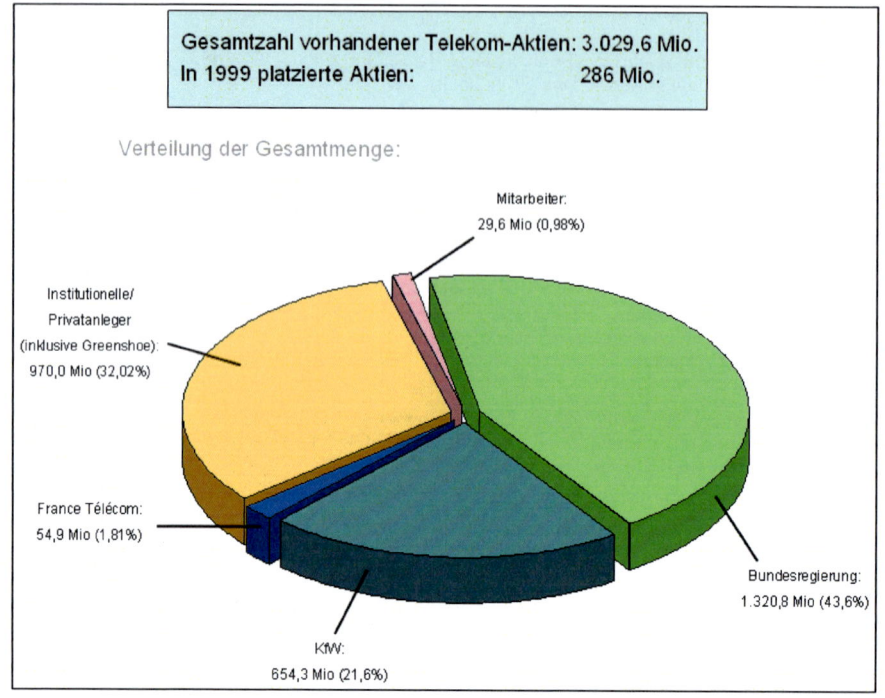

Gesamtzahl vorhandener Telekom-Aktien: 3.029,6 Mio.
In 1999 platzierte Aktien: 286 Mio.

Verteilung der Gesamtmenge:

- Mitarbeiter: 29,6 Mio (0,98%)
- Institutionelle/Privatanleger (inklusive Greenshoe): 970,0 Mio (32,02%)
- France Télécom: 54,9 Mio (1,81%)
- KfW: 654,3 Mio (21,6%)
- Bundesregierung: 1.320,8 Mio (43,6%)

In Anlehnung an: Deutsche Telekom AG (Hrsg.), Organisation der Deutschen Telekom-Gruppe – Präsentation vom 06.04.2005, 2005, S. 73

3.2.3 Der dritte Börsengang im Juni 2000

Bei der dritten Emission wurden 200 Millionen Aktien aus dem Bestand der Kreditanstalt für Wiederaufbau (KfW) an der Börse platziert.[1411] Hierdurch verminderte sich der Anteil der KfW an der Telekom von ca. 22 Prozent auf rund 15 Prozent.[1412]

Privataktionäre weltweit erhielten, neben den Mitarbeitern, eine Vergünstigung von drei Euro auf den Emissionspreis in Höhe von 66,50 Euro und wie bei den ersten beiden Börsengängen, bei Einhaltung einer Haltefrist, Treueaktien im Verhältnis von zehn zu eins.[1413]

Die KfW, deren Emission dreieinhalbfach überzeichnet war, erzielte einen Erlös in Höhe von 13,5 Milliarden Euro.[1414]

[1411] Vgl. Deutsche Telekom AG (Hrsg.), Geschichte der Börsengänge, 2006, S. 2.
[1412] Vgl. Deutsche Telekom AG (Hrsg.), Geschichte der Börsengänge, 2006, S. 2.
[1413] Vgl. Deutsche Telekom AG (Hrsg.), Incentiveprogramme, http://www.telekom3.de/de-p/inve/1-t-/5-bo/inha/incentiveprogramme-ar,t emplateId=_2Fdt_2Fweb_2Fstruct_2FContent.jsp.html, 2006, S. 2 i.V.m. Deutsche Telekom AG (Hrsg.), Geschichte der Börsengänge, 2006, S. 1 f.
[1414] Vgl. Deutsche Telekom AG (Hrsg.), Details zu den Börsengängen, 2006, S. 1.

Die nachfolgende Abbildung 104 enthält einen Überblick zu ausgewählten Kenngrößen der T-Aktie.

Abb. 104: Allgemeine Daten zur T-Aktie

17. / 18. November 1996	Festlegung und Bekanntgabe des Emissionspreises pro Inhaberaktie, Zuteilung der Aktien
18. November 1996	Handelsaufnahme der T-Aktie an den Deutschen Börsen sowie an der New Yorker Stock Exchange, Anzahl der Aktien: 714 Millionen, Ausgabepreis in Höhe von 28,50 DM (14,57 Euro), Privatanleger: 43 Prozent, Institutionelle Anleger: 57 Prozent
19. November 1996	Aufnahme des Handels an der Börse Tokio
28. Juni 1999	Zweiter Börsengang mit Ausgabekurs in Höhe von 37,50 Euro, Anzahl der Aktien: 281 Millionen, Privatanleger: 54 Prozent, Institutionelle Anleger: 46 Prozent
17. April 2000	Erster Börsengang der Telekom-Internetaktien (T-Online), Ausgabekurs: 27 Euro, Emissionsvolumen: 106 Millionen (ohne Mitarbeiterangebot)
19. Juni 2000	Dritter Börsengang der Deutschen Telekom, Ausgabepreis: 66,50 Euro, Anzahl der ausgegebenen Aktien: 200 Millionen, Privatanleger: 70 Prozent, Institutionelle Anleger: 30 Prozent
Allzeithoch	103,50 Euro, erreicht am 06. März 2000
Allzeittief	8,42 Euro, erreicht am 30. September 2002

Die erfolgreiche Platzierung der Aktien im Juni 2000 zeigt, dass die Anleger trotz des Börsencrashs, der sich seit März 2000 abspielte, sowie dem Allzeithoch Anfang März, Vertrauen in die Aktie hatten.

Im Umfeld des damaligen Internetbooms investierten viele Privatinvestoren in die T-Aktie und der durch ein im Bookbuilding-Verfahren ermittelte Ausgabekurs in Höhe von 14,57 Euro ließ den Wert der Aktie bis auf über 100 Euro steigen, sank dann aber wieder zeitweise unter den Ausgabekurs.[1415] Letztlich verdeutlicht auch diese Entwicklung die Abhängigkeit des privatisierten Unternehmens Deutsche Telekom vom Kapitalmarkt und seinen Risiken.

Der dritte Börsengang veränderte auch maßgeblich die Besitzanteile. Der hohe Anteil des Bundes, auch über die KfW, den die italienische Regierung und Öffentlichkeit bei der geplanten Fusion mit der Telecom Italia[1416] damals heftig kritisiert hatten, sank hierdurch deutlich.

[1415] Vgl. Wikipedia (Hrsg.), Die freie Enzyklopädie, Deutsche Telekom, http://de.wikipedia.org/wiki/Deutsche_Telekom, 2008.
[1416] Zur beabsichtigten Fusion zwischen Deutsche Telekom und Telecom Italia siehe auch die Ausführungen in Kapitel E.2.5.2 (Die Strategie 1999: Fokussierung auf Telematik und Internationalisierung).

Die Abbildung 105 zeigt die Besitzverhältnisse der T-Aktie zum Jahresende 2006 an, bei der der Verkauf von 4,5 Prozent der Telekom-Aktien für 2,7 Milliarden Euro seitens der Bundesregierung an den Finanzinvestor Blackstone[1417] berücksichtigt ist.

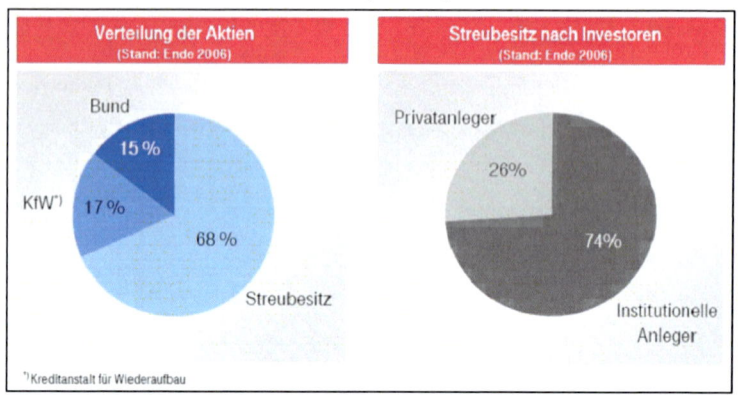

Abb. 105: Aktionärsstruktur der Deutschen Telekom AG (in Prozent)

Verteilung der Aktien (Stand: Ende 2006)
- Bund: 15%
- KfW*): 17%
- Streubesitz: 68%

Streubesitz nach Investoren (Stand: Ende 2006)
- Privatanleger: 26%
- Institutionelle Anleger: 74%

*) Kreditanstalt für Wiederaufbau

In Anlehnung an: Deutsche Telekom AG (Hrsg.), Organisation der Deutschen Telekom-Gruppe im Überblick, 2007, S. 72

Ursprünglich hatte das Unternehmen für das Jahr 2000 drei Börsengänge geplant. Zusätzlich sollte neben T-Online, dass bereits Ende April erfolgreich an der Börse platziert wurde, auch T-Mobile International kapitalisiert werden.[1418] Dieser Plan wurde jedoch aufgrund der damaligen Börsenentwicklung wieder verworfen und die T-Mobile AG zurück in eine GmbH umfirmiert.

3.2.4 Der Börsengang von T-Online im April 2000

Der Börsengang der T-Online International AG stellte einen Teil der weiter oben beschriebenen Wachstumsstrategie der Telekom dar und sollte der Fortsetzung eines konsequenten Wachstumskurses der Gesellschaft wie auch des Mutterkonzerns insgesamt dienen. Durch die Kapitalisierung wurden somit neue finanzielle Spielräume für den Konzern geschaffen.

Zu einem Ausgabekurs in Höhe von 27 Euro wurden 114 Millionen Aktien (inklusive Greenshoe und Mitarbeiteraktien[1419]) in dem damaligen Börsensegment des Neuen Marktes platziert.[1420] Das Aktienangebot war mehr als 20-fach überzeichnet und erbrachte für den Konzern einen Erlös in Höhe von 3,08 Milliarden Euro.[1421] Dieser Erlös war angesichts der durch die Telekom im Jahr 2000 getätigten Investitionen in Höhe von 43,1 Milliarden Euro[1422] zwar vergleichsweise niedrig, stellte jedoch, gemessen am Emissionsvolumen, den drittgrößten[1423] Börsengang in Deutschland – nach dem der Deutschen Telekom AG in 1996 und den von Infineon zu Beginn des Jahres 2000 – dar.

Bei der Aktionärsversammlung der Deutschen Telekom am 29. April 2005 wurde die Wiedereingliederung der T-Online in die DTAG beschlossen und den Aktionären wurden 0,52 Telekom-Aktien je einer T-Online-Aktie angeboten.[1424] Die Verschmelzung scheiterte lange an dem Wider-

---

[1417] Vgl. German News (Hrsg.), Blackstone steigt bei der Telekom ein, http://www.germnews.de/archive/gn/2006/04/24.html, 2008.
[1418] Vgl. Deutsche Telekom AG (Hrsg.), Sommer: „Erfolgsformel T³ geht auf", 2000, S. 1.
[1419] Wiederum 156.000 Mitarbeiter, was seinerzeit vier von fünf Berechtigten entsprach, zeichneten 7,8 Millionen T-Online-Aktien (vgl. Deutsche Telekom AG (Hrsg.), Guter Start ins T³-Jahr, 2000, S. 23 i.V.m. Deutsche Telekom AG (Hrsg.), Das Geschäftsjahr 2000. Modern TIMES., 2001, S. 73.
[1420] Vgl. Deutsche Telekom AG (Hrsg.), Guter Start ins T³-Jahr, 2000, S. 21.
[1421] Vgl. Deutsche Telekom AG (Hrsg.), Das Geschäftsjahr 2000. Modern TIMES., 2001, S. 73.
[1422] Davon entfielen 15,3 Milliarden Euro auf den Erwerb von UMTS-Lizenzen. Weitere Investitionen wurden für den Netzausbau und den Zukauf von Beteiligungsgesellschaften, u.a. für die Übernahme von Voicestream in den USA, verausgabt (vgl. Deutsche Telekom AG (Hrsg.), Das Geschäftsjahr 2000. Modern TIMES., 2001, S. 29).
[1423] Vgl. Der Tagesspiegel (Hrsg.), Fachleute rechnen nicht mit Kursrutsch unter den Ausgabepreis, http://www.tagesspiegel.de/wirtschaft;art271,2087176, 2008.
[1424] Vgl. Wikipedia (Hrsg.), Die freie Enzyklopädie, T-Online, http://de.wikipedia.org/wiki/T-Online, 2008.

stand zahlreicher Kleinaktionäre, die die Differenz zwischen dem ehemals hohen Emissionspreis der Aktie und dem in 2005 unterbreiteten, vergleichsweise niedrigen Abfindungsangebot nicht hinnehmen wollten und deswegen auch den Gerichtsweg einschlugen.[1425] Am 01. Juni 2006 erfolgte schließlich die Freigabe der Verschmelzung der T-Online International AG mit der Deutschen Telekom AG durch ein entsprechendes Urteil des Bundesgerichtshofs und wurde am 06. Juni 2006 mit dem Eintrag in das Handelsregister endgültig vollzogen.[1426]

3.3 E³ – das konzernweite Programm zur Entschuldung

Wie in den Jahren zuvor investierte die Telekom in 2001 mit 37,7 Milliarden Euro[1427] eine enorme Summe in ihren Geschäftsausbau. Die getätigten Investitionen sowie die Abschreibungen bei den Grundstücken und Gebäuden in den Jahren 2000 und 2001 belasteten in einem erheblichen Ausmaß das künftige Geschäftsergebnis.[1428]

Aus diesem Grund wurde im Juli 2002 das konzernweite Programm E³ (Effizienzsteigerung, Ergebnisverbesserung, Entschuldung) konzernweit aufgesetzt, um den Schuldenabbau der Telekom zu forcieren. Das E³-Programm kann als ein strategisches Transformationsprogramm angesehen werden. Aufgrund der finanzwirtschaftlich fokussierten Zielsetzungen und Inhalte wird es jedoch unter der Perspektive Finanzen dargestellt. Die Initiierung des E³-Programms veranschaulicht deutlich die Dominanz einer Ausrichtung des Unternehmens auf den Kapitalmarkt (Hypothese Ia)[1429].

Ziel des Programms war es, bis Ende 2003 die Nettofinanzverbindlichkeiten des Konzerns von 64,2 Milliarden Euro im Juni 2002 auf rund 50 Milliarden Euro zu senken.[1430] Vorangegangen war der Wechsel des bisherigen Vorstandsvorsitzenden Dr. Ron Sommer, der auf Druck der Bundesregierung im Juli 2002 seinen Rücktritt erklärte. Mit Prof. Dr. Helmut Sihler, der vorübergehend dieses Amt übernahm, wurde die Wende der bisherigen Investitionspolitik eingeleitet. Auch die Herabstufungen der Telekom durch diverse Ratingagenturen, mit denen eine Verteuerung des Fremdkapitals einherging, veranlasste die damalige Konzernleitung dazu, ein großes Entschuldungsprogramm aufzulegen.

Durch fest eingeplante Maßnahmen sollte nun die Nettoverschuldung bis Ende 2003 auf etwa 54 bis 57 Milliarden Euro reduziert werden.[1431] Die übrigen vier bis sieben Milliarden Euro, die noch fehlten, um auf die beabsichtigten 50 Milliarden Euro zu kommen, sollten durch eine detaillierte Strategieüberprüfung in den einzelnen Divisionen und Ressorts sowohl in Deutschland als auch bei den internationalen Beteiligungsgesellschaften aufgebracht werden.[1432]

Das E³-Programm wurde konzernweit konsequent umgesetzt und das Ziel dabei noch übertroffen. Zum Ende des Jahres 2003 beliefen sich die Verbindlichkeiten des Konzerns auf 46,6 Milliarden Euro.[1433] Damit hatte das Unternehmen innerhalb von weniger als zwei Jahren seine Schulden um 17,6 Milliarden Euro reduziert. Nachfolgend werden wesentliche Maßnahmen, Zielvorgaben und Projekte, die Bestandteile des E³-Programms waren, vorgestellt.

[1425] Vgl. Wikipedia (Hrsg.), Die freie Enzyklopädie, T-Online, http://de.wikipedia.org/wiki/T-Online, 2008.
[1426] Vgl. Wikipedia (Hrsg.), Die freie Enzyklopädie, T-Online, http://de.wikipedia.org/wiki/T-Online, 2008.
[1427] Davon entfielen allein 24,7 Milliarden Euro auf Zugänge bei den Geschäfts- oder Firmenwerten, die nahezu ausschließlich aus der Erstkonsolidierung von VoiceStream / Powertel resultierten (vgl. Deutsche Telekom AG (Hrsg.), Das Geschäftsjahr 2001. Modern Teams., 2002, S. 45).
[1428] Vgl. Deutsche Telekom AG (Hrsg.), Das Geschäftsjahr 2001. Modern Teams., 2002, S. 117 u. S. 67.
[1429] Hypothese Ia: Die Kapitalmarktorientierung dominiert im maßgeblichen Sinne die Ausrichtung und Strategie des Unternehmens Deutsche Telekom AG, die ursprüngliche ordnungspolitische Ausrichtung spielt keine Rolle mehr.
[1430] Vgl. Deutsche Telekom AG (Hrsg.), E³ – das Sparprogramm der Deutschen Telekom, http://intranet.telekom.de/unternehmen/tele kom/artikel/021004_E3_hintergrund.html, 2003.
[1431] Vgl. Deutsche Telekom AG (Hrsg.), E³ – das Sparprogramm der Deutschen Telekom, http://intranet.telekom.de/unternehmen/tele kom/artikel/021004_E3_hintergrund.html, 2003.
[1432] Vgl. Deutsche Telekom AG (Hrsg.), E³ – das Sparprogramm der Deutschen Telekom, http://intranet.telekom.de/unternehmen/tele kom/artikel/021004_E3_hintergrund.html, 2003.
[1433] Vgl. Deutsche Telekom AG, (Hrsg.), Von E³ zum Excellence Program, 2006.

3.3.1 Allgemeine Maßnahmen zum Schuldenabbau

Neben speziellen Projekten wurden auch allgemeine Maßnahmen zur sofortigen Umsetzung im Rahmen des E^3-Programms initiiert. Diese bezogen sich auf den Verkauf von Unternehmensteilen und / oder Vermögensgegenständen sowie auf Kostenreduzierungen bei diversen Bereichen bzw. Aufgabengebieten:

❑ Immobilienverkäufe und Reduzierung der immobilienbezogenen Kosten

Durch Verkäufe von nicht mehr benötigten Immobilien erzielte der Konzern Erlöse in Höhe von 1,7 Milliarden Euro.[1434] Ein Teil dieser Immobilien wurde jedoch vom Konzern zurückgemietet[1435], dennoch führte die Rückmietung einzelner Immobilien zu einer Kostenersparnis von bis zu 30 Prozent.[1436] Vor dieser Verkaufsoffensive verfügte der Konzern über ca. 30.000 Objekte auf rund 11.500 Grundstücken, für die jährlich 3,5 Milliarden Euro als immobilienbezogene Kosten zu verbuchen waren.[1437]

❑ Verkauf der TV-Kabelnetze

Der Verkauf der restlichen Kabelnetze im Frühjahr 2003 brachte einen Erlös in Höhe von 1,725 Milliarden Euro für den Schuldenabbau.[1438] Dies entsprach nicht einmal der Hälfte des Preises, den die Telekom noch ein Jahr zuvor bei einem Verkauf an den US-Medienkonzern Liberty für 5,5 Milliarden Euro hätte erzielen können. Der Verkauf war damals am Verbot des Bundeskartellamts gescheitert.[1439]

❑ Verkauf der Beteiligung an Eutelsat

Im Dezember 2002 hatte die Telekom ihre Beteiligung an dem Satellitenbetreiber Eutelsat für 210 Millionen Euro verkauft.[1440]

❑ Verkäufe von T-Online-Aktien

Im Dezember 2002 hatte die Telekom 120 Millionen Aktien ihrer Beteiligung an T-Online zu einem Kurs von 6,10 Euro verkauft und somit einen Mittelzufluss in Höhe von 732 Millionen Euro erzielt.[1441] Danach hielt die Telekom noch 71,9 Prozent, das französische Unternehmen Lagardère 5,69 Prozent und im Freefloat waren 22,41 Prozent der T-Online-Anteile.[1442]

❑ Kürzung der Marketingausgaben und Einführung eines internationalen Marketings

Im Vordergrund dieser Maßnahme stand die deutliche Reduzierung der Marketing- und Werbemaßnahmen bzw. der effizientere Einsatz von Ausgaben im Marketingbereich. Insbesondere sollten jedoch dezentrale Publikationen, Eigendarstellungen oder Veranstaltungen auf ihre Effizienz hin überprüft werden.[1443]

Zudem sollten künftig bei Produktentwicklungen und -einführungen die Synergien zwischen den Ländergesellschaften durch die zeitgleiche Anwendung in mehreren Märkten und den frühzeitigen Austausch von Erfahrungen stärker genutzt werden, um so nennenswerte Kostenvorteile zu erzielen.[1444]

[1434] Vgl. Financial Times Deutschland (Hrsg.), Verkauf von Immobilien spült Telekom 1,7 Mrd. Euro in Kasse, http://www.ftd.de/tm/tk/104 1353701460.html?nv=rs, 2003.
[1435] Sale-and-lease-back-Verfahren.
[1436] Vgl. Financial Times Deutschland (Hrsg.), Verkauf von Immobilien spült Telekom 1,7 Mrd. Euro in Kasse, http://www.ftd.de/tm/tk/104 1353701460.html?nv=rs, 2003.
[1437] Vgl. Deutsche Telekom AG (Hrsg.), Ein Gebäude ist nur ein Hilfsstoff für das Unternehmen, http://intranet.telekom.de/Unternehmen /Telekom/Artikel/021209_sireo.html, 2003.
[1438] Vgl. teltarif.de (Hrsg.), Deutsche Telekom schließt Verkauf restlicher Kabelnetze ab, http://www.teletarif.de/arch/2003/kw11/s1013 0.html, 2008.
[1439] Siehe hierzu auch die Ausführungen in Kapitel D.2.3.5 (Die Marktentwicklung beim Breitband-Kabelnetz).
[1440] Vgl. teltarif.de (Hrsg.), Telekom verkauft Beteiligung an Eutelsat, http://www.teletarif.de/arch/2002/kw50/s9486.html, 2008.
[1441] Vgl. golem.de (Hrsg.), Telekom verkauft 20 Millionen T-Online-Aktien mehr, http://www.golem.de/0212/22979.html, 2008.
[1442] Vgl. Deutsche Telekom AG (Hrsg.), Organisation der Deutschen Telekom-Gruppe – Integrationsseminar für internationale Konzernnachwuchskräfte, 2005, S. 76.
[1443] Vgl. Deutsche Telekom AG (Hrsg.), „Wir müssen sparen, um die Zukunft zu sichern", 2005, S. 2.
[1444] Vgl. Deutsche Telekom AG (Hrsg.), Wie internationales Marketing sparen hilft, http://intranet.telekom.de/Unternehmen/T-Mobile/Arti kel/021209_internationales_Marketing.html, 2003.

Mittels Einsparungen im Marketing war konzernweit ein Beitrag in Höhe von ca. 400 Millionen Euro für den Schuldenabbau eingeplant.[1445]

❏ Kosteneinsparungen bei Geschäftsreisen

Das Budget für Geschäftsreisen wurde im laufenden Jahr 2002 um zehn Prozent und für das Jahr 2003 um 20 Prozent gesenkt.[1446] Zu dieser Zeit wurden ca. 660.000 Geschäftsreisen jährlich durchgeführt, für die, neben einer allgemeinen Einsparung durch die Überprüfung der Notwendigkeit sowie dem vermehrten Einsatz von Video- und Telefonkonferenzen, u.a. kostensparende Regelungen hinsichtlich der zu nutzenden Verkehrsmittel und der Bewirtung bei Besprechungen herausgegeben wurden.[1447]

❏ Kosteneinsparungen bei Veranstaltungen

Einsparungen sollten auch bei Veranstaltungen umgesetzt werden. Dazu sollten noch stärker als bisher die telekomeigenen Tagungshotels gebucht werden, um Zahlungen für externe Lokationen zu vermeiden.[1448] Hinsichtlich ihrer Effizienz wurden ebenfalls die internen Besprechungen überprüft.

❏ Nullrunde für Führungskräfte

Anstelle der für September 2002 geplanten Gehaltserhöhung für die Leitenden Angestellten und die Angestellten in der höchsten außertariflichen Gruppe wurde eine Nullrunde eingeläutet.[1449] Diese Maßnahme galt für alle Führungskräfte weltweit. Für die übrigen außertariflichen Angestellten in Deutschland wurde die Gehaltsrunde um vier Monate verschoben. Auf eigenen Vorschlag hin wurde der Aktienoptionsplan für den Vorstand für das Jahr 2002 ausgesetzt und der Vorstand verzichtete auf einen Teil seiner variablen Vergütung.[1450]

Zahlreiche weitere Maßnahmen zu Einsparungen und Effizienzsteigerungen in diversen Bereichen und in den strategischen Geschäftsfeldern, auf die an dieser Stelle einzugehen den Rahmen deutlich sprengen würde, wurden initiiert und umgesetzt.

3.3.2 Ausgewählte Projekte aus dem E^3-Programm

Nachfolgend werden noch zwei wichtige Projekte aus dem E^3-Programm, neben denen viele weitere aufgesetzt wurden, exemplarisch dargestellt:

❏ Optimierung des Working Capital[1451]

Rund eine Milliarde Euro sollte das Projekt Optimierung Working Capital bis Ende 2003 zum Schuldenabbau beitragen.[1452] So wurde beispielsweise seit Juli 2002 die Abbuchung bei den Endkunden einige Tage früher vorgenommen und die Hausbank der Telekom schrieb dem Unternehmen künftig noch am gleichen Tag das Geld, das durch die Telekom mittels Lastschrift eingezogen wurde, auf dem Konto gut. Allein in diesem Bereich war ein dreistelliger Millionenbetrag zu erwarten.[1453]

[1445] Vgl. Deutsche Telekom AG (Hrsg.), „Wir müssen sparen, um die Zukunft zu sichern", 2005, S. 2.
[1446] Vgl. Deutsche Telekom AG (Hrsg.), 20 Prozent Kosteneinsparungen möglich, http://intranet.telekom.de/unternehmen/telekom/artikel/021004_dienstreisen.html, 2003.
[1447] Vgl. Deutsche Telekom AG (Hrsg.), 20 Prozent Kosteneinsparungen möglich, http://intranet.telekom.de/unternehmen/telekom/artikel/021004_dienstreisen.html, 2003.
[1448] Vgl. Deutsche Telekom AG (Hrsg.), „Wir müssen sparen, um die Zukunft zu sichern", 2005, S. 2.
[1449] Vgl. Deutsche Telekom AG (Hrsg.), Vorstand und Führungskräfte gehen bei E^3 mit gutem Beispiel voran, http://intranet.telekom.de/unternehmen/telekom/artikel/021004_fuehrungskraefte_beispiel.html, 2003.
[1450] Vgl. Deutsche Telekom AG (Hrsg.), Vorstand und Führungskräfte gehen bei E^3 mit gutem Beispiel voran, http://intranet.telekom.de/unternehmen/telekom/artikel/021004_fuehrungskraefte_beispiel.html, 2003.
[1451] Als Working Capital wird der Überschuss der kurzfristig (innerhalb eines Jahres) liquidierbaren Aktiva eines Unternehmens über die kurzfristigen Passiva bezeichnet. Es ist somit der Teil des Umlaufvermögens, der nicht zur Abdeckung der kurzfristigen Verbindlichkeiten gebunden ist und deshalb im Beschaffungs-, Produktions- und Absatzprozess arbeiten kann. Das Working Capital stellt darüber hinaus ein Maß für die Liquidität eines Unternehmens dar, da es den Überhang der langfristigen Mittel über die Teile des Anlagevermögens misst, die innerhalb eines Jahres liquidierbar sind. Vgl. Wikipedia (Hrsg.), Die freie Enzyklopädie, Working Capital, http://de.wikipedia.org/wiki/Working_capital, 2008.
[1452] Vgl. Deutsche Telekom AG (Hrsg.), Beitrag zu E^3: Rund eine Milliarde Euro mehr Liquidität, http://intranet.telekom.de/unternehmen/telekom/artikel/021004_working_capital.html, 2003.
[1453] Vgl. Deutsche Telekom AG (Hrsg.), Beitrag zu E^3: Rund eine Milliarde Euro mehr Liquidität, http://intranet.telekom.de/unternehmen/telekom/artikel/021004_working_capital.html, 2003.

Beim Einkauf von Dienstleistungen und / oder Produkten wurden die Zahlungsbedingungen optimiert und konzernweit standardisiert.[1454]

❏ IT-Navigator

Bereits seit Mitte 2000 lief im Zentralbereich Billing Services das Projekt IT-Navigator mit dem Ziel, bis zum Jahr 2004 die Ausgaben bei der Rechnungserstellung um mehr als 35 Prozent zu senken.[1455] Nun sollte das Ziel wesentlich schneller erreicht werden. Das Verfahren der elektronischen Rechnung wurde forciert, was zu jährlichen Einsparungen in Höhe von sieben bis acht Millionen Euro führte.[1456]

Weitere Einsparungen entstanden durch einen neuen Vertrag mit der Post für die Beförderung der klassischen Printrechnungen, da die neuen Konditionen bis zum Jahr 2007 zu einer jährlichen Kostenreduzierung in Höhe von ca. 50 Millionen Euro führten.[1457]

3.3.3 Die Einrichtung der Personalservice-Agentur

Die geplanten Einsparungen sollten auch durch Personalabbau realisiert werden. Bis zu 35.000 Stellen sollten im Inland bis 2005 abgebaut werden.[1458] Aus diesem Grund hatte die Telekom, entsprechend dem Konzept der Hartz-Kommission, jedoch unabhängig von diesem, Mitte 2002 die Personalservice-Agentur (PSA) als exklusiven Lieferanten und Makler für Leih- und Zeitarbeit sowohl für den eigenen als auch für den externen Personalbedarf gegründet.[1459]

Ziel der PSA war es, in Zeiten, in denen Beschäftigungsabbau unvermeidbar ist, möglichst vielen Beschäftigten Dauerarbeitsplätze innerhalb oder außerhalb des Konzerns anzubieten bzw. zu vermitteln.[1460] Die PSA wurde im Oktober 2003 in Vivento umbenannt.[1461]

Die Tarifpartner hatten ein Paket geschnürt, das den drei Ansprüchen Beschäftigungssicherung, Kosteneinsparung sowie den notwendigen Personalabbau gerecht und sozial verträglich zu gestalten, genügen sollte.[1462] So genannte Clearingstellen der vom Personalabbau betroffenen Organisationseinheiten ermittelten aufgrund bestimmter Regelungen, welche Mitarbeiter vom Personalabbau betroffen waren.

Folgende, im Überblick zusammengefasste Regelungen, lagen dem Clearing zugrunde:[1463]

❏ Die Mitarbeiter wurden in die vier Altersklassen unter 30 Jahre, 30 bis 40 Jahre, 41 bis 50 Jahre und über 50 Jahre aufgeteilt.

❏ Die vom Abbau betroffenen Mitarbeiter sollten gleich behandelt werden. Daher wurde beim Clearing gleichmäßig verteilt. Wenn beispielsweise zehn Prozent der Mitarbeiter zwischen 40 und 50 Jahre alt waren und in Summe einhundert Stellen abgebaut werden sollten, wurden zehn Prozent der Stellen in dieser Altersklasse abgebaut.

[1454] Vgl. Deutsche Telekom AG (Hrsg.), Beitrag zu E³: Rund eine Milliarde Euro mehr Liquidität, http://intranet.telekom.de/unternehmen/ telekom/artikel/021004_working_capital.html, 2003.
[1455] Vgl. Deutsche Telekom AG (Hrsg.), ZB Billing verschärft das Spartempo, http://intranet.telekom.de/unternehmen/telekom/artikel/021 004/billing_services.html, 2003.
[1456] Vgl. Deutsche Telekom AG (Hrsg.), ZB Billing verschärft das Spartempo, http://intranet.telekom.de/unternehmen/telekom/artikel/021 004/billing_services.html, 2003.
[1457] Vgl. Deutsche Telekom AG (Hrsg.), ZB Billing verschärft das Spartempo, http://intranet.telekom.de/unternehmen/telekom/artikel/021 004/billing_services.html, 2003.
[1458] Vgl. Financial Times Deutschland (Hrsg.),Telekom: Angst vor der Job-Lotterie, http://www.ftd.de/tm/tk/1041866877450.html?nv=nl, 2003.
[1459] Vgl. Deutsche Telekom AG (Hrsg.), Personalservice-Agentur nimmt Arbeit auf, http://intranet.telekom.de/Mitarbeiter/Monitor_Aktuell/ Artikel/021209_psa_start.html, 2003 i.V.m. Deutsche Telekom AG (Hrsg.), Arbeitgeberverband Telekom. Das haben wir erreicht., 2002, S. 23.
[1460] Vgl. Deutsche Telekom AG (Hrsg.), Personalservice-Agentur nimmt Arbeit auf, http://intranet.telekom.de/Mitarbeiter/Monitor_Aktuell/ Artikel/021209_psa_start.html, 2003.
[1461] Vgl. Wikipedia (Hrsg.), Die freie Enzyklopädie, Vivento, http://de.wikipedia.org/wiki/Vivento, 2008.
[1462] Vgl. Deutsche Telekom AG (Hrsg.), Personalservice-Agentur nimmt Arbeit auf, http://intranet.telekom.de/Mitarbeiter/Monitor_Aktuell/ Artikel/021209_psa_start.html, 2003.
[1463] Vgl. Deutsche Telekom AG (Hrsg.), Personalservice-Agentur nimmt Arbeit auf, http://intranet.telekom.de/Mitarbeiter/Monitor_Aktuell/ Artikel/021209_psa_start.html, 2003.

Jede Altersklasse wurde außerdem in zwei Leistungsklassen eingeteilt. Die Trennlinie hierfür stellte die durchschnittliche Leistungsbeurteilung dar. Beide Klassen waren zu gleichen Teilen vom Stellenabbau betroffen.

Hintergrund dieser Regelung war, dass nicht nur aus Sicht der jeweiligen Leitung leistungsschwache Mitarbeiter in die PSA versetzt werden konnten, damit eine interne und externe Jobvermittlung möglich wurde.

❑ Ausnahmen gab es, wenn einzelne Mitarbeiter für unverzichtbar gehalten wurden. Dies musste dann entsprechend und nachvollziehbar begründet werden.

❑ Zudem galt es dabei, eine Reihe von sozialen Hintergründen zu beachten. Besondere Berücksichtigung fanden langjährige Mitarbeiter, Alleinerziehende, Verheiratete, Mitarbeiter mit Kindern und Schwerbehinderte.

Alle betroffenen Mitarbeiter wechselten mit ihrem jeweiligen Status in die PSA mit dem Ziel, in eine neue Dauerstellung, wenn möglich innerhalb des Telekom Konzerns, wieder vermittelt zu werden.[1464]

Da dies nicht in allen Fällen möglich war, wurde der Ablauf innerhalb der PSA in mehrere Stufen unterteilt und es galten die nachfolgenden Prinzipien:[1465]

❑ Die PSA fungierte nach innen und außen als Zeitarbeitsagentur. Zunächst wurde geprüft, ob für Mitarbeiter eine Leih- oder Zeitarbeitsstelle innerhalb des Konzerns existierte. Zusätzlich sondierte die PSA den Arbeitsmarkt, um vergleichbare externe Stellen für die betroffenen Beschäftigten zu finden.

❑ Für jeden Mitarbeiter wurde ein persönliches Profil hinsichtlich seiner Qualifikation erarbeitet. Fehlten Mitarbeitern bestimmte Fähigkeiten um eine neue Stelle zu finden, wurden diese entsprechend mittels Lehrgängen und Seminaren qualifiziert.

❑ Mitarbeiter, die länger als zwei Jahre im Unternehmen arbeiteten, wurden unbefristet in die PSA übernommen. Gleiches galt zunächst auch für Beamte.[1466]

Die Mitarbeiter erhielten weiterhin ihr tariflich vereinbartes Entgelt. Mitarbeiter, die zum Zeitpunkt des Clearings weniger als zwei Jahre bei der Telekom beschäftigt waren, erhielten ein auf zwölf Monate befristetes Beschäftigungsverhältnis.

❑ Grundsätzlich wurde versucht, für die vom Stellenabbau betroffenen Mitarbeiter eine berufsbezogene und wohnortnahe Beschäftigung zu vermitteln. Fand sich eine solche Stelle nicht, konnte dem Mitarbeiter eine Stelle vermittelt werden, die entweder nicht berufsbezogen oder nicht wohnortnah war. Auch hierbei galten soziale Kriterien.

❑ Verweigerte ein Mitarbeiter eine zumutbare Arbeit, drohten Sanktionen:

    ↳ Lehnte ein Mitarbeiter ein internes oder zwei externe Angebote ab, konnte er seine Ansprüche aus dem Tarifvertrag verlieren.

    ↳ Lehnte ein Mitarbeiter zwei interne oder drei externe Angebote ab, drohte ihm die Kündigung.

❑ Für den Fall, dass mehrere Mitarbeiter für einen Dauerarbeitsplatz in Frage kamen, wurde ein zweites Clearing durchgeführt. Arbeitgeber- und Arbeitnehmervertreter entschieden gemeinsam, in welcher Reihenfolge den Mitarbeitern eine Stelle angeboten werden sollte.

[1464] Vgl. Deutsche Telekom AG (Hrsg.), Personalservice-Agentur nimmt Arbeit auf, http://intranet.telekom.de/Mitarbeiter/Monitor_Aktuell/Artikel/021209_psa_start.html, 2003.
[1465] Vgl. Deutsche Telekom AG (Hrsg.), Personalservice-Agentur nimmt Arbeit auf, http://intranet.telekom.de/Mitarbeiter/Monitor_Aktuell/Artikel/021209_psa_start.html, 2003.
[1466] Siehe hierzu die Ausführungen weiter unten.

❑ Besondere Regeln galten für die Auszubildenden. Sie wurden nach Ende ihrer Ausbildung für zwölf Monate in die PSA übernommen. Es wurde garantiert, die Hälfte von ihnen in ein Dauerarbeitsverhältnis zu vermitteln.

Diese Einschränkung rührte daher, dass die Telekom über ihren Bedarf hinaus ausbildete, um jungen Menschen eine Chance zu geben.

Die oben erläuterten Regelungen gelten seit Juni 2006 nicht mehr für die Beamten, da diese nicht mehr in die konzerninterne Vermittlungsgesellschaft Vivento, der Nachfolgeorganisation der PSA, versetzt werden.[1467]

Die Kosteneinsparungen durch Personalabbau belegen die maßgebliche Orientierung der strategischen Ausrichtung des Unternehmens an den Kapitalmarkt (Hypothese Ia)[1468].

Für die betroffenen Mitarbeiter stellte diese Abbaumaßnahme einen spürbaren Wandel im Vergleich zur Personalbestandspolitik der früheren Behörde Deutsche Bundespost (Telekom) im Sinne der Hypothese IV (Vollzug der Transformation im Innenverhältnis)[1469] dar.

Hervorzuheben ist hierbei die Nutzung finanz- und personaltechnischer Kennwerte in der Argumentationskette der Unternehmensführung, im Unterschied zur früheren behördlichen Vorgehensweise, wenn auch bei gleichem Ergebnis.

Auch im Jahr 2004 wurde der Schuldenabbau konsequent fortgesetzt. Die Verbindlichkeiten des Konzerns wurden in 2004 von 46,6 auf 35,2 Milliarden Euro reduziert.[1470]

3.4 Personalabbau bei der Telekom seit 1994

Wie bereits in Kapitel D.2.4 (Die Entwicklung des Arbeitsmarktes auf dem Gebiet der Telekommunikation) dargestellt, stagnierte innerhalb des betrachteten Zeitraums von 1994 bis 2006 die Anzahl der Beschäftigten auf dem deutschen Telekommunikationsdienstemarkt trotz des realisierten Umsatzwachstums[1471] und der zum 01.01.1998 durchgeführten Marktliberalisierung.

Nivelliert wurden diese Zahlen hauptsächlich durch den bei der Deutschen Telekom notwendig gewordenen Personalabbau.

In Bezug auf die Spiegelung des Personalabbaus über den betrachteten Zeitabschnitt bei der Telekom mit den Eingangshypothesen gelten auch hier die im vorangegangenen Kapitel E.3.3.3 (Die Einrichtung der Personalservice-Agentur) dargelegten Zusammenhänge mit den Hypothesen Ia (Kapitalmarktorientierung)[1472] und IV (Vollzug der Transformation im Innenverhältnis).

[1467] Vgl. JURAFORUM (Hrsg.), BVERWG – Urteil vom 22.06.2006, Aktenzeichen: BVerwG 2 C 1.06, http://www.juraforum.de/urteile/urteil/bverwg-urteil-vom-22-06-2006-az-bverwg-2-c-106.html, 2008. In dieser Quelle zusammengefasste Inhalt des Urteils des Bundesverwaltungsgerichts vom 22.06.2006 bezieht sich auf den jederzeitigen Anspruch eines Beamten auf eine amtsangemessene Beschäftigung sowie den Schutz bei Veränderungen des Statusamtes und seines Funktionsamtes. Somit stehen die beamtenrechtlichen Gesetze und Regelungen der eingangs formulierten Hypothese II (Autonomes Agieren) entgegen, da die Telekom bei ihren personellen Gestaltungsspielräumen zumindest bei den verbeamteten Mitarbeitern nicht in allen Belangen autonom agieren kann.
[1468] Hypothese Ia: Die Kapitalmarktorientierung dominiert im maßgeblichen Sinne die Ausrichtung und Strategie des Unternehmens Deutsche Telekom AG, die ursprüngliche ordnungspolitische Ausrichtung spielt keine Rolle mehr.
[1469] Hypothese IV: Es ist der Deutschen Telekom gelungen, die notwendigen Transformationen auch im Innenverhältnis (prozessuale und strukturelle Ausrichtung, Mitarbeiterorientierung, Personalanpassungen und Kulturwandel) zu realisieren. Häufig werden Formen der indirekten Unternehmenssteuerung, die mit Hilfe von Kennzahlen gewonnen werden, zu einem Vergleich mit internen oder externen Konkurrenzen herangezogen. Dadurch verschwimmen die Grenzen des Unternehmens internen zwischen Markt und Hierarchie.
[1470] Vgl. Deutsche Telekom AG (Hrsg.), Eine neue Zeit für Wünsche. Die Deutsche Telekom., 2005, S. 17.
[1471] Siehe hierzu auch die Ausführungen in Kapitel D.2.3.3 (Umsatz- und Marktentwicklung beim Mobilfunk in Deutschland) und in Kapitel D.2.3.1 (Umsatz- und Marktentwicklung beim Festnetz in Deutschland).
[1472] Hypothese Ia: Die Kapitalmarktorientierung dominiert im maßgeblichen Sinne die Ausrichtung und Strategie des Unternehmens Deutsche Telekom AG, die ursprüngliche ordnungspolitische Ausrichtung spielt keine Rolle mehr.

Die Abbildung 106 enthält eine Übersicht des jährlich realisierten Personalabbaus bei der Deutschen Telekom AG (ohne in- und ausländische Beteiligungen – bezogen auf den deutschen Telekommunikationsdienstemarkt) der Jahre 1994 bis 2006.[1473]

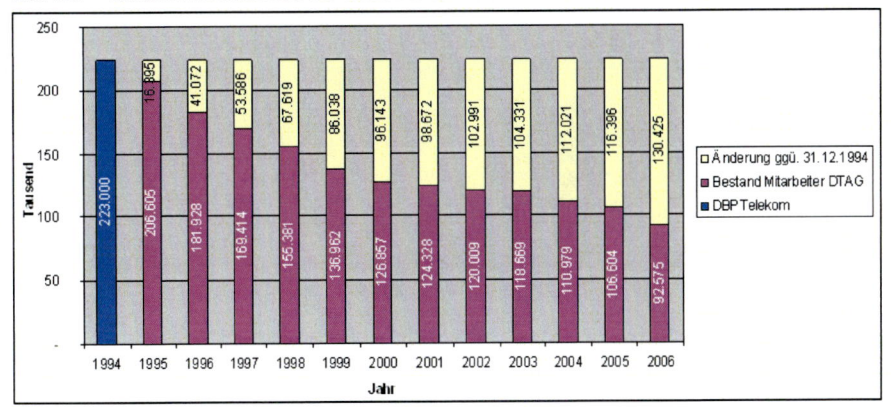

Abb. 106: Jährlicher Personalbestand und -abbau Deutsche Telekom AG von 1994 bis 2006

In der Abbildung 106 ist die Häufung der Abbauaktivitäten in den Jahren 1998 bis 2000 deutlich zu erkennen. Dieser Zeitraum war, wie an oberer Stelle bereits erwähnt, durch rasante Umsatzsteigerungen auf dem deutschen Telekommunikationsmarkt geprägt und bedingte eine Vielzahl von Verlagerungen von Personaleinheiten in Beteiligungsgesellschaften wie beispielsweise in die T-Mobile-Gesellschaft.[1474] Auch hierdurch wurden, neben dem regulären Personalabbau, die Bestandszahlen innerhalb der Aktiengesellschaft deutlich reduziert. Ebenfalls implizit enthalten sind in diesen bestandsverändernden Zahlen die Verkäufe der Kabelgesellschaften in den Jahren 2000 und 2003.[1475] Dagegen können die Personalbestandsveränderungen der anderen Jahre überwiegend der Abbaurealisierung zugeschrieben werden.

Wie ein Damoklesschwert schwebt das Rückkehrrecht der Beamten über der Telekom, die bei veräußerten Gesellschaften (Beispiel Kabelgesellschaften) beschäftigt sind und zur Telekom zurückkehren, wenn bei diesen Gesellschaften Personal abgebaut wird. Dadurch erschwert sich eindeutig die Personalplanung der Telekom. Für die Jahre 2006 bis 2008 plante der Konzern die Streichung von ca. 32.000 Stellen auf FTE-Basis[1476] (Full Time Equivalent; umgerechnet in vollzeitbeschäftigte Kräfte).

[1473] Die in der Graphik ausgewiesenen jeweiligen Jahreszahlen entstammen folgenden Quellen: Für das Jahr 1994: Vgl. Deutsche Telekom AG (Hrsg.), Organisation der Deutschen Telekom-Gruppe – Integrationsseminar für internationale Konzernnachwuchskräfte, 2005, S. 51; Für das Jahr 1995: Vgl. Deutsche Telekom AG (Hrsg.), Das Geschäftsjahr 2001. Modern Teams., 2002, S. 50; Für die Jahre 1996 bis 1999: Vgl. Deutsche Telekom AG (Hrsg.), Personalbericht 2000. Den Erfolg suchen. Das Leben finden., 2000, Umschlagseite 2; Für das Jahr 2000: Vgl. Deutsche Telekom AG (Hrsg.), Zielorientiert. Das Geschäftsjahr 2002., 2003, S. 45; Für die Jahre 2001 bis 2003: Vgl. Deutsche Telekom AG (Hrsg.), Einstellung. Engagement. Erfolg. Das Geschäftsjahr 2003., 2004, S. 46 und für die Jahre 2004 bis 2006: Vgl. Deutsche Telekom AG (Hrsg.), Service. Mehr als ein Versprechen! Das Geschäftsjahr 2006, 2007, S. 97.
[1474] Siehe hierzu die Ausführungen in Kapitel D.2.3.3 (Umsatz- und Marktentwicklung beim Mobilfunk in Deutschland) und in Kapitel D.2.3.1 (Umsatz- und Marktentwicklung beim Festnetz in Deutschland).
[1475] Siehe hierzu die Ausführungen in den Kapiteln D.2.3.5 (Die Marktentwicklung beim Breitband-Kabelnetz) und E.3.3.1 (Allgemeine Maßnahmen zum Schuldenabbau).
[1476] FTE, die Abkürzung für Full Time Equivalent, ist ein Vergleichswert, der im Personalmanagement zur Anwendung kommt und ins Deutsche übersetzt soviel wie Vollzeitarbeitskraft bedeutet. Die Einheit FTE drückt den Zeitwert aus, den eine Vollzeitarbeitskraft bei einem Beschäftigungsgrad von 100 Prozent innerhalb eines vergleichbaren Zeitraums und bezogen auf die übliche Wochenarbeitszeit in einem Unternehmen erbringt. Ein Team von Arbeitskräften setzt sich in der Praxis oft aus personellen Ressourcen mit unterschiedlichem Beschäftigungsgrad (Vollzeit- vs. Teilzeitmitarbeiter) zusammen. Um die zeitliche Arbeitsleistung auszudrücken, gelangt der Vergleichswert FTE zur Anwendung, der eine etablierte und standardisierte Vergleichsgröße bildet, die auch einen Indikator für das Benchmarking darstellt. Somit ergeben rechnerisch zwei Ressourcen mit 50 prozentigem Beschäftigungsgrad (zwei Halbtagsstellen) die Arbeitsleistung von einer FTE. Vgl. Wikipedia (Hrsg.), Die freie Enzyklopädie, FTE, http://de.wikipedia.org/wiki/Full_Time_Equivalent, 2008.

Die nachfolgende Abbildung 107 zeigt die Instrumente des Personalabbaus und die Anzahl der hierdurch abzubauenden Stellen.

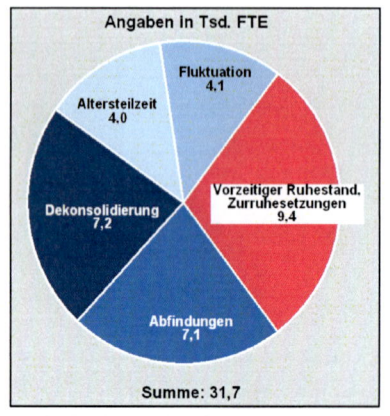

Abb. 107: Geplanter konzernweiter Personalabbau für die Jahre 2006 bis 2008 (in Tausend FTE)

Quelle: Deutsche Telekom AG (Hrsg.), Großer Führungskreis Personal – „Excellence", 2006, S. 17

Durch das neuere Instrument des vorzeitigen Ruhestands sollte ein Abbau von ca. 9.400 Beamten in diesem Dreijahreszeitraum erfolgen. Hierfür wurde vom Bund ein entsprechendes Gesetz für Beamte der Deutschen Telekom geschaffen, das Ende November 2006 in Kraft trat und nach dem die verbeamteten Mitarbeiter der Telekom ab Vollendung des 55. Lebensjahres in den Ruhestand versetzt werden können.[1477] Folgende Schwerpunkte kennzeichnen grob die Rahmenbedingungen dieses Gesetzes:[1478]

❑ Vorzeitiger Ruhestand auf Antrag für Beamte aller Laufbahnen ab 55 Jahren.

    ↳ Anzuwenden in Bereichen mit Personalüberhang. Eine Verwendung in Bereichen mit Personalbedarf im Konzern und in öffentlichen Verwaltungen ist nicht möglich.

❑ Vollständige Haushaltsneutralität für den Bund.

❑ Keine zahlenmäßige Begrenzung bei der Inanspruchnahme und keine Versorgungsabschläge für Beamte.

❑ Moderate Hinzuverdienstregelung ist gegeben.

❑ Das Gesetz unterlag zunächst einer Laufzeit bis zum 31.12.2010, wurde jedoch Anfang 2009 bis zum 31.12.2012 verlängert.[1479]

Damit kommt das Unternehmen auch weiterhin für die Besoldung der Bundesbeamten, die im Rahmen der Postreform II in die Aktiengesellschaft migrierten, in Höhe der Versorgungsbeiträge vollständig auf.[1480] Für die Deutsche Telekom liegt der Kostenvorteil lediglich bei der Differenz der Besoldung bei aktiver Beschäftigung im Vergleich zu den nunmehr zu zahlenden Pensionsbezügen der Beamten bis zu ihrer regulären Zurruhesetzung sowie bei der Einsparung von Sachkosten hinsichtlich der Arbeitsausstattungen und -ressourcen.

[1477] Vgl. Deutsche Telekom AG (Hrsg.), Neues Gesetz für Telekom-Beamte ist in Kraft, http://intranet.telekom.de/dtag/cms/content/TeamNet/de/96598, 2008.
[1478] Vgl. Deutsche Telekom AG (Hrsg.), Großer Führungskreis Personal – „Excellence", 2006, S. 17.
[1479] Vgl. Verband Deutscher Fernmeldetechniker (Hrsg.), Neues zum Dienstrechtsneuordnungsgesetz (DNeuG), http://www.vdfp.info/bezirke/nordw/bezirksblatt_nortw2008.htm, 2009.
[1480] Siehe hierzu auch die Ausführungen in Kapitel B.3.2.1 (Änderung der gesetzlichen Grundlage); insbesondere der Kommentar zum Art. 4 PTNeuOG.

Diese Umstände verdeutlichen, dass die Deutsche Telekom durch die Regularien der Postreform II nicht wie andere Unternehmen frei bei notwendigen und marktgegebenen Personalanpassungen ist. Diese Einschränkungen widersprechen der ganzheitlichen Geltung der vorab vermuteten Hypothese II (Autonomes Agieren)[1481].

Die folgende Abbildung 108 veranschaulicht abschließend den konzernweiten Personalbestand der Deutschen Telekom zum ersten Halbjahr 2008.

Abb. 108: Konzernweit Beschäftigte im Durchschnitt bei der Deutschen Telekom im 1. Halbjahr 2008

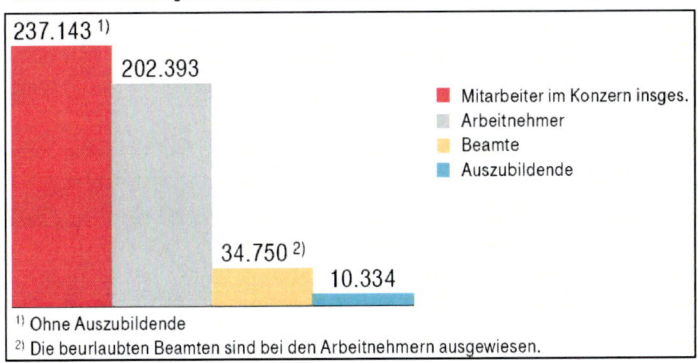

237.143 [1)]
202.393
■ Mitarbeiter im Konzern insges.
■ Arbeitnehmer
■ Beamte
■ Auszubildende
34.750 [2)]
10.334

[1)] Ohne Auszubildende
[2)] Die beurlaubten Beamten sind bei den Arbeitnehmern ausgewiesen.

Quelle: Deutsche Telekom AG (Hrsg.), Organisation der Deutschen Telekom-Gruppe im Überblick, 2008

3.5 Die Ausgliederung der T-Service-Gesellschaften

Anfang 2007 entschied die Konzernleitung über den Aufbau von aus der Aktiengesellschaft ausgegliederten T-Service-Einheiten, die sich aus den drei Bereichen Technischer Kundendienst, Technische Infrastruktur und Kundenservice (Call Center) zusammensetzen.[1482]

Im Vordergrund dieser Maßnahme, von der rund 50.000 Beschäftigte betroffen waren, stand neben der Bündelung aller deutschen Serviceeinheiten des Konzerns und der Steigerung der Serviceorientierung auch die Kostenreduzierung durch Absenkung von Tarifgehältern auf ein vergleichbares Marktniveau, um letztendlich hierdurch die Wettbewerbsfähigkeit zu erhöhen. Bereits einige Zeit vorher war es der Deutschen Telekom gelungen, die Einstiegsgehälter bei der T-Punkt Gesellschaft zu reduzieren. Die Zielsetzungen für T-Service waren jedoch deutlich ambitionierter.

Aufgrund des sich immer weiter verschärfenden Wettbewerbs und den Verlusten bei den Telefonanschlüssen und somit beim Umsatz im Festnetz, ging es bei der Gründung der T-Service-Gesellschaften darum, eine marktfähige Kostenstruktur bei den Gehältern zu erreichen und hierdurch Arbeitsplätze langfristig innerhalb des Konzerns zu sichern.[1483]

Desgleichen sollten extern vergebene Aufträge im Bereich der Netzinfrastruktur und beim technischen Service, die auf dem Markt zu deutlich geringeren Preisen zu bekommen waren, beschäftigungswirksam in den Konzern zurückgeholt werden.[1484]

[1481] Hypothese II: Die Telekom agiert bei ihrer personellen und strukturellen Gestaltung autonom.
[1482] Vgl. Deutsche Telekom AG (Hrsg.), Der Weg zu Telekom Service (1): Die Chronologie, http://intranet.telekom.de/dtag/cms/content/ TeamNet/de/390948, 2008 i.V.m. Deutsche Telekom AG (Hrsg.), Telekom Service: Vorstand beschließt Gründung, http://intranet.tele kom.de/dtag/cms/content/TeamNet/de/401278, 2008.
[1483] Vgl. Deutsche Telekom AG (Hrsg.), Deutsche Telekom: Grünes Licht für T-Service, http://intranet.telekom.de/dtag/cms/contentblob/ TeamNet/de/254526/blobBinary/Pressemitteilung-T-Service.pdf, 2008. Zu den Markt-, Umsatz- und Anschlussentwicklungen siehe auch die Ausführungen in den Kapiteln D.2.3.1 (Umsatz- und Marktentwicklung beim Festnetz in Deutschland), E.2.12 (Neue Strategie in 2006 und Erweiterung des Konzernleitbildes durch den Code of Conduct) sowie E.2.13 (Profitabilität, Wachstum und Serviceorientierung – Vision, Strategie und Konzernziele in 2007).
[1484] Vgl. Deutsche Telekom AG (Hrsg.), Der Weg zu Telekom Service (1): Die Chronologie, http://intranet.telekom.de/dtag/cms/content/ TeamNet/de/390948, 2008.

Nach einem sechswöchigen Arbeitskampf[1485], dem ersten bei der Telekom, an dem sich täglich bis zu 15.000 Mitarbeiter beteiligten,[1486] wurde mit der Vereinigten Dienstleistungsgewerkschaft (ver.di) eine Einigung mit schwerpunktmäßig folgenden Ergebnissen erzielt:[1487]

❏ Die Wochenarbeitszeit wurde ohne Lohnausgleich von 34 auf 38 Stunden erhöht. Darin enthalten sind Zeiten für die Servicequalifizierung der Mitarbeiter. Die Einführung von speziellen Service-Karriere-Pfaden wurde verabredet.

❏ Das Gehalt der Mitarbeiter wurde um 6,5 Prozent gesenkt, wobei diese Absenkung durch Ausgleichszahlungen sozialverträglich abgefedert wird. Gleichzeitig wurde eine leistungsorientierte Variabilisierung des Gehalts eingeführt.[1488]

Die nachfolgende Abbildung 109 veranschaulicht die Entwicklung des Gesamteinkommens bei den Arbeitnehmern der T-Service-Gesellschaften.

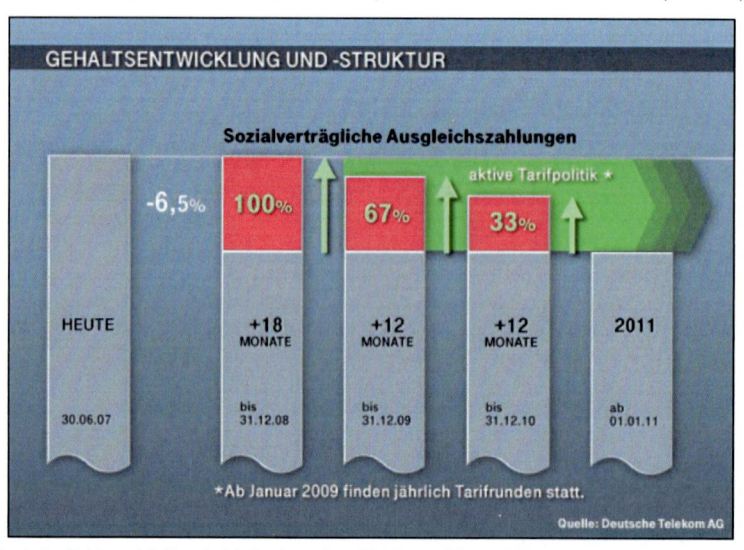

Abb. 109: Entwicklung des Gesamteinkommens bei Angestellten der T-Service-Gesellschaften (in Prozent)

Quelle: Deutsche Telekom AG (Hrsg.), Arbeitgeberverband Telekom – Bilanz 2007 – Das haben wir erreicht –, 2007, S. 8

[1485] An dem Arbeitskampf beteiligten sich lediglich die betroffenen Angestellten. Die Beamten besitzen auf Grund ihres öffentlich-rechtlichen Dienst- und Treueverhältnisses in Verbindung mit den hergebrachten Grundsätzen des Berufsbeamtentums kein Streikrecht (vgl. Nokiel, W., Die hergebrachten Grundsätze des Berufsbeamtentums – Ein Hindernis für eine Reform des öffentlichen Dienstes?, 1998, S. http://www.personalamt-online.de/public1/pao/home.nsf/url/1B88B41F56C 58FCEC1257380002E5FDC?Open Document).

[1486] FOCUS Online (Hrsg.), Telekom-Streik – G8-Gipfel-Vorbereitungen gestört, http://www.focus.de/finanzen/news/telekom-streik_aid_56191.html, 2008.

[1487] Vgl. Deutsche Telekom AG (Hrsg.), Telekom Service: Sattelberger begrüßt Ergebnis der Tarifverhandlungen – Dank an die beteiligten Teams – Herausforderungen für den HR-Bereich, http://agv.telekom.de/, 2008.

[1488] Das Jahreszielgehalt der Beschäftigten setzt sich in allen drei Gesellschaften aus einem fixen und einem variablen Bestandteil zusammen. Bei der DTKS (Deutsche Telekom Kundenservice GmbH), der Betreibergesellschaft der Call Center, besteht der variable Entgeltanteil aus zwei Dritteln Individual- bzw. Teamzielen und aus einem Drittel Unternehmenszielen. Bei der DTTS (Deutsche Telekom Technischer Service GmbH) und der DTNP (Deutsche Telekom Netzproduktion GmbH) hingegen fließt das Serviceziel mit einem Drittel zusätzlich bei den Variablen mit ein. Der Anteil des variablen Entgelts am Jahreszielgehalt ist bei den T-Service-Gesellschaften abhängig von der jeweiligen Entgeltgruppe bzw. Funktion und liegt zwischen 10 und 30 Prozent (vgl. Deutsche Telekom AG (Hrsg.), Zielerreichung bestimmt variablen Entgeltanteil, http://intranet.telekom.de/dtag/cms/content/TeamNet/de/453550, 2008).

E. Der Binnenwandel der Deutschen Telekom

- Die Einstiegsgehälter für neue Mitarbeiter liegen künftig zwischen 21.400 und 23.200 Euro (abgesenktes Gehaltsniveau).
- Durch dieses angepasste Niveau der Einstiegsgehälter konnte die Telekom 4.150 neue Jobs in den neuen Servicegesellschaften schaffen.
- Der Samstag wurde zum Regelarbeitstag.
- Der Kündigungsschutz wurde für die Servicegesellschaften bis Ende 2012 verlängert und der Konzern verpflichtete sich auf einen Ausgründungsschutz bis Ende 2010.

Gleichzeitig wurden vom Vorstand Zielvorgaben für den Service vorgegeben:[1489]

- Hinsichtlich der Erreichbarkeit in den Call Centern müssen 80 Prozent aller Gespräche innerhalb von 20 Sekunden angenommen werden.
- Neun von zehn Aufträgen müssen zum vereinbarten Termin erledigt werden.
- Die Auftragsbearbeitung muss in ein bis zwei Tagen erfolgen.
- Bei den 20 wichtigsten IT-Anwendungen darf sich nur alle 100 Stunden ein Fehler ergeben.

Die Umsetzung von T-Service stellte innerhalb der Tariflandschaft in Deutschland einen Meilenstein dar. Die Reduzierung der Eingangsgehälter und der aktuellen Entgelte (mit Ausgleichszahlungen in den ersten drei Jahren) zeigt die Dominanz der Kapitalmarktorientierung (Hypothese Ia)[1490] des Unternehmens auf. Gleichzeitig stellt die Notwendigkeit dieser Maßnahme die Bemühungen hinsichtlich der Beibehaltung der Marktpositionierung (Hypothese Ib)[1491] dar.

Die qualitätsbezogenen Vorgaben entsprechen überdies den Intentionen zum beabsichtigten Wandel der Telekom zu einem kundenorientierten Unternehmen (Hypothese Ic)[1492], wodurch alle drei Subhypothesen der Hypothese I (Wandel)[1493] durch diese Restrukturierung bestätigt werden.

Der für die Arbeitnehmer deutlich spürbare Einschnitt bei der Vergütung ihrer Arbeitsleistung stellt einen Kulturwandel im Vergleich zur damaligen behördlich geprägten Konditionenpolitik und somit beim Vollzug der Transformation im Innenverhältnis (Hypothese IV)[1494] dar. Der gesamte Prozess der Ausgliederung war von kennwertbezogenen Argumentationsketten getrieben und geprägt. Hauptargument für diese Umsetzung war die Marktangleichung der betroffenen Bereiche der Deutschen Telekom, zu deren Zweck vielfach externe und interne Konkurrenzen argumentativ herangezogen wurden.

Die Ausgliederung der T-Service-Gesellschaften weist auf eine Bestätigung der Hypothese II (Autonomes Agieren)[1495] hin und folgt insgesamt betrachtet einer stringenten Logik der strategischen Grundorientierung des Unternehmens entsprechend Hypothese III[1496].

[1489] Vgl. Deutsche Telekom AG (Hrsg.), "Wir sind alle Botschafter der Telekom", http://intranet.telekom.de/dtag/cms/content/TeamNet/de/436776, 2008.
[1490] Hypothese Ia: Die Kapitalmarktorientierung dominiert im maßgeblichen Sinne die Ausrichtung und Strategie des Unternehmens Deutsche Telekom AG, die ursprüngliche ordnungspolitische Ausrichtung spielt keine Rolle mehr.
[1491] Hypothese Ib: Die Deutsche Telekom hat ihre Monopolstellung auf dem deutschen Telekommunikationsmarkt in eine marktorientierte und -beherrschende Position gewandelt.
[1492] Hypothese Ic: Die Telekom hat den Wandel zu einem kundenorientierten Unternehmen sowohl strategisch als auch in der praktischen Umsetzung abgeschlossen.
[1493] Hypothese I: Die Deutsche Telekom hat den Wandel von einer Behörde zu einem markt- und kundenorientierten Unternehmen vollständig vollzogen.
[1494] Hypothese IV: Es ist der Deutschen Telekom gelungen, die notwendigen Transformationen auch im Innenverhältnis (prozessuale und strukturelle Ausrichtung, Mitarbeiterorientierung, Personalanpassungen und Kulturwandel) zu realisieren. Häufig werden Formen der indirekten Unternehmenssteuerung, die mit Hilfe von Kennzahlen gewonnen werden, zu einem Vergleich mit internen oder externen Konkurrenzen verbunden. Dadurch verschwimmen die Grenzen des Unternehmens intern zwischen Markt und Hierarchie.
[1495] Hypothese II: Die Telekom agiert bei ihrer personellen und strukturellen Gestaltung autonom.
[1496] Hypothese III: Die Entwicklung der strategischen Grundorientierung der Deutschen Telekom stellt sich über den Betrachtungszeitraum von 1995 bis 2008 stringent und konsequent an den externen Einflüssen orientiert dar.

4 Die Perspektive Innovation und Lernen

Die in diesem Abschnitt beschriebenen Programme und Maßnahmen charakterisieren die Umsetzung der strategischen Vorgaben in die Organisation der Unternehmung hinein. Nachfolgend werden zunächst ausgewählte und für die Telekom bedeutende Programme, welche die Umsetzung der Konzernstrategie in das operative Geschäft beschreiben, dargestellt. Es folgt eine Veranschaulichung von Innovations- und Lernprozessen, die sich auf die Mitarbeiter der Deutschen Telekom beziehen und denen die Mitarbeiter sich zu stellen hatten. Der Abschnitt schließt mit Beispielen für funktionale Innovations- und Lernprozesse. Die Inhalte dieses Abschnitts sind in chronologischer Reihenfolge dargestellt und enthalten die jeweiligen Bezüge zu den eingangs aufgestellten Hypothesen.

4.1 Strategische Transformationsprogramme

Um formulierte Strategien konkret und erfolgreich umzusetzen, bedarf es einer strukturierten, projektähnlichen Planung und Vorgehensweise. Durch die entsprechend initiierten Maßnahmen, Projekte oder Programme – letztere verfügen i.d.R. über eine größere bzw. komplexere Dimensionierung – wird, wie oben bereits erwähnt, die Transformation der Strategie in die Organisation hinein sichergestellt. Als strategische Transformationsprogramme können sowohl Kommunikationsmaßnahmen als auch operative Umsetzungsmaßnahmen mit unterschiedlichen Zielsetzungen zur Operationalisierung der Strategie betrachtet werden.

4.1.1 Das Power-Konzept

Im Januar 1996 beschloss der Vorstand das Power-Konzept, ein strategisches Transformationsprogramm mit zwölf Projekten, um neue Angebote und Leistungen zu realisieren mit dem Ziel, die Kundenorientierung, Kundenzufriedenheit und Kundenbindung erheblich zu steigern.[1497]

Die für dieses Programm definierten Erfolgselemente veranschaulichen insbesondere den Wandel von der Behördenstruktur zum Konzernmanagement. Folgende sieben Erfolgselemente wurden für Power festgelegt:[1498]

- Einsetzung von umfassend verantwortlichen Projektleitern und Projektteams.
- Hohe Priorität und Aufmerksamkeit des Vorstands.
- Einrichtung einer zentralen Power-Koordinierungsstelle.
- Straffes Management der einzelnen Projekte.
- Anwendung neuer Instrumente des Projektmanagements.
- Projektübergreifende Koordination und Kommunikation.
- Frühzeitige Information und Einbindung aller relevanten Bereiche.

Besonders die Übertragung der Verantwortung für den Markterfolg der durch das Power-Programm erarbeiteten neuen Angebote an die jeweiligen Projektleiter stellte für viele Mitarbeiter, die bislang lediglich die streng hierarchische Behördenstruktur kannten und lebten, ein Novum dar. So heißt es in dem über das Power-Konzept informierenden Artikel der damaligen internen Zeitschrift Vision hierzu explizit: „*Um die anspruchsvollen Ziele zu erreichen, kann jeder Projektleiter – ungeachtet des „Dienstweges" – direkt auf alle erforderlichen Bereiche zugehen und gemeinsam mit den Bereichen das Vorgehen, die Ergebnisse und die Termine festlegen.*"[1499]

[1497] Vgl. Deutsche Telekom AG (Hrsg.), „Power": Mit voller Kraft für den Kunden, 1996, S. 20.
[1498] Vgl. Deutsche Telekom AG (Hrsg.), „Power": Mit voller Kraft für den Kunden, 1996, S. 21 u. S. 25.
[1499] Deutsche Telekom AG (Hrsg.), „Power": Mit voller Kraft für den Kunden, 1996, S. 21.

Für die Projektleitungen und -mitarbeiter wurde ein entsprechendes Handbuch mit Anleitungen und Hilfen zum Management von strategisch bedeutsamen Innovationsprojekten erstellt.[1500] Darin wurde u.a. auf notwendige Veränderungen in der Zusammenarbeit eingegangen. Diese Punkte veranschaulicht im Detail die nachfolgende Abbildung 110.

Abb. 110: Notwendige Veränderungen bei der Zusammenarbeit

Einige Veränderungen in der Zusammenarbeit sind für den Projekterfolg zwingend erforderlich	
Veränderung in der Zusammenarbeit	
„Telekom Alt"	„Telekom Neu"
Formale Zuständigkeitsorientierung; Ausgeprägter Fachlinienbezug	Gemeinsame, bereichsübergreifende Erfolgsorientierung; Integration aller relevanten Bereiche
Fachaufträge an Dienstleister mit hohen Durchlaufzeiten bzw. ohne Ergebnis	Sehr schnelle gemeinsame Problemlösung mit allen Beteiligten
Unklare Verantwortlichkeiten ohne Erfolgskontrolle	Eindeutige personifizierte Verantwortung mit kontinuierlicher Erfolgsmessung (für alle Projektmitarbeiter, nicht nur für Projektleiter)
Starke Betonung von Konzepten	Schwerpunkt auf Betrachtung der Umsetzbarkeit mit der schnellen, erfolgreichen Umsetzung (in der Fläche)
Abgehobene, abstrakte Diskussionen zu allgemein formulierten Herausforderungen	Formulierung konkreter „anfassbarer" Lösungen und Identifikation / Lösung kritischer Einzelprobleme
Technisches Spezialistentum, starke Generaldirektion-Orientierung	Ganzheitliche Betrachtung aus Kundensicht vor Ort

In Anlehnung an: Deutsche Telekom AG (Hrsg.), Das POWER-Konzept. Handbuch zum Management von strategisch wichtigen Innovationsprojekten, 1996, S. 7

Auch wenn die damaligen Verfasser bei den Aussagen zur bisherigen Arbeitsweise der „alten Telekom" eher demagogisch vorgingen, so zeigt die rechte Spalte doch sehr deutlich den angestrebten Stimmungs- und Kulturwandel bei der interdisziplinären Zusammenarbeit im Rahmen von Projekten auf.

Folgende zwölf Power-Projekte wurden durchgeführt:[1501]

❑ Projekt 1: Kundengerechte detaillierte Rechnung (Einzelverbindungsübersicht)

Die Auflistung der Verbindungsentgelte nach den einzelnen Tarifbereichen, Netzübergängen und Verbindungen zu Service-Rufnummern sollten zu einer deutlichen Verringerung von Rückfragen und Einwendungen führen. Es war eine schrittweise Einführung bis Ende 1996 für alle Kunden, die an digitalen Vermittlungsstellen angeschlossen waren, geplant.

❑ Projekt 2: ISDN-Einsteiger-Anschluss für Privatkunden

Schwerpunkt war die Einführung kundensegmentspezifischer Komplettpakete in Verbindung mit den zu Jahresbeginn neu eingeführten Tarifen für den Privatkundenmarkt.

[1500] Vgl. Deutsche Telekom AG (Hrsg.), Das POWER-Konzept. Handbuch zum Management von strategisch wichtigen Innovationsprojekten, 1996, S. 11.
[1501] Vgl. Deutsche Telekom AG (Hrsg.), „Power": Mit voller Kraft für den Kunden, 1996, S. 22 f. i.V.m. Deutsche Telekom AG (Hrsg.), Das POWER-Konzept. Handbuch zum Management von strategisch wichtigen Innovationsprojekten, 1996, S. 11.

- Projekt 3: Einführung der T-Net-200 Leistungsmerkmale

  Die Attraktivität des Festnetzes bei den mit analogen Anschlüssen an digitale Vermittlungsstellen angeschlossenen Kunden sollte durch die Einführung von Komfortleistungsmerkmalen wie Anklopfen, Makeln und Dreierkonferenz gesteigert werden.

- Projekt 4: Anrufbeantworter im Netz

  Zielsetzung dieses Projekts war die Einführung der Funktion eines Anrufbeantworters im Netz für alle Kunden mit digitalem Anschluss als eine bedienungsfreundliche und kostengünstigere Alternative zu einem Endgerät.

- Projekt 5: Verbundangebote Festnetz / Mobilfunk

  Beabsichtigt war hier die Konzeption und Realisierung zukünftiger Personal Communications Services, die Mobil- und Festnetzangebote für das Massengeschäft integrieren sowie Corporate Communications Services, entsprechend für Systemkunden. Aus diesem Grund wurde auch in Berlin ein Pilotprojekt zur weiteren Erprobung der DECT-Technologie und der Dual-Mode-Geräte durchgeführt. Im Rahmen dieses Projekts wurde ebenfalls der Umzugsservice für Kunden durch das Angebot, für die Dauer eines Umzuges preisgünstig D1-Handys zu mieten, erweitert. Des Weiteren war die Einrichtung von Mobilfunkberatungsbereichen in zunächst 23 T-Punkten zur Stärkung des gemeinsamen Vertriebs in Planung.

- Projekt 6: Komfortauskunft

  Ein neuer, operatorgestützter Informationsdienst mit persönlicher und kundenindividueller Ansprache, hoher Erreichbarkeit sowie einem umfangreichen Informationsangebot[1502] sollte durch dieses Projekt realisiert werden.

- Projekt 7: Kartenkonzept / T-Card

  Zielsetzung war die Einführung weiterer Karteninnovationen als Ergänzung zur T-Card. Insbesondere die Integrierung aller Kartenanwendungen des Konzerns in einer Telekom-Kundenkarte sowie in einem einheitlichen Marken- und Layout-Konzept wurde angestrebt. Die Überführung des Deutschland-Direkt-Dienstes auf die moderne T-Card-Plattform, was dem Kunden die Führung von R-Gesprächen von überall auf der Welt mit hervorragender Operatorunterstützung ermöglichen sollte, war ein weiterer Meilenstein.

- Projekt 8: Kommunikationskonzept Tarife 96

  Die Erarbeitung eines Kommunikationskonzepts für die Tarifänderungen in 1996 und die Steuerung der Kommunikationsmaßnahmen für alle weiteren Power-Projekte in enger Zusammenarbeit mit den Projektleitern war der Hauptinhalt in diesem Projekt.

- Projekt 9: Preisentwicklung Telefonnetzkommunikation

  Dieses Projekt wurde im Gegensatz zu den anderen Projekten aus der Fachlinie heraus umgesetzt.

- Projekt 10: Optionale Preisangebote

  Zielsetzung war die Einführung neuer Optionstarife für Vieltelefonierer im Ortsbereich mit der Möglichkeit zur Optimierung des Telefonbudgets.

- Projekt 11: Angebote für Onlinekunden

  Ziel war die Steigerung der Attraktivität des Produktes T-Online durch Verbesserung der Bedienungsfreundlichkeit, der Anwenderbetreuung und des Anbietersupports.

[1502] Bei der Rufnummernauskunft war fortan auch eine Mehrfachauskunft ohne die Notwendigkeit, die Nummer der Auskunft nochmals anzuwählen, möglich. Weiterhin konnten nach Abschluss dieses Projekts auch Auskünfte zu Anschriften, Postleitzahlen und Branchen angeboten werden. Darüber hinaus wurde die Möglichkeit der bundesweiten Suche eingeführt. Ein weiteres Ziel war die Erhöhung der Erreichbarkeit rund um die Uhr. Vgl. Deutsche Telekom AG (Hrsg.), Die Komfortauskunft vor dem Start, 1996, S. 27.

❏ Projekt 12: Verbesserung des Angebots bei Endgeräten

Die Überarbeitung des Sortiments an Endgeräten und die Intensivierung des Marktauftritts waren neben der Entwicklung von Endgeräten zur Unterstützung der T-Net 200 Leistungsmerkmale und des Anrufbeantworters im Netz die Schwerpunkte dieses Teilprojekts. Ebenfalls dazu gehörte die Entwicklung einer Endgeräte-Design-Linie für Privat- und kleinere Geschäftskunden.

Die Steuerung der Umsetzung der Ergebnisse aus den Power-Projekten in die Bereiche Vertrieb und Service hinein wurde durch ein zentrales Vertriebsteam durchgeführt.

Wie aus der Beschreibung der einzelnen Projekte zu ersehen ist, war das Programm darauf ausgerichtet im Hinblick auf die baldige Marktöffnung Alleinstellungsmerkmale für die bestehenden Standardprodukte zu implementieren, um dadurch einen Vorteil gegenüber den künftigen Wettbewerbern zu erzielen. Letztendlich führte die Regulierungspraxis jedoch dazu, dass die produktbezogenen und höherwertigen Leistungsmerkmale später auch den Wettbewerbern zur Verfügung gestellt werden mussten. Gleichwohl waren die umgesetzten Produktverbesserungen dazu geeignet, den Kunden die Innovationsfähigkeit der Telekom zu demonstrieren.

Damit kann die Zielsetzung des Power-Konzepts in erster Linie der in der Hypothese Ib (TK-Marktbeherrschung)[1503] formulierten Absicht zugeordnet werden. Ebenfalls finden sich bei einzelnen Projekten Ansätze der Ausrichtung auf die Kunden (Hypothese Ic)[1504] wieder.

Die Initiierung von Veränderungen bei der Zusammenarbeit stellt eine der ersten richtungsweisenden operationalisierten Vorgaben hinsichtlich der notwendigen Transformation der Mitarbeiterorientierung (Hypothese IV)[1505] dar.

4.1.2 Das Transformationsprogramm Telekom Future

Das zu Beginn des Jahres 1998 initiierte Telekom Future-Programm sollte Strategien entwickeln, mit denen der Konzern „...die großen Herausforderungen auf... [dem] ...Weg in das 21. Jahrhundert meistern..."[1506] wollte.

Ziele von Telekom Future waren der Fortgang des Wandels von einer Behörde zu einem kunden- und leistungsorientierten Unternehmen sowie die Stärkung der Wettbewerbsfähigkeit des Unternehmens in einem geöffneten Wettbewerbsmarkt im Sinne der Hypothese I (Wandel)[1507] sowie ihrer zugehörigen Subhypothesen. Dazu wurden durch Telekom Future die vom Markt- und Wettbewerbsumfeld her erforderlichen strategischen Handlungsfelder zur Zukunftssicherung der Telekom festgelegt. Telekom Future gliederte sich in fünf Teilprogramme:[1508]

❏ Strategische Ausrichtung Kerngeschäft

 ↳ Dieses Teilprogramm bildete mit vier Projekten die Grundlage des Transformationsprogramms für den Konzern. Mittelfristig sollten die Transformationsziele Innovations-, Vertriebs-, Service- und Preisführerschaft erreicht werden. Ebenso sollte das langfristige strategische Ziel – die Marktführerschaft in Europa und global mit Partnern bis zum Jahr 2010 – erreicht werden.

[1503] Hypothese Ib: Die Deutsche Telekom hat ihre Monopolstellung auf dem deutschen Telekommunikationsmarkt in eine marktorientierte und -beherrschende Position gewandelt.
[1504] Hypothese Ic: Die Telekom hat den Wandel zu einem kundenorientierten Unternehmen sowohl strategisch als auch in der praktischen Umsetzung abgeschlossen.
[1505] Hypothese IV: Es ist der Deutschen Telekom gelungen, die notwendigen Transformationen auch im Innenverhältnis (prozessuale und strukturelle Ausrichtung, Mitarbeiterorientierung, Personalanpassungen und Kulturwandel) zu realisieren. Häufig werden Formen der indirekten Unternehmenssteuerung, mit deren Hilfe von Kennzahlen gewonnen werden, zu einem Vergleich mit internen oder externen Konkurrenzen verbunden. Dadurch verschwimmen die Grenzen des Unternehmens intern zwischen Markt und Hierarchie.
[1506] Deutsche Telekom AG (Hrsg.), Das Transformationsprogramm Telekom Future, 1998, S. 6.
[1507] Hypothese I: Die Deutsche Telekom hat den Wandel von einer Behörde zu einem markt- und kundenorientierten Unternehmen vollständig vollzogen.
[1508] Vgl. Deutsche Telekom AG (Hrsg.), Das Transformationsprogramm Telekom Future, 1998, S. 9 ff.

❑ Neue Märkte / TIMES

  ᗝ Die Geschäftseinheiten hatten für die TIMES-Märkte eine grundlegende Strategie zu entwickeln. Dabei standen die drei neuen Marktsegmente Electronic Markets, Application Sourcing und Solution Sourcing im Mittelpunkt. Um dieses Teilprogramm pragmatisch voranzutreiben, wurden diverse Anwendungsprojekte zu Themen wie Onlinekundenanbindung, Electronic-Market-Plattfomen, T-Einkauf und T-Verkauf, Electronic-Travel sowie T-plug-Lösungen (aus der Steckdose heraus) rund um SAP- und IT-Office-Lösungen angestoßen.

❑ International

  ᗝ Das zunehmend international agierende Geschäftskundenklientel der Telekom sollte aus einer Hand bedient und das Geschäft in den kommenden Jahren dafür international ausgebaut werden. Die Zielsetzung hierbei war das Anstreben der internationalen Marktführerschaft auf dem IP-Sektor und als Online Service Provider sowie die internationale Positionierung im Bereich der Mobilkommunikation.

❑ Portfoliomanagement

  ᗝ Durch die Bereinigung und Aufwertung des Produktportfolios sollten eine kurzfristige Verbesserung der Konzernposition und die Erhöhung des Konzern-Cashflows erreicht werden.

❑ High TEC / Initiierung eines Kulturwandels

  ᗝ Die Bezeichnung High TEC hatte nichts, wie vermutet werden könnte, mit Spitzentechnologie zu tun, sondern stand vielmehr für High Telekom Excellence Culture. Die Initiative sollte dazu beitragen, dass innerhalb des Konzerns ein grundlegender Kulturwandel vollzogen wird, der das Unternehmen in Richtung Business Excellence ausrichtete. Das Ziel war, bis zum Jahr 2001 das internationale Preisträgerniveau nach den Maßstäben des European Quality Award[1509] zu erreichen.

  ᗝ Als zentrales Gremium der Initiative wurde ein High TEC-Komitee, bestehend aus zwölf Führungskräften aus verschiedenen Unternehmensbereichen, eingerichtet. Das Komitee sollte den Informationsfluss im Unternehmen verbessern, bereichsübergreifende Strategien erarbeiten und damit ein neues Wertsystem im Konzern umsetzen.

  ᗝ Der Transformationsprozess sollte durch sechs einzelne Projekte gestaltet werden:

  Profit Center: Innerhalb dieses Projekts sollten die Rahmenbedingungen, nach denen die einzelnen Bereiche im Konzern als Profit Center operieren konnten, definiert werden.

  Telekom Target: Hierbei ging es um die wertorientierte Steuerung des Konzerns. Zentrale Themenstellungen war die Klärung der Punkte, wie sich die auszahlungswirksamen Kosten reduzieren lassen und wie sich Finanz- und Mitarbeiterressourcen sowie Know-how innerhalb des Konzerns optimal nutzen lassen.

  Customer Operations: Das Redesign der kundenbezogenen Prozesse stand in diesem Teilprojekt im Vordergrund.

  TEMPO Plus: Dieses Projekt stellte eine Fokussierung im Rahmen der TEMPO-Kernprozesse[1510] auf das Thema Time-to-Market dar. Die Zeitspanne von der Idee bis zum marktfähigen und fakturierbaren Produkt sollte um die Hälfte reduziert werden.

  Cultural Change: Ziel dieses Projekts war die Gestaltung des Kulturwandels der Deutschen Telekom als einen kontinuierlichen Verbesserungsprozess. Sowohl die Kunden- als auch die Mitarbeiterorientierung sollte erhöht werden. Cultural Change umfasste eine Vielzahl von Einzelprojekten wie beispielsweise die Entwicklung von Feedback-Systemen, das onlinegestützte Cockpit für Führungskräfte, die Förderung der Zusammenarbeit zwischen Or-

---

[1509] Zu European Quality Award siehe die Ausführungen in Kapitel E.5.4.3 (Das Qualitätsmanagement nach dem Modell der European Fondation for Quality Management bei der Deutschen Telekom).
[1510] Das TEMPO-Modell selbst mit seinen Kernprozessen sowie die entsprechenden Ziele und Themen hierzu werden in Kapitel E.6.1.1 (Die Einführung der Prozessorganisation) näher beleuchtet.

ganisationseinheiten oder die Schaffung kultureller Voraussetzungen für eine erfolgreiche Projektarbeit.

Insgesamt gesehen zielte Cultural Change darauf ab, ein neues Wertesystem und Vorbildverhalten in möglichst kurzer Zeit in der flächendeckenden Organisation zu etablieren. Die operativen Projektziele von Cultural Change wurden aus den strategischen Vorgaben des Vorstands abgeleitet.

Eigenverantwortliches, unternehmerisches Handeln und Entscheiden, Teamwork und Projektkultur waren als grundlegende Orientierungs- und Verhaltensmuster zu vermitteln und zu lernen.

Cultural Change stand unter dem Leitmotiv F@irTrauen, einem wesentlichen Teilprojekt sowohl von Cultural Change als auch des gesamten Programms. Das Motiv F@irTrauen sollte das Uns-Trauen, das Sich-Trauen, das Zu-Trauen und die Fairness im Wandel und Umgang in einem Begriff zusammenfassen.[1511] Die nachfolgende Abbildung 111 stellt die Kernproblematik der damaligen, noch durch die Behördenstruktur geprägten Kultur in anschaulicher Weise dar.

Abb. 111: Ziele beim Projekt F@irtrauen

Das Projekt F@irTrauen

Mut
- zur Zusammenarbeit
- zur Offenheit
- zur Klarheit
- zu schnelleren Ergebnissen

Uns-Trauen

- Wissen teilen
- sich gegenseitig unterstützen
- Leistung belohnen
- Fördern und entwickeln

F@ir

Zu-Trauen

- Eigeninitiative mit Risiken eingehen
- Unternehmertum praktizieren
- Innovation durchsetzen

Sich-Trauen

In Anlehnung an: Deutsche Telekom AG (Hrsg.), Projekt F@irtrauen, 1999, S. 1

Bei der Umsetzung des Teilprojekts F@irtrauen wurde zunächst die bestehende Kultur beschrieben. Kernelemente der angestrebten Soll-Kultur waren, wie oben bereits erwähnt, die Kunden- und Mitarbeiterorientierung. Durch ein entsprechendes Instrument, mit dem durch Befragungen sowohl bei Mitarbeitern als auch bei Kunden die Ist-Kultur gemessen werden konnte, sollte die Entwicklung hin zu der neuen Soll-Kultur gesteuert werden.

[1511] Vgl. Deutsche Telekom AG (Hrsg.), Projekt F@irtrauen, 1999, S. 1.

Mit dem Ziel einer offenen Kommunikation sollten ebenfalls neue Aspekte bei der Führungskultur eingeführt werden. Durch die Einführung eines 360-Grad-Feedback-Verfahrens sollten Führungskräfte erfahren, wie Mitarbeiter ihr Führungsverhalten sowie Kollegen und Kunden die fachliche Zusammenarbeit erleben (und umgekehrt).[1512]

Communication: Hauptaufgabe dieses Projekts war die kontinuierliche Kommunikation zu Zielen, Inhalten und Ergebnissen des gesamten Programms.

Das Projekt Cultural Change widmete sich somit dem Vollzug der Transformation im Innenverhältnis (Hypothese IV)[1513] und dabei insbesondere dem Wandel der Einstellungen und Kultur bei den Mitarbeitern.

Daneben waren noch zahlreiche weitere, hier im Detail jedoch nicht betrachtete Projekte im Rahmen von Telekom Future initiiert worden.

Die ersten vier der fünf Teilprogramme wurden relativ schnell durch modifizierte Folgeprogramme ersetzt. Somit erwies sich die Initiierung eines Kulturwandels als das nachhaltigste Fragment dieses Transformationsprogramms, mit dem erfolgreich auf den kulturellen Wandel bei den Führungskräften hinsichtlich der Wahrnehmung des eigenen Unternehmens eingewirkt wurde. Durch eine Vielzahl neuer Schlüsselbegriffe wie beispielsweise Unternehmertum, Cultural Change, Profit Center, Sich-Trauen, Time-to-Market usw. wurden die Leiter mit den für sie bislang überwiegend ungewohnten Aspekten des unternehmerischen Denkens und Handelns konfrontiert.

Auch wenn die Telekom 1998 bereits keine Behörde mehr war, so war doch die behördliche Denkensart noch in vielen Köpfen stark verankert und der Wandel zum Unternehmertum noch nicht vollzogen.

Das oben dokumentierte Ziel, die Marktführerschaft in Europa bis zum Jahr 2010 zu erreichen, war zum damaligen Zeitpunkt visionär und gerade dadurch dazu geeignet, eine Aufbruchstimmung bei Führungskräften und Mitarbeitern zu erzeugen. Die Entwicklung des Marktes und Wettbewerbs in den Folgejahren sollte zeigen, dass die ambitionierten marktbezogenen Ziele nicht umgesetzt werden konnten. Die Initialwirkung für den Cultural Change war jedoch effektvoll, so dass dieser heute noch durch diverse Maßnahmen und Programme vorangetrieben wird.

4.1.3 Die Agenda 2004

Die im Frühjahr 2004 gestartete Agenda 2004 umfasste ein Sechs-Punkte-Programm, das den Konzern hinsichtlich des Ziels, die Deutsche Telekom zum führenden Dienstleistungsunternehmen der Telekommunikations- und Informationstechnologieindustrie zu entwickeln, unterstützen sollte.[1514]

Bereits 2003 hatte die Deutsche Telekom hinsichtlich des geplanten Schuldenabbaus den Turnaround bewerkstelligt.[1515] Die Netto-Finanzverbindlichkeiten wurden von 61,1 Milliarden Euro (Ende 2002) auf 46,6 Milliarden Euro (Ende 2003) verringert und das bereinigte EBIDTA stieg 2003 um mehr als zwölf Prozent auf 18,3 Milliarden Euro.[1516]

Aufgrund der Marktentwicklung in Deutschland sowie dem Faktum, dass der Wettbewerb der Telekom immer mehr zusetzte, stellte die Agenda einen divisionsübergreifenden Ansatz dar, mit dem das Unternehmen einen weiteren Wachstumsschub auslösen wollte.[1517]

[1512] Vgl. Deutsche Telekom AG (Hrsg.), Projekt F@irtrauen, 1999, S. 1.
[1513] Hypothese IV: Es ist der Deutschen Telekom gelungen, die notwendigen Transformationen auch im Innenverhältnis (prozessuale und strukturelle Ausrichtung, Mitarbeiterorientierung, Personalanpassungen und Kulturwandel) zu realisieren. Häufig werden Formen der indirekten Unternehmenssteuerung, die mit Hilfe von Kennzahlen gewonnen werden, zu einem Vergleich mit internen oder externen Konkurrenzen verbunden. Dadurch verschwimmen die Grenzen des Unternehmens intern zwischen Markt und Hierarchie.
[1514] Vgl. Deutsche Telekom AG (Hrsg.), Sechs-Punkte-Programm machten den Konzern zukunftsfähig, http://teamnet.telekom.de/core media/generator/mtn/templateId=renderInternalPage/gridID=1128/modulID=1120/contentID=54268/id=1122.html, 2005.
[1515] Siehe hierzu auch die Ausführungen in Kapitel E.3.3 (E³ - das konzernweite Programm zur Entschuldung).
[1516] Vgl. Deutsche Telekom AG (Hrsg.), Sechs-Punkte-Programm machten den Konzern zukunftsfähig, http://teamnet.telekom.de/core media/generator/mtn/templateId=renderInternalPage/gridID=1128/modulID=1120/contentID=54268/id=1122.html, 2005.
[1517] Vgl. Deutsche Telekom AG (Hrsg.), Agenda 2004, http://teamnet.telekom.de/coremedia/generator/mtn/templateId=renderInternalPage/gridID=1128/modulID=1120/contentID=54268/id=1122.html, 2005.

In der Abbildung 112 sind die Offensiven der Agenda 2004 dargestellt.

Abb. 112: Die Offensiven der Agenda 2004

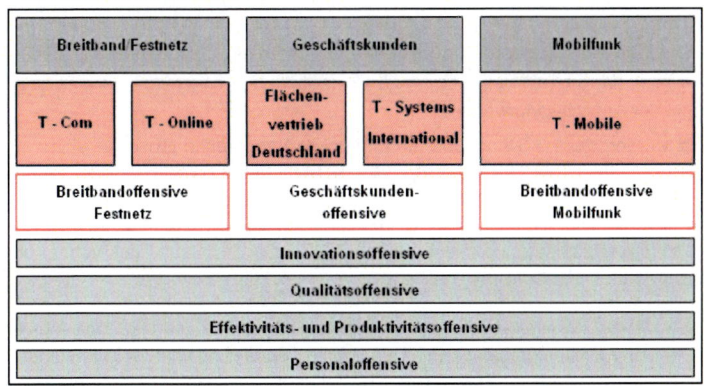

[Abbildung: Organisationsstruktur der Agenda 2004 mit den Bereichen Breitband/Festnetz (T-Com, T-Online), Geschäftskunden (Flächenvertrieb Deutschland, T-Systems International) und Mobilfunk (T-Mobile); darunter Breitbandoffensive Festnetz, Geschäftskundenoffensive, Breitbandoffensive Mobilfunk; sowie übergreifend Innovationsoffensive, Qualitätsoffensive, Effektivitäts- und Produktivitätsoffensive, Personaloffensive]

Im Folgenden werden die einzelnen Offensiven der Agenda 2004 näher beschrieben. Die Inhalte der Qualitätsoffensive als Teil dieses Transformationsprogramms werden aufgrund des thematischen Zusammenhangs in Kapitel E.5.4 (Qualitätsmanagement bei der Deutschen Telekom) als Unterkapitel E.5.4.6.1 (Die Qualitätsoffensive im Rahmen der Agenda 2004) dargestellt. Eine Zuordnung der Inhalte und Ziele der einzelnen Offensiven hinsichtlich der zu Beginn dieser Arbeit formulierten Hypothesen erfolgt am Ende dieses Kapitels.[1518]

4.1.3.1 Die Breitbandoffensive

Die Breitbandoffensive strebte die Sicherung des Spitzenplatzes im Bezug auf Breitband bei Festnetz und Mobilfunk an. Der Markt der Breitbandtechnologie beinhaltet bis heute vor allem auch ein Potenzial für Umsätze und Erträge. In den letzten Jahren stellten breitbandige Angebote ein zentrales Wachstumsfeld sowohl für den ganzen Konzern als auch für die einzelnen Divisionen dar. Zielgruppe bei der Breitbandoffensive in 2004 waren vor allem die Privatkunden, aber auch die ca. zwei Millionen kleineren Geschäftskunden.[1519] Mitte 2004 hatte die Deutsche Telekom rund 4,4 Millionen T-DSL-Kunden.[1520] Um weiterhin auf dem Breitbandmarkt erfolgreich zu sein, war aus Sicht des Unternehmens eine enge Planung und Kooperation zwischen T-Com und T-Online notwendig. Das Absatzziel bei T-DSL bestand darin, die Anschlüsse bis zum Jahr 2007 auf zehn Millionen zu steigern.[1521] Im Wesentlichen sollten zwei Maßnahmen den Absatz bei DSL weiter beschleunigen:[1522]

❑ Die 1-2-3-Strategie der T-Com

Durch einen Anstieg im Bereich der Vielfalt und Qualität des Produktangebots wurden auch die Preise besser auf die Zahlungsbereitschaft der Kunden abgestimmt. Dabei wurde die 1-2-3-Strategie von T-Com im Markt platziert, die höherwertige Bandbreiten noch deutlicher als bisher in den Mittelpunkt stellte. Die T-Online etablierte neue innovative Angebote wie zum Bei-

---

[1518] Siehe hierzu Kapitel E.4.1.3.6 (Spiegelung der Zielsetzungen der Agenda 2004 an den Eingangshypothesen).
[1519] Vgl. Deutsche Telekom AG (Hrsg.), Breitband für alle, http://teamnet.telekom.de/coremedia/generator/mtn/templateId=renderInter nalPage/gridID=1128/modulID=1120/contentID=71008/id=1122.html, 2005.
[1520] Vgl. Deutsche Telekom AG (Hrsg.), Breitband für alle, http://teamnet.telekom.de/coremedia/generator/mtn/templateId=renderInter nalPage/gridID=1128/modulID=1120/contentID=71008/id=1122.html, 2005.
[1521] Ende 2006 verzeichnete das Strategische Geschäftsfeld Breitband / Festnetz bereits 11,7 Millionen Breitbandbandanschlüsse (vgl. Deutsche Telekom AG (Hrsg.), Service. Mehr als ein Versprechen! Das Geschäftsjahr 2006., 2007, S. 54). Zu den Plandaten vgl. Deutsche Telekom AG (Hrsg.), Breitband für alle, http://teamnet.telekom.de/coremedia/generator/mtn/templateId=renderInternalPage /gridID=1128/modulID=1120/contentID=71008/id=1122.html, 2005.
[1522] Vgl. Deutsche Telekom AG (Hrsg.), „Den Breitbandmarkt in Deutschland machen", http://teamnet.telekom.de/coremedia/generator/ mtn/templateId=renderInternalPage/gridID=1128/modulID=1120/contentID=109694/id=1122.html, 2005.

spiel T-Online Vision oder Musicload, das bereits Ende September 2004 ca. 350.000 Titel anbot.

Unter dem Motto Dreimal null Euro starteten T-Com und T-Online ihre erste gemeinsame Kampagne (Null Euro Bereitstellungspreis für den Anschluss, null Euro für das Modem und null Euro für einen Monat surfen) und konnten aufgrund dieser Maßnahme bis Ende 2004 einen Anstieg der Kundenzahlen um 753.000 verzeichnen.

❑ Strategie der Anschlussaufwertung

Ergänzt wurden die 1-2-3-Angebote durch höhere Bandbreiten zwischen einem und drei Megabit pro Sekunde.[1523] Desgleichen trug das Angebot des kabellosen Internetzugangs (WLAN) zur Absatzsteigerung bei.

Wie weiter oben bereits erwähnt, stellte der gemeinschaftlich zwischen T-Com und T-Online abgestimmte Marktangang bei der Vermarktung von T-DSL die Umsetzung des verordneten Konsens zur strategischen und divisionsübergreifenden Zusammenarbeit (One-Company-Philosophie) dar.[1524]

Die Durchführung der Breitbandoffensive, verbunden mit einhergehenden Milliardeninvestitionen, kam einer Weichenstellung zugunsten des Festnetzes gleich und war die Grundlage für die Möglichkeit zur Einführung neuer und zukünftiger festnetzbasierter Produkte. So kann heute beispielsweise der Telefonanschluss dazu genutzt werden, einen Haushalt mit hochauflösendem Fernsehen zu versorgen. Auch das breitbandige Internet bietet mit seinen neuen Geschwindigkeitsdimensionen ganz neue Anwendungsmöglichkeiten und Erlebniswelten.

4.1.3.2 Die Geschäftskundenoffensive

Die Geschäftskundenoffensive hatte die Ziele, durch die Bündelung von Kompetenzen und gemeinsamen Marketing- und Vertriebsaktivitäten von T-Com und T-Systems, den Umsatz mit den Bestandskunden zu steigern, verlorene Mittelstandskunden zurückzugewinnen und das Neugeschäft auszubauen.[1525]

Für die T-Systems galt es demnach, die Wachstumsfelder im Bereich Network Services auszubauen und bedeutsame Wachstumschancen im TK-Markt in Bezug auf LAN / WLAN zu nutzen.[1526] T-Com sollte sich als starke und kompetente Marke neben dem Kerngeschäft auch im Wachstumsmarkt des IT-Geschäfts etablieren, also als Full-Service-Anbieter für die Geschäftskunden mit Lösungen aus einer Hand.[1527] Zusammenfassend können die Ziele der Geschäftskundenoffensive wie folgt dargestellt werden:[1528]

❑ Erhöhung der Share of Wallet bei Geschäftskunden.

❑ Optimierung des Einsatzes von Vertriebsressourcen (Zielesystem).

❑ Optimierung der divisonsübergreifenden Zusammenarbeit von T-Com und T-Systems.

❑ Transparenz bei Rentabilität des Geschäftsmodells.

Auch an dieser Stelle findet sich die zunehmende Bedeutung des One-Company-Gedankens durch die Zusammenarbeit von T-Com und T-Systems, wie oben beschrieben, wieder.

[1523] Vgl. Deutsche Telekom AG (Hrsg.), „Breitbandpotential ist noch nicht ausgereizt", http://u8pzx.blf01.telekom.de/coremedia/genera tor/tcom/templateId=renderInternalPage/gridID=42678/modulID=42670/contentID=131078/id=42672.html, 2005.
[1524] Siehe hierzu die Ausführungen in Kapitel E.2.10 (Konzernziele 2004: Fokus auf Ergebnisverbesserung).
[1525] Vgl. Deutsche Telekom AG (Hrsg.), Große Chance im Geschäftskundenmarkt, http://teamnet.telekom.de/coremedia/generator/mtn/ templateId=renderInternalPage/gridID=1128/modulID=1120/contentID=71000/id=1122.html, 2005, i.V.m. Deutsche Deutsche Telekom AG (Hrsg.), T-Com und T-Systems: „Gemeinsam Märkte im Mittelstand erobern", http:// teamnet.telekom.de/coremedia/genera tor/mtn/templateId=renderInternalPage/gridID=1128/modulID=1120/contentID= 60856/id=1122.html, 2005.
[1526] Vgl. Deutsche Telekom AG (Hrsg.), „Der Kunde steht im Focus", http://teamnet.telekom.de/coremedia/generator/mtn/templateId=re nderInternalPage/gridID=1128/modulID=1120/contentID=60856/id=1122.htm, 2005.
[1527] Vgl. Deutsche Telekom AG (Hrsg.), „Der Kunde steht im Focus", http://teamnet.telekom.de/coremedia/generator/mtn/templateId=re nderInternalPage/gridID=1128/modulID=1120/contentID=60856/id=1122.htm, 2005.
[1528] Vgl. Deutsche Telekom AG (Hrsg.), Business-Kunden im Fokus. Geschäftskundenoffensive der Deutschen Telekom, o.J., S. 3.

4.1.3.3 Die Innovationsoffensive

Die Schwerpunkte der neuen Ausrichtung im Bereich Innovation sollten aus Sicht der Unternehmensleitung die Förderung einer dezentralen Innovationskultur, die Transparenz über Produktinnovationen des Konzerns, die Effizienzsteigerung bei Forschungs- und Entwicklungsprojekten, konzernübergreifende Entwicklungspartnerschaften mit internationalen Forschungseinrichtungen sowie die Vermarktung von Patenten und Lizenzen sein.[1529]

Bereits 2002 hatte die Deutsche Telekom rund 900 Millionen Euro in Forschung und Entwicklung investiert und rund 6.900 Mitarbeiter beschäftigten sich konzernweit mit der Entwicklung von neuen Produkten. Jährlich wurden zum Teil mehr als 500 Ideen und Projektergebnisse zum Patent angemeldet.[1530] Ende 2002 verfügte der Konzern bereits über 4.500 Schutzrechte.[1531]

Die in 2004 gestartete Innovationsoffensive sollte Innovationspotenziale für zukünftige Umsätze erschließen und deren Realisierung am Markt ermöglichen. Aus diesem Grund wurden vier Innovationsfelder (die vier I) identifiziert:[1532]

❏ Intuitive Bedienbarkeit
Für alle Kunden sollte eine einfache Nutzbarkeit von Endgeräten, Diensten und Netzfunktionen gegeben sein. Oftmals waren Dienste und Funktionen nur kompliziert zu bedienen.

❏ Intelligenter Zugang
Die Kunden sollten, ganz ohne ihr eigenes Zutun, in jeder Situation den besten verfügbaren Service erhalten. Demnach sollte sich das Netz auf den Nutzer einstellen und nicht mehr umgekehrt, indem der Kunde manuell einen Zugang auswählen musste. Ziel war demnach die Interoperabilität zwischen Diensten und Endgeräten.

❏ Integrierte Kommunikation
Der Mensch sollte durch selbsttätige technische Vernetzung von vielen Objekten in seiner Umgebung von zahlreichen Aufgaben entlastet werden.[1533] Hierbei ging es vor allem um den Einsatz innovativer Sensorik und neuer Kommunikationsprotokolle.

❏ Infrastrukturentwicklung
Durch diese Entwicklung sollte die technologische Basis hergestellt werden, um die Bedürfnisse nach Bandbreite, Mobilität oder Sicherheit zu erfüllen.

4.1.3.4 Die Effektivitäts- und Produktoffensive

Durch die Effektivitäts- und Produktoffensive sollte das profitable Wachstum anhand von Kostenreduzierungen und Optimierung der Investitionen gesichert werden. Ziele waren die Reduzierung der laufenden Ausgaben und die Optimierung des eingesetzten Kapitals, z.B. bei Investitionen oder im Einkauf.[1534] Folgende sieben Aktionsfelder wurden hierbei festgelegt:[1535]

❏ Optimierung der Prozesse und der internen IT
Durch Standardisierungen (z.B. bei Arbeitsplatzsystemen) und Optimierung der Schnittstellen zwischen verschiedenen Abteilungen wurden die Kosten gesenkt und die Prozesse wirtschaftlicher gestaltet.

[1529] Vgl. Deutsche Telekom AG (Hrsg.), Innovationen bei der Deutschen Telekom, http://teamnet.telekom.de/coremedia/generator/mtn/templateId=renderInternalPage/gridID=1128/modulID=1120/contentID=29190/id=1122.html, 2005.
[1530] Vgl. Deutsche Telekom AG (Hrsg.), Innovationen bei der Deutschen Telekom, http://teamnet.telekom.de/coremedia/generator/mtn/templateId=renderInternalPage/gridID=1128/modulID=1120/contentID=29190/id=1122.html, 2005.
[1531] Vgl. Deutsche Telekom AG (Hrsg.), Innovationen bei der Deutschen Telekom, http://teamnet.telekom.de/coremedia/generator/mtn/templateId=renderInternalPage/gridID=1128/modulID=1120/contentID=29190/id=1122.html, 2005.
[1532] Vgl. Deutsche Telekom AG (Hrsg.), Potential für zukünftige Umsätze identifizieren, http://teamnet.telekom.de/coremedia/generator/mtn/templateId=renderInternalPage/gridID=1128/modulID=1120/contentID=109688/id=1122.html, 2005.
[1533] Siehe hierzu auch die Ausführungen in Kapitel D.2.3.4.3 (Ubiquitous Commerce – Die allgegenwärtige Vernetzung von Geschäftsmodellen; hier insbesondere die Vision von Mark Weiser (Fußnote).
[1534] Vgl. Deutsche Telekom AG (Hrsg.), Kosten senken und Kapitaleinsatz optimieren, http://teamnet.telekom.de/coremedia/generator/mtn/templateId=renderInternalPage/gridID=1128/modulID=1120/contentID=71016/id=1122.html, 2005.
[1535] Vgl. Deutsche Telekom AG (Hrsg.), Kosten senken und Kapitaleinsatz optimieren, http://teamnet.telekom.de/coremedia/generator/mtn/templateId=renderInternalPage/gridID=1128/modulID=1120/contentID=71016/id=1122.html, 2005.

❏ Laufende Ausgaben und Investitionen
Alle Investitionen und laufenden Ausgaben wurden auf den Prüfstand gestellt. Hierzu gehörten bspw. Reisekosten, Marketingaufwendungen, Beratungskosten oder Kosten aus Zuliefererverträgen.

❏ Used Equipment
Gebrauchte Güter und nicht mehr benötigte Lagerbestände wurden konzernweit systematisch untersucht, um sie eventuell an Dritte zu veräußern.

❏ Plattformen
Technische Plattformen sollten durch divisionsübergreifende Zusammenarbeit gemeinsam genutzt werden, wodurch die Auslastung der Plattformen verbessert werden sollte. Dies sollte künftig auch für Neuentwicklungen gelten.

❏ Working Capital
Hierbei ging es um die Optimierung des kurzfristigen Umlaufvermögens. Ein Beispiel für das kurzfristige Umlaufvermögen stellen die ausstehenden Forderungen gegenüber Kunden dar. Bleibt ein Rechnungsbetrag für eine Leistung, die der Konzern bereits erbracht hat, offen, müssen die damit verbundenen Kosten solange zwischenfinanziert werden, bis der Kunde zahlt. Je länger dieser Zeitraum ist, desto höhere Vorlaufkosten müssen dann von dem Unternehmen getragen werden.

Hier galt es, die bestehenden Forderungen aktiv zu managen bzw. einzutreiben. Andere Beispiele stellen die Vorratshaltung und die Lieferverbindlichkeiten der Telekom dar.

❏ Weitere Assets
Es wurde überprüft ob Unternehmensbeteiligungen, die nicht mehr zur strategischen Ausrichtung des Konzerns passen, veräußert werden konnten.

❏ Einkauf
Bei dieser Teiloffensive erfolgte eine Untersuchung sämtlicher Beschaffungsprozesse und des gesamten Beschaffungsvolumens, das jährlich einen zweistelligen Milliardenbetrag ausmachte, auf Verbesserungen hin.

4.1.3.5 Die Personaloffensive

Ziel der Personaloffensive war es, *„... die Relation zwischen Personalkosten und Umsatz zu verbessern und gleichzeitig... [die Mitarbeiter] ...durch Motivation und Qualifizierung fit für die Wachstumsmärkte zu machen"*[1536].

Zur Personaloffensive zählten daher das Beschäftigungsbündnis, die Motivations- und Qualifizierungsoffensive sowie die beschäftigungsfördernden Maßnahmen der konzerninternen Arbeitsvermittlungsgesellschaft Vivento[1537].

<u>Das Beschäftigungsbündnis</u>

Durch den Abschluss des Beschäftigungsbündnisses wurde die Wochenarbeitszeit in der AG von 38 auf 34 Stunden gesenkt, um gleichzeitig 10.000 Arbeitsplätze für diese Differenz neu zu schaffen und dadurch ca. 2.000 Transferkräfte, die bislang in der Vivento auf eine Vermittlung warteten, wieder einzugliedern bzw. eine Versetzung der restlichen Mitarbeiter in die Vivento hinein zu vermeiden.[1538] Die Verkürzung der Wochenarbeitszeit galt für Angestellte und Beamte gleichermaßen. Durch die Änderung des Postpersonalrechtsgesetzes wurde die Gestaltung des Personaleinsatzes zusätzlich flexibler und wichtige Rahmenbedingungen für den Erhalt dauerhaft wettbewerbsfähiger Beschäftigungskonditionen für Beamte konnten erreicht werden.

[1536] Deutsche Telekom AG (Hrsg.), Große Fortschritte in allen Kernpunkten, http://teamnet.telekom.de/coremedia/generator/mtn/templateId=renderInternalPage/gridID=1128/modulID=1120/contentID=109686/id=1122.html, 2005.
[1537] Siehe hierzu auch die Ausführungen in Kapitel E.3.3.3 (Die Einrichtung der Personalservice-Agentur).
[1538] Vgl. Deutsche Telekom AG (Hrsg.), Große Fortschritte in allen Kernpunkten, http://teamnet.telekom.de/coremedia/generator/mtn/templateId=renderInternalPage/gridID=1128/modulID=1120/contentID=109686/id=1122.html, 2005 i.V.m. Deutsche Telekom AG (Hrsg.), Effizient und wirtschaftlich am Markt, 2004, o.S.

Die Motivations- und Qualifizierungsoffensive

Kern der Motivationsoffensive war der zu diesem Zeitpunkt eingeführte T-Spirit-Check[1539], der in die regelmäßig und konzernweit stattfindende Mitarbeiterbefragung integriert wurde.[1540] Die Unternehmensleitung wollte hierdurch verbindliche Aussagen über die Kultur und das Konzerncommitment erhalten, um daraus bereichsübergreifende Maßnahmen einleiten zu können.

Aufgrund des zum damaligen Zeitpunkt existierenden Einstellungsstopps, der Innovationsgeschwindigkeit der IT / TK-Branche und der strategischen Ziele des Unternehmens sollten die Beschäftigten systematisch weitergebildet werden.[1541] Durch die Qualifizierungsoffensive, in der hierfür spezielle Programme entwickelt wurden, sollte dies sichergestellt werden.

Beschäftigungsfördernde Maßnahmen der Vivento

Das Hauptziel von Vivento war in diesem Zusammenhang vor allem der Aufbau von neuen Geschäftsfeldern. Von den damals rund 19.000 Transfermitarbeitern hatte die Vivento bereits für mehr als 80 Prozent eine Beschäftigung in Business Lines des Konzerns oder in externer / interner Leih- und Zeitarbeit gefunden.[1542]

Schwerpunkte beim Aufbau neuer Business Lines waren die Gründung der Vivento Customer Services (Call Center), bei der ca. 2.500 Mitarbeiter an 17 Standorten beschäftigt wurden sowie der Montagegesellschaft Vivento Technical Services mit rund 1.000 Mitarbeitern.[1543] Hierbei sollte die Vivento Technical Services vor allem Aufträge übernehmen, die bisher an Externe vergeben wurden und neue Aufträge von Wettbewerbern akquirieren.[1544]

Des Weiteren ist an dieser Stelle der Großauftrag der Bundesagentur für Arbeit zu nennen, durch den ca. 2.000 Beamte im Rahmen der Betreuung des Arbeitslosengeldes II an die Bundesagentur für Arbeit ausgeliehen wurden.

Durch einen konzerninternen Wettbewerb wurden alle Mitarbeiter dazu aufgerufen, weitere Geschäftsideen zu entwickeln und vorzuschlagen.[1545]

4.1.3.6 Spiegelung der Zielsetzungen der Agenda 2004 an den Eingangshypothesen

Die Intention der Offensiven für die Bereiche Breitband, Geschäftskunden und Innovation sind eindeutig der Hypothese Ib (TK-Marktbeherrschung)[1546] sowie zusätzlich in Verbindung mit der Erzielung von Kosten- und Investitionseffizienzen der Hypothese Ia (Kapitalmarktorientierung)[1547] zuzuordnen.

Im Vordergrund der Personaloffensive stand die Kostenreduzierung sowie bei den beschäftigungsfördernden Maßnahmen der Vivento die Maximierung der Deckungsbeiträge bei den Personalkosten und damit die Kapitalmarktorientierung (Hypothese Ia). Die Nutzung von Kennwerten zur Umsetzung einer internen Transfomation (Hypothese IV)[1548] belegen erneut die Ansätze zum Wandel bei der Personal- und damit Unternehmenssteuerung.

[1539] Zu T-Spirit und T-Spirit-Check siehe Kapitel E.2.9.2 (Das Wertegerüst T-Spirit).
[1540] Vgl. Deutsche Telekom AG (Hrsg.), Große Fortschritte in allen Kernpunkten, http://teamnet.telekom.de/coremedia/generator/mtn/templateId=renderInternalPage/gridID=1128/modulID=1120/contentID=109686/id=1122.html, 2005.
[1541] Vgl. Deutsche Telekom AG (Hrsg.), Große Fortschritte in allen Kernpunkten, http://teamnet.telekom.de/coremedia/generator/mtn/templateId=renderInternalPage/gridID=1128/modulID=1120/contentID=109686/id=1122.html, 2005.
[1542] Vgl. Deutsche Telekom AG (Hrsg.), Effizient und wirtschaftlich am Markt, 2004, o.S.
[1543] Vgl. Deutsche Telekom AG (Hrsg.), Effizient und wirtschaftlich am Markt, 2004, o.S.
[1544] Vgl. Deutsche Telekom AG (Hrsg.), Vivento gründet Montagegesellschaft, 2004, o.S.
[1545] Vgl. Deutsche Telekom AG (Hrsg.), Große Fortschritte in allen Kernpunkten, http://teamnet.telekom.de/coremedia/generator/mtn/templateId=renderInternalPage/gridID=1128/modulID=1120/contentID=109686/id=1122.html, 2005.
[1546] Hypothese Ib: Die Deutsche Telekom hat ihre Monopolstellung auf dem deutschen Telekommunikationsmarkt in eine marktorientierte und -beherrschende Position gewandelt.
[1547] Hypothese Ia: Die Kapitalmarktorientierung dominiert im maßgeblichen Sinne die Ausrichtung und Strategie des Unternehmens Deutsche Telekom AG, die ursprüngliche ordnungspolitische Ausrichtung spielt keine Rolle mehr.
[1548] Hypothese IV: Es ist der Deutschen Telekom gelungen, die notwendigen Transformationen auch im Innenverhältnis (prozessuale und strukturelle Wandlung, Mitarbeiterorientierung, Personalmanagement und Kulturwandel) zu realisieren. Häufig werden Formen der indirekten Unternehmenssteuerung, die mit Hilfe von Kennzahlen gewonnen werden, zu einem Vergleich mit internen oder externen Konkurrenzen verbunden. Dadurch verschwimmen die Grenzen des Unternehmens intern zwischen Markt und Hierarchie.

Daneben stellten die Maßnahmen der Motivations- und Qualifizierungsoffensive im Rahmen der Personaloffensive auch eine Initiierung der mitarbeiterbezogenen Transformation dar.

4.1.4 Das Excellence Programm als Beispiel für eine alle Perspektiven übergreifende und konzernweite Strategietransformation

Das in 2005 gestartete Excellence Programm stellte ein konzernweites Transformationsprogramm für die Jahre 2005 bis 2007 mit den globalen Zielen

- Sicherung eines profitablen Wachstums,
- Erreichung einer Kapitalrendite in Höhe von zehn Prozent im Jahr 2007 und
- Realisierung von Excellence vor dem Kunden dar.[1549]

Dieses Transformationsprogramm war ein auf drei Jahre angelegtes Großprojekt mit zahlreichen Stoßrichtungen und umfangreichen, zum Teil sehr detaillierten Einzelmaßnahmen, die Auswirkungen bis auf die Mitarbeiterebene hatten und insbesondere die Schnittstellen zum Kunden neu definierten. Es war ein Programm, das akribisch bis auf die operative Arbeitsebene umgesetzt wurde, um den Erfolg dieser strategischen Transformation sicherzustellen. Die diversen Einzelmaßnahmen betrafen alle Perspektiven der Balanced ScoreCard und werden aus diesem Grund ausführlicher dargestellt.

Nach der erfolgreichen Entschuldungsstrategie[1550] sollte laut des seinerzeit amtierenden Vorstandsvorsitzenden Kai-Uwe Ricke eine neue Zeitrechnung anbrechen, bei der der Wandel zu einem Service- und Dienstleistungsunternehmen entscheidend sei und Excellence Top-Qualität und Top-Service aus Kundensicht bedeute.[1551] Insbesondere wurden die für das Unternehmen verfolgten Ziele wie folgt beschrieben:[1552]

- Die Deutsche Telekom sollte das führende integrierte Telekommunikationsunternehmen Europas innerhalb von drei Jahren werden.
- Profitables Wachstum bedeute einerseits das EBITDA[1553] überproportional zu steigern und andererseits den Umsatz gewinnbringend zu steigern.
- Excellenz vor dem Kunden bedeute, den Konzern auf die Kundenanforderungen auszurichten. Kundenorientierung zu leben meinte, der Kunde stehe von der Produktentwicklung bis zur Vermarktung im Mittelpunkt.
- Der Kunde nimmt den Konzern als Einheit wahr.
- Das T sollte für Innovation, Qualität und Effizienz stehen.

Aus der Sicht des Vorstandsvorsitzenden bedeutete Excellence selbst, dass das Unternehmen bei allen für die Kunden relevanten Fragen aus Kundensicht besser sein wollte als der Wettbewerb. Das impliziere explizite Spitzenleistungen bei Produkten und Innovationen, Kundenbeziehungen und dem Preis-Leistungsverhältnis.[1554] Das Programm wurde in acht Offensiven eingeteilt. Hierzu gehörten drei Wachstumsprogramme für die jeweiligen Strategischen Geschäftsfelder (SGF) und fünf übergreifende Offensiven.

[1549] Vgl. Deutsche Telekom AG (Hrsg.), Glossar Excellence Program, http://teamnet.telekom.de/coremedia/generator/Excellence/templateId=renderInternalPage/top=true/id=157580.html, 2005.
[1550] Siehe hierzu auch die Ausführungen in Kapitel E.3.3 (E³ - das konzernweite Programm zur Entschuldung).
[1551] Vgl. Deutsche Telekom AG (Hrsg.), „Wir stehen am Beginn einer neuen Zeitrechnung", http://teamnet.telekom.de/coremedia/generator/Excellence/templateId=renderInternalPage/gridID=157108/modulID=157100/contentID=164932/id= 157102.html, 2005.
[1552] Vgl. Deutsche Telekom AG (Hrsg.), Warum machen wir das „Excellence Program"?, http://teamnet.telekom.de/coremedia/generator/Excellence/templateId=renderInternalPage/top=true/id=157580.html, 2005 i.V.m. Deutsche Telekom AG (Hrsg.), Ausrichtung auf profitables Wachstum, http://teamnet.telekom.de/coremedia/generator/Excellence/templateId=renderInternalPage/gridID=157108/modulID=157100/contentID=164932/id=157102.html, 2005.
[1553] Earnings before interests, taxes depreciation and amortization (Gewinn vor Steuern, Zinsen und Abschreibungen).
[1554] Vgl. Deutsche Telekom AG (Hrsg.), Mit Marken-Excellence zu mehr Kundennähe, http://teamnet.telekom.de/coremedia/generator/Excellence/templateId=renderInternalPage/gridID=157108/modulID=157100/contentID=164932/id=157102. html, 2005.

Darüber hinaus spielte der Wandel der Unternehmenskultur eine wesentliche Rolle und war über die acht Offensiven hinweg mit Projekten definiert. Die nachfolgende Abbildung 113 enthält eine Übersicht über die Elemente des Excellence Programms.

Abb. 113: Das Excellence Programm im Überblick

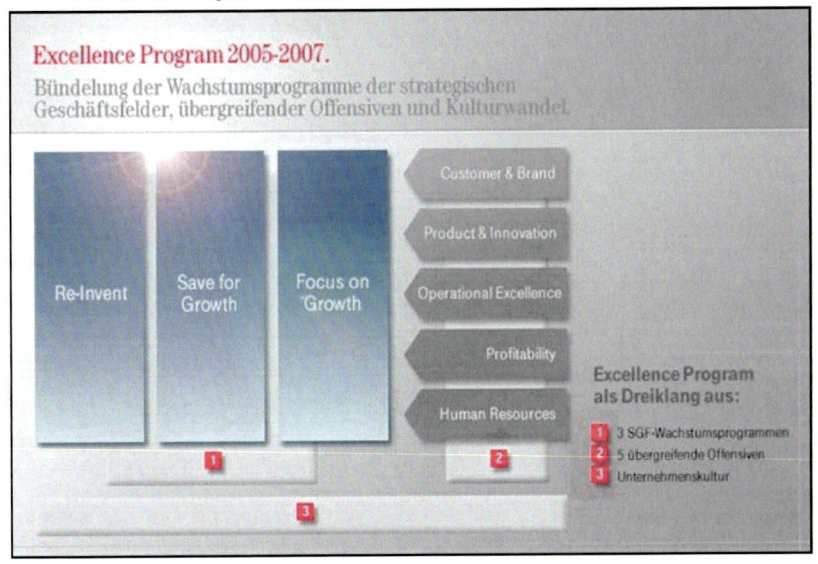

Quelle: Deutsche Telekom AG (Hrsg.), Fahrplan für den Wandel des Unternehmens, 2005

Nachfolgend werden die einzelnen in der obenstehenden Abbildung 113 dargestellten strategischen Wachstumsprogramme und Offensiven eingehender erläutert. Die Inhalte der Offensive Customer & Brand werden aufgrund des thematischen Zusammenhangs in den Kapiteln E.5.1 (T-Branding – Das Markenmanagement der Deutschen Telekom) und E.5.4 (Qualitätsmanagement bei der Deutschen Telekom) beleuchtet.

Bereits an dieser Stelle sei festgehalten, dass die verschiedenen Programme, Initiativen und Projekte des Excellence Programms ein autonomes Agieren im Sinne der Eingangshypothese II[1555] darstellen und ebenfalls für eine Bestätigung der Hypothese III[1556] sprechen, da die Inhalte der Programme die Konsequenz der strategischen Grundorientierung im Rahmen der Operationalisierung der Strategie widerspiegeln.[1557] Eine Kommentierung der Intentionen dieser Programme im Zusammenhang mit weiteren eingangs vermuteten Hypothesen erfolgt jeweils im Kontext der vorgestellten Teilprogramme.

4.1.4.1 Das Wachstumsprogramm für die drei strategischen Geschäftsfelder

Bei dem SGF-Wachstumsprogramm handelte es sich um eine aus mehreren Teilprojekten bestehende Offensive, die jeweils in einem strategischen Geschäftsfeld durchgeführt wurde. Das jeweilige Teilprojekt diente zur Erreichung der Wachstums- und Profitabilitätsziele des SGF. Zusätzlich sollten die Programme zusammen ein Kapitalrenditeziel in Höhe von zehn Prozent garantieren.

[1555] Hypothese II: Die Telekom agiert bei ihrer personellen und strukturellen Gestaltung autonom.
[1556] Hypothese III: Die Entwicklung der strategischen Grundorientierung der Deutschen Telekom stellt sich über den Betrachtungszeitraum von 1995 bis 2008 stringent und konsequent an den externen Einflüssen orientiert dar.
[1557] Siehe hierzu insbesondere die Ausführungen in Kapitel E.2.11 (Konzernziele 2005: Ausrichtung auf wesentliche Wachstumstreiber).

Die nachfolgende Abbildung 114 bezeichnet die Programme der drei Strategischen Geschäftsfelder.

Abb. 114: Die Wachstumsprogramme je Konzerneinheit

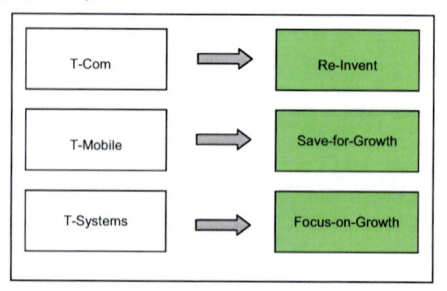

T-Com	⇒	Re-Invent
T-Mobile	⇒	Save-for-Growth
T-Systems	⇒	Focus-on-Growth

Diese drei Programme bildeten das Rückgrat des Excellence Programms und leiteten die umfassenden Veränderungen ein. Hierbei sollten die Potenziale wie größere Marktnähe, Bündelung der Kompetenzen und kürzere Entscheidungswege, die die strategische Neuausrichtung des Unternehmens zu bieten schienen, greifen. Nachfolgend sind die jeweiligen Programminhalte der drei Strategischen Geschäftsfelder beschrieben.

Re-Invent bei T-Com:

Hintergrund für das Programm Re-Invent waren die sich ständig verändernden Märkte und Kundenbedürfnisse. Dies zwang das Unternehmen dazu, sich schneller zu bewegen als jemals zuvor. Die Strategie, um mit diesen Veränderungen Schritt halten zu können, führte über die drei Stoßrichtungen Innovation & Wachstum, Kundenfokus sowie Qualität und Effizienz. Die Abbildung 115 enthält eine Übersicht über die einzelnen Themenblöcke dieser drei Stoßrichtungen bei Re-Invent.

Abb. 115: Themen bei Re-Invent

Re-Invent: Drei strategische Stroßrichtungen

Innovation und Wachstum	Kundenfokus	Qualität und Effizienz
Innovation Voice	Sicherung Anschluss	Kundenorientierter Marktangang	Qualitätsverbesserung und Re-Design Prozesse
Innovation Breitband	Internationale Strategie	Segmentbasierte VSE/SoHo Strategie *	Simplicity

„Kulturrevolution"

* VSE: Very Small Enterprises; SoHo: Small offices/Home offices

In Anlehnung an: Deutsche Telekom AG (Hrsg.), Re-Invent: Drei Strategische Stoßrichtungen, 2005

Um den in 2005 boomenden Markt bei Triple Play zu bewältigen, forderte der damalige T-Com Chef Walter Raizner, das Geschäftsfeld entsprechend aufzustellen: *„Heute liefern wir unseren*

Kunden das Telefon in den Hausflur und die Internetanbindung ins Arbeitszimmer – morgen wollen wir mit Bündelangeboten aus Sprache, Daten und medialen Inhalten auch das Wohnzimmer erobern"[1558].

Aus dem zu der Zeit bestehenden Potenzial von mehr als 35 Millionen Festnetzkunden und über 13 Millionen Onlinekunden sowie sechs Millionen DSL-Kunden musste die T-Com nach Walter Raizner etwas unternehmen: "Wir müssen für die Kunden und für uns einfacher und in den Produkten besser werden; wir müssen endlich Ernst machen mit der Kundenorientierung; und wir müssen durch Innovationen wieder auf den Wachstumskurs zurückkehren und damit Beschäftigung sichern"[1559].

Aus diesem Grund fokussierte sich die Geschäftseinheit T-Com auch auf die drei nachfolgend näher beschriebenen Handlungsfelder. Die einzelnen Projekte innerhalb dieser drei strategischen Stoßrichtungen sind im Detail in Anhang III (Re-Invent bei T-Com: Projekte der drei strategischen Stoßrichtungen) dargestellt.

Bei dem Themenkomplex Innovation und Wachstum stand die Weiterentwicklung der Sprachdienste und der neuen breitbandigen Dienste im Vordergrund. Durch die Entwicklung von produkt- und technologieübergreifenden Angebotspaketen sollte eine Sicherung der Kundenbindung an das Unternehmen bewerkstelligt werden.[1560] Auch die ausländischen Beteiligungsgesellschaften wurden in diese Entwicklungen mit einbezogen.

Bei der strategischen Stoßrichtung Kundenfokus ging es um die Ein- und Neuordnung der Kunden anhand ihrer Bedürfnisse unter Berücksichtigung des technologischen Fortschritts. Ebenfalls eine besondere Beachtung sollten die 2,6 Millionen kleineren Geschäftskunden, von denen bis 2005 rund 80 Prozent nur ein Produkt der T-Com-Angebote nutzten, erfahren, damit ihre Zufriedenheit und folglich der Umsatz sowie der Ergebnisbeitrag gesteigert werden könnte.[1561]

Bei der dritten strategischen Stoßrichtung innerhalb von Re-Invent ging es um die Themen Qualität und Effizienz. Die Sparte T-Com als Premiumanbieter zu positionieren, galt als Voraussetzung für die zukünftige Wettbewerbsfähigkeit des Geschäftsbereichs. Eine Steigerung der Qualität vor dem Kunden sowie die Prüfung und Optimierung interner Prozesse waren hierzu aus der Sicht des Unternehmens die geeigneten Hilfsmittel.[1562] Durchgängige Prozesse mit eindeutiger Verantwortung und verbesserter Qualität wurden neben der Reduzierung der Komplexität im Geschäftsfeld als Ziel gesetzt. Das Ziel für das Jahr 2007 lautete Best in Class sowie Steigerung der Produktivität um zehn Prozent.[1563]

Um all dies in die Tat umzusetzen und die T-Com zu einem aggressiven Marktführer zu entwickeln, sollte neben den hier beschriebenen drei Stoßrichtungen auch eine Kulturrevolution, insbesondere eine Umsetzung der Werte von T-Spirit, weiter vorangetrieben werden.

Als konkrete Beispiele können die Zielsetzungen angeführt werden, T-DSL künftig innerhalb von zwei Tagen bereitzustellen, Tarife den Kunden noch am selben Tag zur Verfügung zu stellen und Servicetermine innerhalb eines stundengenauen Zeitfensters zu vereinbaren.[1564] Auch ging es darum, die T-Com Zentrale zu verschlanken. Zuständigkeiten und Verantwortlichkeiten sollten eindeu-

---

[1558] Deutsche Telekom AG (Hrsg.), „Wir bauen die neue T-Com", http://u8pzx.blf01.telekom.de/coremedia/generator/tcom/templateId= renderInternalPage/gridID=42678/modulID=42670/contentID=238076/id=42672.html, 2005.
[1559] Deutsche Telekom AG (Hrsg.), „Wir bauen die neue T-Com", http://u8pzx.blf01.telekom.de/coremedia/generator/tcom/templateId= renderInternalPage/gridID=42678/modulID=42670/contentID=238076/id=42672.html, 2005.
[1560] Vgl. Deutsche Telekom AG (Hrsg.), Auf dem Weg zu einer neuen T-Com, http://teamnet.telekom.de/coremedia/generator/Excellen ce/templateId=renderInternalPage/gridID=157108/modulID=157100/contentID=167172/id=157102.html, 2005.
[1561] Vgl. Deutsche Telekom AG (Hrsg.), Auf dem Weg zu einer neuen T-Com, http://teamnet.telekom.de/coremedia/generator/Excellen ce/templateId=renderInternalPage/gridID=157108/modulID=157100/contentID=167172/id=157102.html, 2005.
[1562] Vgl. Deutsche Telekom AG (Hrsg.), Auf dem Weg zu einer neuen T-Com, http://teamnet.telekom.de/coremedia/generator/Excellen ce/templateId=renderInternalPage/gridID=157108/modulID=157100/contentID=167172/id=157102.html, 2005.
[1563] Vgl. Deutsche Telekom AG (Hrsg.), Auf dem Weg zu einer neuen T-Com, http://teamnet.telekom.de/coremedia/generator/Excellen ce/templateId=renderInternalPage/gridID=157108/modulID=157100/contentID=167172/id=157102.html, 2005.
[1564] Vgl. Deutsche Telekom AG (Hrsg.), Auf dem Weg zu einer neuen T-Com, http://teamnet.telekom.de/coremedia/generator/Excellen ce/templateId=renderInternalPage/gridID=157108/modulID=157100/contentID=167172/id=157102.html, 2005.

tiger sowie Hierarchien flacher werden und insbesondere operative und zentrale Aufgaben sollten eindeutig getrennt und dadurch die Führungsverantwortung klarer strukturiert werden.[1565]

Im Endeffekt sah sich das Unternehmen, um am Wettbewerbsmarkt bestehen und die selbstgesteckten Ziele einhalten zu können, dazu gezwungen, die Produktivität zu erhöhen. Auch wenn bei dem Teilprojekt Re-Invent die Innovation des Festnetzes (Breitbandigkeit und Diensteinnovationen) im Vordergrund stand, war ein Personalabbau unumgänglich.

Trotz des massiven Bestrebens, kunden- und marktorientierter zu agieren, konnte die Abwanderung von Kunden nicht verhindert beziehungsweise gedämpft werden. Aufgrund der gegebenen regulatorischen Rahmenbedingungen ließ und lässt sich der Verlust von Marktanteilen beim Festnetz nicht negieren. Vielmehr ging es um die Reduzierung dieser Dynamik, so dass eine Nichtdurchführung dieser Maßnahmen voraussichtlich zu einer wesentlichen weiteren Verschlechterung der Marktsituation für die T-Com geführt hätte.

Die Zielsetzungen und durchgeführten Maßnahmen des Programms Re-Invent bei T-Com zahlen allesamt auf die drei Subhypothesen Kapitalmarktorientierung und Kundenorientierung sowie TK-Marktbeherrschung und damit auf die Hypothese I (Wandel)[1566] ein, wobei die Kapitalmarktorientierung (Hypothese Ia)[1567] hierbei dominiert.

Save for Growth bei T-Mobile

Mit dem Projekt Save for Growth wollte die Geschäftseinheit T-Mobile bis Ende 2006 eine jährliche Einsparung in Höhe von einer Milliarde Euro erzielen. Die Hälfte der eingesparten Kosten sollte zur Steigerung der Kapitalrendite im Konzern beitragen und letztendlich der Deutschen Telekom zur Verzinsung der bereits getätigten und noch bevorstehenden Investitionen in den Mobilfunk zur Verfügung gestellt werden.[1568]

Bis zu 500 Millionen Euro sollten zur Umsetzung der eigenen Wachstumsziele verwendet werden. Hierdurch sollten die nötigen Ressourcen bereitgestellt werden, um folgende drei Wachstumsinitiativen voranzutreiben:[1569]

❑ Ausbreitung des mobilen Internets für Freizeit und Büro.

❑ Angebot günstiger und vereinfachter Mobilfunktarife.

❑ Weiterentwicklung von nahtlos integrierten Netzplattformen, die GPRS[1570], UMTS und WLAN miteinander verbinden.

Im Mobilfunkbereich galt es zu der Zeit vielmehr die Entwicklung und Pflege der Kundenbeziehungen zu verstärken als nur eine reine Steigerung des Verkaufs anzustreben. Der Kurs bei T-Mobile lautete daher, profitables Wachstum zu vertretbaren Kosten statt Wachstum um jeden Preis.[1571]

Das bedeutete konkret, dass einfache und günstige Tarife in Verbindung mit realistischen Handypreisen angeboten und Handys nicht mehr nur im Blick auf die Neukundengewinnung wahllos subventioniert werden sollten.

[1565] Vgl. Deutsche Telekom AG (Hrsg.), „Wir wollen T-Com neu erfinden", http://u8pzx.blf01.telekom.de/coremedia/generator/tcom/tem plateId=renderInternalPage/gridID=42678/modulID=42670/contentID=191150/id=42672.html, 2005.
[1566] Hypothese I: Die Deutsche Telekom hat den Wandel von einer Behörde zu einem markt- und kundenorientierten Unternehmen vollständig vollzogen.
[1567] Hypothese Ia: Die Kapitalmarktorientierung dominiert im maßgeblichen Sinne die Ausrichtung und Strategie des Unternehmens Deutsche Telekom AG, die ursprüngliche ordnungspolitische Ausrichtung spielt keine Rolle mehr.
[1568] Vgl. Deutsche Telekom AG (Hrsg.), Wachstum – aber nicht um jeden Preis, http://teamnet.telekom.de/coremedia/generator/Excelle nce/templateId=renderInternalPage/gridID=157108/modulID=157100/contentID=167170/top=true/id=157102.html, 2005.
[1569] Vgl. Deutsche Telekom AG (Hrsg.), Wachstum – aber nicht um jeden Preis, http://teamnet.telekom.de/coremedia/generator/Excelle nce/templateId=renderInternalPage/gridID=157108/modulID=157100/contentID=167170/top=true/id=157102.html, 2005.
[1570] GPRS (General Packet Radio Service) ist ein paketorientierter Übertragungsdienst im Bereich des Mobilfunks (vgl. Wikipedia (Hrsg.), Die freie Enzyklopädie, General Packet Radio Service, http://de.wikipedia.org/wiki/General_Packet_Radio_Service, 2008).
[1571] Vgl. Deutsche Telekom AG (Hrsg.), Wachstum – aber nicht um jeden Preis, http://teamnet.telekom.de/coremedia/generator/Excelle nce/templateId=renderInternalPage/gridID=157108/modulID=157100/contentID=167170/top=true/id=157102.html, 2005.

In folgenden Bereichen wurden dabei Einsparungen angestrebt:[1572]

- Gezielte Steuerung von Handysubventionen sowie die Verbesserung der Einkaufskonditionen und Entwicklungskosten von mobilen Terminals (Einsparungspotenzial: ca. 500 Millionen Euro).
- Optimierung der Lieferantenbeziehungen und Nutzung von Konzernsynergien (250 Millionen Euro).
- Fokussierung des Produkt- und Serviceportfolios (ca. 50 Millionen Euro).
- Reduzierung von Gemeinkosten (ca. 50 Millionen Euro).
- Rund 15 Prozent des Einsparvolumens (ca. 150 Millionen Euro) sollten auf die Reduzierung der Personal- und Personalzusatzkosten in den europäischen Gesellschaften entfallen.

Insbesondere der Mobilfunk war in den letzten Jahren sowohl bei Kundenzahlen als auch bei Umsätzen stark gewachsen. Bei Save for Growth ging es darum, die Sparte T-Mobile fit zu machen für die künftigen Anforderungen des Marktes und somit weiteres Wachstum sicherzustellen. Nachfolgend wird eingehender betrachtet, wie die Geschäftsführungsbereiche Vertrieb, Kundenservice, Marketing und Technik bei T-Mobile das Wachstumsprogramm angingen.

Für den Vertrieb bei T-Mobile war aus den oben erläuterten Gründen die Marktführerschaft nach Umsatz das bedeutendste Wachstumsziel. Der Kunde sollte dabei absolut im Mittelpunkt des Interesses stehen, folglich sollte der Markt ebenso offensiv wie kundenorientiert und effizient bearbeitet werden, um ein nach- und werthaltiges Wachstum zu erzielen.[1573]

Daher wurde bei T-Mobile an einer verbreiterten Vertriebsoberfläche gearbeitet, damit in den Bereichen Einsteiger, Datengeschäft und Prepaid sowie bei den Kundengruppen junge Menschen, Frauen, Verbraucher im Osten Deutschlands und in der Stadt, Freiberufler, Kleinbetriebe und Mittelständler neue Angebote unterbreitet werden konnten.[1574]

Darüber hinaus sollte der Vertrieb für das Programm Save for Growth seine Schwerpunkte auf eine offensive und kundenorientierte Marktbearbeitung auf den Gebieten Händler / Cross- und Up-Selling, Einsteiger, Datendienste, Prepaid, mehr Präsenz am Point of Sale, im Internet oder bei Service Providern richten.[1575]

Erste Erfolge des Projekts bestätigten die Strategie. T-Mobile behauptete sich weiterhin als Marktführer; im Bezug auf Gesamtkundenzahl, Umsatz und Ertragskraft lag das Unternehmen auch bei den Bruttozuwächsen an der Spitze.[1576] Insbesondere die Zahl der Vertragskunden war angestiegen, aber auch bei Prepaid hatte T-Mobile deutlich zugelegt und sich Marktanteile gesichert.[1577]

Beim Kundenservice wollte T-Mobile sich deutlich von den Wettbewerbern abheben. Künftig sollte es immer darum gehen, bestehende Kunden zu halten, sie dauerhaft zu binden und dazu zu bewegen, mehr auf den Mobilfunk made by T-Mobile zurückzugreifen.[1578]

[1572] Vgl. Deutsche Telekom AG (Hrsg.), Wachstum – aber nicht um jeden Preis, http://teamnet.telekom.de/coremedia/generator/Excellence/templateId=renderInternalPage/gridID=157108/modulID=157100/contentID=167170/top=true/id=157102.html, 2005.
[1573] Vgl. T-Mobile Deutschland GmbH (Hrsg.), Wachstum bei T-Mobile – Teil eins: Vertrieb, http://intranet.t-mobile.de/TMI/CDA/CMAIN/contnews/0,2831,178140___,00.html, 2005.
[1574] Vgl. T-Mobile Deutschland GmbH (Hrsg.), Wachstum bei T-Mobile – Teil eins: Vertrieb, http://intranet.t-mobile.de/TMI/CDA/CMAIN/contnews/0,2831,178140___,00.html, 2005.
[1575] Vgl. T-Mobile Deutschland GmbH (Hrsg.), Wachstum bei T-Mobile – Teil eins: Vertrieb, http://intranet.t-mobile.de/TMI/CDA/CMAIN/contnews/0,2831,178140___,00.html, 2005.
[1576] Vgl. T-Mobile Deutschland GmbH (Hrsg.), Wachstum bei T-Mobile – Teil eins: Vertrieb, http://intranet.t-mobile.de/TMI/CDA/CMAIN/contnews/0,2831,178140___,00.html, 2005.
[1577] Vgl. T-Mobile Deutschland GmbH (Hrsg.), Wachstum bei T-Mobile – Teil eins: Vertrieb, http://intranet.t-mobile.de/TMI/CDA/CMAIN/contnews/0,2831,178140___,00.html, 2005.
[1578] Vgl. T-Mobile Deutschland GmbH (Hrsg.), Wachstum bei T-Mobile – Teil zwei: Kundenservice, http://www.intranet.t-mobile.de/TMI/CDA/CMAIN/ShowData/0,2403,223688_,00.pdf, 2005.

Hierzu sollte auch das Projekt Best in Class beitragen, nach dem künftig nicht mehr nach Produkten, sondern nach Kundensegmenten und dem jeweiligen Wertbeitrag eines Kunden differenziert wurde.[1579]

Speziell geschnürte Leistungspakete sollten ebenfalls die Anforderungen der Kunden an das Unternehmen erfüllen. Das Projekt Best in Class ging einher mit einer Reihe von weiteren Vorhaben wie Einführung leistungsfähiger Systeme, Schulungen für Mitarbeiter, telefonische Händlerbetreuung und technischem Support.[1580]

Dem Kunden wurde die Möglichkeit zur Selbstadministration gegeben (Mein T-Mobile und Sprachportal). Die Akzeptanz solcher Systeme für Kundenselbstadministration wuchs im Allgemeinen und damit ging das Konzept für eine aus Kostensicht effiziente Betreuung auf.[1581]

Im Praxistest wurde dieser Effekt nachgewiesen. Bei Kundenbefragungen wurden Gespräche zwischen Kundenbetreuern und Kunden, die nach der neuen Methode geführt wurden, sehr viel besser bewertet als jene, die nach der bisherigen Methode geführt wurden.[1582]

Die dabei zu beurteilenden Kriterien waren Freundlichkeit, Erreichbarkeit, persönliches Bemühen sowie Fach- und Entscheidungskompetenz. Zudem stieg der durchschnittliche Kundenumsatz im Testzeitraum um drei Prozent gegenüber der Kontrollgruppe.[1583]

Rund 30 Millionen Euro wurden in diesem Bereich für das Wachstum investiert und bereits in 2006 sollten die Innovationen wie auch die effizienteren Abläufe amortisiert sein.[1584]

Dem Bereich Marketing kam in der Kommunikation von T-Mobile die Aufgabe zu, neben der Ansprache der neuen Zielgruppen und der Beschreibung der technologischen Möglichkeiten im Mobilfunk, den Kunden als Nutznießer in den Mittelpunkt der Werbebotschaft zu stellen.

Insbesondere die Werbung für die strategischen Initiativen Internet und Office in your pocket sowie das entsprechende Privatkundenangebot web'n'walk waren Beispiele hierfür.[1585] Aus Sicht des Unternehmens sollte diese Art der Werbung speziell zum Umsatzwachstum beitragen. Daher floss ein Teil der Ersparnisse aus Save for Growth direkt in die Mediakommunikation.[1586]

Technisch umzusetzen waren die oben genannten Anforderungen von dem Bereich Technik. Dabei lag das Augenmerk auf dem schnellen Aufbau des UMTS-Netzes und auf Technologien, die die Datenübertragung beschleunigten. Vor allem in den Ballungsgebieten und in den Großstädten wurden zusätzliche UMTS-Standorte aufgebaut, um die Übertragungsqualität gegenüber den Wettbewerbern führend auszubauen.[1587]

Auch im GSM-Netz sollte die Funktechnik bis 2007 modernisiert werden, damit sich der Kunde, für den ein hoher Standard bei der Netzverfügbarkeit inzwischen kein entscheidender Wettbewerbsvorteil mehr war und als Selbstverständlichkeit angesehen wurde, überall gut versorgt fühlte.[1588]

[1579] Vgl. T-Mobile Deutschland GmbH (Hrsg.), Wachstum bei T-Mobile – Teil zwei: Kundenservice, http://www.intranet.t-mobile.de/TMI/CDA/CMAIN/ShowData/0,2403,223688_,00.pdf, 2005.
[1580] Vgl. T-Mobile Deutschland GmbH (Hrsg.), Wachstum bei T-Mobile – Teil zwei: Kundenservice, http://www.intranet.t-mobile.de/TMI/CDA/CMAIN/ShowData/0,2403,223688_,00.pdf, 2005.
[1581] Vgl. T-Mobile Deutschland GmbH (Hrsg.), Wachstum bei T-Mobile – Teil zwei: Kundenservice, http://www.intranet.t-mobile.de/TMI/CDA/CMAIN/ShowData/0,2403,223688_,00.pdf, 2005.
[1582] Vgl. T-Mobile Deutschland GmbH (Hrsg.), Wachstum bei T-Mobile – Teil zwei: Kundenservice, http://www.intranet.t-mobile.de/TMI/CDA/CMAIN/ShowData/0,2403,223688_,00.pdf, 2005.
[1583] Vgl. T-Mobile Deutschland GmbH (Hrsg.), Wachstum bei T-Mobile – Teil zwei: Kundenservice, http://www.intranet.t-mobile.de/TMI/CDA/CMAIN/ShowData/0,2403,223688_,00.pdf, 2005.
[1584] Vgl. T-Mobile Deutschland GmbH (Hrsg.), Wachstum bei T-Mobile – Teil zwei: Kundenservice, http://www.intranet.t-mobile.de/TMI/CDA/CMAIN/ShowData/0,2403,223688_,00.pdf, 2005.
[1585] Vgl. T-Mobile Deutschland GmbH (Hrsg.), Wachstum bei T-Mobile – Teil drei: Marketing, http://www.intranet.t-mobile.de/TMI/CDA/CMAIN/ShowData/0,2403,224942_,00.pdf, 2005.
[1586] Vgl. T-Mobile Deutschland GmbH (Hrsg.), Wachstum bei T-Mobile – Teil drei: Marketing, http://www.intranet.t-mobile.de/TMI/CDA/CMAIN/ShowData/0,2403,224942_,00.pdf, 2005.
[1587] Vgl. T-Mobile Deutschland GmbH (Hrsg.), Wachstum bei T-Mobile – Teil vier: Technik, http://www.intranet.t-mobile.de/TMI/CDA/CMAIN/ShowData/0,2403,228400_,00.pdf, 2005.
[1588] Vgl. T-Mobile Deutschland GmbH (Hrsg.), Wachstum bei T-Mobile – Teil vier: Technik, http://www.intranet.t-mobile.de/TMI/CDA/CMAIN/ShowData/0,2403,228400_,00.pdf, 2005.

Ab dem Frühjahr 2006 sollten durch die zu diesem Zeitpunkt neue Technologie HSDPA (High Speed Downlink Packet Access) UMTS-Verbindungen deutlich beschleunigt werden. Mit Hilfe dieses Datenturbos wurden somit auch schnelle Zugriffe auf komplexe Internetseiten und Intranetanwendungen möglich.[1589]

Auch die Sicherheit war aus Sicht der T-Mobile ein Wachstumsthema. Daher wurden bereits seit 2005 entsprechende Lösungen für das mobile Internet entwickelt.[1590] Künftig sollten nach Planung des Unternehmensbereichs alle Sprach- und Datenverkehre über das Internet laufen.[1591]

Die jeweiligen Initiativen des Wachstums- und Effizienzsteigerungsprogramms bei Save for Growth sind in Anhang IV (Save for Growth bei T-Mobile: Initiativen) eingehend erläutert. Viele dieser Initiativen zeugen von dem in Kapitel D.2.3.3 (Umsatz- und Marktentwicklung beim Mobilfunk in Deutschland) ausführlich beschriebenen Effekt, dass das große Wachstum bei Neuverträgen bereits vorbei war und der Markt eine hohe Penetration erreicht hatte.

Die Initiativen versuchten insbesondere der Marktkonsolidierung entgegenzuwirken und ein wertorientiertes Wachstum, im Gegensatz zum Mengenwachstum, sicherzustellen.

Damit standen bei T-Mobile im Rahmen des Projekts Save for Growth Maßnahmen zur Kosten- und Prozessoptimierung, Umsatzsteigerung sowie zur Konvergenz von Technologien im Vordergrund, die die Eingangshypothesen betreffs der Orientierung an den Kapitalmarkt[1592] und der TK-Marktbeherrschung[1593] verifizieren.

Focus on Growth bei T-Systems

Im Rahmen des Excellence Programms wurde mit Focus on Growth ein dreijähriges Programm zur Steigerung der Gesamtperformance der T-Systems gestartet. Die Umsetzung des Programms sollte ein nachhaltiges und profitables Wachstum ermöglichen und der Realisierung der strategischen Ziele dienen.

Die hierfür notwendigen Prioritäten hatte die Führung der T-Systems wie folgt definiert:

❑ Volle Konzentration auf die Kundenbedürfnisse,
❑ klares Leistungsportfolio,
❑ verbesserte Qualität und Prozesse,
❑ kostenbewusstes Arbeiten und
❑ Mobilisierung der Mitarbeiter.[1594]

Das Programm beinhaltete insgesamt fünf Initiativen mit den Themenschwerpunkten Kunden, Produkte, operative Spitzenleistungen, Effizienz und Mobilisierung. Zehn Projekte wurden hierbei aufgesetzt.

[1589] Vgl. T-Mobile Deutschland GmbH (Hrsg.), Wachstum bei T-Mobile – Teil vier: Technik, http://www.intranet.t-mobile.de/TMI/CDA/C MAIN/ShowData/0,2403,228400_,00.pdf, 2005.
[1590] Vgl. T-Mobile Deutschland GmbH (Hrsg.), Wachstum bei T-Mobile – Teil vier: Technik, http://www.intranet.t-mobile.de/TMI/CDA/C MAIN/ShowData/0,2403,228400_,00.pdf, 2005.
[1591] Vgl. T-Mobile Deutschland GmbH (Hrsg.), Wachstum bei T-Mobile – Teil vier: Technik, http://www.intranet.t-mobile.de/TMI/CDA/C MAIN/ShowData/0,2403,228400_,00.pdf, 2005.
[1592] Hypothese Ia: Die Kapitalmarktorientierung dominiert im maßgeblichen Sinne die Ausrichtung und Strategie des Unternehmens Deutsche Telekom AG, die ursprüngliche ordnungspolitische Ausrichtung spielt keine Rolle mehr.
[1593] Hypothese Ib: Die Deutsche Telekom hat ihre Monopolstellung auf dem deutschen Telekommunikationsmarkt in eine marktorientierte und -beherrschende Position gewandelt.
[1594] Vgl. Deutsche Telekom AG (Hrsg.), Mit anhaltendem Wachstum an die Spitze, http://teamnet.telekom.de/coremedia/genertor/Excell ence/templateId=renderInternalPage/gridID=157108/modulID=157100/contentID=167168/top=true/id=157102.html, 2005.

Die folgende Abbildung 116 enthält eine erste Übersicht hierzu.

Abb. 116: Initiativen und Projekte bei Focus on Growth

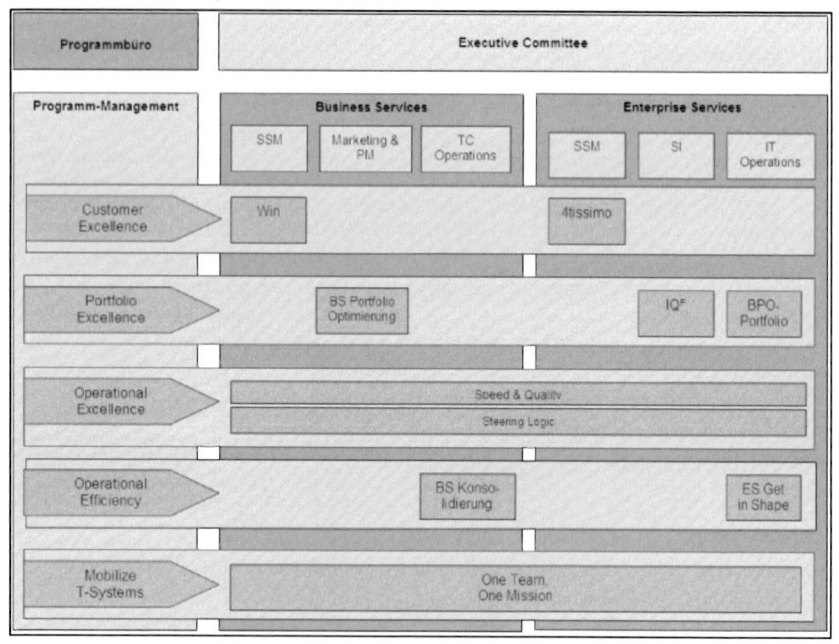

In Anlehnung an: T-Systems (Hrsg.), Focus on Growth 2005-2007, 2005

Gradmesser für den Erfolg der Projekte sollte ihr Beitrag zum Geschäftsergebnis der T-Systems sein. Nachfolgend die fünf Initiativen bei Focus on Growth:

❏ Customer Excellence

Der Fokus dieser Initiative lag auf dem optimalen Kundenangang und auf der Exzellenz vor dem Kunden.[1595] Im Vordergrund stand hierbei u.a. die Erhöhung der T-Systems-Anteile an den Budgets für Informations- und Kommunikationsausgaben der Großkunden.

❏ Portfolio Excellence

Diese Initiative zielte auf ein transparent gegliedertes Leistungsangebot, das ganz an den Kundenbedürfnissen und den Marktgegebenheiten ausgerichtet war.[1596]

❏ Operational Excellence

Die Geschäftsprozesse und die sie unterstützenden IT-Systeme sollten vereinheitlicht, beschleunigt und qualitativ verbessert werden. Das hier aufgesetzte Projektteam hatte zahlreiche Handlungsfelder bei Geschäftsprozessen identifiziert, die geschäftseinheitenübergreifend (Enterprise Services und Business Services) an die neue Organisationsstruktur und an das Geschäftsmodell angepasst werden mussten.[1597]

[1595] Vgl. T-Systems GmbH (Hrsg.), „Focus on Growth": Exzellent vor dem Kunden, http://systemsnet.telekom.de/cms/tsi-d/de/news/arc hiv/templateId=renderInternalPage/contentId=88310/id=1336.html, 2005.
[1596] Vgl. T-Systems GmbH (Hrsg.), Optimales Leistungsangebot, http://systemsnet.telekom.de/cms/tsi-d/de/news/archiv/templateId=ren derInternalPage/contentId=88372/id=1336.html, 2005.
[1597] Vgl. T-Systems GmbH (Hrsg.), Focus on Growth: Excellente Geschäftsabläufe, http://systemsnet.telekom.de/cms/tsi-d/de/unterneh men/ziele/focus-on-growth/templateId=renderInternalPage/id=60594.html, 2005.

❑ Operational Efficiency

Mehr Effizienz und Qualität sowie geringere Kosten für die IT- und TK-Infrastrukturen waren das große Ziel der Initiative Operational Efficiency.

Die einzelnen Maßnahmen und Projekte dieser vier Initiativen sind in Anhang V (Focus on Growth bei T-Systems: Projekte der ersten vier Initiativen) näher beschrieben.

❑ Mobilize T-Systems

Unter einem neuen Motto (One Company, one mission, one brand) sollte eine gemeinsame Unternehmenskultur gefördert, für einen einheitlichen Auftritt nach außen gesorgt und allen Mitarbeitern die Strategie von T-Systems vermittelt werden.[1598] Das Ziel war, dass sich alle Mitarbeiter am Ende mit dem Unternehmen und seiner Strategie identifizieren und dass sie sich für die gemeinsamen Werte begeistern.[1599] Das Verständnis für das Geschäft, die Strategie und die Unternehmensziele hatten dabei oberste Priorität. Alles was im Rahmen der Initiative unternommen wurde, zielte darauf ab, zu informieren und den Dialog mit den Mitarbeitern anzustoßen.[1600] So wurde für die Topmanager mehrmals pro Jahr das Leaders Council organisiert, welches sich mittlerweile etabliert hat und für die Führungskräfte zu einer Plattform geworden ist, die zum Austausch über aktuelle Themen und der Vernetzung dient.[1601]

Ein weiterer wichtiger Bestandteil waren die Workshops Leading in Change. Bis September 2005 hatten bereits 50 Workshops stattgefunden, an denen rund 5.000 Führungskräfte teilnahmen, die den Veränderungsprozess aktiv mitgestalten sollten.[1602] Die Workshops zielten darauf ab, die Führungskräfte auf diese Aufgabe vorzubereiten und sie hierbei zu unterstützen. Es war geplant, durch die nächste Mitarbeiterbefragung darüber Aufschluss zu erhalten, inwieweit die Transformation der Kommunikation und somit die erhoffte Wirksamkeit der Workshops gegeben war.[1603]

Darüber hinaus stellte das Qualifizierungsangebot für Mitarbeiter mit direktem Kundenkontakt einen weiteren wichtigen Aspekt der Initiative dar. In 2005 wurde das Qualifizierungsprogramm IT-University eingeführt, mit dem den Vertrieben aller Segmente bei T-Systems Business Services marktrelevantes IT-Wissen näher gebracht werden sollte.[1604] Hierdurch sollte es den Mitarbeitern, die sich bisher meist nur mit Telekommunikationsthemen befasst hatten, ermöglicht werden, bei den von ihnen betreuten Kunden künftig insbesondere IT-Lösungen und IT-Produkte zu vermarkten.

Die internen Medien stellten für die T-Systems dabei die Eckpfeiler zur Information aller Mitarbeiterinnen und Mitarbeiter dar.[1605] Ein gutes Beispiel für das Thema Begegnung und Austausch war außerdem das Business Breakfast, bei dem die Mitarbeiter des Executive Committees mit den Mitarbeiterinnen und Mitarbeitern diskutierten.[1606]

Sämtliche der im Rahmen von Focus on Growth bei T-Systems durchgeführten Maßnahmen zielten auf eine optimierte Aufstellung gegenüber gegenwärtigen und potenziellen Kunden. Aufgrund des Angebotsportfolios und der Größe von T-Systems konnten die bestandskundenbezogenen

---

[1598] Vgl. T-Systems GmbH (Hrsg.), "Focus on Growth": Für die neue T-Systems begeistern, http://systemsnet.telekom.de/cms/tsi-d/de/unternehmen/ziele/focus-on-growth/templateId=renderInternalPage/id=60898.html, 2005.
[1599] Vgl. T-Systems GmbH (Hrsg.), "Focus on Growth": Für die neue T-Systems begeistern, http://systemsnet.telekom.de/cms/tsi-d/de/unternehmen/ziele/focus-on-growth/templateId=renderInternalPage/id=60898.html, 2005.
[1600] Vgl. T-Systems GmbH (Hrsg.), "Focus on Growth": Für die neue T-Systems begeistern, http://systemsnet.telekom.de/cms/tsi-d/de/unternehmen/ziele/focus-on-growth/templateId=renderInternalPage/id=60898.html, 2005.
[1601] Vgl. T-Systems GmbH (Hrsg.), "Focus on Growth": Für die neue T-Systems begeistern, http://systemsnet.telekom.de/cms/tsi-d/de/unternehmen/ziele/focus-on-growth/templateId=renderInternalPage/id=60898.html, 2005.
[1602] Vgl. T-Systems GmbH (Hrsg.), "Focus on Growth": Für die neue T-Systems begeistern, http://systemsnet.telekom.de/cms/tsi-d/de/unternehmen/ziele/focus-on-growth/templateId=renderInternalPage/id=60898.html, 2005.
[1603] Vgl. T-Systems GmbH (Hrsg.), "Focus on Growth": Für die neue T-Systems begeistern, http://systemsnet.telekom.de/cms/tsi-d/de/unternehmen/ziele/focus-on-growth/templateId=renderInternalPage/id=60898.html, 2005.
[1604] Vgl. T-Systems GmbH (Hrsg.), "Focus on Growth": Für die neue T-Systems begeistern, http://systemsnet.telekom.de/cms/tsi-d/de/unternehmen/ziele/focus-on-growth/templateId=renderInternalPage/id=60898.html, 2005.
[1605] Vgl. T-Systems GmbH (Hrsg.), "Focus on Growth": Für die neue T-Systems begeistern, http://systemsnet.telekom.de/cms/tsi-d/de/unternehmen/ziele/focus-on-growth/templateId=renderInternalPage/id=60898.html, 2005.
[1606] Vgl. T-Systems GmbH (Hrsg.), "Focus on Growth": Für die neue T-Systems begeistern, http://systemsnet.telekom.de/cms/tsi-d/de/unternehmen/ziele/focus-on-growth/templateId=renderInternalPage/id=60898.html, 2005.

Maßnahmen allein nicht zu der angestrebten Zielerreichung führen. Die T-Systems benötigte vielmehr aufgrund der gegebenen Portfoliostruktur zusätzliche globale Kunden. Notwendig war die langfristige Bindung dieser Kunden, also weltweit tätiger Unternehmen, die jedoch aus eigener Kraft nur aufwändig zu realisieren war. Aus diesem Grund war die initiierte Suche nach einem strategischen und global agierenden Partner[1607] unabdingbar.

Die Projekte und Maßnahmen der Initiativen bei Focus on Growth von T-Systems entsprechen dem Inhalt der Hypothese I (Wandel)[1608] und ihrer drei Subhypothesen (Kapitalmarkt- und Kundenorientierung sowie TK-Marktbeherrschung).

Die (kennwertgestützten) Maßnahmen zur Mobilisierung der Mitarbeiter zwecks Identifikation mit der Unternehmensstrategie und Optimierung der Kundenorientierung belegen den Zusammenhang zum Vollzug der Transformation im Innenverhältnis (Hypothese IV)[1609].

4.1.4.2 Die fünf übergreifenden Offensiven

Die Wachstumsprogramme für die drei strategischen Geschäftsfelder wurden durch fünf konzernübergreifende Offensiven eingerahmt, die folgenden Fragestellungen nachgingen:[1610]

- Wie wird die neue Markenstrategie für den ganzen Konzern umgesetzt und wie kann das Werbebudget des Konzerns effizienter und effektiver gesteuert werden?
- Wie sieht das Netzwerk der Zukunft aus und wie viel wird es kosten?
- An welchen Stellen muss das Unternehmen beim Kontakt mit dem Kunden deutlich besser werden, um das gegebene Excellence-Versprechen halten zu können und wie kann das schnellstmöglich und vom Kunden deutlich wahrnehmbar erreicht werden?
- In welchem Ausmaß muss die konzernweite Personalentwicklung intensiviert werden, um mit der bestehenden Personalstruktur das Excellence-Ziel zu erreichen?

Die vier Offensiven

- Product and Innovation,
- Operational Excellence,
- Profitability und
- Human Resources

werden im Folgenden näher beschrieben. Wie bereits weiter oben erwähnt, erfolgt eine Betrachtung der Offensive Customer and Brand in den Kapiteln E.5.1 (T-Branding – Das Markenmanagement der Deutschen Telekom) und E.5.4 (Qualitätsmanagement bei der Deutschen Telekom).

<u>Die übergreifende Offensive Product and Innovation</u>

Hinter diesem Vorhaben verbarg sich vor allem das Thema Seamless Services (nahtlose Dienste), also die Möglichkeit, verschiedene Technologien, insbesondere bei Festnetz und Mobilfunk, miteinander zu verbinden. Dabei ist wichtig, dass die Übergänge nahtlos sind und von den Kunden gar nicht wahrgenommen werden.[1611]

[1607] Zur Partnerschaft der T-Systems siehe die Ausführungen in Kapitel E.2.14 (Strategie 2008: Breitband und mobiles Internet als Wachstumskriterien).
[1608] Hypothese I: Die Deutsche Telekom hat den Wandel von einer Behörde zu einem markt- und kundenorientierten Unternehmen vollständig vollzogen.
[1609] Hypothese IV: Es ist der Deutschen Telekom gelungen, die notwendigen Transformationen auch im Innenverhältnis (prozessuale und strukturelle Ausrichtung, Mitarbeiterorientierung, Personalanpassungen und Kulturwandel) zu realisieren. Häufig werden Formen der indirekten Unternehmenssteuerung, die mit Hilfe von Kennzahlen gewonnen werden, zu einem Vergleich mit internen oder externen Konkurrenzen verbunden. Dadurch verschwimmen die Grenzen des Unternehmens intern zwischen Markt und Hierarchie.
[1610] Vgl. Deutsche Telekom AG (Hrsg.), Fahrplan für den Wandel des Unternehmens, http://teamnet.telekom.de/coremedia/genetor/Excellence/templateId=renderInternalPage/gridID=157108/modulID=157100/contentID=164928/top=true/id=157102.html, 2005.
[1611] Vgl. Deutsche Telekom AG (Hrsg.), Zwischen den Welten, http://teamnet.telekom.de/coremedia/generator/Excellence/templateId=renderInternalPage/gridID=157108/modulID=157100/contentID=163714/top=true/id=157102.html, 2005.

Dafür musste zunächst analysiert werden, welche nahtlosen Dienste Kunden wirklich nutzen würden, um dann verschiedene Technologien und Produkte innerhalb des Konzerns miteinander zu verbinden.[1612]

Die Zielsetzungen der Offensive Product and Innovation zielten somit auf die Konvergenz von Technologien und stellen daher eine Ausrichtung auf den Kapitalmarkt (Hypothese Ia)[1613] und die Marktbeherrschung (Hypothese Ib)[1614] dar.

Die übergreifende Offensive Operational Excellence

Die Offensive für mehr Servicequalität befasste sich hauptsächlich mit der Umsetzung und Einhaltung der Kundenversprechen. Bereits seit Juni 2005 hatten die Mitarbeiter hierfür trainiert und Personaleinsatzpläne wurden auf die Erfüllung des Versprechens zur Wartezeit im T-Punkt zugeschnitten.[1615] Erste Ergebnisse der Kundenumfragen hierzu bestätigten, dass die Versprechen vorwiegend gut eingehalten wurden.[1616] Ermöglicht werden konnte dies alles nur durch eine effiziente Zusammenarbeit und eine präzise Planung. Ein Beispiel soll dies verdeutlichen:[1617]

- Die Planungsphase sollte beginnen, wenn die T-Punkt Vertriebsgesellschaft (TPG) eine neue Aktion der Vermarktung entwickelte.

- Mit einer solchen Idee ging der Bereich Absatzmanagement der TPG auf den Bereich Endgeräte zu, welcher mit dem betreffenden Hersteller ein detailliertes Angebot zu Produktion, Preis und Lieferfristen ausarbeitete.

- War dies geklärt, wurde mit der Produktion des Artikels begonnen. Gleichzeitig entstand das Werbematerial. Hierbei war eine Abstimmung der Werbemaßnahmen und der Produktion aufeinander besonders wichtig. Das Produktmarketing begann nunmehr mit der Arbeit erst, wenn vom Bereich Endgeräte eine Freigabe erfolgte.

  Somit begann das Qualitätsversprechen schon mit der Werbung. Sobald der Kunde den Prospekt in die Hand bekäme, musste das Produkt auch im T-Punkt verfügbar sein.

- An dieser Stelle kam der externe Logistikdienstleister ins Spiel. Rund 35.000 Pakete (in Spitzenzeiten bis zu 50.000) wurden pro Tag versendet. Wichtig war neben einer schnellen Lieferung auch eine präzise Planung der nachgefragten Artikel nach Menge, Ort und Zeitpunkt.

Im Vordergrund der Bestrebungen stand hierbei die Verbesserung der Servicequalität im Sinne der Hypothese Ic (Kundenorientierung)[1618]. Gleichzeitig wurde durch eine Optimierung der Wertschöpfungskette die Reduzierung von remanenten Kosten realisiert (Kapitalmarktorientierung).

Die übergreifende Offensive Profitability

Durch insgesamt acht Projekte sollte diese Offensive dazu beitragen, die Kapitalrendite und die Kennzahl EVA zu verbessern (Hypothese Ia), also eine Steigerung von Rentabilität und Unternehmenswert zu erreichen.[1619]

[1612] Vgl. Deutsche Telekom AG (Hrsg.), Zwischen den Welten, http://teamnet.telekom.de/coremedia/generator/Excellence/templateId=renderInternalPage/gridID=157108/modulID=157100/contentID=163714/top=true/id=157102.html, 2005.
[1613] Hypothese Ia: Die Kapitalmarktorientierung dominiert im maßgeblichen Sinne die Ausrichtung und Strategie des Unternehmens Deutsche Telekom AG, die ursprüngliche ordnungspolitische Ausrichtung spielt keine Rolle mehr.
[1614] Hypothese Ib: Die Deutsche Telekom hat ihre Monopolstellung auf dem deutschen Telekommunikationsmarkt in eine marktorientierte und -beherrschende Position gewandelt.
[1615] Vgl. Deutsche Telekom AG (Hrsg.), Kundenversprechen gelten jetzt deutschlandweit, http://teamnet.telekom.de/coremedia/genera tor/mtn/templateId=renderInternalPage/linkText=_23126202_23/top=true/id=121146.html, 2005.
[1616] Vgl. Deutsche Telekom AG (Hrsg.), Kundenversprechen gelten jetzt deutschlandweit, http://teamnet.telekom.de/coremedia/genera tor/mtn/templateId=renderInternalPage/linkText=_23126202_23/top=true/id=121146.html, 2005.
[1617] Vgl. T-Com (Hrsg.), Qualität – just in time, http://u8pzx.blf01.telekom.de/coremedia/generator/tcom/templateId=renderInternalPage/gridID=42678/modulID=42670/contentID=258234/top=true/id=42672.html, 2005.
[1618] Hypothese Ic: Die Telekom hat den Wandel zu einem kundenorientierten Unternehmen sowohl strategisch als auch in der praktischen Umsetzung abgeschlossen.
[1619] Vgl. Deutsche Telekom AG (Hrsg.), Acht Projekte für ein wertvolleres Unternehmen, http://teamnet.telekom.de/coremedia/generat or/mtn/templateId=renderInternalPage/gridID=1128/modulID=1120/contentID=179168/top=true/id=1122.html, 2005.

Zum Teil wurden neue Ansätze aufgegriffen, aber es wurden auch Aktivitäten aus vorhergehenden Programmen wie der Agenda 2004[1620] fortgeführt. Neu war das Projekt Logistik, durch das unter anderem die Kosten des physischen Warenstroms vom Einkauf bis zur Auslieferung an den Kunden gesenkt werden sollten.[1621] Bereits seit längerer Zeit aktiv war hingegen das Projekt Working Capital, bei dem es unter anderem darum ging, Forderungen gegenüber Dritten (bspw. Kundenrechnungen) schneller einzutreiben.[1622]

Die übergreifende Offensive Human Resources

Dem Personalbereich oblag im Rahmen des Excellence Programms im Wesentlichen die Erarbeitung von Abfindungsinstrumenten zur Bewerkstelligung eines sozialverträglichen Personalabbaus. Darüber hinaus sollte auch im Personalmanagement eine Effizienzsteigerung bei den internen Prozessabläufen und eine Reduzierung der in diesem Bereich beschäftigten Mitarbeiter stattfinden. Weitere Aufgaben für den Personalbereich im Rahmen des Excellence Programms waren die Fortsetzung der Steigerung der Personalproduktivität und die Beantwortung der Frage, wie in die konzernweite Personalentwicklung investiert werden muss, um mit der vorhandenen Personalstruktur das Excellence-Ziel zu erreichen.[1623]

Vor dem Hintergrund des angestrebten Personalabbaus war die Steigerung der Servicequalität auf Excellenceniveau und die Erfüllung der kommunizierten Kundenversprechen eine nicht zu unterschätzende Herausforderung. Hinzu kam verschärfend, dass die benötigten Qualifikationen zum Großteil nicht kongruent zu den Qualifikationen des freizusetzenden Mitarbeiterpotenzials waren.

Die Aktionen zur Realisierung des Personalabbaus bei gleichzeitiger Steigerung der Mitarbeiterproduktivität bei den strategischen Geschäftsfeldern sowie die im Personalbereich selbst durchzuführende Effizienzsteigerung belegen die Orientierung der Strategie am Kapitalmarkt (Hypothese Ia)[1624]. Die Maßnahmen reflektieren ebenfalls den Vollzug der Transformation im Innenverhältnis gemäß der Hypothese IV[1625].

4.1.4.3 Der Kulturwandel als eine alle Offensiven begleitende Maßnahme

Einen weiteren Pfeiler des Excellence Programms bildete schließlich die Weiterentwicklung der Unternehmenskultur, die den Wertewandel im Unternehmen initiieren sollte, was den Bezug zum ersten Teil der eingangs formulierten Hypothese IV (Vollzug der Transformation im Innenverhältnis) ausdrückt.

Neben den kulturellen Werten, die durch T-Spirit[1626] und Diversity[1627] bereits manifestiert waren und konsequent verfolgt und umgesetzt wurden, ist im Rahmen des Excellence Programms das Konzept Five days with the Customer besonders hervorzuheben. Um den Alltag der Kundenbasis kennenzulernen, wurden in 2005 die 80 Business Leader dazu verpflichtet, fünf Tage im Jahr im Vertrieb zu verbringen.[1628] Das Programm sollte sowohl einen Motivationsaspekt für die Mitarbeiter darstellen als auch bei den Business Leadern einen Lerneffekt erzielen.

[1620] Siehe hierzu auch die Ausführungen in Kapitel E.4.1.3 (Die Agenda 2004).
[1621] Vgl. Deutsche Telekom AG (Hrsg.), Acht Projekte für ein wertvolleres Unternehmen, http://teamnet.telekom.de/coremedia/generator/mtn/templateId=renderInternalPage/gridID=1128/modulID=1120/contentID=179168/top=true/id=1122.html, 2005.
[1622] Vgl. Deutsche Telekom AG (Hrsg.), Acht Projekte für ein wertvolleres Unternehmen, http://teamnet.telekom.de/coremedia/generator/mtn/templateId=renderInternalPage/gridID=1128/modulID=1120/contentID=179168/top=true/id=1122.html, 2005.
[1623] Vgl. Deutsche Telekom AG (Hrsg.), Excellence-Programm 2005 – 2007, 2005, o.S.
[1624] Hypothese Ia: Die Kapitalmarktorientierung dominiert im maßgeblichen Sinne die Ausrichtung und Strategie des Unternehmens Deutsche Telekom AG, die ursprüngliche ordnungspolitische Ausrichtung spielt keine Rolle mehr.
[1625] Hypothese IV: Es ist der Deutschen Telekom gelungen, die notwendigen Transformationen auch im Innenverhältnis (prozessuale und strukturelle Ausrichtung, Mitarbeiterorientierung, Personalanpassungen und Kulturwandel) zu realisieren. Häufig werden Formen der indirekten Unternehmenssteuerung, die mit Hilfe von Kennzahlen gewonnen werden, zu einem Vergleich mit internen oder externen Konkurrenzen verbunden. Dadurch verschwimmen die Grenzen des Unternehmens intern zwischen Markt und Hierarchie.
[1626] Siehe hierzu auch die Ausführungen in Kapitel E.2.9.2 (Das Wertegerüst T-Spirit).
[1627] Siehe hierzu die Ausführungen hinsichtlich der Verknüpfung von T-Spirit und Code of Conduct in Anhang II (Schwerpunkte und wesentliche Inhalte des Code of Conduct), wo der Begriff Diversity konkretisiert wird.
[1628] Vgl. Deutsche Telekom AG (Hrsg.), „Das Projekt ist ein sehr guter Schritt", http://teamnet.telekom.de/coremedia/generator/Excellence/templateId=renderInternalPage/top=true/id=157580.html, 2005.

Aufgrund der positiven Resonanz seitens der Topmanager sowie aus der Sicht des Vorstands, dass das Management verstehen muss, was beim Kontakt mit dem Kunden passiert, um die richtigen Entscheidungen treffen zu können, wurde das Programm auch in 2006 weiter fortgesetzt.[1629] Möglich war ein Einsatz für die Business Leader, die ihren gesamten Jahresbonus bei einer Nichtteilnahme verlieren konnten, im T-Punkt, im Call Center oder beim technischen Kundendienst.[1630] Für die Teilnehmer stellte das Programm eine Konfrontation mit der Realität dar. Aus diesem Grund wurden die Führungskräfte vor ihrem Einsatz von Experten gezielt geschult und in die Thematik eingearbeitet, denn vor allem der direkte Kontakt mit dem Kunden sollte ja exzellent ausfallen.[1631]

Im Herbst 2006 löste das strategische Transformationsprogramm Telekom 2010 das Excellence Programm ab.

4.1.5 Strategisches Transformationsprogramm Telekom 2010 löst das Excellence Programm ab

Abgeleitet aus den strategischen Zielvorgaben für das Jahr 2007[1632] wurde mit dem Transformationsprogramm Telekom 2010 die Umsetzung von sieben Handlungsfeldern angestrebt, in deren Mittelpunkt die drei geographischen Kernmärkte Deutschland, Europa und die USA, ergänzend um das internationale Geschäftskundenmanagement, standen.[1633] Dabei wurden folgende Inhalte konstituiert:[1634]

☐ Verbesserung des Service
Acht von zehn Kunden soll bereits beim ersten Kontakt im T-Punkt oder am Telefon abschließend geholfen werden.

☐ Innovative Produkte
Hierbei sollen drei Initiativen zur Innovationsführerschaft der Telekom beitragen. Die großen Branchentrends wie IP-basiertes TV oder mobiles Internet sollen künftig konsequent umgesetzt, neue Geschäftsmodelle und Services entwickelt sowie das Potenzial für die Konvergenz durch Festnetzsubstitution mittels mobiler Dienste mit hybriden Endgeräten oder durch gebündelte Angebote aus den Bereichen Festnetz, Mobilfunk, Internet und Fernsehen umfänglich ausgeschöpft werden.

Gemessen am Umsatz hat die Deutsche Telekom schon länger die Spitzenposition im europäischen Markt inne. Dies soll sich künftig vermehrt auch an der Profitabilität widerspiegeln. Aus diesem Grund stehen die Senkung der strukturbedingten Kosten und die Entscheidungen über Zu- und Verkäufe von Unternehmensteilen, die sich ausschließlich an der Kapitalmarktrendite orientieren, im Vordergrund bei den Handlungsfeldern von Telekom 2010.

☐ Ziele für die Kernmärkte Deutschland – Europa – USA
Im Heimatmarkt Deutschland gilt es gemäß Telekom 2010, die Marktstellung zu verteidigen, den Kunden zufrieden zu stellen und die Ertragskraft zu erhalten. In Europa sollen Umsatzmarktanteile hinzugewonnen werden. Die in Osteuropa schon erreichte Marktführerschaft soll weiter ausgebaut werden. In den USA soll T-Mobile zur größten Geschäftseinheit der Deutschen Telekom im Privatkundenmarkt werden und im Geschäftskundenmarkt soll für die Segmente Automotive, Öffentlicher Dienst, Telekommunikation, multinationale Kooperationen und Großkunden eine Marktposition unter den ersten drei in Europa erreicht werden.

[1629] Vgl. Deutsche Telekom AG (Hrsg.), „Das Projekt ist ein sehr guter Schritt", http://teamnet.telekom.de/coremedia/generator/Excellence/templateId=renderInternalPage/top=true/id=157580.html, 2005.
[1630] Vgl. Deutsche Telekom AG (Hrsg.), „Das Projekt ist ein sehr guter Schritt", http://teamnet.telekom.de/coremedia/generator/Excellence/templateId=renderInternalPage/top=true/id=157580.html, 2005.
[1631] Vgl. Deutsche Telekom AG (Hrsg.), „Das Projekt ist ein sehr guter Schritt", http://teamnet.telekom.de/coremedia/generator/Excellence/templateId=renderInternalPage/top=true/id=157580.html, 2005.
[1632] Siehe hierzu auch die Ausführungen in Kapitel E.2.13 (Profitabilität, Wachstum und Serviceorientierung – Vision, Strategie und Konzernziele in 2007).
[1633] Vgl. Deutsche Telekom AG (Hrsg.), Vom Excellence Program zu Telekom 2010, http://intranet.telekom.de/dtag/cms/content/TeamNet/de/83648, 2008.
[1634] Vgl. Deutsche Telekom AG (Hrsg.), „Telekom 2010 wird uns prägen", http://intranet.telekom.de/dtag/cms/content/TeamNet/de/83652, 2008.

Die Operationalisierung der Inhalte aus dem strategischen Transformationsprogramm Telekom 2010 entspricht in Summe den Zielsetzungen im Sinne der Subhypothesen Ic (Kundenorientierung)[1635], Ib (TK-Marktbeherrschung)[1636] sowie Ia (Kapitalmarktorientierung)[1637] und somit der gesamten Hypothese I (Wandel)[1638].

4.2 Mitarbeiterbezogene Innovations- und Lernprozesse

Die in diesem Abschnitt vorgestellten Innovationen und Lernprozesse lassen allesamt einen Bezug auf den mitarbeiterorientierten Vollzug der Transformation der Deutschen Telekom von einer Behörde zu einem markt- und kundenorientierten Unternehmen gemäß der Eingangshypothese IV vermuten.[1639]

4.2.1 Der mitarbeiterorientierte Prozess

Das Mitarbeiterjahresgespräch, die Mitarbeiterbeurteilung und die Personalrunde sind bei der Deutschen Telekom die Bestandteile des mitarbeiterorientierten Prozesses.

4.2.1.1 Das Mitarbeiterjahresgespräch

Das Mitarbeiterjahresgespräch wurde zu Beginn des Jahres 1998 als Führungsinstrument eingeführt und stellte einen wesentlichen Baustein eines konzernweit neuen Kommunikations-, Motivations- und Führungsstils dar. Es sollte, ausgestaltet als Dialog zwischen Vorgesetzten und Mitarbeitern, die neue Basis für alle Überlegungen und Maßnahmen zum künftigen Einsatz und zur Förderung und Entwicklung der Mitarbeiter sein.[1640]

Ebenso wie sich der Wettbewerbsmarkt rasant änderte, sollten sowohl Führungskräfte als auch Mitarbeiter gefordert werden, „...herkömmliche, hierarchische und beharrende Verhaltensweisen aufzugeben und sich flexibel den neuen dynamischen Prozessen zu stellen"[1641]. Somit kann die Einführung des Mitarbeiterjahresgesprächs, das nach wie vor auch heute noch regelmäßig durchgeführt wird, als ein Instrument zur Förderung und Begleitung des angestrebten Kulturwandels gesehen werden. Weitere Hintergründe zur Einführung des Mitarbeiterjahresgesprächs zwecks Unterstützung des beabsichtigten Kulturwandels waren:[1642]

❏ Das Verhalten der Führungskräfte und Mitarbeiter sollte sich von einer Orientierung an Prinzipien der öffentlichen Verwaltung, eines Monopolunternehmens und an nur rein technischen Gesichtspunkten hin zu einer Orientierung an Prinzipien moderner Unternehmensführung wie Wettbewerbsbewusstsein und Kunden- und Kostenorientierung wandeln.

❏ Unklare Führungsbeziehungen und hohe formale Führungsspannen sollten künftig einer prozessorientierten und flexiblen Organisation mit eindeutigen Führungsbeziehungen weichen.

❏ Die bislang oftmals hohen operativen Arbeitsanteile der Führungskräfte sollten in hohe Anteile an Führungsaufgaben übergehen.

❏ Die Führungsphilosophie, Handlungsanweisungen richtig umzusetzen, sollte sich zu einer Philosophie der Effektivität, also das Richtige zu tun, verändern. Eine offene Kommunikation,

---

[1635] Hypothese Ic: Die Telekom hat den Wandel zu einem kundenorientierten Unternehmen sowohl strategisch als auch in der praktischen Umsetzung abgeschlossen.
[1636] Hypothese Ib: Die Deutsche Telekom hat ihre Monopolstellung auf dem deutschen Telekommunikationsmarkt in eine marktorientierte und -beherrschende Position gewandelt.
[1637] Hypothese Ia: Die Kapitalmarktorientierung dominiert im maßgeblichen Sinne die Ausrichtung und Strategie des Unternehmens Deutsche Telekom AG, die ursprüngliche ordnungspolitische Ausrichtung spielt keine Rolle mehr.
[1638] Hypothese I: Die Deutsche Telekom hat den Wandel von einer Behörde zu einem markt- und kundenorientierten Unternehmen vollständig vollzogen.
[1639] Hypothese IV: Es ist der Deutschen Telekom gelungen, die notwendigen Transformationen auch im Innenverhältnis (prozessuale und strukturelle Ausrichtung, Mitarbeiterorientierung, Personalanpassungen und Kulturwandel) zu realisieren. Häufig werden Formen der indirekten Unternehmenssteuerung, die mit Hilfe von Kennzahlen gewonnen werden, zu einem Vergleich mit internen oder externen Konkurrenzen verbunden. Dadurch verschwimmen die Grenzen des Unternehmens intern zwischen Markt und Hierarchie.
[1640] Vgl. Bucsek, H., Das Mitarbeiterjahresgespräch: Führungsinstrument für den fairen Dialog zwischen Vorgesetzten und Mitarbeitern, 1998, S. 96.
[1641] Arnim, B. von, Implementierung des Mitarbeiterjahresgespräches, 1997, S. 5.
[1642] Vgl. Arnim, B. von, Implementierung des Mitarbeiterjahresgespräches, 1997, S. 5.

Transparenz sowie das partizipative Führen und die vermehrte Risikobereitschaft sollten im Vordergrund der künftigen Führungsphilosophie stehen.

❏ Die Mitarbeiter sollten künftig vermehrt ihre Kreativität, Innovationsfähigkeit und Leistungsbereitschaft eigeninitiativ einbringen können.

Die Ziele des Mitarbeiterjahresgesprächs lagen daher in erster Linie in der Schaffung aller Voraussetzungen bzw. deren Optimierung für eine gleichberechtigte Kommunikation über alle Aspekte der Arbeit und Zusammenarbeit zwischen Vorgesetzten und Mitarbeitern.[1643]

Der Zweck des Mitarbeiterjahresgesprächs stellte sich dementsprechend wie folgt dar:[1644]

❏ Gleichberechtigte Kommunikation über alle Aspekte der Arbeit und Zusammenarbeit fördern.

❏ Transparenz und Orientierung in der Arbeitssituation schaffen.

❏ Offenheit und Vertrauen entwickeln und vertiefen.

❏ Verantwortung der Vorgesetzten fordern und fördern.

❏ Eigeninitiative von Mitarbeitern fordern und fördern.

❏ Entwicklung von Mitarbeitern vorantreiben.

❏ Vereinbarte Entwicklungsmaßnahmen nachhaltig sicherstellen.

Im Mitarbeiterjahresgespräch sollen keine Themen wie Gehaltsfindung oder Beförderung besprochen werden, um die Ziele des Gesprächs nicht zu gefährden und um dem Aufbau einer vertrauensvollen Beziehung im Gespräch nicht entgegenzuwirken.[1645] Die Ergebnisdokumentation ist kein Bestandteil der Personalakte, sondern verbleibt bei den Gesprächsteilnehmern und soll der Vorbereitung für ein nächstes Gespräch dienen. Im Wesentlichen wurden beim Mitarbeiterjahresgespräch zunächst die Inhalte

❏ Aufgaben des vergangenen Zeitraums,

❏ Arbeitsergebnisse,

❏ Arbeitsverhalten,

❏ Erwartungen,

❏ Individuelle Entwicklung und

❏ Kommentar des Mitarbeiters

thematisiert.[1646] Die Eignung des Mitarbeiterjahresgesprächs als Personalentwicklungsinstrument wurde, neben weiteren Themen des Personalbereichs, im Herbst 1998 durch eine Befragung der Mitarbeiter in einigen Niederlassungen ermittelt.[1647] Hierbei gaben 61 Prozent der befragten Mitarbeiter an, dass sich nach der Durchführung des Mitarbeiterjahresgesprächs ihr Verhältnis zum Vorgesetzten verbessert hatte und 76 Prozent der Befragten empfanden es als ein geeignetes Instrument zur Förderung und Entwicklung der Mitarbeiter.[1648]

In 2000 wurden parallel zur Einführung der entgeltrelevanten Leistungsbeurteilung die Leistungsdimensionen entsprechend der neuen Beurteilung angepasst.[1649] Im Einzelnen gestalten sich die Merkmale des Mitarbeiterjahresgesprächs wie folgt:

❏ Kundenorientierung / Kontakte (intern / extern),

[1643] Vgl. Arnim, B. von, Implementierung des Mitarbeiterjahresgespräches, 1997, S. 5.
[1644] Vgl. Deutsche Telekom AG (Hrsg.), Gesamtbetriebsvereinbarung Mitarbeiterjahresgespräch, 1998, S. 14.
[1645] Vgl. Arnim, B. von, Implementierung des Mitarbeiterjahresgespräches, 1997, S. 6.
[1646] Vgl. Arnim, B. von, Implementierung des Mitarbeiterjahresgespräches, 1997, S. 6.
[1647] Vgl. Brnjak, W.; Kwasny, M., Qualitätsorientiertes Prozessmanagement im Personalbereich am Beispiel des Mitarbeiterjahresgesprächs, 1999, S. 6.
[1648] Vgl. Brnjak, W.; Kwasny, M., Qualitätsorientiertes Prozessmanagement im Personalbereich am Beispiel des Mitarbeiterjahresgesprächs, 1999, S. 7.
[1649] Vgl. Kwasny, M., Das Mitarbeiterjahresgespräch als Teil der Führungsaufgaben, 2001, S. 4.

- Zusammenarbeit / Verhalten im sozialen Kontext,
- Problemlösung,
- persönlicher Einsatz,
- Effizienz und (falls zutreffend)
- Mitarbeiterführung.[1650]

Die im Mitarbeiterjahresgespräch vereinbarten Entwicklungsmaßnahmen werden auf einem gesonderten Blatt erfasst, das gleichzeitig der Kapazitätsplanung für den Bereich Weiterbildung dient. Die damalige Einführung des Mitarbeiterjahresgesprächs hatte den Wandel der Anforderungen an die Führungskräfte maßgeblich unterstützt. Während diese in den Jahren zuvor in erster Linie problembehaftete Sachfragen klärten, bei denen die Mitarbeiter ggf. überfragt waren, werden die Führungskräfte heutzutage überwiegend als Personalentwickler gesehen, die ihre Mitarbeiter motivieren und dahin entwickeln, Sachprobleme selbstständig zu lösen.[1651]

4.2.1.2 Die Mitarbeiterbeurteilung

Neben dem Mitarbeiterjahresgespräch stellte die Ende 1998 für alle Mitarbeiter eingeführte Beurteilung ein weiteres Instrument dar, um dem Prozess der Mitarbeiterorientierung mehr Gewicht zu verleihen. Die jährlich stattfindende Beurteilung ist ein zentrales Instrument sowohl der Personalentwicklung als auch der Personalführung mit der Zielsetzung, die individuelle Leistung und das Arbeitsverhalten der Mitarbeiter durch den unmittelbaren Vorgesetzten einzuschätzen und zu entwickeln, damit den Mitarbeitern eine Rückmeldung zu Stärken und Verbesserungsbereichen sowie Entwicklungsbedarfen und -perspektiven aufgezeigt werden kann.[1652]

Zu Zeiten der Deutschen Bundespost war das damals vorhandene Beurteilungsverfahren, bei dem nur die Beamten des gehobenen und höheren Dienstes alle drei Jahre beurteilt wurden, überwiegend von beamtenrechtlichen Regelungen geprägt.[1653] Dabei bewertete der jeweilige Führungskreis einer Organisationseinheit, inwiefern ein Mitarbeiter den allgemeinen Anforderungen an einen Beamten in seiner jeweiligen Besoldungsgruppe entsprach.[1654] Dagegen stellte das in 1998 neu eingeführte jährliche Beurteilungsverfahren, das nun für alle Beschäftigungsgrupppen gleichermaßen galt, ein Novum dar. Die schriftlich niederzulegende Beurteilung orientierte sich an den Merkmalen Kundenorientierung, Kommunikation, Zusammenarbeit, Problemlösung, Engagement, Ergebnisorientierung und Führung (falls zutreffend), zu denen jeweilige Kommentare sowie eine Aussage, inwieweit die Anforderungen erfüllt worden sind, abzugeben waren.[1655]

Fernerhin diente die Beurteilung als Grundlage für personen- und sachgerechte Personalentscheidungen. Dabei schaffte die Beurteilung auch Motivationsanreize. Zusammenfassend verfolgte die Beurteilung das Ziel, mittelfristig die richtige Frau bzw. den richtigen Mann auf dem richtigen Arbeitsplatz im Unternehmen einzusetzen. Ab dem Jahr 2000 stellte die Beurteilung gleichzeitig die Basis zur Ermittlung der leistungsabhängigen variablen Entgeltbestandteile dar und wurde hierfür um Punktbewertungen ergänzt. Mit der Einführung des Konzernleitbildes T-Spirit[1656] in 2003 wurden auch die Merkmale bei der Beurteilung an die T-Spirit-Werte angepasst.

4.2.1.3 Die Personalrunde

Als dritter Baustein des mitarbeiterorientierten Prozesses wurde 1999 die Personalrunde eingeführt, die auch als ein Personalentwicklungsinstrument angesehen werden kann.[1657]

[1650] Vgl. Kwasny, M., Das Mitarbeiterjahresgespräch als Teil der Führungsaufgaben, 2001, S. 4.
[1651] Vgl. Kwasny, M., Das Mitarbeiterjahresgespräch als Teil der Führungsaufgaben, 2001, S. 4.
[1652] Vgl. Deutsche Telekom AG (Hrsg.), Neues Beurteilungsverfahren, 1998, S. 41 i.V.m. Reitz, A.; Kwasny, M., Beurteilung 2000 – Einführung des neuen Systems, 2000, S. 576.
[1653] Vgl. Reitz, A.; Kwasny, M., Beurteilung 2000 – Einführung des neuen Systems, 2000, S. 576.
[1654] Vgl. Reitz, A.; Kwasny, M., Beurteilung 2000 – Einführung des neuen Systems, 2000, S. 576.
[1655] Vgl. Deutsche Telekom AG (Hrsg.), Die neue Beurteilung – Mehr Chancen für gemeinsame Erfolge., 1998, S. 15 ff.
[1656] Zu T-Spirit siehe die Ausführungen in Kapitel E.2.9.2 (Das Wertegerüst T-Spirit).
[1657] Vgl. Deutsche Telekom AG (Hrsg.), Gemeinsam objektiver – Erste Ergebnisse eines Jahres zum Instrument Personalrunde, 1999, S. 41.

Die Personalrunde, die durch den jeweiligen Führungskreis einer Organisationseinheit durchgeführt wurde, war der Beurteilung innerhalb des Prozesses zeitlich vorgelagert. Sie sollte speziell dazu dienen,

- ❏ Leistungs- und Potenzialträger zu benennen und zu bestätigen,
- ❏ subjektive Beurteilungstendenzen und Beurteilungsfehler aufzudecken und so die Beurteilung zu objektivieren,
- ❏ Maßstäbe und Ansprüche der Vorgesetzten bei der Mitarbeiterbeurteilung zu relativieren sowie
- ❏ das Entwicklungspotenzial der einzelnen Mitarbeiter zu identifizieren und Entwicklungsmaßnahmen vorausschauend zu planen.[1658]

Die sich für einzelne Mitarbeiter hieraus ableitbaren Personalentwicklungsmaßnahmen konnten in eines der diversen Förder- und Managementprogramme, die immer wieder für die verschiedenen Hierarchiestufen entwickelt wurden, münden. Weitere Personalentwicklungsmaßnahmen stellten beispielsweise die Weiterbildung oder der internationale Einsatz dar.[1659]

Die eingangs formulierte Vermutung[1660] hinsichtlich des Zutreffens der Hypothese IV (Vollzug der Transformation im Innenverhältnis)[1661] kann somit bestätigt werden.

4.2.2 Personalentwicklungsprogramme

In diesem Teilabschnitt werden ausgewählte wesentliche Personalentwicklungsprogramme vorgestellt. Der Fokus liegt hierbei auf der Entwicklung und Bewertung der Leitenden Angestellten sowie der Implementierung eines Fachkarrieremodells.

Auf eine Vielzahl[1662] von weiteren Entwicklungsprogrammen, die im Verlauf der Jahre im Konzern implementiert und angeboten wurden und sowohl Fördermaßnahmen zur Karrierebildung als auch, neben kulturverändernden Workshops und Seminaren, fachbezogene Weiterbildungsmaßnahmen darstellten, wird zum Zwecke der Übersichtlichkeit nicht näher eingegangen.

4.2.2.1 Das Systematic and Transparent Executive Development Program

Für die Leitenden Angestellten im Konzern wurde in 2005 das Entwicklungsprogramm STEP up! (Systematic and Transparent Executive Development Program) eingeführt. Es vereint für die Leitenden Angestellten im Konzern die bisherige Personalrunde, auch als Performance & Potenzial Review bezeichnet, und die Beurteilung. Die Merkmale des Performance & Potential Review entsprachen ab 2004 den Werten von T-Spirit. Ein wesentlicher Baustein bei der Beurteilung der Leitenden Angestellten ist die Frage, wie die T-Spirit-Werte durch die Führungskraft vorgelebt werden.[1663]

Speziell auf das Excellence Programm bezogen wurde das im Bereich Human Resources (HR) bereits umgesetzte Projekt STEP up! nochmals angepasst, um die gesamte Führungsmannschaft auf die Herausforderungen des Excellence Programms vorzubereiten und die Führungskräfte im Hinblick auf das zu optimierende Zusammenspiel der Konzerneinheiten und Prozesse zu entwickeln.[1664]

[1658] Vgl. Deutsche Telekom AG (Hrsg.), Gemeinsam objektiver – Erste Ergebnisse zum Instrument Personalrunde, 1999, S. 41.
[1659] Vgl. Deutsche Telekom AG (Hrsg.), Personalentwicklung. Erfolgsfaktor für die Zukunft der Deutschen Telekom., 2000, S. 6.
[1660] Siehe hierzu die Ausführungen in Kapitel E.4.2 (Mitarbeiterbezogene Innovations- und Lernprozesse).
[1661] Hypothese IV: Es ist der Deutschen Telekom gelungen, die notwendigen Transformationen auch im Innenverhältnis (prozessuale und strukturelle Ausrichtung, Mitarbeiterorientierung, Personalanpassungen und Kulturwandel) zu realisieren. Häufig werden Formen der indirekten Unternehmenssteuerung, die mit Hilfe von Kennzahlen gewonnen werden, zu einem Vergleich mit internen oder externen Konkurrenzen erhoben. Dadurch verschwimmen die Grenzen des Unternehmens intern zwischen Markt und Hierarchie.
[1662] So wurden allein in 2007 durch Telekom Training mehr als 17.000 Seminare mit nahezu 109.000 Teilnehmern bei ca. 459.000 Teilnehmertagen durchgeführt (vgl. Deutsche Telekom AG (Hrsg.), Connected life and work. Vernetzt denken. Vernetzt handeln. Vernetzt leben. Das Geschäftsjahr 2007., 2008, S. 89).
[1663] Vgl. Deutsche Telekom AG (Hrsg.), T-Spirit gilt auch für Führungskräfte, http://tww.telekom.de/coremedia/generator/mtn/templateId =renderInternalPage/id=1134, 2004.
[1664] Vgl. Deutsche Telekom AG (Hrsg.), STEP up! – Frequently asked questions, http://teamnet-download.telekom.de/nl-md/050928_ex cutives_faq.pdf, 2005.

Im Wesentlichen umfasste das Programm drei Handlungsfelder:[1665]

- Dem Wunsch des Konzerns nach exzellenten Leistungsträgern sollte durch die systematische Förderung derselben, z.b. durch Entgeltzulagen bei entsprechender Performance, verstärkter interner Besetzung von Führungspositionen und Konsequenzen bei nicht erbrachter Leistung, nachgekommen werden.
- Zusätzliche Entwicklungsmöglichkeiten und -instrumente sollten geschaffen werden, wobei der Schwerpunkt vor allem bei der Entwicklung on-the-job und der geschäftsfeldübergreifenden kontinuierlichen Positionsveränderung lag. Künftig sollte gelten: Je größer die Leistung, desto stärker die Förderung der individuellen Entwicklung.
- Konzernweit einheitliche Standards und Prozesse zur Führungskräfteentwicklung sollten etabliert werden. Hierzu zählten bspw. ein einheitliches Modell für die jährlich stattfindende Personalrunde, die Einführung verbindlicher Entwicklungspläne und homogener Entwicklungsplattformen sowie ein geschäftsfeldübergreifender Prozess zur passenden Besetzung vakanter Stellen für die Leitenden Angestellten. Hierdurch sollte die Transparenz bei Kandidaten, Positionen und Besetzungsprozessen erhöht werden.

Dem so neu gestalteten Performance Management liegt ein einheitlicher und gestaffelter Prozessablauf zu Grunde (Abbildung 117).

Abb. 117: Überblick Gesamtprozess Performance Management

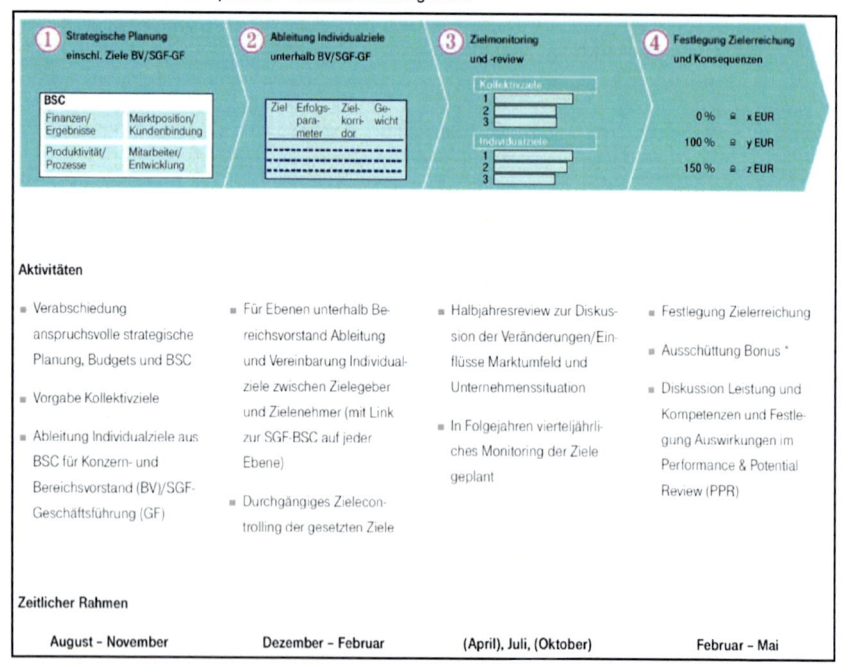

Quelle: Deutsche Telekom AG (Hrsg.), STEP up! Performance Management – Kurz-Leitfaden für Führungskräfte zur Unterstützung des Zielvereinbarungsprozesses, 2005, S. 5

[1665] Vgl. Deutsche Telekom AG (Hrsg.), STEP up! – Frequently asked questions, http://teamnet-download.telekom.de/nl-md/050928_excutives_faq.pdf, 2005.

E. Der Binnenwandel der Deutschen Telekom

Die Umsetzung von STEP up! wurde zügig abgeschlossen und erfolgte Top-down sowie national und international, sowohl zentral als auch in den strategischen Geschäftsfeldern.[1666] Damit wurde die bisherige Zielemanagementsystematik sowohl konzernweit vereinheitlicht als auch inhaltlich feiner justiert. Die Ableitung der Ziele für alle Ebenen im Konzern erfolgte dabei nach der Systematik der Balanced ScoreCard.[1667] Die Vereinbarung der jeweiligen Individualziele sollte nach einfachen Grundsätzen erfolgen. Insbesondere sollten die Individualziele

❑ spezifisch konkret, also präzise formuliert,

❑ messbar,

❑ aktiv beeinflussbar,

❑ realistisch und

❑ terminiert sein.[1668]

Die Prozedur der Festlegung der jeweiligen Zielkorridore und Erfolgsparameter veranschaulicht die folgende Abbildung 118.

Abb. 118: Festlegung von Zielkorridoren und Erfolgsparameter

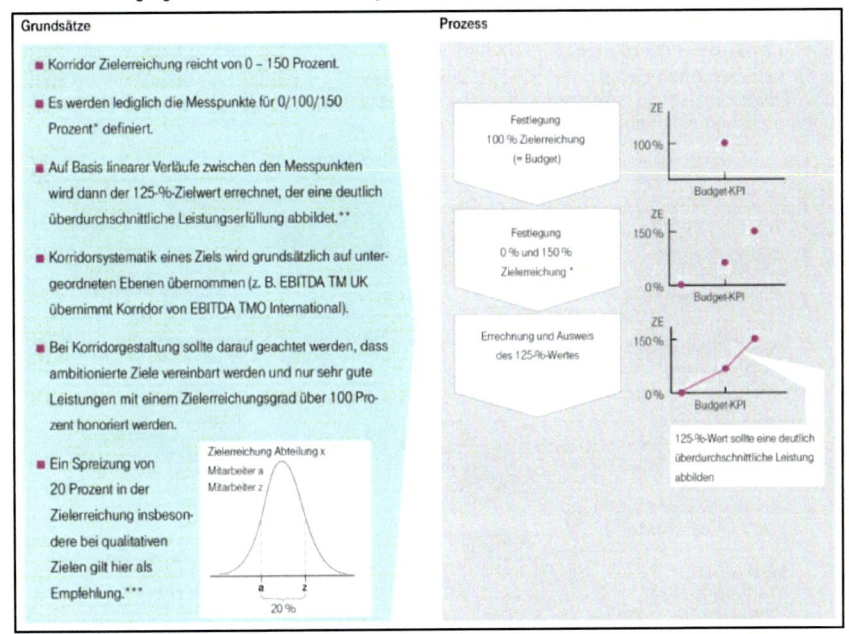

Grundsätze	Prozess
■ Korridor Zielerreichung reicht von 0 – 150 Prozent. ■ Es werden lediglich die Messpunkte für 0/100/150 Prozent* definiert. ■ Auf Basis linearer Verläufe zwischen den Messpunkten wird dann der 125-%-Zielwert errechnet, der eine deutlich überdurchschnittliche Leistungserfüllung abbildet.** ■ Korridorsystematik eines Ziels wird grundsätzlich auf untergeordneten Ebenen übernommen (z. B. EBITDA TM UK übernimmt Korridor von EBITDA TMO International). ■ Bei Korridorgestaltung sollte darauf geachtet werden, dass ambitionierte Ziele vereinbart werden und nur sehr gute Leistungen mit einem Zielerreichungsgrad über 100 Prozent honoriert werden. ■ Ein Spreizung von 20 Prozent in der Zielerreichung insbesondere bei qualitativen Zielen gilt hier als Empfehlung.***	Festlegung 100 % Zielerreichung (= Budget) → Festlegung 0 % und 150 % Zielerreichung * → Errechnung und Ausweis des 125-%-Wertes

Quelle: Deutsche Telekom AG (Hrsg.), STEP up! Performance Management– Kurz-Leitfaden für Führungskräfte zur Unterstützung des Zielvereinbarungsprozesses, 2005, S. 9

[1666] Vgl. Deutsche Telekom AG (Hrsg.), STEP up! – Frequently asked questions, http://teamnet-download.telekom.de/nl-md/050928_excutives_faq.pdf, 2005.
[1667] Vgl. Deutsche Telekom AG (Hrsg.), STEP up! Performance Management – Kurz-Leitfaden für Führungskräfte zur Unterstützung des Zielvereinbarungsprozesses, 2005, S. 6.
[1668] Vgl. Deutsche Telekom AG (Hrsg.), STEP up! Performance Management – Kurz-Leitfaden für Führungskräfte zur Unterstützung des Zielvereinbarungsprozesses, 2005, S. 8.

4.2.2.2 Das aktuelle Personalentwicklungsprogramm Go Ahead! für Fachkarrieren

Im Laufe der letzten Jahre wurden zahlreiche Personalentwicklungsprogramme sowohl für Teamleiter als auch für Fachkräfte angeboten und durchgeführt. Anfang 2008 wurde das konzernweite und internationale Personalentwicklungsprogramm Go Ahead! eingeführt. Vor dem Hintergrund des personellen Umbaus im Konzern, bedingt durch einen stetig sinkenden Personalbedarf aufgrund der Umsatzentwicklung im Heimatmarkt und des technologischen Fortschritts, kommt qualifizierten Fachkräften eine entscheidende Rolle zu. Folglich sollte für Mitarbeiter die Fachkarriere als eine alternative und gleichwertige Karrierechance neben der Führungskarriere im Konzern installiert werden.[1669] Aus der Sicht der Unternehmensleitung sollte durch die Einführung eines Fachkarrierenmodells folgenden Herausforderungen Rechnung getragen werden:

- ❑ Forderung nach herausragenden Leistungen,
- ❑ Erzeugung neuer Entwicklungschancen,
- ❑ Schaffung von Motivationen und Anreizen für Potenzial- und Leistungsträger,
- ❑ Erzeugung einer höheren Flexibilität und Mobilität im Konzern und
- ❑ Vorbeugung des drohenden Fachkräftemangels, beispielsweise bei IT-Berufen.[1670]

Mit dem Programm Go Ahead! wurde eine Rahmensystematik bei der Entwicklung von Fachkräften für den gesamten Konzern eingeführt, die der von STEP up! für Führungskräfte entspricht.[1671] Den Aufbau der Rahmenarchitektur und die Zielsetzungen von Go Ahead! veranschaulicht zusammenfassend die nachfolgende Abbildung 119.

Abb. 119: Rahmenarchitektur zur Entwicklung von Fachkräften über Fachkarrieren

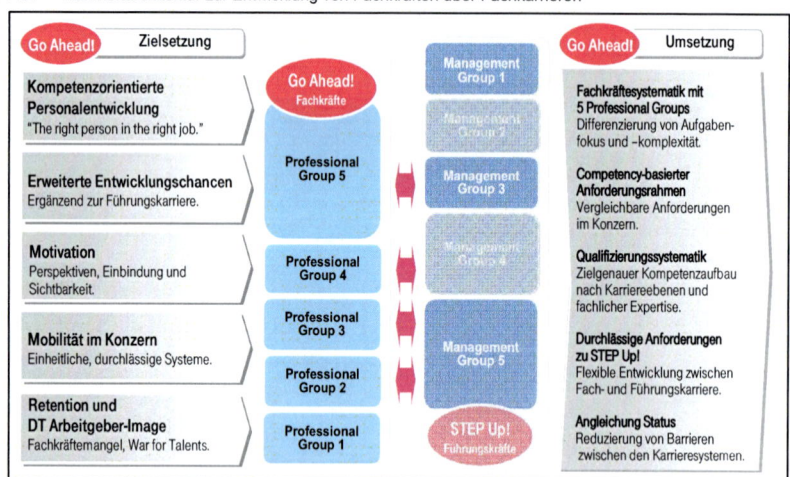

Quelle: Deutsche Telekom AG (Hrsg.), Go Ahead! – Rahmenarchitektur zur Einführung von Fachkarrieren bei der Deutschen Telekom, 2007, S. 2

[1669] Vgl. Deutsche Telekom AG (Hrsg.), Herausforderung Personalumbau, http://pedores.telekom.de/Portal/tpp/vorstandsthemen/article.html;sessionid=00174CCDFC740DA1420B68A0?msgid=6976&mode=result&frame=content, 2008.
[1670] Vgl. Deutsche Telekom AG (Hrsg.), Entwicklung von Fachkarrieren bei der Telekom, http://hrd.telekom.de/ebene1/FachK/FachK_ebene2/FachK_inhaltsseite_Go_Ahead.html, 2008.
[1671] Vgl. Schlemper, M.; Dechmann, M., Fachkarriere bietet Alternative zur Führungskarriere, 2008. http://pedores.telekom.de/ApGen/dialog/docview/appgenDialog/08052006/014/HC8003CB2F5448590420B68A0/portal;sessionid=79A 6B52DFC740DA1420B68A0.

Die Zielsetzung des Modells liegt bei der verbesserten Gewinnung, Entwicklung und Bindung erfolgskritischer Fachexpertisen im Konzern. Die Karrierearchitektur von Go Ahead! stellt somit keinen neuen Prozess, sondern eine transparente Struktur dar, um die wesentlichen Elemente im Rahmen der etablierten Personalentwicklungsprozesse systematisch und transparent darzustellen.

Die eingangs formulierte Vermutung[1672] hinsichtlich des Zutreffens der Hypothese IV (Vollzug der Transformation im Innenverhältnis)[1673] kann auch hier bestätigt werden.

4.2.2.3 Management und Kundenservice – die Einführung der Service Akademie

Zu Jahresbeginn 2008 startete das Unternehmen die Service Akademie für Leitende Angestellte des Konzerns mit dem Ziel, das Thema Kundenservice nachhaltig im Konzern zu verankern und die Führungskräfte stärker als Vorbild für guten Service aufzustellen.[1674] Der insgesamt sechstägige Einsatz, an dem neben dem Konzernvorstand ca. 2.500 Führungskräfte des Konzerns innerhalb eines Jahres verbindlich teilnehmen, beinhaltet Teamveranstaltungen, Praxiseinsätze mit Kundenkontakt und Workshops.[1675]

Insbesondere sollen die Leitenden Angestellten dabei ihre eigene Serviceeinstellung hinterfragen und ihre Serviceorientierung verbessern, damit sie in ihrer Rolle als Vorbild helfen, eine Servicementalität im Unternehmen zu etablieren.[1676]

Mit der Telekom Service Akademie soll die Servicequalität zum Kunden hin und gegenüber den Mitarbeitern verbessert werden.[1677] Damit entspricht diese Maßnahme der Zielrichtung der eingangs formulierten Hypothese IV (Vollzug der Transformation im Innenverhältnis) in Verbindung mit der Hypothese Ic (Kundenorientierung)[1678].

4.2.2.4 Das internationale Mitarbeiterentwicklungsprogramm Telekom X-change

Zum Jahresbeginn 2009 startete nunmehr auch konzernweit das auf Job Rotation aufbauende Entwicklungsprogramm Telekom X-change von T-Systems.[1679] Ziel des Programms ist die Förderung und Weiterentwicklung von Potential- und Leistungsträgern, insbesondere

❑ die Steigerung der Mobilität der Mitarbeiter,
❑ der Aufbau eines grenzüberschreitenden Wissensaufbaus,
❑ die Schaffung internationaler Entwicklungsmöglichkeiten für die Mitarbeiter sowie
❑ die Entwicklung globaler Denkweisen im Konzern.[1680]

Die internationale Job Rotation erfolgt dabei zunächst über einen Zeitraum von drei bis sechs Monaten, wobei dieses Personalentwicklungsinstrument eine Vorform einer zu einem späteren Zeitpunkt beabsichtigten mehrjährigen Job Rotation darstellt.[1681]

[1672] Siehe hierzu die Ausführungen in Kapitel E.4.2.1 (Der mitarbeiterorientierte Prozess).
[1673] Hypothese IV: Es ist der Deutschen Telekom gelungen, die notwendigen Transformationen auch im Innenverhältnis (prozessuale und strukturelle Ausrichtung, Mitarbeiterorientierung, Personalanpassungen und Kulturwandel) zu realisieren. Häufig werden Formen der indirekten Unternehmenssteuerung, die mit Hilfe von Kennzahlen gewonnen werden, zu einem Vergleich mit internen oder externen Konkurrenzen verbunden. Dadurch verschwimmen die Grenzen des Unternehmens intern zwischen Markt und Hierarchie.
[1674] Vgl. Deutsche Telekom AG (Hrsg.), Management lebt Kundenservice vor, http://intranet.telekom.de/dtag/cms/content/TeamNet/de/495772, 2008.
[1675] Vgl. ECONOMY.ONE GmbH (Hrsg.), wiwo.de, Telekom: Service-Akademie hat Arbeit aufgenommen, http://www.wiwo.de/unternehmer-maerkte/telekom-service-akademie-hat-arbeit-aufgenommen-262620/, 2008 i.V.m. Deutsche Telekom AG (Hrsg.), Management lebt Kundenservice vor, http://intranet.telekom.de/dtag/cms/content/TeamNet/de/495772, 2008.
[1676] Vgl. Deutsche Telekom AG (Hrsg.), Serviceerlebnis für Leitende Angestellte, http://intranet.telekom.de/dtag/cms/content/TeamNet/de/507604, 2008.
[1677] Vgl. Deutsche Telekom AG (Hrsg.), Management lebt Kundenservice vor, http://intranet.telekom.de/dtag/cms/content/TeamNet/de/495772, 2008.
[1678] Hypothese Ic: Die Telekom hat den Wandel zu einem kundenorientierten Unternehmen sowohl strategisch als auch in der praktischen Umsetzung abgeschlossen.
[1679] Vgl. Deutsche Telekom AG (Hrsg.), Telekom X-change, 2008, S. http://pedores.telekom.de/AppGen/Portalablagetpp/docview/appgenPortalablagetpp/16122008/073/H000045E67494C791420B68A0/portal;sessionid=F7321D48EB9400D1420B68A0.
[1680] Vgl. Deutsche Telekom AG (Hrsg.), Telekom X-change, 2008, S. http://pedores.telekom.de/AppGen/Portalablagetpp/docview/appgenPortalablagetpp/16122008/073/H000045E67494C791420B68A0/portal;sessionid=F7321D48EB9400D1420B68A0.
[1681] Vgl. Deutsche Telekom AG (Hrsg.), Telekom X-change, 2008, S. http://pedores.telekom.de/AppGen/Portalablagetpp/docview/appgenPortalablagetpp/16122008/073/H000045E67494C791420B68A0/portal;sessionid=F7321D48EB9400D1420B68A0.

4.2.3 Mitarbeiterbefragungen

Im Mai 1998 fand die erste Mitarbeitervollbefragung bei der Telekom statt.[1682] Hintergrund der Befragung aller Mitarbeiter war, dass die Zufriedenheit der Beschäftigten einen höheren Stellenwert erhalten sollte, um letztendlich dem Anspruch bei der Bewertung nach dem EFQM[1683]-Modell zu genügen.[1684]

Rund 65 Prozent der Beschäftigten nutzten bei der ersten unternehmensweiten Mitarbeiterbefragung die Gelegenheit, anonym ihre Meinung zu ihrer Arbeitssituation kundzutun.[1685] Durch die Ergebnisse aus der Befragung wurden auch zahlreiche Verbesserungsmaßnahmen initiiert und umgesetzt.[1686]

Das Commitment der Mitarbeiter mit ihrem Unternehmen, das als eine gewichtete Kenngröße für Eigenschaften der Mitarbeiter wie Zufriedenheit, Bindung, Loyalität, Engagement und Leistungswillen steht, stellte einen wesentlichen Ergebnisindex der Befragung dar.[1687] Für jede dieser Eigenschaften existierten mehrere entsprechende Fragen, die zusammenfassend im Ergebnis wiederum als Indizes dargestellt werden können.

Neben Angaben zu statistischen Daten existieren Fragen zu folgenden allgemeinen Inhalten:[1688]

- Fragen zum Commitment der Mitarbeiter zum Unternehmen, speziell nach
  - Arbeitsplatzzufriedenheit,
  - Absicht, sich bei der Telekom wieder zu bewerben,
  - Weiterempfehlung der Telekom als Arbeitgeber,
  - Engagement der Mitarbeiter und
  - Leistungsstärke der Telekom.
- Fragen zu verschiedenen Aspekten des Arbeitslebens, vorwiegend zu
  - Zufriedenheit mit Tätigkeiten und Einkommen,
  - Führungsverhalten des mittelbaren und unmittelbaren Vorgesetzten,
  - Mitarbeiterverhalten,
  - mitarbeiterorientiertem Prozess,
  - beruflicher Entwicklung,
  - Unternehmensstrategie und Informationspolitik,
  - Zusammenarbeit (unmittelbar und in Prozessen) sowie
  - Image und Veränderungsmanagement.

Die wichtigsten Ziele der Mitarbeiterbefragung können wie folgt zusammengefasst werden:

- Findung und Bewertung der Schlüsselfaktoren für das Mitarbeitercommitment sowie entsprechender Maßnahmen zur Erhöhung desselbigen,
- Förderung der Zusammenarbeit zwischen den Führungskräften und ihren Mitarbeitern sowie
- Nutzung der Ergebnisse aus der Befragung für Veränderungsprozesse.[1689]

[1682] Vgl. Deutsche Telekom AG (Hrsg.), Alle kommen zu Wort, 1998, S. 36.
[1683] European Foundation for Quality Management. Siehe hierzu auch die Ausführungen in Kapitel E.5.4.3 (Das Qualitätsmanagement nach dem Modell der European Foundation for Quality Management bei der Deutschen Telekom).
[1684] Vgl. Deutsche Telekom AG (Hrsg.), Alle kommen zu Wort, 1998, S. 36.
[1685] Vgl. Deutsche Telekom AG (Hrsg.), Lob und Kritik – Mitarbeiter sagten ihre Meinung, 1998, S. 2.
[1686] Vgl. Deutsche Telekom AG (Hrsg.), Nächste Runde im Mai – '98er Erhebung hat viele Verbesserungsmaßnahmen angestoßen, 1999, S. 35.
[1687] Vgl. Hegemann, W., Mitarbeiterbefragungen bei der Deutschen Telekom AG, 2003, S. 498.
[1688] Vgl. Hegemann, W., Mitarbeiterbefragungen bei der Deutschen Telekom AG, 2003, S. 499 f.
[1689] Vgl. Hegemann, W., Mitarbeiterbefragungen bei der Deutschen Telekom AG, 2003, S. 499.

Nach Einführung des Konzernleitbildes T-Spirit wurden Fragen hierzu in der Mitarbeiterbefragung ebenfalls aufgenommen. In 2007 wurde beschlossen, die Mitarbeitervollbefragung künftig alle zwei Jahre durchzuführen.[1690] Periodisch werden seit Anfang 2008, ergänzend zu der nun alle zwei Jahre stattfindenden Mitarbeiterbefragung, weltweit zweimonatlich sogenannte Pulsbefragungen mit bis zu zehn Fragen per E-Mail durchgeführt, um die Sicht der Mitarbeiter zum Veränderungsprozess im Unternehmen sowie über den Zusammenhang der strategischen Ausrichtung und die Individualziele zu erfragen.[1691]

Die eingangs formulierte Vermutung[1692] hinsichtlich des Zutreffens der Hypothese IV (Vollzug der Transformation im Innenverhältnis)[1693] kann somit auch an dieser Stelle bestätigt werden.

4.2.4 Einführung eines neuen Bewertungs- und Bezahlungssystems für die Angestellten der AG sowie Flexibilisierung von Entgeltsystemen und Arbeitszeit

Die Angestellten bei der Deutschen Telekom AG wurden, abgeleitet aus dem Übergang der Behörde, zunächst auch weiterhin nach dem Bundesangestelltentarifvertrag (BAT) bezahlt.[1694]

Nachdem im April 2000 eine leistungsabhängige Entgeltkomponente, das so genannte Leistungsentgelt, beschlossen wurde, konnte nach intensiven Verhandlungen mit dem Sozialpartner das Neue Bewertungs- und Bezahlungssystem (NBBS) bei der Aktiengesellschaft eingeführt werden, das für die damals rund 68.000 tariflich Beschäftigten zum 01. Juli 2001 Anwendung fand.[1695]

Das NBBS besteht dabei aus den vier Komponenten

☐ Manteltarifvertrag, der die aus dem öffentlichen Dienst stammenden Regelungswerke zu den Beschäftigungsbedingungen ablöst,

☐ Entgeltrahmentarifvertrag, der die Rahmenregelungen für die Vergütung enthält,

☐ Entgelttarifvertrag, in dem die Entgelttabellen enthalten sind und einem

☐ Tarifvertrag für Sonderregelungen, der Regelungen zur Adaption in das neue System enthält.[1696]

Durch die neue Bewertung von Tätigkeitsprofilen wurde erstmals eine einheitliche Wertreihenfolge der Tätigkeitsfunktionen geschaffen; die bisherige Unterscheidung von Angestellten und Arbeitern entfiel dabei zu Gunsten eines einheitlichen Arbeitnehmerbegriffs.[1697]

Maßgeblich für die Bezahlung der Arbeitnehmer ist seitdem nicht mehr die Person, sondern die Art der Tätigkeit, die diese Person ausführt.[1698] Das Leistungsentgelt gemäß NBBS beträgt für die ersten acht von insgesamt zehn Tarifgruppen T1 bis T8 (Wertigkeit von T1 an aufsteigend) sieben Prozent und in den beiden höherwertigen Tarifgruppen (T9 und T10), von der Wertigkeit her be-

---

[1690] Vgl. Deutsche Telekom AG (Hrsg.), Neues Forum für Ihre Meinung, http://intranet.telekom.de/dtag/content/TeamNet/de/422902, 2008.
[1691] Vgl. Deutsche Telekom AG (Hrsg.), Pulsbefragung ab sofort weltweit, http://intranet.telekom.de/dtag/cms/content/TeamNet/de/495988, 2008.
[1692] Siehe hierzu die Ausführungen in Kapitel E.4.2.1 (Der mitarbeiterorientierte Prozess).
[1693] Hypothese IV: Es ist der Deutschen Telekom gelungen, die notwendigen Transformationen auch im Innenverhältnis (prozessuale und strukturelle Ausrichtung, Mitarbeiterorientierung, Personalanpassungen und Kulturwandel) zu realisieren. Häufig werden Formen der indirekten Unternehmenssteuerung, die mit Hilfe von Kennzahlen gewonnen wurde, zu einem Vergleich mit internen oder externen Konkurrenzen verbunden. Dadurch verschwimmen die Grenzen des Unternehmens intern zwischen Markt und Hierarchie.
[1694] Der BAT regelte vom 1. April 1961 bis zum 1. Oktober 2005 bzw. 1. November 2006 die Beschäftigungsbedingungen und Bezahlung der Angestellten im Öffentlichen Dienst. Alle bisherigen Tarifverträge im öffentlichen Dienst wurden für Angestellte des Bundes und der Kommunen zum 1. Oktober 2005 durch den einheitlichen Tarifvertrag öffentlicher Dienst (TVöD) ersetzt. Für den Bereich der Landesangestellten wurde der BAT zum 1. November 2006 durch den Tarifvertrag öffentlicher Dienst - Länderbereich ersetzt. Weiterhin gilt der BAT für die Bundesländer Hessen und Berlin, die aus der Tarifgemeinschaft deutscher Länder ausgetreten sind. Zahlreiche Arbeitgeber orientieren sich auch weiterhin am BAT. Vgl. Wikipedia (Hrsg.), Die freie Enzyklopädie, Bundesangestelltentarifvertrag, http://de.wikipedia.org/wiki/Bundesangestelltentarifvertrag, 2008.
[1695] Vgl. Deutsche Telekom AG (Hrsg.), Arbeitgeberverband Telekom. Das haben wir erreicht., 2002, S. 5.
[1696] Vgl. Deutsche Telekom AG (Hrsg.), Arbeitgeberverband Telekom. Das haben wir erreicht., 2002, S. 5.
[1697] Vgl. Deutsche Telekom AG (Hrsg.), Arbeitgeberverband Telekom. Das haben wir erreicht., 2002, S. 5.
[1698] Haben die bisherigen, aus dem öffentlichen Dienst stammenden Bezahlungskriterien wie beispielsweise Familienstand, Lebensalter oder Anzahl der Kinder, keinen Einfluss mehr auf die Höhe des Entgelts (vgl. Deutsche Telekom AG (Hrsg.), Arbeitgeberverband Telekom. Das haben wir erreicht., 2002, S. 5).

reits den unteren außertariflichen Vergütungsgruppen vergleichbar, 13 Prozent.[1699] Mit der Einführung des NBBS wurden aus der Sicht des Unternehmens folgende konditionenpolitische Ziele erreicht:[1700]

❑ Die neue Bezahlungssystematik schafft eine verbesserte Marktorientierung, insbesondere beim Vergleich von Marktgehältern, und orientiert sich an zeitgemäßen Bezahlungsstandards.

❑ Eine Differenzierung der Bezahlungssystematik bei Vertriebs- und Nichtvertriebsfunktionen spiegelt die Anforderungen an adäquate Marktgehälter – je Funktion – wider.

Die nachfolgende Abbildung 120 veranschaulicht zusammenfassend die strategischen Ziele zur Einführung des NBBS.

Abb. 120:   Strategische Ziele zur Einführung des Neuen Bewertungs- und Bezahlungssystems

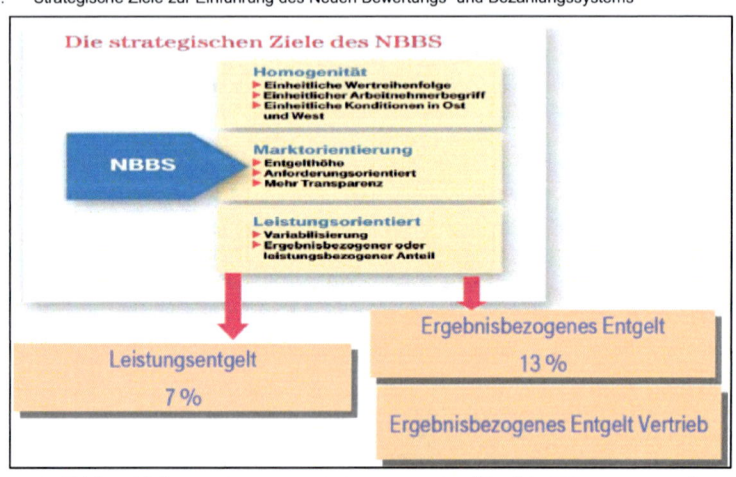

Quelle: Deutsche Telekom AG (Hrsg.), Veränderte Anforderungen an den Öffentlichen Dienst – Von der Staatsbehörde zum Dienstleister, 2007, S. 9

Durch eine Gesamtvertriebsvereinbarung zur Zahlung von Belohnungen für Beamte im Vertrieb wurden die tariflichen Regelungen des ergebnisbezogenen Entgelts für Arbeitnehmer im Vertrieb in 2002 auch für Beamte realisiert.[1701] In 2001 wurden für die Angestellten in der Aktiengesellschaft Arbeitszeitkonten eingerichtet, die eine Flexibilisierung der Arbeitszeit erlaubten und die in 2002 weiter flexibilisiert wurden.[1702]

Die eingangs formulierte Vermutung[1703] hinsichtlich des Zutreffens der Hypothese IV (Vollzug der Transformation im Innenverhältnis)[1704] kann somit wiederum bestätigt werden. Bei dem in 2000 eingeführten neuen Bewertungs- und Bezahlungssystems für die Angestellten der AG handelt es sich darüber hinaus um eine in Richtung Kapitalmarkt orientierte Maßnahme (Hypothese Ia)[1705].

[1699] Vgl. Deutsche Telekom AG (Hrsg.), Veränderte Anforderungen an den Öffentlichen Dienst – Von der Staatsbehörde zum Dienstleister, 2007, S. 6.
[1700] Vgl. Deutsche Telekom AG (Hrsg.), Arbeitgeberverband Telekom. Das haben wir erreicht., 2002, S. 6.
[1701] Vgl. Deutsche Telekom AG (Hrsg.), Arbeitgeberverband Telekom. Das haben wir erreicht., 2002, S. 16.
[1702] Vgl. Deutsche Telekom AG (Hrsg.), Arbeitgeberverband Telekom. Das haben wir erreicht., 2002, S. 11.
[1703] Siehe hierzu die Ausführungen in Kapitel E.4.2.1 (Der mitarbeiterorientierte Prozess).
[1704] Hypothese IV: Es ist der Deutschen Telekom gelungen, die notwendigen Transformationen auch im Innenverhältnis (prozessuale und strukturelle Ausrichtung, Mitarbeiterorientierung, Personalanpassungen und Kulturwandel) zu realisieren. Häufig werden Formen der indirekten Unternehmenssteuerung, die mit Hilfe von Kennzahlen gewonnen werden, zu einem Vergleich mit internen oder externen Konkurrenzen verbunden. Dadurch verschwimmen die Grenzen des Unternehmens intern zwischen Markt und Hierarchie.
[1705] Hypothese Ia: Die Kapitalmarktorientierung dominiert im maßgeblichen Sinne die Ausrichtung und Strategie des Unternehmens Deutsche Telekom AG, die ursprüngliche ordnungspolitische Ausrichtung spielt keine Rolle mehr.

4.3 Ausgewählte Beispiele für funktionale Innovations- und Lernprozesse

Im oberen Teil dieses Abschnitts wurden aus der Strategie abgeleitete und mitarbeiterbezogene Innovationen und Lerneffekte vorgestellt. Daneben können Innovationen und Lernprozesse auch aus funktionalgetriebenen Maßnahmen abgeleitet werden. In diesem Teilabschnitt werden zwei Projekte vorgestellt, deren Inhalte wesentliche funktionsbasierte Innovationen und Lernanreize für die Mitarbeiter darstellen. Daneben wäre an dieser Stelle auch die Vorstellung weiterer Projekte wie bspw. PRISMA[1706] und PM-Excellence[1707] möglich gewesen, die jedoch aufgrund ihrer organisatorischen Implikation innerhalb des Kapitels E.6.2 (Meilensteine der Organisation) dargelegt werden.

4.3.1 Neue Spielregeln bei Rollen und Zusammenarbeit

Das Projekt für erfolgreiche organisatorische Rollen und Methoden der Zusammenarbeit (PERFORM) wurde im Dezember 1996 eingeführt. Mit Hilfe von PERFORM sollten die Rollen und Verantwortlichkeiten sowie die Zusammenarbeit der Konzerngeschäftsfelder (KGF) und Konzernservicecenter (KSC) im Detail geklärt, weiterentwickelt und beschrieben werden.[1708] Ziel dabei war es, die strategische Neuausrichtung des Konzerns durch klare Rollen, stabile Prozesse und ein konsistentes Führungssystem zu unterstützen.[1709]

4.3.1.1 Partnerschaft zwischen zentraler Steuerung und Flächenorganisation

Der Geschäftsbereich Vertrieb und Service in der damaligen Generaldirektion (Telekom) wurde im Rahmen von PERFORM gleichrangiger Partner der Geschäftsbereiche mit Produktmarktverantwortung, welche allgemein als organisatorische Abbildung der Konzerngeschäftsfelder galten. Dabei bildete der Geschäftsbereich Vertrieb und Service die organisatorische Abbildung des KSC Vertrieb und Service. Die unten stehende Abbildung 121 zeigt die Faktoren auf, durch welche ein langfristiger Erfolg des Konzerns hierbei erzielt werden sollte.

Abb. 121: Das Zusammenspiel von Produkt- und Kundensegmentmanagement

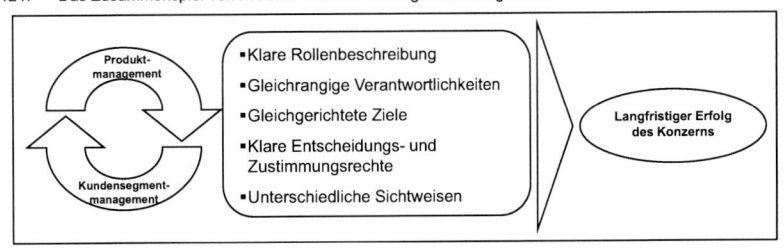

- Klare Rollenbeschreibung
- Gleichrangige Verantwortlichkeiten
- Gleichgerichtete Ziele
- Klare Entscheidungs- und Zustimmungsrechte
- Unterschiedliche Sichtweisen

(Produktmanagement ↔ Kundensegmentmanagement → Langfristiger Erfolg des Konzerns)

In Anlehnung an: Deutsche Telekom AG (Hrsg.), Telekom braucht neben einem starken Produktmanagement ein starkes Kundensegmentmanagement, 1996

Dem Geschäftsbereich Vertrieb und Service kam wegen seines unmittelbaren Marktzugangs die erweiterte Rolle der Verantwortung für das Ergebnis seiner Kundensegmente über alle Produktmärkte hinweg zu.[1710]

Aufgabe dieses Geschäftsbereichs war es ab sofort, das jeweilige Kundensegment, welches sowohl existierende wie auch potenzielle Kunden umfasste, so zu bearbeiten, dass die Deutsche Telekom den größtmöglichen Anteil am Telekommunikationsbudget der Kunden in dem jeweiligen Segment für sich gewinnen konnte. Um diese Aufgabe wahrnehmen zu können, erhielt der Ge-

---

[1706] Siehe hierzu auch Kapitel E.6.2.13 (Strukturumbruch im Personalmanagement – Das PRISMA-Projekt).
[1707] Siehe hierzu auch die Ausführungen in Kapitel E.6.2.14 (Das Projektprogramm PM-Excellence).
[1708] Vgl. Deutsche Telekom AG (Hrsg.), PERFORM, http://q9g0m.bonn02.telekom.de/ow/_strukturen/archiv/PERFORM/perform.htm, 2003.
[1709] Vgl. Deutsche Telekom AG (Hrsg.), PERFORM, http://q9g0m.bonn02.telekom.de/ow/_strukturen/archiv/PERFORM/perform.htm, 2003.
[1710] Vgl. Deutsche Telekom AG (Hrsg.), PERFORM, http://q9g0m.bonn02.telekom.de/ow/_strukturen/archiv/PERFORM/perform.htm, 2003.

schäftsbereich Geschäftsplanungskompetenzen und -funktionen. So war dieser von nun an für Absatz-, Umsatz-, Investitions- und Kostenplanung im jeweiligen Kundensegment verantwortlich und gestaltete die Vertriebs- und Servicestrategie.[1711] Eine Übersicht dieser neuen Aufgaben für den Geschäftsbereich Vertrieb und Service zeigt Abbildung 122.

Abb. 122: Aufgaben des produktmarktübergreifenden Kundensegmentmanagements

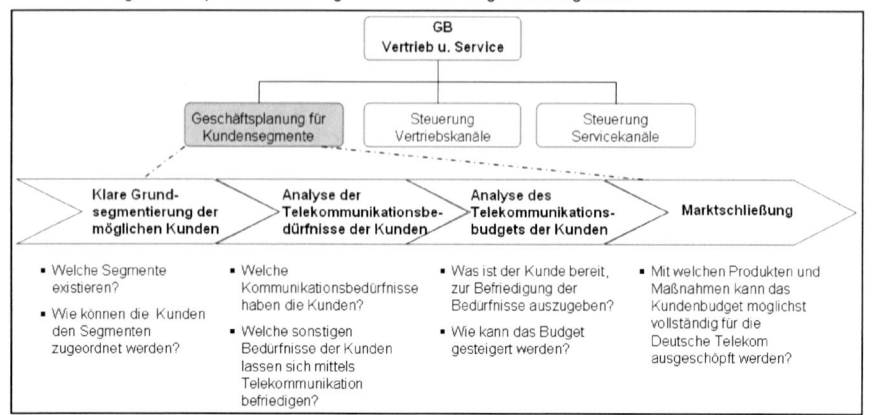

```
                         GB
                   Vertrieb u. Service
          ┌─────────────┼─────────────┐
   Geschäftsplanung für    Steuerung        Steuerung
     Kundensegmente      Vertriebskanäle   Servicekanäle
```

Klare Grund-segmentierung der möglichen Kunden	Analyse der Telekommunikationsbedürfnisse der Kunden	Analyse des Telekommunikationsbudgets der Kunden	Marktschließung
• Welche Segmente existieren? • Wie können die Kunden den Segmenten zugeordnet werden?	• Welche Kommunikationsbedürfnisse haben die Kunden? • Welche sonstigen Bedürfnisse der Kunden lassen sich mittels Telekommunikation befriedigen?	• Was ist der Kunde bereit, zur Befriedigung der Bedürfnisse auszugeben? • Wie kann das Budget gesteigert werden?	• Mit welchen Produkten und Maßnahmen kann das Kundenbudget möglichst vollständig für die Deutsche Telekom ausgeschöpft werden?

In Anlehnung an: Deutsche Telekom AG (Hrsg.), Aufgaben des produktmarktübergreifenden Kundensegmentmanagement im GB Vertrieb und Service, 1996

Eine enge und gleichberechtigte Kooperation zwischen Kundensegment- und Produktmanagement wurde als der Schlüssel zur Umsatzmaximierung gesehen. Die Kombination der Sichtweisen Produktmarkt und Kundensegment sowie deren abgestimmte Entwicklung hinsichtlich regionaler Einflüsse und Wirkungen wurden für das Telekommunikationsgeschäft als erfolgsentscheidend eingestuft. Die nachfolgende Abbildung 123 verdeutlicht die dafür notwenigen Rollenverteilungen und die damit einhergehenden Verantwortlichkeiten.

Abb. 123: Rollenverteilung und Verantwortlichkeiten zwischen Produktmarkt und Kundensegment

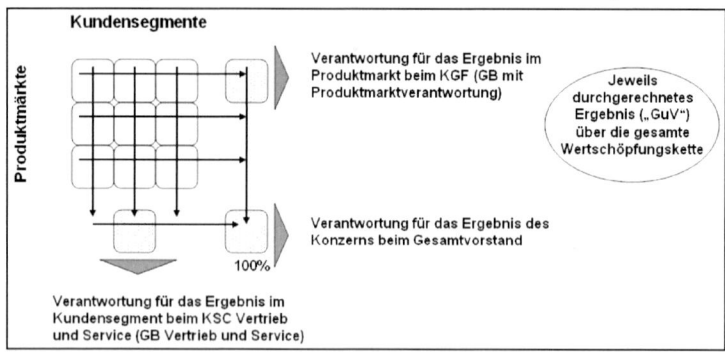

In Anlehnung an: Deutsche Telekom AG (Hrsg.), Summe der Kundensegmentergebnisse gleich Summe der Produktmarktergebnisse, 1996

[1711] Vgl. Deutsche Telekom AG (Hrsg.), PERFORM, http://q9g0m.bonn02.telekom.de/ow/_strukturen/archiv/PERFORM/perform.htm, 2003.

Die Ergebnisverantwortung der Niederlassungen blieb nicht nur unverändert bestehen, sie wurde für die Kundenniederlassungen gefestigt und erlebbar. So wurde bspw. die zentrale Geschäftsplanung dem Geschäftsbereich Vertrieb und Service und die dezentrale Planung den Kundenniederlassungen übertragen.[1712]

PERFORM zielte damit in erster Linie auf einen Wandel der mitarbeiterorientierten und prozessualen Perspektiven sowie auf die Wahrnehmung der kennwertbezogenen Mitarbeiterführung, was die Gültigkeit der Hypothese IV (Vollzug der Transformation im Innenverhältnis)[1713] belegt. Da die Veränderung von Prozessen grundsätzlich auch eine Optimierung von Umsätzen oder Kosten zum Ziel hat, zielen die Aktivitäten von PERFORM auch auf die Kapitalmarktorientierung entsprechend der Hypothese Ia[1714].

4.3.2 Die Transformation der Servicekultur in den Personalbereich: Das Programm HR@2009

Das strategische Ziel der Deutschen Telekom ist es, bis zum Jahr 2010 Europas Nummer eins hinsichtlich der Umsatzführerschaft unter den integrierten Telekommunikationsanbietern in Europa sowie bei den Finanzkenngrößen EBITDA, Gewinn je Aktie und mittelfristig auch bei der Marktkapitalisierung zu werden.[1715] Diese Ziele lassen sich bei den vorherrschenden Rahmenbedingungen wie Preiskampf, harten Regulierungsvorgaben und schnellen technischen Veränderungen auf dem Telekommunikationsmarkt nur erschwert erreichen. Aus Sicht des Vorstands existiert ein direkter Zusammenhang zwischen der Zufriedenheit der Kunden und dem wirtschaftlichen Erfolg des Unternehmens.[1716] Die Kunden erwarten eine optimale Qualität bei Produkten und Dienstleistungen und nur wenn die Deutsche Telekom diese Kundenwünsche erfüllt, wird ihr die Vermeidung weiterer hoher Kundenabwanderungen zu Billiganbietern gelingen.[1717]

Die angespannte Marktsituation auf Grund des steigenden Wettbewerbsdrucks sowie die schnelllebige Fortentwicklung der Technologien und die aus diesen beiden Faktoren resultierenden Kostenprobleme treffen auch die Querschnittsbereiche des Konzerns, wie beispielsweise den Bereich Human Resources. Diesen externen Einflussfaktoren galt es ebenso in der Arbeitsweise und der organisatorischen Struktur des Personalmanagements zu entsprechen. Zum einen musste der Personalabbau in den Querschnittsbereichen an die Marktentwicklung im Heimatgeschäft angepasst werden, zum anderen war die Servicekultur, strategisch getrieben für das gesamte Unternehmen, auch im HR-Bereich umzusetzen.

Allgemein stellten die aufgrund der externen Marktgegebenheiten getriebenen Veränderungen im Konzern große Herausforderungen an die Beschäftigten dar. Auch im Personalbereich musste aus den o.g. Gründen die Arbeit wettbewerbsfähig gestaltet werden.[1718]

Zur Erreichung dieser Vorhaben wurden durch den HR-Bereich für den inländischen Konzern bereits in 2006 vier Ziele definiert:

❑ Erhöhung des Wertschöpfungsbeitrags durch Weiterentwicklung strategischer HR-Themen,

❑ Erhöhung der internen Kundenorientierung durch Weiterentwicklung der Governance HR,

---

[1712] Vgl. Deutsche Telekom AG (Hrsg.), Die zentrale Geschäftsplanung verantwortet das Kundensegmentmanagement im „Zentralen Betrieb" GB SV, die dezentrale Kunden-NL. – Vorstandsbeschluß vom 09.12.1996, 1996.
[1713] Hypothese IV: Es ist der Deutschen Telekom gelungen, die notwendigen Transformationen auch im Innenverhältnis (prozessuale und strukturelle Ausrichtung, Mitarbeiterorientierung, Personalanpassungen und Kulturwandel) zu realisieren. Häufig werden Formen der indirekten Unternehmenssteuerung, die mit Hilfe von Kennzahlen gewonnen werden, zu einem Vergleich mit internen oder externen Konkurrenzen verbunden. Dadurch verschwimmen die Grenzen des Unternehmens intern zwischen Markt und Hierarchie.
[1714] Hypothese Ia: Die Kapitalmarktorientierung dominiert im maßgeblichen Sinne die Ausrichtung und Strategie des Unternehmens Deutsche Telekom AG, die ursprüngliche ordnungspolitische Ausrichtung spielt keine Rolle mehr.
[1715] Vgl. Deutsche Telekom AG (Hrsg.), HR@2009: Zukunftssicherung für HR, 2008, S. http://pedores.telekom.de/AppGen/dialog/docview/Dialog/18082006/015/H340090375E440F11320B68A0/portal?style=Default&frame=content.
[1716] Vgl. Deutsche Telekom AG (Hrsg.), Zielerreichung steht fest, http://intranet.telekom.de/dtag/cms/content/TeamNet/de/510466;jsessionid=2C37B738BD3797A1BB2C5B0C9A6CA229, 2008.
[1717] Vgl. Deutsche Telekom AG (Hrsg.), HR@2009: Zukunftssicherung für HR, 2008, S. http://pedores.telekom.de/AppGen/dialog/docview/Dialog/18082006/015/H340090375E440F11320B68A0/portal?style=Default&frame=content.
[1718] Vgl. Deutsche Telekom AG (Hrsg.), „Keine Insel der Seligen", http://intranet.telekom.de/dtag/cms/content/TeamNet/de/437496%3bjsessionid=A2EE723951123C98CC371B979FF66C6D, 2008.

- ❑ Qualitätssteigerung und Kostensenkung in der Personalarbeit und
- ❑ vorausschauendes Management der HR-Kompetenzen.[1719]

Wie die Zielsetzungen bereits implizieren, lässt sich bei diesem Vorhaben ein Zusammenhang zu den beiden Subhypothesen Kapitalmarkt- und Kundenorientierung aus der Hypothese I (Wandel)[1720] ableiten, auch wenn sich an dieser Stelle die Kundenorientierung (Hypothese Ic)[1721] auf die internen Kunden bezieht.

Die weiter unten beschriebenen Veränderungen der HR-Aufgaben und -Rollen stellen darüber hinaus eine notwendige strukturelle, prozessuale und mitarbeiterorientierte Transformation im Innenverhältnis, verbunden mit Personalanpassungen und Kulturwandel, im Sinne der Hypothese IV[1722] dar.

Die Umsetzung der Maßnahmen zur Erreichung dieser vier Ziele erfolgte im Rahmen des Programms HR@2009, das durchaus als ein strategisches Transformationsprogramm angesehen werden kann, jedoch aufgrund der Implikationen in Bezug auf funktionale Innovations- und Lernprozesse daher an dieser Stelle erläutert wird.

Teil dieses Programms war zunächst die Versinnbildlichung des neuen Rollenverständnisses. Die dementsprechend erarbeiteten Inhalte der erneuerten HR-Mission zeigt die Abbildung 124.

Abb. 124: Die drei Kernelemente der HR-Mission

Quelle: Deutsche Telekom AG (Hrsg.), HR@2009: Personalbereich beschließt konzernweite HR-Mission, 2008

Unter dem Kernelement Best People sieht der Personalbereich die Aufgabe, Führungskräfte und Mitarbeiter, insbesondere mit den Personalentwicklungsprogrammen STEP up![1723] und Go A-

---

[1719] Vgl. Deutsche Telekom AG (Hrsg.), HR@2009: Zukunftssicherung für HR, 2008, S. http://pedores.telekom.de/AppGen/dialog/docview/Dialog/18082006/015/H340090375E440F11320B68A0/portal?style=Default&frame=content.
[1720] Hypothese I: Die Deutsche Telekom hat den Wandel von einer Behörde zu einem markt- und kundenorientierten Unternehmen vollständig vollzogen.
[1721] Hypothese Ic: Die Telekom hat den Wandel zu einem kundenorientierten Unternehmen sowohl strategisch als auch in der praktischen Umsetzung abgeschlossen.
[1722] Hypothese IV: Es ist der Deutschen Telekom gelungen, die notwendigen Transformationen auch im Innenverhältnis (prozessuale und strukturelle Ausrichtung, Mitarbeiterorientierung, Personalanpassungen und Kulturwandel) zu realisieren. Häufig werden Formen der indirekten Unternehmenssteuerung, die mit Hilfe von Kennzahlen gewonnen werden, zu einem Vergleich mit internen oder externen Konkurrenzen verbunden. Dadurch verschwimmen die Grenzen des Unternehmens intern zwischen Markt und Hierarchie.
[1723] Siehe hierzu auch die Ausführungen in Kapitel E.4.2.2.1 (Das Systematic and Transparent Executive Development Program).

head![1724], gezielt zu fördern und zu fordern, damit diese ihren Beitrag zur Steigerung der Wettbewerbsfähigkeit des Konzerns leisten können.[1725]

Insbesondere beim War for Talents geht es Thomas Sattelberger, dem Personalvorstand der Deutschen Telekom, darum, das eigene Arbeitgeberimage zu internationalisieren und den Turnaround auf dem heimischen Talentmarkt hinsichtlich einer attraktiven Arbeitgebermarke zu schaffen.[1726]

Die Schaffung eines finanziellen Mehrwerts des HR-Bereichs (Kernelement Add Value) sollte durch die Implementierung einer neuen effizienten Organisation und personalspezifischer Maßnahmen, die direkt die Erreichung der Geschäftsziele unterstützen, erfolgen, so dass die Kernthemen dieses Elements demzufolge Inhalte wie Produktivitätssteigerung, Zielemanagement, Performance und Workflowmanagement enthalten.[1727]

Das dritte Kernelement Enable Transformation beinhaltet alle Veränderungsmaßnamen, die mit den Einzelthemen Unternehmens- und Servicekultur, Veränderungsmanagement und Organisationsentwicklung verknüpft sind.[1728] Dabei geht es um die Entwicklung des HR-Bereichs und der im Personalbereich Beschäftigten hin zu Treibern der Transformation im Rahmen des Veränderungsmanagements sowie um die Umgestaltung des Konzerns mit Verständnis für das Geschäft und die personellen Konsequenzen.[1729]

Einen weiteren Teil des HR@2009-Programms stellt die Harmonisierung der HR-IT-Landschaft im inländischen Konzern dar, mit der die personalspezifische IT-Struktur bis zum Jahr 2011, migriert in einem Standardsystem mit harmonisierten Prozessen und Daten, neu ausgerichtet und kostengünstiger gestaltet werden soll.[1730]

Schwerpunkt des Programms ist schließlich die Neuaufteilung der HR-Aufgaben in die Aufgabenkreise HR Business Partner, HR Competence Center und HR Shared Services. Daraus resultiert ein verändertes Rollenverständnis im Hinblick auf die bisherige Aufgabenverteilung:[1731]

❏ Die HR Business Partner stellen das Gesicht zum (internen) Kunden dar. Sie nehmen die Anforderungen der Geschäftsfelder an den Personalbereich auf und entwickeln mit Hilfe der Experten aus den Competence Centern HR-spezifische Lösungen. Darüber hinaus tragen sie die Verantwortung für die Durchsetzung zentraler HR-Vorgaben in den jeweiligen Geschäftseinheiten. Zu den internen Kunden beziehungsweise Partnern der HR-Business Partner gehören die Führungskräfte und Mitglieder der Leitungsorgane sowie Arbeitnehmervertreter und die Belegschaft als Ganzes in den jeweiligen Segmenten des Konzerns.

❏ Die HR Competence Center sind, bildlich dargestellt, die Organe des HR-Bereichs und bündeln die themenspezifische HR-Fachkompetenz. Sie verstehen sich als Beratungseinheiten und stellen dem HR Business Partner ihr Expertenwissen sowie HR-Konzepte und -Tools zur Verfügung. In den HR Competence Centern werden darüber hinaus HR-Grundsätze in Form von Richtlinien, Methoden und Prozessen erarbeitet sowie die einheitliche Umsetzung derselbigen im inländischen Konzern verantwortet.

[1724] Siehe hierzu auch die Ausführungen in Kapitel E.4.2.2.2 (Das aktuelle Personalentwicklungsprogramm Go Ahead! für Fachkarrieren).
[1725] Vgl. Deutsche Telekom AG (Hrsg.), HR@2009: Personalbereich beschließt konzernweite HR-Mission, 2008, S. http://pedores.tele kom.de/AppGen/dialog/docview/Dialog/01112006/012/H4300806784540051320B68A0/portal?style=Default &frame=content.
[1726] Sattelberger, T.; Reichwald, R., Unternehmenskommunikation und Image der Deutschen Telekom AG als Arbeitgeber, 2008, S. 223.
[1727] Vgl. Deutsche Telekom AG (Hrsg.), HR@2009: Personalbereich beschließt konzernweite HR-Mission, 2008, S. http://pedores.tele kom.de/AppGen/dialog/docview/Dialog/01112006/012/H4300806784540051320B68A0/portal?style=Default &frame=content.
[1728] Vgl. Deutsche Telekom AG (Hrsg.), HR@2009: Personalbereich beschließt konzernweite HR-Mission, 2008, S. http://pedores.tele kom.de/AppGen/dialog/docview/Dialog/01112006/012/H4300806784540051320B68A0/portal?style=Default &frame=content.
[1729] Vgl. Deutsche Telekom AG (Hrsg.), HR@2009: Personalbereich beschließt konzernweite HR-Mission, 2008, S. http://pedores.tele kom.de/AppGen/dialog/docview/Dialog/01112006/012/H4300806784540051320B68A0/portal?style=Default &frame=content.
[1730] Vgl. Deutsche Telekom AG (Hrsg.), Projekt „Harmonisierung der HR-IT Landschaft ", 2008, S. http://pedores.telekom.de/Portal/tpp/ organisation/konzernzentrale/hr_strategy/article.html;sessionid=4B40A5D14C64C870420B68A0?articleid=14916&mode=free&frame =content &frame=content&type=print.
[1731] Vgl. Deutsche Telekom AG (Hrsg.), HR@2009: modern, kundenorientiert, effizient, schlank, http://personal.telekom.de/, 2008 i.V.m. Deutsche Telekom AG (Hrsg.), „HR braucht schlanke und effiziente Strukturen", 2008, S. http://pedores.telekom.de/Portal/tpp/aktue lles/article.html;sessionid=8E37B00A1C648B91320B68A0?msgid=9748&mode=result&frame=content.

❏ Die HR Shared Services bilden schließlich das Rückgrat des HR-Bereichs. Sie verantworten die effiziente und qualitative Erbringung von administrativen Standardprozessen des Personalbereichs.

Die Einführung dieser neuen Rollenverteilung sollte die Voraussetzung für eine schlankere Organisation verbunden mit dem Abbau von Personal sowie für eine kundenorientierte Aufstellung des HR-Bereichs sein. Die Einsparung von Personaleinheiten wurde in erster Linie durch die Bildung einer Matrixstruktur, bei der die HR Business Partner und die HR Competence Center in der Konzernzentrale mit den entsprechenden HR-Einheiten in den Geschäftsfeldern verwoben wurden, erreicht. Die dezentralen Competence Center in den Geschäftsfeldern werden dabei von den zentralen Competence Centern geführt.[1732]

Das Programm HR@2009 enthält neben dem in diesem Kapitel bereits dargestellten Bezug zu den Eingangshypothesen noch weitere Implikationen. Im Vordergrund des Programms steht die Operationalisierung der HR-Strategie, die wiederum eine abgeleitete Bereichsstrategie aus der Konzernstrategie darstellt.

Die Umsetzung der HR-Zielvorgaben weist auf eine stringente Grundorientierung an der Unternehmensstrategie hin und belegt somit einen Zusammenhang mit der Hypothese III[1733]. Die Umgestaltung des Personalmanagements belegt des Weiteren die Autonomie der Telekom bei der strukturellen Gestaltung im Sinne der Hypothese II[1734] (Autonomes Agieren).

[1732] Vgl. Deutsche Telekom AG (Hrsg.), „HR braucht schlanke und effiziente Strukturen", 2008, S. http://pedores.telekom.de/Portal/tpp/aktuelles/article.html;sessionid=8E37B00A1C648B91320B68A0?msgid=9748&mode=result&frame=content.
[1733] Hypothese III: Die Entwicklung der strategischen Grundorientierung der Deutschen Telekom stellt sich über den Betrachtungszeitraum von 1995 bis 2008 stringent und konsequent an den externen Einflüssen orientiert dar.
[1734] Hypothese II: Die Telekom agiert bei ihrer personellen und strukturellen Gestaltung autonom.

5 Die Kundenperspektive

Bereits in den vorangegangenen Kapiteln wurde die Ausrichtung der Telekom auf die Kunden sowohl bei den Strategien der Jahre 1995 bis 2008[1735] als auch bei zahlreichen Programmen, Projekten und Maßnahmen im Kontext der nachfolgenden Kapitel dargestellt (Wechselwirkung und Zusammenhänge der Perspektiven untereinander)[1736]. Dieser Systematik folgen auch die weiteren noch zu betrachtenden Perspektivenabschnitte.

In diesem Abschnitt stehen nunmehr ausschließlich Maßnahmen und Aktionen im Fokus, die allgemein vom Kunden wahrgenommen werden konnten und können. Inwieweit aus diesem Grund lediglich ein Zusammenhang zur eingangs formulierten Hypothese Ic (Kundenorientierung)[1737] oder auch zu anderen Hypothesen besteht, wird die nachfolgende Analyse aufzeigen.

Im Folgenden werden das Markenmanagement, Kundenbindungsprogramme und die qualitätsbezogenen Bestrebungen der Deutschen Telekom dargestellt.

5.1 T-Branding – Das Markenmanagement der Deutschen Telekom

Das Markenmanagement (englisch Branding) bezeichnet die Entwicklung und die Betreuung einer Marke mit dem Ziel, das eigene Produkt von den Produkten der Wettbewerber zu differenzieren. Dahinter steht die Erkenntnis, dass eine Marke einen höheren Wiedererkennungswert hat und der Verbraucher mit einer Marke charakteristische Eigenschaften, Attribute oder Leistungen verbindet und die Marke dadurch dem Verbraucher zu mehr Orientierung unter den Angeboten verhelfen und Vertrauen ausstrahlen soll.[1738]

Durch die Entwicklung und Führung einer Marke verspricht sich ein Unternehmen somit einen Wettbewerbsvorteil, der sich durch einen höheren Marktanteil und einen höheren Gewinn auszahlen soll.[1739]

In ersten Ansätzen verfolgte der Konzern bereits seit den neunziger Jahren eine globale Markenstrategie.[1740] In 1994 wurde das magentafarbene T mit den Digits als neues Logo vorgestellt, dem das Posthorn mit dem Telekom-Schriftzug bei Gründung der Aktiengesellschaft weichen musste.[1741] Mitte 1995, also bereits im Jahr der Postreform II, wurde festgelegt, dass die weltweite Vermarktung künftig unter dem Namen Deutsche Telekom erfolgen sollte.[1742] Im Hinblick auf die bevorstehende Liberalisierung des Telekommunikationsmarktes sollte beim Kunden die Marke mit dem magentafarbenen T bereits etabliert sein.

In den Folgejahren wurde auch bei den Namen der Produkte und bei den Strategischen Geschäftsfeldern das T der jeweiligen Bezeichnung stets vorangesetzt. Die globale Markenstrategie der Deutschen Telekom aus dem Jahr 2001 wurde in allen wesentlichen Teilbereichen des Konzerns konsequent ausgebaut.[1743]

[1735] Siehe hierzu die Ausführungen in Kapitel E.2 (Der Ausgangspunkt: Visionen, Leitbilder und Strategien 1995 bis 2008).
[1736] Siehe hierzu die Ausführungen in Kapitel Einführung (Gang der Untersuchungen).
[1737] Hypothese Ic: Die Telekom hat den Wandel zu einem kundenorientierten Unternehmen sowohl strategisch als auch in der praktischen Umsetzung abgeschlossen.
[1738] Vgl. Wikipedia (Hrsg.), Die freie Enzyklopädie, Markenführung, http://de.wikipedia.org/wiki/Markenf%C3%BChrung, 2008 i.V.m. Weinand, U., Voraussetzungen der Anmeldung einer Marke im Markenregister, 2008, S. 14.
[1739] Eine Marke wird heute oftmals auch in Form eines Markenwertes monetär, als immaterieller Vermögenswert, bewertet und dem Vermögen eines Unternehmens zugerechnet. Eines der Ziele des Markenmanagements ist es in diesem Fall, durch geeignete Maßnahmen eine Steigerung dieses Markenwertes und damit des Unternehmenswertes zu erzeugen. Vgl. Wikipedia (Hrsg.), Die freie Enzyklopädie, Markenführung, http://de.wikipedia.org/wiki/Markenf%C3%BChrung, 2008 i.V.m. Weinand, U., Voraussetzungen der Anmeldung einer Marke im Markenregister, 2008, S. 14.
[1740] Vgl. Hilpert, C., Strategische Perspektiven – Die Deutsche Telekom im deregulierten Marktumfeld, 2007, S. 29.
[1741] Vgl. Deutsche Bundespost Telekom (Hrsg.), T wie Deutsche Telekom, 1994, S. 20.
[1742] Vgl. Deutsche Telekom AG (Hrsg.), Weltweit mit Namen und einer Marke: Telekom made in Germany, 1995, S. 13.
[1743] Siehe hierzu auch die Ausführungen in den Kapiteln E.2.7 (Strategie 2001: Konzentration auf Wachstum), E.2.7.4 (T-Mobile: Strategische Schwerpunkte 2001) und E.2.8.3 (T-Mobile 2002: Wachstum und T-Branding).

Im Rahmen des strategischen Excellence Programms[1744] (Start in 2005) wurde eine Initiative zum Ausbau der globalen Marke gestartet.

5.1.1 Die übergreifende Offensive Customer and Brand aus dem Excellence Programm

Beabsichtigt war und ist, dass bei der Telekom der Kunde, seine Wünsche und Bedürfnisse mehr und mehr im Mittelpunkt stehen. Zu diesem Zweck sollte im Rahmen des Excellence Programms eine starke, leistungsfähige und glaubwürdige Marke aufgebaut und mit diesen Attributen beim kommunikativen Auftritt in der Öffentlichkeit dargestellt werden.[1745] Im Wesentlichen wurden dabei drei Ziele verfolgt:[1746]

❑ Die nationale und internationale Positionierung und Steuerung der Konzernmarken.

Hierbei wurden die Rollen einzelner Marken innerhalb des Konzerns detailliert festgelegt und die Regeln für das Zusammenspiel mit der Dachmarke (T – Deutsche Telekom) festgeschrieben. Ebenfalls weiter ausgebaut werden sollte die bereits begonnene Harmonisierung des internationalen Markenauftritts unter Berücksichtigung lokaler Besonderheiten.

❑ Die kontinuierliche Erfassung und Weiterentwicklung der Markenstärke (Brand Equity).

Bei diesem Vorhaben ging es vor allem darum, die aus der Kundensicht relevanten Kaufentscheidungs- und Kundenbindungsfaktoren sowie Markenattribute zu identifizieren und im Wettbewerbsvergleich zu verbessern. Hieraus entstand wiederum die Definition der für das Marketing wesentlichen Handlungsfelder für die Bereiche Werbung, Customer Relation Management und Sponsoring, die konsequent umgesetzt werden sollten.

❑ Die geschäftsfeldübergreifende Marketingplanung mit dem Schwerpunkt auf einen koordinierten, kundennutzenorientierten Marketingauftritt.

Intensiver als bisher sollte der Auftritt aller Geschäftsfelder miteinander verzahnt werden. Vor allem sollte dies durch Formulierung der Kommunikationsleitlinien auf Basis des geschäftsfelderübergreifenden Marketingplanungsprozesses geschehen. Hiervon erhoffte sich das Unternehmen mehr Effizienz bei den Kommunikationsmaßnahmen und Marketingbudgeteinsätzen.

Hierzu wurden die acht Projekte Gesteuerte Brand Equity, Differenzierung, Internationales Markenmanagement, Marketingplanungsprozess, Sponsorshipstrategien, Common Advertising Process, Mediaguidelines und Werbewirkungskontrolle initiiert.[1747]

Drei Felder galten als die wesentlichen Kauf-, Nutzungs- und Loyalitätstreiber in der Branche, bei denen Spitzenleistungen erzielt werden sollten:

❑ Produkte und Innovationen (Product Excellence),

❑ Kundenbeziehungen (Relationship Excellence) und

❑ Preis / Leistungsverhältnis (Price / Value Performance).[1748]

Im Bereich Produkte und Innovationen hatte die Telekom eine führende Position im Markt inne. Jedoch war dies aus Unternehmenssicht im Hinblick auf die Wettbewerbssituation und die zukünftigen Herausforderungen kein ausreichendes Differenzierungspotenzial. Als Konsequenz musste es für die Deutsche Telekom heißen, diese Stärken weiter auszubauen.

[1744] Zum Excellence Programm siehe die Ausführungen in Kapitel E.4.1.4 (Das Excellence Programm als Beispiel für eine alle Perspektiven übergreifende und konzernweite Strategietransformation).
[1745] Vgl. Deutsche Telekom AG (Hrsg.), Der Weg zur Marken- und Werbeexcellenz, http://teamnet.telekom.de/coremedia/generator/Excellence/templateId=renderInternalPage/gridID=157108/modulID=157100/contentID=172952/top=true/id=157102.html, 2005.
[1746] Vgl. Deutsche Telekom AG (Hrsg.), Der Weg zur Marken- und Werbeexcellenz, http://teamnet.telekom.de/coremedia/generator/Excellence/templateId=renderInternalPage/gridID=157108/modulID=157100/contentID=172952/top=true/id=157102.html, 2005.
[1747] Vgl. Deutsche Telekom AG (Hrsg.), Der Weg zur Marken- und Werbeexcellenz, http://teamnet.telekom.de/coremedia/generator/Excellence/templateId=renderInternalPage/gridID=157108/modulID=157100/contentID=172952/top=true/id=157102.html, 2005.
[1748] Vgl. Deutsche Telekom AG (Hrsg.), Mit Marken-Excellence zu mehr Kundennähe, http://teamnet.telekom.de/coremedia/generator/Excellence/templateId=renderInternalPage/gridID=157108/modulID=157100/contentID=163702/top=true/id=157102.html, 2005.

5.1.2 Einführung einer neuen Markenarchitektur

Im Frühjahr 2007 wurde die Markenarchitektur dahingehend überarbeitet, dass das T weltweit noch mehr als bisher in den Vordergrund gerückt wurde und nun sogar den Namen der Deutschen Telekom vollständig symbolisiert.[1749]

Nach dieser neuen Markenarchitektur unterscheidet sich die Unternehmensmarke Deutsche Telekom, symbolisiert durch das T, das sich an Mitarbeiter, Investoren und die Öffentlichkeit richtet, von den an die Kunden gerichteten Angebotsmarken T-Mobile, T-Home und T-Systems.[1750] Dies folgte der Erfahrung, dass sich die Kunden nicht für die internen Strukturen eines Konzerns, sondern für Marken interessieren.[1751] Diese Vereinheitlichung und Vereinfachung des Markenauftritts stellt einen Bestandteil der Strategie der Konzentration und des gezielten Wachstums[1752] mit dem Ziel dar, dass die Kunden die Deutsche Telekom stärker als bisher als Absendermarke wahrnehmen und ein einheitliches Markenerlebnis erfahren.[1753]

Ebenfalls im ersten Halbjahr 2007 wurde dementsprechend die neue Produktmarke T-Home eingeführt, unter der alle Kundenangebote für Privatkunden für Zuhause gebündelt wurden und die die Bezeichnung T-Com ersetzte.[1754]

Anfang Juli 2008 wurde ein neuer (einheitlicher) Markenslogan (Erleben, was verbindet) der Deutschen Telekom eingeführt, unter dem seither alle Angebotsmarken mit dem T einheitlich bei Werbeauftritten platziert werden.[1755]

5.1.3 Spiegelung des Markenmanagements an den Eingangshypothesen

Die obenstehenden Ausführungen lassen eine Einordnung der Thematik zu den zu Beginn dieser Arbeit formulierten Hypothesen Ib (TK-Marktbeherrschung)[1756] und Ic (Kundenorientierung)[1757] als zutreffend erscheinen. Insbesondere die Markenstrategie aus 2007 ermöglicht den Kunden eine Orientierung an und Wiedererkennung der Marke T, was letztendlich zur Kundenbindung beitragen kann.

5.2 Kundenorientierung als strategischer Wettbewerbsvorteil

Unter Kundenorientierung werden in der Betriebswirtschaftslehre grundsätzlich die Bestandteile einer Prozessorientierung und Marketingausrichtung verstanden, mit deren Hilfe die Abhängigkeit eines Unternehmens vom Kunden in den Mittelpunkt der unternehmerischen Entscheidungen gestellt wird, die der Erkenntnis folgen, dass eine fehlende Kundenorientierung Umsätze bzw. Erträge mindern kann.[1758]

[1749] Vgl. Deutsche Telekom AG (Hrsg.), „T" für „Deutsche Telekom", http://intranet.telekom.de/dtag/cms/content/TeamNet/de/458012, 2008.
[1750] Vgl. T-Mobile Deutschland GmbH (Hrsg.), Alles unter einem T: Was bedeutet das für die Marke T-Mobile?, http://intranet.t-mobile.de/TMI/CDA/CMAIN/contnews/0,3077,207737___,00.html, 2008.
[1751] Vgl. T-Mobile Deutschland GmbH (Hrsg.), Alles unter einem T: Was bedeutet das für die Marke T-Mobile?, http://intranet.t-mobile.de/TMI/CDA/CMAIN/contnews/0,3077,207737___,00.html, 2008.
[1752] Siehe hierzu auch die Ausführungen in Kapitel E.2.13 (Profitabilität, Wachstum und Serviceorientierung – Vision, Strategie und Konzernziele in 2007).
[1753] Vgl. Deutsche Telekom AG (Hrsg.), Marketing-Kommunikation neu geregelt, http://intranet.telekom.de/dtag/cms/content/TeamNet/de/522714, 2008.
[1754] Vgl. Deutsche Telekom AG (Hrsg.), Neue Marke T-Home startet, http://intranet.telekom.de/dtag/cms/content/TeamNet/de/399516, 2008 i.V.m. Deutsche Telekom AG (Hrsg.), „T" für „Deutsche Telekom", http://intranet.telekom.de/dtag/cms/content/TeamNet/de/458012, 2008.
[1755] Vgl. Deutsche Telekom AG (Hrsg.), „Erleben, was verbindet", http://intranet.telekom.de/dtag/cms/content/TeamNet/de/541238, 2008.
[1756] Hypothese Ib: Die Deutsche Telekom hat ihre Monopolstellung auf dem deutschen Telekommunikationsmarkt in eine marktorientierte und -beherrschende Position gewandelt.
[1757] Hypothese Ic: Die Telekom hat den Wandel zu einem kundenorientierten Unternehmen sowohl strategisch als auch in der praktischen Umsetzung abgeschlossen.
[1758] Vgl. Wikipedia (Hrsg.), Die freie Enzyklopädie, Kundenorientierung, http://de.wikipedia.org/wiki/Kundenorientierung, 2008.

Dabei liegen im Allgemeinen die Ursachen für eine mangelnde Kundenorientierung häufig in der Unternehmenskultur, der Struktur und in wenig effektiven oder in intransparenten Prozessen eines Unternehmens.[1759] Die Notwendigkeit der Ausrichtung auf die Kunden wurde bei der Deutschen Telekom bereits frühzeitig erkannt und entsprechend durch zahlreiche Festlegungen und Maßnahmen bei den unterschiedlichsten Perspektiven und Bereichen implementiert, insbesondere bei

- dem in diesem Abschnitt oben behandelten Thema des Markenmanagements[1760] sowie bei den unten stehenden Themen des Qualitätsmanagements[1761],
- der Festlegung der Unternehmensvision, -strategie und -ziele sowie den Leitbildern[1762],
- diversen strategischen Transformationsprogrammen[1763],
- den sowohl mitarbeiterbezogenen[1764] als auch funktionalen[1765] Innovations- und Lernprozessen,
- den Geschäftsprozessen[1766] und den organisationsspezifischen Maßnahmen[1767] und
- im allgemeinen Projektmanagement[1768].

Die Fülle der seitens der Deutschen Telekom betriebenen Programme und Maßnahmen im Hinblick auf die Kundenorientierung tragen dem Sachverhalt Rechnung, dass die Fähigkeit, Kundenerwartungen zu entsprechen, als ein entscheidender Wettbewerbsvorteil angesehen werden kann. Dieser Umstand belegt die Wechselwirkung zwischen Kunden- und Kapitalmarktorientierung und stellt somit einen weiteren Beleg für die Stringenz der strategischen Grundorientierung der Deutschen Telekom im Sinne der Hypothese III[1769] dar.

5.3 Kundenbindungsprogramme der Telekom auf Basis von Bonusprogrammen

Neben den im Vertrieb üblichen speziellen Services und zeitlichen Bindungsfristen an Dienstleistungen und Produkte sowie geschäftskundenspezifischen Programmen hat das Unternehmen auch Bonusprogramme als Kundenbindungsmaßnahmen aufgelegt.

[1759] Vgl. Wikipedia (Hrsg.), Die freie Enzyklopädie, Kundenorientierung, http://de.wikipedia.org/wiki/Kundenorientierung, 2008.
[1760] Siehe hierzu auch die Ausführungen in Kapitel E.5.1 (T-Branding – Das Markenmanagement der Deutschen Telekom) und zugehörige Untergliederungen.
[1761] Siehe hierzu auch Kapitel E.5.4 (Qualitätsmanagement bei der Deutschen Telekom) und zugehörige Untergliederungen.
[1762] Siehe hierzu auch die Ausführungen in den Kapiteln E.2.1 (Vorbereitung auf den Börsengang – Die Vorsätze in 1995), E.2.2 (Börsengang und Kundensegmentierung – Die Ziele in 1996), E.2.3 (Der Kunde im Fokus – Strategie und Ziele in 1997), E.2.4.1 (Die Vision aus dem Konzernleitbild 1998), E.2.4.3 (Handlungs- und Führungsgrundsätze aus dem Konzernleitbild 1998), E.2.4.4 (Die strategischen Ziele in 1998), E.2.5.1 (Eckpunkte der Verhaltenskultur komplettieren das Konzernleitbild), E.2.7 (Strategie 2001: Konzentration auf Wachstum), E.2.7.2 (Festnetzstrategie und die strategischen Schwerpunkte der T-Com für 2001), E.2.8.4 (T-Systems 2002: Strategische Schwerpunkte), E.2.9.1 (Die Vision aus dem Konzernleitbild 2003), E.2.9.2 (Das Wertegerüst T-Spirit), E.2.9.3 (Die strategischen Ziele für 2003), E.2.11 (Konzernziele 2005: Ausrichtung auf wesentliche Wachstumstreiber), E.2.12 (Neue Strategie in 2006 und Erweiterung des Konzernleitbildes durch den Code of Conduct), E.2.12.2 (Der Code of Conduct), E.2.13 (Profitabilität, Wachstum und Serviceorientierung – Vision, Strategie und Konzernziele in 2007) und E.2.14 (Strategie 2008: Breitband und mobiles Internet als Wachstumskriterien).
[1763] Siehe hierzu auch die Ausführungen in den Kapiteln E.4.1.1 (Das Power-Konzept), E.4.1.2 (Das Transformationsprogramm Telekom Future) sowie E.4.1.4 (Das Excellence Programm als Beispiel für eine alle Perspektiven übergreifende und konzernweite Strategietransformation) und zugehörige Untergliederungen.
[1764] Siehe hierzu auch die Ausführungen in den Kapiteln E.4.2.1.1 (Das Mitabeiterjahresgespräch) und E.4.2.1.2 (Die Mitarbeiterbeurteilung).
[1765] Siehe hierzu auch die Ausführungen in Kapitel E.4.3.2 (Die Transformation der Servicekultur in den Personalbereich: Das Programm HR@2009).
[1766] Siehe hierzu auch die Ausführungen in den Kapiteln E.6.1.1 (Die Einführung der Prozessorganisation), E.6.1.3.1 (Die Konversion des Personalmanagements in 1999 durch die Einführung der prozessorientierten Personalarbeit und des Personalreferentenmodells) sowie E.6.1.3.2 (Die Restrukturierung der Betriebs- und Serviceprozesse – Das Projekt NICE als Beispiel für ein Prozessmanagement).
[1767] Siehe hierzu auch die Ausführungen in den Kapiteln E.6.2.1 (Das Projekt Telekom Kontakt), E.6.2.2 (Geschäftsfeldreform führt zu neuen strategischen Konzerngeschäftsfeldern), E.6.2.3 (Erneuerung des Service für Privatkunden – Das Projekt SMILE), E.6.2.5 (Die Reform der strategischen Geschäftsfelder), E.6.2.6 (Neuausrichtung der Privat- und Geschäftskundendirektionen), E.6.2.8 (Neuausrichtung der Privat- und Geschäftskundenaußenorganisation) sowie innerhalb der Perspektive Finanzen das Kapitel E.3.5 (Die Ausgliederung der T-Service-Gesellschaften).
[1768] Siehe hierzu auch die Ausführungen in Kapitel E.6.2.14 (Das Projektprogramm PM-Excellence).
[1769] Hypothese III: Die Entwicklung der strategischen Grundorientierung der Deutschen Telekom stellt sich über den Betrachtungszeitraum von 1995 bis 2008 stringent und konsequent an den externen Einflüssen orientiert dar.

Im Herbst 2001 startete die Telekom das Bonusprogramm HappyDigits.[1770] Im Frühjahr 2002 wurde gemeinsam mit der KarstadtQuelle AG eine Betreibergesellschaft für das Bonusprogramm gegründet.[1771] Im Frühjahr 2008 hat das Bonussystem bereits 33 Millionen Kundenkarten ausgegeben und ist mit den hieran beteiligten Unternehmen eines der führenden Bonusprogramme in Deutschland.[1772] Im Januar 2009 übernahm die ARCANDOR AG[1773] 51 Prozent der Telekom-HappyDigit-Anteile, die die Telekom über ihre Beteiligungsgesellschaft CAP gehalten hatte, da sich das Unternehmen stärker auf das Kerngeschäft konzentrieren wollte.[1774] Daneben besteht eine strategische Partnerschaft mit der Lufthansa bei dem Bonusprogramm Miles & More.[1775]

Die Kundenbindungsprogramme der Telekom (so wie aller anderer Unternehmen auch) zielen grundsätzlich auf die Absicht, Marktposition zu halten oder auszubauen (Hypothese Ib)[1776].

5.4 Qualitätsmanagement bei der Deutschen Telekom

Anfang der neunziger Jahre durchliefen Telekommunikationsunternehmen weltweit den grundsätzlichen Veränderungsprozess und die staatlichen Monopolunternehmen unterlagen kritischen Betrachtungen im Hinblick auf vorhandene Monopolleistungen und Tarifierungen.[1777]

Neben dem Preis kann die Qualität von Produkten und Dienstleistungen als ein entscheidender Wettbewerbsfaktor angesehen werden. Bei der Telekom begannen bereits gut fünf Jahre vor der Liberalisierung des deutschen Telekommunikationsmarktes die Anstrengungen, künftig Kunden im Hinblick auf die Qualität der Dienstleistungen zu binden und damit den sich durch die Regulierung und den Wettbewerb anbahnenden Marktanteilsverlusten nach Möglichkeit von vornherein entgegenzuwirken.

Hierfür wurden zahlreiche Projekte und Initiativen über die Folgejahre umgesetzt, von denen einige weiter unten ausführlicher erläutert werden.[1778] Zunächst erfolgt jedoch ein Überblick zu der Einführung von Qualitätsmanagementsystemen bei der Deutschen Telekom. Eine Zuordnung zu den eingangs aufgestellten Hypothesen findet sich am Ende dieses Kapitels.[1779]

5.4.1 Einführung des Total Quality Management

In Vorbereitung auf den künftigen Wettbewerb führte die Telekom schon 1993 das Prinzip des Total Quality Management (TQM) ein, nachdem ein Jahr zuvor bereits das (überwiegend kommunikationsbasierte) kundenbezogene Qualitätsmanagement implementiert wurde.[1780] Die allgemeinen Zielsetzungen lauteten:[1781]

❑ Delegation von Verantwortung, Führen durch Zielvereinbarung und Schaffung von Unternehmen im Unternehmen.

❑ Änderung des Bewusstseins eines jeden einzelnen Mitarbeiters, so dass der Kunde stets im Mittelpunkt steht.

[1770] Vgl. Customer Advantage Program GmbH (Hrsg.), HappyDigits: Zahlen & Fakten, http://www.customer-advantage.de/cap/hdfakten.htm, 2008.
[1771] Vgl. Deutsche Telekom AG (Hrsg.), Kundenprogramm wird die Nummer Eins, 2002, S. 8.
[1772] Vgl. Customer Advantage Program GmbH (Hrsg.), Unternehmen, http://www.customer-advantage.de/cap/unternehmen.htm, 2008 i.V.m. Customer Advantage Program GmbH (Hrsg.), HappyDigits: Führendes Bonusprogramm, http://www.customer-advantage.de/cap/happydigits.htm, 2008.
[1773] Die ARCANDOR AG ist die Dachgesellschaft der Unternehmen Thomas Cook, Primondo und Karstadt (vgl. ARCANDOR AG (Hrsg.), Konzernprofil, http://www.arcandor.com/de/konzern/konzern.asp, 2009.
[1774] Vgl. HORIZONT.NET (Hrsg.), Telekom steigt bei Happy Digits aus / Karstadt übernimmt Anteile, http://www.horizont.net/aktuell/marketing/pages/protected/Telekom-steigt-bei-Happy-Digits-aus--Karstadt-uebernimmt-Anteile_81548.html, 2009.
[1775] Vgl. Palma, E., Beschreibung und Bewertung von Kundenbindungsmaßnahmen am Beispiel der Telekom, 2007, S. 23.
[1776] Hypothese Ib: Die Deutsche Telekom hat ihre Monopolstellung auf dem deutschen Telekommunikationsmarkt in eine marktorientierte und -beherrschende Position gewandelt.
[1777] Vgl. Hultzsch, H., „Gut ist uns nicht gut genug", 1993, S. 30.
[1778] Siehe hierzu auch die Ausführungen in Kapitel E.5.4.4 (Die Qualitätskampagne Focus Kunde – Beispiele für Qualitätsmaßnahmen vor der Marktliberalisierung) und nachfolgende Kapitel.
[1779] Siehe hierzu auch Kapitel E.5.1.3 (Spiegelung des Markenmanagements an den Eingangshypothesen).
[1780] Vgl. Deutsche Bundespost Telekom (Hrsg.), Schlüssel für den Markterfolg – Telekom braucht Quantensprünge der Effektivität und Wirtschaftlichkeit, 1994, S. 23 i.V.m. Hultzsch, H., „Gut ist uns nicht gut genug", 1993, S. 30.
[1781] Vgl. Hultzsch, H., „Gut ist uns nicht gut genug", 1993, S. 30.

❏ Organisationsabläufe und Unternehmensprozesse sollten so strukturiert werden, dass sie auf die Erfüllung der Kundenanforderungen ausgerichtet sind und nicht auf die Erfüllung interner Bedürfnisse.

❏ Die Prozesse sollten im Gesamtzusammenhang und bereichsübergreifend betrachtet und ständig verbessert werden.

5.4.2 Die Zertifizierung der Geschäftseinheiten

Während es beim TQM neben der systematischen und kontinuierlichen Verbesserung der Prozessabläufe auch um den Wandel der Unternehmenskultur geht, dokumentierten die bis zum Jahr 2000 gültigen Normen der DIN (Deutsches Institut für Normung e.V.) ISO (International Organization for Standardization) 9000 ff. die Grundsätze für Maßnahmen zum Qualitätsmanagement.[1782]

In Anlehnung an die damalige DIN ISO 9001 wurden die Einheiten des Unternehmens sukzessiv zertifiziert.[1783] Durch die Zertifizierung wird zwar nichts über die Qualität der Prozesse selbst ausgesagt, da durch sie in erster Linie die Funktionalität eines Qualitätsmanagementsystems dokumentiert wird, für die Erteilung von Aufträgen externer Unternehmen stellt sie jedoch ein Gütesiegel dar.

In weiten Teilen des Unternehmens waren Ende 1998 die Einführung eines Qualitätsmanagementssystems und die Zertifizierung abgeschlossen oder zumindest in Vorbereitung.[1784] Kaum war diese Aktion, an der viele Mitarbeiter mit Hochdruck gearbeitet hatten, abgeschlossen, bahnte sich die Einführung eines neuen Modells für das Qualitätsmanagement an, um die Defizite der ISO 9001 zu ergänzen, da durch diese die Management- und Führungsprozesse in einem Unternehmen zum damaligen Zeitpunkt nur unzureichend betrachtet wurden.[1785]

Als logische Folge zur Zertifizierung wurde aus diesem Grund parallel die nachfolgend beschriebene Qualitätsmanagementmethode eingeführt.

5.4.3 Das Qualitätsmanagement nach dem Modell der European Foundation for Quality Management bei der Deutschen Telekom

In 1988 hatten 14 führende europäische Unternehmen die European Foundation for Quality Management (EFQM) als gemeinnützige Organisation auf Mitgliederbasis mit dem Ziel gegründet, um mit Hilfe von Selbstbewertungen eine umfassende, systematische und regelmäßige Überprüfung der Tätigkeiten und Ergebnisse einer Organisation anhand eines Modells für Business Excellence zu implementieren.[1786]

Seit 1992 vergibt die EFQM als Anerkennung für exzellente Leistungen einmal im Jahr den European Quality Award an das erfolgreichste Unternehmen in Europa.[1787]

Nach einer Erprobung in 1996 wurde die Selbstbewertung auf Basis des europäischen Modells für Business Excellence (EFQM-Modell) in 1997 konzernweit eingeführt.[1788] Anhand von neun strategiegestaltenden Komponenten im EFQM-Modell kann ein Unternehmen oder eine Organisation analysiert werden.

[1782] Die Normen der DIN ISO 9000 ff wurden seitdem mehrfach überarbeitet. Im Dezember 2005 wurden die derzeit gültigen Normen ISO 9000:2005 veröffentlicht. Vgl. Wikipedia (Hrsg.), Die freie Enzyklopädie, Qualitätsmanagementnorm, http://de.wikipedia.org/wiki/Qualit%C3%A4tsmanagementnorm, 2008.
[1783] Als Zertifizierung wird ein Verfahren bezeichnet, mit dessen Hilfe die Einhaltung bestimmter Standards für Produkte beziehungsweise Dienstleistungen und ihrer jeweiligen Herstellungsverfahren einschließlich der Handelsbeziehungen nachgewiesen werden kann (vgl. Wikipedia (Hrsg.), Die freie Enzyklopädie, Zertifizierung, http://de.wikipedia.org/wiki/Zertifizierung, 2008).
[1784] Berger, E., Mit Selbstbewertung nach dem EFQM-Modell auf Erfolgskurs, 1998, S. 476.
[1785] Berger, E., Mit Selbstbewertung nach dem EFQM-Modell auf Erfolgskurs, 1998, S. 476.
[1786] Vgl. European Foundation for Quality Management, EFQM (Hrsg.), Das EFQM-Modell für Excellence, 1999, S. 3 i.V.m. Brendel, H., Auf dem Weg zur Business Excellence, 1997, S. 30.
[1787] Vgl. Klinger, G., Telekom Training – Maßnahmen zum Qualitätsmanagement und EFQM-Modell, 2006, S. 389.
[1788] Vgl. Deutsche Telekom AG (Hrsg.), Schritt für Schritt zu Spitzenleistungen – Der Status von TQM bei der Deutschen Telekom, 1999, S. 30.

Fünf dieser Kriterien beziehen sich auf das Vorgehen des Unternehmens (Befähigerkriterien) und vier beschreiben, was erreicht wurde (Ergebniskriterien). Diesen Zusammenhang veranschaulicht die nachfolgende Abbildung 125.

Abb. 125: Befähiger- und Ergebniskriterien des EFQM-Modells

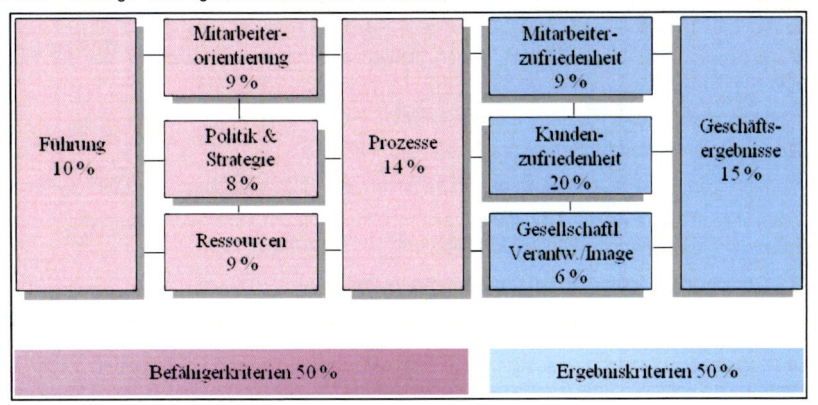

Befähigerkriterien 50 %				Ergebniskriterien 50 %		
Führung 10 %	Mitarbeiterorientierung 9 %	Prozesse 14 %	Mitarbeiterzufriedenheit 9 %	Geschäftsergebnisse 15 %
	Politik & Strategie 8 %		Kundenzufriedenheit 20 %	
	Ressourcen 9 %		Gesellschaftl. Verantw./Image 6 %	

In Anlehnung an: Deutsche Telekom AG (Hrsg.), Das Europäische Modell für Business Excellence: Der Weg zur Spitzenklasse, o.J., S. 9

Die Selbstbewertung nach dem EFQM-Modell für Business Excellence stellt somit einen systematischen Bewertungs- und Entwicklungsprozess des gesamten Unternehmens dar, um effektive kontinuierliche Verbesserungen im Konzern langfristig zu sichern und deren Fortschritt zu messen.

Der Nutzen der Selbstbewertung nach der EFQM-Methodik wurde anhand folgender Merkmale definiert:[1789]

- Identifikation von Stärken und Verbesserungsbereichen.
- Auf dieser Basis: kontinuierliche Leistungssteigerung auf Weltniveau.
    - Kostenreduktion, Kundenbedingung, Mitarbeiterqualifikation, Umsatzsteigerung.
    - Geschäftsentwicklung (-splanung).
- Herstellung von Transparenz zwischen Aktivitäten und Geschäftsergebnissen.
- Bündelung von Einzelaktionen und Verbindung zu einem sinnvollen Ganzen.

Ab 1998 wurde konzernintern, analog zum European Quality Award, der Top Team Award für herausragende Leistungen in den Organisationseinheiten und in Projekten durch eine Jury verliehen.[1790] Grundlage für eine Bewerbung um diesen internen Award war eine Selbstbewertung nach dem Modell des EFQM.

Abgesehen von dem Top Team Award, dessen Verleihung in 2002 letztmalig erfolgte, wird die Selbstbewertung nach der EFQM-Methode auch heute noch von vielen Organisationseinheiten im Konzern praktiziert.

[1789] Vgl. Deutsche Telekom AG (Hrsg.), Das Europäische Modell für Business Excellence: Der Weg zur Spitzenklasse, o.J., S. 13.
[1790] Vgl. Brendel, H., Auf dem Weg zur Business Excellence, 1997, S. 31.

5.4.4 Die Qualitätskampagne Focus Kunde – Beispiele für Qualitätsmaßnahmen vor der Marktliberalisierung

Abgeleitet aus der Vision, das kundenfreundlichste Unternehmen der Telekommunikationsbranche zu werden,[1791] wurden in 1997 und 1998 zahlreiche Qualitätsverbesserungen erfolgreich durchgeführt, von denen die Wesentlichen nachfolgend kurz skizziert werden:[1792]

- ❑ Verbesserung der Erreichbarkeit, Freundlichkeit und Kundenzufriedenheit bei der Rufnummernauskunft.
- ❑ Reduzierung der Bereitstellungs- und Entstörzeit bei Anschlüssen.
- ❑ Erhöhung der Erreichbarkeit bei Vertrieb und Service.
- ❑ Verbesserung bei Freundlichkeit und Engagement der Mitarbeiter gegenüber den Kunden.

Wie sich jedoch im Laufe der Folgejahre zeigen sollte, stieg der Optimierungsbedarf für qualitätsverbessernde Maßnahmen nach der Marktöffnung 1998 stetig.

5.4.5 Die zentral gesteuerte Qualitätsoffensive 2001

Aus den Ergebnissen des im Jahr 2000 konzernweit implementierten Konzern-Qualitäts-Reports, in dem die in den Geschäftsfeldern vorhandenen wesentlichen Werte aus Kundensicht sowie interne Prozesskennzahlen übersichtlich mit entsprechenden Planwerten dargestellt worden sind, wurden für das Jahr 2001 die wichtigsten Verbesserungspotenziale aus Kundensicht ermittelt.

Diese Verbesserungspotenziale waren die Ausgangsbasis für eine divisionsübergreifende Qualitätsoffensive. Die Ziele für die Offensive wurden in zwei Kategorien unterteilt:[1793]

- ❑ An den Erfolgszielen wurde der Erfolg der gesamten Qualitätsoffensive gemessen.

  - ✤ Deutliche Reduzierung der Bereitstellungszeiten und Steigerung der Kundenterminreue bei Anschlüssen.
  - ✤ Deutliche Verkürzung der Entstörzeiten.
  - ✤ Konsequente Qualitätsverbesserung an den Kundenkontaktstellen.
  - ✤ Deutliche Reduzierung der Reklamationen bei Rechnungen.

- ❑ Um diese Erfolgsziele zu erreichen, wurden sechs Umsetzungsziele vorgegeben.

  - ✤ Optimierung und Abstimmung des säulenübergreifenden Bestellprozesses für Datenkommunikations- und Carrier-Service-Produkte, T-DSL, T-ISDN und Primärmultiplexanschlüsse.
  - ✤ Divisionsübergreifende Abstimmung der zentralen und regionalen Ziele.
  - ✤ Ausrichtung der Netz- und Infrastrukturkapazitäten an den Qualitätszielen.
  - ✤ Deutliche Verbesserung der IV-Anwendungen hinsichtlich Stabilität, Verfügbarkeit und Performance.
  - ✤ Implementierung des säulenübergreifenden Qualitätsreportings in jede Einheit zum Zweck der Qualitätssteuerung und -verbesserung.
  - ✤ Schaffung von Anreizen und Durchführung von Auszeichnungen für die besten Qualitätsverbesserungen.

[1791] Siehe hierzu auch die Ausführungen in Kapitel E.2.4.1 (Die Vision aus dem Konzernleitbild 1998).
[1792] Vgl. Deutsche Telekom AG (Hrsg.), Die Deutsche Telekom ist entschieden besser geworden., 1998, S. 2 ff.
[1793] Vgl. Deutsche Telekom AG (Hrsg.), Focus Qualität – die Deutsche Telekom startet ihre Qualitätsoffensive, 2001, o.S.

Innerhalb der Qualitätsoffensive, die ihre Fortsetzung auch in dem Folgejahr fand, wurden neben deutlichen Qualitätsverbesserungen auch erhebliche Kosteneinsparungen durch die Optimierung von Prozessen erzielt.

5.4.6 Ausgewählte zentrale und divisionale Qualitätsprogramme seit 2003

Nach der Qualitätsoffensive 2001, die als eine der Initialzündungen hinsichtlich der systematischen Optimierung von Prozessen und Steigerung von Effizienzen im Unternehmen angesehen werden kann, wurden ab 2003 weitere Qualitätsmaßnahmen überwiegend dezentral durchgeführt. Konzernübergreifende Qualitätsthemen wurden dennoch weiter zentral, beispielsweise im Rahmen von strategischen Transformationsprogrammen, gesteuert.

5.4.6.1 Die Qualitätsoffensive im Rahmen der Agenda 2004

Im Mittelpunkt dieser Qualitätsoffensive, die ein Bestandteil des strategischen Transformationsprogramms Agenda 2004[1794] war, stand die vom Kunden wahrgenommene Qualität, insbesondere die Servicequalität. Die vier Konzerneinheiten T-Com, T-Online, T-Systems und T-Mobile setzten hierfür entsprechende Programme auf.

❑ Die Qualitätsoffensive 2004 bei T-Com[1795]

Mit dem Projekt Perform+ hatte die T-Com ein ambitioniertes und umfangreiches Qualitätsprogramm begonnen. Vier Bereiche, bei denen der Kunde die Qualität der erbrachten Leistungen konkret erleben konnte, wurden identifiziert. Hierzu gehörten der Bereitstellungs- und Umzugsprozess, Customer Care und Serviceannahme, die Bearbeitung von Rechnungsanfragen und Rechnungsbeschwerden sowie die T-Punkte. Für diese Themen wurden Qualitätsverbesserungsmaßnahmen initiiert.

❑ Die Qualitätsoffensive 2004 bei T-Online[1796]

Im Mittelpunkt standen hier einerseits die Tests der T-Online-Software auf den vom Handel angebotenen Computern, um mögliche Lauffehler oder Unstimmigkeiten der Software mit der jeweiligen Hardware der Rechner im Vorfeld zu identifizieren, und andererseits die Einführung von fingierten Kundenanrufen, den so genannten Mystery Calls. Darüber hinaus wurde eine entsprechende Qualitätsguideline entwickelt.

❑ Die Qualitätsoffensive 2004 bei T-Systems[1797]

Seitens der T-Systems wurde eine qualitätsbezogene Neuausrichtung festgesetzt, mit den drei Stoßrichtungen

✣ fokussiertes, auf den Kunden bezogenes, Leistungsportfolio,

✣ Konzentration auf den Kunden und

✣ Konzentration auf Qualität und Effizienz.

Durch diese Projekte sollte eine schnelle Reaktion auf die Entwicklung von Informations- und Kommunikationstechnologien am Markt ermöglicht werden. Insbesondere ein internes Marktforschungsportal, in welchem sich die Mitarbeiter schnell und effektiv über das Marktgeschehen informieren konnten, inklusive einer Studiendatenbank mit mehr als 2.000 Studien sowie eine Wettbewerberdatenbank wurden eingeführt. Für die Erstellung von Angeboten wurden die internen Abläufe durch die Einführung einer speziellen Datenbank zur Unterstützung der Vertriebsteams eingeführt.

[1794] Siehe hierzu auch die Ausführungen in Kapitel E.4.1.3 (Die Agenda 2004).
[1795] Vgl. Deutsche Telekom AG (Hrsg.), Perform+ für mehr Qualität aus Kundensicht, http://teamnet.telekom.de/coremedia/generator/mtn/templateId=renderInternalPage/gridID=1128/modulID=1120/contentID=29040/id=1122.html, 2005.
[1796] Vgl. Deutsche Telekom AG (Hrsg.), Verdeckte Ermittlungen und Qualitätsguidelines, http://teamnet.telekom.de/coremedia/generator/mtn/templateId=renderInternalPage/gridID=1128/modulID=1120/contentID=29048/id=1122.html, 2005.
[1797] Vgl. Deutsche Telekom AG (Hrsg.), T-Systems, http://teamnet.telekom.de/coremedia/generator/mtn/templateId=renderInternalPage/gridID=1128/modulID=1120/contentID=29066/id=1122.html, 2005.

❑ Die Qualitätsoffensive 2004 bei T-Mobile[1798]

Bei der T-Mobile wurde zusätzlich im Bereich Sales and Services eine Abteilung Quality Management installiert, deren Aufgabe darin bestand, die Qualitätsziele der Services, Produkte und Plattformen so aufzusetzen und anzugleichen, dass sie wirklich den Kundenbedürfnissen entsprechen. Diese Maßnahme hatte den Hintergrund, dass die Marktforschungsergebnisse auf Verbesserungsnotwendigkeiten bei der Kundenzufriedenheit in Bereichen wie Netzqualität, Rechnungserstellung oder auch im Allgemeinen hinwiesen.

Durch Mystery Shopping sollte der Service auch bei den Verkaufsstellen auf hohem Niveau bleiben. Als Kunden getarnte Qualitätsexperten überprüften, wie lange es dauerte, bis der Verkäufer aufmerksam wurde, wie er auf Fragen reagierte und ob er über die Produkte gut informiert war und diese auch verständlich erklären konnte.

5.4.6.2 Die Serviceoffensive im Rahmen der übergreifenden Offensive Customer and Brand des Excellence Programms: Die Kundenversprechen

Vielfach wurde, insbesondere in den Medien, vernommen, dass die Deutsche Telekom mit einer mangelnden Kunden- und Serviceorientierung zu kämpfen hatte und dass das Unternehmen Probleme hatte, seinen Kunden zu vermitteln, dass erstklassige Qualität ihren Preis hat.[1799] Dies sollte sich schnellstmöglich ändern. Um die Kundenzufriedenheit zu steigern, wurde im Mai 2005 im Rahmen der übergreifenden Offensive Customer and Brand des Excellence Programms[1800] die Serviceoffensive Kundenversprechen gestartet. Folgende Versprechen wurden veröffentlicht:

„Die Kundenversprechen:

1. *Unser Kundenservice berät Sie so, dass Sie zufrieden sind.*
2. *Wir kümmern uns um Sie, bis Ihr Anliegen erledigt ist.*
3. *Im T-Punkt warten Sie nicht länger als fünf Minuten.*
4. *Ihre neue T-Mobile-Karte schalten wir innerhalb 60 Minuten nach Kauf im T-Punkt frei.*
5. *Ist ein beworbenes Endgerät im T-Punkt nicht vorrätig, erhalten Sie einen im T-Punkt einlösbaren Warengutschein.*
6. *Unser telefonischer Kunden-Service berät Sie rund um die Uhr an jedem Tag im Jahr kompetent und freundlich.*
7. *Wir beantworten Ihre E-Mail-Anfrage innerhalb von 24 Stunden.*
8. *Wir beantworten Ihren Brief innerhalb von zwei Arbeitstagen nach Eingang. Schriftliche Aufträge werden innerhalb von vier Tagen beantwortet.*
9. *Falls Ihr Handy defekt sein sollte, erhalten Sie als T-Mobile-Kunde im T-Punkt sofort ein Leihgerät für die Dauer der Reparatur.*"[1801]

Diese Kundenversprechen stellten für den gesamten Konzern eine große Herausforderung dar. Um bspw. zu gewährleisten, dass Kunden im T-Punkt maximal fünf Minuten auf einen Ansprechpartner warten, mussten ca. 400 Mitarbeiter mehr eingesetzt werden; und um Kunden zu jedem Zeitpunkt erstklassigen, individuellen und umfassenden Service bieten zu können, galt es, eine über alle Konzerneinheiten hinweg integrierte Kundendatenbank aufzubauen.[1802]

[1798] Vgl. Deutsche Telekom AG (Hrsg.), Qualitätsmanagement mit Kundenperspektive, http://teamnet.telekom.de/coremedia/generator/mtn/templateId=renderInternalPage/gridID=1128/modulID=1120/contentID=29058/id=1122.html, 2005.
[1799] Vgl. Deutsche Telekom AG (Hrsg.), Mit Marken-Excellence zu mehr Kundennähe, http://teamnet.telekom.de/coremedia/generator/Excellence/templateId=renderInternalPage/gridID=157108/modulID=157100/contentID=163702/top=true/id=157102.html, 2005.
[1800] Siehe hierzu auch die Ausführungen in Kapitel E.4.1.4 (Das Excellence Programm als Beispiel für eine alle Perspektiven übergreifende und konzernweite Strategietransformation).
[1801] Deutsche Telekom AG (Hrsg.), Die Kundenversprechen, http://teamnet.telekom.de/coremedia/generator/mtn/templateId=renderInternalPage/top=true/id=121146.html, 2005.
[1802] Vgl. Deutsche Telekom AG (Hrsg.), Mit Marken-Excellence zu mehr Kundennähe, http://teamnet.telekom.de/coremedia/generator/Excellence/templateId=renderInternalPage/gridID=157108/modulID=157100/contentID=163702/top=true/id=157102.html, 2005.

Gemessen werden sollte (und wird) der Erfolg dieser Bemühungen daran, ob der Kunde künftig die Leistung aller Unternehmensbereiche als exzellent empfindet.[1803]

5.4.7 Spiegelung des Qualitätsmanagements an den Eingangshypothesen

Die Implementierung von neueren Grundsatzmodellen wie dem Total Quality Management[1804] (bereits in 1993), der Zertifizierung[1805] oder dem EFQM-Modell[1806] stellte das Vorhandensein von Instrumenten für eine sowie den Beginn der Restrukturierung von Prozessabläufen zur Steigerung von Effizienzen dar und verdeutlicht, neben der Intention zur Kundenorientierung und Marktbeherrschung, insbesondere auch die Orientierung an den Kapitalmarkt, wie in der Hypothese I[1807] vermutet.

Die Einführung dieser Qualitätsmanagementsysteme brachte darüber hinaus Innovationen und somit Lerneffekte hinsichtlich der prozessualen und mitarbeiterorientierten Transformation (Hypothese IV)[1808] mit sich. Entsprechendes gilt für die diversen operativ geprägten Qualitätskampagnen, -offensiven und -programme, durch die letzten Endes die strategischen Vorgaben konsistent (Hypothese III)[1809] in den Organisationseinheiten umgesetzt wurden.

Alle in diesem Abschnitt vorgestellten qualitätsbezogenen Themen deuten außerdem auf eine Bestätigung der Hypothese II (Autonomes Agieren)[1810] hin.

[1803] Vgl. Deutsche Telekom AG (Hrsg.), Mit Marken-Excellence zu mehr Kundennähe, http://teamnet.telekom.de/coremedia/generator/Excellence/templateId=renderInternalPage/gridID=157108/modulID=157100/contentID=163702/top=true/id=157102.html, 2005.
[1804] Siehe hierzu auch die Ausführungen in Kapitel E.5.4.1 (Einführung des Total Quality Management).
[1805] Siehe hierzu auch die Ausführungen in Kapitel E.5.4.2 (Die Zertifizierung der Geschäftseinheiten).
[1806] Siehe hierzu auch die Ausführungen in Kapitel E.5.4.3 (Das Qualitätsmanagement nach dem Modell der European Foundation for Quality Management bei der Deutschen Telekom).
[1807] Hypothese Ia: Die Kapitalmarktorientierung dominiert im maßgeblichen Sinne die Ausrichtung und Strategie des Unternehmens Deutsche Telekom AG, die ursprüngliche ordnungspolitische Ausrichtung spielt keine Rolle mehr.
[1808] Hypothese IV: Es ist der Deutschen Telekom gelungen, die notwendigen Transformationen auch im Innenverhältnis (prozessuale und strukturelle Ausrichtung, Mitarbeiterorientierung, Personalanpassungen und Kulturwandel) zu realisieren. Häufig werden Formen der indirekten Unternehmenssteuerung, die mit Hilfe von Kennzahlen gewonnen werden, zu einem Vergleich mit internen oder externen Konkurrenzen verbunden. Dadurch verschwimmen die Grenzen des Unternehmens intern zwischen Markt und Hierarchie.
[1809] Hypothese III: Die Entwicklung der strategischen Grundorientierung der Deutschen Telekom stellt sich über den Betrachtungszeitraum von 1995 bis 2008 stringent und konsequent an den externen Einflüssen orientiert dar.
[1810] Hypothese II: Die Telekom agiert bei ihrer personellen und strukturellen Gestaltung autonom.

6 Die Perspektive der Geschäftsprozesse und die sich daraus ableitenden Strukturen

In diesem Abschnitt stehen die Einführung des Prozessmanagements und wesentliche organisationsbezogene Restrukturierungen bei der Deutschen Telekom im Fokus. Die beschriebenen Maßnahmen und Projekte sind dabei in chronologischer Reihenfolge dargelegt. Eine Bezugnahme auf die eingangs formulierten Hypothesen erfolgt jeweils am Ende der beiden zu betrachtenden Themenkomplexe.

6.1 Prozessmanagement und Kernprozesse der Deutschen Telekom

Ein Geschäftsprozess kann als eine Abfolge von Schritten zur Erreichung eines bestimmten Geschäftsergebnisses bezeichnet werden. Die Prozessabläufe in Unternehmen dienen letztendlich der Erreichung der Unternehmensziele. Aus diesem Grund stellt das Managen der Prozesse eine wesentliche Aufgabe im Unternehmen dar. Das Prozess- oder Geschäftsprozessmanagement beschäftigt sich im Allgemeinen mit der Gestaltung, Dokumentation, Optimierung und Steuerung der Prozesse, um die in jedem Unternehmen existierende Information zu den eigenen Geschäftsprozessen zu nutzen, um sich auf den Kunden auszurichten und als Ergebnis die Unternehmensziele besser zu erreichen.[1811]

6.1.1 Die Einführung der Prozessorganisation

Bereits in 1996 hatte der Vorstand durch das Projekt TEMPO (Telekom Erfolg durch Maßnahmen zur Prozessorganisation) die Prozessorganisation der Deutschen Telekom festgelegt.[1812] Identifiziert wurden auf oberster Prozessebene 14 Kernprozesse, wie aus der nachstehenden Abbildung 126 ersichtlich wird.

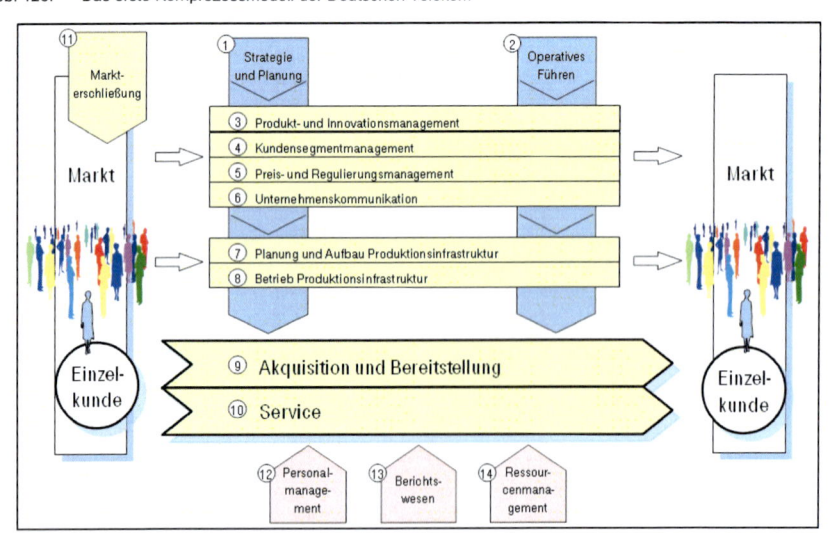

Abb. 126: Das erste Kernprozessmodell der Deutschen Telekom

Quelle: Deutsche Telekom AG (Hrsg.), TEMPO – Informationspaket Kernprozesse, 1998, S. 2

[1811] Vgl. Wikipedia (Hrsg.), Die freie Enzyklopädie, Prozessmanagement, http://de.wikipedia.org/wiki/Gesch%C3%A4ftsprozess, 2008.
[1812] Vgl. Deutsche Telekom AG (Hrsg.), „Den Wandel tragen": Mit Tempo zur Prozessorganisation – Ein Statusbericht, 1998, S. II.

Die Prozessorganisation überlagerte die klassische Organisationsstruktur, die in 1996 überwiegend nach Kundensegmenten aufgestellt war.[1813] Aus Sicht der Unternehmensleitung waren die damaligen historisch gewachsenen und auf einen Verkäufermarkt ausgerichteten Arbeitsabläufe weder effizient noch kundenorientiert.[1814] Die 14 Kernprozesse spiegelten die wichtigsten Geschäftsabläufe wider und sollten durch systematische Prozessverbesserungen und Prozessrestrukturierungen optimiert werden, um die Geschäftsziele besser zu erreichen und den Unternehmenswert zu maximieren.[1815] Innerhalb der jeweiligen Kernprozesse existieren in diversen Ausprägungen tiefergehende Ebenen der Prozessdarstellungen. Als Beispiel hierfür ist das Prozessebenenmodell des Kernprozesses Personalmanagement aus dem Jahr 1998 in der Abbildung 127 dargestellt.

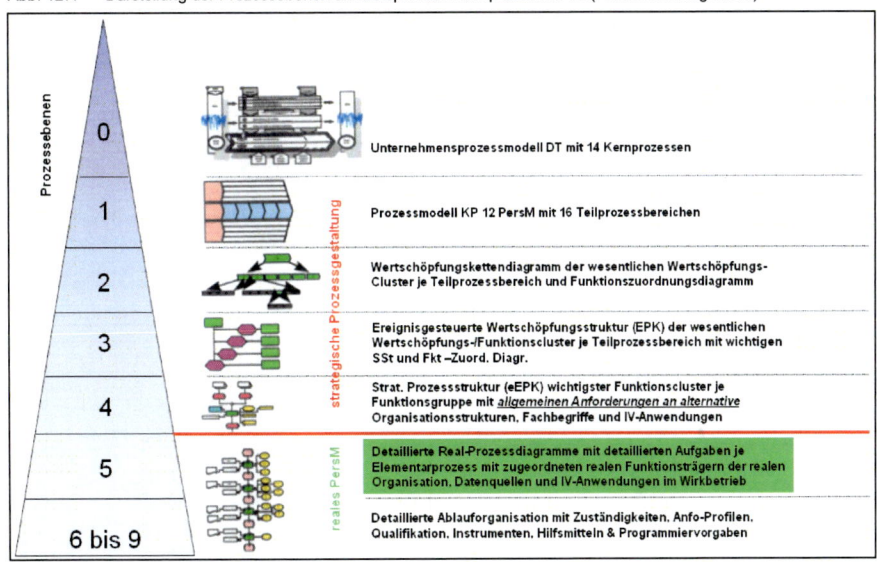

Abb. 127: Darstellung der Prozessebenen am Beispiel des Kernprozesses 12 (Personalmanagement)

Prozessebenen		
0		Unternehmensprozessmodell DT mit 14 Kernprozessen
1	strategische Prozessgestaltung	Prozessmodell KP 12 PersM mit 16 Teilprozessbereichen
2		Wertschöpfungskettendiagramm der wesentlichen Wertschöpfungs-Cluster je Teilprozessbereich und Funktionszuordnungsdiagramm
3		Ereignisgesteuerte Wertschöpfungsstruktur (EPK) der wesentlichen Wertschöpfungs-/Funktionscluster je Teilprozessbereich mit wichtigen SSt und Fkt –Zuord. Diagr.
4		Strat. Prozessstruktur (eEPK) wichtigster Funktionscluster je Funktionsgruppe mit allgemeinen Anforderungen an alternative Organisationsstrukturen, Fachbegriffe und IV-Anwendungen
5	reales PersM	Detaillierte Real-Prozessdiagramme mit detaillierten Aufgaben je Elementarprozess mit zugeordneten realen Funktionsträgern der realen Organisation, Datenquellen und IV-Anwendungen im Wirkbetrieb
6 bis 9		Detaillierte Ablauforganisation mit Zuständigkeiten, Anfo-Profilen, Qualifikation, Instrumenten, Hilfsmitteln & Programmiervorgaben

In Anlehnung an: Deutsche Telekom AG (Hrsg.), Prozesskostenrechnung im KP 12 Personalmanagement, 1998, S. 6

Für jeden Kernprozess wurde ein verantwortlicher Prozessmanager benannt, der direkt an den Prozesseigentümer, i.d.R. ein Vorstandsmitglied, über die jeweiligen Fortschritte berichtete und darüber hinaus auch Ansprechpartner für die Prozessverantwortlichen vor Ort war.[1816] Zu den Aufgaben der Prozessmanager zählten vornehmlich:[1817]

❑ Erfassung und Analyse der bisherigen Ist-Prozesse.
❑ Entwicklung und Dokumentation (durch detaillierte Beschreibung der Prozessabläufe) der neuen (und optimierten) Soll-Prozesse bis auf die unterste Prozessebene.
❑ Management der Schnittstellen zwischen den Kernprozessen.
❑ Identifikation von Kostensenkungspotenzialen und deren Umsetzung durch entsprechende Maßnahmen.

[1813] Siehe hierzu auch die Ausführungen in Kapitel E.6.2.1 (Das Projekt Telekom Kontakt).
[1814] Vgl. Deutsche Telekom AG (Hrsg.), „Den Wandel tragen": Mit Tempo zur Prozessorganisation – Ein Statusbericht, 1998, S. II.
[1815] Vgl. Deutsche Telekom AG (Hrsg.), „Den Wandel tragen": Mit Tempo zur Prozessorganisation – Ein Statusbericht, 1998, S. II.
[1816] Vgl. Deutsche Telekom AG (Hrsg.), Mit Tempo fit für den Wettbewerb, 1996, S. 28.
[1817] Vgl. Deutsche Telekom AG (Hrsg.), Weiterentwicklung Prozessorganisation (TEMPO), 1999, S. 5 i.V.m. Brnjak, W., Kennzahlen als Instrument zur Steuerung des Personalmanagements, 1998, S. 4 und Brnjak, W., Qualitätsmanagement als ganzheitlicher Ansatz: Die Bewertung der Kernprozesse im Unternehmen Deutsche Telekom, 1998, S. 7.

- ❏ Definition und Steuerung von Prozesskennzahlen und -kosten.
- ❏ Regelmäßige Selbstbewertung des Kernprozesses nach der EFQM-Systematik[1818].

6.1.2 Neuausrichtung des Prozessmanagements

Das Prozessmanagement wurde in den Organisationseinheiten des Konzerns differenziert ausgestaltet und gelebt. Dies lag auch an den unterschiedlichen Verfahren zu diesem Thema bei Gesellschaften, die von der Deutschen Telekom akquiriert wurden. Modernere Verfahren des Prozessmanagements wurden stellenweise neu übernommen und vorangetrieben. Um konzernweit die unterschiedlich vorhandenen geschäftsspezifischen Prozessmodelle in einem neuen strategischen Prozessmodell zu integrieren, wurde in 2002 ein telekommarktspezifisches Modell auf Konzernebene eingeführt.[1819] Der Zweck des auf Basis des internationalen Standards eTOM (enhanced Telecom Operations Map) neu eingeführten Modells im Detail war:[1820]

- ❏ Herstellung eines einheitlichen Rahmens zur Integration der geschäftsspezifischen Prozessmodelle der Divisionen.
- ❏ Schaffung der Voraussetzung für die Etablierung eines divisionsübergreifenden Prozessmanagements, um Prozessoptimierungen und die Hebung von Synergie- und Konvergenzpotenzialen auf Konzernebene zu ermöglichen sowie die Potenziale der E-Business (-orientierten) Prozessgestaltung umzusetzen.

Die Optimierung der Prozesse sollte konzernweit gemeinschaftlich zwischen der Dachgesellschaft und den Divisionen abgestimmt werden.[1821] Die Prozessgruppen beim eTOM-Prozessmodell sind, wie die Abbildung 128 zeigt, in drei Kategorien geordnet.

Abb. 128: Die Top-Level-Ebene des strategischen Prozessmodells eTOM

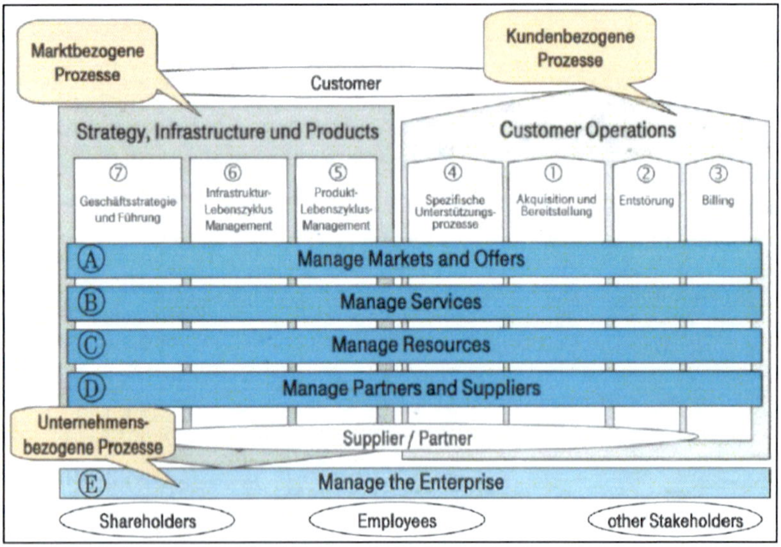

Quelle: Deutsche Telekom AG (Hrsg.), Einführung eines strategischen Geschäftsmodells, 2002, S. 4

[1818] Siehe hierzu auch die Ausführungen in Kapitel E.5.4.3 (Das Qualitätsmanagement nach dem Modell der European Foundation for Quality Management bei der Deutschen Telekom).
[1819] Vgl. Deutsche Telekom AG (Hrsg.), Einführung eines strategischen Prozessmodells, 2002, S. 4.
[1820] Vgl. Deutsche Telekom AG (Hrsg.), Einführung eines strategischen Prozessmodells, 2002, S. 4.
[1821] Vgl. Deutsche Telekom AG (Hrsg.), Einführung eines strategischen Prozessmodells, 2002, S. 4.

Beim eTOM-Modell wird neben den nachfolgenden drei Prozesskategorien auch das Partner- bzw. Lieferantenmanagement betont:[1822]

❏ Im Bereich der marktbezogenen Prozesse sind alle Prozessbereiche angesiedelt, die sich auf Märkte oder Kundensegmente ausrichten. Hierzu gehört auch der Prozessbereich der Strategie.

❏ Prozesse, die den direkten Kundenkontakt beinhalten, werden unter den kundenbezogenen Prozessbereichen (Customer Operations) subsumiert.

❏ Die unternehmensbezogenen Prozesse stellen die Basis dar, unter denen ein Unternehmen überhaupt erst arbeitsfähig wird (Manage the Enterprise).

Trotz der damals erfolgreichen Einführung von TEMPO hatten die Divisionen im Laufe der Zeit ihre eigenen Prozessmodelle entwickelt und eingeführt oder, wie oben bereits erwähnt, in den Konzern mitgebracht. Eine Durchsetzung zur konzernweiten Nutzung des TEMPO-Modells als Überbau für alle Divisionen war wahrscheinlich nur schwer umsetzbar, so dass ein Commitment für ein anderes international anerkanntes Modell wie eTOM erzielt werden sollte. Um eine Integration der Divisionen unter einem Top-Level-Modell zu erreichen und die geplanten Synergie- und Konvergenz-Potenziale zu heben, wäre der Aufwand, die unterschiedlichen Modelle im Konzern miteinander zu implementieren und die Prozessübergänge zwischen den Prozessen der Divisionen sowie synergetische Funktionen zu finden, voraussichtlich zu komplex gewesen. Eine konzernweite Steuerung des Prozessmanagements wäre, gerade bei einem innovations- und konvergenzgetriebenen Unternehmen wie der Telekom, risikobehaftet gewesen.

Diese Argumentation galt auch für die Außenbeziehungen, z.B. bei der Kooperation mit Partnern. In Folge der zunehmenden Globalisierung, der Verlängerung der prozessualen Wertschöpfungskette und der Ergänzung des Portfolios um Komplementärprodukte wurde die Orientierung an einem internationalen Standard wie eTOM favorisiert.

Des Weiteren waren die Einflussbereiche der Dachgesellschaft im TEMPO-Modell nicht klar abgrenzbar, da sie potenziell in allen 14 Kernprozessen gegeben waren. Diese Gegebenheit mag ein Grund dafür gewesen sein, warum die nach der Divisionalisierung neu gebildeten Einheiten sich nicht auf das TEMPO-Modell bezogen hatten. Ziel des strategischen Prozessmodells war es daher, die Interaktion zwischen der Dachgesellschaft und den Divisionen klar zu definieren. Durch das eTOM-Modell konnte auch der Handlungsfreiraum zur Nutzung der geschäftsspezifischen Eigenheiten der Divisionen genutzt werden.

Die geplanten Prozesse auf der Modellebene und die gelebten Prozesse waren trotz der positiven normativen Wirkung von TEMPO nicht deckungsgleich. Auch in Bereichen, in denen das TEMPO-Modell akzeptiert war, wurde an den eingeführten Prozessen festgehalten.

Neben dem Versuch ein konzerneinheitliches Prozessmanagement aus Gründen der mentalen Identifikation mit dem Konzerngedanken einzuführen und somit die konzernweite Prozesssteuerung aus den oben genannten Gründen zu optimieren, sprachen im Wesentlichen auch prozesstechnische Aspekte für die Einführung des eTOM-Modells. Die damalige Einführung von eTOM kann ebenfalls als ein Beitrag zur Wiederherstellung des One-Company-Gedankens angesehen werden.

In hochgradig automatisierten Prozessabläufen wird der gelebte Prozess weitgehend von der IV-Implementierung bestimmt. Prozessänderungen werden nur dann wirksam, wenn sie auch bis in die Implementierung hinein umgesetzt werden. Dies unterbleibt häufig, weil der hierzu nötige Aufwand hoch und beim Prozessredesign falsch abgeschätzt wird. Zur Verbesserung dieser Situation sollte das strategische Prozessmodell Impakt-Analysen besser unterstützen als bisher, da bei dem eTOM-Modell die Durchgängigkeit zur IT-Architektur einen Designaspekt darstellt.

[1822] Vgl. Deutsche Telekom AG (Hrsg.), Einführung eines strategischen Prozessmodells, 2002, S. 4.

Die nachfolgende Abbildung 129 veranschaulicht die Prozessdarstellung bei eTom in Form der Line of Visibility, durch die Schnittstellen der Prozessverantwortlichkeiten besonders hervorgehoben werden können.

Abb. 129: Tiefere Level-Ebene bei eTOM mit Sicht der Prozessschnittstellen und der Line of Visibility

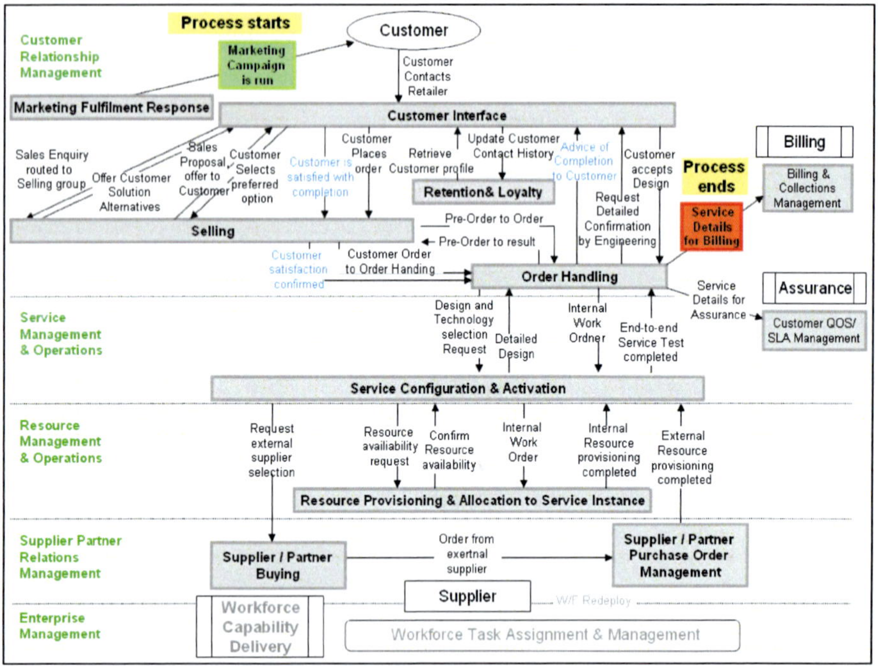

In Anlehnung an: Telemanagement Forum (Hrsg.), The Enhanced Telecom Operations Map™ (eTOM), 2002, S. 20

In den Segmenten des New Business steht der Netzanbieter in einer sehr komplexen Beziehung zu den übrigen Marktteilnehmern wie Service- und Content Providern, Anbietern von Komplementärprodukten, der Paymentabwicklung, Kunden und Nutzern, Brokern und Call Center-Agenten. Ein Geschäft kommt dann zustande, wenn der Kunde als einzig zahlender Teilnehmer den Mehrwert der Dienstleistung akzeptiert. Diese grundsätzliche Ausrichtung war im strategischen Prozessmodell eTOM durch eine adäquate Positionierung der Partnerbeziehung darstellbar, im Gegensatz zum TEMPO-Modell, bei dem dies nicht direkt erkennbar war.

6.1.3 Effekte und Auswirkungen des Prozessmanagements anhand ausgewählter Beispiele

Die Einführung der Prozessorganisation[1823] sowie diverser Prozessmodelle stellte den Beginn der prozessualen Grundorientierung und damit der Optimierung von Durchlaufzeiten, Termintreuen und Kosten im Unternehmen dar, die heute zum Standard geworden sind. Nachfolgend werden zwei ausgewählte Projekte zur Prozessoptimierung einschließlich der ihnen zugrunde liegenden Innovationen beschrieben.

[1823] Siehe hierzu auch die Ausführungen in Kapitel E.6.1.1 (Die Einführung der Prozessorganisation).

6.1.3.1 Die Konversion des Personalmanagements in 1999 durch die Einführung der prozessorientierten Personalarbeit und des Personalreferentenmodells

Um der Aufforderung nachzukommen, das kundenfreundlichste Unternehmen zu werden und gleichzeitig durch ein Redesign der Personalprozesse Kosten zu senken sowie Effizienzen zu steigern, wurde die prozessorientierte Arbeitsweise in Verbindung mit dem Personalreferentenmodell durch das Projekt KORP (Kundenorientiertes Ressort Personal) bei den Personalabteilungen in den Flächenorganisationen der Telekom eingeführt. In 1997 fanden zu diesem Zweck Pilotierungen in einzelnen Niederlassungen statt.[1824]

Der Einführung des Modells gingen Optimierungen aller Prozessabläufe im Personalbereich voraus. In den Personalressorts wurden bis dato die Aufgaben themenorientiert durch Experten bearbeitet. Der neu eingeführte Personalreferent bearbeitete nunmehr mit seinem Team die Aufgaben nach Prozessverantwortlichkeiten, entsprechend der Prozessebene eins (vgl. hierzu die weiter oben stehende Abbildung 127 in Kapitel E.6.1.1 (Die Einführung der Prozessorganisation). Die Veränderung von Aufgabenbereichen im Personalressort zu Betreuungsbereichen lässt die untenstehende Abbildung 130 erkennen.

Abb. 130: Struktur des Personalressorts vor und nach Einführung des Personalreferentensystems

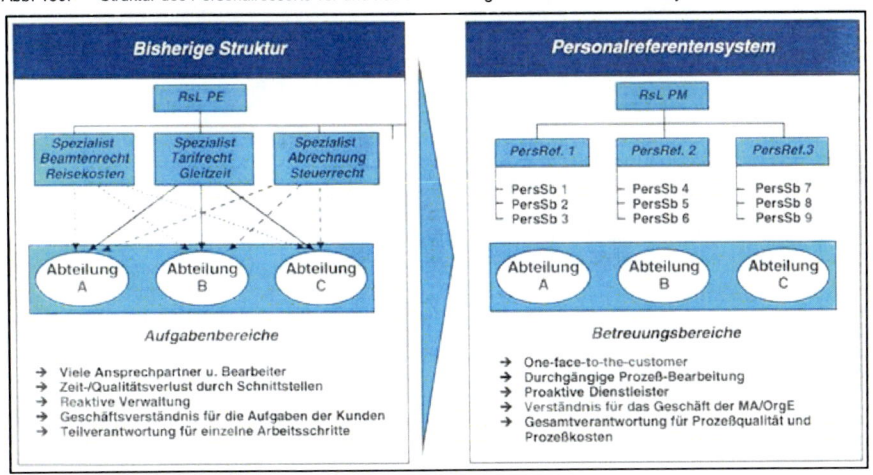

Quelle: Deutsche Telekom AG (Hrsg.), Transformation vom funktionalen Personalwesen zum kunden- und prozessorientierten Personalmanagement der Deutschen Telekom AG, 1998, S. 4

Demzufolge waren den jeweiligen Teams Prozessbereiche wie z.B. Personalplanung, -rekrutierung oder -entwicklung zugeordnet. Den Personalreferenten würde man heute wohl als Key-Account-Manager bezeichnen.

Beratungen zu Spezialthemen, für die ein Experten-Know-how erforderlich war, sollten durch eine übergreifende Bearbeitung, unterstützt durch ein intranetgestütztes Informationssystem mit E-Mail-Korrespondenz, erfolgen. Die Leitlinien, die zu der damaligen Einführung der Prozessorganisation im HR-Bereich in 1999 geführt haben, waren

- ❑ eine konsequente Ausrichtung auf interne und externe Kunden und Zielgruppen,
- ❑ die Verbesserung der Prozessleistung in Bezug auf Kosten, Zeit und Qualität,
- ❑ eine durchgehende Prozessverantwortlichkeit innerhalb der Wertschöpfungskette und

---

[1824] Vgl. Höveler, H.; Koplin, H., Die Einführung des Referentenmodells in den Rs Pe des Tripels NL 1 und NL 2 Bremen sowie der NL Bremerhaven, 1997, S. 6 ff.

❑ die verbesserte Flexibilität und Teamfähigkeit bei Führungskräften und Mitarbeitern.[1825]

Diese Anforderungen setzten bei den Mitarbeitern im Personalbereich Veränderungen bei ihrer bisherigen Arbeitsweise und Orientierung voraus. Für den Erfolg der geplanten Veränderung waren insgesamt vier Einflussgrößen auszugestalten. Neben der notwendigen organisatorischen Gestaltung und der Anpassung der IT-Unterstützung (Projekt KORP Plus) mussten vorrangig die Qualifizierung und die Verhaltensänderung erfolgreich umgesetzt werden.[1826] Die folgende Abbildung 131 hebt diese notwendigen Aspekte deutlich hervor.

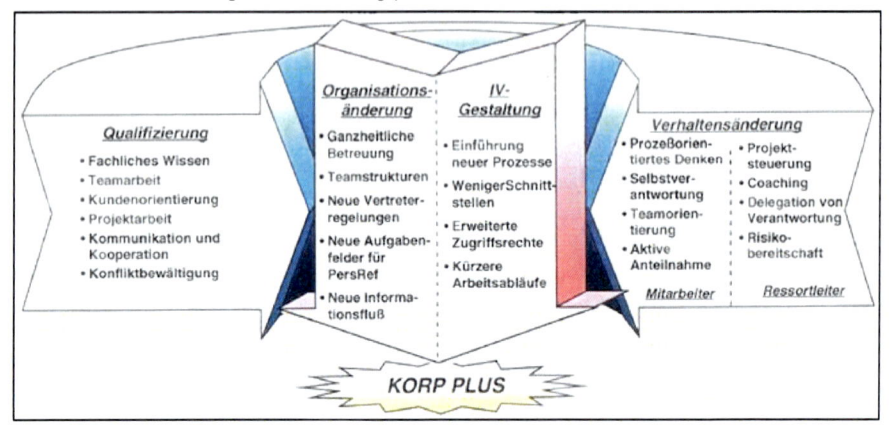

Abb. 131: Die vier Einflussgrößen für den Changeprozess 1999 bei den Personalressorts

Quelle: Deutsche Telekom AG (Hrsg.), Transformation vom funktionalen Personalwesen zum kunden- und prozessorientierten Personalmanagement der Deutschen Telekom AG, 1998, S. 6

Zu diesem Zweck wurden umfangreiche Schulungsmaßnahmen durchgeführt. Einzelne Coaches unterstützten den Einführungsprozess bei der Anpassung der neuen Arbeitsweise an die örtlichen Besonderheiten der Niederlassungen und führten die Qualifizierung der Mitarbeiter vor Ort durch.[1827]

Darüber hinaus betreuten die Niederlassungen, bei denen das neue Modell bereits als Pilot eingeführt worden war, die anderen Niederlassungen.[1828] Letztendlich hatten die Mitarbeiter einen zehnwöchigen Lernprozess durchlaufen.[1829]

6.1.3.2 Die Restrukturierung der Betriebs- und Serviceprozesse – Das Projekt NICE als Beispiel für das operative Prozessmanagement

Auslöser für das Projekt NICE (Netinfrastructure Customer Engineering) im Sommer 2001 waren von den Mitarbeitern selbst sowie von Kunden in Bewertungen aufgezeigte Qualitätsprobleme im Bereitstellungsprozess durch überlappende Tätigkeiten zweier Organisationseinheiten bzw. Konzerngeschäftsfelder und deren Zugriff auf die Dienstleistungen des KSC Netzinfrastruktur.[1830]

In einem Greenfieldansatz wurden die lokalen Prozesse und Abläufe entwickelt und unter Berücksichtigung der bestehenden Rahmenbedingungen für die Praxis ausgearbeitet.

[1825] Vgl. Deutsche Telekom AG (Hrsg.), Aufbau eines Veränderungsmanagements zur Implementierung einer prozeßgetriebenen Arbeitsweise in den Ressorts PersM, 1997, S. 2.
[1826] Vgl. Deutsche Telekom AG (Hrsg.), Transformation vom funktionalen Personalwesen zum kunden- und prozessorientierten Personalmanagement der Deutschen Telekom AG, 1998, S. 6.
[1827] Vgl. Deutsche Telekom AG (Hrsg.), Einführung der Prozeßorientierten Personalarbeit – KORP+, 1998, S. 23.
[1828] Vgl. Deutsche Telekom AG (Hrsg.), Einführung der Prozeßorientierten Personalarbeit – KORP+, 1998, S. 16.
[1829] Vgl. Deutsche Telekom AG (Hrsg.), Einführung der Prozeßorientierten Personalarbeit – KORP+, 1998, S. 42.
[1830] Vgl. Deutsche Telekom AG (Hrsg.), Isn't it NICE? – Service und Produktion wollen engeren Schulterschluss..., 2002, S. 1.

Dabei wurde insbesondere der Kundenorientierung hinsichtlich eines einheitlichen Kundeneingangstores Rechnung getragen. Die Abbildung 132 veranschaulicht den neu gestalteten Prozessablauf für die Bereitstellung von Anschlüssen.

Abb. 132: Prozessablauf bei NICE für die Bereitstellung des Anschlusses

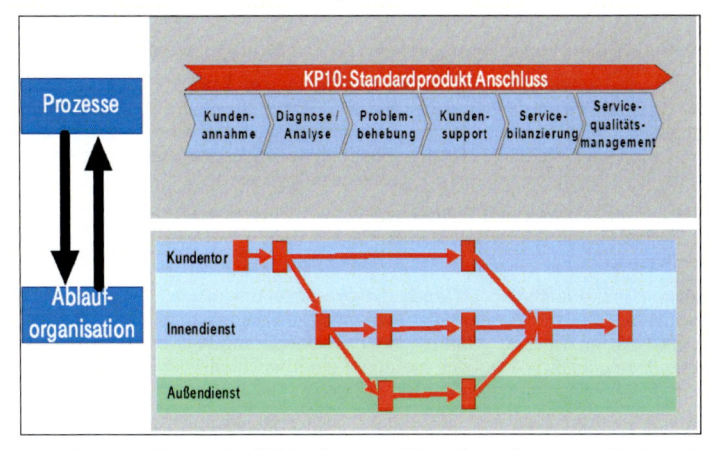

Quelle: Deutsche Telekom AG (Hrsg.), Isn't it NICE? – Service und Produktion wollen engeren Schulterschluss..., 2002

Die Kundenorientierung sollte über alle Prozessstufen hinweg, bereits in den Prozessen zur Errichtung und zum Betrieb der Netzinfrastruktur, welche die Vorleistungen für die eigentlichen Kundenprozesse Bereitstellung und Instandhaltung erbringt, berücksichtigt werden.

Durch die Straffung der Prozesse und Definition von eindeutigen Verantwortlichkeiten war eine Arbeitserleichterung beabsichtigt und überlappende Tätigkeiten sollten entfallen, wodurch auch eine Erhöhung der Mitarbeiterzufriedenheit erzielt werden sollte, da vorher Aufgabenteilung und Arbeitsabläufe nicht immer klar bzw. optimal geregelt waren und hier und da, system- oder ablaufbedingt, ein und dieselbe Tätigkeit, bspw. bei Dateneingaben, gleich zweimal verrichtet werden musste.[1831]

Insgesamt wurden fünf Projektziele definiert:[1832]

❑ Verbesserung der Qualität der Leistungserbringung (Reduktion und Harmonisierung der Schnittstellen, klarere Strukturen als bisher),

❑ Reduktion der Kosten durch bessere Produktivität (keine Doppelarbeit, kürzere Bearbeitungszeiten),

❑ Erhöhung der Transparenz der Leistungserbringung (neues Steuerungssystem und effektivere Führung, Vereinfachung der Abläufe),

❑ Sicherstellung der Flexibilität der Leistungserfüllung (neue Produkte / Techniken könnten schneller eingeführt werden, bessere Reaktion auf Bestell- und Nachfrageschwankungen möglich) sowie

❑ Verbesserung der Zufriedenheit der Kunden und Mitarbeiter.

[1831] Vgl. Deutsche Telekom AG (Hrsg.), Isn't it NICE? – Service und Produktion wollen engeren Schulterschluss..., 2002, S. 1 ff.
[1832] Vgl. Deutsche Telekom AG (Hrsg.), Isn't it NICE? – Service und Produktion wollen engeren Schulterschluss..., 2002, S. 1.

Die Umsetzung von NICE, von der bundesweit ca. 60.000[1833] Mitarbeiter betroffen waren, führte zu weitreichenden Veränderungen im Bereich Produktion und Service.

Nach einer erfolgreichen Pilotierung des Projekts in einigen Regionen hinsichtlich der Effizienz der neu gestalteten Prozesse, bei denen die Mitarbeiter entsprechend eingebunden waren, erfolgte in 2003 der bundesweite Roll-out des Projekts.

6.1.4 Spiegelung des Prozessmanagements an den Eingangshypothesen

Die Einführung der Prozessorganisation bei der Deutschen Telekom geschah vordringlich zum Zwecke der Optimierung von Prozessabläufen und daraus abgeleitet zur Steigerung der Kosten- und Umsatzeffizienzen und diente folglich dem Ziel, das Unternehmensergebnis zu verbessern. Aus diesem Grund kann hier ein Zusammenhang mit der zu Beginn dieser Arbeit angenommenen Hypothese Ia (Kapitalmarktorientierung)[1834] geschlussfolgert werden.

Die Optimierung von prozessbasierten Kennzahlen wie Durchlaufzeiten, Termintreuen, Erreichbarkeiten und Prozesskosten unterstützte darüber hinaus den Vorsatz der Marktbeherrschung im Sinne der Hypothese Ib[1835]

Sowohl die generelle Einführung als auch die operative Umsetzung des Prozessmanagements setzten, wie die beiden Beispiele der prozessorientierten Personalarbeit[1836] in 1999 und das Projekt NICE[1837] in 2001 zeigen, bei den Mitarbeitern eine Veränderung ihrer bisherigen Arbeitsweise und Kultur voraus. Demgemäß vollzog sich hierdurch eine beachtenswerte Transformation im Innenverhältnis der Telekom entsprechend der Hypothese IV[1838].

Die Ausrichtung der Prozesse auf die Kunden (Teilhypothese Ic)[1839] komplettiert den in der Gesamthypothese I (Wandel)[1840] formulierten Vollzug der Transformation der Deutschen Telekom von einer Behörde zu einem markt- und kundenorientierten Unternehmen hinsichtlich eines vollzogenen Wandels auf dem Gebiet des Prozessmanagements.

Sämtliche Maßnahmen im Bereich des Prozessmanagements weisen fernerhin auf eine Bestätigung der Hypothese II (Autonomes Agieren)[1841] hin und lassen außerdem die strategischen Vorgaben in einer konsequenten Gesetzmäßigkeit erscheinen, was auf die Richtigkeit der eingangs formulierten Hypothese III[1842] hinweist.

[1833] Vgl. Deutsche Telekom AG (Hrsg.), Isn't it NICE? – Service und Produktion wollen engeren Schulterschluss..., 2002, S. 1.
[1834] Hypothese Ia: Die Kapitalmarktorientierung dominiert im maßgeblichen Sinne die Ausrichtung und Strategie des Unternehmens Deutsche Telekom AG, die ursprüngliche ordnungspolitische Ausrichtung spielt keine Rolle mehr.
[1835] Hypothese Ib: Die Deutsche Telekom hat ihre Monopolstellung auf dem deutschen Telekommunikationsmarkt in eine marktorientierte und -beherrschende Position gewandelt.
[1836] Siehe hierzu die Ausführungen in Kapitel E.6.1.3.1 (Die Konversion des Personalmanagements in 1999 durch die Einführung der prozessorientierten Personalarbeit und des Personalreferentenmodells).
[1837] Siehe hierzu die Ausführungen in Kapitel E.6.1.3.2 (Die Restrukturierung der Betriebs- und Serviceprozesse – Das Projekt NICE als Beispiel für das operative Prozessmanagement).
[1838] Hypothese IV: Es ist der Deutschen Telekom gelungen, die notwendigen Transformationen auch im Innenverhältnis (prozessuale und strukturelle Ausrichtung, Mitarbeiterorientierung, Personalanpassungen und Kulturwandel) zu realisieren. Häufig werden Formen der indirekten Unternehmenssteuerung, die mit Hilfe von Kennzahlen gewonnen werden, zu einem Vergleich mit internen oder externen Konkurrenzen verbunden. Dadurch verschwimmen die Grenzen des Unternehmens intern zwischen Markt und Hierarchie.
[1839] Hypothese Ic: Die Telekom hat den Wandel zu einem kundenorientierten Unternehmen sowohl strategisch als auch in der praktischen Umsetzung abgeschlossen.
[1840] Hypothese I: Die Deutsche Telekom hat den Wandel von einer Behörde zu einem markt- und kundenorientierten Unternehmen vollständig vollzogen.
[1841] Hypothese II: Die Telekom agiert bei ihrer personellen und strukturellen Gestaltung autonom.
[1842] Hypothese III: Die Entwicklung der strategischen Grundorientierung der Deutschen Telekom stellt sich über den Betrachtungszeitraum von 1995 bis 2008 stringent und konsequent an den externen Einflüssen orientiert dar.

6.2 Meilensteine der Organisation

Anknüpfend an die Beschreibung der initiierten Handlungsweisen bei den prozessualen Strukturen erfolgt in diesem Abschnitt eine chronologische Dokumentation der Veränderungen hinsichtlich der organisatorischen Strukturen. Auch an dieser Stelle sei auf die Wechselbeziehungen der Perspektiven (der Balanced ScoreCard) hingewiesen, da einige Organisationsmaßnahmen durchaus im Rahmen der Perspektive Innovation und Lernen (Kapitel E.4) oder im vorangegangenen prozessbezogenen Kapitel hätten erläutert werden können, aufgrund ihres formal organisationsspezifischen Charakters nunmehr an dieser Stelle eine thematische Würdigung erfahren.

Vorab sei bereits festgehalten, dass innerhalb des betrachteten Zeitablaufs eine Beschleunigung der Restrukturierungsmaßnahmen festgestellt werden kann. Eine Bezugnahme auf die eingangs aufgestellten Hypothesen erfolgt am Ende dieses Abschnitts.

6.2.1 Das Projekt Telekom Kontakt

Nachdem 1990 das Unternehmen Deutsche Bundespost Telekom aus der ehemaligen Deutschen Bundespost hervorgegangen war, wurde der notwendige Wandel von der Behörde zu einem markt- und kundenorientierten Unternehmen eingeleitet. Die Organisationsstruktur einer Behörde war jedoch keine gute Voraussetzung für den Erfolg eines Unternehmens im Wettbewerb.

Daher wurde mit dem Projekt Telekom Kontakt die organisatorische Struktur von der einer Monopolverwaltung in die eines modernen und marktorientierten Unternehmens umgestaltet.[1843]

In diesem Zusammenhang zielte das Projekt Telekom Kontakt auf die organisatorische Neustrukturierung und damit auf Effizienz- und Produktivitätssteigerung ab.[1844] Aus diesem Grund richtete sich die Deutsche Telekom organisatorisch auf die Anforderungen des Marktes und der Kunden aus. Insbesondere stand im Fokus, organisatorisch Strukturen zu schaffen, die es ermöglichen sollten, das Unternehmen nach betriebswirtschaftlichen Grundsätzen zu führen bei gleichzeitiger Erfüllung des Infrastrukturauftrages.[1845]

Das Projekt Telekom Kontakt wurde 1996 erfolgreich abgeschlossen.

6.2.1.1 Prinzipien der Reorganisation bei Telekom Kontakt

Seit Oktober 1992 arbeiteten rund 100 Mitarbeiter in so genannten Telekom Kontakt-Projektteams, welche sich in Teilgruppen unterteilten und auch Mitarbeiter aus den Außenorganisationen umfassten, an der Erarbeitung der neuen Organisationsvorgaben.[1846]

In den einzelnen Teams wurden sowohl die Konzeptionen für die Start- und Zielorganisationen erdacht sowie die Aufgaben und Schnittstellen der Organisationseinheiten festgelegt als auch der Veränderungsbedarf abgeschätzt und die Umsetzungsvoraussetzungen eruiert.[1847]

Die hierbei angestrebten Ziele bzw. Grundprinzipien waren

- Kundenorientierung,
- Ergebnisverantwortung und
- dezentrales Unternehmertum.[1848]

[1843] Vgl. Deutsche Telekom AG (Hrsg.), Die Organisation für die Zukunft – das Projekt Telekom Kontakt., 1995, S. 8.
[1844] Vgl. Deutsche Telekom AG (Hrsg.), Die Organisation für die Zukunft – das Projekt Telekom Kontakt., 1995, S. 6.
[1845] Vgl. Deutsche Telekom AG (Hrsg.), Die Organisation für die Zukunft – das Projekt Telekom Kontakt., 1995, S. 6.
[1846] Vgl. Benner, H., Telekom Kontakt, die Organisation des Unternehmens Telekom für die Zukunft, 1993, S. 436.
[1847] Vgl. Benner, H., Telekom Kontakt, die Organisation des Unternehmens Telekom für die Zukunft, 1993, S. 436 f.
[1848] Vgl. Benner, H., Telekom Kontakt, die Organisation des Unternehmens Telekom für die Zukunft, 1993, S. 437.

Die nachfolgende Abbildung 133 zeigt das Ergebnis der Reorganisation für das Unternehmen.

Abb. 133: Grundstruktur der Generaldirektion Telekom vor und nach Telekom Kontakt

Alte, auf Funktionen basierende Organisationsstruktur									
Vorstandsvorsitzender	Vorstandsbereich 1	Vorstandsbereich 2	Vorstandsbereich 3	Vorstandsbereich 4	Vorstandsbereich 5	Vorstandsbereich 6	Vorstandsbereich 7	Vorstandsbereich 8	Vorstandsbereich 9
Strategie, Forschung, int. Presse, PR, HR CI	Netze, Satelliten, Logistik	Telefondienst, Vermittlungstechnik	Breitbandverteilerdienst, Rundfunk, Mobilfunk	Datenmehrwertdienste	Marketing, Vertrieb, Telekom Service, Allg. Geschäftsbedingungen	Organisation, Informationstechnik	Personal, Tarifrecht, Soziales, Recht	Controlling, Finanzen, Einkauf, Liegenschaften, Hochbau	Stabsstelle Berlin und neue Bundesländer

Neue, marktorientierte Organisationsstruktur ab 1995								
Vorstandsvorsitzender	International	Privatkunden	Geschäftskunden	Systemkunden	Technik Netze	Technik Dienste	Personal und Recht	Finanzen u. Controlling
Unternehmenspolitik, -strategie, Regulierungs- und Wettbewerbsstrategie, Preispolitik, Konzernrevision, zentrale Organisation, Presse, PR, HR CI, Unternehmenskommunikation	Internationale Strategie, internationale Beziehungen, internationale Projekte, internationaler Joint Ventures, Steuerung internationaler Geschäfte	Marketing, Vertrieb, Service, Breitbandkommunikation, Endgeräte PK, Telefonnetzdienste PK, Informations- und Operatordienste	Marketing, Vertrieb, Service, Endgeräte GK, Telefonnetzdienste GK, Rundfunk und Audiovision, Bildkommunikation, vermittelte und festgeschaltete Verbindungen	Netzwerkdienste (Vertrieb über die DeTeSystem und die GK-Divisionen)	Planung, Aufbau und Betrieb Netze, Struktur nationaler Netze, weltweite Netze	Netzentwicklung, Forschung, Produkt- und Diensteentwicklung, Softwareentwicklung, IV-Technik	Personal, Arbeits-/ Tarifrecht, Sozialangelegenheiten, Besoldung, berufl. Bildung, Telekommunikationsrecht, Führungspersonal, Methoden der Führung	Rechnungswesen und Finanzen, Controlling, Betriebswirtschaft, Einkauf, Hochbau, Liegenschaften, Gebäude

In Anlehnung an: Deutsche Telekom AG (Hrsg.), Die Organisation für die Zukunft – das Projekt Telekom Kontakt., 1995

Die neue (marktorientierte) Organisationsstruktur hatte zur Folge, dass die Entscheidungspyramide buchstäblich auf den Kopf gestellt wurde. Künftig sollte der Kunde am Anfang aller Überlegungen stehen.

6.2.1.2 Die divisionale Ausrichtung des Unternehmens

Um diese Grundprinzipien zu verwirklichen, wurde die divisionale Ausrichtung des Gesamtunternehmens auf einzelne Kundengruppen in das Zentrum der Neustrukturierung gestellt. Die neu geschaffenen Unternehmensbereiche Privatkunden (PK), Geschäftskunden (GK) und Systemkunden sollten künftig als ergebnisverantwortliche Einheiten die Betreuung der unterschiedlichen Kundengruppen mit ihren jeweils spezifischen Anforderungen übernehmen.

Die drei Kundenbereiche sollten darüber hinaus ab sofort selbstständig im Markt der Privat- und Geschäftskunden agieren und in direktem Kontakt zum Kunden stehen.[1849] Die Betreuung der Systemkunden übernahm die DeTeSystem, während der Bereich Mobilkommunikation vollständig auf die Tochtergesellschaft DeTeMobil übertragen wurde.[1850]

Für die Bereitstellung einer leistungsfähigen Infrastruktur sowie die Entwicklung innovativer Technologien und hochmoderner Dienste wurden die zwei Technikdivisionen Technik Netze und Technik Dienste geschaffen. Dem Bereich Technik Netze oblag die effiziente Bereitstellung der Netzinfrastruktur in der Fläche; dieser unterstützte somit alle kundenorientierten Unternehmensbereiche und sicherte durch Planung, Erweiterung und Wartung die Wettbewerbsfähigkeit der Kundenbereiche.[1851] Der Bereich Technik Dienste sollte als Innovationszentrum durch Forschung, Netzstrategie, Softwareentwicklung, Informationsverarbeitung und durch Generierung neuer Dienste die Neu-

---
[1849] Vgl. Deutsche Telekom AG (Hrsg.), Die Organisation für die Zukunft – das Projekt Telekom Kontakt., 1995, S. 11.
[1850] Vgl. Deutsche Telekom AG (Hrsg.), Die Organisation für die Zukunft – das Projekt Telekom Kontakt., 1995, S. 10.
[1851] Vgl. Deutsche Telekom AG (Hrsg.), Die Organisation für die Zukunft – das Projekt Telekom Kontakt., 1995, S. 11.

und Weiterentwicklung von Netzplattformen und Produktangeboten im Sinne der Kundenbereiche sicherstellen.[1852]

Sämtliche Funktionen, die für die Steuerung eines Gesamtunternehmens bzw. die aufgrund gesetzlicher Vorschriften notwendig waren oder die divisionsübergreifend genutzt werden konnten, sollten zukünftig von Querschnittsbereichen wahrgenommen werden. Dazu gehörten die Bereiche Personal und Recht mit den Arbeitsschwerpunkten Grundsätze der Personalpolitik, Arbeits- und Tarifrecht sowie Aus- und Fortbildung. Einen weiteren Querschnittsbereich bildete das Ressort Finanzen / Controlling / Einkauf / Hochbau, in dem unter anderem die Gesamtverantwortung für alle finanz- und betriebswirtschaftlichen Systeme, deren Anwendung und die Konzernberichterstattung angesiedelt wurde. Zudem wurde ein eigener Vorstandsbereich International eingerichtet, welcher sich der zunehmenden internationalen Projekte und Beziehungen annehmen sollte.

Der Bereich des Vorstandsvorsitzenden sollte künftig die übergeordneten Aufgaben der Unternehmensführung wahrnehmen, wie unter anderem die Unternehmenspolitik, die Wettbewerbs- und Regulierungsstrategie und die Konzernrevision.

Die neue Organisationsstruktur der Deutschen Telekom wurde auf allen Ebenen des Unternehmens eingeführt. Die Kundenbereiche und der Bereich Technik Netze sollten zukünftig über eine eigene Außenorganisation in der Fläche verfügen. Jedem Bereich wurden eigene Direktionen und Niederlassungen zugeordnet.

Die Generaldirektion in Bonn sollte, wie bisher als Hauptverwaltung auch, die Gesamtleitung des Unternehmens zentral wahrnehmen. Neben der Unternehmensführung und der strategischen Planung sollte die Aufgabe der Generaldirektion darin bestehen, die Richtlinien und Grundsätze für das Handeln der Außenorganisation festzulegen. Sie sollte in der Regel aber künftig weder Detailregelungen erlassen noch in Einzelentscheidungen dirigistisch eingreifen.[1853]

Mit der neuen Organisation wurde in den Niederlassungen, wo das operative Geschäft gemacht wird, auch die Verantwortung dafür gestärkt, so dass diese wesentlich mehr Kompetenzen als früher erhielten.[1854] Wie sie die vereinbarten Zielgrößen wie Absatz, Umsatz, Investition, etc. erreichen, blieb ihnen nun weitgehend selbst überlassen.[1855] Kurze Entscheidungswege und mehr Selbstständigkeit sollten das unternehmerische Denken und Handeln vor Ort fördern.

6.2.1.3 Auswirkungen von Telekom Kontakt auf die Mitarbeiter

Die sich aus der Neuausrichtung ergebenden Veränderungen waren in den Führungsstrukturen, Verantwortlichkeiten und Kompetenzen nahezu an jedem Arbeitsplatz spürbar.[1856] Für einige Mitarbeiter wurde auch ein Wechsel des Arbeitsplatzes unvermeidbar.[1857] Rationalisierungen in Form eines Abbaus der Belegschaft waren mit Telekom Kontakt jedoch nicht verbunden.

6.2.1.4 Die Neuordnung der Zentralen Aufgaben Telekom

Ein weiterer Effekt des Projekts Telekom Kontakt, welches im Zeitraum von 1990 bis 1996 die organisatorische Neustrukturierung und damit Effizienz- und Produktivitätsgewinne verfolgte, war die Neuausrichtung der Zentralen Aufgaben Telekom (ZAT). Im Zuge des Projekts ZAT wurden (mit Beginn im Juli 1993) sämtliche Aufgaben eindeutig auf die Vorstandsbereiche ausgerichtet und entsprechend neu geordnet. Das Projekt ZAT kann somit als eine logische Folge oder auch als ein Teilprojekt von Telekom Kontakt angesehen werden.

Ziel dieses Teilprojekts war es, einen Umstrukturierungsprozess durchzuführen, bei dem am Ende Aufgabe, Kompetenz und Verantwortung in einer Hand lagen.[1858] Zentrale Aufgaben, die im Laufe der vergangenen Jahre aufgrund der Behördenstruktur immer mehr auf die Flächenorganisation delegiert worden waren, sollten nunmehr strukturiert eingesammelt werden. Zentrale Aufgaben

---

[1852] Vgl. Deutsche Telekom AG (Hrsg.), Die Organisation für die Zukunft – das Projekt Telekom Kontakt., 1995, S. 11.
[1853] Vgl. Deutsche Telekom AG (Hrsg.), Die Organisation für die Zukunft – das Projekt Telekom Kontakt., 1995, S. 12.
[1854] Vgl. Deutsche Telekom AG (Hrsg.), Die Organisation für die Zukunft – das Projekt Telekom Kontakt., 1995, S. 12.
[1855] Vgl. Deutsche Telekom AG (Hrsg.), Die Organisation für die Zukunft – das Projekt Telekom Kontakt., 1995, S. 12.
[1856] Vgl. Deutsche Telekom AG (Hrsg.), Regionalniederlassung beschlossen, 1995, S. VIII.
[1857] Vgl. Deutsche Telekom AG (Hrsg.), Regionalniederlassung beschlossen, 1995, S. VIII.
[1858] Vgl. Deutsche Telekom AG (Hrsg.), Zentrale Aufgaben effizienter organisiert, 1995, S. 28.

wurden zum damaligen Zeitpunkt bundesweit durch ca. 11.000 Mitarbeiter durchgeführt; davon in der Generaldirektion in Bonn mit 2.000 Mitarbeitern, dem Forschungs- und Technologiezentrum (FTZ; vormals Fernmeldetechnisches Zentralamt) in Darmstadt (ca. 4.600 Mitarbeiter) sowie in vielen Sondereinheiten in den Direktionen und Niederlassungen.[1859]

Den diversen zentralen Aufgaben wurden drei Kategorien zugeordnet:[1860]

❏ Aufgaben, die zur Planung und Steuerung des Konzerns notwendig waren.

❏ Aufgabenbereiche, die interne Dienstleistungen für die Telekom erbrachten und dadurch gekennzeichnet waren, dass man diese Aufgaben grundsätzlich auch auf dem freien Markt einkaufen konnte. Hierzu zählten Bereiche wie Logistik, Fortbildung oder die Entwicklung von IV-Anwendungen.

❏ Zentrale Ausführungsaufgaben mit produktionsorientiertem Charakter wie bspw. der zentrale (Telefon-) Kartenservice in Nürnberg.

Für die ZAT wurden daher drei grundsätzliche Organisationsstrukturen erarbeitet:[1861]

❏ Integrationsmodell

Das Integrationsmodell sah vor, alle zentralen Aufgaben, die zur Steuerung und Planung der Kernfunktionen der Telekom erforderlich waren, in die jeweiligen Vorstandsbereiche einzugliedern.

❏ Modell der Zentren bzw. Dienstleistungszentren

Bereiche, in denen die Zahl der zu führenden Mitarbeiter für eine Integration in die Vorstandsbereiche zu groß war und die übertragenen Aufgaben nicht mehr effizient aus der Generaldirektion heraus hätten gesteuert werden können, wurden als Zentren organisiert. Eine Überführung der Aufgaben in Zentren wurde allerdings nur unter folgenden Voraussetzungen als sinnvoll erachtet:

▷ Die Aufgabe war auf ein Geschäftsfeld bzw. eine Produktgruppe ausgerichtet.

▷ Es durfte kein Abstimmungsbedarf mit einem anderen Geschäftsfeld bestehen.

▷ Es musste sich um eine homogene, in sich abgeschlossene Aufgabe handeln.

▷ Eindeutige Führungsbeziehungen zwischen dem Leiter eines Zentrums und einem Mitglied der übergeordneten Führungsebene mussten vorhanden sein.

▷ Das zu bildende Zentrum sollte über eine robuste personelle Größe verfügen, so dass sein Bestand auch bei Schwankungen im Arbeitsumfang gesichert war.

Die Dienstleistungszentren sollten unter betriebswirtschaftlichen Gesichtspunkten geführt werden und für ihr Ergebnis eigenverantwortlich sein. Ein Zentrum verfügte, um diesen Aufgaben überhaupt gerecht werden zu können, auch über eigene Querschnittsbereiche wie dem Personalmanagement oder dem Controlling.

❏ Organisationseinheiten in den Niederlassungen

Zentrale Aufgaben mit einem produktionsorientierten Charakter wurden grundsätzlich in die Niederlassungen integriert und waren damit nicht mehr der Generaldirektion oder dem FTZ unterstellt, sondern wurden personell und fachlich vom Leiter der Niederlassung geführt.

[1859] Vgl. Deutsche Telekom AG (Hrsg.), „Eins zu Eins", 1995, S. 30 i.V.m. Deutsche Telekom AG (Hrsg.), Zentrale Aufgaben effizienter organisiert, 1995, S. 28.
[1860] Vgl. Deutsche Telekom AG (Hrsg.), Zentrale Aufgaben effizienter organisiert, 1995, S. 28.
[1861] Vgl. Deutsche Telekom AG (Hrsg.), Zentrale Aufgaben effizienter organisiert, 1995, S. 28 f.

6.2.2 Geschäftsfeldreform führt zu neuen strategischen Konzerngeschäftsfeldern

Bereits 1995 vom Vorstand angestoßen und in 1996 eingeführt, wurden als strategische Konzerneinheiten die Konzerngeschäftsfelder und Konzernservicecenter definiert.[1862] Die Entwicklungen des Wettbewerbsumfeldes erforderten eine zunehmende Marktorientierung, so dass das Geschäft künftig (unter der Prämisse: unterschiedliche Kunden werden unterschiedlich behandelt) vom Markt und nicht von internen Abläufen bestimmt werden sollte.[1863] Dieser Umstand machte eine Dezentralisierung der Verantwortung nötig, um Einheiten zu schaffen, die für ihr Handeln eindeutig verantwortlich waren.

Die KGF sollten den Geschäftserfolg in den ihnen zugeordneten Produktteilmärkten und die KSC den Geschäftserfolg in den ihnen zugeordneten Kundensegmenten verantworten. In der nachfolgenden Auflistung der wesentlichen implementierten KGF und KSC werden auch die Produkt- bzw. Kundenbereiche aufgezeigt, die damals aktuell waren:[1864]

- KGF Datenkommunikation

    Hierzu gehörten u.a. der Teil der Basisinfrastruktur der Vermarktung für Satelliten, Monopolübertragungswege (analoge und digitale Standardfestverbindungen), analoge und digitale Anschlüsse, breitbandige Standardfestverbindungen sowie anteilig festgeschaltete und vermittelte Verbindungen (Datendirektverbindungen, internationale Mietleitungen, paketorientierte und breitbandige Dienste).

- KGF Telefonnetzkommunikation

    Der Telefonnetzdienst für Privat- und Geschäftskunden mit seinen jeweiligen analogen und digitalen Anschlüssen, Zuleitungen und Verbindungen für das In- und Ausland wurden in diesem KGF zusammengefasst. Der Bereich Telefonnetzkommunikation konzentrierte sich auf die Vermarktung von Anschlüssen und Verbindungen.

- KGF Mobilkommunikation

    Die Aktivitäten dieses KGF wurden von der DeTeMobil wahrgenommen. Dienste wie das Funktelefon (C- und D1-Netz), Funkruf und weitere spezielle Mobilfunkdienste fanden sich in diesem Bereich wieder.

- KGF Multimediakommunikation

    Geschäftstätigkeiten wie Onlineservices, die Betreuung der Rundfunksender, Funknachrichten, Audio- und Videoverbindungen sowie anteilige Dienste aus der Breitbandkommunikation wurden nun vom KGF Multimediakommunikation wahrgenommen. Ebenfalls dazu gehörten Dienste wie Telemedizin und Telelearning.

- KGF Spezielle Mehrwertdienste

    Die öffentlichen Münz- und Kartentelefone sowie Informations- und Operatordienste wie In- und Auslandsauskunft, Auftragsdienste, Telekommunikationsverzeichnisse, der Telegrammdienst und andere wurden aus diesem KGF gesteuert. Ein Prinzip der strategischen Konzernsteuerung beinhaltete die Trennung von Verbindung (KGF Telefonnetzkommunikation) und Mehrwertdienst.

- KGF Endgeräte

    Die Vermarktung sämtlicher Endeinrichtungen für Privat- und Geschäftskunden wurde nunmehr vom KGF Endgeräte verantwortet.

[1862] Vgl. Deutsche Telekom AG (Hrsg.), Präsentation zur Vorstandsvorlage „Verantwortlichkeiten der strategischen Geschäftseinheiten", 1996, S. 4.
[1863] Vgl. Deutsche Telekom AG (Hrsg.), Präsentation zur Vorstandsvorlage „Verantwortlichkeiten der strategischen Geschäftseinheiten", 1996, S. 6 ff.
[1864] Vgl. Deutsche Telekom AG (Hrsg.), Produktgruppenzuordnung und Töchter / Beteiligungs-Zuordnung in der neuen Konzernstruktur für Konzerngeschäftsfelder Konzernservicecenter, 1996, S. 2 ff.

- ❑ KGF Systemlösungen / IV-Services

    Anteilige, großen Geschäftskunden zuordnungsbare Produktgruppen aus den Bereichen der festgeschalteten und vermittelnden Verbindungen (Datennetze), LAN-Lösungen, Leistungen für das Militär, gesicherte Telekommunikationsleistungen, spezielle Netzwerkdienste sowie Mitteilungs-, Informations- und Verarbeitungsservices (z.B. Telefax) wurden hier allokiert.

- ❑ KGF Lizensierte Diensteanbieter

    Kunden waren hier lediglich interne Bereiche, die im Rahmen der Vorleistungsbeschaffung für den Bereich Breitbandkabel dieses KGF nutzten. Externe Kunden wurden nicht bedient. Da die Nutzungsdauer für Satelliten unternehmensintern nur bis ca. 1998 veranschlagt war, sollte dieses KGF später neu gestaltet werden und um das Ziel erweitert werden, Leistungen für andere Carrier zu vermarkten, die nach der Öffnung des Marktes in 1998 zu erwarten waren.[1865]

- ❑ Strategische Managementeinheit (SME) Auslandsgeschäft

    Ebenfalls im Sinne eines KGF wurde die SME Auslandsgeschäft für die Steuerung der künftigen Auslandsbeteiligungen eingerichtet.

- ❑ KSC Netzinfrastruktur

    Das Einrichten, Betreiben und Entstören der gesamten Netzinfrastruktur der Deutschen Telekom wurde nunmehr durch dieses große KSC verantwortet. Das KSC Netzinfrastruktur war ein interner Dienstleister. Das bedeutet, andere Konzerneinheiten kauften die Leistungen hier ein und veredelten ihre Produkte für die weitere Vermarktung.

- ❑ KSC Vertrieb PK

    Alle Vertriebsaktivitäten für Privatkunden wurden von diesem KSC verantwortet. Hierzu gehörten auch die jeweiligen Vertriebskanäle wie Call Center oder Einzelhandel.

- ❑ KSC Service PK

    Die Aufgaben dieses KSC waren die Montage und Instandhaltung von Anschlüssen und Geräten bei den Privatkunden.

- ❑ KSC Vertrieb / Service GK

    Sämtliche Vertriebsaktivitäten sowie die Montage und Instandhaltung von Anlagen für Geschäftskunden wurden vom KSC Vertrieb / Service wahrgenommen. Ebenfalls dazu gehörten spezielle Telekommunikationsleistungen gem. Art. 10 GG (Unverletzlichkeit des Fernmeldegeheimnisses).

- ❑ KSC IV-Infrastruktur

    Die gesamte IV-Technik, der Betrieb und Service der Netzinfrastruktur, die Bereiche Softwareentwicklung und -service sowie die entsprechenden Entwicklungszentren und strategischen Computerzentren wurden von diesem KSC betreut, das als interner Dienstleister aufgestellt war.

- ❑ KSC Einkauf und Logistik

    Die interne Logistik mit den dazugehörigen Logistikzentren, die Einkaufsaktivitäten und das Fuhrparkmanagement wurden in diesem KSC zusammengefasst.

- ❑ KSC Forschung und Entwicklung

    Hierzu zählten die Netzentwicklung, Forschung, Produkt- und Diesteentwicklung sowie die Technologiezentren in Darmstadt und Berlin.

[1865] Zur Neugestaltung des KGF Lizensierte Diensteanbieter siehe die Ausführungen in Kapitel E.6.2.4 (Ein neues Konzerngeschäftsfeld für die Wettbewerber).

- KSC Fernmelderechnungsdienst

  Die Erstellung und Distribution der Rechnungen wurden von diesem KSC verantwortet.

- KSC Grundstücke und Gebäude

  Die Verwaltung sämtlicher Liegenschaften der Deutschen Telekom wurde in diesem KSC wahrgenommen. Die Aufgabe wurde der hierfür neu gegründeten Beteiligungsgesellschaft DeTelmmobilien übertragen.

Durch die Einführung einer internen Leistungsverrechnung konnte der wirtschaftliche Erfolg aller strategischen Einheiten dargestellt werden.

Die divisionale Gliederung in Privat- und Geschäftskundendivisionen blieb bei der Einführung der strategischen Konzerngeschäftsfelder erhalten. Die Kundendivisionen verantworteten auch weiterhin die vertriebliche Ausrichtung an der Marktschnittstelle.

6.2.3 Erneuerung des Service für Privatkunden – Das Projekt SMILE

Um sich auf die künftige hohe Anforderung im Wettbewerb nach der Öffnung des Telekommunikationsmarktes ab dem 01. Januar 1998 vorzubereiten, wurde u.a. bereits Mitte 1995 das Projekt Service, Montage, Information und Lenkung (SMILE) aufgesetzt, dessen Ergebnisse bis 1998 sukzessive umgesetzt und angepasst wurden.[1866]

Das Projekt SMILE stand für die Erneuerung des Privatkundenservice. Es sollten strategische Visionen, neue Instrumente und alltagstaugliche Realisierungskonzepte für den Service beim Privatkunden entwickelt werden.[1867]

Das Vorprojekt, das die Analyse zur Bedarfsformulierung der neuen SMILE-Software, die Überarbeitung der Geschäftsprozesse und die Erarbeitung zukunftsträchtiger Teilverbesserungen zum Inhalt hatte, wurde schon Ende Mai 1996 abgeschlossen.[1868] Im Hauptprojekt von SMILE ging es um die Entwicklung moderner, kundenorientierter und effizienter Organisationsstrukturen und Geschäftsprozesse für die Praxis.[1869]

Für das KGF Service Privatkunden wurde regional eine neue Aufbauorganisation eingeführt, die mit einer wesentlichen Reduzierung der Hierarchiestufen verbunden war. So wurde in den Privatkundenniederlassungen der Regionalleiter Service als einzig verantwortlicher Servicemanager eingerichtet; das Customer Care-Team, die Serviceteams und das Administrationsteam waren nunmehr die ihm untergeordneten Bereiche.[1870]

Parallel zu den Neuerungen in der Aufbauorganisation wurde eine einheitliche Software sowohl für den Privatkunden- als auch für den Geschäftskundenservice entwickelt. Die SMILE-IV basierte auf zentrale Datenbanken mit allen Kundenangaben, regionale Steuerserver und dem Laptop als Standardwerkzeug des Servicetechnikers.[1871] Dadurch wurde bei den Servicetechnikern die mobile Telearbeit eingeführt.

6.2.4 Ein neues Konzerngeschäftsfeld für die Wettbewerber

Vorausschauend auf das zum 01. Januar 1998 fallende Monopol im Bereich der öffentlichen Sprachkommunikation wurde Ende 1996 das KGF Lizensierte Diensteanbieter / Carrier (LDC) mit dem Ziel, für eine umfassende Entwicklung der nationalen und internationalen Carrier-Beziehungen zu sorgen, (neu) gegründet.[1872]

[1866] Vgl. Deutsche Telekom AG (Hrsg.), Ein Lächeln steht für Qualität, 1997, S. 11 i.V.m. Deutsche Telekom AG (Hrsg.), SMILE: Die Erfolgsstory geht weiter, 1998, S. 13.
[1867] Vgl. Deutsche Telekom AG (Hrsg.), SMILE ist die Antwort, 1996, S. 13.
[1868] Vgl. Deutsche Telekom AG (Hrsg.), Mit SMILE zum T-Service der Zukunft, 1996, S. 5.
[1869] Vgl. Deutsche Telekom AG (Hrsg.), Mit SMILE zum T-Service der Zukunft, 1996, S. 6.
[1870] Vgl. Deutsche Telekom AG (Hrsg.), Die „heiße Phase" im PKS hat begonnen, 1997, S. 9.
[1871] Vgl. Deutsche Telekom AG (Hrsg.), SMILE: Die Erfolgsstory geht weiter, 1998, S. 13.
[1872] Vgl. Deutsche Telekom AG (Hrsg.), „Kunde Wettbewerber" aus einer Hand bedienen, 1996, S. 28.

Der Bereich LDC sollte durch ein nachfragegerechtes Angebot von Netzleistungen eine einheitliche, effiziente und diskriminierungsfreie Betreuung des globalen Kundensegments lizensierter Diensteanbieter und Carrier gewährleisten.[1873]

Bereits zu diesem Zeitpunkt liefen Gespräche mit den damals zukünftigen Festnetzbetreibern über deren voraussichtliche Nachfrage nach Netzkapazitäten und über technische und kommerzielle Aspekte der Vertragsinhalte.[1874] Mit der Einrichtung des KGF LDC wurden die entsprechenden, bis zu diesem Zeitpunkt in verschiedenen Divisionen angesiedelten Aktivitäten, zu einer Einheit zusammengefasst. Insbesondere strategisch wichtige Wettbewerber sollten an den Konzern gebunden werden, um so die Auslastung der eigenen Netzressourcen sicherzustellen.[1875]

6.2.5 Die Reform der strategischen Geschäftsfelder

Mit dem Ziel, eine marktorientierte und wettbewerbsfähige Organisation zu schaffen, wurden 1998 marktorientierte Bereiche, interne Leistungsbereiche und Koordinationsbereiche geschaffen. Damit gingen ebenfalls Veränderungen der Unternehmensziele einher. Es wurde erkannt, dass Erfolg die Summe aus finanziellem Ergebnis und Kundenzufriedenheit ist. Als Leitprinzipien wurden Marktorientierung, Ergebnisverantwortung und dezentrale Kompetenz definiert.[1876] Daraus ableitend wurden die KGF und KSC neu geordnet und in drei wertschöpfungsorientierte Bereiche gegliedert:[1877]

❑ Marktorientierte Bereiche

Die marktorientierten Bereiche sollten ihre innovativen Produkte durch eine differenzierte Ausrichtung auf differenzierte Kunden und Märkte profitabel bereitstellen. Das Ziel der marktorientierten Bereiche war es somit, Marktleistungen unter Berücksichtigung der Ergebnismaximierung zu erbringen. Ferner bildeten diese die Schnittstelle zum Kunden. Zu den Produktmarkteinheiten wurden die KGF Datenkommunikation, Breitbandkabel und Rundfunk, Telefonnetzkommunikation, Spezielle Mehrwertdienste, Multimediakommunikation, Endgeräte, Lizensierte Diensteanbieter / Carrier, Mobilkommunikation sowie Systemlösungen gezählt. Zu den Kundenmarkteinheiten zählten darüber hinaus jeweils die KGF Vertrieb und Service Geschäfts- und Privatkunden sowie Auslandsgeschäft.

❑ Interne Leistungsbereiche

Das primäre Ziel der internen Leistungsbereiche war die Unterstützung der marktorientierten Bereiche und die kostengünstige Bereitstellung einer innovativen Telekommunikationstechnik. Sie sollten interne und grundsätzlich marktfähige Leistungen bereitstellen, welche pro erbrachter Leistung verrechnet werden konnten. Diese Infrastruktureinheiten bestanden aus den KSC Netzinfrastruktur, Einkauf und Logistik, Informationsverarbeitung, Forschung und Entwicklung, Fakturierung / Debitoren sowie Grundstücke und Gebäude.

❑ Koordinationsbereiche

Aufgabe der Koordinationsbereiche war die Erfüllung von Koordinations- und Unterstützungsfunktionen. Im Gegensatz zu den internen Leistungsbereichen erbrachten die Koordinationsbereiche interne, nicht marktfähige Leistungen, welche als Fixkostenumlage verrechnet wurden. Die Bildung dieser Bereiche erfolgte unter Steuerungsgesichtspunkten mit dem Ziel, Kosten zu minimieren. Sie sollten die ganzheitliche Führung des Konzerns sicherstellen. Hierzu gehörten die Bereiche Konzernentwicklung, Regulierungsstrategie, Konzernkommunikation / Presse, Personal, Betriebliche Bildung, Recht, Finanzen / Rechnungswesen und Controlling / Betriebswirtschaft.

[1873] Vgl. Deutsche Telekom AG (Hrsg.), „Kunde Wettbewerber" aus einer Hand bedienen, 1996, S. 28.
[1874] Vgl. Deutsche Telekom AG (Hrsg.), „Kunde Wettbewerber" aus einer Hand bedienen, 1996, S. 29.
[1875] Vgl. Deutsche Telekom AG (Hrsg.), „Kunde Wettbewerber" aus einer Hand bedienen, 1996, S. 28.
[1876] Vgl. Deutsche Telekom AG (Hrsg.), Deutsche Telekom – Struktur im Spannungsfeld von Markt und Ressourcen, 1998, S. 6.
[1877] Vgl. Deutsche Telekom AG (Hrsg.), Deutsche Telekom – Struktur im Spannungsfeld von Markt und Ressourcen, 1998, S. 6 ff.

6.2.6 Neuausrichtung der Privat- und Geschäftskundendirektionen

Im Rahmen der Neuorganisation der Zentrale, der Zentralen Betriebe und der Kundenniederlassungen wurde in 1998 auch die Organisation der Geschäfts- und Privatkundendirektionen an die aktuellen Erfordernisse, das organisatorisch neu strukturierte konzerninterne Umfeld und die veränderten Marktgegebenheiten angeglichen.[1878]

Für ein im Wettbewerb stehendes kunden- und marktorientiertes Unternehmen wurde es für erforderlich erachtet, den Direktionen unternehmerische Verantwortung zuzusprechen. Dies erforderte zugleich eine Erneuerung der Organisationsform der Direktionen. Eingeführt wurde eine Netzwerkorganisation, die sich als lernende Organisation flexibel den rasch wechselnden Kunden- und Marktanforderungen anpassen sollte. Dazu hatte der Vorstand Ende 1998 die Neuausrichtung der Direktionen beschlossen und Rollen, Aufgabenverteilungen sowie die Aufbau- und Führungsorganisation neu beschrieben.[1879]

So bildete die Umsetzung der GK- und PK-Direktionen im Juli 1999 zu einer gesamtheitlichen Direktion namens Kundendirektion die Grundlage der im Projekt Headquarters (siehe nachfolgendes Kapitel E.6.2.7) verabschiedeten neuen Organisationsstruktur. Letztendlich war das weiter oben beschriebene Projekt PERFORM[1880], durch das die organisatorischen Rollen und Methoden der Zusammenarbeit definiert worden waren, die Grundlage für die Neuausrichtung der Direktionen.

Das Ziel der Neuorganisation der Direktionen bestand darin, eine Strukturform einzuführen, die auf die Steigerung der Markt- und Leistungseffizienz der Niederlassungen ausgerichtet war und die sich zukünftig flexibel den rasch wechselnden Kunden- und Marktanforderungen anpassen konnte. Die Direktionen sollten die operativen Managementeinheiten des Geschäftsbereichs Vertrieb und Service bzw. des Zentralbereichs Netzinfrastruktur zur Sicherung und Steigerung der Leistungsfähigkeit der in einem Bezirk zusammengefassten Niederlassungen darstellen. Darüber hinaus sollten die Direktionen die Interaktionen der Niederlassungen sowohl mit den strategischen Einheiten des Betriebes als auch mit anderen Betrieben, Niederlassungen und Direktionen sicherstellen.[1881]

6.2.6.1 Aufgaben der Kundendirektionen

Die Aufgabe der neuen Kundendirektionen sollte darin bestehen, die Kundenniederlassungen des jeweiligen Bezirks durch Koordination der Aktivitäten, durch Coaching und durch Support zu Ergebnissen zu führen, die diese alleine nicht zu erreichen in der Lage gewesen wären. Ferner sollte die Kundendirektion durch aktives Lobbying bei Politik, Meinungsbildnern und in der Wirtschaft das Image der Deutschen Telekom stärken und so die Geschäftsabwicklung der Kundenniederlassungen positiv beeinflussen.[1882]

Somit bestanden die detaillierten Aufgaben der Kundendirektionen in: Planung, Koordination, Personalmanagement, Führung, Kontrolle und Support der Kundenniederlassungen:[1883]

❑ Planungsaufgaben

- Aktives und gestalterisches Einbringen operativer Aspekte in den Strategie- und Planungsprozess der Geschäftsbereiche Vertrieb und Service sowie Netzinfrastruktur.
- Niederlassungen fördern im Aufdecken von Bezirkspotenzialen, die in den Planungsprozess eingehen.

[1878] Vgl. Deutsche Telekom AG (Hrsg.), Aufbauorganisation und Personalbedarf Direktionen, http://orgwelt-t.telekom.de/ow/_strukturen/archiv/Dir/AnwNeu_K-Dir.doc, 2003.
[1879] Vgl. Deutsche Telekom AG (Hrsg.), Vorstandsvorlage zur Neuausrichtung der Direktionen, http://orgwelt-t.telekom.de/ow/_strukturen/archiv/Dir/Beschlus.ppt, 2003.
[1880] Zu PERFORM siehe Kapitel E.4.3.1 (Neue Spielregeln bei Rollen und Zusammenarbeit).
[1881] Vgl. Deutsche Telekom AG (Hrsg.), Vorstandsvorlage zur Neuausrichtung der Direktionen, http://orgwelt-t.telekom.de/ow/_strukturen/archiv/Dir/Beschlus.ppt, 2003.
[1882] Vgl. Deutsche Telekom AG (Hrsg.), Aufbauorganisation und Personalbedarf Direktionen, http://orgwelt-t.telekom.de/ow/_strukturen/archiv/Dir/AnwNeu_K-Dir.doc, 2003.
[1883] Vgl. Deutsche Telekom AG (Hrsg.), Aufbauorganisation und Personalbedarf Direktionen, http://orgwelt-t.telekom.de/ow/_strukturen/archiv/Dir/AnwNeu_K-Dir.doc, 2003.

- Gemeinsam mit den Niederlassungen legten die Direktionen für ihren Bezirk fest, was erreicht werden sollte und wie es am besten zu erreichen war.
- Die Direktionen stellten sowohl den effizienten Vollzug der Strategie als auch die Beachtung regionaler Besonderheiten sicher, die in den Planungsprozess eingingen.
- Die Direktionen identifizierten und quantifizierten im Team mit den Niederlassungen die Bezirksziele und die Ziele der einzelnen Niederlassungen.
- Moderation des Zielfindungsprozesses, Konfliktlösung und Herbeiführen von Entscheidungen.

☐ Koordinationsaufgaben
- Die Direktionen koordinierten und integrierten die Zusammenarbeit mit anderen Organisationseinheiten und insbesondere die Nahtstelle Kunden- / Technikniederlassung.
- Unterstützung der Niederlassungen bei der Zielerreichung durch Coaching und Projektsupport.
- Koordination und Integration von Vorschlägen, Ideen und Anforderungen der Niederlassungen an die Betriebe.
- Unterstützung der Niederlassungen bei der Entwicklung von Marketingplänen, so dass ein gemeinsames bezirkliches Bild entstehen sollte.
- Die Direktionen moderierten den Zielfindungsprozess, lösten Konflikte und führten Entscheidungen herbei.
- Pflegen von wirtschaftlichen und politischen Kontakten, die den Niederlassungen bei ihrer Zielerreichung nützlich sein sollten.

☐ Personalmanagementaufgaben
- Beteiligung am Entscheidungsprozeß bei der Besetzung der Niederlassungsleitung.
- Die Direktionen steuerten den Prozess der Personalentwicklung und der Personalförderung über alle Ebenen (auch niederlassungsübergreifend) und unterstützten diese bei der Erreichung der geplanten Personalziele.

☐ Führungsaufgaben
- Zentrale Führungsaufgabe war die permanente, konkrete Veranlassung der Zielerreichung durch die Niederlassungen und deren zieladäquate Feinsteuerung.
- Durchführung des Zielemanagements und Motivation der Niederlassungen, die Ziele zu erreichen.
- Verbesserung der Kommunikation und Vermittlung der relevanten Informationen aus den Führungskreisen.
- Kommunikation der im Bezirk nicht lösbaren Schwierigkeiten an die Leitung des Geschäftsbereichs Service / Vertrieb bzw. Netzinfrastruktur.

☐ Kontrollaufgaben
- Erstellung von Wirtschaftlichkeitsbetrachtungen durch Abforderung von zielerelevanten Fakten und Zahlen. Bei Abweichungen prüfte die Direktion gemeinsam mit den Niederlassungen, ob Korrekturmaßnahmen oder eine grundsätzliche Planrevision erforderlich waren und leitete diese gegebenenfalls ein.
- Die Direktion kommunizierte und kommentierte den Stand der Zielerreichung an die Leitung der Geschäftsbereiche Service / Vertrieb bzw. Netzinfrastruktur und problematisierte Abweichungen, die nicht auf bezirklicher Ebene angepasst werden konnten.

- Supportaufgaben
  - ↳ Wahrnehmung vielfältiger Supportfunktionen, die den gesamten Managementprozess umfassten.
  - ↳ Managen von niederlassungsübergreifenden Projekten und Unterstützen der Niederlassungen bei deren Durchführung.
  - ↳ Darstellung der Schnittstelle innerhalb und außerhalb des Unternehmens, Durchführen von Benchmarks zur Verbesserung des Leistungsprozesses, Beteiligung an Qualitätsverbesserungen und Betreiben eines aktiven Lobbying, um das Image der Telekom im Bezirk zu verbessern.

Wie die oben aufgeführten Aufgaben belegen, war die Umgestaltung der Direktionen von ehemaligen Mittelbehörden zu unternehmerisch agierenden Organisationseinheiten noch nicht ganz vollzogen. Dies vollzog sich erst in einem späteren Schritt durch die Auflösung der Direktionen.

6.2.6.2 Zusammenspiel der Direktionen und Niederlassungen

Die Direktionen und Niederlassungen im Bezirk sollten ein Netzwerk innerhalb des Unternehmens bilden, wobei die Niederlassungen durch die Direktionen unterstützt, über relevante Informationen aus Zentralen Betrieben und anderen Organisationseinheiten informiert und in ihrer Ertragsorientierung gefördert werden sollten.[1884]

Während jede Niederlassung für ihr eigenes Ergebnis verantwortlich gemacht wurde, verantworteten die Direktionen das Bezirksergebnis. Eingriffe in die operative Geschäftstätigkeit waren nur in absoluten Ausnahmefällen, z.B. bei wiederholter Zielverfehlung vorgesehen.[1885]

6.2.7 Das Projekt Headquarters Deutsche Telekom

Mit der Beschlussfassung zum Projekt Headquarters Deutsche Telekom (HQ) im August 1999 hatte der Vorstand die Neuorganisation der Zentrale und der zentralen Funktionen verabschiedet. Das Projekt HQ lässt sich der Disziplin Ergebnisverbessernde Maßnahmen aus dem Transformationsprogramm Telekom Future zuordnen.[1886] Ziel des Projekts war die Schaffung einer schlanken Zentrale, konzentriert am Standort Bonn und die Überführung einer Vielzahl von Zentren in nicht mehr als 30 Zentrale Betriebe.[1887]

Durch das weiter oben vorgestellte Projekt ZAT (Zentrale Aufgaben Telekom)[1888] waren ca. 6.500 Arbeitsplätze in der Zentrale der Deutschen Telekom entstanden, die auch an vielen Außenstellen innerhalb der Republik allokiert waren. Aufgrund von zunehmenden Kritiken seitens der Börsenanalysten, die Telekom verfüge über einen zu großen Verwaltungsapparat, sah sich der Vorstand veranlasst, diesen Argumenten mit einer Verschlankung der Zentrale zu begegnen.

Das Projekt HQ sollte den Konzern Deutsche Telekom, entsprechend seiner strategischen Struktur, in Geschäftsbereiche und Zentralbereiche gliedern. Jeder Geschäfts- und Zentralbereich sollte eindeutig auf jeweils eine strategische Konzerneinheit, wie Konzerngeschäftsfelder und Konzernservicecenter, bzw. auf eine Konzerneinheit mit primär wertprägender und wertsichernder Funktion (Koordinationsfunktionen) ausgerichtet werden.[1889] Dabei sollte die Neuorganisation bei möglichst selbstständiger und flexibler Aufstellung der KGF und KSC mit eigener unternehmerischer Verantwortung gleichzeitig eine einheitliche Konzernführung, -steuerung und -überwachung sowie eine effiziente zentrale Durchführung von Konzernaufgaben absichern.

[1884] Vgl. Deutsche Telekom AG (Hrsg.), Vorstandsvorlage zur Neuausrichtung der Direktionen, http://orgwelt-t.telekom.de/ow/_strukturen/archiv/Dir/Beschlus.ppt, 2003.
[1885] Vgl. Deutsche Telekom AG (Hrsg.), Vorstandsvorlage zur Neuausrichtung der Direktionen, http://orgwelt-t.telekom.de/ow/_strukturen/archiv/Dir/Beschlus.ppt, 2003.
[1886] Zu Telekom Future siehe Kapitel E.4.1.2 (Das Transformationsprogramm Telekom Future).
[1887] Vgl. Deutsche Telekom AG (Hrsg.), Am Start: Schlanke Zentrale und 30 neue Betriebe, 1999, S. 2.
[1888] Siehe hierzu auch die Ausführungen in Kapitel E.6.2.1.4 (Die Neuordnung der Zentralen Aufgaben Telekom).
[1889] Vgl. Deutsche Telekom AG (Hrsg.), Am Start: Schlanke Zentrale und 30 neue Betriebe, 1999, S. 2.

Diese unternehmerische Verantwortung der KGF und KSC musste durch eine konzerneinheitliche strategische Ausrichtung, konsistente Zielsetzungen und durch objektive, neutrale Performancemessung sowie Reporting abgesichert werden. Einheitliche Methoden, Systeme und Verfahren ergänzten dies. Dabei sollten sich die KGF und KSC soweit wie nur möglich in enger Kooperation der Leistungen der Zentralfunktionen im Team bedienen.

Mit dem Projekt HQ wurde die Konzentration auf einige wichtige Kernfunktionen und die Delegation von Verantwortung in eigenständige, unternehmerisch geführte Betriebe (Zentrale Bereiche) beabsichtigt. Durch die Implementierung neuer Führungsstrukturen sollte darüber hinaus eine strikte Trennung von strategischem und operativem Geschäft und damit eine massive Steigerung von Entscheidungsgeschwindigkeit und Effizienz erfolgen.[1890]

Entsprechend dem Projekt HQ war die Konzernzentrale ein Instrument des Vorstands. Sie sollte den Vorstand bei seiner Konzernführungsaufgabe unterstützen, so dass dieser sich nun vermehrt dem unternehmerischen Entwicklungs- und Gestaltungsprozess widmen konnte.

Der Vorstand wollte durch diese Reorganisation die Voraussetzungen dafür schaffen, dass die Geschäftsbereiche (marktorientierte Einheiten) und die Zentralbereiche (für konzerninterne Dienstleistungen) eigenverantwortlich und unternehmerisch wertschöpfende Wirkung entfalten konnten und somit die Konzernzentrale ihre Rolle als bisheriger Herr der Telekom in die neue Rolle als Helfer des Vorstands wandeln konnte.[1891] Aus strategischen Gründen war die Konzernzentrale nunmehr nur noch mit 414 Arbeitsposten versehen.[1892]

Demzufolge sollte die Konzernzentrale über Funktionen bzw. Kernfunktionen verfügen, die wegen ihrer grundsätzlich wertprägenden Wirkung für den Gesamtkonzern von den Geschäftsbereichen und den Zentralbereichen nicht wahrgenommen werden konnten wie beispielsweise:

- ❑ Gestaltung des Konzerngeschäftsportfolios,
- ❑ Management des Ressourcenportfolios,
- ❑ Steuerung der finanziellen Performance und
- ❑ Prägung der Identität und Außendarstellung des Konzerns.[1893]

Zusammenfassend dargestellt sollte die Konzernzentrale nur noch solche Funktionen wahrnehmen, die auf die übergreifende Festlegung, Steuerung, Kontrolle und Koordination der Konzerneinheiten und deren Aktivitäten ausgerichtet waren.

6.2.8 Neuausrichtung der Privat- und Geschäftskundenaußenorganisation

Das Konzept für eine Neuausrichtung der Privatkunden- und Geschäftskundenniederlassungen war im Jahr 1998 ein vom Vorstand der Deutschen Telekom beschlossener Umbau innerhalb des Konzerns mit der Erwartung, durch die Neustrukturierung, mit der Anfang 1999[1894] begonnen wurde, insbesondere Synergieeffekte durch schlankere Strukturen und Prozessoptimierungen zu schaffen.

Durch die Zusammenführung der PK- und GK-Niederlassungen sowie der PK- und GK-Direktionen zu Vertriebsniederlassungen wurden die Vertriebsaktivitäten in einem eigenen Vorstandsbereich gebündelt und weitere Maßnahmen der Transformation im Vertrieb realisiert.

[1890] Vgl. Schaaff, H., Neuordnung der Konzernzentrale, 1998, S. 5.
[1891] Vgl. Deutsche Telekom AG (Hrsg.), Die Konzernorganisation informiert – Neuordnung der Funktionen im zentralen Bereich, 1998, S. 7.
[1892] Vgl. Deutsche Telekom AG (Hrsg.), Am Start: Schlanke Zentrale und 30 neue Betriebe, 1999, S. 2.
[1893] Vgl. Deutsche Telekom AG (Hrsg.), Die Konzernorganisation informiert – Neuordnung der Funktionen im zentralen Bereich, 1998, S. 7 f.
[1894] Vgl. Deutsche Telekom AG (Hrsg.), Die Neuausrichtung der PK- und GK-Außenorganisation, 1998, S. 2.

Zielsetzung der Neuausrichtung war es, mit den neuen Organisationseinheiten die Flexibilität und Innovationsfähigkeit der Bereiche Vertrieb und Service zu stärken und zu optimieren.[1895]

Mit der neuen Organisation sollten unter anderem die störenden Schnittstellen zwischen den einzelnen Kundengruppen aufgehoben werden, um dadurch einen einheitlichen Auftritt beim Kunden zu ermöglichen.[1896]

6.2.9 Das Projekt Zukunft Netzinfrastruktur

Die Leitung des KSC Netzinfrastruktur hatte Ende 1999 das Reorganisationsprojekt Zukunft Netzinfrastruktur (ZNI) publiziert. Mit dieser Maßnahme wurde eine konsequente Ausrichtung auf die Kostenanforderungen des Marktes verfolgt.

Gegenstand des Projekts war es die bis dato 39 Technikniederlassungen zu 13 neuen regionalen Niederlassungen zusammenzufassen. Durch die damit einhergehende Verschlankung der Führungshierarchie sollten die Innovationsfähigkeit durch die Verkürzung der Markteinführungszeiten für neue Produkte gesteigert sowie darüber hinaus schnellere Entscheidungen zwischen den Technikniederlassungen und dem zentralen Betrieb Netzinfrastruktur ermöglicht und die für den Wettbewerb notwendige Kostensituation geschaffen werden.[1897]

In Kapitel C.5.1.2 (Das erste Telekommunikationsgesetz von 1996) wurde die regulierungsspezifische Problematik der Netzinfrastruktur im Blick auf die netzspezifische, monopolartige Vorrangstellung dargestellt.

Vor dem Hintergrund, dass der Regulierer in 1999 den Preis für die Leistung der entbündelten Teilnehmeranschlussleitung[1898] auf ein Niveau festlegte, das deutlich unter den von der Telekom kalkulierten Kosten lag, kann diese Reorganisation als eine geeignete Maßnahme angesehen werden, durch die sich das Unternehmen auf diese Entscheidung und die damit gegebene Marktanforderung eingestellt hatte.

Die Umsetzung des Projekts ZNI hatte sowohl Auswirkungen bei den Technikdirektionen als auch, wie bereits erwähnt, bei den Technikniederlassungen. So wurden alle vom Projekt ZNI betroffenen Regel- und Sonderaufgaben der Technikdirektionen zu anderen Organisationseinheiten verlagert.

Dabei wechselten die Beschäftigten mit ihrer Aufgabe zu den entsprechenden neuen Organisationseinheiten.[1899] Dies hatte den Wegfall der Führungsebene der Technikdirektionen zur Folge. Dadurch wurden sowohl schlankere Führungsstrukturen geschaffen als auch erhebliche Synergien im Querschnittsbereich erzielt.

Aufgrund der Verlagerung von Personaleinheiten war von einem erheblichen Qualifizierungsbedarf auszugehen. In diesem Zusammenhang wurde ein Qualifizierungskonzept erstellt und zur Koordination in jeder Technikniederlassung die Funktion eines Qualifizierungskoordinators eingeführt.[1900] Zur weiteren Unterstützung bei der Entwicklung und Umsetzung von Qualifizierungsmaßnahmen wurde mit dem Zentralbereich Personalentwicklung eine Dienstleistungsvereinbarung getroffen.

[1895] Vgl. Deutsche Telekom AG (Hrsg.), Schlankere Strukturen zum Wohle des Kunden, 2000, S. 5 f.
[1896] Vgl. Deutsche Telekom AG (Hrsg.), Schlankere Strukturen zum Wohle des Kunden, 2000, S. 5.
[1897] Vgl. Tenzer, G; Hiergeist, F., Zukunft NI, E-Mail an alle Mitarbeiterinnen und Mitarbeiter des Zentralbereichs Netzinfrastruktur vom 30.11.1999, S. 1.
[1898] Das Entgelt für die Teilnehmeranschlussleitung wurde im Februar 1999 erstmalig durch den Regulierer auf 25,40 DM (ca. 12,99 Euro) festgelegt (vgl. Regulierungsbehörde für Telekommunikation und Post (Hrsg.), Entgelte für Teilnehmeranschlussleitung – Pressemitteilung v. 08.02.1999, http://www.bundesnetzagentur.de/archiv_pressemitteilungen/pm_ss999_-_jan-juni_i2.ht ml, 2008).
[1899] Vgl. Tenzer, G; Hiergeist, F., Zukunft NI, E-Mail an alle Mitarbeiterinnen und Mitarbeiter des Zentralbereichs Netzinfrastruktur vom 30.11.1999, S. 1.
[1900] Vgl. Deutsche Telekom AG (Hrsg.), Qualifizierungskonzept ZNI, 2000, S. 3.

Die folgende Abbildung 134 zeigt die Veränderungen der geografischen Zuständigkeiten.

Abb. 134: Alte und neue regionale Einteilung des Bereichs Netzinfrastruktur

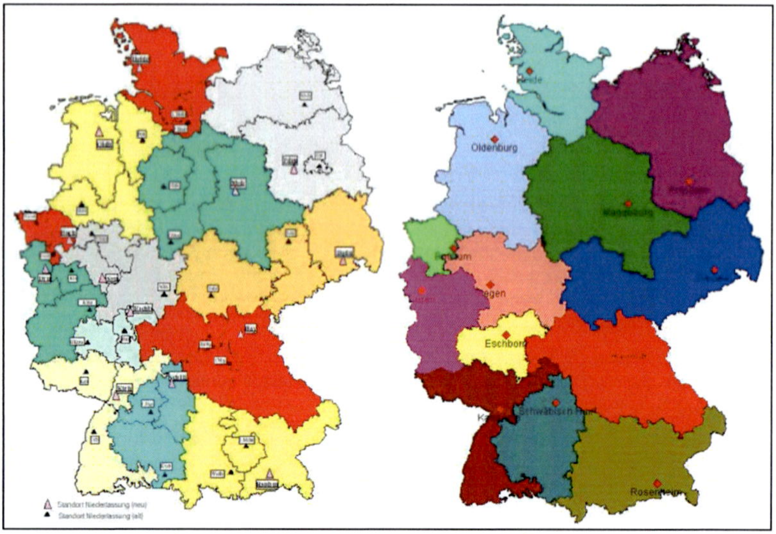

Quelle: Deutsche Telekom AG (Hrsg.), Anlage 1 zur OrgAnweisung NI521 A 1400 ZNI vom 11.07.00 – geographische Abgrenzung der TNL, 2000

Die Umsetzung erfolgte bis Ende 2000[1901] unter Beteiligung des Sozialpartners.

6.2.10 Struktur- und Prozessanalysen in den Betrieben zur Identifikation markterforderlicher Kostenreduzierungen (Projekt SLIM)

Bei dem Projekt SLIM (Struktur- und Prozessanalysen in den Betrieben zur Identifikation markterforderlicher Kostenreduzierungen) aus dem Jahr 2000 handelte es sich um eine Optimierung der Neuorganisation, welche durch das Projekt Headquarters[1902] eingeleitet wurde. Mit dem Projekt HQ war die Konzentration auf einige wichtige Kernfunktionen und die Delegation von Verantwortung in eigenständige, unternehmerisch geführte Betriebe gelungen. Der nächste Schritt bestand nun darin, die durch das Projekt HQ geschaffene Struktur zu optimieren und diese Optimierungspotenziale mit SLIM umzusetzen. Demnach war das Projekt HQ der Anfang und das Projekt SLIM der logisch anknüpfende Schritt, um die Effizienz und die Möglichkeiten zu weiteren Kostensenkungen in der neuen Unternehmensstruktur zu untersuchen.

6.2.10.1 Hintergrund der Erfordernis von SLIM

Die Liberalisierung des TK-Marktes hatte für die Deutsche Telekom den Verlust von Marktanteilen, den Rückgang des Umsatzes sowie einen rapiden Preisverfall vor allem in der Festnetztelefonie zur Folge. Dies führte dazu, die Unternehmensstruktur den Erfordernissen des Marktes neu anzupassen, um auch weiterhin wettbewerbsfähig zu bleiben und den Wandel der Telekom von einem reinen Telekommunikationsunternehmen zu einem Telematikkonzern konsequent fortzusetzen.[1903]

[1901] Vgl. Tenzer, G; Hiergeist, F., Zukunft NI, E-Mail an alle Mitarbeiterinnen und Mitarbeiter des Zentralbereichs Netzinfrastruktur vom 30.11.1999, S. 1.
[1902] Siehe hierzu Kapitel E.6.2.7 (Das Projekt Headquaters Deutsche Telekom).
[1903] Vgl. Deutsche Telekom AG (Hrsg.), Archiv-Informationen zum Projekt SLIM, http://orgatlas.telekom.de/ow/_strukturen/archiv/slim/sl im.htm, 2001 sowie Deutsche Telekom AG (Hrsg.), Fit für die Zukunft, 2000, S. 19.

6.2.10.2 Ziele und Vorgehen bei SLIM

Im Rahmen von SLIM wurden in den Betrieben Strukturanalysen, ähnlich wie bei dem Projekt ZNI (siehe oben), durchgeführt. Diese hatten zum Ziel, personalkostenintensive Organisationseinheiten zu identifizieren, interne Kennzahlen zu ermitteln, Prozesse und Strukturen der einzelnen Betriebe zu analysieren sowie kostenoptimierte Lösungen vorzuschlagen.[1904]

Auch das Projekt SLIM lässt sich dem Programm Telekom Future[1905] (Ergebnisverbessernde Maßnahmen) zuordnen. Grundsätzliches Ziel von SLIM war die Bereinigung unzweckmäßiger Aufgabenzuordnungen und die Erhöhung der Produktivität der neu geschaffenen zentralen Betriebe. Konkret wurden dabei folgende detaillierte Zielsetzungen verfolgt:

- Bereinigung unzweckmäßiger Aufgaben bzw. Zuordnungen,
- Beseitigung von Soll-Ist-Abweichungen,
- Erhöhung der Produktivität auf Basis von Benchmarkdaten,
- Überprüfung der Möglichkeiten von Fremdvergaben oder Eigenleistungen,
- Personalbedarf bei den Querschnittsaufgaben auf Basis von Benchmarkdaten,
- Prüfung von Kontrahierungsmöglichkeiten und
- Vergrößerung der Effektivität durch Zusammenlegung und / oder Streichung von Kräftegruppen.[1906]

6.2.10.3 Ergebnisse und Auswirkungen bei SLIM

Die Ergebnisse der SLIM-Analyse zeigten deutlich, wo im einzelnen Organisationen, Strukturen und Prozesse verbessert werden konnten. Dazu gehörte auch die Verschlankung der Arbeitsabläufe und der Abbau von Doppelfunktionen. Für alle zentralen Betriebe ergab sich daraus eine mögliche Reduzierung um ca. 5.000 Arbeitsposten.[1907]

Diese Zahl wurde um im Rahmen des Planungskonzepts Telekom angemeldeten zusätzlichen Bedarfe, die nicht realisiert wurden, um rund 600 Stellen aus Betrieben, die zur Deutschen Post verlagert wurden und um die derzeit unbesetzten Personalposten bereinigt, so dass von SLIM rund 1.000 Beschäftigte betroffen waren, für die an anderer Stelle geeignete Arbeitsplätze gefunden werden sollten.[1908]

Einige zentrale Betriebe waren aufgrund des bereits erreichten Effizienzniveaus nicht oder nur im geringen Ausmaß von der Weiterentwicklung der Organisation betroffen, andere Betriebe hingegen mussten deutliche Einsparungen verwirklichen und dementsprechende Maßnahmen einleiten.[1909]

Durch die Umsetzung von SLIM ergab sich auch Optimierungsbedarf in den Niederlassungen. Hier waren vor allem in den Querschnittsbereichen Neustrukturierungen erforderlich. Auch in den Bereichen Finanzbuchhaltung, Kostenrechnung, Controlling sowie der Aus- und Weiterbildung ergaben sich durch neue Arbeitsabläufe Einsparungsmöglichkeiten.[1910] Die Umsetzung erfolgte sozialverträglich und unter Beteiligung des Sozialpartners, dabei hatte der mit der Gewerkschaft vereinbarte Verzicht auf betriebsbedingte Beendigungskündigungen weiterhin Bestand.

[1904] Vgl. Deutsche Telekom AG (Hrsg.), Archiv-Informationen zum Projekt SLIM, http://orgatlas.telekom.de/ow/_strukturen/archiv/slim/slim.htm, 2001.
[1905] Zu Telekom Future siehe Kapitel E.4.1.2 (Das Transformationsprogramm Telekom Future).
[1906] Vgl. Deutsche Telekom AG (Hrsg.), Der Betrieb Bilanzen berichtet, http://f1.telekom.de/B_Bilanzen/Verlagerte_Inhalte/Betriebsrat/0000422.htm, 2001.
[1907] Vgl. Deutsche Telekom AG (Hrsg.), Archiv-Informationen zum Projekt SLIM, http://orgatlas.telekom.de/ow/_strukturen/archiv/slim/slim.htm, 2001.
[1908] Vgl. Deutsche Telekom AG (Hrsg.), SLIM: Umsetzung beginnt, 2000, S. 1.
[1909] Vgl. Deutsche Telekom AG (Hrsg.), Fit für die Zukunft, 2000, S. 21.
[1910] Vgl. Deutsche Telekom AG (Hrsg.), Fit für die Zukunft, 2000, S. 21.

6.2.11 Neuausrichtung des Geschäftsbereichs International

Mitte 2000 hatte der Vorstand die Neupositionierung und Neuausrichtung des damaligen Geschäftsbereichs International (GB IN) beschlossen, wonach dieser zum internen Investmentconsulting für den Konzern entwickelt werden sollte.[1911] Wesentliche Kernaufgaben des neuen Zentralbereichs waren:

- Umsetzung des strategischen Konzernausbaus weltweit,
- Internationale Neugeschäftsentwicklung und Geschäftsstrategie,
- Durchführung von M&A[1912]-Projekten des Konzerns über alle Projektphasen bis zum Abschluss der Integration und
- Koordination aller länder- oder regionenspezifischer Aktivitäten auf Basis übergeordneter strategischer Interessen oder auf Initiative der Lines of Business (Geschäftsbereiche).[1913]

Der GB IN wurde als konzerninterner Dienstleister für die Konzernführung sowie für die nationalen und internationalen Geschäftseinheiten (Divisionen bzw. Beteiligungsgesellschaften) gesehen. Letztendlich sollte durch die Neugestaltung und Stärkung dieses Bereichs die internationale Akquisitionspolitik des Unternehmens unterstützt werden.

6.2.12 Ergebnisorientierte Gemeinkostenreduzierung in der Dachgesellschaft

Das Projekt ErGO aus dem Jahr 2001 steht für Ergebnisorientierte Gemeinkostenoptimierung und bezeichnet das Vorhaben, die Kosten der gesamten Dachgesellschaft zu reduzieren und die Leistungsfähigkeit zentraler Funktionen weiter zu steigern.[1914]

Nach einem Vorstandsbeschluss sollte das Projekt in der Telekom Zentrale und den nunmehr 14 zentralen Betrieben bis Ende März 2002 realisiert sein. Mit ErGO sollte die gesamte Dachgesellschaft mit ihren Aufgaben und Leistungen an den derzeitigen Kosten in Höhe von circa 3,5 Milliarden Euro gespiegelt werden.[1915]

Erster Schritt der Realisierung von ErGO war eine Bestandsaufnahme zu Leistungen und Prozessen durch Interviews der Teammitglieder des Projekts mit der ersten und zweiten Führungsebene in den einzelnen Bereichen. In einem zweiten Schritt wurde bis Ende März 2002 ein Konzept zur Kostensenkung und zu möglichen organisatorischen Umstrukturierungen, von denen ca. 10.000 Mitarbeiter zentral betroffen waren, erstellt und anschließend umgesetzt.[1916]

Insbesondere die Reduzierung von Doppelarbeiten und nicht mehr benötigten Aufgaben stand hierbei im Vordergrund. Der hierdurch entstandene Personalüberhang sollte durch die neu gegründete Personalservice-Agentur aufgenommen werden.[1917]

6.2.13 Strukturumbruch im Personalmanagement – Das PRISMA-Projekt

PRISMA ist der abgekürzte Projektname für das Projekt zur Innovation und Neuausrichtung der HR-Funktionen für Management und Mitarbeiter, das der Vorstand im Mai 2001 mit dem Ziel initiierte, alle Leistungen, Produkte und Prozesse des gesamten Personalbereichs der DTAG in einem umfassenden und ganzheitlichen Ansatz zu optimieren.[1918] Die Projektergebnisse aus dem Projekt PRISMA flossen in das Projekt ErGO (siehe vorangegangenes Kapitel E.6.2.12) mit ein.[1919]

[1911] Vgl. Deutsche Telekom AG (Hrsg.), Geschäftsauftrag Zentralbereich IN, http://q9g0m.bonn02.telekom.de/ow/_strukturen/archiv/GBin/Neuausr_GB_IN.htm, 2000.
[1912] Mergers & Acquisitions.
[1913] Vgl. Deutsche Telekom AG (Hrsg.), Geschäftsauftrag Zentralbereich IN, http://q9g0m.bonn02.telekom.de/ow/_strukturen/archiv/GBin/Neuausr_GB_IN.htm, 2000.
[1914] Vgl. Deutsche Telekom AG (Hrsg.), „Wir wollen eine Lösung aus einem Guss", 2001, S. 4.
[1915] Vgl. Deutsche Telekom AG (Hrsg.), Projekt ErGO in Bonn gestartet, 2001, S. 5.
[1916] Vgl. Deutsche Telekom AG (Hrsg.), Projekt ErGO in Bonn gestartet, 2001, S. 5.
[1917] Vgl. Deutsche Telekom AG (Hrsg.), Vereinbarung über die Umsetzung des Projektes ErGO, 2002, S. 3 f.
[1918] Vgl. Deutsche Telekom AG (Hrsg.), PRISMA, 2002, S. 1.
[1919] Vgl. Deutsche Telekom AG (Hrsg.), Projekt ErGO in Bonn gestartet, 2001, S. 5.

Die Ausrichtung der Personalarbeit war durch die enge Anbindung an die Strukturen der jeweiligen Geschäftsbereiche gekoppelt, was aus Sicht der Unternehmensleitung zu einer Vielzahl von Schnittstellen in den Personalprozessen und bei den Kompetenzen führte. Der Verlust an Knowhow, die Aufgabe von Synergien und schlechte Reaktionen auf notwendige Umorganisationsmaßnahmen waren hierbei nur einige der Folgen.[1920]

Vergleiche mit externen Unternehmen belegen, dass die Telekom bei Personalleistungen ein erhebliches Einspar- und Verbesserungspotenzial hinsichtlich Kosten, Zeit und Qualität hatte; darüber hinaus erforderten hoher Kapitalmarkt- und Ergebnisdruck eine Steigerung der Flexibilität, der Qualität und der Effizienz der Personalarbeit im Unternehmen.[1921]

In einem Vorprojekt wurde aus den Ergebnissen der drei Teilprojekte (Status, Vision und Transfer) ein Konzept mit insgesamt 164 Maßnahmen erstellt.[1922] Dieses Zielkonzept wurde bis Ende Juli 2002 im Rahmen von Implementierungsprojekten und Arbeitspaketen für eine Umsetzung im Detail konzipiert, wobei ca. 80 Maßnahmen in vier Implementierungsprojekten gebündelt wurden.

Diese vier Implementierungsprojekte waren:

- Neuausrichtung der operativen Personalaufgaben (HR-Factory) und
- der freiwilligen und gesteuerten Platzierung (von Mitarbeitern),
- Aufbau eines sozialen Hauses (Neugestaltung der Sozialaufgaben) sowie
- eines Projektpools (Projektwerkstatt).[1923]

Die anderen Maßnahmen wurden in 16 Arbeitspaketen sowohl innerhalb der Dachgesellschaft als auch im Bereich der T-Com feinkonzipiert. Diese Maßnahmen umfassten im wesentlichen Prozess- und IV-Optimierungen sowie Bündelungseffekte, bspw. die Zentralisierung des Wohnungsservices, wobei die Arbeitspakete entsprechend nachstehender Produktgruppen gegliedert wurden:

- Gleichstellung und Chancengleichheit,
- Unternehmenskultur und -werte,
- Strategie und Personalplanung,
- Marketing und Rekrutierung,
- Compensation and Benefits,
- Führung und Entwicklung,
- Rechtsservice,
- Personalmanagement und
- Sonstiges.[1924]

6.2.13.1 Wesentliche Inhalte und Neuerungen aus dem PRISMA-Zielkonzept

Das PRISMA-Zielkonzept stellte ein Netzwerk verschiedener Elemente dar. Die Leistungen des Personalbereichs wurden in HR-Produkte aufgeteilt, wobei diese entsprechend der Unternehmensstruktur konzeptionell dreigeteilt waren:[1925]

- Strategische Richtungsentscheidungen und Rahmenvorgaben bei konzernübergreifenden Themen sollten künftig in zentralen Abteilungen der Dachgesellschaft getroffen werden (konzernstrategische Produkte).

[1920] Vgl. Deutsche Telekom AG (Hrsg.), PRISMA, 2002, S. 1.
[1921] Vgl. Deutsche Telekom AG (Hrsg.), PRISMA, 2002, S. 1.
[1922] Vgl. Deutsche Telekom AG (Hrsg.), PRISMA, 2002, S. 2.
[1923] Vgl. Deutsche Telekom AG (Hrsg.), PRISMA, 2002, S. 2.
[1924] Vgl. Deutsche Telekom AG (Hrsg.), PRISMA, 2002, S. 2.
[1925] Vgl. Deutsche Telekom AG (Hrsg.), PRISMA, 2002, S. 2 f.

❑ Rahmenvorgaben für Business-Unit-spezifische Themen, Ausgestaltung von Regelungen, die praktische Umsetzung sowie die Funktion als Kundenschnittstelle zu den Führungskräften sollten in zentralen Abteilungen der Business Unit, in so genannten HR-Interface-Einheiten und in Competence Groups, wahrgenommen werden (Business-Unit-geschäftsnahe Produkte).

❑ In einer HR-Factory mit Service-Group-Struktur sollte dann die effiziente operative Abwicklung der Personalaufgaben erfolgen, wobei konzernübergreifende operative Tätigkeiten aufgabenspezifisch organisatorisch abgebildet werden sollten. Für die Kundenschnittstelle zu den Mitarbeitern war bei den administrativen Massenprodukten die Einführung eines IT-gestützen Front Offices geplant.

Die Aufteilung der HR-Leistungen sollte die Einführung einer Produktverantwortung für den Lebenszyklus eines Personalprodukts von der Konzeption bis zur Anwendung ermöglichen.[1926] Signifikante Qualitäts- und Effizienzsteigerungen sollten durch eine konsequente Ausrichtung auf wertschöpfende Tätigkeiten (Ausrichtung auf HR-Produkte mit Beitrag zum Unternehmenserfolg), Fokussierung von Mitarbeitern auf Produktgruppen und Steuerung der HR-Prozesse über Leistungskennzahlen erreicht werden.[1927]

Darüber hinaus wurden, wie oben angedeutet, Teilaufgaben durch die Mitarbeiter im Rahmen eines Employee Self Service selbst übernommen. Ein Beispiel hierfür war die Einführung der elektronischen Reisekostenabrechnung, bei der die Mitarbeiter ihre Reisedaten nun selbst in ein intranetgestütztes IT-System eingeben konnten und die Papierflut, insbesondere bei der Archivierung, deutlich begrenzt wurde und darüber hinaus die Bearbeitungszeiten und Prozessabläufe verkürzt werden konnten.[1928]

Umfassende Personalführungsaufgaben sollten durch die Führungskräfte bzw. Linienmanager selbst mit Hilfe des Management Self Service[1929] wahrgenommen werden, was zwangsläufig zu veränderten Rollenbildern führte. Dies wurde durch den Einsatz moderner E-Business- bzw. IV-Lösungen, wie z.B. dem HR-Portal, Workflow-Systemen und dem E-Learning, unterstützt.[1930]

Das Zielkonzept ging insgesamt von einem deutlich effizienteren Personalressourceneinsatz aus; ca. 30 Prozent der Mitarbeiter unterhalb des Mengengerüsts zum Zeitpunkt des Vorstandsbeschlusses sollten betroffen sein.[1931]

6.2.13.2 PRISMA-Implementierungsprojekte

Die Umsetzung der nach einzelnen HR-Produktgruppen gegliederten Maßnahmen, bei denen es sich um Prozessverbesserungen, Bündelungseffekte und Ressourcenoptimierungen handelte, konnte nach Verhandlungen mit dem Sozialpartner sozialverträglich erfolgen.[1932] Nachfolgend sind die Inhalte der PRISMA-Implementierungsprojekte im Detail dargestellt:[1933]

❑ Neuausrichtung der operativen Personalaufgaben (HR-Factory)

  ↳ Ziel dieses Teilprojekts war die Einführung einer klaren Produkt- und Prozessverantwortung für das Aufgabenspektrum der operativen Personalarbeit.

  ↳ Für eine gebündelte, flächendeckende Beratungskompetenz wurden Competence Groups eingerichtet. Als Eingangstor für Anfragen und Aufträge der Mitarbeiter diente künftig ein Front Office mit einer einheitlichen Telefonnummer. HR-Interface-Einheiten bildeten künftig in einem definierten Aufgabenspektrum die optimale Nahtstelle zwischen den Führungskräften in ihrer Funktionalität und den HR-Funktionen. Wichtige Voraussetzungen zur Um-

---
[1926] Vgl. Deutsche Telekom AG (Hrsg.), PRISMA, 2002, S. 3.
[1927] Vgl. Deutsche Telekom AG (Hrsg.), PRISMA, 2002, S. 3.
[1928] Vgl. Deutsche Telekom AG (Hrsg.), „Die alten Strukturen sind nicht mehr flexibel genug", http://164.16.45.115/artikel_print_popup.html, 2003.
[1929] Vgl. Deutsche Telekom AG (Hrsg.), PRISMA, 2002, S. 3.
[1930] Vgl. Deutsche Telekom AG (Hrsg.), PRISMA, 2002, S. 3.
[1931] Vgl. Lorenz, V., Projekt PRISMA – Detailkonzeptionsphase erfolgreich abgeschlossen, 2007, S. http://personalportal.telekom.de/dialog/Cache/0000354D4774CBB1F25A68AO.pdf.
[1932] Vgl. Lorenz, V., Projekt PRISMA – Detailkonzeptionsphase erfolgreich abgeschlossen, 2007, S. http://personalportal.telekom.de/dialog/Cache/0000354D4774CBB1F25A68AO.pdf.
[1933] Vgl. Deutsche Telekom AG (Hrsg.), PRISMA, 2002, S. 3 f.

setzung dieses Projekts waren u.a. die Funktionalität entsprechender elektronischer HR-Lösungen und IT-Workflows.

- Durch die IT-Unterstützung waren Prozesskennzahlen verfügbar, die nicht nur für den Kunden Durchlauf- und Bearbeitungszeiten sichtbar machten, sondern auch Produktmengen, Fehlerkosten und den jeweiligen Bearbeitungsstand transparent gestalteten.

☐ Neuausrichtung der freiwilligen und gesteuerten Platzierung

- Hier sollten die Prozesse der internen, freiwilligen (Mitarbeiter-Mobilitätsinitiative Telekom) und der gesteuerten Vermittlung (bei Überhangkräften, Projektmanagement und Service) zwischen allen beteiligten Organisationseinheiten schneller und effizienter gestaltet werden. In einem weiteren Schritt war die Einführung eines elektronischen Vermittlungsmarktplatzes angedacht.

☐ Neugestaltung der Sozialaufgaben

- Dieses Projekt beinhaltete einen ganzheitlichen Ansatz durch Bündelung sozialer Aktivitäten in einem sozialen Haus. Die Sozialberatung fokussierte sich hierbei auf Schwerpunktthemen unter Anpassung der Betreuungsquote entsprechend den Empfehlungen des Bundesverbandes für betriebliche Sozialarbeit. Die Betreuung sollte zukünftig durch eine telefonische Anlaufstelle und Vermittlung zur Vor-Ort-Betreuung und durch eine verstärkte Ausrichtung auf die Gruppenberatung gewährleistet werden. Für die Sozialberater war eine dem neuen Leistungsspektrum gemäße (Weiter-)Qualifizierung geplant.

☐ Aufbau eines Projektpools bzw. einer Projektwerkstatt

- Kernelemente des Projektpools waren die konsequente Bereitstellung von explizit ausgewiesenen Ressourcen aus Fachabteilungen für eine Mitarbeit in Projekten (zeitlich begrenzte Aufgaben im Personalbereich) und die Professionalisierung der Projektarbeit im Personalbereich.

- In der Projektwerkstatt ging es darum, optimale Rahmenbedingungen für professionelle Projektbearbeitung im Personalbereich der T-Com und der Dachgesellschaft zu schaffen. Die Idee war, Projektarbeit künftig klar von den Regelaufgaben in der Linie zu trennen, also Projekte nicht mehr regelmäßig nebenbei und zusätzlich zur regulären Arbeit abzuwickeln und diese dann nach anerkannten Regeln des Projektmanagements zu steuern. Dazu waren neben der Festlegung der künftig zu managenden Projekte die Einführung einer projektorientierten Rahmenorganisation und die Bündelung von Fach- und Projektmanagement-Know-how in einem Personalpool für Projektarbeit sowie die dazu erforderlichen Regelungen für die dort künftig arbeitenden Mitarbeiter erforderlich.

6.2.14 Das Projektprogramm PM-Excellence

Nicht nur die Neukonzeption der Arbeit im Personalbereich benötigte ein strukturiertes Projektmanagementsystem. Vielmehr stellte das erfolgreiche Zusammenspiel aller Konzerneinheiten, insbesondere das einheitliche Agieren der damaligen vier Divisionen, die dem Kunden die Produkte aus einer Hand anbieten wollten, einen entscheidenden Wettbewerbsvorteil des Konzerns Deutsche Telekom dar. Die Fähigkeit, in kürzester Zeit bspw. integrierte Systemlösungen zu realisieren, war aus Sicht der Unternehmensführung eine wesentliche Voraussetzung dafür, neue Märkte zu erschließen und auszubauen.

Dies kann jedoch nur mit einem bereichsübergreifenden Projektmanagement erreicht werden, das aus strategischer Sicht für den Konzern eine Schlüsselfunktion innehat. Projekte kann man üblicherweise als jene Form der Organisation bezeichnen, in der für eine spezifische Aufgabe linien- und bereichsübergreifend Fachkompetenz in adäquater Form für einen bestimmten Zeitraum zusammengeführt wird.

Aus diesem Grund wurde im Jahr 2002 das Projektprogramm PM[1934]-Excellence mit folgenden Zielen aufgesetzt:[1935]

- Etablierung konzernweit einheitlicher Projektmanagementmethoden zur Durchführung von Projekten.
- Implementierung eines Entwicklungspfades für das Projektpersonal.
- Schaffung von Anreizen für die Linie zur Bereitstellung von Personal für Projektarbeit.
- Die Regelung von Aufgaben, Verantwortungen und Befugnissen in Projekten.
- Rollenklarheit zwischen Linienmanager und Projektleiter.
- Schaffung eines Einzel- und Multiprojektmanagementprozesses für die Projektabwicklung.
- Installation einer Projektrahmenorganisation zur effektiven Steuerung von Projekten und einer verbindlichen Projektmanagementguideline.

Durch die Einführung von PM-Excellence wurden diese Ziele umgesetzt. Ein allgemein gültig verfügbares Handbuch wurde herausgegeben und im Intranet veröffentlicht. Im Januar 2003 trat ein Tarifvertrag mit speziellen Arbeitsbedingungen für das professionelle Projektmanagement-Personal in Kraft, der auch die Karrierepfade der entsprechenden Mitarbeiter durch legitimierte Funktionen zum Inhalt hatte.[1936]

6.2.15 Einführung der Strategischen Management Holding

Um die Zusammenarbeit zwischen der Konzernzentrale und den Divisionen weiter zu verbessern, hatte der Vorstand Ende 2002 beschlossen, die ursprünglich stark zentralistisch ausgerichtete Telekom künftig als Strategische Management Holding zu führen.[1937]

Im Zuge der Verlagerung der stärkeren Geschäftsverantwortung in die Divisionen wurde die Struktur der Konzernzentrale überarbeitet. Die jeweiligen Chefs der Divisionen wurden ebenfalls Mitglieder des Gesamtvorstands. Für die dem Vorstandsvorsitzenden sowie dem Vorstand Finanzen und dem Vorstand Personal zugeordneten Bereiche wurden die Funktionen entsprechend den Führungsprinzipien einer Strategischen Management Holding (SMH) auf strategische übergreifende Steuerungsaufgaben konzentriert.

Insgesamt waren von der Neuausrichtung etwa 4.500 Personalposten betroffen, von denen rund 3.000 zur Stärkung der Divisionalisierung dezentralisiert wurden und 1.500 Personalposten durch Optimierungsmaßnahmen abgebaut wurden, von denen wiederum ca. 1.000 mit Versetzungen in die interne Personalservice-Agentur verbunden waren.[1938]

Der Fokus des Projekts lag auf der Neuordnung bzw. auf der Verlagerung von Aufgaben im Rahmen neuer zentraler Grundsätze zur Steuerung des Konzerns:[1939]

- Strategische Steuerungsaufgaben für den Konzern wurden von nun an durch die Konzernzentrale wahrgenommen.
- Die operative Steuerung des Geschäfts sollte bei den Profit & Loss-Verantwortlichen der Divisionen liegen.

[1934] Projektmanagement.
[1935] Vgl. Deutsche Telekom AG (Hrsg.), PM-Excellence ZB BS – Projektziele, 2002.
[1936] Vgl. Schwarzbeck, J., Befristeter Pilotierungstarifvertrag PM-Excellence in Kraft, 2003, S. 16.
[1937] Vgl. Deutsche Telekom AG (Hrsg.), Telekom-Zentrale wird zur Strategischen Management Holding, 2003.
[1938] Vgl. Deutsche Telekom AG (Hrsg.), Telekom-Zentrale wird zur Strategischen Management Holding, 2003.
[1939] Vgl. Deutsche Telekom AG (Hrsg.), Neue Grundsätze regeln jetzt die Zusammenarbeit der Divisionen, 2003, S. 3.

- Operative Aufgaben, die nicht zum Kerngeschäft gehörten, wurden entweder dezentral in den Divisionen oder zentral als Shared Services erbracht.

Neben der Umgestaltung der Konzernzentrale umfasste das Projekt SMH noch die Aspekte Shared Services und Regeln der Wertschöpfung.[1940]

Bei der neu strukturierten Konzernzentrale wurden die Aufgaben und Strukturen an die neue Führungsphilosophie angepasst. Künftig sollte sich die Konzernzentrale auf strategisch-steuernde und divisionsübergreifend-koordinierende Funktionen und Aufgaben fokussieren. Daher wurde die Konzernzentrale deutlich verschlankt. Die strategischen Steuerungsfunktionen sollten zukünftig durch weniger als 900 Personaleinheiten wahrgenommen werden. Diese Anzahl ergab sich aus der Verknüpfung mit dem organisationsbezogenen Rationalisierungsprojekt ErGO[1941],[1942].

Die operative Steuerung des Geschäfts sollte durch die Divisionen wahrgenommen werden, welche – entsprechend der Geschäftsaufträge – für die Ausschöpfung der ihnen zugeordneten Märkte und Aufgaben unternehmerisch verantwortlich waren.

In den so genannten Shared Services, vergleichbar mit den zentralen Betrieben, wurden divisionsübergreifend Produkte und Leistungen erstellt, die nicht zum Kerngeschäft der Divisionen selbst gehörten. Shared Services werden i.d.R. als Service Center geführt und sollen kostendeckend arbeiten. Dieses Paradigma hat bei der Deutschen Telekom noch heute Bestand. Die als Shared Service geführten Unternehmensbereiche wurden den Vorstandsbereichen Vorstandsvorsitzender, Finanzen und Personal zugeordnet.[1943]

Das SMH-Teilprojekt, welches die bisherigen Regeln der Zusammenarbeit im Konzern zu überprüfen hatte, entwickelte die für die Neustruktur notwendig gewordenen Regeln der Wertschöpfung. Die Zusammenarbeit im Konzern wurde demnach künftig durch drei Grundprinzipien bzw. Regeln der Wertschöpfung reguliert:[1944]

- Regel 1: Marktnahe Geschäftsverantwortung

    Demnach war jede Division für ihr Geschäftsgebiet entsprechend dem jeweiligen Geschäftsauftrag unternehmerisch verantwortlich. Die Geschäftsaufträge der Divisionen wurden durch die Zentrale definiert. Die Divisionen hatten sich demzufolge dabei im Rahmen des integrierten Planungs- und Führungsprozesses und der Entscheidungen des Konzernvorstands zu bewegen.

- Regel 2: Liefer- und Leistungsbeziehungen (First Offer / Last Call)

    Die Divisionen waren nun selbst verantwortlich für die Bezugswahl von Vorleistungen und Produkten, die intern zwischen Leistungserbringer und -empfänger vertraglich geregelt wurden. Sofern Vorleistungen und Produkte durch Konzernbereiche erbracht werden sollten, galt für den Leistungsbezug das First Offer / Last Call-Prinzip[1945], mit entsprechenden Eskalationsmechanismen. Die konzerninterne Vergabe sollte direkt vom Produzenten hinsichtlich Preis und Qualität zu Marktkonditionen erfolgen.

[1940] Vgl. Deutsche Telekom AG (Hrsg.), Telekom-Zentrale wird zur Strategischen Management Holding, 2003.
[1941] Siehe hierzu Kapitel E.6.2.12 (Ergebnisorientierte Gemeinkostenreduzierung in der Dachgesellschaft).
[1942] Vgl. Deutsche Telekom AG (Hrsg.), Telekom-Zentrale wird zur Strategischen Management Holding, 2003.
[1943] Vgl. Deutsche Telekom AG (Hrsg.), Aufgaben und Strukturen der neuen Konzernzentrale, 2003, S. 5.
[1944] Vgl. Deutsche Telekom AG (Hrsg.), Die drei Regeln der Wertschöpfung, 2002.
[1945] Der Konzern verfügte in vielen Bereichen über das Know-how und die Kapazitäten zur Erbringung von Vorleistungen (z.B. im Bereich der Netzinfrastruktur oder der IT-Dienstleistungen). Zur Nutzung von Synergien war daher bei der Ausschreibung von Vorleistungsprodukten ein konzerninternes Angebot von der – mittels Geschäftsauftrag vorgesehenen – leistungserbringenden Division einzuholen (First Offer). Nach Überprüfung aller eingegangenen Angebote der konzerninternen und -externen Leistungserbringer sollte vor der endgültigen Entscheidung vom Auftraggeber dem konzerninternen Leistungserbringer die Möglichkeit gegeben werden, sein Angebot zu verbessern (Last Call). Vor einer möglichen (konzernexternen) Fremdvergabe sollte eine Eskalation über die Bereiche Konzerncontrolling und -einkauf sowie darüber hinaus über den Vorstand erfolgen, um nicht die Cashout-Kosten des Konzerns zu erhöhen. Konzernexterne Lieferanten sollten über das First Offer / Last Call-Verfahren im Rahmen der Angebotseinholung informiert und die rechtlichen Rahmenbedingungen im Angebots- und Vergabeprozess beachtet werden. Vgl. Deutsche Telekom AG (Hrsg.), Die drei Regeln der Wertschöpfung, 2002.

❏ Regel 3: Divisionsübergreifende Koordination

Divisionsübergreifende Produkte und Services sollten unter Wahrung der Geschäftsverantwortung, insbesondere innerhalb der Leadfunktion für das Produktmanagement, durch die Divisionen koordiniert, entwickelt und produziert werden (Synergienutzung).

Bei fehlender Einigung wurde die geschäftsmodellbezogene Clearingfunktion durch den Zentralbereich Konzernstrategie und -politik einbezogen. Bei Produkten und Services, die von mehreren Divisionen gemeinsam genutzt oder vertrieben wurden, hatten sich die Divisionen folglich – unter Federführung der Leaddivision – bei der Produktentwicklung und Produktion untereinander abzustimmen. Hierdurch sollten redundante Tätigkeiten im Konzern künftig vermieden werden.

6.2.16 Neustrukturierung der T-Com-Außenorganisation

Im März 2003 wurde beschlossen, dass die Außenorganisation der T-Com einheitlich in den vorhandenen acht Regionen neu strukturiert werden sollte. Die Niederlassungsstruktur der T-Com zeigte bis dato aufgrund ihrer Entwicklung aus verschiedenen früheren Geschäftsbereichen der Deutschen Telekom ein überwiegend heterogenes Bild.[1946]

So verantworteten 17 Kundenniederlassungen, 16 T-Punkt Zentralen, acht Geschäftskundenniederlassungen, 13 Technik- und 13 Serviceniederlassungen und ein Zentraler Service das operative Geschäft und die technischen Leistungen in der Flächenorganisation.[1947]

Teilweise überlappten sich die geografischen Zuständigkeiten. Hieraus resultierten oftmals aufwendige Abstimmungs- und Koordinierungsprozesse. Dadurch wurde nach Ansicht der T-Com-Leitung die Zusammenarbeit zwischen den Niederlassungen erschwert.

Aus diesem Grund wurden mit der Neuausrichtung einerseits die geografischen Grenzen der Niederlassungen vereinheitlicht, wobei die zu diesem Zeitpunkt vorhandenen acht geografischen Gebiete für den Geschäftskundenvertrieb hierfür als Grundmuster dienten, und andererseits wurden für jede neue Region jeweils eine Niederlassung für die Segmente Geschäfts-, Privatkunden, Technische Infrastruktur und Technischer Kundendienst implementiert.[1948] Dabei sollten die neuen Privatkundenniederlassungen die Aufgaben der damaligen Kundenniederlassungen und des Stationären Handels (T-Punkte) wahrnehmen.[1949]

Konkret bedeutete dies, dass die 17 Kundenniederlassungen und die 16 T-Punkt Zentralen zu insgesamt acht Privatkundenniederlassungen zusammengefasst wurden. Daneben wurde noch eine Niederlassung für überregionale Aufgaben für den Privatkundenmarkt aufgestellt.[1950]

Die jeweils 13 Technik- und Serviceniederlassungen wurden in acht Technische Infrastrukturniederlassungen und acht Niederlassungen für den Technischen Kundendienst zuzüglich einer Niederlassung für das Management der überregionalen Netze umstrukturiert.[1951] Jede Niederlassung sollte wieder eigene Querschnittsfunktionen für Personal, Organisation, Ressourcen usw. erhalten.[1952]

[1946] Vgl. Deutsche Telekom AG (Hrsg.), Die Außenorganisation der T-Com wird auf die einheitliche Strukturierung in den vorhandenen 8 Regionen mit jeweils 4 Niederlassungen ausgerichtet, o.S., 2003.
[1947] Vgl. Deutsche Telekom AG (Hrsg.), Die Außenorganisation der T-Com wird auf die einheitliche Strukturierung in den vorhandenen 8 Regionen mit jeweils 4 Niederlassungen ausgerichtet, o.S., 2003.
[1948] Vgl. Deutsche Telekom AG (Hrsg.), Die Außenorganisation der T-Com wird auf die einheitliche Strukturierung in den vorhandenen 8 Regionen mit jeweils 4 Niederlassungen ausgerichtet, o.S., 2003.
[1949] Vgl. Deutsche Telekom AG (Hrsg.), Die Außenorganisation der T-Com wird auf die einheitliche Strukturierung in den vorhandenen 8 Regionen mit jeweils 4 Niederlassungen ausgerichtet, o.S., 2003.
[1950] Vgl. Deutsche Telekom AG (Hrsg.), Die Außenorganisation der T-Com wird auf die einheitliche Strukturierung in den vorhandenen 8 Regionen mit jeweils 4 Niederlassungen ausgerichtet, o.S., 2003.
[1951] Vgl. Deutsche Telekom AG (Hrsg.), Die Außenorganisation der T-Com wird auf die einheitliche Strukturierung in den vorhandenen 8 Regionen mit jeweils 4 Niederlassungen ausgerichtet, o.S., 2003.
[1952] Vgl. Deutsche Telekom AG (Hrsg.), Die Außenorganisation der T-Com wird auf die einheitliche Strukturierung in den vorhandenen 8 Regionen mit jeweils 4 Niederlassungen ausgerichtet, o.S., 2003.

Für den Wholesalemarkt[1953] sollten, aufgrund der geänderten Marktsituation, künftig strategische Aufgaben von der operativen Geschäftstätigkeit getrennt werden. Die strategischen Funktionen verblieben in der Zentrale, während die operativen Funktionen von einem eigenen Betrieb geführt wurden.[1954]

6.2.17 Konzernweite Zusammenfassung diverser Bereiche – das Projekt Auriga

Das Projekt Auriga wurde Anfang 2006 zur Unterstützung der Erreichung der Excellence-Ziele[1955] gestartet.[1956] Die Ziele für das Projekt Auriga waren

- die Optimierung und ggf. Dezentralisierung von Prozessen und Aufgaben,
- Schaffung kostengünstigerer Abläufe und Prozesse,
- Steigerung des EBITDA und somit der Effektivität des Konzerns und
- Vermeidung unnötiger Sachkosten

bei der Konzernzentrale, den Shared Services (ohne die DeTelmmobilien und der Vivento[1957]) sowie bei den strategischen Geschäftsfeldern.[1958]

Die Aufgaben in verschiedenen Bereichen des Konzerns sollten demnach im Rahmen des Projekts konzernweit zusammengefasst und somit die Synergiepotenziale in den Zentralfunktionen des Konzerns aufgedeckt und realisiert werden.

Als Ergebnis des Projekts wurde eine Einsparung von mindestens 15 Prozent bis zum Jahr 2008 bei den betrachteten Stellen vorgegeben, was in etwa der Anzahl von 900 Stellen bei insgesamt 6.000 Mitarbeitern entsprach.[1959] Nachfolgend werden die einzelnen Maßnahmen im Überblick dargestellt:

- Allgemein – Zentraler Interessenausgleich (ZIA) für die Mitarbeiter

    Für alle eigenständigen Projekte im Rahmen des Auriga-Projekts hatte der Konzernbetriebsrat eine Rahmenregelung (Rahmen-ZIA), der zur Begleitung der Maßnahmen bestimmt war, abgeschlossen und für die konkreten Projekte wurden Teil-ZIA's verhandelt und vereinbart.[1960]

- Konzernzentrale und Shared Services

    Ein internationaler Vergleich mit anderen Unternehmen hatte gezeigt, dass die Konzernzentrale der Deutschen Telekom in Bezug auf ihre Größe als eine durchschnittliche Zentrale bezeichnet werden kann. Daher hieß die Zielstellung für die Konzernzentrale Best in Class.

    Auch bei den Shared Services wiesen gezielte Vergleiche auf einen Optimierungsspielraum hin.[1961] Das Ziel wurde hier, wie bereits erwähnt, mit einer Personalreduzierung in Höhe von 15 Prozent anvisiert.

[1953] Wholesale ist die englische Bezeichnung für Großhandel bzw. Massenabsatz.
[1954] Vgl. Deutsche Telekom AG (Hrsg.), Die Außenorganisation der T-Com wird auf die einheitliche Strukturierung in den vorhandenen 8 Regionen mit jeweils 4 Niederlassungen ausgerichtet, o.S., 2003.
[1955] Siehe hierzu auch die Ausführungen in Kapitel E.4.1.4 (Das Excellence Programm als Beispiel für eine alle Perspektiven übergreifende und konzernweite Strategietransformation).
[1956] Vgl. Deutsche Telekom AG (Hrsg.), Telekom macht sich fit für die Zukunft, http://teamnet.telekom.de/coremedia/generator/Excellenc e/templateId=renderInternalPage/gridID=157108/modulID=157100/contentID=274816/top=true/id=1571 02.html, 2006.
[1957] Siehe hierzu auch die Ausführungen in Kapitel E.3.3.3 (Die Einrichtung der Personalservice-Agentur).
[1958] Vgl. Deutsche Telekom AG (Hrsg.), Kosten sparen durch übergreifende Konzepte, http://teamnet.telekom.de/coremedia/generator/ Excellence/templateId=renderInternalPage/gridID=157108/modulID=157100/contentID=274816/top=true/id=157102.html, 2006.
i.V.m. Deutsche Telekom AG (Hrsg.), Zentralfunktionen werden optimiert, http://teamnet.telekom.de/coremedia/generator/mtn/templa teId=renderInternalPage/gridID=1128/modulID=1120/contentID=196146/top=true/id=1122.ht ml, 2006.
[1959] Vgl. Deutsche Telekom AG (Hrsg.), Zentralfunktionen werden optimiert, http://teamnet.telekom.de/coremedia/generator/mtn/templa teId=renderInternalPage/gridID=1128/modulID=1120/contentID=196146/top=true/id=1122.ht ml, 2006.
[1960] Vgl. Gesamtbetriebsrat T-Mobile Deutschland (Hrsg.), Auriga: Eine neue Zentralisierungswelle rollt, 2006, S. 4.
[1961] Vgl. Deutsche Telekom AG (Hrsg.), Mit Auriga Stärken des Konzerns ausspielen, http://teamnet.telekom.de/coremedia/generator/ mtn/templateId=renderInternalPage/gridID=1128/modulID=1120/contentID=201190/top=true/id=1122.html, 2006.

❑ Redundanzen bei den Zentralfunktionen der GHS und der strategischen Geschäftsfelder

Bei der Betrachtung des Zusammenspiels zwischen der Konzernzentrale und den strategischen Geschäftsfeldern wurde festgestellt, dass trotz vorheriger, in diesem Kapitel bereits beschriebener Maßnahmen, eine ganze Reihe von ähnlichen oder nahezu identischen Aufgaben an mehreren Stellen des Konzerns parallel erledigt wurden.

Diese Redundanzen sollten über alle Zentralfunktionen im Konzern hinweg identifiziert und entsprechende Kompetenzen gebündelt werden.[1962] Folgende Funktionen wurden hierbei analysiert:[1963]

- Recht

    Die Rechtsfunktionen des Konzerns wurden in einem zentralen Shared Service zusammengefasst. Dadurch sollte die Qualitätssteigerung bei gleicher Nutzung von Synergien ermöglicht werden. Dieser neu geschaffene Betrieb wurde dem Leiter des Zentralbereichs Recht unterstellt und sollte die Geschäftsfelder in allen Rechtsbelangen beraten und begleiten.

- Kommunikation

    Auch die Funktionen im Bereich der Kommunikation wurden in einem zentralen Shared Service zusammengefasst.

- Mergers & Acquisitions

    Alle diesbezüglichen Aufgaben für den gesamten Konzern sollten zukünftig von dem entsprechenden Zentralbereich in der Konzernzentrale verantwortet werden.

- Weitere Kernfunktionen

    Durch das Projekt Auriga wurden darüber hinaus weitere, so genannte Kernfunktionen intelligenter Integration identifiziert, bei denen eine konzernübergreifende Zusammenarbeit aller Konzerneinheiten Wettbewerbsvorteile versprach. Hierzu gehörten die Aufgabengebiete CRM / Marketing, Innovation, Technologie, Prozesse / IT und Einkauf.

    Für die Umsetzung der konzernübergreifenden Optimierung bei diesen Aufgabenbereichen wurden die konkreten Maßnahmen mit dem Ziel formuliert, einen signifikanten Ergebnisbeitrag zu leisten. Für das Geschäftsjahr 2006 sollten Einsparungen in Höhe von ca. 500 Millionen Euro zusätzlich zu den bereits festgelegten Kostenzielen realisiert werden.

Des Weiteren sollte das Stammpersonal der Vivento ebenfalls reduziert werden. Insgesamt wurden im Rahmen des Projekts Auriga rund 1.500 Arbeitsplätze bei den Zentralfunktionen des Konzerns gestrichen.[1964]

In dem nachfolgenden Abschnitt werden die in den vorangegangenen Kapiteln vorgestellten Meilensteine der Organisation abschließend an den eingangs formulierten Hypothesen tabellarisch gespiegelt.

[1962] Vgl. Deutsche Telekom AG (Hrsg.), Mit Auriga Stärken des Konzerns ausspielen, http://teamnet.telekom.de/coremedia/generator/mtn/templateId=renderInternalPage/gridID=1128/modulID=1120/contentID=201190/top=true/id=1122.html, 2006.
[1963] Vgl. Deutsche Telekom AG (Hrsg.), Telekom macht sich fit für die Zukunft, http://teamnet.telekom.de/coremedia/generator/Excellence/templateId=renderInternalPage/gridID=157108/modulID=157100/contentID=274816/top=true/id=157102.html, 2006 i.V.m. Deutsche Telekom AG (Hrsg.), Mit Auriga Stärken des Konzerns ausspielen, http://teamnet.tele kom.de/coremedia/generator/mtn/templateId=renderInternalPage/gridID=1128/modulID=1120/contentID=201190/top=true/id=1122.html, 2006.
[1964] Vgl. Deutsche Telekom AG (Hrsg.), Daten und Fakten zu Auriga, http://teamnet.telekom.de/coremedia/generator/mtn/templateId=renderInternalPage/gridID=1128/modulID=1120/contentID=201190/top=true/id=1122.html, 2006.

6.2.18 Spiegelung der organisatorischen Meilensteine an den Eingangshypothesen

In der nachfolgenden Abbildung 135 sind die maßgeblichen Relevanzen hinsichtlich der eingangs formulierten Hypothesen bei den Meilensteinen der Organisation dargestellt. Mittelbare Hypothesenzusammenhänge werden hierbei zur Wahrung der Transparenz nicht berücksichtigt.

Abb. 135: Zusammenhänge zwischen organisatorischen Meilensteinen und Eingangshypothesen

Meilensteine der Organisation	Referenz (Kapitelbezug)	Hypothese Ia (Kapitalmarktorientierung)	Hypothese Ib (TK-Marktbeherrschung)	Hypothese Ic (Kundenorientierung)	Hypothese II (Autonomes Agieren)	Hypothese III (Stringenz der strategischen Grundorientierung)	Hypothese IV (Vollzug der Transformation im Innenverhältnis)
Telekom Kontakt	E.6.2.1	X	X	X	X		X
Geschäftsfeldreform - KGF	E.6.2.2		X		X	X	X
SMILE (Service PK)	E.6.2.3			X	X		X
KGF Wettbewerber	E.6.2.4	X	X				
Reform der strategischen KGF	E.6.2.5				X	X	X
Neuausrichtung PK- und GK-Direktionen	E.6.2.6	X			X	X	
Projekt Headquarters	E.6.2.7				X	X	X
Neuausrichtung PK- / GK-Außenorganisation	E.6.2.8	X		X			
Zukunft Netzinfrastruktur	E.6.2.9	X					
SLIM	E.6.2.10	X	X		X		X
Neuausrichtung Geschäftsbereich International	E.6.2.11	X	X		X		
Ergebnisorientierte Gemeinkostenreduzierung	E.6.2.12	X				X	
Projekt PRISMA	E.6.2.13						X
PM Excellence	E.6.2.14						X
Strategische Management Holding	E.6.2.15	X			X	X	
Neustrukturierung T-Com Außenorganisation	E.6.2.16	X		X	X		X
Projekt Auriga	E.6.2.17	X				X	X

Bei einer unvoreingenommenen Betrachtung der Abbildung 135 bestätigt bereits der rein visuelle Eindruck die Dominanz der Kapitalmarktorientierung (Hypothese Ia)[1965] bei den einzelnen Restruk-

---

[1965] Hypothese Ia: Die Kapitalmarktorientierung dominiert im maßgeblichen Sinne die Ausrichtung und Strategie des Unternehmens Deutsche Telekom AG, die ursprüngliche ordnungspolitische Ausrichtung spielt keine Rolle mehr.

turierungsmaßnahmen. Unter Berücksichtigung des betrachteten Themenkomplexes der Restrukturierungen folgt die Kapitalmarktorientierung des Unternehmens ebenfalls einer logischen Stringenz, was den oben beschriebenen Eindruck bestätigt.

Ebenfalls deutlich erkennbar ist eine Häufung von unmittelbaren Zuordnungen zwischen den Meilensteinen der Organisation und den Hypothesen II (Autonomes Agieren)[1966] und IV (Vollzug der Transformation im Innenverhältnis)[1967].

Strukturbezogene Maßnahmen bei der Deutschen Telekom sind grundsätzlich kapitalmarktorientiert veranlasst, werden durch das Unternehmen autonom umgesetzt und bewirken im Innenverhältnis in der Regel einen prozessualen und mitarbeiterbezogenen Wandel.

[1966] Hypothese II: Die Telekom agiert bei ihrer personellen und strukturellen Gestaltung autonom.
[1967] Hypothese IV: Es ist der Deutschen Telekom gelungen, die notwendigen Transformationen auch im Innenverhältnis (prozessuale und strukturelle Ausrichtung, Mitarbeiterorientierung, Personalanpassungen und Kulturwandel) zu realisieren. Häufig werden Formen der indirekten Unternehmenssteuerung, die mit Hilfe von Kennzahlen gewonnen werden, zu einem Vergleich mit internen oder externen Konkurrenzen verbunden. Dadurch verschwimmen die Grenzen des Unternehmens intern zwischen Markt und Hierarchie.

F. Abschließende Bewertung des Transformationsprozesses
der Deutschen Telekom von einer Behörde zu einem markt- und kundenorientierten Unternehmen

In den voranstehenden Kapiteln wurden einzelne Elemente bereits in Bezug zu den eigangs formulierten Hypothesen gesetzt. Hierbei erfolgte die Betrachtung jeweils bezogen auf den unmittelbaren Themenkomplex ohne Berücksichtigung der übergreifenden Zusammenhänge.

Im Folgenden werden diese in Kapitel Einführung (Problemstellung der Arbeit) aufgestellten Hypothesen unter Berücksichtigung der in den vorangestellten Kapiteln A. bis E. angeführten Aspekte kurz in einem hypothesenbezogenen Gesamtzusammenhang betrachtet und einer abschließenden Bewertung zugeführt. Diese Bewertung erfolgt grundsätzlich aufgrund der zum Abschluss dieser Arbeit vorliegenden Erkenntnisse des Verfassers mit einem Sachstand vom September 2008 zuzüglich Ergänzungen bis April 2009.

1 Abschließende Ergebnisspiegelung zur Hypothese I – Wandel

Die eingangs aufgestellte, allgemein formulierte Hypothese I orientiert sich am Titel dieser Arbeit und lautet:

❏ Die Deutsche Telekom hat den Wandel von einer Behörde zu einem markt- und kundenorientierten Unternehmen vollständig vollzogen.

Aus dieser Hypothese wurden aufgrund ihres umfassenden Aussageinhalts drei Subhypothesen abgeleitet, deren Gültigkeit an dieser Stelle separat bewertet wird.

1.1 Überprüfung der Eingangshypothese Ia – Kapitalmarktorientierung

Die Hypothese Ia subsumiert die kapitalmarktspezifischen Aspekte der Hypothese I und lautet:

❏ Die Kapitalmarktorientierung dominiert im maßgeblichen Sinne die Ausrichtung und Strategie des Unternehmens Deutsche Telekom AG, die ursprüngliche ordnungspolitische Ausrichtung spielt keine Rolle mehr.

Zu Zeiten der Behörde war die finanzielle Zielsetzung mit der Vorgabe zur Erwirtschaftung sämtlicher Betriebskosten zuzüglich einer im Vorfeld definierten Gewinnabführung an den Bundeshaushalt festgelegt.[1968] Für die Anwendung weiterer Instrumente des Kapitalmarkts bestand keine Notwendigkeit.

Seit der in 1995 durchgeführten Postreform II kamen diese Instrumente nunmehr zur Anwendung, was für die Deutsche Telekom und alle Mitarbeiter eine Reorientierung bei den finanzbezogenen Denk- und Verhaltensmustern implizierte und letztendlich hieraus eine Veränderung über alle Handlungsfelder hinweg bewirkte.[1969]

Die finanztechnische Situation der Deutschen Telekom bis 2008 belegt trotz des wettbewerbsintensiven Marktumfelds durch ihre Stabilität bei den finanzwirtschaftlichen Kennwerten, dass die strategischen Anpassungen in Bezug auf die kapitalmarktorientierte Steuerung im betrachteten Zeitabschnitt den Wandel erfolgreich unterstützt haben.[1970]

Das Interesse der Finanzanalysten und Ratingagenturen am Konzern Deutsche Telekom weist darauf hin, dass das Unternehmen am Kapitalmarkt vollständig integriert ist. Das gesamte Finanzgebahren der Deutschen Telekom, ob bei der Akquisition internationaler Beteiligungen, bei der Ausrichtung auf die Shareholder durch frühzeitige Wiedereinführung überproportionaler Aktiendividenden, bei der Ausgestaltung von finanzmarktspezifischen Anleihen, etc., zeigt, dass aus der Perspektive der Finanzen die Transformation der Telekom von einer Behörde zu einem privatwirtschaftlichen Unternehmen als vollständig vollzogen betrachtet werden kann.

Einen weiteren Indikator für den Erfolg des Transformationsprozesses stellt exemplarisch die Reaktion des Konzerns auf die Herabstufung durch die Ratingagenturen aufgrund der hohen Verschuldung in 2002 mit der Implementierung des konzernweiten Entschuldungsprogramms E³ dar.[1971]

Die Hypothese Ia kann somit als zutreffend angesehen werden.

[1968] Siehe hierzu die Ausführungen in Kapitel B.2.1 (Die Deutsche Bundespost vor der Reform).
[1969] Letzten Endes stellen auch die diversen Programme zur Qualitäts- und Prozessoptimierung, die Kundenorientierung oder der personelle Umbau lediglich die Folgen dieser Reorientierung an die Anforderungen des Kapitalmarktes dar.
[1970] Siehe hierzu die jahresbezogenen finanzstrategischen Zielsetzungen, insbesondere in Kapitel E.2 (Der Ausgangspunkt: Visionen, Leitbilder und Strategien 1995 bis 2008) und den entsprechenden Unterkapiteln.
[1971] Siehe hierzu die Ausführungen in Kapitel E.3.3 (E³ – das konzernweite Programm zur Entschuldung).

1.2 Überprüfung der Eingangshypothese Ib – TK-Marktbeherrschung

Die Hypothese Ib beinhaltet die weiteren Aspekte aus der Hypothese I hinsichtlich der Stellung im Markt und lautet:

❑ Die Deutsche Telekom hat ihre Monopolstellung auf dem deutschen Telekommunikationsmarkt in eine marktorientierte und -beherrschende Position gewandelt.

Mit der Öffnung des Telekommunikationsmarktes für andere Anbieter verlor die Deutsche Telekom, wie vom Regulierungsgeber vorgesehen, sukzessive Marktanteile.[1972] Eine Kompensation der Marktanteilsverluste erreichte das Unternehmen durch Akquisitionen im Ausland.[1973] Die Akquisitionspolitik war zu Beginn über alle Geschäftsfelder global, ohne eine erkennbare Beschränkung auf bestimmte Markt- oder Wertschöpfungsstrukturen[1974] der übernommenen Unternehmen ausgerichtet.

Nach der Phase des Schuldenabbaus[1975], während der keine nennenswerten Zukäufe erfolgten, wurde in 2005 die Akquisitionspolitik der Strategie, die sich auf die wesentlichen Wachstumstreiber fokussierte,[1976] angepasst. Im Zuge dieser Fokussierung wurde auch das Beteiligungsportfolio bereinigt, indem sich die Deutsche Telekom von unrentablen, respektive produktportfolioinkompatiblen Beteiligungen trennte.

Insgesamt kann konstatiert werden, dass die internationale Akquisitionspolitik der Deutschen Telekom die Marktanteilsverluste auf dem deutschen TK-Markt kompensiert hat, jedoch nicht ausreicht um eine international marktbeherrschende Position einzunehmen.

Im Heimatmarkt Deutschland konzentrierte sich das Unternehmen in Erwartung eines hohen und langanhaltenden Wettbewerbdrucks auf den Ausbau zukunftsfähiger Technologien, Services und optimierter interner Arbeitsstrukturen. Ein Ergebnis der Technikorientierung stellten u.a. das Vorhandensein und der weitere (flächendeckende) Ausbau breitbandiger Netzinfrastrukturen dar, mit der die Marktführerschaft langfristig gesichert werden sollte.

Eine marktbeherrschende Position der Deutschen Telekom ist aufgrund der Marktregulierung nicht mehr gegeben. Der inländische Telekommunikationsmarkt ist sehr stark vom Wettbewerb geprägt, in dem die Deutsche Telekom jedoch noch immer der wichtigste Anbieter ist.

Wie die Ausführungen im Hauptteil der Arbeit darlegen, konnte die Telekom den Wandel von einem monopolisierten zu einem marktorientierten Unternehmen nahezu vollständig realisieren.

1.3 Überprüfung der Eingangshypothese Ic – Kundenorientierung

Die Hypothese Ic beinhaltet den Themenkomplex Kundenorientierung aus der Hypothese I und lautet:

❑ Die Telekom hat den Wandel zu einem kundenorientierten Unternehmen sowohl strategisch als auch in der praktischen Umsetzung abgeschlossen.

Der Kunde sah und sieht die Deutsche Telekom und ihre Einheiten als ein (gemeinsames) Unternehmen. Die Divisionalisierung der Telekom, die Teilung der Marken im Außenauftritt der DTAG sowie die unterschiedlichen Kundenansprachen der verschiedenen Telekombeteiligungen wurden vom Kunden nie akzeptiert beziehungsweise in voller Tragweite wahrgenommen und führten eher zur Verwirrung, anstatt zu einem angedachten strukturierten Marktangang. Diesem Sachverhalt

---

[1972] Zu den Markt- und Umsatzentwicklungen siehe auch die Ausführungen in Kapitel D.2.3 (Umsatzentwicklung im deutschen Telekommunikationsmarkt seit 1998) sowie in den jeweiligen Unterkapiteln.
[1973] Siehe hierzu insbesondere die Ausführungen in den Kapiteln E.2.5.2 (Die Strategie 1999: Fokussierung auf Telematik und Internationalisierung), E.2.6 (Orientierung am TIMES-Markt – Strategische Inhalte für das Jahr 2000), E.2.7 (Strategie 2001: Konzentration auf Wachstum) und E.2.13 (Profitabilität, Wachstum und Serviceorientierung – Vision, Strategie und Konzernziele in 2007).
[1974] Siehe hierzu die Ausführungen in Kapitel A.5.1 (Die Komplexität der Leistungserstellung).
[1975] Siehe hierzu die Ausführungen in Kapitel E.3.3 (E^3 – das konzernweite Programm zur Entschuldung).
[1976] Siehe hierzu die Ausführungen in Kapitel E.2.11 (Konzernziele 2005: Ausrichtung auf wesentliche Wachstumstreiber).

wurde durch eine strategische Neuausrichtung und mittels entsprechender Transformationsprogramme entgegengewirkt.[1977]

Dem Unternehmen ist es nach Einschätzung des Verfassers gelungen, sämtliche relevanten Schnittstellen an der Konzernaußenkante (wie beispielsweise Telekom Shop, Call Center, Onlinekommunikation, Kundenbetreuung) strukturell kundenorientiert auszurichten.

Trotz der Durchführung zahlreicher Prozessoptimierungs- und Qualitätsprogramme existieren weiterhin Verbesserungspotenziale, die sich auf die Wahrnehmung des Unternehmens durch Externe auswirken können.

Nach wie vor spiegelt die Wahrnehmung beim Kunden nicht unmittelbar die tatsächliche Struktur wider, sondern eine Mischung mit zurückliegenden Erfahrungen, die aus der Zeit zu Beginn des Wandels und der Markenteilung in die heutige Kundenwahrnehmung hineinspielt.

Die Hypothese Ic trifft folglich zu, wird jedoch – sowohl unternehmensintern als auch unternehmensextern – noch nicht durchgängig wahrgenommen.

[1977] Siehe hierzu die Ausführungen und Fußnotenhinweise in Kapitel E.5.2 (Kundenorientierung als strategischer Wettbewerbsvorteil).

2 Abschließende Ergebnisspiegelung zur Hypothese II – Autonomes Agieren

Die Hypothese II bezieht sich auf die Eigenständigkeit der Deutschen Telekom und lautet:
- ❑ Die Telekom agiert bei ihrer personellen und strukturellen Gestaltung autonom.

Die personelle Ausstattung und Struktur der Deutschen Telekom entsprach vor Gründung der Aktiengesellschaft den standardisierten Gestaltungsvorgaben einer Bundesbehörde.

Aufgrund der gesetzesmäßigen Auflage zur Übernahme des damaligen Personalkörpers der Deutschen Bundespost Telekom, der zu einem großen Teil aus Bundesbeamten bestand (Verleihung der Dienstherrenschaft an die Deutsche Telekom AG), unterliegt die Deutsche Telekom umfangreichen personalrechtlichen Restriktionen (aufgrund von beamten- und dienstrechtlichen Gesetzen und Vorschriften), die eine autonome Gestaltung der Personalstrukturen behindern, so dass die Deutsche Telekom bei der strukturellen Umsetzung ihrer Markt- und Kundenorientierung zu innerbetrieblichen Zugeständnissen und personalwirtschaftlichen Sonderlösungen gezwungen ist.

Zum Jahresende 2007 waren im Konzern noch ca. 35.500[1978] aktive Beamte beschäftigt, so dass die oben beschriebene Problematik, wenn auch mit abnehmender Tendenz, noch bis zu drei Jahrzehnte andauern wird.

Organisatorische, prozessuale und produktbezogene Gestaltungen unterliegen dagegen, wie die vorangehenden Kapitel[1979] belegen, keinen (mit Ausnahme der auf die Ex-ante-Regulierung basierten Entgelte der entsprechenden Produkte und Dienstleistungen) nennenswerten Restriktionen.

Zusammenfassend kann festgestellt werden, dass die Deutsche Telekom, abgesehen von beamtenrechtlichen und regulierungstechnischen Beschränkungen, bei ihrer personellen und strukturellen Gestaltung autonom agiert.

[1978] Vgl. Deutsche Telekom AG (Hrsg.), Connected life and work. Vernetzt denken. Vernetzt handeln. Vernetzt leben. Das Geschäftsjahr 2007., 2008, S. 141. Die aus der vorgenannten Quelle zitierte Zahl bezieht sich auf aktive Beamte innerhalb der Aktiengesellschaft und beinhaltet nicht die insichbeurlaubten und die zu Beteiligungen des Konzerns beurlaubten Beamten.
[1979] Siehe hierzu die Ausführungen in den Kapiteln E.6.2 (Meilensteine der Organisation), E.6.1 (Prozessmanagement und Kernprozesse der Deutschen Telekom) und E.4.1 (Strategische Transformationsprogramme) inklusive der jeweiligen Unterkapitel.

3 Abschließende Ergebnisspiegelung zur Hypothese III – Stringenz der strategischen Grundorientierung

Die Hypothese III bezieht sich auf die Entwicklung der Strategie sowie deren Stringenz und lautet:

- Die Entwicklung der strategischen Grundorientierung der Deutschen Telekom stellt sich über den Betrachtungszeitraum von 1995 bis 2008 stringent und konsequent an den externen Einflüssen orientiert dar.

Externe Einflussgrößen, die zur Bewertung dieser Hypothese herangezogen werden, sind

- die Entwicklungen auf dem nationalen und internationalen Telekommunikationsmarkt,
- die Einflüsse der Regulierung und
- die Auswirkungen des gesellschaftlichen Wandels sowie
- des technologischen Fortschritts.

Wie in den vorstehenden Kapiteln[1980] ausführlich dargelegt wurde, reagierte die Telekom auf die Entwicklungen der Märkte sowohl in technischer als auch in ökonomischer Hinsicht mehrfach durch geeignete Anpassungen ihrer strategischen Ausrichtung. Diese äußerten sich unter anderem in der Akquisitionspolitik, der grundlegenden kulturellen (Kundenorientierung) sowie in der organisatorischen und produktspezifischen beziehungsweise prozessualen Marktaufstellung.

Die Regulierung beeinflusste insbesondere zu Beginn des Strategiefindungsprozesses des neu gegründeten Unternehmens deren strategische Ausrichtung. Diese äußerte sich überwiegend in den strukturellen Entwicklungen, die in einer Separierung des regulierten Marktes von den unregulierten Marktbereichen ihre Manifestation fanden[1981].

Der gesellschaftliche Wandel, der sich bspw. durch die extreme Steigerung bei der Nutzung der Mobilfunk- und Internetdienstleistungen äußert, und die damit einhergehende Veränderung im Portfolio der nachgefragten Produkte und Dienstleistungen, die diesem Wandel durch Änderung der Anforderungen des Marktes stetig folgen müssen, haben einen wachsenden Einfluss auf die strategische Ausrichtung des Unternehmens.

Insbesondere in der jüngeren Geschichte der strategischen Reorientierungen findet dieser Wandel seinen Niederschlag.[1982] Beispielhaft sei an dieser Stelle das veränderte Akquisitionsverhalten des Unternehmens genannt, das verstärkt diesen Wandel berücksichtigt, um zukunftsfähige Marktsegmente und deren Produkte zu stärken.

Innerhalb des betrachteten Zeitraums (1995 bis 2008) können, wie bei vielen anderen privatwirtschaftlich geführten Unternehmen auch, strategiebezogene Lerneffekte festgestellt werden. Die Deutsche Telekom hat im Zuge der notwendigen Transformation seit ihrer Konstituierung als privatwirtschaftliches Unternehmen adaptiv gelernt, sich auf die extrinsischen Faktoren einzustellen. Die strategischen Anpassungen folgten rückblickend betrachtet einer stringenten Logik.

[1980] Siehe hierzu die Ausführungen in Kapitel E.2 (Der Ausgangspunkt: Visionen, Leitbilder und Strategien 1995 bis 2008) sowie die hierzu gehörigen Unterkapitel.
[1981] Beispiele hierfür sind die strukturelle Schaffung der KGF und KSC, die frühzeitige Ausgliederung des Mobilfunkgeschäfts sowie die nachfolgende Abspaltung der IT-basierten Produkte und Dienstleistungen in die T-Systems.
[1982] Siehe hierzu die Ausführungen in Kapitel E.2 (Der Ausgangspunkt: Visionen, Leitbilder und Strategien 1995 bis 2008) sowie die hierzu gehörigen Unterkapitel.

4 Abschließende Ergebnisspiegelung zur Hypothese IV – Vollzug der Transformation im Innenverhältnis

Die Hypothese IV beleuchtet den unternehmensinternen Wandel und lautet:

❏ Es ist der Deutschen Telekom gelungen, die notwendigen Transformationen auch im Innenverhältnis (prozessuale und strukturelle Ausrichtung, Mitarbeiterorientierung, Personalanpassungen und Kulturwandel) zu realisieren. Häufig werden Formen der indirekten Unternehmenssteuerung, die mit Hilfe von Kennzahlen gewonnen werden, zu einem Vergleich mit internen oder externen Konkurrenzen verbunden. Dadurch verschwimmen die Grenzen des Unternehmens intern zwischen Markt und Hierarchie.

Ein wesentlicher Indikator für die Bewertung der Transformation von einer Behörde zu einem markt- und kundenorientierten Unternehmen ist die unternehmensinterne Initiierung von Maßnahmen und Regeln zur Kultur- und Verhaltensänderung.

Die Notwendigkeit dieser Maßnahmen wurde durch die Unternehmensleitung frühzeitig erkannt, initiiert und stetig fortgeführt.[1983] Diese Maßnahmen wie beispielsweise das Wertegerüst T-Spirit oder der Code of Conduct sowie die hiermit einhergehenden Regelungen und Vorgaben förderten einerseits die Transformation im Innenverhältnis, andererseits taten sich Spannungsfelder in zwei Richtungen auf.

Innerhalb dieser transformationsorientierten Maßnahmen erfolgte zusätzlich eine Modifikation des bisherigen Führungssystems. Das bisherige hierarchisch strukturierte System blieb in seiner Grundstruktur erhalten, wurde jedoch durch ein kennwertgestütztes Führungssystem (Führen mit Zielen; Steuerung mit Kennzahlen) ummantelt. Hierdurch veränderten sich insbesondere die internen Argumentationsketten bei der Plausibilisierung von Maßnahmen.

Das zweite Spannungsfeld ergibt sich aus dem Zusammenwirken der oben beschriebenen internen transformationsorientierten Maßnahmen mit den kapitalmarktorientierten Maßnahmen, wobei letztere kennwertgetrieben ebenfalls über ummantelte Führungssysteme umgesetzt werden, deren Plausibilisierung anhand von Zahlen, Daten und Fakten wesentlich deutlicher zum Ausdruck kommt. Speziell die kapitalmarktorientierten Argumentationsketten fußen verstärkt auf internen und externen Konkurrenzen, wobei die Grenzen des Unternehmens intern zwischen Markt und Hierarchie vermehrt verschwimmen.

So wurde im Zuge der Ausgliederung der drei T-Service-Gesellschaften erstmalig der Schritt zu einer Gehaltsreduzierung vollzogen. Ein Umstand, der in der Behörde undenkbar war, die Mitarbeiter überrascht hat und aus Sicht vieler betroffener Mitarbeiter dem Inhalt des Wertegerüstes entgegen zu stehen schien.

Dieses Spannungsfeld zwischen kapitalmarktorienten und kultur- und verhaltensorientierten Maßnahmen belegt das Vorhandensein und die bereits weit fortgeschrittene Umsetzung der Transformation.

[1983] Siehe hierzu beispielsweise die Kapitel E.2.2 (Börsengang und Kundensegmentierung – Die Ziele in 1996), E.2.3 (Der Kunde im Focus – Strategie und Ziele in 1997), E.2.4.1 (Die Vision aus dem Konzernleitbild 1998), E.2.4.3 (Handlungs- und Führungsgrundsätze aus dem Konzernleitbild 1998), E.2.5.1 (Eckpunkte der Verhaltenskultur komplettieren das Konzernleitbild), E.2.9.1 (Die Vision aus dem Konzernleitbild 2003), E.2.9.2 (Das Wertegerüst T-Spirit), E.2.12.2 (Der Code of Conduct), E.2.13 (Profitabilität, Wachstum und Serviceorientierung – Vision, Strategie und Konzernziele in 2007), E.3.1 (Einführung einer Markt- und kundenorientierten Preiskalkulation), E.3.5 (Die Ausgliederung der T-Service-Gesellschaften), E.4.1 (Strategische Transformationsprogramme) inklusive der jeweiligen Unterkapitel, E.4.2 (Mitarbeiterbezogene Innovationsprogramme) inklusive der jeweiligen Unterkapitel, E.4.3 (Ausgewählte Beispiele für funktionale Innovations- und Lernprozesse) inklusive der beiden Unterkapitel, E.5.2 (Kundenorientierung als strategischer Wettbewerbsvorteil), E.5.4 (Qualitätsmanagement bei der Deutschen Telekom) inklusive der jeweiligen Unterkapitel, E.6.1 (Prozessmanagement und Kernprozesse der Deutschen Telekom) inklusive der jeweiligen Unterkapitel, E.6.2.1 (Das Projekt Telekom Kontakt) inklusive der jeweiligen Unterkapitel, E.6.2.3 (Erneuerung des Service für Privatkunden – Das Projekt SMILE), E.6.2.6 (Neuausrichtung der Privat- und Geschäftskundendirektionen), E.6.2.7 (Das Projekt Headquaters Deutsche Telekom), E.6.2.9 (Das Projekt Zukunft Netzinfrastruktur), E.6.2.13 (Strukturumbruch im Personalmanagement – Das PRISMA-Projekt) und E.6.2.15 (Einführung der Strategischen Management Holding).

Letzten Endes stellen auch die diversen Programme zur Qualitäts- und Prozessoptimierung, die Kundenorientierung, Restrukturierungsmaßnahmen oder der personelle Umbau die Folgen der Anpassungen an die Anforderungen des Kapitalmarktes dar und unterstützen durch das unausweichliche Spannungsfeld die Transformation.

Es steht zu erwarten, dass innerhalb der nächsten Jahre bei der Deutschen Telekom eine mit der freien Wirtschaft vergleichbare Verhaltenskultur etabliert sein wird.

5 Abschließende Betrachtung

Unter Berücksichtigung der in den vorstehenden Hypothesenbetrachtungen zusammengefassten Fortschritte beim Wandel, der aufgezeigten Restriktionen und Begrenzungen sowie dem grundsätzlichen Wandel des Telekommunikationsmarktes und der Gesellschaft kann festgestellt werden, dass die Deutsche Telekom auf ihrem Weg des Wandels von einer Behörde zu einem markt- und kundenorientierten Unternehmen in dem betrachteten Zeitabschnitt weit vorangekommen ist.

Es wurde aufgezeigt, dass die grundsätzliche Strategieorientierung sich letzten Endes an den Erwartungen der Shareholder, der Kunden und des Marktes orientiert, was ein entsprechend orientiertes Unternehmen charakterisiert.

Die Internationalisierungsstrategie der Deutschen Telekom zeigt über den gesamten betrachteten Zeitraum eine stringente Marktorientierung zur Kompensation der Verluste auf dem Heimatmarkt und wurde spätestens in 2007 durch die Umsatzzahlen bestätigt.

Auch wenn die Kundenorientierung der Deutschen Telekom, wie in der Hypothese Ic dargelegt, noch nicht durchgängig wahrgenommen wird, so ist sie weitestgehend gegeben und stellt nichts desto trotz marktgegeben ein ständiges Verbesserungspotenzial dar.

Die Dienstherrenschaft der beschäftigten Beamten und regulierungsspezifische Vorgaben stehen dem Abschluss des vollständigen Wandels von der Behörde zu einem markt- und kundenorientierten Unternehmen entgegen.

Unter Auslassung dieser beiden Aspekte kann die Umgestaltung der Deutschen Telekom von einer Behörde zu einem markt- und kundenorientierten Unternehmen als vollzogen betrachtet werden.

Anhang I Das Projekt Telekom Success: Die zehn Regeln der Wertschöpfung

Bezug: Kapitel E.2.7.1 (Implementierung der vier Säulen – Das Projekt Telekom Success)

Die Regeln eins bis fünf: Das Zusammenspiel mit der Zentrale

Die Regeln eins bis fünf beschrieben das Zusammenspiel zwischen der Konzernzentrale und den Divisionen. Die Abbildung 136 zeigt die wesentlichen Punkte der Interaktion der Divisionen mit der Konzernzentrale im Überblick auf.

Abb. 136: Regeln zur Interaktion zwischen Zentrale und Divisionen

Regeln 1-5 definieren Interaktion der Divisionen mit der Konzernzentrale*

- Geschäftsverantwortung
- Zielsetzung
- Rahmenvorgaben
- Entscheidungskompetenz
- Berichterstattung

Konzernzentrale

T-Com | T-Systems | T-Mobile | T-Online

*Grundsätzlich sind die regulatorischen, wettbewerbsrechtlichen, steuerrechtlichen und konzernrechtlichen Vorschriften zu berücksichtigen.

Quelle: Deutsche Telekom AG (Hrsg.), Die Regeln der Wertschöpfung im Telekom Konzern, 2001, S. 1

Nachfolgend werden die ersten fünf Regeln kurz beschrieben:[1984]

- Regel eins: Geschäftsverantwortung

  Diese Regel beschrieb den Handlungsrahmen, insbesondere die Markt- und Geschäftsverantwortung jeder Division. Demnach war jede Division für die Bearbeitung ihres Geschäftsgebiets, das im Geschäftsauftrag festgelegt war, unternehmerisch verantwortlich. Die Geschäftsaufträge der Divisionen wurden durch die Konzernstrategie definiert. Diese Geschäftsaufträge steckten den Handlungsrahmen der Divisionen in Bezug auf ihre Aufgaben und Märkte ab. Die Divisionen waren für die unternehmerische Ausschöpfung ihrer durch die Geschäftsaufträge zugeordneten Märkte und Aufgaben verantwortlich.

- Regel zwei: Zielsetzung

  Bei dieser Regel wurde das Ziel erläutert, auf das unternehmerisch hingearbeitet werden sollte. Für die Produktionseinheiten war das Ziel die nachhaltig wertschaffende Produktion auf Basis der mit den Abnehmern vereinbarten Liefer- und Leistungsverträge bzw. sonstigen Vereinbarungen. Dies bedeutete, dass die Leistung der Divisionen an ihrem Wertbeitrag gemessen wurde. Die nachhaltige Wertschaffung wurde durch die Steuergröße EVA bestimmt.

[1984] Vgl. Deutsche Telekom AG (Hrsg.), Regeln der Wertschöpfung im Telekom Konzern, 2001, S. 2.

❑ Regel drei: Rahmenvorgaben

Inhalt dieser Regeln waren Rahmenvorgaben, innerhalb derer sich die Divisionen zu bewegen hatten. Diese Vorgaben resultierten aus dem integrierten Planungs- und Führungsprozess und bezogen sich auf Elemente wie Geschäftsauftrag, Strategie- und Budgetrahmen, Koordinations- und Genehmigungsprozesse sowie spezifische Weisungen des Konzernvorstands.

❑ Regel vier: Entscheidungskompetenz

Innerhalb der vierten Regel wurde festgelegt, dass Entscheidungen mit besonderer Tragweite einem Entscheidungsgremium gemeldet bzw. von diesem genehmigt werden mussten. Solche Entscheidungen stellten zum Beispiel Kooperationen mit divisionsübergreifender Bedeutung dar, die dem dafür zuständigen Vorstandsausschuss vorgelegt werden mussten. Aber auch Akquisitionen und größere Entwicklungsprojekte waren demnach durch den Konzernvorstand genehmigungspflichtig.

❑ Regel fünf: Berichterstattung

Die fünfte und letzte entscheidende Regel zum Zusammenspiel der Divisionen mit der Zentrale hielt fest, dass die Divisionen der Zentrale über ihre Aktivitäten Bericht zu erstatten hatten. Dabei mussten sie sich an die Konzernvorgaben hinsichtlich der Rechnungslegung und dem Zielereporting halten.

Die Regeln sechs bis zehn: Das Zusammenspiel der Divisionen untereinander

Die Regeln sechs bis zehn definierten die Interaktionen der Divisionen untereinander. Die Abbildung 137 veranschaulicht zusammenfassend diese Schwerpunkte.

Abb. 137:   Regeln zur Interaktion der Divisionen untereinander

Regeln 6-10 definieren Interaktion der Divisionen untereinander*

- Prinzipien konzerninterner Kontrahierung
- Leistungsaustausch im Konzern
- Investitionsmandat
- Direkter Bezug und Bereitstellung
- Leadhouse-Konzept

Konzernzentrale

T-Com ⇔ T-Systems ⇔ T-Mobile ⇔ T-Online

*Grundsätzlich sind die regulatorischen, wettbewerbsrechtlichen, steuerrechtlichen und konzernrechtlichen Vorschriften zu berücksichtigen.

Quelle: Deutsche Telekom AG (Hrsg.), Die Regeln der Wertschöpfung im Telekom Konzern, 2001, S. 1

Auch diese fünf Regeln werden nachfolgend kurz erläutert:[1985]

- Regel sechs: Prinzipien konzerninterner Kontrahierung

    Hier wurde die grundsätzliche Nutzung von konzernweiten Synergien klargestellt. So weit wie möglich waren spezifisch definierte Leistungen nach dem jeweils definierten Kontrahierungsprinzip von festgelegten Konzerneinheiten zu beziehen. Die Divisionen konnten die von ihnen benötigten Leistungen also nicht generell frei auf dem Markt einkaufen, sondern bezogen diese – nach festgelegten Prinzipien – grundsätzlich von anderen Konzerneinheiten. Allerdings mussten die Lieferanten ihre Leistungen dabei zu marktüblichen, hocheffizienten Konditionen anbieten.

- Regel sieben: Leistungsaustausch im Konzern

    Durch diese Regel wurde festgelegt, dass die Liefer- und Leistungsbeziehungen innerhalb des Konzerns durch umfassende entsprechende Verträge oder sonstige Vereinbarungen zu regeln waren. Diese Verträge und Vereinbarungen wurden direkt zwischen Leistungsempfänger und Leistungserbringer ausgehandelt. Dabei orientierten sich die Vertragsbedingungen an marktüblichen Konditionen. Diese Verträge regelten u.a. Mengen, Preise und Qualitäten, aber auch Vertragsstrafen bei Nicht- bzw. Schlechterfüllung der vertraglich fixierten Vereinbarungen.

- Regel acht: Investitionsmandat

    Die achte Regel legte fest, wer Investitionen veranlassen durfte und wofür. Den Divisionen wurde gestattet, Investitionen im Rahmen ihrer Geschäftsaufträge zu veranlassen. Die Produktionen durften Investitionen ausschließlich zur Erfüllung von Liefer- und Leistungsverträgen sowie sonstigen Vereinbarungen oder zur Optimierung bestehender Produktionsaufträge tätigen.

- Regel neun: Direkter Bezug und Bereitstellung

    Diese Regel gab vor, dass Produktionsleistungen im Konzern grundsätzlich direkt vom Produzenten zu beziehen waren. Der bis dato möglichen und nicht selten praktizierten Weiterverrechnung von Leistungen ohne erkennbaren Wertschöpfungsbeitrag wurde damit ein Riegel vorgeschoben.

- Regel zehn: Leadhouse-Konzept

    Die zehnte Regel legte schließlich fest, dass nur eine Lead-Division die Kernaufgaben des marktorientierten Produktmanagements von Produkten und Services zu verantworten hatte, die auch gleichzeitig von mehreren Divisionen genutzt wurden. Dadurch wurde die Doppelung von Kernaufgaben des Produktmanagements in unterschiedlichen Divisionen unterbunden. Dabei sollten die beteiligten Divisionen ihre Zusammenarbeit untereinander selbst klären.

[1985] Vgl. Deutsche Telekom AG (Hrsg.), Regeln der Wertschöpfung im Telekom Konzern, 2001, S. 3.

Anhang II Schwerpunkte und wesentliche Inhalte des Code of Conduct

Bezug: Kapitel E.2.12.2 (Der Code of Conduct)
Folgende wesentliche Inhalte stellen stichpunktartig den Schwerpunkt des Code of Conduct dar:[1986]

Allgemein
- Recht und Ethik
  - Handeln nach Gesetz und Ethik.
  - Corporate Governance, Deutscher Corporate Governance Kodex, Sarbanes-Oxley Act.
  - Sozialcharta[1987] (Anerkennung der sozialen Mindeststandards).

Verknüpft mit T-Spirit
- **Steigerung des Konzernwertes**
  - Wertsteigerung und Profitabilität.
  - Nachhaltiges Wirtschaften.
  - Schutz der Unternehmenswerte.
- **Partner für den Kunden**
  - Produktqualität, Kundenorientierung und -zufriedenheit sowie Konzernentwicklung zum Nutzen der Kunden.
- **Innovation**
  - Kreativität (Schaffung eines Klimas für Kreativität, Engagement und Spaß an Leistung, Innovationen als Garant für den Erfolg).
  - Gesellschaftliche Entwicklung (zukunftsfähige Kommunikations- und Informationstechnologien zur Steigerung der menschlichen Lebensqualität).
- **Respekt**
  - Zusammenarbeit mit den Beschäftigten (Motivation, Perspektiven, soziale Verantwortung und Förderung der Beschäftigungsfähigkeit).
  - Diversity (wertschätzende Grundhaltung, Anerkennung individueller Unterschiede und Förderung der kulturellen Vielfalt).
  - Zusammenarbeit mit dem Sozialpartner (offen und vertrauensvoll im konstruktiven Dialog unter Anstreben eines fairen Ausgleichs der Interessen).

[1986] Vgl. Deutsche Telekom AG (Hrsg.), Unser Code of Conduct, o.J., S. 8 ff.
[1987] Die Sozialcharta der Deutschen Telekom ist eine freiwillige, arbeitgeberseitige Verpflichtung zur konzernweiten Einhaltung sozialer Mindeststandards. Inhalt dieser Sozialcharta sind grundlegende Prinzipien zu Arbeitsbeziehungen und Beschäftigungsbedingungen. Die Einhaltung dieser Prinzipien wird seitens der Telekom auch von den Lieferanten erwartet. Der Sozialcharta liegen die Werte des Global Compact und weiterer international anerkannter Normen, Richtlinien und Standards der Internationalen Arbeitsorganisation (ILO – International Labour Organization) zugrunde. Global Compact ist die Bezeichnung für die weltweite Initiative der Vereinten Nationen, um die Zusammenarbeit zwischen den Vereinten Nationen, der Wirtschaft und anderen gesellschaftlichen Gruppen zu unterstützen und zu stärken. Demnach bekennt sich die Deutsche Telekom dazu, in ihrer Unternehmenspolitik zehn Prinzipien zum Schutz der Menschenrechte, zu Arbeits-, Sozial- und Umweltstandards sowie zum Kampf gegen Korruption zu beachten. Die ILO ist eine Sonderorganisation der Vereinten Nationen, deren Schwerpunkt ihrer Arbeitsaktivitäten in der Schaffung internationaler Arbeits- und Sozialnormen liegt mit dem Ziel, die Lebensbedingungen der arbeitenden Bevölkerung zu verbessern. Vgl. Deutsche Telekom AG (Hrsg.), Unser Code of Conduct, o.J., S. 9.

- Integrität
  - Datenschutz (Gewährleistung eines hohen Schutzniveaus personenbezogener Daten).
  - Umgang mit Interessenskonflikten (Trennung von Eigen- und Unternehmensinteressen, Untersagung doloser Handlungen, Umgang mit Insiderinformationen).
  - Unterbindung von Geldwäsche.
  - Spenden (Förderung von Bildung, Wissenschaft, Kunst, Kultur, sozialen Anliegen, Sport und Umwelt)
  - Zusammenarbeit mit Dritten auf Basis von Ehrlichkeit, Vertrauen und Verbindlichkeit.
- Top Excellence
  - Einhaltung der Verhaltensrichtlinie.
  - Information und Anerkennung für die Mitarbeiter.
  - Beschwerdeverfahren: Alle Beschäftigten und Stakeholder sind aufgerufen, Verstöße gegen den Verhaltenskodex telefonisch oder schriftlich (per Brief, E-Mail oder online) an eine hierfür eingerichtete Ethikline zu melden.
  - Sanktionen bei Verstößen gegen die Verhaltensrichtlinie.

Anhang III Re-Invent bei T-Com: Projekte der drei strategischen Stoßrichtungen

Bezug: Kapitel E.4.1.4.1 (Das Wachstumsprogramm für die drei strategischen Geschäftsfelder)

Projekte der strategischen Stoßrichtung Innovation und Wachstum

Folgende Projekte wurden bei der Stoßrichtung Innovation und Wachstum angegangen:

- Innovation Voice

    Der Sprachumsatz war bis 2005 durch den verschärften Wettbewerb deutlich zurückgegangen.[1988] Allein im Ortsnetz hatte sich der Marktanteil des Wettbewerbs innerhalb eines Jahres nahezu verdoppelt (Abbildung 138). Innerhalb der internen Planung wurde von einem weiteren Rückgang in Höhe von 7,5 Prozent bis zum Jahr 2007 ausgegangen.

Abb. 138: Marktanteile des Wettbewerbs im Ortsnetz (in Prozent)

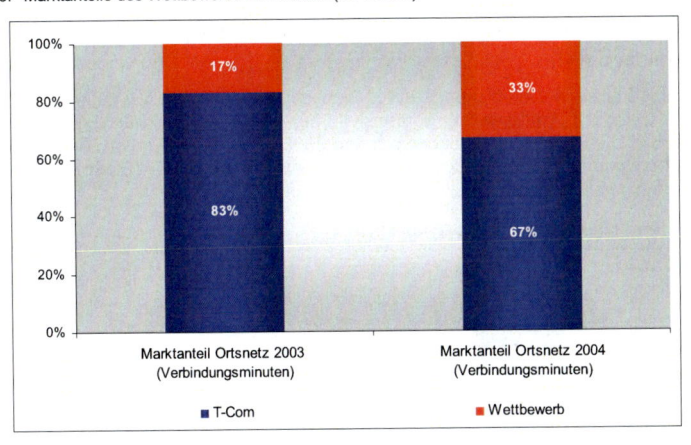

	Marktanteil Ortsnetz 2003 (Verbindungsminuten)	Marktanteil Ortsnetz 2004 (Verbindungsminuten)
T-Com	83%	67%
Wettbewerb	17%	33%

In Anlehnung an: T-Com (Hrsg.), Re-Invent. Wir starten durch – jetzt., 2005

Um diesen Einbußen entgegenzuwirken, sollte zusätzlicher Umsatz durch ein noch breiteres Leistungsspektrum generiert werden. Über das reine Wählen und Sprechen hinaus waren mit neuen Services zusätzliche Einnahmequellen geplant.[1989]

So wurde an einem sprachgesteuerten Telefonbuch im Festnetz gearbeitet, bei dem der Kunde künftig nur noch den Namen des gewünschten Gesprächspartners nennen musste und mit diesem dann, auch von anderen Anschlüssen aus, verbunden werden konnte.[1990]

Ein weiteres Projekt wurde zum Thema Erreichbarkeitsdienste implementiert. Nach Abschluss und Implementierung dieses Vorhabens konnte der Kunde unter seiner persönlichen Festnetznummer auch außer Haus erreichbar sein. Eine intelligente Verknüpfung ankommender Kommunikationskanäle über das Netz bei Präsenz am Festnetz, Mobiltelefon oder Hotspot sollte zu jeder Zeit erlauben, das aktuelle Ziel zu erreichen, unabhängig von der vom Anrufer gewählten Rufnummer und unabhängig von einer manuell eingerichteten Anrufumleitung.[1991]

[1988] Vgl. T-Com (Hrsg.), Re-Invent. Wir starten durch – jetzt., http://comin.t-com.net/, 2005.
[1989] Vgl. T-Com (Hrsg.), Innovation Voice, http://comin.t-com.net/, 2005.
[1990] Vgl. T-Com (Hrsg.), Der Anschluss ist unsere Nabelschnur zum Kunden, http://comin.t-com.net/, 2005.
[1991] Vgl. T-Com (Hrsg.), Innovation Voice, http://comin.t-com.net/, 2005.

Im Rahmen dieser Stoßrichtung arbeitete die T-Com an mehr als ein Dutzend solcher Innovationen.[1992]

❑ Sicherung Anschluss

In 2004 hatte die T-Com ca. 34,5 Millionen Anschlüsse halten können.[1993] Ohne ein schlüssiges Konzept für die Sicherung der Anschlüsse gingen Prognosen für das Jahr 2007 von nur noch 27 Millionen Anschlüssen für den ehemaligen Monopolisten aus.[1994] Der Anschluss war und ist für die T-Com aber der wichtigste Kanal zum Kunden.

In diesem Projekt wurden daher Strategien entwickelt, die verhindern sollten, dass das o.g. Szenario eintritt. Bis 2007 sollten im Vergleich zur Prognose drei Millionen Anschlüsse mehr gehalten werden.[1995] In dem Projekt wurden segmentspezifische Zielportfolios für die Kunden erarbeitet.

Zusätzliche Projektinhalte stellten die Optimierung von Vermarktungsprozessen sowie die Bereitstellung und Sicherung der internen Vertriebsprozesse und die Beschleunigung der technischen Infrastruktur zur Auftragsabwicklung (Time to Market) dar.[1996]

❑ Innovation Breitband

Breitbandige Dienste bieten grundsätzlich wesentliche Möglichkeiten zum Wachstum. Gleichzeitig traten jedoch Wettbewerber aggressiv in den Markt ein. So hatte sich der Marktanteil für breitbandige Dienste für den Wettbewerb von 2003 zu 2004 verdoppelt. Auch im Neukundengeschäft gewannen die Wettbewerber immer mehr Kunden hinzu. Diese Entwicklung veranschaulicht die nachfolgende Abbildung 139.

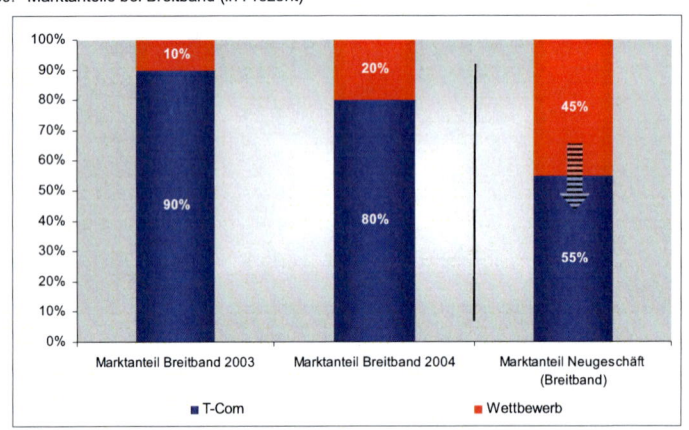

Abb. 139: Marktanteile bei Breitband (in Prozent)

	Marktanteil Breitband 2003	Marktanteil Breitband 2004	Marktanteil Neugeschäft (Breitband)
T-Com	90%	80%	55%
Wettbewerb	10%	20%	45%

In Anlehnung an: T-Com (Hrsg.), Re-Invent. Wir starten durch – jetzt., 2005

Ein Schwerpunkt der Telekom lag somit bei der Forcierung der breitbandigen Angebote durch technologische Innovationen sowie neuer Dienste und Produkte.[1997]

[1992] Vgl. T-Com (Hrsg.), Der Anschluss ist unsere Nabelschnur zum Kunden, http://comin.t-com.net/, 2005.
[1993] Vgl. T-Com (Hrsg.), Sicherung Anschluss, http://comin.t-com.net/, 2005.
[1994] Vgl. T-Com (Hrsg.), Sicherung Anschluss, http://comin.t-com.net/, 2005.
[1995] Vgl. T-Com (Hrsg.), Sicherung Anschluss, http://comin.t-com.net/, 2005.
[1996] Vgl. T-Com (Hrsg.), Sicherung Anschluss, http://comin.t-com.net/, 2005.
[1997] Vgl. T-Com (Hrsg.), T-Com setzt auf Breitband, http://comin.t-com.net/, 2005.

❏ **Internationale Strategie**

Die Möglichkeiten, die das Wachstum des TK-Marktes international mit sich brachten, sollten ausgeschöpft werden. Insbesondere sollte es darum gehen, die neu entwickelten Dienste und Technologien auch in den internationalen Märkten über die entsprechenden Beteiligungsgesellschaften anzubieten.

Projekte der strategischen Stoßrichtung Kundenfokus

Zwei große Projekte wurden hierbei angegangen:

❏ Kundenorientierter Marktangang

Neben der Orientierung an den Wünschen des Kunden war die Einführung einer Kennzahl zur Messung des Kundenwertes als eine zentrale Steuerungsgröße beabsichtigt.[1998] Dahinter stand die Notwendigkeit der ganzheitlichen Betrachtung des Kunden über alle strategischen Geschäftsfelder hinweg.

Hierfür war die Implementierung einer entsprechenden IT notwendig, über die alle SGF einen Zugriff auf den Kunden aus der Sicht des gesamten Konzerns und der vom Kunden genutzten Produkte und Dienstleistungen bekommen sollten. Resultierend aus der Gesamtnutzung verschiedener Produkte und Anwendungen der einzelnen SGF konnte dann der Kundenwert aus Konzernsicht gebildet und der Kunde entsprechend diesen Wertes geclustert werden. Der Kundenwert sollte sich nicht allein auf aktuelle Umsatzwerte, sondern auch auf künftig zu erwartende Geschäftsbeziehungen (Customer Lifetime Value) beziehen.

❏ Segmentbasierte VSE / SoHo-Strategie

Der Marktanteil im Segment der kleineren Geschäftskunden (Very Small Enterprise, VSE) sowie für den Bereich Small offices – Home offices (SoHo) sollte deutlich gesteigert werden. Hierfür war die Erarbeitung einer neuen massenmarktorientierten Marktbearbeitungsstrategie erforderlich.[1999]

Projekte der strategischen Stoßrichtung Qualität und Effizienz

Bei der strategischen Stoßrichtung Qualität und Effizienz sind zwei große Projekte gestartet worden:

❏ Qualitätsverbesserung und Redesign Prozesse

In diesem Projekt ging es im Wesentlichen um die Steigerung der Qualität sowohl bei den Prozessabläufen als auch bei der Wahrnehmung der Qualität durch den Kunden. Durch ein Redesign der Prozesse und eine End-to-End-Prozessverantwortung soll bis zum Jahr 2009 der Best-Practise-Standard innerhalb der Telekommunikationsbranche erreicht werden.[2000] Die Verfügbarkeit der konzerninternen IT sollte aus der Endanwendersicht heraus stets 95 Prozent betragen.[2001]

❏ Simplicity

Bei dem großen Teilprojekt Simplicity ging es um die systematische Vereinfachung von Prozessen im Unternehmen.[2002]

[1998] Vgl. T-Com (Hrsg.), Re-Invent. Wir starten durch – jetzt., http://comin.t-com.net/, 2005.
[1999] Vgl. T-Com (Hrsg.), Re-Invent. Wir starten durch – jetzt., http://comin.t-com.net/, 2005.
[2000] Vgl. T-Com (Hrsg.), Re-Invent. Wir starten durch – jetzt., http://comin.t-com.net/, 2005.
[2001] Vgl. T-Com (Hrsg.), Re-Invent. Wir starten durch – jetzt., http://comin.t-com.net/, 2005.
[2002] Vgl. T-Com (Hrsg.), Re-Invent. Wir starten durch – jetzt., http://comin.t-com.net/, 2005.

Die nachfolgende Abbildung 140 veranschaulicht die Ergebnisse eines Benchmark der Unternehmensberatung Mercer, wonach die Unternehmensbereiche der T-Com in den Bereichen Vertrieb und Customer Care, Service Technik, Netzbetrieb und -invest, Billing und IT sowie bei den Querschnittsfunktionen deutlich höhere Kosten als die westeuropäischen Benchmarkführer verursachten.

Abb. 140: Effizienzrückstände im Vergleich zum Wettbewerb (in Prozent; Benchmark = 100 Prozent)

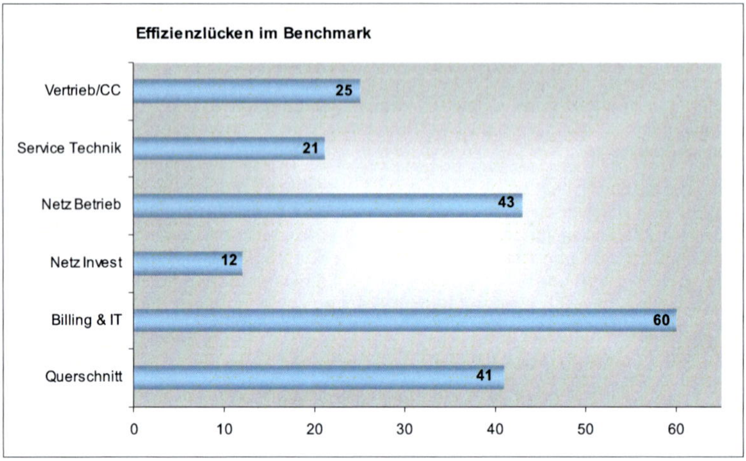

Effizienzlücken im Benchmark

Vertrieb/CC	25
Service Technik	21
Netz Betrieb	43
Netz Invest	12
Billing & IT	60
Querschnitt	41

In Anlehnung an: T-Com (Hrsg.), Re-Invent. Wir starten durch – jetzt., 2005

Aus dem Projekt heraus resultierte als ein Ergebnis die Anfang November 2005 von der Deutschen Telekom veröffentlichte Mitteilung über den Personalabbau von 20.000 Beschäftigten allein bei der T-Com.[2003] Insgesamt plante der Konzern innerhalb von drei Jahren 32.000 Beschäftigte in Deutschland abzubauen.[2004]

[2003] Vgl. Deutsche Telekom AG (Hrsg.), Deutsche Telekom steht vor umfangreichem Personalabbau, http://www.telekom3.de/de-p/pres/2-pr/2005/11-n/0511-pm-ar.html, 2005.
[2004] Vgl. Deutsche Telekom AG (Hrsg.), Deutsche Telekom steht vor umfangreichem Personalabbau, http://www.telekom3.de/de-p/pres/2-pr/2005/11-n/0511-pm-ar.html, 2005.

Anhang IV Save for Growth bei T-Mobile: Initiativen

Bezug: Kapitel E.4.1.4.1 (Das Wachstumsprogramm für die drei strategischen Geschäftsfelder)

Die jeweiligen Initiativen des Wachstums- und Effizienzsteigerungsprogramms bei Save for Growth können in die drei Themenfelder Allgemeines und Administration, Technologie sowie Produkte und Services eingeteilt werden:[2005]

- Marketing-Effizienz (Cluster Allgemeines und Administration)

    Ziel dieser Initiative war die Einsparung von Kosten bei der Marketingarbeit. Insbesondere sollten die Aufträge für Werbung, Verkaufsförderung und Handelsmarketing auf weniger Dienstleister verteilt werden. Dadurch erhoffte man sich Mengenvorteile. Ebenso sollten Werbekampagnen länderübergreifend konzipiert werden. Beim Mediaeinsatz war verschärft auf die Effizienz zu achten. Am Point of Sale sollten künftig weniger Flyer als bisher zur Verfügung stehen. Im Bereich Sponsoring sollten nur noch die aus der Sicht des Unternehmens bedeutenden Themen bzw. Ereignisse wie die Tour de France, die Fußball Weltmeisterschaft 2006 oder das Thema Musik im Fokus stehen. Von vielen kleineren Sponsoringverträgen wurde eine Loslösung angestrebt. Gemessen werden sollte der Erfolg dieser Maßnahmen mittels regelmäßiger Umfragen, die Auskunft über die Wahrnehmung der Marke T-Mobile beim Verbraucher geben konnten.

- Antennenstandorte (Cluster Allgemeines und Administration)

    Bei diesem Projekt wurden die Antennenstandorte analysiert. Durch Aushandlung längerfristiger Mietzeiten sollten die Preise gesenkt werden. Schon in 2005 teilte sich die T-Mobile mit anderen Konzerneinheiten und auch Wettbewerbern Antennenstandorte. Diese Kooperationen galt es weiter zu intensivieren und zu optimieren.

- Reisekosten (Cluster Allgemeines und Administration)

    Die Mitarbeiter wurden angehalten, auswärtige Termine kostenbewusst zu planen und Videokonferenzen bei Besprechungen den Vorzug zu geben. Das Portfolio der Anbieter, so zum Beispiel Hotels und Airlines, wurde durch Rahmenverträge weiter optimiert.

- Training (Cluster Allgemeines und Administration)

    Bei der Weiterbildung für Mitarbeiter sollten verstärkt E-Learning-Angebote zum Einsatz kommen, um Mieten für Veranstaltungsräume und Reisekosten einzusparen.

- Beratungs- und Dienstleistungskosten (Cluster Allgemeines und Administration)

    Bei der Inanspruchnahme von Rechts-, Unternehmens- und IT-Beratung war eine Reduzierung geplant. In Bereichen, in denen dies unvermeidlich war, stellte der Einkaufspreis das entscheidende Kriterium dar.

- Interconnection (Cluster Technologie)

    Im Bereich Roaming[2006] wurden Discountverhandlungen mit den Roamingpartnern geführt, um bessere Einkaufskonditionen für die von den eigenen Kunden im Ausland generierten Umsätze zu erzielen. Darüber hinaus wurde der Sprach- und Datenverkehr zunehmend innerhalb der Auslandsbeteiligungen der T-Mobile Gruppe gehalten, um den Umsatz innerhalb des Konzerns zu realisieren. Des Weiteren wurden die Mieten für Verbindungsleitungen in den Zugangsnetzen zwischen den Basisstationen und den Vermittlungsstellen (konzernintern) und zu anderen Netzen analysiert und optimiert.

[2005] Vgl. T-Mobile Deutschland GmbH (Hrsg.), Die Initiativen im Überblick, http://intranet.t-mobile.de/TMI/CDA/CMAIN/anchor1/0,2389, 183379___,00.html, 2005.
[2006] Mit Roaming bezeichnet man die Nutzung eines Kommunikationsendgerätes oder auch nur die Nutzung der Teilnehmeridentität in einem anderen Netzwerk als dem Heimatnetzwerk. Hierzu treffen die Betreiber der beiden Netzwerke ein Roamingabkommen und schalten die erforderlichen Signalisierungs- und Datenverbindungen zwischen ihren Netzen. Der Begriff Roaming wird überwiegend im Zusammenhang mit Mobilfunknetzen verwendet. Vgl. Wikipedia (Hrsg.), Die freie Enzyklopädie, Roaming, http://de.wikipedia.org/wiki/Roaming, 2005.

- ❏ IT-Betrieb (Cluster Technologie)

    Durch entsprechende Verhandlungen sollten bessere Konditionen bei den Lieferanten erzielt und IT-Ausgaben somit deutlich reduziert werden. Die Verträge für IT-Dienstleistungen sollten für alle Ländergesellschaften von T-Mobile gebündelt werden, um Einkaufsvorteile zu realisieren.

- ❏ IT-Entwicklung (Cluster Technologie)

    Die Initiative verfolgte u.a. das Ziel, bestimmte Aufgaben von anderen, kostengünstigeren, virtuellen Teams lösen zu lassen.

- ❏ Netztechnik – Betrieb, Planung und Aufbau (Cluster Technologie)

    Mit einer neuen Infrastruktur für die Netztechnik war beabsichtigt, das Netz- und Servicemanagement künftig nicht mehr in den europäischen Gesellschaften parallel, sondern zentral zu steuern. Alle Prozesse für Planung, Aufbau und Betrieb der Netze wurden neu gestaltet. Bei der Ersatzteillogistik wurden die gruppenweiten Lagerbestände in weniger Logistikzentren als bisher zusammengefasst. Lieferantenverträge wurden reduziert.

- ❏ Plattformentwicklung (Cluster Technologie)

    Im Rahmen dieser Initiative sollte eine Reorganisation die Anzahl der Mitarbeiter in diesem Bereich deutlich reduzieren, um Kosten einzusparen.

- ❏ Planung und Systemtechnik, Netzintegration (Cluster Technologie)

    Durch die Zusammenführung von Aufgaben und Stellen an einem Standort sowie einer Optimierung der Testaktivitäten ließen sich die Aufwendungen für Netzintegration und Inbetriebnahme neuer Systeme und Dienste reduzieren. Weitere Synergien wurden durch die europaweite Harmonisierung der Netztechnologie ermöglicht.

- ❏ Portfolio Management (Cluster Technologie)

    Die Anzahl an Entwicklungsprojekten bei Tarifen und Diensten sollte verringert werden. Die Initiative setzte auch Standards, wie künftig Projekte bewertet und priorisiert werden, damit nur die erfolgversprechenden Projekte umgesetzt werden.

- ❏ Aufladen von Prepaidkarten (Cluster Produkte und Services)

    Die elektronische Aufladung von Guthabenkarten sollte forciert werden, um hierdurch die Vertriebsprovisionen zu senken und die Kosten für die Fertigung, Lagerung und den Transport der Guthabenkarten zu verringern.

- ❏ Kundenbetreuung / Call Center (Cluster Produkte und Services)

    Um bessere Konditionen zu erhalten, wurden die Verträge mit externen Call Centern nachverhandelt. Der Sprachcomputer und der Internetauftritt wurden als Self-Care-Kanäle ausgebaut, damit mehr Kunden ihre Anliegen hierüber selbst regeln können. Des Weiteren wurden Maßnahmen zur Steigerung der Produktivität der Agenten in den Call Centern ausgearbeitet.

- ❏ Optimierung Produktportfolio (Cluster Produkte und Services)

    Das T-Mobile Angebot an Produkten, Tarifen und Tarifoptionen sollte verringert werden. Insbesondere Angebote, die von den Kunden kaum Beachtung fanden, entfielen. Ein positiver Nebeneffekt hierbei war eine übersichtlichere Tariflandschaft.

- ❏ Optimierung Stationärer Handel (Cluster Produkte und Services)

    Die vorhandenen T-Shops wurden von der konzerneigenen T-Punkt Gesellschaft übernommen. Durch diese Initiative erhoffte sich das Unternehmen ein besseres Einwirken auf die Promotion gezielter T-Mobile-Produkte, eine Mitarbeiterqualifikation und -motivation aus einer Hand sowie die Optimierung von Schnittstellen. Auch die Provisionen für verkaufte T-Mobile-Produkte wurden zwischen diesen beiden Gesellschaften neu verhandelt.

- Kundengewinnung und -bindung (Cluster Produkte und Services)

  Die Produkte sollten verstärkt über die direkten Vertriebskanäle der T-Mobile wie die T-Punkte, den Customer Service und das Internet vermarktet werden. Es galt, künftig die Kunden durch professionelle Beratungsgespräche auch für weniger subventionierte Mobiltelefone zu begeistern. Bei dem Einkauf von SIM-Karten[2007] plante man ebenfalls Kosten einzusparen.

- Endgeräte-Management (Cluster Produkte und Services)

  In den vergangenen Jahren (vor 2005) wurde bei Handymodellen ca. 95 Prozent des Umsatzes mit der Hälfte aller im Angebot befindlicher Endgeräte erzielt. Aus diesem Grund war geplant, das Portfolio an Endgerätemodellen deutlich zu reduzieren. Hierdurch ließen sich auch die Einkaufspreise deutlich reduzieren, was wiederum attraktive Preise für diese Mobiltelefone ermöglichte. Mit Hilfe dieser Initiative sollten Standards gesetzt werden, wie sich das Sortiment straffen und der tatsächliche Bedarf des Kunden besser ermitteln lässt.

- Wertorientiertes Investment in Großkunden (Cluster Produkte und Services)

  Das Investment in die Großkunden sollte in das richtige Verhältnis zum Ertrag rücken. Dabei wurde angestrebt, die Budgets und Aufwendungen für die Gewinnung und Bindung von Kunden in die Geschäftskundensegmente mit dem höchsten Deckungsbeitrag zu lenken.

[2007] Bei der SIM-Karte (SIM: Subscriber Identity Module) handelt es sich um eine Chipkarte, die in ein Mobiltelefon eingesteckt wird und zur Identifikation des Nutzers im Netz dient. Das SIM stellt dabei die zweite Einheit der Mobilstation im GSM dar. Es ist ein kleiner Prozessor mit Speicher, der durch eine veränderbare persönliche Identifikationsnummer vor unbefugter Benutzung geschützt ist. Durch das SIM kann das mobile Equipment einem Nutzer zugeordnet und dieser authentifiziert werden. Hierfür sind auf dem SIM geheime Nummern und Algorithmen gespeichert. Diese dienen auch der Verschlüsselung der Sprach- und Signalisierungsdaten. Das SIM dient zusätzlich zum Speichern von temporären, netzbezogenen Daten und bevorzugten und gesperrten Netzen. Des Weiteren können ein Telefon- und Notizbuch, Speicher für SMS und Speicher der zuletzt angerufenen Telefonnummern im SIM integriert sein. Vgl. Wikipedia (Hrsg.), Die freie Enzyklopädie, SIM-Karte, http://de.wikipedia.orgwiki/SIM-Karte, 2005.

Anhang V Focus on Growth bei T-Systems: Projekte der ersten vier Initiativen

Bezug: Kapitel E.4.1.4.1 (Das Wachstumsprogramm für die drei strategischen Geschäftsfelder)

Die Maßnahmen und Projekte bei den ersten vier Initiativen bei Focus on Growth waren:

❏ Initiative Customer Excellence (Fokus optimaler Kundenangang und Excellence vor dem Kunden). Hierfür wurden zwei Projekte ins Leben gerufen:[2008]

    ✤ Für die Geschäftseinheit Business Services wurde das Projekt Win mit den Teilprojekten Win Back TC (telecommunication), Win IT und Partnermanagement initiiert.

    Mit Hilfe des Projekts Win sollten neue Aufträge gewonnen werden, sowohl bei bestehenden als auch bei neuen und bei zurück gewonnenen Kunden der Geschäftseinheit.[2009] Die drei Teilprojekte, die im Folgenden kurz näher erläutert werden, verfolgten dieses Ziel mit jeweils unterschiedlichen Intentionen.

    Win Back TC sollte konkret Geschäftskunden im Telekommunikationsbereich zurückgewinnen. Ziel hierbei war es, jährlich rund zehn Prozent der Geschäftskunden, die ihre Anschlüsse bei der Konkurrenz hatten, zur Rückkehr zu bewegen.[2010] Zusätzlich sollte ein Frühwarnsystem eingerichtet werden, um schon vor dem Wechsel eines Kunden gezielt gegensteuern zu können.[2011]

    Mit Win IT sollte der Marktanteil der IT-Services bei Mittelstandskunden deutlich ausgebaut werden. Das Ziel war, T-Systems als führenden IT-Service Provider zu etablieren.

    Erreicht werden sollte dies durch Best in Class-Services zu wettbewerbsfähigen Preisen.[2012] Zentraler Punkt des Projekts war die Definition des IT-Startportfolios und die Einführung der entsprechenden Vertriebsstrukturen und Prozesse.[2013] Weiterhin sollte eine Saleskompetenz im Bereich IT aufgebaut werden, das IT-Portfolio selbst ausgebaut, die Portfolio- und Pricingprozesse standardisiert und ein Programm zur Verbesserung der Profitabilität und des Image entwickelt werden.[2014]

    Das Teilprojekt Partnermanagement zielte darauf, den Vertrieb der Lösungen und Produkte über Partner auszubauen.[2015]

    ✤ Für die Geschäftseinheit Enterprise Services wurde das Projekt 4tissimo gestartet.

    Mit dem Projekt 4tissimo sollte die Geschäftseinheit Enterprise-Services der T-Systems bis 2007 zum bevorzugten ICT-Partner für die Kunden ausgebaut werden.[2016] Bereits in 2005 waren ca. 80 Prozent der Zielgruppe schon Kunden von T-Systems, aus diesem Grund sollte dieses Ziel vor allem durch die Erhöhung des T-Systems-Anteil an den ICT-

---

[2008] Vgl. T-Systems GmbH (Hrsg.), „Focus on Growth": Exzellent vor dem Kunden, http://systemsnet.telekom.de/cms/tsi-d/de/news/archiv/templateId=renderInternalPage/contentId=88310/id=1336.html, 2005.
[2009] Vgl. T-Systems GmbH (Hrsg.), „Focus on Growth": Exzellent vor dem Kunden, http://systemsnet.telekom.de/cms/tsi-d/de/news/archiv/templateId=renderInternalPage/contentId=88310/id=1336.html, 2005.
[2010] Vgl. T-Systems GmbH (Hrsg.), „Focus on Growth": Exzellent vor dem Kunden, http://systemsnet.telekom.de/cms/tsi-d/de/news/archiv/templateId=renderInternalPage/contentId=88310/id=1336.html, 2005.
[2011] Vgl. T-Systems GmbH (Hrsg.), „Focus on Growth": Exzellent vor dem Kunden, http://systemsnet.telekom.de/cms/tsi-d/de/news/archiv/templateId=renderInternalPage/contentId=88310/id=1336.html, 2005.
[2012] Vgl. T-Systems GmbH (Hrsg.), „Focus on Growth": Exzellent vor dem Kunden, http://systemsnet.telekom.de/cms/tsi-d/de/news/archiv/templateId=renderInternalPage/contentId=88310/id=1336.html, 2005.
[2013] Vgl. T-Systems GmbH (Hrsg.), „Focus on Growth": Exzellent vor dem Kunden, http://systemsnet.telekom.de/cms/tsi-d/de/news/archiv/templateId=renderInternalPage/contentId=88310/id=1336.html, 2005.
[2014] Vgl. T-Systems GmbH (Hrsg.), „Focus on Growth": Exzellent vor dem Kunden, http://systemsnet.telekom.de/cms/tsi-d/de/news/archiv/templateId=renderInternalPage/contentId=88310/id=1336.html, 2005.
[2015] Vgl. T-Systems GmbH (Hrsg.), „Focus on Growth": Exzellent vor dem Kunden, http://systemsnet.telekom.de/cms/tsi-d/de/news/archiv/templateId=renderInternalPage/contentId=88310/id=1336.html, 2005.
[2016] Vgl. T-Systems GmbH (Hrsg.), „Focus on Growth": Exzellent vor dem Kunden, http://systemsnet.telekom.de/cms/tsi-d/de/news/archiv/templateId=renderInternalPage/contentId=88310/id=1336.html, 2005.

Gesamtausgaben der Kunden erreicht werden.[2017] Dieses sollte durch vier strategische Teilprojekte realisiert werden:[2018]

1. Eine verstärkte Gewinnung von internationalen Großprojekten sollte mit Hilfe eines Big-Deal-Teams und eines Frühwarnsystems realisiert werden. Hatte beispielsweise bei einem Großkunden ein Merger stattgefunden oder der Vorstandsvorsitzende gewechselt, sollten diese Informationen dem Vertrieb frühzeitig zur Verfügung stehen, um ein proaktives Zugehen auf den Kunden zu gewährleisten.
2. Durch gezielte Kommunikations- und Vertriebsaktivitäten sollten ausgewählte Lösungen wie Managed Desktop Services oder Business Process Outsourcing vorangetrieben werden.
3. Die zukünftige Bedarfsentwicklung der Industrie und die damit verbundene frühzeitige Erkennung von neu entstehenden ICT-Anforderungen war ebenfalls ein Teilprojekt.
4. Die weitere Internationalisierung der T-Systems durch die Implementierung geeigneter Organisationsstrukturen und die Entwicklung nationalspezifischer Strategien für die Ländergesellschaften komplettierte die Projektstruktur von 4tissimo.

Bei allen Teilprojekten war für die T-Systems dabei entscheidend, den Kunden in den Mittelpunkt des Handelns zu stellen, ein marktgerechtes sowie kundenorientiertes Leistungsangebot bereitzustellen und über Mitarbeiter zu verfügen, die unternehmerisch denken.[2019]

❏ Initiative Portfolio Excellence (Fokus auf transparentes Leistungsangebot). Die Initiative war in drei Teilbereiche geteilt:[2020]

  ↳ Business Services Portfolio Optimierung

  Bis zu diesem Zeitpunkt waren die Einheiten Network Services der alten T-Systems, T-NetPro und Teile von T-Com getrennt. Nun sollten sie, mit ihren jeweils eigenen Portfolios, zu einer Einheit mit einem einzigen Angebotskatalog zusammenwachsen. Doppelungen an Angeboten und umsatzrückläufige Produkte waren an der Tagesordnung. Aus diesem Grund sollte eine gemeinsame Datenbasis als Arbeitsgrundlage für die Optimierung des Business Services Portfolio geschaffen werden. Insbesondere ging es auch darum, die Produktpalette um bis zu 80 Prozent zu reduzieren und dafür Sorge zu tragen, dass in Zukunft Komplexität und Wiederaufbau eines solchen Produktportfolios vermieden werden.

  ↳ Innovation, Qualität und Professionalität (IQP)

  Durch diese angestrebten Fähigkeiten sowie Lösungen und Kostenstrukturen wollte die T-Systems ein profitables Wachstum in den nächsten Jahren sichern. Einen wichtigen Dreh- und Angelpunkt bei der Umsetzung stellten die drei Center of Excellence, die im Rahmen von IQP integriert werden sollten, dar:

  Das erste Center of Excellence, bezeichnet als Key Deal Design, kümmerte sich zusammen mit anderen T-Systems-Einheiten gemeinsam um besonders große, innovative Kundenprojekte.

  System Architecture als zweites Center of Excellence designte und entwickelte die notwendigen Lösungen für solche Key Deals.

  Das dritte System Center of Excellence, Project Execution, wurde bereits 2004 mit dem Ziel der Gewährleistung von Qualität, Termintreue und Budgeteinhaltung bei der Projektumsetzung installiert.

[2017] Vgl. T-Systems GmbH (Hrsg.), „Focus on Growth": Exzellent vor dem Kunden, http://systemsnet.telekom.de/cms/tsi-d/de/news/archiv/templateId=renderInternalPage/contentId=88310/id=1336.html, 2005.
[2018] Vgl. T-Systems GmbH (Hrsg.), „Focus on Growth": Exzellent vor dem Kunden, http://systemsnet.telekom.de/cms/tsi-d/de/news/archiv/templateId=renderInternalPage/contentId=88310/id=1336.html, 2005.
[2019] Vgl. T-Systems GmbH (Hrsg.), „Focus on Growth": Exzellent vor dem Kunden, http://systemsnet.telekom.de/cms/tsi-d/de/news/archiv/templateId=renderInternalPage/contentId=88310/id=1336.html, 2005.
[2020] Vgl. T-Systems GmbH (Hrsg.), Optimales Leistungsangebot, http://systemsnet.telekom.de/cms/tsi-d/de/news/archiv/templateId=renderInternalPage/contentId=88372/id=1336.html, 2005.

Weitere Inhalte von IQP waren die Entwicklung eines Mittelstandsportfolios und der forcierte Marktangang des Mittelstandsegments gemeinsam mit dem Vertrieb von T-Systems Business Services. In 2005 existierten zwölf solcher Lösungen, diese wurden jedoch ständig den Kunden- und Marktanforderungen angepasst und dementsprechend erweitert. Außerdem sollte im IQP-Projekt der definierte Entwicklungspfad für die IT-Architekten und Softwareentwickler ausgerollt werden, um dadurch den Experten in diesem Bereich ein entsprechendes Qualifizierungsprogramm anbieten zu können.

- Business Process Outsourcing (BPO) Portfolio

    Das Projekt BPO Portfolio zielte darauf, die existierenden Business Process Outsourcing-Services von T-Systems voranzutreiben und neue Angebote zu entwickeln. Denn die Auslagerung kompletter Geschäftsprozesse würde nach Annahme der Strategieplanung und Marktforschung der T-Systems in Zukunft einer der stärksten Wachstumstreiber im ICT-Markt sein. Das Projekt selbst hatte zwei Stoßrichtungen, um das volle Potenzial beim BPO auszuschöpfen.

    Als horizontale Services wurden branchenunabhängige Angebote bzw. Systemlösungen, beispielsweise für das Personalmanagement oder das Forderungsmanagement, gesehen. Vertikale Services waren auf bestimmte Branchen und Zwecke ausgerichtet wie etwa Systemlösungen zur Wertpapierentwicklung für Banken. Auch der Mittelstand war für künftige BPO-Projekte aus der Sicht der T-Systems eine wichtige Zielgruppe.

❑ Initiative Operational Excellence (Vereinheitlichung der Geschäftsprozesse). Vier Geschäftsvorfälle wurden aus allen identifizierten herausgegriffen und durch das Projekt Speed & Quality optimiert:[2021]

- Die drei Felder Managed Infrastructure Services (hierzu gehörten bspw. flexible Rechnerleistungen), Managed Desktop Services und ERP-Systeme (Enterprise Resource Planning) betrafen die Lieferung von IT-Leistungen seitens der Geschäftseinheit Enterprise Services an die großen Kunden der internen Geschäftseinheit Business Services.

- Bei dem vierten Feld ging es um Telekommunikationsleistungen der Geschäftseinheit Business Services an Enterprise Services im Zusammenhang mit virtuellen privaten Netzwerken auf Basis des Internetprotokolls.

Grundlage für diese Auswahl war das Wachstumspotenzial der nächsten drei Jahre; insbesondere sollte sich das Umsatzvolumen der vier betrachteten Geschäftsvorfälle von 400 Millionen Euro in 2005 auf über 750 Millionen Euro in 2007 nahezu verdoppeln.[2022]

Das bereits im Vorfeld angelaufene Projekt Planung CRM Programm sollte die Zielarchitektur des Geschäftskundenvertriebs für Business Services (BS) und Enterprise Services (ES) festlegen.[2023] Außerdem wurde im Zusammenhang ein zusätzliches Projekt initiiert, in welchem eine geschäftseinheitenübergreifende Zielarchitektur für das Portfoliomanagement entwickelt werden sollte.[2024]

Durch das Projekt Steering Logic sollten die betriebswirtschaftliche Steuerung der neuen Geschäftsstruktur angepasst und die neuen Bereiche nach der letzten Reorganisation in die T-Systems integriert werden.[2025] Eine wertorientierte Steuerung, die neben der Profitabilität auch die Entwicklung des Unternehmenswertes betont, stand dabei im Vordergrund.[2026] Die finanz-

---

[2021] Vgl. T-Systems GmbH (Hrsg.), „Focus on Growth": Exzellent vor dem Kunden, http://systemsnet.telekom.de/cms/tsi-d/de/news/archiv/templateId=renderInternalPage/contentId=88310/id=1336.html, 2005.
[2022] Vgl. T-Systems GmbH (Hrsg.), „Focus on Growth": Exzellent vor dem Kunden, http://systemsnet.telekom.de/cms/tsi-d/de/news/archiv/templateId=renderInternalPage/contentId=88310/id=1336.html, 2005.
[2023] Vgl. T-Systems GmbH (Hrsg.), „Focus on Growth": Exzellent vor dem Kunden, http://systemsnet.telekom.de/cms/tsi-d/de/news/archiv/templateId=renderInternalPage/contentId=88310/id=1336.html, 2005.
[2024] Vgl. T-Systems GmbH (Hrsg.), „Focus on Growth": Exzellent vor dem Kunden, http://systemsnet.telekom.de/cms/tsi-d/de/news/archiv/templateId=renderInternalPage/contentId=88310/id=1336.html, 2005.
[2025] Vgl. T-Systems GmbH (Hrsg.), „Focus on Growth": Exzellent vor dem Kunden, http://systemsnet.telekom.de/cms/tsi-d/de/news/archiv/templateId=renderInternalPage/contentId=88310/id=1336.html, 2005.
[2026] Vgl. T-Systems GmbH (Hrsg.), „Focus on Growth": Exzellent vor dem Kunden, http://systemsnet.telekom.de/cms/tsi-d/de/news/archiv/templateId=renderInternalPage/contentId=88310/id=1336.html, 2005.

wirtschaftlichen Kenngrößen EBIT[2027] und EBITDA wurden um die Kapitalrendite ROCE (Return On Capital Employed), die die Verzinsung des investierten Kapitals misst, und den Unternehmenswertbeitrag EVA (Economic Value Added) ergänzt.[2028] Der Unternehmenswertbeitrag (EBIT) gibt an, ob eine zugrunde gelegte Mindestverzinsung des investierten Kapitals erreicht und somit zusätzlicher (Unternehmens-)Wert geschaffen wird. Außerdem zielte das Projekt Steering Logic darauf ab, die Ergebnisverantwortlichkeit für die Resultate der Geschäftsfelder zu etablieren sowie ein neues Berichtswesen einzuführen.[2029]

❏ Initiative Operational Efficiency (Fokus: Effizienz- und Qualitätssteigerung und Kostensenkung). Hierzu zählten zwei Projekte:[2030]

    ↳ Das Projekt BS[2031] Consolidation bestand aus zwei Teilprojekten. Im ersten Teilprojekt ging es um die Konsolidierung der Netzplattformen und im zweiten Teil um die IT-Systeme bei Business Services. Am Ende des Projekts sollten nur noch sechs von den bisher zwölf Netzplattformen existieren.

    Bereits realisiert war zu diesem Zeitpunkt die Konsolidierung der für die Rundfunkanstalten und Medien bereitgestellten Technikplattformen. Künftig sollten auch die zu der Zeit vorhandenen drei Plattformen, die von Großkunden genutzt wurden, zu einer einzigen Plattform gebündelt werden, damit sich deren Mitarbeiter von unterwegs in das firmeneigene Netz einwählen (Remote Dial) können.

    Gegenstand des Projekts war auch, die Kundenlösungen mit IP-basierten Virtuell Privat Networks (VPN) Stück für Stück von der T-Com zur T-Systems zu migrieren.

    Weiterhin galt es, die vielen existierenden SAP-Systeme zu vereinheitlichen und auch eine so genannte Business Process Engine zu entwickeln, die verschiedene IT-Systeme miteinander zu verbinden in der Lage war. Überdies baute das Projektteam ein neues Netz für Sprache und Daten auf, welches im gesamten Geschäftsfeld der Geschäftskunden zum Einsatz kommen sollte. Passgenaue und schnelle IT-Systeme und Netze sollten es darüber hinaus ermöglichen, die Prozesse und Geschäftsabläufe optimal zu unterstützen und dazu beitragen, Produkte schneller am Markt einzuführen.

    ↳ Das Projekt ES Get in Shape, bei dem der Bereich IT-Operations im Mittelpunkt stand, bildete den Enterprise Services Part in der Initiative Operational Efficiency. Innerhalb des Projekts wurde an einer weiteren Konsolidierung der IT-Plattformen und an der Entwicklung neuer Möglichkeiten, die Einkaufskonditionen zu verbessern, gearbeitet.

    Weitere Anstrengungen des Projekts zielten konkret auf einzelne Leistungsangebote ab. So wurde das Themengebiet Managed Desktop Services bereits weiter standardisiert und es wurde daran gearbeitet, ein Standardprodukt für die Business Services zu entwickeln. Um neue Technologien effizient einsetzen zu können, wurden bspw. Lösungen wie eine einheitliche Plattform für SAP Appliance Computing nötig, die durch SAP flexibel und nach Bedarf zur Verfügung gestellt werden konnte.

[2027] Earnings before interests and taxes.
[2028] Vgl. T-Systems GmbH (Hrsg.), „Focus on Growth": Exzellent vor dem Kunden, http://systemsnet.telekom.de/cms/tsi-d/de/news/arc hiv/templateId=renderInternalPage/contentId=88310/id=1336.html, 2005.
[2029] Vgl. T-Systems GmbH (Hrsg.), „Focus on Growth": Exzellent vor dem Kunden, http://systemsnet.telekom.de/cms/tsi-d/de/news/arc hiv/templateId=renderInternalPage/contentId=88310/id=1336.html, 2005.
[2030] Vgl. T-Systems GmbH (Hrsg.), „Focus on Growth": Exzellent vor dem Kunden, http://systemsnet.telekom.de/cms/tsi-d/de/news/arc hiv/templateId=renderInternalPage/contentId=88310/id=1336.html, 2005.
[2031] T-Systems BS (Business Services).

Literaturverzeichnis

4managers (Hrsg.): Balanced Scorecard, http://www.4managers.de/, Stand: 30.10.2004

AB Electrolux (Hrsg.): Secondlife – Innovation in Second Life, http://secondlife.electrolux.com/, Stand: 30.04.2008

Albrecht, Günter: Virtuelle Lernwelten als Vision?, in: Albrecht Günter (Hrsg.): Personalqualifizierung im Kontext virtueller Lernwelten: Konzepte – Ergebnisse – Perspektiven, Bielefeld: Bertelsmann, 1999

Alby, Tom: Web 2.0 – Konzepte, Anwendungen, Technologien, München: Hanser, 2007

Anja-Art (Hrsg.): Fragen und Antworten zur fachlichen Prüfung für Funkamateure, http://www.ralf zimmermann.de/fragen_antworten/040203.html, Stand: 07.04.2003

Answers.com (Hrsg.): Amazon.com, Inc., http://www.answers.com/topic/amazon-com?cat=biz-fin, Stand: 11.02.2008

Arbeitsgemeinschaft Selbständiger Unternehmer e.V. (Hrsg.): Mehr Marktwirtschaft im Postwesen: Ein Plädoyer für Liberalisierung und mehr Wettbewerb, Dortmund: Sander, 1987

ARCANDOR AG (Hrsg.): Konzernprofil, http://www.arcandor.com/de/konzern/konzern.asp, Stand: 05.04.2009

ARD / ZDF (Hrsg.): ARD / ZDF-Online-Studie 1999: Wird Online Alltagsmedium?, http://www.das erste.de/service/ardonl0107.pdf, Stand: 24.02.2008

ARD / ZDF (Hrsg.): ARD / ZDF-Online-Studie 2007 – Internetnutzung zwischen Pragmatismus und YouTube-Euphorie, http://www.ard-zdf-onlinestudie.de/fileadmin/Online07/Online07_Nutzung. pdf, Stand: 11.03.2008

Arnim, Barbara von: Implementierung des Mitarbeiterjahresgespräches, in: Dialog (1997), Nr. 6, S. 5-7

Arthur D. Little (Hrsg.): Die Wettbewerbsentwicklung auf den deutschen Telekommunikationsmärkten, Düsseldorf: Arthur D. Little, 2006

Arveson, Paul: What is the Balanced Scorecard?, in: The Balanced Scorecard Institute (Hrsg.): What is the Balanced Scorecard?, www.balancedscorecard.org/basics/bsc1.html, Stand: 01.06.2005

Arveson, Paul: Background and History of Measurement-Based Management, in: The Balanced Scorecard Institute (Hrsg.): Backround, http://www.balancedscorecard.org/bkgd/bkgd.html, Stand: 29.09.2005

Arzt, Clemens; Bach, Knud; Schüler, Klaus W.: Telekommunikationspolitik in Großbritannien – Auswirkungen von Privatisierung und Liberalisierung, Köln: Bund, 1990

Auer, Eckart: Vom Mondscheintarif zum Billigtarif, in: Deutsche Bundespost (Hrsg.): 1981 – Jahrbuch der Deutschen Bundespost, Bad Windsheim: Heidecker, 1981

Autorité de régulation des télécommunications (Hrsg.): Annual Report 1997, Unabridged Version, o.Verl., Autorité de régulation des télécommunications (ART), July 1997

Bahr, Knut (Hrsg.): Innerbetriebliche Telekommunikation – Praktische Empfehlungen und Anwender-Lösungen für die wirtschaftliche Nutzung von ISDN im Inhaus-Bereich, Heidelberg: R. v. Decker, 1991

Bammé, Arno: Telematik und Gesellschaft: Geschichtsmetaphysische Spekulationen nach Marx, in: Blattner, Heimo T.; Getzinger, Günter; List, Walter [et al.] (Hrsg.): Telematik: Gestaltungsmöglichkeiten und soziale Folgen, München: Profil, 1990

Bangemann, Martin: Europas Weg in die Informationsgesellschaft, in: Informatik Spektrum (1995), Nr. 1, S.1-3

Barucca, Maurizio; Forte, Ilaria; Müller, Collin: Second Life – ein Testlabor für die Zukunft des Internets, in: Lober, Andreas: Virtuelle Welten werden real – Second Life, World of Warcraft & Co: Faszination, Gefahren, Business, Hannover: Heise, 2007

Bauer, Brigitte: Ansätze zur Erfassung und Regulierung der Qualität im Monopolbereich der DBP Postdienst, Bad Honnef: WIK, 1992

Bauer, Brigitte: Numerierung im Telefonnetz, Diskussionsbeitrag vom Februar 1997, http://jtg-online.de/jahrbuch/chronik/numerierung/artikel/bauer/Bauer.html, Stand: 10.06.2003

Bauer, Brigitte; Neu, Werner: Numerierung im Telefonnetz: Stand, Entwicklungstendenzen, Regulierungsbedarf, Regulierungsansätze, Bad Honnef: WIK, 1993

Becker, Timm: U-Commerce – Betrachtungen zur allgegenwärtigen Vernetzung von Geschäftsmodellen, in: WissenHeute (2008), Nr. 2, S. 10-11

Benner, Heinz: Telekom Kontakt, die Organisation des Unternehmens Telekom für die Zukunft, in: Unterrichtsblätter (1993), Heft 10, S. 436-439

beobachter.ch (Hrsg.): SMS-Flut, http://www.beobachter.ch/reusable/print.cfm?ObjectID=28A93E96-D574-469B-BA8A4880EF19928D, Stand: 19.03.2003

Berger, Eckhard: Mit Selbstbewertung nach dem EFQM-Modell auf Erfolgskurs, in: Unterrichtsblätter (1998), Nr. 9, S. 476-477

Berger, Heinz: Die Grundzüge der Postreform II in der Bundesrepublik Deutschland, in: Berger, Heinz (Hrsg.): Wettbewerb und Infrastruktur in Post- und Telekommunikationsmärkten, Baden-Baden: Nomos, 1996

BerliNews (Hrsg.): Intermodale Verkehrstelematik, http://www.berlinews.de/achiv/1360.shtml, Stand: 21.03.2003

Bettinger, Torsten; Schneider, Günther; Schramm, Michael (Hrsg.): Telekommunikation A-Z, http://www.bettinger.de/datenbank/telekommunikation.html, Stand: 24.04.2003

Beyrer, Klaus: Die optische Telegraphie als Beginn der modernen Telekommunikation, in: Teuteberg, Hans-Jürgen; Neutsch, Cornelius (Hrsg.): Vom Flügeltelegraphen zum Internet – Geschichte der modernen Telekommunikation, Stuttgart: Steiner, 1998

Bisenius, Jean-Claude; Siegert, Wolf: Multi Media Mobil: Mobile Dienste in digitalen Rundfunk- und Telekommunikationsnetzen – Analysen und Perspektiven, Berlin: Vistas, 2002

Bitkom (Hrsg.): Wege in die Informationsgesellschaft – Status quo und Perspektiven Deutschlands im internationalen Vergleich, Berlin: Bundesverband Informationswirtschaft, Telekommunikation und neue Medien e.V. (Bitkom), 2003

Bitkom (Hrsg.): Daten zur Informationsgesellschaft – Status quo und Perspektiven im internationalen Vergleich, Berlin: Bundesverband Informationswirtschaft, Telekommunikation und neue Medien e.V. (Bitkom), 2005

Bleuel, Hans Peter: Die verkabelte Gesellschaft – Der Bürger im Netz neuer Technologien, München: Kindler, 1984

Blutner, Doris; Brose, Hanns-Georg; Holtgrewe, Ursula: Telekom. Wie machen die das? – Die Transformation der Beschäftigungsverhältnisse bei der Deutschen Telekom AG, Konstanz: UVK, 2002

Bobzin, Gudrun: Dynamische Modelle zur Theorie der Regulierung, Wiesbaden: DUV, 2002

Bock, Emil: Für weitere Gemeinwohlorientierung und gegen die Zerschlagung der Bundespost, in: Gesellschaft für öffentliche Wirtschaft (Hrsg.): Postreform: Marktorientierung und öffentlicher Auftrag, Baden-Baden: Nomos, 1988

Bock, Matthias: Die Regulierung der britischen Telekommunikationsmärkte, Baden-Baden: Nomos, 1995

Böhm, Erich: Modelle für Nachfrageprognosen im Fernsprechwesen, in: Schwarze, Jochen (Hrsg.): Angewandte Prognoseverfahren, Herne; Berlin: Neue Wirtschafts-Briefe, 1980

Bosch, Gerhard: Die Auswirkungen der neuen Informationstechnologien auf die Beschäftigung, in: Kubicek, Herbert; Braczyk, Hans-Joachim; Klumpp, Dieter [et al.] (Hrsg.): Lernort Multimedia – Jahrbuch Telekommunikation und Gesellschaft 1998, Heidelberg: R. v. Decker, 1998

Braun, Günther E.: Ziele in öffentlicher Verwaltung und privatem Betrieb, Baden-Baden: Nomos, 1988

Brendel, Herbert: Auf dem Weg zur Business Excellence, in: Vision (1997), Nr. 9, S. 30-31

Brepohl, Klaus: Telematik: Die Grundlage der Zukunft, Bergisch Gladbach: Lübbe, 1983

Brnjak, Wolfgang: Kennzahlen als Instrument zur Steuerung des Personalmanagements, in: Dialog (1998), Nr. 1, S. 4-7

Brnjak, Wolfgang: Qualitätsmanagement als ganzheitlicher Ansatz: Die Bewertung der Kernprozesse im Unternehmen Deutsche Telekom, in: Dialog (1998), Nr. 10, S. 7-9

Brnjak, Wolfgang; Hartmann, Peter: Angebotskalkulation für Geschäftskunden, in: Insider (1998), Nr. 5, S. 7-8

Brnjak, Wolfgang; Kwasny, Marius: Qualitätsorientiertes Prozessmanagement im Personalbereich am Beispiel des Mitarbeiterjahresgesprächs, in: Dialog (1999), Nr. 2, S. 6-7

Bucsek, Hans: Das Mitarbeiterjahresgespräch: Führungsinstrument für den fairen Dialog zwischen Vorgesetzten und Mitarbeitern, in: Unterrichtsblätter (1998), Nr. 3, S. 96-104

Büchner, Lutz M.: Rückblick auf die Liberalisierung und Privatisierung des Telekommunikations- und Postsektors in Deutschland, in: Unterrichtsblätter (2001), Heft 10, S. 578-587

Büchner, Peter: Das Telefon im Alltag von Kindern, in: Forschungsgruppe Telekommunikation (Hrsg.): Telefon und Gesellschaft, Bd. 2, Berlin: Spiess, 1990

Bühl, Achim: Die virtuelle Gesellschaft – Ökonomie, Kultur und Politik im Zeichen des Cyberspace, Opladen; Wiesbaden: Westdeutscher Verlag, 1997

Büllingen, Franz; Wörter, Martin: Entwicklungsperspektiven, Unternehmensstrategien und Anwendungsfelder im Mobile Commerce, Bad Honnef: WIK, 2000

Büllingen, Franz; Stamm, Peter: Report zur Entwicklung des Versorgungssektors Telekommunikation, Bad Honnef: WIK Consult GmbH, 2003

Bundesministerium für das Post- und Fernmeldewesen (Hrsg.): Geschäftsbericht 1983, Bonn: Bundesministerium für das Post- und Fernmeldewesen, 1984

Literaturverzeichnis **Seite 361**

Bundesministerium für das Post- und Fernmeldewesen (Hrsg.): Geschäftsbericht 1985, Bonn: Bundesministerium für das Post- und Fernmeldewesen, 1986

Bundesministerium für Post und Telekommunikation (Hrsg.): Postreform II, Bonn: Bundesministerium für Post und Telekommunikation, 1994

Bundesministerium für Wirtschaft und Arbeit (Hrsg.): Kabinett beschließt neues Telekommunikationsgesetz, http://www.bmwi.de/bmwa/generator/Navigation/Prese/pressemitteilungen,did=26492.html, Stand: 07.10.2004

Bundesministerium für Wirtschaft und Technologie (Hrsg.): Informationsgesellschaft Deutschland 2010, http://www.bmwi.de/BMWi/Navigation/Technologie-und-Innovation/informationsgesellschaft.html, Stand: 08.02.2008

Bundesnetzagentur (Hrsg.): Positivliste zum Einzelverbindungsnachweis, http://www.bundesnetzagentur.de/enid/212eaeb1d0b2aebe320fc42796c27eb6,0/ua.html, Stand: 20.09.2005

Bundesnetzagentur (Hrsg.): Schlichtung in der Telekommunikation, http://www.bundesnetzagentur.de/enid/ef91038c0f55f56830d2e5e08d6e5c7e,55a304092d09/91.html, Stand: 20.09.2005

Bundesnetzagentur (Hrsg.): Novellierte Verfahrensordnung für das Schlichtungsverfahren nach § 35 Abs. 1 TKV, http://www.bundesnetzagentur.de/media/archive/2903.pdf, Stand: 21.09.2005

Bundesnetzagentur (Hrsg.): Telekommunikationsdienstemarkt, http://www.bundesnetzagentur.de/enid/8bbb32cfaaa1154f26c94913129b1f39,0/Marktbeobachtung/Telekommunikations-_dienstemarkt_vo.html#umsaetze, Stand: 05.10.2005

Bundesnetzagentur (Hrsg.): Teilnehmer-Marktanteile der Netzbetreiber, http://www.bundesnetzagentur.de/media/archive/11908.pdf, Stand: 07.02.2008

Bundesnetzagentur (Hrsg.): Teilnehmerentwicklung Mobilfunk – Marktanteile nach Kundenbetreuung, http://www.bundesnetzagentur.de/media/archive/10968.pdf, Stand: 08.02.2008

Bundesnetzagentur (Hrsg.): Entwicklung der versendeten SMS, http://www.bundesnetzagentur.de/media/archive/10969.pdf, Stand: 09.02.2008

Bundesnetzagentur (Hrsg.): Schlaglichter aus 10 Jahren Regulierung, http://www.bundesnetzagentur.de/media/archive/12912.pdf, Stand: 03.06.2008

Bundesnetzagentur (Hrsg.): Status der Bundesnetzagentur, http://www.bundesnetzagentur.de/enid/448b3f9dbe6c86e0f43d87c382ddb2e7,0/Die_Bundesnetzagentur/Ueber_die_Agentur_sa.html, Stand: 04.06.2008

Bundesnetzagentur (Hrsg.): Beschäftigte auf dem Telekommunikationsdienstemarkt, http://www.bundesnetzagentur.de/media/archive/12495.pdf#search="beschäftigte%20auf%20dem%20deutschen", Stand: 13.06.2008

Cannivé Klaus: Infrastrukturgewährleistung in der Telekommunikation zwischen Staat und Markt: Eine verfassungsrechtliche Analyse des Universaldienstkonzepts im TKG, Berlin: Duncker & Humblot, 2001

Chen-jung, Chan: Staatliche Regulierung des konkurrentennützigen Netzzugangs im Bereich der Telekommunikation, Frankfurt a.M.; Berlin; Bern [et al.]: Lang, 2001

CHIP Xonio Online GmbH (Hrsg.): Laufpass per SMS – Jugendliche trennen sich per Handy, http://www.chip.de/news/c_news_druckansicht_12902318.html, Stand: 08.02.2008

CHIP Xonio Online GmbH (Hrsg.): Marktentwicklung Internet-Telefonie (VoIP), http://www.chip.de/vbc/3866513/TK_10.pdf, Stand: 11.09.2008

Cohen, Jeffrey E.: The Politics of Telecommunications Regulation – The States and the Divestiture of AT&T, New York: Sharpe, 1992

Connect (Hrsg.): Basiszahlen Telekommunikation '04, Stuttgart: Motor-Presse, 2004

Connect (Hrsg.): Basiszahlen Telekommunikation '05, Stuttgart: Motor-Presse, 2005

Customer Advantage Program GmbH (Hrsg.): HappyDigits: Zahlen & Fakten, http://www.customer-advantage.de/cap/hdfakten.htm, Stand: 28.05.2008

Customer Advantage Program GmbH (Hrsg.): HappyDigits: Führendes Bonusprogramm, http://www.customer-advantage.de/cap/happydigits.htm, Stand: 29.05.2008

Customer Advantage Program GmbH (Hrsg.): Unternehmen, http://www.customer-advantage.de/cap/unternehmen.htm, Stand: 29.05.2008

Deipenbrock, Gudula: Die Deutsche Bundespost auf dem Europäischen Binnenmark, Baden-Baden: Nomos, 1991

Deloitte (Hrsg.): Am Start. Auswirkungen von Voice over IP auf den deutschen Telekommunikationsmarkt, Stuttgart: Deloitte, 2005

Demirer, Güldem: Konzern-Personalstrategie: Rüstzeug für anhaltend schwierige Zeiten, in: Dialog (2003), Nr. 12, S. 4

Dengler, Johannes: Strategie integrierter Telekommunikationsdiensteanbieter, Wiesbaden: DUV, 2000

Der Bundesminister für das Post- und Fernmeldewesen (Hrsg.): Begründung zum Entwurf eines Gesetzes zur Neustrukturierung des Post - und Fernmeldewesens und der Deutschen Bundespost (Poststrukturgesetz – PostStruktG), Bonn: o.Verl., 1988

Der Bundesminister für das Post- und Fernmeldewesen (Hrsg.): Reform des Post- und Fernmeldewesens in der Bundesrepublik Deutschland: Konzeption der Bundesregierung zur Neuordnung des Telekommunikationsmarktes, Bonn: o.Verl., 1988

Der Bundesminister für Post und Telekommunikation (Hrsg.): Gesetz zur Neustrukturierung des Post- und Fernmeldewesens und der Deutschen Bundespost – Text und Einführung, Heidelberg: R. v. Decker, 1989

Der Tagesspiegel (Hrsg.): Fachleute rechnen nicht mit Kursrutsch unter den Ausgabepreis, http://www.tagesspiegel.de/wirtschaft/;art271,2087176, Stand: 29.01.2008

DeTeLine GmbH (Hrsg.): Nervenstränge der Telekommunikation, 75 Jahre DeTeLine, Berlin: Stapp, 1996

Detjen, Günther; Strohbach, Winfried; Schmidt, Günter: Die Deutsche Bundespost auf dem Weg zu einer dezentralen Leistungs- und Kostenrechnung (DELKOS), in: Schwarz-Schilling, Christian; Florian, Winfried (Hrsg.): 1986 – Jahrbuch der Deutschen Bundespost, Bad Windsheim: Heidecker, 1986

Deutsche Bundespost (Hrsg.): Geschäftsbericht 1989, Bonn: Direktorium der Deutschen Bundespost, 1990

Deutsche Bundespost Telekom (Hrsg.): Telekommunikations-Atlas Land Berlin – Stand und Entwicklung der Telekommunikationsnetze und -dienste der Deutschen Bundespost Telekom, Berlin: Deutsche Bundespost Telekom, 1989

Deutsche Bundespost Telekom (Hrsg.): Klare Position, in: TelekomVision (1992) Nr. 2, S. 12-14

Deutsche Bundespost Telekom (Hrsg.): Geschäftsbericht 1992, Bonn: Deutsche Bundespost Telekom, 1993

Deutsche Bundespost Telekom (Hrsg.): Geschäftsbericht 1993, Bonn: Deutsche Bundespost Telekom, 1994

Deutsche Bundespost Telekom (Hrsg.): Schlüssel für den Markterfolg – Telekom braucht Quantensprünge der Effektivität und Wirtschaftlichkeit, in: TelekomVision (1994), Nr. 7, S. 19-24

Deutsche Bundespost Telekom (Hrsg.): T wie Deutsche Telekom, in: TelekomVision (1994), Nr. 9, S. 20-25

Deutsche Postgewerkschaft (Hrsg.): Sichert die Post – Rettet das Fernmeldewesen – Bilanz einer gewerkschaftlichen Aktion, Frankfurt a.M.: BS Satz + Druck, 1989

Deutsche Telekom AG (Hrsg.): Die Organisation für die Zukunft – das Projekt Telekom Kontakt., Bonn: Deutsche Telekom AG, 1995

Deutsche Telekom AG (Hrsg.): Zentrale Aufgaben effizienter organisiert, in: Vision (1995), Nr. 4, S. 28-30

Deutsche Telekom AG (Hrsg.): „Eins zu Eins", in: Vision (1995), Nr. 4, S. 30-31

Deutsche Telekom AG (Hrsg.): Union unter Zeitdruck, in: Vision (1995), Nr. 5, S. 52-54

Deutsche Telekom AG (Hrsg.): Weltweit ein Name und eine Marke: Telekom made in Germany, in: Vision (1995), Nr. 6, S. 13

Deutsche Telekom AG (Hrsg.): Regionalniederlassung beschlossen, in: Vision (1995), Nr. 7-8, S. I-VIII

Deutsche Telekom AG (Hrsg.): Aufgaben des produktmarktübergreifenden Kundensegmentmanagement im GB Vertrieb und Service, Bonn: Deutsche Telekom AG, 1996

Deutsche Telekom AG (Hrsg.): Controlling-Handbuch Band V (I) – Die betriebswirtschaftliche Leitlinie für die Preiskalkulation bei der Deutschen Telekom AG, Bonn: Deutsche Telekom AG, 1996

Deutsche Telekom AG (Hrsg.): Das POWER-Konzept. Handbuch zum Management von strategisch wichtigen Innovationsprojekten, Bonn: Deutsche Telekom AG, 1996

Deutsche Telekom AG (Hrsg.): Die zentrale Geschäftsplanung verantwortet das Kundensegmentmanagement im „Zentralen Betrieb" GB SV, die dezentrale Kunden-NL. – Vorstandsbeschluß vom 09.12.1996, Bonn: Deutsche Telekom AG, 1996

Deutsche Telekom AG (Hrsg.): Präsentation zur Vorstandsvorlage „Verantwortlichkeiten der strategischen Geschäftseinheiten", Bonn: Deutsche Telekom AG, 1996

Deutsche Telekom AG (Hrsg.): Produktgruppenzuordnung und Töchter / Beteiligungs-Zuordnung in der neuen Konzernstruktur für Konzerngeschäftsfelder Konzernservicecenter, Bonn: Deutsche Telekom AG, 1996

Deutsche Telekom AG (Hrsg.): Startklar. Die Deutsche Telekom vor dem Börsengang. Das Geschäftsjahr 1995., Bonn: Deutsche Telekom AG, 1996

Deutsche Telekom AG (Hrsg.): Summe der Kundensegmentergebnisse gleich Summe der Produktmarktergebnisse, Bonn: Deutsche Telekom AG, 1996

Deutsche Telekom AG (Hrsg.): Telekom braucht neben einem starken Produktmanagement ein starkes Kundensegmentmanagement, Bonn: Deutsche Telekom AG, 1996

Deutsche Telekom AG (Hrsg.): SMILE ist die Antwort, in Insider (1996), Nr. 5, S. 13

Deutsche Telekom AG (Hrsg.): Mit SMILE zum T-Service der Zukunft, in: Insider (1996), Nr. 10, S. 5-6

Deutsche Telekom AG (Hrsg.): Die Komfortauskunft vor dem Start, in: Insider (1996), Nr. 10, S. 27

Deutsche Telekom AG (Hrsg.): Mit Tempo fit für den Wettbewerb, in: Vision (1996), Nr. 2, S. 28-29

Deutsche Telekom AG (Hrsg.): Liegenschaften aus einer Hand, in: Vision (1996), Nr. 4, S. 49

Deutsche Telekom AG (Hrsg.): „Power": Mit voller Kraft für den Kunden, in: Vision (1996), Nr. 7-8, S. 20-25

Deutsche Telekom AG (Hrsg.): T-Online startklar in Darmstadt, in: Vision (1996), Nr. 10, S. 9

Deutsche Telekom AG (Hrsg.): T-Day in Frankfurt, New York, Tokio, in: Vision (1996), Nr. 11, S. 20-26

Deutsche Telekom AG (Hrsg.): „Kunde Wettbewerber" aus einer Hand bedienen, in: Vision (1996), Nr. 11, S. 28-29

Deutsche Telekom AG (Hrsg.): Mit Tempo fit für den Wettbewerb, in: Vision (1996), Nr. 12, S. 28

Deutsche Telekom AG (Hrsg.): Aufbau eines Veränderungsmanagements zur Implementierung einer prozeßgetriebenen Arbeitsweise in den Ressorts PersM, Bonn: Deutsche Telekom AG, 1997

Deutsche Telekom AG (Hrsg.): Die „heiße Phase" im PKS hat begonnen, in: Insider (1997), Nr. 8, S. 9

Deutsche Telekom AG (Hrsg.): Ein Lächeln steht für Qualität, in: Vision (1997), Nr. 11, S. 11

Deutsche Telekom AG (Hrsg.): Die mittelfristig gültigen Konzernziele der Deutschen Telekom, Vorstandsvorlage vom 17.11.1997 entsprechend der Beschlussfassung vom 24.11.1997

Deutsche Telekom AG (Hrsg.): Das Transformationsprogramm Telekom Future, Bonn: Deutsche Telekom AG, 1998

Deutsche Telekom AG (Hrsg.): Deutsche Telekom – Struktur im Spannungsfeld von Markt und Ressourcen, Bonn: Deutsche Telekom AG, 1998

Deutsche Telekom AG (Hrsg.): Die Deutsche Telekom ist entschieden besser geworden., Bonn: Deutsche Telekom AG, 1998

Deutsche Telekom AG (Hrsg.): Die Konzernorganisation informiert – Neuordnung der Funktionen im zentralen Bereich, Bonn: Deutsche Telekom AG, 1998

Deutsche Telekom AG (Hrsg.): Die neue Beurteilung – Mehr Chancen für gemeinsame Erfolge., Bonn: Deutsche Telekom AG, 1998

Deutsche Telekom AG (Hrsg.): Durch Leistung überzeugen. Die Deutsche Telekom im Wettbewerb. Das Geschäftsjahr 1997., Bonn: Deutsche Telekom AG, 1998

Deutsche Telekom AG (Hrsg.): Einführung der Prozeßorientierten Personalarbeit – KORP+, Bonn: Deutsche Telekom AG, 1998

Deutsche Telekom AG (Hrsg.): Prozesskostenrechnung im KP 12 Personalmanagement, Bonn: Deutsche Telekom AG, 1998

Deutsche Telekom AG (Hrsg.): TEMPO – Informationspaket Kernprozesse, Bonn: Deutsche Telekom AG, 1998

Deutsche Telekom AG (Hrsg.): Transformation vom funktionalen Personalwesen zum kunden- und prozessorientierten Personalmanagement der Deutschen Telekom AG, Bonn: Deutsche Telekom AG, 1998

Deutsche Telekom AG (Hrsg.): SMILE: Die Erfolgsstory geht weiter, in Insider (1998), Nr. 7, S. 13-14

Deutsche Telekom AG (Hrsg.): Lob und Kritik – Mitarbeiter sagten ihre Meinung, in: Monitor (1998), Nr. 10, S. 2

Deutsche Telekom AG (Hrsg.): Die Neuausrichtung der PK- und GK-Außenorganisation, in: Monitor vor Ort Express (1998), S. 1-4

Deutsche Telekom AG (Hrsg.): Gesamtbetriebsvereinbarung Mitarbeiterjahresgespräch, in: Deutsche Telekom Offiziell (1998), Nr. 1, S. 14-15

Deutsche Telekom AG (Hrsg.): Alle kommen zu Wort, in: Vision (1998), Nr. 1/2, S. 36

Deutsche Telekom AG (Hrsg.): „Den Wandel tragen": Mit Tempo zur Prozessorganisation – Ein Statusbericht, in: Vision (1998), Nr. 3, (Beilage visionspezial), S. I-VIII

Deutsche Telekom AG (Hrsg.): Neues Beurteilungsverfahren, in: Vision (1998), Nr. 9, S. 41

Deutsche Telekom AG (Hrsg.): Ein starkes Team. Die Telekom tritt auf. Das Konzernleitbild der Deutschen Telekom, http://vv4.telekom.de/kummuni/prhr/leitbild.htm, Stand: 30.11.1998

Deutsche Telekom AG (Hrsg.): Das Konzernleitbild der Deutschen Telekom, Bonn: Deutsche Telekom AG, 1999

Deutsche Telekom AG (Hrsg.): Die Werte unserer Zusammenarbeit, Bonn: Deutsche Telekom AG, 1999

Deutsche Telekom AG (Hrsg.): Projekt F@irtrauen, Bonn: Deutsche Telekom AG ,1999

Deutsche Telekom AG (Hrsg.): Struktur des Konzerns, Bonn: Deutsche Telekom AG, 1999

Deutsche Telekom AG (Hrsg.): Vernetzt denken. Global handeln. Das Geschäftsjahr 1998., Bonn: Deutsche Telekom AG, 1999

Deutsche Telekom AG (Hrsg.): Am Start: Schlanke Zentrale und 30 neue Betriebe, in: Monitor (1999), Nr. 10, S. 2

Deutsche Telekom AG (Hrsg.): Schritt für Schritt zu Spitzenleistungen – Der Status von TQM bei der Deutschen Telekom, in: Vision (1999), Nr. 1-2, S. 30

Deutsche Telekom AG (Hrsg.): Nächste Runde im Mai – '98er Erhebung hat viele Verbesserungsmaßnahmen angestoßen, in: Vision (1999), Nr. 4, S. 35

Deutsche Telekom AG (Hrsg.): Gemeinsam objektiver – Erste Ergebnisse zum Instrument Personalrunde, in: Vision (1999), Nr. 7, S. 41

Deutsche Telekom AG (Hrsg.): Deutsche Telekom zieht erfolgreiche Bilanz des zweiten Börsengangs, Bonn: Deutsche Telekom AG, Pressemitteilung vom 02.08.1999

Deutsche Telekom AG (Hrsg.): Weiterentwicklung Prozessorganisation (TEMPO), Bonn: Deutsche Telekom AG, Vorstandsvorlage vom 19.11.1999

Deutsche Telekom AG (Hrsg.): Das Geschäftsjahr 1999. Dem Leben verbunden. Der Zeit voraus., Bonn: Deutsche Telekom AG: 2000

Deutsche Telekom AG (Hrsg.): Personalbericht 2000. Den Erfolg suchen. Das Leben finden., Bonn: Deutsche Telekom AG, 2000

Deutsche Telekom AG (Hrsg.): Personalentwicklung. Erfolgsfaktor für die Zukunft der Deutschen Telekom., Bonn: Deutsche Telekom AG, 2000

Deutsche Telekom AG (Hrsg.): Qualifizierungskonzept ZNI, Bonn: Deutsche Telekom AG, 2000

Deutsche Telekom AG (Hrsg.): Schlankere Strukturen zum Wohle des Kunden, in: Insider (2000), Nr. 10, S. 5-6

Deutsche Telekom AG (Hrsg.): Sommer: „Erfolgsformel T^3 geht auf", in: Monitor (2000), Nr. 5, S. 1-2

Deutsche Telekom AG (Hrsg.): SLIM: Umsetzung beginnt, in: Monitor vor Ort (2000), November, S. 1

Deutsche Telekom AG (Hrsg.): T-Mobil wird international, in: Vision (2000), Nr. 1-2, S. 33

Deutsche Telekom AG (Hrsg.): Guter Start ins T^3-Jahr, in: Vision (2000), Nr. 4, S. 20-23

Deutsche Telekom AG (Hrsg.): Stärke mit System, in: Vision (2000), Nr. 4, S. 26-27

Deutsche Telekom AG (Hrsg.): Fit für die Zukunft, in: Vision (2000), Nr. 8, S. 18-21

Deutsche Telekom AG (Hrsg.): Anlage 1 zur OrgAnweisung NI521 A 1400 ZNI vom 11.07.00 – geographische Abgrenzung der TNL, http://q9g0m.bonn02.telekom.de/ow/_strukturen/archiv/zni/Anlage%201.PDF, Stand: 15.07.2000

Deutsche Telekom AG (Hrsg.): Geschäftsauftrag Zentralbereich IN, http://q9g0m.bonn02.telekom.de/ow/_strukturen/archiv/Gbin/Neuausr_GB_IN.htm, Stand: 04.08.2000

Deutsche Telekom AG (Hrsg.): Das Geschäftsjahr 2000. Modern TIMES., Bonn: Deutsche Telekom AG, 2001

Deutsche Telekom AG (Hrsg.): Die Kommunikationsoffensive Focus Future, Bonn: Deutsche Telekom AG, 2001

Deutsche Telekom AG (Hrsg.): Focus Qualität – die Deutsche Telekom startet ihre Qualitätsoffensive, Bonn: Deutsche Telekom AG, 2001

Deutsche Telekom AG (Hrsg.): Organisation der Deutschen Telekom-Gruppe, Bonn: Deutsche Telekom AG, 2001

Deutsche Telekom AG (Hrsg.): Regeln der Wertschöpfung im Telekom Konzern, Bonn: Deutsche Telekom AG, 2001

Deutsche Telekom AG (Hrsg.): „Wir wollen eine Lösung aus einem Guss", in: Monitor vor Ort (2001), Dezember, S. 4

Deutsche Telekom AG (Hrsg.): Projekt ErGO in Bonn gestartet, in: Monitor vor Ort (2001), Dezember, S. 5

Deutsche Telekom AG (Hrsg.): Archiv-Informationen zum Projekt SLIM, http://orgatlas.telekom.de/ow/_strukturen/archiv/slim/slim.htm, Stand: 22.10.2001

Deutsche Telekom AG (Hrsg.): Der Betrieb Bilanzen berichtet, http://f1.telekom.de/B_Bilanzen/Verlagerte_Inhalte/Betriebsrat/0000422.htm, Stand: 22.10.2001

Deutsche Telekom AG (Hrsg.): Arbeitgeberverband Telekom. Das haben wir erreicht., Bonn: Deutsche Telekom AG, 2002

Deutsche Telekom AG (Hrsg.): Das Geschäftsjahr 2001. Modern Teams., Bonn: Deutsche Telekom AG, 2002

Deutsche Telekom AG (Hrsg.): Die drei Regeln der Wertschöpfung, Bonn: Deutsche Telekom AG, Presse- und Communications-Center, 2002

Deutsche Telekom AG (Hrsg.): PM-Excellence ZB BS – Projektziele, Bonn: Deutsche Telekom AG, 2002

Deutsche Telekom AG (Hrsg.): PRISMA, Bonn: Deutsche Telekom AG, 2002

Deutsche Telekom AG (Hrsg.): Synergie und Konvergenz, Bonn: Deutsche Telekom AG, 2002

Deutsche Telekom AG (Hrsg.): Vereinbarung über die Umsetzung des Projektes ErGO, Bonn: Deutsche Telekom AG, 2002

Deutsche Telekom AG (Hrsg.): Kundenprogramm wird die Nummer Eins, in: Monitor (2002), Nr. 2, S. 8

Deutsche Telekom AG (Hrsg.): Isn't it NICE? – Service und Produktion wollen engeren Schulterschluss..., in: NICE-News – Technikniederlassung Eschborn / Serviceniederlassung Mainz: Informationen aus den Geschäftsleitungen (2002), Nr. 1, S. 1-4

Deutsche Telekom AG (Hrsg.): Einführung eines strategischen Prozessmodells, Bonn: Deutsche Telekom AG, Vorstandsinformation vom 06.09.2002

Deutsche Telekom AG (Hrsg.): Neue Grundsätze regeln jetzt die Zusammenarbeit der Divisionen, in: Monitor vor Ort (12/2002 / 01/2003), S. 1-3

Deutsche Telekom AG (Hrsg.): Dialog im Team – Strategie und Ziele T-Com 2003, Bonn: Deutsche Telekom AG, 2003

Deutsche Telekom AG (Hrsg.): Zielorientiert. Das Geschäftsjahr 2002., Bonn: Deutsche Telekom AG, 2003

Deutsche Telekom AG (Hrsg.): Aufgaben und Strukturen der neuen Konzernzentrale, in: Monitor vor Ort (2003), Februar/März, S.5

Deutsche Telekom AG (Hrsg.): Telekom-Zentrale wird zur Strategischen Management Holding, Bonn: Deutsche Telekom AG, Presse- und Communications-Center, vom 03.04.2003

Deutsche Telekom AG (Hrsg.): Die Außenorganisation der T-Com wird auf die einheitliche Strukturierung in den vorhandenen 8 Regionen mit jeweils 4 Niederlassungen ausgerichtet, Bonn: Deutsche Telekom AG, T-Com Zentrale, Organisationsentwicklung, vom 16.05.2003

Deutsche Telekom AG (Hrsg.): Ein Gebäude ist nur ein Hilfsstoff für das Unternehmen, http://intranet.telekom.de/Unternehmen/Telekom/Artikel/021209_sireo.html, Stand: 13.01.2003

Deutsche Telekom AG (Hrsg.): E^3 – das Sparprogramm der Deutschen Telekom, http://intranet.telekom.de/unternehmen/telekom/artikel/021004_E3_hintergrund.html, Stand: 15.01.2003

Deutsche Telekom AG (Hrsg.): Wie internationales Marketing sparen hilft, http://intranet.telekom.de/Unternehmen/T-Mobile/Artikel/021209_internationales_Marketing.html, Stand: 15.01.2003

Deutsche Telekom AG (Hrsg.): 20 Prozent Kosteneinsparungen möglich, http://intranet.telekom.de/unternehmen/telekom/artikel/021004_dienstreisen.html, Stand: 16.01.2003

Deutsche Telekom AG (Hrsg.): Vorstand und Führungskräfte gehen bei E^3 mit gutem Beispiel voran, http://intranet.telekom.de/unternehmen/telekom/artikel/021004_fuehrungskraefte_beispiel. html, Stand: 16.01.2003

Deutsche Telekom AG (Hrsg.): ZB Billing verschärft das Spartempo, http://intranet.telekom.de/unternehmen/telekom/artikel/021004/billing_services.html, Stand: 16.01.2003

Deutsche Telekom AG (Hrsg.): Beitrag zu E^3: Rund eine Milliarde Euro mehr Liquidität, http://intranet.telekom.de/unternehmen/telekom/artikel/021004_working_capital.html, Stand: 17.01.2003

Deutsche Telekom AG (Hrsg.): Personalservice-Agentur nimmt Arbeit auf, http://intranet.telekom.de/Mitarbeiter/Monitor_Aktuell/Artikel/021209_psa_start.html, Stand: 17.01.2003

Deutsche Telekom AG (Hrsg.): Fachlexikon der Telekommunikation, http://www.telekom3.de/de-p/konz/1-ko/3-le/star/index-ex.html, Stand; 16.02.2003

Deutsche Telekom AG (Hrsg.): PERFORM, http://q9g0m.bonn02.telekom.de/ow/_strukturen/archiv/PERFORM/perform.htm, Stand: 25.02.2003

Deutsche Telekom AG (Hrsg.): Konzern- und Divisionsziele 2003: Fokus auf Entschuldung und profitables Wachstum, http://164.16.45.115/unternehmen/telekom/konzernleitbild/konzernziele_2003.html, Stand: 28.02.2003

Deutsche Telekom AG (Hrsg.): Unternehmensziele 2003 sind verabschiedet, http://vertrieb.telekom.de/meldungen/archiv/ts_AI_030205_3.htm, Stand: 28.02.2003

Deutsche Telekom AG (Hrsg.): Packen wir's an, http://teamnet.telekom.de/coremedia/generator/mtn/templateId=renderInternalPage/gridID=1128/modulID=3062/contentID=3100/top=true/id=1122.html, Stand: 01.03.2003

Deutsche Telekom AG (Hrsg.): Aufbauorganisation und Personalbedarf Direktionen, http://orgwelt-t.telekom.de/ow/_strukturen/archiv/Dir/AnwNeu_K-Dir.doc, Stand: 04.03.2003

Deutsche Telekom AG (Hrsg.): Chronik, http://www.t-online.de/cms/star/tele/clic/cc/cctelekom00, noNavigation=true.html, Stand: 13.03.2003

Deutsche Telekom AG (Hrsg.): Presse, http://www.telekom3.de/de-p/pres/2-pr/2003/03-m/030314-highspeed-internet-ar,templa, Stand: 14.03.2003

Deutsche Telekom AG (Hrsg.): OrgKnowledgeBase, http://orgwissen.telekom.de/d_Vortraege/Was_ist_ein_TK-UnternehmenContent.htm, Stand: 15.03.2003

Deutsche Telekom AG (Hrsg.): Vorstandsvorlage zur Neuausrichtung der Direktionen, http://orgwelt-t.telekom.de/ow/_strukturen/archiv/Dir/Beschlus.ppt, Stand: 17.03.2003

Deutsche Telekom AG (Hrsg.): „Die alten Strukturen sind nicht mehr flexibel genug", http://164.16.45.115/artikel_print_popup.html, Stand: 27.03.2003

Deutsche Telekom AG (Hrsg.): Effizient und wirtschaftlich am Markt, Bonn: Deutsche Telekom AG, 2004

Deutsche Telekom AG (Hrsg.): Einstellung. Engagement. Erfolg. Das Geschäftsjahr 2003., Bonn: Deutsche Telekom AG, 2004

Deutsche Telekom AG (Hrsg.): Erster Börsengang, Wettbewerb und Internationalisierung, Bonn: Deutsche Telekom AG, 2004

Deutsche Telekom AG (Hrsg.): Vivento gründet Montagegesellschaft, Bonn: Deutsche Telekom AG, 2004

Literaturverzeichnis

Deutsche Telekom AG (Hrsg.): Deutsche Telekom gibt Entscheidung über geplante Fusion von T-Online und Deutsche Telekom bekannt, Bonn: Deutsche Telekom AG, Pressemitteilung vom 09.10.2004

Deutsche Telekom AG (Hrsg.): Verzahnung von Divisions- und Konzernzielen stellt Zielerreichung sicher, http://teamnet.telekom.de/coremedia/generator/mtn/templateId=renderInternalPage/top=true/id=36710.html, Stand: 23.01.2004

Deutsche Telekom AG (Hrsg.): Konzern- und Divisionsziele 2004: Fokus auf Ergebnisverbesserung, http://teamnet.telekom.de/coremedia/generator/mtn/templateId=renderInternalPage/gridID=1128/modulID=1120/contentID=36726/top=true/id=1122.html, Stand: 09.03.2004

Deutsche Telekom AG (Hrsg.): T-Spirit gilt auch für Führungskräfte, http://tww.telekom.de/coremedia/generator/mtn/templateId=renderInternalPage/id=1134, Stand: 21.10.2004

Deutsche Telekom AG (Hrsg.): Eine neue Zeit für Wünsche. Die Deutsche Telekom., Präsentation vom 01.10.2005, Bonn: Deutsche Telekom AG, 2005

Deutsche Telekom AG (Hrsg.): Excellence-Programm 2005 – 2007, Bonn: Deutsche Telekom AG, 2005

Deutsche Telekom AG (Hrsg.): Heute das Morgen sehen. Das Geschäftsjahr 2004., Bonn: Deutsche Telekom AG, 2005

Deutsche Telekom AG (Hrsg.): Organisation der Deutschen Telekom-Gruppe – Integrationsseminar für internationale Konzernnachwuchskräfte, Bonn: Deutsche Telekom AG, 2005

Deutsche Telekom AG (Hrsg.): Organisation der Deutschen Telekom-Gruppe – Präsentation vom 06.04.2005, Bonn: Deutsche Telekom AG, 2005

Deutsche Telekom AG (Hrsg.): Profitables Wachstum sichtbar machen, Bonn: Deutsche Telekom AG, 2005

Deutsche Telekom AG (Hrsg.): STEP up! Performance Management – Kurz-Leitfaden für Führungskräfte zur Unterstützung des Zielvereinbarungsprozesses, Bonn: Deutsche Telekom AG, 2005

Deutsche Telekom AG (Hrsg.): „Wir müssen sparen, um die Zukunft zu sichern", Bonn: Deutsche Telekom AG, 2005

Deutsche Telekom AG (Hrsg.): Zehn Punkte für Wachstum und Wertsteigerung, Bonn: Deutsche Telekom AG, 2005

Deutsche Telekom AG (Hrsg.): Ricke: „Den Wandel angstfrei managen", http://teamnet.telekom.de/coremedia/generator/mtn/templateId=renderInternalPage/gridID=1128/modulID=1120/contentID=158920/top=true/id=1122.html, Stand: 20.06.2005

Deutsche Telekom AG (Hrsg.): Telekommunikations-Kundenschutzverordnung (TKV) – Was verbirgt sich dahinter?, http://billingnet.telekom.de/Tops/Newsletter/Vertrieb/200302/pdfs/TKV.pdf, Stand: 21.09.2005

Deutsche Telekom AG (Hrsg.): Ausrichtung auf profitables Wachstum, http://teamnet.telekom.de/coremedia/generator/Excellence/templateId=renderInternalPage/gridID=157108/modulID=157100/contentID=164932/id=157102.html, Stand: 25.10.2005

Deutsche Telekom AG (Hrsg.): Re-Invent: Drei Strategische Stoßrichtungen, http://myteamnet-download.telekom.de/T-Com/050303_grafik.jpg, Stand: 26.10.2005

Deutsche Telekom AG (Hrsg.): Fahrplan für den Wandel des Unternehmens, http://teamnet.telekom.de/coremedia/generator/Excellence/templateId=renderInternalPage/top=true/id=157580.html, Stand: 27.10.2005

Deutsche Telekom AG (Hrsg.): Glossar Excellence Program, http://teamnet.telekom.de/coremedia/generator/Excellence/templateId=renderInternalPage/top=true/id=157580.html, Stand: 27.10.2005

Deutsche Telekom AG (Hrsg.): Mit Marken-Excellence zu mehr Kundennähe, http://teamnet.telekom.de/coremedia/generator/Excellence/templateId=renderInternalPage/gridID=157108/modulID=157100/contentID=164932/id=157102.htlml, Stand: 27.10.2005

Deutsche Telekom AG (Hrsg.): Warum machen wir das „Excellence Program"?, http://teamnet.telekom.de/coremedia/generator/Excellence/templateId=renderInternalPage/top=true/id=157580.html, Stand: 27.10.2005

Deutsche Telekom AG (Hrsg.): „Wir bauen die neue T-Com", http://u8pzx.blf01.telekom.de/coremedia/generator/tcom/templateId=renderInternalPage/gridID=42678/modulID=42670/contentID=238076/id=42672.html, Stand: 27.10.2005

Deutsche Telekom AG (Hrsg.): „Wir stehen am Beginn einer neuen Zeitrechnung", http://teamnet.telekom.de/coremedia/generator/Excellence/templateId=renderInternalPage/gridID=157108/modulID=157100/contentID=164932/id=157102.htlml, Stand: 27.10.2005

Deutsche Telekom AG (Hrsg.): Auf dem Weg zu einer neuen T-Com, http://teamnet.telekom.de/coremedia/generator/Excellence/templateId=renderInternalPage/gridID=157108/modulID=157100/contentID=167172/id=157102.html, Stand: 31.10.2005

Deutsche Telekom AG (Hrsg.): Wachstum – aber nicht um jeden Preis, http://teamnet.telekom.de/coremedia/generator/Excellence/templateId=renderInternalPage/gridID=157108/modulID=157100/contentID=167170/top=true/id=157102.html, Stand: 31.10.2005

Deutsche Telekom AG (Hrsg.): „Wir wollen T-Com neu erfinden", http://u8pzx.blf01.telekom.de/coremedia/generator/tcom/templateId=renderInternalPage/gridID=42678/modulID=42670/contentID=191150/id=42672.html, Stand: 31.10.2005.

Deutsche Telekom AG (Hrsg.): Deutsche Telekom steht vor umfangreichem Personalabbau, http://www.telekom3.de/de-p/pres/2-pr/2005/11-n/0511-pm-ar.html, Stand: 04.11.2005

Deutsche Telekom AG (Hrsg.): Mit anhaltendem Wachstum an die Spitze, http://teamnet.telekom.de/coremedia/genertor/Excellence/templateId=renderInternalPage/gridID=157108/modulID=157100/contentID=167168/top=true/id=157102.html, Stand: 04.11.2005

Deutsche Telekom AG (Hrsg.): Fahrplan für den Wandel des Unternehmens, http://teamnet.telekom.de/coremedia/generator/Excellence/templateId=renderInternalPage/gridID=157108/modulID=157100/contentID=164928/top=true/id=157102.html, Stand: 08.11.2005

Deutsche Telekom AG (Hrsg.): Der Weg zur Marken- und Werbeexzellenz, http://teamnet.telekom.de/coremedia/generator/Excellence/templateId=renderInternalPage/gridID=157108/modulID=157100/contentID=172952/top=true/id=157102.html, Stand: 09.11.2005.

Deutsche Telekom AG (Hrsg.): Zwischen den Welten, http://teamnet.telekom.de/coremedia/generator/Excellence/templateId=renderInternalPage/gridID=157108/modulID=157100/contentID=163714/top=true/id=157102.html, Stand: 10.11.2005

Deutsche Telekom AG (Hrsg.): Acht Projekte für ein wertvolleres Unternehmen, http://teamnet.telekom.de/coremedia/generator/mtn/templateId=renderInternalPage/gridID=1128/modulID=1120/contentID=179168/top=true/id=1122.html, Stand: 11.11.2005

Deutsche Telekom AG (Hrsg.): Kundenversprechen gelten jetzt deutschlandweit, http://teamnet.telekom.de/coremedia/generator/mtn/templateId=renderInternalPage/linkText=_23126202_23/top=true/id=121146.html, Stand: 11.11.2005

Deutsche Telekom AG (Hrsg.): STEP up! – Frequently asked questions, http://teamnet-download.telekom.de/nl-md/050928_excutives_faq.pdf, Stand: 11.11.2005

Deutsche Telekom AG (Hrsg.): Die Kundenversprechen, http://teamnet.telekom.de/coremedia/generator/mtn/templateId=renderInternalPage/top=true/id=121146.html, Stand: 12.11.2005

Deutsche Telekom AG (Hrsg.): „Das Projekt ist ein sehr guter Schritt", http://teamnet.telekom.de/coremedia/genertor/Excellence/templateId=renderInternalPage/top=true/id=157580.html, Stand: 13.11.2005

Deutsche Telekom AG (Hrsg.): Sechs-Punkte-Programm machten den Konzern zukunftsfähig, http://teamnet.telekom.de/coremedia/generator/mtn/templateId=renderInternalPage/gridID=1128/modulID=1120/contentID=54268/id=1122.html, Stand: 13.11.2005

Deutsche Telekom AG (Hrsg.): „Den Breitbandmarkt in Deutschland machen", http://teamnet.telekom.de/coremedia/generator/mtn/templateId=renderInternalPage/gridID=1128/modulID=1120/contentID=109694/id=1122.html, Stand: 15.11.2005

Deutsche Telekom AG (Hrsg.): Breitband für alle, http://teamnet.telekom.de/coremedia/generator/mtn/templateId=renderInternalPage/gridID=1128/modulID=1120/contentID=71008/id=1122.html, Stand: 16.11.2005

Deutsche Telekom AG (Hrsg.): „Breitbandpotential ist noch nicht ausgereizt", http://u8pzx.blf01.telekom.de/coremedia/generator/tcom/templateId=renderInternalPage/gridID=42678/modulID=42670/contentID=131078/id=42672.html, Stand: 16.11.2005

Deutsche Telekom AG (Hrsg.): Große Chance im Geschäftskundenmarkt, http://teamnet.telekom.de/coremedia/generator/mtn/templateId=renderInternalPage/gridID=1128/modulID=1120/contentID=71000/id=1122.html, Stand: 16.11.2005

Deutsche Telekom AG (Hrsg.): T-Com und T-Systems: „Gemeinsam Märkte im Mittelstand erobern", http://teamnet.telekom.de/coremedia/generator/mtn/templateId=renderInternalPage/gridID=1128/modulID=1120/contentID=60856/id=1122.html, Stand: 16.11.2005

Deutsche Telekom AG (Hrsg.): „Der Kunde steht im Focus", http://teamnet.telekom.de/coremedia/generator/mtn/templateId=renderInternalPage/gridID=1128/modulID=1120/contentID=60856/id=1122.htm, Stand: 17.11.2005

Deutsche Telekom AG (Hrsg.): Innovationen bei der Deutschen Telekom, http://teamnet.telekom.de/coremedia/generator/mtn/templateId=renderInternalPage/gridID=1128/modulID=1120/contentID=29190/id=1122.html, Stand: 17.11.2005

Deutsche Telekom AG (Hrsg.): Potential für zukünftige Umsätze identifizieren, http://teamnet.telekom.de/coremedia/generator/mtn/templateId=renderInternalPage/gridID=1128/modulID=1120/contentID=109688/id=1122.html, Stand: 17.11.2005

Deutsche Telekom AG (Hrsg.): Perform+ für mehr Qualität aus Kundensicht, http://teamnet.telekom.de/coremedia/generator/mtn/templateId=renderInternalPage/gridID=1128/modulID=1120/contentID=29040/id=1122.html, Stand:18.11.2005

Deutsche Telekom AG (Hrsg.): Verdeckte Ermittlungen und Qualitätsguidelines, http://teamnet.telekom.de/coremedia/generator/mtn/templateId=renderInternalPage/gridID=1128/modulID=1120/contentID=29048/id=1122.html, Stand: 18.11.2005

Deutsche Telekom AG (Hrsg.): T-Systems, http://teamnet.telekom.de/coremedia/generator/mtn/templateId=renderInternalPage/gridID=1128/modulID=1120/contentID=29066/id=1122.html, Stand: 20.11.2005

Deutsche Telekom AG (Hrsg.): Qualitätsmanagement mit Kundenperspektive, http://teamnet.telekom.de/coremedia/generator/mtn/templateId=renderInternalPage/gridID=1128/modulID=1120/contentID=29058/id=1122.html, Stand: 21.11.2005

Deutsche Telekom AG (Hrsg.): Kosten senken und Kapitaleinsatz optimieren, http://teamnet.telekom.de/coremedia/generator/mtn/templateId=renderInternalPage/gridID=1128/modulID=1120/contentID=71016/id=1122.html, Stand: 23.11.2005

Deutsche Telekom AG (Hrsg.): Große Fortschritte in allen Kernpunkten, http://teamnet.telekom.de/coremedia/generator/mtn/templateId=renderInternalPage/gridID=1128/modulID=1120/contentID=109686/id=1122.html, Stand: 25.12.2005

Deutsche Telekom AG (Hrsg.): Agenda 2004, http://teamnet.telekom.de/coremedia/generator/mtn/templateId=renderInternalPge/gridID=1128/modulID=1120/contentID=54268/id=1122.html, Stand: 26.12.2005

Deutsche Telekom AG (Hrsg.): Code of Conduct. Hintergründe und Inhalte. Bonn: Deutsche Telekom AG, 2006

Deutsche Telekom AG (Hrsg.): Details zu den Börsengängen, Bonn: Deutsche Telekom AG, 2006

Deutsche Telekom AG (Hrsg.): Excellence. Wir machen Tempo! Das Geschäftsjahr 2005., Bonn: Deutsche Telekom AG, 2006

Deutsche Telekom AG (Hrsg.): FAQ-Katalog Code of Conduct, Bonn: Deutsche Telekom AG, 2006

Deutsche Telekom AG (Hrsg.): Gemeinsam Werte leben und Werte schaffen, Bonn: Deutsche Telekom AG, 2006

Deutsche Telekom AG (Hrsg.): Geschichte der Börsengänge, Bonn: Deutsche Telekom AG, 2006

Deutsche Telekom AG (Hrsg.): Großer Führungskreis Personal – „Excellence", Bonn: Deutsche Telekom AG, 2006

Deutsche Telekom AG, (Hrsg.): Von E^3 zum Excellence Program, Bonn: Deutsche Telekom AG, 2006

Deutsche Telekom AG (Hrsg.): Organisation der Deutschen Telekom-Gruppe im Überblick, http://orgportal.telekom.de/Strukturen/Vortrag/vortrag_konzernorg_d.pdf, Stand: 03.08.2006

Deutsche Telekom AG (Hrsg.): Das Geschäftsjahr 1996, http://download-dtag.t-online.de/deutsch/investor-relations/4-finanzdaten/geschaeftsberichte/1996/vorstand.pdf, Stand: 04.08.2006

Deutsche Telekom AG (Hrsg.): Incentiveprogramme, http://www.telekom3.de/de-p/inve/1-t-/5-bo/inha/incentiveprogrammear,templateId=_2Fdt_2Fweb_2Fstruct_2FContent.jsp.html, Stand: 13.09.2006

Deutsche Telekom AG (Hrsg.): Kosten sparen durch übergreifende Konzepte, http://teamnet.telekom.de/coremedia/generator/Excellence/templateId=renderInternalPage/gridID=157108/modulID=157100/contentID=274816/top=true/id=157102.html, Stand: 18.09.2006

Deutsche Telekom AG (Hrsg.): Telekom macht sich fit für die Zukunft, http://teamnet.telekom.de/coremedia/generator/Excellence/templateId=renderInternalPage/gridID=157108/modulID=157100/contentID=274816/top=true/id=157102.html, Stand: 18.09.2006

Deutsche Telekom AG (Hrsg.): Zentralfunktionen werden optimiert, http://teamnet.telekom.de/core media/generator/mtn/templateId=renderInternalPage/gridID=1128/modulID=1120/contentID=196184/top=true/id=1122.html, Stand:18.09.2006

Deutsche Telekom AG (Hrsg.): Daten und Fakten zu Auriga, http://teamnet.telekom.de/coremedia/ generator/mtn/templateId=renderInternalPage/gridID=1128/modulID=1120/contentID=201190 /top=true/id=1122.html, Stand: 20.09.2006

Deutsche Telekom AG (Hrsg.): Mit Auriga Stärken des Konzerns ausspielen, http://teamnet.teleko m.de/coremedia/generator/mtn/templateId=renderInternalPage/gridID=1128/modulID=1120/ contentID=201190/top=true/id=1122.html, Stand: 20.09.2006

Deutsche Telekom AG (Hrsg.): Arbeitgeberverband Telekom – Bilanz 2007 – Das haben wir erreicht –, Bonn: Deutsche Telekom AG, 2007

Deutsche Telekom AG (Hrsg.): Service. Mehr als ein Versprechen! Das Geschäftsjahr 2006., Bonn: Deutsche Telekom AG, 2007

Deutsche Telekom AG (Hrsg.): Telekom Storybox: Deutsche Telekom – ein internationaler Marktführer für „vernetztes Leben und Arbeiten", Bonn: Deutsche Telekom AG, 2007

Deutsche Telekom AG (Hrsg.): Veränderte Anforderungen an den Öffentlichen Dienst – Von der Staatsbehörde zum Dienstleister, Bonn: Deutsche Telekom AG, 2007

Deutsche Telekom AG (Hrsg.): Organisation der Deutschen Telekom-Gruppe im Überblick, http:// orgportal.telekom.de/Strukturen/Vortrag/vortrag_konzernorg_d.pdf, Stand: 07.09.2007

Deutsche Telekom AG (Hrsg.): Connected life and work. Vernetzt denken. Vernetzt handeln. Vernetzt leben. Das Geschäftsjahr 2007., Bonn: Deutsche Telekom AG, 2008

Deutsche Telekom AG (Hrsg.): Wachstum und zufriedene Kunden, http://intranet.telekom.de/dtag/ cms/content/TeamNet/de/84488, Stand: 15.01.2008

Deutsche Telekom AG (Hrsg.): Die Geschichte der Telekommunikation, http://www.telekom2.de/ Konzern/Meilensteine/flash/deutsch/pdf/deutsch_cronologisch.pdf, Stand: 18.01.2008

Deutsche Telekom AG (Hrsg.): Deutsche Telekom vereinbart über T-Mobile USA Erwerb des amerikanischen Mobilfunkunternehmens SunCom Wireless, http://www.telekom.com/dtag/cms/co ntent/dt/de/51236?archivArticleID=452878, Stand: 18.01.2008

Deutsche Telekom AG (Hrsg.): Konzernziele 2007: Profitabilität, Wachstum und Serviceorientierung, http://intranet.telekom.de/dtag/cms/content/TeamNet/de/144718, Stand: 18.01.2008

Deutsche Telekom AG (Hrsg.): HR@2009: modern, kundenorientiert, effizient, schlank, http://per sonal.telekom.de/, Stand: 28.01.2008

Deutsche Telekom AG (Hrsg.): „HR braucht schlanke und effiziente Strukturen", http://pedores.te lekom.de/Portal/tpp/aktuelles/article.html;sessionid=8E37B00A1C648B91320B68A0?msgid= 9748&mode=result&frame=content, Stand: 28.01.2008

Deutsche Telekom AG (Hrsg.): Neues Forum für Ihre Meinung, http://intranet.telekom.de/dtag/con tent/TeamNet/de/422902, Stand: 18.02.2008

Deutsche Telekom AG (Hrsg.): Pulsbefragung ab sofort weltweit, http://intranet.telekom.de/dtag/ cms/content/TeamNet/de/495988, Stand: 18.02.2008

Deutsche Telekom AG (Hrsg.): Wettbewerbsfähigkeit deutlich verbessert, http://intranet.telekom.de /dtag/cms/content/TeamNet/de/508122, Stand: 01.03.2008

Deutsche Telekom AG (Hrsg.): Deutsche Telekom übertrifft mit 19,3 Milliarden Euro EBITDA und 6,6 Milliarden Euro Free Cash-Flow deutlich Planungsziele, http://www.telekom.com/dtag/cms/content/dt/de/507224, Stand: 02.03.2008

Deutsche Telekom Ag (Hrsg.): HR@2009: Zukunftssicherung für HR, in: Dialog (2006), Nr. 8, http://pedores.telekom.de/AppGen/dialog/docview/Dialog/18082006/015/H340090375E440F11320B68A0/portal?style=Default&frame=content, Stand: 02.03.2008

Deutsche Telekom AG (Hrsg.): „Keine Insel der Seligen", http://intranet.telekom.de/dtag/cms/content/TeamNet/de/437496%3bjsessionid=A2EE723951123C98CC371B979FF66C6D, Stand: 02.03.2008

Deutsche Telekom AG (Hrsg.): Zielerreichung steht fest, http://intranet.telekom.de/dtag/cms/content/TeamNet/de/510466;jsessionid=2C37B738BD3797A1BB2C5B0C9A6CA229, Stand: 02.03.2008

Deutsche Telekom AG (Hrsg.): HR@2009: Personalbereich beschließt konzernweite HR-Mission, in: Dialog (2006), Nr. 10, http://pedores.telekom.de/AppGen/dialog/docview/Dialog/01112006/012/H4300806784540051320B68A0/portal?style=Default&frame=content, Stand: 03.03.2008

Deutsche Telekom AG (Hrsg.): Projekt „Harmonisierung der HR-IT Landschaft ", http://pedores.telekom.de/Portal/tpp/organisation/konzernzentrale/hr_strategy/article.html;sessionid=4B40A5D14C64C870420B68A0?articleid=14916&mode=free&frame=content&frame=content&type=print, Stand: 04.03.2008

Deutsche Telekom AG (Hrsg.): Herausforderung Personalumbau, http://pedores.telekom.de/Portal/tpp/vorstandsthemen/article.html;sessionid=00174CCDFC740DA1420B68A0?msgid=6976&mode=result&frame=content, Stand: 06.03.2008

Deutsche Telekom AG (Hrsg.): Entwicklung von Fachkarrieren bei der Telekom, http://hrd.telekom.de/ebene1/FachK/FachK_ebene2/FachK_inhaltsseite_Go_Ahead.html, Stand: 07.03.2008

Deutsche Telekom AG (Hrsg.): Wachstum durch Breitband und mobiles Internet, http://telekom.com/dtag/cms/content/dt/de/13312, Stand: 16.04.2008

Deutsche Telekom AG (Hrsg.): Obermann: „Müssen Finanzziele erreichen", http://intranet.telekom.de/dtag/cms/content/TeamNet/de/524572, Stand: 17.04.2008

Deutsche Telekom AG (Hrsg.): Marketing-Kommunikation neu geregelt, http://intranet.telekom.de/dtag/cms/content/TeamNet/de/522714, Stand: 21.04.2008

Deutsche Telekom AG (Hrsg.): Neue Marke T-Home startet, http://intranet.telekom.de/dtag/cms/content/TeamNet/de/399516, Stand: 21.04.2008

Deutsche Telekom AG (Hrsg.): „T" für „Deutsche Telekom", http://intranet.telekom.de/dtag/cms/content/TeamNet/de/458012, Stand: 22.04.2008

Deutsche Telekom AG (Hrsg.): „Eine hervorragende Ergänzung", http://intranet.telekom.de/dtag/cms/content/TeamNet/de/514802, Stand: 29.04.2008

Deutsche Telekom AG (Hrsg.): Der Weg zu Telekom Service (1): Die Chronologie, http://intranet.telekom.de/dtag/cms/content/TeamNet/de/390948, Stand: 02.05.2008

Deutsche Telekom AG (Hrsg.): Deutsche Telekom: Grünes Licht für T-Service, Pressemitteilung vom 28.02.2007, http://intranet.telekom.de/dtag/cms/contentblob/TeamNet/de/254526/blobBinary/Pressemitteilung-T-Service.pdf, Stand: 02.05.2008

Deutsche Telekom AG (Hrsg.): Telekom Service: Vorstand beschließt Gründung, http://intranet.telekom.de/dtag/cms/content/TeamNet/de/401278, Stand: 02.05.2008

Deutsche Telekom AG (Hrsg.): "Wir sind alle Botschafter der Telekom", http://intranet.telekom.de/dtag/cms/content/TeamNet/de/436776, Stand: 03.05.2008

Deutsche Telekom AG (Hrsg.): Zielerreichung bestimmt variablen Entgeltanteil, http://intranet.telekom.de/dtag/cms/content/TeamNet/de/453550, Stand: 03.05.2008

Deutsche Telekom AG (Hrsg.): Neues Gesetz für Telekom-Beamte ist in Kraft, http://intranet.telekom.de/dtag/cms/content/TeamNet/de/96598, Stand: 08.05.2008

Deutsche Telekom AG (Hrsg.): Telekom Service: Sattelberger begrüßt Ergebnis der Tarifverhandlungen – Dank an die beteiligten Teams – Herausforderungen für den HR-Bereich, http://agv.telekom.de/, Stand: 08.05.2008

Deutsche Telekom AG (Hrsg.): Go Ahead! – Rahmenarchitektur zur Einführung von Fachkarrieren bei der Deutschen Telekom, http://hrd.telekom.de/ebene1/FachK/FachK_Anlagen/Praesentation_Go_Ahead.pdf, Stand: 03.06.2008

Deutsche Telekom AG (Hrsg.): Vom Excellence Program zu Telekom 2010, http://intranet.telekom.de/dtag/cms/content/TeamNet/de/83648, Stand: 24.06.2008.

Deutsche Telekom AG (Hrsg.): „Telekom 2010 wird uns prägen", http://intranet.telekom.de/dtag/cms/content/TeamNet/de/83652, Stand: 25.06.2008

Deutsche Telekom AG (Hrsg.): Management lebt Kundenservice vor, http://intranet.telekom.de/dtag/cms/content/TeamNet/de/495772, Stand: 16.07.2008

Deutsche Telekom AG (Hrsg.): Serviceerlebnis für Leitende Angestellte, http://intranet.telekom.de/dtag/cms/content/TeamNet/de/507604, Stand: 20.07.2008

Deutsche Telekom AG (Hrsg.): Eick: „Ein richtiger und guter Schritt", http://intranet.telekom.de/dtag/cms/content/TeamNet/de/546988, Stand: 25.07.2008

Deutsche Telekom AG (Hrsg.): „Erleben, was verbindet", http://intranet.telekom.de/dtag/cms/content/TeamNet/de/541238, Stand: 27.08.2008

Deutsche Telekom AG (Hrsg.): Organisation der Deutschen Telekom-Gruppe im Überblick, http://orgportal.telekom.de/Vortrag/vortrag_konzernorg_d.pdf, Stand: 10.09.2008

Deutsche Telekom AG (Hrsg.): Deutsche Telekom bestätigt nach guten Ergebnissen im ersten Halbjahr die Finanzziele für 2008, http://www.telekom.com/dtag/cms/content/dt/de/548746, Stand: 21.09.2008

Deutsche Telekom AG (Hrsg.): Deutsche Telekom übertrifft Finanzziele für 2008, http://www.telekom.com/dtag/cms/content/dt/de/623924, Stand: 08.03.2009

Deutsche Telekom AG (Hrsg.): Telekom X-change, in: HR One Voice (2008), Nr. 8, S. http://pedores.telekom.de/AppGen/Portalablagetpp/docview/appgenPortalablagetpp/16122008/073/H000045E67494C791420B68A0/portal;sessionid=F7321D48EB9400D1420B68A0, Stand: 14.03.2009

Deutsche Telekom AG (Hrsg.): DT´s neue Leitlinien. Gesamtzusammenhang Vision – Auftrag – Leitlinien., http://storybox.telekom.de/data/files/Werte_neue_Leitlinien_DE.ppt, Stand: 15.03.2009

Deutsche Telekom AG (Hrsg.): GJ 2008 – Pressekonferenz. Deutsche Telekom., http://download-teamnet.telekom.de/TeamNet/StaticPage/61/81/70/finanzkennzahlen_618170.pdf, Stand: 15.03.2009

Deutsche Telekom AG (Hrsg.): Aufsichtsrat beruft Manfred Balz zum siebten Vorstand der Deutschen Telekom, http://www.telekom.com/dtag/cms/content/dt/de/576852?printversion=true, Stand: 04.04.2009

Deutsche Telekom AG (Hrsg.): One Company: „Wir wollen Grenzen aufheben", http://intranet.telekom.de/dtag/cms/content/TeamNet/de/639970, Stand: 10.04.2009

Deutsche Telekom AG (Hrsg.): Business-Kunden im Fokus. Geschäftskundenoffensive der Deutschen Telekom, Bonn: Deutsche Telekom AG, o.J.

Deutsche Telekom AG (Hrsg.): Das Europäische Modell für Business Excellence: Der Weg zur Spitzenklasse, Bonn: Deutsche Telekom AG, o.J.

Deutsche Telekom AG (Hrsg.): Unser Code of Conduct, Bonn: Deutsche Telekom AG, o.J.

Dialog Consult GmbH; vatm e.V. (Hrsg.): Der deutsche Telekommunikationsmarkt – Zehn Jahre Liberalisierung im Festnetzmarkt – Ergebnisse einer Befragung der Mitgliedsunternehmen im „Verband der Anbieter von Telekommunikations- und Mehrwertdiensten e.V." im Juli/August 2007, Köln: Dialog Consult GmbH; vatm e.V., 2007

Dichanz, Horst: Mündliche Prüfungen als Videokonferenzen an der FernUniversität, in: Simon, Hartmut (Hrsg.): Virtueller Campus: Forschung und Entwicklung für neues Lehren und Lernen, Münster: Waxmann, 1997

Dicke, Hugo; Glismann, Hans H.; Horn, Ernst-Jürgen: Die Reform des Postwesens in Deutschland, Kiel: Institut für Weltwirtschaft, 1995

Drüke, Helmut: Regulierungssysteme in der internationalen Telekommunikation – Deregulierung und Regulierung in Zeiten der technologischen Konvergenz, Berlin: Wissenschaftszentrum Berlin für Sozialforschung gGmbH, 1999

Duch, Raymond M.: Privatizing the Economy Telecommunications – Policy in Comparative Perspective, Manchester: Manchester University Press, 1991

Dyson, Kenneth: Theories of Regulation and the Case of Germany: A Model of Regulatory Change, in: Dyson, Kenneth (Hrsg.): The Politics of German Regulation, Aldershot; Brookfield; Hong Kong [et al]: Dartmouth, 1992

ECONOMY.ONE GmbH (Hrsg.): wiwo.de, Telekom: Service-Akademie hat Arbeit aufgenommen, http://www.wiwo.de/unternehmer-maerkte/telekom-service-akademie-hat-arbeit-aufgenommen-262620/, Stand: 20.07.2008

Ehrmann, Thomas: Markt- und Wertschöpfungsstrukturen in der Telekommunikation, in: Fink, Dietmar; Wilfert, Arno (Hrsg.): Handbuch Telekommunikation und Wirtschaft – Volkswirtschaftliche und betriebswirtschaftliche Perspektiven, München: Vahlen, 1999

Eick, Karl-Gerhard: Hintergründe für das Handeln vermitteln – Anleger in Veränderungsprozesse einbeziehen – Auf dem Weg zum globalen TIMES-Anbieter, in: Börsen-Zeitung (16.09.2000), Nr. 180, S. B 6

Emmerich, Martin: Netzwerkers Lexikon, V 2.03 – Ein Lexikon der wichtigsten Begriffe aus Datenübertragung und Telekommunikation, http://www.muc.de/~me/glosar.2.03.html, Stand: 23.09.2005

Erdle, Frank: Doppelleben – Im Internet-Spiel „Second Life" kann sich jeder ein zweites Ich schaffen, in: Reader's Digest Deutschland (2007), November, S. 49-54

Ernst, Heiko; Hauser, Renate; Katzenstein, Bernd [et al.]: Lebenswelten 2020, Düsseldorf; Berlin: Metropolitan, 2000

Ernst, Matthias; Hübener Reinhard: Telekommunikation als Schlüssel zu einer flexiblen Verkehrspolitik im urbanen Raum?, Hannover: ARL, 2000

Ertel, Michael; Ullsperger, Peter: Telearbeit – Probleme und Gestaltungserfordernisse aus der Perspektive des Arbeits- und Gesundheitsschutzes, in: Kubicek, Herbert; Klumpp, Dieter; Müller, Günter [et al.] (Hrsg.): Jahrbuch der Telekommunikation und Gesellschaft 1996 – Öffnung der Telekommunikation – Neue Spieler – Neue Regeln, Heidelberg: R. v. Decker, 1996

European Foundation for Quality Management, EFQM (Hrsg.): Das EFQM-Modell für Excellence, Brussels: European Foundation for Quality Management, EFQM, 1999

Fedra, Thomas: Die Entwicklung des US-Telekommunikationsmarktes nach der Liberalisierung 1984, Dieburg: Diplomarbeit an der Fachhochschule der Deutschen Telekom Dieburg, Juni 1997

Felhölter, Guido: Internationalisierung und staatliche Regulierung des Netzwettbewerbs. Zum Wandel des Fernmeldewesens in Großbritannien, in: Esser, Josef; Lüthje, Boy; Noppe, Ronald: Europäische Telekommunikation im Zeitalter der Deregulierung – Infrastruktur im Aufbruch, Münster: Westfälisches Dampfboot, 1997

Feyerabend, Ernst: 50 Jahre Fernsprecher in Deutschland – 1877-1927, Berlin: Reichspostministerium, 1927

Feyerabend, Ernst: Der Telegraph von Gauß und Weber im Werden der elektronischen Telegraphie, Berlin: Reichspostministerium, 1933

Financial Times Deutschland (Hrsg.): Telekom: Angst vor der Job-Lotterie, http://www.ftd.de/tm/tk/1041866877450.html?nv=nl, Stand: 15.01.2003

Financial Times Deutschland (Hrsg.): Verkauf von Immobilien spült Telekom 1,7 Mrd. Euro in Kasse, http://www.ftd.de/tm/tk/1041353701460.html?nv=rs, Stand: 15.01.2003

Floeting, Holger: Stadtentwicklung im Internetzeitalter, in: Stiftung Bauhaus Dessau (Hrsg.): Dot.City – Relationaler Urbanismus und neue Medien, Berlin: Jovis, 2004

FOCUS Online (Hrsg.): Telekom-Streik – G8-Gipfel-Vorbereitungen gestört, http://www.focus.de/finanzen/news/telekom-streik_aid_56191.html, Stand: 08.05.2008

Forschungsinstitut für Telekommunikation (Hrsg.): Die Liberalisierung der Telekommunikation in Deutschland: Fakten und Argumente zur Entwicklung des zukünftigen ordnungspolitischen Rahmens, Dortmund; Wuppertal; Hagen: FTK, 1995

France Télécom SA (Hrsg.): Milestones, http://www.francetelecom.com/en/group/vision/history/milestones, Stand: 11.10.2004

Freund, Matthias: Infrastrukturgewährleistung in der Telekommunikation, Staatliche Gewährleistungsverantwortung, Universaldienste, Wegerechte, München: Beck, 2002

Frieden, Rob: International Telecommunications Handbook, Boston; London: Artech House, 1996

Frühbrodt, Lutz: Die Liberalisierung der Telekommunikationsdienste: Vom nationalen Monopol zum globalen Wettbewerb, Wiesbaden: DUV, 2002

Fuchs, Margot: Anfänge der drahtlosen Telegraphie im Deutschen Reich 1987-1918, in: Teuteberg, Hans-Jürgen; Neutsch, Cornelius (Hrsg.): Vom Flügeltelegraphen zum Internet – Geschichte der modernen Telekommunikation, Stuttgart: Steiner, 1998

Gabelmann, Anne: Netzzugang in der Telekommunikation: Eine ökonomische Analyse zur Abgrenzung von Marktmachtpotentialen und Regulierungsbedarf, Baden-Baden: Nomos, 2003

Garbe, Detlef; Lange, Klaus: Zum Stand der Technikfolgeabschätzung in der Telekommunikation, in: Garbe, Detlef; Lange, Klaus (Hrsg.): Technikfolgenabschätzung in der Telekommunikation, Berlin; Heidelberg; New York: Springer, 1991

Gareis, Karsten; Korte, Werner; Deutsch, Markus: Die E-Commerce Studie: Richtungsweisende Marktdaten, Praxiserfahrungen, Leitlinien für strategische Umsetzung, Braunschweig; Wiesbaden: Vieweg, 2000

Gebhardt, Hans-Peter: Telekommunikationspolitik in Europa, in: Grande, Edgar; Kuhlen, Rainer; Lehmbruch, Gerhard [et al.] (Hrsg.): Perspektiven der Telekommunikationspolitik, Opladen: Westdeutscher Verlag, 1991

German News (Hrsg.): Blackstone steigt bei der Telekom ein, http://www.germnews.de/archive/gn/2006/04/24.html, Stand: 29.01.2008.

Gerpott, Torsten J.: Telekommunikationsmärkte in Europa – Rückblick, Einblick und Ausblick, in Handelsblatt-Veranstaltungen (Hrsg.): Telekommarkt Europa, 2. Internationale Handelsblatt-Jahrestagung, 21. und 22. Mai 1996 in Bonn

Gerpott, Torsten J.: Strukturwandel des deutschen Telekommunikationsmarktes, in: Fink, Dietmar; Wilfert, Arno: Handbuch Telekommunikation und Wirtschaft – Volkswirtschaftliche und betriebswirtschaftliche Perspektiven, München: Vahlen, 1999

Gesamtbetriebsrat T-Mobile Deutschland (Hrsg.): Auriga: Eine neue Zentralisierungswelle rollt, in: T-Ventil (2006), Nr. 3, S. 4

Glaser, Wolfgang: Von Handy, Glasfaser und Internet – So funktioniert moderne Kommunikation, Braunschweig; Wiesbaden: Vieweg, 2001

Gleich, Uli: Jugendliche und neue Medien, in: Media Perspektiven (2003), Nr. 4, S. 194-200

Glossar.de (Hrsg.): [ohne Titel], http://www.glossar.de/glossar/1frame.htm?http%3A//www.glossar.de/glossar/z_wap.htm%23WML, Stand: 19.03.2003

Glotz, Peter: Von Analog nach Digital: Unsere Gesellschaft auf dem Weg zur digitalen Kultur, Frauenfeld; Stuttgart; Wien: Huber, 2001

golem.de (Hrsg.): Telekom verkauft 20 Millionen T-Online-Aktien mehr, http://www.golem.de/0212/22979.html, Stand: 29.01.2008

Gora, Walter: Sind kommunale IT-Dienstleister anders? – Unterschiede zu privaten Anbietern, http://www.stadt-koeln.de/imperia/md/content/pdfdateien/pdf12/1.pdf, Stand: 08.06.2008

GPP AG (Hrsg.): Applikationen und Telematik, http://www.gppm.de/fr_verk.htm, Stand: 21.03.2003

Grasmugg, Stefan L.; Schoder, Detlef: Mass Customization im Kontext des Elektronic Business: Empirische Untersuchung der Erfolgswirksamkeit, in: Weinhardt, Christof; Holtmann, Carsten (Hrsg.): E-Commerce: Netze, Märkte, Technologien, Heidelberg: Physica, 2002

Gröner, Helmut; Köhler, Helmut; Knorr, Andreas: Liberalisierung der Telekommunikationsmärkte: Wettbewerbspolitische Probleme des Markteintritts von Elektrizitätsunternehmen in die deutschen Telekommunikationsmärkte, Bern; Stuttgart; Wien: Haupt, 1995

Grote, Elisabeth: Neue Grundlagen durch TKV, in: Insider (1997), Nr. 12, S. 9-10

Grote, Elisabeth: Telekommunikations-Kundenschutzverordnung – Kommentar, Heidelberg: Müller, 2000

Hajer, Hans; Kolbeck, Rainer: Internet: Der schnelle Start ins weltgrößte Rechnernetz, München: Markt&Technik, 1994

Literaturverzeichnis

Handelsblatt.com (Hrsg.): BRIC-Länder: Blick ins Jahr 2041, http://www.handelsblatt.com/news/Default.aspx?_p=200729&_t=ft&_b=1048359, Stand: 01.02.2008

Handy-Sammler.de (Hrsg.): A-Netz, http://www.handy-sammler.de/Museum/09.htm, Stand: 19.03.2003

Hart, Thomas: Europäische Telekommunikationspolitik: Entwürfe für ein zukunftorientiertes Regulierungskonzept, Aachen: Shaker, 1999

Hartwig, Jürgen: T-Spirit Check: Ergebnisse liegen vor und abgeleitete Maßnahmen sind angestoßen, in: Dialog (2004), Nr. 7, S. 8

Heddegem, Johann van: A Virtual University for Europe, in: Simon, Hartmut (Hrsg.): Virtueller Campus: Forschung und Entwicklung für neues Lehren und Lernen, Münster: Waxmann, 1997

Heddendorp, Uwe: Breitband für Privatkunden – worin liegt heute der Mehrwert?, in: Kubicek, Herbert; Klumpp, Dieter; Büllesbach, Alfred [et al.] (Hrsg.): Innovation @ Infrastruktur – Jahrbuch Telekommunikation und Gesellschaft 2002, Heidelberg: Hüthig, 2002

Hegemann, Werner: Mitarbeiterbefragungen bei der Deutschen Telekom AG, in: Unterrichtsblätter (2003), Nr. 9, S. 498-503

heise online (Hrsg.): DECT-Geräte nun auch für die USA, http://www.heise.de/newsticker/data/rop-19.11.01-000/, Stand: 02.05.2003

heise online (Hrsg.): Bundesregierung will Kundenschutz bei der Telekommunikation verbessern, http://www.heise.de/newsticker/meldung/49818, Stand: 20.09.2005

Hempell, Wolfgang: Postablieferungen an den Bund, in: Elias, Dietrich (Hrsg.): 1983 – Jahrbuch der Deutschen Bundespost, Bad Windsheim: Heidecker, 1983

Hempell, Wolfgang: Das Haushaltswesen des Bundes und der Deutschen Bundespost im Vergleich, in: Schwarz-Schilling, Christian; Florian, Winfried (Hrsg.): 1985 – Jahrbuch der Deutschen Bundespost, Bad Windsheim: Heidecker, 1985

Héritier, Adrienne: Wohlfahrtstaatliche Intervention im internationalen Vergleich Deutschland – Großbritannien, in: Leviathan, Zeitschrift für Sozialwissenschaft (1993), Nr. 21, S. 103-126

Herrmann, Ernst: Das Kräftespiel bei der Lenkung der Deutschen Bundespost. Verfassungswirklichkeit in einem öffentlichen Unternehmen, in: ZögU (1985), Nr. 8, S. 285-300

Herrmann, Torsten: Ubiquitous Commerce (U-Commerce), in: chain relations (2005), http://www.chainrelations.de/ubiquitous-commerce-u-commerce.html, Stand: 09.03.2008

Herwig, Volker: E-Government: Distribution von Leistungen öffentlicher Institutionen über das Internet, Lohmar: Eul, 2001

Heuser, Uwe J.: Mit Tempo auf die Datenautobahn, in: Die Zeit (17.02.1995), o.S.

Hilpert, Christian: Strategische Perspektiven – Die Deutsche Telekom im deregulierten Marktumfeld, Saarbrücken: VDM Verlag Dr. Müller, 2007

Höflich, Joachim R.: Die Telefonsituation als Kommunikationsrahmen. Anmerkungen zur Telefonsozialisation, in: Bräunlein, Jürgen; Flessner, Bernd: Der sprechende Knochen: Perspektiven von Telefonkulturen, Würzburg: Königshausen und Neumann, 2000

Höflich, Joachim R.; Rössler, Patrick: Mobile schriftliche Kommunikation oder: E-Mail für das Handy, http://lbs.bw.schule.de/onmerz, Stand:07.02.2008

Hörning, Manfred: Das Telefon im Alltag der Technik: Das soziale Verhältnis des Telefons zu anderen Alltagstechniken, in: Forschungsgruppe Telekommunikation (Hrsg.): Telefon und Gesellschaft, Band 2, Berlin: Spiess, 1990

Höveler, Hermann; Koplin, Horst: Die Einführung des Referentenmodells in den Rs Pe des Tripels NL 1 und NL 2 Bremen sowie der NL Bremerhafen, in: Dialog-Extra (1997), S. 6-10

Holder, Joachim: Kommunikation, Wiesbaden: Akademische Verlagsgesellschaft, 1975

Holznagel, Bernd: Rechtliche Aspekte von Konvergenz und Digitalisierung, in: Keil-Slawik, Reinhard (Hrsg.): Digitale Medien und gesellschaftliche Entwicklung – Arbeit, Recht und Gemeinschaft in der Informationsgesellschaft, Münster: Waxmann, 2001

Holznagel, Bernd; Enaux, Christoph; Nienhaus, Christian: Grundzüge des Telekommunikationsrechts – Rahmenbedingungen – Regulierungsfragen – Internationaler Vergleich, München: Beck, 2001

Holznagel, Bernd; Enaux, Christoph; Nienhaus, Christian:Telekommunikationsrecht, München: Beck, 2006

HORIZONT.NET (Hrsg.): Telekom steigt bei Happy Digits aus / Karstadt übernimmt Anteile, http://www.horizont.net/aktuell/marketing/pages/protected/Telekom-steigt-bei-Happy-Digits-aus--Karstadt-uebernimmt-Anteile_81548.html, Stand: 05.04.2009

Hornung, Christoph; Schrödter, Frank; Wang, Taofen [et al.]: Lehren und Lernen im Internet, in: Schwarzer, Ralf: MultiMedia und TeleLearning: Lernen mit Cyberspace, Frankfurt a.M.; New York: Campus, 1998

Hultzsch, Hagen: „Gut ist uns nicht gut genug", in: TelekomVision (1993), Nr. 10, S. 30

Hultzsch, Hagen: Mit Telekommunikation zu neuem Lernen, in: Bertelsmann Stiftung; Heinz Nixdorf Stiftung (Hrsg.): Bildungsinnovation durch Medien, Gütersloh: Bertelsmann Stiftung, 1997

Hungenberg, Harald; Hutzschenreuther, Thomas: Postreform: Umgestaltung des Post- und Telekommunikationssektors in Deutschland, in: DBW (1998), Nr. 1, S. 7-21

Hustedt, Walter: Allgemeines, in: Delfs, Joachim: Das Personalwesen der Deutschen Bundespost – Teilband II, Heidelberg: R. v. Decker, 1986

Hustedt, Walter: Arbeitsbewertung und Personalhaushalt (Stellenplan), in: Delfs, Joachim: Das Personalwesen der Deutschen Bundespost – Teilband II, Heidelberg: R. v. Decker, 1986

Hustedt, Walter: Personalplanung, Informationssysteme des Personalwesens, Rationalisierungsschutz, Arbeitszeit, in: Delfs, Joachim: Das Personalwesen der Deutschen Bundespost – Teilband II, Heidelberg: R. v. Decker, 1986

Input Consulting (Hrsg.): Konvergenz im Medien- und Telekommunikationssektor – technische und ökonomische Aspekte, Vortrag beim FES-MEI-Seminar in Berlin, 1999

Interest (Hrsg.): Lexikon IT-Fachbegriffe, ZZF, http://www.interest.de/cgi-bin/lexika/FTZ.html?pos=G1922370&ID=722697468742, Stand: 23.09.2005

International Telecommunication Union (Hrsg.): World Telecommunication Development Report – Reinventing Telecoms – World Telecommunication Indicators, Geneva: International Telecommunications Union, 2002

ish NRW GmbH (Hrsg.): Fakten zu ish, http://www.ish.de/unternehmen/fakten.html, Stand: 31.12.2005

IT-Wissen.info (Hrsg.): FTZ, http://www.itwissen.info/index.php?aoid=4604&id=31, Stand: 23.09.2005

Jäger, Bernd: „Postreform I und II" – Die gradualistische Telekommunikationspolitik in Deutschland im Lichte der positiven Theorie staatlicher Regulierung und Deregulierung, Köln: Institut für Wirtschaftspolitik, 1994

Jäger, Wieland: Gesellschaft und Entwicklung – Eine Einführung in die Soziologie sozialen Wandels, Weinheim; Basel: Beltz, 1981

Jenni, André: Unterschiede im Management öffentlicher und privater Unternehmen, http://www.iop.unibe.ch/lehre/lizentiatsarbeiten/Liz-Jenni-Andr%C3%A9.pdf, Stand: 05.06.2008

JUCONOMY Consulting AG (Hrsg.): Telekommunikationswirtschaft Infrastrukturwettbewerb, http://www.juconomy.com/fileadmin/Consultants/Mitteilungen/2007-Vorlesung-TU-Dresden-Part-1-und-2.pdf, 2008

JURAFORUM (Hrsg.): BVERWG – Urteil vom 22.06.2006, Aktenzeichen: BVerwG 2 C 1.06, http://www.juraforum.de/urteile/urteil/bverwg-urteil-vom-22-06-2006-az-bverwg-2-c-106.html, Stand: 01.07.2008

Kaderali, Firoz; Schaup, Sonja: Einige Entwicklungstrends der IuK-Technologien, in: Keil-Slawik, Reinhard (Hrsg.): Digitale Medien und gesellschaftliche Entwicklung – Arbeit, Recht und Gemeinschaft in der Informationsgesellschaft, Münster: Waxmann, 2001

Kahle, Wolf: Zwischen Maueröffnung und Fusion der beiden Telekom-Unternehmen, in: Becker, Hermann J.; Echter, Reinhold; Kahle, Wolf [et al.] (Hrsg.): Fusionsreport '93, Heidelberg: R. v. Decker, 1994

Kahn, Alfred E.: The economics of Regulation, Principles and Institutions, Cambridge Massachusetts; London: The MIT Press, 1970

Kaiser, Walter: Die Weiterentwicklung der Telekommunikation seit 1950, in: Teuteberg, Hans-Jürgen; Neutsch, Cornelius (Hrsg.): Vom Flügeltelegraphen zum Internet – Geschichte der modernen Telekommunikation, Stuttgart: Steiner, 1998

Kassung, Stephan: Konvergenz der Medien: Möglichkeiten und Grenzen einer rundfunkrechtlichen Deregulierung, 2001 in: Jurawelt (Hrsg.): Aufsätze, http://www.jurawelt.com/download/aufsaetze/konvergenz.pdf, Stand: 04.02.2003

Kehl, Michael: Strategische Erfolgsfaktoren in der Telekommunikation – Empirische Untersuchung auf der Basis des Shareholder-Value-Konzeptes, Wiesbaden: DUV, 2002

Kiessling, Thomas: Optimale Marktstrukturierung in der Telekommunikation – Lehren aus den USA und anderen Ländern für die EU, Baden-Baden: Nomos, 1998

Klein, Diana: Wissensmanagement in der Öffentlichen Verwaltung – Ein Überblick –, http://www.community-of-knowledge.de/pdf/WM-Artikel%20Diana%20Klein.pdf, Stand: 07.06.2008

Klinger, Gerd: Telekom Training – Maßnahmen zum Qualitätsmanagement und EFQM-Modell, in: WissenHeute (2006), Nr. 7, S. 388-392

Klodt, Henning; Laaser, Claus-Friedrich; Lorz, Jens O. [et al.]: Wettbewerb und Regulierung in der Telekommunikation, Tübingen: Mohr, 1995

Knauth, Michael: Zugang zu Internet und digitalem Fernsehen: Technische Grundlagen, Wettbewerbsstrategien und Regulierungsansätze, Wiesbaden: DUV, 2001

Knieps, Günter: Phasing out Sector-Specific Regulation in Competitive Telecommunications, in: Kyklos (1997), Nr. 3, S. 325-339

Koenig, Christian; Vogelsang, Ingo; Kühling, Jürgen [et al.]: Funktionsfähiger Wettbewerb auf den Telekommunikationsmärkten – Ökonomische und juristische Perspektiven zum Umfang der Regulierung, Heidelberg: Recht und Wirtschaft, 2002

König, Hartmut: Telekommunikationsrecht im Wandel, in: DVW (1995), Nr. 1, S. 1-6 (Teil 1) und Nr. 2, S. 7-14 (Teil 2)

König, Klaus; Benz, Angelika: Zusammenhänge von Privatisierung und Regulierung, in: König, Klaus (Hrsg.): Privatisierung und staatliche Regulierung: Bahn, Post und Telekommunikation, Rundfunk, Baden-Baden: Nomos, 1997

Koichiro, Agata: Deutsche und japanische Telekommunikationspolitik im Vergleich, http://www.kclc.or.jp/humboldt/agatag.htm, Stand: 14.09.2005

Kozlik, Jürgen (Hrsg.): DECT – Eine technische Beschreibung des DECT-Standards, http://home.tiscali.de/kozlik/dect/dect.html, Stand: 02.05.2003

Kozma, Robert; Quellmalz, Edys: Evaluierung der Auswirkungen der National Information Infrastructure auf das Bildungswesen, in: Kubicek, Herbert; Braczyk, Hans-Joachim; Klumpp, Dieter [et al.] (Hrsg.): Lernort Multimedia – Jahrbuch Telekommunikation und Gesellschaft 1998, http://www.jtg-online.de/jahrbuch/online/Online-Artikel/kozma/kozma.html, Stand: 24.03.2003

Krahberger, Franz: Globale Technologien – Globale Kultur, in: e.journal (Hrsg.), http://www.ejournal.at/NeueMed/globecult.html, Stand: 24.03.2003

Kruse, Jörn: Ökonomie der Monopolregulierung, Göttingen: Vandenhoeck & Ruprecht, 1985

Kruse, Jörn: Ordnungstheoretische Grundlagen der Deregulierung, in Seidenfus, Hellmuth S.: Deregulierung – eine Herausforderung an die Wirtschafts- und Sozialpolitik in der Marktwirtschaft, Berlin: Humblot & Duncker, 1989

Kühn, Dieter: Die Postreform II, in: Post- und Telekommunikationsgeschichte (1995), Nr. 2, S. 10-21

Kühn, Dieter: Die Reformen der Deutschen Bundespost – ein langwieriger, aber erfolgreicher Prozeß, in: Büchner, Lutz M. (Hrsg.): Post und Telekommunikation: Eine Bilanz nach zehn Jahren Reform, Heidelberg: R. v. Decker, 1999

Kumpf, Andreas: Balanced Scorecard in der Praxis – In 80 Tagen zur erfolgreichen Umsetzung, Landsberg / Lech: Moderne Industrie, 2001

Kurtsiefer, Jörn: Die Deregulierung der Mobilfunkmärkte Deutschlands – Geschichtliche Entwicklung und erste Wirkungsanalyse auf der Basis der Kollektivgütertheorie und des Koordinationsmängel-Diagnosekonzeptes, Berlin: Duncker & Humblot, 1997

Kuyumcu, Levent: Regulierung der Telekommunikationsbranche nach dem TKG 2004, München; Ravensburg: GRIN, 2005

Kwasny, Marius: Das Mitarbeiterjahresgespräch als Teil der Führungsaufgaben, in: Unterrichtsblätter (2001), Nr. 1, S. 4-7

Lafontaine, Oskar; Müller, Christa: Keine Angst vor der Globalisierung: Wohlstand und Arbeit für alle, Bonn: Dietz, 1998

Lampugnani, Vittorio M.: Verhaltene Geschwindigkeit: Die Zukunft der telematischen Stadt, Berlin: Wagenbach, 2002

Langer, Christian: Digitale Spaltung – Eine kritische Analyse, Saarbrücken: VDM Verlag Dr. Müller, 2007

Leitl, Barbara: Missbrauchsaufsicht über Telekommunikationsunternehmen, Wien: Manz, 2001

Lemke, Thomas; Waringo, Karin: Frankreich: Aufstieg und Niedergang des High-Tech-Colbertismus, in: Esser, Josef; Lüthje, Boy; Noppe, Ronald: Europäische Telekommunikation im Zeitalter der Deregulierung – Infrastruktur im Aufbruch, Münster: Westfälisches Dampfboot, 1997

Lescuyer, Pierre: UMTS: Grundlagen, Architektur und Standard, Heidelberg: dpunkt, 2002

lexetius.com (Hrsg.): Die Datenbank für höchstrichterliche Rechtsprechung, http://lexetius.com/ 2000/9/466, Stand: 07.04.2003

Linden Research Inc. (Hrsg.): Economic Statistics, http://secondlife.com/whatis/economy_stats. php, Stand: 30.04.2008

Linden Research Inc. (Hrsg.): Was ist Second Life?, http://de.secondlife.com/whatis, Stand: 30.04.2008

Lober, Andreas: Wem gehört das virtuelle Schwert?, in: Lober, Andreas: Virtuelle Welten werden real – Second Life, World of Warcraft & Co: Faszination, Gefahren, Business, Hannover: Heise, 2007

Lorenz, Vera: Projekt PRISMA – Detailkonzeptionsphase erfolgreich abgeschlossen, in: dialog (2002), Nr. 10, http://personalportal.telekom.de/dialog/Cache/0000354D4774CBB1F25A 68AO.pdf, Stand: 11.11.2007

LTEWorld (Hrsg.): Was ist LTE?, http://www.lte-world.de/was-ist-lte-1.php?#1, Stand: 18.04.2009

Lüders, Christian: Mobilfunksysteme, Würzburg: Vogel, 2001

Luhmann, Niklas: Grundrechte als Institution: Ein Beitrag zur politischen Soziologie, 3. Aufl., Berlin: Duncker & Humblot, 1986

Martin, Hans-Peter; Schuhmann, Harald: Die Globalisierungsfalle: Der Angriff auf Demokratie und Wohlstand, Reinbek: Rowohlt, 1996

Martin, Horst-Edgar: Kommunikation mit ISDN, Komponenten – Standardisierung – Einsatzmöglichkeiten – Nutzen und Kritik, Ein umfassendes Handbuch über die Chancen der Digitalisierung im diensteintegrierten Nachrichtennetz, Haar: Markt&Technik, 1988

Massner, Stephan: Die Funktionsweise und der Aufbau der Next Generation Networks und des IP Multimedia-Subsystems, in: WissenHeute (2007), Nr. 12, S. 4-14

Mayer, Barbara: Die Bundespost: Wirtschaftsunternehmen oder Leistungsbehörde, Berlin: Duncker & Humblot, 1990

Mayer, Christoph; Möller, Claudius: Erweiterter Verbraucherschutz in der Telekommunikation. Die neuen Vorschriften der §§ 66a ff. TKG im Überblick, in: Multimedia und Recht (2007), Nr. 9, S. 559-563

medienhandbuch.de (Hrsg.): Internet ist das Medium der Jugend: 83 Prozent der Teenager sind aktiv, http://www.medienhandbuch.de/prchannel/details-13079.html, Stand: 16.03.2008

Medienpädagogischer Forschungsverbund Südwest (Hrsg.): Erste Ergebnisse der KIM-Studie 2006 – Kinder + Medien, Computer + Internet – Vorabbericht zum Safer Internet Day 6.2.07, https://www.mpfs.de/fileadmin/KIM-pdf05/Erste_Ergebnisse_KIM06. pdf, Stand: 13.03.2008

Mitchell, L. Moss; Townsend, Anthony M.: How Telecommunications Systems are Transforming Urban Spaces, in: Wheeler, James O.; Aoyama, Yuko; Warf, Barney (Hrsg.): Cities in the Telecommunications Age: The Factoring of Geographies, New York: Routledge, 2000

MittelstandsWiki (Hrsg.): Das Handy wird zum Smartphone, http://www.mittelstandswiki.de/Mobilfunkdienste, Stand: 16.06.2008

Mokhtar, Zamarud: Akzeptanz von technischen Innovationen aus wirtschaftssoziologischer Sicht – Ansätze zu einer Nutzertypologie des Internetbanking, München; Mehring: Hampp, 2006

Monopolkommission (Hrsg.): Wettbewerbsentwicklung bei der Telekommunikation 2007: Wendepunkt der Regulierung – Sondergutachten gemäß § 121 Abs. 2 Telekommunikationsgesetz, http://www.monopolkommission.de/sg_50/text_s50.pdf, Stand: 15.06.2008

Mostashar, Sa'id: European Community Telecommunications Regulation, London; Dordrecht; Boston: Graham & Trotman, 1993

Motz, Oliver; Zydorek, Christoph: Konzentration oder Wettbewerb? Der Telekommunikationsmarkt in den USA nach der Reform von 1996, in: telekom praxis (1996), Nr. 3, S. 31-39

Müller, Sönke: Der Börsengang der Telekom, München; Mehring: Hampp, 1998

Müller-Römer, Frank: Liberalisierung der Telekommunikation in der Bundesrepublik Deutschland: Chancen für den öffentlich-rechtlichen Rundfunk?, in: Witte, Eberhard (Hrsg.): Chancen nach der Postreform: Neue Märkte, neue Leistungen, Heidelberg: R. v. Decker, 1990

Mummert Consulting; F.A.Z.-Institut für Management- Markt- und Medieninformationen (Hrsg.): Branchenkompass 2003 Telekommunikation – Aktuelle Entscheiderbefragung: Investitionsziele und Markttrends, Frankfurt a.M.: Mummert Consulting; F.A.Z.-Institut für Management- Markt- und Medieninformationen, 2003

Noam, Eli M.: Privacy bei Telekommunikationsdiensten, in: Kubicek, Herbert (Hrsg.): Telekommunikation und Gesellschaft: Kritisches Jahrbuch der Telekommunikation, Bd. 1, Karlsruhe: Müller, 1991

Nokia Corp. (Hrsg.): WAP World Nokia, http://www.nokia.de/wap_world/index.html, Stand: 18.09.2002

Nokiel, Werner: Die hergebrachten Grundsätze des Berufsbeamtentums – Ein Hindernis für eine Reform des öffentlichen Dienstes?, in: personalamt-online (1998.), S. http://www.personalamt-online.de/public1/pao/home.nsf/url/1B88B41F56C58FCEC1257380002E5FDC?OpenDocument, Stand: 12.09.2008

Nokiel, Werner: „Vorübergehende" unterwertige Beschäftigung von Beamtinnen und Beamten gemäß § 6 PostPersG – zugleich Anmerkung zum Urteil des VG Köln 15 K 1349/05 vom 1.6.2006 –, in: DÖD (2006), Nr. 10, S. 213-216

North, Gottfried: Die Post – Ihre Geschichte in Wort und Bild, 2. Aufl., Heidelberg: R. v. Decker, 1995

Nufer, Otto: Personalvertretungsrecht, in: Delfs, Joachim: Das Personalwesen der Deutschen Bundespost – Teilband I, Heidelberg: R. v. Decker, 1986

NZZ Format (Hrsg.): Generation SMS, http://www.x.nzz.ch/format/articles/289.html, Stand: 07.02.2008

o.V.: Digitalisierte Geschäftsverbindungen, in: Die Presse (1998), 26.05.1998

Obermann, René: Wettbewerbspolitik im Sinne Ludwig Erhards – Erfolgsmodell für Deutschland und Europa, in: trend – Zeitschrift für Soziale Marktwirtschaft (2007), Nr. 112, http://www.trend-zeitschrift.de/trend112/11206.html, Stand: 04.06.2008

Ochel, Jens: Senioren im Internet, Lohmar: Eul, 2003

OECD (Hrsg.): Trade in Information, Computer and Communication Services, Paris: OECD, 1990

OECD (Hrsg.): Communications Outlook 1995, Paris: OECD, 1995

onlinekosten.de (Hrsg.): Studie: Jugendliche lieben SMS, http://www.onlinekosten.de/news/artikel/n20188, Stand: 07.02.2008

onpulson (Hrsg.): Wissen für Ihren Erfolg, Bezugsrechtsemission, http://www.onpulson.de/lexikon/bezugsrechtsemission.htm, Stand: 28.01.2008

Otto, Hans-Uwe; Kutscher, Nadia; Klein, Alexandra [et al.]: Soziale Ungleichheit im virtuellen Raum: Wie nutzen Jugendliche das Internet? – Erste Ergebnisse einer empirischen Untersuchung zu Online-Nutzungsdifferenzen und Aneignungsstrukturen von Jugendlichen, Bielefeld: Universität Bielefeld – Fakultät für Pädagogik, 2005

Ovum Ltd.; OFTEL (Hrsg.): Numbering for telephony services into the 21st century, London: Ovum Ltd; OFTEL, 1991

Pagé, Peter; Ehring, Thomas: Electronic Business und New Economy: Den Wandel zu vernetzten Geschäftsprozessen meistern, Berlin; Heidelberg; New York: Springer, 2001

Palma, Evi: Beschreibung und Bewertung von Kundenbindungsmaßnahmen am Beispiel der Telekom, München; Ravensburg: GRIN, 2007

Perrucci, Antonio; Cimatoribus, Michela: Competition, convergence and asymmetry in telecommunications regulation, in: Telecommunications Policy (1997), Nr. 6, S. 493-512

Picot, Arnold; Burr, Wolfgang: Ökonomische Vorteile des Netzwettbewerbs in der Telekommunikation, in: Kubicek, Herbert; Klumpp, Dieter; Müller, Günter [et al.] (Hrsg.): Jahrbuch der Telekommunikation und Gesellschaft 1996 – Öffnung der Telekommunikation – Neue Spieler – Neue Regeln, Heidelberg: R. v. Decker, 1996

Podlech, Adalbert: Art. 1 Abs. 1 – Kommentar zum Grundgesetz für die Bundesrepublik Deutschland, in: Wassermann, Rudolf (Hrsg.): Kommentar zum Grundgesetz für die Bundesrepublik Deutschland, Bd. 1, Art. 1-37, 2. Aufl., Neuwied: Luchterhand, 1989

Polster, Stephan: Das Telekommunikationsrecht der Europäischen Gemeinschaft, Wien: Manzsche, 1999

pressetext austria (Hrsg.), ONE Mobilfunkbarometer: Die tippfreudige Jugend, http://www.pressetext.at/pte.mc?pte=031006030, Stand: 07.02.2008

Probst, Erwin: Das Zeitalter der Lehensposten im 19. Jahrhundert. Thurn und Taxis, in: Lotz, Wolfgang (Hrsg.): Deutsche Postgeschichte – Essays und Bilder, Berlin: Nicolai, 1989

Radermacher, Franz J.: Infrastrukturen in Zeiten von Globalisierung und New Economy, in: Kubicek, Herbert; Klumpp, Dieter; Büllesbach, Alfred [et al.] (Hrsg.): Innovation @ Infrastruktur – Jahrbuch Telekommunikation und Gesellschaft 2002, Heidelberg: Hüthig, 2002

Rai.it (Hrsg.): Ein kurzer Überblick über die Entwicklung der Telekommunikation [Originaltitel: Una breve storia delle telecomunicazioni], http://www.mediamente.rai.it/mediamentetv/learning/ed_multimediale/lezioni/03/sc_03_01.htm, Stand: 24.01.2008

Rand (Hrsg.): Eine neue Zeit – Deutschland und die Informations- und Kommunikationstechnologie im Jahr 2015, Leiden: Rand, 2005

Regulierungsbehörde für Telekommunikation und Post (Hrsg.): Telekommunikations- und Postmarkt im Jahre 1999 – Marktbeobachtungsdaten der Regulierungsbehörde für Telekommunikation und Post, Bonn: RegTP – Referat für Presse und Öffentlichkeitsarbeit, 1999

Regulierungsbehörde für Telekommunikation und Post (Hrsg.): Tätigkeitsbericht der Regulierungsbehörde für Telekommunikation und Post 2002/2003 – Bericht nach § 81 Abs. 1 Telekommunikationsgesetz und § 47 Abs. 1 Postgesetz, Bonn: Bundesanzeiger, 2003

Regulierungsbehörde für Telekommunikation und Post (Hrsg.): Aufgaben der Regulierungsbehörde, http://www.regtp.de/behoerde/start/fs_01.html, Stand: 2.9.2004

Regulierungsbehörde für Telekommunikation und Post (Hrsg.): Jahresbericht 2004 der Regulierungsbehörde für Telekommunikation und Post gemäß § 122 Telekommunikationsgesetz, Bonn: Regulierungsbehörde für Telekommunikation und Post, 2005

Regulierungsbehörde für Telekommunikation und Post (Hrsg.): Entgelte für Teilnehmeranschlussleitung – Pressemitteilung v. 08.02.1999, http://www.bundesnetzagentur.de/archiv_pressemitteilungen/pm_ss999_-_jan-juni_i2.html, Stand: 05.02.2008

Rehfeld, Dieter: Neustrukturierung der Deutschen Bundespost: Ansätze für eine Controllingkonzeption unter Berücksichtigung der Instrumentalfunktion der DBP in der sozialen Marktwirtschaft, Berlin: Duncker & Humblot, 1990

Reich, Hans: Bewertung der Postreform aus Sicht der Hersteller, in: Grande, Edgar; Kuhlen, Rainer; Lehmbruch, Gerhard [et al.] (Hrsg.): Perspektiven der Telekommunikationspolitik, Opladen: Westdeutscher Verlag, 1991

Reichardt, Klaus: Laufbahnwesen, in: Delfs, Joachim: Das Personalwesen der Deutschen Bundespost – Teilband I, Heidelberg: R. v. Decker, 1986

Reinders, Angela M.: Verantwortungsvoll mit dem Handy umgehen, http://www.familienhandbuch.de/cmain/a_Search.html?q=Verantwortungsvoll+mit+dem+Handy+umgehen, Stand: 07.02.2008

Reindl, Josef: Der Deutsch-Österreichische Telegraphenverein und die Entwicklung des deutschen Telegraphenwesens 1850-1971, Münchener Studien zur neueren und neuesten Geschichte, Bd. 2, Frankfurt a.M.; Berlin; Bern [et al.]: Lang, 1993

Reindl, Josef: Partikularstaatliche Politik und technische Dynamik: Die drahtgebundene Telegraphie und der Deutsch-Österreichische Telegraphenverein von 1850, in: Teuteberg, Hans-Jürgen; Neutsch, Cornelius (Hrsg.): Vom Flügeltelegraphen zum Internet – Geschichte der modernen Telekommunikation, Stuttgart: Steiner, 1998

Reinmann-Rothmeier, Gabi; Mandl, Heinz: Auf dem Weg zur Entwicklung einer neuen Lernkultur, in: Kubicek, Herbert; Braczyk, Hans-Joachim; Klumpp, Dieter [et al.] (Hrsg.): Lernort Multimedia – Jahrbuch Telekommunikation und Gesellschaft 1998, Heidelberg: R. v. Decker, 1998

Reinmann-Rothmeier, Gabi; Mandl, Heinz: Virtuelle Seminare in Hochschule und Weiterbildung: Drei Beispiele aus der Praxis, Bern: Huber, 2001

Reitz, Anja; Kwasny, Marius: Beurteilung 2000 – Einführung des neuen Systems, in: Unterrichtsblätter (2000), Nr. 11, S. 576-585

Report online (Hrsg.): Tippfreudige Jugend, http://www.report.at/artikel.asp?mid=1&kid=&aid=4360, Stand: 07.02.2008

Reuter, Michael: Telekommunikation – Aus der Geschichte in die Zukunft, Heidelberg: R. v. Decker, 1990

Ricke, Kai-Uwe: Rede anlässlich des Forums „Konzernleitbild" (Führungskräfte) am 03.07.2003 in Bonn, Bonn: Deutsche Telekom AG, 2003

Riehm, Ulrich; Orwat, Carsten; Petermann, Thomas: Stand, Perspektiven und Folgen des E-Commerce, in: Weinhardt, Christof; Holtmann, Carsten (Hrsg.): E-Commerce: Netze, Märkte, Technologien, Heidelberg: Physica, 2002

Robischon, Tobias: Telekommunikationspolitik im deutschen Einigungsprozeß: Steuerung und Eigendynamik sektoraler Transformation, Frankfurt a.M.; New York: Campus, 1999

Roßnagel, Alexander: Vom informellen zum kommunikativen Selbstbestimmungsrecht, in: Kubicek, Herbert (Hrsg.): Telekommunikation und Gesellschaft. Kritisches Jahrbuch der Telekommunikation, Bd. 1, Karlsruhe: Müller, 1991

Ruhle, Ernst-Olav: Privatisierung und Internationalisierung von Telefongesellschaften, Frankfurt a.M.; Berlin; Bern [et al.]: Lang, 1996

Sattelberger, Thomas: Die Irrungen und Wirrungen der Ich-AG, in: Rump, Jutta; Sattelberger, Thomas; Fischer, Heinz (Hrsg.): Employability Management – Grundlagen, Konzepte, Perspektiven, Wiesbaden: Gabler, 2005

Sattelberger, Thomas; Reichwald, Ralf: Unternehmenskommunikation und Image der Deutschen Telekom AG als Arbeitgeber, in: zfo (2008), Nr. 4, S. 223-225

Sautter, Karl: Geschichte der Deutschen Post – Teil 3: Geschichte der Deutschen Reichspost (1871 bis 1945), Frankfurt a.M.: Bundesdruckerei, 1951

Schaaff, Herbert: Neuordnung der Konzernzentrale, in: Dialog (1998), Nr. 9, S. 5

Schäfer, Miriam; Lojewski, Johanna: Internet und Bildungschancen – Die soziale Realität des virtuellen Raumes, München: kopaed, 2007

Schat, Hans-Dieter: Soziologie der Telearbeit: Warum Telearbeit so häufig angepriesen und so selten realisiert wird und wie Telearbeit trotzdem funktioniert, Frankfurt a.M.; Berlin; Bern [et al.]: Lang, 2002

Scheuerle, Klaus-Dieter: Handlungsfelder und Handlungsprinzipien der Regulierungsbehörde im nationalen und internationalen Telekommunikationswettbewerb – Gedanken zur Regulierung –, in: Picot, Arnold: Telekommunikation im Spannungsfeld von Innovation, Wettbewerb und Regulierung, Heidelberg: Hüthig, 1998

Scheuerle, Klaus-Dieter: Universaldienst – Kundenschutz – Verbraucherangelegenheiten, Vorlesung Sommersemester 2005, München: Ludwig-Maximilians-Universität München, http://www.iom.bwl.uni-muenchen.de/lehre/vorlesung/telekommunikation/3_Vorlesung_Universaldienst.pdf, Stand: 20.09.2005

Schlemper, Mirija; Dechmann, Marc: Fachkarriere bietet Alternative zur Führungskarriere, in: Dialog (2006), Nr. 6, http://pedores.telekom.de/ApGen/dialog/docview/appgenDialog/08052006/014/HC8003CB2F5448590420B68A0/portal;sessionid=79A6B52DFC740DA1420B68A0, Stand: 06.03.2008

Schlobohm, Bernd: Deutschland brauch DSL, in: Kubicek, Herbert; Klumpp, Dieter; Büllesbach, Alfred [et al.] (Hrsg.): Innovation @ Infrastruktur – Jahrbuch Telekommunikation und Gesellschaft 2002, Heidelberg: Hüthig, 2002

Schmidli, Patrick: Das Zeitalter der Telekommunikation: Historische und soziale Aspekte einer zukünftigen Telekommunikationsnutzung, Bern: Lang, 1997

Schmitz, Tobias: „Soziale" Welten, in: Lober, Andreas: Virtuelle Welten werden real – Second Life, World of Warcraft & Co: Faszination, Gefahren, Business, Hannover: Heise, 2007

Schneider, Volker: Die Transformation der Telekommunikation – Vom Staatsmonopol zum globalen Markt (1800 - 2000), Frankfurt a.M.: Campus, 2001

Schnöring, Thomas; Szafran, Uwe: Der Beitrag der DBP Telekom zur wirtschaftlichen Entwicklung in Ostdeutschland, in: Becker, Hermann J.; Echter, Reinhold; Kahle, Wolf [et al.] (Hrsg.): Fusionsreport '93, Heidelberg: R. v. Decker, 1994

Schufa Holding AG (Hrsg.): Jugendliche unter 18 Jahren gehen verantwortungsbewusst mit Geld um, http://www.schulden-kompass.de/presse/pressemitteilungen/PI_final_mit_Logo.pdf, Stand: 14.03.2008

Schuhmacher, Torsten: Die Mär von der strategischen Ausrichtung, Frankfurter Allgemeine Zeitung [12.02.2001], in: 4managers (Hrsg.): Balanced Scorecard, http://www.4managers.de/themen/balanced-scorecard/, Stand: 17.03.2008

Schulte, Franz J.: Personalbedarfsermittlung, in: Delfs, Joachim: Das Personalwesen der Deutschen Bundespost – Teilband II, Heidelberg: R. v. Decker, 1986

Schulte, Olaf A.: Wie interaktiv ist die Nutzung des Internets? Eine Fallstudie zu rezeptiven und kommunikativen Motiven der Internetnutzung, Berlin: Logos, 1999

Schumacher, Werner: Deutschland digital – Wachstumsmarkt Telekommunikation, Neuwied; Kriftel / Ts.; Berlin: Luchterhand, 1997

Schumm-Garling, Ursula: Herrschaft in der industriellen Arbeitsorganisation, Frankfurt a.M.: Suhrkamp, 1972

Schumm-Garling, Ursula: Soziologie des Industriebetriebes, Stuttgart; Berlin; Köln [et al.]: Kohlhammer, 1983

Schumm-Garling, Ursula: Ansatzpunkte gewerkschaftlicher Technologiepolitik: Technologieberatungsstellen und Konversionsarbeitskreise, in: Jahrbuch Marxistische Studien (1984), S. 299-306

Schumm-Garling, Ursula: Individuum und Interesse – Anmerkungen zum Streik der Bankbeschäftigten, in: Beckenbach, Niels; Treeck, Werner van (Hrsg.): Umbrüche gesellschaftlicher Arbeit, Soziale Welt – Sonderband 9, Göttingen: Otto Schwarz, 1994, S. 295-306

Schumm-Garling, Ursula: Arbeitszeitgestaltung – Zeit – das Maß der Arbeit?, http://www.zukunftderarbeit.iispm-bremen.de/SchummGarling2.pdf, Stand: 11.03.2008

Schwan, Stephan; Hesse, Friedrich W.: Lernen mit neuen Medien – Vom Medienverbund zum Verbundmedium, in: Kubicek, Herbert; Braczyk, Hans-Joachim; Klumpp, Dieter [et al.] (Hrsg.): Lernort Multimedia – Jahrbuch Telekommunikation und Gesellschaft 1998, Heidelberg: R. v. Decker, 1998

Schwarz-Schilling, Christian: Ansprache von Bundesminister Dr. Christian Schwarz-Schilling anlässlich der WIK-Konferenz am 23.06.92 in Bonn, 1992

Schwarzbeck, Jürgen: Befristeter Pilotierungstarifvertrag PM-Excellence in Kraft, in: Dialog (2003), Nr. 3, S. 16-17

Schwemmle, Michael: Telekommunikationspolitik nach dem Poststrukturgesetz. Probleme und Perspektiven aus Sicht der Deutschen Postgewerkschaft, in: Grande, Edgar; Kuhlen, Rainer; Lehmbruch, Gerhard [et al.] (Hrsg.): Perspektiven der Telekommunikationspolitik, Opladen: Westdeutscher Verlag, 1991

Schwemmle, Michael: Telekommunikation im Wandel – Politische und Ökonomische Trends, Referat beim Workshop FES – PTTI – DPG – Privatising in the Teleco Industries: Options for Trade Unions am 19.-24.10.1997 in Freudenberg

Seidler, Patrick: Das Online-Lexikon der Datenkommunikation, BZT, http://www.uni-kassel.de/~seidler/LEX_B.HTM#BZT, 2005

ShortNews (Hrsg.): Studien: Zahlreiche japanische Schüler abhängig von SMS und E-Mail, http://www.shortnews.de/start.cfm?id=69551, Stand: 07.02.2008

ShortNews (Hrsg.): Grossbritannien: Millionen SMS-Verletzte, http://www.mobile-times.co.at/heft/s_0024.html, Stand: 15.03.2008

Siemen, Andreas: Regulierungsmanagement in der Telekommunikationsindustrie, Wiesbaden: DUV, 1999

Simon, Herbert A.: Das Verwaltungshandeln – Eine Untersuchung der Entscheidungsvorgänge in Behörden und privaten Unternehmen, Stuttgart; Köln: Kohlhammer, 1955

Skillnet GmbH (Hrsg.): What´s next in TIMES? – Forecast 2004-2024, Hamburg: Skillnet GmbH, 2004

Sommer, Ron: „Vor gewaltigen Wachstumsschub" – Sommer: T-Aktie wird weiter sehr viel Freude bereiten, in: Börsenzeitung (26.05.2000), Nr. 101, S. 13

starke-eltern.de (Hrsg.): SMS – Konfliktlösung per Tastendruck, http://www.starke-eltern.de/htm/SMS-Konfliktloesung.htm, Stand: 08.02.2008

Statistisches Bundesamt (Hrsg.): Informationstechnologie in Haushalten, Wiesbaden: Statistisches Bundesamt, 2002

Stehle, Sabine: Geschäftsprozessorientierte Ausbildung im virtuellen Unternehmen, in: Schwarzer, Ralf: MultiMedia und TeleLearning: Lernen mit Cyberspace, Frankfurt a.M.; New York: Campus, 1998

Stehr, Nico: Arbeit, Eigentum und Wissen – Zur Theorie von Wissensgesellschaften, Frankfurt a.M.: Suhrkamp, 1994

Steinmetz, Elias: Geschichte der Deutschen Post, Bd. 4, 1945 bis 1978, Herausgegeben im Auftrag des Bundesministers für das Post- und Fernmeldewesen, Bonn: Bundesdruckerei, 1979

Stillich, Sven: Second Life – Wie virtuelle Welten unser Leben verändern, Berlin: Ullstein, 2007

Stockinger, Gottfried; Stifter, Martin: Wege in die Informationsgesellschaft – Eine soziologische Vision, Frankfurt a.M.; Berlin; Bern [et al.]: Lang, 1999

SYBCOM GmbH (Hrsg.): Saar-Daten-Bank – Synopse TKG neu - alt, http://www.sadaba.de/Sy_TKG_TKG_96.html, Stand:14.06.08.2008

T.O.P. BusinessInteractive (Hrsg.): UMTS Basics: Die Grundkonzepte des Universal Mobile Telecommunications System, Weil der Stadt: Schlembach, 2002

T-Com (Hrsg.): Der Anschluss ist unsere Nabelschnur zum Kunden, http://comin.t-com.net/, Stand: 03.11.2005

T-Com (Hrsg.): Innovation Voice, http://comin.t-com.net/, Stand: 03.11.2005

T-Com (Hrsg.): Re-Invent. Wir starten durch – jetzt., http://comin.t-com.net/, Stand: 03.11.2005

T-Com (Hrsg.): Sicherung Anschluss, http://comin.t-com.net/, Stand: 03.11.2005

T-Com (Hrsg.): T-Com setzt auf Breitband, http://comin.t-com.net/, Stand: 03.11.2005

T-Com (Hrsg.): Qualität – just in time, http://u8pzx.blf01.telekom.de/coremedia/generator/tcom/templateId=renderInternalPage/gridID=42678/modulID=42670/contentID=258234/top=true/id=42672.html, Stand: 10.11.2005

T-Mobile (Hrsg.): Online-Lexikon, http://www.t-mobile.de/lexikon/1,2032,2433_00.html#TAcmsED Electronic_Commerce; http://www.t-mobile.de/lexikon/1,2032,2425-_00.html #TAcmsEDMobilfunk; http://www.t-mobile.de/lexikon/1,2032,2425-_00.html#TAcmsEDC-Netz; http://www.t-mobile.de/lexikon/1,2032,2414-_00.html#TAcmsEDWap; http://www.t-mobile.de/lexikon/1,2032,2416-_00.html#TAcmsEDUMTS, Stand: 17.09.2002

T-Mobile Deutschland GmbH (Hrsg.): Wachstum bei T-Mobile – Teil eins: Vertrieb, http://intranet.t-mobil.de/TMI/CDA/CMAIN/contnews/0,2831,178140___,00.html, Stand: 31.10.2005

T-Mobile Deutschland GmbH (Hrsg.): Wachstum bei T-Mobile – Teil zwei: Kundenservice, http://www.intranet.t-mobile.de/TMI/CDA/CMAIN/ShowData/0,2403,223688_,00.pdf, Stand: 31.10.2005

T-Mobile Deutschland GmbH (Hrsg.): Wachstum bei T-Mobile – Teil drei: Marketing, http://www.intranet.t-mobile.de/TMI/CDA/CMAIN/ShowData/0,2403,224942_,00.pdf, Stand: 01.11.2005

T-Mobile Deutschland GmbH (Hrsg.): Wachstum bei T-Mobile – Teil vier: Technik, http://www.intranet.t-mobile.de/TMI/CDA/CMAIN/ShowData/0,2403,228400_,00.pdf, Stand: 01.11.2005

T-Mobile Deutschland GmbH (Hrsg.): Die Initiativen im Überblick, http://intranet.t-mobile.de/TMI/CDA/CMAIN/anchor1/0,2389,183379___,00.html, Stand: 02.11.2005

T-Mobile Deutschland GmbH (Hrsg.): Alles unter einem T: Was bedeutet das für die Marke T-Mobile?, http://intranet.t-mobile.de/TMI/CDA/CMAIN/contnews/0,3077,207737___,00.html, Stand: 21.04.2008

T-Online International AG (Hrsg.): Die T-Online Konzernziele, Schreiben des Vorstandsvorsitzenden der T-Online International AG, Thomas Holtrop, an die Mitarbeiter am 28.02.2003, Weiterstadt: T-Online International AG, 2003

T-Systems (Hrsg.): Focus on Growth 2005-2007, http://systemsnet.telekom.de/cms/tsi-d/de/unternehmen/ziele/focus-on-growth/templateId=renderInternalPage/id=58836.html, Stand: 04.11.2005

T-Systems GmbH (Hrsg.): „Focus on Growth": Exzellent vor dem Kunden, http://systemsnet.telekom.de/cms/tsi-d/de/news/archiv/templateId=renderInternalPage/contentId=88310/id=1336.html, Stand: 06.11.2005

T-Systems GmbH (Hrsg.): Optimales Leistungsangebot, http://systemsnet.telekom.de/cms/tsi-d/de/news/archiv/templateId=renderInternalPage/contentId=88372/id=1336.html, Stand: 07.11.2005

T-Systems GmbH (Hrsg.): Focus on Growth: Excellente Geschäftsabläufe, http://systemsnet.telekom.de/cms/tsi-d/de/unternehmen/ziele/focus-on-growth/templateId=renderInternalPage/id=60594.html, Stand: 08.11.2005

T-Systems GmbH (Hrsg.): Focus on Growth: Effiziente IT- und TK-Infrastrukturen, http://systemsnet.telekom.de/cms/tsi-d/de/unternehmen/ziele/focus-on-growth/templateId=renderInternalPage/id=60758.html, Stand: 09.11.2005

T-Systems GmbH (Hrsg.): "Focus on Growth": Für die neue T-Systems begeistern, http://systemsnet.telekom.de/cms/tsi-d/de/unternehmen/ziele/focus-on-growth/templateId=renderInternalPage/id=60898.html, Stand: 10.11.2005

Tacke, Alfred: Das Telekommunikationsgesetz auf dem Prüfstand – Handlungsbedarf und Vorgaben aus dem EU-Rahmen, in: Picot, Arnold (Hrsg.): Das Telekommunikationsgesetz auf dem Prüfstand, Berlin; Heidelberg; New York: Springer, 2003

TEIA AG (Hrsg.): Grundlagen Rechnungswesen & DATEV – Private Unternehmen, http://www.teia lehrbuch.de/Kostenlose-Kurse/Rechnungswesen-und-DATEV/22351-Vorwort.html, Stand: 07.06.2008

TEIA AG (Hrsg.): Grundlagen Rechnungswesen & DATEV – Haushalte, http://www.teialehrbuch.de /Kostenlose-Kurse/Rechnungswesen-und-DATEV/15643-Haushalte.html, Stand: 08.06.2008

Telemanagement Forum (Hrsg.): The Enhanced Telecom Operations Map^{TM} (eTOM), Las Vegas: Telemanagement Forum, 2002

telespiegel.de (Hrsg.): Verschuldung durch sorglosen Umgang mit dem Handy – Lernsoftware für Kinder soll aufklären, http://www.telespiegel.de/news/171204.html, Stand: 14.03.2008

teltarif.de (Hrsg.): UMTS – Der Daten-Highway, http://www.teltarif.de/i/umts.html, Stand: 06.10.2005

teltarif.de (Hrsg.): Die Geschichte des deutschen TV-Kabelnetzes, http://www.teltarif.de/i/tv-ge schichte.html, Stand: 12.10.2005

teltarif (Hrsg.): Die vier Netzebenen: Interessenkonflikte sind vorprogrammiert, http://www.teleta rif.de/i/tv-ebenen.html, Stand: 12.10.2005

teltarif.de (Hrsg.): Deutsche Telekom schließt Verkauf restlicher Kabelnetze ab, http://www.tele tarif.de/arch/2003/kw11/s10130.html, Stand: 29.01.2008

teltarif.de (Hrsg.): Telekom verkauft Beteiligung an Eutelsat, http://www.teltarif.de/arch/2002/kw 50/s9486.html, Stand: 29.01.2008.

Tenzer, Gerd: Offene Telekommunikationsmärkte in Europa – Ziele, Perspektiven, Strategien, in: Forschungsgruppe Telekommunikation (Hrsg.): Telefon und Gesellschaft, Bd. 2, Berlin: Spiess, 1990

Tenzer, Gerd; Uhlig, Heinz: Ausgangssituation und Entwicklungsstrategie, in: Tenzer, Gerd; Uhlig, Heinz (Hrsg.): Telekom 2000: Moderne Telekommunikation für die neuen Bundesländer, Heidelberg: R. v. Decker, 1991

Tenzer, Gerd; Hiergeist, Franz: Zukunft NI, E-Mail an alle Mitarbeiterinnen und Mitarbeiter des Zentralbereichs Netzinfrastruktur vom 30.11.1999

Tetens, Gönke; Voß, Axel: Der neue Ordnungsrahmen für die Telekommunikation, in: Wirtschaftsdienst (1995), Nr. VIII, S. 443-440

Theobald, Lars: „Telestroika" im ICT-Vertrieb und Produktmanagement, in: DMR – Detecon Management Report (2004), Nr. 1, S. 34-35

Thielo, Hans-Joachim: Die Finanzierung des Universaldienstes in der Telekommunikation, Berlin: Weißensee, 2000

Thomas, Karl; Schnöring, Thomas: Regionalpolitische Aspekte beim Angebot von Telekommunikationsdiensten, in: Schwarz-Schilling; Christian; Florian, Winfried (Hrsg.): 1985 – Jahrbuch der Deutschen Bundespost, Bad Windsheim: Heidecker, 1985

Thorein, Thorsten: Telekommunikationspolitik in Deutschland, Wiesbaden: DUV, 1997

Thuy, Peter: Arbeitsmarktpolitische Implikationen der Telekommunikation, in: Fink, Dietmar; Wilfert, Arno (Hrsg.): Handbuch Telekommunikation und Wirtschaft – Volkswirtschaftliche und betriebswirtschaftliche Perspektiven, München: Vahlen, 1999

TNS Infratest (Hrsg.): Monitoring Informationswirtschaft, 3. Faktenbericht 2001, München: TNS Infratest, 2001

TNS Infratest (Hrsg.): Monitoring Informationswirtschaft – 7. Faktenbericht 2004, München: TNS Infratest, 2004

TNS Infratest (Hrsg.): Monitoring Informationswirtschaft – 8. Faktenbericht 2005, München: TNS Infratest, 2005

TNS Infratest (Hrsg.): Monitoring Informations- und Kommunikationswirtschaft, 10. Faktenbericht 2007, München; Berlin: TNS Infratest, 2007

TNS Infratest (Hrsg.): Monitoring Informations- und Kommunikationswirtschaft, 11. Faktenbericht 2008, München; Berlin: TNS Infratest, 2008

Tully, Claus J.; Zerle, Claudia: Handys und jugendliche Alltagswelt, http://www.mediaculture-online.de, Stand: 07.02.2008

Tyler, Michael; Bednarczyk, Susan: Regulatory institutions and processes in telecommunications: an international study of alternatives, in: Telecommunications Policys (1993), Nr. 9, S. 650-676

UMTSlink.at (Hrsg.): GSM, http://umtslink.at//GSM/gmsc.htm, Stand: 17.03.2003

Union International des Télécommunications (Hrsg.): Programme des Nations Unies pour le dévelopement 1993: Rapport mondial sur le dévelopement humain, Genève: Union International des Télécommunications, 1993

Universität Hamburg – FB Rechtswissenschaft (Hrsg.): Kurs II: Telekommunikationsrecht, SS 2000, http://www.rrz.uni-hamburg.de/hans-bredow-institut/ws-lehr/lehre/sose2000/tkrecht/gliederung2.htm, Stand: 08.04.2003

Universität Koblenz – Landau – Institut für Wirtschafts- und Verwaltungsinformatik (Hrsg.): Vorlesung Verwaltungsinformatik I – Sommersemester 2006, http://www.uni-koblenz.de/FB4/Institutes/IWVI/AGVInf/Teaching/Archive/SoSe_2006/vinf1v_sose06/vinf200 60531, Stand: 08.06.2008

VADIAN.NET AG (Hrsg.): Daumen des Grauens, http://www.nachrichten.ch/kolumne/226450.htm, Stand: 15.03.2008

vatm e.V. (Hrsg.): Markt- und Wettbewerbssituation, http://www.vatm.de/content/mobilfunk/markt.html, Stand: 06.10.2005.

Verband Deutscher Fernmeldetechniker (Hrsg.): Neues zum Dienstrechtsneuordnungsgesetz (DNeuG), http://www.vdfp.info/bezirke/nordw/bezirksblatt_nortw2008.htm, Stand: 29.03.2009

Verband Privater Rundfunk und Telekommunikation e.V. (Hrsg.): Stellungnahme des Verbands Privater Rundfunk und Telekommunikation e.V. [zum] Grünbuch zur Konvergenz der Branchen Telekommunikation, Medien und Informationstechnologie und ihren ordnungspolitischen Auswirkungen, http://europa.eu.int/ISPO/convergencegp/vprt.html#Verband, Stand: 17.03.2003

Verbraucherzentrale Bundesverband e.V. (Hrsg.): Forderungen zur Verbesserung des Verbraucherschutzes im Zusammenhang mit der großen TKG-Novelle, Berlin: vzbv, 2003, http://www.vzbv.de/mediapics/tkg_novelle_forderungen_05_12_2003.pdf, Stand: 20.09.2005

Verbraucherzentrale Bundesverband e.V. (Hrsg.): Verschuldung Jugendlicher durch SMS-Abos, http://www.umweltjournal.de/fp/archiv/AfA_geldfinanz/print/8990.php, Stand: 08.02.2008

Viethen, Simone: ISDN in der Praxis: Telefone und Tk-Anlagen optimal einsetzen, München: X.Media, 1998

Vietor, Richard H. K.: Strategic Management in the Regulatory Environment, New York: Englewood Cliffs, 1989

Voeth, Markus: Entmonopolisierung von Märkten – Das Beispiel Telekommunikation, Baden-Baden: Nomos, 1996

Vogelsang, Ingo: Die Zukunft der Entgeltregulierung im deutschen Telekommunikationssektor, München: Beck, 2002

Vogt, Karl-Heinz: Einführung und Darstellung der Poststrukturreform, in: Aufderheide, Detlef (Hrsg.): Deregulierung und Privatisierung, Stuttgart; Berlin; Köln: Kohlhammer, 1990

Wamser, Christoph: Electronic Commerce – theoretische Grundlagen und praktische Relevanz, in: Wamser, Christoph (Hrsg.): Electronic Commerce: Grundlagen und Perspektiven, München: Vahlen, 2000

Wamser, Christoph: Strategisches Electronic Commerce: Wettbewerbsvorteile auf elektronischen Märkten, München: Vahlen, 2001

Wamser, Christoph; Wilfert, Arno: Die wettbewerbsstrategischen Rahmenbedingungen des Mobile Commerce, in: Teichmann, René; Lehner, Franz: Mobile Commerce – Strategien, Modelle, Fallstudien, Berlin; Heidelberg; New York: Springer, 2002

Wartenberg, Marlene: Parlamentarische Verantwortung und Kontrolle in der Bundesrepublik Deutschland: Ein Beitrag zum neuen Poststrukturgesetz für die Deutsche Bundespost unter besonderer Berücksichtigung der Gewaltenteilung, Frankfurt a.M.; Bern; New York [et al.]: Lang, 1989

Weckmüller, Heiko: Ziele vereinbaren, in: Dialog (2003), Nr. 3, S. 4

Wegmann, Winfried: Regulierte Marktöffnung in der Telekommunikation: Die Steuerungsinstrumente des Telekommunikationsgesetzes (TKG) im Lichte „regulierter Selbstregulierung", Baden-Baden: Nomos, 2001

Weiher, Siegfrid von; Wagner, Bernhard: Tagebuch der Telekommunikation: Von 1600 bis zur Gegenwart, Berlin: vde, 1991

Weinand, Ute: Voraussetzungen der Anmeldung einer Marke im Markenregister, in: WissenHeute (2008), Nr. 1, S. 14-19

Weisshaupt, Georg: An den Nummern sollt ihr sie erkennen, in: Handelsblatt (09.11.1995), Nr. 217, S. 13

Welfens, Paul J. J.; Graack, Cornelius: Telekommunikationswirtschaft: Deregulierung, Privatisierung und Internationalisierung, Berlin; Heidelberg; New York: Springer, 1996

Welt Online (Hrsg.): Telekom stellt Breitbandausbau infrage, http://www.welt.de/die-welt/article3493559/Telekom-stellt-Breitbandausbau-infrage.html, Stand: 19.04.2009.

Went, Robert: Ein Gespenst geht um... Globalisierung! Eine Analyse., Zürich: Orell Füssli, 1997

Werle, Raymond: Telekommunikation in der Bundesrepublik: Expansion, Differenzierung, Transformation, Frankfurt a.M.; New York: Campus, 1990

Wieland, Bernhard: Die Entflechtung des amerikanischen Fernmeldemonopols, Berlin; Heidelberg; New York [et al.]: Springer, 1985

Wiesheu, Otto: Wissen und Information – die entscheidenden Produktionsfaktoren von morgen, in: Reglin, Thomas: Betriebliche Weiterbildung im Internet: Didaktik – Produktion – Organisation, Bielefeld: Bertelsmann, 2000

WIK Consult GmbH (Hrsg.): Telekommunikationsmarkt Deutschland – Marktentwicklung – Key Player – Regulierung, Bad Honef: WIK Consult GmbH, 2002

Wikipedia (Hrsg.): Die freie Enzyklopädie, Dialer, http://de.wikipedia.org/wiki/Dialer, Stand: 20.09.2005

Wikipedia (Hrsg.): Die freie Enzyklopädie, Premium-SMS, http://de.wikipedia.org/wiki/Premium_Rate_SMS, Stand: 20.09.2005

Wikipedia (Hrsg.): Die freie Enzyklopädie, MMS, http://de.wikipedia.org/wiki/Multimedia_Messaging_Service, Stand: 10.10.2005

Wikipedia (Hrsg.): Die freie Enzyklopädie, EMS, http://de.wikipedia.org/wiki/Enhanced_Message_Service, Stand: 11.10.2005

Wikipedia (Hrsg.): Die freie Enzyklopädie, ELSTER, http://de.wikipedia.org/wiki/ELSTER, Stand: 12.10.2005

Wikipedia (Hrsg.): Die freie Enzyklopädie, Barrierefreiheit, http://de.wikipedia.org/wiki/Barrierefreiheit, Stand: 13.10.2005

Wikipedia (Hrsg.): Die freie Enzyklopädie, OLED, http://de.wikipedia.org/wiki/OLED, Stand: 13.10.2005

Wikipedia (Hrsg.): Die freie Enzyklopädie, Nachhaltigkeit, http://de.wikipedia.org/wiki/Nachhaltigkeit, Stand: 18.10.2005

Wikipedia (Hrsg.): Die freie Enzyklopädie, Nachhaltige Entwicklung, http://de.wikipedia.org/wiki/Nachhaltige_Entwicklung, Stand: 19.10.2005

Wikipedia (Hrsg.): Die freie Enzyklopädie, Roaming, http://de.wikipedia.org/wiki/Roaming, Stand: 03.11.2005

Wikipedia (Hrsg.): Die freie Enzyklopädie, SIM-Karte, http://de.wikipedia.orgwiki/SIM-Karte, Stand: 03.11.2005

Wikipedia (Hrsg.): Die freie Enzyklopädie, Sarbanes-Oxley Act, http://de.wikipedia.org/wiki/Sarbanes-Oxley_Act, Stand: 16.01.2008

Wikipedia (Hrsg.): Die freie Enzyklopädie, Corporate Governance, http://de.wikipedia.org/wiki/Corporate_Governance, Stand: 17.01.2008

Wikipedia (Hrsg.): Die freie Enzyklopädie, Corporate Governance Kodex, http://de.wikipediaorg/wiki/Deutscher_Corporate_Governance_Kodex, Stand: 17.01.2008

Wikipedia (Hrsg.): Die freie Enzyklopädie, T-Online, http://de.wikipedia.org/wiki/T-Online, Stand: 29.01.2008

Wikipedia (Hrsg.): Die freie Enzyklopädie, Working Capital, http://de.wikipedia.org/wiki/Working_capital, Stand: 30.01.2008

Wikipedia (Hrsg.): Die freie Enzyklopädie, Vivento, http://de.wikipedia.org/wiki/Vivento, Stand: 31.01.2008

Wikipedia (Hrsg.): Die freie Enzyklopädie, Hosts, http://de.wikipedia.org/wiki/Host%28Datenbank anbieter%29, Stand: 11.02.2008

Wikipedia (Hrsg.): Die freie Enzyklopädie, Prozessmanagement, http://de.wikipedia.org/wiki/Ge sch%C3%A4ftsprozess, Stand: 19.02.2008

Wikipedia (Hrsg.): Die freie Enzyklopädie, Ubiquitous Computing, http://de.wikipedia.org/wiki/Ubi quitous_Computing, Stand: 09.03.2008

Wikipedia (Hrsg.): Die freie Enzyklopädie, U-Commerce, http://de.wikipedia.org/wiki/U-Commerce, Stand: 10.03.2008

Wikipedia (Hrsg.): Die freie Enzyklopädie, GLONASS, http://de.wikipedia.org/wiki/GLONASS, Stand: 13.03.2008

Wikipedia (Hrsg.): Die freie Enzyklopädie, Digitale Kluft, http://de.wikipedia.org/wiki/Digital_Divide, Stand: 16.03.2008

Wikipedia (Hrsg.): Die freie Enzyklopädie, Web 2.0, http://de.wikipedia.org/wiki/Web_2.0, Stand: 07.04.2008

Wikipedia (Hrsg.): Die freie Enzyklopädie, Wiki, http://de.wikipedia.org/wiki/Wiki, Stand: 07.04.2008

Wikipedia (Hrsg.): Die freie Enzyklopädie, Blog, http://de.wikipedia.org/wiki/Blog, Stand: 08.04.2008

Wikipedia (Hrsg.): Die freie Enzyklopädie, Qualitätsmanagementnorm, http://de.wikipedia.org/wiki/ Qualit%C3%A4tsmanagementnorm, Stand: 14.04.2008

Wikipedia (Hrsg.): Die freie Enzyklopädie, Zertifizierung, http://de.wikipedia.org/wiki/Zertifizierung, Stand: 14.04.2008

Wikipedia (Hrsg.): Die freie Enzyklopädie, Second Life, http://de.wikipedia.org/wiki/Second_Life, Stand: 30.04.2008

Wikipedia (Hrsg.): Die freie Enzyklopädie, FTE, http://de.wikipedia.org/wiki/Full_Time_Equivalent, Stand: 07.05.2008

Wikipedia (Hrsg.): Die freie Enzyklopädie, Bundesangestelltentarifvertrag, http://de.wikipedia.org/ wiki/Bundesangestelltentarifvertrag, Stand: 24.05.2008

Wikipedia (Hrsg.): Die freie Enzyklopädie, Markenführung, http://de.wikipedia.org/wiki/Markenf%C 3%BChrung, Stand: 25.05.2008

Wikipedia (Hrsg.): Die freie Enzyklopädie, Kundenorientierung, http://de.wikipedia.org/wiki/Kunden orientierung, Stand: 26.05.2008

Wikipedia (Hrsg.): Die freie Enzyklopädie, Unternehmen, http://de.wikipedia.org/wiki/Unternehmen, Stand: 07.06.2008

Wikipedia (Hrsg.): Die freie Enzyklopädie, Telekommunikationsgesetz, http://de.wikipedia.org/wiki/ Telekommunikationsgesetz_%28Deutschland%29, Stand: 14.06.2008

Wikipedia (Hrsg.): Die freie Enzyklopädie, Bitstream, http://de.wikipedia.org/wiki/Bitstream, Stand: 17.06.2008

Wikipedia (Hrsg.): Die freie Enzyklopädie, Bitstromzugang, http://de.wikipedia.org/wiki/Bitstromzu gang, Stand: 17.06.2008

Wikipedia (Hrsg.): Die freie Enzyklopädie, Next Generation Network, http://de.wikipedia.org/wiki/ Next_Generation_Network, Stand:18.06.2008.

Wikipedia (Hrsg.): Die freie Enzyklopädie, General Packet Radio Service, http://de.wikipedia.org/wiki/General_Packet_Radio_Service, Stand: 19.06.2008

Wikipedia (Hrsg.): Die freie Enzyklopädie, Telekommunikationsgesetz (Deutschland), http://de.wikipedia.org/wiki/Telekommunikationsgesetz_%28Deutschland%29, Stand: 26.07.2008

Wikipedia (Hrsg.): Die freie Enzyklopädie, Very High Speed Digital Subscriber Line, http://de.wikipedia.org/wiki/VDSL, Stand: 26.07.2008

Wikipedia (Hrsg.): Die freie Enzyklopädie, High Definition Television, http://de.wikipedia.org/wiki/High_Definition_Television, Stand: 27.07.2008

Wikipedia (Hrsg.): Die freie Enzyklopädie, Deutsche Telekom, http://de.wikipedia.org/wiki/Deutsche_Telekom, Stand: 31.08.2008

Wikipedia (Hrsg.): Die freie Enzyklopädie, ish, http://de.wikipedia.org/wiki/Ish_(Unternehmen), Stand: 11.09.2008

Wikipedia (Hrsg.): Die freie Enzyklopädie, Economic Value Added, http://de.wikipedia.org/wiki/Economic_Value_Added, Stand: 22.09.2008

Wikipedia (Hrsg.), Die freie Enzyklopädie, T-Systems, http://de.wikipedia.org/wiki/T-Systems, Stand: 25.09.2008

Wikipedia (Hrsg.): Die freie Enzyklopädie, Cognizant, http://de.wikipedia.org/wiki/Cognizant, Stand: 26.09.2008

Wilfert, Arno: Die technologische Basis des Electronic Commerce – Telekommunikation als Schlüsseltechnologie, in: Wamser, Christoph (Hrsg.): Electronic Commerce, München: Vahlen, 2000

Witte, Eberhardt (Hrsg.): Neuordnung der Telekommunikation: Bericht der Regierungskommission Fernmeldewesen, Heidelberg: R. v. Decker, 1987

Witte, Eberhard: Neuordnung der Telekommunikation, in: Gesellschaft für öffentliche Wirtschaft (Hrsg.): Postreform: Marktorientierung und öffentlicher Auftrag, Baden-Baden: Nomos, 1988

Witte, Eberhard: Das Telefon als Wirtschafts- und Sozialpartner, in: Forschungsgruppe Telekommunikation (Hrsg.): Telefon und Gesellschaft, Bd. 2, Berlin: Spiess, 1990

Witte, Eberhard: Kommentare zum Poststrukturgesetz, in: Witte, Eberhard: Chancen nach der Postreform: Neue Märkte, neue Leistungen, Heidelberg: R. v. Decker, 1990

Witte, Eberhard: Die Entwicklung zur Reformreife, in: Büchner, Lutz M. (Hrsg.): Post und Telekommunikation: Eine Bilanz nach zehn Jahren Reform, Heidelberg: R. v. Decker, 1999

Woods, Bob: Net stocks on a tear following Clintons Comments, Newsbytes 01.03.1998, http://www.currents.net/newstoday/98/03/01/news4.html, Stand: 30.08.2002

Wüstenrot Stiftung (Hrsg.): Telearbeit in der postindustriellen Gesellschaft, Stuttgart; Berlin; Köln: Kohlhammer, 2000

www.oldbug.de (Hrsg.): VW Käfer Preisentwicklung, http://www.oldbug.de/historie/preise/html/vw_preise_kaefer.html, Stand: 19.03.2003

ZDNet.de (Hrsg.): Telekom kauft One 2 One, http://www.zdnet.de/news/business/0,39023142,n2048431,00.htm, Stand: 24.12.1999

Ziegler, Andreas; Rennings, Klaus; Schröder, Michael: Der Einfluss ökologischer und sozialer Nachhaltigkeit auf den Shareholder Value europäischer Aktiengesellschaften, Mannheim: Zentrum für Europäische Wirtschaftsforschung, 2002

Zimmer, Gerhard; Holz, Heinz; Ross, Ernst: Multimediales Lernen in der Berufsbildung – Multimedia revolutioniert die Berufsbildung, in: Günther, Wilfried; Mandl, Heinz (Hrsg.): Telelearning: Aufgabe und Chance für Bildung und Gesellschaft, Bonn: Telekom Multimedia Systemhaus, 1997

Zorn, Isabel; Frindte, Wolfgang; Köhler, Thomas: Empirische Suche I – Internetbasierter Unterricht als Ergänzung traditioneller oder als Konstruktion neuer Lehr- und Lernformen?, in: Frindte, Wolfgang; Köhler, Thomas (Hrsg.): Kommunikation im Internet, Frankfurt a.M.: Lang, 1999

Zukunftsinstitut GmbH (Hrsg.): Technolution – Die Evolution der Technologie zwischen menschlichen Bedürfnissen und technischen Verheissungen, http://www.zukunftsinstitut.de/..., 2007

Zwiefka, Natalie: Digitale Bildungskluft – Informelle Bildung und soziale Ungleichheit im Internet, München: Fischer, 2007